U0000849

舊唐書

百衲本二十四史

上海涵芬樓影印常熟瞿氏鐵琴銅劒樓藏宋刊本闕卷以明人詮覆宋本配補

《百衲本二十四史》新版刊印序

《百衲本二十四史》是近百年來校考最精良、版本最珍貴、蒐羅最廣泛的二十四史，先父王雲五先生於一九七六年〈重印補校百衲本二十四史序〉中已有論證。

一八九七年商務印書館在上海創立，創館元老張元濟先生於一九〇二年正式主持商務印書館編譯所，將商務帶入「出版好書、匡輔教育」的出版之路。一九二一年（民國十年）王雲五先生經胡適先生推薦，接替主持商務印書館編譯所，並於一九三〇年兼任總經理，與張元濟先生共同為商務印書館的百年大業作出貢獻。

張元濟先生入館後，積極蒐購民間珍貴藏書，一方面用來印製、廣泛發行，另一方面也為成立「涵芬樓」藏書室（後來開放為「東方圖書館」）預作準備。當年他並積極向各公私立圖書館商借影印各種版本的二十四史，逐一比較補正缺漏，然後在一九三〇年開始付印，至一九三七年全部出齊。校印工程之艱鉅與可貴，從他所撰寫的《校史隨筆》可以了解。

商務涵芬樓所珍藏的二十四史及各種珍貴版本，可惜在一九三二年日本發動淞滬戰爭時，被日軍炸毀，化為灰燼。《百衲本二十四史》的傳印，就顯得格外有意義。

王雲五先生於一九六四年在臺重新主持臺灣商務印書館，與當時總編輯楊樹人教授，依據臺北故宮博物院和中央圖書館珍藏的宋元版本，修補校正《百衲本二十四史》，並於一九七六年重版印行。

《百衲本二十四史》初印至今，已經八十年，雖經在臺補正重版，舊書均已售完，而各界索購者絡繹不絕，不得已先以隨需印刷供應，但仍然供不應求。

為了適應讀者的需要，本公司由副董事長施嘉明先生、總編輯方鵬程先生和舊書重印小組一起規劃，決定放大字體，以十八開精裝本重印《百衲本二十四史》，每種均加印目錄頁次，讓讀者方便查考，也讓我們與《百衲本二十四史》共同邁向百年大慶。值此付印前夕，特為之序。

臺灣商務印書館董事長王學哲謹序

二〇一〇年三月二十五日

舊唐書二百卷

晉劉昫等奉敕撰。

《五代史記》昫本傳，不言昫撰此書，史漏略也。自宋嘉祐後，歐陽修、宋祁等，重撰新書，此書遂廢，然其本流傳不絕。儒者表昫等之長，以攻修、祁等之短者亦不絕。

今觀所述，大抵長慶以前，本紀惟書大事，簡而有體。列傳敘述詳明，贍而不穢，頗能存班、范之舊法。長慶以後，本紀則詩話書序婚狀獄詞，委悉具書，語多支蔓。（如文宗紀云，上每誦杜甫曲江行云，江頭宮殿鏁千門，細柳新蒲為誰綠。乃知天寶以前，曲江四岸，皆有行宮臺殿百司廨署。又云戶部侍郎判度支王彥威進所撰《供軍圖略》，其序云云。武宗紀云，右庶子呂讓進狀，亡兄溫女，太和七年嫁左衛兵曹蕭敏，生二男。開成三年，敏心疾乖忤，因而離婚。今敏日愈，却乞與臣姪女配合。又云，御史臺奏，據三司推勘吳湘獄，謹具逐人罪狀如後，揚州都虞候盧行立劉羣，於會昌二年五月十四日，於阿顏家喫酒云云。）列傳則多敘官資，曾無事實，或但載寵遇，不具首尾。（如夏侯孜傳，祇載歷官所至，及責讓詔詞，不及一事。朱朴傳，祇載其相昭宗，而不及其始末）。所謂繁略不均者，誠如宋人之所譏。

案《崇文總目》，初吳兢撰《唐史》，自刱業訖於開元，凡一百一十卷。韋述因兢舊本，更加筆削，刊去酷吏傳，為紀志列傳一百十二卷。至德乾元以後，史官于休烈，又增肅宗紀二卷。史官令狐峘等，復於紀志傳隨篇增輯，而不加卷帙，為《唐書》一百三十卷。是唐書舊稾，實出吳兢，雖眾手續增，規模未改，昫等用為藍本，故具有典型。

觀順宗紀論題史臣韓愈，憲宗紀論題史臣蔣係，此因仍前史之明證也。至長慶以後，史失其官，無復善本。昫等自採雜說傳記，排纂成之，動乖體例，良有由矣。至於卷一百三十二既有楊朝晟傳，卷一百四十四復為立傳，蕭穎士既附見於卷一百二，復見於卷一百九十。文苑傳宇文韶諫獵表，既見於卷六十二，復見於卷六十四。蔣乂諫張茂宗尚主疏，既見於卷一百四十一，復見於卷一百四十九。輿服志所載條議，亦多同列傳之文。蓋李崧賈緯諸人，各自編排，不相參校。昫掌領修之任，曾未能鉤稽本末，使首尾貫通，舛漏之譏，亦無以自解。平心而論，蓋瑕瑜不掩之作。

黨新書者，必謂事事勝舊書；黨舊書者，又必謂事事勝新書；皆偏見也。我皇上獨秉睿裁，定於正史之中，二書竝列，相輔而行，誠千古至公之道。論史諸家，可無庸復置一議矣。（摘自景印《文淵閣四庫全書》總目史部卷四十六，2-30頁）

重印補校百衲本二十四史序

百衲本者何？彙集諸種善本，有闕卷闕頁，復多方蒐求，以事配補，有如僧衣之補綴多處者也。

我國正史彙刻之存於今者，有汲古閣之十七史，有南北監之二十一史。清高宗初立，成明史，命武英殿開雕，至四年竣工；繼之者二十一史。其後又詔增劉昫唐書，與歐宋新唐書並行，越七年遂成武英殿二十三史。及四庫開館，諸臣復據永樂大典及太平御覽，冊府元龜等書，裒輯薛居正舊五代史，得旨刊布，以四十九年奏進；於是二十四史之名以立。

武英殿本以監本為依據。清高宗製序，雖有監本殘闕，併勅校讎之言，始意未嘗不思成一善本也。惟在事諸臣，既未能廣蒐善本，復不知慎加校勘，佚者未補，譌者未正，甚或彌縫缺乏，以譌亂真，誠可惜也。

本館前輩張菊生先生，以多年之時力，廣集佳槧，審慎校讎，自民十九年開始景印，迄二十六年甫竟全功。雖中經一二八之劫，抱書而走，亂定掇拾需時，然景印之初，海宇清寧，亦緣校讎精審，多費時日。嘗聞菊老葺印初稿，悉經手勘，朱墨爛然，盈闌溢幅，點畫纖細，鉤勒不遺，與同人共成校勘記，多至百數十冊，文字繁冗，尚待董理。爰取原稿若干條，集為校史隨筆，而付梓焉。

就隨筆所記，殿本訛闕殊多。分史言之，則史記正義多遺漏，漢書正文注文均有錯簡，三國志卷第淆亂，宋書誤註為正文，南齊書地名脫誤，北齊書增補字句均據北史，而仍與北史有異同。魏書考證有誤，舊唐書有闕文，訂正錯簡亦有小誤，唐書有衍文，舊五代史遜於嘉業堂劉氏刊本，元史有衍文及闕文，且多錯簡，重出之傳，亦未刪盡。綜此諸失，殿本二十四史不如衲史遠矣，況善本精美，古香古色，尤非殿本所能望其項背。

茲將百衲本二十四史據以景印之版本列述於後：

史　記　宋慶元黃善夫刊本。

漢　書　北宋景祐刊本，瞿氏鐵琴銅劍樓藏。

後漢書　宋紹興刊本，原闕五卷半，以北平國立圖書館元覆宋本配補。

三國志　宋紹熙刊本，日本帝室圖書寮藏，原闕魏志三卷，以涵芬樓藏宋紹興刊本配補。

晉　書　宋本，海寧蔣氏衍芬草堂藏，原闕載記三十卷，以江蘇省立圖書館藏宋本配補。

宋　書　宋蜀大字本，北平國立圖書館吳興劉氏嘉業堂藏，闕卷以涵芬樓藏元明遞修本配補。
南齊書　宋蜀大字本，江安傅氏雙鑑樓藏。
梁　書　宋蜀大字本，北平國立圖書館及日本靜嘉堂文庫藏，闕卷以涵芬樓藏元明遞修本配補。
陳　書　宋蜀大字本，北平國立圖書館及日本靜嘉堂文庫藏。
魏　書　宋蜀大字本，北平國立圖書館江安傅氏雙鑑樓吳興劉氏嘉業堂及涵芬樓藏。
北齊書　宋蜀大字本，北平國立圖書館藏，闕卷以涵芬樓藏元明遞修本配補。
周　書　宋蜀大字本，吳縣潘氏范硯樓及自藏，闕卷以涵芬樓藏元明遞修本配補。
隋　書　元大德刊本，闕卷以北平國立圖書館江蘇省立圖書館藏本配補。
南　史　元大德刊本，北平國立圖書館及自藏。
北　史　元大德刊本，北平國立圖書館及自藏。
舊唐書　宋紹興刊本，常熟鐵琴銅劍樓藏，闕卷以明聞人銓覆宋本配補。
新唐書　北宋嘉祐刊本，日本岩崎氏靜嘉堂文庫藏，闕卷以北平國立圖書館江安傅氏雙鑑樓藏宋本配補。
舊五代史　原輯永樂大典有注本，吳興劉氏嘉業堂刻。
五代史記　宋慶元刊本，江安傅氏雙鑑樓藏。
宋　史　元至正刊本，北平國立圖書館藏，闕卷以明成化刊本配補。
遼　史　元至正刊本。
金　史　元至正刊本，北平國立圖書館藏，闕卷以涵芬樓藏元覆本配補。
元　史　明洪武刊本，北平國立圖書館及自藏。
明　史　清乾隆武英殿原刊本，附王頌蔚編集考證攟逸。

上開版本之搜求補綴，在彼時實已盡最大之能事。惟今者善本時有發見，前此認為業已失傳者，漸集於一隅，尤以中央圖書館及故宮博物院在抗戰期內，故家遺族，前此秘藏不宣，因播遷而割愛者不在少數；盡量收購，寄存盟邦，以策安全。近年悉數運回，使臺灣成為善本之總匯。百衲本後漢書原據本館前涵芬樓所藏宋紹興本影印，益以北平圖書館及日本靜嘉堂文庫殘本之配備，當時堪稱人間瑰寶；且志在存真，對其中未盡完善之處一仍其舊。然故宮博物院近藏宋福唐郡庠覆景祐監刊元代修補本及中央圖書館所藏錢大昕手跋北宋刊本與宋慶元間建安劉元起刊本，各有其長處。本館總編輯楊樹人教授特據以覆校百衲本原刊，計修正原影本因配補殘本而致首尾不貫者五處，其中重複者四處，共圈刪衍文三十六字，補足脫漏一處，缺文二字，原板存留墨丁四十六處，補正五十二字。另有顯屬雕刻錯誤者若干字，亦酌為改正。於是宋刊原面目，大致可復舊觀矣。又前漢書原景本闕漏目錄全份，亦據故宮博物院珍藏宋福唐郡庠覆景祐監刊元代修補本補印十有四頁，以成全璧。校書如掃落葉，愈掃愈落，礙難悉數掃清，然多費一番心力，對於鑽研史籍者，定可多一番裨益。區區之意，當為讀者所樂聞，亦可稍慰本館前輩張菊老在天之靈，喜其繼起有人也。

本館衲史原以三十二開本連史紙印製，訂為八百二十冊，流行雖廣，以中經多難，存者無多，臺省尤感缺乏，各國亦多訪購，爰應各方之需求，改訂為十六開大本，縮印二頁為一面，字體較縮本四部叢刊初編為大，用上等印書紙精印精裝，訂為四十一鉅冊，以便檢閱，經重版數次。茲為謀普及，再縮印為二十四開本五十八冊，字體仍甚清晰，而售價不及原印十六開本之半，莘莘學子，多有購置之力，誠不負普及之名矣。付印有日，謹述概要。

中華民國六十五年雙十節王雲五識

股東會全體股東獻禮

本公司董事長王岫盧（雲五）先生，學界巨擘，社會棟樑，歷任艱巨，功在國家。一生繫中國文化出版之命脈，惠澤士林。本公司三度罹國難而得復興。咸賴　先生之大力。每次復興，莫不聲光煥發，蔚為奇蹟。民國五十二年冬，　先生退出政壇。次年秋重主本公司，謀慮擘劃，晨夕辛勞，不取分文之酬，而甘之如飴；蓋純出於愛護本公司與宏揚文化之心願。無　先生之犧牲精神與卓越領導，不能有今日之商務書館，已為識者之定評。今歲欣逢　先生八秩華誕，社會同慶。股東會同人本崇功報德之念，群思有以祝賀。　先生謙辭至再至三，當以恭敬不如從命，爰於五十六年股東會議席上全體決議，利用重印之百衲本二十四史，作為　華誕獻禮。要不過體認　先生造福文化界之功績，聊表嵩祝悃誠於萬一耳。

臺灣商務印書館股份有限公司
股東會全體股東　謹啟

中華民國五十六年四月十五日

舊唐書上

本紀二十卷

志三十卷

舊唐書中

列傳一百五十卷

舊唐書下

刻舊唐書叙

書以紀事謏聞爲職事以著代間逸則遺是故史氏之書與天地相爲始終六經相爲表裡疑信並傳闕文不飾以紀事實以昭世代故六經道明萬世宗仰非徒文藝之誇誕而已也尚書壁存典訓不斁魯史麟絕杞宋失徵繼而有作其惟司馬氏及小司馬以迨班范諸家八書十志經緯天人八志十典紘維政事藏山刋石繁紹聖經歷漢踐隋炳發靈憲是故王教之要國典之源代有徵考若覩蓍蔡李唐嗣興萬目畢舉其經畫之精詳維持之愼密雖未上躋周軌亦足並驟漢疆晉史臣劉昫氏者爰集館寮博稽載典纂脩二十一本紀首高祖以迄哀帝而汶晢具昭旁脩十一志始禮儀以終刑法而巨細畢舉列傳一千一百八十有奇内以紀后妃之淑慝外以悉文武之臧否宗室族屬互以時叙外戚宦官各以類別良吏酷吏鑒戒具昭忠義孝友褒論悉當儒學文苑表以著達方伎隱逸兼以察微詳傳列女以彰婦順分傳蠻狄以立大防卷凡二百一十有四統名之曰唐書識博學宏才優義正眞有唐一代之良史秦隋以下罕有其儷固後世之刑鑑具在也有宋迭興分職書局載輯唐鑑於祖禹繼纂唐書於昌朝王宋諸

賢相繼彙輯復成一代之新書遂亡劉氏之舊帙詮謬司文學徧歷輔畿爰校六經兼讎諸史始知漢晉以迄宋元皆有監本司成甬川張公嘗奉
旨校勘總爲二十一史刋證謬訛粲然明備惟劉氏唐書鬱絕不傳無所考覔積集再期酷志刋復苦無善本莫可繼志竊惟古人有云層臺雲構所缺過乎榱桷爲山霞高不終踰乎一簣慨哉斯言益用惶怵乃旁諜學屬博訪諸司間禮儒賢以探往籍更歷三載竟莫有成末復弭節姑蘇窮搜力索吳令朱子遂得列傳於光祿張氏長洲賀子隨得紀志於守溪公遺籍俱出宋時模板旬月之間二美璧合古訓有獲私喜無涯乃督同蘇庠嚴爲校刻司訓沈子獨肩斯任効勤四載書幸成編匱直千金刻未竟業石江歐陽公聞而助以厚鎰午山馮子西郭陳子以迨郡邑諸長貳咸力輔以終事數百年之闕典於是乎始有可稽矣物之成毀信各有數是書之成夫豈偶哉肇工於嘉靖乙未卒刻於嘉靖戊戌珠璣璀璨亥豕盡刋玉薤精嚴塵葉罔翳煥新一代之舊文遐續百王之訓典追配諸史允備全書因布多方以惠多士餘姚聞人詮叙

舊唐書重鋟紀勛序

李唐氏有天下三百年三代而降英君明辟若唐文皇功德固在首列厥後子孫迭興雖中更喪亂猶不失為盛朝而玄憲二宗至配貞觀與漢七廟同稱何也其典章灋度貽謀之善不可及已蓋作唐史者有三人焉吳兢常述令狐垣此皆金閨上彥操筆石渠而未竟一代至石晉朝始敕中書劉昫等因垣舊文增為百九十卷然後有唐事跡悉載無遺而撰述詳贍妙極模寫足以上追史漢下包魏陳信乎史之良者無以加于是矣柰何宋之慶曆又出新編大有增損至使讀者不復得覩唐朝一詔令歷年五百舊書湮蔑君子不能無病諸

皇上右文弘道化被四遠由是縉紳士夫咸以修緝典墳為已任此書故有刻本在吳中惜亦未全先任提學侍御北江聞人公聞之慨然欲壽諸梓與菁莪共擇可託者得蘇學司訓沈君有問學幹局良儒師也因授之俾董厥事且命廣搜殘逸足其卷數及募士出貲佐經費君鳩工堂西大舍中無啻三十手朱墨讎校不舍晝夜成未及半而北江公以憂去以貲不紹白之巡撫大中丞石江歐陽公公命堂郡事別駕鍾侯助其役未幾府主王侯至任許相以完大巡侍御西郭陳公尤加贊相樂

書之成而其事則總於今任提學侍御午山馮公焉蓋學政之臺書之所由起也工將畢士子袁貞華相率扣予請先序諸後予惟三古聖人作為經書人極立矣十九朝史官述為史書往事鑒矣去聖既遠後儒蠹經經不可蠹猶雲翳白日日行空自如也史又可以新攙舊哉且文章之作率視其區宇之全缺鉅唐疆域幅員萬里其廣大與軒后等是以詞華蔚茂有至光焰萬丈者郎舍相踵既出蝸坳親見又遇劉司徒之博洽乃克成書其難如此忽有改圖殆不其然今日群公雲萃晉紳盛舉蓋匪創則無以始弗繼將莫能終至於中間經畫尤艱其任此殆至寶將出之幸會其數天也偉矣哉惜予耄矣而不能卒業抑不知青雲士能觀以否所謂前朝國勢先賢行事故黎命脈班班具存推之於政古今一也有能舍其新而舊是圖將來挾以為

國家用吾知事業發揮必當煒煒崢嶸勝常而不凡也詎止以資見聞談說而已哉沈君名桐字大材號春波嘉禾望族學通壁經累試場屋知名以趨貢入胄監屈就今官其於斯續甚勤且出私帑不之校斯文不墜係其承理之功多也因併及云時在

嘉靖十七年秋仲東吳耄生楊循吉謹序

重刊唐書叙

嘉靖己亥吳郡重刊唐書成書凡二百卷本紀卷二十志三十列傳百有五十石晉宰相涿人劉昫撰初御史紹興聞人公詮視學南畿以是書世無梓本他日按吳遂命郡學訓導沈桐刊置學宮工未竟而公以憂去及是書成以書來屬徵明為叙按唐興令狐德棻等始撰武德貞觀兩朝國史八十卷至吳兢合前後為書百卷而柳芳韋述嗣緝之起義寧訖開元僅之百餘年而于休烈令狐峘以次增緝訖於建中而止而大曆元和以後則成於崔龜從厥後韋澳諸人又增緝之凡為書百四十有六卷而芳等又有唐曆四十卷續曆二十二篇皆當時紀載之言非成書也晉革唐命昫等始因舊史緒成此書然五代史昫傳不載此事豈其書出一時史館而昫特以宰相領

〇 序 一

其事邪然不可考已或謂五代搶攘文氣卑弱而是書紀次無法詳略失中不足傳遠宋慶曆中詔翰林儒臣刊修之自慶曆甲申至嘉祐庚子歷十有七年成新書二百二十五卷視舊史削六十一傳增傳三百三十有一續撰儀衛選舉及兵及藝文四志別撰宰相方鎮及宗室世系宰相世系四表所謂其事則增於前其文則省於舊寔當時表奏之語而弟賞制詞亦謂閎博精覈度越諸子良以宋景文歐陽文忠皆當時大手筆而是書寔更二公之手故朝野尊信而舊書遂廢不行然議者則以用字奇澀為失體刊削詔令為太略固不若舊書之為愈也司馬氏修通鑑悉據舊史而於新書無取焉惟周益公稱其刪繁為簡變今以古有合於所謂文省於舊之論而劉元城頗謂事增文省正新書之失唐庚氏尤深斥之乃

〇 序 二

極言舊書之佳其時引映海敉然引鳩止渴之
語豈直工儷而已自是一代名言也然則是書
也其可以無傳乎雖然不能無可議者叚秀
實請辭部晞有吾鐵吾頭之語新書省一
吾字議者以為失實是矣而舊史秀實傳
乃都不書夫秀實大節固不以此而此事亦卓
詭可喜柳宗元叙事尤號奇警且鄭重致詞
上於史館若是而不得登載則其時遺亦多矣
甚者詆韓愈文章為紕謬謂順宗實録繁簡
不當拙於取舍異哉豈晁氏所謂多所闕漏
是非失實者邪甚矣作史之難也心術有
邪正詞理有工拙識見有淺深而史隨以異
要在傳信傳著不失其實而已今二書具
在其工拙繁簡是非得失莫之有擇焉彼
斥新書為亂道誠為過論而或緣此遂廢
舊史又豈可哉此聞人公所為梓行之意也是

書嘗刻於越州卷後有教授朱倬名倬忤秦
檜出為越州教授當是紹興初年今四百年
矣其書復行而公又出於越其事豈偶然哉
先是書久不行世無善本沈君僅得舊刻數
冊較全書才十之六七於是徧訪藏書之家殘章
斷簡悉取以從事校閱惟審一字或數易歷三
署寒乃克就緒其勤誠有足嘉者因附著之是
歲三月望前翰林待詔長洲文徵明叙

桐空空鄙夫繆承校史之役寔維
臺憲群公而下後先協讃功乃成其詳已載諸序所未及者弗敢
畧也爰備錄之

惠借藏書
陳沂應天府人太僕寺卿　王延喆吳縣人中書舍人
王穀祥長洲縣人吏部員外郎　張汴長洲縣人光祿署丞

捐俸助膳
萬夔江西南昌人長洲知縣　馮汝弼浙江平湖人常熟知縣
汪旦福建泉州人吳縣知縣　郭愷江西泰和人蘇州府學教授
蕭文佐江西萬安人長洲學教諭　鄧璿江西人吳縣學訓導
何鍾秀福建人吳縣學訓導

分畨校對
許祺　陳棟
時兆文　王謨

俞文聚　陳模　盧恩
袁貞　龔雷　金用
周雅　姚圭
蔣球王　陳國祥
金表　宋純仁
李尭臣　陸應澤以上俱蘇州府學生
錢江餘姚縣學生　吳岫太學生

出貲經費
曾子修　嚴汝賢
陳讓　陸一陽以上俱國子生
許道蘇州府學生　高本文華亭縣人

嘉靖十八年四月既望蘇州府儒學訓導沈桐識

唐書目錄

賢妃徐氏　高宗廢后王氏 良娣蕭氏
中宗和思皇后趙氏　中宗韋庶人
上官昭容　睿宗肅明皇后劉氏
睿宗昭成皇后竇氏　玄宗廢后王氏
玄宗貞順皇后武氏　玄宗楊貴妃

列傳卷第二　唐書五十二
后妃下
玄宗元獻皇后楊氏　肅宗張皇后
肅宗韋妃　肅宗章敬皇后吳氏
代宗崔妃　代宗睿貞皇后沈氏
代宗貞懿皇后獨孤氏　德宗昭德皇后王氏
德宗韋妃　順宗莊憲皇后王氏
憲宗懿安皇后郭氏　憲宗孝明皇后鄭氏
女學士尚宮宋氏　穆宗恭僖皇后王氏

敬宗郭貴妃　穆宗貞獻皇后蕭氏
穆宗宣懿皇后韋氏　武宗王賢妃
宣宗元昭皇后晁氏　懿宗惠安皇后王氏
昭宗積善皇后何氏

列傳卷第三　唐書五十三
李密

列傳卷第四　唐書五十四
王世充　竇建德

列傳卷第五　唐書五十五
薛舉 子仁杲　李軌
劉武周 苑君璋附
高開道　劉黑闥 徐圓朗

列傳卷第六　唐書五十六
蕭銑　杜伏威 闞稜 王雄誕
輔公祏　沈法興
李子通 朱粲 張善安 林士弘　羅藝
梁師都 劉季貞 李子和

列傳卷第七　唐書五十七
裴寂 子律師 律師子承先
劉文靜 弟文起 文靜子樹藝 李孟嘗 劉世讓 趙文恪 張平高 李思行 李高遷 許世緒 劉師立 錢九隴 樊興 公孫武達 龐卿惲 張長遜 李安遠

列傳卷第八　唐書五十八
唐儉 子觀 觀子從心 從心子晙　長孫順德
劉弘基 子仁實　殷嶠
劉政會　柴紹 平陽公主 馬三寶附
武士彠 長兄士稜 次兄士逸

列傳卷第九　唐書五十九
屈突通 子壽 壽子仲翔 少子詮　任瓌

丘和 子行恭 行恭子神勣　許紹 紹孫力士 紹次子智仁 力士子欽明 少子圉師
李襲志 弟襲譽 兄子懷儼
姜謩 子行本 簡弟柔遠 行本子簡 柔遠子晈 簡子晞 晈子慶初

列傳卷第十　唐書六十
宗室 太祖諸子 代祖諸子
永安王孝基
淮安王神通 子道彥 孝友 孝察 孝節 孝同 孝義 孝慈
襄邑王神符　長平王叔良
襄武王琛　河間王孝恭 子晦 孝恭弟瑊 瓌
漢陽王瓌 附河間王　廬江王瑗 王君廓附
淮陽王道玄　江夏王道宗
隴西王博乂

列傳卷第十一　唐書六十一
溫大雅 子無隱 大有 大雅弟彥博 彥博子振 挺

恒山王承乾　楚王寬
吳王恪 子成王千里 孫信安王禕　濮王泰
庶人祐　蜀王愔
蔣王惲　越王貞 子琅邪王沖
紀王慎　江王囂
代王簡　趙王福
曹王明
列傳卷第二十七　唐書七十七
韋挺 子待價 弟萬石　楊纂 族子弘禮 弘武 弘武子元璋 元禧
劉德威 子審禮　閻立德 弟立本
柳亨 兄子奭 奭孫渙 澤　崔義玄 子神慶
列傳卷第二十八　唐書七十八
于志寧 玄孫敖　高季輔
張行成 族孫易之 昌宗

列傳卷第二十九　唐書七十九
祖孝孫　傅仁均
傅奕　李淳風
列傳卷第三十　唐書八十
呂才
褚遂良　韓瑗
來濟　上官儀
列傳卷第三十一　唐書八十一
崔敦禮　盧承慶
劉祥道　李敬玄
李義琰　孫處約
樂彥瑋　趙仁本
列傳卷第三十二　唐書八十二
許敬宗　李義府

列傳卷第三十三　唐書八十三
郭孝恪　張儉
蘇定方　薛仁貴
程務挺　張士貴
趙道興
列傳卷第三十四　唐書八十四
劉仁軌　郝處俊
裴行儉 子光庭
列傳卷第三十五　唐書八十五
唐臨 孫紹　張文瓘 兄文琮
徐有功
列傳卷第三十六　唐書八十六
高宗中宗諸子
燕王忠　原王孝

澤王上金　許王素節
孝敬皇帝弘 裴居道附　章懷太子賢 子邠王守禮
懿德太子重潤　庶人重福
節愍太子重俊　殤帝重茂
列傳卷第三十七　唐書八十七
裴炎　劉禕之
魏玄同　李昭德
列傳卷第三十八　唐書八十八
韋思謙 子承慶 嗣立　陸元方
蘇瓌 子頲
列傳卷第三十九　唐書八十九
狄仁傑 孫兼謨　王方慶
姚璹 弟珽
列傳卷第四十　唐書九十

目錄　十三

目錄　十四

韋元甫　魏少遊
衛伯玉　李承

列傳卷第六十六　唐書一百十六
肅宗代宗諸子 肅宗十二子 代宗二十子
越王係　承天皇帝倓
衛王佖　彭王僅
兗王僩　涇王侹
鄆王榮　襄王僙
杞王倕　召王偲
恭懿太子佋　定王侗
淮陽王僖　昭靖太子邈
均王遐　睦王述
丹王逾 恩王連 韓王迥　簡王遘
益王迺　隋王迅

荊王選　蜀王遡
忻王造　韶王暹
嘉王運　端王遇
循王遹　恭王通
原王逵　雅王逸

列傳卷第六十七　唐書一百十七
嚴武　郭英乂
崔寧　嚴震
嚴礪

列傳卷第六十八　唐書一百十八
元載 王昂附　李少良 郇謨附
王縉　楊炎
黎幹 劉忠翼附　庾準

列傳卷第六十九　唐書一百十九
楊綰　崔祐甫 子植 再從兄倰
常袞

列傳卷第七十　唐書一百二十
郭子儀 子曜 晞 曖 曙 映 曖子釗 鏦 晞子鋼

列傳卷第七十一　唐書一百二十一
僕固懷恩　梁崇義
李懷光

列傳卷第七十二　唐書一百二十二
張獻誠 弟獻恭 獻甫 獻恭子煦　路嗣恭
曲環　崔漢衡
楊朝晟　樊澤
李叔明　裴胄

列傳卷第七十三　唐書一百二十三
劉晏　第五琦

班宏　王紹
李巽

列傳卷第七十四　唐書一百二十四
薛嵩 子平 嵩弟蕚　令狐彰 子建 運 通
田神功 弟神玉　侯希逸
李正己 子納 師道 納子師古 宗人洧附

列傳卷第七十五　唐書一百二十五
張鎰 馮河清　劉從一
蕭復 族子位 佩 偲　柳渾

列傳卷第七十六　唐書一百二十六
李揆　李涵
陳少遊　盧惎
裴諝

列傳卷第七十七　唐書一百二十七

列傳卷第九十四　　唐書一百四十四
尚可孤　　李觀
戴休顏　　陽惠元
李元諒　　韓游瓌
賈隱林　　杜希全
尉遲勝　　邢君牙
楊朝晟　　張敬則

列傳卷第九十五　　唐書一百四十五
劉玄佐 子士寧 李萬榮附 士幹　　董晉
陸長源　　劉全諒
李忠臣　　李希烈 陳仙奇附
吳少誠 弟少陽 少陽子元濟附

列傳卷第九十六　　唐書一百四十六
薛播　　鮑防
李自良　　李說
嚴綬　　蕭昕
杜亞　　王緯
李若初　　于頎
盧徵　　楊憑
鄭元　　杜兼
裴玢　　薛伾

列傳卷第九十七　　唐書一百四十七
杜黃裳 子載勝　　高郢 子定

列傳卷第九十八　　唐書一百四十八
杜佑 子師損 式方 從郁 式方子悰 從郁子牧 牧子德祥
裴垍　　李吉甫
李藩　　權德輿 子璩

列傳卷第九十九　　唐書一百四十九

于休烈 子肅 敖子琮 肅子敖　　令狐峘
歸崇敬 子登 登子融　　奚陟
張薦 薦祖文成 又新子讀 薦子又新　　蔣乂 子係 伸
柳登 父芳 登子璟 登弟冕　　沈傳師 父既濟 子詢

列傳卷第一百　　唐書一百五十
德宗順宗諸子
舒王誼　　通王諶
虔王諒　　肅王詳
文敬太子謜　　資王謙
代王諲　　昭王誠
欽王諤　　珍王諴
郯王經　　均王緯
漵王縱　　莒王紓
密王綢　　郇王綜
邵王約　　宋王結
集王緗　　冀王絿
和王綺　　衡王絢
欽王續　　會王纁
福王綰　　珍王繕
撫王紘　　岳王緄
袁王紳　　桂王綸
翼王綽　　蘄王緝

列傳卷第一百一　　唐書一百五十一
高崇文 子承簡　　伊慎
朱忠亮　　劉昌裔
范希朝　　王鍔 子稷
閻巨源　　孟元陽
趙昌

崔元略 子鉉 鉉子沆 元略弟元受 元儒 元式 元式子鍇
杜元穎 崔弘禮附　李虛中
王質　盧簡辭 兄簡能 弟弘正 簡求 簡能子知猷
列傳卷第一百十四　唐書一百六十四
王播 弟炎 起 炎子鐸 起子龜　李絳 子璋 頊
楊於陵 子景復 紹復 嗣復 嗣復子授
列傳卷第一百十五　唐書一百六十五
韋夏卿　王正雅 族孫凝
柳公綽 子仲郢 公綽弟公權　崔玄亮
溫造 子璋　郭承嘏
殷侑 孫盈孫　徐晦
列傳卷第一百十六　唐書一百六十六
元稹　龐嚴
白居易 行簡 敏中附

列傳卷第一百十七　唐書一百六十七
趙宗儒　竇易直
李逢吉　段文昌 子成式
宋申錫　李程
列傳卷第一百十八　唐書一百六十八
韋溫　蕭祐
獨孤郁 弟朗　錢徽 子可復 可及
高釴 弟銖 鍇　馮宿 弟定 審
封敖
列傳卷第一百十九　唐書一百六十九
李訓　鄭注
王涯　王璠
賈餗　舒元輿
郭行餘　羅立言

李孝本
列傳卷第一百二十　唐書一百七十
裴度
列傳卷第一百二十一　唐書一百七十一
李渤　張仲方
裴潾 裴豪附　李中敏
李甘　高元裕 兄少逸
李漢　李景儉
列傳卷第一百二十二　唐書一百七十二
令狐楚 弟定 楚子緒 綯 綯子滈 渙 楚子綸　牛僧孺 子蔚 蘩 蔚子徽
蕭俛 弟傑 俶 俶子廩 從弟倣　李石 弟福
列傳卷第一百二十三　唐書一百七十三
鄭覃 弟朗 潛　陳夷行
李紳　吳汝訥
李回　李珏

李固言
列傳卷第一百二十四　唐書一百七十四
李德裕 子燁
列傳卷第一百二十五　唐書一百七十五
憲宗二十五子　穆宗五子
敬宗五子　文宗二子
武宗五子　宣宗十一子
懿宗八子　僖宗二子
昭宗十子
列傳卷第一百二十六　唐書一百七十六
李宗閔　楊嗣復 子授 損 技 拭 撝
楊虞卿 弟漢公 虞卿從兄汝士 汝士子知溫 知遠 知權 汝士弟魯士附
馬植　李讓夷

魏謩　周墀
崔龜從　鄭肅
盧商
列傳卷第一百二十七　唐書一百七十七
崔慎由父從伯父能慎由子胤　慎由弟安潛　盧鈞
崔珙兄琯弟璵球珦子澹澹子遠　楊收兄發弟嚴嚴子涉注收子鑒鉅鐬
裴休兄儔弟俅　路巖
韋保衡　劉瞻
夏侯孜子潭澤　曹確
劉瑑　杜審權子讓能弘徽彥林
畢諴　豆盧瑑
劉鄴
列傳卷第一百二十八　唐書一百七十八
趙隱弟騭光裔隱子光逢光胤　張裼子文蔚貽憲濟美

李蔚子渥洵澤　崔彥昭
鄭畋子凝績盧攜附　王徽
列傳卷第一百二十九　唐書一百七十九
蕭遘弟蘧　孔緯子崇弼
韋昭度　崔昭緯
張濬　朱朴
鄭綮　劉崇望兄崇龜崇謨弟崇魯
徐彥若父商子綰弟彥樞　陸扆
柳璨弟瑊瑀
列傳卷第一百三十　唐書一百八十
朱克融　李載義
楊志誠史元忠附　張仲武子直方
張允伸　張公素
李可舉　李全忠子匡威匡籌

列傳卷第一百三十一　唐書一百八十一
史憲誠子孝章　何進滔
韓允忠　樂彥禎
羅弘信子威
列傳卷第一百三十二　唐書一百八十二
王重榮　王處存弟處直
諸葛爽　高駢畢師鐸秦彥
時溥　朱瑄弟瑾
列傳卷第一百三十三　唐書一百八十三
外戚
獨孤懷恩
竇德明姪懷貞希瓘子鍔族弟孝諶希𡼏從父弟維鍌孝諶子希瑊希球希瓘
長孫敞
武承嗣子延秀攸暨從父弟三思攸暨妻太平公主三思子崇訓從祖弟懿宗從父弟攸緒

薛懷義　韋溫
王仁皎子守一　吳溆弟湊
竇覦柳晟附　王思敬子難得難得子子顏
列傳卷第一百三十四　唐書一百八十四
宦官
楊思勗　高力士
袁思藝　李輔國
程元振　魚朝恩
劉希暹　賈明觀
竇文場　霍仙鳴
俱文珍　吐突承璀
王守澄　仇士良
田令孜　楊復光
楊復恭　劉季述

王奉先　韓全誨

列傳卷第一百三十五上　唐書一百八十五上

良吏上

韋仁壽　陳君賓
張允濟　李桐客
李素立　薛大鼎
賈敦頤 弟敦實　李君球
崔知溫　高智周
田仁會 子歸道　韋機
權懷恩　馮元常
蔣儼　王方翼
薛季昶

列傳卷第一百三十五下　唐書一百八十五下

良吏下

裴懷古　張知謇 兄知玄 弟知泰 知晦 知默
楊元琰 子仲嗣 仲昌　倪若水
李濬 子麟　楊嶠
宋慶禮　姜師度
强循 和逢堯　潘好禮
楊茂謙　楊瑒
崔隱甫　李尚隱
呂諲　蕭定
蔣沇　薛珏 子存慶
李惠登　任迪簡
范傳正　袁滋
薛苹　閻濟美

列傳卷第一百三十六上　唐書一百八十六上

酷吏上

來俊臣　周興
傅遊藝　丘神勣
索元禮　侯思止
萬國俊　來子珣
王弘義　郭霸
吉頊

列傳卷第一百三十六下　唐書一百八十六下

酷吏下

姚紹之　周利貞
王旭　吉溫
羅希奭　毛若虛
敬羽

列傳卷第一百三十七上　唐書一百八十七上

忠義上

夏侯端　劉感
常達　羅士信
呂子臧　張道源 族子楚金附
李公逸　張善相
李玄通　敬君弘
馮立　謝叔方
王義方　成三郎
尹元貞　高叡 子仲舒
王同皎　周憬
蘇安恒　俞文俊
王求禮　燕欽融 郎岌附
安金藏

列傳卷第一百三十七下　唐書一百八十七下

忠義下

楊三安妻李氏　魏衡妻王氏
樊會仁母敬氏　絳州孝女衛氏
濮州孝女賈氏　鄭義宗妻盧氏
劉寂妻夏侯氏　楚王靈龜妃上官氏
楊紹宗妻王氏　于敏直妻張氏
冀州女子王氏　樊彥琛妻魏氏
鄒保英妻奚氏古玄應妻高氏附　宋庭瑜妻魏氏
崔繪妻盧氏　奉天縣竇氏二女
盧甫妻李氏王泛妻裴氏附　鄒待徵妻薄氏
李湍妻　董昌齡母楊氏
韋雍妻蘭陵縣君蕭氏　衡方厚妻武昌縣君程氏
女道士李玄真　孝女王和子鄭神佐女附

列傳卷第一百四十四上　唐書一百九十四上
突厥上

列傳卷第一百四十四下　唐書一百九十四下
突厥下

列傳卷第一百四十五　唐書一百九十五
廻紇

列傳卷第一百四十六上　唐書一百九十六上
吐蕃上

列傳卷第一百四十六下　唐書一百九十六下
吐蕃下

列傳卷第一百四十七　唐書一百九十七
南蠻　西南蠻
林邑　婆利
盤盤　真臘
陀洹　訶陵
墮和羅　墮婆登

東謝蠻　西趙蠻
牂牁蠻　南平獠
東女國　南詔蠻
驃國

列傳卷第一百四十八　唐書一百九十八
西戎
泥婆羅　党項羌
高昌　吐谷渾
焉耆　龜茲
踈勒　于闐
天竺　罽賓
康國　波斯
拂菻　大食

列傳卷第一百四十九上　唐書一百九十九上

東夷
高麗　百濟
新羅　倭國
日本

列傳卷第一百四十九下　唐書一百九十九下
北狄
鐵勒　契丹
奚　室韋
靺鞨　渤海靺鞨
霫　烏羅渾

列傳卷第一百五十上　唐書二百上
安祿山子慶緒　高尚
孫孝哲　史思明朝義

列傳卷第一百五十下　唐書二百下

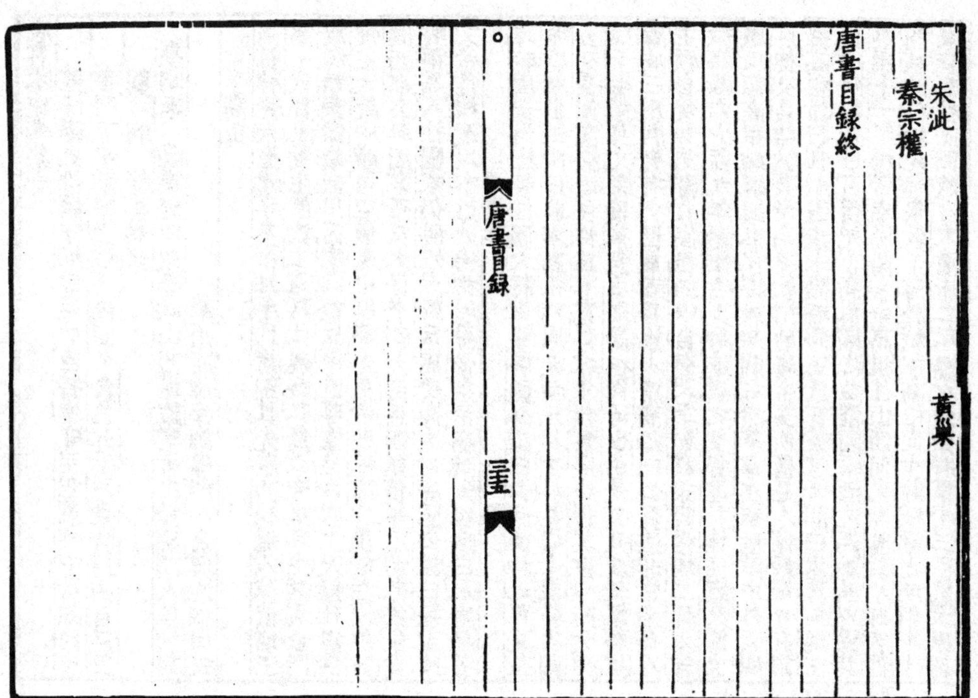

朱泚　黃巢

秦宗權

唐書目錄終

唐書目錄　三五

唐書本紀卷第一

監修國史推誠守節保運功臣特進守司空兼門下侍郎同中書門下平章事上柱國譙國公食邑五千戶食實封四百戶臣

劉昫　等奉勅修

皇明奉　勅提督南畿學政山西道監察御史餘姚聞人詮校刻

蘇州府儒學訓導門人嘉興沈桐同校

高祖

高祖神堯大聖光孝皇帝姓李氏諱淵其先隴西狄道人涼武昭王暠七代孫也暠生歆歆生重耳仕魏爲弘農太守重耳生熙爲金門鎮將領豪傑鎮武川因家焉儀鳳中追尊宣皇帝熙生天錫仕魏爲幢主大統中贈司空儀鳳中追尊光皇帝皇祖諱虎後衛左僕射封隴西郡公與周文帝及太保李弼大司馬獨孤信等以功參佐命當時稱爲八柱國家仍賜姓大野氏周受禪追封唐國公謚曰襄至隋文帝作相還復本姓武德初追尊景皇帝廟號太祖陵曰永康皇考諱昞周安州總管柱國大將軍襲唐國公謚曰仁武德初追尊元皇帝廟號世祖陵曰興寧高祖以周天和元年生於長安七歲襲唐國公及長倜儻豁達任性真率寬仁容衆無貴賤咸得其歡心隋受禪補千牛備身文帝獨孤皇后即高祖從母也由是特見親愛累轉譙隴岐三州刺史有史世良者善相人謂高祖曰公骨法非常必爲人主願自愛勿忘鄙言高祖頗以自負大業初爲滎陽樓煩二郡太守徵爲殿內少監九年遷衛尉少卿遼東之役督運於懷遠鎮及楊玄感反詔高祖馳驛鎮弘化郡兼知關右諸軍事高祖歷試中外素樹恩德及是結納豪傑衆多款附時煬帝多所猜忌人懷疑懼會有詔徵高祖詣行在所遇疾未謁時甥王氏在後宮帝問曰汝舅何遲王氏以疾對帝曰可得死否高祖聞之益懼因縱酒沈湎納賄以混其迹焉十一年煬帝幸汾陽宮命高祖往山西河東黜陟討捕師次龍門賊帥毋端兒帥衆數千薄於城下高祖從十餘騎擊之所射七十發皆應弦而倒賊乃大潰十二年遷右驍衛將軍十三年爲太原留

守郡丞王威武牙郎將高君雅爲副將群賊蜂起江都阻絕太宗與晉陽令劉文靜首謀勸舉義兵俄而馬邑校尉劉武周據汾陽宮舉兵反太宗與王威高君雅將集兵討之高祖乃命太宗與劉文靜及門下客長孫順德劉弘基各募兵旬日間衆且一萬密遣使召世子建成及元吉于河東威君雅見兵大集恐高祖爲變相與疑懼請高祖祈雨於晉祠將爲不利晉陽鄉長劉世龍知之以告高祖高祖陰爲之備五月甲子高祖與威君雅視事太宗密嚴兵於外以備非常遣開陽府司馬劉政會告威等謀反即斬之以徇遂起義兵甲戌遣劉文靜使於突厥始畢可汗令率兵相應六月甲申命太宗將兵徇西河下之癸巳建大將軍府并置三軍分爲左右以世子建成爲隴西公左領大都督左統軍隸焉太宗爲燉煌公右領大都督右統軍隸焉裴寂爲大將軍府長史劉文靜爲司馬石艾縣長殷開山爲掾劉政會爲屬長孫順德劉弘基竇琮等分爲左右統軍開倉庫以賑窮乏遠近響應秋七月壬子高祖率兵西圖關中以元吉爲鎮北將軍太原留守癸丑發自太原有兵三萬丙辰師次靈石縣營於賈胡堡隋武牙郎將宋老生屯霍邑以拒義師會霖雨積旬餽運不給高祖命旋師太宗切諫乃止有白衣老父詣軍門曰余爲霍山神使謁唐皇帝曰八月雨止路出霍邑東南吾當濟師高祖曰此神不欺趙無恤豈負我哉八月辛巳高祖引師趨霍邑斬宋老生平霍邑丙戌進下臨汾郡及絳郡癸巳至龍門突厥始畢可汗遣康稍利率兵五百人馬二千疋與劉文靜會于麾下隋驍衛大將軍屈突通鎮河東津梁斷絕關中向義者頗以爲阻於東水濱居人競進舟檝不謀而至前後數百人九月壬寅馮翊賊帥孫華土門賊帥白玄度各率其衆送款并具舟檝以待義師高祖令華與統軍王長諧劉弘基引兵渡河屈突通遣其武牙郎將桑顯和率衆數千夜襲長諧義師不利太宗以遊騎數百掩其後顯和潰散義軍復振丙辰馮翊太守蕭造以郡來降戊午高祖親率衆圍河東屈突通自守不出乃命攻城不利而還文武將吏請高祖領太尉加置僚佐從之華陰令李孝常以永

豐倉來降庚申高祖率軍濟河舍于長春宮三秦士庶至者日以千數高祖禮之咸過所望人皆喜悅丙寅遣隴西公建成司馬劉文靜屯兵永豐倉兼守潼關以備他盜太宗率劉弘基長孫順德等前後數萬人自渭北徇三輔所至皆下高祖從弟父神通起兵鄠縣柴氏婦舉兵於司竹至是並與太宗會鄠縣賊帥丘師利李仲文盩厔賊帥何潘仁等合衆數萬來降乙亥命太宗自渭汭屯兵阿城隴西公建成自新豐趣霸上高祖率大軍自下邽西上經煬帝行宮園苑悉罷之宮女放還親屬冬十月辛巳至長樂宮有衆二十萬京師留守刑部尚書衛文昇右翊衛將軍陰世師京兆郡丞滑儀挾代王侑以拒義師高祖遣使至城下諭以匡復之意再三皆不報諸將固請圍城十一月丙辰攻拔京城衛文昇先已病死以陰世師滑儀等拒義兵並斬之癸亥率百僚備法駕立代王侑爲天子遙尊煬帝爲太上皇大赦改元爲義寧甲子隋帝詔加高祖假黃鉞使持節大都督內外諸軍事大丞相進封唐王總錄萬機以武德殿爲丞相府改教爲

○令以隴西公建成爲唐國世子太宗爲京兆尹改封秦公姑臧公元吉爲齊公十二月癸未丞相府置長史司錄已下官僚金城賊帥薛舉寇扶風命太宗爲元帥擊之遣趙郡公孝恭招慰山南所至皆下癸巳太宗大破薛舉之衆於扶風屈突通自潼關奔東都劉文靜等追擒於閿鄉虜其衆數萬河池太守蕭瑀以郡降丙午遣雲陽令詹俊武功縣正李仲袞徇巴蜀下之二年春正月戊辰世子建成爲撫寧大將軍東討元帥太宗爲副總兵七萬徇地東都二月清河賊帥竇建德僭稱長樂王吳興人沈法興據丹陽起兵三月丙辰右屯衛將軍宇文化及弒隋太上皇於江都宮立秦王浩爲帝自稱大丞相徙封太宗爲趙國公戊辰隋帝進高祖相國總百揆備九錫之禮唐國置丞相以下立皇帝祖已下四廟於長安通義里第夏四月辛卯停竹使符頒銀菟符於諸郡戊戌世子建成及太宗自東都班師五月乙巳天子詔高祖冕十有二旒建天子旌旗出警入蹕王后王女爵命之號一遵舊典戊午隋帝詔曰天禍隋國大行太上皇遇盜江都酷甚望夷釁深驪北憫予小子奄造丕愆哀號永感心情糜潰仰惟荼毒仇復靡申形影相弔罔知啓處相國唐王膺期命世扶危拯溺自北徂南東征西怨致九合於諸侯決百勝於千里糾率夷夏大庇甿黎保乂朕躬繄王是賴德侔造化功格蒼旻兆庶歸心曆數斯在屈爲人臣載違天命在昔虞夏揖讓相推苟非重華誰堪命禹當今九服崩離三靈改卜大運去矣請避賢路兆謀布德　顧己莫能私僮命駕須歸藩國予本代王及予而代天之所廢豈其如是庶憑稽古之聖以誅四凶幸值惟新之恩預充三恪雪冤恥於皇祖守禋祀爲孝孫朝聞夕殞及泉無恨今遵故事遜于舊邸庶官群辟改事唐朝宜依前典趣上尊號若釋重負感泰兼懷假手真人俾除醜逆濟濟多士明知朕意仍勑有司凡有表奏皆不得以聞遣使持節兼太保刑部尚書光祿大夫梁郡公蕭造兼太尉司農少卿裴之隱奉皇帝璽綬于高祖高祖辭讓百寮上表勸進至于再三乃從之隋帝遜于舊邸改大興殿爲太極殿甲子高祖即皇帝位於太極殿命刑

○部尚書蕭造兼太尉告於南郊大赦天下改隋義寧二年爲唐武德元年官人百姓賜爵一級義師所行之處給復三年罷郡置州改太守爲刺史丁卯宴百官于太極殿賜帛有差東都留守官共立隋越王侗爲帝壬申命相國長史裴寂等脩律令六月甲戌太宗爲尚書令相國府長史裴寂爲尚書右僕射相國府司馬劉文靜爲納言隋民部尚書蕭瑀相國府司錄竇威並爲內史令廢隋大業律令頒新格己卯備法駕迎皇高祖宣簡公已下神主祔於太廟追謚妃竇氏爲太穆皇后陵曰壽安庚辰立世子建成爲皇太子封太宗爲秦王齊國公元吉爲齊王封宗室蜀國公孝基爲永安王柱國公道玄爲淮陽王長平公叔良爲長平王鄭國公神通爲永康王安吉公神符爲襄邑王柱國德良爲長樂王上開府道素爲竟陵王上柱國博乂爲隴西王奉慈爲勃海王諸州總管加號使持節癸未封隋帝爲酅國公薛舉寇涇州命秦王爲西討元帥征之改封永康王神通爲淮安王壬辰加秦王雍州牧餘官如故辛丑內史令竇威卒秋七月丙午刑

部尚書蕭造爲太子太保追封皇子玄霸爲衛王西突厥遣使内附秦王與薛舉大戰於涇州我師敗績八月壬午薛舉死其子仁杲復僭稱帝命秦王爲元帥以討之丁亥詔曰隋太常卿高熲上柱國賀若弼並抗節不阿矯枉無撓司隸大夫薛道衡刑部尚書宇文弢左翊衛將軍董純並懷忠抱義以陷極刑宜從褒飾以慰泉壤熲可贈上柱國郯國公弼贈上柱國杞國公各令有司加謚道衡贈上開府臨河縣公弢贈上開府平昌縣公純贈柱國狄道縣公又詔曰隋右驍衛大將軍李金才左光祿大夫李敏並鼎族高門元功世冑橫受屠殺朝野稱冤然李氏將興天祚有應冥契深隱妄肆誅夷朕受命君臨志存刷蕩申冤旌善無忘寤寐金才可贈上柱國申國公敏可贈柱國觀國公又前代酷濫子孫被流者並放還鄉里涼州賊帥李軌以其地來降拜涼州總管封涼王九月乙巳親錄囚徒改銀菟符爲銅魚符辛未追謚隋太上皇爲煬帝宇文化及至魏州鴆殺秦王浩僭稱太子國號許冬十月壬申朔日有蝕之李密率衆來降封皇從父弟襄武公琛爲襄武王黃臺公瑗爲廬江王癸巳詔行傳仁均所造戊寅曆十一月己酉以京師穀貴令四面入關者車馬牛驢各給課米充其自食秦王大破薛仁杲於淺水原降之隴右平乙巳涼王李軌僭稱天子於涼州詔頒五十三條格以約法緩刑十二月壬申加秦王太尉陝東道大行臺丁丑封上柱國李孝常爲義安王庚子李密反於桃林行軍總管盛彥師追討斬之二年春正月乙卯初令文官遭父母喪者聽去職黃門侍郎陳叔達兼納言二月丙戌詔天下諸宗人無職任者不在徭役之限每州置宗師一人以相統攝丁酉竇建德攻宇文化及于聊城斬之傳首突厥閏月辛丑劉武周侵我并州己酉李密舊將徐世勣以黎陽之衆及河南十郡降授黎州總管封曹國公賜姓李氏庚戌上微行都邑以察甿俗即日還宮甲寅賊帥朱粲殺我使散騎常侍段確奔洛陽夏四月乙巳王世充篡越王侗位僭稱天子國號鄭辛亥李軌爲其僞尚書安興貴所執以降河右平突厥始畢可汗死五月己卯酅國公薨追崇爲隋帝謚曰

恭六月戊寅令國子學立周公孔子廟四時致祭仍博求其後癸亥尚書右僕射裴寂爲晉州道行軍總管以討劉武周秋七月壬申置十二軍以關内諸府分隸焉王世充遣其將羅士信侵我穀州士信率其衆來降西突厥葉護可汗及高昌並遣使朝貢九月辛未賊帥李子通據江都僭稱天子國號吳沈法興據毗陵僭稱梁王丁丑和州賊帥杜伏威遣使來降授和州總管東南道行臺尚書令封楚王裴寂與劉武周將宋金剛戰於介州我師敗績右武衛大將軍姜寶誼死之并州總管齊王元吉懼武周所逼奔於京師并州陷乙未京師地震冬十月己亥封幽州總管羅藝爲燕郡王賜姓李氏黃門侍郎楊恭仁爲納言殺民部尚書魯國公劉文靜乙卯討劉武周軍于蒲州爲諸軍聲援壬子劉武周進圍晉州甲子上親祠華岳十一月丙子竇建德陷黎陽盡有山東之地淮安王神通左武候大將軍李世勣皆没於賊十二月丙申永安王孝基工部尚書獨孤懷恩總管于筠爲劉武周將宋金剛掩襲並没焉甲辰狩于華山壬子大風拔木三年春正月辛巳幸蒲州命祀舜廟癸巳至自蒲州甲午李世勣於竇建德所自拔歸國建德僭稱夏王二月丁酉京師西南地有聲如山崩庚子幸華陰工部尚書獨孤懷恩謀反伏誅三月癸酉西突厥葉護可汗高昌王麴伯雅遣使朝貢突厥貢條支巨鳥己卯改納言爲侍中内史令爲中書令給事郎爲給事中甲戌内史侍郎封德彝兼中書令封賊帥劉孝眞爲彭城王賜姓李氏夏四月壬寅至自華陰於益州置行臺尚書省甲寅加秦王益州道行臺尚書令秦王大破宋金剛於介州金剛與劉武周俱奔突厥遂平并州僞總管尉遲敬德尋相以介州降六月壬辰徙封楚王杜伏威爲吳王賜姓李氏加授東南道行臺尚書令丙午親錄囚徒封皇子元景爲趙王元昌爲魯王元亨爲酆王皇孫承宗爲太原王承道爲安陸王承乾爲恒山王恪爲長沙王泰爲宜都王秋七月壬戌命秦王率諸軍討王世充遣皇太子鎮蒲州以備突厥丙申突厥殺劉武周於白道冬十月庚子懷戎賊帥高開道遣使降授蔚州總管封北平郡王賜姓李

氏

四年春正月丁卯竇建德行臺尚書令胡大恩以大安鎭來降封定襄郡王賜姓李氏辛巳命皇太子揔統諸軍討稽胡三月徙封宜都王泰爲衛王竇建德來援王世充攻陷我管州夏四月甲寅封皇子元方爲周王元禮爲鄭王元嘉爲宋王元則爲荆王元茂爲越王初置都護府官員五月己未秦王大破竇建德之衆於武牢擒建德河北悉平丙寅王世充舉東都降河南平秋七月甲子秦王凱旋獻俘於太廟丁卯大赦天下廢五銖錢行開元通寶錢斬竇建德於市流王世充於蜀未發爲讎人所害甲戌建德餘黨劉黑闥據漳反置山東道行臺尚書省於洛州八月兖州揔管徐圓朗舉兵反以應劉黑闥僭稱魯王冬十月乙丑加秦王天策上將位在王公上領司徒陜東道大行臺尚書令齊王元吉爲司空乙巳趙郡王孝恭平荆州獲蕭銑十一月甲申於洛州置大行臺廢洛州都督府庚寅焚東都紫微宮乾陽殿會稽賊帥李子通以其地來降十二月丁卯命秦王及齊

王元吉討劉黑闥壬申徙封宋王元嘉爲徐王五年春正月丙申劉黑闥據洛州僭稱漢東王三月丁未秦王破劉黑闥于洛水上盡復所陷州縣黑闥亡奔突厥蔚州揔管北平王高開道叛寇易州夏四月庚戌秦王還京師高祖迎勞於長樂宮壬申代州揔管定襄郡王大恩爲虜所敗戰死六月劉黑闥引突厥寇山東置諫議大夫官員秋七月丁亥吳王伏威來朝隋漢陽太守馮盎以南越之地來降嶺表悉定八月辛亥以洛荆并幽交五州爲大揔管府改封恒山王承乾爲中山王葬隋煬帝於揚州丙辰突厥頡利寇鴈門己未進寇朔州遣皇太子及秦王討擊大敗之冬十月癸酉遣齊王元吉擊劉黑闥於洛州時山東州縣多爲黑闥所守所在殺長吏以應之行軍揔管淮陽王道玄與黑闥戰于下博道玄敗沒十一月甲申命皇太子率兵討劉黑闥丙申幸宜州簡閱將士十二月丙辰校獵於華池庚申至自宜州皇太子破劉黑闥於魏州斬之山東平六年春正月吳王杜伏威爲太子太保二月辛亥校獵於驪山三月乙未幸昆明池宴

百官夏四月己未舊宅改爲通義宮曲赦京城繫囚於是置酒高會賜從官帛各有差癸酉以尚書右僕射魏國公裴寂爲左僕射中書令宋國公蕭瑀爲右僕射侍中觀國公楊恭仁爲吏部尚書秋七月突厥頡利寇朔州遣皇太子及秦王屯并州以備之八月壬子東南道行臺僕射輔公祏據丹陽反僭稱宋王遣趙郡王孝恭及嶺南道大使永康縣公李靖討之丙寅吐谷渾內附九月丙子突厥退皇太子班師改東都爲洛州高開道引突厥寇幽州冬十月幸華陰十一月校獵於沙苑十二月乙巳以奉義監爲龍躍宮武功宅爲慶善宮甲寅至自華陰

七年春正月己酉封高麗王高武爲遼東郡王百濟王扶餘璋爲帶方郡王新羅王金眞平爲樂浪郡王二月高開道爲部將張金樹所殺以其地降丁巳幸國子學親臨釋奠改大揔管府爲大都督府吳王伏威薨三月戊寅廢尚書省六司侍郎增吏部郎中秩正四品掌選事戊戌趙郡王孝恭大破輔公祏擒之丹陽平夏四月庚子大赦

天下頒行新律令以天下大定詔遭父母喪者聽終制五月造仁智宮於宜州之宜君縣李世勣討徐圓朗平之六月辛丑幸仁智宮秋七月甲午至自仁智宮巂州地震山崩江水咽流八月戊辰突厥寇并州京師戒嚴壬午突厥退乙未京師解嚴冬十月丁卯幸慶善宮癸酉幸終南山謁老子廟十一月戊辰校獵于高陵庚午至自慶善宮八年春二月己巳親錄囚徒多所原宥夏四月造太和宮於終南山六月甲子幸太和宮突厥寇定州命皇太子往幽州秦王往并州以備突厥八月并州道揔管張公謹與突厥戰於太谷王師敗績中書令溫彥博沒於賊九月突厥退冬十月辛巳幸周氏陂校獵因幸龍躍宮十一月辛卯幸宜州庚子講武於同官縣改封蜀王元軌爲吳王漢王元慶爲陳王加授秦王中書令齊王元吉侍中天策上將府司馬宇文士及權檢校侍中十二月辛酉至自宜州

九年春正月丙寅命州縣修城隍備突厥尚書左僕射魏國公裴寂爲司空二月庚申加齊王元吉爲司徒戊寅親祠社稷三月辛卯幸

昆明池夏五月辛巳以京師寺觀不甚清淨詔曰釋迦闡教清淨爲先遠離塵垢斷除貪欲所以弘宣勝業修植善根開導愚迷津梁品庶是以敷演經教檢約學徒調懺身心捨諸染著衣服飲食咸資四輩自覺王遷謝像法流行末代陵遲漸以虧濫乃有猥賤之侶規自尊高浮惰之人苟避徭役妄爲剃度託號出家嗜欲無厭營求不息出入閭里周旋闤闠驅策田產聚積貨物耕織爲生估販成業事同編戶迹等齊人進違戒律之文退無禮典之訓至乃親行劫掠躬自穿窬造作妖訛交通豪猾每罹憲網自陷重刑黷亂眞如傾毀妙法譬茲稂莠有穢嘉苗類彼淤泥混夫清水又伽藍之地本曰淨居棲心之所理尚幽寂近代以來多立寺舍不求閑曠之境唯趣喧雜之方繕采崎嶇棟宇殊拓錯舛隱匿誘納姦邪或有接延鄽邸鄰近屠酤埃塵滿室羶腥盈道徒長輕慢之心有虧崇敬之義且老氏垂化本實冲虛養志無爲遺情物外全眞守一是謂玄門驅馳世務尤乖宗旨朕膺期馭宇興隆教法志思利益情在護持欲使玉石區分薰

蕕有辨長存妙道永固福田正本澄源宜從沙汰諸僧尼道士女冠等有精勤練行守戒律者並令大寺觀居住給衣食勿令乏短其不能精進戒行有闕不堪供養者並令罷遣各還桑梓所司明爲條式務依法教違制之事悉宜停斷京城留寺三所觀二所其餘天下諸州各留一所餘悉罷之事竟不行六月庚申秦王以皇太子建成與齊王元吉同謀害己率兵誅之詔立秦王爲皇太子繼統萬機大赦天下八月癸亥詔傳位于皇太子尊帝爲太上皇徙居弘義宮改名太安宮貞觀八年三月甲戌高祖讌西突厥使者於兩儀殿顧謂長孫無忌曰當今蠻夷率服古未嘗有無忌上千萬歲壽高祖大悅以酒賜太宗太宗又奉觴上壽流涕而言曰百姓獲安四夷咸附皆奉遵聖旨豈臣之力於是太宗與文德皇后互進御膳并上服御衣物一同家人常禮是歲閱武於城西高祖親自臨視勞將士而還置酒於未央宮三品已上咸侍高祖命突厥頡利可汗起舞又遣南越酋長馮智戴詠詩既而笑曰胡越一家自古未之有也太宗奉觴上壽曰臣早蒙慈訓教以文道爰從義旗平定京邑重以薛舉武周世充建德皆上稟睿算幸而剋定三數年間混一區宇天慈崇寵遂蒙重任今上天垂祐時和歲阜被髮左衽並爲臣妾此豈臣智力皆由上稟聖算高祖大悅群臣皆呼萬歲極夜方罷九年五月庚子高祖大漸下詔既殯之後皇帝宜於別所視軍國大事其服輕重悉從漢制以日易月園陵制度務從儉約是日崩於太安宮之垂拱前殿年七十群臣上謚曰大武皇帝廟號高祖十月庚寅葬於獻陵高宗上元元年八月改上尊號曰神堯皇帝天寶十三年二月上尊號神堯大聖大光孝皇帝

史臣曰有隋季年皇圖板蕩荒主燀燎原之焰羣盜發逐鹿之機殄暴無厭橫流靡救高祖審獨夫之運去知新主之勃興密運雄圖未伸龍躍而屈己求可汗之援卑辭答李密之書決神機而速若疾雷驅豪傑而從如偃草洎謳謠允屬揖讓受終刑名大剗于煩苛爵位不踰於適軸緜是攫金有恥伏莽知非人懷漢道之寬平不責高皇

之慢罵然而優柔失斷浸潤得行誅文靜則議法不從酬裴寂則曲恩太過姦佞由之貝錦嬖幸得以掇蜂獻公遂間於申生小白寧懷於召忽一旦兵交愛子矢集申孫匈奴尋犯於便橋京邑咸憂於左衽不有聖子王業殆哉

贊曰高皇創圖勢若摧枯國運神武家難聖謨言生牀笫禍切肌膚鴟鴞之詠無損於吾

唐書本紀卷第一

唐書本紀卷第二

劉 昫 等修
聞人詮校刻沈桐同校

太宗上

太宗文武大聖大廣孝皇帝諱世民高祖第二子也母曰太穆順聖皇后竇氏隋開皇十八年十二月戊午生於武功之別館時有二龍戲於館門之外三日而去高祖之臨岐州太宗時年四歲有書生自言善相謁高祖曰公貴人也且有貴子見太宗曰龍鳳之姿天日之表年將二十必能濟世安民矣高祖懼其言泄將殺之忽失所在因採濟世安民之義以爲名焉太宗幼聰睿玄鑒深遠臨機果斷不拘小節時人莫能測也大業末煬帝於鴈門爲突厥所圍太宗應募救援隷屯衛將軍雲定興營將行謂定興曰必賫旗鼓以設疑兵且始畢可汗舉國之師敢圍天子必以國家倉卒無援我張軍容令數十里幡旗相續夜則鉦鼓相應虜必謂救兵雲集望塵而遁矣不然彼

衆我寡悉軍來戰必不能支矣定興從焉師次崞縣突厥候騎馳告始畢曰王師大至由是解圍而遁及高祖之守太原太宗時年十八有高陽賊帥魏刀兒自號歷山飛來攻太原高祖擊之深入賊陣太宗以輕騎突圍而進射之所向皆披靡拔高祖於萬衆之中適會步兵至高祖與太宗又奮擊大破之時隋祚已終太宗潛圖義舉每折節下士推財養客群盜大俠莫不願效死力及義兵起乃率兵略徇西河剋之拜右領大都督右三軍皆隷焉封燉煌郡公大軍西上賈胡堡隋將宋老生率精兵二萬屯霍邑以拒義師會久雨糧盡高祖與裴寂議且還太原以圖後舉太宗曰本興大義以救蒼生當須先入咸陽號令天下遇小敵即班師將恐從義之徒一朝解體還守太原一城之地此爲賊耳何以自全高祖不納促令引發太宗遂號泣於外聲聞帳中高祖召問其故對曰今兵以義動進戰則必剋退還則必散衆散於前敵乘於後死亡須臾而至是以悲耳高祖乃悟而止八月己卯雨霽高祖引師趣霍邑太宗恐老生不出戰乃將數騎

先詣其城下舉鞭指麾若將圍城者以激怒之老生果怒開門出兵背城而陣高祖與建成合陣於城東太宗及柴紹陣於城南老生麾兵疾進先薄高祖而建成墜馬老生乘之高祖與建成軍咸却太宗自南原率二騎馳下峻坂衝斷其軍引兵奮擊賊衆大敗各捨仗而走懸門發老生引繩欲上遂斬之平霍邑至河東關中豪傑爭走赴義太宗請進師入關取永豐倉以賑窮乏收群盜以圖京師高祖稱善太宗以前軍濟河先定渭北三輔吏民及諸豪猾詣軍門請自効者日以千計扶老攜幼滿於麾下收納英俊以備僚列遠近聞者咸自託焉師次于涇陽勝兵九萬破胡賊劉鷂子并其衆留殷開山劉弘基屯長安故城太宗自趣司竹賊帥李仲文何潘仁向善志等皆來會頓于阿城獲兵十三萬長安父老賫牛酒詣旌門者不可勝紀勞而遣之一無所受軍令嚴肅秋毫無所犯尋與大軍平京城高祖輔政受唐國內史改封秦國公會薛舉以勁卒十萬來逼渭濱太宗親擊之大破其衆追斬萬餘級略地至于隴坻義寧元年十二月復

爲右元帥總兵十萬徇東都及將旋謂左右曰賊見吾還必相追躡設三伏以待之俄而隋將段達率萬餘人自後而至度三王陵發伏擊之段達大敗追奔至于城下因於宜陽新安置熊穀二州戍之而還徙封趙國公高祖受禪拜尚書令右武候大將軍進封秦王加授雍州牧武德元年七月薛舉寇涇州太宗率衆討之不利而旋九月薛舉死其子仁杲嗣立太宗又爲元帥以擊仁杲相持於折墌城深溝高壘者六十餘日賊衆十餘萬兵鋒甚銳數來挑戰太宗按甲以挫之賊糧盡其將牟君才梁胡郎來降太宗謂諸將軍曰彼氣衰矣吾當取之遣將軍龐玉先陣於淺水原南以誘之賊將宗羅睺并軍來拒玉軍幾敗既而太宗親御大軍奄自原北出其不意羅睺望見復迴師相拒太宗將驍騎數十入賊陣於是王師表裏齊奮羅睺大潰斬首數千級投澗谷而死者不可勝計太宗率左右二十餘騎追奔直趣折墌以乘之仁杲大懼嬰城自守將夕大軍繼至四面合圍詰朝仁杲請降俘其精兵萬餘人男女五萬口既而諸將奉賀因問

曰始大王野戰破賊其主尚保堅城王無攻具輕騎騰逐不待步兵
徑薄城下咸疑不剋而竟下之何也太宗曰此以權道迫之使其計
不暇發以故剋也羅睺恃往年之勝兼復養鋭日久見吾不出意在
相輕今喜吾出悉兵來戰雖擊破之擒殺蓋少若不急躡還走投城
仁杲收而撫之則便未可得矣且其兵衆皆隴西人一敗披退不及
廻顧散歸隴外則折墌自虚我軍隨而迫之所以懼而降也此可謂
成算諸君盡不見耶諸將曰此非凡人所能及也獲賊兵精騎甚衆
還令仁杲兄弟及賊帥宗羅睺翟長孫等領之太宗與之遊獵馳射
無所間然賊徒荷恩懾氣咸願效死時李密初附高祖令密馳傳迎
太宗於豳州密見太宗天姿神武軍威嚴肅驚悚歎服私謂殷開山
曰眞英主也不如此何以定禍亂乎凱旋獻捷於太廟拜太尉陝東
道行臺尚書令鎭長春宮關東兵馬並受節度尋加左武候大將軍
凉州揔管宋金剛之陷澮州也兵鋒甚鋭高祖以王行本尚據蒲州
吕崇茂反於夏縣晉澮二州相繼陷没關中震駭乃手勑曰賊勢如

○此難與爭鋒宜棄河東之地謹守關西而已太宗上表曰太原王業
所基國之根本河東殷實京邑所資若舉而棄之臣竊憤恨願假精
兵三萬必能平殄武周克復汾晉高祖於是悉發關中兵以益之又
幸長春宮親送太宗
二年十一月太宗率衆趣龍門關履氷而渡之進屯栢壁與賊將宋
金剛相持尋而永安王孝基敗於夏縣于筠獨孤懷恩唐儉並爲賊
將尋相尉遲敬德所執將還澮州太宗遣殷開山秦叔寶邀之於美
良川大破之相等僅以身免悉虜其衆復歸栢壁於是將咸請戰太
宗曰金剛懸軍千里深入吾地精兵驍將皆在於此武周據太原專
倚金剛以爲捍士卒雖衆内實空虚意在速戰我堅營蓄鋭以挫其
鋒糧盡計窮自當遁走
三年二月金剛竟以衆餒而遁太宗追之至介州金剛列陣南北七
里以拒官軍太宗遣揔管李世勣程咬金秦叔寶當其北翟長孫秦
武通當其南諸軍戰小却爲賊所乘太宗率精騎擊之衝其陣後賊

衆大敗追奔數十里敬德相率衆八千來降還令敬德督之與軍營
相參屈突通懼其爲變驟以爲請太宗曰昔蕭王推赤心置人腹中
並能畢命今委任敬德又何疑也於是劉武周奔於突厥并汾悉復
舊地詔就軍加拜益州道行臺尚書令七月揔率諸軍攻王世充於
洛邑師次穀州世充率精兵三萬陣於慈澗太宗以輕騎挑之時衆
寡不敵陷於重圍左右咸懼太宗命左右先歸獨留後殿世充驍將
單雄信數百騎夾道來逼交搶競進太宗幾爲所敗太宗左右射之
無不應弦而倒獲其大將燕頎世充乃拔慈澗之鎭歸於東都太宗
遣行軍揔管史萬寶自宜陽南據龍門劉德威自太行東圍河内王
君廓自洛口斷賊糧道又遣黃君漢夜從孝水河中下舟師襲廻洛
城剋之黃河已南莫不響應城堡相次來降大軍進屯邙山九月太
宗以五百騎先觀戰地卒與世充萬餘人相遇會戰復破之斬首三
千餘級獲大將陳智略世充僅以身免其所署筠州揔管楊慶遣使
請降遣李世勣率師出轘轅道安撫其衆滎汴洧豫九州相繼來降

○世充遂求救於竇建德四年二月又進屯青城宮營壘未立世充衆
二萬自方諸門臨穀水而陣太宗以精騎陣於北邙山令屈突通率
步卒五千渡水以擊之因誡通曰待兵交即放煙吾當率騎軍南下
兵纔接太宗以騎衝之挺身先進與通表裏相應賊衆殊死戰散而
復合者數焉自辰及午賊衆始退縱兵乘之俘斬八千人於是進營
城下世充不敢復出但嬰城自守以待建德之援太宗遣諸軍掘塹
匝布長圍以守之吳王杜伏威遣其將陳正通徐召宗率精兵二千
來會於軍所僞鄭州司馬沈悅以武牢降將軍王君廓應之擒其僞
荆王王行本會竇建德以兵十餘萬來援世充至于酸棗蕭瑀屈突通
封德彝皆以腹背受敵恐非萬全請退師穀州以觀之太宗曰世充
糧盡内外離心我當不勞攻擊坐收其敝建德新破孟海公將驕卒
惰吾當進據武牢扼其襟要賊若冒險與我爭鋒破之必矣如其不
戰旬日間世充當自潰若不速進賊入武牢諸城新附必不能守二
賊併力將若之何通又請解圍就險以候其變太宗不許於是留通

輔齊王元吉以圖世充親率步騎三千五百人趣武牢建德自滎陽西上築壘於板渚太宗屯武牢相持二十餘日諜者曰建德伺官軍芻盡候牧馬於河北因將襲武牢太宗知其謀遂牧馬河北以誘之詰朝建德果悉衆而至陳兵汜水世充將郭士衡陣於其南綿亘數里皷譟諸將大懼太宗將數騎昇高丘以望之謂諸將曰賊起山東未見大敵今度險而戰是無政令逼城而陣有輕我心我按兵不出彼迺氣衰陣久卒饑必將自退追而擊之無往不剋吾與公等約必以午時後破之建德列陣自辰至午兵士饑倦皆坐列又爭飲水逡巡斂退太宗曰可擊矣親率輕騎追而誘之衆繼至建德迴師而陣未及整列太宗先登擊之所向皆靡俄而衆軍合戰囂塵四起太宗率史大奈程齩金秦叔寶宇文歆等揮幡而入直突出其陣後張我旗幟賊顧見之大潰追奔三十里斬首三千餘級虜其衆五萬生擒建德於陣太宗數之曰我以干戈問罪本在王世充得失存亡不預汝事何故越境犯我兵鋒建德股慄而言曰今若不來恐勞遠取

高祖聞而大悅手詔曰隋氏分崩崤函隔絕兩雄合勢一朝清蕩兵既剋捷更無死傷無愧爲臣不憂其父並汝功也乃將建德至東都城下世充懼率其官屬二千餘人詣軍門請降山東悉平太宗入據宮城令蕭瑀竇軌等封守府庫一無所取令記室房玄齡收隋圖籍於是誅其同惡段達等五十餘人枉被囚禁者悉釋之非罪誅戮者祭而誄之大饗將士班賜有差高祖令尚書左僕射裴寂勞於軍中六月凱旋太宗親披黃金甲陳鐵馬一萬騎甲士三萬人前後部皷吹俘二偽主及隋氏器物輦輅獻于太廟高祖大悅行飲至禮以享焉高祖以自古舊官不稱殊功乃別表徽號用旌勳德十月加號天策上將陝東道大行臺位在王公上增邑二萬戶通前二萬戶賜金輅一乘袞冕之服玉璧一雙黃金六千斤前後部皷吹及九部之樂班劍四十人于時海內漸平太宗乃銳意經籍開文學館以待四方之士行臺司勳郎中杜如晦等十有八人爲學士每更直閣下降以溫顏與之討論經義或夜分而罷未幾竇建德舊將劉黑闥舉兵反據洺州十二月太宗總戎東討

五年正月進軍肥鄉分兵絕其糧道相持兩月黑闥窘急求戰率步騎二萬南渡洺水晨壓官軍太宗親率精騎擊其馬軍破之乘勝蹂其步卒賊大潰斬首萬餘級先是太宗遣堰洺水上流使淺令黑闥得渡及戰乃令決堰水大至深丈餘賊徒既敗赴水者皆溺死焉黑闥與二百餘騎北走突厥悉虜其衆河北平時徐圓朗阻兵徐兗太宗迴師討平之於是河濟江淮諸郡邑皆平十月加左右十二衛大將軍七年秋突厥頡利二可汗自原州入寇侵擾關中有說高祖云秪爲府藏子女在京師故突厥來若燒却長安而不都則胡寇自止高祖乃遣中書侍郎宇文士及行山南可居之地即欲移都蕭瑀等皆以爲非然終不敢犯顏正諫太宗獨曰霍去病漢廷之將帥耳猶且志滅匈奴臣忝備藩維尚使胡塵不息遂令陛下議欲遷都此臣之責也幸乞聽臣一申微効取彼頡利若一兩年間不係其頸徐建移都之策臣當不敢復言高祖怒仍遣太宗將三十餘騎行剗還日

固奏必不可移都高祖遂止八年加中書令九年皇太子建成齊王元吉謀害太宗六月四日太宗率長孫無忌尉遲敬德房玄齡杜如晦宇文士及高士廉侯君集程知節秦叔寶段志玄屈突通張士貴等於玄武門誅之甲子立爲皇太子庶政皆斷決太宗乃縱禁苑所養鷹犬并停諸方所進珍異政尚簡肅天下大悅又令百官各上封事備陳安人理國之要己巳令曰依禮二名不偏諱近代已來兩字兼避廢闕已多率意而行有違經典其官號人名公私文籍有世民兩字不連續者並不須諱罷幽州大都督府辛未廢陝東道大行臺置洛州都督府廢益州道行臺置益州大都督府壬午幽州大都督廬江王瑗謀逆廢爲庶人乙酉罷天策府七月壬辰太子左庶子高士廉爲侍中右庶子房玄齡爲中書令尚書右僕射蕭瑀爲尚書左僕射吏部尚書楊恭仁爲雍州牧太子左庶子長孫無忌爲吏部尚書右庶子杜如晦爲兵部尚書太子詹事宇文士及爲中書令封德彝爲尚書右僕射八月癸亥高祖傳位於皇太子太宗即位於東宮

顯德殿遣司空魏國公裴寂柴告于南郊大赦天下武德元年以來責情流配者並放還文武官五品已上先無爵者賜爵一級六品已下加勳一轉天下給復一年癸酉放掖庭宮女三千餘人甲戌突厥頡利突利寇涇州乙亥突厥進寇武功京師戒嚴丙子立妃長孫氏爲皇后己卯突厥寇高陵辛巳行軍總管尉遲敬德與突厥戰於涇陽大破之斬首千餘級癸未突厥頡利至于渭水便橋之北遣其酋帥執失思力入朝爲覘自張形勢太宗命囚之親出玄武門馳六騎幸渭水上與頡利隔津而語責以負約俄而衆軍繼至頡利見軍容既盛又知思力就拘由是大懼遂請和詔許焉即日還宮乙酉又幸便橋與頡利刑白馬設盟突厥引退九月丙戌頡利獻馬三千疋羊萬口帝不受令頡利歸所掠中國戶口丁未引諸衛騎兵統將等習射于顯德殿庭謂將軍已下曰自古突厥與中國更有盛衰若軒轅善用五兵即能北逐獯鬻周宣驅馳方召亦能制勝太原至漢晉之君逮於隋代不使兵士素習干戈突厥來侵莫能抗禦致遣中國生民塗炭於寇手我今不使汝等穿池築苑造諸淫費農民恣令逸樂兵士唯習弓馬庶使汝鬬戰亦望汝前無橫敵於是每日引數百人於殿前教射帝親自臨試射中者隨賞弓刀布帛朝臣多有諫者曰先王制法有以兵刃至御所者刑之所以防萌杜漸備不虞也今引裨卒之人彎弧縱矢於軒陛之側陛下親在其間正恐禍出非意非所以爲社稷計也上不納自是後士卒皆爲精銳壬子詔私家不得輒立妖神妄設淫祀非禮祠禱一皆禁絕其龜易五兆之外諸雜占卜亦皆停斷長孫無忌封齊國公房玄齡邢國公尉遲敬德吳國公杜如晦蔡國公侯君集潞國公冬十月丙辰朔日有蝕之癸亥立中山王承乾爲皇太子癸酉裴寂食實封一千五百戶長孫無忌王君廓尉遲敬德房玄齡杜如晦一千三百戶長孫順德柴紹羅藝趙郡王孝恭一千二百戶侯君集張公謹劉師立一千戶李世勣劉弘基九百戶高士廉宇文士及秦叔寶程知節七百戶安興貴安修仁唐儉竇軌屈突通蕭瑀封德彝劉義節六百戶錢九隴樊世興公孫武達李孟常段志玄龐卿惲張亮李藥師杜淹元仲文四百戶張長遜張平高李安遠李子和秦行師馬三寶三百戶十一月庚寅降宗室封郡王者並爲縣公十二月癸酉親錄囚徒是歲新羅龜茲突厥高麗百濟党項並遣使朝貢

貞觀元年春正月乙酉改元辛丑燕郡王李藝據涇州反尋爲左右所斬傳首京師庚午以僕射竇軌爲益州大都督三月癸巳皇后親蠶尚書左僕射宋國公蕭瑀爲太子少師丙午詔齊故尚書僕射崔季舒給事黃門侍郎郭遵尚書右丞封孝琰等昔仕鄴中名位通顯志存忠讜抗表極言無救社稷之亡遂見龍逄之酷其季舒子剛遵子雲孝琰子君遵並以門遭時譴淫刑濫及宜從褒獎特異常倫可免內侍量才別叙夏四月癸巳涼州都督長樂王幼良有罪伏誅六月辛巳尚書右僕射密國公封德彝薨壬辰太子少保宋國公蕭瑀爲尚書左僕射是夏山東諸州大旱令所在賑恤無出今年租賦秋七月壬子吏部尚書齊國公長孫無忌爲尚書右僕射八月戊戌貶

侍中義興郡公高士廉爲安州大都督戶部尚書裴矩卒是月關東及河南隴右沿邊諸州霜害秋稼九月辛酉命中書侍郎溫彥博尚書右丞魏徵等分往諸州賑恤中書令郢國公宇文士及爲殿中監御史大夫檢校吏部尚書參預朝政安吉郡公杜淹署位十二月壬午上謂侍臣曰神仙事本虛妄空有其名秦始皇非分愛好遂爲方士所詐乃遣童男女數千人隨徐福入海求仙藥方士避秦苛虐因留不歸始皇猶海側踟躕以待之還至沙丘而死漢武帝爲求仙乃將女嫁道術人事既無驗便行誅戮據此二事神仙不煩妄求也尚書左僕射宋國公蕭瑀坐事免戊申利州都督義安王孝常右武衛將軍劉德裕等謀反伏誅是歲關中饑至有鬻男女者

二年春正月辛丑尚書右僕射齊國公長孫無忌爲開府儀同三司徙封漢王恪爲蜀王衛王泰爲越王楚王祐爲燕王復置六侍郎副六尚書事并置左右司郎中各一人前安州大都督趙王元景爲雍州牧蜀王恪爲益州大都督越王泰爲揚州大都督二月丙戌靺鞨

內屬十二月戊申朔日有蝕之丁卯遣御史大夫杜淹巡關內諸州
出御府金寶贖男女自賣者還其父母庚午大赦天下夏四月己卯
詔骸骨暴露者令所在埋瘞丙申契丹內屬初詔天下州縣並置義
倉夏州賊帥梁師都爲其從父弟洛仁所殺以城降五月大雨雹六
月庚寅皇子治生宴五品以上賜帛有差仍賜天下是日生者粟辛
卯上謂侍臣曰君雖不君臣不可以不臣裴虔通煬帝舊左右也而
親爲亂首朕方崇獎敬義豈可猶使宰民訓俗詔曰天地定位君臣
之義以彰卑高既陳人倫之道斯著是用篤厚風俗化成天下雖復
時經治亂主或昏明疾風勁草芬芳無絕剖心焚體赴蹈如歸夫豈
不愛七尺之軀重百年之命諒由君臣義重名教所先故能明大節
於當時立清風於身後至如趙高之殞二世董卓之鴆弘農人神所
疾異代同憤況凡庸小豎有懷凶悖遐觀典策莫不誅夷辰州刺史
長蛇縣男裴虔通昔在隋代委質晉藩煬帝以舊邸之情特相愛幸
遂乃志蔑君親潛圖弒逆密伺間隙招結羣醜長戟流矢一朝竊發

○天下之惡孰云可忍宜其夷宗焚首以彰大戮但年代異時累逢赦
令可特免極刑除名削爵遷配驩州秋七月戊申詔萊州刺史牛方
裕絳州刺史薛世良廣州都督府長史唐奉義隋武牙郎將高元禮並
於隋代俱蒙任用乃協契宇文化及構成弒逆宜依裴虔通除名配
流嶺表太宗謂侍臣曰天下愚人好犯憲章凡赦宥之恩唯及不軌
之輩古語曰小人之幸君子之不幸一歲再赦好人喑啞凡養稂莠
者傷禾稼惠姦宄者賊良人昔文王作罰刑茲無赦又蜀先主嘗謂
諸葛亮曰吾周旋陳元方鄭康成間每見啓告理亂之道備矣曾
不語赦也夫小人者大人之賊故朕有天下已來不甚放赦今四海
安靜禮義興行非常之恩施不可數將恐愚人常冀僥倖唯欲犯法
不能改過八月甲戌朔幸朝堂親覽冤屈自是上以軍國無事每日
視膳於西宮癸巳公卿奏曰依禮季夏之月可以居臺榭今隆暑未
退秋霖方始宮中卑濕請營一閣以居之帝曰朕有氣疾豈宜下濕
若遂來請糜費良多昔漢文帝將起露臺而惜十家之產朕德不逮

于漢帝而所費過之豈謂爲民父母之道也竟不許是月河南河北
大霜人饑九月丙午詔曰尚齒重舊先王以之垂範還章解組朝臣
於是克終釋菜合樂之儀東膠西序之制養老之義遺文可覩朕恭
膺大寶憲章故實乞言尊事彌切深衷然情存今古世踵澆季而策
名就列或乖大體至若筋力將盡桑榆且迫徒竭夙興之勤未悟夜
行之罪其有心驚止足行堪激勵謝事公門收骸閭里能以禮讓固
可嘉爲內外文武羣官年高致仕抗表去職者參朝之日宜在本品
見任之上丁未謂侍臣曰婦人幽閉深宮情實可愍隋氏末年求採
無已至于離宮別館非幸御之所多聚宮人皆竭人財力朕所不取
且灑掃之餘更何所用今將出之任求伉儷非獨以惜費亦人得各
遂其性於是遣尚書左丞戴胄給事中杜正倫等於掖庭宮西門簡
出之冬十月庚辰御史大夫安吉郡公杜淹卒戊子殺瀛州刺史盧
祖尚十一月辛酉有事於圓丘十二月壬午黃門侍郎王珪爲侍中
三年春正月辛亥契丹渠帥來朝戊午謁太廟癸亥親耕籍田辛未

○司空魏國公裴寂坐事免二月戊寅中書令邢國公房玄齡爲尚書
左僕射兵部尚書檢校侍中蔡國公杜如晦爲尚書右僕射刑部尚
書檢校中書令永康縣公李靖爲兵部尚書右丞魏徵爲守祕書監
參預朝政夏四月辛巳太上皇徙居大安宮甲子太宗始於太極殿
聽政五月周王元方薨六月戊寅以旱親錄囚徒遣長孫無忌房玄
齡等祈雨於名山大川中書舍人杜正倫等往關內諸州慰撫又令
文武官各上封事極言得失己卯大風折木秋八月己巳朔日有蝕
之薛延陀遣使朝貢九月癸丑諸州置醫學冬十一月丙午西突厥
高昌遣使朝貢庚申以并州都督李世勣爲通漢道行軍總管兵部
尚書李靖爲定襄道行軍總管以擊突厥十二月戊辰突利可汗來
奔癸未杜如晦以疾辭位許之癸丑詔建義已來交兵之處爲義士
勇夫殞身戎陣者各立一寺命虞世南李伯藥褚亮顏師古岑文本
許敬宗朱子奢等爲之碑銘以紀功業是歲戶部奏言中國人自塞
外來歸及突厥前後內附開四夷爲州縣者男女一百二十餘萬口

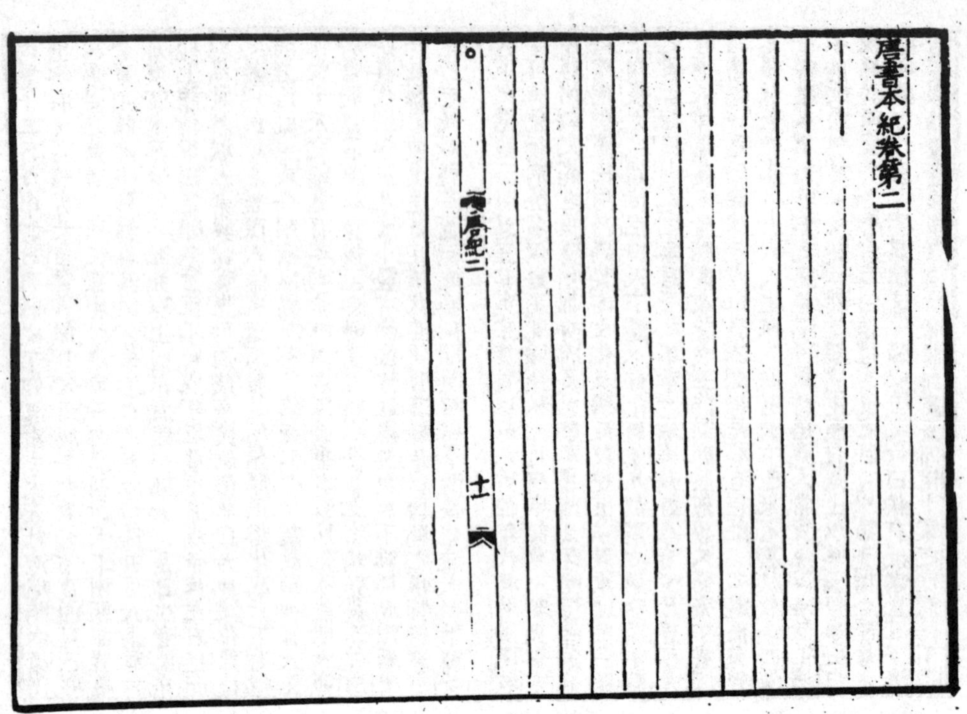

唐書本紀卷第二

唐書本紀卷第三

劉　昫　等修

聞人詮校刻沈桐同校

太宗下

四年春正月乙亥定襄道行軍總管李靖大破突厥獲隋皇后蕭氏及煬帝之孫正道送至京師癸巳武德殿北院火二日己亥幸温湯甲辰李靖又破突厥于陰山頡利可汗輕騎遠遁丙午至自温湯甲寅大赦賜酺五日民部尚書戴冑以本官檢校吏部尚書參預朝政太常卿蕭瑀爲御史大夫與宰臣參議朝政御史大夫西河郡公温彥博爲中書令三月庚辰大同道行軍副總管張寶相生擒頡利可汗獻於京師甲申尚書右僕射蔡國公杜如晦薨甲午以俘頡利告於太廟夏四月丁酉御順天門軍吏執頡利以獻捷自是西北諸蕃咸請上尊號爲天可汗於是降璽書册命其君長則兼稱之秋七月甲子朔日有蝕之上謂房玄齡蕭瑀曰隋文何等主對曰克己復禮勤勞思政每一坐朝或至日昃五品已上引之論事宿衛之人傳飧而食雖非性體仁明亦勵精之主也上曰公得其一未知其二此人性至察而心不明夫心暗則照有不通至察則多疑於物自以欺孤寡得之謂群下不可信任事皆自決雖勞神苦形未能盡合於理朝臣既知上意亦復不敢直言宰相已下承受而已朕意不然以天下之廣豈可獨斷一人之慮朕方選天下之才爲天下之務委任責成各盡其用庶幾於理也因令有司詔勑不便於時即宜執奏不得順旨施行八月丙午詔三品已上服紫五品已上服緋六品七品以綠八品九品以青婦人從夫色甲寅兵部尚書代國公李靖爲尚書左僕射九月庚午令收瘞長城之南骸骨仍令致祭壬午令自古明王聖帝賢臣烈士墳墓無得芻牧春秋致祭冬十月壬辰幸隴州曲赦隴岐二州給復一年十日校獵於貴泉谷十三日校獵於魚龍川自射鹿獻於大安宮甲子至自隴州戊寅制決罪人不得鞭背以明堂孔穴針灸之所兵部尚書侯君集參議朝政十二月辛亥開府儀同

三司淮安王神通薨甲寅高昌王麴文泰來朝是歲斷死刑二十九人幾致刑措　東至于海南至于嶺皆外戶不閉行旅不齎糧焉五年正月癸酉大蒐於昆明池蕃夷君長咸從丙午親獻禽於大安宮己卯幸左藏庫賜三品已上帛任其輕重癸未朝集使請封禪己酉封皇弟元裕爲鄶王元名爲譙王靈夔爲魏王元祥爲許王元曉爲密王庚戌封皇子愔爲梁王貞爲漢王惲爲郯王治爲晉王慎爲申王囂爲江王簡爲代王夏四月壬辰代王簡薨以金帛購中國人因隋亂沒突厥者男女八萬人盡還其家屬六月甲寅太子少師新昌縣公李綱薨七月甲辰遣使毀高麗所立京觀收隋人骸骨祭而葬之戊申初令天下決死刑必三覆奏在京諸司五覆奏其日尚食進蔬食內教坊及太常不舉樂秋九月乙丑賜群官大射於武德殿冬十月右衛大將軍順州都督北平郡王阿史那什鉢苾卒十二月壬寅幸温湯癸卯獵於驪山丙午賜新豐高年帛有差戊申至自温湯六年春正月乙卯朔日有蝕之二月丙戌置三師官員戊子初置律學三月戊辰幸九成宮六月己亥鄶王元亨薨辛亥江王囂薨冬十月乙卯至自九成宮十二月辛未親錄囚徒歸死罪者二百九十人于家令明年秋末就刑其後應期畢至詔悉原之是歲党項羌前後內屬者三十萬口

七年春正月戊子詔曰宇文化及弟智及司馬德戡裴虔通孟景元禮楊覽唐奉義牛方裕元敏薛良馬舉元武達李孝本李孝質張愷許弘仁令狐行達席德方李覆等大業季年咸居列職或恩結一代任重一時乃包藏凶慝罔思忠義爰在江都遂行弒逆罪百閻趙責深梟獍雖事是前代歲月已久而天下之惡古今同棄宜寘重典以厲臣節其子孫並宜禁錮勿令齒敘是日上製破陣樂舞圖辛丑賜京城酺三日丁卯雨土乙酉薛延陁遣使來朝庚寅秘書監檢校侍中魏徵爲侍中癸巳直太史將仕郎李淳風鑄渾天黃道儀奏之置於凝暉閣夏五月癸未幸九成宮八月山東河南三十州大水遣使賑恤冬十月庚申至自九成宮十一月丁丑頒新定五經壬辰開府儀

同三司齊國公長孫無忌爲司空十二月丙辰狩于少陵原詔以少牢祭杜如晦杜淹李綱之墓

八年正月癸未右衛大將軍阿史那吐苾卒辛丑右屯衛大將軍張士貴討東西五洞反獠平之壬寅命尚書右僕射李靖特進蕭瑀楊恭仁禮部尚書王珪御史大夫韋挺鄜州大都督府長史皇甫無逸揚州大都督府長史李襲譽幽州大都督府長史張亮涼州大都督李大亮右領軍大將軍竇誕太子左庶子杜正倫綿州刺史劉德威黃門侍郎趙弘智使于四方觀省風俗二月乙巳皇太子加元服丙午賜天下酺三日三月庚辰幸九成宮五月辛未朔日有食之丁丑上初服翼善冠貴臣服進德冠七月始以雲麾將軍階爲從三品隴右山崩大蛇屢見山東河南淮南大水遣使賑恤八月甲子有星孛于虛危歷于氐十一月上旬乃滅九月丁丑皇太子來朝冬十月右驍衛大將軍褒國公段志玄擊吐谷渾破之追奔八百餘里甲子至自九成宮十一月辛未右僕射代國公李靖以疾辭官授特進丁亥吐

谷渾寇源州己丑吐谷渾拘我行人趙道德十二月辛丑命特進李靖兵部尚書侯君集刑部尚書任城王道宗涼州都督李大亮等爲大總管各帥師分道以討吐谷渾壬子越王泰爲雍州牧乙卯帝從太上皇閱武於城西是歲龜茲吐蕃高昌女國石國遣使朝貢

九年春三月洮州羌叛殺刺史孔長秀壬午大赦每鄉置長一人佐二人乙酉鹽澤道總管高甑生大破叛羌之衆庚寅敕天下戶立三等未盡升降置爲九等夏四月壬寅康國獻獅子閏月丁卯日有食之癸巳大總管李靖侯君集李大亮任城王道宗破吐谷渾於牛心堆五月乙未又破之於烏海追奔至烏海副總管薛萬均薛萬徹又破之於赤水源獲其名王二十人庚子太上皇崩於大安宮壬子李靖平吐谷渾於西海之上獲其王慕容伏允以其子慕容順光降封爲西平郡王復其本國秋七月甲寅增修太廟爲六室冬十月庚寅葬高祖太武皇帝於獻陵戊申祔于太廟辛丑左僕射魏國公房玄齡加開府儀同三司餘如故十二月甲戌吐谷渾西平郡王慕容順光爲其下所弒遣兵部尚書侯君集率師安撫之仍封順光子諾曷鉢爲河源郡王使統其衆右光祿大夫宋國公蕭瑀依舊特進復令參預朝政

十年春正月壬子尚書左僕射房玄齡侍中魏徵上梁陳齊周隋五代史詔藏于秘閣癸丑徙封趙王元景爲荊王魯王元昌爲漢王鄭王元禮爲徐王徐王元嘉爲韓王荊王元則爲彭王滕王元懿爲鄭王吳王元軌爲霍王豳王元鳳爲虢王陳王元慶爲道王魏王靈夔爲燕王蜀王恪爲吳王越王泰爲魏王燕王祐爲齊王梁王愔爲蜀王郯王惲爲蔣王漢王貞爲越王申王慎爲紀王夏六月以侍中魏徵爲特進仍知門下省事壬申中書令溫彥博爲尚書右僕射甲戌太常卿安德郡公楊師道爲侍中己卯皇后長孫氏崩于立政殿冬十一月庚寅葬文德皇后於昭陵十二月壬申吐谷渾河源郡王慕容諾曷鉢來朝乙亥親錄京師囚徒是歲關內河東疾病命醫齎藥療之

十一年春正月丁亥朔徙鄶王元裕爲鄧王譙王元名爲舒王癸巳加魏王泰爲雍州牧左武候大將軍庚子頒新律令於天下作飛山宮甲寅房玄齡等進所修五禮詔所司行用之二月丁亥詔曰夫生者天地之大德壽者修短之一期生有七尺之形壽以百齡爲限含靈稟氣莫不同焉皆得之於自然不可以分外企也是以禮記云君即位而爲椑莊周云勞我以形息我以死豈非聖人遠鑒通賢深識末代已來明辟蓋寡靡不矜黃屋之尊慮白駒之過並多拘忌有慕遐年謂雲車易乘義輪可駐異軌同趣其蔽甚矣有隋之季海內橫流豺狼肆暴吞噬黔首朕投袂發憤情深拯溺扶翼義師濟斯塗炭賴蒼昊降鑒股肱宣力提劍指麾天下大定此朕之宿志於斯已畢猶恐身後之日子子孫孫習於流俗猶循常禮加四重之櫬伐百祀之木勞擾百姓崇厚陵令預爲此制務從儉約於九嵕之山足容棺而已積以歲月漸而備之木馬塗車土桴葦籥事合古典不爲時用又佐命功臣或義深舟檝或謀定帷幄或身摧行陣同濟艱危克成

鴻業追念在昔何日忘之使逝者無知咸歸寂寞若營魂有識還如疇曩居止相望不亦善乎漢氏使將相陪陵又給以東園秘器篤終之義恩意深厚古人豈異我哉自今已後功臣密戚及德業佐時者如有薨亡宜賜塋地一所及以秘器使窀穸之時喪事無闕所司依此營備稱朕意焉甲子幸洛陽宮命祭漢文帝三月丙戌朔日有蝕之丁亥車駕至洛陽丙申改洛州為洛陽宮辛亥大蒐於廣城澤癸丑還宮夏四月甲子震乾元殿前槐樹丙寅詔河北淮南舉孝悌淳篤兼閑時務儒術該通可為師範文辭秀美才堪著述明識政體可委字人并志行修立為鄉閭所推者給傳詣洛陽宮六月甲寅尚書右僕射虞國公溫彥博薨丁巳幸明德宮己未定制諸王為世封刺史戊辰定制勳臣為世封刺史改封任城王道宗為江夏郡王趙郡王孝恭為河間郡王己巳改封許王元祥為江王秋七月癸未大霪雨穀水溢入洛陽宮深四尺壞左掖門毀宮寺十九所洛水溢漂六百家庚寅詔以災命百官上封事極言得失丁酉車駕還宮壬寅廢

○明德宮及飛山宮之玄圃院分給遭水之家仍賜帛有差丙午脩老君廟於亳州宣尼廟於兗州各給二十戶享祀焉涼武昭王復近墓二十戶充守衛仍禁芻牧樵採九月丁亥河溢壞陝州河北縣毀河陽中潬幸白司馬坂以觀之賜遭水之家粟帛有差冬十二月辛卯幸懷州乙未狩于濟源丙午車駕還宮十二月辛酉百濟王遣其太子隆來朝

十二年春正月乙未吏部尚書高士廉等上氏族志一百三十卷壬寅松叢二州地震壞人廬舍有壓死者二月乙卯車駕還京癸亥觀砥柱勒銘以紀功德甲子夜郎獠反夔州都督齊善行討平之乙丑次陝州自新橋幸河北縣祀夏禹廟丁卯次柳谷頓觀鹽池戊寅以隋鷹揚郎將堯君素忠於本朝贈蒲州刺史仍錄其子孫閏二月庚辰朔日有蝕之丙戌至自洛陽宮夏五月壬申銀青光祿大夫永興縣公虞世南卒六月庚子初置玄武門左右飛騎秋七月癸酉吏部尚書申國公高士廉為尚書右僕射冬十月乙卯狩于始平賜高年粟帛有差乙未至自始平己亥百濟遣使貢金甲雕斧十二月辛巳右武候將軍上官懷仁大破山獠於壁州

十三年春正月乙巳朔謁獻陵曲赦三原縣及行從大辟罪丁未至自獻陵戊午加房玄齡為太子少師二月丙子停世襲刺史三月乙丑有星孛于畢昴夏四月戊寅幸九成宮甲申阿史那結社爾犯御營伏誅壬寅雲陽石燃者方丈晝如灰夜則有光投草木於上則焚歷年而止自去冬不雨至于五月甲寅避正殿令五品以上上封事減膳罷役分使賑恤申理冤屈乃雨六月丙申封皇弟元嬰為滕王秋八月辛未朔日有蝕之庚辰立右武候大將軍化州都督懷化郡王李思摩為突厥可汗率所部建牙于河北冬十月甲申至自九成宮十一月辛亥侍中安德郡公楊師道為中書令十二月丁丑吏部尚書陳國公侯君集為交河道行軍大摠管帥師伐高昌乙亥封皇子福為趙王壬午滁州都督王志遠有罪伏誅詔於洛相幽徐齊并秦蒲等州並置常平倉己丑吐谷渾河源郡王慕容諾曷鉢來逆女

○壬辰狩于咸陽是歲滁州言野蠶食槲葉成繭大如柰其色綠凡六千五百七十碩高麗新羅西突厥吐火羅康國安國波斯疏勒于闐焉耆高昌林邑昆明及荒服蠻酋相次遣使朝貢

十四年春正月庚子初命有司讀時令甲寅幸魏王泰宅赦雍州及長安獄大辟罪已下二月丁丑幸國子學觀釋奠赦大理萬年繫囚國子祭酒以下及學生高第精勤者加一級賜帛有差庚辰左驍衛將軍淮陽王道明送弘化公主歸于吐谷渾壬午幸溫湯辛卯至自溫湯乙未詔以梁皇侃褚仲都周熊安生沈重陳沈文阿周弘正張譏隋何妥劉焯劉炫等前代名儒學徒多行其義命求其後三月戊午置寧朔大使以護突厥夏五月壬戌徙封燕王靈夔為魯王六月乙酉大風拔木己丑薛延陀遣使求婚己未滁州野蠶成繭凡收八千三百碩八月庚午新作襄城宮癸巳交河道行軍大摠管侯君集平高昌以其地置西州九月癸卯曲赦西州大辟罪乙卯於西州置安西都護府冬十月己卯詔以贈司空河間元王孝恭贈陝東道大

行臺尚書右僕射鄖節公殷開山贈民部尚書渝襄公劉政會等配
饗高祖廟庭閏月乙未幸同州甲辰狩于堯山庚戌至自同州丙辰
吐蕃遣使獻黃金器千斤以求婚十一月甲子朔日南至有事于圜
丘十二月丁酉交河道旋師吏部尚書陳國公侯君集執高昌王麴
智盛獻捷于觀德殿行飲至之禮賜酺三日乙卯高麗世子相權來
朝
十五年春正月丁卯吐蕃遣其國相祿東贊來逆女丁丑禮部尚書
江夏王道宗送文成公主歸吐蕃辛巳幸洛陽宮三月戊申幸襄城
宮庚午發襄城宮夏四月辛卯詔以來年二月有事太山所司詳定
儀制五月壬申并州僧道及老人等抗表以太原王業所因明年登
封已後願時臨幸上於武成殿賜宴因從容謂侍臣曰朕少在太原
喜羣聚博戲暑往寒逝將三十年矣時會中有舊識上者相與道舊
以爲笑樂因謂之曰他人之言或有面諛公等朕之故人實以告朕
即日政教於百姓何如人間得無疾苦耶皆奏即日四海太平百姓

○歡樂陛下力也臣等餘年日惜一日但眷戀聖化不知疾苦因固請
過并州上謂曰飛鳥過故鄉猶躑躅徘徊況朕於太原起義遂定天
下復少小遊觀誠所不忘岱禮若畢或冀與公等相見於是賜物各
有差丙子百濟王扶餘璋卒詔立其世子扶餘義慈嗣其父位仍封
爲帶方郡王六月戊申詔天下諸州舉學綜古今及孝悌淳篤文章
秀異者並以來年二月總集泰山己酉有星孛于太微犯郎位丙辰
停封泰山避正殿以思咎命食減膳秋七月甲戌孛星滅冬十月辛
卯大閱於伊闕壬辰幸嵩陽辛丑還宮十一月壬戌廢鄉長壬申還
京師癸酉薛延陁以同羅僕骨廻紇靺鞨霫之衆度漠屯于白道川
命營州都督張儉統所部兵壓其東境兵部尚書李勣爲朔方行軍
總管右衛大將軍李大亮爲靈州道行軍總管涼州都督李襲譽爲涼
州道行軍總管分道以禦之十二月戊子朔至自洛陽宮甲辰李勣
及薛延陁戰于諾眞水大破之斬首三千餘級獲馬萬五千匹薛延
陁跳身而遁勣旋破突厥思結於五臺縣虜其男女千餘口獲羊馬

稱是
十六年春正月辛未詔王京及諸州死罪囚徙配西州爲戶流人未
達前所者徙防西州兼中書侍郎江陵子岑文本爲中書侍郎專知
機密夏六月辛卯詔復隱王建成曰隱太子改封海陵剌王元吉曰
巢剌王秋七月戊午司空趙國公無忌爲司徒尚書左僕射梁國公
玄齡爲司空九月丁巳特進鄭國公魏徵爲太子太師知門下省事
如故冬十一月丙辰狩于岐山辛酉使祭隋文帝陵丁卯宴武功士
女於慶善宮南門酒酣上與父老等涕泣論舊事老人等遞起爲舞
爭上萬歲壽上各盡一杯庚午至自岐州十二月癸卯幸溫湯甲辰
狩于驪山時陰寒晦冥圍兵斷絕上乘高望見之欲捨其罰恐虧軍
令乃迴轡入谷以避之是歲高麗大臣蓋蘇文弒其君高武而立武
兄子藏爲王
十七年春正月戊辰右衛將軍代州都督劉蘭謀反腰斬太子太師
鄭國公魏徵薨戊申詔圖畫司徒趙國公無忌等勳臣二十四人於

○凌煙閣三月丙辰齊州都督齊王祐長史權萬紀典軍韋文振據齊
州自守詔兵部尚書李勣刑部尚書劉德威發兵討之兵未至兵曹
杜行敏執之而降遂賜死于內侍省丁巳熒惑守心前星十九日而
退夏四月庚辰朔皇太子有罪廢爲庶人漢王元昌吏部尚書侯君
集並坐與連謀伏誅丙戌立晉王治爲皇太子大赦賜酺三日丁亥
中書令楊師道爲吏部尚書己丑加司徒趙國公長孫無忌太子太
師司空梁國公房玄齡太子太傅特進宋國公蕭瑀太子太保兵部
尚書英國公李勣爲太子詹事仍同中書門下三品庚寅上親謁太
廟以謝承乾之過癸巳魏王泰以罪降爵爲東萊郡王五月乙丑手
詔舉孝廉茂才異能之士六月己卯朔日有蝕之壬午改葬隋恭帝
丁酉尚書右僕射高士廉請致仕詔以爲開府儀同三司同中書門
下三品閏月戊午薛延陁遣其兄子突利設獻馬五萬匹牛駞一萬
羊十萬以請婚許之丙子徙封東萊郡王泰爲順陽王秋七月庚辰京
城訛言云上遣棖棖取人心肝以祠天狗遞相驚悚上遣使遍加宣諭

月餘乃止丁酉司空太子太傅梁國公房玄齡以母憂罷職八月工部尚書鄖國公張亮爲刑部尚書參預朝政九月癸未徙庶人承乾于黔州冬十月丁巳房玄齡起復本職十一月己卯有事于南郊壬午賜天下酺三日以涼州獲瑞石曲赦涼州并録京城及諸州繫囚多所原宥

十八年春正月壬寅幸溫湯夏四月辛亥幸九成宮秋八月甲子至自九成宮丁卯散騎常侍清苑男劉洎爲侍中中書侍郎江陵子岑文本中書侍郎馬周並爲中書令九月黃門侍郎褚遂良參預朝政冬十月辛丑朔日有蝕之甲辰初置太子司議郎官員甲寅幸洛陽宮安西都護郭孝恪帥師滅焉耆執其王突騎支送行在所十一月壬寅車駕至洛陽宮庚子命太子詹事英國公李勣爲遼東道行軍總管出柳城禮部尚書江夏郡王道宗副之刑部尚書鄖國公張亮爲平壤道行軍總管以舟師出萊州左領軍常何瀘州都督左難當副之發天下甲士召募十萬並趣平壤以伐高麗十二月辛丑庶人

承乾死

十九年春二月庚戌上親統六軍發洛陽乙卯詔皇太子留定州監國開府儀同三司申國公高士廉攝太子太傅與侍中劉洎中書令馬周太子少詹事張行成太子右庶子高季輔五人同掌機務以吏部尚書安德郡公楊師道爲中書令贈殷比干爲太師謚曰忠烈命所司封墓葺祠堂春秋祠以少牢上自爲文以祭之三月壬辰上發定州以司徒太子太師兼檢校侍中趙國公長孫無忌中書令岑文本楊師道從夏四月癸卯誓師於幽州城南因大饗六軍以遣之丁未中書令岑文本卒于師癸亥遼東道行軍大總管英國公李世勣攻蓋牟城破之五月丁丑車駕渡遼甲申上親率鐵騎與李世勣會圍遼東城因烈風發火弩斯須城上屋及樓皆盡麾戰士令登乃拔之六月丙辰師至安市城丁巳高麗別將高延壽高惠真帥兵十五萬來援安市以拒王師李世勣率兵奮擊上自高峯引軍臨之高麗大潰殺獲不可勝紀延壽等以其衆降因名所幸山爲駐蹕山刻石紀功焉賜天下大酺二日秋七月李世勣進軍攻安市城至九月不剋乃班師冬十月丙辰入臨渝關皇太子自定州迎謁戊午次漢武臺刻石以紀功德十一月辛未幸幽州癸酉大饗還師十二月戊申幸并州侍中清苑男劉洎以罪賜死是歲薛延陀真珠毗伽可汗死

二十年正月上在并州丁丑遣大理卿孫伏伽黃門侍郎褚遂良等二十二人以六條巡察四方黜陟官吏庚辰曲赦并州宴從官及起義元從賜粟帛給復有差三月己巳車駕至京師己丑刑部尚書鄖國公張亮謀反誅閏月癸巳朔日有蝕之夏四月甲子太子太師趙國公長孫無忌太子太傅梁國公房玄齡太子太保宋國公蕭瑀各辭調護之職詔許之六月遣兵部尚書固安公崔敦禮特進英國公李世勣擊破薛延陀於鬱督軍山北前後斬首五千餘級虜男女三萬餘人秋八月甲子封皇孫爲陳王己巳幸靈州庚午次涇陽頓鐵勒迴紇拔野古同羅僕骨多濫葛思結阿跌契苾跌結渾斛薛等十一姓各遣使朝貢奏稱延陀可汗不事大國部落烏散不知所之奴

等各有分地不能逐延陀去歸命天子乞置漢官詔遣會靈州九月甲辰鐵勒諸部落俟斤頡利發等遣使相繼而至靈州者數千人來貢方物因請置吏咸請至尊爲可汗於是北荒悉平爲五言詩勒石以序其事辛亥靈州地震有聲冬十月前太子太保宋國公蕭瑀貶商州刺史丙戌至自靈州

二十一年春正月壬辰開府儀同三司申國公高士廉薨丁酉詔以來年二月有事泰山甲寅賜京師酺三日二月壬申詔以左丘明卜子夏公羊高穀梁赤伏勝高堂生戴聖毛萇孔安國劉向鄭衆杜子春馬融盧植鄭康成服子慎何休王肅王輔嗣杜元凱范甯等二十一人代用其書垂於國胄自今有事於太學並命配享宣尼廟堂丁丑皇太子於國學釋菜夏四月乙丑營太和宮於鐘南之上改爲翠微宮五月戊子幸翠微宮六月癸亥司徒趙國公無忌加授揚州都督秋七月庚子建玉華宮於宜君縣之鳳凰谷庚戌至自翠微宮八月壬戌詔以河北大水停封禪辛未骨利幹國遣使貢名馬丁酉封皇子

明爲曾王。冬十一月癸卯，徙封順陽王泰爲濮王。十二月戊寅，左驍衛大將軍阿史那社爾、右驍衛大將軍契苾何力、安西都護郭孝恪、司農卿楊弘禮爲崑山道行軍大揔管，以伐龜茲。是歲，墮婆登、乙利鼻林送、都播、羊同、石、波斯、康國、吐火羅、阿悉吉等遠夷十九國並遣使朝貢。又於突厥之北至于迴紇部落，置驛六十六所，以通北荒焉。

二十二年春正月庚寅，中書令馬周卒。司徒趙國公無忌兼檢校中書令、知中書門下二省事。己亥，刑部侍郎崔仁師爲中書侍郎、參知機務。戊戌，幸溫湯。戊申，還宮。二月，前黃門侍郎褚遂良起復黃門侍郎，中書侍郎崔仁師除名配流連州。癸丑，西蕃沙鉢羅葉護率衆歸附，以其俟斤屈裴祿爲忠武將軍兼大俟斤。戊午，以結骨部置堅昆都督。乙亥，幸玉華宮。乙卯，賜所經高年篤疾粟帛有差。乙卯，蒐于華原。四月甲寅，磧外蕃人爭牧馬出界，上親臨斷決，然後咸服。丁巳，右武候將軍梁建方擊松外蠻，下其部落七十二所。五月庚子，右衛長史王玄策擊帝那伏帝國，大破之，獲其王阿羅那順及王妃子等，虜男女萬二千人、牛馬二萬餘以詣闕。使方士那羅邇娑婆於金飈門造延年之藥。吐蕃贊普擊破中天竺國，遣使獻捷。六月癸酉，特進宋國公蕭瑀薨。秋七月癸卯，司空梁國公房玄齡薨。八月己酉朔，日有蝕之。九月己亥，黃門侍郎褚遂良爲中書令。十月癸亥，至自玉華宮。十一月戊戌，眉卭雅三州獠反，右衛將軍梁建方討平之。庚子，契丹帥窟哥、奚帥可度者並率其部內屬，以契丹部爲松漠都督，以奚部置饒樂都督。十二月乙卯，增置殿中侍御史、監察御史各二員，大理寺置平事十員。閏月丁丑朔，崑山道揔管阿史那社爾降處密、處月，破龜茲大撥等五十城，虜數萬口，執龜茲王訶黎布失畢以歸，龜茲平。西域震駭，副將薛萬徹脅于闐王伏闍信入朝。癸未，新羅王遣其相伊贊千金春秋及其子文王來朝。是歲，新羅女王金善德死，遣冊立其妹眞德爲新羅王。

二十三年春正月辛亥，俘龜茲王訶黎布失畢及其相那利等，獻于社廟。二月丙戌，置瑤池都督府，隸安西都護府。丁亥，西突厥肆葉護

可汗遣使來朝。三月丙辰，置豐州都督府。自去冬不雨，至于此月。己未，乃雨。辛酉，大赦。丁卯，勑皇太子於金液門聽政。是月，日赤無光。四月己亥，幸翠微宮。五月戊午，太子詹事英國公李世勣爲疊州都督。辛酉，開府儀同三司衛國公李靖薨。己巳，上崩於含風殿，年五十二。遺詔皇太子即位於柩前，喪紀冝用漢制。秘不發喪。庚午，遣舊將統飛騎勁兵從皇太子先還京，發六府甲士四千人分列於道及安化門，翼從乃入。大行御馬輿從官侍御如常。壬申，發喪。六月甲戌朔，殯于太極殿。八月丙子，百寮上謚曰文皇帝，廟號太宗。庚寅，葬昭陵。■上元元年八月，改上尊號曰文武聖皇帝。天寶十二載二月，改上尊號爲文武大聖大廣孝皇帝。

史臣曰：臣觀文皇帝發迹多奇，聰明神武。拔人物則不私於黨，負志業則咸盡其才。所以屈突、尉遲，由仇敵而願傾心膂；馬周、劉洎，自疎遠而卒委鈞衡。終平泰階，諒由斯道。嘗試論之：礎潤雲興，蟲鳴螽躍。雖堯舜之聖，不能用檮杌、窮奇而治平；伊呂之賢，不能爲夏桀、殷辛而昌盛。君臣之際，遭遇斯難，以至抉目剖心，蟲流筋擢，良由遭値之異也。以房魏之智，不踰于丘軻，遂能尊主庇民者，遭時也。或曰：以太宗之賢，失愛於昆弟，失教於諸子，何也？曰：然，舜不能仁四罪，堯不能訓丹朱，斯前志也。當神堯任讒之年，建成忌功之日，苟除畏偪，孰顧分崩，變故之興，間不容髮，方懼毀巢之禍，寧虞尺布之謠？承乾之愚，聖父不能移也。若文皇自定儲於哲嗣，不騁志於高麗，用人如貞觀之初，納諫比魏徵之日，況周發、周成之世襲，我有遺妍；較漢文、漢武之恢弘，彼多慙德。迹其聽斷不惑，從善如流，千載可稱，一人而已。

贊曰：昌發啓國，一門三聖。文定高位，友于不令。管蔡既誅，成康道正。貞觀之風，到今歌詠。

唐書本紀卷第三

唐書本紀卷第四

劉　昫　等修

聞人詮校刻沈桐同校

高宗上

高宗天皇大聖大弘孝皇帝諱治太宗第九子也母曰文德順聖長孫皇后以貞觀二年六月生於東宮之麗正殿五年封晉王七年遙授并州都督幼而岐嶷端審寬仁孝友初授孝經於著作郎蕭德言太宗問曰此書中何言爲對曰夫孝始於事親中於事君終於立身君子之事上進思盡忠退思補過將順其美匡救其惡太宗大悅曰行此足以事父兄爲臣子矣及文德皇后崩晉王時年九歲哀慕感動左右太宗屢加慰撫由是特深寵異尋拜右武候大將軍十七年皇太子承乾廢魏王泰亦以罪黜太宗與長孫無忌房玄齡李勣等計議立晉王爲皇太子太宗每視朝常令在側觀決庶政或令參議太宗數稱其善十八年太宗將伐高麗命太子留鎮定州及駕發有期悲啼累日因請飛驛遞表起居并遞敕垂報並許之飛表奏事自此始也及軍旋太子從至并州時太宗患癰太子親吮之扶輦步從數日二十三年五月己巳太宗崩庚午以禮部尚書兼太子少師黎陽縣公于志寧爲侍中太子少詹事兼尚書左丞張行成爲兼侍中檢校刑部尚書太子右庶子兼吏部侍郎攝戶部尚書高季輔爲兼中書令檢校吏部尚書太子左庶子高陽縣男許敬宗兼禮部尚書辛未還京六月甲戌朔皇太子即皇帝位時年二十二詔曰大行皇帝奄棄普天痛貫心靈若窴湯火思遵大孝不敢滅身永慕長號將何逮及粤以孤眇屬當元嗣思勵空薄康濟黎元敬順惟新仰昭先德宜布凱澤被乎億兆可大赦天下內外文武賜勳官一級諸年八十以上賚以粟帛雍州及諸州比年供軍勞役尤甚之處並給復一年辛巳改民部尚書爲戶部尚書疊州都督英國公勣爲特進檢校洛州刺史仍於洛陽宮留守癸未詔司徒揚州都督趙國公無忌爲太尉兼檢校中書令知尚書門下二省事餘並如故賜物三千段癸巳特進英國公勣爲開府儀同三司同中書門下三品秋七月丙午改治書侍御史爲御史中丞諸州治中爲司馬別駕爲長史治禮郎爲奉禮郎以避上名以貞觀時不諱先帝二名禮不偏諱上既單名臣子不合指斥上乃從之己酉于闐王伏信來朝八月癸酉朔河東地震晉州尤甚壞廬舍壓死者五千餘人三日又震詔遣使存問給復二年壓死者賜絹三匹以開府儀同三司英國公勣爲尚書左僕射同中書門下三品僕射始帶同中書門下庚寅葬太宗於昭陵九月甲寅加授鄜州刺史荊王元景爲司徒前安州都督吳王恪爲司空兼梁州刺史丙寅贈太尉梁國公玄齡贈司徒申國公士廉贈左僕射蔣國公屈突通並可配食太宗廟庭冬十一月甲子以瑤池都督阿史那賀魯爲左驍衞大將軍乙丑晉州地又震是冬無雪

永徽元年春正月辛丑朔上不受朝詔改元壬寅御太極殿受朝而不會丙午立妃王氏爲皇后丁未以陳王忠爲雍州牧二月辛卯封皇子孝爲許王上金爲杞王素節爲雍王夏四月己巳朔晉州地又震五月丁未上謂羣臣曰朕謬膺大位政教不明遂使晉州之地屢有震動良由賞罰失中政道乖方卿等宜各進封事極言得失以匡不逮吐火羅遣使獻大鳥如駝食銅鐵上遣獻于昭陵吐蕃贊普死遣右武衞將軍鮮于匡濟齎璽書往吊祭六月庚辰晉州地震秋七月丙寅以旱親錄京城囚徒九月癸卯右驍衞郎將高侃執車鼻可汗詣闕獻于社廟及昭陵己未尚書左僕射英國公勣固請解職許之令以開府儀同三司同中書門下三品十一月己未中書令河南郡公褚遂良左授同州刺史十二月瑤池都督沙鉢羅葉護阿史那賀魯以府叛自稱可汗總有西域之地是歲雍絳同等九州旱蝗齊定等十六州水

二年春正月戊戌詔曰去歲關輔之地頗弊蝗螟天下諸州或遭水旱百姓之間致有罄乏此由朕之不德兆庶何辜矜物罪己載深憂惕今獻歲肇春東作方始糧廪或空事資賑給其遭蟲水處有貧乏

者得以正義倉賑貸雍同二州各遣郎中一人充使存問務盡哀矜之旨副朕乃眷之心乙巳黃門侍郎平昌縣公宇文節加銀青光祿大夫依舊同中書門下三品守中書侍郎柳奭爲中書侍郎依舊同中書門下三品夏四月乙酉秩太廟令及獻昭二陵令從五品丞從七品五月壬辰開府儀同三司及京官文武職事四品五品並給隨身魚六月辛酉開府儀同三司襄邑王神符薨秋七月丁未賀魯寇陷金嶺城蒲類縣遣武候大將軍梁建方右驍衛大將軍契苾何力爲弓月道總管以討之正月乙丑大食國始遣使朝獻己巳侍中燕國公于志寧爲尚書左僕射侍中兼刑部尚書北平縣公張行成爲尚書左僕射並同中書門下三品猶不入銜中書令兼檢校吏部尚書蓨縣公高季輔爲侍郎九月癸巳改九成宮爲萬年宮廢玉華宮以爲佛寺閏月辛未頒新定律令格式於天下冬十月辛卯晉州地震十一月辛丑有事於南郊戊辰定襄地震丁丑以高昌故地置安西都護府白水蠻寇麻州命左領軍將軍趙孝祖討平之

○三年春正月癸亥以去秋至于是月不雨上避正殿降天下死罪及流罪遞減一等徒以下咸宥之弓月道總管梁建方契苾何力等大破處月朱耶孤注於牢山斬首九千級虜渠帥六千俘生口萬餘獲牛馬雜畜七萬丙寅太尉趙國公無忌以旱請遜位不許己巳同州刺史河南郡公褚遂良爲吏部尚書門下三品丙子親祠太廟丁亥籍于千畝賜羣官帛有差三月辛巳黃門侍郎平昌縣公宇文節爲侍中中書侍郎柳奭爲中書令庚申幸觀德殿賜文武群官大射夏四月庚寅左領軍將軍趙孝祖大破白水蠻大敎律甲午澧州刺史彭王元則薨五月庚辰詔以周司沐大夫裴融齊侍中崔季舒給事黃門侍郎裴澤尚書左丞封孝琰隋儀同三司豆盧毓御史中丞游楚客等並門挺忠鯁其子孫各宜甄擢秋七月丁巳立陳王忠爲皇太子大赦天下五品已上子爲父後者賜勳一轉大酺三日乙丑左僕射于志寧兼太子少師右僕射張行成兼太子少傅侍中高季輔兼太子少保侍中宇文節兼太子詹事丁丑上問戶部尚書高履行去年進戶多少履行奏稱進戶總一十五萬又問曰隋日有幾戶今見有幾戶履行奏隋開皇中有戶八百七十萬即今見有戶三百八十萬九月丁巳改太子中允爲內允中書舍人爲內史舍人諸率府中郎將改爲旅賁郎以避太子名冬十月戊戌幸同安大長公主第又幸高陽長公主第即日還宮十一月乙亥駮馬國遣使朝貢庚寅弘化長公主自吐谷渾來朝十二月癸巳濮陽王泰薨

四年春正月癸丑朔上臨軒不受朝以濮王泰在殯故也丙子新除房州刺史駙馬都尉房遺愛司徒秦州刺史荊王元景司空安州刺史吳王恪寧州刺史駙馬都尉薛萬徹嵐州刺史駙馬都尉柴令武謀反二月乙酉遺愛萬徹令武等並伏誅元景恪巴陵高陽公主並賜死左驍衛大將軍安國公執失思力配流巂州侍中兼太子詹事平昌縣公宇文節配流桂州戊子特進太常卿江夏王道宗配流桂州恪母弟蜀王愔廢爲庶人己亥絳州刺史徐王元禮加授司徒開府儀同三司英國公勣爲司空三月壬子朔頒孔穎達五經正義於

○天下每年明　令依此考試丙辰上御觀德殿陳逆人房遺愛等口馬資財爲五等引王公諸親蕃客及文武九品已上射夏四月戊子林邑國王遣使來朝貢馴象壬寅以旱避正殿減膳親錄繫囚遣使分省天下冤獄詔文武官極言得失八月己亥隕石十八于同州之馮翊有聲如雷九月壬寅尚書右僕射北平縣公張行成薨甲戌吏部尚書河南郡公褚遂良爲尚書右僕射依舊知政事冬十月庚子幸新豐之溫湯甲辰曲赦新豐乙巳至自溫湯戊申睦州女子陳碩貞舉兵反自稱文佳皇帝攻陷睦州屬縣婺州刺史崔義玄揚州都督府長史房仁裕各率衆討平之十一月癸丑兵部尚書固安縣公崔敦禮爲侍中頒新律疏於天下十二月庚子侍中兼太子少保蓨縣公高季輔卒

五年春三月戊午幸萬年宮辛未曲赦所經州縣繫囚以工部尚書閻立德領丁夫四萬築長安羅郭夏四月守黃門侍郎潁川縣公韓瑗守尚書侍郎來濟並加銀青光祿大夫依舊同中書門下三品閏

五月丁丑夜大雨水漲暴溢漂溺麟遊縣居人及當番衛士死者三千餘人六月恒州大雨滹沱河泛溢溺五千餘家癸丑蒲州汾陰縣暴雨漂溺居人浸壞廬舍癸亥中書令柳奭兼吏部尚書丙寅河北諸州大水七月辛巳有小鳥如雀生大鳥如鳩於萬年宮皇帝舊宅八月大理奏決死囚揔管七十餘人辛亥詔自今已後五品已上有薨亡者隨身魚並不須追收辛未吐蕃使人獻馬百匹及大鑪可高五丈廣袤各二十七步九月丁酉至自萬年宮冬十一月癸酉築京師羅郭和雇京兆百姓四萬一千人板築三十日而罷九門各施觀十二月癸丑倭國獻琥珀碼碯琥珀大如斗碼碯大如五斗器戊午發京師謁昭陵在路生皇子賢己未勑二年一定戶

六年春正月壬申朔親謁昭陵曲赦醴泉縣民放今年租賦陵所宿衛將軍郎將進爵一等陵令丞加階賜物甲戌至自昭陵於陵側建佛寺庚寅封皇子弘爲代王賢爲潞王二月乙巳皇太子忠加元服內外文武職事五品已上爲父後者賜勳一級大酺三日三月營州都督程元振破高麗於貴端水嘉州辛道讓妻一產四男壬戌昭儀武氏著內訓一篇夏五月癸未命左屯衛大將軍盧國公程知節等五將軍帥師出葱山道以討賀魯黃門侍郎潁川郡公韓瑗爲侍中中書侍郎南陽男來濟爲中書令兼吏部尚書河東縣男柳奭貶遂州刺史六月大食國遣使朝貢秋七月乙亥侍中固安縣公崔敦禮爲中書令乙酉均天下州縣公廨八月尚藥奉御蔣孝璋員外特置仍同正員外同正自蔣孝璋始也己酉大理更置少卿一員先是大雨道路不通京師米價暴貴出倉粟糶之京師東西二市置常平倉九月庚午尚書右僕射河南郡公褚遂良以諫立武昭儀貶授潭州都督乙酉洛州大水毀天津橋冬十月己酉廢皇后王氏爲庶人立昭儀武氏爲皇后大赦天下十一月丁卯朔臨軒命司空勣左僕射志寧冊皇后文武群官及番夷之長奉朝皇后於肅義門十一月己巳皇后見于廟癸酉追贈后父故工部尚書應國公贈并州都督武士彠爲司空丙子淄州高苑縣吳文威妻魏氏一產四男三見育癸巳

應國夫人楊氏改封代國夫人十二月遣禮部尚書高陽縣男許敬宗每日待詔於武德殿西門

七年春正月辛未廢皇太子忠爲梁王立代王弘爲皇太子壬申大赦改元爲顯慶文武九品已上及五品已下子爲父後者賜勳官一轉大酺三日甲子尚書左僕射兼太子少師燕國公于志寧兼太子太傅侍中韓瑗中書令來濟禮部尚書許敬宗並爲太子賓客始有賓客也御玄武門餞葱山道大揔管程知節二月庚寅名破陣樂爲神功破陣樂辛亥贈司空武士彠爲司徒周國公三月辛巳皇后祀先蠶于北郊丙戌戶部侍郎杜正倫爲守黃門侍郎同中書門下三品夏四月戊申御安福門觀僧玄奘迎御製并書慈恩寺碑文導從以天竺法儀其徒甚盛五月己卯太尉長孫無忌進史官所撰梁陳周齊隋五代史志三十卷弘文館學士許敬宗進所撰東殿新書二百卷上自製序六月岐州刺史潞王賢爲雍州牧秋七月癸未中書令兼檢校太子詹事固安縣公崔敦禮爲太子少師同中書門下三品改戶部尚書爲度支尚書侍郎亦然八月丙申太子少師崔敦禮卒左衛大將軍程知節與賀魯所部歌邏祿獲剌頡發及處月預支俟斤等戰於榆幕谷大破之斬首千餘級獲駝馬牛羊萬計九月癸酉初詔戶滿三萬已上爲上州二萬已上爲中州先爲上州中州者各依舊皇后製外戚誡庚辰括州海水泛溢壞安固永嘉二縣損四千餘家辛巳初制都督及上州各置執刀十五人中州下州十人癸未初置驃騎大將軍官爲從一品程知節與賀魯男咥運戰斬首數千級進至恒篤城俘其部落戶口及貨物鉅積冬十一月乙丑皇子顯生詔宗官朝集使各加勳級十二月乙酉置算學左屯衛大將軍程知節坐討賀魯逗留追賊不及減死免官罷蘭州都督鄯州置都督

二年春正月庚寅幸洛陽命右屯衛將軍蘇定方等四將軍爲伊麗道將軍帥師以討賀魯二月辛酉入洛陽宮曲赦洛州庚午封皇第七子顯爲周王徙封許王素節爲郇王三月甲子中書侍郎李義府爲中書令兼檢校御史大夫黃門侍郎杜正倫兼度支尚書依舊同

中書門下三品夏五月丙申幸明德宮秋七月丁亥還洛陽宮八月丁卯侍中潁川縣公韓瑗左授振州刺史中書令兼太子詹事南陽侯來濟左授台州刺史皆坐諫立武昭儀爲皇后救褚遂良之貶也禮部尚書高陽郡公許敬宗爲侍中以立武后之功也九月庚寅度支尚書杜正倫爲中書令冬十月戊戌親講武於許鄭之郊曲赦鄭州遣使祭鄭大夫國僑漢太丘長陳寔墓十二月乙卯還洛陽宮庚午改昬葉宮丁卯手詔改洛陽宮爲東都洛州官員階品並准雍州廢穀州以福昌等四縣并懷州河陽濟源温鄭州汜水並隸洛州己巳中書省置起居舍人兩員品同起居郎庚午以周王顯爲洛州牧壬午分散騎常侍爲左右各兩員其右散騎常侍隸中書省

三年春正月戊子太尉趙國公無忌等脩新禮成凡一百三十卷二百五十九篇詔頒於天下二月丁巳車駕還京壬午親錄囚徒多所原宥蘇定方攻破西突厥沙鉢羅可汗賀魯及咥運闕啜賀魯走石國副將蕭嗣業追擒之收其人畜前後四十餘萬甲寅西域平以其

地置濛池崑陵二都督府復於龜茲國置安西都護府以高昌故地爲西州置懷化大將軍正三品歸化將軍從三品以授初附首領仍分隸諸衛六月程元振攻高麗九月廢書筭律學有司奏請造排車七百乘擬行幸載排城上以爲勞民乃於舊頓置院墻焉冬十一月乙酉兼中書令皇太子賓客兼檢校御史大夫河間郡公李義府左授普州刺史兼中書令皇太子賓客襄陽郡公杜正倫左授橫州刺史中書侍郎李友益除名配流巂州戊戌侍中許敬宗權檢校中書令戊子侍中皇太子賓客權檢校中書令高陽縣公許敬宗爲中書令賓客已下如故大理卿辛茂將爲侍中鴻臚卿蕭嗣業於石國取賀魯至獻於昭陵甲辰開府儀同三司鄂國公尉遲敬德薨

四年春二月乙亥上親策試舉人凡九百人惟郭待封張九齡五人居上第令待詔弘文館隨仗供奉三月以左驍衛大將軍郕國公契苾何力往遼東經略夏四月己未太子太傅尚書左僕射燕國公于志寧爲太子太師仍同中書門下三品乙丑黃門侍郎許圉師同中書門下三品丙戌太子太師同中書門下三品燕國公于志寧免官放還私第戊戌太尉揚州都督趙國公無忌帶揚州都督於黔州安置依舊准一品供給五月丙申兵部尚書任雅相度支尚書盧承慶並參知政事秋七月壬子普州刺史李義府爲吏部尚書同中書門下三品冬十月乙巳皇太子加元服大赦天下文武五品已上子孫爲父祖後者加勳官一級大酺三日閏十月戊戌幸東都皇太子監國戊戌至東都十一月以中書侍郎許圉師爲散騎常侍檢校侍中戊午兼侍中辛茂將卒癸亥以邢國公蘇定方爲神丘道揔管劉伯英爲崑夷道揔管

五年春正月甲子幸并州二月辛巳至并州丙戌宴從官及諸親并州官屬父老賜帛有差曲赦并州及管內諸州義旗初職事五品已上身亡殁墳墓在并州者令所司致祭佐命功臣子孫及大將軍府僚佐已下今見存者賜階級有差量才處分起義之徒職事一品已下賜物有差年八十已上版授刺史縣令佐命功臣食別封身已殁

者爲後子孫各加兩階賜酺三日甲午祠舊宅以武士彠殷開山劉政會配食三月丙午皇后宴親族鄰里故舊於朝堂命婦婦人入會於內殿及皇室諸親賜帛各有差及從行文武五品以上制以皇后故鄉并州長史司馬各加勳級又皇后親預會每賜物一千段朞親五百段大功已下及無服親鄰里故舊有差城內及諸婦女年八十已上各版授郡君仍賜物等己酉講武於并州城西上御飛閣引群臣臨觀辛亥發神丘道軍伐百濟丁巳左右領始改左右千牛夏四月戊寅車駕還東都造八關宮于東都苑內癸亥至自并州五月壬戌幸八關宮改爲合璧宮六月庚午朔日有蝕之辛卯詔文武五品已上四科舉人甲午駕還東都秋七月乙巳廢梁王忠爲庶人徙於黔州戊辰度支尚書同中書門下三品盧承慶以罪免八月庚辰蘇定方等討平百濟面縛其王扶餘義慈國分爲五部郡三十七城二百戶七十六萬以其地分置熊津等五都督府曲赦神丘崑夷道揔管已下賜天下大酺三日九月戊午賜英國公勣墓塋一所冬十月

丙子代國夫人楊氏改榮國夫人品第一位在王公母妻之上十一月戊戌朔邢國公蘇定方獻百濟王扶餘義慈太子隆等五十八人俘於則天門責而宥之乙卯狩于許鄭之郊十二月巳卯至自許州

六年春正月乙卯於河南河北淮南六十七州募得四萬四千六百四十六人往平壤帶方道行營二月乙未以益綿等州皆言龍見改元曲赦洛州龍朔元年三月丙申朔改元壬戌幸合璧宮夏五月丙申命左驍衛大將軍京國公契苾何力爲遼東道大摠管左武衛大將軍邢國公蘇定方爲平壤道大摠管兵部尚書同中書門下三品樂安縣公任雅相爲浿江道大摠管以伐高麗是日皇后請禁天下婦人爲俳優之戲詔從之甲子晦日有蝕之六月庚寅中書令許敬宗等進累璧六百三十卷目録四卷秋七月癸卯車駕還東都八月丙戌令諸州舉孝行尤著及累葉義居可以厲風俗者九月甲辰以河南縣大女張年百三歲親幸其第又幸李勣之第天宮寺是高祖潛龍時舊宅上周歷殿宇感愴久之度僧二十人皇后至許圉師第

壬子徙封潞王賢爲沛王是日以雍州牧幽州都督沛王賢爲揚州都督左武候大將軍牧如故以洛州牧周王顯爲并州都督是日勑中書門下五品巳上諸司長官尚書省侍郎并諸親三等巳上並詣沛王宅設宴禮奏九部樂禮畢賜帛雜綵等各有差冬十月丁卯狩于陸渾癸酉還宮是歲新羅王金春秋卒其子法敏嗣立

二年春正月乙巳太府寺更置少卿一員分兩京檢校丙午東都初置國子監并加學生等員均分於兩都教授二月甲子改京諸司及百官名尚書省爲中臺門下省爲東臺中書省爲西臺左右僕射爲左右匡政左右丞爲肅機侍中爲左相中書令爲右相自餘各以義訓改之又改六宮內職名甲戌司戎太常伯浿江道摠管樂安縣公任雅相卒于軍三月甲申自東都還京癸丑幸同州蘇定方破高麗于葦島又進攻平壤城不克而還夏四月庚申朔至自東都辛巳造蓬萊宮成徙居之五月丙申左侍極許圉師爲左相乙巳復置律書算三學六月巳未朔皇子旭輪生乙丑初令道士女冠僧尼等並盡禮致拜其父母乙亥制蓬萊宮諸門殿亭等名秋七月丁亥朔以東宮誕育滿月大赦天下賜酺三日八月甲午右相許敬宗乞骸骨壬寅許敬宗爲太子少師同東西臺三品仍知西臺事九月司禮少常伯孫茂道奏稱八品九品舊令著青亂紫非卑品所服望令著碧詔從之戊寅前吏部尚書河間郡公李義府起復爲司列太常伯同東西臺三品冬十月丁酉幸溫湯皇太子弘監國丁未至自溫湯庚戌西臺侍郎上官儀同東西臺三品十一月辛未左相許圉師下獄癸酉封皇第四子旭輪爲殷王十二月辛丑改魏州爲大都督府改冀州爲魏州又以并揚荊益四都督府並爲大都督府沛王賢爲揚州大都督周王顯爲并州大都督殷王旭輪遙領冀州大都督左相許圉師解見任

三年春正月左武衛大將軍鄭仁泰等帥師討鐵勒餘種盡平之乙丑司列太常伯李義府爲右相二月丙戌隴雍同岐等一十五州戶口徵修蓬萊宮癸巳置太子左右諭德及桂坊大夫等官員改司經局

爲桂坊館崇賢館罷隸左春坊丁酉減京官一月俸助修蓬萊宮庚戌詔曰天德施生陽和在節言念幽圄載惻分宵雖復每有哀矜猶恐未免枉濫在京繫囚應流死者每日將二十人過於是親自臨問多所原宥不盡者令皇太子錄之詔以書學隸蘭臺算學隸秘閣律學隸詳刑寺改燕然都護府爲瀚海都護府瀚海都護府爲雲中都護府二月前左相許圉師左遷虔州刺史太子弘撰瑤山玉彩成書凡五百卷夏四月乙丑右相李義府下獄戊子李義府除名配流巂州丙午幸蓬萊宮新起含元殿秋八月癸卯彗星見於左攝提戊申詔百寮極言正諫命司元太常伯竇德玄司刑太常伯劉祥道等九人爲持節大使分行天下仍令內外官五品巳上各舉所知冬十月丙申絳州麟見于介山丙午含元殿前麟趾見十一月癸酉雨水十二月庚子詔改來年正月一日爲麟德元年春正月甲子改雲中都護府爲單于大都護府官品同大都督府二月丁亥加授殷王旭輪單于大都護戊子幸萬年宮三月辛亥長大赦禮丁卯長女追封安

定公主謚曰思其鹵簿鼓吹及供葬所須並如親王之制於德業寺遷于崇敬寺夏四月衛州刺史道王元慶薨五月許王孝薨乙卯於昆明之弄棟川置姚州都督府秋八月丙子朔至自萬年宮便幸舊宅己卯降萬年縣繫囚因幸大慈恩寺壬午還蓬萊宮戊子兼司列太常伯檢校沛王府長史城陽縣侯劉祥道兼右相大司憲竇德玄兼司元太常伯檢校左相九月己卯詔曰周京兆尹左右宮伯大將軍司衛上將軍少冢宰廣陵郡公宇文孝伯忠亮存心貞堅表志罄刑既遑方納諫而求仁忍忌將加甘捐軀而徇節年載雖久風烈猶生宜峻徽章式旌胤胄其孫左威衛長史思純可加授朝散大夫十二月丙戌殺西臺侍郎上官儀戊子庶人忠坐與儀交通賜死右相城陽縣侯劉祥道爲司禮太常伯太子右中護檢校西臺侍郎樂彥瑋西臺侍郎孫處約同知政事是冬無雪

二年春正月壬午幸東都丁酉幸合璧宮戊子慮雍洛二州及諸司囚甲子以發向太山停選三月甲寅兼司戎太常伯永安郡公姜恪。

同東西臺三品辛未東都造乾元殿成閏月癸酉日有蝕之四月丙午曲赦桂廣黔三都督府管內大辟罪已上丙寅講武邙山之陽御城北樓觀之戊辰左侍極仍檢校大司成嘉興縣子陸敦信爲檢校右相其大司成宜停西臺侍郎孫處約樂彥瑋並停知政事五月辛卯以秘閣郎中李淳風造曆成名麟德曆頒之以司空英國公李勣少師高陽郡公許敬宗右相嘉興縣子陸敦信左相鉅鹿男竇德玄爲檢校封禪使六月鄜州大水壞城邑秋七月鄧王裕薨冬十月戊午皇后請封禪司禮太常伯劉祥道上疏請封禪癸亥高麗王高藏遣其子福男來朝丁卯將封泰山發自東都是歲大稔米斗五錢麰麥不列市十一月丙子次于原武以少牢祭漢將紀信墓贈驃騎大將軍庚寅華州刺史燕國公于志寧卒十二月丙午御齊州大廳乙卯命有司祭泰山丙辰發靈巖頓

唐書本紀卷第四

劉昫　等修

聞人詮校刻沈桐同校

高宗下

麟德三年春正月戊辰朔車駕至泰山頓是日親祀昊天上帝於封祀壇以高祖太宗配饗己巳帝昇山行封禪之禮庚午禪於社首祭皇地祇以太穆太皇太后文德皇太后配饗皇后爲亞獻越國太妃燕氏爲終獻辛未御降禪壇壬申御朝覲受朝賀改麟德三年爲乾封元年諸行從文武官及朝覲華戎岳牧致仕老人朝朔望者三品已上賜爵二等四品已下七品以上加階八品已下加一階勳一轉諸老人百歲已上版授下州刺史婦人郡君九十八十節級齊州給復一年半管嶽縣二年所歷之處無出今年租賦乾封元年正月五日已前大赦天下賜酺七日癸酉宴群臣陳九部樂賜物有差日昳而罷丙子皇太子弘設會丁丑以前恩澤普進爵及階勳等男子賜古爵兗州界置紫雲仙鶴萬歲觀封巒非煙重輪三寺天下諸州置觀寺一所丙戌發自泰山甲午次曲阜縣幸孔子廟追贈太師增修祠宇以少牢致祭其裹聖侯德倫子孫並免賦役二月己未次亳州幸老君廟追號曰太上玄元皇帝創造祠堂其廟置令丞各一員改谷陽縣爲真源縣縣內宗姓特給復一年夏四月甲辰車駕至自泰山先謁太廟而後入庚寅改鑄乾封泉寶錢六月壬寅高麗莫離支蓋蘇文死其子男生繼其父位爲其弟男建所逐使其子獻誠詣闕請降詔左驍衛大將軍契苾何力率兵以應接之秋七月乙丑徙封殷王旭輪爲豫王庚午左侍極檢校右相嘉興子陸敦信緣老病乞辭機揆拜大司成兼知左侍極大司憲兼檢校右中護劉仁軌兼右相檢校右中護八月辛丑兼司元太常伯兼檢校左相鉅鹿男竇德玄卒丁未殺司衛少卿武惟良淄州刺史武懷運仍改姓蝮氏冬十月己酉命司空英國公勣爲遼東道行軍大總管以伐高麗

二年春正月丁丑以去冬至于是月無雨雪避正殿減膳親錄囚徒

罷乾封錢復行開元通寶錢二月戊戌涪陵郡王愔薨辛丑改萬年宮依舊名九成宮夏六月乙卯西臺侍郎楊武西臺侍郎道國公檢校太子左中護戴至德正諫議大夫檢校東臺侍郎安平郡公李安期東臺侍郎張文瓘並同東西臺三品秋八月己丑朔日有蝕之丙辰東臺侍郎李安期出爲荊州大督府長史

三年春正月庚寅詔繕工大監兼瀚海都護劉審禮爲西域道安撫大使壬子以右相劉仁軌爲遼東道副大總管二月戊午遼東道破薛賀水五萬人陣斬首五千餘級獲生口三萬餘人器械牛馬不可勝計丙寅以明堂制度歷代不同漢魏以還彌更訛舛遂增古今新制其圖下詔大赦改元爲總章元年二月戊寅幸九成宮己卯分長安萬年置乾封明堂二縣分理於京城之中癸未皇太子弘釋奠於國學贈顏回太子少師曾參太子少保夏四月丙辰有彗星見於畢昴之間乙丑上避正殿減膳詔內外群官各上封事極言過失於是羣臣上言星雖孛而光芒小此非國眚不足上勞聖慮請御正殿復常饌帝曰朕獲奉宗廟撫臨億兆譴見于天誡朕之不德也當責躬修德以禳之羣臣復進曰星孛于東北此高麗將滅之徵帝曰高麗百姓即朕之百姓也既爲萬國之主豈可推過於小蕃竟不從所請乙亥彗星滅辛巳西臺侍郎楊武卒秋八月癸酉至自九成宮九月癸巳司空英國公勣破高麗拔平壤城擒其王高藏及其大臣男建等以歸境內盡降其城一百七十戶六十九萬七千以其地爲安東都護府分置四十二州

二年春正月封諸王嫡子皆爲郡王二月東臺侍郎同東西臺三品兼知左史事張文瓘署位始入銜三月東臺侍郎郝處俊同東西臺三品癸酉皇后親祀先蠶夏四月乙酉幸九成宮置司列少常伯司戎少常伯各兩員五月庚子移高麗戶二萬八千二百車一千八十乘牛三千三百頭馬二千九百疋駝六十頭將入內地萊營二州般次發遣量配於江淮以南及山南并涼以西諸州空閑處安置八月戊申朔日有蝕之括州大風雨海水泛溢永嘉安固二縣城郭漂百

姓宅六千八百四十三區溺殺人九千七十牛五百頭損田草四千一百五十頃冀州大水漂壞居人廬舍數千家並遣使賑給秋七月劒南益瀘巂茂陵邛雅綿翼維始簡資榮隆果梓普遂等一十九州旱百姓乏絶總三十六萬七千六百九十戸遣司珍大夫路勵行存問賑貸癸巳冀州大都督府奏自六月十三日夜降雨至二十日水深五尺其夜暴水深一丈已上壞屋一萬四千三百九十區害田四千四百九十六頃遣右衛大將軍涼國公契苾何力爲鴐海道行軍大總管秋八月甲戌改瀚海都護府爲安北都護府九月己亥發自九成宮壬寅停華林頓大蒐于岐乙巳至岐州高祖初仕隋爲扶風太守故曲赦岐州管内高祖時胥徒隨材擢用賜高年衣物粟帛各有差冬十月丁巳至自九成宮十一月庚辰發九州人夫轉發太原倉米粟入京丁亥徙封豫王旭輪爲冀王仍令單名輪十二月戊申司空太子太師英國公勣薨是冬無雪

三年春正月丁丑右相樂成男劉仁軌致仕辛卯列遼東地爲州縣

○二月戊申以旱親録囚徒祈禱名山大川癸丑日色出如赭三月甲戌朔大赦天下改元爲咸亨元年三月丁丑改蓬萊宮爲含元殿壬辰太子少師同東西臺三品許敬宗致仕夏四月吐蕃寇陷白州等一十八州又與于闐合衆襲龜茲撥換城陷之罷安西四鎮辛亥以右威衛大將軍薛仁貴爲邏娑道行軍大總管右衛員外大將軍阿史那道眞左衛將軍郭待封爲副領兵五萬以擊吐蕃庚午幸九成宮雍州大雨雹五月丙戌詔曰諸州縣孔子廟堂及學館有破壞并先來未造者遂使生徒無肄業之所先師闕奠祭之儀久致飄露深非敬本宜令所司速事營造六月壬寅朔日有蝕之秋七月戊子前西臺侍郎李敬玄起復本職仍依舊同東西臺三品薛仁貴郭待封至大非川爲吐蕃大將論欽陵所襲大敗仁貴等並坐除名吐谷渾全國盡没惟慕容諾曷鉢及其親信數千帳内屬仍徙於靈州界八月甲子至自九成宮王梁州都督趙王福薨丙寅以久旱避正殿尚食減膳九月甲申衛國夫人楊氏薨贈魯國夫人謚曰忠烈閏月壬子

故贈司徒周忠孝公士彠贈太尉太子太師太原郡王贈魯國忠烈太夫人贈太原王妃甲寅葬太原王妃京官文武九品已上及外命婦送至便橋宿次冬十月癸酉大雪平地三尺餘行人凍死者贈帛給棺木令雍同華州貧窶之家有年十五已下不能存活者聽一切任人收養爲男女充驅使皆不得將爲奴婢丙申太子右中護兼檢正諫大夫同東西臺三品趙仁本爲左肅機罷知政事十二月庚寅諸司及百官各復舊名是歲天下四十餘州旱及霜蟲百姓飢乏關中尤甚詔令任往諸州逐食仍轉江南租米以賑給之

二年春正月乙巳幸東都留皇太子弘於京監國令侍臣戴至德張文瓘李敬玄等輔之唯以閻立本郝處俊從甲子至東都二月丁亥雍州人梁金柱請出錢三千貫賑濟貧人夏四月戊子大風折木六月戊寅左散騎常侍兼檢校秘書太子賓客周國公武敏之以罪復本姓賀蘭氏除名流雷州丁亥以旱親録囚徒秋九月地震司徒潞州刺史徐王元禮薨冬十月搜揚明達禮樂之士十一月甲午朔日有蝕之庚戌幸許汝等州教習癸酉冬狩校獵於許州葉縣昆水之陽十二月丙戌還東都

○三年春正月辛丑發梁益等一十八州兵募五千三百人遣右衛副率梁積壽往姚州擊叛蠻辛未制雍洛二州人聽任本州官二月己卯侍中永安郡公姜恪卒於河西鎮守夏四月戊寅幸合璧宮壬午於水南教旗上問中書令閻立本黃門侍郎郝處俊伊尹負鼎俎干湯應是補緝時政不知鑄鼎所緣復在何國將爲國之重器歷代傳寶閻立本以古義對五月乙未五品已上改賜新魚袋並飾以銀三品已上各賜金裝刀子礪石一具六月丙子於洛州栢崖置倉八月壬子特進高陽郡公許敬宗卒九月乙卯冀州大都督府復爲魏州魏州復爲冀州壬寅沛王賢徙封雍王冬十月己未皇太子監國壬戌車駕還京師乙亥中書侍郎同中書門下三品道國公戴至德加兼戸部尚書黃門侍郎同中書門下三品張文瓘檢校大理卿黃門侍郎甑山縣公同中書門下三品郝處俊爲中書侍郎兼檢校吏部

侍郎同中書門下三品李敬玄爲吏部侍郎並依舊同中書門下三品十一月戊子朔日有蝕之甲辰至自東都十二月癸卯太子左庶子劉仁軌同中書門下三品是冬左監門大將軍高侃大敗新羅之衆於橫水

四年春正月甲午詔咸亨初收養爲男女及驅使者聽量酬衣食之直放還本處丙辰絳州刺史鄭王元懿薨二月壬午以左金吾將軍裴居道女爲皇太子弘妃夏四月丙子幸九成宮閏五月丁卯燕山道摠管李謹行破高麗叛黨於瓠盧河之西高麗平壤餘衆遁入新羅秋七月庚午九成宮太子新宮成上召五品已上諸親宴太子宮極歡而罷辛巳婺州暴雨水泛溢漂溺居民六百家詔令賑給八月辛丑上痁疾令太子受諸司啓事己酉大風毀太廟鴟吻冬十月壬午中書令博陵縣子閻立本卒乙未皇太子弘納妃畢曲赦岐州大酺三日庚子還京師乙巳至自九成宮十一月丙寅上製樂章有上元二儀三才四時五行六律七政八風九宮十洲得一慶雲之曲詔○

有司諸大祠享即奏之十二月丙午弓月疏勒二國王入朝請降

五年春二月壬午遣太子左庶子同中書門下三品劉仁軌爲雞林道大摠管以討新羅仍令衛尉卿李弼右領大將軍李謹行副之三月辛亥朔日有蝕之己巳皇后祀先蠶夏四月辛卯以尚輦奉御周國公武承嗣爲宗正卿五月己未詔春秋二社本以祈農如聞此外別爲邑會此後除二社外不得聚集有司嚴加禁止六月壬寅太白入東井秋八月壬辰追尊宣簡公爲宣皇帝懿王爲光皇帝太祖武皇帝爲高祖神堯皇帝太宗文皇帝爲文武聖皇帝太穆皇后爲太穆神皇后文德皇后爲文德聖皇后皇帝稱天皇皇后稱天后改咸亨五年爲上元元年大赦戊戌敕文武官三品已上服紫金玉帶四品深緋五品淺緋並金帶六品深綠七品淺綠並銀帶八品深青九品淺青鍮石帶庶人服黃銅鐵帶一品已下文官並帶手巾筭袋刀子礪石武官欲帶亦聽之九月辛亥百寮具新服上宴之於麟德殿癸丑追復長孫無忌官爵仍以其曾孫翼襲封趙國公許歸葬於昭陵先造之墳十一月丙午朔幸東都己酉狩于華山之曲武原戊辰至東都十二月蔣王惲薨戊子于闐王伏闍雄來朝辛卯波斯王卑路斯來朝壬寅天后上意見十二條請王公百寮皆習老子每歲明年一準孝經論語例試於有司又請子父在爲母服三年虢王鳳薨

二年春正月甲寅焚感化房壬戌支汗郡王獻碧玻瓈丙寅以于闐爲毗沙都督府以尉遲伏闍雄爲毗沙都督分其境內爲十州以伏闍雄有擊吐蕃功故也庚午龜茲王白素稽獻銀頗羅辛未吐蕃遣其大臣論吐渾彌來請和不許二月雞林道行軍大摠管大破新羅之衆於七重城斬獲甚衆新羅遣使入朝獻方物伏罪赦之復其王金法敏官爵三月丁未日色如赭丁巳天后親蠶於邛山之陽時帝風疹不能聽朝政事皆決於天后自誅上官儀後上每視朝天后垂簾於御座後政事大小皆預聞之內外稱爲二聖帝欲下詔令天后攝國政中書侍郎郝處俊諫止之夏四月分括州永嘉永固二縣置溫州析臨海縣爲樂安永寧二縣辛巳周王顯妃趙氏以罪幽死己亥○

皇太子弘薨于合璧宮之綺雲殿時帝幸合璧宮是日還東都五月己亥追謚太子弘爲孝敬皇帝六月戊寅以雍王賢爲皇太子大赦秋七月辛亥洛州復置緱氏縣以管孝敬皇帝恭陵慈州刺史杞王上金坐事於澧州安置八月庚子太子左庶子同中書門下三品樂成侯劉仁軌爲左僕射依舊監修國史中書門下三品大理卿張文瓘爲侍中中書侍郎同三品甑山公郝處俊爲中書令監脩國史如故吏部侍郎檢校太子左庶子監脩國史李敬玄吏部尚書兼太子左庶子同中書門下三品依前監脩國史左丞許圉師爲戶部尚書九月丙午宰相劉仁軌戴至德張文瓘郝處俊並兼太子賓客冬十月析永州營道江華唐興三縣置道州壬午星孛於角亢之南長五尺十二月丁亥龜茲王白素稽獻名馬

三年春正月戊戌徙封冀王輪爲相王二月甲戌移安東都護府於遼東乙亥堅昆獻名馬丁亥幸汝州之溫湯三月癸卯黃門侍郎來恒中書侍郎薛元超並同中書門下三品甲辰還東都三月己巳朔吐

蕃入寇鄯廓河芳等四州乙酉洛州牧周王顯爲洮州道行軍元帥領工部尚書劉審禮等十二揔管并州都督相王輪爲涼州道行軍元帥領左衛將軍契苾何力等軍以討吐蕃二王竟不行戊午勑制比用白紙多爲蟲蠹今後尚書省下諸司州縣宜並用黄紙其承制勑之司量爲卷軸以備披檢庚寅車駕還京夏四月戊申至自東都甲寅中書侍郎李義琰同中書門下三品戊午幸九成宮六月癸丑黄門侍郎高智周同中書門下三品秋七月彗起東井指北河漸東北長三丈掃中台指文昌宮五十八日方滅八月乙未吐蕃寇疊州庚子以星變避殿減膳放京城繫囚令文武官各上封事言得失壬寅置南選使簡補廣交黔等州官吏青齊等州海泛溢又大雨漂溺居人五千家遣使賑卹之九月甲子朔車駕還京丙申郇王素節削戶三分之二於袁州安置癸丑於北京置金鄰州十一月丁卯勑新造上元舞圓丘方澤享太廟用之餘祭則停壬申以陳州言鳳凰見於宛丘改上元三年曰儀鳳元年大赦庚寅吏部尚書李敬玄爲中書令十二月丙申皇太子賢上所注後漢書賜物三萬段戊午遣使分道巡撫宰相來恒河南道薛元超河北道左丞崔知悌等江南道

○二年春正月乙亥上躬籍田於東郊庚辰京師地震壬辰幸司竹園即日還宮二月丁巳工部尚書高藏授遼東都督封朝鮮郡王遣歸安東府安輯高麗餘衆司農卿扶餘隆熊津州都督封帶方郡王令往安輯百濟餘衆仍移安東都護府於新城以統之夏四月以河南河北旱遣使賑給八月徙封周王顯爲英王改名哲乙巳太白犯軒轅十二月乙卯勑關內河東諸州召募勇敢以討吐蕃詔京文武職事官三品已上每年各舉文武才能堪任將帥牧守者一人是冬無雪

三年四月丁亥朔以旱避正殿親錄囚徒悉原之戊申大赦改來年正月一日爲通乾癸丑涇州獻二小兒連心異體年四歲五月壬戌幸九成宮以相王輪爲洛州牧秋七月丁巳宴近臣諸親於咸亨殿上謂霍王元軌曰去冬無雪今春少雨自避暑此宮甘雨頻降夏麥豐熟秋稼滋榮又得敬玄表奏吐蕃入龍支張虔勗與之戰一日兩

陣斬馘極多又太史奏七月朔太陽合虧而不虧此蓋上天垂祐宗社降靈豈虛薄所能致此又男輪最小特所留愛比來與選新婦多不稱情近納劉延景女觀其極有孝行復是私衷一喜思與叔等同爲此歡各宜盡醉上因賦七言詩効栢梁體侍臣並和九月丁巳還京師辛酉至自九成宮癸亥侍中張文瓘卒丙寅洮河道行軍大揔管中書令李敬玄左衛大將軍劉審禮等與吐蕃戰于青海之上王師敗績審禮被俘上以蕃寇爲患問計於侍臣中書舍人郭正一等咸以備邊不深討爲上策十月丙午徐州刺史密王元曉薨閏十月戊寅熒惑犯鉤鈐十一月乙未昬霧四塞連夜不解丙申雨木氷壬子黄門侍郎同中書門下三品來恒卒十二月詔停明年通乾之號以反語不善故也

四年正月辛未戶部尚書平恩縣公許圉師卒己酉幸東都庚戌尚書右僕射道國公戴至德薨二月壬戌吐蕃贊普卒遣使弔祭之乙丑東都饑官出糙米以救饑人夏四月戊午熒惑入羽林星左丞崔知悌爲戶部尚書中書令郝處俊爲侍中五月壬午盜殺正諫大夫

○明崇儼丙戌皇太子賢監國戊戌造紫桂宮於沔池之西六月辛亥制大赦天下改儀鳳四年爲調露元年秋七月巳卯朔詔以今年冬至有事嵩岳禮官學士詳定儀注八月丁巳侍中郝處俊左庶子高智周黄門侍郎崔知温給事中劉景先兼脩國史九月壬午吏部侍郎裴行儉討西突厥擒其十姓可汗阿史那都支及別帥李遮匐以歸冬十月單于大都護府突厥阿史德温傅及奉職二部相率反叛立阿史那泥熟匐爲可汗二十四州首領並叛遣單于大都護長史蕭嗣業將軍花大智李景嘉等討之與突厥戰爲賊所敗嗣業配流桂州壬子令將軍曹懷舜率兵往恒州守井陘崔獻往絳州守龍門以備突厥庚申前詔封嵩山宜停癸亥吐蕃文成公主遣其大臣論塞調傍來告喪請和親不許遣郎將來令文使吐蕃會贊普之葬十一月戊寅朔左庶子同三品高智周罷知政事癸未以吏部侍郎裴行儉爲禮部尚書賞擒都支遮匐之功也甲辰裴行儉爲定襄道大

揔管與營州都督周道務等兵十八萬并西軍程務挺東軍李文暕等揔三十萬以討突厥甲寅臨軒試應岳牧舉人

二年春正月乙酉宴諸王諸司三品已上諸州都督刺史於洛城南門樓奏新造六合還淳之舞二月丙午詔曰故符璽郎李延壽撰正典一部辭彈雅正雖已淪亡功猶可録宜賜其家絹五十疋壬子霍王元軌率文武百寮請出一月俸料助軍以討突厥癸丑幸汝州温湯丁巳至少室山戊午親謁少姨廟賜故玉清觀道士王遠知謚曰昇真先生贈太中大夫又幸隱士田遊巖所居巳未幸嵩陽觀及啓母廟並命立碑又幸逍遥谷道士潘師正所居甲子自温湯還東都三月裴行儉大破突厥於黑山擒其首領奉職僞可汗泥熟匐爲其部下所殺傳首來降夏四月乙丑幸紫桂宮戊辰黄門侍郎裴炎崔知温中書侍郎王德眞並同中書門下三品五月癸未熒惑犯輿鬼丁酉太白經天秋七月吐蕃寇河源屯于良非川河西鎮撫大使李敬玄與吐蕃將賛婆戰于湟中官軍敗績時左武衛將軍黒齒常之

力戰大破蕃軍遂擢爲河源軍經畧大使令李敬玄鎮鄯州爲之援丙申江王元祥薨是月突厥餘衆圍雲州中郎將程務挺擊破之八月丁未自紫桂宮還東都丁巳鄯州都督李敬玄左遷衡州刺史甲子廢皇太子賢爲庶人幽於別所乙丑立英王哲爲皇太子改調露二年爲永隆元年赦天下大酺三日太子左庶子同中書門下三品張大安坐庶人左遷普州刺史九月河南河北諸州大水遣使賑䘏溺死者官給棺櫬其家賜物七段冬十月壬寅蘇州刺史曹王明封零陵郡王於黔州安置坐附庶人賢也己酉自東都還京十一月朔日有蝕之洛州饑減價官糶以救饑人

二年春正月突厥寇原慶等州乙亥命將軍李知十王杲等分兵禦之癸巳遣禮部尚書裴行儉爲定襄道大揔管率師討突厥温傅部落己亥詔雍岐華同民戸宜免兩年地税河南河北遭水處一年上詔雍州長史李義玄曰朕思還淳返朴示天下以質素如聞游手墮業此類極多時稍不豐便致饑饉其異色綾錦并花間裙衣等糜費既廣俱害女工天后我之疋敵常著七破間裙豈不知更有靡麗服飾務遵節儉也其紫服赤衣閭閻公然服用兼商賈富人厚葬越禮卿可嚴加捉搦勿使更然二月丙午皇太子親行釋奠禮三月辛卯左僕射同三品劉仁軌兼太子少傅侍中郝處俊爲太子少保罷知政事五月丙戌定襄道揔管曹懷舜與突厥史伏念戰於横水官軍大敗懷舜減死配流嶺南六月壬子故江王元祥男皥以犯名教斬於大理寺後園七月太平公主出降薛紹赦京城繫囚閏七月丁未黄門侍郎裴炎爲侍中黄門侍郎崔知温中書侍郎薛元超並爲中書令庚申上以服餌令皇太子監國丙寅雍州大風害稼米價騰踊是月裴行儉大破突厥史伏念之衆伏念爲程務挺急追遂執温傅來降行儉於是盡平突厥餘黨行儉執伏念温傅振旅凱旋八月丁卯朔河南河北大水許遭水處往江淮已南就食丁亥戸部尚書崔知温卒辛卯改交州爲安南都護府九月丙申彗星見於天市長五尺冬十月丙寅朔日有蝕之乙丑改永隆二年爲開耀元年曲赦定

襄軍及緣征突厥官吏兵募等丙寅斬阿史那伏念及温傅等五十四人於都市丁亥新羅王金法敏薨仍以其子政襲位十一月癸卯徙庶人賢于巴州十二月吐火羅獻金衣一領上不受辛未太子少保甑山縣公郝處俊薨

永淳元年正月乙未朔以年饑罷朝會關内諸府兵令於鄧綏等州就穀二月癸未以太子誕皇孫滿月大赦改開耀二年爲永淳元年大酺三日戊午立皇孫重照爲皇太孫欲開府置寮屬吏部郎中王方慶曰按周禮有嫡子無嫡孫漢魏已來皇太子在不立太孫但封王耳晉立愍懷太子子虨爲太孫齊立文惠太子子昭業爲太孫便居東宮而皇太子在而立太孫未有前例上曰自我作古可乎亦可然竟不立府寮是春關内旱日色如赭四月甲子朔日有蝕之丙寅幸東都皇太子京師留守命劉仁軌裴炎薛元超等輔之上以穀貴減扈從兵士庶從者多殍踣於路辛未以裴行儉爲金牙道行軍大揔管與將軍閻懷旦等三揔管兵分道討十姓突厥阿史那車薄行

儉未行而卒安西副都護王方翼破車薄咽麪西域平戊寅次澠池
之紫桂宮乙酉至東都丁亥黃門侍郎郭待舉兵部侍郎岑長倩中
書侍郎郭正一吏部侍郎魏玄同並同中書門下同承受進止平章
事上謂參知政事崔知溫曰待舉等歷任尚淺且令預聞政事未可
即與卿等同名稱自是外司四品已下知政事者遂以平章爲名五
月壬寅置東都苑摠監自丙午連日澍雨洛水溢壞天津及中橋立
德弘教景行諸坊溺居民千餘家六月關中初雨麥苗澇損後旱京
兆岐隴螟蝗食苗並盡加以民多疫癘死者枕藉於路詔所在官司
埋瘞丁丑以岐州刺史蘇良嗣爲雍州長史京師人相食寇盜縱橫
秋七月巳亥造奉天宮於嵩山之陽仍置嵩陽縣又於藍田造萬全
宮庚申零陵王明薨是秋山東大水民饑吐蕃寇柘松翼等州冬十
月甲子京師地震丙寅黃門侍郎劉景先同平章事十二月南天竺
于闐各獻方物突厥餘黨阿史那骨篤祿等招合殘衆據黑沙城入
寇并州北境

○二年春正月甲午朔幸奉天宮遣使祭嵩岳少室箕山具茨等山西
王母啓母巢父許由等祠二月甲午洛州長史李仲玄爲宗正卿庚
午突厥寇定州嬀州之境巳卯左領軍衛大將軍薛仁貴卒三月庚
寅突厥阿史那骨篤祿阿史德元珍等圍單于都護府丙午彗見五
車北二十五日而滅癸丑中書令崔知溫卒夏四月巳巳還東都甲
申綏州部白鐵余據城平縣反命將軍程務挺將兵討之五月庚寅
幸芳桂宮阻雨還東都突厥寇蔚州殺刺史李思儉豐州都督崔智
辯率師出朝那山掩擊之爲賊所敗遂寇嵐州秋七月巳丑封皇孫
重福爲唐昌郡王甲辰相王輪改封豫王仍名旦巳丑令唐昌郡王
重福爲京留守劉仁軌副之召皇太子至東都巳巳河水溢壞河陽
城水面高於城內五尺北至鹽坎居人廬舍漂沒皆盡南北並壞庚
戌熒惑入輿鬼犯質星十一月皇太子來朝癸亥幸奉天宮時天后
自封岱之後勸上封中岳每下詔草儀注即歲饑邊事警急而止至
是復行封中岳禮上疾而止上苦頭重不可忍侍醫秦鳴鶴曰刺頭
微出血可愈天后帷中言曰此可斬欲刺血於人主首耶上曰吾苦
頭重出血未必不佳即刺百會上曰吾眼明矣戊戌命將軍程務挺
爲單于道安撫大使以招討摠管材山賊元珍骨篤祿賀魯等詔皇
太子監國裴炎劉齊賢郭正一等於東宮同平章事丁未自奉天宮
還東都上疾甚宰臣巳下並不得謁見十二月巳酉詔改永淳二年
爲弘道元年將宣赦書上欲親御則天門樓氣逆不能上馬遂召百
姓於殿前宣之禮畢上問侍臣曰民庶喜否曰百姓蒙赦無不感悅
上曰蒼生雖喜我命危篤天地神祇若延吾一兩月之命得還長安
死亦無恨是夕帝崩於眞觀殿時年五十六宣遺詔七日而殯皇太
子即位于柩前園陵制度務從節儉軍國大事有不決者取天后處
分群臣上謚曰天皇大帝廟號高宗文明元年八月庚寅葬于乾陵
天寶十三載改謚曰天皇大弘孝皇帝

史臣曰大帝往在藩儲見稱長者暨升旒扆頓異明哉虛襟似納於
觸鱗下詔無殊於翕暍既蕩情於帷簿遂忽怠於基扃惑麥斛之佞

○言中宮被毒聽趙師之誣說元舅郯寃忠良自是脅肩姦佞於焉得
志卒致盤維盡戮宗社爲墟古所謂一國爲一人興前賢爲後愚廢
信矣哉

贊曰藉文鴻業僅保餘位封岱禮天其德不類伏戎于寢構堂終墜
自蘊禍胎邦家殄瘁

唐書本紀卷第五

劉　昫　等修

聞人詮校刻沈桐同校

則天皇后

則天皇后武氏諱曌并州文水人也父士彠隋大業末爲鷹揚府隊正高祖行軍於汾晉每休止其家義旗初起從平京城貞觀中累遷工部尚書荊州都督封應國公初則天年十四時太宗聞其美容止召入宮立爲才人及太宗崩遂爲尼居感業寺大帝於寺見之復召入宮拜昭儀時皇后王氏良娣蕭氏頻與武昭儀爭寵互讒毀之帝皆不納進號宸妃永徽六年廢王皇后而立武宸妃爲皇后高宗稱天皇武后亦稱天后后素多智計兼涉文史帝自顯慶已後多苦風疾百司表奏皆委天后詳決自此內輔國政數十年威勢與帝無異當時稱爲二聖

弘道元年十二月丁巳大帝崩皇太子顯即位尊天后爲皇太后既將篡奪是日自臨朝稱制庚午加授澤州刺史韓王元嘉爲太尉豫州刺史滕王元嬰爲開府儀同三司絳州刺史魯王靈夔爲太子太師相州刺史越王貞爲太子太傅安州都督紀王慎爲太子太保元嘉等地尊望重恐其生變故進加虛位以安其心甲戌劉仁軌爲尚書左僕射岑長倩爲兵部尚書魏玄同爲黃門侍郎並依舊知政事劉齊賢爲侍中裴炎爲中書令

嗣聖元年春正月甲申朔改元二月戊午廢皇帝爲廬陵王幽于別所仍改賜名哲己未立豫王輪爲皇帝令居於別殿大赦天下改元文明皇太后仍臨朝稱制庚午廢皇太孫重照爲庶人太常卿兼豫州府長史王德貞爲侍中中書侍郎豫王府司馬劉褘之同中書門下三品三月庶人賢死于巴州夏四月滕王元嬰薨改封畢王上金爲澤王葛王素節爲許王丁丑遷廬陵王哲於均州閏五月禮部尚書武承嗣同中書門下三品秋七月突厥骨咄祿元珍寇朔州命左威衛大將軍程務挺拒之彗星見西北方長二丈餘經三十三日乃滅九月大赦天下改元爲光宅旗幟改從金色飾以紫畫以雜文改東都爲神都又改尚書省及諸司官名初置右肅政御史臺官員故司空李勣孫柳州司馬徐敬業偽稱揚州司馬殺長史陳敬之據揚州起兵自稱上將以匡復爲辭冬十月楚州司馬李崇福率所部三縣以應敬業命左玉鈐衛大將軍李孝逸爲大總管率兵三十萬以討之殺內史裴炎丁酉追削敬業父祖官爵復其本姓徐氏十二月前中書令薛元超卒殺左威衛大將軍程務挺

垂拱元年春正月以敬業平大赦天下改元劉仁軌薨三月遷廬陵王哲於房州頒下親撰垂拱格於天下夏四月內史蘇味道左授青州刺史五月秋官尚書裴居道爲內史納言王德貞配流象州冬官尚書蘇良嗣爲納言詔內外文武九品已上及百姓咸令自舉是夏大旱

二年春正月皇太后下詔復政於皇帝以皇太后既非實意乃固讓皇太后仍依舊臨朝稱制大赦天下初令都督刺史並準京官帶魚

三月初置匭於朝堂有進書言事者聽投之由是人間善惡事多所知悉夏四月岑長倩爲內史六月蘇良嗣爲文昌左相天官尚書韋待價爲文昌右相並同鳳閣鸞臺三品右肅政御史大夫韋思謙爲納言

三年春正月封王子成義爲恒王隆基爲楚王隆範爲衛王隆業爲趙王二月韋思謙請致仕許之夏四月裴居道爲納言夏官侍郎張光輔爲鳳閣侍郎同鳳閣鸞臺平章事庚午劉褘之賜死於家秋八月地官尚書魏玄同檢校納言

四年春二月毀乾元殿就其地造明堂山東河南甚飢乏詔司屬卿王及善司府卿歐陽通冬官侍郎狄仁傑巡撫賑給夏四月魏王武承嗣偽造瑞石文云聖母臨人永昌帝業令雍州人唐同泰表稱獲之洛水皇太后大悅號其石爲寶圖擢授同泰游擊將軍五月皇太后加尊號曰聖母神皇秋七月大赦天下改寶圖曰天授聖圖封洛水神爲顯聖加位特進并立廟就水側置永昌縣天下大酺五日八

月壬寅博州刺史琅耶王沖據博州起兵命左金吾大將軍丘神勣
爲行軍惣管討之庚戌沖父豫州刺史越王貞又舉兵於豫州與沖
相應九月丙午內史岑長倩鳳閣侍郎張光輔左監門大將軍鞠崇裕
率兵討之丙寅斬貞及沖等傳首神都改姓爲虺氏曲赦博州韓王
元嘉魯王靈夔元嘉子黃國公譔靈夔子左散騎常侍范陽王藹霍
王元軌及子江都王緒故虢王元鳳子東莞公融坐與貞通謀元嘉
靈夔自殺元軌配流黔州譔等伏誅改姓虺氏自是宗室諸王相繼
誅死者殆將盡矣其子孫年幼者咸配流嶺外誅其親黨數百餘家
十二月神皇拜洛水受天授聖圖是日還宮明堂成
永昌元年春正月神皇親享明堂大赦天下改元大酺七日三月張
光輔爲內史武承嗣爲納言夏四月誅蔣王惲道王元慶徐王元禮
曹王明等諸子孫徙其家屬於巂州五月命文昌右相韋待價爲安
息道大惣管以討吐蕃六月令文武官五品已上各舉所知秋七月
紀王慎被誣告謀反載以檻車流于巴州改姓虺氏韋待價坐遲留

不進士卒多飢饉而死配流繡州八月左肅政御史大夫王本立同
鳳閣鸞臺三品辛巳誅內史張光輔九月納言魏玄同賜死于家冬
十月春官尚書范履冰鳳閣侍郎邢文偉並同鳳閣鸞臺平章事改
羽軍百騎爲千騎
載初元年春正月神皇親享明堂大赦天下依周制建子月爲正月
改永昌元年十一月爲載初元年十二月爲臘月改舊正月爲一月
大酺三日神皇自以曌字爲名遂改詔書爲制書春一月蘇良嗣爲
特進武承嗣爲文昌左相岑長倩爲文昌右相裴居道爲太子少傅
並依舊同鳳閣鸞臺三品鳳閣侍郎武攸寧爲納言邢文偉爲內史
秋七月殺豫章王亶遷其父舒王元名於和州有沙門十人僞撰大
雲經表上之盛言神皇受命之事制頒於天下令諸州各置大雲寺
摠度僧千人丁亥殺隨州刺史澤王上金舒州刺史許王素節并其
子數十人九月九日壬午革唐命改國號爲周改元爲天授大赦天
下賜酺七日乙酉加尊號曰聖神皇帝降皇帝爲皇嗣丙戌初立武

氏七廟於神都追尊　神皇父贈太尉太原王士彠爲孝明皇帝兄子
文昌左相承嗣爲魏王天官尚書三思爲梁王堂姪懿宗等十二人
爲郡王司賓卿史務滋爲納言鳳閣侍郎宗秦客爲內史給事中傅
游藝爲鸞臺侍郎仍依舊知鳳閣鸞臺平章事令史務滋等十人分
道存撫天下改內外官所佩魚並作龜冬十月改并州文水縣爲武
興縣依漢豐沛例百姓子孫相承給復
二年正月親祀明堂春三月改唐太廟爲享德廟夏四月令釋教在
道法之上僧尼處道士女冠之前六月命岑長倩率諸軍討吐蕃左
肅政御史大夫格輔元爲地官尚書鸞臺侍郎樂思晦並同鳳閣鸞
臺平章事秋七月徙關內雍同等七州戶數十萬以實洛陽分京兆
置鼎稷鴻宜四州夏官尚書歐陽通知納言事九月傅游藝下獄死
右羽林衛大將軍建昌王攸寧爲納言洛州司馬狄仁傑爲地官侍
郎同鳳閣鸞臺平章事冬十月制官人者咸令自舉殺　文昌左相
岑長倩納言歐陽通地官尚書格輔元

三年正月親祀明堂春一月冬官尚書楊執柔同鳳閣鸞臺平章事
三月五天竺國並遣使朝貢四月大赦天下改元爲如意禁斷天下
屠殺秋七月大雨洛水汎溢漂流人居五千餘家遣使巡問賑貸八
月魏王承嗣爲特進建昌王攸寧爲冬官尚書楊執柔爲地官尚書
並罷知政事秋官侍郎崔元綜爲鸞臺侍郎夏官侍郎李昭德爲鳳
閣侍郎檢校天官侍郎姚璹爲文昌左丞地官侍郎李元素爲文昌右
丞並同鳳閣鸞臺平章事九月大赦天下改元爲長壽改用九月爲
社大酺七日并州改置北都冬十月武威軍摠管王孝傑大破吐蕃
復龜茲于闐疏勒碎葉鎮
二年春一月親享明堂癸亥殺皇嗣妃劉氏竇氏臘月改封皇孫成
器爲壽春郡王宜王成義爲衡陽郡王隆基爲臨淄郡王衛王隆範
爲巴陵郡王隆業爲彭城郡王春二月尚方監裴匪躬坐潛謁皇嗣
腰斬於都市秋九月上加金輪聖神皇帝號大赦天下大酺七日辛
丑司賓卿豆盧欽望爲內史文昌右丞韋巨源同鳳閣鸞臺平章事

秋官侍郎陸元方爲鸞臺侍郎同鳳閣鸞臺平章事三年春一月親享明堂三月鳳閣侍郎李昭德檢校內史鸞臺侍郎蘇味道同鳳閣鸞臺平章事韋巨源爲夏官侍郎依舊知政事四月夏官尚書王孝傑同鳳閣鸞臺三品五月上加尊號爲越古金輪聖神皇帝大赦天下改元爲延載大酺七日秋八月司賓少卿姚璹爲納言左肅政御史中丞楊再思爲鸞臺侍郎洛川司馬杜景儉爲鳳閣侍郎仍並同鳳閣鸞臺平章事梁王武三思勸率諸蕃酋長奏請大徵斂東都銅鐵造天樞於端門之外立頌以紀上之功業九月內史李昭德左授欽州南賓縣尉冬十月文昌右丞李元素爲鳳閣鸞臺平章事

證聖元年春一月上加尊號曰慈氏越古金輪聖神皇帝大赦天下改元大酺七日戊子豆盧欽望韋巨源杜景儉蘇味道陸元方並左授趙鄭棣綏等州刺史丙申夜明堂災至明而並從煨燼庚子以明堂災告廟手詔責躬令內外文武九品已上各上封事極言正諫春

。二月上去慈氏越古尊號秋九月親祀南郊加尊號天冊金輪聖神皇帝大赦天下改元爲天冊萬歲大辟罪已下及犯十惡常赦所不原者咸赦除之大酺九日萬歲登封元年臘月甲申上登封于嵩嶽大赦天下改元大酺九日丁亥禪于少室山己丑又制內外官三品已上通前賜爵二等四品已下加兩階洛州百姓給復

二年癸巳至自嵩嶽甲午親謁太廟春一月重造明堂成夏四月親享明堂大赦天下改元爲萬歲通天大酺七日以天下大旱命文武官九品以上極言時政得失五月營州城傍契丹首領松漠都督李盡忠與其妻兄嬀誠州刺史孫萬榮殺都督趙文翽舉兵反攻陷營州盡忠自號可汗乙丑命鷹揚將軍曹仁師右金吾大將張玄遇右武威大將軍李多祚司農少卿麻仁節等二十八將討之秋七月命春官尚書梁王三思爲安撫大使納言姚璹爲之副制改李盡忠爲盡滅孫萬榮爲萬斬秋八月張玄遇曹仁師麻仁節與李盡滅戰于西硤石黃麞谷官軍敗績玄遇仁節並爲賊所虜九月命右武衛大

將軍建安王攸宜爲大摠管以討契丹并州長史王方慶爲鳳閣侍郎與殿中監李道廣並同鳳閣鸞臺平章事吐蕃寇涼州都督許欽明爲賊所執庚申王方慶爲鳳閣侍郎仍依舊知政事李盡滅死其黨孫萬斬代領其衆冬十月孫萬斬攻陷冀州刺史陸寶積死之十一月又陷瀛州屬縣

二年正月親享明堂鳳閣侍郎李元素夏官侍郎孫元亨坐與綦連耀謀反伏誅原州都督府司馬婁師德爲鳳閣侍郎同鳳閣鸞臺平章事春二月王孝傑蘇宏暉等率兵十八萬與孫萬斬戰于硤石谷王師敗績孝傑沒於陣宏暉棄甲而遁夏四月鑄九鼎成置于明堂之庭前益州大都督府長史王及善爲內史五月命右金吾大將軍河內王懿宗爲大摠管右肅政御史大夫婁師德爲副大摠管右武威衛大將軍沙吒忠義爲前軍摠管率兵二十萬以討孫萬斬六月內史李昭德司業少卿來俊臣以罪伏誅孫萬斬爲其家奴所殺餘黨大潰魏王承嗣梁王三思並同鳳閣鸞臺三品秋八月納言姚璹爲

。益州大都督府長史九月以契丹李盡滅等平大赦天下改元爲神功大酺七日婁師德爲納言冬十月前幽州都督狄仁傑爲鸞臺侍郎司刑卿杜景儉爲鳳閣侍郎並同鳳閣鸞臺平章事

聖曆元年正月親享明堂大赦天下改元大酺九日春三月召廬陵王哲於房州夏五月禁天下屠殺突厥默啜上言有女請和親秋七月令淮陽王武延秀往突厥納默啜女爲妃遣右豹韜衛大將軍閻知微攝春官尚書赴虜庭八月突厥默啜以延秀非唐室諸王乃囚於別所率衆與閻知微入寇嬀檀等州命司屬卿高平王重規右武威衛大將軍沙吒忠義幽州都督張仁亶右羽林衛大將軍李多祚等率兵二十萬逆擊方放延秀還己丑默啜攻陷定州刺史孫彥高死之焚燒百姓廬舍遇害者數千人魏王承嗣卒庚子梁王三思爲內史狄仁傑爲納言九月建昌王攸寧同鳳閣鸞臺平章事默啜攻陷趙州刺史高叡遇害丙子廬陵王哲爲皇太子令依舊名顯大赦天下大酺五日令納言狄仁傑爲河北道行軍元帥辛巳皇太子謁太

廟天官侍郎蘇味道鳳閣侍郎同鳳閣鸞臺平章事癸未默啜盡殺所掠趙定州男女萬餘人從五迴道而去所至殘害不可勝紀冬十月夏官侍郎姚元崇麟臺少監李嶠並同鳳閣鸞臺平章事是月閻知微自突厥叛歸族誅之

二年春二月封皇嗣旦爲相王初爲寵臣張易之及其弟昌宗置控鶴府官員尋改爲奉宸府班在御史大夫下左肅政御史中丞魏元忠爲鳳閣侍郎吉頊爲天官侍郎並同鳳閣鸞臺平章事戊子幸嵩山過王子晉廟丙申幸緱山丁酉至自嵩山夏四月吐蕃大論贊婆來奔秋七月上以春秋高慮皇太子相王與梁王武三思定王武攸寧等不協令立誓文於明堂八月王及善爲文昌左相豆盧欽望爲文昌右相仍並同鳳閣鸞臺三品冬十月乙亥幸福昌縣王及善薨

三年正月戊寅梁王三思爲特進天官侍郎吉頊配流嶺表臘月辛巳封皇太子男重潤爲召王狄仁傑爲內史戊寅幸汝州之溫湯甲戌至自溫湯造三陽宮于嵩山春三月李嶠爲鸞臺侍郎知政事如故

○夏四月戊申幸三陽宮五月癸丑上以所疾康復大赦天下改元爲久視停金輪等尊號大酺五日六月魏元忠爲左肅政御史大夫仍舊知政事是夏大旱秋七月至自三陽宮天官侍郎張錫爲鳳閣侍郎同鳳閣鸞臺平章事其甥鳳閣鸞臺平章事李嶠爲成均祭酒罷知政事壬寅制曰隋尚書令楊素昔在本朝早荷殊遇稟凶邪之德有諂佞之才惑亂君上離間骨肉搖動冢嫡寧唯握蠱之禍誘扇後王卒成請蹯之釁隋室喪亡蓋惟多僻究其萌兆職此之由生爲不忠之人死爲不義之鬼身雖幸免子竟族誅斯則姦逆之謀是爲庭訓險薄之行遂成門風刑戮雖加枝胤仍在何得肩隨近侍齒列朝行朕接統百王恭臨四海上嘉賢佐下惡賊臣常欲從容於萬機之餘褒貶於千載之外況年代未遠耳目所存者乎其楊素及兄弟子孫已下並不得令任京官及侍衛九月內史狄仁傑卒冬十月甲寅復舊正朔改一月爲正月仍以爲歲首正月依舊爲十一月大赦天下韋巨源爲地官尚書文昌左丞韋安石爲鸞臺侍郎同鳳閣鸞臺平章事丁卯幸新安曲赦其縣壬申至自新安十二月開屠禁諸祠祭令依舊用牲牢

大足元年春正月制改元二月鸞臺侍郎李懷遠同鳳閣鸞臺平章事三月姚元崇爲鳳閣侍郎依舊知政事丙申鳳閣侍郎張錫坐贓配循州夏五月幸三陽宮命左肅政御史大夫魏元忠爲揔管以備突厥天官侍郎顧琮同鳳閣鸞臺平章事六月夏官侍郎李迥秀同鳳閣鸞臺平章事辛未曲赦告城縣秋七月甲戌至自三陽宮九月召王重潤爲易之讒構令自死冬十月幸京師大赦天下改元爲長安

二年春正月突厥寇鹽夏等州殺掠人吏秋九月乙丑日有蝕之不盡如鉤京師及四方見之冬十月日本國遣使貢方物十一月相王旦爲司徒戊子親祀南郊大赦天下

三年春三月壬戌日有蝕之夏四月庚子相王旦表讓司徒許之改文昌臺爲中臺李嶠知納言事六月寧州雨山水暴漲漂流二千餘家溺死者千餘人秋七月殺右金吾大將軍唐休景秋九月正諫大

○夫朱敬則鳳閣鸞臺平章事戊申相王旦爲雍州牧是月御史大夫兼知政事太子右庶子魏元忠爲張昌宗所譖左授端州高要尉京師大雨雹人畜有凍死者冬十月丙寅駕還神都乙酉至自京師

四年春正月造興泰宮於壽安縣之萬安山天官侍郎韋嗣立爲鳳閣侍郎同鳳閣鸞臺平章事朱敬則請致仕許之三月進封平恩郡王重福爲譙王夏官侍郎宗楚客同鳳閣鸞臺平章事夏四月韋安石知納言事李嶠知內史事丙子幸興太宮六月天官侍郎崔玄暐同鳳閣鸞臺平章事李嶠爲國子祭酒知政事如故七月丙戌楊再思爲內史甲午至自興泰宮宗楚客左授原州都督八月姚元崇爲司僕卿知政事韋安石檢校楊州大都督府長史冬十月秋官侍郎張柬之同鳳閣鸞臺平章事十一月李嶠爲地官尚書張柬之爲鳳閣鸞臺平章事自九月至於是日夜陰晦大雨雪都中人有飢凍死者令官司開倉賑給

神龍元年春正月大 赦改元 上不豫制自文明元年巳後得罪人除

揚豫博三州及諸逆魁首咸赦除之癸亥鱗臺監張易之與弟司僕卿昌宗反皇太子率左右羽林軍桓彥範敬暉等以羽林兵入禁中誅之甲辰皇太子監國總統萬機大赦天下是日上傳皇帝位于皇太子徙居上陽宮戊申皇帝上尊號曰則天大聖皇帝冬十一月壬寅則天將大漸遺制祔廟歸陵令去帝稱則天大聖皇后其王蕭二家及褚遂良韓瑗等子孫親屬當時緣累者咸令復業是日崩于上陽宮之仙居殿年八十三謚曰則天大聖皇后二年五月庚申祔葬于乾陵睿宗即位詔依上元年故事號為天后未幾追尊為大聖天后改號為則天皇太后太后嘗召文學之士周思茂范履冰衛敬業令撰玄覽 及古今內範各百卷青宮紀要少陽政範各三十卷維城典訓鳳樓新誡孝子列女傳各二十卷內軌要略樂書要錄各十卷百僚新誡兆人本業各五卷臣軌兩卷垂拱格四卷并文集一百二十卷藏于秘閣

史臣曰治亂時也存亡勢也使桀紂在上雖十堯不能治使堯舜在上雖十桀不能亂使懦夫女子乘時得勢亦足坐制羣生之命肆行不義之威觀夫武氏稱制之年英才接軫靡不痛心於家索扼腕於朝危竟不能報先帝之恩衛吾君之子俄至無辜被陷引頸就誅天地為籠去將安所悲夫昔掩鼻之讒古稱其毒人彘之酷世以為寃武后奪嫡之謀也振喉絕襁褓之兒菹醢碎椒塗之骨其不道也甚矣亦姦人妬婦之恒態也然猶泛延讜議時禮正人初雖牝雞司晨終能復子明辟飛語辯元忠之罪善言慰仁傑之心尊時憲而抑幸臣聽忠言而誅酷吏有旨哉有旨哉

贊曰龍漦易貌丙殿昌儲胡為穹昊生此夔魖奪攘神器穢褻皇居窮妖白首降鑒何如

唐書本紀卷第六

唐書本紀卷第七

劉　昫　等修

聞人詮校刻沈桐同校

中宗　睿宗

中宗大和聖昭孝皇帝諱顯高宗第七子毋曰則天順聖皇后顯慶元年十一月乙丑生於長安明年封周王授洛州牧儀鳳二年徙封英王改名哲授雍州牧永隆元年章懷太子廢其年立爲皇太子弘道元年十二月高宗崩遺詔皇太子柩前即帝位皇太后臨朝稱制改元嗣聖元年二月皇太后廢帝爲廬陵王幽於別所其年五月遷於均州尋徙居房陵聖曆元年召還東都立爲皇太子依舊名顯時張易之與弟昌宗潛圖逆亂神龍元年正月鳳閣侍郎張柬之鸞臺侍郎崔玄暐左羽林將軍敬暉右羽林將軍桓彥範司刑少卿袁恕已等定策率羽林兵誅易之昌宗迎皇太子監國摠司庶政大赦天下鳳閣侍郎韋承慶正諫大夫房融司禮卿韋慶等下獄甲辰命地官侍郎樊忱往京師告廟陵司刑少卿兼王府司馬袁恕已爲鳳閣鸞臺平章事乙巳則天傳位於皇太子丙午即皇帝位於通天宮大赦天下唯易之黨與不在原限爲周興來俊臣所枉陷者咸令雪免內外文武官加兩階三品已上加爵二等入五品等特減四考大酺五日以并州牧相王旦及太平公主有誅易之兄弟功相王加號安國相王進拜太尉同鳳閣鸞臺三品公主加號鎮國太平公主仍賜實封通前滿五千戶皇親先被配沒者子孫令復屬籍仍量敘官爵出宮女三千丁未天后徙居上陽宮庚戌鳳閣侍郎同鳳閣鸞臺平章事張柬之爲夏官尚書同鳳閣鸞臺三品封漢陽郡公鸞臺侍郎兼檢校太子右庶子同鳳閣鸞臺平章事崔玄暐爲守內史封博陵郡公袁恕已同鳳閣鸞臺三品封南陽郡公敬暉爲納言平陽郡公桓彥範爲納言譙郡公並加銀青光祿大夫賜實封五百戶右羽林大將軍遼國公李多祚進封遼陽郡王賜實封六百戶內直郎駙馬都尉王同皎爲雲麾將軍右千牛將軍琅耶郡公食實封五百戶並賞

唐紀七

誅張易之兄弟功其餘封各有差上天后尊號爲則天大聖皇帝二月甲寅復國號依舊爲唐社稷宗廟陵寢郊祀行軍旗幟服色天地日月寺宇臺閣官名並依永淳已前故事神都依舊爲東都北都爲并州大都督府老君依舊爲玄元皇帝諸州百姓免今年租稅房州百姓給復三年改左右肅政臺爲左右御史臺韋承慶貶高要尉房融配流欽州中書令楊再思爲戶部尚書同中書門下三品京留守太僕卿同中書門下三品姚元之出爲亳州刺史已未封堂兄左金吾將軍鬱林郡公千里爲成紀郡王左金吾衛大將軍實封五百戶令貢舉人停習臣軌依舊習老子甲子妃韋氏爲皇后大赦天下內外官陪位者賜勳一轉大酺三日后父故豫州刺史玄貞爲上洛郡王后母崔氏贈上洛郡王妃初韓王元嘉霍王元軌等自垂拱以來皆遭非命是日追復官爵令備禮改葬有胤嗣者即令承襲無胤嗣者聽取親爲後詔九品已上及集朝使極言朝政得失兼舉賢良方正直言極諫之士丙寅左散騎常侍譙王重福貶濮州員外刺史不知州事特進太子賓客梁王武三思爲司空同中書門下三品加實封五百戶通前一千五百戶丁卯右散騎常侍定安郡王駙馬都尉武攸暨封定王爲司徒更加實封四百戶通前一千戶辛未上往觀風殿朝天后太尉安國相王旦固讓太尉及知政事遂從其請甲戌國子祭酒祝欽明同中書門下三品黃門侍郎知侍中事韋安石爲刑部尚書罷知政事丙子諸州置寺觀一所以中興爲名丁丑武三思固讓司空同中書門下三品武攸暨固讓司徒封王許之改封義興郡王重俊爲衛王北海郡王重茂爲溫王三月辛巳追復故司空英國公李勣官爵令所司爲起墳改葬甲申制文明已來破家臣僚所有子孫並還資蔭其揚州構逆徒黨唯徐敬業一房不在免限餘並原宥丁亥廢左右司員外郎其酷吏劉光業王德壽王處貞屈貞筠劉景陽等五人雖已身死官爵並宜追奪景陽見在貶祿州樂單尉丘神勣來子珣萬國俊周興來俊臣魚承曄王景昭索元禮傅遊藝王弘義張知默裴籍焦仁亶侯思止郭霸李敬仁皇甫文備陳嘉

唐紀七　二

言等雖已身死並宜除名唐奉一配流李春授曹仁哲並改與嶺南
遠惡處己丑中書侍郎兼檢校相王府長史南陽郡公袁恕已爲中
書令兼檢校安國相王府長史詔曰君臣朝序貴賤之禮斯殊兄弟
大倫先後之儀亦異聖人之制率由斯道朕臨茲寶極位在崇高負
扆當陽雖受宗枝之敬退朝私謁仍用家人之禮近代以來罕尊執
度上及公主尚致私情姑叔之尊拜於子姪違法背禮情用惻然自
今已後宜從革弊安國相王某及鎮國太平公主更不得輒拜衛王
重俊兄弟及長寧公主姊妹等宜告宗屬知朕意焉先是諸王及公
主皆以親戚貴天子之子諸姑叔見之必先致拜若致書則稱爲啓
事上志欲敦睦親族故下制革之庚寅衛王重俊上洛州牧王乘驛
馬車輿從諸王公已下中書門下五品已上及諸親並祖送禮儀
甚盛事畢賜物有差辛卯以故司僕少卿徐有功執法平恕追贈越
州都督幷授一子官戊戌左右千牛衛各置大將軍一員龍拳宸府
官員以安北大都護安國相王旦爲左右千牛大將軍每大朝會內

供奉丙午改秋社依舊用仲秋戊申相王旦於太常廳上王公諸親
祖送衛尉張設光祿造食禮畢賜物如衛王上洛州牧之儀夏四月
乙丑端州尉魏元忠爲衛尉卿同中書門下三品甲戌左庶子韋安
石爲吏部尚書太子賓客李懷遠爲右散騎常侍右庶子唐休璟爲
輔國大將軍右庶子崔玄暐爲特進檢校益州大都督府長史判都
督事右庶子西留守戶部尚書弘農郡公楊再思爲檢校揚州大都
督府長史判都督事少詹事兼侍讀國子祭酒祝欽明爲刑部尚書
並依前知政事以上在春宮故僚也乙亥張柬之爲中書令戊寅追
贈郡王重潤爲懿德太子同官縣大雨雹燕雀多死漂溺居人四百
家遣使賑給五月壬午遷武氏七廟神主于西京崇尊廟東都創置
太廟社稷戊子制條舊以周隋爲二王後壬辰封成紀郡王千里爲
成王癸巳侍中敬暉封爲平陽郡王侍中桓彥範扶陽郡王賜姓韋
氏中書令張柬之漢陽郡王中書令袁恕已南陽郡王特進崔玄暐
海陵郡王並加授特進罷知政事吏部尚書韋安石爲兼中書令兵

部尚書魏元忠爲兼侍中丙申皇后表請天下士庶爲出母爲三年
服年二十二成丁五十九免役癸卯降梁王武三思爲德靜郡王定
王武攸暨爲樂壽郡王河內王武懿宗等十餘人並降爲國公甲辰
特進芮國公豆盧欽望爲尚書左僕射輔國大將軍酒泉郡公唐休
璟爲尚書右僕射依舊同中書門下三品丙午制以鄒魯之邑百戶
爲太師隆道公宣尼菜邑用供薦享又授裔孫褒聖侯崇基朝散大
夫仍許子孫傳襲六月丁巳河北十七州大水漂沒人居癸亥尚書
左僕射豆盧欽望軍國重事中書門下可共平章檢校中書令韋安
石中書令兼檢校吏部尚書檢校侍中魏元忠兼檢校兵部尚書楊
再思兼戶部尚書兼檢校中書令丁卯祔孝敬皇帝神主於太廟廟
號義宗非禮也戊辰洛水暴漲壞廬舍二千餘家溺死者甚衆秋七
月辛巳太子賓客韋巨源同中書門下三品乙未以特進漢陽郡王
張柬之爲襄州刺史仍不知州事八月戊申以水災令文武官九品
以上直言極諫河南洛陽百姓被水兼損者給復一年甲子追冊故

妃趙氏爲恭皇后尊妣妃裴氏爲皇后乙亥上親祔太祖景皇帝獻
祖光皇帝世祖元皇帝高祖神堯皇帝皇祖太宗文武皇帝皇考高
宗天皇大帝皇兄義宗孝敬皇帝神主于太廟皇后廟見丁丑御洛
城南門觀闕象九月壬午親祀明堂大赦天下禁化胡經及婚娶之
家父母親亡停喪成禮天下大酺三日戊戌太子賓客韋巨源爲禮
部尚書依舊知政事冬十月癸亥幸龍門香山寺乙丑幸新安改弘
文館爲修文館辛未魏元忠爲中書令楊再思爲侍中十一月戊寅
加皇帝尊號曰應天皇后尊號曰順天壬午皇帝皇后親謁太廟告
授徽號之意大赦天下賜酺三日己丑御洛城南門樓觀潑寒胡戲辛
丑衛王重俊爲左衛大將軍遙領揚州大都督溫王重茂爲右衛大
將軍遙領并州大都督十二月 壬寅則天皇太后崩
二年春正月丙申護則天靈駕還京戊戌吏部尚書李嶠同中書門
下三品中書侍郎于惟謙同中 書門下平章事閏月丙午朔置公主
府官員乙卯以特進敬暉桓彥範袁恕已等三人爲滑洺豫刺史二

月乙未刑部尚書韋巨源同中書門下三品道十使巡察風俗丙申僧會範道士史崇玄等十餘人授官封公以賞造聖善寺功也三月甲辰中書令韋安石爲戶部尚書罷知政事戶部尚書蘇瓌爲侍中京留守乙巳黃霧四塞唐休璟請致仕許之庚戌殺光祿卿駙馬都尉王同皎壬子洛陽城東七里許地色如水側近樹木往來車馬歷歷影見水中經月餘乃滅是月大置員外官自京諸司及諸州佐凡二千餘人超授閤官七品已上及員外者千餘人壬戌贈后父韋玄貞太師益州都督夏四月甲戌又贈玄貞爲酆王玄貞弟四人並贈郡王己卯左散騎常侍同中書門下三品李懷遠請致仕許之辛巳洛水暴漲壞天津橋六月戊寅特進朗州刺史平陽郡王敬暉貶崖州司馬特進亳州刺史扶陽郡王桓彥範瀧州司馬特進郢州刺史袁恕己竇州司馬特進均州刺史博陵郡王崔玄暐白州司馬特進襄州刺史漢陽郡王張柬之新州司馬並員外置長任舊官封爵並追奪秋七月丙午立衛王重俊爲皇太子丙寅中書令兼檢校兵部

尚書齊國公魏元忠爲尚書左僕射兼中書令仍知兵部事吏部尚書李嶠爲中書令刑部尚書韋巨源爲吏部尚書依舊同中書門下三品庚午禮部尚書祝欽明爲中丞蕭至忠所劾前左散騎常侍李懷遠爲左散騎常侍同中書門下三品東都留守九月祝欽明貶青州刺史壬寅幸白馬寺戊午左散騎常侍李懷遠卒壬寅置戶部侍郎一員冬十月己卯車駕還京師戊戌至自東都十一月乙巳大赦天下行從文武官賜勳一轉改河南爲合宮洛陽爲永昌嵩陽爲乾封陽城爲告成戊午兼秘書監鄭普思坐妖逆配流儋州其黨與皆伏誅十二月己卯突厥默啜寇靈州鳴沙縣靈武軍大總管沙吒忠義逆擊之官軍敗績死者三萬丁巳突厥進寇原會等州掠隴右牧馬萬餘而去甲申募能斬默啜者封授諸大衛大將軍丙戌以突厥犯邊京師亢旱令減膳徹樂河北水大飢命侍中蘇瓌存撫賑給丙申特進尚書左僕射兼安國相王府長史芮國公豆盧欽望爲開府儀同三司依舊平章軍國重事尚書右僕射兼中書令知兵部事齊

國公魏元忠爲尚書左僕射兼中書令仍兼知兵部事是冬牛大疫三年春正月庚子朔不受朝會喪未再朞也庚戌以默啜寇邊制募猛士武藝超絕者各令自舉內外羣官各進破滅突厥之策丙辰以旱親錄囚徒己巳遣武攸暨武三思往乾陵祈雨于則天皇后既而雨降上大感悅二月辛未制武氏崇恩廟依舊享祭仍置五品令七品丞其昊陵順陵置令丞如廟壬午贈太師酆王廟號褒德陵號榮先置六品令八品丞庚寅改中興寺觀爲龍興內外不得言中興辛卯幸安樂公主宅三月丙子吐蕃贊普遣大臣悉薰熱獻方物是春自京師至山東疾疫民死者衆河北河南大旱夏四月辛巳以嗣雍王守禮女爲金城公主出降吐蕃贊普庚寅幸薦福寺曲赦雍州五月戊戌左屯衛大將軍兼檢校潞州長史張仁亶爲朔州道大總管以備突厥丙午突厥默啜殺我行人臧思言六月丁卯朔日有蝕之戊子姚嶲道討擊使侍御史唐九徵擊姚州叛蠻破之俘虜三千計遂於其處勒石紀功焉是夏山東河北二十餘州旱飢饉疾疫死者

數千計遣使賑卹之秋七月庚子皇太子重俊與羽林將軍李多祚等率羽林千騎兵三百餘人誅武三思武崇訓遂引兵自肅章門斬關而入帝惶遽登玄武樓重俊引兵至下上自臨軒諭之衆遂散去殺李多祚重俊出奔至鄠縣爲部下所殺癸卯大赦天下八月丙子改玄武門爲神武門樓爲制勝樓丙戌左僕射兼中書令魏元忠請致仕授特進九月丁酉兵部尚書郢國公宗楚客左衛將軍兼太府卿紀處訥並同中書門下三品吏部侍郎兼左御史臺中丞蕭至忠爲黃門侍郎兼左御史中丞同中書門下三品中書侍郎東海郡公于惟謙國子祭酒罷知政事庚子上皇帝尊號曰應天神龍皇后尊號曰順天翊聖大赦天下改元爲景龍兩京文武官三品已上賜爵一級四品已下加一階外官賜勳一轉景龍元年九月甲辰特進魏元忠左授務川尉言與重俊通謀也庚辰侍中兼左御史臺大夫楊再思爲中書令吏部尚書韋巨源太府卿紀處訥並爲侍中侍中蘇瓌爲吏部尚書壬戌改左右羽林衛千騎爲萬騎仍分爲左右冬十月

壬午彗見于西月餘而滅壬午皇后上神武頌令兩京及四大都督府皆刻之於石十二月乙丑朔日有蝕之丁丑京師雨土

二年春正月丙申滄州雨雹大如雞卵二月辛未左金吾大將軍陳國公陸頌宅皇后自言衣箱中裙上有五色雲起令畫工圖之以示百寮乃大赦天下癸未夜天保星墜西南有聲如雷野雉皆雊乙酉帝以后服有慶雲之瑞大赦天下内外五品已上母妻各加邑號一等無妻者聽授女天下婦人八十已上版授鄉縣郡等君三月丙子朔方道大總管張仁亶築受降城於河上夏四月庚午左散騎常侍樂壽郡王駙馬都尉武攸暨讓郡王改封楚國公癸未修文館增置大學士八員直學士十二員己丑幸長樂公主莊即日還宮六月丁亥改太史局爲太史監罷隸秘書省秋七月辛卯台州地震癸巳左屯衛大將軍兼右御史臺大夫朔方道行營大總管韓國公張仁亶同中書門下三品有赤氣竟天其光燭地經三日乃止九月甲戌黄霧昏濁冬十一月庚申突厥首領娑葛叛自立爲可汗遣弟遮努

○率衆犯塞己卯以安樂公主出降假皇后仗出於禁中以盛其儀帝及后御安福樓以觀之禮畢大赦天下賜酺三日癸未安西都護牛師獎與娑葛戰于火燒城師獎敗績没于陣是冬西京東都置兩侍郎銓試東都又置兩銓恣行囑請又有斜封擬官預用秋闕

三年春正月丁卯黄霧四塞癸酉幸薦福寺乙亥宴侍臣及近親於黎園亭二月己丑幸玄武門與近臣觀宮女大酺既而左右分曹共爭勝負上又遣宮女爲市肆鬻賣衆物令宰臣及公卿爲商賈與之交易因爲忿爭言辭猥褻上與后觀之以爲笑樂壬寅侍中舒國公韋巨源爲尚書左僕射並同中書門下三品戊午兵部尚書郢國公宗楚客中書令中書侍郎鄭國公蕭至忠爲侍郎太府卿韋嗣立爲兵部尚書同中書門下三品中書侍郎檢校吏部侍郎崔湜同中書門下平章事兵部侍郎趙彦昭爲中書侍郎同中書門下平章事庚申日赤紫色無光戊寅禮部尚書兼揚州大都督曹國公韋温爲太子少保兼揚州大都督同中書門下三品太常少卿兼檢校吏部侍

郎同中書門下平章事夏五月丙戌崔湜鄭愔坐贓湜貶襄州刺史愔貶江州司馬六月癸丑太白晝見于東井庚子以經籍多缺使天下搜括壬寅以旱避正殿減膳親錄囚徒癸卯尚書左僕射楊再思薨秋七月乙卯朔鎮軍大將軍右驍衛將軍兼知太史事迦業至忠配流郴州丙辰娑葛遣使來降辛酉幸黎園亭宴侍臣學士皇后表請諸婦人不因夫子而加邑號者許同見任職事官聽子孫用蔭從之壬戌安福門外設無遮齋三品已上行香癸亥御承慶殿錄囚徒壬午遣使冊驍衛大將軍兼衛尉卿金河王突騎施守忠爲歸化可汗八月乙酉特進行中書令趙國公李嶠爲特進同中書門下三品侍中鄭國公蕭至忠爲中書令特進鄭國公韋安石爲侍中庚寅諸州各置司田參軍一員吐蕃贊普遣使勃祿星奉進國信贊普祖娑進物及上中宮安國相王太平公主有差壬辰遣十使巡察天下有星孛于紫宮令特進佩魚散職佩魚自此始也乙未親送朔方軍總管韓國公張仁亶於通化門外上製序賦詩乙巳幸安樂公主山亭

○宴侍臣學士賜綵帛有差九月壬戌幸九曲亭子宴侍臣學士戊辰吏部尚書懷縣公蘇瓌爲尚書右僕射同中書門下三品冬十月庚寅幸安樂公主金城新宅宴侍臣學士十一月乙丑親祀南郊皇后登壇亞獻左僕射舒國公韋巨源爲終獻大赦天下見繫囚徒及十惡咸赦除之雜犯流人並放還京文武三品已上賜爵一等四品已上加一階京官及應襲岳牧入三品五品減考高年版授大酺三日壬申幸見子陵甲戌開府儀同三司芮國公豆盧欽望薨吐蕃贊普遣其大臣尚贊吐來逆女十二月壬戌前尚書右僕射宋國公唐休璟爲太子少師同中書門下三品甲子上幸新豐之溫湯庚子幸兵部尚書韋嗣立莊封嗣立爲逍遥公上親製序賦詩便游白鹿觀甲辰曲賜新豐縣百姓給復一年行從官賜勳一轉是月幸驪山乙巳至自溫湯乙酉令諸司長官向醴泉坊看潑胡王乞寒戲

四年春正月乙卯於化度寺門設無遮大齋丙寅上元夜帝與皇后微行觀燈因幸中書令蕭至忠之第是夜放宮女數千人看燈因此

多有亡逸者丁卯夜又微行看燈丁丑命左驍衛大將軍河源軍使楊矩爲送金城公主入吐蕃使己卯幸始平送金城公主歸吐蕃二月壬午曲赦咸陽始平爲金城縣便幸長安令王光輔馬嵬北原莊癸未至自金城庚戌令中書門下供奉官五品已上文武三品已上并諸學士等自芳林門入集於梨園毬場分朋拔河帝與皇后公主親往觀之三月甲寅幸臨渭亭修褉飲賜羣官柳棬以辟惡丙辰游宴桃花園庚申京師雨氷井水溢壬戌賜宰臣已下內 巾子夏四月丁亥上游櫻桃園引中書門下五品已上諸司長官學士等入芳林園嘗櫻桃便令馬上口摘置酒爲樂乙未幸隆慶池結綵爲樓宴侍臣泛舟戲樂因幸禮部尚書竇希宅五月辛酉秘書監賜號王邕改封汴王乙丑皇后請加嗣王三品丁卯前州司兵參軍燕欽融上書言皇后干預國政安樂公主武延秀宗楚客等同危宗社帝怒召欽融廷見撲殺之時安樂公主志欲皇后臨朝稱制而求立爲皇太女由是與后合謀進鴆六月壬午帝遇毒崩于神龍殿年五十秋不

○發喪皇后親摠庶政癸未以刑部尚書裴談工部尚書張錫並同中書門下三品依舊東都留守吏部尚書張嘉福中書侍郎岑羲吏部侍郎崔湜並同中書門下平章事又命左右金吾衛大將軍趙承恩右監門大將軍薛簡帥兵五百人往均州備譙王重福立溫王重茂爲皇太子甲申發喪于太極殿宣遺制皇太后臨朝大赦天下改元爲唐隆見繫囚徒常赦所不免者咸赦除之長流任放歸田里負犯痕瘕咸從洗滌內外官三品已上賜爵一級四品已下加一階以安國相王旦爲太子太師進封雍王守禮爲邠王壽春郡王成器爲宋王宗正卿晉封新興王丁亥皇太子即帝位於柩前時年十六皇太后韋氏臨朝稱制大赦天下常赦所不原者咸赦除之內外兵馬諸親掌仍令韋溫摠知時召諸府折衝兵五萬人分屯京城列爲左右營諸韋子姪分統之壬辰遣使諸道巡撫紀處訥關內道張嘉福河北道岑羲河南道庚子夜臨淄王諱舉兵誅諸韋武皆梟首於安福門外韋太后爲亂兵所殺九月丁卯百官上謚曰孝和皇帝廟號中宗十一月己酉葬于定陵天寶十三載二月改謚曰大和大聖大昭孝皇帝

史臣曰廉士可以律貪夫賢臣不能輔孱主誠以志昏近習心無遠圖不知創業之難唯取當年之樂孝和皇帝越自負扆遷于房陵崎嶇瘴癘之鄉契闊幽囚之地所以張漢陽徘徊于克復狄梁公哽咽以奏論遂得生還膚非己力洎滌除金虎再握璿衡不能罪己以謝萬方而更漫遊以隳八政縱豔妻之煽黨則聚橋爭衡信妖女以撓權則彝倫失序桓敬由之覆族節愍所以興戈竟以元首之尊不免齊眉之禍比漢晉之惠盈輩爲優苟非繼以命世之才則土德去也

睿宗玄貞大聖大興孝皇帝諱旦高宗第八子中宗母弟龍朔二年六月己未生於長安其年封殷王遙領冀州大都督單于大都護右金吾衛大將軍及長謙恭孝友好學工草隸尤愛文字訓詁之書乾封元年徙封豫王總章二年徙封冀王上初名旭輪至是去旭字上元二年徙封相王拜右衛大將軍儀鳳三年遷洛牧改名旦徙封豫

○王嗣聖元年則天臨朝廢中宗爲廬陵王立豫王爲皇帝仍臨朝稱制及革命改國號爲周降帝爲皇嗣令依舊名輪徙居東宮其具儀一比皇太子聖曆元年中宗自房陵還帝數稱疾不朝請讓位於中宗則天遂立中宗爲皇太子封帝爲相王又改名旦授太子右衛率長安中并司徒右羽林衛大將軍自則天初臨朝及革命之際王室屢有變故帝每恭儉退讓竟免于禍神龍元年以誅張易之昆弟功進號安國相王遷太尉加實封其年立爲皇太弟固辭不受景龍四年夏六月中宗崩韋庶人臨朝引用其黨分握政柄忌帝望實素高潛謀危害庚子夜臨淄王諱與太平公主子薛崇簡前朝邑尉劉幽求長上果毅麻嗣宗苑摠監鍾紹京等率兵入北軍誅韋溫紀處訥宗楚客武延秀馬秦客葉靜能趙履溫楊均等諸韋武黨與皆誅之辛丑帝挾少帝御安福門樓慰諭百姓大赦天下見繫囚徒常赦所不免者咸赦除之內外文武官三品已上賜爵一級四品已下加一階親皇三等已上加兩階四等已下及諸親賜勳三轉天下百姓免

今年田租之半進封臨淄王爲平王以薛崇簡爲立節郡王鍾紹京爲中書侍郎劉幽求爲中書舍人並叅知機務加實封其餘封賞有差遣使分行諸道宣諭仍令往均州慰勞譙王壬寅左千牛中郎將宋王成器爲左衛大將軍司農少卿同正員衛陽王成義爲右衛大將軍太府少卿同正員巴陵王進範爲左羽林衛大將軍太僕少卿同正員彭城王隆業爲右羽林衛大將軍黃門侍郎李日知同中書門下三品癸卯殿中兼知內外閑廐檢校龍武右軍仍押左右廂萬騎平王諱同中書門下三品中書侍郎頴川郡公鍾紹京爲中書令中書令鄭國公蕭至忠爲許州刺史兵部尚書逍遙公韋嗣立爲宋州刺史中書侍郎趙彥昭爲絳州刺史蕭韋趙特置位誅吏部尚書張嘉福於懷州其日王公百寮上表咸以國家多難宜立長君以帝衆望所歸請即尊位甲辰少帝詔曰自古帝王必有符命兄弟相及存諸典禮朕以孤藐遭家艱難顧茲蒙識未洽治途茫茫四海將何所屬累聖丕基若墜于地王室多難義擇長君思與羣公推崇明聖叔

父相王高宗之子昔以天下讓于先帝孝友寬簡彰信兆人神龍之初已有明旨將立太弟以爲副君爲王懇辭未行冊命所以東宮虛位至于歷年徽綴在辰禍變倉卒然後稱制許立沖人欽奉前懷顧遵理命上申天聖之旨下遂蒼生之心俯稽圖緯之文仰跂祖宗之烈擇今日請叔父相王即皇帝位朕退守本藩歸于舊邸凡百卿士敬承朕言克贊我天人之休明光我有唐之勳業布告遐邇咸使聞知相王上表讓曰臣以宗社事重家國情深誅鋤巨逆奉戴嗣主今承制旨猥推宸極在臣虛薄不敢祗膺循環震驚無任感哽制荅曰皇極大寶天下至公王者臨之蓋非獲己王先聖舊意蒼生推仰龍光紫宸貴允係望請遵前旨勿或推讓于是少帝遜于別宮是日即皇帝位御承天門樓大赦天下常赦所不免並原之內外官四品已上加一階相王府官吏加兩階流人長流長任未還者並放還立功人王承曄已下千餘人賜爵秩有差封少帝爲王其日景雲見乙巳中書令鍾紹京爲戶部尚書越國公實封五百戶中書舍人劉幽求

爲尚書左丞徐國公實封五百戶並依前知政事左衛大將軍宋王成器爲太子太師雍州牧揚州大都督加實封二百戶宮人比來取百姓子女入宮者放還其家丙午新除太常少卿薛稷爲黃門侍郎叅知機務丁未許州刺史梁縣侯姚元之爲兵部尚書同中書門下三品兵部尚書韋嗣立爲中書令追削武三思武崇訓官爵戊申蕭至忠韋嗣立趙彥昭崔湜並停刺史衛陽王成義封申王巴陵王進範封岐王彭城王隆業封薛王己酉鎮國太平公主加實封五百戶通前一萬戶秋七月癸丑兵部侍郎兼知雍州長史崔日用爲黃門侍郎叅知機務丙辰則天大聖皇后依舊號爲天后追謚雍王賢爲章懷太子庶人重俊曰節愍太子復敬暉桓彥範崔玄暐張柬之袁恕己成王千里李多祚等官爵丁巳河南洛陽華州並依舊名以洛州長史宋璟爲檢校吏部尚書同中書門下三品中書侍郎岑羲爲右散騎常侍壬戌以蕭至忠爲晉州刺史韋嗣立爲許州刺史趙彥昭爲宋州刺史兵部尚書姚元之兼太子右庶子吏部尚書宋璟兼

太子左庶子癸亥吏部侍郎崔湜爲尚書右丞罷知政事甲子右僕射許國公蘇瓌兵部尚書姚元之吏部尚書宋璟右常侍判刑部尚書岑羲並充使冊定陵丙寅姚元之兼中書令丁卯蘇瓌爲尚書左僕射仍舊同中書門下三品宋國公唐休璟致仕右武衛大將軍攝右御史大夫同中書門下三品韓國公張仁亶右衛大將軍戊辰崔日用爲雍州長史薛稷爲右散騎常侍並停知機務特進同中書門下三品趙國公李嶠爲懷州刺史廢司田叅軍己巳冊平王爲皇太子大赦天下改元爲景雲內外官九品已上及子爲父後者各加勳一轉自神龍以來直諫枉遭非命者咸令式墓天下州縣名目天授以來改爲武字者並令復舊廢武氏崇恩廟其昊陵順陵並去陵名

景雲元年七月己巳制自今授左右僕射侍中中書令六尚書已上官聽讓其餘停讓追廢皇后韋氏爲庶人安樂公主爲悖逆庶人丁丑改太史監爲太史局 隸秘書省八月癸巳新除集州刺史譙王重福潛入東都構逆州縣 討平之先是中宗時官爵渝濫因依妃主墨

勑而授官者謂之斜封至是並令罷免癸卯改門下坊爲左春坊典書坊爲右春坊左右羽林衛依舊爲左右羽林軍九月庚戌封皇太子男嗣貞爲許昌郡王嗣謙爲眞定郡王冬十月甲申詔孝敬皇帝神主先祔太廟有違古義於東都別立義宗廟丁未姚元之爲中書令兼檢校兵部尚書十一月己酉葬孝和皇帝于定陵辛亥太子太師宋王成器爲尚書左僕射蘇瓌爲太子少傅侍中鄖國公韋安石爲太子少保改封郇國公並罷知政事戊辰宋王成器爲司徒兼領揚州大都督庚午太子少傅蘇瓌薨是歲韋庶人悖逆庶人並以禮改葬武三思父子剖棺戮屍

二年春正月丁未朔以山陵日近不受朝賀癸丑改泉州爲閩州都督改榮州爲泉州突厥默啜遣使請和親許之己未太僕卿郭元振中書侍郎張說並同中書門下平章事甲子改封溫王重茂爲襄王遷于集州乙丑追尊皇后劉氏爲肅明皇后墓曰惠陵德妃竇氏爲昭成皇后墓曰靖陵二月丁丑令皇太子監國甲辰姚元之左授申

州刺史宋璟左授楚州刺史韋安石爲侍中丙戌劉幽求爲戶部尚書罷知政事戊子詔中宗時斜封官並許依舊庚申復置太子左右諭德太子左右贊善各置兩員戊戌郭元振爲兵部尚書仍依舊同中書門下平章事己未改修文館爲昭文館黃門侍郎李日知爲左臺御史大夫依舊同中書門下三品夏四月庚辰張說爲兵部侍郎依舊同中書門下平章事癸未分瀛州置鄚州詔以釋典玄宗理均跡異拯人化俗教別功齊自今每緣法事集會僧尼道士女冠等宜齊行道集甲申韋安石爲中書令宋王成器爲太子賓客仍依舊遙領揚州大都督丙申李日知爲侍中壬寅大赦天下重福徒黨放雪京官四品已下加一階外官賜勳一轉三品已下各賜爵一級天下灑度僧尼道士女冠並依舊又令內外官依上元元年九品已上文武官咸帶手巾筭袋武官咸帶七事鞊鞢並足其服帶一品至五品並用金六品七品並用銀八品九品並用鍮石魚袋著紫者金裝著緋者銀裝景龍三年已前逋懸並放免天下大酺五日五月庚戌復

武氏吴陵順陵仍量置官屬太平公主爲武攸曁請也庚申韋安石加開府儀同三司辛丑改西城公主爲金仙公主昌隆公主爲玉眞公主仍置金仙玉眞兩觀壬戌殿中監竇懷貞爲左臺御史大夫同中書門下平章事六月壬午依漢代故事分置二十四都督府閏六月初置十道按察使秋七月新置都督府並停唯雍洛州長史揚益荊并四大都督府長史階爲三品八月乙卯詔以興聖寺是高祖舊宅有柿樹天授中枯死至是重生大赦天下其謀殺刼殺造偽頭首並免死配流嶺南官典受贓者特從放免天下大酺三日丁巳皇太子釋奠于太學己巳韋安石爲尚書右僕射同中書門下三品兼太子賓客禮部尚書竇希玠爲太子少傅庚午改左右屯衛爲左右威衛左右宗衛率府爲左右司禦府渾儀監爲太史監九月丁卯竇懷貞爲侍中冬十月甲辰吏部尚書劉幽求爲侍中散騎常侍魏知古同中書門下三品太子詹事崔湜爲中書侍郎同中書門下三品中書侍郎陸象先同中書門下平章事韋安石爲尚書左僕射東都留

守特進李日知爲戶部尚書兵部尚書郭元振爲吏部尚書侍中兼檢校左臺御史大夫竇懷貞爲左臺御史大夫兵部侍郎兼左庶子張說爲尚書左丞罷知政事十一月戊寅改太史監爲太史局依舊隸祕書省改王師爲傅

三年春正月辛未朔親謁太廟癸酉上始釋慘服御正殿受朝賀甲戌并汾絳三州地震壞人廬舍辛巳南郊戊子躬耕籍田己丑大赦天下改元爲太極內外官四品已下加一階三品已上加爵一級孔宣父祠廟本州取側近三十戶以供灑掃天下大酺五日特賜老人九十已上緋衫牙笏八十已上綠衫木笏乙未戶部尚書岑羲左臺御史大夫竇懷貞並同中書門下三品二月丁酉祕書增少監一員光祿大理鴻臚太府衛尉宗正各增置少卿一員少府監將監增置少監一員國子監增置司業一員左右臺各增置中丞一員雍洛二州并益荊揚四大都督府各增置司馬一員仍分爲左右司馬丁亥皇太子釋奠於國學追贈顏回爲太子太師曾參爲太子太保每年

春秋釋奠以四科弟子曾參從祀列于七十二賢之上辛酉廢右御史臺官員己巳頒新格式於天下夏四月辛丑制曰朕聞措刑由於用刑去殺存乎必殺明罰峻典自古而然立制齊人於是乎在自我朝建國僅將百年天下和平其來已久往承隋季守法頗專比襲時安持綱日緩況朕薄德甚莫逮先惟人難理遠不如昔粵從守位三載于茲庶務煩勞不損晷景嘗謂自我作則感而成化痛乎迷俗忽返不威罔懲將至純風先歸重典比者贓賄不息濫淆公行放心未寧禁犯無懼此焉釐革期於承平遂割小慈以崇大體自今已後造僞頭首者斬仍沒一房資財同用蔭者並停奪非頭首者絞其承前造僞人限十日內首使盡官典主司枉法受贓一匹以上先決杖一百其緣贓及惡狀被解及與替者非選時不得輒入京城縱家貫在京不得輒至朝堂妄有披訴如有此色並決杖仍加貶斥其先在京城者限三日內勒還上下官寮輒緣私情相囑者其受囑人宜封狀奏聞成器已下朕自決罰其餘王公已下並解見任官三五年間不

○須齒録其進狀人別加褒賞御史宜令分察諸司五月戊寅親祀北郊辛未大赦天下改元爲延和桓彥範敬暉崔玄暐張柬之袁恕已等特還其子孫實封二百戶天下大酺五日六月癸丑戶部尚書岑羲爲侍中乙卯追尊則天皇后曰天后聖帝庚申幽州都督孫佺率左驍衛將軍李楷洛左威衛將軍周以悌等將兵三萬與奚首領李大輔戰于硎山爲賊所敗佺沒於陣壬戌魏知古爲戶部尚書仍依舊同中書門下三品秋七月庚午竇懷貞爲尚書右僕射平章軍國重事己卯上觀樂於安福門以燭繼晝經日乃止八月庚子帝傳位于皇太子自稱太上皇帝五日一度受朝於太極殿自稱曰朕五品已上除授及大刑獄並自決之其處分事稱誥令皇帝每日受朝於武德殿自稱曰予三品已下除授及重罪並令決之其處分事稱制勑甲辰大赦天下改元爲先天八月戊申皇帝子許昌王嗣直改封郯王眞定王嗣謙爲郢王己酉以宋王成器爲司空依舊遥領揚州大都督庚戌竇懷貞爲尚書左　僕射同中書門下三品仍兼御史大夫劉幽求爲尚書右僕射依舊同中書門下三品魏知古爲侍中崔湜爲中書令並監修國史丁巳立皇帝子妃王氏爲皇后癸亥劉幽求配流封州九月丁卯朔日有蝕之甲申封皇帝子嗣昇爲陝王冬十月庚子皇帝親謁太廟禮畢御延喜門大赦天下壬寅祔昭成皇后肅明皇后神主於儀坤廟癸卯皇帝幸新豐之溫湯校獵於渭川十二月丁未詔禁人屠殺犬雞戊午改箕州爲儀州

二年春正月勑江北諸州團結兵馬皆令本州刺史押掌乙亥吏部尚書兼太子右諭德鄭國公蕭至忠爲中書令上元日夜上皇御安福門觀燈出內人連袂踏歌縱百寮觀之一夜方罷二月丙申改隆州爲閬州始州爲劍州分冀州置深州初有僧婆陁請夜開門然燈百千炬三日三夜皇帝御延喜門觀燈縱樂凡三日夜左拾遺嚴挺之上疏諫之乃止三月辛卯皇后祀先蠶癸巳制勑表狀書奏牋牒年月等數作一十三十四十字夏六月丙辰兵部尚書朔方道行軍大摠管郭元振加同中書門下三品秋七月甲子太平公主與僕射竇

○懷貞侍中岑羲中書令蕭至忠左羽林大將軍常元楷等謀逆事覺皇帝率兵誅之窮其黨與太子少保薛稷左散騎常侍賈膺福右羽林將軍李慈李欽中書舍人李猷中書令崔湜尚書左丞盧藏用太史令傅孝忠僧惠範等皆誅之兵部尚書郭元振從上御承天門樓大赦天下自大辟罪已下無輕重咸赦除之翌日太上皇誥曰朕將高居無爲自今後軍國刑政一事以上並取皇帝處分開元四年夏六月甲子太上皇帝崩于百福殿時年五十五秋七月己亥上尊謚曰大聖眞皇帝廟曰睿宗冬十月庚午葬于橋陵天寶十三載二月改謚曰玄眞大興孝皇帝

史臣曰法不一則姦僞起政不一則朋黨生上既啓其泉源下胡息於奔競觀夫天后之時雲委於二張之第孝和之世波注於三王之門獻奇則除設盈庭納賄則斜封滿路咸以進趣相軌姦利是圖如火投泉安得無敗洎景龍繼統汙俗靡清然猶投杼於乘輿之間抵掌於太平之日以至貴臣頻告變上不自安宮臣致禦魅之科天子慊

巡邊之詔彼旣學弓而射我我則號泣以行刑此雖鎮國之尤亦是臨軒之失夫君人孝愛錫之以典刑納之於軌物俾無僭偪下絕覬覦自然治道惟新亂階不作孝和旣巳失之玄貞亦未爲得

贊曰孝和玄貞皆負先人率情背禮取樂於身前塗不履覆轍攸遵扶持聖嗣賴有賢臣

唐書本紀卷第七

唐書本紀卷第八

劉　昫　等修

聞人詮校刻沈桐同校

玄宗上

玄宗至道大聖大明孝皇帝諱隆基睿宗第三子也母曰昭成順聖皇后竇氏垂拱元年秋八月戊寅生於東都性英斷多藝尤知音律善八分書儀範偉麗有非常之表三年閏七月丁卯封楚王天授三年十月戊戌出閤開府置官屬年始七歲朔望車騎至朝堂金吾將軍武懿宗忌上嚴整訶排儀仗因欲折之上叱之曰吾家朝堂干汝何事敢迫吾騎從則天聞而特加寵異之尋却入閤長壽二年臘月丁卯改封臨淄郡王聖曆元年出閤賜第於東都積善坊大足元年從幸西京賜宅於興慶坊長安中歷右衛郎將尚輦奉御神龍元年遷衛尉少卿景龍二年四月兼潞州別駕十二月加銀青光祿大夫州境有黃龍白日昇天嘗出畋有紫雲在其上後從者望而得之前後符瑞凡一十九事四年中宗將祀南郊來朝京師將行使衛士韓禮筮之蓍一莖孑然獨立禮驚曰蓍立奇瑞非常也不可言屬中宗末年王室多故上常陽引材力之士以自助上所居宅外有水池浸溢頃餘望氣者以為龍氣四年四月中宗幸其第因遊其池結綵為樓船令巨象踏之至六月中宗暴崩韋后臨朝稱制韋溫宗楚客紀處訥等謀傾宗社以睿宗介弟之重先謀不利道士馮道力處士劉承祖皆善於占兆詣上布誠款上所居里名隆慶時人語訛以隆為龍韋庶人稱制改元又為唐隆皆符御名上益自負乃與太平公主謀之公主喜以子崇簡從上乃與崇簡朝邑尉劉幽求長上折衝麻嗣宗押萬騎果毅葛福順李仙鳧寶昌寺僧普潤等定策誅之或曰先啓大王上曰我拯社稷之危赴君父之急事成福歸於宗社不成身死於忠孝安可先請憂怖大王乎若請而從是王與危事請而不從則吾計失矣遂以庚子夜率幽求等數十人自苑南入總監鍾紹京又率丁匠百餘以從分遣萬騎往玄武門殺羽林將軍韋播高嵩持

首而至衆歡叫大集攻白獸玄德等門斬關而進左萬騎自左入右萬騎自右入合於凌煙閣前時太極殿前有宿衛梓宮萬騎聞譟聲皆披甲應之韋庶人惶惑走入飛騎營為亂兵所害於是分遣誅韋氏之黨比明內外討捕皆斬之乃比謁睿宗謝不先啓請之罪睿宗遽前抱上而泣曰宗社禍難由汝安定神祇萬姓賴汝之力也拜殿中監同中書門下三品兼押左右萬騎進封平王睿宗即位與侍臣議立皇太子僉曰除天下之禍者享天下之福拯天下之危者受天下之安平王有聖德定天下又聞成器已下咸有推讓宜膺主鬯以副羣心睿宗從之丙午制曰舜去四凶而功格天地武有七德而戡定黎人故知有大勳者必受神明之福仗高義者必為七鬯之主朕恭臨寶位亭育寰區以萬物之心為心以兆人之命為命雖承繼之道咸以冢嫡居尊而無私之懷必推功業為首然後可保安社稷永奉宗祧第三子平王基孝而克忠義而能勇比以朕居藩邸虔守國彝貴戚中人都無引接羣邪害正兇黨寔繁利口巧言讒說罔極韋溫延秀朋黨競起晉卿楚客交搆其間潛結回邪排擠端善潛貯兵甲將害朕躬基密聞其期先難奮發推身鞠弭衆應如歸呼吸之間凶渠殄滅安七廟於幾墜拯羣臣於將殞方舜之功過四比武之德逾七靈祇望在昆弟樂推一人元良萬邦以定為副君者非此而誰可立為皇太子有司擇日備禮冊命七月己巳睿宗御承天門皇太子詣朝堂受冊是日有景雲之瑞改元為景雲大赦天下二月又制曰惟天生烝人牧以元后維皇立國副以儲君將以保綏家邦安固後嗣者也朕纂承洪業欽奉寶圖夜分不寢日旰忘倦茫茫四海懼一人之未周烝烝萬姓恐一物之失所雖卿士竭誠守宰宣化緬懷庶域仍未小康是以求下人之瘼風遵先朝之故事皇太子基仁孝因心溫恭成德深達禮體能辨皇猷宜令監國俾爾為政其六品已下除授及徒罪已下並取基處分延和元年六月兇黨因術人聞睿宗曰據玄象帝座及前星有災皇太子合作天子不合更居東宮矣睿宗曰傳德避災吾意決矣七月壬午制曰朕以寡昧虔奉鴻休本殊

王季之賢阜遷延陵之節昔在聖曆已讓皇嗣之尊爰暨神龍終辭
太弟之授豈唯衣冠所覩抑亦兆庶咸知頃屬國步不夷時艱主幼
大業有綴旒之懼寶位深墜地之憂讓迫公卿遂司契纂日慎一日
以至于今一紀之勞勤亦至矣萬方之俗化漸行矣將成宿願脫屣
寰區昔堯之禪舜唯能是與禹以命啓匪私其親神器之重允歸公
授皇太子基有大功於天地定阽危於社稷溫文既習聖敬克躋委
之監國已移歲年時政益明庶工惟序朕之知子庶不負時曆數在
躬宜陟元后可令即皇帝位有司擇日授冊朕方比迹洪古希風太
皇神與化遊思與道合無為無事豈不美歟王公百察宜識朕意上
意惶懼馳見叩頭請所以傳位之旨睿宗曰吾因汝功業得宗社今
帝座有眚思欲遜避唯聖德大勳始轉禍為福易位於汝吾知晚矣
上始居武德殿視事三品已下除授及徒罪已下自決之先天二年七
月三日尚書左僕射竇懷貞侍中岑羲中書令蕭至忠崔湜雍州長
史李晉左羽林大將軍常元楷右羽林將軍李慈等與太平公主同

謀期以其月四日以羽林軍作亂上密知之因以中旨告岐王範薛
王業兵部尚書郭元振將軍王毛仲取閑廄馬及家人三百餘人率
太僕少卿李令問王守一內侍高力士果毅李守德等親信十數人
出武德殿入虔化門梟常元楷李慈於北闕擒賈膺福李猷於內客
省以出執蕭至忠岑羲於朝堂皆斬之睿宗明日下詔曰朕將高居無
為自今軍國政刑一事已上並取皇帝處分上御承天門樓下制曰
朕承累聖之洪休荷重光之積慶昔因多難內屬攙屯寶位深墜地之
憂神器有綴旒之懼事殷家國義感神祇吟嘯風雲龔行雷電致君
親於堯舜濟黔首於休和遂以孟秋允昇儲貳旋承內禪繼體宸居
拜首之請空勤讓立之誠莫展恭臨億兆二載于茲上稟聖謨下凝
庶績八荒同軌瀛海無波不謂姦慝潛謀蕭墻竊發逆賊竇懷貞等
並以庸妄權齒朝廷毫髮之効未申丘山之釁仍積共成梟獍將肆
姦回太上皇聖斷宏通英謀獨運命朕率岐王範薛王業等躬事誅
鋤脅斧一麾凶渠盡殪太陽朗耀澄氛靄於天衢高風順時厲肅殺

於秋序神靈協贊夏相歡四族之憑既清七日之祥方永爰承後
命載闡休期揔軍國之大猷施雲雨之鴻澤承乾之道既光被於無
垠作解之恩思式覃於品物當與億兆同此惟新可大赦天下大辟
罪已下咸赦除之加邠王守禮實封三百戶宋王成器申王成義各
加實封一千戶岐王範薛王業各加實封七百戶文武官三品已下
賜爵一級四品已下各加一階內外官人被諸道按察使及御史所
擿伏咸宜洗滌選日依次敘用丁卯崔湜盧藏用除名長流嶺表壬
申王琚為銀青光祿大夫工部尚書封趙國公實封三百戶姜皎銀
青光祿大夫工部尚書封楚國公實封五百戶李令問銀青光祿大
夫殿中監實封三百戶王毛仲輔國大將軍左武衛大將軍檢校內
外閑廄兼知監牧使霍國公實封五百戶王守一銀青光祿大夫太
常卿同正員進封晉國公實封五百戶並賞其定策功琚等令閤門
讓癸丑中書侍郎陸象先為益州大都督府長史兼劍南道按察兵
馬使尚書左丞張說為檢校中書令甲戌令毀天樞取其銅鐵充軍

國雜用庚辰王琚為中書侍郎加實封二百戶姜皎殿中監仍充內
外閑廄使加實封二百戶李令問殿中少監知尚食事加實封二百
戶己丑周孝明高皇帝依舊追贈太原王宜去帝號孝明皇后宜稱
太原王妃昊陵順陵並稱太原王及妃墓八月壬辰封州流人劉幽
求為尚書左僕射知軍國重事徐國公仍依舊實封七百戶制曰凡
有刑人國家常法掩骼埋胔王者用心自今已後輒有屠割刑人骨
肉者依法科殘害之罪九月司空兼揚州大都督宋王成器為太尉
兼揚州大都督益州大都督兼右金吾大將軍申王成義為司徒兼
益州大都督單于大都護兼左金吾大將軍邠王守禮為司空癸丑
封華嶽神為金天王九月丁卯宋王成器為開府儀同三司尚書左
僕射劉幽求同中書門下三品檢校中書令燕國公張說為中書令
特進王仁皎為開府儀同三司己卯宴王公百寮於承天門令左右
於樓下撒金錢許中書門下五品已上官及諸司三品已上官爭拾
之仍賜物有差郭元振兼御史大夫丙戌又置右御史臺冬十一月

甲申幸新豐之温湯癸卯講武於驪山兵部尚書代國公郭元振坐虧失軍容配流新州給事中攝太常少卿唐紹以軍禮有失斬於纛下甲辰畋獵於渭川同州刺史梁國公姚元之爲兵部尚書同中書門下三品乙巳至自温湯十一月乙丑幽求兼知侍中戊子上加尊號爲開元神武皇帝十二月庚寅朔大赦天下改元爲開元内外官賜勳一轉改尚書左右僕射為左右丞相中書省爲紫微省門下省爲黄門省侍中爲監雍州爲京兆府洛州爲河南府長史爲少尹國初以來宰相及食實封功臣子孫一應沈翳未承恩者令量才擢用

開元元年十二月己亥禁斷潑寒胡戲癸丑尚書左丞相兼黄門監劉幽求爲太子少保罷知政事紫微令張説爲相州刺史甲寅門下侍郎盧懷慎同紫微黄門平章事

二年春正月關中自去秋至于是月不雨人多饑乏遣使賑給制求直諫言弘益政理者名山大川並令祈祭丙寅紫微令姚崇上言精檢責天下僧尼以偽濫還俗者二萬餘人甲申并州大都督府長史

○兼檢校左衛大將軍薛訥同紫微黄門三品仍摠兵以討奚契丹二月突厥默啜遣其子同俄特勒率衆寇北庭都護府右驍衛將軍郭虔瓘擊敗之斬同俄於城下己酉以旱親録囚徒改太史監罷隷秘書省閏月癸亥令道士女冠僧尼致拜父母丁卯復置十道按察使己未突厥默啜妹壻火拔頡利發石失畢與其妻來奔封燕山郡王授左衛員外大將軍紫微侍郎趙國公王琚左授澤州刺史賜實封一百戸餘並停丁亥劉幽求爲睦州刺史三月甲辰青州刺史郇國公韋安石爲沔州別駕太子賓客逍遥公韋嗣立爲岳州別駕特進致仕李嶠先隨子在袁州又貶滁州別駕並員外置去年九月有詔毁天樞至今春始夏五月辛亥黄門監魏知古工部尚書罷知政事六月丁巳開府儀同三司宋王成器爲岐州刺史司徒申王成義爲豳州刺史司空邠王守禮爲虢州刺史委務於上佐内出珠玉錦繡等服玩又令於正殿前焚之乙丑兵部尚書致仕韓國公張仁愿卒七月薛訥與副將杜賓客崔宣道等摠兵六萬自檀州道遇賊於灤河爲賊所敗訥等屏甲遁歸減死除名爲庶人辛未光禄卿竇希瑊爲太子太傅房州刺史襄王重茂薨於梁州謚曰殤帝丙午昭文館學士柳沖太子左庶子劉子玄刊定姓族系録二百卷上之以興慶宮諸王傳並停京官所帶跨巾筭袋每朔望日着外官衙日着餘日停吐蕃寇臨洮軍又遊寇蘭州渭州掠群牧起薛訥攝左羽林將軍隴右防禦使率杜賓客郭知運王晙安思順以禦之太常卿岐王範爲華州刺史秘書監薛王業爲同州刺史八月戊午西天竺國遣使獻方物九月戊申幸新豐之温泉甲寅制曰自古帝王皆以厚葬爲誡以其無益亡者有損生業故也近代以來共行奢靡遞相倣傚浸成風俗既竭家產多至凋弊然則魂魄歸天明精誠之已遠卜宅於地蓋思慕之所存古者不封未爲非遠且墓爲貞宅自便有房今乃別造田園名爲下帳又冥器等物皆競驕侈失禮違令殊非所宜戮屍暴骸實由於此承前雖有約束所司曾不申明喪葬之家無所依准宜令所司據品令高下明爲節制冥器等物仍定色數及長短大

○小園宅下帳並宜禁絶墳墓塋域務遵簡儉凡諸送終之具並不得以金銀爲飾如有違者先決杖一百州縣長官不能舉察並貶授遠官冬十月戊午至自温泉薛訥破吐蕃於渭川西界武階驛斬首一萬七十級馬七萬匹牛羊四萬頭豐安軍使郎將判將軍王海賓先鋒力戰死之十一月庚寅葬殤帝於武功西原十二月乙丑封皇子嗣真爲鄫王嗣初爲鄂王嗣玄爲鄄王時右威衛中郎將周慶立爲安南使舶使與波斯僧廣造奇巧將以進内監選使殿中侍御史柳澤上書諫上嘉納之

三年春正月丁亥立郢王嗣謙爲皇太子降死罪已下大酺三日癸卯黄門侍郎盧懷慎爲檢校黄門監甲辰工部尚書魏知古卒二月禁斷天下採捕鯉魚十姓部落左廂五咄六啜右廂弩五失畢五俟斤及高麗王莫離支高文簡都督跌思太等各率其衆自突厥相繼來奔前後摠二千餘帳析許州唐州置仙州夏四月岐王範兼虢州刺史薛王業兼幽州刺史六月山東諸州大蝗飛則蔽景下則食苗

稼聲如風雨紫微令姚崇奏請差御史下諸道促官吏遣人驅撲焚瘞以救秋稼從之是歲田收有穫人不甚飢秋七月刑部尚書李日知卒冬十月甲寅制曰朕聽政之暇常覽史籍事關理道實所留心中有闕疑時須質問宜選耆儒博學一人每日入內侍讀以光祿卿馬懷素爲左散騎常侍褚無量並充侍讀甲子幸鄠縣之鳳泉湯十一月巳卯至自鳳泉湯乙酉幸新豐之溫湯丁亥妖賊崔子嵒等入相州作亂戊子州司討平之甲午至自溫湯十二月庚午以軍器使爲軍器監置官員是冬無雪

四年春正月癸未尚衣奉御長孫昕恃以皇后妹壻與其妹夫楊仙玉毆擊御史大夫李傑上令朝堂斬昕以謝百官以陽和之月不可行刑累表陳請乃命杖殺之丁亥宋王成器申王成義以成字犯昭成皇后諡號於是成器改名憲成義改爲撝刑部尚書中山郡公李乂卒二月丙辰幸新豐之溫湯丁卯至自溫湯以關中旱遣使祈雨于驪山應時澍雨令以少牢致祭仍禁斷樵採夏六月庚寅月蝕旣

○癸亥太上皇崩于百福殿辛未京師華陝三州大風拔木癸酉突厥可汗默啜爲九姓拔曳固所殺斬其首送于京師默啜兄子小殺繼立爲可汗是夏山東河南河北蝗蟲大起遣使分捕而瘞之其迴紇同羅霫勃曳固僕固五部落來附於大武軍北安置秋七月丙申分嶲雅二州置黎州冬十月癸丑戶部尚書新除太子詹事畢構卒庚午葬睿宗大聖貞皇帝于橋陵以同州蒲城縣爲奉先縣隸京兆府十一月丁亥徙中宗神主于西廟甲午尚書左丞源乾曜爲黃門侍郎同紫微黃門平章事辛丑黃門監兼吏部尚書盧懷慎卒十二月乙卯幸新豐之溫湯其夜定陵寢殿災乙丑至自溫湯尚書廣平郡公宋璟爲吏部尚書兼黃門監紫微侍郎許國公蘇頲同紫微黃門平章事兵部尚書兼紫微令梁國公姚崇爲開府儀同三司黃門侍郎安陽男源乾曜守京兆尹並罷知政事停十道採訪使

五年春正月壬寅朔上以喪制不受朝賀癸卯寅時太廟屋壞移神主于太極殿上素服避正殿輟朝五日日躬親祭享辛亥幸東都戊辰昏霧四塞二月甲戌至自東都大赦天下唯謀反大逆不在赦限餘並宥之河南百姓給復一年河南河北遭澇及蝗蟲處無出今年地租武德貞觀以來勳臣子孫無位者訪求其後奏聞有嘉遯幽棲養高不仕者州牧各以名薦三月庚戌於柳城依舊置營州都督府丁巳以辛景初女封爲固安縣主妻于奚首領饒樂郡王大酺夏四月巳丑皇帝第九子嗣一薨追封夏王諡曰悼甲午以則天拜洛受圖壇及碑文并顯聖侯廟初因唐同泰僞造瑞石文所建令即廢毀六月壬午鞏縣暴雨連月山水泛濫毀郭邑廬舍七百餘家人死者七十二汜水同日漂壞近河百姓二百餘家秋七月甲子詔曰古者操皇綱執大象者何嘗不上稽天道下順人極或變通以隨時爰損益以成務且衢室創制度堂以筵因之以禮神是光孝德用之以布政蓋稱視朔先王所以厚人倫感天地者也少陽有位上帝斯歆此則神貴於不黷禮殷於至敬今之明堂俯鄰宮掖比之嚴祝有異肅恭苟非憲章將何軌物由是禮官博士公卿大臣廣參羣議欽若前古宜存露寢之式用罷辟雍之號可改爲乾元殿每臨御依正殿禮

○九月壬寅改紫微省依舊爲中書省黃門省爲門下省黃門監爲侍中冬十月丙子京師修太廟成丁丑詔以故越王貞死非其罪封故許王男琳爲嗣越王以繼其後戊寅祔神主于太廟十一月巳亥契丹首領松漠郡王李失活來朝以宗女爲永樂公主以妻之司徒兼鄧州刺史申王撝兼虢州刺史

六年春正月丙辰朔以未經大祥不受朝賀辛酉禁斷天下諸州惡錢行二銖四分已上好錢不堪用者並即銷破覆鑄將作大匠韋湊上䟽請遷孝敬神主別立義宗廟以太子少師兼許州刺史岐王範兼鄭州刺史二月甲戌禮幣徵嵩山隱士盧鴻夏五月乙未孝敬哀皇后祔于恭陵契丹松漠郡王李失活卒六月甲申瀍水暴漲壞人廬舍溺殺千餘人乙酉制以故侍中桓彥範敬暉故中書令兼吏部尚書張柬之故特進崔玄暐故中書令袁恕己配饗中宗廟庭故司空蘇瓌故左丞相太子少保郴州刺史劉幽求配饗睿宗廟庭秋七

月巳未秘書監馬懷素卒九月乙未遣工部尚書劉知柔持節往河
南道存問冬十月丙申車駕還京師十一月辛卯至自東都丙申親
謁太廟廻御承天門詔七廟元皇帝巳上三祖枝孫有失官序者各
與一人五品京官内外官三品巳上有廟者各賜物三十匹以備修
祭服及俎豆賜文武官有差乙巳傳國八璽依舊改稱寶符璽郎爲
符寶郎十二月以開府儀同三司兼澤州刺史宋王憲爲涇州刺史
司徒兼虢州刺史申王撝爲隆州刺史以太子少師兼鄭州刺史岐
王範爲岐州刺史以太子少保兼徽州刺史薛王業爲虢州刺史
七年春正月吐蕃遣使朝貢三月丁酉左武衛大將軍霍國公王毛
仲加特進渤海靺鞨郡王大祚榮死其子武藝嗣位夏四月癸酉開
府儀同三司王仁皎薨五月巳丑朔日有蝕之秋七月丙辰制以亢
陽日久上親録囚徒多所原免諸州委州牧縣宰量事處置八月癸
丑勑周公制禮歷代不刊子夏爲傳孔門所受逮及諸家或變例與
其改作不如好古諸服紀宜一依舊文九月甲子改昭文館依舊爲
○
弘文館宋王憲徙封寧王冬十月於東都來庭縣廨置義宗廟辛卯
幸新豐之温湯癸卯至自温湯戊寅皇太子詣國學行齒胄禮陪位
官及學生賜物有差十二月丙戌置弘文崇文兩館讐校書郎官員
八年春正月甲子朔皇太子加元服乙丑皇太子謁太廟丙寅會百
官於太極殿賜物有差壬申右散騎常侍舒國公褚無量卒巳卯侍
中宋璟爲開府儀同三司中書侍郎蘇頲爲禮部尚書並罷知政事
京兆尹源乾曜爲黃門侍郎并州大都督府長史張嘉貞爲中書侍
郎並同中書門下平章事二月丁酉皇太子敏薨追封懷王謚曰哀
夏五月丁卯源乾曜爲侍中張嘉貞爲中書令南天竺國遣使獻五
色鸚鵡六月壬寅夜東都暴雨穀水泛漲新安澠池河南壽安鞏縣
等廬舍蕩盡共九百六十一戸溺死者八百一十五人許衛等州掌
閑番兵溺者千一百四十八人秋九月突厥欲谷寇甘源等州凉州
都督楊敬述爲所敗掠契苾部落而歸以御史大夫王晙爲兵部尚
書兼幽州都督黃門侍郎韋抗爲御史大夫朔方捴管以禦之甲子

太子少師兼岐州刺史岐王範兼太子少傅太子少保兼虢州刺史
薛王業爲太保餘並如故冬十月辛巳幸長春宮壬午畋于下邽十
一月乙丑至自長春宮辛未突厥寇凉州殺人掠羊馬數萬計而去
九年春正月丙辰改蒲州爲河中府置中都丙寅幸新豐之温湯夏
四月庚寅蘭池州叛胡顯首僞稱葉護康待賓安慕容爲多覽殺大
將軍何黑奴僞將軍石神奴康鐵頭得蒙眞泉縣攻陷六胡州兵部
尚書王晙發隴右諸軍及河東九姓掩討之甲戌上親策試應制舉
人於含元殿謂曰古有三道今減二策近無科甲朕將存其上第務
收賢俊用寧軍國仍令有司設食秋七月戊申罷中都依舊爲蒲州
巳酉王晙破蘭池州叛胡殺三萬五千騎丙辰揚閏等州暴風發屋
拔樹漂損公私船舫一千餘隻辛酉討諸酋長斬康待賓先天中重
修三九射禮至是給事中許先景抗疏罷之九月巳巳朔日有蝕之
丁未開府儀同三司梁國公姚崇薨丁巳御丹鳳樓宴突厥首領庚
申幸中書省癸亥右羽林將軍權檢校并州大都督長史燕國公張
○
說爲兵部尚書同中書門下三品冬十一月丙辰左散騎常侍元行
沖上羣書目録二百卷藏之内府庚午冬至大赦天下内外官九品
巳上加一階三品巳上加爵一等自六月二十日七月三日压衛社稷食實封功臣坐
事削除官爵中間有生有死並量加收贈致仕官合佩魚者聽其終
身賜酺三日十二月乙酉幸新豐之温湯壬午至自温湯是冬無雪
十年春正月丁巳幸東都甲子省王公巳下視品官衆佐及京三品
巳上官伏身職貟乙丑停天下公廨錢其官人料以稅戸錢充每月
准舊分例數給戊申内外官職田除公廨田園外並官收給還逃戸
及貧下戸欠丁田二月戊寅至東都三月戊申詔自今内外官有犯
職至解免巳上縱逢赦免並終身勿齒夏四月丁酉封契丹首領松
漠都督李鬱于爲松漠郡王奚首領饒樂都督李魯蘇爲饒樂郡王
五月東都大雨伊汝等水泛漲漂壞河南府及許汝仙陳等州廬舍
數千家溺死者甚衆閏五月壬申兵部尚書張說往朔方軍巡邊戊
寅勑諸番充質宿衛子弟並放還國六月辛丑上訓註孝經頒于天

下癸卯以餘姚縣主女慕容氏為燕郡公主出降奚首領饒樂郡王
李魯蘇己巳增置京師太廟為九室移孝和皇帝神主以就正廟秋
八月丙戌嶺南按察使裴伷先上言安南賊帥梅叔鸞等攻圍州縣
遣驃騎將軍兼內侍楊思勗討之丁亥遣戶部尚書陸象先往汝許
等州存撫賑給丙申博棣等州黃河堤破漂損田稼九月張說擒康
願子於木盤山詔移河曲六州殘胡五萬餘口於許汝唐鄧仙豫等
州始空河南朔方千里之地甲戌秘書監楚國公姜皎坐事詔杖之六
十配流欽州死於路都水使者劉承祖配流雷州乙亥制曰朕君臨
宇內子育黎元內修睦親以敘九族外協庶政以濟兆人勳戚加優
厚之恩兄弟盡友于之至務崇敦本克慎明德令小人作孽已伏憲
章恐不逞之徒猶未能息凡在宗屬用申懲誡自今已後諸王公主
駙馬外戚家除非至親以外不得出入門庭妄說言語所以共存至
公之道永協和平之義克固藩翰以保厥休貴戚懿親宜書座右又
下制約百官不得與卜祝之人交遊來往乙卯夜京兆人權梁山偽

稱襄王男自號光帝與其黨權屯營兵數百人自景風長樂等門斬
關入宮城構逆至曉兵敗斬梁山傳首東都廢河陽柏崖倉冬十月
癸丑乾元殿依舊題為明堂甲寅幸壽安之故興泰宮畋獵于上宜
川庚申至自興泰宮波斯國遣使獻獅子十一月乙未初令宰相共
食實封三百戶十二月停按察使
十一年春正月丁卯降都城見禁囚徒流死罪減一等餘並原之己
巳北都巡狩敕所至處存問高年鰥寡惸獨征人之家減流死罪一
等徒以下放免庚辰幸并州潞州宴父老曲赦大辟罪已下給復五
年別改其舊宅為飛龍宮辛卯改并州為太原府官吏補授一準京兆
河南兩府百姓給復一年賓戶復二年元從戶復五年武德功臣及
元從子孫有才堪文武未有官者委府縣搜揚具以名薦上親制起
義堂頌及書刻石紀功于太原府之南街戊申次晉州壇場使中書
令張嘉貞貶為幽州刺史壬子祠后土于汾陰之脽上昇壇行事官
三品已上加一爵四品已上加一階陪位官賜勳一轉改汾陰為寶

鼎縣癸亥兵部尚書張說兼中書令三月庚午車駕至京師制所經
州府縣無出今年地稅京城見禁囚徒並原免之夏四月丙辰遷祔
中宗神主于太廟癸亥張說正除中書令吏部尚書中山公王晙為
兵部尚書同中書門下三品五月己巳北都置軍器監官員王晙為
朔方節度使兼知河北郡隴左河西兵馬使六月王晙赴朔方軍秋
八月戊申尊八代祖宣皇帝廟號獻祖光皇帝廟號懿祖始祔于太
廟之九廟九月己巳頒上撰廣濟方於天下仍令諸州各置醫博士
一人春秋二時釋奠諸州宜依舊用牲牢其屬縣用酒酺而已冬十
月丁酉幸新豐之溫泉宮甲寅至自溫泉十一月戊寅親祀南郊大
赦天下見禁囚徒死罪至徒流已下免除之昇壇行事及供奉官三
品已上賜爵一級四品轉一階武德以來實封功臣知政宰輔淪屈
者所司具以狀聞賜酺三日京城五日是月自京師至于山東淮南
大雪平地三尺餘丁亥廢軍器監官員少府監加置少監一人以克
之十二月甲午幸鳳泉湯戊申至自鳳泉湯庚申王晙授蘄州刺史

十二年春正月夏四月封故澤王上金男義珣為嗣澤王嗣許王瓘
左授鄂州別駕以弟璆為上金嗣故世癸卯嗣江王禕降為信安郡
王嗣蜀王褕為廣漢郡王嗣密王徹為濮陽郡王嗣曹王臻為濟國
公嗣越王琚為中山郡王武陽郡王堪為澧國公褘等並自神龍之
後相繼為王以瓘利澤王之封盡令歸宗改封焉秋七月壬申月蝕
既己卯廢皇后王氏為庶人后弟太子少保駙馬都尉守一貶為澤
州別駕至藍田賜死戶部尚書河東伯張嘉貞貶台州刺史冬十一
月庚申幸東都至華陰上制岳廟文勒之于石立于祠南之道周戊
寅至自東都庚辰司徒申王撝薨追謚曰惠莊太子五溪首領覃行
璋反遣鎮軍大將軍兼內侍楊思勗討平之閏十二月丙辰朔日有
蝕之
十三年春正月乙酉以幽州都督府為大都督府戊子降死罪從流
流已下罪悉原之分遣御史中丞蔣欽緒等往十道疏決囚徒二月
戊午幸龍門即日還宮乙亥初置彍騎分隸十二司丙子改豳州為

邠州　州爲莫州梁州爲襄州沅州爲巫州舞州爲　州　州爲福州以避文相類及聲相近者三月甲午皇太子嗣謙改名鴻郯王嗣直改名潭徙封慶王陜王嗣昇改名浚徙封忠王鄫王嗣眞改名洽徙封棣王鄂王嗣初改名涓徙封郎王嗣玄改名滉封榮王又第八子涺封爲光王第十二男濰封爲儀王第十三男澐封爲潁王第十六男澤封爲永王第十八男清封爲壽王第二十男洄封爲延王第二十一男沐封爲盛王第二十二男溢封爲濟王丙申御史大夫程行諶奏周朝酷吏來子珣萬國俊王弘義侯思止郭霸焦仁亶張知默李敬仁唐奉一來俊臣周興丘神勣索元禮曹仁哲王景昭裴籍李秦授劉光業王德壽屈貞筠鮑思恭劉景陽王處貞等二十三人殘害宗枝毒陷良善情狀尤重子孫不許仕官陳嘉言魚承曄皇甫文備傅遊藝四人情狀雖輕子孫不許近任請依開元二年二月五日勅夏四月丁巳改集仙殿爲集賢殿麗正殿書院改集賢殿書院內五品已上爲學士六品已下爲直學士癸酉令朝集使各舉所部

○孝悌文武集於泰山之下五月庚寅妖賊劉定高率其黨夜犯通洛門盡擒斬之六月乙亥廢都西市冬十月癸丑新造銅儀成置於景運門內以示百官辛酉東封泰山發自東都十一月丙戌至兗州大宗頓丁亥致齋於行宮己丑日南至備法駕登山仗衛羅列嶽下百餘里詔行從留於谷口上與宰臣禮官昇山庚寅祀昊天上帝於上壇有司祀五帝百神于下壇禮畢藏玉冊於封祀壇之石𥖁然後燔柴燎發羣臣稱萬歲傳呼自山頂至嶽下震動山谷上還齋宮慶雲見日抱戴辛卯祀皇地祇於社首藏玉冊於石𥖁如封祀壇之禮壬辰御帳殿受賀朝大赦天下流人未還者放還內外官三品已上賜爵一等四品已下賜一階登山官封賜一階褒聖侯量才與處分封泰山神爲天齊王禮秩加三公一等近山十里禁其樵採賜輔臣侍中源乾曜爲尚書左丞相兼侍中中書令張說爲尚書右丞相兼中書令甲午發岱嶽丙申幸孔子宅親設奠祭十二月己巳至東都時累歲豐稔東都米斗十錢青齊米斗五錢是冬分吏部爲十銓勑禮部尚書蘇頲刑部尚書韋抗工部尚書盧從愿等分掌選事

十四年春正月癸亥改封契丹松漠郡王李邵固爲廣化王奚饒樂郡王李魯蘇爲奉誠王封宗室外甥女二人爲公主各以妻之二月庚戌朔邕州獠首領梁大海周光等據賓橫等州叛遣驃騎大將軍兼內侍楊思勗討之三月壬寅以國甥東華公主降于契丹李邵固夏四月癸丑御史中丞宇文融與御史大夫崔隱甫彈尚書右丞兼中書令張說鞫於尚書省丁巳戶部侍郎李元紘同中書門下平章事庚申張說停兼中書令丁卯太子少師岐王範薨冊贈惠文太子辛丑於定恒莫易滄等五州置軍以備突厥五月癸卯戶部進計帳今年管戶七百六萬九千五百六十五管口四千一百四十一萬九千七百一十二六月戊午大風拔木發屋毀端門鴟吻都城門等及寺觀鴟吻落者殆半上以旱暴風雨命中外羣官上封事指言時政得失無有所隱秋七月癸丑夜瀍水暴漲入漕漂沒諸州租船數百艘溺者甚衆九月己丑檢校黃門侍郎兼　磧西副大都護杜暹同中書

○門下平章事是秋十五州言旱及霜五十州言水河南河北尤甚蘇同常福四州漂壞廬舍遣御史中丞宇文融檢覆賑給之冬十月廢麟州庚申幸汝州廣成湯己巳還東都十一月甲戌突厥遣使來朝辛丑渤海靺鞨遣其子義信來朝并獻方物十二月丁巳幸壽安之方秀州己未日色赤如赭壬戌還東都

十五年春正月戊寅制草澤有文武高才令詣闕自舉庚子太史監復爲太史局依舊隸秘書省辛丑涼州都督王君㚟破吐蕃於青海之西虜輜重馬羊而還二月遣左監門將軍黎敬仁往河北賑給貧乏之時河北牛畜大疫己巳尚書左丞相張說御史大夫崔德甫中丞宇文融以朋黨相構制說致仕德甫免官侍母融左遷魏州刺史夏五月晉州大水漂損居人廬舍癸酉以慶王潭爲涼州都督兼河西諸軍節度大使忠王浚爲單于大都護朔方節度大使棣王洽爲太原冀北牧河北諸軍節度大使鄂王涓爲幽州都督河北節度大使榮王滉爲京兆牧隴右節度大使光王琚爲廣州都督五府節度大

使儀王濰為河南牧潁王澐為安東都護平盧軍節度大使永王澤為荊州大都督壽王清為益州大都督劍南節度大使延王洄為安西大都護磧西節度大使盛王沐為揚州大都督並不出閤秋七月甲戌雷震興教門樓兩鴟吻欄檻及柱災禮部尚書蘇頲卒庚寅鄜州洛水泛漲壞人廬舍辛卯又壞同州馮翊縣廨宇及溺死者甚衆丙申改武臨縣為穎陽縣己亥赦都城繫囚死罪降從流徙已下罪悉免之九月丙子吐蕃寇瓜州執刺史田元獻及王君㚟父壽殺掠人吏盡取軍資倉粮而去丙戌突厥毗伽可汗使其大臣梅録啜來朝閏月庚子突厥騎施蘇祿吐蕃贊普圍安西副大都護趙頤貞擊走之甲申車駕發東都還京師迴紇部落殺王君㚟于甘州之鞏筆驛制檢校兵部尚書蕭嵩兼判涼州事揔兵以禦吐蕃是秋六十三州水十七州霜旱河北飢轉江淮之南租米百萬石以賑給之冬十月己卯至自東都十二月乙亥幸溫泉宮丙戌至自溫泉宮

十六年春正月庚子始聽政于興慶宮秦隴等州獠首領瀧州刺史

○陳行範廣州首領馮仁智何遊魯叛遣驃騎大將軍楊思勗討之壬寅安西副大都護趙頤貞敗吐蕃于城曲子城甲子黑水靺鞨遣使來朝獻秋七月吐蕃寇瓜州刺史張守珪擊破之乙巳檢校兵部尚書蕭嵩鄯州都督張志亮攻拔吐蕃門城斬獲數千級收其資畜而還丙辰新羅王金興光遣使貢方物八月己巳特進張說進開元大衍曆詔命有司須行之辛卯蕭嵩又遣杜賓客擊吐蕃于祁連城大破之獲其大將一人斬首五千級九月丙午以久雨降死罪從流徒以下原之冬十月己卯幸溫泉宮己丑至自溫泉宮十一月癸巳朔檢校兵部尚書河州節度判涼州事蕭嵩為兵部尚書同中書門下平章事餘如故十二月丁卯幸溫泉宮丁丑至自溫泉宮

十七年二月丁卯巂州都督張審素攻破蠻拔昆明城及鹽城殺獲萬人庚子特進張說復為尚書左丞相同州刺史陸象先為太子少保甲寅禮部尚書信安王禕帥衆攻拔吐蕃石堡城夏四月癸亥令中書門下分就大理京兆萬年長安等獄疏決囚徒制天下繫囚死罪減一等餘並宥之丁亥大風震電藍田山崩五月癸巳復置十道按察使右散騎常侍徐堅卒六月甲戌尚書右丞相源乾曜停兼侍中黃門侍郎杜暹為荊州大都督府長史中書侍郎李元紘為曹州刺史兵部尚書蕭嵩兼中書令戶部侍郎兼鴻臚卿宇文融為黃門侍郎兵部侍郎裴光庭為中書侍郎並同中書門下平章事秋七月辛丑工部尚書張嘉貞卒八月癸亥上以降誕日讌百寮于花萼樓下百寮表請以每年八月五日為千秋節王公已下獻鏡及承露囊天下諸州咸令讌樂休暇三日仍編為令從之丙寅越州大水漂壞廨宇及居人廬舍己卯中書侍郎裴光庭兼御史大夫依舊知政事乙酉尚書右丞相開府儀同三司兼吏部尚書宋璟為尚書右丞相尚書左丞相源乾曜為太子少傅九月壬子宇文融左遷汝州刺史俄又貶昭州平樂尉壬寅裴光庭為黃門侍郎依舊知政事冬十月戊午朔日有蝕之不盡如鉤癸未睦州獻竹實庚申前太子賓客元行沖卒十一月庚申親饗九廟辛卯發京師丙申謁橋陵上望陵涕

○泣左右並哀感制奉先縣同赤縣以所管萬三百戶供陵寢三府兵馬供宿衛曲赦縣內大辟罪已下戊戌謁定陵己亥謁獻陵壬寅謁昭陵乙巳謁乾陵戊申車駕還宮大赦天下流移人並放還左降官移近處百姓無出今年地稅之半每陵取側近六鄉供陵寢內外官三品已上加爵一等四品已下賜一階五品已上請父母亡者依級賜官及邑號十二月辛酉幸溫泉宮乙丑校獵渭濱壬申至自溫泉宮是冬無雪

十八年春正月辛卯黃門侍郎裴光庭為侍中依舊兼御史大夫左丞相張說加開府儀同三司丙午幸薛王業宅即日還宮二月丙寅大雨雪俄而雷震左飛龍廄災三月辛卯改定州縣上中下戶口之數依舊給京官職田夏四月乙卯築京城外郭城凡十月而功畢壬戌幸寧親公主第即日還宮乙丑裴光庭兼吏部尚書是春命侍臣及百寮每旬暇日尋勝地讌樂仍賜錢令所司供帳造食丁卯侍臣已下讌于春明門外寧王憲之園池上御花萼樓邀其迴騎便令坐

飲遞起爲舞頌賜有差五月契丹衙官突可汗殺其主李召固率部落降于突厥奚部落亦隨西叛奚王李魯蘇來奔召固妻東華公主陳氏及魯蘇妻東光公主韋氏並奔投平盧軍制幽州長史趙含章率兵討之六月庚申命左右丞相尚書及中書門下五品已上官舉才堪邊任及刺史者甲子彗星見于五車癸酉有星孛于畢昴丙子命單于大都護忠王浚爲河北道行軍元帥御史大夫李朝隱京兆尹裴伷先爲副率十八摠管以討契丹及奚等事竟不行壬午東都瀍洛泛漲壞天津永濟二橋及堤象門外仗舍損居人廬舍千餘家閏月甲申分幽州置薊州己丑令范安及韓朝宗就瀍洛水源疏決置門以節水勢辛卯禮部奏請千秋節休假三日及村閭社會並就千秋節先賽白帝報田祖然後坐飲散之秋七月庚辰幸寧王憲第即日還宮八月丁亥上御花蕚樓以千秋節百官獻賀賜四品已上金鏡珠囊縑綵賜五品已下束帛有差上賦八韻詩又制秋景詩辛亥幸永穆公主宅即日還宮九月先是高戶捉官本錢乙卯御史大○

夫李朝隱奏請薄稅百姓一年租錢充依舊高戶及典正等捉隨月收利供官人稅錢冬十月吐蕃遣其大臣名悉獵獻方物請降許之庚寅幸岐州之鳳泉湯癸卯至自鳳泉湯十一月丁卯幸新豐溫泉宮十二月戊子豐州刺史袁振坐妖言下獄死戊申尚書左丞相燕國公張說薨是歲百寮及華州父老累表請上尊號內請加聖文兩字并封西嶽不允

十九年春正月壬戌開府儀同三司霍國公王毛仲貶爲襄州別駕中路賜死黨與貶黜者十數人辛卯遣鴻臚卿崔琳入吐蕃報聘丙子親耕於興慶宮龍池己卯禁採捕鯉魚天下州府春秋二時社及釋奠停牲牢唯用酒脯永爲常式二月甲午以崔琳爲御史大夫三月乙酉朔崔琳使于吐蕃夏四月壬午於京城置禮院丙申令兩京及天下諸州各置太公尚父廟以張良配饗春秋二時仲月上戊日祭之壬戌五嶽各置老君廟六月乙酉大風拔木秋八月辛巳降天下死罪從流徒已下悉原之九月辛未吐蕃遣其國相論尚他硉來朝冬十月丙申幸東都十一月丙辰至自東都甲子太子少傅源乾曜薨十二月嶲州都督張審素以刼制使監察御史楊汪伏誅是冬浚苑內洛水六十餘日而罷戊戌裴光庭上搖山往則維城前軌各一卷上令賜太子諸王各一本

二十年春正月乙卯以禮部尚書信安王禕率兵討契丹丁巳幸長芬公主宅乙丑幸薛王業宅並即日還宮二月己未勑文武選人承前例三月三十日爲例然開選門北圍甲進官至夏來自今已後選門並正月內開圍甲二月內訖分命宰相録京城諸獄繫囚三月信安王禕與幽州長史趙含章大破奚契丹於幽州之北山夏四月乙亥讌百寮於上陽東州醉者賜以牀檽肩輿而歸相屬于路癸巳改造天津橋毀皇津橋合爲一橋五月癸卯寒食上墓宜編入五禮永爲恒式辛亥金仙長公主薨戊辰信安王獻奚契丹之俘上御應天門受之六月丁丑單于大都護河北東道軍元帥忠王浚加司徒都護如故副大使安王禕加開府儀同三司庚寅幽州長史趙含章坐○

盜用庫物左監門員外將軍楊元方受含章饋餉並於朝堂決杖流瀼州皆賜死于路其月遣范安及於長安廣花蕚樓築夾城至芙蓉園秋七月戊辰幸寧王憲宅即日還宮八月辛未朔日有蝕之己卯戶部尚書王晙卒九月乙巳中書令蕭嵩等奏上開元新禮一百五十卷制所司行用之渤海靺鞨寇登州殺刺史韋俊命左領軍將軍蓋福順發兵討之冬十月丙戌命巡幸所至有賢才未聞達者舉之仍令中書門下疏決囚徒辛卯至潞州之飛龍宮給復三年兵募丁防先差未發者令改出餘州辛丑至北都癸丑曲赦太原三年十一月庚午祀后土於脽上大赦天下左降官量移近處內外文武官加一階開元勳臣盡假紫及緋大酺三日十二月壬申至京師其年戶部計戶七百八十六萬一千二百三十六口四千五百四十三萬一千二百六十五

二十一年春正月庚子朔制令士庶家藏老子一本每年貢舉人量減尚書論語兩條策加老子策乙巳還祔肅明皇后神主于廟毀儀

坤廟丁巳幸溫泉宮己未命工部尚書李暠使于吐蕃癸亥至自溫
泉宮三月乙巳侍中裴光庭薨甲寅尚書右丞韓休為黃門侍郎同
中書門下平章事閏月幽州道副摠管郭英傑等討契丹為所敗於
都山之下英傑死之夏四月丁巳以久旱命太子少保陸象先戶部
尚書杜暹等七人往諸道宣慰賑給及令黜陟官吏疏決囚徒丁酉
寧王憲為太尉薛王業為司徒慶王潭為太子太師忠王浚為開府
儀同三司榮王滉為太子少傅鄂王涓為太子太保五月甲申皇太
子納妃薛氏制天下死罪降從流流已下釋放京文武官賜勳一轉
秋七月乙丑朔日有蝕之九月壬午封皇子沄為濟王溢為信王泚
為義王漼為陳王澄為豐王澐為恒王漩為涼王滔為深王冬十月
庚戌幸溫泉宮十一月戊子尚書右丞相宋璟以年老請致仕許之
十二月丁未兵部尚書徐國公蕭嵩為尚書右丞相黃門侍郎韓休
為兵部尚書並罷知政事京兆尹裴耀卿為黃門侍郎前中書侍郎
張九齡起復舊官並同中書門下平章事是歲關中久雨害稼京師

飢詔出太倉米二百萬石給之
○二十二年春正月癸亥朔制古聖帝明皇嶽瀆海鎮用牲牢餘並以
酒醑充奠己巳幸東都辛未太府卿嚴挺之戶部侍郎裴寬於河南
存問賑給乙酉懷衛邢相等五州之糧遣中書舍人裴敦復巡問量
給種子己丑至東都二月壬寅秦州地震廨宇及居人廬舍崩壞殆
盡壓死官吏已下四十餘人殷殷有聲仍連震不止命尚書右丞相
蕭嵩往祭山川並遣使存問賑恤之壓死之家給復一年一家三人
已上死者給復二年辛亥初置十道採訪處置使徵恒州張果先生
授銀青光祿大夫號曰通玄先生三月沒京兆商人任令方資財六
十餘萬貫壬午欲令不禁私鑄錢遣公卿百寮詳議可否衆以為不
可遂止四月乙未伊西北庭且依舊為　節度廢太廟署以太常寺
奉宗廟庚子唐州界准勝州例立表測候日晷影長短乙巳詔京都
見禁囚徒令中書門下及留守檢校覆降罪天下諸州委刺史丁未
眉州鼎皇山下江水中得寶鼎甲寅北庭都護劉渙謀反伏誅五月

戊子黃門侍郎裴耀卿為侍中中書侍郎張九齡為中書令黃門侍
郎李林甫為禮部尚書同中書門下平章事關中大風拔木同州尤
甚是夏上自於苑中種麥率皇太子已下躬自收穫謂太子等曰此
將薦宗廟是以躬親亦欲令汝等知稼穡之難也因分賜侍臣謂曰
比歲令人巡檢苗稼所對多不實故自種植以觀其成且春秋書麥
禾豈非古人所重也六月乙未遣左金吾將軍李佺於赤嶺與吐蕃
分界立碑七月己巳司徒薛王業薨追謚為惠宣太子甲申遣中書
令張九齡充河南開稻田使八月先是駕至東都遣侍中裴耀卿充
江淮河南轉運使河口置輸場壬寅於輸場東置河陰縣又遣張九
齡於許豫陳亳等州置水屯九月壬申改饒樂都督府為奉誠都督
府辛巳移登州平海軍於海口安置冬十月甲辰試司農卿陳思問
以贓私配流瀼州十二月戊子朔日有蝕之乙巳幽州長史張守珪
發兵討契丹斬其王屈烈及其大臣可突干於陣傳首東都餘叛奚
皆散走山谷立其酋長李過折為契丹王是歲突厥毗伽可汗死斷

京城乞兒
○二十三年春正月己亥親耕籍田上加至九推而止卿已下終其畝
大赦天下京文武官及朝集採訪使三品已下加一爵四品已下加
一階外官賜勳一轉其才有霸王之略學究天人之際及堪將帥牧
宰者令五品已上清官及刺史各舉一人致仕官量與改職依前致
仕賜酺三日三月丁卯殿中侍御史楊萬頃為讎人所殺夏五月戊
寅宗子請率月俸於興慶宮建龍池上聖德頌秋七月丙子皇太子
鴻改名瑛慶王直已下十四王並改名又封皇子玼為義王珪為陳
王珙為豐王琪為恒王璿為涼王璥為汴王其榮王琬已下並開府
置官屬各食實封二千戶八月戊子制鰥寡惸獨免今年地稅之半
江淮已南有遭水處本道使賑給之九月戊申移泗州就臨淮縣置
冬十月辛亥移隸伊西北庭都護屬四鎮節度突騎施寇北庭及安
西撥換城十一月壬申朔日有蝕之十二月新羅遣使朝獻
二十四年春正月吐蕃遣使獻方物北庭都護蓋嘉運率兵擊突騎

破之三月乙未始移考功貢舉遣禮部侍郎掌之夏六月丙午京兆
醴泉妖人劉志誠率衆爲亂將趨京城咸陽官吏燒便橋以斷其路
俄而散走京兆府盡擒斬之是夏大熱道路有暍死者秋七月庚子
太子太保陸象先卒辛丑李林甫爲兵部尚書依舊知政事巳巳初
置壽星壇祭老人星及角亢等七宿八月戊申朔加䙝舅小功服舅
母緦麻服堂舅袒免巳亥深王滔薨九月壬午改尚書主爵曰司封
冬十月戊申車駕發東都還西京甲子至華州曲赦行在繫囚丁丑
至自東都十一月壬寅侍中裴耀卿爲尚書左丞相中書令張九齡
爲尚書右丞相並罷知政事兵部尚書李林甫兼中書令殿中監牛
仙客兵部尚書同中書門下三品尚書右丞相蕭嵩爲太子太師工
部尚書韓休爲太子少保十二月戊申太子太師慶王琮爲司徒丙
寅牛仙客知門下省事

唐書本紀卷第八

唐書本紀卷第九

劉　昫　等修

閩人詮校刻沈桐同校

玄宗下

開元二十五年春正月壬午制朕猥集休運多謝哲王然而哀矜之情小大必愼自臨寰宇子育黎烝未嘗行極刑起大獄上玄降鑒應以祥和思恊平邦之典致之仁壽之域自今有犯死刑除十惡罪宜令中書門下與法官詳所犯輕重具狀奏聞崇德尚齒三代不義敦風勸俗五教攸先其曾任五品已上清資官以禮去職者所司具錄名奏老疾不堪釐務者與致仕道士女冠宜隸宗正寺僧尼令祠部檢校百司每旬節休假並不須入曹司任遊勝爲樂宣示中外知朕意焉癸卯道士尹愔爲諫議大夫集賢學士兼知史館事二月新羅王金興光卒其子承慶嗣位遣贊善大夫邢璹攝鴻臚少卿往弔祭冊立之壬子加宗正丞一員戊午罷江淮運停河北運癸酉張守珪破契丹餘衆於捺祿山殺獲甚衆三月乙卯河北節度使崔希逸自凉州南率衆入吐蕃界二千餘里己亥希逸至青海西郎佐素文子觜與賊相遇大破之斬首二千餘級夏四月庚戌陳許豫壽四州開稻田辛酉監察御史周子諒上書忤旨撲之殿庭朝堂決杖死之甲子尚書右丞相張九齡以曾薦引子諒左授荊州長史乙丑皇太子瑛鄂王瑤光王琚並廢爲庶人太子妃兄駙馬都尉薛鏽長流瀼州至藍田驛賜死六月壬戌熒惑犯房至心星越度而過秋七月己卯大理少卿徐嶠奏天下今歲斷死刑五十八幾致刑措烏巢寺之獄上持推功元輔庚申封李林甫爲晉國公牛仙客爲豳國公己卯勅諸陵廟並隸宗正寺其宗正寺官員自今並以宗枝爲之九月壬申頒新定令式格及事類一百三十卷於天下冬十月制自今年每年立春日迎春於東郊其夏及秋冬如常以十二月朔日於正殿受朝讀時令十一月壬申幸溫泉宮丁丑開府儀同三司廣平郡公宋璟薨十二月丙午惠妃武氏薨追謚爲貞順皇后葬於敬陵吐蕃使其

大臣屬盧論莽藏來朝貢

二十六年春正月乙亥工部尚書牛仙客爲侍中丁丑親迎氣于東郊祀青帝制天下繫囚死罪流嶺南餘並放免鎮兵部還京兆府新開稻田並散給貧人百官賜勳絹長安萬年兩縣各與本錢一千貫收利供驛仍付雜驛天下州縣每鄉一學仍擇師資令其教授諸鄉貢每年令就國子監謁先師明經加口試內外八品已下及草澤有博學文辭之士各委本司本州聞薦二月辛卯以李林甫遙領隴右節度使甲辰禁大寒食以雞卵相饋送庚申葬貞順皇后于敬陵乙卯以牛仙客遙領河東道節度使辛酉廢仙州分其屬縣隸許汝等州三月己巳朔減秘書省校書正字官員丙子有星孛于紫微垣中歷斗魁十餘日因陰雲不見己酉河南洛陽兩縣亦借本錢一千貫收利充人吏課役癸未京兆地震吐蕃寇河西左散騎常侍崔希逸擊破之鄯州都督杜希望又攻拔新羅城制以其城爲威戎軍夏四月己亥朔始令太常卿韋縚讀時令于宣政殿百寮於殿上列坐而聽之五月乙酉以李林甫遙領河西節度使兼判涼州事庚寅幸咸宜公主宅六月庚子立忠王璵爲皇太子秋七月己巳冊皇太子大赦天下常赦所不免者咸赦除之內外文武官及五品已下爲父後者各賜勳一轉忠王府官及侍講加一階賜酺三日庚辰分越州置明州九月丙申朔日有蝕之庚子於舊六胡之地置宥州益州長史王昱率兵攻吐蕃安戎城爲賊所據官軍大敗昱棄甲而遁兵士死者數千人冬十月戊寅幸溫泉宮是歲渤海靺鞨王大武藝死其子欽茂嗣立遣使弔祭冊立之其冬兩京建行宮造殿宇各千餘間潤州刺史齊澣開伊婁河於揚州南瓜州浦析左右羽林軍置左右龍武軍以左右萬騎營隸焉

二十七年春正月乙巳大雨雪二月己巳加尊號開元聖文神武皇帝大赦天下常赦所不免者咸赦除之開元已來諸色痕瑕人咸從洗滌左降官量移近處百姓免今年租稅三品已上賜爵一級四品已上加一階宗廟薦饗自今已後並用宗子賜酺五日夏四月丁丑

廢洮州隷蘭州改臨州爲洮州乙酉太子少傅竇瓌爲開府儀同三司吏部尚書李暠爲太子少傅丁酉侍中牛仙客爲兵部尚書兼侍中兵部尚書兼中書令李林甫爲吏部尚書依舊兼中書令以東宫内侍隷内侍省爲署五月癸卯置龍武軍官員先是鄎國公主之子薛諗與其黨李談崔洽石如山同於京城殺人或利其財或違其志即白日椎殺煮而食之其夏事發皆決殺於京兆府門諗以國親流瀼州賜死於城東驛六月甲戌内常侍牛仙童坐贓決殺之幽州節度使兼御史大夫張守珪以賄貶爲括州刺史太子太師徐國公蕭嵩以嘗賂仙童左授青州刺史秋七月辛丑熒惑犯南斗北庭都護蓋嘉運以輕騎襲破突騎施於碎葉城殺蘇禄威震西陲八月吐蕃寇白草安人等軍甲申制追贈孔宣父爲文宣王顏回爲兗國公餘十哲皆爲侯夾坐後嗣褒聖侯改封爲文宣公九月皇太子改名紹汴州刺史齊澣請開汴河下流自虹縣隋清至淮陰北合于淮逾時而功畢因弃沙壅舊路行者弊之弃而新河之水勢淙急遂填塞矣前

○刑部尚書致仕崔德甫卒冬十月將改作明堂訛言官取小兒埋於明堂之下以爲厭勝村野童兒藏於山谷都城騷然咸言兵至上惡之遣主客郎中王佶往東都及諸州宣慰百姓久之定冬十月毀東都明堂之上層改拆下層爲乾元殿戊戌幸温泉宫辛丑至自温泉宫十二月東都副留守太子賓客崔沔卒以益州司馬章仇兼瓊權劍南節度等使是歲蓋嘉運大破突騎施之衆擒其王吐火仙送于京師

二十八年春正月兩京路及城中苑内種果樹癸巳幸温泉宫庚子至自温泉宫壬寅以望日御勤政樓讌羣臣連夜燒燈會大雪而罷因命自今常以二月望日夜爲之三月丁亥朔日有蝕之壬子權判益州長史章仇兼瓊拔吐蕃安戎城分兵鎮守之夏五月乙未太子少師韓休太子少傅李暠卒六月懷州刺史信安王禕爲太子少師庚寅太子賓客李商隱卒秋七月壬寅追　尊宣皇帝陵名曰建初光皇帝陵名曰啓運仍置官員九月魏州刺史盧暉開通濟渠自石灰巢引流至州城而西郤涯魏橋九月庚寅封皇孫俶等十九人爲郡王冬十月甲子幸温泉宫辛巳至自温泉宫乙酉夜東都新殿後佛光寺災吐蕃寇安戎城十一月牛仙客停遥兼朔方河東節度使十二月乙卯突騎施莫賀達干率衆内屬己未禮部尚書杜暹卒是歲金城公主薨吐蕃遣使來告喪其時頻歲豐稔京師米斛不滿二百天下乂安雖行萬里不持兵刃

二十九年春正月丁丑制兩京諸州各置玄元皇帝廟并崇玄學置生徒令習老子莊子列子文中子每年准明經例考試内外官有伯叔兄弟子姪堪任刺史縣令所司親自保薦禁九品已下清資官置客舍邸店車坊士庶奪葬三月吐蕃突厥各遣使來朝丙午風霾日色無影夏四月庚戌朔丙辰以太原裴伷先爲工部尚書韋虚心卒親王已下及内外官各賜錢令讌樂壬午以左右金吾大將軍裴寛爲太原尹北都留守秋七月乙卯洛水汎漲毁天津橋及上陽宫仗舍洛渭之間廬舍壞溺死者千餘人突厥登利可汗死北州刺史王

○斛斯爲幽州節度使幽州節度副使安禄山爲營州刺史充平盧軍節度副使押兩番渤海黑水四府經略使九月大雨雪稻禾偃折又霖雨月餘道途阻滯是秋河北博洺等二十四州言雨水害稼命御史中丞張倚往東都及河北賑恤之壬申御興慶門試明四子人姚子産元載等冬十月丙申幸温泉宫戊戌分遣大理卿崔翹等八人往諸道黜陟官吏十一月庚戌司空邠王守禮薨辛酉至自温泉宫己巳雨水氷凝寒凍冽數日不解辛未太尉寧王憲薨謚爲讓皇帝葬于惠陵十二月丁酉吐蕃入寇陷廓州達化縣及振武軍石堡城節度使蓋嘉運不能守女國王趙曳夫及佛逝國王日南國王遣其子來朝獻

天寶元年春正月丁未朔大赦天下改元常赦不原咸赦除之百姓所欠負租税及諸色並免之前資官及白身人有儒學博通文辭秀英及軍謀武藝者所在具以名薦京文武官才堪爲刺史者各令封狀自舉改黄鉞爲金鉞内外官各賜勳兩轉甲寅陳王府參軍田同

秀上言玄元皇帝降見于丹鳳門之通衢告賜靈符在尹喜之故宅上遣使就函谷故關尹喜臺西發得之乃置玄元廟於大寧坊陝郡太守李齊物先鑿三門辛未渠成放流二月丁亥上加尊號爲開元天寶聖文神武皇帝辛卯親享玄元皇帝于新廟甲午親享太廟丙申合祭天地于南郊御天下囚徒罪無輕重並釋放流人移近處左降官依資敘用身死貶處者量加追贈枉法贓十五疋當絞今加至二十疋莊子號爲南華眞人文子號爲通玄眞人列子號爲沖虛眞人庚桑子號爲洞虛眞人其四子所著書改爲眞經崇玄學置博士助教各一員學生一百人桃林縣改爲靈寶縣改侍中爲左相中書左右丞相依舊爲僕射又黃門侍郎爲門下侍郎東都爲東京北都爲北京天下諸州改爲郡刺史改爲太守陝州河北縣爲平陸縣老幼版授文武官三品已上加一爵四品已上加一階庚子平盧節度使安祿山進階驃騎大將軍夏六月庚寅武功山水暴漲壞人廬舍溺死數百人秋七月癸卯朔日有蝕之辛未左相豳國公牛仙客卒

八月丁丑刑部尚書兼御史大夫李適之爲左相丁亥突厥阿布思及默啜可汗之孫登利可汗之女相與率其黨屬來降壬辰吏部尚書兼右相李林甫加尚書左僕射左相李適之兼兵部尚書左僕射裴耀卿爲尚書左僕射九月辛卯上御花萼樓出宮女讌毗伽可汗妻可敦及男女等賞賜不可勝紀丙寅改天下縣名不穩及重名一百一十處兩京玄元廟改爲太上玄元皇帝宮天下准此冬十月丁酉幸溫泉宮辛丑改驪山爲會昌山仍於秦坑儒之所立祠宇以祀遭難諸儒新成長生殿名曰集靈臺以祀天神十一月己巳至自溫泉宮是歲命陝郡太守韋堅引滻水開廣運潭於望春亭之東以通河渭京兆尹韓朝宗又分渭水入自金光門置潭於西市之兩衙以貯材木是冬無氷其年天下郡府三百六十二縣一千五百二十八鄉一萬六千八百二十九戶部進計帳今年管戶八百五十二萬五千七百六十三口四千八百九十萬九千八百

二年春正月丙辰追尊玄元皇帝爲大聖祖玄元 皇帝 兩京崇玄學改爲崇玄館博士爲學士三月壬子親祀玄元廟以冊尊號制追尊聖祖玄元皇帝父周上御史大夫敬曰先天太上皇母益壽氏號先天太后仍於譙郡本鄉置廟尊咎繇爲德明皇帝改西京玄元廟爲太清宮東京爲太微宮天下諸郡爲紫極宮韋堅開廣濟潭畢功盛陳舟艦丙寅上幸廣運樓以觀之即日還宮夏六月甲戌夜雷震東京應天門觀災延燒至左右延福門經日不滅七月癸丑致仕禮部尚書王丘卒丙辰尚書右僕射裴耀卿薨九月太子少保崔琳卒辛酉譙郡紫微宮改爲太清宮冬十月戊辰太子太保信安王禕卒戊寅幸溫泉宮十一月乙卯至自溫泉宮十二月己亥東京應天門改爲乾元門戊申幸溫泉宮丙辰至自溫泉宮十二月乙酉太子賓客賀知章請度爲道士還鄉是冬無雪

三載正月丙辰朔改年爲載赦見禁囚徒庚子遣左右相已下祖別賀知章於長樂坡上賦詩贈之壬寅幸溫泉宮二月己巳還京丁丑封讓皇帝男琳爲嗣寧王故邠王守禮男承寧爲嗣邠王讓帝男璹

爲嗣申王惠宣太子男珍爲嗣岐王瑱爲嗣薛王庚寅皇太子紹改名亨是月河南尹裴敦復卒閏月辛亥有星如月墜於東南墜後有聲京師訛言官遣根捕人肝以祭天狗人相恐畿縣尤甚發使安之三月庚午武威郡上言番禾縣天寶山有醴泉湧出嶺石化爲瑞麰遠近貧乏者取以給食改番禾爲天寶縣癸酉制天下見禁囚徒死罪降流流已下並原之夏四月南海太守劉巨鱗擊破海賊吳令光永嘉郡平敕兩京天下州郡取官物鑄金銅天尊及佛各一軀送開元觀開元寺五月戊寅長安令柳升坐贓於朝堂決殺之秋八月丙午九姓拔悉蜜葉護攻殺突厥烏蘇米施可汗傳首京師庚申內外文武官六品已下自今已後赴任之後計載終滿二百日已上許其成考冬十月癸巳幸溫泉宮丁未改史國爲來威國十一月癸卯還京癸丑每載依舊取正月十四日十五日十六日開坊市門燃燈永以爲常式玉眞公主先爲女道士讓號及實封賜名持盈十二月甲午分新豐縣置會昌縣甲寅親祀九宮貴神於東郊禮畢大赦天下

百姓十八已上爲中男二十三已上成丁每歲庸調八月起徵可延
至九月詔天下民間家藏孝經一本
四載春三月甲申宴羣臣於勤政樓壬申封外孫獨孤氏女爲靜樂
公主出降契丹松漠都督李懷節封外孫楊氏女爲宜芳公主出降
奚饒樂都督李延寵秋八月甲辰冊太眞妃楊氏爲貴妃是月河南
睢陽淮陽譙等八郡大水九月契丹及奚酋長各殺公主舉部落叛
隴右節度使皇甫惟明與吐蕃戰于石堡城官軍不利副將褚直廉
等死之冬十月於單于都護府置金河縣安北都護府置陰山縣丁
酉幸温泉宮壬子以會昌縣爲同京縣十二月戊戌還京
五載春正月癸酉刑部尚書韋堅貶括蒼太守隴右節度使皇甫惟
明貶播川太守壽決死於黔中乙亥勅大小縣令並准畿官吏三選
聽集禮記月令改爲時令封中嶽爲中天王南嶽爲司天王北嶽爲
安天王天下山水名稱或同義且不經多因於里諺宜令所司各據
圖籍改定丙子遣禮部尚書席豫左丞崔翹御史中丞王鉷等七人

分行天下黜陟官吏夏四月庚寅左相渭源伯李適之爲太子少保
罷知政事丁酉門下侍郎陳希烈同中書門下平章事五月庚申勅
今後每至旬節休假中書門下文武百寮不須入朝外官不須衙集
癸卯停郡縣差丁白直課錢六月勅三伏內令宰相辰時還宅秋七
月丙子韋堅爲李林甫所構配流臨封郡賜死堅妹皇太子妃聽離
堅外甥嗣薛王瑱貶夷陵郡別駕女壻巴陵太守盧幼臨長流合浦
郡太子少保李適之貶宜春太守到任飲藥死八月以戶部侍郎郭
虛已爲御史大夫劍南節度使九月壬子於太清宮刻石爲李林甫
陳希烈像侍於聖容之側冬十月丁酉幸温泉宮改臨淄郡爲濟南
郡十一月己巳還京十二月辛未贊善大夫杜有鄰著作郎王曾左
驍衛兵曹柳勣等爲李林甫所構並下獄死
六載正月辛巳朔北海太守李邕淄川太守裴敦復並以事連王曾
柳勣遣使就殺之丁亥親享太廟戊子親祀圜丘禮畢大赦天下除
絞斬刑但決重杖於京城置三皇五帝廟以時享祭其章懷節愍惠

莊惠文惠宣等太子宜與隱太子懿德太子同爲一廟每日立杖食
及設杖於庭此後並宜停廢五嶽既已封王四瀆當昇公位封河瀆
爲靈源公濟瀆爲清源公江瀆爲廣源公淮瀆爲長源公三月戊戌
南海太守彭果坐贓決杖長流溱溪郡死于路夏四月戊午門下侍
郎陳希烈爲左相兼兵部尚書癸酉復置軍器監自五月不雨至秋
七月乙酉以旱命宰相臺寺府縣錄繫囚死罪決杖配流徒已下特
免庚寅始雨冬十月戊申幸温泉宮改爲華清宮十一月乙亥戶部
侍郎楊愼矜及兄少府少監愼餘與弟洛陽令愼名並爲李林甫及
御史中丞王鉷所構下獄死十二月丙辰工部尚書陸景融卒壬戌
還京
七載春正月己卯禮部尚書席豫卒己亥韋縚奏御案褥袱帷等望
去紫用赤黃從之三月乙酉大同殿柱產玉芝有神光照殿羣臣請
加皇帝尊號曰開元天寶聖文神武應道許之夏四月辛丑以高力
士爲驃騎大將軍五月壬午上御興慶宮受冊徽號大赦天下百姓

免來載租庸三皇以前帝王京城置廟以時致祭其歷代帝王肇跡
之處未有祠宇者所在各置一廟忠臣義士孝婦烈女德行彌高者
亦置祠宇致祭賜酺三日六月范陽節度使安祿山賜實封及鐵券
秋八月己亥朔改千秋節爲天長節壬子改萬年縣爲咸寧縣冬十
月庚午幸華清宮封貴妃姊二人爲韓國虢國夫人十二月戊戌言
玄元皇帝見于華清宮之朝元閣乃改爲降聖閣改會昌縣爲昭應
縣會昌山爲昭應山封山神爲玄德公仍立祠宇辛酉還京
八載春正月甲申賜京官絹備春時遊賞二月戊申引百官於左藏
庫縱觀錢幣賜絹而歸三月朔方節度使張降丘於東受降城北築
橫塞城夏四月咸寧太守趙奉璋決杖而死著作郎韋子春貶端溪
尉李林甫陷之也幸華清宮觀風樓五月辛巳於開遠門外作振旅
亭戊子南海太守劉巨鱗坐贓決死之六月大同殿又產玉芝一莖
隴右節度使哥舒翰攻吐蕃石堡城拔之閏月己丑改石堡城爲神
武軍劍南索磨川新置都護府宜以保寧爲名丙寅上親謁太清宮

冊聖祖玄元皇帝尊號爲聖祖大道玄元皇帝高祖太宗高宗中宗
睿宗五帝皆加大聖皇帝之字太穆文德則天和思昭皇后皆加順
聖皇后之字羣臣上皇帝尊號爲開元天寶聖文神武應道皇帝丁
卯上御含元殿受冊大赦天下自今後每至禘祫並於太清宮聖祖
前序昭穆初太白山人李渾言太白山金星洞有帝福壽玉版石記
求得之乃封太白山爲神應公金星洞爲嘉祥公所管華陽縣爲貞
符縣戊辰太子太師徐國公蕭嵩薨丁亥南衙立仗馬宜停省進馬
官秋八月戊子郡別駕宜停下郡置長史冬十月丙寅幸華清宮十
一月丁巳幸御史中丞楊釗莊
九載春正月庚寅朔與歲次同始受朝於華清宮己亥還京庚戌羣
臣請封西嶽從之二月壬午御史中丞宋渾坐贓及姦長流高要郡
三月庚戌改勳使爲獻納辛亥西嶽廟災時久旱制停封西嶽夏五
月庚寅以旱録囚徒乙卯安禄山進封東平郡王節度使封王自此
始也秋七月己亥國子監置廣文館徙生徒爲進士業者九月乙卯

唐紀九　　九

○處士崔昌上五行應運曆以國家合承周漢請廢周隋不合爲二王
後冬十一月庚寅幸華清宮己丑制自今告獻太清宮及太廟改爲
朝獻巡陵爲朝拜告宗廟爲奏天地享祀文改昭告爲昭薦以告者
臨下之義故也辛卯幸楊國忠亭子辛丑立周武王漢高祖廟於京
城司置官吏十二月乙亥還京
十載春正月乙酉朔壬辰朝獻太清宮癸巳朝饗太廟甲午有事于
南郊合祭天地禮畢大赦天下太廟置內官供洒掃諸陵廟己亥改
傳國寶爲承天大寶丁未李林甫領安北副大都護朔方節度使庚
戌大風陝郡運船失火燒米船二百餘隻人死者五百計癸丑分遣
嗣吳王祗等十三人祭嶽瀆海鎮二月丁巳安禄山兼雲中太守河
東節度使夏四月劒南節度使鮮于仲通將兵六萬討雲南與雲南
王閤羅鳳戰于瀘川官軍大敗死於瀘水者不可勝數五月丁亥改
諸衛幡旗緋色者爲赤黃以符土運秋八月乙卯廣陵郡大風潮水
覆船數千艘丙辰京城武庫災燒器械四十七萬事是秋霖雨積旬

牆屋多壞西京尤甚冬十月辛亥幸華清宮十一月乙未幸楊國忠
宅丙午兵部侍郎兼御史中丞楊國忠兼領劒南節度使
十一載春正月辛亥還京二月癸酉禁惡錢官出好錢以易之旣而
商旅不便訴於國忠乃止之三月朔方節度副使奉信王阿布思與
安禄山同討契丹布思與禄山不協乃率其部下叛歸漢地丙午制
今後每月朔望宜令薦食於太廟每室一牙盤仍五日一開室門洒
掃改吏部爲文部兵部爲武部刑部爲憲部其部內諸司有部字者
並改將作大匠少匠爲大少二監夏四月御史大夫兼京兆尹王鉷
賜死坐弟銲與兇人邢縡謀逆故也楊國忠兼京兆尹五月戊申慶
王琮薨贈靖德太子六月戊子東京大風拔樹發屋八月己丑幸左
藏庫賜羣臣帛有差九月甲寅改諸衛士爲武士冬十月戊寅幸華
清宮十一月乙卯尚書左僕射兼右相晉國公李林甫薨於行在所
庚申御史大夫兼蜀郡長史楊國忠爲右相兼文部尚書十二月甲
戌楊國忠奏請兩京選人銓日便定流放無長名己亥還京

唐紀九　　十

○十二載春正月壬子楊國忠於尚書省注官注訖於都堂對左相與
諸司長官唱名二月庚辰選人鄭對等二十餘人以國忠銓注無滯
設齋於勤政殿下立碑於尚書省門癸未追削故右相李林甫在身
官爵男將作監岫宗黨李復道等五十人皆流貶國忠誣奏林甫陰
結叛胡阿布思故也夏五月乙酉以魏周隋依舊爲三恪及二王後
復封韓介酅等公辛亥太廟諸陵署依舊隸太常寺七月壬子天下
齊人不得鄉貢須補國子學生然後貢舉八月京城霖雨米貴令出
太倉米十萬石減價糶與貧人仍令中書門下就京兆大理疏決囚
徒九月己亥朔隴右節度使涼國公哥舒翰進封西平郡王食實封
五百戸冬十月戊申幸華清宮和雇京城丁戸一萬三千人築興慶
宮牆起樓觀至十二月改橫窋城爲天德軍庚寅行從官憲部尚書
張筠等請上尊號爲開元天地大寶聖文神武孝德證道皇帝
十三載春正月丁酉朔上御華清宮之觀風樓受朝賀己亥安慶緒
獻俘于行在帝引見於禁中嘗賜鉅萬乙巳加安禄山尚書左僕射賜

實封千戶奴婢十房莊宅各一區又加閑廄五坊宮苑隴右羣牧都使以武部侍郎吉溫爲副丙午還京二月癸酉上親朝獻太清宮上玄元皇帝尊號曰大聖祖高上大道金闕玄元太皇大帝甲戌親饗太廟上高祖神堯大聖大光孝皇帝太宗謚曰太宗文武大聖大廣孝皇帝高宗謚曰高宗天皇大聖大弘孝皇帝中宗謚曰中宗太和大聖大昭孝皇帝睿宗謚曰睿宗玄眞大聖興孝皇帝乙亥御興慶殿受徽號禮畢大赦天下左降官遭父母憂放歸獻陵等五署改爲臺令丞各升一階文武三品巳上賜爵一級四品巳下加一階賜酺三日戊寅右相兼文部尚書楊國忠守司空餘如故甲申司空楊國忠受冊天雨黃土霑於朝服祿山奏前後討契丹立功將士跳盪等請超三資告身仍望好寫於是超授將軍者五百餘人中將者二千餘人三月丁酉太常卿張垍貶盧溪郡司馬垍兄憲部尚書均貶建安太守丙午御躍龍殿門張樂宴羣臣賜右相絹一千五百疋綵羅三百疋綵綾五百疋左相絹三百疋綵羅綾各五十疋餘三品八十

○疋四品五品六十疋六品七品四十疋極歡而罷壬戌御勤政樓大酺北庭都護程千里生擒阿布思獻于樓下斬之於朱雀街乙丑左羽林上將軍封常清權北庭都護伊西節度使萬春公主出降楊朏夏五月熒惑守心五十餘日六月乙丑朔日有蝕之不盡如鉤侍御史劍南留後李宓率兵擊雲南蠻於西洱河糧盡軍旋馬足陷橋爲閤羅鳳所擒舉軍皆沒廢濟陽郡以所領五縣隷東平郡秋八月丁亥以久雨左相許國公陳希烈爲太子太師罷知政事文部侍郞韋見素爲武部尚書同中書門下平章事是秋霖雨積六十餘日京城垣屋頹壞殆盡物價暴貴人多乏食令出太倉米一百萬石開十塲賤糶以濟貧民東都瀍洛暴漲漂沒一十九坊上御勤政樓試四科制舉人策外加詩賦各一首制舉加詩賦自此始也冬十月壬寅幸華清宮貶河東太守韋陟爲桂嶺尉武部侍郎吉溫爲澧陽郡長史乙巳開府儀同三司畢國公竇璵薨戊午還京其載戶部計今年見管州縣戶口管郡揔三百二十一縣一千五百三十八鄕一萬六千八百二十九戶九百六十一萬九千二百五十四三百八十八萬六千五百四不課五百三十萬一千四十四課口五千二百八十八萬四百八十八四千五百二十一萬八千四百八十不課七百六十六萬二千八百課

十四載春三月丙寅宴羣臣於勤政樓奏九部樂上賦詩敩栢梁體癸未遣給事中裴士淹等廵撫河南河北淮南等道八月壬辰上親録囚徒冬十月壬辰幸華清宮甲午頒御注老子并義疏於天下十一月戊午朔始寧太守羅希奭以停止張博濟決杖而死吉溫自縊於獄丙寅范陽節度使安祿山率蕃漢之兵十餘萬自幽州南向詣闕以誅楊國忠爲名先殺太原尹楊光翽於博陵郡壬申聞於行在所癸酉以郭子儀爲靈武太守朔方節度使封常清自安西入奏至行在甲戌以常清爲范陽平盧節度使兼御史大夫令募兵三萬以禦逆胡戊寅還京以羽林大將軍王承業爲太原尹以衛尉卿張介然爲陳留太守河南節度採訪使以金吾將軍程千里爲潞州長史

○並令討賊甲申以京兆牧榮王琬爲元帥命高仙芝副之於京城召募號曰天武軍其衆十萬丙戌高仙芝等進軍上御勤政樓送之十二月丙戌朔祿山於靈昌郡度河辛卯陷陳留郡殺張介然甲午陷滎陽郡殺太守崔無詖丙申封常清與賊戰于成皐甖子谷官軍敗績常清奔於陝郡丁酉祿山陷東京殺留守李憕中丞盧奕判官蔣清時高仙芝鎭陝郡棄城西保潼關常山太守顏杲卿與長史袁履謙賈深等殺賊將李欽湊執賊將何千年高邈送京師辛丑詔皇太子統兵東討以永王璘爲山南節度使以江陵長史源洧副之潁王璬爲劍南節度使以蜀郡長史崔圓副之二王不出閤丙午斬封常清高仙芝于潼關以哥舒翰爲太子先鋒兵馬元帥領河隴兵募守潼關以拒之辛亥榮王琬薨贈靖恭太子

十五載春正月乙卯御宣政殿受朝其日祿山僭號於東京庚申以李光弼爲雲中太守河東節度使壬戌賊將蔡希德陷常山郡執太守顏杲卿長史袁履謙殺民吏萬餘城中流血甲子哥舒翰進位尚

書左僕射同中書門下平章事乙丑賊將安慶緒犯潼關哥舒翰擊退之乙巳加平原太守顏真卿戶部侍郎奬守城也二月丙戌李光弼郭子儀將兵東出井陘與賊將史思明戰大破之進取郡縣十餘丙辰誅工部尚書安思順三月壬午朔以河東節度使李光弼爲御史大夫范陽節度使乙酉以平原太守顏真卿爲河北採訪使己亥改常山郡爲平山郡房山縣爲平山縣鹿泉縣爲獲鹿縣鹿城縣爲東鹿縣夏四月丙午以贊善大夫來瑱爲潁川太守招討使五月戊午南陽太守魯炅與賊將武令珣戰于滍水上官軍大敗爲賊所虜進寇我南陽詔嗣虢王巨自藍田出師救南陽六月癸未朔顏真卿破賊將袁知泰於堂邑北海太守賀蘭進明收信都庚寅哥舒翰將兵八萬與賊將崔乾祐戰于靈寶西原官軍大敗死者十六七其日李光弼與賊將史思明戰于常山東嘉山大破之斬獲數萬計辛卯哥舒翰至潼關爲其帳下火拔歸仁以左右數十騎執之降賊關門不守京師大駭河東華陰上洛等郡皆委城而走甲午將謀幸蜀乃

○下詔親征仗下從士庶恐駭奔走于路乙未凌晨自延秋門出微雨霑濕扈從惟宰相楊國忠韋見素內侍高力士及太子親王妃主皇孫已下多從之不及平明渡便橋國忠欲斷橋上曰後來者何以能濟命緩之辰時至咸陽望賢驛置頓官吏駭散無復儲供上憩於宮門之樹下亭午未進食俄有父老獻麨上謂之曰如何得飯於是百姓獻食相繼俄又尚食持御膳至上須給從官而後食是夕次金城縣官吏已遁令魏方進男允招誘俄得智藏寺僧進蒭粟行從方給丙辰次馬嵬驛諸衞頓軍不進龍武大將軍陳玄禮奏曰逆胡指闕以誅國忠爲名然中外羣情不無嫌怨今國步艱阻乘輿震蕩陛下宜徇羣情爲社稷大計國忠之徒可置之于法會吐蕃使二十一人遮國忠告訴於驛門衆呼曰楊國忠連蕃人謀逆兵士圍驛四合乃誅楊國忠衆方退一族兵猶未解上令高力士詰之迴奏曰諸將既誅國忠以貴妃在宮人情恐懼上即命力士賜貴妃自盡玄禮等見上請罪命釋之丁酉將發馬嵬驛朝臣惟韋見素一人乃命見素子

京兆府司録諤爲御史中丞充置頓使議其所向軍士或言河隴或言靈武太原或言還京爲便韋諤曰還京須有捍賊之備兵馬未集恐非萬全不如且幸扶風徐圖所向上詢于衆咸以爲然及行百姓遮路乞留皇太子願勠力破賊收復京城因留太子戊戌次扶風縣己亥次扶風郡軍士各懷去就咸出醜言陳玄禮不能制會益州貢春綵十萬匹上悉命置于庭召諸將諭之曰卿等國家功臣陳力久矣朕之優獎常亦不輕逆胡背恩事須迴避甚知卿等不得別父母妻子朕亦不及親辭九廟言發涕流又曰朕須幸蜀路險狹人若多往恐難供承今有此綵卿等即宜分取各圖去就朕自有子弟中官相隨便與卿等訣別衆咸俯伏涕泣曰死生願從陛下上曰去住任卿自此悖亂之言稍息庚子以司勳郎中劍南節度留後崔圓爲蜀郡長史劍南節度副大使以潁王璬爲劍南節度大使以監察御史宋若思爲御史中丞充置頓使韋諤充巡閣道使並令先發辛丑發扶風郡是夕次陳倉壬寅次散關分部下爲六軍潁王璬先行壽王

○瑁等分統六軍前後左右相次丙午河池郡崔圓奏劍南歲稔民安儲供無闕上大悅授圓中書侍郎同中書門下平章事蜀郡長史劍南節度如故以前華州刺史魏犀爲梁州長史秋七月癸丑朔壬戌次益昌縣渡吉柏江有雙魚夾舟而躍議者以爲龍甲子次普安郡憲部侍郎房琯自後至上與語甚悅即日拜爲吏部尚書同中書門下平章事丁卯詔以皇太子諱充天下兵馬元帥都統朔方河東河北平盧等節度兵馬收復兩京永王璘江陵府都督統山南東路黔中江南西路等節度大使盛王琦廣陵郡大都督統江南東路淮南河南等路節度大使豐王珙武威郡都督領河西隴右安西北庭等路節度大使初京師陷賊車駕倉皇出幸人未知所向衆心震駭及聞是詔遠近相慶咸思効忠於興復庚午次巴西郡太守崔渙奉迎即日以渙爲門下侍郎同中書門下平章事以韋見素爲左相庚辰車駕至蜀郡扈從官吏軍士到者一千三百人宮女二十四人而已八月癸未朔御蜀都府衙宣詔曰朕以薄德嗣守神器每乾乾惕厲

勤念生靈一物失所無忘罪己聿來四紀人亦小康推心于人不疑于物而姦臣兇豎棄義背恩割剝黎元擾亂區夏皆朕不明之過也今巡撫巴蜀訓厲師徒仍令太子諸王蒐兵重鎮誅夷兇醜以謝昊穹思與羣臣重弘理道可大赦天下癸巳靈武使至始知皇太子即位丁酉上用靈武冊稱上皇詔稱誥巳亥上皇臨軒冊肅宗命宰臣韋見素房琯使靈武冊命曰朕稱太上皇軍國大事先取皇帝處分後奏朕知候克復兩京朕當怡神姑射偃息大庭明年九月郭子儀收復兩京十月肅宗遣中使啖廷瑤入蜀奉迎丁卯上皇發蜀郡十一月丙申次鳳翔郡肅宗遣精騎三千至扶風迎衛十二月丙午肅宗具法駕至咸陽望賢驛迎奉上皇御宮之南樓肅宗拜慶樓下嗚咽流涕不自勝爲上皇徒步控轡上皇撫背止之即騎馬前導丁未至京師文武百寮京城士庶夾道歡呼靡不流涕即日御大明宮之含元殿見百寮上皇親自撫問人人感咽時太廟爲賊所焚權移神主於大內長安殿上皇謁廟請罪遂幸興慶宮三載二月肅宗與羣

○臣奉上皇尊號曰太上至道聖皇帝乾元三年七月丁未移幸西內之甘露殿時閹宦李輔國離間肅宗故移居西內高力士陳玄禮等遷謫上皇寖不自懌上元二年四月甲寅崩于神龍殿時年七十八羣臣上謚曰至道大聖大明孝皇帝廟號玄宗初上皇親拜五陵至橋陵見金粟山崗有龍盤鳳翥之勢復近先塋謂侍臣曰吾千秋後宜葬此地得奉先陵不忘孝敬矣至是追奉先旨以創寢園以廣德元年三月辛酉葬于泰陵

史臣曰孔子稱王者必世而後仁李氏自武后移國三十餘年朝廷罕有正人附麗無非險輩持苞苴而請謁奔走權門效鷹犬以飛馳中傷端士以致斲喪王室屠害宗枝骨鯁大臣屢遭誣陷舞文酷吏坐致顯榮禮儀無復興行刑政壞於犬馬端揆出阿黨之語冕旒有和事之名朋比成風廉耻都盡我開元之有天下也糺之以典刑明之以禮樂愛之以慈儉律之以軌儀黜前朝徼倖之臣杜其姦也焚後庭珠翠之玩戒其奢也禁女樂而出宮嬪明其教也賜酺賞而放哇淫懼其荒也叙友于而敦骨肉厚其俗也蒐兵而責帥明軍法也朝集而計最校吏能也廟堂之上無非經濟之才表著之中皆得論思之士而又旁求宏碩講道藝文昌言嘉謨日聞於獻納長轡遠馭志在於昇平貞觀之風一朝復振于斯時也烽燧不驚華戎同軌西蕃君長越繩橋而競款玉關北狄酋渠捐毳幕而爭趨鴈塞象郡炎州之玩雞林鯷海之珍莫不結轍於象胥駢羅於典屬膜拜丹墀之下夷歌立伏之前可謂冠帶百蠻車書萬里天子乃覽雲臺之義草泥金之札然後封日觀禪雲亭訪道於穆清怡神於玄牝與民休息比屋可封於時垂髫之倪皆知禮讓戴白之老不識兵戈虜不敢乘月犯邊士不敢彎弓報怨康哉之頌溢于八紘所謂世而後仁見於開元者矣年踰三紀可謂太平於戲國無賢臣聖亦難理山有猛虎獸不敢窺得人者昌信不虛語昔齊桓公行同禽獸不失霸主之名梁武帝靜比桑門竟被臺城之酷蓋得管仲則淫不害霸任朱异則善不救亡開元之初賢臣當國四門俱穆百度唯貞而釋老之流頗

○以無爲請見上乃務清淨事薰修留連軒后之文舞詠伯陽之說雖稍移於勤倦亦未至於怠荒俄而朝野怨咨政刑紕繆何哉用人之失也自天寶已還小人道長如山有朽壤雖大必虧木有蠹蟲其榮易落以百口百心之讒諂蔽兩目兩耳之聰明苟非鐵腸石心安得不惑而獻可替否靡闕姚宋之言妬賢害功但有甫忠之奏豪猾因茲而睥睨明哲於是乎卷懷故祿山之徒得行其爲厲階之作匪降自天謀之不臧前功併棄惜哉

贊曰開元握圖永鑒前車景氣融朗昏氛滌除政纔勤倦妖集廷除先民之言靡不有初

唐書本紀卷第九

劉　昫　等修

聞人詮校刻沈桐同校

肅宗

肅宗文明武德大聖大宣孝皇帝諱亨玄宗第三子母曰元獻皇后楊氏景雲二年乙亥生初名嗣昇二歲封陝王五歲拜安西大都護河西四鎮諸蕃落大使上仁愛英悟得之天然及長聰敏強記屬辭典麗耳目之所聽覽不復遺忘開元十五年正月封忠王改名浚五月領朔方大使單于大都護十八年奚契丹犯塞以上爲河北道元帥信安王禕爲副帥御史大夫李朝隱京兆尹裴伷先等八人總管兵以討之仍命百寮設次於光順門與上相見左丞相張說退謂學士孫逖韋述曰嘗見太宗寫真圖忠王英姿穎發儀表非常雅類聖祖此社稷之福也二十年諸將大破奚契丹以上遙統之功加司徒二十三年改名璵二十五年皇太子瑛得罪二十六年六月庚子立上

○爲皇太子改名紹後有言事者云紹與宋太子名同改今名初太子瑛得罪上召李林甫議立儲貳時壽王瑁母武惠妃方承恩寵林甫希旨以瑁對及立上爲太子林甫懼不利已乃起韋堅柳勣之獄上幾危者數四後又楊國忠依倚妃家恣爲褻穢懼上英武潛謀不利爲患久之天寶十三載正月安祿山來朝上嘗密奏云祿山有反相玄宗不聽十四載十一月祿山果叛稱兵詣闕十二月丁未陷東京辛丑制太子監國仍遣上親總諸軍進討時祿山以誅楊國忠爲名由是軍民切齒於楊氏國忠懼乃與貴妃謀間其事上遂不行乃召河西節度使哥舒翰爲皇太子前鋒兵馬元帥令率衆二十萬守潼關明年六月哥舒翰爲賊所敗關門不守國忠諷玄宗幸蜀丁酉至馬嵬頓六軍不進請誅楊氏於是誅國忠賜貴妃自盡車駕將發留上在後宣諭百姓衆泣而言曰逆胡背恩主上播越臣等生於聖代世爲唐民願戮力一心爲國討賊請從太子收復長安玄宗聞之曰此天啓也乃令高力士與壽王瑁送太子内人及服御等物留後軍

廄馬從上令力士口宣曰汝好去百姓屬望慎勿違之莫以吾爲意且西戎北狄吾嘗厚之今國步艱難必得其用汝其勉之上迴至渭北便橋已斷水暴張無舟楫上號令水濱百姓歸者三千餘人渭水可涉又遇潼關散卒誤以爲賊與之戰士衆多傷乃收其餘衆北上軍既濟其後皆溺上喜以爲天之佑時從上惟廣平建寧二王及四軍將士纔二千人自奉天而北夕次永壽百姓遮道獻牛酒有白雲起西北長數丈如樓閣之狀議者以爲天子之氣戊戌至新平郡時晝夜奔馳三百餘里士衆器械亡失過半所存之衆不過一旅己亥至安定郡斬新平太守薛羽保定太守徐瑴以其弃郡也庚子至烏氏驛彭原太守李遵謁見率兵士奉迎仍進衣服糧糗上至彭原又募得甲士四百率私馬以助軍辛丑至平涼郡蒐閱監牧公私馬得數萬疋官軍益振時賊據長安知上治兵河西三輔百姓皆曰吾太子大軍即至賊望西北塵起有時奔走戊申扶風人康景龍殺賊宣慰使薛總等二百餘人陳倉令薛景仙率衆收扶風郡守之由是關

○輔豪右皆謀殺賊賊故不敢侵軼上在平涼數日之間未知所適會朔方留後杜鴻漸魏少遊崔漪等遣判官李涵奉牋迎上備陳兵馬招集之勢倉儲庫甲之數上大悅鴻漸又發朔方步騎數千人於白草頓奉迎時河西行軍司馬裴冕新授御史大夫赴闕遇上於平涼亦勸上治兵於靈武以圖進取上然之上初發平涼有彩雲浮空白鶴前引出軍之後有黃龍自上所憩屋騰空而去上行至豐寧南見黃河天塹之固欲整軍北渡以保豐寧忽大風飛沙跬步之間不辨人物及迴軍趨靈武風沙頓止天地廓清七月辛酉上至靈武時魏少遊預備供帳無不畢備裴冕杜鴻漸等從容進曰今寇逆亂常毒流函谷主上倦勤大位移幸蜀川江山阻險奏請路絕宗社神器須有所歸萬姓顒顒思崇明聖天意人事不可固違伏願殿下順其樂推以安社稷王者之大孝也上曰俟平寇逆奉迎鑾輿從容儲闈侍膳左右豈不樂哉公等何急也冕等凡六上牋辭情激切上不獲已乃從是月甲子上即皇帝位於靈武禮畢冕等跪進曰自逆賊憑陵

兩京失守聖皇傳位陛下再安區宇臣稽首上千萬歲壽羣臣舞蹈稱萬歲上流涕歔欷感動左右即日奏其事於上皇是日御靈武南門下制曰朕聞聖人畏天命帝者奉天時知皇靈睠命不敢違而去之知曆數可歸不獲已而當之在昔帝王靡不由斯而有天下者也乃者羯胡亂常京闕失守天未悔禍羣兇尚扇聖皇久厭大位思傳眇身軍興之初已有成命予恐不德罔敢祗承今羣工卿士僉曰孝莫大於繼德功莫盛於中興朕所以治兵朔方將殄寇逆務以大者本其孝乎須安兆庶之心敬順羣臣之請乃以七月甲子即皇帝位於靈武敬崇徽號上尊聖皇曰上皇天帝所司擇日昭告上帝朕以薄德謬當重位既展承天之禮宜覃率土之澤可大赦天下改元曰至德內外文武官九品已上加兩階賜兩轉三品已上賜爵一級以朔方度支副使大理司直杜鴻漸爲兵部郎中朔方節度判官崔漪爲吏部郎中並知中書舍人以御史中丞裴冕爲中書侍郎同中書門下平章事河西兵馬使周佖爲河西節度使隴右兵馬使彭元曜

爲隴右節度使前蒲州刺史呂崇賁爲關內節度使兼順化郡太守以陳倉縣令薛景仙爲扶風太守以隴右節度使郭英乂爲天水郡太守改靈武郡爲大都督府上縣爲望中縣爲上丁卯逆胡害霍國長公主永王妃侯莫陳氏義王妃閻氏陳王妃韋氏信王妃任氏駙馬楊朏等八十餘人於崇仁之街甲戌賊黨同羅部五千餘人自西出降朔方軍己卯京兆尹崔光遠長安令蘇震等率府縣官吏大呼於西市殺賊數千級然後來赴行在詔改扶風爲鳳翔郡八月壬午朔方節度使郭子儀范陽節度李光弼破賊於常山郡之嘉山上以治兵收京城詔子儀等旋師子儀光弼率所統步騎五萬至自河北詔以子儀爲兵部尚書依前靈州大都督府長史光弼爲戶部尚書兼太原尹北京留守同中書門下平章事迴紇吐蕃遣使繼至請和親願助國討賊皆宴賜遣之是日上皇至成都大赦癸巳上所奉表始達成都丁酉上皇遜稱誥遣左相韋見素文部尚書房琯門下侍郎崔渙等奉冊書赴靈武九月壬辰上南幸彭原郡封故邠王守禮男承寀爲燉煌王令使迴紇和親冊迴紇可汗女爲毗伽公主仍令僕固懷恩送承寀至迴紇部內官邊令誠背上皇投賊至是復來見上命斬之丙子至順化郡韋見素房琯崔渙等自蜀郡賷上冊書及傳國寶等至己卯斬潼關敗將李承光於纛下十月辛巳朔日有蝕之既癸未彭原郡以軍興用度不足權賣官爵及度僧尼上素知房琯名至是琯請爲兵馬元帥收復兩京許之仍令兵部尚書王思禮爲副分兵爲三軍楊希文劉貴哲李光進等各將一軍其衆五萬辛丑琯與賊將安守忠戰于陳濤斜官軍敗績楊希文劉貴哲等降於賊琯亦奔還平原太守顏真卿以食盡援絕弃城渡河於是河北郡縣盡陷於賊十一月辛亥河西地震有聲圮裂廬舍張掖酒泉尤甚戊子迴紇引軍來赴難與郭子儀同破賊黨同羅部三千餘衆於河上詔宰相崔渙巡撫江南補授官吏十二月戊子以王思禮爲關內節度彭原郡百姓給復二載郡同六雄縣昇緊望以秦州都督郭英乂爲鳳翔太守諫議大夫高適爲廣陵長史淮南節度兼採訪使賊

將阿史那承慶攻陷穎川郡執太守薛愿長史龐堅甲辰江陵大都督府永王璘擅領舟師下廣陵

二載春正月庚戌朔上在彭原受朝賀是日通表入蜀賀上皇上皇在蜀每得上表疏訊其使者知上涕戀晨省乃下誥曰至和育物大孝安親古之哲王必由斯道朕往在春宮嘗事先后問安靡闕視膳無違及同氣天倫聯華棣萼居嘗共被食必分甘今皇帝奉而行之未嘗失墜每有銜命而來戒途將發必肅恭拜跪涕泗漣洏左右侍臣罔不感動間者抱戴赤雀白狼之瑞接武荐臻此皆皇帝聖敬之符孝友之感也故能誕敷德教橫于四海信可以光宅寰宇永綏黎元者哉其天下有至孝友悌行著鄉閭堪旌表者郡縣長官採聽聞奏庶孝子順孫沐于玄化也甲寅以襄陽太守李峘爲蜀郡長史劍南節度使將作少監魏仲犀爲襄陽山南道節度使永王傅劉彙爲丹陽太守兼防禦使以憲部尚書李麟同中書門下平章事上皇遣平章事崔圓奉誥赴彭原乙卯逆胡安祿山爲其子慶緒所殺辛酉

於江寧縣置金陵郡仍置軍分人以鎮之甲子幸保定郡丙寅武郡
九姓商胡安門物等叛殺節度使周佖判官崔稱率衆討平之是日
蜀郡健兒賈秀等五千人謀逆上皇御蜀郡南樓將軍席元慶等討
平之二月戊子幸鳳翔郡文城太守武威郡九姓齊莊破賊五千餘
衆上議大舉收復兩京盡括公私馬以助軍給事中李廙署云無馬
大夫崔光遠劾之貶廙江華太守節度使李光弼大破賊將蔡希德
之衆於城下斬虜七萬軍資器仗稱是朔方節度使郭子儀大破賊
將崔乾祐於潼關收河東郡永王璘兵敗奔於嶺外至大庾嶺爲洪
州刺史皇甫侁所殺三月癸亥河西自去冬地震至是方止辛酉以
左相韋見素平章事裴冕爲左右僕射並罷知政事以前憲部尚書
致仕苗晉卿爲左相吐蕃遣使和親遣給事中南巨川報命癸亥大
雨至癸酉不止詔疏理刑獄甲戌方止夏四月戊寅朔以郭子儀爲
司空兼副元帥統諸節度李光弼爲司徒乙酉太史奏歲星太白熒
惑集于東井五月癸丑郭子儀與賊將安守忠戰于清渠官軍敗績

○子儀退保武功丁巳房琯爲太子少師罷知政事以諫議大夫張鎬
爲中書侍郎同中書門下平章事以武部侍郎杜鴻漸爲河西節度
庚申詔追贈故妃楊氏爲元獻皇太后上母也甲子郭子儀以失律
讓司空許之七月庚戌夜蜀郡軍人郭千仞謀逆上皇御玄英樓節
度使李峘討平之丁巳賊將安武臣陷陝郡民無遺類八月甲申以
黃門侍郎崔渙爲餘杭太守江東採訪防禦使己丑以平章事張鎬
兼河南節度採訪處置等使靈昌太守許叔冀爲賊所攻援兵不至
拔衆投睢陽郡癸巳大閱諸軍上御城樓以觀之丁酉改雍縣爲鳳
翔縣陳倉爲寶雞縣閏八月辛未賊將寇鳳翔崔光遠行軍司馬王
伯倫判官李椿率衆捍賊賊退乘勝至中渭橋殺賊守橋衆千人追
擊入苑中時賊大軍屯武功聞之燒營而去伯倫與賊血戰而死李
椿力窮被執然自是賊不敢西侵九月丁丑上黨節度使程千里與
賊挑戰爲賊將蔡希德所擒燉煌王承寀自迴紇使還拜宗正卿納
迴紇公主爲妃迴紇封爲葉護持四節與迴紇葉護太子率兵四千

助國討賊葉護入見宴賜加等丁亥元帥廣平王統朔方安西迴紇
南蠻大食之衆二十萬東向討賊壬寅與賊將安守忠李歸仁等戰
于香積寺西北賊軍大敗斬首六萬級賊帥張通儒弃京城東走癸
卯廣平王收西京甲辰捷書至行在百寮稱賀即日告捷于蜀上皇
遣裴冕入京啓告郊廟社稷冬十月乙巳朔以崔光遠爲京兆尹詔
曰緣京城初收要安百姓又洒掃宮闕奉迎上皇以今月十九日還
京應緣供頓務從減省吐蕃寇陷西平郡癸丑賊將尹子奇陷睢陽害
張巡姚誾許遠賊自香積之敗悉衆保陝郡廣平王統郭子儀等進
攻與賊戰于陝西之新店賊衆大敗斬首十萬級橫屍三十里庚申
安慶緒與其黨奔河北壬戌廣平王入東京陳兵天津橋南士庶歡
呼路側陷賊官僞署侍中陳希烈中書令張垍等三百餘人素服待
罪癸亥上自鳳翔還京仍遣太子太師韋見素入蜀迎上皇鳳翔郡給復
五載丙寅至望賢宮得東京捷書至上大喜丁卯入長安士庶涕泣
拜忭曰不圖復見吾君上亦爲之感惻九廟爲賊所焚上素服哭於

○廟三日入居大明宮是日上皇發蜀郡己巳文武侍從官免冠徒跣
朝堂待罪禁之府獄命中丞崔器劾之迴紇葉護自東京還宴之于
宣政殿便辭還蕃乃封葉護爲忠義王約每年送絹二萬疋至朔方
王便交授十一月壬申朔上御丹鳳樓下制曰我國家出震乘乾六
極開統謳謌曆數啓聖千齡文物聲名握圖六葉安祿山夷羯賤類
粗立邊功遂肆兇殘變起倉卒而毒流四海塗炭萬靈朕興言痛憤
提戈問罪靈武聚一旅之衆至鳳翔合百萬之師親總元戎掃清妖
孽廣平王俶受委元帥能振天聲郭子儀決勝無前克成大業兼迴
紇葉護雲南子弟諸蕃兵馬力戰平兇勢若摧枯易同破竹朕早承
聖訓嘗讀禮經義切奉先恐不克荷今復宗廟於函洛迎上皇於巴
蜀導鑾輿而反正朝寢門而問安寰宇載寧朕願畢矣且復人將有
主敬當天地之心興豈在予實爲社稷之祐今兩京無虞三靈通慶
可以昭事宜在覃恩待上皇到日當取處分是時河南河東諸郡縣
皆平宮省門帶安字者改之僞御史大夫嚴莊來降新成九廟神主

上親告享十二月丙午上皇至自蜀上至望賢宮奉迎上皇御宮南樓上望樓辟易下馬趨進樓前再拜蹈舞稱慶上皇下樓上匍匐捧上皇足涕泗嗚咽不能自勝遂扶侍上皇御殿親自進食自御馬以進上皇上馬又躬攬轡而行止之後退上皇曰吾享國長久吾不知貴見吾子為天子吾知貴矣上乘馬前導自開遠門至丹鳳門旗幟燭天綵棚夾道士庶舞忭路側皆曰不圖今日再見二聖百寮班於含元殿庭上皇御殿左相苗晉卿率百辟稱賀人人無不感咽禮畢上皇詣長樂殿謁九廟神主即日幸興慶宮上請歸東宮上皇遣高力士再三慰譬而止受賊偽署左相陳希烈達奚珣等二百餘人並禁於楊國忠宅鞫問甲寅以左相苗晉卿為中書侍郎同中書門下平章事十二月戊午朔上御丹鳳門下制大赦蜀郡靈武元從功臣太子太師豳國公韋見素內侍齊國公高力士右龍武大將軍陳玄禮各加實封三百戶田長文張崇俊杜休祥各加二百戶右僕射裴冕冀國公殿中監李輔國成國公宗正卿李遵鄭國公兼進封邑廣平王俶封楚王加實封二千戶左僕射朔方節度郭子儀加司徒進封代國公實封一千戶兵馬使僕固懷恩封豐國公右金吾將軍李嗣業封虢國公司徒兼太原尹李光弼薊國公關內節度王思禮霍國公淮南節度來瑱潁國公南陽太守魯炅岐國公仍並加實封京兆尹崔光遠鄴國公開府李光進范陽郡公左相苗晉卿為侍中封韓國公憲部尚書平章事李麟褒國公中書侍郎崔圓為中書令趙國公中書侍郎張鎬南陽縣公近日所改百司額及郡名官名一依故事改蜀郡為南陽鳳翔府為西京西京改為中京蜀郡改為成都府鳳翔府官寮並同三京名號其李憕盧奕顏杲卿袁履謙許遠張巡張介然蔣清龐堅等即與追贈訪其子孫厚其官爵文武三品已上賜爵一級四品已下加一階賜酺五日進封南陽王係為趙王新城王僅為彭城王潁川王僩為兗王第七男侹為涇王第九男僙封襄王第十男佋封興王第十一男僖封杞王第十二男倜封定王甲子上皇御宣政殿授上傳國璽上於殿下涕泣而受之己丑賊將偽范陽節度使史思明以其兵衆八萬之籍與偽河東節度使高秀巖並表送降庚午制人臣之節有死無二為國之體叛而必誅況乎委質賊廷宴安逆命就受寵祿淹延歲時不顧恩義助其効用此其可宥法將何施達奚珣等或受任台輔位極人臣或累葉寵榮姻聯戚里或歷踐臺閣或職通中外夫以犬馬微賤之畜猶知戀主龜蛇蠢動之類皆能報恩豈曰人臣曾無感激自逆胡作亂傾覆邦家凡在黎元皆含怨憤殺身殉國者不可勝數此等黔首猶不背國恩受任於梟獍之間咨謀於豺虺之輩靜言此情何可放宥達奚珣等一十八人並宜處斬陳希烈等七人並賜自盡前大理卿張均特宜免死配流合浦郡是日斬達奚珣等於子城西南隅獨柳樹仍集百寮往觀之

三載正月甲戌朔戊寅上皇御宣政殿冊皇帝尊號曰光天文武大聖孝感皇帝上以徽號中有大聖二字上表固讓不允乙酉敕因亂所失庫物先差使搜檢如聞下吏因便擾人其搜檢使一切並停務令安輯內出宮女三千人庚寅大閱諸軍於含元殿庭上御棲鳳閣觀之庚子冊良娣張氏為淑妃二月癸卯朔賊將偽淄青節度能元皓以其地請降用為河北招討使并其子昱並授官爵乙巳上御興慶宮奉冊上皇徽號曰太上至道聖皇大帝丁未御明鳳門大赦天下改至德三載為乾元元年成都靈武扈從功臣三品已上與一子官五品已下與一子出身六品已下量與改轉死王事陷賊不受偽命而死者並與追贈陷賊官先推鞫者例減罪一等今後醫卜入仕者同明法例處分三月癸酉朔甲戌元帥楚王俶改封成王乙亥山南東道河南淮南江南皆置節度使辛卯以歲飢禁酤酒麥依常式太史監為司天臺取承寧坊張守珪宅置仍補官員六十人夏四月癸卯以太子少師嗣虢王巨為東京留守河南尹充京畿採訪處置使己酉冊淑妃張氏為皇后辛亥九廟成備法駕自長安殿迎九廟神主入新廟甲寅上親享九廟遂有事於圓丘即日還宮翌日御明鳳門大赦天下戊辰上進鍊石英金龜於興慶宮五月壬申朔迴紇

黑衣大食各遣使朝貢至閤門爭長詔其使合從左右門入壬午詔近緑狂冦亂常諸道分置節度盖揔管内徵發文牒往來仍加採訪轉滋煩擾其諸道先置採訪黜陟二使宜停癸未夜月掩心前星戊子以河南節度中書侍郎平章事張鎬爲荆州大都督府長史本州防禦使以禮部尚書崔光遠爲河南節度庚寅立成王俶爲皇太子以荆州長史季廣琛赴河南行營會計討賊於河北己未中書令崔圓爲太子少師刑部尚書同平章事李麟爲太子少傅並罷知政事以太常少卿知禮儀事王璵爲中書侍郎同中書門下平章事丙申燉煌王承寀薨六月辛丑朔吐火羅康國遣使朝貢己酉初置太一神壇於圓丘東是日命宰相王璵攝行祠事癸丑夜月入南斗魁戊午諸三司所推劾受賊僞官等恩澤頻加科條遞減原其事狀稍近平人所推問者並宜釋放秋七月辛未朔吐火羅葉護烏利多并九國首領來朝助國討賊上令赴朔方行營丙戌初鑄新錢文曰乾元重寶用一當十與開元通寶同行用丁亥制上皇第二女寧國公主出降迴紇英武威遠毗伽可汗八月壬寅以青徐等五州節度使季廣琛兼許州刺史河南節度使崔光遠兼汴州刺史以青州刺史許叔冀兼滑州刺史充青滑六州節度使甲辰上皇誕節上皇宴百官於金明門樓朔方節度使郭子儀河東節度使李光弼關内節度使王思禮來朝加子儀中書令光弼侍中思禮兵部尚書餘如故九月庚午朔右羽林大將軍趙泚爲蒲州刺史蒲同虢三州節度使貝州刺史能元皓爲齊州刺史齊兖鄆等州防禦使庚寅大舉討安慶緒於相州命朔方節度郭子儀河東節度李光弼關内潞州節度使王思禮淮西襄陽節度魯炅興平節度李奐滑濮節度許叔冀平盧兵馬使董秦北庭行營節度使李嗣業鄭蔡節度使季廣琛等九節度之師步騎二十萬以開府魚朝恩爲觀軍容使癸巳廣州奏大食國波斯國兵衆攻城刺史韋利見弃城而遁十月乙未以鳳翔尹李齊物爲刑部尚書以濮州刺史張方須爲廣州都督五府節度使郭子儀奏破賊十萬於衛州獲安慶緒弟慶和進收衛州甲寅上皇幸華清宮上送於灞上許叔冀奏衛州婦人侯四娘滑州婦人唐駟孃婦人王二娘相與歃血請赴行營討賊皆補果毅壬申王思禮破賊二萬於相州十一月丁丑郭子儀收魏州得僞署刺史蕭華於州獄詔復以華爲刺史是日上皇至自華清宮上迎於灞上上自控上皇馬轡百餘步詔止之乃已十二月癸卯以河南節度崔光遠爲魏州刺史追蕭華赴相州行營甲辰以昇州刺史韋黄裳爲蘇州刺史浙西節度使庚戌以戸部尚書李峘充淮南浙西觀察使處置節度使丙寅立春上御宣政殿讀時令常参官五品已上升殿序坐而聽之時王師圍相州慶緒食盡求於史思明率衆來援丁卯思明復陷魏州刺史崔光遠出奔

二年春正月己巳朔上御含元殿受尊號曰乾元大聖光天文武孝感皇帝是日史思明自稱燕王於魏州僭立年號丁丑上親祀九宮貴神齋宿於壇所戊寅有事於籍田上行九推禮官奏太過上曰朕勸農率下所恨不終于畝耳癸未夜月掩歲星乙丑以御史中丞崔寓都統浙江淮南節度處置使丙申開府儀同三司衛尉卿懷州北庭行營節度使虢國公李嗣業卒于相州行營庚子以太子少師崔圓充東京留守判尚書省事二月壬子望月蝕既百官請加皇后張氏尊號曰翊聖上以月蝕陰德不修而止貶東京留守嗣虢王巨以陝州刺史苛政也丙辰月犯心大星壬戌遣侍中苗晉卿王璵分錄囚徒三月丁卯朔己巳皇后祀先蠶於苑中壬申相州行營郭子儀等與賊史思明戰王師不利九節度兵潰子儀斷河陽橋以餘衆保東京辛卯以衛尉卿荔非元禮爲懷州刺史權鎮西北庭行營節度使以滑州刺史許叔冀充滑汴曹宋等州節度使以鄆州刺史尚衡爲徐州刺史充亳頴等州節度使甲午以兵部侍郎呂諲同中書門下平章事以太子賓客薛景仙爲鳳翔尹本府防禦使乙未侍中苗晉卿爲太子太傅平章事王璵爲刑部尚書並罷知政事以京兆尹李峴爲吏部尚書禮部侍郎李揆爲中書侍郎與戸部侍郎第五琦等並同中書門下平章事丙申以郭子儀爲東畿山東河南等道節

度防禦兵馬元帥兼東京留守判尚書省事以河西節度副使來瑱
爲陝州刺史充虢華節度潼關防禦團練等使四月丁酉朔王思禮
奏於潞城縣東直千嶺破賊萬人壬寅詔以寇孽未平務懷撝挹自
今以後朕常膳及服御等物並從節減諸作坊造坊並停比緣軍國
務殷或宣口勑處分今後非正宣並不得行用中外諸務各歸有司
英武軍及六軍諸使比因論竟便行追攝今後須經臺府如處斷不
平具狀聞奏自文武五品已上正官各舉賢良方正直言極諫一人
狂自封進兩省官十日一上封事御史臺欲彈事不須進狀仍服豸
冠殘妖未殄國步猶艱共體至公以康庶政朕推誠御物與衆共之
思與蒼生臻夫至道宣示中外知朕意焉甲辰以鄧州刺史魯炅爲
鄭州刺史充陳鄭潁亳節度使以徐州刺史尚衡爲青州刺史充青
淄密登萊沂海等州節度使以商州刺史興平軍節度李奐兼豫許
汝等州節度使乙巳第五琦依舊判度支租庸等使史思明僭號於
魏州貶李廣琛宣州刺史崔光遠爲太子少保癸亥以久旱徙市雩

祈雨五月辛巳貶宰相李峴蜀州刺史丁亥上御宣政殿試文經邦
國等四科舉人乃以汝州刺史劉展爲滑州刺史以平盧軍節度都
知兵馬使董秦爲濮州刺史六月乙未朔以右僕射裴冕爲御史大
夫成都尹持節充劍南節度副大使本道觀察使以邠州刺史房琯
爲太子賓客以饒州刺史顏眞卿爲昇州刺史充浙江西道節度使
己巳以明州刺史呂延之爲越州刺史充浙江東道節度使以右羽
林大將軍彭元曜爲鄭州刺史充陳鄭申光壽等州節度使秋七月
乙丑朔以禮部尚書韋陟充東京留守太子少傅兗國公李麟卒辛
巳制以趙王係爲天下兵馬元帥司空兼侍中李光弼爲副丁亥以
兵部尚書潞州大都督府長史潞沁節度霍國公王思禮兼太原尹
充北京留守河東節度副大使刑部尚書王璵爲蒲州刺史充蒲同
絳三州節度使八月乙亥襄州偏將康楚元逐刺史王政據城自守
丙辰寧國公主自迴紇還宮副元帥李光弼兼幽州大都督府長史
河北節度等使九月甲午襄州賊張嘉延襲破荆州澧朗復郢硤歸

等州官吏皆棄城奔竄戊辰新鑄大錢文如乾元重寶而重其輪用
一當五十以二十二斤成貫丁亥以太子少保崔光遠充荆襄等州
招討使右羽林大將軍王仲昇充申安沔等州節度使右羽林將軍
李抱眞爲鄭州刺史鄭陳潁亳四州節度使庚寅逆胡史思明陷洛
陽副元帥李光弼守河陽汝鄭滑等州陷賊冬十月丁酉制親征史
思明竟不行乙巳李光弼奏破賊於城下壬戌宰相呂諲起復依前
平章事十一月甲子朔商州刺史韋倫破康楚元荆襄平庚午戸部
侍郎同平章事第五琦貶忠州長史御史大夫賀蘭進明貶秦州司
馬十二月癸巳朔神策將軍衛伯玉破賊於陝東彊子坂甲寅以御
史大夫史翽爲襄州刺史充山南東道節度觀察處置等使
三年春正月癸亥朔辛巳李光弼進位太尉兼中書令餘如故以杭
州刺史侯令儀爲昇州刺史充浙江西道節度兼江寧軍使戊子以
朔方節度使郭子儀兼邠寧鄜坊兩道節度使二月癸巳朔以右丞
崔寓爲蒲州刺史充蒲同晉絳等州節度使庚戌第五琦除名長流

夷州癸丑以太子少保崔光遠爲鳳翔尹秦隴節度使三月壬申以
京兆尹李若幽爲成都尹劍南節度使甲申以蒲州爲河中府其州
縣官吏所置同京兆河南二府四月甲午李光弼奏破賊於懷州河
陽甲辰以禮部尚書東京留守韋陟爲吏部尚書太子賓客房琯爲
禮部尚書以太子賓客平章事張鎬爲左散騎常侍太子賓客崔渙
爲大理卿是歲饑米斗至一千五百文戊申襄州軍亂殺節度使史
翽部將張維瑾據州叛丁巳夜彗出東方在婁胃間長四尺許戊午以
右丞蕭華爲河中尹兼御史中丞充同晉絳等州節度觀察處置使
己未以陝州刺史來瑱爲襄州刺史充山南東道襄鄧等十州節度
觀察處置等使庚申以右羽林大將軍郭英乂爲陝州刺史陝西節
度潼關防禦等使閏四月辛酉朔彗出西方其長數丈壬戌以禮部
尚書房琯爲晉州刺史甲子制彭王僅充河西節度大使兗王僩北
庭節度大使涇王侹隴右節度大使杞王倕陝西節度大使興王佋
鳳翔節度大使蜀王傀邠寧節度大使並不出閤丁卯太原尹王思

禮進位司空甲戌天下兵馬元帥趙王係改封越王巳卯以星文變
異上御明鳳門大赦天下改乾元爲上元追封周太公望爲武成王
依文宣王例置廟時大霧自四月雨至閏月末不止米價翔貴人相
食餓死者委骸于路壬午以刑部尚書王璵爲太常卿右散騎常侍
韓擇木爲禮部尚書五月庚寅朔丙午以太子太傅韓國公苗晉卿
爲侍中壬子黃門侍郎同中書門下三品呂諲爲太子賓客罷知政
事癸丑以河南尹劉晏爲戶部侍郎勾當度支鑄錢鹽鐵等使是夜
月掩昴六月乙丑詔先鑄重稜錢一當五十宜減當三十文開元官
一當十七月巳丑朔丁未上皇自興慶宮移居西內丙辰開府高力
士配流巫州內侍王承恩流播州魏悅流溱州左龍武大將軍陳玄
禮致仕丙辰御史大夫崔器卒八月辛未吏部尚書韋陟卒丁丑以
太子賓客呂諲爲　州大都督府長史澧朗硤忠五州節度觀察處
置等使巳卯以將作監王昴爲河中尹本府晉絳等州節度使丁亥
贈故興王佋爲恭懿太子九月甲午以荊州爲南都州曰江陵府官

吏制置同京兆其蜀郡先爲南京宜復爲蜀郡十月壬申以廬州刺
史趙良弼爲越州刺史充浙江東道節度使青州刺史殷仲卿爲淄
州刺史淄沂滄德棣等州節度使甲申以兵部侍郎尚衡爲青州刺
史青登等州節度使十一月乙巳李光弼奏收懷州宋州刺史劉展
赴鎮揚州揚州長史鄧景山以兵拒之爲展所敗展進陷揚潤昇等
州十二月庚辰以右羽林軍大將軍李鼎爲鳳翔尹興鳳隴等州節
度使癸未夜歲星掩房
二年春正月丁亥朔辛卯溫州刺史季廣琛爲宣州刺史充浙江西
道節度使甲午上不康皇后張氏刺血寫佛經甲寅詔府縣御史臺
大理疏理繫囚死罪降從流流巳下並釋放乙卯平盧軍兵馬使田
神功生擒劉展揚潤平二月巳未党項寇寶雞入散關陷鳳州殺刺
史蕭㥄鳳翔李鼎邀擊之癸亥以鳳翔尹崔光遠爲成都尹劍南節
度度支營田觀察處置等使以太子詹事趙國公崔圓爲揚州大都
督府長史淮南節度觀察等使辛未夜月有蝕之既戊寅李光弼率

河陽之軍五萬與史思明之衆戰於北邙官軍敗績光弼僕固懷恩
走保聞喜魚朝恩衛伯玉走保陝州河陽懷州共陷賊京師戒嚴癸
未中書侍郎同中書門下三品李揆貶爲袁州長史以前河中尹蕭
華爲中書侍郎同平章事集賢殿崇文館大學士兼修國史三月甲
子史朝義率衆夜襲我陝州衛伯玉逆擊敗之戊戌史思明爲其子
朝義所殺李光弼以失律讓太尉中書令許之授侍中河中尹晉絳
等州節度觀察使夏四月乙亥朔嗣岐王珍得罪廢爲庶人於溱州
安置連坐竇如玢崔昌處斬駙馬都尉楊洄薛履謙賜自盡左散騎
常侍張鎬貶辰州司戶長任巳未以吏部侍郎裴遵慶爲黃門侍郎
同中書門下平章事青州刺史尚衡兗州刺史能元皓並奏破賊王
午梓州刺史段子璋叛襲破遂州殺刺史嗣虢王巨東川節度使李
奐戰敗奔成都五月甲午思明偽將滑州刺史令狐彰以滑州歸朝
授彰御史中丞依前滑州刺史滑魏德貝相六州節度使乙未劍南
節度使崔光遠率師與李奐擊敗段子璋於綿州擒子璋殺之綿州

平李光弼來朝進位太尉兼侍中充河南副元帥都統河南淮南山
南東道五道行營節度鎮臨淮北京留守司空太原尹河東節度
副大使霍國公王思禮卒辛丑以鴻臚卿趙國公管崇嗣爲太原尹
兼御史大夫充北京留守河東節度副大使壬子太子少傅宗正卿
李齊物卒六月癸丑朔巳卯以鳳翔尹李鼎爲鄯州刺史隴右節度
營田等使秋七月癸未朔日有蝕之既大星皆見甲辰延英殿御座
梁上生玉芝一莖三花上製玉靈芝詩八月癸丑朔以中官李輔國
守兵部尚書於尚書省上翰臣百官送之酺宴竟日自七月霖雨至
是方止牆宇多壞漉魚道中辛巳以殿中監李若幽爲戶部尚書充
朔方鎮西北庭陳鄭等州節度使鎮絳州賜名國禎九月壬午朔壬
辰以太子賓客集賢殿學士昌黎伯韓擇木爲禮部尚書壬寅制朕
獲守丕業敢忘謙冲欲垂範而自我亦去華而就實其乾元大聖光
天文武孝感等尊崇之稱何德以當之欽若昊天定時成歲春秋五
始義在體元惟以紀年更無潤色至于漢武飾以浮華非前王之茂

典豈未代而作則自今已後朕號唯稱皇帝其年號但稱元年去上
元之號其以今北庭路儀隰等州行營本管節度觀察等事移鎮絳
州壬申嗣寧王梀薨癸酉河南副元帥李光弼破賊於許州城下收
復許州建辰月庚辰朔壬午詔天下見禁繫囚無輕重一切釋放丙
戌夜月有白冠癸巳以襄州刺史來瑱爲安州刺史充淮西申安蘄
黃沔等十六州節度使甲午党項奴剌寇梁州刺史李勉弃郡走丙
申党項寇奉天上不康百寮於佛寺齋僧丁未詔左降官流人一切
放還戊申中書侍郎平章事徐國公蕭華爲禮部尚書罷知政事以
尚書戶部侍郎元載同中書門下平章事以禮部尚書韓擇木爲太
子太保建巳月庚戌朔壬子楚州刺史崔侁獻定國寶玉十三枚一
曰玄黃天符如笏長八寸闊三寸上圓下方近圓有孔黃玉也二曰
玉雞毛文悉備白玉也三曰穀璧白玉也徑可五六寸其文粟粒無
雕鐫之迹四曰西王母白環二枚白玉也徑六七寸五曰碧色寶圓
而有光六曰如意寶珠形圓如雞卵光如月七曰紅靺鞨大如巨栗
赤如櫻桃八曰琅玕珠二枚長一寸二分九曰玉玦形如玉環四分
缺一十曰玉印大如半手斜長理如鹿形陷入印中以印物則鹿形
著焉十一曰皇后採桑鉤長五六寸細如筯屈其末似真金又似銀
十二曰雷公石斧長四寸闊二寸無孔細緻如青玉十三寶置于日
中皆白氣連天侁表云楚州寺尼眞如者恍惚上昇見天帝帝授以
十三寶曰中國有災宜以第二寶鎭之甲寅太上至道聖皇天帝崩
於西內神龍殿上自仲春不豫聞上皇登遐不勝哀悸因茲大漸乙
丑詔皇太子監國又曰上天降寶獻自楚州因以體元叶乎五紀其
元年宜改爲寶應建巳月爲四月餘月並依常數仍依舊以正月一
日爲歲首丁卯宣遺詔是日上崩于長生殿年五十二羣臣上謚曰
文明武德大聖大宣孝皇帝廟號肅宗寶應二年三月庚午葬于建
陵

史臣曰臣每讀詩至許穆夫人閔宗國之顛覆周大夫傷宮室之黍
離其辭情於邑賦諭懃懇未嘗不廢書興嘆及覩天寶失馭流離奔

播又甚於詩人之於邑也當其戎羯負恩奄爲豨突豺豕遽興於轂
下胡越寧慮於舟中借人之戈持之反刺變生於不意也所幸太
王去國豳人不忘於周君新莽據圖黔首仍思於漢德是以宣皇帝
蒙六聖之遺業因百姓之樂推號令朔方旬日而車徒雲合旋師右
輔朞月而關隴砥平故兩都再復於鑾輿九廟復歆於黍稷觀其迎
上皇於蜀道陳拜慶於望賢父子於是感傷行路爲之隕涕昔太公
迎子或從家令之言而西伯事親靡忘寢門之問曾參孝已足以擬
倫然而道屈知幾志微遠略殘妖未殄宜先恢復之謀餘燼猶存何
暇昇平之禮方聽王璵伏奏輔國贊成紺轅躬籍于春郊翠幰先蠶
於繭館或御殿曉宣時令或登壇宿禮貴神禮即宜然時何暇給鍾
縣未移於簨簴思明已陷於洛陽是知祝史疇人安能及遠猶賴大
臣宣力諸將効忠旄頭終隕於三川杲日重明於六合比平王之遷
洛我則英雄論元帝之渡江彼誠幺麽寧親復國肅廟延休哉
贊曰犬羊犯順鑾輅播遷兇徒竟斃景祚重延星馳蜀道雨泣望賢
○孝宣之謚誰曰不然

唐書本紀卷第十

唐書本紀卷第十一

劉昫 等修

聞人詮校刊沈桐同校

代宗

代宗睿文孝武皇帝諱豫肅宗長子母曰章敬皇太后吳氏以開元十四年十二月十三日生于東都上陽宮初名俶年十五封廣平王玄宗諸孫百餘上為嫡皇孫宇量弘深寬而能斷喜懼不形於色仁孝溫恭動必由禮幼而好學尤專禮易玄宗鍾愛之祿山之亂京城陷賊從肅宗幸靈武以上為天下兵馬元帥時朝廷草創兵募寡弱上推心示信招懷流散比至彭原兵衆數萬及肅宗迴幸鳳翔時房琯郭子儀繼戰不利賊鋒方銳屢來寇襲上選求勇幹頻挫其鋒聖慮遑寧士心大振及師進討百官辭送步出闕門方始乘馬迴紇葉護王子率兵入助勇冠諸蕃上接以優恩結為兄弟故香積之戰賊徒大敗遂委西京而遁雖子儀嗣業之奮命由上恩信結於士心故人思自效既收京城令行禁止民庶按堵秋毫不犯耆老歡迎對之歔欷閭賊殘衆猶保陝郊即日長驅東趨號洛新店之後一戰大捷慶緒之黨十殲七八數旬之間河南底定兩都恢復二聖迴鑾統率之功推而不受肅宗還京大赦改封楚王乾元元年三月改封成王四月庚寅立為皇太子改名豫上元末年兩宮不豫太子往來侍疾躬嘗藥膳衣不解帶者久之及承監國之命流涕從之寶應元年四月肅宗大漸所幸張皇后無子后懼上功高難制陰引越王係於宮中將圖廢立乙丑皇后矯詔召太子中官李輔國程元振素知之乃勒兵於凌霄門俟太子至即衛從太子入飛龍廐以俟其變是夕勒兵於三殿收捕越王係及內官朱光輝馬英俊等禁錮之幽皇后於別殿丁卯肅宗崩元振等始迎上於九仙門見羣臣行監國之禮己巳即皇帝位於柩前甲戌詔國之大事戎馬為先朝有舊章親賢是屬故求諸必當用制於中權存乎至公豈懃於內舉特進奉節郡王适可天下兵馬元帥乙亥以兵部尚書判元帥行軍閑廐等使李

輔國進號尚父飛龍閑廐副使程元振為右監門將軍流宦官朱光輝啖庭瑤陳仙甫等於黔中五月己卯朔以李輔國為司空兼中書令餘如故辛卯制曰三年之喪天下達禮苟或變革何以教人朕遘此閔凶攀號罔極公卿固請俾聽朝務斬焉縗絰痛貫心靈豈可便議公除遽移諒闇昨見所司儀注今月十三日大祥十五日從吉仰憑遺制又欲抑予竊惟哀思深謂未可其百寮並以此釋服朕將繼武丁之道素冠之詩恭默再周不忍權奪凡庶在位宜悉哀懷宰臣苗晉卿等三十表請依遺制方聽政丙戌嗣魯王宇改封鄒王奉節郡王适進封魯王李光弼進封臨淮王貶禮部尚書蕭華為峽州司馬改行乾元錢重稜小錢一當二重稜大錢一當三丙申以戶部侍郎元載同中書門下平章事充度支轉運使改乾元大小錢並一當一丁酉御丹鳳樓大赦子儀光弼李光進諸道節度使並加實封四月十七日立功人並號寶應功臣內外文武官三品已上進爵四品已下加階諸州防禦使並停內外官三考一轉益昌郡王邈進封鄭王延慶郡王迥進封韓王故庶人皇后王氏故庶人太子瑛鄂王瑤光王琚並宜復封號棣王琰永王璘並與昭雪建昌王追封齊王崇恩王追封衞王靈昌王追封鄆王壬寅以來瑱復為襄州刺史山南東道節度使六月己酉朔百寮臨于西宮上不視朝自是每朔望皆如之迄于山陵凡人臣有事辭見先臨西宮然後詣朝改豫州為蔡州避上名也侍中苗晉卿以老疾請三日一入中書從之己未罷尚父李輔國判元帥行軍及兵部尚書閑廐節使輔國請遜位辛酉以輔國為博陵王罷中書令許朝朔望壬申以通州刺史劉晏為戶部侍郎兼御史大夫京兆尹充度支轉運鹽鐵諸道鑄錢等使秋七月己卯朔辛巳觀軍容使魚朝恩封馮翊郡開國公宦官程元振為鎮軍大將軍保定郡開國公乙酉貶襄州刺史裴義長流費州賜死於藍田驛庚寅詔不許匭使閱投匭人文狀賜道州司馬敬羽自盡來瑱自襄州來朝郭子儀自河中來朝八月己酉朔自七月不雨至此月癸丑方雨庚午夜西北有赤光亘天貫紫微漸移東北彌漫半天貶太

子少傅李遵為袁州刺史台州賊袁晁陷台州連陷浙東州縣九月
丁丑朔會王适改封雍王以山南東道節度使來瑱為兵部尚書同
中書門下平章事節度如故程元振進封邠國公丙申右僕射山陵
使裴冕貶施州刺史戊戌迴紇登里可汗率衆來助國討逆令御史
大夫尚衡宣慰之甲午太州至陝州二百餘里黃河清澄澈見底甲
午祕書監韓穎中書舍人劉烜配流嶺表尋賜死坐狎昵李輔國也
冬十月辛酉詔天下兵馬元帥雍王統河東朔方及諸道行營迴紇
等兵十餘萬討史朝義會軍於陝州加朔方行營節度使大寧郡王
僕固懷恩同中書門下平章事丁卯夜盜殺李輔國於其第竊首而
去戊辰元帥雍王率諸軍進發留郭英乂魚朝恩鎮陝州壬申王師
次洛陽北郊甲戌戰于橫水賊大敗俘斬六萬計史朝義奔冀州乙
亥雍王奏收東京河陽汴鄭滑相魏等州乙酉陝西節度使郭英乂
權知東京留守丁酉僞恒州節度使張忠志以趙定深恒易五州歸
順以忠志檢校禮部尚書恒州刺史充成德軍節度使賜姓名曰李

寶臣於是河北州郡悉平賊范陽尹李懷仙斬史朝義首來獻請降
十二月庚戌太子太師邠國公韋見素薨辛未僕固懷恩為尚書左
僕射兼中書令靈州大都督府長史河北副元帥邛州新置鎮南軍
是歲江東大疫死者過半吐蕃陷我臨洮秦成渭等州二年春正月
丁亥朔甲午戶部尚書兼御史大夫都統淮南節度觀察等使越國
公李峘卒國子祭酒兼御史大夫京兆尹劉晏為吏部尚書同中書
門下平章事度支諸使如故壬寅制開府儀同三司行兵部尚書同
中書門下平章事充山東道節度觀察處置等使上柱國穎國公來
瑱削在身官爵長流播州尋賜死于路閏月戊申以史朝義下降將
李寶臣為檢校禮部尚書兼御史大夫恒州刺史清河郡王充成德
軍節度使薛嵩為檢校刑部尚書相州刺史相衛等州節度使李懷
仙檢校兵部尚書兼侍中武威郡王幽州節度使田承嗣檢校戶部
尚書魏州刺史鴈門郡王魏博等州都防禦使二月甲午迴紇登里
可汗辭歸蕃三月甲辰朔襄州右兵馬使梁崇義殺大將李昭據城

自固乃授崇義襄州刺史山南東道節度使丁未袁傪破袁晁之衆
於浙東玄宗肅宗歸祔山陵自三月一日廢朝至於晦日百寮素服
詣延英門通名起居四月戊寅朔太州依舊為華州大陰縣為華陰
縣庚辰河南副元帥李光弼奏生擒袁晁浙東州縣盡平辛巳群臣
請上尊號五月癸卯朔丙寅尚書省試制舉人命左右丞侍郎對試
賜食如舊儀太常卿杜鴻漸奏婚葬合給鹵簿望於國立大功及二
等已上親則給餘不在給限從之六月癸酉朔癸未以陳鄭澤潞節
度使李抱玉檢校司空封武威郡王河中節度使王昻檢校刑部尚
書封邳國公同華節度使李懷讓檢校工部尚書同日入省宰相
送上甲申以前淮西節度使王仲昇為右羽林大將軍兼御史大夫
六軍將軍兼大夫自仲昇始也甲午觀軍容使魚朝恩自陝州入朝
上御達禮門命公卿百寮觀兵馬同華節度使李懷讓自殺為程元
振所構秋七月壬寅朔戊申群臣上尊號曰寶應元聖文武皇帝御
含元殿受冊壬子御宣政殿宣制改元曰廣德大赦天下常赦不原

者咸赦除之安祿山史思明親族應在諸道一切原免不問民戶三
丁免一丁庸租稅依舊每畝二升男子二十成丁五十八老元帥雍
王兼尚書令河北副元帥僕固懷恩加太保迴紇登里可汗進徽號
功臣皆賜鐵券藏名太廟畫像凌煙閣刺史縣令自今後改轉刺史
以三年為限縣令四年為限員外及攝試不得釐務丁巳僕固瑒兼
御史大夫充朔方行營節度是月吐蕃大寇河隴陷我秦成渭三州
入大震關陷蘭廓河鄯洮岷等州盜有隴右之地八月以荊南節度
使李峴為宗正卿九月壬戌朔僕固懷恩拒命於汾州遣宰臣裴遵
慶往宣撫之己丑吐蕃寇涇州刺史高暉以城降因為吐蕃鄉導冬
十月庚午朔辛未高暉引吐蕃犯京畿寇奉天武功盩厔等縣蕃軍
自司竹園渡渭循南山而東丙子駕幸陝州上出苑門射生將王獻
忠率四百騎叛脅豐王已下十王歸京從官多由南山諸谷赴行在
郭子儀收合散卒屯於商州丁丑次華州官吏藏竄無復儲擬會魚
朝恩領神策軍自陝來迎駕乃幸朝恩軍戊寅吐蕃入京師立廣武

王承宏爲帝仍逼前翰林學士于可封爲制封拜辛巳車駕至陝州子儀在商州會六軍使張知節烏崇福長孫全緒等率兵繼至軍威遂振舊將王甫誘聚京城惡少齊擊街鼓於朱雀街蕃軍震懾狼狽奔潰庚寅子儀收京城壬辰以宰臣元載判天下元帥行軍司馬京兆尹兼吏部侍郎嚴武爲黃門侍郎朗州刺史第五琦爲京兆尹兼御史大夫癸巳以郭子儀爲京留守高暉聞吐蕃潰以三百騎東奔至潼關爲關守李伯越所殺十一月辛丑朔太常博士柳伉上疏以蕃寇犯京師罪由程元振請斬之以謝天下上甚嘉納以元振有保護之功削在身官爵放歸田里十二月甲辰宦官市舶使呂太一逐廣南節度使張體縱下大掠廣州丁亥車駕發陝郡還京辛卯鄠州大風火發江中焚船三千艘焚居人廬舍二千家甲午上至自陝州乙未以侍中苗晉卿爲太保黃門侍郎同平章事裴遵慶爲太子少傅並罷知政事宗正卿梁國公李峴爲黃門侍郎同中書門下平章事丙申放廣武王承宏于華州一切不問丁酉朔方行營節度使僕固瑒爲帳下梟首來獻懷恩聞瑒死燒營遁入吐蕃朝臣稱賀上不悅曰朕之涼德信不及人致勳臣顛覆用增愧恧何至賀焉程元振自三原縣衣婦人服入京城京兆府擒之以聞乃下御史臺鞫問吐蕃陷松州維州雲山城籠城

二年春正月己亥朔壬寅御史臺以程元振獄狀聞配流溱州既行追念舊勳特矜遐裔令於江陵府安置甲辰復置京畿觀察使以御史中丞領之癸卯尚書右丞顏真卿爲刑部尚書兼御史大夫充朔方宣慰使癸亥吏部尚書同平章事度支轉運使劉晏爲太子賓客黃門侍郎同平章事李峴爲太子詹事並罷知政事以前右散騎常侍王縉爲黃門侍郎太常卿杜鴻漸爲兵部侍郎並同中書門下平章事罷度支使以戶部侍郎第五琦專判度支及諸道鹽鐵轉運鑄錢等使甲子元帥尚書令雍王三上章讓皇太子第五琦奏諸道置常平倉使司量置本錢和糴許之丁卯司徒兼中書令郭子儀充河東副元帥河中等處觀察兼雲州大都督單于鎮北大都護二月己巳朔冊天下兵馬元帥尚書令雍王适爲皇太子癸酉上親薦獻太清宮太廟乙亥祀昊天上帝於圓丘即日還宮戊寅以澧州刺史裴冕爲左僕射兼御史大夫充東都河南江南淮南轉運使己未第五琦開決汴河五月丁酉朔戊午勑中書門下兩省加置散騎常侍四員官爲正三品庚申罷歲貢孝悌力田童子等科甲子禁鈿作珠翠等委所司切加捉搦癸未制太保兼中書令靈州大都督府長史單于鎮北副大都護充朔方節度關內度支營田鹽池押諸蕃部落副大使知節度事六城水運使河北副元帥上柱國大寧郡王僕固懷恩先任靈州大都督府長史揮鎮北副元帥朔方節度使宜並停其太保兼尚書令大寧郡王如故七月己酉朔河南副元帥太尉兼侍中臨淮王李光弼薨於徐州廢朝三日判度支第五琦兼京兆尹御史大夫八月丁卯宰臣王縉爲侍中持節都統河南淮西淮南山南東道節度行營事進封太原郡公固讓侍郎從之宰相杜鴻漸判門下省事癸巳王縉兼領東京留守九月乙未朔丙申詔徵河中兵討吐蕃將發是夜軍衆諠譟劫節度使崔寓家財及民家財產殆盡皆重裝而行吏不能禁自七月大雨未止京城米斗值一千文蝗食田丙午河東節度使辛雲京檢校尚書右僕射同中書門下平章事太原尹北京留守己酉江南西道觀察洪州刺史張鎬卒辛亥河東副元帥中書令汾陽郡王郭子儀加太尉充北道邠寧涇原河西已東通和吐蕃及朔方招撫使陳鄭澤潞節度使李抱玉進位司徒充南道通和吐蕃使鳳翔秦隴臨洮東觀察使子儀三表懇讓太尉許之己未劒南節度嚴武攻拔吐蕃當狗城破蕃軍七萬尚書左丞楊綰知東京選禮部侍郎賈至知東都舉兩都分舉選自至始也辛酉以太子詹事李峴爲吏部尚書兼御史大夫知江南東西及福建道選事并觀農宣慰使仍命洪州刺史李勉副知選事是秋蝗食田殆盡關輔尤甚米斗千錢冬十月丙寅僕固懷恩引吐蕃二萬寇邠州節度使白孝德閉城拒守丁卯寇奉天京師戒嚴先鋒郭晞斬賊營於邠州西俘斬數百計子儀屯涇陽蕃軍挑戰子儀不出甲申河南

尹蘇震卒劒南嚴武奏收吐蕃鹽井城十一月乙未懷恩與蕃軍自潰京師解嚴丁未子儀自涇陽入覲詔宰臣百寮迎之於開遠門上御安福寺待之十二月乙丑加子儀關內河中副元帥兼尚書令吏部侍郎暢璀爲左散騎常侍河中尹子儀三表讓尚書令詞情懇切優詔從之丁卯夜星流如雨戊辰子儀於都省領副元帥事宰臣百寮送仍令射生五百騎戎服自光範門送至省門右僕射郭英乂以樂迎之是日便赴奉天是歲戶部計帳管戶二百九十三萬三千一百二十五口一千六百九十二萬三百八十六

永泰元年春正月癸巳朔制曰叶五紀者建號以體元授四時者布和而順氣天心可見人欲是從爰立大中之道式受惟新之命朕嗣膺下武獲主萬方顧以薄德乘茲艱運戎麾問罪今已十年迄至策勳惟凶渠之授首勞師黷武豈人主之用心軍役屢興干戈未戢茫茫士庶斃于鋒鏑皇穹以朕爲子蒼生以朕爲父至德不能被物精誠不能動天俾我生靈淪於溝壑非朕之咎孰之過歟朕所以馭朽

○懸旌坐而待曙勞懷罪已之念延想安人之策亦惟羣公卿士百辟庶寮咸聽朕命協宣乃力履清白之道還淳素之風率是黎元歸于仁壽君臣一德何以尚茲頃者刑政不修惠化未洽既盡財力良多抵犯靜惟哀矜實軫于懷今將大振綱維益明懲勸肇舉改元之典弘敷在宥之澤可大赦天下改廣德三年爲永泰元年是日雪盈尺戊申澤潞李抱玉兼鳳翔隴右節度使兼南道通和吐蕃鳳翔秦隴臨洮已東觀察處置等使仍命四鎮行營節度使馬璘爲副和吐蕃使癸丑罷岐州之鳳翔縣併入天興縣乙卯左散騎常侍高適卒戊午劒南節度使嚴武加檢校吏部尚書山南節度使張獻誠加檢校工部尚書以前太子少保王璵爲太子少師前袁州刺史李遵爲太子少保聽朝朔望二月甲子夜雷霆震擊丁丑內出宮女千人品官六百人守洛陽宮戊寅党項羌寇富平焚定陵寢殿庚辰儀王璲薨諸陵署隸太常寺戊子河西党項永定等十二州部落內屬請置宜芳等十五州許之三月壬辰朔詔左僕射裴冕右僕射郭英乂太子

少傅裴遵慶檢校太子少保白志貞太子詹事臧希讓左散騎常侍暢璀檢校刑部尚書王昂高昇檢校工部尚書崔渙吏部侍郎李季卿王延昌禮部侍郎賈至涇王傅吳令瑤等十三人並集賢院待詔上以勳臣罷節制者京師無職事乃合於禁門書院間以文儒公卿寵之也仍特給飧本錢三千貫庚子夜降霜木有冰歲饑米斗千錢諸穀皆貴丙午鳳翔李抱玉讓司徒從之授左僕射同平章事庚戌吐蕃請和詔宰臣元載杜鴻漸與蕃使同盟于興唐寺辛亥大風拔木是春大旱京師米貴斛至萬錢夏四月己巳乃雨戊子太保致仕苗晉卿薨庚寅劒南節度使檢校吏部尚書嚴武卒五月癸丑以尚書右僕射定襄郡王郭英乂爲成都尹御史大夫充劒南節度使是月麥稔判度支第五琦奏請十畝稅一畝效古什一而徵從之六月癸亥吏部尚書李峴南選迴至江陵貶衢州刺史自春無雷至此月甲申大風而雷代州置代北軍平州置柳城析通州石鼓縣置巴渠縣穐七月辛卯朔淄青節度使侯希逸爲副將李懷玉所逐制以鄭

○王邈爲平盧淄青節度大使令懷王權知留後事以久旱遣近臣分錄京城諸獄繫囚甲午昇平公主出降駙馬都尉郭曖庚子雨時久旱京師米斗一千四百他穀食稱是八月乙亥河南道副元帥涇原節度使馬璘封扶風郡王九月辛卯太白經天丁酉僕固懷恩死于靈州之鳴沙縣時懷恩誘吐蕃數十萬寇邠州客將尚品息贊磨尚悉東贊等寇奉天醴泉党項羌渾奴剌寇同州及奉天逼鳳翔府盩厔縣京師戒嚴時以星變羌虜入寇內出仁王佛經兩轝付資聖西明二佛寺置百尺高座講之及奴虜寇逼京畿方罷講己酉郭子儀自河中至進屯涇陽李忠臣屯東渭橋李光進屯雲陽馬璘郝玉屯便橋駱奉仙李伯越屯盩厔李抱玉屯鳳翔周智光屯同州杜冕屯坊州上親率六軍屯苑內庚戌下詔親征內官魚朝恩上言請括私馬京城男子悉皂衣團結塞京城二門之一士庶大駭有踰垣鑿竇出城者吏不能禁自丙午至甲寅大雨平地水流丁巳吐蕃大掠京畿男女數萬計焚廬舍而去同華節度周智光以兵追擊于澄城

破賊萬計冬十月己未復講仁王經於資聖寺吐蕃至邠州與迴紇相遇復合從入寇辛酉逼奉天癸亥党項攻同州焚州民廬舍丁丑郭子儀說諭迴紇令與吐蕃疑貳庚辰子儀先鋒將白元光合迴紇軍擊吐蕃之衆於靈臺縣之西原斬首五萬級俘獲人畜凡三百里不絕辛巳京師解嚴壬午僕固懷恩大將僕固名臣以千騎來降詔稅百官錢市絹十萬以賞迴紇乙酉迴紇首領胡祿都督來朝癸卯朔方將李迴方奏收靈武郡丁亥分宣饒歙戶口於秋浦縣置池州分信州弋陽置貴溪縣閏十月辛卯以京兆少尹黎幹爲京兆尹丙午封朔方大將孫守亮等九人爲異姓王李國臣等十三人爲同姓王丁亥百寮上表以軍興急於糧餉請納職田以助費從之戊申進封渭北節度使李光進爲武威郡王以刑部侍郎路嗣恭檢校工部尚書兼御史大夫靈州大都督府長史充關內副元帥兼知朔方節度等使劒南節度使郭英乂爲其檢校西川兵馬使崔旰所殺邛州栢茂林瀘州楊子琳劒南李昌巙皆起兵討旰蜀中亂十一月宰臣

河南都統王縉請減諸道軍資錢四十萬貫修洛陽宮從之十二月己酉勅如聞諸州承本道節度觀察使牒科役百姓致戶口凋弊此後委轉運使察訪以聞

二年春正月丁巳朔大雪平地二尺壬申減子孫襲實封者半租永爲常式乙酉制治道同歸師氏爲上化人成俗必務于學俊造之士皆從此塗國之貴遊罔不受業修文行忠信之教崇祗庸孝友之德盡其師道乃謂成人然後揚于王庭敷以政事徵之以理任之以官寘於周行莫匪邦彥樂得賢也其在兹乎朕志承理體尤重儒術先王設教敢不虔行頃以戎狄多虞急於經略太學空設諸生蓋寡絃誦之地寂寥無聲函丈之間殆將不掃上庠及此甚用閔焉今寓縣人寧文武並備方投戈而講藝俾釋菜以行禮使四科咸進六藝復興神人以和風化浸美日用此道將無間然其諸道節度觀察都防禦等使朕之腹心久鎭方面眷其子弟爲奉義方修德立身是資藝業恐干戈之後學校尚微僻居遠方無所咨稟負經來學宜集京師其宰相朝官六軍諸將子弟欲得習學可並補國子學生其才身雖有官欲附學讀書者亦聽其學官委中書門下選行業堪爲師範者充其學生員數所習經業供承糧料增修學館委本司條奏以聞丙戌以戶部尚書劉晏充東都京畿河南淮南江南東西道湖南荊南山南東道轉運常平鑄錢鹽鐵等使以戶部侍郎第五琦充京畿關內河東劒南西道轉運常平鑄錢鹽鐵等使至是天下財賦始分理焉二月丁亥朔釋奠於國學賜宰臣百官飡錢五百貫於國學食壬辰鎭南都護依舊爲安南都護府乙未貶刑部尚書顏眞卿爲峽州員外別駕以不附元載載陷之於罪也壬子命黃門侍郎同平章事杜鴻漸兼成都尹持節充山南西道劒南東西川等道副元帥仍充劒南西川節度使以平郭英乂之亂也以四鎭行營節度使馬璘兼邠州刺史癸丑以山南西道節度使梁州刺史張獻誠兼充劒南東川節度觀察使邛州刺史栢茂林充邛南防禦使劒南西山兵馬使崔旰爲茂州刺史充劒南西山防禦使從杜鴻漸請也三月辛未張獻誠與崔旰

戰于梓州爲旰所敗僅以身免夏四月辛亥詔尚書省郎中授中州刺史員外郎授下州刺史爲定制五月丙辰稅青苗地錢使殿中侍御史韋光裔諸道稅地迴是歲得錢四百九十萬貫自乾元已來天下用兵百官俸錢折乃議於天下地畝青苗上量配稅錢命御史府差使徵之以充百官俸料每年據數均給之歲以爲常式六月戊戌以淮南節度使崔圓檢校尚書右僕射自春旱此月庚子始雨丁未日重輪其夜月重輪秋七月辛酉檢校兵部尚書衢州刺史李峴卒自五月大雨洛水泛溢漂溺居人廬舍二十坊河南諸州水加荊南節度使衛伯玉檢校工部尚書癸未太廟二室芝草生八月丁亥國子監釋奠復用牲牢上元二年詔諸祠獻熟至是魚朝恩請復舊制壬寅以茂州刺史崔旰爲成都尹兼御史大夫劒南西川節度行軍司馬邛南防禦使邛州刺史栢茂林爲邛南節度使從杜鴻漸所請也癸卯太子少保裴遵慶爲吏部尚書吏部尚書崔寓爲太子少傅甲辰以開府儀同三司右監衛大將軍觀軍容宣慰處置使神策軍兵

馬使上柱國馮翊郡開國公魚朝恩加內侍監判國子監事充鴻臚禮賓等使進封鄭國公辛亥以檢校禮部尚書裴士淹充禮儀使九月庚申京兆尹黎幹以京城薪炭不給奏開漕渠自南山谷口入京城至薦福寺東街北抵景風延喜門入苑闊八尺深一丈渠成是日上幸安福門以觀之丙子宣州刺史李佚坐贓二十四萬貫集衆杖死籍沒其家冬十月癸未朔己丑宗正卿吳王祗奏上皇室永泰新譜二十卷太常博士柳芳撰和蕃使楊濟與蕃使論位藏等來朝丙申令宰臣宴論位藏於中書省十一月甲寅乾陵令於陵署得赤兔以獻丙辰詔古者量其國用而立稅典必於經費由之重輕公田之籍可謂通制履畝而稅斯誠弊法所期折中以便於時億兆不康君孰與足故愛人之體先以博施富國之源必均節用朕自臨宸極比屬艱難嘗欲闡淳朴之風守沖儉之道每念黎庶思致和平而邊事猶殷戎車屢駕軍興取給皆出邦畿九伐之師尚勤王略千金之費重困吾人乃者遵冉有之言守周公之制什而稅一務於行古今則

編戸流亡而墾田減稅計量入之數甚倍征之法納隍之懼當宁軫懷處失三農憂深萬姓務從省約稍與蠲除用申勤卹之懷以救惸嫠之弊京兆府今年合徵八十二萬五千石數內宜減放一十七萬五千石青苗地頭錢宜三分取一在京諸司官員久不請俸頗聞艱辛其諸州府縣官及折衝府官職田據苗子多少三分取一隨處糶貨市輕貨以送上都納青苗錢庫以助均給百官甲子日長至上御含元殿下制大赦天下改永泰二年爲大曆元年十二月己亥彗起匏瓜其長尺餘犯宦者星癸卯同華節度使周智光專殺陝州監軍張志斌前虢州刺史龐充據華州謀叛是冬雪

二年春正月壬子朔丁巳密詔關內河東副元帥郭子儀治兵討周智光壬戌貶智光爲澧州刺史甲子以兵部侍郎張仲光爲華州刺史潼關防禦使大理卿敬括爲同州刺史長春宮等使是日周智光帳下將斬智光并子元耀元幹三首傳之以獻己巳詔潼關置兵三千癸酉詔天文著象職在於疇人讖緯不經蠹深於疑衆蓋有國之禁非私家所藏雖裨竈明徵子產尚推之人事王彤必驗景略猶寘於典刑況動皆訛謬率是矯誣者乎故聖人以經籍之義資理化之本側言曲學寔紊大猷左道之亂政俾彝倫而攸敍自四方多故一紀于茲或有妄庸輒陳休咎假造符命私習星曆共肆窮鄉之辯相傳委巷之譚作僞多端順非僥澤熒惑州縣詿誤閭閻壞紀挾邪莫逾於此其玄象器局天文圖書七曜曆太一雷公式等私家不合輒有今後天下諸州府切宜禁斷本處分明牓示嚴加捉搦先藏蓄此等書者勑到十日內送官本處長吏集衆焚毀限外隱藏爲人所告者先決一百留禁奏聞所告人有官即與超資注擬無官者給賞錢五百貫兩京委御史臺處分各州方面勳臣洎百僚庶尹罔不誠亮王室簡于朕心無近憸人慎乃有位端本靜末其誡之哉丁丑昇魏州爲大都督府戊寅勑同華兩州頃因盜據民力凋殘宜給復二年一切蠲免庚辰禁王公宗子郡縣主之家不得與軍將婚姻交好委御史臺察訪彈奏二月壬午幸昆明池踏青丙戌封華州牙將姚懷爲

感義郡王李延俊爲承化郡王以斬智光之功也郭子儀自河中來朝癸卯宰臣元載王縉左僕射裴冕戶部侍郎第五琦京兆尹黎幹各出錢三十萬置宴於子儀之第三月辛亥夜大風丁巳河中府獻玄狐汴宋節度使田神功來朝戊辰貶太子少保李遵永州司馬坐贓也甲戌魚朝恩宴子儀宰相節度度支使京兆尹於私第乙亥子儀亦置宴于其第戊寅田神功宴于其第時以子儀元臣寇難漸平蹈舞王化乃置酒連宴酒酣皆起舞公卿大臣列坐於席者百人子儀朝恩神功一宴費至十萬貫夏四月己亥以江南西道都團練觀察等使洪州刺史李晃爲京兆尹刑部侍郎魏少遊爲洪州刺史兼御史大夫江西觀察團練等使庚子宰臣內侍魚朝恩與吐蕃同盟於唐興寺丙午加田神功檢校右僕射癸酉以工部侍郎徐浩爲廣州刺史嶺南節度觀察使六月戊戌山南劍南副元帥杜鴻漸自蜀入朝壬寅荊南節度使衛伯玉封城陽郡王癸卯御史大夫王翊卒秋七月戊申朔以右散騎常侍于休烈爲檢校工部尚書知省事時

方面勳臣昇八座者多非正員朝命正員者以知省事爲名以中書
舍人張延賞檢校河南尹丙寅以劒南西川節度行軍司馬崔旰劒
南節度觀察等使遂州刺史杜濟爲劒南東川節度觀察等使以杭
州刺史張伯儀爲安南都護癸酉析道州延唐縣置大曆縣甲戌西
時有白氣竟天八月庚辰鳳翔節度使李抱玉來朝壬午月入氐丙
戌渤海朝貢辛卯潭衡水災丙申月犯畢壬寅太常卿駙馬都尉姜
慶初得罪賜自盡勅陵廟署復隸宗正寺九月戊申朔歲星守東井
七日甲寅吐蕃寇靈州進寇邠州詔子儀率師三萬自河中鎮涇陽
京師戒嚴戊午夜白霧起西北竟天子儀移鎮奉天乙丑晝有大流
星出于午没于亥命左丞李涵宣慰河北熒惑犯南斗辛未蘇鶻使
來朝桂州山獠陷州城刺史李良遁去十月戊寅靈州奏破吐蕃二
萬京師解嚴甲申減京官職田三分之一給軍糧乙酉醴泉出于櫟
陽飲之愈疾迴紇党項使來朝癸卯上御紫宸殿策試茂才異行安
貧樂道孝悌力田高蹈不仕等四科舉人十一月庚申改黃門侍郎

依舊爲門下侍郎詔曰春秋以九命作上公而謂之宰臣者三公之
職漢制中書令出納詔命典司樞密侍中上殿稱制參議政事魏晉
已還益重其任職有關於公府事不係於尚書雖陳啓沃之謀未專
宰臣之稱所以委遇斯大品秩非崇至于國朝實執其政當左輔右
弼之寄總代天理物之名典領百寮陶鎔景化豈可具瞻之地命數
不加固當進以等威副其僉屬其侍中中書令宜昇入正二品門下
中書侍郎昇入正三品壬戌夜月暈南北河東井鎮星入輿鬼久之方散
甲子月去軒轅一尺己丑率百官京城士庶出錢以助軍壬申京師
地震自東北來其聲如雷十二月甲申鳳翔李抱玉來朝丁酉太原
節度使辛雲京來朝熒惑入壁壘戊戌黑氣如塵竟北方是秋河東
河南淮南浙江東西福建等道五十五州奏水災
三年春正月丙午朔辛亥劒南西山罷乾州管招武寧遠二縣壬子
夜月掩畢甲子冊新羅國王金乾運母爲太妃甲戌以工部侍郎蔣
渙爲尚書左丞江西團練觀察使蘇州刺史韋元甫爲尚書右丞左

丞李涵右丞賈至並爲兵部侍郎乙亥永和公主薨二月己卯以常
州刺史李栖筠蘇州刺史兼御史中丞浙西團練觀察使壬午邠寧
節度馬璘來朝三月乙巳朔日有蝕之壬申割恒州衛唐縣置沍州
以靈壽恒陽隸之夏四月戊寅以山南西道節度使鄧國公張獻誠
爲檢校戸部尚書以疾辭位也右羽林將軍張獻恭爲梁州刺史兼
御史中丞充山南西道節度觀察使兄獻誠所薦也壬寅滑亳節度
使令狐彰加檢校工部尚書劒南西川節度使兼御史大夫崔旰來
朝五月戊申加崔旰檢校右散騎常侍乙卯追謚故齊王倓爲承天
皇帝興信公主亡女張氏爲恭順皇后祔葬辛酉改桂州臨源縣爲
全義縣癸酉以左散騎常侍崔昭爲京兆尹是日地震戊辰以劒南
西川節度使崔旰檢校工部尚書改名寧寧爲栢茂林楊子琳所攻
寧既入朝子琳乘虛襲據成都府朝廷憂之即日詔寧還成都庚午
以邛州刺史鮮于叔明爲梓州刺史充劒南東川節度使六月戊子
承天皇帝祔奉天皇帝廟同殿異室庚寅太子少師王璵卒壬辰幽

州節度使檢校侍中幽州大都督府長史李懷仙爲麾下兵馬使朱
希彩所殺庚子淮南節度使檢校尚書左僕射知省事楊州大都督
府長史趙國公崔圓卒閏月己酉郭子儀加司徒庚申宰臣充河南
副元帥王縉兼幽州節度使以尚書右丞韋元甫楊州大都督府長
史兼御史大夫充淮南節度觀察等使丁卯以幽州節度副使試太
常卿朱希彩知幽州留後遣兵部侍郎李涵兼御史大夫使河北宣
慰以幽州亂故也庚午相州薛嵩魏州田承嗣恒州李寶臣並加左
右僕射七月壬申崔寧弟寬攻破楊子琳收復成都府是月五星
並聚於東井占曰中國之利也乙亥王縉赴鎭州八月己未月掩畢
辛酉月入東井壬戌吐蕃十萬寇靈武熒惑犯太微垣丁卯吐蕃寇
邠州京師戒嚴戊辰邠寧節度使馬璘破吐蕃二萬於邠州御史大
夫崔渙爲稅地青苗錢使給百官俸錢不平詔尚書左丞蔣渙按鞫
貶崔渙爲道州刺史庚午河東節度使檢校左僕射太原尹同中書
門下平章事辛雲京卒門下侍郎同中書門下平章事兼幽州長史

持節河南副元帥都統河南淮西山南東道諸節度行營兼幽州盧龍等軍節度使太微宮使弘文館大學士兼東都留守齊國公王縉兼太原尹北都留守充河東軍節度使餘官使並如故辛未以門下侍郎同中書門下平章事山劍副元帥太清宮使崇玄館大學士杜鴻漸兼東都留守九月壬申郭子儀自河中移鎮奉天歲星入輿鬼丁丑濟王環薨熒惑入太微垣壬午吐蕃寇靈州甲申以尚書左丞蔣渙為華州刺史充鎮國軍潼關防禦使丙戌檢校戶部尚書知省事鄧州國公張獻誠卒丁亥工部尚書趙國珍卒庚寅以前華州刺史張重光為尚書左丞壬辰靈州將白元光破吐蕃二萬於靈武戊戌靈武奏破吐蕃六萬百寮稱賀京師解嚴冬十月甲寅朔方留後靈武大都督府長史常謙光加檢校工部尚書乙未以京兆尹李勉為廣州刺史充嶺南節度使丁卯子儀自奉天來朝十一月丁亥幽州留後朱希彩為幽州長史充幽州盧龍節度使癸巳加廊下百官厨料增舊五分之一十二月壬寅道州刺史崔渙卒己酉以邠寧節度

使馬璘為涇原節度移鎮涇州其邠寧割隸朔方軍邠州將吏以燒馬坊為亂兵馬使段秀實斬其兇首八人方定

四年春正月庚午朔甲戌大風乙亥大雪平地盈尺甲申日有蝕之子儀回河中戊子敕有司定王公士庶每戶秋錢分上中下三等宗室潁州刺史李岵專殺法司以議親宜賜自盡乙未福建觀察使李承昭請徙汀州於長汀縣之白石村從之黑衣大食國使朝貢二月乙巳以瀘州刺史楊子琳為陝州刺史乙卯宰臣杜鴻漸讓山劍副元帥從之丙辰夜地震有聲如雷者三辛酉以湖南都團練觀察使衡州刺史韋之晉為潭州刺史因是徙湖南軍於潭州江西團練使魏少遊來朝三月壬申詔夫計人而置官度事而賦任因時立制損益在焉吏足以理人人足以奉吏則官稱其祿祿當其秩然後上下相樂公私不匱昔漢光武時及魏太和中並減吏員兼省鄉邑致理之道此其一隅今連歲治戎天下凋瘵京師近甸煩苦尤重比屋流散念之惻然人寡吏多困於供費欲其蘇息不可得也設令廉恥守分以奉科條猶有祿廩之煩役使之弊而況貪猾縱欲而動蹈典章作威以虐下厚斂以潤己者乎古者縣置大夫一員足以為治奚必貳佐分掌而後治耶且京畿戶口減耗大半職員如舊何以堪之豈可以重困之人供不給之費使人不倦其在變通制事之宜式從省便其京兆府長安萬年宜各減丞一員尉兩員餘縣各減丞尉一員餘委吏部條件處分吏部尚書裴遵慶為右僕射劉晏改吏部尚書庚寅江西團練使魏少遊封趙國公丙申復置仙州夏四月壬寅陝州虞邑縣復為安邑縣虢州天平縣復為湖城縣五月丙戌京師地震辛卯以僕固懷安女為崇徽公主嫁迴紇可汗仍令兵部侍郎李涵往冊命六月丁酉以太子詹事臧希讓檢校工部尚書充渭北節度以渭北節度李光進為太子太保辛亥昇辰州為都督府析辰巫溪錦業等州置團練觀察使秋七月己丑以澧州刺史崔瓘為潭州刺史湖南○都團練觀察使癸未詔至理之代先德後刑上歡然以歸下下欣然而奉上禍亂不作法令可施去聖久遠薄於教化簡書填

委獄訟煩興苛吏舞文寃人致辟思欲刷恥改行厥路無由豈天地父母慈愛之意也朕主三靈之重託羣后之上夕惕若厲不敢荒寧內訪卿士外咨方岳日不暇給八年于茲而大道淳風鬱而不振四郊多壘連歲備邊師旅在外役費尤廣賦役轉輸疾耗吾人困竭無聊觸斯濫矣下庶暗昧不見刑綱戎士在軍未習法令犯禁抵罪其徒實繁徙扞之間未詳事實吏議不決動淹時月傷沮和氣屢彰咎徵此皆朕之不明教之未至上失其道而繩下以刑敢不罪己以荅災眚人者君之支體害之則君有所傷刑者教之輔助失之則人無所措慮有寃濫憮然憂傷用明慎罰之典俾弘在宥之澤其天下見禁囚死罪降從流流已下釋放左降流人移隸等委司奏聽進言如聞州縣官比來率意恣行箠杖不依格令致使殞斃深可哀傷頗有處分仍聞乖越自今已後非灼然蠹害不得輒加非理所司嚴加糾察以聞先是皇姨弟薛華因酒色之忿手刃三人棄屍於井事發繫獄賜自盡故有是詔八月丙申朔自夏四月連雨至此月京城米斗

八百文官出米二萬石減估而糶以惠貧民巳卯虎入長壽坊元載家廟射生將周皓引弩斃之冬十月乙卯以汝州刺史孟皥為京兆尹十一月辛未禁畿內弋獵乙亥門下侍郎同中書門下平章事衛國公杜鴻漸卒丙子以左僕射冀國公裴冕同中書門下平章事充東都留守河南淮南淮西山南東道副元帥十二月乙未勑左右補闕拾遺內供奉員左右各置兩員餘罷之戊戌裴冕卒辛酉勑京兆府稅宜分作兩等上等每畝稅一斗下等稅六升能耕墾荒地者稅二升

五年春正月乙丑朔辛卯以陝州節度使皇甫溫判鳳翔尹充鳳翔河隴節度使鳳翔節度使李抱玉判梁州事充山南西道節度使壬申河南尹張延賞兼御史大夫充東都留守罷河南淮西淮南山南東道副元帥所管軍隸東都留守二月戊戌李抱玉○鳳翔移鎮盩厔鳳翔軍忿發縱兵大掠數日方止巳亥廢仙川襄城葉縣隸汝州詔罷魚朝恩觀軍容使巳巳朝恩自縊而死戊寅詔定京兆府戶稅

○夏稅上田畝稅六升下田四升秋稅上田畝五升下田三升荒田開墾者二升巳丑勑唐虞之際內有百揆庶政惟和至于宗周六卿分職以倡九牧書曰龍作納言帝命惟允詩云仲山甫王之喉舌皆尚書之任也雖西漢以二府分理東京以三公總務至于領錄天下之綱綜聚萬事之要邦國善否出納之由莫不處正於會府也今僕以綜詳朝政丞郎以彌綸國典法天地而分四序配星辰而統五行元本於是乎在九卿之職亦中臺之輔助小大之政多所關決自王室多難一紀于茲東征西伐略無寧歲內外耗費徵求調發皆迫於國計切於軍期率於權便裁之新書從事且救當時之急殊非致理之道今外虞既平罔不率俾天時人事表裏相符將明畫一之法大布惟新之命陶甄化源去末歸本魏晉有度支尚書校計軍國之用國朝但以郎官署領辦集有餘時艱之後方立便額參佐既眾簿書轉煩終無弘益又失事體其度支使及關內河東山南西道劍南西川轉運常平鹽鐵等使宜停禮儀之本職在奉常往年置使因循未改

右班禮制實曠司存委太常卿自舉本職其使宜停漢朝丞相與公卿巳下五日一決事帝親斷可否且國之安危不獨注於將相攻之理亂固亦在於庶官尚書侍郎左右丞及九卿參領要重朕所親倚固當朝夕進見以之匡益也亦宜詳校所掌具陳損益如非時宜須有奏議亦聽詣閤請對當親覽其意擇善而從朕受昊天之成命承累聖之鴻業齊心滌慮夙夜憂勞顧以不敏不明薄於德化致使儒道多廢至理未弘其心愧恥終食三歎雖詔書屢下以申振䘏且朝典未舉猶深鬱悼思與百辟卿士勵精於理俾國經王道可舉而行各宜承式以恭爾位諸州置屯亦宜停于是悉以度支之務委於宰相辛卯以兵部侍郎賈至為京兆尹以京西兵馬使李忠臣為鳳翔尹代皇甫溫溫移鎮陝州庚子湖南都團練使崔灌為○為其兵馬使臧玠所殺玠據潭州為亂澧州刺史楊子琳道州刺史裴虯衡州刺史楊濟各出軍討玠乙巳夜歲入軒轅丙午復置先農馬祖壇祀之丁未封幽州節度使朱希彩為高密郡王巳未夜彗起五車長三丈庚

○申宰臣太原尹王縉入朝五月辛未刑部侍郎黎幹為桂州刺史桂管防禦經略招討觀察等使巳卯夜彗起北方其色白庚辰以禮儀使禮部尚書裴士淹為處州刺史戶部侍郎判度支第五琦為饒州刺史皆魚朝恩黨也元載既誅朝恩下制罷使仍放黜之癸未以羽林大將軍辛京杲為潭州刺史湖南觀察使甲申西北白氣竟天徙置當悉相靜恭五州於山險要害地備吐蕃也六月巳未彗星始滅赦天下見禁囚徒秋七月丁卯以浙東觀察使越州刺史御史大夫薛兼訓為檢校工部尚書太原尹北都留守充河東節度使是月京城米斗一千文八月辛卯宰臣元載上疏請置中都於河中府秋杪行幸春中還京以避蕃戎侵寇之患疏入不報載疏大旨以關輔河東等十州戶稅入奉京師創置精兵五萬以威四方辭多押闔欲權歸於己也九月丁丑以宣歙池等州都團練觀察使宣州刺史兼御史中丞陳少遊充浙江東道團練觀察使吐蕃寇永壽汴州田神功來朝十二月乙未改巫州為溆州業州為獎州

六年春正月己未朔戊寅於鄜州之析城置肅戎軍二月乙酉御史大夫敬栝卒夏四月丁巳上御宣政殿試制舉人至夕策未成者令太官給燭俾盡其才己未澧州刺史楊子琳來朝賜名猷丁丑改梟州爲兗州戊寅詔纂組文繡正害女紅今師旅未息黎元空虛豈可使淫巧之風有虧常制其綾綿花文所織盤龍對鳳麒麟獅子天馬辟邪孔雀仙鶴芝草萬字雙勝透背及大繝綿竭鑿六破已上並宜禁斷其長行高麗白錦大小花綾錦任依舊例織造有司明行曉諭五月癸卯以河南尹張延賞爲御史大夫秋七月乙巳月掩畢八月乙卯淮南節度使韋元甫卒丙辰以東都留守常休明爲檢校左散騎常侍河陽三城使夏旱此月己未始雨庚午以御史大夫張延賞爲楊州大都督府長史淮南節度使丙午以蘇州刺史浙江觀察使李栖筠爲御史大夫丁丑獲白兎於太極殿之內廊庚辰夜月入紫微垣九月壬辰夜熒惑犯哭星自八月連雨害秋稼戊申於輪臺置靜塞軍辛亥熒惑入壁壘冬十月壬午滄州置横海軍十一月己亥

○文單國王婆彌來朝獻馴象一十一壬寅夜月入太微又掩氐十二月己未江西觀察使檢校刑部尚書魏少遊卒庚午制以文單王婆彌爲開府儀同三司試殿中監是歲春旱米斛至萬錢

七年春正月癸未朔戊子於魏州頓丘縣置澶州以頓丘縣之觀城店置觀城縣以張之清豐店置清豐縣幷割魏州之臨黃縣並隸澶州以貝州臨清縣之張橋店置永濟縣乙未月犯軒轅庚子以檢校戶部尚書路嗣恭爲洪州刺史兼御史大夫江西觀察使辛丑太常卿楊綰兼充禮儀使甲辰迴紇使出鴻臚寺刼掠坊市吏不能禁止復三百騎犯金光朱雀等門是日皇城諸門皆閉慰諭之方止二月甲寅以兵部侍郎李涵爲蘇州刺史兼御史中丞充浙西觀察使鎮星臨太微戊午夜月掩天關三月壬辰詔諫議大夫置四員爲定四月甲寅迴紇王子李秉義卒歸國宿衛賜名也五月乙酉雨雹大風折樹丙戌夜月入太微辛卯徙忻州之七聖容於太原府之紫極宮乙未詔讀於道者化淳而刑措善於理者綱舉而網疎朕涉道未弘燭理多昧常亦遐想太古高挹玄風保合大和在宥天下蓋德淳而未臻也是用因時以設教便俗以立防務盡平恕用申哀䘏又化淺而多犯也加以邊虞未戢徭賦適繁荒廢之際寇攘斯起遂令圜土嘉石之下積有繫囚竹章牙簡之中困於法吏屬盛陽之候大暑分蒸仍念狴牢何堪鬱灼所以汨傷和氣感致咎徵天道人事豈相遠也如聞天下諸州或愆時雨首種不入宿麥未登哀我矜人何時不恐皆由朕過益用懼焉惕然憂嗟深自咎責所以減膳徹樂別居齋宮禱于神明冀獲嘉應仲夏之月靜事無爲以助晏陰以弘長養斷薄決小已過於麥秋繼長增高宜順乎天意可大赦天下見禁囚徒罪無輕重一切釋放癸亥以檢校禮部尚書蔣渙充東都留守六月庚戌朔有司言日蝕陰雲不見丁丑詔誡薄葬不得造假花果及金手脫寶鈿等物秋七月癸巳迴紇蕃客奪長安縣令邵説所乘馬人吏不能禁八月庚戌賜北庭都護曹令忠姓名曰李元忠九月乙未工部尚書于休烈卒冬十月壬子上畋于苑中矢一發貫二兎從臣皆

○賀辛未以權知幽州盧龍節度留後朱泚檢校左散騎常侍充幽州盧龍節度使丙子以大府卿呂崇賁爲廣州都督充嶺南節度使十一月庚辰詔自頃蕃戎入寇巴南屢多征役其巴蓬渠集壁充通開等州宜放二年租庸甲申以福建觀察使李承昭爲禮部尚書華州刺史李琦爲福州刺史福建都團練觀察使辛卯以嶺南節度李勉爲工部尚書十二月丙寅雨土是夜長星出於參辛未滑州置永平軍壬子禁鑄銅器癸酉大雪是秋稔迴紇吐蕃大食渤海室韋靺鞨契丹奚牂牁康國石國並遣使朝貢

八年春正月丁丑朔壬午昭義軍節度檢校右僕射相州刺史薛嵩卒癸卯勑天下青苗地頭錢每畝十五文率京畿三十文自今一例十五文京官三品已上郎官御史每年各舉一人堪爲刺史縣令者甲子御史大夫李栖筠彈吏部侍郎徐○丁卯幽州○節度使朱泚加檢校戶部尚書封懷寧郡王○徐浩薛邕違格並停知選事壬申永平軍節度使檢校右僕射滑州刺史霍國公令狐彰卒遺表薦劉晏

李勉代巳丙子以工部尚書李勉兼御史大夫滑州刺史充永平軍節度滑亳觀察等使夏四月戊申乾陵上仙觀之尊殿有雙鵲啣紫泥補殿之隙缺凡十五處戊午以太僕卿吳仲孺爲鄂州刺史鄂嶽沔等州團練觀察使五月乙酉貶吏部侍郎徐浩明州別駕薛邕歙州刺史京兆尹杜濟杭州刺史皆坐典選也以太府卿于頎爲京兆尹辛卯鄭王邈薨贈昭靖太子壬辰曲赦京城繫囚癸卯詔赦天下繫囚死罪降從流流已下並放六月隴州華亭縣置義寧軍癸亥戶部侍郎判度支韓滉奏安邑鹽池生乳鹽是夏城奉天以備蕃寇秋七月己卯太白入東井乙未月掩畢八月甲寅詔吏部尚書劉晏知三銓選事己未吐蕃寇靈武庚午靈武奏蕃軍退去辛未幽州節度使朱泚弟滔率五千騎來朝請河西防秋詔千騎迓於國門許自皇城南面出開遠門赴涇州行營九月癸酉臨晉公主薨壬午嶺南節度使廣州刺史呂崇賁爲部將哥舒晃所殺癸未晉州男子郇謨以麻辮髮持竹筐及葦席哭於東市請進三十字如不稱旨請裹尸於席筐○上召見賜衣館之禁中內二字曰監團欲去諸道監軍團練使也丁亥貶左巡使殿中侍御史楊護以其抑郇謨而不上聞也戊子詔○京五品以上各上封事言政得失是歲大有年己丑夜太白入太微甲午東都留守蔣瓌兼知東都貢舉戊戌以辰錦觀察使李昌巙爲桂州刺史桂管防禦觀察使大鳥見武功肉翅狐首四足有爪爪長四尺三寸毛赤如蝙蝠羣鳥隨而噪之神策將張白奔射斃以獻冬十月癸卯魏博田承嗣加同平章事丁巳夜月掩畢吐蕃寇涇州邠州甲子子儀先鋒將渾瑊與吐蕃戰于宜祿我師不利瑊與涇原馬璘極力追躡蕃軍潰去乙丑以江西觀察使路嗣恭爲廣州刺史充嶺南節度使封冀國公以浙東觀察使越州刺史陳少遊爲揚州大都督府長史充淮南節度使戊辰郭子儀奏破吐蕃十萬百寮稱賀十月己卯夜月入羽林癸巳月入太微十一月壬寅朔庚戌汴宋節度使田神功來朝辛酉淮西節度使李忠臣來朝十二月癸酉月入羽林自冬無雪是歲大有年九年春正月庚子朔壬寅汴宋節度使太子

少師檢校尚書右僕射兼御史大夫汴州刺史田神功卒澧朗兩州鎮遏使澧州刺史楊猷擅浮江而下至鄂州詔許赴汝州遂泝漢而上復郢襄等州皆閉城拒之二月己丑以田神功弟神玉權知汴宋留後癸巳郭子儀自邠州來朝李抱玉自鳳翔來朝三月丙午禁畿內漁獵採捕自正月至五月晦永爲常式戊子以澧州刺史楊猷爲洮州刺史○夏四月丁丑月入太微己卯以桂管觀察使黎幹爲京兆尹兼御史大夫甲申中書舍人常袞率兩省官一十八人詣閣請論事詔三人引各盡所懷乙酉詔郭子儀等大閱兵師以備吐蕃壬辰詔赦大辟已下繫囚無輕重釋放乙未華陽公主薨上悲惜之累日不聽朝宰臣抗疏陳請之庚戌廢沔州庚申詔度支使支七十萬貫轉運使五十萬貫和糴歲豐穀賤也乙丑詔四海之內方協大寧西戎無猒獨阻王命不可忘戰尚勞邊事朕頃以兵革之後軍國空耗躬率節儉務勸農桑上玄儲休仍歲大稔益用多愧不知其然雖屬此人和近於家給而邊穀未實戎備猶虛因其天時思致蓄積將設○平糴以之餽軍然以中都所供內府不足租充常入之數豈啻倍餘之收其在方面藩臣咸玆大計其佐公家之急以資塞下之儲每道歲有防秋兵馬其淮南四千人浙西三千人魏博四千人昭義二千人成德三千人山南東道三千人荊南二千人湖南三千人山南西道二千人劍南西川三千人東川二千人鄂岳一千五百人宣歙三千人福建一千五百人其嶺南浙東浙西亦合準例恐路遠往來增費各委本道每年取當使諸色雜錢及迴易利潤贓贖錢等每人計二十貫每道據合配防秋人數多少都計錢數市輕貨送納上都以備和糴仍以秋收送畢涇原節度使馬璘來朝丙寅加馬璘尚書左僕射知省事璘諷將士進狀求宰相故有是授幽州節度使朱泚遣弟滔奉表請自入朝兼自率五千騎防秋許之詔所司築第待之己卯月掩南斗庚辰月入太微秋七月甲辰月掩房又入羽林久旱京兆尹黎幹歷禱諸祠未雨又請禱文宣廟上曰丘之禱久矣八月辛未以虢州刺史宋晦爲同州刺史充長春宮營田等使戊寅以陝州

大都督府長史皇甫溫爲越州刺史充浙東觀察使辛卯月掩軒轅九月庚子幽州節度使朱泚來朝乙巳渭北節度使坊州刺史臧希讓卒是秋大雨冬十月壬申信安王瑝薨乙亥梁王璿薨以前宣州刺史李廣琛爲右散騎常侍十一月戊戌大雪平地盈尺庚子以商州刺史李國清爲陝州大都督府長史充陝州觀察使十二月庚寅以中書舍人楊炎祕書少監韋肇並爲吏部侍郎中書舍人常袞爲禮部侍郎壬辰赦京畿繫囚死罪降從流流已下並釋放

十年春正月乙未朔己酉昭義牙將裴志清逐其帥薛崿薛崿奔洺州上章待罪志清率衆歸田承嗣壬寅壽王瑁薨乙未朱泚抗表乞留京師西征吐蕃請以弟滔權爲幽州留後許之以昭義將薛擇爲相州刺史薛雄爲衛州刺史薛堅爲洺州刺史皆嵩之族人也戊申遣使慰諭田承嗣令各守封疆承嗣不奉詔壬子充州復爲果州癸丑田承嗣盜取洺州又破衛州二月乙丑盜殺衛州刺史薛雄丙寅罷辰錦溪獎五州經略使復隸黔中辛未制第四子述封睦王充嶺

南節度度支營田五府經略觀察處置等大使第五子逾可封郴王充渭北鄜坊等州節度大使第六子連封恩王第七子韓王迥可充汴宋節度大使第八子遘可封鄜王第十三子造封忻王充昭義節度大使第十四子暹封韶王十五子運封嘉王十六子遇封端王十七子遹封循王十八子通封恭王十九子逵封原王二十子逸封雅王並可開府儀同三司不出閤丙子以華州刺史李承昭爲相州刺史知昭義兵馬留後時田承嗣盡盜入相衛所管四州之地自署長吏是日河陽軍亂逐城使常休明迫牙將王惟恭爲留後軍士大掠數日休明奔東都甲申以平盧淄青節度觀察海運押新羅渤海兩蕃等使檢校工部尚書青州刺史李正已檢校尚書左僕射前隴右節度副使隴州刺史馬燧爲商州刺史充本州防禦使三月甲午陝州軍亂逐觀察使李國清縱兵大掠國清卑詞遍拜將士方免禍一夕而定己巳薛崿常休明至闕下素服待罪丁未以左散騎常侍孟皞爲華州刺史充潼關防禦使庚戌熒惑入壁壘八月太常寺奏諸

州府所用斛秤當寺給銅斛秤州府依樣製造而行從之乙未制魏博節度使開府儀同三司太尉檢校尚書左僕射同中書門下平章事魏州大都督府長史上柱國鴈門郡王田承嗣可貶永州刺史仍詔河東鎮冀幽州淄青淮西滑亳汴宋澤潞河陽道出師進討甲申大雨雹暴風拔樹飄屋瓦落鴟吻人震死者十之二京畿損稼者七縣五月乙未田承嗣部將霍榮國以磁州歸癸卯劍南置昌州罷兩都貢舉都集上都停童子科六月辛未田承嗣遣其黨裴志清攻冀州爲李寶臣所敗秋七月己未戶部尚書暢璀卒杭州大風海水翻潮溺州民五千家船千艘八月丁卯田承嗣上表請束身歸朝戊子夜月入太微乙丑田承嗣將盧子期攻磁州九月戊戌荊南節度使衛伯玉來朝壬寅宥京城繫囚戊申迴紇白晝殺人於市吏捕之拘於萬年獄其首領赤心持兵入縣劫囚而出斫傷獄吏月暈熒惑犯昴五車參東井等星癸丑吐蕃寇隴州鳳翔李抱玉擊退之戊午幽州節度使朱泚鎮奉天冬十月辛酉日有蝕之癸亥以商州刺史馬

燧檢校左散騎常侍河陽三城使甲子昭義節度使李承昭與盧子期戰於磁州清水縣大破之生擒子期以獻丙寅貴妃獨孤氏薨追贈曰貞懿皇后己丑尚書右僕射裴遵慶卒十一月辛卯新平公主薨丁酉田承嗣新署瀛州刺史吳希光以城降丁未路嗣恭攻破廣州擒哥舒晃斬首以獻

十一年正月庚寅朔田承嗣上表請罪壬辰遣諫議大夫杜亞使魏州宣慰許其自新辛亥劍南節度使崔寧奏大破吐蕃二十萬斬首萬級生擒首領一千一百五十人獻于闕下二月癸亥荊南節度使衛伯玉卒于京師戊子河陽軍復亂大掠三日監軍使冉廷蘭率兵斬其亂首方定戊申昌樂公主薨辛亥御史大夫李栖筠卒夏四月戊午朔丙子以浙西觀察使蘇州刺史御史大夫李涵知臺事充京畿觀察使己卯以前淮南節度使揚州大都督府長史御史大夫張延賞爲江陵尹兼御史大夫充荊南節度使五月癸巳以永平軍節度使李勉爲汴州刺史充汴宋等八州節度觀察留後時汴將李靈

耀專殺濮州刺史孟駱北連田承嗣故命勉兼領汴州授靈耀濮州
刺史靈耀不受詔六月戊戌以李靈耀爲汴州刺史充節度留後秋
七月戊子夜暴澍雨平地水深盈尺溝渠漲溢壞坊民千二百家庚
寅田承嗣兵寇滑州李勉拒戰而敗八月丙寅幽州節度使朱泚加
同中書門下平章事李靈耀據汴州叛甲申命淮西李忠臣滑州李
勉河陽馬燧三鎮兵討之閏月丁酉太白經天九月乙丑李忠臣等
兵進營鄭州靈耀之衆來薄戰淮西兵亂乃退軍於滎澤戊辰淄青
李正已奏取鄆濮二州冬十月乙酉忠臣等軍破賊於中牟進軍又
敗賊於汴州郭外乃攻之乙丑承嗣遣姪悅率兵三萬援靈耀丙午
淮西河陽之師合擊田悅管其衆大敗悅脫身北走靈耀聞悅之敗
棄城遁走汴州平丁未滑將杜如江生擒靈耀而獻十二月丁亥加
平盧淄青節度使檢校尚書左僕射青州刺史饒陽王李正已爲檢
校司空同中書門下平章事成德軍節度使太子太傅檢校尚書左
僕射隴西郡王李寶臣檢校司空同中書門下平章事庚寅涇原節
○度使檢校尚書左僕射知省事扶風郡王馬璘卒丁酉以涇原節度
副使試太常卿張掖郡王段秀實權知河東節度留後北都留守薛
兼訓病故也昭義節度使李承昭抗表稱疾以澤潞行軍司馬李抱
玉權知磁邢兵馬留後庚戌加淮西節度檢校右僕射安州刺史西
平郡王李忠臣檢校司空同中書門下平章事仍兼汴州刺史
十二年春正月甲寅朔辛酉以四鎮北庭涇原節度副使知節度使
事張掖郡王段秀實爲涇州刺史兼御史大夫充本州團練使月掩
軒轅渤海使獻日本國舞女十一人癸酉夜月掩心前大星又入南
斗魁京師旱分命祈禱二月戊子淄青節度使李正已之子納爲青
州刺史充淄青節度留後丁未以朗州刺史李國清爲黔州刺史經
畧招討觀察使三月乙卯河西隴右副元帥鳳翔懷澤潞秦隴等州
節度觀察等使兵部尚書同中書門下平章事潞州大都督府長史知
鳳翔府事上柱國凉國公李抱玉卒壬戌月入太微癸亥以太原少
尹河南節度行軍司馬權知河東留後鮑防爲太原尹御史大夫充

北都留守河東節度使戊辰夜月逼心前星庚午左降官永州刺史
田承嗣復授魏博節度使官並如故承嗣姪悅子綰緒綸並復舊官
庚辰宰相元載王縉得罪下獄命吏部尚書劉晏訊鞫之辛巳制中
書侍郎平章事元載賜自盡門下侍郎平章事王縉貶括州刺史夏
四月壬午以朝議大夫守太常卿兼修國史楊綰爲中書侍郎尚書
禮部侍郎集賢院學士常衮爲門下侍郎並同中書門下平章事癸未
以右庶子潘炎爲禮部侍郎貶吏部侍郎楊炎爲遠州司馬元載黨
也諫議大夫知制誥韓洄王定包佶徐璜戶部侍郎趙縱大理少卿
裴冀太常少卿王紘起居舍人韓會等十餘人皆坐元載貶官也給
事中杜亞使魏州賜田承嗣鐵券癸巳以前秘書監李揆爲睦州刺
史揆故宰相爲元載所忌二十年流落丐食江湖間載誅方得爲郡
又召顏眞卿於湖州亦載所忌斥外也乙未月掩心前星丁酉西川破
吐蕃於望漢城擒蕃將大籠官論器然以獻壬寅以前商州刺史烏
崇福爲安南都護本管經略使渤海奚契丹室韋靺鞨並遣使朝貢
○己酉加京官料錢文武班諸司共二千七百九十六員文官一千八
百五十四員武官九百四十二員歲加給一十五萬六千貫并舊給
凡二十六萬貫以關內副元帥兵馬使渾瑊兼邠州刺史五月辛亥
罷天下州團練守捉使名甲寅諸道邸務在上都名曰留後改爲進
奏院丙辰夜月入太微辛酉貶刑部尚書王昂連州刺史昂至萬州
卒庚午勑毀元載祖父墳剖棺棄骸焚毀私廟主於大寧里甲戌以
前安南都護張伯儀爲廣州刺史兼御史大夫充嶺南節度使六月
癸巳時小旱上齋居祈禱聖體不康是日不視朝秋七月戊午罷潤
州丹陽軍蘇州常州軍己巳中書侍郎同中書門下平章事集賢殿
崇文館大學士兼修國史楊綰卒八月癸巳賜東川節度使鮮于叔
明姓李氏癸卯宰臣讓賜食先是元載王縉輔政每日賜食因爲故
事至是常衮等上表云飡錢已多更須御膳胡顏自安乞停賜食從
之甲辰以湖州刺史顏眞卿爲刑部尚書乙巳以久雨宥常叅百寮
不許御史點班九月乙卯許以庶人禮葬元載辛酉以涇原節度副

使段秀實爲四鎮北庭行營涇原鄭潁等節度使庚午吐蕃寇坊州掠党項羊馬而去是秋宋亳陳滑等州水冬十月丁亥戶部侍郎判度支韓滉言解縣兩池生瑞鹽乃置祠號寶應靈慶池壬寅夜月掩昴又入太微乙巳以滑州牙將劉洽爲宋州刺史京兆尹黎幹奏水損田三萬一千頃度支使韓滉奏所損不多兼渭南令劉藻曲附滉亦云部內田不損差御史趙計檢渭南田亦附滉云不損上曰水旱咸均不宜渭南獨免復命御史朱敖檢之渭南損田三千頃上歎息曰縣令職在字人不損亦宜稱損損而不聞豈有卹隱之意耶劉藻趙計皆貶官十一月癸丑太白臨哭星乙卯夜月入羽林癸酉以右散騎常侍蕭昕爲工部尚書刑部尚書顏眞卿獻所著韻海鏡源三百六十卷十二月丁亥西川崔寧奏於西山破吐蕃十萬斬首八千生擒九百人己亥天下仙洞靈迹禁樵捕庚子以幽州節度使朱泚兼隴右節度副大使權知河西澤潞行營兵馬事京兆尹請修六門堰許之

○十三年春正月戊申朔辛酉壞白渠碾磑八十餘所以奪農溉田也壬戌刑部尚書魯郡公顏眞卿三抗章乞致仕不允淄青節度使李正己請附屬籍從之戊辰迴紇寇太原鮑防與之戰我師不利朱泚從封遂寧郡王二月庚辰代州都督張光晟擊迴紇戰于羊武谷破之北人乃安己亥吐蕃寇靈武甲辰太僕寺佛堂有小脫空金剛右臂忽有黑汗滴下以紙承之色類血三月甲戌河陽將士刼迴紇輜重因與相鬪縱兵大掠久之方定四月丁亥以浙西觀察留後李道昌爲蘇州刺史兼御史中丞充浙西都團練觀察使己丑以前浙西觀察使李涵爲御史大夫甲辰吐蕃寇靈州朔方留後常謙光擊敗之五月戊午宦官劉淸潭賜名忠翼六月戊戌隴右節度使朱泚於軍士趙貴家得猫鼠同乳不相害籠而獻之秋七月壬子中書舍人崔祐甫知吏部選事癸丑劍南節度使崔寧加檢校司空東川李叔明加檢校工部尚書辛未吐蕃寇鹽州慶州八月甲戌朔成德軍節度使李寶臣抗章請復本姓張氏從之冬十月丁酉葬貞懿皇后於莊

陵十一月丁卯日長至有司祀昊天上帝於南郊上不視朝故也十二月丙戌以吏部尚書劉晏爲左僕射判使如故以給事中杜亞爲洪州刺史兼御史中丞充江西觀察使以江西觀察使路嗣恭爲兵部尚書是歲郴州黃山崩壓死者有數百人

十四年春正月壬寅朔壬戌以楚州刺史李泌爲灃州刺史二月癸未魏博七州節度使太尉檢校尚書左僕射同中書門下平章事魏州大都督府長史田承嗣卒甲申以魏博中軍兵馬使左司馬田悅兼御史中丞充魏博節度留後三月丁未汴宋節度使李忠臣爲麾下將族姪李希烈所逐忠臣狼狽歸朝上以忠臣立功於國乃授檢校司空同平章事庚戌以河南尹嚴郢爲京兆尹河中少尹知府事趙惠伯爲河南尹辛酉以前容管經略使容州刺史王雄爲河中少尹知府事夏四月癸未成德軍節度使張寶臣復請姓李從之五月癸卯上不康至辛亥不視朝北都留守鮑防以北庭歸朝辛酉詔皇太子監國是夕上崩于紫宸上內殿遺詔皇太子柩前即位壬戌遷神柩于太極殿發喪八月庚申羣臣上尊諡曰睿文孝武皇帝廟號代宗十月己酉葬於元陵十二月丁酉祔於太廟

○史臣曰嗚呼治道之失也若河決金堤火炎崑岡雖神禹之乘四載玄冥之灑八瀛亦不能堙洪濤而撲烈焰者何也良以勢既壞而不能遽救也觀夫開元之治也則橫制六合駿奔百蠻及天寶之亂也天子不能守兩都諸侯不能安九牧是知有天下者治道其可忽乎明皇之失馭也則祿山暴起於幽陵至德之失馭也則思明再陷於河洛大曆之失馭也則懷恩鄉導於犬戎自三盜合從九州羹沸軍士膏於原野民力殫於轉輸室家相弔人不聊生而子儀號泣於用兵元載殷憂於避狄然而代宗皇帝少屬亂離老於軍旅識人間之情僞知稼穡之艱難內有李郭之效忠外有昆戎之幸利遂得兇渠傳首叛黨革心關輔載寧獯戎漸弭至如稔輔國之惡議元振之罪去朝恩之權不以酷刑俾之自斃亦立法念功之旨也罪己以傷僕固徹樂而悼神功懲縉載之姦回重衮綰之儒雅脩己以禳星變側身

以謝咎徵古之賢君未能及此而熾本土靈耀作梗田承嗣負恩命將出軍勞師弊賦者蓋陽九之未泰豈君道之過歟

贊曰臺益方梗諸戎競侵猛士奮膽忠臣痛心掃除沴氛敷衍德音延洪納祉帝慮何深

唐書本紀卷第十一

按本卷錯簡兩節均經後人校正若循原式閱者殊苦不便茲亦遵改並於銜接處各加○以存其跡其原式如左

今第十六葉前十二行崔瓘爲潭州刺史湖南下原接今第十七葉前十二行鳳翔移鎮盩厔

今第十七葉前十二行二月戊戌李抱玉下原接今第十八葉前十一行爲其兵馬使臧玠所殺

今第十八葉前十一行湖南都團練使崔灌爲下原接今第十六葉前十三行都團練觀察使癸未詔

今第二十葉後十二行李栖筠彈吏部侍郎徐下原接今第二十一葉後三行京五品以上

今第二十一葉後二行戊子詔下原接今第二十葉後十二行節度使朱泚加檢校戶部尙書封懷寧郡王

今第二十二葉前六行楊猷爲洮州刺史下原接今第二十葉後十二行丁卯幽州

今第二十葉後十二行丁卯幽州下原接今第二十葉後十三行徐浩薛邕違格

但殿本於今第十六葉前十三行癸未詔下增以天下刑官濫刑七字按上文三月壬申省減吏員詔並不先著理由今增七字必非原文又於今第十七葉前十二行移鎮盩厔上刪鳳翔二字按鳳翔二字上似脫一自字是時抱玉固爲鳳翔節度使也殿本任意增損殊嫌臆斷今第十八葉前十一行都團練使崔灌句經改正後衍一爲字殿本亦已刪去又今第二十葉後十二行李栖筠彈吏部侍郎徐下殿本旁注闕字按徐浩傳浩爲吏部侍郎坐以妾弟冒選託侍郎薛邕注授京尉爲御史大夫李栖筠所彈今第二十葉後十三行原有徐浩薛邕違格並停知選事句是上文李栖筠所彈者必卽其人其事竊以爲李栖筠彈吏部侍郎徐下宜與徐浩薛邕云云相接於事方合特衍一徐字耳殿本插入丁卯幽州云云二十一字似有未愜並舉所疑以質讀者張元濟識

唐書本紀卷第十二

劉　昫　等修

聞人詮校刊沈桐同校

德宗上

德宗神武孝文皇帝諱适代宗長子母曰睿真皇后沈氏天寶元年
四月癸巳生於長安大内之東宮其年十二月拜特進封奉節郡王
代宗即位之年五月以上爲天下兵馬元帥改封魯王八月改封雍
王時史朝義據東都十月遣上會諸軍於陝州大舉討賊十一月
破賊於洛陽進收東都河南平定朝義走河北分命諸將追之俄而
賊將李懷仙斬朝義首以獻河北平以元帥功拜尚書令食實封二
千戶與郭子儀等八人圖形凌煙閣廣德二年二月立爲皇太子大
曆十四年五月辛酉代宗崩癸亥即位於太極殿閏月壬申貶中書
舍人崔祐甫爲河南少尹甲戌貶門下侍郎平章事常袞爲潮州刺
史召崔祐甫爲門下侍郎同中書門下平章事丙子詔諸州府新羅
○渤海歲貢鷹鷂皆停戊寅詔山南枇杷江南柑橘歲一貢以供宗廟
餘貢皆停庚寅以兵部尚書路嗣恭爲東都留守以常州刺史蕭復
爲潭州刺史湖南團練觀察使辛巳罷邕府歲貢奴婢癸未改括州
爲處州括蒼縣爲麗水縣停梨園使及伶官之冗食者三百人留者
皆隷太常劒南歲貢春酒十斛罷之甲申以司徒兼中書令河中尹
靈州大都督單于鎮北大都護充關內河東副元帥朔方節度關內
支鹽池六城水運大使押諸蕃部落管內及河陽等道觀察使上柱
國汾陽郡王山陵使食實封一千九百戶郭子儀可加號尚父守太
尉餘官如故加實封通前二千戶月給一千五百人糧馬二百匹草
料以朔方都虞候李懷光爲河中尹邠寧慶晉絳慈隰等州節度觀
察使以朔方右留後常謙光兼靈州大都督西受降城定遠軍天德
鹽夏豐節度等使以朔方左留後單于副都護渾瑊爲單于大都護
振武東軍中二受降城鎮北及綏銀麟勝等軍州節度營田使丙戌
詔禁天下不得貢珍禽異獸銀器勿以金飾丁亥詔文單國所獻舞

象三十二令放荊山之陽五坊鷹犬皆放之出宮女百餘人己丑以
右羽林大將軍吳希光檢校散騎常侍兼御史中丞充渭北鄜坊丹
延都團練觀察使辛卯以河陽三城鎮遏使馬燧檢校工部尚書兼
太原尹御史大夫北都留守河東節度使壬辰以河東節度留後鮑
防爲京畿觀察使陳州刺史李芃檢校太常少卿爲東陽三城鎮遏
使癸巳以壽州刺史杜亞爲江西觀察使甲午冊太尉子儀自開元
以來冊禮多費天寶中楊國忠冊司空至是行子儀之冊以江西觀
察使杜亞爲陝州長史充轉運使丙申詔兵部侍郎黎幹害若犲狼
特進劉忠翼掩義隱賊並除名長流既行俱賜死丁酉以京畿觀察
使鮑防爲福州刺史福建都團練觀察使以戶部侍郎判度支韓滉爲
太常卿吏部尚書劉晏判度支鹽鐵轉運等使初晏與滉分掌天下
財賦至是晏都領之六月己亥朔御丹鳳樓大赦天下罪無輕重咸
赦除之內外文武三品已上賜爵一級四品已下加一階致仕官同
見任百姓爲戶者賜古爵一級加李正己司徒太子太傅崔寧李勉本
○官同平章事天下進獻事緣郊祀陵廟所須依前勿闕餘並停諸州刺
史上佐今後准式入計諸州刺史常參官父在未有官量與五品致
仕官父亡沒與追贈自至德已來別勑或因人奏或臨事須行差互
不同使人疑惑中書門下與詳定官決取堪久長行用者編入格條
自今更不得奏置寺觀及度人庚子封元子誦爲宣王次子謨爲舒
王諶爲通王諒爲虔王詳爲肅王並加開府儀同三司乙巳封皇弟
迺爲益王迅爲隨王丙午舉先天故事非供奉侍衛之官自文武六
品已上清望官每日二人更直待制以備顧問仍以延英南藥院故
地爲廨癸丑詔皇族五服等已上居四方者家一人赴山陵縣支給
食己未揚州每年貢端午日江心所鑄鏡幽州貢麝香皆罷之辛酉
罷宣歙池鄂嶽沔二都團練觀察使陝虢都防禦使以其地分隸諸
道復置東都京畿觀察使以御史中丞爲之壬戌處州刺史王縉湖
州刺史第五琦皆爲太子賓客睦州刺史李揆爲國子祭酒並留司
東都中官邵光超送淮西旌節李希烈遺鎌七百匹事發杖六十配

流由是中官不敢受賂癸亥詔中書門下御史臺五品已上諸司三
品已上長官各舉可任刺史縣令者人一中書門下量才進擬有犯坐
舉主秋七月戊辰朔日有蝕之禮儀使吏部尚書顏眞卿奏列聖諡
號文字繁多請以初諡爲定兵部侍郎袁傪議云陵廟玉冊已刻不
可輕改罷傪妄奏不知玉冊皆刻初諡而已庚午詔邕州所奏金坑
誠爲潤國語人以利非朕素懷其坑任人開採官不得禁辛未以吏
部侍郎房宗偃爲御史中丞東都畿觀察使罷右銀臺門客省歲給
廩料萬二千斛自永泰已來或四方奏計未遣者或上書言事忤旨
者及蕃客未報者常數百人於客省給食糜費已甚故罷之壬申毀
元載馬璘劉忠翼之第以其雄侈踰制也癸酉減宮中服御常貢者
千數丁丑復置廐馬隨仗於月華門外己卯詔王公卿士不得與民
爭利諸節度觀察使於揚州置迴易邸並罷之庚辰詔鴻臚寺蕃客
入京各服本國之服罷商州歲貢穭膠辛卯罷天下榷酒丁酉詔國
用未給其宣王已下開府俸料皆罷給八月庚辰以門下侍郎平章

事崔祐甫爲中書侍郎平章事以道州司馬同正楊炎爲門下侍郎
平章事以懷州刺史喬琳爲御史大夫同平章事京畿觀察使乙巳遣
太常少卿韋倫使吐蕃以蕃俘五百人還之修好也癸亥詔人死亡
於外以棺柩還城者勿禁九月甲戌以淮西節度爲淮寧軍辛巳以
檢校刑部尚書白孝德爲太子少傅丙戌秘書少監邵說爲吏部侍
郎給事中劉迺爲兵部侍郎中書舍人令狐峘爲禮部侍郎冬十月
丁酉朔吐蕃合南蠻之衆號二十萬三道寇茂州扶文黎雅等州連
陷郡邑發兵四千助蜀大破之己酉葬代宗於元陵戊午九成宮貢
立戰炭鑪襄州貢種蕨蒻之工皆罷之散官秦豬三十頭給貧民十
一月辛未以鴻臚卿賈耽爲梁州刺史山南西道節度觀察使丁丑
以陝州長史杜亞爲河中尹河中晉絳慈隰都防禦觀察使壬午御
史大夫平章事喬琳爲工部尚書罷知政事加劍南西川節度觀察
度支營田等使檢校司空平章事成都尹崔寧兼御史大夫京畿觀
察使癸巳加崔寧兼靈州大都督單于鎮北大都護朔方節度等使

出鎮坊州以荆南節度使檢校禮部尚書兼江陵尹御史大夫張延
賞檢校兵部尚書兼成都尹御史大夫劍南西川節度度支營田觀
察等使以朔方節度虞候杜希全爲靈州留後以鄜州刺史張光晟
單于振武軍使東中二受降城綏銀鄜勝等軍州留後延州刺史李建爲
鄜坊丹延留後楊炎素惡崔寧雖授以三鎮仍署此三人爲留後奪
寧之權也人皆憤之十二月己亥南選使可以專達勿復以御史臨
之乙卯制宣王某可立爲皇太子丙寅晦日有蝕之詔元日朝會不
得奏祥瑞事建中元年春正月丁卯朔御含元殿改元建中群臣上
尊號曰聖神文武皇帝己巳上朝太清宮庚午謁太廟辛未有事於
郊丘是日還宮御丹鳳門大赦天下自艱難以來徵賦名目頗多今
後除兩稅外輒率一錢以枉法論常參官諸道節度觀察防禦等使
都知兵馬使刺史少尹畿赤令大理司直評事等授訖三日內於四
方舘上表讓一人以自代其外官委長吏附送其表付中書門下每
官闕以舉多者授之王府六品以上官及諸州縣有司可併省及諸官

減者量事廢省天下子爲父後者賜勳兩轉己巳福建觀察使鮑防湖南
觀察使蕭復讓官從之自兵興已來方鎮重任必兼臺省長官以至
外府僚佐亦帶臺省銜至是除韓滉蘇州刺史杜亞河中少尹而領
都團練觀察使不帶臺省兼官自是諸道非節度而兼憲官者皆讓
甲午詔東都河南江淮山南東道等轉運租庸青苗鹽鐵等使尚書
左僕射劉晏頃以兵車未息權立使名久勤元老集我庶務悉心瘁
力垂二十年朕以征稅多門鄉邑凋耗聽于群議思有變更將置時
和之理宜復有司之制晏所領使宜停天下錢穀委金部倉部中書
門下揀兩司郎官准格式調掌是月浚豐州陵陽渠二月丙申遣黜
陟使一十一人分行天下癸卯以戶部郎中韓洄爲諫議大夫以涇
原節度使段秀實爲司農卿己酉貶尚書左僕射劉晏爲忠州刺史
癸丑昭義軍節度留後李抱眞爲本道節度使甲寅貶史舘修撰禮
部侍郎令狐峘郴州司馬右補闕柳晃巴州司戶日本國朝貢癸亥
朱泚兼四鎮北庭行軍涇原節度使三月丙寅禮儀使奏東都太廟

闕木主請造詔下議之不決庚午監察御史張著以法冠彈中丞嚴
郢浚陵陽渠匿詔不行削郢官著賜緋魚辛未左散騎常侍翰林學
士張涉放歸田里甲戌以前司農卿庾準爲江陵尹兼御史中丞荆
南節度使癸巳以諫議大夫韓洄爲戶部侍郎判度支時將貶劉晏
罷使名歸尚書省本司令又命洄判度支令金部郎中杜佑權勾當
江淮水陸運使一如劉晏韓滉之則蓋楊炎之排晏也夏四月乙未
朔涇原裨將劉文喜據城叛己亥地震辛未命江西觀察使崔昭冊
命迴紇可汗戊申以福建觀察使鮑防爲洪州刺史江西團練觀察使
癸丑上誕日不納中外之貢唯李正己田悅各獻縑三萬匹詔付度
支妣父王景先駙馬高怡獻金銅像上曰有何功德非吾所爲退還
之壬戌以衢州刺史嗣曹王皐爲潭州刺史湖南團練觀察使御史
中丞元全柔爲杭州刺史五月甲子朔戊辰以太常少卿韋倫爲太
常卿復使吐蕃己卯右金吾衛大將軍李通爲黔州刺史黔中經略
招討觀察鹽鐵等使湖州刺史常袞爲福建觀察使涇州將劉光國
○

殺劉文喜降荆州平六月甲午朔中書侍郎同中書門下平章事崔祐
甫卒辛丑築奉天城加試殿中監劉海賓兼御史中丞封樂平郡王海
賓涇州將賞殺劉文喜也乙卯京兆尹源休使迴紇冊武義成功可
汗秋七月丁丑罷內出盂蘭盆不命僧爲內道場壬申以鴻臚寺左
右威遠營隸金吾己丑忠州刺史劉晏賜自盡八月甲午振武軍使
張光晟殺領蕃迴紇首頗突董統等千人收駝馬千餘繒錦十萬匹
乃徵光晟歸朝以彭令芳代之乙未河中晉絳觀察使杜亞爲睦州
刺史丁未加朱泚中書令餘官使並如故以舒王謨爲涇原節度大
使尚書右丞孟皡爲涇州刺史知留後東蠻烏蠻守來朝貢丁巳遥
尊上毋沈氏曰皇太后戊午以吏部尚書顏真卿爲太子少師依前
禮儀使改封嗣舒王藻爲嗣郢王九月戊辰判度支韓洄奏請於商
州紅崖冶洛源監置十鑪鑄錢江淮七監每鑪鑄一千貫二千文請皆
罷從之己卯雷冬十月甲午貶尚書左丞薛邕爲連山尉坐贓也乙
巳太子少傅昌化郡王白孝德卒庚寅以睦王述爲奉迎皇太后使

工部尚書喬琳爲副十一月辛酉朔朝集使及貢使見於宣政殿兵
興已來四方州府不上計內外不朝會者二十有五年至此始復舊
制州府朝集者一百七十三人詔每令分番二人待詔乙丑贈敬暉
等五王官又贈張九齡司徒鍾紹京太子太傅戊寅諸王有官者初
令出閤就班又出嫁嶽陽等一十縣主皆在諸王院久而未適人者
上悉命以禮出降十二月辛卯韋倫使迴與吐蕃宰相論欽明思等
五十五人同至獻方物修好也丁酉令詳定國以來將相功臣房玄
齡等一百八十七人據功績分爲三等是歲戶部計帳戶總三百八
萬五千七十有六賦入一千三百五萬六千七十貫鹽利不在此限
二年春正月庚申朔戊辰成德軍節度恒定等州觀察使司空兼太
子太傅同中書門下平章事恒州刺史隴西郡王李寶臣卒丙子以
汴宋滑亳陳潁泗節度觀察使檢校吏部尚書同平章事李勉爲永
平軍節度汴滑陳等州觀察等使以兵部尚書東都留守路嗣恭爲
鄭汝陝河陽三城節度東畿觀察等使以宋州刺史劉洽爲宋亳潁
○

節度使以鄭州隸永平軍自去年十月無雪至甲申方雨雪丁亥檢
校戶部尚書張獻恭爲東都留守以河南尹趙惠伯爲河中尹河中
晉絳慈隰都防禦觀察使以前鄭州刺史于頎爲河南尹二月乙未
以御史中丞盧杞爲御史大夫京畿觀察使以桂管觀察使李昌巙
爲江陵尹兼御史大夫荆南節度等使以前荆南節度使庾準爲左
丞甲辰以容州刺史盧嶽爲桂州防禦觀察使乙巳以門下侍郎楊
炎爲中書侍郎同中書門下平章事以御史大夫盧杞爲門下侍郎
同中書門下平章事丙午以宋亳節度爲宣武軍丁未以御史中丞
袁高爲京畿觀察使乙卯振武軍亂殺其帥彭令芳監軍劉惠光三
月庚申朔築汴州城初大曆中李正己有淄青齊海登萊沂密德棣
曹濮兖鄆十五州之地李寶臣有恒定易趙深冀滄七州之地田承嗣
有魏博相衛洺貝澶七州之地梁崇義有襄鄧均房復郢六州之地
各聚兵數萬始因叛亂得位雖朝廷寵待加恩心猶疑貳皆連衡盤
結以自固朝廷增一城浚一池便飛語有辭而諸盜完城繕甲略無

寧日至是田悅初稟命劉文喜殄滅群凶震懼又奏計者還都無賜
與既歸皆構怨言先是汴州以城隘不容衆請廣之至是築城正巳
田悅移兵於境爲備故詔分汴宋滑爲三節度移京西防秋兵九萬
二千人以鎮關東又於偃城置溵州辛巳以汾州刺史王栩爲振武
軍使東中二受降城鎮北綏銀麟勝等州留後以萬年令崔漢衡爲
殿中少監使吐蕃夏四月巳酉朔省沔州庚寅襄州梁崇義兼同中
書門下平章事巳亥省燕州順化州乙卯併平琴州爲黨州丁巳貶
禮部侍郎于召桂州刺史御史中丞袁高韶州長史五月丙寅以軍
興十一而稅己巳以淮寧軍節度使李希烈充漢南北諸道都知兵
馬招撫處置等使封南平王庚寅以浙江西道爲鎮海軍加蘇州刺
史韓滉檢校禮部尚書潤州刺史充鎮海軍節度使浙江東西道觀
察等使以御史中丞一員爲理匭使諫議大夫一員知匭使給事中
中書舍人爲監考使辛丑尚父中書令汾陽郡王郭子儀薨丙午以
檢校秘書少監鄭叔則爲御史中丞東都畿觀察使壬子以懷鄭河

陽節度副使李芃爲河陽三城懷州節度使仍割東畿五縣隸焉秋
七月戊子朔詔曰二庭四鎮統任西夏五十七蕃十姓部落國朝以
來相奉率職自關隴失守東西阻絕忠義之徒泣血相守慎固封略
奉遵禮教皆侯伯守將交修共理之所致也伊西北庭節度觀察使
李元忠可北庭大都護四鎮節度留後郭昕爲安西大都護四鎮節
度觀察使自河隴陷虜伊西北庭爲蕃戎所隔間者李嗣業荔非元
禮孫志直馬璘輩皆遙領其節度使名初李元忠郭昕爲伊西北庭
留後隔絕之後不知存亡至是遣使歷迴紇諸蕃入奏方知音信上
嘉之其伊西北庭將士敘官仍超七資庚申以中書侍郎平章事楊
炎爲左僕射以前永平軍節度使張鎰爲中書侍郎同中書門下平
章事司空淮陽郡王侯希逸卒丁丑以河中尹關播爲給事中同州
刺史李承爲河中尹晉絳都防禦觀察使辛巳以邠寧節度使李懷
光兼靈州大都督單于鎮北大都護朔方節度使以鄜坊丹延觀察
留後李建徽爲坊州刺史鄜坊丹延都團練觀察使壬午以幽州隴

右節度使中書令朱泚爲太尉田悅攻冦臨洺守將張伾城守八月
辛卯平盧淄青節度觀察使司徒太子太保同中書門下平章事李
正巳卒庚戌以中書舍人衛晏爲御史中丞京畿觀察使壬子淮寧
軍節度使李希烈攻襄陽誅梁崇義斬其同惡三千餘人九月辛酉
以易州刺史張孝忠爲恒州刺史充成德軍節度觀察使壬戌加李
希烈同中書門下平章事癸亥兵部尚書翼國公路嗣恭卒甲子以
晉絳觀察使李承爲襄州刺史山南節度觀察等使戊辰以杭州刺
史元全柔爲黔中經略招討觀察等使冬十一月乙酉尚書左僕射
楊炎貶崖州司馬尋賜死戊申加宣武軍節度使劉洽御史大夫徐
州刺史李洧棄其帥李納以州來降十一月辛未宣武節度劉洽與
神策將曲環大破李納之衆於徐州巳巳詔成德軍節度都知兵馬
使恒州刺史襲高麗朝鮮郡王李惟岳以其父寶臣有忠勞於王室
惟岳隳墜父業廢棄國恩縗絰之中擅掌戎務外結兇黨共固姦謀
不孝不忠宜肆原野削爾在身官爵乙亥貶戶部侍郎判度支韓洄

蜀州刺史以江淮轉運使度支郎中杜佑代判度支戶部事丁丑以陝
州長史李齊爲河中尹充河中晉絳防禦觀察使以商州□史姚明
敭爲陝州長史本州防禦陸運使以權鹽鐵使戶部郎中包佶充江
淮水陸運使李納將海州刺史王涉以州降十二月庚寅河中節度
使馬燧檢校左僕射澤潞節度使李抱眞檢校兵部尚書賞破田悅
之功也丙申太子賓客王縉卒

三年春正月乙卯朔丙寅幽州節度使朱滔張孝忠破李惟岳之兵
於東鹿辛未詔供御及太子諸王常膳有司宜減省之於是宰臣上
言減堂厨百官月俸請三分省一以助軍從之庚辰追封皇叔僖爲
宋王贈皇弟選荊王閏月丙申以文宣王三十七代孫齊賢爲兗州
司功襲文宣公辛丑復置具員簿甲辰成德軍兵馬使王武俊殺李惟
嶽傳首京師庚戌馬燧李抱眞李芃破兵於恒水進攻魏州二月戊
午惟嶽將定州刺史楊政義以州降加朱滔檢校司徒以張孝忠檢
校兵部尚書易定滄三州節度使以檢校太子賓客王武俊檢校秘書

監恒州刺史恒冀都團練觀察使康日知爲趙州刺史深趙都團練
觀察使三月丁亥贈故衛尉卿顔杲卿司徒故常山太守袁履謙左
散騎常侍故許州長史龐堅右散騎常侍故鞏縣主簿蔣淸禮部侍郎
贈故驍衛將軍代國公安金藏兵部尚書授其子承恩廬州長史乙
未以徐州刺史李洧爲徐沂海團練觀察使戊戌田悅洛州刺史田
昂以城降以嶺南節度使張伯儀檢校兵部尚書兼江陵尹御史大
夫荆南節度等使以容管經略使元琇爲廣州刺史嶺南節度使丙
午貶京兆尹盧惎爲撫州長史夏四月李納守德州將王士眞守棣
州將李長卿皆以城降庚申先陷蕃僧尼將士八百人自吐蕃而還
壬戌封朱滔爲通義郡王朱滔王武俊與田悅合從而叛太常博士
韋都賓陳京以軍興庸調不給請借京城富商錢大率每商留萬貫
餘並入官不一二十大商則國用濟矣判度支杜佑曰今諸道用兵
月費度支錢一百餘萬貫若獲五百萬貫纔可支給數月甲子詔京
兆尹長安萬年令大索京畿富商刑法嚴峻長安令薛苹荷杖乘車

唐紀十二　九

○於坊市搜索人不勝鞭笞乃至自縊京師囂然如被盜賊搜括既畢
計其所得纔八十萬貫少尹韋禛又取僦櫃質庫法拷索之纔及二
百萬丁丑彭王傅徐浩卒贈太子少師戊寅以中書侍郎平章事張
鎰兼鳳翔尹隴右節度使以代朱泚加泚實封五百戶賜竇氏名園
涇水上腴田及錦綵金銀器以安其意時滔叛故也壬午貶御史大
夫嚴郢爲費州長史杖殺左巡使殿中侍御史鄭詹尹歲餘卒五月
丙戌增兩稅鹽榷錢兩稅每貫增二百鹽每斗增一百丁亥貶太子
詹事邵說歸州刺史卒於貶所辛卯詔朔方節度使李懷光率神策及
朔方軍東討丙申詔故伊西北庭節度使楊休明故河西節度使周
鼎故西州刺史李琇璋故瓜州刺史張銑等寄崇方鎭時屬殷憂固
守西陲以抗戎虜歿身異域多歷歲年以迨　于茲旅櫬方旋誠深
追悼宜加寵贈以賁幽泉休明可贈司徒鼎贈太保琇璋贈戶部尚
書銑贈兵部侍郎皆隴右牧守至德已來陷吐蕃而歿故至是西蕃
通和方得歸葬也丁酉加河東節度使檢校左僕射馬燧同平章事

澤潞李抱眞檢校右僕射河陽李芃檢校兵部尚書神策營招討使
李晟右散騎常侍賞破田悅功也乙巳貶戶部侍郎判度支杜佑爲
蘇州刺史以中書舍人趙贊爲戶部侍郎判度支辛亥易定節度賜
名義武軍六月丁巳尚書左丞庾準卒甲子京師地震以左散騎常
侍李涵爲入迴紇弔祭使京兆少尹源休爲光祿卿戊寅以前衢州刺
史趙涓爲尚書左丞右庶子柳載爲右丞辛未朱滔王武俊兵救田
悅至魏州北是日李懷光兵亦至馬燧抱眞李芃等盛軍容迎懷光
朱滔等慮其掩襲遽出兵懷光與之接戰於連篋山之西王師不利各
還營壘賊乃壅河決水絶我糧道秋七月甲申以前振武軍使王翃
爲京兆尹以兵部郎中楊眞爲御史中丞京畿觀察使以括率商戶
人情不安癸巳詔除已收納入庫外一切停已貯納者仍明置簿曆
各給文牒後准元數卻還甲午以前同州刺史蕭復爲兵部侍郎庚
子馬燧李懷光李抱眞李芃等四節度兵退保魏橋朱滔王武俊田
悅之衆亦屯於魏橋東南與官軍隔河對壘自五月不雨甲辰始雨

唐紀十二　十

○宣武節度李勉爲檢校司徒淮寧李希烈檢校司空朔方李懷光同
平章事李芃封開陽郡王八月丁未初分置汴東西水陸運兩稅鹽
鐵事從戶部侍郎判度支趙贊奏也戊午太子賓客第五琦卒華西
辛酉以涇原節度留後姚令言爲涇原節度使戊辰以江淮鹽鐵使
太常少卿包佶爲汴東水陸運兩稅鹽鐵使己巳加劍南西川節度
使張延賞檢校吏部尚書甲戌以大理少卿崔縱爲汴西水運兩稅
鹽鐵使丁丑以禮儀使太子少師顔眞卿爲太子太師庚辰徐海沂
都團練使李洧卒江淮訛言有毛人捕人食其心人情大恐九月丁
亥以李洧部將高承宗爲徐州刺史徐海沂都團練使判度支趙贊
上言請爲兩都江陵成都揚汴蘇洪等州署常平輕重本錢上至百
萬貫下至十萬貫收貯斛斗匹段絲麻候貴則下價出賣賤則加估
收糴權輕重以利民從之贊乃於諸道津要置吏稅商貨每貫稅二
十文竹木茶漆皆什一稅一以充常平之本己亥夜有猛獸入宣陽里傷
二人詰朝獲之冬十月辛亥以湖南觀察使嗣曹王皐爲洪州刺史

江西節度使丙辰以吏部侍郎關播爲中書侍郎同平章事都官員外郎樊澤使吐蕃迴與蕃相尚結贊約來年正月望日會盟清水丙子肅王祥薨十一月己卯以淮南節度使賈眈檢校工部尚書兼襄州刺史御史大夫山南東道節度使以興鳳團練使嚴震爲梁州刺史山南西道節度使甲午以前山南東道節度使李承爲潭州刺史湖南觀察使是月朱滔田悅王武俊於魏縣軍壘各相推奬僭稱王號滔稱大冀王武俊稱趙王悅稱魏王又勸李納稱齊王僭署官名如國初親王行臺之制丁丑李希烈自稱天下都元帥太尉建興王與朱滔等四盜膠固爲逆

四年春正月戊寅朔丁亥鳳翔節度使張鎰與吐蕃宰相尚結贊同盟于清水庚寅李希烈陷汝州執州將李元吉而去東都震駭甲午遣顏眞卿宣慰李希烈軍戊戌以龍武大將軍哥舒曜爲東都畿汝節度使率鳳翔邠寧涇原等軍東討希烈丙午福建觀察使常袞卒二月戊申於河陽三城置河陽軍節度乙卯哥舒曜收汝州丁丑以工部侍郎蔣鎮充禮儀使三月己卯復置汚州癸未以左散騎常侍孟皞爲福建都團練觀察使辛卯嗣曹王皐擊李希烈將陳質之衆敗之收復黃州丁酉荊南張伯儀與賊戰敗績嗣曹王收復蘄州夏四月庚申以永平宣武河陽等軍節度都統檢校司徒平章事李勉爲淮西招討使襄陽帥賈眈江西嗣曹王等爲之副甲子京師地震生黃白毛長尺餘丙子哥舒曜進軍至隷橋大震雷人死者十之三四乃退保襄城五月辛巳夜京師地震乙酉穎王璬薨乙巳滑濮二州黃河清滑州馬生角六月庚戌初稅屋間架除陌錢時馬燧李懷光李抱眞李芃屯魏縣李晟屯易定李勉陳少遊哥舒曜屯懷汝間神策諸軍皆臨賊境凡諸道之軍出境仰給於度支謂之食出界糧月費錢一百三十萬貫判度支趙贊巧法聚歛終不能給至是又稅屋所吏秉筆持筭入人廬舍而抄計峻法繩之愁嘆之聲徧於天下秋七月甲申以國子祭酒李揆爲禮部侍郎復其爵甲午以李揆爲左僕射兼御史大夫爲入吐蕃會盟使八月丁未李希烈率衆三萬攻哥舒曜於襄城湖南觀察使李承卒辛九月戊寅龍見於汝州之城濠丙戌李勉將唐漢臣劉德信喪師於扈澗汴軍自此不振東都危急冬十月丙午詔涇原節度使姚令言率涇原之師救哥舒曜丁未涇原軍出京城至滻水倒戈謀叛姚令言不能禁上令載繒綵二車遣晉王往慰諭之亂兵已陣于丹鳳闕下促神策軍拒之無一人至者與太子諸王妃主百餘人出苑北門右龍武軍使令狐建方教射於軍中聞難聚射士得四百人扈從其夕至咸陽飯數匕而過戊申至奉天己酉元帥都虞候渾瑊以子弟家屬至乃以瑊爲行在都虞候神策軍使白志貞爲行在都知兵馬使以令狐建爲中軍鼓角使金吾將軍侯仲莊爲奉天防城使亂兵既剽京城屯於白華乃於晉昌里迎朱泚爲帥稱太尉居含元殿上以奉天監欲幸鳳翔壬子鳳翔軍亂殺節度使張鎰乃止癸丑李希烈陷襄城哥舒曜走洛陽乙卯賜檢校司空崔寧死丁巳以吏部尚書蕭復刑部侍郎劉從一諫議大夫姜公輔並以本官同中書門下平章事邠寧節度韓遊瓌與論惟明率兵三千至纔入奉天賊軍亦至乃出拒之王師不利賊乘勝攻門自卯至午殺傷殆半會有草車在門外渾瑊令焚之賊衆遂退癸巳泚賊三面攻城渾瑊力戰禦之方退大將呂希倩死之賊自丁未攻城至己巳二十餘日矢石不絕十一月乙亥以隴右節度判官隴州留後殿中侍御史韋皐爲隴州刺史兼御史大夫奉義軍節度使靈武留後杜希全鹽州刺史戴休顏夏州刺史常春合兵六千來援至漠谷爲賊所敗而退賊由是攻城愈急矢石雨下死傷者衆人心危蹙上與渾瑊對泣朱泚據乾陵作樂下瞰城中詞多侮慢戊子賊造雲橋攻東北隅兵伏不能及城中憂恐相顧失色渾瑊預爲地道及雲橋成城腳陷不得進瑊命焚之風迴焰轉橋焚而賊退朔方節度李懷光遣兵馬使張韶奉表言大軍將至乃令昇詔巡城叫呼歡聲動地賊不之測疑懼緩攻癸巳懷光軍次醴泉是夜賊解圍而去神策將李晟自定州率師赴難軍於渭橋甲午以商州都虞候王仙鶴權商州防禦使十二月壬戌貶門下侍郎平章事盧杞爲新州司馬

貶行在都知兵馬使白志貞爲恩州司馬戶部侍郎判度支趙贊爲播州司馬癸亥以京兆少尹裴腆判度支甲子以湖南觀察留後趙憬爲湖南觀察使乙丑以祠部員外郎陸贄爲考功郎中金部員外郎吳通微爲職方郎中翰林學士並如故以侍御史吳通玄爲起居舍人充翰林學士己巳以河中尹李齊運爲宗正卿庚午李希烈陷汴州以右庶子崔縱爲京兆尹癸酉以中書侍郎平章事關播爲刑部尚書司封郎中杜黃裳爲給事中命給事中孔巢父淄青宣慰華州刺史董晉河北宣慰

興元元年春正月癸酉朔上在奉天行宮受朝賀詔曰立政興化必在推誠忘己濟人不吝改過朕嗣服丕構君臨萬邦失守宗祧越在草莽不念率德誠莫追於既往永言思咎期有復於將來明徵其義以示天下小子懼德不嗣罔敢怠荒然以長於深宮之中暗於經國之務積習易溺居安忘危不知稼穡之艱難不恤征戍之勞苦致澤靡下究情不上通事既壅隔人懷疑阻猶昧省已遂用興戎徵師四

方轉餉千里賦車籍馬遠近騷然行齎居送衆庶勞止力役不息田萊多荒暴令峻於誅求疲民空於杼軸轉死溝壑離去鄉里邑里丘墟人煙斷絕天譴于上而朕不寤人怨于下而朕不知馴致亂階變起都邑賊臣乘釁肆逆滔天曾莫愧畏敢行凌偪萬品失序九廟震驚上累于祖宗下負于蒸庶痛心靦面罪實在予永言愧悼若墜泉谷賴天地降祐人祇協謀將相竭誠爪牙宣力群盜斯屏皇維載張將弘遠圖必布新令朕晨興夕惕惟省前非乃者公卿百寮用加虛美以聖神文武之號被蒙暗寡昧之躬固辭不獲俯遂群議昨因內省良所瞿然自今已後中外書奏不得言聖神文武之號今上元統曆獻歲發祥宜革紀年之號式敷在宥之澤可大赦天下改建中五年爲興元元年李希烈田悅王武俊李納咸以勳舊繼守藩維朕撫馭乖方致其疑懼皆由上失其道而下罹其災一切並與洗滌復其爵位待之如初仍即遣使宣諭朱滔以泚連坐路遠必不同謀永念舊勳務存弘貸如能効順亦與惟新朱泚反易天常盜竊名器暴犯

陵寢所不忍言獲罪祖宗朕不敢赦除泚外並從原宥應赴奉天幷進收京城將士並賜名奉天定難功臣身有過犯減罪三等子孫過犯減罪二等先稅除陌間架等錢竹木茶漆等稅並停奉天昇爲赤縣分命朝臣諸道宣諭以奉天行營都團練使楊惠元檢校工部尚書丙戌以吏部侍郎蕭復爲門下侍郎同平章事以吏部侍郎盧翰爲兵部侍郎同平章事戊子命宰臣蕭復往山南荆南湖南江西嶽鄂浙江東西福建等道宣慰己丑以京兆尹裴腆爲戶部侍郎判度支丙申以山南東道行軍司馬樊澤爲襄州刺史山南東道節度使以渾瑊爲行在都知兵馬使以前趙州觀察使康日知兼同州刺史充奉誠軍節度使辛丑詔六軍各置統軍一員秩從二品左右常侍各加一員太子賓客加四員二月戊寅詔故司農卿張掖王段秀實贈太尉謚曰忠烈賜實封五百戶贈滑州兵馬使賈隱林左僕射以滑州刺史李澄兼汴州刺史汴滑節度使是日李晟自咸陽移兵東渭橋避懷光也晟以懷光反狀已明請上幸蜀王武俊効順加中書

門下平章事兼幽州節度使令討朱滔吐蕃遣使來朝請以兵助國討逆乃令御史大夫于頎入蕃宣諭之甲子加李懷光太尉仍賜鐵券赦三死罪懷光怒曰凡人臣反逆乃賜鐵券今賜懷光是反必矣乃投之於地上命翰林學士陸贄曉諭之是日人心恐駭懷光奪楊惠元李建徽所將兵惠元被害丁卯車駕幸梁州留戴休顏守奉天以御史中丞齊映爲沿路置頓使李晟大集兵賦以收復爲己任李懷光患之移軍涇陽連朱泚欲同滅晟晟卑詞厚意致書諭之冀其感悟懷光頗增愧懼三月甲申以秘書監崔漢衡爲上都留守右散騎常侍于頎爲京兆尹是日懷光燒營走歸河中其將孟涉段威勇等千人奔歸李晟丙戌以前饒州刺史杜祐爲廣州刺史嶺南節度使加神策節度使李晟兼京畿渭北鄜坊丹延節度觀察使庚寅車駕次城固唐安公主薨上愛女悼惜之甚壬申至梁州丁丑宣武節度使劉洽加同平章事己亥以行在都知兵馬使渾瑊檢校左僕射同平章事靈州大都督充朔方節度使邠寧振武永平奉天行營副

元帥是日詔授李懷光太子太保其餘官職並罷涇州亂牙將田希
鑒殺其帥馮河清自稱留後四月辛丑朔時將士未給春衣上猶夾
服漢中旱熱左右請御暑服上曰將士未易冬服獨御春衫可乎俄
而貢物繼至先給諸軍而始御之壬寅詔奉天隨從將士並賜號元
從功臣以邠寧兵馬使韓遊瓌爲邠寧節度使尚書左丞趙涓卒己
巳以陝虢防遏使唐朝臣爲河中尹河中同晉絳節度使御史大夫李
齊運兼京兆尹魏博行軍司馬田緒殺其帥田悅詔贈悅太尉以緒
爲魏州長史魏博節度觀察使甲寅以諫議大夫平章事姜公輔爲
左庶子加劒南節度使張延賞同平章事以前山南東道節度使賈
耽爲工部尚書甲子入蕃使左僕射李揆卒於鳳州乙丑渾瑊與吐
蕃將論莽羅之衆破賊將韓旻之衆於武功斬首萬級丙寅加李納
平章事丁卯義王玭薨五月淮南節度使陳少遊加檢校司徒東川
節度使李叔明太子太傅鎮海軍韓滉檢校右僕射癸酉涇王侹薨
徐沂海團練使高承宗卒以其子明應知徐州事丙子李抱眞王武

俊破朱滔於京城東南斬首三萬級擒僞相朱良祐李俊以獻朱滔
遁歸幽州癸未嶽州李兼黔南元全柔桂管盧嶽加御史大夫嶽加
丞庚寅李納上章稟命乃贈李正己太尉壬辰商州尚可孤破賊
於藍田乙未安西四鎮節度使郭昕北庭都護李元忠加左右僕射
是夜李晟自渭北移軍於光泰門外賊來薄我軍爭奮擊大敗之處
入光泰門斬馘數千計賊黨慟哭而入白華戊辰列陣於光泰門外
遣騎將史萬頃往神麖村開苑墻二百餘步賊樹柵當之我軍爭柵
雲合電擊與賊血戰賊黨大敗追擊至白華朱泚姚令言率衆萬餘
遁去晟收復京城是日渾瑊與戴休顏亦破賊三千於咸陽韓遊瓌
追朱泚於涇州六月庚子朔昇恒州爲大都督府癸卯贈神策兵馬
使楊惠元右僕射是日李晟上收城露布上覽之涕下霑襟涇州田
希鑒斬姚令言幽州京士韓旻於彭原斬朱泚並傳首至行在乙巳
遣吏部侍郎班宏入京宣諭己酉加李晟司徒兼中書令實封一千
戶駱元光尚可孤加檢校左右僕射皆實封五百戶以涇州將田希

鑒爲涇州刺史涇原節度使癸丑詔以良州爲興元府鄭縣爲赤畿
官名品制視京兆河南百姓給復二年見任官員加兩階耆老與版
授鄭縣令賜緋加興元尹嚴震檢校右僕射賜實封一百戶加渾瑊
侍中實封八百戶韓遊瓌檢校左僕射實封四百戶戴休顏檢校右
僕射實封二百戶考功郎中知制誥陸贄司封郎中知制誥吉中孚
並爲諫議大夫水部員外郎顧少連爲禮部郎中並依前充翰林學士
行在左右廂兵馬使令狐建時常春並加散騎常侍丙辰斬僞相李
忠臣籍沒其家李晟奏受賊僞署同惡抵法之家所沒財物牛馬奴
婢請以賞軍士從之戊午車駕還京發興元是日大雨及入斜谷晴
霽從官將士懽然以爲天助秋七月丙子車駕次鳳翔府詔放管內
今年秋稅耆壽侍老八十已上各與版授刺史賜紫其餘版授上佐
賜緋府縣置頓官考滿日放選受僞署官喬琳蔣鎭張光晟李通蔣
鑑伏誅朱泚害郡王王子王孫七十七人於馬璘宅丁丑令所司具
凶禮收殮於淨域寺庚辰詔李懷光往因職任頗著幹能朕嗣位之

初首加援擢託爲心膂授以節旄頃歲河朔不寧俾令征討任兼將
相恩極丘山及朱泚猖狂擾亂京邑懷光迴軍赴難宗社再寧保佑
朕躬厥功甚茂故元帥河中之權太尉中書之秩仍加實封爰及宗親
人臣之榮孰可爲比非朕於懷光不厚豈朕報懷光不崇賊寇未除
猜嫌已構受朱泚姦兇之說聽張佋罔惑之言曾不沈思遂生疑阻
交通逆孽殘害忠良朕志在推誠事皆掩覆禮遇轉厚委任益隆懷光
都不改圖愈深不軌勅書慰問將士懷光並不令宣三軍咸欲收城
懷光並不令出自云已共朱泚定約不能更事國家朕以眇身獲承
鴻業務全大計移幸山南倉皇之間備歷危險據其罪狀情實難容
然以解圍奉天其功不細昨又遣男璀謝罪請束身歸朝朕憫其知
過之心念其赴難之効以功贖罪務在優恩今遣給事中孔巢父賫
先授懷光太子太保勅牒往河中宣諭三日內便與懷光同赴上都
如欲家口同行亦聽懷光自便朕必能保全終始寵待如初朔方將
士嘗立大功子儀再收京城咸是此軍之効匪遠從河朔赴難奉天

逆賊畏威望風奔遁永言勞績朕不暫忘將士各竭忠謀中遣追脅朕
每念痛心自咎比者君臣阻隔只爲懷光一人懷光既請入朝尚捨
其罪況諸將士並是功臣各宜坦然勿更憂慮先賜官封一切如舊
壬午至自興元時渾瑊韓遊瓌戴休顏以其衆扈從李晟駱元光尚
可孤以其衆奉迎步騎十餘萬旌旗連亘數十里都民僧道歡呼感
泣李晟見於三橋自陳收城遲晚之咎伏地請罪上慰勞遣之丁亥
河中宣慰使孔巢父中官啖守盈並爲懷光所害辛卯御丹鳳樓大
赦天下賜李晟永崇里第女樂八人甲午命宰臣諸將送晟入新賜
第教坊樂京兆府供帳食饌鼓吹導從京城以爲榮觀八月辛丑詔
所司爲贈太尉段秀實樹碑立廟淄青節度使承前帶陸海運押新
羅渤海兩蕃等使宜令李納兼之癸卯加司徒中書令合川郡王李
晟兼鳳翔尹充鳳翔隴右節度等使涇原四鎮北庭行營兵馬副元
帥改封西平郡王河東保寧軍節度使太原尹北都留守檢校司徒
平章事北平郡王馬燧爲奉誠軍晉絳慈隰節度行營兵馬副元帥

以靈鹽節度使侍中兼靈州大都督樓煩郡王渾瑊爲河中尹晉絳
節度使河中同陝虢等州及管内行營兵馬副元帥改封咸寧郡王
時方命瑊與馬燧各出師討懷光故也甲辰以金吾大將軍杜希全
爲靈州大都督西受降城天德軍靈鹽豐夏節度使以同絳
節度使唐朝臣爲鄜坊丹延等州節度使以保義軍節度使鳳翔尹
李楚琳爲金吾大將軍以奉義軍節度使隴州刺史韋皐爲左金吾
衛大將軍戊申以奉天行營節度戴休顏爲左龍武統軍己酉以延
王玢隨王迅西平長公主薨廢朝己未前湖州刺史袁高爲給事中
九月庚午宗正卿李琬卒賜渾瑊大寧里第并女樂五人詔宰臣諸
將賜樂饌贈如送李晟入第故事壬午贈故右僕射致仕李涵太子
太保乙亥王武俊加檢校司徒李抱眞檢校司空並賜實封五百戶
賞破朱滔之功也甲申以前嶺南節度使元琇爲戶部侍郎判度支
丁亥上顧謂宰臣曰今大盜雖除時猶多難宜廣延納以達下情近
日諫官都無論奏自今每正衙及延英坐日常令朝臣三兩人面奏

時政得失庶有弘益也是秋螟蝗蔽野草木無遺冬十月乙丑馬燧
收絳州戊辰令中官竇文場王希遷監左右神策軍都知兵馬使閏
月庚午詔朕臨御萬方失於君道兵革不息于今五年閔衆庶之勞
悔征伐之事而李希烈蔑義棄德反道虐人朕哀彼生靈陷于塗炭
苟存拯物不憚屈身故於歲首特布新令赦其殊死待以至誠使臣
纔及於郊圻巨猾已聞其僭竊酷烈滋甚吞噬無厭將相大臣咸懷
憤激繼陳章疏固請討除朕以所行天誅本去人害兵戈既接玉石
難分言念勳臣橫遭脅制雖思改革厥路無由受汚終身銜冤没代
淪胥以逞誠可痛傷豈孽自一夫而毒流萬姓爲人父母寧不愧懷
宜令諸道節度使明行曉諭罪止元兇脅制之徒一切不問唐朝臣
奏收永樂縣癸酉以右龍武大將軍李觀爲涇州刺史涇原節度使
乙亥詔宋亳淄青澤潞河東恒冀幽易定魏博等八節度螟蝗爲害
蒸民饑饉每節度賜米五萬石河陽東畿各賜三萬石所司般運於
楚州分付丁丑李晟至涇州誅節度使田希鑒罪其殺馮河清也戊

子希烈將李澄以滑州歸國甲午以李澄爲汴州刺史汴滑節度使
封武威郡王神策行營節度使檢校尚書右僕射馮翊郡王尚可孤
卒十一月癸卯宋亳節度使劉洽與曲環破希烈之衆於陳州俘斬
三萬級生擒賊將翟崇暉以獻戊午劉洽大破希烈之衆擒其僞相
鄭賁等五人以獻希烈遁歸蔡州汴州平乙丑宰相蕭復三上章乞
罷免許之十二月乙亥淮南節度使檢校司空平章事陳少遊卒贈
諡定太子太師以壽州刺史張建封爲濠壽都團練使庚辰以刑部
侍郎杜亞爲揚州長史淮南節度使戊子以吏部郎中崔造爲給事
中辛卯以諫議大夫陸贄爲中書舍人依前翰林學士詔翰林學士
朝服班序宜同諸司官知制誥例
貞元元年正月丁酉朔御含元殿受朝賀禮畢宣制大赦天下改元
貞元戊戌大風雪寒去秋螟蝗冬旱至是雪寒甚民饑凍死者踣於
路丁未以饒州刺史盧甚爲福州刺史福建觀察使癸丑始聞太子
太師魯郡王顏眞卿爲希烈所害追贈司徒廢朝五日諡曰文忠仍

特授男顥碩等官壬戌以吉州長史盧杞爲澧州別駕尋卒二月丙
寅朔遣工部尚書賈躭侍郎劉太真分往東都兩河宣慰河南河北
饑米斗千錢癸未李抱眞嚴振來朝寒食節上與諸將擊鞠於內殿
丙戌以檢校秘書監金良相爲檢校太尉使持節大都督雞林州刺
史寧海軍使襲封新羅王辛卯大雨三月丙申朔以蜀州刺史韓洄
爲兵部侍郎以汴東水陸運等使左庶子包佶爲刑部侍郎辛丑戶
部侍郎判度支元琇兼諸道水陸運使丁未李希烈陷南陽殺首將
黃金嶽甲寅詔宰臣宣諭御史今後上封彈奏人自陳論不得羣署
章疏戊午宣武帥劉洽檢校司空以汴滑節度使李澄爲滑州刺史
充鄭滑節度使加李納司空夏四月乙丑朔晉王誼改封舒王癸酉
鄂嶽觀察使李謙爲洪州刺史江西都團練觀察使丁丑以江西節
度使嗣曹王皐爲江陵尹荊南節度使己卯改滑州永平軍名曰義
成江陵度支院失火燒租賦錢穀百餘萬時關東大饑賦調不入由
是國用益窘關中饑民蒸蝗蟲而食之汴帥劉洽賜名玄佐五月癸
○卯分命朝臣禱羣神以祈雨蝗自海而至飛蔽天每下則草木及畜
毛無復孑遺穀價騰踊辛酉以河陽都知兵馬使羅希顏爲河陽懷
都團練使六月丙子以兵部侍郎韓洄爲京兆尹辛巳劉玄佐兼汴
州刺史壬午以工部尚書賈躭兼御史大夫東都留守都畿汝州防
禦使以汴州刺史薛珏爲河南尹辛卯以左金吾衛大將軍韋皐檢
校戶部尚書兼成都尹御史大夫劍南西川節度觀察使以國子祭
酒董晉爲左金吾衛大將軍幽州朱滔卒贈司徒秋七月甲午朔河
東節度使馬燧自河中行營來朝庚子大風拔樹辛丑以左散騎常
侍李泌爲陝州長史陝虢都防禦觀察陸運使丙午以鎮海軍浙江東
西道節度使韓滉檢校尚書左僕射同平章事江淮轉運使以河南
尹薛珏爲河南水陸運使戊申馬燧還行營辛亥加檢校工部尚書
王士眞爲德棣都團練觀察使壬子以前涿州刺史兼御史中丞劉
怦爲幽州御史大夫幽州盧龍節度副大長史兼使知節度管理度
支營田觀察押奚契丹經略盧龍等軍使丁巳以左散騎常侍柳渾

爲兵部侍郎庚申以諫議大夫高參爲中書舍人關中蝗食草木都
盡旱甚灞水將竭井多無水有司計度支錢穀纔可支七旬甲子詔
夫人事失於下則天變形於上咎徵之作必有由然自頃已來災沴
仍集雨澤不降綿歷三時蟲蝗繼臻彌亙千里菽粟翔貴稼穡枯瘁
嗷嗷蒸人聚泣田畝興言及此實切痛傷徧祈百神曾不獲應方悟
禱祠非救災之術言詞非謝譴之誠憂心如焚深自刻責得非刑法
舛繆忠良鬱湮暴賦未蠲勞師靡息事或無益而重爲煩費任或非
當而橫肆侵蠹有一於茲足傷和氣本其所以罪實在予萬姓何辜
重罹饑殍所宜出次貶食節用緩刑側身增脩以謹天戒朕自今視
朝不御正殿有司供膳並宜減省不急之務一切停罷除諸軍將士
外應食糧人諸色用度本司本使長官商量減罷以救兇荒俟歲豐
登即令復舊甲子李懷光大將尉珪以焦離堡降丁卯懷光將徐廷光
以長春宮兵六千人降甲戌朔方大將牛名俊斬李懷光傳首闕下
馬燧收復河中丁丑始雨己卯詔朕誠信未著撫御失宜致使功臣
○陷於誅戮謂之克敵能不愧心然以懷光一家在法無捨念其昔居
將相嘗寄腹心罪雖挂於刑書功已藏於王府以千紀之迹固合殲
身以赴難之勳所宜有後宜以懷光男一人爲嗣賜莊宅各一區仍
還懷光屍首任其收葬懷光妻諸兒女遞送澧州委李皐逐便安置
使得存立其出嫁女諸親並釋放陷賊將士一切並與洗雪河中絳
百姓給復一年北平王馬燧咸寧王渾瑊並與一子五品正員官燧
一子六品正員官昨河中行營將士共賜二十萬端匹以充宴賞放
歸本道新除中書侍郎平章事張延賞爲尚書左僕射時宰相劉從
一病詔徵延賞李晟與延賞有隙自鳳翔上表論之延賞罷鎮西川
還行至興元改授左僕射戊子前河陽節度使檢校尚書左僕射開
封郡王李芃卒九月己亥幽州節度劉怦病請以子濟權知軍州事
從之癸卯以牛名俊爲丹州刺史御史大夫崔縱奏准制勘會內外
官員商量併省停減詳議聞奏者伏以兵戎未息仕進頗多在官者

既合序遷有功者又須褒賞比來每至選集不免據闕留人皆難遺才仍招怨望況有恩詔甄錄功勞諸道叙優人數甚廣見須處置不可稽留今若停減吏員實恐未便於事非但成優者無官可授抑又叙進者無路可容本冀便人翻成斂怨事仍舊貫以適時宜更待事平然後經度制從之乙巳上御正殿策賢良方正能直言極諫等三科舉人辛亥宰相劉從一以疾辭任授戶部尚書庚申劉從一卒幽州節度使劉怦卒辛巳以權知幽州盧龍軍府事劉濟爲幽州長史兼御史大夫幽州盧龍節度觀察押奚契丹兩蕃等使丙戌渾瑊自河中來朝十一月癸巳朔山南嚴震來朝癸卯上親祀昊天上帝於圓丘時河中渾瑊澤潞李抱真山南嚴震同華駱元光邠寧韓遊瓌鄜坊唐朝臣奉誠康日知等大將侍祠郊壇畢還宮御丹鳳樓大赦天下丁丑詔文武常參官共賜錢七百萬貫以歲凶穀貴衣冠窘乏故也十二月戊辰詔延英視事日令常參官七人引對陳時政得失自是群官互進有不達理道者因多詆訐不適事宜上亦優容遣之

○二年春正月壬辰朔以歲饑罷元會禮也丙申詔以民饑御膳之費減半宮人月共糧米都一千五百石飛龍馬減半料臺郎御史與兼官出爲畿赤令庚子大雪平地尺餘壬寅以散騎常侍劉滋給事中崔造中書舍人齊映並守本官同中書門下平章事門下侍郎平章事盧翰爲太子賓客丁未以禮部侍郎鮑防爲京兆尹京兆尹韓洄爲刑部侍郎國子祭酒包佶知禮部貢舉以江陵少尹李復爲容州刺史本管經略使癸丑以御史大夫崔縱爲吏部侍郎諫議大夫知制誥翰林學士吉中孚爲戶部侍郎判度支兩稅元琇判諸道鹽鐵榷酒詔宰相齊映判兵部李勉判刑部劉滋判吏部禮部崔造判戶部工部甲寅詔天下兩稅錢物委本道觀察使刺史差人送上都其先置諸道水陸轉運使及度支巡院江淮轉運等使並停時崔造專政改易錢穀職事多隳敗造尋以憂病歸第二月癸亥山南樊澤奏破希烈將杜文朝之衆五千擒文朝以獻乙丑鹿入含元殿衛士執之甲戌戶部侍郎元琇爲尚書左丞京兆少尹李竦爲戶部侍郎判

鹽鐵榷酒三月壬寅滑州李澄奏破希烈之衆於鄭州乙巳以司農卿李模爲黔中觀察使四月丙寅淮西李希烈爲其牙將陳仙奇所酖幷誅其妻子仙奇以淮西歸順戊辰以前黔中觀察使元全柔爲湖南觀察使辛巳陝州觀察使李泌奏盧氏山冶出瑟瑟請禁以充貢奉上曰瑟瑟不產中土有則與民共之任人採取甲申詔以淮西牙將陳仙奇爲蔡州刺史淮西節度使都統劉玄佐李澄曲環李皐賈耽張建封各與一子正員官賞平淮蔡功也丁未以劍南東川節度使李叔明爲太子太傅以東川兵馬使王叔邕爲梓州刺史劍南東川節度使五月丙申自癸巳大雨至於茲日饑民俟夏麥將登又此霖澍人心甚恐米斗復千錢丁酉以伊西北庭節度留後楊襲古爲北庭大都護伊西北庭節度度支營田瀚海等使己亥百寮請上復常膳是時民久饑困食新麥過多死者甚衆伊西北庭節度使李元忠卒贈司空辛酉大風雨街陌水深數尺人有溺死者癸未橫海軍使滄州刺史程日華卒以其子懷直權知軍州事秋七月戊子黔中

○觀察使理所復在黔州辛卯以開州別駕白志貞爲果州刺史乙未福建觀察盧惎卒己酉以虔王諒爲申光隨蔡節度大使以淮西兵馬使吳少誠爲蔡州刺史知節度留後加東都畿唐汝鄧都防禦觀察使以隴右行營節度使曲環爲陳許節度使戊午以鄜坊節度唐朝臣爲單于大都護振武綏銀節度使右金吾大將軍論惟明爲鄜州刺史鄜坊都防禦觀察使己巳以金吾大將軍韋晉爲尚書右丞庚辰右散騎常侍蔣沇卒丙戌吐蕃寇涇隴邠寧諸鎮守閉壁自固京師戒嚴遣河中節度駱元光鎮咸陽九月詔左右金吾及十六衛將軍故事皆擇勳臣出鎮方隅入居侍從自天寶艱難之後衛兵雖然廢闕將軍品秩尤高此誠文武勳臣出入轉還之地宜增祿秩以示優崇並宜加給料錢及隨身糧課仍舉故事置武班朝參其廊下食亦宜加給其十六衛各置上將軍一人秩從二品左右金吾上將軍俸料次於六統軍支給欲求致理必藉兼才文武遞遷不全限隔自今內外文武缺官於文武班中量才望相參叙用

仍依故事於本衛量置衛兵所司條件以聞丁酉義成軍節度鄭滑觀察等使檢校尚書左僕射滑州刺史武威郡王李澄卒以東都畿唐鄧汝等防禦觀察使賈耽檢校尚書右僕射兼滑州刺史義成軍節度鄭滑等州觀察使戊戌以吏部侍郎崔縱檢校禮部尚書東都留守東都畿唐鄧汝防禦觀察使己亥勑左右衛上將軍大將軍並於衙內宿乙巳吐蕃寇好畤京師戒嚴李晟部將王佖擊吐蕃於汧陽城敗其中軍辛亥寇鳳翔李晟出師禦之一夕而退冬十月壬午奏關內河中河南等道秋夏兩稅青苗等錢悉折納粟麥兼加估收糴以便民從之是月李晟破吐蕃摧沙堡十一月甲午冊淑妃王氏為皇后乙未兩浙節度使韓滉來朝丁酉冊皇后王氏是日后崩諡曰昭德辛丑吐蕃陷鹽州壬寅劉玄佐曲環鄂嶽盧玄卿並來朝十二月丁巳以韓滉兼度支諸道鹽鐵轉運使吐蕃陷夏州又陷銀州庚申以給事中同平章事崔造為右庶子貶尚書右丞度支元琇為雷州司戶為韓滉誣奏人以為非罪諫官屢論之辛未鳳翔李晟來朝壬申京城畿內榷酒每斗榷錢一百五十文罷酒戶差役從度支奏也

三年春正月丙戌朔壬寅以左僕射張延賞同中書門下平章事乙巳禮部侍郎薛播卒辛亥以戶部侍郎李竦為鄂嶽觀察使壬子以兵部侍郎柳渾同中書門下平章事劉滋守本官罷知政事中書舍人平章事齊映貶虔州刺史戊寅度支鹽鐵轉運使鎮海軍節度浙江東西道觀察等使檢校左僕射同中書門下平章事晉國公韓滉卒贈太傅以果州刺史白志貞為潤州刺史兼御史大夫浙西觀察使宣州刺史皇甫政為越州刺史浙東觀察使三月庚寅詔今年朝集使宜停丙午鳳翔隴右元帥副兵馬使吳詵為福建觀察使鳳翔都虞候邢君牙為鳳翔尹本府團練使丁未制鳳翔隴右涇原四鎮北庭管內兵馬副元帥鳳翔隴右道節度使奉天靖難功臣司徒兼中書令鳳翔尹上柱國西平郡王食實封一千五百戶李晟可太尉兼中書令庚戌以晟甥元帥兵馬使王佖為右威衛上將軍辛亥河東

馬燧來朝時蕃相尚結贊使大將論頰熱卑辭厚意告馬燧請兩國同盟和好上疑其不誠不允故燧自將論頰熱入朝盛言蕃相請盟可以保信上乃從之許盟于平涼夏四月庚申詔蕃寇雖退疆埸猶虞安邊之策必有良籌宜令常參官各陳邊事隨所見封進以聞入蕃使崔翰奏於蕃中誘問給役者求蕃國人馬真數云凡五萬九千餘人馬八萬六千匹可戰者僅三萬人餘悉老幼庚午御麟德殿試定難樂曲馬燧所獻五月丁亥以侍中渾瑊為吐蕃清水會盟使兵部尚書崔漢衡副之瑊與駱元光率師二萬往會盟所丁酉以左丞暢悅為湖南觀察使戊戌左右神策左右龍武各加將軍一員丙午以嶺南節度使杜祐為尚書右丞以容管經略使李復為廣州刺史嶺南節度使蕃相尚結贊請改會盟之所於原州之土梨樹神策將馬有麟奏土梨地多險阨恐蕃軍隱伏不如平涼川其地坦平又近涇州乃改盟於平涼川十月東都河南江陵汴州揚州大水漂民廬舍閏月乙卯以國子司業裴胄為潭州刺史湖南觀察使戊午陝虢李泌獻瑞麥一莖五穗庚申詔省州縣官員上州留上佐錄事參軍司戶司兵各一員中州上佐錄事參軍司戶司士各一員下州上佐錄事司戶各一員京兆河南兩府司錄判司及四赤丞簿尉量留一半諸赤畿縣留令丞尉各一員時宰相張延賞請減官收俸料以助軍討吐蕃故也壬戌日有黑暈自辰及申方散癸亥以荊南節度使檢校戶部尚書嗣曹王皐為襄州刺史山南東道節度襄鄧郢安隨唐等州觀察使以山南東道節度使樊澤為江陵尹荊南[illegible]節度使辛未侍中渾瑊與吐蕃宰相尚結贊同盟于平涼為蕃兵所劫瑊狼狽遁而獲免崔漢衡已下將吏陷沒者六十餘人癸酉遣使齎書以讓結贊蕃界不受戊寅枉矢墜于虛危辛巳以少府監盧嶽為陝虢觀察使是月太白晝見凡四十餘日六月丙戌以檢校司徒侍中馬燧為司徒兼侍中以贊吐蕃之盟失策而罷兵柄也以陝虢觀察使李泌為中書侍郎平章事以左龍武將軍李自良為檢校工部尚書太原尹河東節度使乙巳浙西觀察使白志貞卒是月吐蕃驅鹽夏二州

居民焚其州城而去七月甲寅渾瑊自盟所來素服待罪釋之乙卯詔朕頃緣興師備邊費用不給遂權議減官以務集事近聞授官者皆已隨牒之任扶老攜幼盡室而行俸祿未請歸還無所衣冠之弊流寓何依其先勑所減官員並依仍舊初既減員內外咨怨張延賞

李泌初入相乃諷諫官論之乃下此詔丙辰平涼陷蕃官崔漢衡已下各與一子正員官以左羽林大將軍韓潭為夏州刺史夏綏銀等州節度使壬申賜駱元光姓曰李元諒尚書左僕射同中書門下平章事張延賞薨贈太保癸酉復置吏部小選八月辛巳朔日有蝕之丁亥陷蕃兵部尚書崔漢衡得還己丑以兵部侍郎平章事柳渾為散騎常侍罷知政事壬申以給事中王緯為潤州刺史江西觀察使常州刺史劉贊為宣州刺史宣歙池觀察使戊戌貶前門下侍郎同平章事蕭復為太子左庶子饒州安置坐宗人位佩儒偲鼎等連郜國長公主蔡蠱事也戊辰吐蕃犯塞諸軍戒嚴九月丁巳吐蕃大掠汧陽吳山華亭界民庶徙於安化峽西庚申左庶子崔造卒癸亥迴紇可汗遣使合闕將軍請昏於我許以咸安公主降之丙寅吐蕃陷華亭又陷涇州之連雲堡甲戌吐蕃退俘掠邠涇隴等州民戶殆盡自是蕃寇常至涇隴冬十月吐蕃修源州城屯據之丁亥太子太傅李叔明卒丙戌神策將魏循上言射生將韓欽緒等十餘人與菩薇寺妖僧李廣弘同謀不軌廣弘自言當為人主約十月十日大舉已署置將相名目詔捕劾之連坐死者百餘人欽緒遊瓌之子特赦之是月復降魚書停刺史務十一月丁丑以湖南觀察使趙憬為給事中是夜京師地震者三鳥巢散落壬申禁商人不得以口馬兵械市於党項辛丑鄜坊節度使論惟明卒是歲作玄英觀於大明宮北垣

唐書本紀卷第十二

唐書本紀卷第十三

劉　昫　等修
聞人詮校刻沈桐同校

德宗下

貞元四年春正月庚戌朔上御丹鳳樓制曰朕以菲薄託於王公之上恭承天地之序虔奉祖宗之訓遐想至理思臻大和而誠不感物化不柔遠聲教猶鬱征賦仍繁頃者務於安人不憚屈已與西蕃結好申以齊盟而戎心不猒背義虧信刧脅士庶屢犯封疆元元何辜皆朕之失乃者肇轂之下兇狂結構上帝垂祐悉自伏誅刑以止殺諒非獲已今三陽布和萬物資始思與羣公兆庶惟新政理宜敷在有之澤以覃作解之恩可大赦天下大辟已下罪咸赦除之是日質明含元殿前階基欄檻壞損三十餘間壓死衛士十餘人京師地震辛亥又震壬子又震壬戌以左龍武大將軍王西曜爲麟州刺史鄜坊丹延節度使丁卯京師地震戊辰又震庚午又震以宣武軍行營節度

使劉昌爲涇州刺史四鎮北庭行軍涇原等州節度使癸酉京師地震甲戌以華州潼關節度使李元諒兼隴右節度使臨洮軍使乙亥地震金房尤甚江溢山裂廬舍多壞居人露處陳留雨木如大指長寸餘有孔通中下而植於地凡十里許辛巳李泌以京官俸薄請取中外給用除陌錢及闕官俸外一分職田額內官俸及刺史執刀司馬軍事等錢令戶部別庫貯之以給京官月俸令御史中丞竇叅專掌之歲得錢三百萬貫謂之戶部別處錢朝臣歲不過五十萬常有二百餘萬以資國用壬午地震甲申又震乙酉又震丙申又震甲辰太僕郊牛生犢六足又豕生兩首四足築延喜門北複道屬永春門涇原劉昌復築連雲堡戊辰鹿入京師市門甲寅地震宴群臣於麟德殿設九部樂內出舞馬上賦詩一章群臣屬和巳未地震丁卯有司條奏省官其左右常侍太子賓客請依前置四員從之庚午地震詔涇原劉昌於平涼會盟所收被害將士骸骨葬於淺水原爲二冢立石媬志之題曰懷忠冢辛未地震中書省梧樹有鵲以泥爲巢癸

巳以太子左庶子暢悅爲桂管觀察使改左右射生爲左右神威軍福建兵亂逐觀察使吳詵丁未隴右李元諒築良原城丁巳右龍武統軍張伯儀卒辛酉以吉州刺史張庭爲安南都護本管經略使昇鄆州爲大都督府壬戌加置諫議大夫八員分中書四員爲右門下四員爲左檢校左庶子蕭復卒於饒州丙寅地震丁卯又震月犯歲星辛未太子賓客吳湊爲福建觀察使乙亥熒惑歲鎮三星聚營室凡二十日是月吐蕃寇涇邠寧慶鄜等州焚彭原縣邊將閉城自固賊驅人畜三萬計凡二旬而退吐蕃入寇以秋冬今盛暑而來華人陷蕃者道之也六月丁丑鄂岳觀察使李竦卒乙酉以尚書左丞杜祐爲陝州長史陝虢觀察使徵夏縣處士先除著作郎陽城爲諫議大夫城以褐衣詣闕上賜之章服而後召乙丑桂管都防禦觀察使暢悅卒乙未以諫議大夫何士幹爲鄂岳沔蘄黃等州都團練觀察使乙亥封皇子皇弟邕王諒等七人爲王秫卿監祭酒等官癸卯熒惑退行入羽林秋七月庚戌以左金吾將軍張獻甫爲邠寧節度使陳許

防禦兵馬使韓全義檢校工部尚書充長武城及諸軍行營節度使癸丑邠寧軍因韓遊瓌受代憚張獻甫之嚴乘其無帥縱兵大掠仍脅監軍楊明義奏請范希朝爲帥都虞候楊　朝晟斬其亂首二百餘人方定朝命仍以希朝副獻甫巳未奚室韋寇振武軍壬戌詔以太尉中書令西平郡王李晟長子愿爲銀青光祿大夫太子賓客賜勳上柱國與晟門並列戟乙丑以前撫州刺史戴叔倫爲容州刺史兼御史中丞本管經略使丁丑以兵部尚書崔漢衡爲晉州刺史晉慈隰觀察使壬申詔嗣王郡王朝會班位在本官班之上左右庶子准令在左右丞侍郎之下諸司四品之上今在少卿之下非也宜改之乙亥以蘇州刺史孫晟爲桂州刺史桂管觀察使荊河自陝州至河陰水色如墨流入汴口至汴州一宿而復又汴鄭管內鳥皆入田緒李納之境啣柴爲城方十餘里高二三尺緒納惡而去之信宿復如之鳥口皆流血八月以權判吏部侍郎吉中孚爲中書舍人乙酉檢校司徒兼太子太師汧國公李勉薨甲午京師地震其聲如雷九

月丙午詔比者卿士內外左右朕躬朝夕公門勤勞庶務今方隅無事烝庶小康其正月晦日三月三日九月九日三節日宜任文武百寮選勝地追賞爲樂每節宰相及常參官共賜錢五百貫文翰林學士一百貫文左右神威神策等軍每廂共賜錢五百貫文金吾英武威遠諸衛將軍共賜錢二百貫文客省奏事共賜錢一百貫文委度支每節前五日支付永爲常式戊申晉慈隰觀察使崔漢衡加都防禦使名癸丑賜百寮宴於曲江亭仍作重陽賜宴詩六韻賜之群臣畢和上品其優劣以劉太眞李紓爲上等鮑防于召爲次等張濛殷亮等二十人又次之唯李晟馬燧李泌三宰相之詩不加優劣庚申吐蕃寇邠寧坊等州冬十月詔中書門下選常參官曾爲牧宰有理行者以名聞宰臣奏于頎董晉等十二人前任有治迹詔頎等於左右丞聽各言政要左右丞條奏上乃御宣政殿親試其言而後用之丙戌以右神策將軍李長榮爲河陽三城懷州團練使仍賜名元戊子迴紇公主將妾媵六十餘人馬二千匹來迎咸安公主命刑部尚書關播送公

主歸蕃十二月辛巳少府監李觀卒

五年春正月壬辰朔乙卯詔四序嘉辰歷代增置漢崇上巳晉紀重陽或說禳除雖因舊俗與衆共樂咸合當時朕以春方發生候及仲月勾萌畢達天地和同俾其昭蘇宜助暢茂自今宜以二月一日爲中和節以代正月晦日備三令節數內外官司休假一日宰臣李泌請中和節日令百官進農書司農獻穜稑之種王公戚里上春服士庶以刀尺相問遺村社作中和酒祭勾芒以祈年穀從之丁卯右散騎常侍宜城縣子柳渾卒二月己丑貶京兆尹鄭叔則爲永州長史戊戌以滄景留後程懷直爲滄景觀察使庚子以大理卿董晉爲門下侍郎同中書門下平章事以御史中丞竇參爲中書侍郎平章事兼轉運使以戶部侍郎班宏爲戶部尚書依前度支轉運副使三月甲辰中書侍郎同平章事李泌卒乙卯以兵部郎中姚南仲爲御史中丞司農卿薛珏爲京兆尹以大理卿李逮爲黔州刺史黔州觀察使癸亥以資州刺史龐復爲安南都護本管經略使丙寅貶 禮部侍郎劉太眞爲信州刺史以給事中杜黃裳爲河南尹戊辰詔以李懷光外孫燕八八爲左衛率府胄曹參軍賜姓名曰李承緒仍賜錢千貫俾自營居業夏四月乙未以太子少師蕭昕爲工部尚書致仕給半祿料永爲常式初致仕官只給半祿無料上加之以待老臣半料自昕始也五月戊辰宋州麥一莖九岐者百餘本六月乙未以光祿卿裴胄爲桂管觀察使秋七月以嗣滕王湛然爲太子賓客入迴紇使八月辛未以同州刺史竇穎爲戶部侍郎九月壬戌詔以褚遂良已下至李晟等二十七人圖形於凌煙閣以繼國初功臣之像冬十月丙午西川韋皋奏與東蠻合力大破吐蕃於故巂州擒其將臧遝遝自是吐蕃挫銳竟復巂州庚午百寮請復徽號不允己丑易定節度使檢校司空平章事張孝忠以擅出兵襲蔚州降檢校司空爲左僕射桂管觀察御史中丞孫晟卒癸巳以戶部侍郎竇覦爲揚州長史兼御史大夫淮南節度使十二月庚午迴紇汨咄祿長壽天親毗伽可汗卒辛未以淮南節度使杜亞爲東都留守畿汝州都防禦

使兵部侍郎裴諝爲河南尹司農卿李翼爲陝虢都防禦觀察使壬申以陝虢觀察使杜祐檢校禮部尚書兼揚州長史淮南節度使

六年春正月戊辰朔戊申大雪二月戊辰朔百寮會宴於曲江亭上賦中和節羣臣賜宴七韻是日百寮進兆人本業三卷司農獻黍粟各一斗岐州無憂王寺有佛指骨寸餘先是取來禁中供養乙亥詔送還本寺丙戌以中書舍人陸贄權兵部侍郎甲午以吏部侍郎劉滋爲吏部尚書丁酉王武俊守棣州將趙鎬以郡歸李納武俊怒以兵攻之三月庚子百寮宴于曲江亭上賦上巳詩一篇賜之壬寅渾瑊自河中來朝戊午牂牁蠻來朝甲子以旱日色如血無光夏四月甲辰大風雷閏月庚申太白辰星聚東井戊午始雨五月丙寅朔上御紫宸受朝上以是月一陰生臣子道長父子必以是朔面爲故取朔日受朝壬午以寧州刺史范希朝爲單于大都護麟勝節度使是夏淮南浙東西福建等道旱井泉多涸人渴乏疫死者衆秋七月丙寅淮南節度使竇覦卒癸酉復嘷親王母曰太妃公主母曰太儀八

月丁未工部尚書致仕鮑防卒九月乙丑收諸道進奏院官印悉毀
之己卯詔十一月八日有事於南郊太廟行從官吏將士等一切並
令自備食物其諸司先無公廚者以本司闕職物充其王府官度支
量給廩物其儀仗禮物並仰御史擇節處分冬十月己亥文武百寮
京城道俗抗表請徽號上曰朕以春夏亢旱粟麥不登朕精誠祈禱
獲降甘雨既致豐穰告謝郊廟朕倘因禋祀而受徽號是有爲爲之
勿煩固請也辛亥迴紇弔祭使鴻臚卿郭降復命迴紇遣達北勒梅
録將軍來告九姓迴紇登里邏沒密施俱録忠貞毗伽可汗之喪十
一月庚午日南至上親祀昊天上帝於郊丘禮畢還宮御丹鳳樓宣
赦見禁囚徒減罪一等立仗將士及諸軍兵賜十八萬段匹今後刺
史縣令以四考爲限青州李納以棣州還王武俊并其兵士三千是
歲吐蕃陷我北庭都護府節度使楊襲古奔西州迴紇大相頡干迦
斯紿襲古請合軍收復北庭乃殺襲古安西因是阻絶唯西州猶固
守之迴紇亦爲吐蕃所逼取浮圖川乃遷部落羊馬於牙帳之南以
避之

七年春正月壬戌朔己巳襄王僙薨庚辰以湖南觀察使裴胄爲洪
州刺史江西觀察使以常州刺史李衡爲潭州刺史湖南觀察使蔡
州置汝南縣黑衣大食遣使朝貢以中書舍人韓臯爲御史中丞二
月己巳涇原帥劉昌復築平涼城城去故原州一百五十里本原之
屬縣地當禦戎之衝要昌復夾辰而功畢分兵戍之邊患稍弭庚子
侍中渾瑊自河中來朝三月辛酉陳許節度使曲環奏請權停當道
冗官待一二年後民力稍給則復之壬戌左龍武統軍戴休顏卒甲
子涇原節度使劉昌築胡谷堡改名彰義堡堡在平涼西三十五里
亦禦戎之要地壬申詔頃來賜衣文彩不常非制也朕今思之
宜有定制節度使宜以鶻銜綬帶觀察使宜以鴈銜威儀瑞草
也關輔牛疫死十亡五六上遣中使以諸道兩稅錢買牛散給畿民
無牛者辛巳詔神威神策六軍將士自相訟軍司推劾與百姓相訟
委府縣推劾小事移牒大事奏取處分軍司府縣不得相侵癸未義

武軍節度使檢校司空平章事張孝忠卒夏四月庚子太子少師致
仕蕭昕卒汴州獻白烏戊午詔仲夏之時萬物敷暢陽德方茂陰事
始承昔者觀　法象因天地交會之序爲父子相見之儀公習成風古今
不易王者制事在於因人酌其情而用中順其俗以爲禮咸覩之義
旣行於父子之間資事之情豈隔於君臣之際申恩卿士自我爲初
起今年五月朔御正殿召見　文武百官外官因朝奏咸聽就列仍編
禮式以爲常典己未安南首領杜英輪叛攻都護府都護高正平憂
死五月庚申朔上御宣政殿見百官從新制也辛未置柔遠軍爲安
南都護府甲申端王遇薨許州獻白烏戊子以衡州刺史齊映爲桂
管觀察使六月庚子朔乙巳太常卿崔縱卒秋七月庚午以信州刺
史鄭叔則爲福建觀察使癸酉上幸章敬寺賦詩九韻皇太子與群
臣畢和題之寺壁戊寅以邕王諒爲義武軍節度使易定觀察等大
使以定州刺史張昇雲爲留後庚辰以虔州刺史趙昌爲安南都護
經略招討使八月己丑以翰林學士歸從敬爲工部尚書甲午給事
中鄭珣瑜爲中書舍人丙申貶宗正卿李翰爲雅王傅翰林學士陸贄
爲兵部侍郎罷學士庚戌夏州奏開延化渠引烏水入庫狄澤溉田
二百頃九月庚申兵部尚書致仕馬炫卒冬十月癸丑每御延英令
諸司官長二人奏本司事壽又勅常叅官毋一日二人引對訪以政事
謂之巡對十一月乙丑令常叅官趨朝入閤不得奔走周親已下喪
者禁慘服朝會須服本色綾袍金玉帶丁酉以前福建觀察使吳湊
爲陝州長史陝虢觀察使是冬無雪

八年春正月丙辰朔癸酉罷桂管經略招討使二月丁亥許州人李
狗兒持杖入含元殿擊欄檻又格撿者誅之庚子京師雨土己酉吏
部尚書李紓卒乙丑山南東道節度使檢校戶部尚書嗣曹王臯薨
庚午宣武軍節度使司徒平章事劉玄佐卒癸酉　劍南西川節
度使韋臯奏請有當道閑員官吏增其俸禄從之己亥以湖南觀察
使李衡爲洪州刺史江西觀察使襄州軍亂掠府庫民財殆盡都將
徐誠斬其亂首楊清潭方止丙子以荊南節度使樊澤爲襄州刺史

山南東道節度使以江西觀察使裴胄爲江陵尹荊南節度使以戶
部尚書班宏判度支戶部侍郎張滂爲諸道鹽鐵轉運使己卯以陝
虢觀察使吳湊爲汴州刺史宣武軍節度汴宋等州觀察使辛巳以
同州刺史姚南仲爲陝虢觀察使壬午以左庶子李充爲京兆尹以
蘇州刺史齊抗爲潭州刺史湖南觀察使夏四月丁丑貶左金吾大將
軍嗣虢王則之爲昭州司馬左諫議大夫知制誥吳通玄爲泉州司
馬給事中竇申道州司馬戊子以雅王傅李翰爲金吾衛大將軍翰
前爲竇參所惡貶官至是參敗上遽召翰口授將軍使令金吾仗上
事翌日除書方下庚寅以汴州長史劉士寧爲汴州刺史宣武軍節
度使時吳湊行次汜水聞其有變而還乙未貶中書侍郎平章事竇
參爲郴州別駕竇申景州司戶尋杖殺申諸竇皆貶以尚書左丞趙
憬兵部侍郎陸贄爲中書侍郎同中書門下平章事丁酉韋皐請十
二而稅以給官吏從之丙午以東都河南淮南江南嶺南山南東道
兩稅等物令戶部侍郎張滂主之以河內河東劍南山南西道等財

○戶部尚書判度支班宏主之一遵大曆故事如劉晏韓滉分掌焉給
事中竇夏卿左遷常州刺史坐交諸竇也是月吐蕃寇雲州五月乙
卯朔上御宣政殿受朝丙辰初增稅京兆青苗畮三錢以給掌閑
彍騎戊午以光祿少卿崔穆爲黔州觀察使己未大風吹壞廬舍門
關丙寅以大理卿王胡爲福建觀察使戊辰初令授臺省官者各具
舉主於授官詔先是郎官缺左右丞舉之御史缺大夫中丞舉之詔
書不具所舉及趙憬陸贄爲相諫議郎官不宜專於左右丞宜令尚
書丞郎各舉其可詔書具所舉官名御史亦如之異日考殿最以舉
主能否從之癸酉平盧淄青節度使檢校司徒平章事李納卒癸未
前太僕少卿劉士幹有罪賜死劉玄佐養子也六月吐蕃寇涇州秋
七月甲寅朔戶部尚書判度支蕭國公班宏卒以管桂觀察使齊映
爲洪州刺史江西觀察使以翰林學士歸崇敬爲兵部尚書致仕辛
巳大雨八月乙丑以天下水災分命朝臣宣撫賑貸河南河北山南
江淮凡四十餘州大水漂溺死者二萬餘人辛卯以青州刺史李師

古爲鄆州大都督府長史平盧淄青等州節度觀察海運陸運押新
羅渤海兩蕃等使丁未詔以歲凶罷九月賜宴九月丁巳韋皐攻吐
蕃之維州獲蕃將論莽熱以獻貶太子賓客于召江州別駕尋卒乙
亥以太子賓客薛珏爲嶺南節度使冬十月己亥追封故皇弟遐爲
均王庚戌復命金吾置門籍十一月壬子朔日有蝕之己巳貶右庶
子姜公輔泉州別駕嚴震奏破吐蕃於芳州壬申詔自今死刑勿決
先杖十二月庚寅詔賜澧水縣乏絕戶米三十萬石丁未以給事中
李巽爲潭州刺史湖南觀察使閏月癸酉門下省奏郵驛條式應給
紙券除門下外諸使諸州不得給往還券至所詣州府納之別給俾
還朝常參官在外除授及分司假寧往來並給券從之甲戌牂牁室
韋靺鞨皆遣使朝貢
九年春正月庚辰朔朝賀畢上賦退朝觀仗歸營詩乙酉劍南東川節
度使王叔邕來朝癸卯初稅茶歲得錢四十萬貫從鹽鐵使張滂所
奏茶之有稅自此始也甲辰禁賣劍銅器天下有銅山任人採取其

○銅官買除鑄鏡外不得鑄造二月庚戌朔先是宰相以三節賜宴府
縣有供帳之弊請以宴錢分給各令諸司選勝宴會從之是日中和
節宰相宴于曲江亭諸司隨便自是分焉易定留守張昇雲爲義
武軍節度使辛酉詔復築鹽州城貞元三年城爲吐蕃所毀自是塞
外無保障犬戎入寇既城之後邊患息焉三月己亥以駕部郎中知
制誥張式爲虢州刺史夏四月辛酉地震有聲如雷河中關輔尤甚
壞城壁廬舍地裂水涌五月庚申廢諸州府執刀甲辰以義成軍節
度使檢校右僕射賈耽爲左僕射同中書門下平章事以尚書左丞
盧邁本官同平章事以鄭州刺史李融爲滑州刺史義成軍節度使
乙巳韋皐奏遣軍出西山破吐蕃峨和城定廉城通鶴軍凡平堡五
十餘所是日以蕃俘器仗來獻丙戌以門下侍郎平章事董晉爲禮部
尚書罷知政事甲寅加韋皐檢校右僕射以司農少卿裴延齡爲戶部
侍郎判度支庚申以給事中李衡爲戶部侍郎諸道鹽鐵轉運使秋
七月乙未勅縣令以四考爲限無替者宜至五考庚子以信州刺史孫

公器爲邕管經略使故事宰相秉筆決事每人十日一易至是賈耽
趙憬陸贄盧邁同平章政事百寮有所關白更相讓而不言始詔令
旬日秉筆後詔每日更秉筆劒南西川羌女國王湯立志哥鄰王董臥
庭白狗王羅陀忽弱水王董避和逋租王弟鄧告知南水王姪尚悉
曩等六國君王自來朝貢六國初附吐蕃韋臯出西山討吐蕃故六
蠻內附各授官勅遣之八月庚戌太廟中書令西平郡王李晟薨贈
太師廢朝五日己巳皇太子長男廣陵王淳納妃郭氏九月己卯罷
九日宴以太師晟喪也冬十月己酉侍中馬燧對于延英燧足疾詔
令不拜行什於地命宦者扶持之上謂之曰前日卿與太尉晟俱來
今公獨至因歔欷泣下及燧退上送及階癸酉環王國獻犀牛上令
見于太廟十一月乙酉日南至上親郊圓丘是日還宮御丹鳳樓制
曰朕以寡德祇膺大寶勵精理道十有五年夙夜惟寅罔敢自逸小
大之務莫不祗勤皇靈儲顧宗社垂祐年穀豐阜荒服會同遠至邇
安中外咸若永惟多祐實荷玄休是用虔奉禮章躬薦郊廟克展因
○
心之敬復申報本之誠慶感滋深悚惕惟勵大福所賜豈獨在予思
與萬方均其惠澤可大赦天下辛卯華州潼關鎮國軍隴右節度使
李元諒卒於良原以其部將阿史那敍統元諒之衆戍良原壬寅河
南尹東都留守裴諝卒甲辰冬制薦官宜令尚書丞郎於都堂訪以
理術試時務狀考其通否及歷任考課事迹定爲三等幷舉主姓名
仍令御史一人爲監試如授官後政事能否委御史臺觀察使以聞
而殿最舉主十二月丙午朔制今後使府判官副使行軍已下使罷
後如是檢校試五品以上官不合集於吏部選任準罷使郎官御史
例冬季聞奏丙辰宣武軍亂逐節度使劉士寧壬戌以通王諶爲宣
武軍節度使以宣武軍節度使副使李萬榮爲汴州刺史宣武軍節
度汴宋等州觀察留後朔方靈鹽節度副大使太子少師檢校左僕
射餘姚郡王杜希全卒
十年春正月乙亥朔乙酉以虔王諒爲朔方靈鹽豐節度大使以朔
方等道行軍司馬李欒爲留後壬辰南詔異牟尋大破吐蕃於神川

使來獻捷己亥昭義節度使檢校司空平章事李抱眞請降官乃授
檢校左僕射時抱眞病巫祝言宜降爵故有是請二月丙午以瀛州
刺史劉澭爲秦州刺史隴右經略軍使理普潤縣仍以普潤軍爲名
乙卯以給事中齊抗爲河南尹乙丑義成軍節度使鄭滑觀察使李
融卒丁卯詔君臣之際義莫重焉每聞薨殂良深悼惻應文武朝臣
薨卒者其月俸料宜全給仍更准本官一月俸料以爲賻贈三月乙
亥黃霧四塞日無光以華州刺史李復爲滑州刺史義成軍節度使
滄州程懷直來朝賜安業坊宅妓一人復令還鎮庚辰南詔異牟尋
攻收吐蕃鐵橋已東城壘一十六擒其王五人降其民衆十萬口壬
申以同州刺史盧徵爲華州刺史潼關防禦鎮國軍等使辛丑以延
州刺史李如暹所部蕃落賜名曰安塞軍以如暹爲軍使夏四月戊
辰地震癸丑復震恒州奏見巨人迹以雲南告捷使高細龍爲左武
衛將軍是月太白晝見有大鳥飛集宮中食雜骨是春霖雨罕有晴
日六月壬寅朔昭義軍節度使檢校左僕射同中書門下平章事義
○
陽王李抱眞卒詔以其將王延貴權知昭義軍事癸丑以祠部郎中
袁滋兼御史中丞爲冊南詔使甲寅以辰州刺史房孺復爲容管經
略使丙寅韋臯奏西山峨和城擊破吐蕃城柵斬首二千八百級庚
午度支使裴延齡兼靈鹽等州鹽池井榷使辛未晦有水鳥集於左
藏庫是夜暴雨大風折木秋七月壬申朔以邕王諒爲昭義軍節度
使以昭義軍押衙王延貴爲路府左司馬充昭義節度留後賜名虔
休抱眞別將權知洺州事元誼不悅虔休爲留後據洺州叛陰結田
緒庚辰賜南詔異牟尋金印銀窠其文曰貞元冊南詔印先是吐蕃
以金印授南詔韋臯因其舊而請之汴州軍亂攻節度留後李萬榮
不勝而潰萬榮悉捕斬其拏己亥前汴州節度使劉士寧宜於郴州
安置欽州守鎮黃少卿叛攻邕管經略使孫公器又陷欽橫潯貴等
州吐蕃大將論乞髯陽没藏悉諾硉以其家內附授歸義將軍因置
四品已下武官以授四夷歸附者仍定懷化大將軍已下俸錢九月
辛未朔以袁州刺史董頲爲邕管經略使戊子賜百寮九日宴上賦

詩賜之辛卯南詔獻鐸槊浪人劍吐蕃印八紐戊戌定州張雲昇改
名茂昭冬十月癸卯御宣政殿試賢良方正能直言極諫等舉人壬
戌刑部尚書劉滋卒十一月乙酉諸道鹽鐵轉運使張滂爲衛尉卿
以浙西觀察使王緯爲諸道鹽鐵轉運使庚寅秘書監致仕穆寧卒
十二月庚子朔壬戌貶中書侍郎平章事陸贄爲太子賓客
十一年春正月庚午朔乙亥嶺南節度使薛珏卒乙未以秘書少監
王礎爲黔中經略觀察使衛尉少卿武少儀爲邕管經略使丙申以
邕管經略使王鍔爲廣州刺史嶺南節度使二月癸卯以衛州刺史
李若初爲福建觀察使乙巳冊渤海大欽茂之子嵩爲渤海郡王忽
汗州都督乙卯於涇州彰信堡置潘原縣甲子九姓迴紇骨咄祿毗
伽奉誠可汗卒三月庚午司徒兼侍中馬燧以疾請罷侍中不許辛
未賜宰臣兩省供奉官宴於曲江亭乙丑以吏部侍郎鄭瑜爲河南淮
南水陸轉運使丙申諸州準例薦隱居丘園不求聞達蔡廣成等九
人各受試官令給公乘到京日量才叙用夏四月旱壬戌貶太子賓

【唐紀十三　十一

客陸贄爲忠州別駕京兆尹李元信州史衛尉卿張滂汀州長史癸
亥以兵部侍郎韓臯爲京兆尹甲子賜南詔勑書始列中書三官奉
宣行復舊制也丙寅幽州劉濟奏大破奚王啜刺等六萬餘衆五月
丁卯朔庚午命有司慮囚旱故也丁丑以宣武留後李萬榮爲汴州
刺史宣武節度副使知節度事以昭義軍節度留後王虔休爲潞州
大都督府長史昭義軍節度副大使知節度事管內度支營田潞澤
磁邢洺觀察使又以朔方留後李欒爲靈州大都督府長史朔方靈
鹽豐夏四州受降定遠城天德軍節度副大使知節度事管內度支
營田觀察押蕃落等使甲申河東節度使檢校工部尚書太原尹李
自良卒庚寅遣使冊九姓迴紇騰里羅羽録没密施合胡六骨咄祿
毗伽懷信可汗癸巳以通王諶爲河東節度使以河東行軍司馬李
説爲河東節度營田觀察留後北都副留守甲午初鑄河東監軍印
監軍有印自王定遠始也六月河陽獻白烏甲辰晉慈隰觀察使崔
衍衛卒癸丑以絳州刺史姚齊梧爲晉慈隰都防禦觀察使秋七月

丙寅朔右諫議大夫陽城爲國子司業河東監軍王定遠配流崖州坐
專殺也辛卯江西觀察使洪州刺史齊映卒八月辛亥司徒兼侍中
北平郡王馬燧薨贈太傅丙辰以楚州刺史路寰爲洪州刺史江西
觀察使閏月己丑國子司業裴澄表上乘輿月令十二卷理典十二
卷九月己卯賜宰臣兩省供奉官宴於曲江賦詩六韻賜之丁巳加
韋臯統押近界諸蠻及山西八國雲南安撫等使滄州大將程懷信
逐其帥程懷直冬十月丁丑以虔王諒爲橫海軍節度大使以兵馬
使程懷信爲留後十一月丙申日南至不受朝賀以司徒馬燧葬也
辛丑太常定馬燧謚曰景武上曰景太祖謚改莊武可也己酉潭州
獻赤烏十二月戊辰上獵苑中戒多殺止行三驅之禮勞士而還
十二年春正月甲午朔庚子元誼李文通率洺州兵五千民五萬家
東奔田緒壬子以前滄州節度使程懷直爲左龍武統軍乙丑成德
軍節度使檢校司徒兼侍中渾瑊兼中書令興元節度使嚴震魏博
田緒西川韋臯並加檢校左右僕射同中書門下平章事於是方鎮

【唐紀十三　十二

皆叙進兼官上制貞元廣利藥方五百八十六首頒降天下三月癸
巳朔甲午韋臯奏收降蠻七千戶得吐蕃所賜金字告身五十五片
乙巳以戶部侍郎裴延齡爲戶部尚書戊申以兵部尚書董晉充東
都留守判東都尚書省東畿汝州都防禦使四月壬戌朔戊辰左右
十軍使奏去年冬車駕幸諸營欲於銀臺亭子門外立碑以紀聖迹
從之庚午魏博節度使度支營田觀察使檢校左僕射平章事魏州
長史駙馬都尉鴈門郡王田緒卒庚辰上降誕日命沙門道士加文
儒官討論三教上大悅五月辛卯朔丙申邠寧節度使張獻甫卒甲
辰以邠寧都虞候楊朝晟爲邠州刺史邠寧慶節度使銀夏節度使
韓潭讓所授禮部尚書乞雪崔寧許其家收葬丁巳駙馬郭曖王士
平曖弟煦瑄坐代宗忌辰飲宴貶官歸第六月壬戌故驩州司戶竇
參許其家收葬乙丑初置左右護軍中尉監中護軍監以授宦官以左
右神策軍使竇文場霍仙鳴爲左右神策護軍中尉監以左右神威
軍使張尚進焦希望爲左右神威中護軍監己巳宣歙觀察使宣州刺

史劉贊卒七月乙未以東都留守兵部尚書董晉檢校左僕射同中書門下平章事汴州刺史宣武軍節度使宋亳潁觀察使時李萬榮病萬榮子廼自署為兵馬使軍人又逐廼汴州亂故命董晉帥之以太子賓客王栩為東都留守判東都尚書省事東畿汝都防禦使是日汴州節度使李萬榮卒八月辛未朔日有蝕之巳巳以前魏博節度副使田季安為魏州長史魏博節度觀察等使庚午增修望仙門廣夾城十王宅六王宅癸酉以虢州刺史崔衍為宣歙池觀察使以乞𩕳子湯忠義為歸德軍丙子以汝州刺史陸長源為宣武行軍司馬丙戌門下侍郎平章事趙憬薨九月甲午以河東行軍司馬李景略為豐州刺史天德軍豐州西受降城都防禦使丙午戶部尚書判度支裴延齡卒庚戌幸魚藻宮即日還內壬子吐蕃寇慶州冬十月壬戌詔以京畿旱放租稅甲戌諫議大夫崔損給事中趙宗儒並同中書門下平章事俱賜金紫以少府監崔穆為晉州刺史晉慈隰觀察使十一月辛卯昭義王虔休造誕聖樂曲以獻十二月巳未大雪

○平地二尺竹栢多死環王國所獻犀牛甚珍愛之是冬亦死上著刑政箴一首癸未迴紇南詔劔南西山國女國王並來朝賀

十三年春正月戊子朔庚寅太子少師致仕關播卒壬寅吐蕃贊普遣使修好塞上以聞上以犬戎負約不受其使東都尚書省火二月丁巳賜宰臣兩省供奉官宴於曲江亭乙亥度支郎中蘇弁為戶部侍郎判度支兵部郎中王召判戶部三月戊子造會慶亭於麟德殿前乙巳以福建都團練使李若初為明州刺史浙東觀察使以婺州刺史柳冕為福建觀察使夏四月壬戌上幸興慶宮龍堂祈雨乙丑大雪庚午義成軍節度使鄭滑觀察營田檢校左僕射滑州刺史李復卒巳卯以大理卿于頔為陝州長史陝虢觀察使庚辰以陝虢都防禦觀察轉運等使姚南仲為滑州刺史義成軍節度鄭滑觀察使五月丙戌朔韋皐收復巂州畫圖來上壬子以庫部郎中翰林學士鄭餘慶為工部侍郎知吏部選事六月巳卯朔以衛州刺史陳雲為邕管經略使辛巳引龍首渠水自通化門入至太清宮前壬午韋皐奏於巂州破吐蕃生擒大籠官士人馬畜器械不可勝紀秋七月丙戌宰相盧邁請告累月四表避相位是日命宰臣問疾於盧邁私第巳丑右神策中尉霍仙鳴病賜馬十匹令於諸寺齋僧壬辰浚湖渠魚藻池深五尺乙未地震甲辰以兵部郎中判戶部　王召為戶部侍郎乙丑詔令後嗣王薨葬所司並供鹵簿永為常式八月丁巳詔京兆尹韓皐修昆明池石炭賀蘭兩堰兼湖渠壬午容管經略使房孺復卒九月巳丑盧邁懇讓相位乃授太子賓客辛卯九日宴宰臣百官於曲江上賦詩以賜之巳未江西觀察使路瓌卒甲辰陞定州為大都督府以湖南觀察使李巽為江西觀察使以禮部侍郎呂渭為潭州刺史湖南觀察使冬十月癸丑朔以前滁州刺史房濟為容管經略使丙辰黔中觀察使奏溪州人戶訴被前刺史魏從琚於兩稅外每年加進朱砂一千斤水銀二百馱戶民疾苦請停從之淮南吳少誠擅開淘刁河汝河詔使不能禁癸酉宰相賈耽以疾避相位不允丁丑徐泗節度使張建封來朝上嘉之次日於延英召對

○癸巳贈太傅馬燧祔廟命所司供少牢祭仍給鹵簿從宅至廟十二月庚辰右龍武統軍韓遊瓌卒

十四年春正月壬午朔庚寅詔諸道州府應貞元八年至十一年兩稅及榷酒錢在百姓復內者總五百六十萬七千貫並除放甲午勅比來朝官或相過從金吾皆上聞其間如是親故或嘗同寮伏臘歲時須有還往亦人倫常禮今後不須奏聞因張建封奏議也二月壬子朔戊午上御麟德殿宴文武百寮初奏破陣樂徧奏九部樂及宮中歌舞妓十數人列於庭先是上制中和樂武曲是日奏之日宴方罷比詔二月一日中和節宴以雨雪改用此日上又賦中春麟德殿宴群臣詩八韻羣臣頌賜有差乙亥賜光蔡節度曰彰義軍三月丙申右神策行營節度鳳翔隴右觀察使檢校尚書右僕射鳳翔尹邢君牙卒以右神策將軍張昌為鳳翔尹右神策行營節度鳳翔隴右節度使仍改名敬則夏四月乙丑以左諫議大夫平章事崔損為修奉八陵使先是昭陵寢殿為火所焚至是獻昭乾定泰五陵各造屋三

百八十間橋元建三陵據闕補造五月庚辰朔甲午前東都留守東畿汝都防禦使檢校吏部尚書杜亞卒丙午戸部侍郎判度支蘇弁爲太子詹事上特召度支郎中于頎于延英兼御史中丞賜金紫令判度支閏月庚申以左神策行營節度韓全義爲夏州刺史兼鹽夏綏銀節度使以代韓潭甲子貶太子詹事蘇弁爲汀州司戸兄贊善大夫袞爲永州司戸前京兆府士曹冕爲信州司戸六月癸卯太子賓客盧邁卒乙巳以旱儉出太倉粟賑貸秋七月以吉州刺史杜春爲邕管經略使乙卯貶京兆尹韓皐爲撫州司馬召右金吾將軍吳湊于延英面授京兆尹即令入府視事是夏熱甚壬申以給事中同中書門下平章事趙宗儒爲太子左庶子以左諫議大夫平章事崔損爲門下侍郎平章事以工部侍郎鄭餘慶爲中書侍郎同平章事左神策護軍中尉霍僊鳴卒丁丑以宦者第五守亮代僊鳴爲中尉已卯左右神策置統軍品秩奉給視六軍統軍例甲午崔損修奉八陵寢宮畢群臣於宣政殿行稱賀江西觀察使潤州刺史王緯卒九

○月丁未朔已酉山南東道節度使檢校尚書右僕射襄州刺史樊澤卒乙卯以同州刺史崔宗爲陝州大都督府長史陝虢觀察水陸轉運使以浙東觀察李若初爲潤州刺史浙西觀察使及諸道鹽鐵轉運使又以常州刺史裴肅爲越州刺史浙東觀察使丙辰以陝虢觀察使于頔爲襄州刺史山南東道節度使丁卯杞王倕薨以太常卿杜確爲同州刺史本州防禦長春宮使癸酉諫議大夫田登奏言兵部武舉人持弓挾矢數千百人入皇城恐非所宜上聞之瞿然乃命停武舉冬十月癸酉以歲凶穀貴出太倉粟三十萬石開場糴以惠民庚子夏州韓全義奏破吐蕃鹽州十一月已未韋皐進開西南蠻事狀十卷叙開復南詔之由十二月戊子太子少師致仕鄖國公韋倫卒癸酉出東都含嘉倉粟七萬石開場糴以惠河南饑民已亥南詔異牟尋遣使賀正旦明州鎮將栗鍠殺刺史盧雲

十五年春正月丙午朔甲寅雅王逸薨甲戌浙西觀察使李若初卒二月罷中和節宴會年凶故也丁丑宣武軍節度使檢校左僕射平章事汴州刺史董晉卒乙酉以行軍司馬陸長源檢校禮部尚書汴州刺史御史大夫宣武軍節度度支營田汴宋亳潁節察等使以常州刺史李錡爲潤州刺史浙西觀察使及諸道鹽鐵轉運使是日汴州軍亂殺陸長源及節度判官孟叔度丘潁軍人臠而食之監軍俱文珍以宋州刺史劉逸準久爲汴之大將以書招之俾靜亂乙丑以宋州刺史劉逸準檢校工部尚書兼汴州刺史宣武軍節度使仍賜名全諒乙未裴肅奏於台州擒栗鍠以獻斬於獨柳樹癸卯罷三月羣臣宴賞歲饑也出太倉粟十八萬碩糶於京畿諸縣三月甲寅吳少誠寇唐州殺監軍召國朝掠居民千餘而去丁巳以度支郎中兼中丞于頔爲戸部侍郎依前判度支戊午昭義軍節度使檢校工部尚書王虔休卒戊辰以河陽三城節度使李元爲潞州長史昭義軍節度澤潞磁邢洺觀察使以河陽節度押衙衡濟爲懷州刺史河陽三城懷州節度使辛未太子少師致仕于頎卒壬申於易州滿城縣置永清軍癸酉令江淮歲運米二百萬石雖有是命然歲運不過四十

○萬石四月丁丑以久旱令陰陽人法術祈雨壬午內侍省加置內給事二員癸未以安州刺史伊愼爲安黃節度營田觀察使庚寅應京城內外諸軍縣鎮職員官見共五萬八千二百七十一人宜令每人賜粟一石乙未特進兵部尚書歸崇敬卒五月甲辰朔戊辰宗正卿嗣吳王巘薨六月已卯黔中觀察使御史中丞王礎卒癸巳山南西道節度使檢校尚書左僕射平章事嚴震卒秋七月乙巳以興州刺史興元都虞候嚴礪爲興元尹兼御史大夫山南西道節度度支營田觀察等使丙午故唐安公主賜謚曰莊穆公主賜謚自唐安始也丁未以王礎廢朝一日觀察使卒廢朝自礎始也戊午貶諫議大夫苗拯萬州刺史左拾遺李繁播州參軍以私議除拜嚴礪不當而無章疏而僞言累上疏故也鄭滑大水八月壬申朔丙申陳許節度使檢校尚書右僕射許州刺史曲環卒丁酉以洋州刺史韋士及爲黔中觀察使丙午以陳許兵馬使前陳州刺史上官涚爲許州刺史陳許節度使吳少誠謀逆斬甚陷臨潁進圍許州庚戌宣武軍節度使

檢校工部尚書汴州刺史劉全諒卒丙辰制吳少誠非次擢用授以節旌秩居端揆之榮任總列城之重期申報效奉我典章而秉心匪彝自底不類兇狡成性覇攙多端擅動甲兵暴越封壤壽州茶園輒縱凌奪唐州詔使僭搆殺傷干犯國章罪在無赦朕以王者之德在乎好生人君之體務於含垢寧屈巳以宥罪不殘人以興師以上稽宗社之威外抑忠賢之請庶有悛革尚議優容幸隣境之喪逞貪亂之志焚略縣邑殘暴吾民朕尤冀知非爲之恐耻亟須恩命未許出師至乃攻 逼許州肆其蠆毒恣行殺戮流害黎蒸惡稔禍盈人神同棄興言致討實悼于懷宜令諸道各出師徒犄角齊進吳少誠在身官爵並宜削奪巳巳自今中和重陽二節每節只禁屠一日辛酉以大理評事宣武軍都知兵馬使韓弘檢校工部尚書兼汴州刺史御史大夫宣武軍節度使冬十月巳丑邕王謜薨吏部侍郎奚陟卒十一月乙巳冬至罷朝會兵興也壬子襄州于頔奏于朗山破淮南賊三千人十二月庚午朔方等道副元帥河中絳州節度使檢校司徒兼奉朔中書令渾瑊薨乙未戰淮西賊於小溵河王師不利諸軍自潰丁酉以同州刺史杜確爲河中尹河中絳州觀察使

○十六年春正月庚子朔乙巳恒冀定州許河陽四鎭之師與賊戰皆不利而退南詔獻奉聖樂舞曲上閱於麟德殿前二月巳酉以左神策行營銀夏節度等使韓全義爲蔡州行營招討使陳許節度使上官涗副之巳丑左龍武統軍程懷直卒巳酉華州刺史潼關防禦鎭國軍使盧徵卒壬子以尚書右丞袁滋爲華州刺史潼關防禦鎭國軍使夏四月丁亥黔中知宴設吏傅近逐觀察使韋士宗巳丑以昭義軍節度使姚南仲爲右僕射以權知新羅國事金俊邕襲祖開府檢校太尉雞林州都督新羅國王辛卯以義成軍行軍司馬盧羣爲滑州刺史兼御史中丞義成軍節度使壬申檢校兵部尚書京兆尹吳湊卒五月戊戌朔以雨罷朝庚戌韓全義與蔡賊將吳少誠戰於溵水南王師敗績徐泗濠節度使檢校尚書右僕射徐州刺史張建封卒壬子徐州軍亂不納行軍司馬韋夏卿迫建封子愔爲留後丙寅韋士宗却入黔州丁卯以吏部侍郎顧少連爲京兆尹六月丙午鄆州李師古淮南杜祐並加同平章事以祐兼領徐泗濠節度以前虢州叅軍張愔起復驍衛將軍兼徐州刺史御史中丞本州團練使知徐州留後秋七月湖南觀察使呂渭卒八月癸酉以河中尹王 爲潭州刺史湖南觀察使九月宥吳少誠駙馬都尉郭曖卒義成軍節度使盧羣卒丙午前太常卿裴郁卒戊辰以左丞李光素爲滑州刺史兼御史大夫義成軍節度使庚戌貶中書侍郎同中書門下平章事鄭餘慶爲郴州司馬戶部侍郎判度支于頔爲泉州司戶以戶部侍郎王召判度支以戶部郎中崔從質爲戶部侍郎癸酉吳少誠賊迫官軍溵水砦下營韓全義退保陳州諸軍散還本道官軍不振以河南少尹張式爲河南尹水陸轉運使庚申以太常卿齊抗爲中書侍郎同平章事癸亥以虔王諒爲徐州節度使張愔爲留後冬十月辛未興元嚴礪希監軍旨誣奏流人通州別駕崔河圖長流崖州賜死人士傷之吳少誠引兵歸蔡州上表待罪戊子詔雪吳少誠復其官

爵乙丑河東節度使檢校禮部尚書太原尹兼御史大夫北都留守李悅卒甲午以河東行軍司馬鄭儋檢校工部尚書太原尹河東節度使十一月癸卯泗州濠州宜隸淮南觀察使戊申以太府卿韋渠牟爲太常寺卿十二月戊寅罷吏部復考判官及禮部別項貢舉

○十七年春正月甲午朔甲寅韓全義自蔡州行營還詔歸鎭華州二月癸巳朔賜群臣宴於曲江亭上賦中和節賜宴曲江詩六韻賜之丁酉雨雹巳亥雨霜戊申夜雷震雨雹庚戌大雨雪兼雹三月乙丑賜群臣宴於曲江亭巳巳黔中觀察使韋士宗復爲三軍所逐癸酉衢州刺史鄭式瞻進絹五千匹銀二千兩上曰式瞻犯贓巳詔御史按問所進宜付左藏庫丁丑省天下州府別駕司馬田曹叅軍京兆河南太原三府外諸府判司雙曹者省一夏四月丁未始命駙馬及郡縣主壻無子者養男不用毋蔭辛亥以諫議大夫裴佶爲黔中觀察使五月壬戌朔日有蝕之乙酉邠寧節度使檢校工部尚書邠州刺史楊朝晟卒丙戌以工部侍郎趙植爲廣州刺史兼御史大夫嶺南

節度使六月戊戌以定平鎮兵馬使李朝寀檢校工部尚書兼邠州刺史朔方邠寧慶節度使以中官楊志廉爲右神策護軍中尉浙西人崔善貞詣闕上書論浙西觀察使李錡罪狀上覽奏不悅令械善貞送於李錡錡爲坑待善貞既至和械推而埋之由是錡恣橫叛己酉以邠寧兵馬使高固爲邠州刺史兼御史大夫邠寧慶節度使丁巳成德軍節度使恒冀深趙德棣觀察等使恒州大都督府長史檢校太尉中書令瑯琊郡王王武俊薨贈太師謚曰忠烈秋七月戊寅吐蕃寇鹽州辛巳以前成德軍節度副使檢校工部尚書知恒府事清河郡王王士真起復授恒州長史充成德軍節度使乙酉太常卿韋渠牟卒己丑吐蕃陷麟州殺刺史郭鋒毀城壘而去八月戊午以河東行軍司馬嚴綬檢校工部尚書兼太原尹御史大夫河東節度使九月壬戌韋皐奏大破吐蕃於雅州戊辰群臣宴曲江上賦九日賜宴曲江亭詩六韻賜之丁丑禮部尚書李齊運卒冬十月加韋皐檢校司徒中書令封南康郡王賞破吐蕃功也戊午鹽州刺史杜彥先委城奔慶州辛未宰相賈耽上海內華夷圖及古今郡國縣道四夷述四十卷甲戌翰林待詔戴少平死十六日復生庚戌以京兆尹顧少連爲吏部尚書以吏部侍郎韋夏卿爲京兆尹淮南節度使杜祐進通典凡九門共二百卷

○十八年春正月戊午朔大雨雪罷朝賀乙丑驃國王遣使悉利移來朝貢幷獻其國樂十二曲與樂工三十五人乙亥韋皐以所擒蕃相論莽熱來獻庚辰以常州刺史賈全爲越州刺史浙東觀察使二月戊子朔賜群臣宴於馬璘之山池三月癸未以劍南東川行軍司馬李康爲梓州刺史兼御史大夫劍南東川節度使乙丑賜宴群臣於馬璘之山池己巳以蘄州刺史鄭紳爲鄂州刺史鄂岳蘄沔觀察使癸酉以浙東團練副使齊總爲衢州刺史總以橫賦進奉希恩給事中許孟容封還制書丙戌以河中行軍司馬鄭元爲河中尹兼御史大夫河中絳節度使五月癸亥以竇群爲左拾遺庚辰以祠部員外郎裴泰爲檢校兵部郎中充安南都護本管經略使六月癸巳以吏部尚書顧少連爲兵部尚書東都留守東都畿汝防禦使前東都留守檢校禮部尚書王栩卒秋七月庚辰蔡申光三州春水夏旱賜帛五萬段米十萬碩鹽三千碩八月壬寅以邕管經略使徐申爲廣州刺史嶺南節度使甲辰以嶺南節度掌書記試大理評事張正元爲邕州刺史御史中丞邕管經略使給事中許孟容以非先賜授封還詔書丁未以戶部侍郎判度支王召爲戶部尚書判度支九月乙卯朔以太常少卿楊憑爲潭州刺史湖南觀察使癸亥賜群臣宴於馬璘山池上賦九日賜宴詩六韻賜之冬十月丁亥以刑部尚書王鍔爲淮南節度副使兼行軍司馬己酉鄜坊丹延節度使檢校禮部尚書王栖耀卒十一月丙辰以同州刺史劉公濟爲鄜州刺史鄜坊丹延節度使十二月乙巳貶大理卿李正臣爲衛尉少卿正臣爲御史彈劾下獄不堪其辱而死戊申黎州蠻牂牁使入朝

○十九年春正月癸丑朔二月壬午朔賜宴馬璘山池丁亥修含元殿賜安黃節度曰奉義軍丙申以桂管留後韋武爲桂州刺史桂管觀察使己亥安南經略使裴泰爲州將王季元所逐甲辰淮南節度使杜祐來朝三月壬子朔以杜祐檢校司空同中書門下平章事太清宮使以淮南行軍司馬王鍔檢校尚書右僕射兼揚州大都督府長史淮南節度使丁卯以今年孟夏禘饗前議太祖懿獻之位未決至此禘祭方正太祖東向之位已下列序昭穆其獻祖懿祖祔于德明興聖之廟每禘祫年就本室饗之乙亥以司農卿李實爲京兆尹夏四月乙未涇原節度使劉昌奏請移行原州爲平涼城從之戊戌百官以祔廟畢蹈舞稱賀五月辛亥湖南節度使檢校工部尚書江陵尹裴胄卒乙未以荊南行軍司馬裴筠爲江陵尹兼御史大夫荊南節度使甲子四鎮北庭行軍涇原節度使檢校右僕射涇州刺史劉昌卒甲戌以涇原節度留後段佑爲涇州刺史兼御史大夫四鎮北庭行軍涇原節度使乙亥吐蕃遣使論頰熱入朝甲辰以陳許行軍司馬劉昌裔檢校工部尚書兼許州刺史陳許節度使自正月至是未雨分命祈禱山川秋七月戊午以關輔饑罷吏部選禮部貢舉己未

中書侍郎平章事齊抗爲太子賓客病免也甲戌始雨乙亥尚書右僕射姚南仲䔧貸京畿民麥種八月乙未大雨霖冬十月乙未以太子賓客韋夏卿爲東都留守東都畿汝都防禦使閏月丁巳門下侍郎同平章事崔損卒十一月戊寅朔以鹽州兵馬使李興幹爲鹽州刺史許專達于上不隸夏州丙午振武麟勝節度使范希朝來朝戊午以振武行軍司馬閻巨源檢校工部尚書兼單于大都護振武麟勝節度使庚申以太常卿高郢爲中書侍郎同中書門下平章事壬申監察御史崔薳入臺近不練故事違式入右神策軍上怒笞四十配流崖州

二十年春正月丁丑朔丙申天德軍防禦團練使豐州刺史李景略卒以其判官任簡迪代領其任己亥以鄜坊丹延節度使劉公濟爲工部尚書以其行軍司馬裴玢代領其任二月丙午朔罷中和節宴歲儉也庚戌大雷震雨雹三月甲申以吐蕃贊普卒廢朝己亥以國子祭酒趙昌爲安南都護御史大夫本管經略使夏四月辛酉太子賓

客齊抗卒丙寅吐蕃使臧河南觀察使論乞冉等五十四人來朝貢陳許節度賜號忠武軍五月甲戌朔御宣政殿乙亥以史館修撰秘書監張薦爲工部侍郎兼御史大夫充入吐蕃弔祭使七月癸酉朔大雨雹辛卯福建觀察使柳冕奏置萬安監牧於泉州界置群牧五悉索部內馬牛羊近萬頭匹監吏主之八月戊申以房州刺史鄭士美爲黔中觀察使己未以昭義兵馬使盧從史爲檢校工部尚書兼潞州長史昭義軍節度澤潞磁邢洺觀察使九月庚辰賜群臣宴於馬璘山池冬十月甲辰於景州南皮縣置唐昌軍辛亥易定節度使張茂昭來朝十一月丁酉以監察御史李程秘書正字張聿藍田縣尉王涯並爲翰林學士十二月吐蕃南詔日本國並遣使朝貢庚午以桂管防禦使顏証爲桂州刺史桂管觀察使

二十一年春正月辛未朔御含元殿受朝貢是日上不康丙子以浙東觀察判官凌準爲翰林學士癸巳會群臣於宣政殿宣遺詔皇太子宜於柩前即位是日上崩於會寧殿享壽六十四甲午遷神柩於太極殿丙申發喪群臣縞素皇太子即位永貞元年九月丁卯群臣上謚曰神武孝文廟號德宗十月己酉葬于崇陵昭德皇后王氏祔焉

史臣曰德宗皇帝初總萬機勵精治道思政若渴視民如傷凝旒延納於讜言側席思求於多士其始也去無名之費罷不急之官出永巷之嬪嬙放文單之馴象減太官之膳誡服玩之奢解鷹犬而放伶倫止榷酤而絕貢奉百神咸秩五典克從御正殿而策賢良輟廷臣而治畿甸此皆前王之能事有國之大猷率是而行夫何敢議加以天才秀茂文思雕華灑翰金鑾無愧淮南之作屬辭鉛槧何慚隴坻之書文雅中興夐高前代二南三祖豈盛於茲然而王霸迹殊淳醨代变揆時而理斟酌斯難苟於交喪之秋輕取鄙夫之論歷觀近世靡不敗亡德宗在藩齒胄之年曾爲統帥及出震承乾之日頗負經綸故從初罷郭令戎權非次聽楊炎謬計遂欲混同華裔束縛奸豪南行襄漢之誅北舉恒陽之伐出車雲擾命將星繁罄國用不足以餽軍竭民力未聞于破賊一旦德音掃地愁歎連甍果致五盜僭擬於

天王二朱憑淩於宗社奉天之窘可爲涕零罪己之言補之何益所賴忠臣戮力否運再昌雖知非竟逐於楊炎而受佞不忘於盧杞用延賞之私怨奪李晟之兵符取延齡之奸謀罷陸贄之相位知人則哲其若是乎貞元之辰吾道窮矣

贊曰聰明文思惟睿作聖保姦傷善聽斷不令御曆三九適逢天幸賜宴之辰徒矜篇咏

唐書本紀卷第十三

唐書本紀卷十四

劉　昫　等修
聞人詮校刻沈桐同校

順宗　憲宗上

順宗至德大聖大安孝皇帝諱誦德宗長子母昭德皇后王氏上元二年正月生於長安之東内大曆十四年六月封宣王建中元年正月丁卯立爲皇太子貞元二十一年正月癸巳德宗崩丙申即位於太極殿上自二十年九月風病不能言暨德宗不豫諸王親戚皆侍醫藥獨上臥病不能侍德宗彌留思見太子涕咽久之大行發喪人情震懼上力疾衰服見百寮於九仙門既即位知社稷有奉中外始安庚子群臣上書請聽政二月辛丑朔甲申以河陽三城行軍司馬元部爲懷州刺史河陽懷州節度使丙午罷翰林醫工相工占星射覆冗食者四十二人己酉以易定張茂昭兼同平章事以來朝故寵之是夜太白犯昴辛卯以吏部郎中韋執誼爲尚書右丞相同中書門下平章事辛酉貶京兆尹李實通州長史尋卒壬子淄青李師古以兵寇滑之東鄙聞國喪也甲寅釋伏内囚嚴懷志呂温等一十六人平凉之盟陷蕃久之得還以習蕃中事不欲令出外故因之伏内至是方釋之日本國王幷妻還蕃賜物遣之壬寅以太子侍書翰林待詔王伾爲左散騎常侍充翰林學士以前司功參軍翰林待詔王叔文爲起居舍人充翰林學士以鴻臚卿王權爲京兆尹甲子御丹鳳樓大赦天下諸道除正勑率稅外諸色搉稅並宜禁斷除上供外不得別有進奉百姓九十已上賜米二石絹兩疋版授上佐縣君仍令本部長吏就家存問百歲已上賜米五石絹二疋綿一屯羊酒版授下州刺史郡君戊辰以開府儀同三司檢校太尉使持節大都督鷄林州諸軍事鷄林州刺史上柱國新羅王金重熙兼寧海軍使以重熙母和氏爲太妃妻朴氏爲妃三月庚午出宫女三百人于安國寺又出掖庭教坊女樂六百人于九仙門召其親族歸之戊寅以常皐兼檢校太尉李師古劉濟兼檢校司空張茂昭司徒丙戌檢校司

空同平章事杜佑爲度支鹽鐵使戊子徐州節度賜名武寧軍蔡州吳少誠兼同平章事以翰林學士王叔文爲度支鹽鐵轉運使副杜佑領使名其實叔文專總宰相賈耽兼檢校司空鄭珣瑜吏部尚書高郢刑部尚書韋執誼中書侍郎鎮冀王士真淮南王鍔魏博田季安皆檢校司空癸巳詔冊廣陵郡王淳爲皇太子改名純夏四月壬寅制第十弟諤封欽王第十一弟諴封珍王男建康郡王涣封郯王改名經洋川郡王浵封均王改名緯臨淮郡王洵封溆王改名縱弘農王浼封莒王改名紓漢東郡王涞封密王改名綢晉陵郡王湜封郇王改名約雲安郡王滋封宋王改名結宣城郡王淮封集王改名緗德陽郡王滑封冀王改名綵河東郡王浥封和王改名綺十七男絢封衡王十九男纁封會王二十男綰封福王二十一男紘封撫王二十三男緄封岳王二十四男紳封袁王二十五男綸封桂王二十七男繟封翼王彌臣國嗣王道勿禮封彌臣國王西平郡王晟男左羽林大將軍愿襲封岐國公食邑三千戶戊申詔以冊太子禮畢赦京城繫囚大辟降從流流以下減一等以給事中陸質中書舍人崔樞並爲太子侍讀庚戌封太子男寧寬宥察寰寮等六人爲郡王並食邑三千戶癸丑贈入吐蕃使工部侍郎兼御史大夫張薦禮部尚書丙寅罷萬安監牧戊辰以杭州刺史韓皐爲尚書右丞五月己巳以右金吾衛大將軍范希朝爲右神策統軍充左右神策京西諸城鎮行營兵馬節度使丁丑以邕管經略使韋丹爲河南少尹以萬年縣令房啓爲容管經略招討使癸未以郴州司馬鄭餘慶爲尚書左丞甲辰以檢校司空忽汗州都督渤海國王大嵩璘檢校司徒丞徽王氏趙氏可昭儀崔氏楊氏可充儀王氏可昭媛王氏可昭容牛氏可修儀張氏可美人以右丞韓皐爲鄂岳沔蘄都團練觀察使丁亥昇襄州爲大都督府臨漢縣仍徙于鄧城辛卯以鹽鐵轉運使副王叔文爲戶部侍郎六月丙申詔二十一年十月已前百姓所欠諸色課利租賦錢帛共五十二萬六千八百四十一貫石匹束並宜除免七月戊辰朔吐蕃使論悉諾來朝貢丙子鄆州李師古加檢校侍

中贈故忠州別駕陸贄兵部尚書謚曰宣贈故道州刺史陽城爲左散騎常侍戊寅以戶部侍郎潘孟陽爲度支鹽鐵轉運使副丙戌閑東鹽食田稼癸巳橫海軍節度使滄州刺史程懷信卒以其子副使執恭起復滄州刺史橫海軍節度使甲子度支使杜佑奏太倉見米八十萬石貯來十五年東渭橋米四十五萬石支諸軍皆不悅今歲豐草請權停北河轉運於澮河州府和糴二百萬石以救農傷之弊乃下百寮議議者同異不決而止乙未詔朕承九聖之列荷萬邦之重顧以寡德涉道未明虔恭寅畏懼不克荷恐上墜祖宗之訓下貽卿士之憂夙夜祇勤如臨淵谷而積疾未復至于經時怡神保和常所不暇永惟四方之大萬務之殷不躬不親慮有曠廢加以山陵有日霖潦踰旬是用儆于朕心以荅天戒其軍國政事宜令皇太子勾當時上久疾不復延納宰臣共論大政事無巨細皆決于李忠言王伾王叔文物論喧雜以爲不可藩鎮屢上牋於皇太子指三豎之撓政故有是詔以太常卿杜黃裳爲門下侍郎左金吾衛大將軍袁滋爲

○中書侍郎並同中書門下平章事鄭珣瑜爲吏部尚書高郢刑部尚書並罷知政事皇太子見百寮於朝堂丙申皇太子於麟德殿西亭見奏事官八月丁酉朔庚子詔惟皇天佑命烈祖誕受方國九聖儲祉萬邦咸休肆予一人獲纘丕業嚴恭守位不遑暇逸而天佑不降疾恙無瘳將何以奉宗廟之靈展郊禋之禮疇咨庶尹對越上玄內媿于朕心上畏于天命夙夜祇慄深惟永圖一日萬機不可以久曠天工人代不可以久違皇太子純深哲溫文寬和仁惠孝友之德愛敬之誠通乎神明格于上下是用皇王至公之道遵父子傳歸之制付之重器以撫兆人必能宣祖宗之重光荷天地之休命奉若成憲永綏四方宜令皇太子即皇帝位朕稱太上皇居興慶宮制稱誥辛丑誥有天下傳歸於子前王之制也欽若大典斯爲至公式揚耿光用體文德朕獲奉宗廟臨御萬方降疾不瘳庶政多闕乃命元子代予守邦爰以令辰光膺冊禮宜以今月九日冊皇帝於宣政殿國有大命恩俾惟新宜因紀元之慶用覃在宥之澤宜改貞元二十一年爲永貞元年自貞元二十一年八月五日已前天下死罪降從流流以下遞減一等誥立良娣王氏爲太上皇后良媛董氏爲太上皇德妃壬寅貶右散騎常侍王伾爲開州司馬前戶部侍郎度支鹽鐵轉運使王叔文爲渝州司戶元和元年正月丙寅朔皇帝率百寮上太上皇尊號曰應乾聖壽甲申太上皇崩於興慶宮之咸寧殿享年四十六歲六月乙卯皇帝率群臣上大行太上皇謚曰至德大聖大安孝皇帝廟號順宗秋七月壬申葬于豐陵

史臣韓愈曰順宗之爲太子也留心藝術善隸書德宗工爲詩每賜大臣方鎮詩制必命書之性寬仁有斷禮重師傅必先致拜從幸奉天賊泚逼迫常身先禁旅乘城拒戰督勵將士無不奮激德宗在位歲久稍不假權宰相左右倖臣如裴延齡李齊運韋渠牟等因間用事刻下取功而排陷陸贄張滂輩人不敢言太子從容論爭故卒不任延齡渠牟爲相嘗侍宴魚藻宮張水嬉綵艦雕靡宮人引舟爲櫂歌絲竹間發德宗歡甚太子引詩人好樂無荒爲對每於敷奏未嘗

○以顏色假借宦官居儲位二十年天下陰受其賜惜乎寢疾踐祚近習弄權而能傳政元良克昌運祚賢哉

憲宗上

憲宗聖神章武孝皇帝諱純順宗長子也母曰莊憲王太后大曆十三年二月生于長安之東內六七歲時德宗抱置膝上問曰汝誰子在吾懷對曰是第三天子德宗異而憐之貞元四年六月封廣陵王順宗即位之年四月冊爲皇太子七月乙未權勾當軍國政事八月丁酉朔授內禪乙巳即皇帝位於宣政殿先是連月霖雨上即位之日晴霽人情忻悅丙午昇平公主進女口十五人上曰太上皇不受獻朕何敢違其還郭氏丁未始御紫宸對百寮己酉以道州刺史路恕爲邕管經略使庚戌荊南獻龜二詔曰朕以寡昧纂承丕業永思理本所寶惟賢至如嘉禾神芝之奇禽異獸蓋王化之虛美也所以光武形於詔令春秋不書祥瑞朕誠薄德思及前人自今已後所有祥瑞但令準式申報有司不得上聞其奇禽異獸亦宜停進癸丑劍南西

川節度使檢校太尉中書令南康郡王韋臯薨甲寅以常州刺史
穆贊爲宣歙池觀察使以前宣歙觀察使崔衍爲工部尚書己未
以中書侍郎平章事袁滋爲劒南東西兩川山南西道安撫大使
時韋臯卒劉闢據蜀邀節鉞故也辛酉太上皇誥冊良娣王氏爲
太上皇后癸亥以朝請大夫守尚書左丞輕車都尉賜紫金魚袋
鄭餘慶同中書門下平章事丙寅以饒州刺史李吉甫爲考功郎
中夔州刺史唐次爲吏部郎中並知制誥九月丁卯朔己巳罷教
坊樂人授正員官之制辛未河陽三城節度使元韶卒癸酉以陳
州刺史孟元陽爲懷州刺史河陽三城孟懷節度使丙子勅申光
蔡陳許兩道比遭亢旱宜加賑恤申光蔡賑米十萬石陳許五萬
石丁丑前戶部侍郎蔡并卒襄州于頔進鷹詔還之己卯京西神
策行營節度行軍司馬韓泰貶撫州刺史司封郎中韓曄貶池州
刺史禮部員外郎柳宗元貶召州刺史屯田員外郎劉禹錫貶連
州刺史坐交王叔文也辛巳給事中陸質卒冬十月丙申朔丁酉

○集百寮發會太皇太后沈氏哀於肅章門外檢校司空兼左僕射
同中書門下平章事魏國公賈耽卒戊戌以宰臣劒南安撫使袁
滋檢校吏部尚書同中書門下平章事成都尹劒南西川節度觀
察等使以西川行軍司馬劉闢爲給事中舒王誼薨庚子南詔使
趙迦寬來赴山陵浙東觀察使賈全卒辛丑吐蕃使論乞縷勃
山陵金銀衣服太常上大行曾太皇太后沈氏謚曰睿真皇后丙
午以華州刺史楊於陵爲越州刺史浙東觀察使丁未改桂州純
化縣爲慕化縣蒙州純義縣爲正義縣己酉葬德宗皇帝于崇陵
甲寅以刑部尚書高郢爲華州刺史潼關防禦鎮國軍使御史中
丞李鄘爲京兆尹貶京兆尹王權爲雅王傅久雨京師鹽貴出庫
鹽二萬石糶以惠民乙巳祔睿真皇后神主德宗皇帝神主于太
廟壬申貶正議大夫中書侍郎平章事韋執誼爲崖州司馬以交
王叔文也潤池揚楚湖杭睦江等州旱貶劒南西川節度使袁滋
爲吉州刺史以其慰撫三川逗留不進故也以左驍衛將軍李演

爲夏州刺史夏綏銀等州節度使以右庶子武元衡爲御史中丞己
卯再貶撫州刺史韓泰爲虔州司馬河中少尹陳諫台州司馬召州
刺史柳宗元爲永州司馬連州刺史劉禹錫朗州司馬池州刺史韓
曄饒州司馬和州刺史凌準連州司馬岳州刺史程异郴州司馬
皆坐交王叔文初貶刺史物議罪之故再加貶竄辛巳宣撫和郴郢
袁衢七州旱壬午吏部尚書鄭珣瑜卒甲申以湖南觀察使楊憑爲
洪州刺史江西觀察使以虢州刺史薛苹爲潭州刺史湖南觀察使
鄂岳蘄衡等州旱癸巳宣歙觀察使穆贊卒十二月丙申朔庚子以
東都留守韋夏卿爲太子少保以兵部尚書王召爲東都留守壬寅
改淳州爲睦州還淳縣爲青溪縣淳風縣爲從化縣姓淳于者改姓
于甲辰襄陽于頔加平章事丙申月犯畢己酉以新除給事中西川
行軍司馬劉闢爲成都尹劒南西川節度使歲星犯太微西垣庚戌金
州復析漢陰縣置石泉縣壬子以右諫議大夫韋丹爲梓州刺史充
劒南東川節度使以常州刺史路應爲宣州刺史宣歙池觀察使壬

○戌以朝請大夫守中書舍人翰林學士上柱國鄭絪爲中書侍郎同
平章事集賢殿學士以考功郎中知制誥李吉甫爲中書舍人以考
功員外郎裴垍爲考功郎中知制誥並充翰林學士
元和元年春正月丙寅朔皇帝率群臣於興慶宮奉上太上皇尊號
曰應乾聖壽太上皇丁卯御含元殿受朝賀禮畢御丹鳳樓大赦天
下改元曰元和自正月二日昧爽已前大辟罪已下常赦不原者咸
赦除之辛未以鄂岳沔觀察使韓臯爲鄂岳蘄安黃等州節度使丁
丑太子少保韋夏卿卒辛未以興元元從功臣右神策護軍使副薛
盈軫爲右神策護軍中尉壬午成德軍節度使檢校司空王士真同
中書門下平章事癸未詔以太上皇舊恙愆和親侍藥膳起今月十
六日已後權不聽政以左神策長武城防秋都知兵馬使高崇文檢
校工部尚書充神策行營節度使甲申太上皇崩于興慶宮還殯于太
極殿發喪乙酉宰相杜佑攝冢宰杜黃裳爲禮儀使右僕射伊慎大
明宮留守視事於尚書省壬辰復置斜谷路館驛戊子制劒南西川

彊界素定藩鎮守備各有區分頃因元臣薨謝隣藩不睦劉闢乃因虛釁隙以忿結讎遂勞王軍兼害百姓朕志存含垢務欲安人遣使諭宣委之旄鉞如聞道路擁塞未息干戈輕肆攻圍擬圖吞併為君之體義在勝殘命將興師蓋非獲已宜令興元嚴礪東川李康掎角應接神策行營節度使高崇文神策兵馬使李元奕率步騎之師與東川興元之師類會進討其糧料供餉委度支使差官以聞甲午高崇文之師由斜谷路李元奕之師由駱谷路俱會于梓潼辛卯群臣請聽政二月乙未朔以度支郎中寬敬為山劍行營糧料使嚴礪奏收劍州乙丑入朝奚王梅落可銀青光祿大夫檢校司空封饒樂郡王放還蕃癸卯贈宣武軍節度使陸長源為右僕射贈故吉州刺史姜公輔禮部尚書甲辰以錢少禁用銅器癸丑以魏博田季安同平章事戊戌謂宰臣曰前代帝王或怠于聽政或躬決繁務其道如何杜黃裳對曰帝王之務在於脩己簡易擇賢委任宵旰以求民瘼捨己從人以厚下固不宜怠肆安逸然事有綱領小大常務知其遠者大者

至如簿書訟獄百吏能否本非人主所自任也昔秦始王自程決事見嗤前代諸葛亮王霸之佐二十罰以上皆自省之亦為敵國所誚知不久堪魏明帝欲省尚書擬事陳矯言其不可隋文帝日旰聽政令衛士傳餐文皇帝亦笑其煩察為人主之體固不可代下司職但擇人委任責其成效賞罰必信誰不盡心傳稱帝舜之德曰夫何為哉恭己南面而已誠以能舉十六相去四凶也豈與勞神疲體自任耳目之主同年而語哉但人主常勢患在不能推誠人臣之弊患在不能自竭由是上疑下詐禮貌或虧欲求致理自然難致苟無此弊何患不至於理上稱善久之以京兆尹李鄘為尚書右丞以金吾大將軍鄭雲逵為京兆尹三月乙丑朔戊辰詔常參官寒食拜墓在畿內聽假日往還他州府奏取進止辛未御史中丞武元衡奏中書門下御史臺五品已上尚書省四品已上諸司正三品已上從三品職事官東都留守轉運鹽鐵節度觀察使團練防禦招討經略等使河南尹同華州刺史諸衛諸軍三品已上官除授皆入閤謝其餘官許於宣

政南班拜訖便退詔曰如此例中有加使及職掌並准此又兵部吏部禮部貢院官員每舉選限內有十月至二月不奉朝叅若稱事繁則中書門下御史臺度支京兆府公事至重朝謁如常況旬節已賜歸休又許分日一月之內絕奉十日朝叅其暑甚寒又蒙矜放臣求故實以為王顏任中丞日嘗論其事舉對甚詳伏請准貞元十二年四月二十七日勑永為常式從之丙子嚴礪收梓州丁丑制削奪劉闢在身官爵先是韓全義入朝令其甥楊惠琳知留後俄有詔除李演為節度代全義演赴任惠琳據城叛詔發河東天德兵誅之辛巳夏州兵馬使張承金斬惠琳傳首以獻壬辰大行太上皇德妃董氏卒以右神策行營節度高崇文檢校兵部尚書梓州刺史劍南東川節度戊戌以安南經略副使張舟為安南都護本管經略使己亥以前劍南東川節度使韋丹為晉絳觀察使壬寅以前安南經略使趙昌為廣州刺史嶺南節度使癸卯前嶺南節度使徐申卒丙午命宰臣監試制舉人於尚書省以制舉人先朝所徵不欲親試也丁未以

檢校司空平章事杜佑為司徒所司備禮冊拜平章事如故罷領度支鹽鐵轉運等使從其讓也仍以兵部侍郎李巽代領其任戊申以隴右經略使秦州刺史劉澭為保義軍節度使賑浙東米十萬石己未武元衡奏常叅官兼御史大夫中丞者准檢校省官例立在本品同類之上壬戌郇王約薨武元衡奏正衙待制官本置此官以備問比來正衙多不奏事自今後請以尚書省六品以上職事官東宮師傅賓詹王傅等每坐日令兩人待退朝詔於延英候對從之五月甲子朔丁卯京兆尹鄭雲逵卒辛未以兵部侍郎嵩武為京兆尹兼御史大夫壬申貶劍南東川節度使李康為雷州司馬陳許蔡等州旱以横海軍留後程執恭横海軍節度使庚辰左丞同平章事鄭餘慶為太子賓客罷知政事辛卯冊太上皇后王氏為皇太后六月癸巳朔以冊太后禮畢赦天下繫囚死罪降從流流以下遞減一等文武內外官加母邑號太后諸親量與優給丙子冊德宗充容武氏為崇陵德妃大風折樹丁酉高崇文破賊萬人於鹿頭關加幽州劉濟侍中

淄青李師古檢校司徒癸卯高崇文收漢州閏六月壬子朔淄青李
師古卒戊辰以秘書監董叔經爲京兆尹壬午諫議大夫去左右字
只置四員以前司封員外郎韋況爲諫議大夫甲申吐蕃論勃藏來
朝貢秋七月壬辰朔壬寅葬順宗于豐陵己酉太子少保致仕韓全
義卒八月辛酉朔癸亥以左衛大將軍李愿檢校禮部尚書夏州刺
史充夏綏銀節度使甲子郇王母王昭儀宋王母趙昭儀郯王母張
昭訓衛王母閻昭訓等各以其王並爲太妃以許氏爲美人尹氏段
氏爲才人潯陽公主母崔昭訓爲太妃韓全義子進女樂八人詔還
之丁卯封王子平原郡王寧爲鄧王同安郡王寬爲澧王延安郡王
宥爲遂王彭城郡王察爲深王高密郡王寰爲洋王文安郡王寮爲絳
王第十男審爲建王己巳以建王審爲鄆州大都督平盧淄青節度
使以節度副使李師道權知鄆州事充節度留後乙亥冊妃郭氏爲
貴妃靈武李欒奏黃河岸塌處得古錢三千三百其形小方孔三足
壬午左降官韋執誼韓泰陳諫柳宗元劉禹錫韓曄凌準程异等八
。

人縱逢恩赦不在量移之限癸未京兆尹董叔經卒甲申御史臺奏
常參官在城未上及在外未到假故等在外未到計水陸程外滿百
日並停解從之丙戌以尚書右丞李鄘爲京兆尹九月辛卯朔癸卯
詔自今後兩省官每坐日一人對丙午以太子賓客鄭餘慶爲國子
祭酒辛亥高崇文奏收成都擒劉闢以獻癸丑以山人李渤爲左拾
遺徵不至甲子易定張茂昭來朝丙寅以劍南東川節度使檢校兵
部尚書梓州刺史封渤海郡王高崇文檢校司空兼成都尹御史大
夫充劍南西川節度副大使知節度事管內度支營田觀察使處置
統押近界諸蠻及西山八國兼雲南安撫等使仍改封南平郡王食
邑三千戶戊戌以山南西道節度使嚴礪爲梓州刺史劍南東川節
度使以將作監柳晟檢校工部尚書兼興元尹充山南西道節度使
庚辰以吉州刺史袁滋爲御史大夫充義成軍節度使壬午以淄青
節度使留後李師道檢校工部尚書兼鄆州大都督府長史充平盧
淄青節度副大使　知節度事丙戌以渤海國王大嵩璘檢校太尉戊

子斬劉闢并子超郎等九人於獨柳樹下十一月庚寅朔己巳以簡
王傅王權爲河南尹丁未以司農卿李上公爲陝州大都督府長史
充陝虢觀察使甲申以武寧軍節度張愔爲工部尚書以東都留守
王召檢校右僕射兼徐州刺史武寧軍節度使徐泗濠等州觀察等
使庚戌以吏部侍郎趙宗儒爲東都留守東畿汝防禦使以國子祭
酒鄭餘慶爲河南尹甲寅以給事中劉宗經爲華州刺史潼關防禦
鎭國軍等使丙辰以內常侍吐突承璀爲神策護軍中尉十二月丙申
朔太上奏隱太子章懷懿德節閔惠莊惠文惠靖恭昭靖以下九太
子陵代數已遠官額空存今請陵戶外並停乙亥工部尚書張愔卒
丙戌新羅渤海牂牁迴紇各遣使朝貢二年春正月己丑朔上親獻
太清宮太廟辛卯祀昊天上帝于郊丘是日還宮御丹鳳樓大赦天
下先是將及大禮陰晦浹辰宰臣請改日上曰郊廟事重齋戒有日
不可遽更享獻之辰景物晴霽人情忻悅丁酉司徒杜佑辭知政事
詔令每月三度入朝便於中書商量政事庚子迴紇請于河南府太
。

原府置摩尼寺許之乙巳以門下侍郎同平章事南陽郡開國公杜
黃裳檢校司空同平章事兼河中尹河中晉絳等州節度使停諸
陵留守己卯以戶部侍郎賜緋魚袋武元衡爲門下侍郎同平章
事賜紫金魚袋以中書舍人翰林學士李吉甫爲中書侍郎同平
章事丁巳停中和重陽二節賜宴其上巳宴仍舊賜之二月辛酉
詔僧尼道士全隸左右街功德使自是祠部司封不復關奏丙寅
左右羽林軍應管月番飛騎總五千六百一十三人並停己巳起
居舍人鄭隨次對面奏進止今宜與省供奉官自今已後有事即
進狀次對宜停庚午司天造新曆成詔題爲元和觀象曆壬申
夜月掩歲星丁丑寒食節宴羣臣於麟德殿賜物有差壬午以第五
國珍爲右神策軍中尉三月辛卯賜羣臣宴於曲江亭癸卯判度
支李巽爲兵部尚書依前判度支鹽鐵轉運使夏四月甲子禁鉛錫
錢以右金吾衛大將軍范希朝爲檢校司空靈州長史朔方靈鹽
節度使戊寅近置英武軍額宜停庚辰以嶺南節度使趙昌進瓊

管儋振萬安六州六十二洞歸降圖六月丁巳朔始置百官待漏院
於建福門外故事建福望仙等門昏而閉五更而啓與諸坊門同時
至德中有吐蕃囚自金吾仗亡命因勑晚開門宰相待漏於太僕寺
車坊至是始令有司據班品置院戊午鳳翔節度使張敬則卒乙丑
五坊色役戶及中書門下兩省納課陪廚戶及捉錢人並歸府縣色
役巳巳停舒廬滁和四州團練使額癸丑東都莊宅使織造戶並委
府縣收管乙亥停潤州丹陽軍額丙子左神策軍新築夾城置玄化
門晨耀樓辛巳以京兆尹李鄘為鳳翔尹鳳翔隴右節度使蔡州水
平地深七八尺秋七月丙戌朔勑刑部侍郎許孟容等删定開元格
後勑丁亥勑外命婦朝謁皇太后多有前却今後諸親委宗正寺百
官母妻委臺司如有違越者夫子奪一月俸頻不到有司具狀奏聞
戊子錄配享功臣之後得蘇瓌孫繫用為京兆府司錄崔玄暐孫元
方張說孫蕕並為監察御史狄仁傑桓玄範為右拾遺敬暉孫元亮
袁恕巳孫德師相次叙用癸巳太僕寺丞令狐丕進亡父峘所撰代

宗實錄四十卷詔贈峘工部尚書八月丙辰朔辛酉轉武元衡兼判
戶部事壬戌刑部奏改律卷第八為鬬競律甲子以職方員外郎王
絜為嶺南選補使監察御史崔元方監之甲戌中書奏先停諸道奏
祥瑞伏以所獻祥瑞皆緣臘饗告廟元會奏聞今後諸大瑞隨表聞
奏中瑞下瑞申有司其元日奏祥瑞請依令式從之辛巳封杜黃裳
為邠國公于頔為燕國公沒蕃僧惟良聞等四百五十人自蕃中還
九月乙酉密王綢薨十月巳酉以浙西節度使李錡為左僕射以御
史大夫李元素為潤州刺史鎮海軍浙西節度使庚申李錡據潤州
反殺判官王澹大將趙琦時錡詐請入朝署澹為留因諷兵士亂殺
澹琦遂令蘇常杭湖睦五州戍將殺刺史修石頭故城謀欲僭逆壬
戌詔李錡屬列宗枝任居方伯窮赫奕之貴飽綢繆之恩待以親賢
報之以逆節授其師旅用之以亂常累獻表章亟請朝會初則詐疾
後乃縱兵僚佐以獻規受屠王臣以傳命見脇朕切於含垢未忍發
明累降中人令遵前旨無輕軍之戒路有沴氣之滔天加以日逞遲

刑月興暴賦朕為人父母聞甚惻然顧惟紀綱焉敢廢墜李錡在身
官爵並宜削奪以淮南節度使王鍔充諸道行營招討使內官薛尚
衍為監軍率汴徐鄂淮南宣歙之師取宣州路進討丁卯以門下侍
郎平章事武元衡檢校吏部尚書兼門下侍郎平章事成都尹充劒
南西川節度使仍封臨淮郡公將行上御安福門慰勞之癸酉潤州
大將張文良李奉僊等執李錡以獻辛巳錡從父弟宋州刺史銛通
事舍人銑坐貶嶺外十一月甲申斬李錡於獨柳樹留削錡屬籍丙
戌以擒李錡潤州牙將張文良為左金吾衛將軍封南陽郡王田少
卿李奉僊等為羽林將軍並封公甲辰詔司徒杜佑筋力未衰起今
後每日入中書視事十二月甲寅宰相李吉甫封贊皇侯丙辰上謂
宰臣曰朕覽國書見文皇帝行事少有過差諫臣論諍往復數四況
朕之寡昧涉道未明今後事或未當卿等每事十論不可一二而止
丁巳東都國子監增置學生一百人癸亥御史臺奏文武常參官準
乾元元年三月十四日勑如有朝堂相弔慰及跪拜待漏行立失序

語笑諠譁入衛入閤執笏不端行立遲慢立班不正趨拜失儀言語
微諠穿班穿仗出入閤門無故離位廊下飲食行坐失儀諠鬧入朝
及退朝不從正衙出入非公事入中書等每犯奪一月俸班列不肅
所由指摘猶或飾非即具聞奏貶責臣等商量於舊條每罰各減一
半所貴有犯必舉從之丙寅以劒南西川節度使高崇文檢校司空
同平章事兼邠州刺史邠寧慶節度使充京西諸軍都統壬申禮部
舉人罷試口義試墨義十條五經通五明經通六即放進士舉人曾
為官司科罰曾任州縣小吏雖有辭藝長吏不得舉送違者舉送官
停任考試官貶黜丙子令宰臣宣勑百寮遊宴過從餞別此後所由
不得奏報務從歡泰保義軍節度使劉澭卒己卯史官李吉甫撰元
和國計簿總計天下方鎮凡四十八管州府二百九十五縣一千四
百五十三戶二百四十四萬二百五十四其鳳翔鄜坊邠寧振武涇
原銀夏靈鹽河東易定魏博鎮冀范陽滄景淮西淄青十五道凡七
十一州不申戶口每歲賦入倚辦止於浙江東西宣歙淮南江西鄂

岳福建湖南等八道合四十九州一百四十四萬戶比量天寶供稅之戶則四分有一天下兵戎仰給縣官者八十三萬然人比量天寶士馬則三分加一率以兩戶資一兵其他水旱所損徵科發斂又在常役之外吉甫都纂其事成書十卷是歲吐蕃迴紇奚契丹渤海牂柯南詔並朝貢

三年春正月癸未朔癸巳群臣上尊號曰睿聖文武皇帝御宣政殿受冊禮畢移仗御丹鳳樓大赦天下庚子涇原段祐請脩臨涇城在涇州北九十里扼犬戎之衝要詔從之戊申罷左右神威軍合爲一號天威軍二月丙申宰相李吉甫進封趙國公己丑以武昌軍節度使韋皋爲潤州刺史鎮海軍節度浙江觀察使辛未贈故布衣崔善貞睦州司馬忠諫而死於李錡也癸丑以鄜坊節度使裴玢爲興元尹山南西道節度使丙子以右金吾衛大將軍路恕爲鄜州刺史鄜坊節度使戊寅咸安大長公主卒於迴紇三月癸巳鄜王總薨庚子以定平鎮兵馬使宋仁卿爲四鎮北庭涇原等州節度使乙巳御宣

○政殿試制科舉人夏四月癸丑中使郭里旻酒醉犯夜杖殺之金吾薛伾巡使韋纁皆貶逐賜朱仁卿名曰忠亮乙丑貶翰林學士王涯虢州司馬時涯甥皇甫湜與牛僧孺李宗閔並登賢良方正科第三等策語太切權倖惡之故涯坐親累貶之壬申大風毀含元殿欄檻二十七間乙亥以嶺南節度使趙昌爲江陵尹荊南節度使以戶部侍郎楊於陵爲廣州刺史嶺南節度使丁丑以荊南節度使裴均爲右僕射判度支勅五月一日御殿受朝賀禮宜停己卯裴均爲尚書省都堂上僕射其送印　呈孔目唱案授案皆尚書郎爲之文武三品已上升階列坐四品五品及郎官御史拜於廳下然後召御史中丞左右丞侍郎升階答拜雖修故事行之議者論其太過五月壬辰兵部請復武舉從之甲午勅東都畿汝州都防禦使及副使宜停所管將士三千七百三十人隨畿汝界分留守及汝州防禦使分掌之辛丑右僕射裴均請取荊南雜錢萬貫脩尚書省從之丙午正衙冊九姓迴紇可汗爲登囉里汩密施合毗伽保義可汗六月戊辰詔以

錢少數設畜錢之令先告諭天下商賈畜錢者並令逐便市易不得畜錢天下銀坑不得私採癸亥以邕管將黃少卿爲歸順州刺史弟少高少溫並受官西原蠻酋也貞元中屢寇邕管至是歸款乙丑罷江淮私堰埭二十二從轉運使奏也甲戌以河南尹鄭餘慶爲東都留守丁丑沙陀突厥七百人攜其親屬歸振武節度使范希朝乃授其大首領曷勒河波陰山府都督秋七月辛巳朔日有蝕之己亥復以度支安邑解縣兩池留後爲榷鹽使丁未涪州復隸黔中道八月庚申復置東都防禦兵七百人九月己丑淮南節度使王鍔來朝庚寅以山南東道節度使于頔守司空同平章事以右僕射裴均檢校左僕射同平章事襄州長史充山南東道節度使加宣武韓弘同平章事丙申以戶部侍郎裴垍爲中書侍郎同平章事戊戌以中書侍郎平章事李吉甫檢校兵部尚書兼中書侍郎平章事揚州大都督府長史淮南節度使以淮南節度使王鍔檢校司徒河南尹河中晉絳慈隰節度使河中節度使檢校司空同平章事邠國公杜黃裳卒是秋

○京師大雨十月己酉朔癸亥以太常卿高郢爲御史大夫甲子以御史中丞竇群爲湖南觀察使既行改爲黔中觀察使群與李吉甫擢用及持憲反傾吉甫劾其陰事故貶之丁卯度支使下判案官以四員爲定十一月甲午橫海軍節度使程執恭來朝十二月庚戌以臨涇縣爲行原州命鎮將郝玼爲刺史自玼鎮臨涇西戎不敢犯塞甲子南詔異牟尋卒辛未以諫議大夫段平仲使南詔弔祭仍立其子驃信苴蒙閣勸爲南詔是歲淮南江南江西湖南山南東道旱

夏四月丙子朔戊寅國子祭酒馮伉卒壬午裴均進銀器一千五百兩以違勅付左藏庫甲申令皇太子居少陽院武功人張英奴擐迴波辭惑衆杖殺之丙申撫州山人張洪騎牛冠履獻書於光順門書不足採遣之庚子制故太尉西平郡王李晟宜編附屬籍以太常卿李元素爲戶部尚書判度支以商州刺史元義方爲福建觀察使甲辰以兵部侍郎權德輿爲太常卿仍賜金紫以御史大夫高郢爲兵部尚書以刑部郎中侍御史知雜李夷簡爲御史中丞五月丙午朔

辛酉刑部尚書鄭元卒丁卯鹽鐵使吏部尚書李巽卒六月乙亥朔
丁丑以河東節度李鄘爲刑部尚書充諸道鹽鐵轉運使以靈鹽節
度使范希朝爲太原尹北都留守河東節度使以右衛上將軍王泌
爲靈州大都督府長史靈鹽節度使辛丑五嶺已北銀坑任人開採
禁錢不過嶺南秋七月乙巳朔御製前代君臣事迹十四篇書於六
扇屏風是月出書屏以示宰臣李藩等表謝之丁未渭南暴水壞廬
舍二百餘戸溺死六百人命府司賑給乙卯右羽林統軍高固卒壬
戌御史中丞李夷簡彈京兆尹楊憑前爲江西觀察使時贓罪貶憑
臨賀尉戊辰以尚書右丞許孟容爲京兆尹賜金紫八月甲戌朔癸
未兗州魚臺縣移置於黃臺市丙申安南都護張舟奏破環王國三
萬餘人獲戰象兵械并王子五十九人癸卯贈太師裴冕宜配享代
宗廟庭贈太師李晟贈太尉段秀實宜配享德宗廟庭九月甲辰朔
庚戌以成德軍都知兵馬使鎮府右司馬王承宗起復檢校工部尚
書充成德軍節度使以德州刺史薛昌朝檢校左常侍充保信軍節
○ 唐紀十四 十五
度德棣等州觀察等使昌朝薛嵩之子婚於王氏時爲德州刺史朝
廷以承宗難制乃割二州爲節度以授昌朝制纔下承宗以兵虜昌
朝歸鎮州丁卯邠寧節度使檢校司空同平章事高崇文卒冬十月
癸酉朔以右羽林統軍閻巨源爲邠州刺史邠寧慶節度使以少府
監崔頲爲同州刺史本州防禦長春宮等使癸未詔成德軍節度使
王承宗頃在苫廬潛窺戎鎮而內外以事君之禮叛而必誅分土之
儀專則有辟朕念其先祖嘗有茂勳貸以私恩抑於公議使臣旁午
以告諭譬童俯伏以陳誠願獻兩州期無二事朕亦收其後効用以
曲全授節制於舊疆齒勳賢於列位況德棣本非成德所管昌朝又
是承宗懿親俾撫近隣斯誠厚澤外雖兩鎮內是一家而承宗象恭
懷姦肖貌稔惡欺裴武於得位之後囚昌朝於授命之中加以表疏
之間悖慢斯甚義士之所興嘆天地之所不容恭行天誅蓋示朝典
承宗在身官爵並宜削奪以神策左軍中尉吐突承璀爲鎮州行營
招討處置等使以龍武將軍趙萬敵爲神策先鋒將內官宋惟澄曹

進五馬朝江等爲行營館驛糧料等使京兆尹許孟容與諫官面論
征伐大事不可以內官爲將帥補闕獨孤郁其言激切詔旨秖改處
置爲宣慰尤存招討之名己丑詔軍進討其王武俊士直墳墓軍
士不得樵採其士平士則各守本官仍令士則各襲武俊之封庚寅
冊鄧王寧爲皇太子癸巳以冊儲肆赦繫囚死罪降從流流以下遞
降一等文武常參官外州府長官子爲父後者賜勳兩轉工部侍郎
歸登給事中呂元膺爲皇太子諸王侍讀己亥吐突承璀軍發京師
上御通化門勞遣之十一月癸卯朔浙西蘇潤常州旱儉賑米二萬
石甲子河南尹杜兼卒己巳彰義軍節度使檢校司空同平章事吳
少誠卒十二月壬申朔以戸部侍郎張弘靖爲陝府長史陝虢觀察
陸運等使賜金紫以陝虢觀察使房式爲河南尹中丞李夷簡奏諸
州府於兩稅外違格科率請諸道鹽鐵轉運度支巡院察訪報臺司
以憑舉奏從之
五年春正月壬寅朔己巳浙西觀察使韓皐以杖決安吉令孫澥致
○ 唐紀十四 十六
死有乖典法罰一月俸料二月辛未朔戊子禮院奏東宮殿閣名及
宮臣姓名與太子名同者改之其上臺官列王官爵土無例輒改從
之東臺監察御史元稹攝河南尹房式於臺擅令停務貶江陵府士
曹參軍三月辛丑朔宰相杜佑與同列宴於樊川別墅上遣中使賜
酒饌乙巳以御史中丞李夷簡爲戸部侍郎判度支以兵部侍郎王
播爲御史中丞癸巳以太子賓客鄭絪檢校禮部尚書廣州刺史嶺
南節度使己未制以遂王宥爲彰義軍節度使以中州刺史吳少陽
爲申光蔡節度留後甲子大風折木丁卯宰相于頔請依杜佑例一
月三朝從之夏四月庚午朔癸酉戸部尚書李元素卒甲申鎮州行
營招討使吐突承璀執昭義節度使盧從史載從史送京師丁亥河
東范希朝奏破賊於木刀溝福州復置候官長樂二縣建州置將樂
縣壬申以昭義都知兵馬使潞州左司馬烏重胤爲懷州刺史河陽
三城懷州節度使以河陽節度使孟元陽爲潞州長史昭義軍節度
澤潞磁邢洺觀察使戊戌貶前昭義節度使盧從史爲驩州司馬五

月庚子朔乙巳昭義軍三千人夜潰奔魏州右神策軍使段祐卒庚申吐蕃使論思即熱朝貢幷歸鄭叔矩路泌之柩六月庚午朔戊寅以太府卿李少和爲洪州刺史江西觀察使奚廻紇室韋寇振武癸巳應給食實封例節度使兼宰相每食實封百戶歲給八百端匹若是絹加給綿六百兩節度使不兼宰相每百戶給百匹軍使諸衞大將軍每百戶給三百五十端匹秋七月巳亥朔庚子王承宗遣判官崔遂上表自首請輸常賦朝廷除授官吏丁未詔昭洗王承宗復其官爵待之如初諸道行營將士共賜物二十八萬四百三十端匹時招討非其人諸軍解體而藩隣觀望養寇空爲逗撓以弊國賦而李師道劉濟亟請昭雪乃歸罪盧從史而宥承宗不得巳而赦也幽帥劉濟加中書令魏博田季安加司徒淄青李師道加僕射並以罷兵加賞也乙卯幽州節度使劉濟爲其子總鴆死庚申以虔州刺史馬總爲安南都護本管經略使八月乙巳朔乙亥上顧謂宰臣曰神仙之事信乎李藩對曰神仙之說出於道家所宗老子五千文爲本老子

○指歸與經無異後代好怪之流假託老子神仙之說故秦始王遣方載童女入海求仙漢武帝嫁女與方士求不死藥二主受惑卒無所得文皇帝服胡僧長生藥遂致暴疾不救 古詩云服食求神僊多爲藥所誤誠哉是言也君人者但務求理四海樂推社稷延永自然長年也上深然之以浙東觀察使薛苹爲潤州刺史浙西觀察使以常州刺史李遜爲越州刺史浙東觀察使以都官郎中韋貫之爲中書舍人起居舍人裴度爲司封員外郎知制誥癸巳以鄧州刺史崔詠爲邕州刺史本管經略使九月戊戌朔辛亥以吐突承璀復爲左軍中尉諫官以承璀建謀討伐無功請行朝典上宥之降承璀爲軍器使乃以内官程文幹爲左軍中尉壬戌以瀛州刺史劉總起復受幽府長史充幽州盧龍軍節度使癸亥以兵部尚書高郢爲右僕射致仕景寅制以正議大夫守太常卿上柱國襄武縣開國侯賜紫金魚袋權德輿可守禮部尚書同中書門下平章事丁卯翰林斈士獨孤郁守本官起 居以權德輿在中書避嫌也

冬十月戊辰朔以京兆尹許孟容爲兵部侍郎以中丞王播代孟容又以呂元膺代播昇平大長公主薨庚辰宰相裴垍進所撰德宗實録五十卷賜垍錦綵三百疋銀器等史官蔣武韋處厚等頒賜有差辛巳定州將楊伯玉誘三軍爲亂拘行軍司馬任廸簡別將張佐元殺伯玉廸簡謀歸朝三軍懼乃殺佐元壬辰制以廸簡檢校工部尚書定州長史充義武軍節度觀察北平軍等使甲午以前義武軍節度檢校太尉兼太子太傅同平章事張茂昭檢校太尉兼中書令河中尹充河中晉絳慈隰節度使十一月戊戌朔浙西奏當鎮舊有丹陽軍今請併爲鎮海軍從之庚子右金吾衞大將軍伊慎降爲右衞將軍以行賂三十萬與中尉第五從直求爲河東節度故也甲辰會王纁卒庚戌以前河中節度使王鍔檢校司空兼太子太傅太原尹北都留守河東節度使以代州刺史阿跌光進爲單于大都護振武麟勝節度度支營田觀察押蕃落等使庚申以中書侍郎平章事裴垍爲兵部尚書以前保信軍節度使德州刺史薛昌朝爲右武衞將

○軍前爲王承宗屬之囚於鎮州至是歸朝故也丙寅吏部郎中柳公綽獻太醫箴上深嘉納遣中使撫勞之十二月丁卯朔癸酉諸道鹽鐵轉運使刑部尚書李鄘檢校吏部尚書兼楊府長史充淮南節度使以河南尹房式爲宣州刺史宣歙池觀察采石軍等使以前宣歙觀察使盧坦爲刑部侍郎充諸道鹽鐵轉運使壬午以吏部郎中柳公綽爲御史中丞以前御史中丞呂元膺爲鄂州刺史鄂黃岳沔蘄安黃等州觀察使以鄂岳觀察使郗士美爲河南尹新授諫議大夫蔣武請改名又以吏部侍郎崔邠爲太常卿

六年春正月丙申朔丙申以彰義軍留後吳少陽檢校工部尚書充彰義軍節度申光蔡等州觀察使勅諫議大夫孟簡給事中劉伯芻工部侍郎歸登右補闕蕭俛等於醴泉寺翻譯大乘本生心地觀音經庚申以淮南節度使中書侍郎同平章事趙國公李吉甫復知政事集賢殿大學士監脩國史二月丙寅朔壬申門下侍郎同平章事李藩爲太子詹事藩與吉甫不叶吉甫既用事故罷藩相位丙子河

中節度使檢校太尉中書令張茂昭卒以太府卿裴次元爲福建觀察使己丑忻王造薨癸巳以陝虢觀察使張弘靖檢校禮部尚書河中尹晉絳慈等州節度使以右丞衛次公爲陝府長史陝虢觀察使以中書舍人翰林學士李絳爲戶部侍郎以京畿民貧貸常平義倉粟二十四萬石諸道州府依此賑貸三月乙未朔以河南尹鄭士美檢校工部尚書兼潞府長史昭義軍節度使丁未以檢校右僕射嚴綬爲江陵尹荊南節度使河東舊使錫錢民頗爲弊宜於蔚州置五爐鑄錢乙卯畿內軍鎮牧放駙馬貴族略獲並不得帶兵仗恐雜盜也夏四月乙丑朔戊辰兵部尚書裴垍爲太子賓客以諫議大夫裴堪爲同州防禦使庚午以戶部侍郎判度支李夷簡檢校禮部尚書襄州大都督府長史山南東道節度使以刑部侍郎鹽鐵轉運使盧坦爲戶部侍郎判度支京兆尹王播爲刑部侍郎充諸道鹽鐵轉運使以福建觀察使元義方爲京兆尹癸酉以張茂昭家妓四十七人歸定州己卯月近房以前荊南節度使趙宗儒刑部尚書東都留守

○鄭餘慶爲兵部尚書依前留守王播奏江淮河嶺已南兗鄆等鹽院元和五年都收賣鹽價錢六百九十八萬五千五百貫校量未改法已前四倍擡估虛錢一千七百四十六萬三千七百貫除鹽本外付度支收管從之辛卯戶部奏置巡官五月甲午朔取受王承宗錢物人品官王伯恭杖死庚子以左金吾衛將軍李惟簡檢校戶部尚書鳳翔尹隴右節度使丙午前山南東道節度使檢校左僕射平章事裴均卒壬子以振武節度阿跌光進夙彰誠節久立茂勳宜賜姓李氏弟洛州刺史光顏已從別勅處分六月甲子朔減教坊樂人衣粮丁卯中書門下奏官省則事省事省則人清官煩則事煩事煩則人濁清濁之由在官之煩省國家自天寶已後中原宿兵見在軍士可使者八十餘萬其餘浮爲商販度爲僧道雜入色役不歸農桑者又十有五六則是天下常以三分勞筋苦骨之人奉七分坐衣待食之輩今內外官給俸料者不下一萬余員其間有職出異名奉離本局府寺曠廢簪組因循者甚衆況斂財日寡而授祿至多設官有限而入色無数九流安得不雜萬物安得不煩漢初置郡不過六十文景醲化百王莫先則官少不必政紊郡多不必事理今天下三百郡一千四百縣故有一邑之地虛設群司一鄉之甿徒分縣職所費至廣所制全輕伏請勅吏兵部侍郎中給事中中書舍人各一人錯綜利病詳定廢置吏員可併省者併省之州縣可併合者併合之每年入仕者可停減者停減之此則利廣而易求官少而易理稍減冗食足寬疲甿又國家舊章依品制俸官一品月俸三十千其餘職田祿米大約不過千石自一品以下多少可知艱難已來禁網漸弛於是增置使額厚請俸錢故大曆中權臣月俸有至九十貫者列郡刺史無大小給皆千貫常衮爲相始立限約至李泌又量其閑劇隨事增加時謂通濟理難減削然猶有名存職廢額去俸存閑劇之間厚薄頓異將爲永式須立常規從之乃命給事中段平仲中書舍人韋貫之兵部侍郎許孟容戶部侍郎李絳等詳定減省甲申以御史中丞柳公綽爲湖南觀察使丁亥太白近右執法戊子賜御史中丞竇

○易直緋魚袋秋七月癸巳朔尚書右僕射致仕高郢卒庚申贈銀青祿大夫太子賓客裴垍太子少傅八月癸亥朔戶部侍郎李絳奏諸州闕官職田祿米及見任官抽一分職田請所在收貯以備水旱賑貸從之乙丑以天德軍防禦使張煦爲夏州刺史夏綏銀等州節度使丁卯荊南先制永安軍宜停辛巳以常州刺史崔芃爲洪州刺史江西觀察使九月癸巳朔以蜀州刺史崔能爲黔中觀察使戊戌富平縣人梁悅爲父復仇殺秦杲投獄請罪特勅免死決杖一百配流循州職方員外郎韓愈獻議執奏之減諸司流外摠一千七百六十九人貶黔中觀察使竇群爲開　州刺史以爲政煩苛辰錦二州蠻叛故也冬十月以前夏州節度使李愿檢校兵部尚書徐州刺史充武寧軍節度使戊辰以戶部尚書韓皐爲東都留守判東都尚書省事以太子詹事李藩爲華州刺史潼關防禦鎮國軍使以東都留守鄭餘慶爲吏部尚書己巳詔朕於百執事群有司方澄源流以責實效轉運重務專委使臣每道有院分督其任今陝路漕引悉歸中都

而尹守職名尚仍舊貫又諸道都團練使足修武備以靖一方而別
置軍額因加吏祿亦既虛設頗爲浮費思去煩以循本期省事以便
人其河南水陸運陝府陸運潤州鎮海軍宣州采石軍越州義成軍
洪州南昌府福州靖海軍等使額並宜停所收使已下俸料一事已
來委本道充代百姓闕額兩稅仍具數奏聞戊寅詔王者之牧黎元
也愛之如子視之如傷有或風雨不時稼穡不稔則必除煩就簡惜
力重勞以圖便安以阜生業況邦畿之内百役所叢雖勤卹之令亟
行而供億之制猶廣重以經夏炎暵自秋霖澍南畝虧播植之功西
成失豐登之望内乏口食外牽王徭豈惟轉輸之虞慮有餧殍之患
斯蓋理道猶鬱和氣未通永言於茲良所咎歎京兆府每年所配折
糴粟二十五萬石宜放於百姓有粟情愿折納者時估外特加優饒
今春所貸義倉粟方屬歲饑容至豐熟歲送納元和五年已前諸色
逋租並放百官職田其數甚廣令緣水潦諸處道路不通宜令所在
貯納度支收令百官據數于太倉請受遭水旱處通計所損便與除

○破不得檢覆爲理之本在乎安人咨爾尹京宰邑之臣實爲親人阜
俗之寄必當詢其疾苦奉我詔條恤隱爲心無怠於事罔或徇利以
剥下吐剛而茹柔使閭井咸安懷嬰獲濟各勉忠孝宜悉朕懷丙戌
以諫議大夫孔戣爲皇太子諸王侍讀十一月壬辰朔癸巳新授華
州刺史李藩卒乙巳以工部尚書趙昌檢校　兵部尚書兼華州刺
史充潼關防禦鎮國軍等使十二月癸亥朔壬申詔委宗正卿選人
門嫁十六宅諸王女仍封爲縣主甲申京兆尹元義方戸部侍郎判
度支盧坦以違令立戟罰一月俸收奪所請門戟己丑制以朝義郎
守尚書戸部侍郎驍騎尉賜紫金魚袋李絳爲朝議大夫守中書侍
郎同中書門下平章事閏十二月辛夘朔右衛上将軍伊愼卒辛亥
皇太子寧薨謚曰惠昭廢朝三日國典無太子薨禮國子司業裴茝
精禮學特勑於西内定儀

唐書本紀卷第十四

唐書本紀卷第十五

劉　昫　等修

聞人詮 校刻 沈桐 同校

憲宗下

元和七年春正月辛酉朔己巳以刑部尚書趙宗儒檢校吏部尚書興元尹山南西道節度使庚午以兵部尚書王召判戶部事辛未以京兆尹元義方爲鄜州刺史鄜坊丹延觀察使以司農卿李銛爲京兆尹是夜月掩熒惑壬申廢信州永豐縣越州山陰縣衢州盈川縣癸酉振武河溢毀東受降城二月庚寅朔壬辰詔以去秋旱歉賑京畿粟三十萬石其元和六年春賑貸百姓粟二十四萬石並宜放免辛丑尚書省重定左右僕射上事儀注壬寅以兵部侍郎許孟容爲河南尹辛亥山南西道節度使裴玢卒癸丑入蕃使不得與私覿正員官量別支給以充私覿舊使絕域者許賣正官員十餘員取貨以備私覿雖優假遠使殊非典法故革之勅錢重物輕爲弊頗甚詳求適

變將以便人所貴緡貨通行里閭寬恤宜令群臣各隨所見利害狀以聞三月己未朔辛酉以惠昭太子葬罷曲江上巳宴庚午以旱勅諸司疏決繫囚夏四月戊子朔癸巳勅天下州府民戶每田一畝種桑二樹長吏逐年檢■計以聞辛亥鹽鐵使王播奏元和六年賣鹽鐵除峽內井鹽外計收六百八十五萬九千二百貫五月戊午朔庚申上謂宰臣曰卿等累言吳越去年水旱昨有御史自江淮迴言不至爲災人非甚困李絳對曰臣得兩浙淮南狀繼言歉旱方隅授任皆朝廷信重之臣御史非良或容希媚此正當姦佞之臣況推誠之道君人大本任大臣以事不可以小臣言間之伏望明示御史姓名正之典刑上曰卿言是也朝廷大體以恤人爲本一方不稔即宜賑救濟其饑寒況可疑之也向者不思而有此問朕言過矣絳等拜賀癸亥熒惑近太微右執法六月丁亥朔舒州桐城梅天陂內有黃白二龍自陂中乘風雷躍起高二百尺行六里入浮塘陂癸巳以金紫光祿大夫守司徒同平章事崇文館大學士太清宮使上柱國岐國公杜佑爲光祿大夫守太保致仕宜朝朔望佑累表懇請故也己亥月近南斗魁第四星鎮州甲仗庫一十三間災兵仗都盡王承宗常畜叛謀至是始懼天罰兇氣稍奪仍殺主庫吏百餘人乙丑以兵部員外郎王涯知制誥乙亥制立遂王宥爲皇太子改名恒己卯以新羅大宰相金彥昇爲開府儀同三司檢校太尉使持節大都督雞林州諸軍事雞林州刺史兼寧海軍使上柱國封新羅國王仍冊彥昇妻貞氏爲妃八月丁亥朔新除新羅國大宰相金崇斌等三人宜令本國准例賜戟戊戌魏博節度使田季安卒辛丑廢蓬州宕渠縣甲辰宣歙觀察使房式卒丙午以蘇州刺史范傳正爲宣歙觀察使戊申制諸州府五品已上官替後委本道長官具其才行官業奏歷每年冬季一度聞薦其罷使郎官御史許朝臣每年冬季准此聞薦諸使府參佐檢校■官從元授官月日計如是五品已上官及臺省官經三十箇月外任餘轉改餘官經三十六箇月奏轉改如未經考便有事故及停替官本限之外更加十箇月即任申奏辛亥以左龍武大將軍

薛平爲滑州刺史義成軍節度使冬十月乙未魏博三軍舉其衙將田興知軍州事時田季安死子懷諫年十一爲副大使知軍府事軍政一決於家僮蔣士則數易大將軍情不安因田興入衙兵環而刼請興頓仆於地軍衆不散興曰欲聽吾命勿犯副大使衆曰諾但殺蔣士則等十數人而止即日移懷諫於外令朝京師甲辰以魏博都知兵馬使兼御史中丞沂國公田興爲銀青光祿大夫檢校工部尚書兼魏州大都督府長史充魏博節度使庚戌澧王寬改名惲深王察改名悰洋王寰改名忻絳王寮改名悟建王審改名恪以鄭滑節度使袁滋爲戶部尚書十一月丙辰朔乙丑詔田興以魏博請命宜令司封郎中知制誥裴度往彼宣慰賜三軍賞錢一百五十萬貫以河陰院諸道合進內庫物充六州百姓給復一年兼赦管內見繫囚徒及度至魏州田興禮待甚恭仍請度至六州諸縣宣達朝旨辛未太保致仕杜佑卒東川觀察使潘孟陽奏龍州武安縣嘉禾生有麟食之麟之來群鹿環之光彩不可正視使畫工圖之以獻乙亥以給事中李逢

吉司勳員外郎李巨並充皇太子諸王侍讀戊寅吏部尚書鄭餘慶請復置吏部考官三員吏部郎中楊於陵執奏以爲不便乃詔考官肅顗等三人秖考及第科目人其餘吏部侍郎自定巳卯江西觀察使崔芃卒辛巳以前魏博節度副使田懷諫爲右監門衛將軍賜宅一區芻粟等甲申以同州刺史裴堪爲河西觀察使十二月丙戌朔以吏部尚書鄭餘慶爲太子少傅丙辰左拾遺楊歸厚以自娶婦進狀借礼會院貶國子主簿分司戊戌以京兆尹裴向爲同州防禦使己亥魏博奏管內州縣官員二百五十三員請吏部銓注

八年春正月乙卯朔庚午冊太言義爲渤海國王授秘書監忽汗州都督辛未制以正議大夫守礼部尚書同平章事上柱國扶風郡開國公權德輿守礼部尚書罷知政事癸未以山南東道節度使李夷簡檢校戶部尚書成都尹充劍南西川節度使以戶部尚書袁滋檢校兵部尚書襄州刺史充山南東道節度使二月乙酉朔辛卯田興改名弘正宰相李吉甫進所撰元和郡國圖三十卷又進六代畧三十卷又爲十

○道州郡圖五十四卷宰相于頔男太常丞敏專殺梁正言奴棄溷中事發頔與男季友素服待罪貶頔恩王傅于敏長流雷州錮身遣殿中少監駙馬都尉于季友誑冏公主藏匿內人轉授凶兄移貯外舍傷風黷礼莫大於茲宜削奪所任官令在家修省贊善大夫于正秘書丞于方並停見任皆頔之子也捕獲授于頔賂為致出鎮人梁正言及交構權貴僧鑒虛並付京兆府杖死甲子以劍南西川節度使銀青光祿大夫檢校吏部尚書兼門下侍郎同平章事上柱國臨淮郡開國公食邑二千戶武元衡復入中書知政事兼崇玄館大學士太清宮使辛未上以久旱親於禁中求雨是夜澍雨霑足丙子大風壞崇陵寢殿鴟尾折門戟六夏四月癸未朔乙酉以邕管經畧使房啓爲桂管觀察使以開州刺史竇群爲邕管經畧使丙戌以錢重貨輕出庫錢五十萬貫令兩常平倉收市布帛每段匹於舊估加十之一鄜坊觀察使元義方卒辛卯以將作監薛伾爲鄜坊觀察使乙未長安西市豕生三耳八足二尾僧鑒虛爲高崇文納賂四萬五千貫與

宰相杜黃裳共引致人求樂縣令吳憑付錢與黃裳男載勑吳憑配流昭州黃裳崇文巳薨歿所用錢不須勘問杜載釋放辛亥賜魏博田弘正錢二十萬貫救市軍糧庚申河中尹張弘靖奏脩古舜城六月辛巳朔時積雨延英不開十五日是日上謂宰臣曰今後每三日雨亦對來乙酉工部尚書致仕裴佶卒丙戌以東都留守韓皐檢校吏部尚書兼許州刺史充忠武軍節度使庚寅京師大風雨毀屋飄瓦人多壓死所在川瀆暴漲行人不通辛丑出宮人二百車任從所適以水災故也壬寅宰臣武元衡李吉甫李絳舊相鄭餘慶權德輿各奉詔令進舊詩秋七月辛亥朔癸丑以權德輿檢校吏部尚書東都留守丁卯以振武節度使李光進爲靈州大都督府長史靈武節度使癸酉命中尉彭中獻脩興唐觀壯其規制北拒禁城開複道以通行幸是夜月近五諸侯丁丑新授桂管觀察使房啓降爲太僕少卿啓初拜桂管啓吏賂吏部主者私得官告以授啓俄有詔命中使賫告牒與啓曰受之五日矣上怒杖吏部令史罰郎官啓亦即降之以安南都

○護馬總爲桂管觀察使以江州刺史張勔爲安南都護本管經畧招討使鄜坊觀察使薛伾卒八月辛巳朔癸未以蘄州刺史裴行立爲安南都護本管經畧招討使以張勔耄年也丁亥以司農卿裴武爲鄜坊觀察使庚寅詔毀家狥國故徐州刺史李洧等一十家子孫並宜甄奬甲午太白近軒轅辛丑以東川節度使潘孟陽爲戶部侍郎判度支盧坦爲梓州刺史劍南東川節度使乙巳廢天武軍併入神策軍九月庚戌朔景辰淄青李師道進鶻十二命還之戊午賜群臣宴於曲江乙丑詔比聞嶺南五管并福建黔中等道多以南口餉遺及於諸處博易骨肉離析良賤難分此後嚴加禁止如違長吏必當科罰淮西吳少陽獻馬三百匹丙寅詔減死戍邊前代美政量其遠邇亦有便宜今後兩京關內河南河東河北淮南山南東西道州府除大辟罪外輕犯不得配流天德五城戊辰以給事中竇易直爲陝虢防禦使仍賜金紫壬申以恩王傅于頔爲太子賓客以前朔方靈鹽節度使王佖爲右衛將相出入翰林草制謂之白麻至佖奏罷中書草

制因爲例也太常習樂始復用大鼓冬十月庚辰朔巳丑熒惑近太
微西垣南首星庚寅以湖南觀察使柳公綽爲岳鄂沔蘄安黃觀察使
辛卯涇原節度使朱忠亮卒壬辰汴州劉弘進所撰聖朝萬歲樂譜
共三百首巳巳以宗正少卿李道古爲黔中觀察使以蘇州刺史張
正甫爲湖南觀察使丙申以大雪放朝人有凍踣者雀鼠多死戊戌
以神策晉潤鎮使蘇光榮爲涇州刺史四鎮北庭行軍涇原節度使
翰林學士司封員外郎韋弘景守本官以草光榮詔漏叙功勳故也壬
辰振武奏廻紇千騎至鸊鵜泉十一月庚戌朔丙辰以福建觀察使
裴次元爲河南尹丙寅以鹽州隸夏州自夏州至豐州初置八驛丁
卯以泗州刺史薛謇爲福建觀察使右龍武統軍劉昌裔卒癸酉昭義
郗士美奏諸軍就食于臨洺京畿水旱霜損田三萬八千頃十二月
庚辰朔以京兆尹李銛爲鄜坊觀察使以代裴武入爲京兆尹辛巳
勑應賜王公公主百官等莊宅碾磑店鋪車坊園林等一任貼典貨
賣其所緣稅役便令府縣收管勑張茂昭立功河朔舉族歸朝義烈

之風史冊收載如聞身歿之後家無餘財追懷舊勳特越常典宜歲
賜絹二千匹春秋二時支給群臣上表請立德妃郭氏爲皇后丙戌
以桂管觀察使馬總爲廣州刺史嶺南節度使以邕管經畧使崔詠
爲桂管觀察使庚寅以襃州刺史馬平陽爲邕管經畧使振武軍亂
逐其帥李進賢屠其家乃以夏州節度使張煦代進賢率兵二千赴
鎮許便宜擊斷丙午以金吾衛將軍田進爲夏州刺史夏綏銀節度
使以河溢浸滑州羊馬城之半滑州薛平魏博田弘正徵役萬人於黎
陽界開古黃河道南北長十四里東西闊六十步深一丈七尺決舊
河水勢滑人遂無水患

九年春正月巳酉乙卯大霧而雪李吉甫累表辭相位不許乙亥張
煦入單于都護府誅作亂軍士蘇國珍等二百五十二人二月巳卯
朔戶部侍郎判度支兼京北五城營田使丁丑貶前鎮武節度使李
進賢爲通州刺史監軍路朝見配役于定陵丁未詔以歲飢放關內
元和八年巳前逋租錢粟賑常平義倉粟三十萬石丙申以振武軍

絹二萬匹丁酉月近心大星癸卯制朝議大夫守中書侍郎同平章
事上柱國高邑男李絳守禮部尚書累表辭相位故也三月巳酉朔
丙辰巂州地震晝夜八十震壓死者百餘人庚申妖人梁叔高自廣
州來授書與吏部侍郎楊於陵使爲巳輔於陵執之以告殺之辛酉
以太子少傅鄭餘慶檢校右僕射興元尹山南西道節度使代趙宗
儒爲御史大夫丁卯隕霜殺桑召大理卿裴棠棣男損前昭應令杜
式方男悰見于麟德殿前各賜緋許尚公主夏四月戊寅朔庚寅詔
賜太師咸寧王渾瑊宜配享德宗廟庭五月丁未朔以嶺南節度使
鄭絪爲工部尚書庚申移宥州於涇原軍郭下置延恩縣隸夏州觀
察使是月旱穀貴出太倉粟七十萬石開六場糶以惠飢民乙丑桂
王綸薨以旱免京畿夏稅十三萬石青苗錢五萬貫六月丙子朔戊
寅以天德軍經畧使周懷乂卒廢朝一日經畧使廢朝自懷乂始也
庚辰以義武軍節度副使渾鎬檢校工部尚書兼定州大都督府長
史充義武軍節度使易定觀察使北平軍等使丙戌以左龍武將軍

燕重盱爲豐州刺史天德軍豐州西城中城都防禦押蕃落等使乙
未置禮賓院於長興里之北丙申以左丞孔戣爲華州刺史潼關防
禦鎮國軍等使壬寅制河中晉絳慈隰等州節度使張弘靖守刑部
尚書同中書門下平章事秋七月丙午朔乙未以御史大夫趙宗儒
檢校尚書右僕射兼河中尹河中晉絳等州節度使戊辰以太子司
議郎杜悰爲銀青光祿大夫殿中少監駙馬都尉尚岐陽公主閏八
月乙巳朔辛酉以河陽節度使烏重胤兼汝州刺史壬戌以中書舍
人王涯屯田郎中裴綬爲皇太子諸王侍讀巳巳加田弘正檢校右
僕射賞三軍錢二十萬貫九月甲戌朔以洺州刺史李光顏爲陳州
刺史忠武軍都知兵馬使丙戌以山南東道節度使袁滋檢校兵部
尚書兼江陵尹荊南節度使以荊南節度使嚴綬檢校司空襄州刺史
山南東道節度使乙丑月掩軒轅淮西節度使吳少陽卒其子元濟
匿喪自總兵柄乃焚劫舞陽等四縣朝廷遣使弔祭拒而不納壬辰
眞臘國朝貢戊戌加河東節度使王鍔檢校司空同平章事以給事

中孟簡為越州刺史浙東觀察使贈吳少陽尚書右僕射冬十月甲
辰朔丙午金紫光祿大夫中書侍郎同平章事集賢大學士監脩國
史上柱國趙國公李吉甫卒甲寅以刑部員外郎令狐楚為職方員
外郎知制誥壬戌以忠武軍節度使韓臯為吏部尚書以忠武軍節度副
使兼陳州刺史李光顏為許州刺史忠武軍節度使甲子制朕嗣膺
寶位于茲十年每推至誠以御方夏庶以仁化臻于太和宵衣旰食
意屬於此今淮西一道未達朝經擅自繼襲肆行寇掠將士等迫於
受制非是本心思去三面之羅庶遵兩階之義宜以山南東道節度
使嚴綬兼充申光蔡等州招撫使仍命內常侍崔潭峻為監軍戊辰
以尚書左丞呂元膺檢校工部尚書東都留守舊例命畱守賜旗甲
與方鎮同及元膺受命不賜諫官援華汝壽三州例有賜居守之重
不宜獨闕上曰此三處亦宜停賜十一月甲戌朔甲申以吏部尚書韓
臯為太子賓客甲午以御史中丞胡証為單于大都護振武靈勝等
軍節度使丁酉太子太傅范希朝卒戊戌以中書舍人裴度為御史
○中丞以左金吾大將軍郭釗檢校工部尚書邠州刺史充邠寧節度
使以職方員外郎知制誥令狐楚為翰林學士十二月甲辰朔丁未
鎮武節度使張煦卒辛亥邠寧節度使檢校右僕射閻巨源卒癸丑
兵部尚書王召卒己未右羽林統軍孟元陽卒丙寅太子少保趙昌
卒戊辰制以中大夫守尚書右丞上騎都尉賜紫金魚袋韋貫之本
官同中書門下平章事

十年春正月癸酉朔乙酉宣武軍節度使韓弘守司徒平章事並如
故丙申嚴綬師師次蔡州界己亥制削奪吳元濟在身官爵庚子桂
管奏移富州治於故城二月癸卯朔甲辰嚴綬軍為賊所襲敗於磁
丘退守唐州田弘正子布韓弘子公武各率師隸李光顏討賊辛亥
以禮部尚書李絳為華州潼關防禦鎮軍等使壬戌河東防秋將劉
輔殺豐州刺史燕重旰己巳以羽林將軍李㬚為涇原節度使三月
壬申朔以右金吾將軍李奉仙為豐州刺史天德軍西城中城都防
禦使己卯以劍南西川節度行軍司馬李程為兵部郎中知制誥乙
酉以虔州司馬韓泰為漳州刺史以永州司馬柳宗元為柳州刺史
饒州司馬韓曄為汀州刺史朗州司馬劉禹錫為播州刺史台州司
馬陳諫為封州刺史御史中丞裴度以禹錫母老請移近處乃改授
連州刺史贈故太常卿崔邠禮部尚書李光顏破賊於南頓辛亥盜
焚河陰轉運院凡燒錢帛二十萬貫匹米二萬四千八百石倉室五十五
間防院兵五百人營於縣南盜火發而不救呂元膺召其將殺之自
盜火發河陰人情駭擾壬戌以長安縣令徐俊為邕管經略使五月
辛未朔辛巳御史中丞裴度兼刑部侍郎時度自淮西行營宣慰還
所言軍機多合上旨故以兼官寵之丙申李光顏大破賊黨於洄曲
自徵兵討賊凡十餘鎮之師環於申蔡未立戰功裴度使還奏曰臣
觀諸將惟光顏見義能勇必能立功至是告捷京師相賀上尤賞度
之知人六月辛丑朔癸卯鎮州節度使王承宗遣盜夜伏於靖安坊
刺宰相武元衡死之又遣盜於通化坊刺御史中丞裴度傷首而免
是日京城大駭自京師至諸門加衛兵宰相導從加金吾騎士出入
○則彀弦露刃每過里門訶索甚諠公卿持事柄者以家僮兵仗自隨
武元衡死數日未獲賊兵部侍郎許孟容請見奏曰豈有國相橫屍
路隅不能擒賊因灑泣極言上為之憤歎乃詔京城諸道能捕賊者
賞錢萬貫仍與五品官敢有盖藏全家誅戮乃積錢二萬貫於東西
市京城大索公卿節將複壁重轑者皆搜之庚戌神策將士王士則
王士平以盜名上言且言王承宗所使乃捕得張晏等八人誅之乙
丑制以朝議郎守御史中丞兼刑部侍郎飛騎尉賜紫金魚袋裴度
為朝請大夫守刑部侍郎同中書門下平章事秋七月庚午朔靈武節度

使李光進卒辛未以神策軍長武城使杜叔良為朔方靈鹽定遠城
節度觀察使甲戌詔成德軍節度使王承宗自滌瑕疵累加獎拔列
在維藩之任待以忠正之徒謂懷君父之恩克勵人臣之節而動思
稟命恣逞非心傲狠反常撗辱無畏以其先祖嘗立忠勳每念含容
庶闡悛革曾不知陰謀逆狀久則逾彰凶德禍機盈而自覆乃敢輕
肆指斥妄陳表章潛遣姦人內懷兵刃賊殺元輔毒傷憲臣縱其兇

殘無所顧望推窮事迹罪狀昭明周覽謝詞良用痛歎宜令絕其朝貢其所部博野樂壽兩縣本屬范陽宜却隸劉總駙馬都尉王承系太子贊善王承迪冊王府司馬王承榮等並宜遠郡安置先是承宗上表怨咎武元衡留中不報又肆指斥上使持其表以示百官群臣皆請問罪丙戌涇原節度使李彙卒以將作監王潛爲荆州刺史四鎭北庭涇原節度使乙未以京兆尹裴武爲司農卿以捕賊弛慢故也八月己亥朔日有蝕之丙寅訶陵國遣使獻僧祇僮及五色鸚鵡頻伽鳥幷異香名寶丁未淄青節度使李師道陰與嵩山僧圓淨謀反勇士數百人伏於東都進奏院乘洛城無兵欲竊發焚燒宮殿而肆行剽掠小將楊進李再興告變留守呂元膺乃出兵圍之賊突圍而出入嵩岳山棚盡擒之訊其首僧圓淨主謀也僧臨刑歎曰誤我事不得使洛城流血九月癸酉以宣武軍節度使韓弘充淮西行營兵馬都統丁酉以太子賓客韓皐爲兵部尚書冬十月庚子始析山南東道爲兩節度以戶部侍郎李遜爲襄州刺史充襄復郢均房節

○度使以右羽林將軍高霞寓爲唐州刺史充唐隨鄧節度使刑部尚書權德輿奏請行用新刪定敕格三十卷從之壬子以太子賓客于頔爲戶部尚書十一月戊辰詔出內庫繒絹五十五萬匹供軍乙亥以山南東道節度使嚴綬爲太子少保戊寅盜焚獻陵寢宮詔發振州兵二千會義武軍以討王承宗十二月壬寅夜太白犯鎭星甲辰李愿擊敗李師道之衆九千斬首二千級壬子東都留守呂元膺請募置三河子弟以衛宮城甲寅越州復置山陰縣庚申新造指南車記里鼓出宮人七十二人置京城寺觀有家者歸之乙丑河東節度使王鍔卒是歲渤海新羅奚契丹黑水南詔牂牁並遣使朝貢

十一年春正月丁卯朔以宿師于野不受朝賀己巳以中書侍郎平章事張弘靖檢校吏部尚書兼太原尹北都留守河東節度使戊寅詔群臣曰今用兵已久利害相半其攻守之宜罰宥之要宜各具議狀以聞庚辰翰林學士錢徽蕭俛各守本官以上疏請罷兵故也癸未削奪王承宗在身官爵所襲封邑賜武俊子金吾將軍士平令河東河北道諸鎭加兵進討甲申盜斷建陵門戟四十七竿甲子李光顏奏破賊二月癸卯吐蕃贊普卒以中書舍人權知禮部貢舉賜緋魚袋李逢吉爲門下侍郎同平章事賜紫金魚袋以內庫絹四萬疋賞幽魏將士甲寅以華州刺史李絳爲兵部尚書丙辰月掩心戊午南詔蠻酋晟龍盛卒三月庚午皇太后崩于興慶宮之咸寧殿是日群臣發喪於西宮兩儀殿以宰臣裴度爲禮儀使吏部尚書韓皐爲大明宮留守設次于中書辛未勅諸司公事宜權取中書門下處分癸酉分命朝臣告哀于天下甲戌見群臣于紫宸門外廡下己卯以宰臣李逢吉充大行皇太后山陵使出內庫繒帛五萬匹充奉山陵己丑月近鎭星夏四月壬寅西川節度使李夷簡遣使告哀於南詔后喪邊鎭吉四夷舊制也庚戌貶戶部侍郎判度支楊於陵爲郴州刺史坐供軍有闕也丁巳以徐宿飢賑粟八萬石五月丁卯夜辰歲二宿合于東井宿州軍亂逐刺史駱怡壬申李光顏破賊于凌雲柵六月甲辰高霞寓敗于鐵城退保新興柵是日人情恇駭宰相奏對多請

○罷兵上曰勝負兵家常勢不可以一將失利便沮成計今但議用兵方畧朝廷庶務制置可否耳是夜月掩心後星庚戌田弘正軍討王承宗次于南宮辛酉群臣上大行太皇后謚曰莊憲秋七月丁丑貶隨唐節度使高霞寓爲歸州刺史以河南尹鄭權爲襄州刺史充山南東道節度使以荆南節度使袁滋爲唐州刺史彰義軍節度使申光唐蔡隨鄧州觀察使權以唐州爲理所以華州刺史裴武爲江陵尹充荆南節度使戊寅以隨州刺史楊旻爲唐州刺史充行營都知兵馬使以滋儒者故復以旻將其兵壬午宣武軍奏破賊八月壬寅以宰臣韋貫之爲吏部侍郎罷知政事貫之以淮西河北兩處用兵勞於供餉請緩承宗而專討元濟與裴度爭論上前故也戊申容州奏颶風海水毀州城甲申附莊憲皇后於豐陵九月丁卯饒州奏浮梁樂平二縣五月內暴雨水溢失四千七百戶溺死者一百七十人丙子新除吏部侍郎韋貫之再貶湖南觀察使辛未貶吏部侍郎韋顗爲陝州刺史刑部郎中李正辭爲金州刺史度支郎中薛公幹爲房

州刺史屯田郎中李宣爲忠州刺史考功郎中韋處厚爲開州刺史禮部員外郎崔韶爲果州刺史並爲補闕張宿所搆言與貫之朋黨故也乙酉蔡州軍前奏拔凌雲栅冬十月丁巳以刑部尚書權德輿檢校吏部尚書兼興元尹充山南西道節度使丙寅幽州劉總加平章事鄆州李師道加檢校司空師道聞拔凌雲栅乃懼僞貢款誠故有是命庚午以司農卿王遂爲宣州刺史宣歙池觀察使以京兆尹李翛爲潤州刺史浙西觀察使以遂翛常歷計司能聚斂方藉供軍故有斯授壬申勑諸道奏事官非急切不得乘驛馬丁丑出內庫錢五十萬貫供軍戊寅夜月犯歲辛巳命內常侍梁守謙監淮西行營諸軍仍以空名告身五百通及金帛付之戊子夜土火合于虛危十二月丙午以易州刺史陳楚爲定州刺史義武軍節度使丁未以翰林學士尚書工部侍郎知制誥王涯爲中書侍郎同平章事甲寅以閑廄宮苑使李愬檢校左散騎常侍兼鄧州刺史充唐隨鄧等州節度使初置淮潁水運使運揚子院米自淮陰泝流至壽州四千里入潁口又泝流至潁州沈丘界五百里至于項城又泝流五百里入溵河又三百里輸于郾城得米五十萬石茭一千五百萬束省汴運七萬六千貫己未邕管奏黃洞賊屠巖州未央宮及飛草場火京畿水害田潤常湖衢陳許大水是歲冬雷桃杏花迴鶻靺鞨奚契丹牂牁渤海等朝貢。

十二年春正月辛酉朔以用兵不受朝賀癸未貶義武軍節度使渾鎬爲循州刺史坐討賊失律也甲申貶唐鄧節度袁滋爲撫州刺史以上疏請罷兵故也乙酉夜星見而雨戊子夜彗出畢南長丈餘指西南凡三日南近參箕而沒二月壬申出內庫絹布六千九萬段匹銀五千兩付度支供軍庚子勑京城居人五家相保以搜姦慝時王承宗李師道欲阻用兵之勢遣人折陵廟之戟焚芻藁之積流矢飛書恐駭京國故搜索以防姦及賊平復得淄青簿領中有賞蒲潼關吏案乃知容姦者關吏也搜索不足以爲防庚申勑宜於許汝行營側近置行郾城以處賊中歸降人戶甲寅岳鄂團練使李道古師攻申

州剋羅城賊力戰道古之衆大敗三月壬戌昭義郗士美兵敗於柏鄉兵士死者千人戊辰滄州程執恭改名權太常定李吉甫謚曰敬憲度支郎中張仲方非之上怒貶爲遂州司馬賜吉甫謚曰忠丁丑月犯心後星癸未賊將吳秀琳以文城柵兵三千降李愬夏四月辛卯李光顏破賊三萬於郾城殺其卒什二三獲馬千匹器甲三萬辛丑駙馬都尉于季友居嫡母喪與進士劉師服歡宴夜飲季友削官爵笞四十忠州安置師服笞四十配流連州于頔不能訓子削階己酉出太倉粟二十五萬石糶于西京以惠飢民庚戌勑改蔡州吳房縣爲遂平縣移置於文城柵南新城內丁卯賊郾城守將鄧懷金與縣令董昌齡以郾城降甲戌渭南雨雹中人有死者丙子詔權罷河北行營專討淮蔡五月庚寅朔癸巳隨唐節度使李愬奏敗賊於吳房獲賊將李佑己亥以尚書左丞許孟容爲河東留守充都畿防禦使時東畿民戶供軍尤苦車數千乘相錯于路牛皆饋軍民戶多以驢耕己酉作蓬萊池周廊四百間六月己未朔以衛尉卿程异爲鹽鐵使代王播時异爲鹽鐵使副自江南收拾到供軍錢一百八十五萬以進故得代播壬戌賊吳元濟上表請束身歸朝時連破三柵賊勢迫蹙實欲歸朝而制於左右故不果行乙酉京師大雨含元殿一柱傾市中水深三尺壞坊民二千家秋七月戊子朔壬辰詔以定州飢募人入粟受官及減選超資河北水災邢洺尤甚平地或深二丈甲辰戶部尚書于頔請致仕不允嶺南節度使崔詠卒乙酉勑今後左降官及責授正員官等宜從到任經五考滿許量移如未滿五考遇恩赦者從節支處分如犯十惡大逆贓賄緣坐奏取進止庚戌以國子祭酒孔戣爲廣州刺史嶺南節度使丙辰制以中書侍郎平章事裴度守門下侍郎同平章事使持節蔡州諸軍事蔡州刺史充彰義軍節度申光蔡觀察處置等使仍充淮西宣慰處置使以朝散大夫守尚書戶部侍郎上護軍賜紫金魚袋崔群爲中書侍郎同中書門下平章事以刑部侍郎馬揔兼御史大夫充淮西行營諸軍宣慰副使以太子右庶子韓愈兼御史中丞充彰義軍行軍司馬以司勳

員外郎李正封都官員外郎馮宿禮部員外郎李宗閔皆兼侍御史
爲判官書記從度出征詔以郾城爲行蔡州治所八月戊午朔庚申
裴度發赴行營勅神策軍三百人衛從上御通化門勞遣之度望門
再拜銜涕而辭上賜之犀帶以河南尹辛秘爲潞府長史昭義軍節
度使代郗士美以士美爲工部尚書孟簡爲戶部侍郎戊辰以同州
刺史張正甫爲河南尹甲申裴度至郾城九月丁亥朔戊子出內庫
羅綺犀玉金帶之具送度支估計供軍甲午御史臺奏同制除官承
前以名字高下爲班位先後或名在前身在外及到却在舊人之上
今請以上日爲先後勅曰名在前上日在後未逾月不在此限行立
班次即宜以勅內前後爲定戊戌劍南東川節度盧坦卒己亥貶京
兆尹竇易直爲金州刺史以鞫獄得贓不實故也辛丑以御史中丞
爲京兆尹壬寅以湖廣觀察使韋貫之爲太子詹事分司乙巳以刑
部郎中知雜崔元略爲御史中丞丁未以朝議大夫門下侍郎同平
章事李逢吉檢校兵部尚書使持節梓州諸軍事梓州刺史充劍南

東川節度副大使知節度事庚子以撫州刺史袁滋爲湖南觀察使
冬十月壬申裴度往溵口觀板築五溝賊遽至注弩挺刃將及度而
李光顏田布扼其歸路大敗之是日度幾陷癸酉內出元和辯謗略
三卷付史館甲申以淮南節度使檢校左僕射李鄘爲門下侍郎同
中書門下平章事以左丞衛次公代鄘爲淮南節度使己卯隨唐節
度使李愬率師入蔡州執吳元濟以獻淮西平甲申詔淮西立功將
士委韓弘裴度條疏奏聞淮西軍人一切不問宜準元勅給復二年
十一月丙戌朔御興安門受淮西之俘以吳元濟徇兩市斬於獨柳
樹妻沈氏沒入掖庭弟二人子三人配流尋誅之判官劉協等七人
處斬錄平淮西功隨唐節度使檢校左散騎常侍李愬檢校尚書左
僕射襄州刺史充山南東道節度襄鄧隨唐福郢均房等州觀察等
使加宣武軍節度使韓弘兼侍中　忠武軍節度使李光顏河陽節度
使烏重胤並檢校司空以宣武軍都虞候韓公武檢校左散騎常侍
鄜州刺史鄜坊丹延節度使以魏博行營兵馬使田布爲右金吾衛

將軍皆賞破賊功也甲午恩王連薨以蔡州郾城爲溵州析上蔡西
平遂平三縣隸焉戊申以淮西宣慰副使刑部侍郎馬揔爲彰義軍
節度留後十二月壬戌以彰義軍節度淮西宣慰處置使門下侍郎
同平章事裴度守本官賜上柱國晉國公食邑三千戶以蔡州留後
馬揔檢校工部尚書蔡州刺史彰義軍節度使溵州潁陳許節度使
丙子以右庶子韓愈爲刑部侍郎是歲河南河北水
十三年春正月乙酉朔御含元殿受朝賀禮畢御丹鳳樓大赦天下
己丑以文宣王三十八代孫孔惟晊襲文宣公庚寅勅李師道頻獻
表章披露懇誠宜令諫議大夫張宿往彼宣慰辛亥以禮部尚書王
播爲成都尹劍南西川節度使二月乙亥御麟德殿宴群臣大合樂
凡三日而罷頒賜有差三月庚寅以前劍南西川節度使李夷簡爲
御史大夫丙申以同州刺史鄭絪爲東都留守都畿汝防禦使庚子
以御史大夫李夷簡爲門下侍郎同平章事宰相李鄘守戶部尚書
罷知政事丁未以太子少師鄭餘慶爲左僕射辛亥詔百司職田多

少不均爲弊日久宜令逐司各收職田草粟都數自長官以下除留
守至銀臺待罪請獻德棣二州兼入管內租稅壬戌前東都留守許
孟容卒庚辰詔復王承宗官爵以華州刺史鄭權爲德州刺史橫海
軍節度德棣滄景等州觀察使五月乙酉鳳翔節度使李惟簡卒乙
未月近心後星丙辰以忠武軍節度使李光顏爲滑州刺史義武軍
節度使以彰義軍節度使馬揔爲許州刺史忠武軍節度使陳許溵
蔡觀察等使戊戌以山南東道節度使李愬爲鳳翔尹鳳翔隴右節
度使辛丑知渤海國務大仁秀檢校秘書監忽汗州都督冊爲渤海
國王丙午以戶部侍郎孟簡檢校工部尚書襄州刺史山南東道節
度使六月癸丑朔日有食之乙丑湖南觀察使袁滋卒丁丑以滄景
節度使程權爲邠州刺史邠州節度使出內庫絹三十萬匹錢三十
萬貫付度支供軍秋七月癸未以新除鳳翔節度使李愬爲徐州刺
史武寧軍節度使甲申以田弘正校檢司空乙酉詔削奪淄青節度
使李師道在身官爵仍令宣武魏博義成武寧橫海等五鎮之師分

路進討辛丑以門下侍郎同平章事李夷簡檢校左僕射同平章事揚州大都督府長史淮南節度使己酉詔諸道節度使先帶度支營田使名者並罷之庚戌以左僕射鄭餘慶爲鳳翔隴右節度使八月壬子以中書侍郎平章事王涯爲兵部侍郎罷知政事戊午以尚書右丞崔從爲興元尹山南西道節度使甲戌太白近左執法乙亥勅應同司官有大功已上親者但非連判及勾檢之官幷官長則不在廻避改換之限時刑部員外郎楊嗣復以父於陵除戸部侍郎遂以近例避嫌請出省不從因有是勅丁丑木金水三宿聚于軫戊寅前山南西道節度使權德輿卒九月甲申以左衛將軍高霞寓爲單于大都護振武麟勝節度使甲辰以戸部侍郎判度支皇甫鎛同中書門下平章事依前判度支以衛尉卿充諸道鹽鐵轉運使程异爲工部侍郎同中書門下平章事依前充使是時上切於財賦故用聚歛之臣居相位詔下群情驚駭宰臣裴度崔群極諫不納二人請退熒惑近哭星丁未出內庫絹十萬匹給東軍冬十月甲寅吐蕃寇宥州

。壬戌靈武奏破吐蕃二萬於定遠城癸亥前淮南節度使衛次公卒甲子平涼鎮遏兵馬使郝玼奏收復原州破吐蕃二萬是夜月近昴丙子以左金吾衛大將軍薛平檢校刑部尚書滑州刺史充義成軍節度使以義成軍節度使李光顏爲許州刺史充忠武軍節度使陳許觀察等使十一月辛巳朔夏州破吐蕃五萬靈武奏攻破吐蕃長樂州羅城丁亥以山人柳泌爲台州刺史爲上於天台山採仙藥故也制下諫官論之不納壬寅以河陽節度使烏重胤爲滄州刺史橫海軍節度滄景德棣觀察等使丁未以華州刺史令狐楚以懷州刺史充河陽三城懷孟節度使十二月辛亥勅左右龍武軍六軍及威遠營應納課戸共一千八百人衣糧並停仍付府縣收管戊寅軍前擒到李師道將夏侯澄等四十七人詔並釋付魏博及義成軍收管要還賊中者則量事優給放還上顧謂宰臣曰人臣事君但力行善事自致公望何乃好樹朋黨朕甚惡之裴度對曰君子小人未有無徒者君子之徒則同心同德小人之徒是爲朋黨上曰他人之言亦與卿等相似豈易辨之哉度曰君子小人觀其所行當自區別矣上曰凡好事口說則易躬行則難卿等既言之須行之勿空口說度等謝曰陛下處分可謂至矣臣等敢不激勵然天下之人從陛下所行從陛下所言臣等亦願陛下每言之則行之上頗忻納是歲廻紇南詔渤海高麗吐蕃奚契丹訶陵國並朝貢

十四年春正月庚辰朔以東師宿野不受朝賀壬午復置仗內教坊於延政里丁亥徐州軍破賊二萬於金鄉迎鳳翔法門寺佛骨至京師留禁中三日乃送諸寺王公士庶奔走捨施如不及刑部侍郎韓愈上疏極陳其弊癸巳貶愈爲潮州刺史丙申魏博軍破賊五萬於東河辛巳斬前滄州刺史李宗奭於獨柳樹朝廷初除鄭權滄州宗奭拒詔不受代既而爲三軍所逐乃入朝故誅之癸卯夜月近南斗魁丙午魏博軍破賊萬人於陽穀二月己酉朔以商州刺史嚴謨爲黔中觀察使乙卯勅淄青行營諸軍所至收下城邑不得妄行傷殺及焚燒廬舍掠奪民財開發墳墓宜嚴加止絕以鎮冀水災賜王承

。宗綾絹萬匹辛酉襄陽節度使孟簡舉鄭鄉鎮遏使趙潔爲鄭鄉令有虧常式罰一月俸料壬戌田弘正奏今月九日淄青都知兵馬使劉悟斬李師道幷男二人首請降師道所管十二州平甲子上御宣政殿受賀己巳上御興安門受田弘正所獻賊俘群臣賀於樓下庚午制以淄青兵馬使金紫光祿大夫試殿中監兼監察御史劉悟檢校工部尚書滑州刺史充義成軍節度使封彭城郡王食邑三千戸賜錢二萬貫莊宅各一區癸酉田弘正加檢校司徒同中書門下平章事三月己卯朔丁酉上以齊魯初平宴群臣於麟德殿賜物有差戊子以華州刺史馬總爲鄆濮曹等州觀察等使己丑以義成軍節度使薛平爲青州刺史充平盧軍節度淄青齊登萊等州觀察等使以淄青四面行營供軍使王遂爲沂州刺史充沂海兗密等州都團練觀察等使析李師道所據十二州爲三鎮也庚寅浙西觀察使李翛卒辛卯李師道妻魏氏幷男沒入掖庭堂弟師賢師智姪弘巽配流乙未以中書舍人衛中行爲華州刺史潼關防禦鎮國軍等使辛

丑上顧謂宰臣曰聽受之間大是難事推誠選任所謂委寄必合盡
心及至所行臨事不無偏黨朕臨御已來歲月斯久雖不明不敏然
漸見物情每於行爲務欲詳審比令學士集前代昧政之事爲辯謗
略每欲披閱以爲鑒誡耳崔群對曰無情曲直辯之至易稍懷欺詐
審之實難故孔子有衆好衆惡之論浸潤膚受之說蓋以曖昧難辯
故也若擇賢而任之待之以誠糺之以法則人自歸公孰敢行僞陛
下詳觀載籍以廣聰明實天下幸甚丁未以撫州司馬令狐通爲右
衛將軍給事中崔植封還制書言通前刺史壽州用兵失律未宜擬
用上令宰臣諭植以通父彰有功不忍遂棄其子其制方行夏四月
戊申朔乙卯太白順行近東井戊午以刑部尚書李愿爲鳳翔尹充
鳳翔隴右節度使丙寅詔諸道節度都團練防禦經略等使所管支
郡除本軍州外別置鎮遏守捉兵馬者並合屬刺史如刺史帶本州
團練防禦鎮遏等使其兵馬額便隷此使如無別使即屬軍事其有
邊於谿洞連接蕃蠻之處特建城鎮不關州郡者不在此限辛未工

部侍郎同平章事諸道鹽鐵轉運等使程异卒丙子制金紫光祿大
夫門下侍郎同中書門下平章事兼弘文館大學士上柱國晉國公
食邑三千戶裴度可檢校左僕射兼門下侍郎平章事太原尹北都
留守充河東節度觀察處置等使五月戊寅朔以刑部侍郎柳公綽
充鹽鐵轉運等使庚辰以楚州刺史李聽爲夏州刺史夏綏銀宥等
州節度使丙辰以河東節度使檢校吏部尚書同平章事張弘靖爲
吏部尚書以忠武軍節度使李光顏爲邠寧慶節度使仍以忠武軍
六千人赴鎮庚寅以工部尚書郗士美檢校刑部尚書許州刺史充
忠武軍節度使是夜月近心大星己亥置臨海監牧命淮南節度使
兼之勑李師古妻裴氏女宜娘於鄧州安置李宗奭妻韋氏放出披
庭坐李師道族人籍沒上愍之宥以經典以宣歙觀察使竇易直爲
潤州刺史充浙西觀察使韓弘進助平淄青絹二十萬疋女樂十人
女樂還之六月丁未朔癸丑以福建觀察使元錫爲宣州刺史宣歙
池觀察使庚申以戶部侍郎歸登爲工部尚書以鄭州刺史裴乂爲

福州刺史福建觀察使辛酉勑定州大都督府復上州甲子以前兵
部尚書李絳檢校吏部尚書河中尹充河中晉絳慈隰觀察使癸酉
詔左金吾大將軍胡証充京西北巡邊使所經鎮戍與守將審量利
害具事實奏聞秋七月丁丑朔戊寅汴州韓弘來朝己卯左散騎常
侍致仕薛苹卒乙酉夜月掩心大星辛巳群臣上尊號曰元和聖文
神武法天應道皇帝是日御宣政殿受冊禮畢御丹鳳樓大赦天下
京畿今年秋稅青苗榷酒等錢每貫量放四百文元和五年已前逋
租賦並放甲午韓弘進絁絹二十八萬疋銀器二百七十事丁酉以
河陽三城懷州節度使朝議郎使持節懷州諸軍事守懷州刺史兼
御史大夫賜紫金魚袋令狐楚可朝議大夫守中書侍郎同中書門
下平章事壬寅以永州刺史韋正武爲邕管經略使癸卯以前黔中
觀察使魏義通爲懷州刺史河陽三城懷孟節度使沂州軍亂殺節
度使王遂甲辰以棣州刺史曹華爲沂州刺史充沂海兗密等州都
團練觀察使乙巳罷晉州防禦使八月丁未朔己酉制宣武軍節度

副大使知節度事汴宋亳潁等州觀察處置等使開府儀同三司守
司徒兼侍中汴州刺史上柱國許國公食邑三千戶韓弘可守司徒
兼中書令弘堅辭戎鎮故也癸丑以吏部尚書張弘靖爲檢校尚書
左僕射同平章事汴州刺史宣武軍節度使甲寅於襄州穀城縣置
臨漢監以牧馬仍令山南東道節度使兼充監牧使戊午王承宗遣
位檢校左僕射己未田弘正來朝上謂宰臣曰天下事重一日不可
曠廢若遇連假不坐有事即詣延英請對崔群以殘暑方甚冒同列
將退上止之曰數日一見卿等時雖暑熱朕不爲勞久之方罷丁亥
宴田弘正與大將判官二百人於麟德殿賜物有差戊辰陳許節度
使檢校刑部尚書郗士美卒九月丙子朔戊寅考功郎中蕭祐進右
蓋古書二十卷斬沂州亂首王弁於東市癸未以國子祭酒李遜檢
校禮部尚書許州刺史忠武軍節度陳許殷蔡等觀察使庚寅以右
衛大將軍田縉爲衞王傅縉前鎮夏州私用軍粮四萬石強取党項
羊馬致党項引吐蕃入寇故也甲午以太子少師鄭餘慶兼判國子

祭酒辛丑以田弘正兄相州刺史田融檢校刑部尚書兼太子賓客分司東都甲辰以魏博節度使光祿大夫檢校司徒同平章事兼魏州大都督長史上柱國沂國公食邑三千戶田弘正依前檢校司徒兼侍中賜實封三百戶時弘正三上表乞留闕庭不許乙巳上顧謂宰臣曰朕讀玄宗實錄見開元初銳意求理至十六年已後稍似懈倦開元末又不及中年何也崔群對曰玄宗少歷民間身經迍難故即位之初知人疾苦躬勤庶政加之姚崇宋璟蘇頲盧懷慎等守正之輔孜孜獻納故致治平及後承平日久安於逸樂漸遠端士而近小人宇文融以聚斂媚上心李林甫以奸邪惑上意加之以國忠故及於亂願陛下以開元初爲法以天寶末爲戒即社稷無疆之福也時皇甫鎛以諂刻欺蔽在相位故群因奏以諷之冬十月丙午朔壬戌安南軍亂殺都護李象古并家屬部曲千餘人皆遇害　丙寅以唐州刺史桂仲武爲安南都護潮州刺史韓愈爲袁州刺史是月吐蕃寇鹽州十一月乙亥朔以戶部尚書李鄘爲太子賓客東都留守辛卯

靈武大將史奉敬破吐蕃於鹽州城下賜奉敬實封五十戶賞之丁酉以原王傅鄭權爲右金吾大將軍充右街使上服方士柳泌金丹藥起居舍人裴潾上表切諫以金石含酷烈之性加燒鍊則火毒難制若金丹已成且令方士自服一年觀其效用則進御可也上怒己亥貶裴潾爲江陵令十二月乙巳朔庚戌國子祭酒鄭餘慶奏見任文官一品至九品外使兼京正員官者每月於所請料錢每貫抽十文修國子監從之乙卯以諫議大夫守中書侍郎同中書門下平章事上柱國賜紫金魚袋崔群爲潭州刺史兼御史大夫充湖南觀察使爲皇甫鎛所譖及群被貶人皆切齒於鎛

十五年春正月甲戌朔上以餌金丹小不豫罷元會庚辰鎮冀觀察使王承宗奏鎮冀深趙等州每州請置錄事參軍一員判司三員每縣請置令一員從之壬午以前湖南觀察使崔倰權知戶部侍郎判度支丙戌沂海四州觀察使府移置於兗州改觀察使曹華爲兗州刺史乙未命邠寧李光　顏修築鹽州城此　月七日巳後晝常陰晦微雨雪夜則晴明凡十七日方澄霽丙申月犯心大星光彩相及發齊州豐齊縣入長清縣全節縣入歷城縣章丘縣入亭山縣義成軍節度使劉悟來朝戊戌上對悟於麟德殿上自服藥不佳數不視朝人情恟懼及悟出道上語京城稍安庚子以少府監韓璀爲鄜州刺史鄜坊丹延節度使是夕上崩於大明宮之中和殿享年四十三時以暴崩皆言內官陳弘志弑逆史氏諱而不書辛丑宣遺詔壬寅移仗西內五月丁酉群臣上謚曰聖神章武孝皇帝廟號憲宗庚申葬于景陵

史臣蔣係曰憲宗嗣位之初讀列聖實錄見貞觀開元故事竦慕不能釋卷顧謂丞相曰太宗之創業如此玄宗之致理如此既覽國史乃知萬倍不如先聖當先聖之代猶須宰執臣僚同心輔助豈朕今日獨能爲理哉自是延英議政晝漏率下五六刻方退自貞元十年已後朝廷威福日削方鎮權重德宗不委政宰相人間細務多自臨決姦佞之臣如裴延齡輩數人得以錢穀數術進宰相備位而已及

上自藩邸監國以至臨御訖于元和軍國樞機盡歸之於宰相由是中外咸理紀律再張果能剪削亂階誅除群盜睿謀英斷近古罕儔唐室中興章武而已任异鎛之聚斂逐群度於藩方政道國經未至衰素惜乎服食過當閹豎竊發苟天假之年庶幾于理矣

贊曰貞元失馭群盜箕踞章武赫斯削平嘯聚我有宰衡耀德觀兵元和之政聞于頌聲

唐書本紀卷第十五

劉　昫　等修

聞人詮校刻沈桐同校

穆宗

穆宗睿聖文惠孝皇帝諱恒憲宗第三子母曰懿安皇后郭氏貞元十一年七月生於大明宮之別殿初名宥封建安郡王元和元年八月進封遂王五年三月領彰義軍節度大使七年十月冊為皇太子改今諱十五年正月庚子憲宗崩丙午即皇帝位於太極殿東序是日召翰林學士段文昌杜元穎沈傳師李肇侍讀薛放丁公著對于思政殿並賜金紫丁未集群臣班於月華門外貶門下侍郎同平章事皇甫鎛為崖州司戶戊申上見宰臣於紫宸門外辛亥以朝議郎守御史中丞飛騎尉襲徐國公賜緋魚袋蕭俛為朝散大夫守中書舍人翰林學士武騎尉賜紫金魚袋段文昌為中書侍郎同平章事上始御延英對宰臣詔曰山人柳泌輕懷左道上惑先朝固求牧人

貴欲疑衆自知虛誕仍更遁逃僧大通醫方不精藥術皆妄既延禍釁俱是姦邪邦國固有常刑人神所宜共棄付京兆府決杖處死金吾將軍李道古貶循州司馬憲宗末年銳於服餌皇甫鎛與李道古薦術人柳泌僧大通待詔翰林泌於台州為上鍊神丹上服之日加躁渴遽棄萬國甲寅二王後介國公宇文仲達卒有司舉舊典奏癸之以監察御史李德裕右拾遺李紳禮部員外郎庾敬休並守本官充翰林學士丁巳以劍南東川節度使李逢吉為襄州刺史充山南東道節度使以吏部侍郎王涯檢校禮部尚書梓州刺史充劍南東川節度使己未改恒岳為鎮岳恒州為鎮州定州恒陽縣為曲陽縣恒王房子孫改為泜王房丙寅以右神策大將軍張維清為單于大都護充振武麟勝節度使丁卯上及群臣皆釋服從吉戊辰群臣始朝於宣政衙是夜地震庚午冊大行皇帝貴妃郭氏為皇太后貶諫議大夫李景儉為建州刺史二月癸酉朔丁丑御丹鳳樓大赦天下宣制畢陳俳優百戲於丹鳳門內上縱觀之丁亥幸左神策軍觀角

抵及雜戲日昃而罷癸巳罷邕管經略使所管州縣隸邕府甲午以桂管觀察使裴行立為安南都護充本管經略使乙未以太僕卿杜式方為桂州刺史充桂管觀察使丙申丹王逾薨丁酉勑入迴紇使宜與私覿正員官十三員入吐蕃使與八員庚子太子賓客呂元膺卒辛丑以戶部侍郎楊於陵為戶部尚書壬寅勑舉賢良方正直言極諫等科目人宜令中書門下尚書省四品已上於尚書省同試三月癸卯朔贈皇太后父郭曖太傅母虢國大長公主贈齊國大長公主壬子召侍講學士韋處厚路隨於太液亭講毛詩關雎尚書洪範等篇既罷並賜緋魚袋左右軍中尉馬進潭梁守謙魏弘簡等請立門戟從之以太子詹事分司東都韋貫之為河南尹丁巳御史中丞崔植奏元和十二年勑御史臺三院御史據除拜上日為後未上日不得計月數又准其年九月十七日勑踰一箇月不在此限行立班次即宜以勑內先後為定臣觀此後勑未便事宜請自今後三院御史職事行立一切依勑文先後為定除拜上日便為月數從之戊午

吏部尚書趙宗儒奏先奉勑先朝所放制科舉人令與中書門下四品已上官同於尚書省就試者臣伏以制科所設本在親臨南省策試亦非舊典今覃恩既畢庶政惟新況山陵日近公務繁迫待問之士就試非多臣等商量恐須停罷從之罷申州歲貢茶乙丑以皇太后兄司農卿郭釗為刑部尚書兼司農卿右金吾衛大將軍郭鏦檢校工部尚書丁卯貶太子賓客留司東都孟簡為吉州員外司馬戊辰夜大風雹夏四月壬申朔丁丑澧王寬薨乙酉三恪酅國公楊造卒丁亥勑內侍省見管高品官白身都四千六百一十八人除官員一千六百九十六人外其餘單貧無屋室居止宜每人加衣糧半分五月壬寅朔癸卯詔以國用不足應天下兩稅鹽利榷酒稅茶及戶部闕官除陌等錢兼諸道雜榷稅等應合送上都及留州留使諸道支用諸司使職掌人課料等錢並每貫除舊墊陌外量抽五十文仍委本道本司本使據數逐季收計其諸道錢便差綱部送付度支收管待國用稍充即依舊制其京百司俸料文官已抽修國學不可重

有抽取武官所給校簿亦不在抽取之限壬子詔入景陵玄宮合供千味食魚肉肥鮮恐致熏穢宜令尚藥局以香藥代食庚申葬憲宗於景陵六月辛未朔丁丑以司徒兼中書令韓弘爲河中尹充河中晉絳磁隰等州節度使安南都護桂仲武奏誅賊首楊清收復安南府戊寅以金吾將軍李佑檢校左散騎常侍兼夏州刺史充夏綏銀宥節度使代李聽以聽爲靈州大都督府長史充朔方靈鹽節度使以中書舍人王仲舒爲洪州刺史御史中丞充江西觀察使己卯放京兆府今年夏青苗錢八萬三千五百六十貫宜委令狐楚楚以山陵用不盡綾絹准實估付京兆府代所放青苗錢庚辰加邠寧慶節度使李光顏特進以城鹽州之功也以考功員外郎史館修撰李翺爲朗州刺史坐與李景儉相善故也癸未併兗州萊蕪縣入乾封縣己丑工部尚書歸登卒壬辰詔帝王所重者國體所切者人情苟得其體必臻於大和如失其情是曲於小利況設官求理須祿責功教既有常寧宜就減近以每歲經費量入數少外官俸料據數收貫朕再三思度

終所未安今則歲屬豐登兵方偃息自宜克己以足用何得剝下以爲謀臨軒載懷實所增愧其今年五月勅應給用錢每貫抽五十文都計一百五十萬貫宜併停抽仍出內庫錢三十七萬五千貫付度支給用初憲宗用兵權皇甫鎛爲相苛斂剝下人皆咎之以至譴逐至是宰臣創抽貫之利制下人情不悅故罷之癸巳皇太后移居興慶宮皇帝與六宮侍從大合宴于南內迴幸右軍頒賜中尉等有差自是凡三日一幸左右軍及御宸暉九仙等門觀角抵雜戲秋七月辛丑朔壬寅以河中晉絳觀察使李絳爲兵部尚書甲辰以大理卿孔戣爲潭州刺史湖南觀察使乙巳詔皇太后就安長樂朝夕承顏慈訓所加慶感兼極今月六日是朕載誕之辰奉迎皇太后於宮中上壽朕既深歡慰欲與臣下同之其日百寮命婦宜於光順門進名參賀朕於光順門內殿與百寮相見永爲常式非典也鄆曹濮等州節度賜號天平軍從馬總奏也丙午勅乙巳詔書載誕受賀儀宜停先是左丞韋綬奏行之宰臣以古無降誕受賀之禮奏罷之丁未苑內

假山毀壓死役者七人自五月不雨踰月壬子始雨甲寅御新成永安殿觀百戲極歡而罷乙卯勅自今後新除節度觀察使到任日具見在錢帛斛斗器械數目分析以聞安南都護裴行立卒是日上幸安國寺觀盂蘭盆邕管經略使楊旻卒平盧軍新加押新羅渤海兩蕃使賜印一面許諸巡官一人新作寶慶殿庚申夜熒惑入羽林壬戌盛飾安國慈恩千福開業章敬等寺縱吐蕃使者觀之丙寅以新成永安殿與中宮貴主宴以樂之嬪妃皆預丁卯以門下侍郎平章事令狐楚爲宣州刺史兼御史大夫充宣歙池觀察使楚爲山陵使縱吏于暈刻下不給工徒價錢積留錢十五萬貫爲羨餘以獻故及于貶八月庚午朔辛未兵部尚書楊於陵總百寮錢貨輕重之議取天下兩稅榷酒鹽利等悉以布帛任土所產物充稅並不徵見錢則物漸重錢漸輕農人見免賤賣匹段請中書門下御史臺諸司官長重議施行從之癸酉太子少傅致仕李鄘卒甲戌安南都護桂仲武斬叛將楊清首以獻收復安南府乙亥賜教坊錢五千貫充息利

本錢御勤政樓問人疾苦前江西觀察使裴次元卒己卯月掩牽牛同州雨雪害秋稼京兆府戶曹參軍韋正牧專知景陵工作刻削厨料充私用計贓八千七百貫文石作專知官奉仙縣令于暈刻削計贓一萬三千貫並宜決重杖處死壬辰幸魚藻池發神策軍二千人浚魚藻池戊戌以朝議郎守御史中丞武騎尉賜紫金魚袋崔植爲朝散大夫守中書侍郎同中書門下平章事己亥宣歙觀察使令狐楚再貶衡州刺史九月庚子朔改河北稅鹽使爲榷鹽使辛丑大合樂於魚藻宮觀競渡又召李愬李光顏入朝欲於重陽日宴群臣拾遺李珏等上疏諫云元朔未改園陵尚新雖易月之期俯從人欲而三年之制猶服心喪夫遏密弛禁蓋爲齊人合樂內庭事將未可不聽乙巳以駕部郎中知制誥李宗閔爲中書舍人宋州大水損田六千頃戊申以重陽節曲宴郭釗兄弟貴戚主壻等於宣和殿己酉大雨三日至是雨雪樹木無風而摧仆者十五六以吏部侍郎崔群爲御史大夫滄景水損田戊午加河東節度使金紫光祿大夫檢校尚書右僕射兼

門下侍郎同平章事太原尹北都留守上柱國晉國公食邑三千戶
裴度守司空門下侍郎同平章事以邠寧節度使檢校司空邠州刺
史上柱國武威郡開國公食邑二千戶李光顏並同中書門下平章
事又以武寧軍節度徐泗濠等州觀察等使檢校尚書左僕射徐州
刺史上柱國涼國公食邑三千戶李愬爲同中書門下平章事潞州
大都督府長史充昭義軍節度澤潞磁邢洺觀察處置等使夏州奏
移宥州于長澤縣置辛酉宴李光顏李愬於麟德殿頒賜優厚以袁州
刺史韓愈爲朝散大夫守國子祭酒復賜金紫丙寅以御史大夫崔
群檢校兵部尚書徐州刺史充武寧軍節度徐泗宿濠觀察等使以
將作監崔能爲廣州刺史充嶺南節度使丁卯以兵部尚書李絳爲
御史大夫戊辰以前嶺南節度使孔戣爲吏部侍郎冬十月庚午朔
闍婆國遣使朝貢庚辰宰相與吐蕃使於中書議事京百司共賜錢
一萬貫仰御史臺攙司額大小公事閑劇均之成德軍節度使王承
宗卒其弟承元上表請朝廷命帥遣起居舍人栢耆宣慰之辛巳金

公亮修成指南車記里鼓車壬午吐蕃寇涇州命中尉梁守謙將神
策軍四千人及八鎮兵赴援乙酉以魏博等州節度觀察等使光祿大
夫檢校司徒兼侍中魏博大都督府長史上柱國沂國公食邑三千
戶實封三百戶田弘正可檢校司徒兼中書令鎮州大都督府長史成
德軍節度鎮冀深趙等州觀察處置等使以鎮冀深趙等觀察度支
使朝議郎試金吾左衛胄曹參軍兼監察御史王承元可銀青光祿
大夫檢校工部尚書使持節滑州諸軍事守滑州刺史御史大夫充
義成軍節度鄭滑等州觀察等使以昭義節度使檢校尚書左僕射
同中書門下平章事李愬可本官爲魏州大都督府長史充魏博等
州節度觀察等使以義成軍節度使劉悟依前檢校右僕射兼潞州
大都督府長史充昭義節度澤潞邢洺磁等州觀察等使以左金吾
將軍田布爲檢校左散騎常侍兼懷州刺史御史大夫充河陽三城
懷孟節度使乙酉涇州奏吐蕃退去時夏州節度使田縉貪猥侵刻
党項羌羌引西蕃入寇賴郝玼李光顏奮命拒之方退丁亥西川奏吐
蕃侵雅州令發兵鎮守東川節度使王涯陳破吐蕃策言以厚賂北
蕃俾入西蕃擄地得人多少賞之十一月乙亥朔癸卯制朕聞帝王
丕宅四海子育群生如天無不覆如日無不燭乃睠異方初喪戎帥念乎
三軍之事洎于四州之人或懷忠積誠而思用莫展或災荒兵役而望
恤何階今則昌運一開誠節咸著王承元首陳章疏願赴闕庭永念
父兄之忠克固君臣之義已加殊獎別委重藩又念成德軍將士等
叶謀向義冊款載申咸欲効其器能各宜列之爵秩大將史重歸牛
元翼已超授寵榮令吏部加厚賜宜令諫議大夫鄭覃往鎮州宣慰
賜錢一百萬貫王澤所洽天網方恢宥過釋寃與人休泰其管內見禁
囚徒罪無輕重並宜釋放朕以武俊之勳勞光于彝鼎士真之恭恪
繼被節旄承宗感恩亦克立効末言十代之宥俾賜一門之榮承宗
兄弟已授官爵其承宗葬事亦差官監視務令周厚丁未封王承宗
祖母李氏爲晉國太夫人辛亥田弘正奏以今月九日領兵
二千人赴鎮滑州成德軍徵賞錢頗急乃命栢耆先往諭之以華州刺

史衛中行爲陝州長史充陝虢觀察使以宗正卿李翺爲華州刺史潼
關防禦鎮國軍使乙卯上幸金吾將軍郭鏦城南莊鏦以莊爲獻戊午
詔曰朕來日暫往華清宮至暮却還御史大夫李絳常侍崔元略已
下伏延英門切諫上曰朕以成行不煩章疏諫官再三論列是日田
弘正奏今月十六日入鎮州訖己未上由複道出城幸華清宮左右
中尉擗仗六軍諸使諸王駙馬千餘人從至晚還宮癸亥檢校司徒
兼太子少師鄭餘慶卒以渭州刺史涇原行營兵馬使保定郡王郝
玼爲慶州刺史玼勇將深入吐蕃接戰朝廷恐失勇將故移之內地十
二月己巳朔戊寅召故女學士宋若華妹若昭入宮掌文奏壬午幸
右軍擊鞠遂畋於城西丙戌前昭義軍節度使辛祕卒己丑以庫部
郎中知制誥牛僧孺爲御史中丞嶺南奏崖州司戶參軍皇甫鎛卒
丙申以司門員外郎白居易爲主客郎中知制誥是歲計戶帳戶總
二百三十七萬五千四百口總一千五百七十六萬定鹽夏劍南東
西川嶺南黔中邕管容管安南合九十七州不申戶帳長慶元年正

月已亥朔上親薦獻太清宮太廟是日法駕赴南郊日抱珥宰臣賀
於前辛丑祀昊天上帝於圜丘即日還宮御丹鳳閣大赦天下改元
長慶内外文武及致仕官三品已上賜爵一級四品已下加一階陪
位白身人賜勳兩轉應緣大禮移仗宿衛御樓兵仗將士普恩之外
賜勳爵有差仍準舊例賜錢物二十萬四千九百六十端匹禮畢群
臣於樓前稱賀仗退上朝太后於興慶宮壬寅夏州節度使奏浙東
湖南等道防秋兵不習邊事請留其兵甲歸其人靈武節度使李聽
奏請於淮南忠武武寧等道防秋兵中取三千人衣賜月粮賜當道
自召募一千五百人馬驍勇者以備邊仍令五十人爲一社每一馬
死社人共補之馬永無闕從之癸卯以河陽懷節度使田布爲涇州
刺史充四鎮北庭行營涇原節度使以刑部尚書兼司農卿郭釗檢
校戶部尚書懷州刺史充河陽三城懷節度使以涇原節度使王潛
檢校兵部尚書江陵尹充荊南節度使乙巳鄜坊節度使韓瓘改名
充已酉以前檢校大理少卿駙馬都尉劉士涇爲太僕卿給事中韋

○弘景薛存慶封還詔書上諭之曰士涇父昌有邊功久爲少列十餘
年又以尚雲安公主朕欲加恩制官勑下制命始行翰林學士司
勳員外郎李德裕上疏曰臣見國朝故事駙馬國之親密不合與朝
廷要官往來開元中禁止尤切近日駙馬多至宰相及要官宅此輩
無他才可以延接唯是漏洩禁密交通中外伏望宣示駙馬等今後
有事任至中書見宰臣此外不得至宰臣及臺省官私第從之戊午
夜星孛于翼壬戌制朝議大夫守門下侍郎同中書門下平章事徐
國公蕭俛爲尚書右僕射累表乞罷政事故也癸亥以左散騎常侍
崔元畧爲黔州刺史充黔中觀察使丁卯星孛於辰近太微西垣南
第一星二月戊辰朔癸酉以尚書右僕射蕭俛爲吏部尚書甲戌以
檢校右僕射兼吏部尚書韓皐守右僕射乙亥夜太白犯昴丙子上
觀雜伎樂於麟德殿歡甚顧謂給事中丁公著曰比聞外間公卿士
庶時爲歡宴蓋時和民安甚慰予心公著對曰誠有此事然臣之愚
見風俗如此亦不足嘉百司庶務漸恐勞煩 聖慮上曰何至於是對

曰夫賓宴之禮務達誠敬不繼以淫故詩人美樂且有儀憐異屢舞
前代名士良辰宴聚或清談賦詩投壺雅歌以杯酌獻酬不至於亂
國家自天寶已後風俗奢靡宴席以諠譁沉湎爲樂而居重位秉大
權者優雜倨肆於公吏之間曾無愧耻公私相效漸以成俗由是物
務多廢獨 聖心求理安得不勞宸慮乎陛下宜須訓令禁其過差則
天下幸甚時上荒于酒樂公著因對諷之頗深嘉納已卯幽州節度
使劉總奏請去位落髮爲僧又請分割幽州所管郡縣爲三道請支
三軍賞設錢一百萬貫壬申以中書侍郎平章事段文昌檢校刑
部尚書同平章事成都尹充劍南西川節度等使以朝散大夫尚書
戶部侍郎知制誥翰林學士上柱國建安縣開國男杜元穎守本官
同中書門下平章事以劍南西川節度使王播爲刑部尚書充鹽鐵
轉運使乙酉天平軍節度使馬揔奏當道見管軍士三萬三千五百
人從去年正月已後情願居農者放逃亡者不捕先是平定河南及
王承元去鎮州宰臣蕭俛等不顧遠圖乃獻銷兵之議請密詔天下

○軍鎮每年限百人内破八人逃死故揔有是奏丁亥夜月犯歲星在尾
十三度辛卯寒食節宴群臣於麟德殿須賜有差壬辰刑部侍郎李
建卒癸巳九姓迴紇毗伽保義可汗卒三月丁酉朔浙東奏移明州
於鄮縣置劉揔進馬一萬五千匹甲辰鄭滑節度使王承元祖母晉
國太夫人李氏來朝既見上令朝太后於南内丁未宗正寺奏准貞
元二十一年勑宗子陪位放五百七十人出身準今年勑放三百人
伏緣人數至多不霑恩澤乞降特恩更放二百人出身從之平盧薛
平奏海賊掠賣新羅人口於緣海郡縣請嚴加禁絕俾異俗懷恩從
之戊申罷京西京北和糴使擾人故也罷河北榷鹽法許約計課利都
數付榷鹽院庚戌以左丞韋綬爲禮部尚書是夜太白近五車辛亥
命給事中韋弘景充幽州宣慰使左拾遺狄兼謨副之鹽鐵使王播
奏江淮鹽估每㪷加五十文兼舊三百文癸丑以幽州盧龍軍節度
副大使知節度事押奚契丹兩蕃經畧等使檢校司空同中書門下
平章事楚國公劉總可 檢校司徒兼侍中天平軍節度鄆曹濮等州

觀察等使以宣武軍節度使檢校右僕射同平章事張弘靖爲檢校
司空同平章事兼幽州大都督府長史充幽州盧龍軍節度使從劉
總所奏故也以鳳翔節度使李愿檢校司空汴州刺史充宣武軍節度使
以邠寧節度使李光顏爲鳳翔尹依前檢校司空平章事充鳳翔隴
右節度使以右衛大將軍高霞寓檢校工部尚書邠州刺史充邠寧
節度使諫官上䟽論霞寓敗軍左謫未宜拜方鎮不從乙卯以權知
京兆尹盧士玫爲瀛州刺史充瀛莫等州都團練觀察使從劉總奏
析置也丁巳制劉總已極上台仍移重鎮兄弟子姪各授官榮大將
賓寮亦宜超擢幽州百姓給復一年賜三軍賞設錢一百萬貫令宣
慰使薛存慶與弘靖計會支給戊午封皇弟憬爲鄜王悅爲瓊王恂
爲沔王懌爲婺王愔爲茂王怡爲光王恊爲淄王憺爲衢王惴爲澧
王皇子湛爲景王涇爲江王湊爲漳王溶爲安王瀍爲潁王以兵部
侍郎柳公綽爲京兆尹兼御史大夫己未以屯田員外郎李德裕爲
考功郎中左補闕李紳爲司勳員外郎並依前知制誥翰林學士勑
。今年錢徽下進士及第鄭朗等一十四人宜令中書舍人王起主客

郎中知制誥白居易等重試以聞甲子劉總請以私第爲佛寺乃遣
中使賜寺額曰報恩幽州奏劉總堅請爲僧又賜以僧衣賜號大覺
總是夜遁去幽州人不知所之乙丑以漳州刺史韓泰爲郴州刺史汀州
刺史韓曄爲永州刺史循州刺史陳諫爲道州刺史量移也夏四月
丙寅朔授劉總弟約及總男等一十一人官內五人爲刺史餘朝班
環衛庚午易定奏劉總已爲僧三月二十七日卒于當道界贈太尉
甲戌秘書監蔣乂卒丙子以前天平軍節度使馬摠復爲天下節度
使丁丑詔國家設文學之科本求才實苟容僥倖則異至公訪聞近
日浮薄之徒扇爲朋黨謂之關節干擾主司每歲策名無不先定永
言敗俗深用興懷鄭朗等昨令重試意在精覈藝能不於異常之中
固求深僻題目貴令所試成就以觀學藝淺深孤竹管是祭天之樂
出於周礼正經閱其呈試之文都不知其本事辭律鄙淺蕪累何多
亦令宣示錢徽庶其深自懷愧誠宜盡棄以警將來但以四海無虞

人心方泰用弘寬假式示殊恩孔温業趙存約竇洵直所試粗通與
及第盧公亮等十一人可落下自今後礼部舉人宜准開元二十五
年勑及第人所試雜文并策送中書門下詳覆貶礼部侍郎錢徽爲
江州刺史中書舍人李宗閔爲劍州刺史右補闕楊汝士爲開州開
江令戊寅宰臣崔植杜元潁奏請坐日所有君臣獻替事關禮體便
隨日撰録號爲聖政紀歲終付史館從之事亦不行丙戌正衙命使
冊九姓迴紇爲登羅羽録沒密施句録毗伽可汗辛卯以衡州刺史
令狐楚爲郢州刺史吉州司馬孟簡爲睦州刺史壬辰詔百辟卿士
宜各徇公勿爲朋黨甲午以張弘靖入幽州受朝賀中書門下奏撫
薊八州平准礼宜告陵廟從之五月丙申朔戊戌以刑獄淹滯立程
凡大事大理寺三十五日詳斷訖申刑部三十日聞奏中事大理寺
三十日刑部二十五日小事大理寺二十五日刑部二十日所斷罪
二十件已上爲大十件已上爲中十件已下爲小刑部四覆官大理
六丞每月常須二十日入省寺其廚料令戶部加給從中丞牛僧孺
。奏也己亥貶考功員外郎李渤爲虔州刺史以前書宰相考辭太過

宰相杜元潁等奏貶之癸卯幽州大將李叅已下十八人並爲刺史
及諸衛將軍己酉右散騎常侍致仕柳登卒辛亥造百尺樓於宮中
壬子加茶榷舊額百文更加五十文從王播奏拾遺李珏上䟽論其
不可䟽奏不報丙辰建王審薨丁巳滄州先置景州於弓高縣置歸
化縣於福壽草市並宜停廢壬戌幽州宣慰使給事中薛存慶卒於
鎮州癸亥勑先置溵州於郾城宜廢其郾城上蔡西平遂平兩縣復
隸蔡州皇妹太和公主出降迴紇登羅骨沒施合毗伽可汗甲子命
金吾大將軍胡証充送公主入迴紇使兼冊可汗又以太府卿李鋭
爲入迴紇婚礼使六月乙丑朔辛未吐蕃犯青塞堡甲申賜御史中
丞牛僧孺金紫秋七月乙未朔壬寅月掩房次廂壬子群臣上尊號
曰文武孝德皇帝是日上受冊於宣政殿礼畢御丹鳳樓大赦天下
甲寅幽州監軍使奏今月十日軍亂囚節度使張弘靖別舘害判官
韋雍張宗元崔仲卿鄭塤軍人取朱滔子洄爲留後丁巳貶張弘靖

爲太子賓客分司己未再貶弘靖爲吉州刺史朱洄自以年老令軍
人立其子克融爲留後初劉總歸朝籍其軍中素難制者送歸闕庭
克融在籍中宰相崔植杜元穎素不知兵心無遠慮謂兩河無虞不
復禍亂矣遂奏劉總所籍大將並勒還幽州故克融爲亂復失河北
矣庚申以昭義軍節度使劉悟檢校司空兼幽州大都督府長史充
幽州盧龍軍節度副大使知節度事以國子祭酒韓愈爲兵部侍郎
辛酉太和長公主發赴迴紇上以半仗御通化門臨送群臣班於章
敬寺前八月甲子朔己巳鎮州監軍宋惟澄奏七月二十八日夜軍
亂節度使田弘正幷家屬將佐三百餘口並遇害軍人推衙將王廷
湊爲留後辛未以左金吾將軍楊元卿爲涇州刺史充四鎮北庭行
軍涇原節度使勑公卿大臣至中書議幽鎮討伐之謀癸酉王廷湊
遣盜殺冀州刺史王進岌據其郡乙亥以前涇原節度使田布起復
檢校工部尚書兼魏州大都督府長史充魏博節度使己卯以深州
刺史本州團練使牛元翼充深冀節度使辛巳夜太白近軒轅左角

冀州刺史吳暐棄城爲幽州兵所逐瀛州兵亂囚觀察使盧士玫瀛州
尋爲幽州兵所擄乙丑以河東節度裴度充幽鎮兩道招撫使庚寅
以建州刺史李景儉爲諫議大夫壬辰夜太白近太微西垣癸巳鎮
州出兵圍深州九月甲午朔丁酉廢興州鳴水縣戊戌夜太白近太微
右執法壬寅大雨震靂乙巳相州兵亂殺刺史邢楚丙午令內常侍
段文政監領鄭滑河東許三道兵救援深州吐蕃請盟許之辛亥夜
月近天關壬子幽州賊掠易州淶水遂城滿城癸丑以前魏博節度
使李愬爲太子少保癸酉魏博節度使田布奏出師五千赴貝州行
營冬十月甲子朔丙寅太中大夫守刑部尚書騎都尉王播可中書
侍郎同中書門下平章事依前充鹽鐵轉運使以河東節度使裴度
充鎮州四面行營都招討使以左領軍衛大將軍杜叔良充深冀諸
道行營節度使戊辰以深冀節度使牛元翼爲鎮州大都督府長史
充成德軍節度鎮冀深趙等州節度使辛未以中書舍人知貢舉王
起爲禮部侍郎兵部郎中楊嗣復爲庫部郎中知制誥壬申以東都

留守鄭絪爲吏部尚書以吏部尚書李絳檢校右僕射判東都尚書
省事東都留守都畿防禦使以工部尚書丁公著檢校左散騎常侍
兼越州刺史御史中丞充浙東觀察使乙亥沂州刺史王智興爲武寧軍
節度副使丁丑裴度奏自將兵取故關路進討朱克融兵寇蔚州戊
寅王廷湊兵寇貝州易州刺史柳公濟奏於白石嶺破燕軍三千滄
州烏重胤奏於饒陽破賊工部尚書韋貫之卒壬午以尚書主客郎
中知制誥白居易爲中書舍人河東節度使裴度三上章論翰林學士
元稹與中官知樞密魏弘簡交通傾亂朝政以稹爲工部侍郎罷學
士弘簡爲弓箭庫使甲申以京兆尹御史大夫柳公綽爲吏部侍郎
丙戌以深冀行營節度使杜叔良爲滄州刺史橫海軍節度使以代
烏重胤授重胤檢校司徒興元尹充山南西道節度使時上急於誅
賊杜叔良出征日面辭奏云臣必旦夕破賊重胤善將知兵以賊勢
未可卒平用兵稍緩故有是拜丁亥前浙東觀察使薛戎卒戊子魏
博田布奏自率全師進討太子少保李愬卒己丑以戶部侍郎判度

支崔倰爲工部尚書判度支以山南西道節度使崔從爲尚書左丞
以秘書監許季同爲華州刺史充潼關防禦鎮國軍使辛卯昭義劉
悟奏自將兵次臨城十一月甲午朔裴度奏破賊於會星鎮朱克融
兵大寇定州節度使陳楚出師拒戰破賊二萬乙巳徐州崔群奏遣
節度使王智興率師赴行營戊申以司農卿裴武爲鎮州行營供軍
使戊午上御宣政殿試制科舉人辛酉淄青牙將馬廷崟謀逆節度
使薛平覺其謀而誅之詔中書舍人白居易繕部郎中陳岵考功員
外郎賈餗同考制策十二月甲子朔丙寅以前容州經略使留後嚴
公素爲容州刺史容管經略使丁卯貶諫議大夫李景儉爲楚州刺史
庚午杜叔良之軍與賊戰於博野爲賊所敗七千人陷賊叔良僅免
乙亥勑諸道除上供外留州留使錢內每貫割二百文以助軍用賊
平後仍舊定州陳楚破朱克融賊二萬於望都戊寅以鳳翔節度使
李光顏爲忠武軍節度使代李遜仍兼深冀行營節度以李遜爲鳳
翔節度使貶員外郎獨孤朗韶州刺史起居舍人溫造朗州刺史司

勲員外郎李肇澧州刺史刑部員外郎王鎰郢州刺史坐與李景儉於史館同飲景儉乘醉見宰相謾罵故也兵部郎中知制誥馮宿庫部郎中知制誥楊嗣復各罰一季俸料亦坐與景儉同飲然先起不貶官辛巳李光顏赴鎮百寮餞於章敬寺上御通化門臨送賜玉帶名馬仍勑神策副使楊承和充深冀行營都監押壬午出內庫錢五萬貫以助軍乙酉以幽州都知兵馬使朱克融檢校右散騎常侍充幽州盧龍軍節度使其拘囚張弘靖殺害府寮之罪一切釋放時朝議以克融能保全弘靖王廷湊殺害弘正可赦燕而誅趙故有是詔是歲天下戶計二百三十七萬五千八百五口一千五百七十六萬二千四百三十二元不進戶軍州不在此內二年春正月癸巳朔以用兵罷元會乙未以夔州刺史王承弁爲安南都護本管經略招討使丁酉朱克融陷滄州弓高縣賊攻下博兼邀餉道車六百乘而去庚子魏博兵自潰於南宮縣戊申魏牙將史憲誠奪師田布伏劍而卒己酉以魏博中軍先鋒兵馬使憲誠檢校工部尚書兼魏州大都

督府長史充魏博節度使是日大風霾庚戌以德州刺史王日簡爲滄州刺史充橫海軍節度滄德棣觀察等使以代叔良壬子貶叔良爲歸州刺史以獻計誅幽鎮無功而兵敗喪所持旌節也甲寅以工部尚書度支崔倰檢校禮部尚書兼鳳翔尹充鳳翔隴節度使以鴻臚卿兼御史大夫判度支復以弓高縣爲景州青州奏海凍二百里乙卯以前鳳翔節度使李遜爲刑部尚書己未刑部尚書李遜卒庚子以兗沂密觀察使曹華爲節度使以天德軍防禦使李進誠兼靈州刺史充朔方靈鹽定遠城等州節度使以晉州刺史李岵爲豐州刺史充天德軍豐州東西受降城都防禦使內出繒帛八萬匹以助軍權停嶺南黔中今年選補二月癸亥朔甲子詔雪　王廷湊仍授鎮州大都督府長史御史大夫充成德軍節度鎮冀深趙等州觀察等使三軍將士待之如初仍令兵部侍郎韓愈往彼宣諭以前吉州刺史張弘靖爲撫州刺史弘靖初貶官尚在幽州拘留半歲克融授節始得還故有是命丙寅以前成德軍節度使牛元翼檢校工部尚

書襄州刺史充山南東道節度觀察臨漢監牧等使丁卯以考功郎中知制誥李德裕爲中書舍人依前翰林學士癸酉以鄜坊丹節度使韓充爲義成軍節度使以代王承元爲鄜坊節度使甲戌夜火木星相近滄州以成元節度使王日簡賜姓名全略辛巳以正議大夫守中書侍郎同中書門下平章事武騎尉賜紫金魚袋崔植爲刑部尚書罷知政事以工部侍郎元稹守本官同平章事以翰林學士中書舍人李德裕爲御史中丞司勳員外郎知制誥李紳爲中書舍人依前翰林學士右庶子王仲周以奉使緩命貶台州刺史癸未以深冀行營諸軍節度忠武軍節度使李光顏爲滄州刺史橫海軍節度使兼忠武軍節度深冀行營並如故以橫海軍節度使李全略爲德州刺史德棣等州節度丙戌以兵部郎中知制誥馮宿檢校左庶子充山南東道節度副使權知襄州軍府事以牛元翼在深州重圍故也丁亥以河東節度使司空兼門下侍郎平章事裴度守司徒平章事充東都留守判東都尚書省事都畿汝防禦使太微宮等使以前

靈武節度使李聽爲太原尹北都留守河東節度使三月壬辰朔詔曰武班之中淹滯頗久又諸薦送大將或隨節度使歸朝自今已後宜令神策六軍軍使及南衙常參武官各具歷任送中書門下素立大功及有才器者量加獎擢常參官依月限改轉諸道軍府帶監察已上官者限三周年即與改轉軍士死王事者三周年內不得停衣糧先於留州留使錢內每貫割二百文助軍今後不用抽取上於馭軍之道未得其要常云宜姑息戎臣故即位之初傾府庫頒賞之長行所護人至鉅萬非時賜與不可勝紀故軍旅益驕法令益弛戰則不剋國祚日危洎頒此詔方鎮多以大將文符鬻之富賈曲爲論奏以取朝秩者疊委於中書矣名臣扼腕無如之何癸巳以兵部尚書蕭俛爲太子少保以前山南東道節度使李逢吉爲兵部尚書壬寅左驍衛上將軍張奉國卒以鴻臚卿判度支張平叔爲戶部侍郎充職平叔以曲承恩顧上疏請官自賣鹽可以富國強兵陳利害十八條詔下其疏令公卿詳議中書舍人韋處厚隨條詰難固言不可事遂不

行朱克融王廷湊合兵攻深州不解裴度與書諭之克融還鎮廷湊
攻城亦緩乃並加檢校工部尚書戊申裴度來朝對於麟德殿伏奏
龍墀因叙河北用兵嗚咽流涕上改容慰勞之壬子以新授東都留
守裴度為楊州大都督府長史充淮南節度使癸丑徐州節度使崔
群爲其副使王智興所逐智興自專軍務甲寅以右僕射韓臯為左
僕射以前淮南節度使李夷簡爲右僕射前東都留守李絳復拜舊
官丙辰守司徒裴度正衙受冊訖謁太廟赴尚書省上宰臣百寮皆
送丁巳以左丞崔從檢校禮部尚書鄜州刺史鄜坊節度使以代王
承元以承元爲鳳翔隴節度使戊午司徒裴度復入中書知政事以
中書侍郎平章事王播檢校右僕射兼揚州大都督府長史充淮南
節度使依前兼諸道鹽鐵轉運使以鳳翔節度使崔倰爲河南尹牛
元翼率十餘騎突圍出深州來朝深州大將臧平等一百八十人皆
爲王廷湊所殺己未以武寧軍節度使王智興檢校工部尚書兼徐
州刺史充武寧軍節度使以德棣節度使李全略復爲滄州節度使

○仍合滄景德棣爲一鎮李光顔還鎮許州夏四月辛酉朔日有蝕之
甲子左僕射韓臯赴省上中使賜酒饌宰臣百寮送一如近式雲陽縣
角抵力人張莅負羽林官騎康憲錢憲往徵之莅乘醉打憲將殞憲
男買德年十四持木鍾擊莅首破三日而卒刑部奏覆勑曰買德尚
在童年能知子道雖殺人當死爲父可哀若從沉命之科恐失原情
之意可減死罪一等忻州刺史李寰守博野王廷湊攻之不下其李
寰所領兵宜割屬右神策以寰爲軍使仍以忻州軍爲名庚辰桂州
觀察使杜式方卒癸未以武寧軍節度使崔群爲祕書監分司東都
翰林侍講學士韋處厚路隨進所撰六經法言二十卷賜錦綵二百
疋銀器二百事處厚改中書舍人隨改諫議大夫並賜金紫丁亥以
祕書監崔群爲桂管觀察使是夜東北有流星光彩燭地殷殷有聲
出天市垣至郎位滅五月辛卯朔以德州刺史李景儉為諫議大夫
癸丑太子少傅嚴綬卒戊午幽州朱克融上表進馬萬匹羊十萬口
先請其價賞軍隴山有異獸如猴腰尾皆長色青赤而猛鷙見黄人

則躍而食之遇漢人則否六月甲戌朔甲子司徒平章事裴度守尚
書右僕射工部侍郎平章事元稹爲同州刺史以正議大夫守兵部
尚書輕車都尉李逢吉爲門下侍郎同中書門下平章事乙丑大風
震電墜太廟鴟吻霹御史臺樹丁卯以易州刺史柳公濟爲定州刺
史義武軍節度使壬申諫官論責裴度太重元稹太輕乃追積制書
削長春宮使戊寅以前右僕射李夷簡為太子少保分司東都戊子
復置邕管以安南副使崔結為邕管經畧使秋七月己丑朔丙申宋
王結薨廢朝戊戌汴州軍亂逐節度使李愿立牙將李㝏為留後好
畤縣山水漂溺居人三百家陳許蔡等州水壬寅出中書舍人白居
易為杭州刺史乙巳詔南北省五品已上官議討李㝏丙午貶李愿
爲隨州刺史以鄭滑節度使韓充爲汴州刺史宣武軍節度使汴宋
亳潁觀察等使鄭滑如故以宣武軍節度押衙李㝏為右金吾衛將
軍丁未内出綾絹五十萬匹付度支以供軍用陳許水災賑粟五萬
石己酉中使楊再昌使鎮州王廷湊奏奉詔取牛元翼家族請至秋

○末發遣其田弘正骸骨尋訪不知所在辛亥以贈司徒忠烈公李憕
子源為諫議大夫賜緋魚袋乙卯勑員外郎知制誥二年後轉郎中
又二年後轉前行郎中又一年即正除諫議大夫知同前郎中給事
中并翰林學士別宣知者不在此限以前義武軍節度使陳楚為東
都留守判尚書省事東畿汝防禦使本朝故事東都留守罕用武臣
今用楚以李㝏擾汴宋故也八月己未朔以絳州刺史崔弘禮為河
南尹兼東畿防禦副使給事中韋顗以弘禮望輕封還詔書上遣中
使諭之乃下詔陳許李光顔將兵收汴州戊辰以左僕射韓臯爲東
都留守判尚書省事東畿汝防禦使以東都留守陳楚爲河陽懷節
度使癸酉韓充奏今月六日發軍入汴州界營于千塔丙子汴州監
軍姚文壽與兵馬使李質同謀斬李㝏及其黨薛志忠秦鄰等丁丑
韓充入汴州以前東都留守李絳為華州刺史充潼關防禦鎮國軍
等使浙東處州大水溺居民以兗海沂密節度使曹華為華州刺史
充義成軍節度鄭滑潁等州觀察等使以宋州刺史高承簡為兗州

刺史兗海沂密等州節度使以汴州防城兵馬使李寶為右金吾衛將軍潁州棣鄭滑觀察使鹽鐵轉運使王播進開潁口圖九月戊子朔浙西大將王國清謀叛觀察使竇易直討平之同惡二百餘人並誅之韓充送李介男道源道偏道崙等三人斬於西市介妻馬氏小男道本女汴娘配於掖庭壬子太子少師李夷簡卒贈太子太保癸卯以前河陽節度使郭釗為河中尹兼河中絳隰等州節度使御史中丞李德裕為潤州刺史兼御史大夫浙江西道都團練觀察處置等使以代竇易直以易直為吏部侍郎加晉州刺史李寰為晉磁等州都團練觀察使乙巳勑團練防禦州置判官一員其副使推巡並停辛亥以吏部侍郎柳公綽為御史大夫先有詔廣芙蓉苑南面居人廬舍墳墓並移之群情騷擾癸丑降勑罷之德州軍亂害刺史王稷盡剽其家財奴僕丁亥以萬州刺史李元喜為安南都護陰山府沙陁突厥兵馬使朱耶執宜來朝貢賜官誥錦綵銀器冬十月戊午朔壬戌前河中晉絳慈隰等州節度使開府儀同三司守司徒中書令河

○中尹上柱國許國公韓弘可守司徒兼中書甲子夜月掩牽牛中星戊辰興元節度使烏重胤來朝移授天平軍節度使己卯以工部侍郎鄭權為工部尚書以前華州刺史許季同為工部侍郎是日上由複道幸咸陽止於善因佛寺施僧錢百萬咸陽令絹百疋閏十月戊子朔入迴紇使金吾大將軍胡証副使光祿卿李憲婚禮使衛尉卿李銳副使宗正少卿李子鴻等送太和公主自蕃中迴庚寅以吏部尚書鄭絪為太子少傅以太常卿趙宗儒為吏部尚書韋綬為興元尹充山南西道節度使壬辰右驍衛大將軍韓公武卒廢朝以戶部尚書楊於陵為太常卿丙申迴紇可汗遣使獻國信四狀女口六人葛祿口四人己亥勑翰林侍講學士諫議大夫路隨中書舍人韋處厚兼充史館修撰憲宗實錄仍更日入史館實錄未成且許不入內署仍放朝參甲寅詔江淮諸州旱損頗多所在米價不免踊貴眷言疲困須議優矜宜委淮南浙西東宣歙江西福建等道觀察使各於當道有水旱處取常平義倉斛斗據時估減半價出糶以惠貧民

丙辰以太子賓客令狐楚為陝虢觀察使十一月丁巳朔丁卯尚書左丞庾承宣為陝虢觀察使令狐楚復為太子賓客分司東都楚已至陝州視事一日追改之庚午命景王率禁軍五百騎侍從皇太后幸華清宮又幸石甕寺辛未以前安南都護桂仲武為邕管經略使癸酉上幸華清宮迎太后巡狩于驪山下即日馳還太后翌日方還丙子集王緗薨庚辰上與內官擊鞠禁中有內官欻然墜馬如物所擊上恐罷鞠升殿遽足不能履地風眩就牀自是外不聞上起居者三日是夜月近房十二月丁亥朔詔五坊鷹隼並解放獵具皆毀之庚寅宰臣李逢吉率百寮至延英門請見上不許中外與度等三上疏請立皇太子是夜司徒中書令韓弘卒辛卯上於紫宸殿御大繩牀見百官李逢吉奏景王成長請立為皇太子左僕射裴度又極言之癸巳詔景王為皇太子淮南奏和州飢烏江百姓殺縣令以取官米甲午內出絹二百疋賑兩市癃殘窮者己未兩軍容內司公主戚屬之家並以上疾痊平諸寺為僧齋仍勑在京諸司疏放繫囚丙午上

○御宣政殿冊皇太子受冊畢百寮謁太子於東宮太子舉簾執笏答拜宮寮拜則受之丁未判度支戶部侍郎張平叔貶通州刺史是夜月掩左角己酉以前天平軍節度使馬摠檢校左僕射守戶部尚書庚戌以吏部侍郎竇易直為戶部侍郎判度支癸丑以太子冊禮畢宣制赦囚徒以前黔中觀察使崔元略為鄂岳蘄黃安等州觀察使太子賓客孟簡卒乙丑以前陝虢觀察使衛中行為尚書右丞是冬十月頻雪其後恒燠水不冰凍草木萌發如正二月之後三年正月丁巳朔上以疾不受朝賀是日大風昏霾竟日嗣鄆王佐宜於崖州安置李安傳禁中語也勑不得買新羅人為奴婢已在中國者即放歸其國禮部侍郎王起奏當司所試貢舉人試訖申送中書候覆訖下當司然後大字放牓從之二月天平軍監軍奏節度使烏重胤病牙將王贊割股肉以療河陽節度使陳楚奏移使府於三城未有門戟欲移懷州門戟於河陽從之諫議大夫殷侑奏禮部貢舉請置三傳三史科從之戶部尚書崔倰卒三月丁巳宰臣百寮賜宴於曲江

亭勅應御服及器用在淮南兩浙宣歙等道合供進者並端午誕節常例進獻者一切權停其鷹犬之類除備蒐狩外並令解放以牛僧孺同中書門下平章事日晡晚後有賊入通化門鬭死者一人傷者六人賜宣徽院供奉官錢自一百二十貫文已下有差五月山南西道奏移成州於實井堡山南東道節度使牛元翼卒秘書少監李隨奏請造當司圖書印一面從之十月宰相監修國史杜元頴奏史官沈傳師除鎮湖南其本分修史便令将赴本任修撰從之勑京兆尹御史大夫韓愈宜放臺參後不得爲例七月國子祭酒韋乾慶卒八月鄭滑節度使曹華卒檢校尚書右僕射戶部尚書馬揔卒典元節度使韋綬卒上由複道幸興慶宮至通化門賜持盂僧絹二百匹因幸五方賜從官金銀鋌有差九月澤潞節度使劉悟進位平章事賜宰臣百寮重九宴于曲江亭南詔王丘佺進金碧文絲十有六品十月以京兆尹韓愈爲兵部侍郎以御史中丞李紳爲江西觀察使宰相李逢吉與李紳不協紳有時望恐用爲相及紳爲中丞乃除韓愈

爲京兆尹兼御史大夫仍放臺參紳性峭直屢上疏論其事遂與愈辭理往復逢吉乃兩罷之然紳出而愈留宰相杜元頴罷知政事除成都尹劍南西川節度使龍武統軍陳楚卒以兵部侍郎韓愈爲吏部侍郎新除江西觀察使李紳爲戶部侍郎紳既罷除江西上令中使就第賜玉帶紳因除叙泣而請留中使具奏故與愈俱改官召翰林學士龐嚴對因賜金紫内園使公廨本錢一萬貫軍器使三千貫杜元頴赴鎮蜀上御安福門餞因賜皇城留守及金吾衛率　等帛有差十一月上御通化門觀作毗沙門神因賜絹五百匹停浙東貢甜菜海蚶十二月浙西觀察使李德裕奏去管内淫祠一千一十五所

四年正月辛亥朔上御殿受朝如常儀上餌金石之藥處士張臯上疏切諫上悅召之求臯不獲澤潞判官賈直言新授諫議大夫劉悟上表乞留從之禮部尚書致仕孔戣卒辛未上大漸詔皇太子監國壬申上崩於寢殿時年三十群臣上謚曰睿聖文惠孝皇帝廟號穆宗十一月庚申葬于光陵

史臣曰臣觀五運之推遷百王之隆替亦無常治亦無常亂在人而已匪降自天當軒黃御宇之秋則百年無事及商辛握圖之日則四海横流昔章武皇帝纂國命之不行惜朝綱之将墜乃求賢俊揔攬英雄果能扼大盜之喉制姦臣之命五十載已終之土復入提封百萬戶受弊之甿重蘇昌化元和之政幾致昇平鴟梟方革於好音龍鼎飛傷於短祚苟或時有平勃之佐繼以文景之才則廷湊克融自縮螳螂之臂智興李岕斂萌狗鼠之謀強盜寧窺孟賁之金餓隷不拾嬰兒之餌觀夫孱主可謂痛心不知創業之艱難不恤黎元之疾苦謂威權在手可以力制萬方謂旒冕在躬可以坐馳九有曾不知聚則萬乘散則獨夫朝作股肱暮爲讎敵仲長子所謂至於運徙勢去獨不覺悟者豈非富貴生不仁沉溺致愚疾存亡以之迭代治亂從此周復誠哉是言也

贊曰惠王不令敗度亂政驕僻偶全實賴遺慶皇皇上帝爲民立正此何人哉遽干鼎命

唐書本紀卷第十六

唐書本紀卷第十七上

劉　昫　等修
聞人詮校刊沈桐同校

敬宗　文宗上

敬宗睿武昭愍孝皇帝諱湛穆宗長子母曰恭僖太后王氏元和四年六月七日生於東内之别殿長慶元年三月封景王二年十二月立為皇太子四年正月壬申穆宗崩癸酉皇太子即位柩前時年十六甲子左僕射韓臯卒丙子群臣準遺詔奏皇帝賓冊禮畢詔賞神策諸軍士人絹十四錢十千畿内諸軍鎮絹十四錢五千其餘軍鎮須給有差内出綾絹三百萬段以助賞給穆宗初即位在京軍士人獲五十千在外軍鎮差降無幾至是宰臣奏議請量國力頒賞故差減於先朝物議是之羣臣五上章請聽政從之二月辛巳朔上縗服見羣臣於紫宸門外壬午渤海送備宿衛大聰叡等五十人入朝癸未貶戸部侍郎李紳為端州司馬丙戌貶翰林學士駕部郎中知制誥龐嚴為信州刺史翰林學士司封員外郎知制誥蔣防為汀州刺史皆紳之引用者以右拾遺吳思為殿中侍御史充入蕃告哀使李紳之貶李逢吉受賀群官至中書而思獨不往逢吉怒而斥為遠使戊子河北告哀使諫議大夫高允恭卒於東都辛卯勅没掖庭宮人先配内園宮人並宜放出任其所適己亥冊大行皇帝皇太后為太皇太后庚子西川節度使杜元穎進罨畫打毬衣五百事非禮也辛丑上始御紫宸殿受朝既退幸飛龍院厚賜内官等物有差以米貴出太倉粟四十萬碩於兩市賤糶以惠貧民癸未夜太白犯東井北轅乙巳上率羣臣詣光順門冊皇太后丁未御中和殿擊毬賜教坊樂官綾絹三千五百匹戊申擊毬於飛龍院己酉大合樂於中和殿極歡而罷内官頒賜有差三月庚戌朔貶司農少卿李彤吉州司馬以前為鄧州刺史坐贓百萬仍自刻德政碑故也壬子上御丹鳳樓大赦天下京畿夏青苗錢並放秋青苗錢每貫放二百文天下常貢之外不得進獻六宅十宅諸王女宜令每年於選人中選擇降嫁令

後戸帳田畝五年一定稅是日風且雨甲寅始於延英對宰臣丙辰以尚書右丞韋顗為戸部侍郎戊午禮儀使奏外命婦正旦及四始日舊行起居之禮伏以禮煩則黷請停從之庚申工部尚書胡証檢校戸部尚書京兆尹甲子故山南東道節度使牛元翼家為王廷湊所害上惜其冤横傷悼久之仍歎宰執非才縱姦臣跋扈翰林學士韋處厚奏曰理亂之本非有他術順人則理違人則亂陛下當食歎息恨無蕭曹今有一裴度尚不能用此馮唐所以感悟漢文雖有頗牧不能用也以太子少保張弘靖為太子少師分司東都太子賓客令狐楚為河南尹丁卯以刑部尚書段文昌判左丞事戊辰羣臣入閤日高猶未坐有不任立而踣者諫議大夫李渤出次白宰相俄而始坐班退左拾遺劉栖楚極諫頭叩龍墀血流上為之動容仍賜緋魚袋編甿徐忠信闌入浴堂門杖四十配流天德庚午賜内教坊錢一萬貫以備遊幸是夜太白犯東井北轅甲戌夏州節度使李祐奏於塞外築烏延宥州臨塞陰河陶子等五城以備蕃寇又以党項為

○盜於蘆子關北木瓜嶺築壘以扼其衝乙亥幸教坊賜伶官綾絹三千五百匹夏四月庚申朔甲申以御史大夫王涯為戸部尚書兼御史大夫充鹽鐵轉運等使壬辰兵部侍郎武儒衡卒丙申賊張韶等百餘人至右銀臺門殺閽者揮兵大呼進至清思殿登御榻而食弓箭庫右神策軍兵馬使康藝全率兵入宮討平之是日上聞其變急幸左軍丁酉上還宮羣臣稱慶諫議大夫李渤以上輕易致盜言甚激切己亥九仙門等監共三十五人並笞之辛丑染坊使田晟段政直流天德以張韶染坊役夫故也詔雪吐突承璀之罪令男士曄改葬之丙午宰臣李逢吉封涼國公牛僧孺封奇章縣子五月己酉朔乙卯制以正議大夫尚書吏部侍郎上柱國渭源縣開國男食邑三百戸賜紫金魚袋李程守本官同中書門下平章事以朝議郎守尚書戸部侍郎兼御史大夫判度支上柱國賜紫金魚袋竇易直為朝散大夫本官同中書門下平章事判度支戸部侍郎韋顗賜金紫己未割富平縣之豐水鄉下邽縣之翟公鄉澄城縣之撫道鄉白水

縣之會賓鄉以奉景陵癸亥以鹽州刺史傳良弼為夏州節度使東
都江陵監大轉運留後並改為知院官從其使王涯請也六月己卯
朔以左神策大將康日全為鄜坊節度使辛巳勑以霖雨命疏決京
城三囚庚辰大風吹壞延喜景風等門工部侍郎張惟素卒壬辰以
左金吾衛大將軍李愿檢校司空兼河中尹御史大夫充河中絳隰
等州節度使丙申山南西道節度使守司空裴度加同中書門下平章
事度之拜興元也為宰相李逢吉所排不帶平章事李程韋處厚日
為度論於上前故有是命加陳許節度使李光顏守司徒癸卯太保
張弘靖卒己巳浙西水壞太湖堤水入州郭漂民廬舍丁未以吏部
尚書趙宗儒為太常卿兵部尚書鄭絪為吏部尚書秋七月戊申朔
己酉睦州青溪等六縣大雨山谷發洪水泛溢漂城郭廬舍庚辰以
前河中節度使郭釗為兵部尚書戊午太子賓客許季同卒辛酉疏
靈州特進渠置營田六百頃乙丑鄆曹濮暴雨水溢壞城郭廬舍丁
卯勑以穀貴凡給百官俸內一半合給匹段令宜給粟每㪷折錢五

十文辛未以大理卿崔元略為京兆尹兼御史大夫甲戌左金吾衛
大將軍李祐進馬二百五十匹御史溫造於閣內奏彈祐罷使違勑
進奉祐趨出待罪詔宥之襄均復等州漢江溢漂民廬舍丙子浙西
觀察使李德裕奏詔令當道造盝子二十具計用銀一萬三千兩金
一百三十兩昨已進段具用銀一千三百兩當道在庫貯備銀無二
三百兩皆百計收市方成此兩具臣當道唯有留使錢五萬貫每事
節儉支費猶欠十三萬貫今不足臣若因循不奏則負陛下任使之恩
若分外誅求又累陛下慈儉之德伏乞宣令宰臣商議何以遣臣得
上不違宣索下不闕軍須不困疲人不斂物怨時有詔罷進奉故德
裕有是奏八月丁酉朔是夜火犯土星妖賊馬文忠與品官季文德
等凡一千四百人將圖不軌皆杖一百處死癸未火犯東井甲寅詔
於關內關東折糴和糴粟一百五十萬石陳許蔡鄆曹濮等州水害
秋稼丁亥火入東井己丑以李憕孫宏為河南府兵曹恭奏　蔣
澧孫鄴為伊陽令錄忠臣後也是夜金犯軒轅右角壬辰江王府長

史段釗上言稱前任龍州刺史近郭有牛心山山上有仙人李龍遷
祠頗靈應玄宗幸蜀時特立祠廟上遣高品張士謙往龍州檢行迴
奏牛心山有掘斷處羣臣言宜須脩築時方沍寒役民數萬計東川
節度使李絳表訴之甲子以太常卿趙宗儒為太子少師乙巳宣武
軍節度韓充卒九月丙午朔丁未波斯大商李蘇沙進沉香亭子材
拾遺李漢諫云沉香為亭子不異瑤臺瓊室上怒優容之庚戌以河
南尹令狐楚檢校禮部尚書汴州刺史宣武軍節度宋汴亳觀察等
使乙卯罷理匭使以諫議大夫李渤知匭奏請置胥吏添課料故也
戊午加朱克融檢校司空詔浙西織造可幅盤條撩綾一千匹觀察
使李德裕上表論諫不奉詔乃罷之己巳以兵部侍郎王起為河南
尹甲子吐蕃遣使求五臺山圖己巳浙西淮南各進宣索銀粧奩三
具冬十月丙子朔宗正寺選尚縣主壻和元亮等二十五人各賜錢
三十万令備吉礼辛巳以吏部侍郎崔從為太常卿庚子嶺南節度
使鄭權卒辛丑吐蕃貢犛牛鑄成銀犀牛羊鹿各一壬寅以鄂岳觀

察使檢校兵部尚書崔植檢校吏部尚書兼廣州刺史御史大夫充
嶺南節度觀察經略使以戶部侍郎韋顗為御史中丞兼戶部侍郎
以御史中丞鄭覃權知工部侍郎以刑部侍郎韋弘景為吏部侍郎
以權知禮部侍郎李宗閔權知兵部侍郎以工部侍郎于敖為刑部
侍郎十一月丙午朔戊申安南都護李元喜奏黃家賊與環王國合
勢陷睦州殺刺史葛維蘇常湖嶽吉潭郴等七州水傷稼庚申葬穆
宗于光陵十二月乙亥朔癸未迴紇吐蕃奚契丹遣使朝貢襄州柳
公綽滄州李全略晉州李寰滑州高承簡並自尚書加檢校右僕射
以前起居舍人劉栖楚為諫議大夫淮南節度使王播厚賂貴要求
領鹽鐵使諫議大夫獨孤朗張仲方起居郎孔敏行柳公權宋申錫
補闕韋仁實劉敦儒拾遺李景讓薛廷老等伏延英抗疏論之戊子
夜月掩東井庚寅加天平軍節度使烏重胤同平章事乙未徐泗王
智興請置僧尼戒壇浙西觀察使李德裕奏狀論其姦幸時自憲宗
朝有勑禁私度戒壇智興冒禁陳請蓋緣久不興置由是天下沙門

奔走如不及智與邀其厚利由是致富時議醜之丁酉宰相牛僧孺進封奇章郡公李程彭原郡公竇易直晉陽郡公並食邑三千戶吏部侍郎韓愈卒

寶曆元年春正月乙巳朔辛亥親祀昊天上帝于南郊禮畢御丹鳳樓大赦改元寶曆元年先是鄠縣令崔發坐誤辱中官下獄是日與諸囚陳於金雞竿下俟釋放忽有內官五十餘人環發而毆之發破面折齒臺吏以蓆蔽之方免有詔復繫於臺中宰相救之方釋宰相牛僧孺累表乞解機務帝許以郊禮後乙卯以僧孺檢校禮部尚書同平章事鄂州刺史充武昌軍節度鄂岳觀察使淮南節度使王播兼諸道鹽鐵轉運使於鄂州特置武昌軍額寵僧孺也壬申以給事中李渤為桂州刺史兼御史中丞桂管防禦觀察使李德裕獻丹扆箴六首上深嘉之命學士韋處厚優其荅詔辛卯以前禮部郎中李翺為廬州刺史以求知制誥面數宰相李逢吉過故也辛丑江西觀察使薛放卒癸卯以職方郎中知制誥王璠為御史中丞三月乙巳

○朔以兵部尚書郭釗為梓州刺史劍南東川節度使壬子宴群臣於三殿戊辰夜有流星長三丈出紫微入濁滅辛未以前桂管觀察使殷侑為江西觀察使上御宣政殿試制舉人二百九十一人以中書舍人鄭涵吏部郎中崔琯兵部郎中李虞仲並充考制策官夏四月甲戌朔宰相涼國公李逢吉進封鄭國公以右神策大將軍康志睦檢校工部尚書兼青州刺史平盧軍節度使宣中書以諫議大夫劉栖楚為刑部侍郎丞郎宣授自栖楚始也鄭涵等考定制舉人敕下後數日上謂宰相曰韋端符楊魯士皆涉物議宜與外官乃授端符白水尉魯士城固尉宰臣請其罪名不報癸巳群臣上徽號曰文武大聖廣孝皇帝御宣政殿受冊禮畢御丹鳳樓大赦天下大辟罪已下無輕重咸赦除之時李紳貶官李逢吉惡紳不欲紳量移乃於赦書節文內但言左降官已經量移宜與量移近處不言未量移者宜與量移翰林學士上疏論列云不可為李紳一人與逢吉相惡遂令近年流貶官皆不得量移則乖蕩蕩之道也帝遽命追赦書添改之乙亥以劍南東川節度檢校司空李絳為左僕射御史蕭徹彈京兆尹兼御史大夫崔元略違詔徵畿內所放錢萬七千貫付三司勘鞫不虛辛丑敕削元略兼御史大夫五月甲辰朔以前平盧軍節度使檢校左僕射兼戶部尚書賜振武軍錢一十四萬貫脩築東受降城庚戌幸魚藻宮觀競渡庚申正衙命使冊九姓迴紇登里囉汨沒密施毗伽昭禮可汗丙寅太子少傅致仕閻濟美卒丁卯湖南觀察使沈傳師奏當道先配吐蕃羅沒等一十七人準赦放還本國今各得狀不原還從之庚午以右金吾將軍李文悅為豐州刺史天德軍防禦使安南李元喜奏移都護府於江北岸六月壬申朔乙酉詔公主郡主並不得進女口丙戌將作監張武均出為洋州刺史坐贓犯也諸司白身馮志謙等三百九人並賜綠丁亥命品官田務豐領國信十二車賜迴紇可汗及太和公主己丑河中節度使檢校司空李愿卒乙未以檢校左僕射兼戶部尚書薛平檢校司空河中尹河中節度使秋七月癸卯朔以忠武軍節度使守司徒兼侍中李光顏為太原

○尹北京留守以河東節度使王沛為許州刺史忠武軍節度使熒惑犯右執法甲辰鹽鐵使王播進羨餘絹一百萬匹仍請日進二萬計五十日方畢播自掌鹽鐵以正入錢進奉以希寵固位託稱羨餘物議欲鳴鼓而攻之乙酉鄜坊水壞廬舍癸丑以右金吾衛大將軍張茂宗為兗海沂密節度使乙卯正衙命使冊司徒李光顏丙辰淄王傳分司元錫卒己未詔王播造競渡船二十隻供進仍以船材京內造時計其功當半年轉運之費諫議大夫張仲方切諫乃改進十隻辛酉萬年縣典賈鎮誣告故統軍王從男王謨等七人謀亂詔杖殺之甲子夜月犯畢乙丑侍講學士崔郾高重進纂要十卷賜錦綵二百匹丁卯以戶部侍郎韋顗為吏部侍郎京兆尹崔元略為戶部侍郎奉天縣水壞廬舍辛未以左散騎常侍胡証為戶部尚書判度支太子賓客分司盧士玫卒閏七月壬午朔以權知工部侍郎鄭覃為京兆尹甲申拾遺李漢舒元褒薛廷老於閤內論曰伏見近日除授往往不由中書進擬多是內中宣出臣恐紀綱漸壞姦邪恣行伏希

詳察上然之詔度支進銅三千觔金薄十萬翻修清思院新殿及昇陽殿圖障丙戌戶部尚書致仕裴堪卒戊子以給事中盧元輔爲工部侍郎壬辰以前河東節度使李聽爲義成軍節度使戊戌以刑部尚書段文昌爲兵部尚書依前判左丞事八月辛丑朔戊申以鄭國公楊造男元泰襲鄭國公食邑三千戶兩京河西大稔勑度支和糴折糴粟二百萬石乙卯夜太白近房戊午遣中使往湖南江南等道及天台山採藥時有道士劉從政者說以長生久視之道請於天下求訪異人冀獲靈藥仍以從政爲光祿少卿號昇玄先生秋九月辛未朔丁丑衛尉卿劉遵古役人安再榮告前袁王府長史武昭謀害宰相李逢吉詔三司鞫之壬午昭義節度使劉悟卒癸未夜太白犯南斗丙戌夜月犯右執法丁酉華州暴水傷稼徐州王智興奏大將武華等四百人謀亂並伏誅十月庚子朔河南尹王起奏盜鑄錢爲佛像者請以盜鑄錢論丁巳振武節度使張惟清以東受降城濱河歲久雉堞摧壞乃移置於綏遠峰南及是功成巳未以崖州安置人嗣郢王佐爲潁王府長史分司東都仍賜金紫壬戌夜太白近哭星甲子三司鞫武昭獄得實武昭及弟彙役人張少騰宜付京兆府決河陽節度掌書記李仲言配流象州彙流崖州太學博士李涉流康州皆坐武昭事也十一月庚午朔辛未以御史中丞王璠爲工部侍郎以諫議大夫獨孤朗爲御史中丞癸酉鎮星近東井癸未以殿中少監嚴公素爲容管經略使是夜月犯東井庚寅車駕幸溫湯即日還宮壬辰以刑部侍郎劉栖楚爲京兆尹丙申詔封皇子普爲晉王丁酉吏部侍郎韋顗卒十二月巳亥朔辛丑以晉王普爲昭義軍節度副大使以劉悟子將作監主簿從諫起復雲麾將軍守金吾衛大將軍同正檢校左散騎常侍兼御史大夫充昭義節度留後戊申夜月犯畢其夜北方有霧起須臾遍天霧上有赤氣久而方散甲子以左僕射李絳爲太子少師分司東都戊辰勑農功所切實在耕牛疲甿多乏須議給賜委度支往河東振武靈夏等州市耕牛一萬頭分給畿內貧下百姓是歲淮南浙西宣襄鄂潭湖南等州言旱傷稼

二年春正月巳巳朔辛未貶殿中侍御史王源植爲昭州司馬時源植街行爲教坊樂伎所侮導從呵之遂成紛競京兆尹劉栖楚決責樂伎御史中丞獨孤朗論之太切上怒遂貶源植庚午湖南觀察使沈傳師奏奉詔校尋藥請能羅光遠文案檢尋不獲癸酉右贊善大夫李光現與品官李重實爭忿以笏擊重實流血上以宗屬罰兩月俸料甲戌以諸軍丁夫二萬入內穿池脩殿辛巳興元節度使裴度奏脩斜谷路及館驛皆畢功壬辰裴度來朝甲午以衛尉卿劉遵古爲湖南觀察使以國子祭酒衛中行爲福建觀察使丙申鹽鐵使王播奏揚州城內舊漕河水淺舟船澁滯輸不及期程今從閶門外古七里港開河向東屈曲取禪智寺橋東通舊官河計長一十九里其功役所費當使自方圓支遣從之二月巳亥朔辛丑容管經略使嚴公素奏當州普寧等七縣請同廣昭桂賀四州例北選從之丙午夜月犯畢丁未以山南西道節度觀察處置等使光祿大夫守司空同中書門下平章事興元尹上柱國晉國公裴度守司空同平章事復知政事丁巳寒食節三殿宴群臣自戊午至庚申方止丙寅正冊司空裴度丁卯以禮部尚書王涯檢校左僕射爲山南西道節度使三月戊辰朔命興唐觀道士孫準入翰林待詔辛未江西觀察使殷侑請於洪州寶歷寺置僧尼戒壇勑殷侑故違制令擅置戒壇罰一季俸料甲戌賜宰臣百寮上巳宴于曲江亭乙亥右散騎常侍李翱卒戊寅幸魚藻宮觀競渡辛巳以同州刺史蕭俛爲太子少保分司壬午以工部尚書裴武爲同州刺史癸未嶺南節度使崔植奏廣湖封雷瀋辯等七州戍軍除折衝別將外並請停從之丙戌昆明夷遣使朝貢丁亥勑冊才人郭氏爲貴妃丙申以吏部侍郎韋弘景爲陝虢觀察使四月戊戌朔橫海軍節度使李全略卒壬寅以右金吾衛大將軍高承簡爲邠寧慶節度使丙午王廷湊檢校司空戊申昭義節度使留後劉從諫檢校工部尚書充昭義節度副大使知節度事庚戌鄂岳觀察使牛僧孺奏當道沔州與鄂州隔江相對纔一里餘其州請併省其漢陽汊川兩縣隷鄂州從之丙辰右金吾衛大將軍高霞寓卒丙寅先是

王廷湊請於當道立聖德碑是日內出碑文賜廷湊五月戊辰朔上御宣和殿對內人親屬一千二百人並於教坊賜食各頒錦綵辛未祕書省著作郎韋公肅注太宗所撰帝範十二篇進特賜錦綵百匹甲戌以涇原節度楊元卿為河陽三城懷州節度使以金吾衞大將軍李祐為涇原節度使是夜月近太微星浙西送到絕粒女道士施子微戊寅幸魚藻宮觀競渡庚辰中使自新羅取鷹鷂迴幽州軍亂殺其帥朱克融及男延齡軍人立其第二子延嗣為留後辛巳神策軍苑內古長安城中脩漢未央宮掘獲白玉床一張長六尺癸未山人杜景先於光順門進狀稱有道術令中使押杜景先往淮南及江南湖南嶺南諸州求訪異人甲申以右丞丁公著為兵部侍郎以前湖南觀察使沈傳師為尚書左丞辛卯贈朱克融司徒甲午夜熒惑犯昴賜興唐觀道士劉從政脩院錢二萬貫六月丁酉朔賜御史中丞獨孤朗金紫丁巳減放苑內役人二千五百帝性好土木自春至冬興作相繼庚申鄆州進驢打毬人石定寬等四人是夜太白犯昴

○辛酉幸凝碧池令兵士千餘人於池中取大魚長大者送入新池癸亥以旱命京城諸司疏理繫囚以延康坊官宅一區為諸王府司局甲子上御三殿觀兩軍教坊內園分明驢鞠角抵戲酣有碎首折臂者至一更二更方罷秋七月丙寅朔乙亥河中進力士八人癸未衡王絢薨癸巳勅鄠縣渼陂尚食管係太倉廣運潭復賜司農寺八月丙申朔以司空平章事裴度判度支以工部侍郎王播為河南尹代王起以起為吏部侍郎以前福州觀察使孫簡為工部侍郎是夜太白近太微令供奉道士二十人隨浙西處士周息元入內宮之山亭院上問以道術言識張果葉靜能浙西觀察使李德裕上疏言息元誕妄無異於人庚戌以太府卿李憲為江西觀察使丁丑夜月犯輿鬼加京兆尹劉栖楚兼御史大夫癸丑以太常卿崔從檢校吏部尚書判東都尚書省事兼御史大夫東都留守東畿汝都防禦使九月丁丑朔大合宴於宣和殿陳百戲自甲戌至丙子方已戊寅河東節度使守司徒兼侍中李光顏卒出內庫錢萬貫令內園召募力士幽州監軍奏都知兵馬使李再義與弟再寧同殺朱延嗣并其家屬三百餘人推再義為留後壬申宰相李程為北都留守河東節度使勅戶部所管同州長春宮莊宅宜令內莊宅使管係冬十月乙未朔乙亥以幽州衙前都知兵馬使李再義檢校戶部尚書充盧龍軍節度副大使知節度使仍賜名載義壬戌以中書舍人崔郾為禮部侍郎十一月甲子朔以太清宮道士趙歸眞充兩街道門都教授博士帝好深夜自捕狐狸宮中謂之打夜狐中官許遂振李少端兼志弘以侍從不及削職壬申以戶部尚書胡証檢校兵部尚書兼廣州刺史充嶺南節度使甲申以右僕射同平章事李逢吉檢校司空同平章事兼襄州刺史充山南東道節度使臨漢監牧使乙酉同州刺史裴武卒己丑詔朝官及方鎮人家不得置私白身癸巳以前東都留守楊於陵為太子少傅中官李奉義王惟直成守貞各杖三十分配諸陵宣徽使閻弘約副使劉弘逸各杖二十十二月甲午朔辛丑帝夜獵還宮與中官劉克明田務成許文端打毬軍將蘇佐明王嘉憲石

○定寬等二十八人飲酒帝方酣入室更衣殿上燭忽滅劉克明等同謀害帝即時殂於室內時年十八羣臣上謚曰睿武昭愍孝皇帝廟號敬宗太和元年七月十三日葬于莊陵

史臣曰古人謂堯無子舜無父言其賢不肖之相遠也以文惠驕誕之性繼之以昭愍固其宜也而昭獻昭肅英特不羣文足以緯邦家武足以平禍亂三子之操行頓異其何道哉寶曆不君國統幾絕天未降喪幸賴裴度復任彌諧彼狡童兮夫何足議

文宗元聖昭獻孝皇帝諱昂穆宗第二子母曰貞獻皇后蕭氏元和四年十月十日生長慶元年封江王初名涵寶曆二年十二月八日敬宗遇害賊蘇佐明等矯制立絳王勾當軍國事樞密使王守澄中尉梁守謙率禁軍討賊誅絳王迎上于江邸癸卯見宰臣于閤內下教處分軍國事甲辰僧惟眞齊賢正簡道士趙歸眞並配流嶺南擊毬軍將于登等六人令本軍處置宰臣百寮三上表勸進乙巳即位於宣政殿丙午上赴西宮成服丁未宰臣百寮上表請聽政三表許

之道士紀處玄楊沖虛彼術人李元戢王信等並配流嶺南戊申尊
聖母爲皇太后己酉勅鳳翔淮南先進女樂二十四人並放歸本道
庚戌以正議大夫尚書兵部侍郎知制誥充翰林學士柱國賜紫金
魚袋韋處厚爲中書侍郎同中書門下平章事以翰林學士路隨承
旨侍講學士宋申錫充書詔學士丙辰以山南東道節度使柳公綽爲
刑部尚書丁巳爲絳王舉哀廢朝三日庚申詔君天下者莫尚乎崇
澹泊予困窮遵道以端本推誠而逮下故聖祖之誡以慈儉爲寶大
易明訓垂簡易之文未有上約而下不豐欲寡而求不給朕以眇薄
遭逢內難刷君父之讐恥攄億兆之哀冤而股肱大臣羣卿庶士引
義抗請至于再三以圖宗社之安以荅華夷之望俯從衆欲夙夜震
兢思所以克己復禮脩政安人宵興匪寧旰食勞慮夫儉過則酌之
以禮文勝則矯之以質庶乎俗登太古道洽生靈儀刑家邦以化天
下內庭宮人非職掌者放三千人任從所適長春宮斛斗諸物依前
戶部收管鄠縣渼陂鳳翔府洛谷地還府縣教坊樂官翰林待詔伎
術官并總監諸色職掌內冗員者共一千二百七十人並宜停廢總
監中一百二十四人先屬諸軍並各歸本司餘七百三人勒納牒身
放歸本管先供教坊衣糧一百分廂家及諸司新加衣糧三千分並
宜停給五方鷹鷂並解放今年新宣附食度支衣粮小兒一百人並
停給別詔宣纂組雕鏤不在常貢內者並停度支鹽鐵戶部及州府
百司應供宮禁年支一物已上並準貞元元額爲定先造供禁中床
榻以金筐瑟瑟寶佃者悉宜停造東頭御馬坊毬場宜卻還龍武軍
其殿及亭子所司毀拆餘舍賜本軍應行從處張陳不得用花蠟結
綵華飾今年已來諸道所進音聲女人各賜束帛放還城外墳墓先
有開斸以備行寺處宜曉示百姓任其脩塋其大逆魁首蘇佐明等
二十八人並已處斬宗族籍沒妖妄僧惟貞道士趙歸眞等或假於
卜筮或託以醫方疑衆挾邪已從流竄其情非姦惡迹涉詿誤者一
切不問兇徒既殄寰宇佇康載與令猷用弘庶績布告中外知朕意
焉帝在藩邸知兩朝之積弊此時釐革並出宸衷士民相慶喜理道

之復興矣壬戌以前江西觀察使殷侑爲大理卿
太和元年春正月癸亥朔庚午以御史中丞獨孤朗爲戶部侍郎以
兵部尚書權判左丞事段文昌爲御史大夫是夜月掩畢大星戊寅
以左散騎常侍李益爲禮部尚書致仕以京兆尹劉栖楚爲桂管觀
察使以前戶部侍郎于敖爲宣歙觀察使代崔群以群爲兵部尚書
癸未以吏部侍郎庾承宣爲京兆尹兼御史大夫丙申復置兩輔六
雄十望十緊三十四州別駕其諸色在京及內外諸軍使等職事並
不在掾各限已亥以右散騎常侍集賢殿學士判院事張正甫爲工
部尚書辛丑以前廣州節度使崔植爲戶部尚書以太子少師分司
東都李絳檢校司空兼太常卿乙巳御丹鳳樓大赦改元太和甲寅
勅諸道節度觀察使去任日宜具交割狀仍限新使到任一月分析聞
奏以憑殿最丙辰以華州刺史錢徽爲尚書右丞以前河陽節度使
崔弘禮爲華州鎮國軍使己未以太子少保分司蕭俛爲檢校右僕
射兼禮部尚書庚申以虔州刺史韓約爲安南都護三月庚戌朔右
軍中尉梁守謙請致仕以樞密使王守澄代之戊寅以前蘇州刺史
白居易爲祕書監仍賜金紫壬午幽州李載義奏故張弘靖判官家
屬凡一百九十人並送赴闕四月壬辰朔癸巳以太子少傅楊於陵
守右僕射致仕俸料全給甲午鳳翔築臨汧城於汧陽縣西北八十
里壬寅毀昇陽殿東放鴨亭戊申毀望仙門側看樓十間並敬宗所
造也以前亳州刺史張遵爲邕管經略使乙卯以禮部尚書蕭俛爲
太子少師分司己未忠武軍節度使王沛卒庚申以太僕卿高瑀檢
校左散騎常侍充忠武軍節度己巳貶山南東道節度副使李續爲
涪州刺史山南東道行軍司馬張又新爲汀州刺史李逢吉黨也五
月壬戌朔戊辰詔元首股肱君臣象類義深同體理在坦懷夫任則
不疑疑則不任然自魏晉已降參用霸制虛儀搜索因習尚存朕方
推表大信置人心腹庶使諸侯方嶽鼓洽道化夷貊飛走暢泳治功
況吾台宰又何間焉自今已後紫宸坐朝衆寮既退宰臣復進奏事
其監搜宜停丙子以天平軍節度使守司徒同中書門下平章事烏

重胤爲橫海軍節度使以前攝橫海軍節度副使檢校國子祭酒侍
御史李同捷檢校左散騎常侍兼兗州刺史充兗海沂密等州節度
使就加魏博史憲誠同平章事甲申淮南節度鹽鐵轉運等使王播
來朝丙戌夜熒惑犯右執法六月辛卯朔勑文武常參官朝參不到
據料錢多少每貫罰二十五文癸巳以淮南節度副大使知節度事
管內營田觀察處置臨漢監牧等使兼諸道鹽鐵轉運等使銀青光
祿大夫檢校司空同中書門下平章事揚州大都督府長史上柱國
太原縣開國伯食邑七百戶王播可尚書左僕射同中書門下平章
事依前充諸道鹽鐵轉運使以御史大夫段文昌代播爲淮南節度
使丙申左司郎中兼侍御史知雜温造權知御史中丞癸卯詔元和
長慶中皆因用兵權以濟事所下制勑難以通行宜令尚書省取元
和已來制勑參詳删定訖送中書門下議定聞奏甲寅以旱放繫囚
七月辛酉朔癸亥太常卿李絳進封魏國公李同捷除兗海不受詔
結幽鎭謀叛癸酉葬敬宗于莊陵辛巳勑今年權于東都置舉徐州
〇

王智興請全軍討李同捷八月庚寅朔以工部侍郎獨孤朗爲福建
觀察使以太府卿裴弘泰爲黔中經略使觀察使左僕射致仕楊於
陵讓全給俸料許之庚子詔削奪李同捷在身官爵復以張茂宗爲
兗海沂密節度使辛丑邠寧節度使高崇簡卒壬寅以刑部尚書柳
公綽檢校左僕射充邠寧節度使戊申以諫議大夫張仲方爲福建
觀察使癸丑前福建觀察使獨孤朗卒九月庚申朔癸亥以左神策
軍將軍知軍事何文哲爲鄜坊丹延節度使甲戌以左神策大將軍
知軍事李泳爲單于都護充振武麟勝節度使丁丑浙西觀察使李
德裕浙東觀察使元稹就加檢校禮部尚書壬午桂管觀察使劉栖
楚卒丙戌以諫議大夫蕭裕爲桂管觀察使癸丑兗州復置萊蕪縣
十一月己未朔丙申河中薛平奏虞鄉縣有白虎入靈峯觀天平橫
海等軍節度使守司徒同中書門下平章事烏重胤卒庚辰以保義
軍節度晉慈等州觀察處置等使李寰爲橫海軍節度使癸巳以晉
州慈州復隸河中癸巳以左丞錢徽爲華州刺史丁酉右金吾衛大

將軍王公亮爲澧州刺史湖南觀察使
二年春正月戊午朔壬申以右散騎常侍孔戢爲京兆尹二月丁亥
朔以兵部侍郎王起爲陝虢觀察使代韋弘景以弘景爲尚書左丞
乙巳以刑部侍郎盧元輔爲兵部侍郎祕書監白居易爲刑部侍郎
庚戌勑李絳所進則天太后删定兆人本業三卷宜令所在州縣寫
本散配鄉村三月丁丑朔度支奏京兆府奉先縣界鹵池側近百姓
取水栢柴燒灰煎鹽每一石灰得鹽一十二觔一兩亂法甚於鹹土
請行禁絕今後犯者據灰計鹽一如兩池鹽法條例科斷從之辛巳
上御宣政殿親試制策舉人以左散騎常侍馮宿太常少卿賈餗庫
部郎中龐嚴爲考制策官閏三月丙戌朔內出水車樣令京兆府造
水車散給緣鄭白渠百姓以溉水田夏四月丙辰朔壬午以邕管經
略使王茂元爲容管經略使五月乙酉朔丁巳命中使於漢陽公主
及諸公主第宣旨今後每遇對日不得廣插釵梳不須著短窄衣服
乙未以吏部侍郎丁公著爲禮部尚書庚子勑應諸道進奉內庫四
〇

節及降誕進奉金花銀器并纂組文　纈雜物並折充鋌銀及綾絹
其中有賜與所須待五年後續有進止帝性恭儉惡侈靡庶人務敦
本故有是詔帝與侍講學士許康佐語及取蚺蛇膽生剖其腹爲之
惻然乃詔度支曰每年供進蚺蛇膽四兩桂州一兩賀州二兩泉州
一兩宜於數內減三兩桂賀泉三州輪次歲貢一兩帝自撰集尚書
中君臣事迹命畫工圖於太液亭朝夕觀覽焉王廷湊出兵侵鄰藩欲
撓王師以援李同捷昭義劉從諫請出軍討之六月乙卯朔晉王普
薨贈爲悼懷太子陳州水害秋稼癸亥四方館請賜印其文以中書
省四方館爲名辛酉以吏部尚書鄭絪爲太子少保辛巳以靈武節
度使李進誠爲邠寧節度使以天德軍使李文悅爲靈武節度使乙
酉以前邠寧節度使柳公綽檢校左僕射兼刑部尚書甲辰詔宰臣
集三署四品已上常參官議討王廷湊可否是夜彗西出攝提南長
二尺八月甲寅朔丁巳以兵部侍郎盧元輔爲華州鎭國軍使以代
錢徽以徽爲吏部尚書致仕壬戌京畿奉先等十七縣水九月甲申

朔丁亥王智興拔棣州以新除横海軍節度使李寰爲夏州節度使
甲午詔削奪王廷湊在身官爵隣道接界隨便進討以前夏州節度
使傅良弼爲横海軍節度使庚戌安南軍亂逐都護韓約冬十月癸
丑朔丁巳罷揚州海陵監牧以戶部尚書崔植爲華州刺史鎮國軍
使丙寅嶺南節度使胡証卒辛未以江西觀察使李憲爲嶺南節度
使癸酉以尚書右僕射同平章事竇易直檢校左僕射同平章事充
山南東道節度使臨漢監牧等使代李逢吉以逢吉爲宣武軍節度
使代令狐楚以楚爲戶部尚書以右丞沈傳師爲江西觀察使己卯
以河南尹王璠爲右丞以左散騎常侍馮宿爲河南尹十一月癸未
朔乙酉以右金吾衛大將軍李祐爲横海軍節度使新除傅良弼赴
鎮卒於陝州故也甲辰禁中巳時昭德寺火直宣政殿之東至午未
間北風起火勢益甚至暮稍息十二月壬子朔乙丑魏博行營都知
兵馬使亓志紹率所部兵馬二萬人謀叛欲殺史憲誠父子壬申中
書侍郎同平章事韋處厚暴卒戊寅詔以兵部侍郎知制誥充翰林

學士路隨爲中書侍郎同平章事
三年春正月壬午朔丙戌亓志紹率兵迴據永濟縣其衆分散入諸
縣邑史憲誠告難詔滄州行營兵士赴之丁亥京兆尹孔戣卒庚寅
吏部尚書致仕錢徽卒庚子李聽殺敗亓志紹兵志紹北走鎮州甲
辰以太常卿李絳檢校司空兼興元尹山南西道節度使華州刺史
鎮國軍潼關防禦使崔植卒己酉以前山南西道節度使王涯爲太
常卿二月辛亥朔以兵部尚書崔群爲荆南節度使甲寅荆南節度
使王潛卒三月辛巳朔以戶部尚書令狐楚爲東都留守乙酉敕兵
戈未息教坊每日祗候樂人宜權停壬辰易定節度使柳公濟卒以
前東都留守崔從爲戶部尚書夏四月庚午王智興奏部下將石雄
搖扇軍情請行朝典乃長流白州五月己卯朔甲申栢耆斬李同捷
於將陵滄景平李祐入滄州丁亥御興安樓受滄州所獻李祐送李
同捷母妻及男元達等赴闕詔並宥之令於湖南安置貶滄德宣慰
使諫議大夫栢耆循州司戶宣慰判官殿中侍御史沈亞之虔州南

康尉以擅入滄州取李同捷諸鎮所怒奏論之也丙申横海軍節度
使李祐卒以涇原節度使李祐爲齊德等州節度使改名有裕丁酉
以前義武軍節度使傅毅爲滄州刺史横海軍節度使辛丑以右金
吾衛大將軍張惟清檢校司空充涇原節度使以左金吾衛大將軍
劉遵古爲邠寧節度使六月己酉朔辛亥以魏博節度使史憲誠檢
校司徒兼侍中河中尹充河中晉絳節度使以義成軍節度使李聽
兼充魏博節度使以魏博節度副使檢校工部尚書史孝章爲相衛
節度使壬申勑元和四年勑禁鉛錫錢皆納官許人糺告一錢賞百
錢此爲太過此後以鉛錫錢交易者一貫以下州府常行杖決脊杖
二十十貫以下決六十徒三年過十貫已上集衆決殺能糺告者一
貫賞錢五十文秋七月己卯朔癸未中使劉弘逸送史憲誠旌節自
魏州還奏六月二十六日夜魏博軍亂殺史憲誠立大將何進滔爲
留後其新節度使李聽入城不得乙丑河中節度使薛平依前河中
節度使乙未嶺南節度使李憲卒兵部侍郎盧元輔卒丁酉以京兆

尹崔護爲御史大夫廣南節度使戊戌以大理卿李諒爲京兆尹乙
巳以禮部尚書翰林侍講學士丁公著檢校戶部尚書兼潤州刺史
充浙江西道觀察使以前浙西觀察使檢校禮部尚書李德裕爲兵
部侍郎辛亥魏博何進滔奏準詔割相衛三州三軍不受壬子詔以
魏博衙內都知兵馬使何進滔檢校左散騎常侍充魏博節度使癸
丑以衛尉卿殷侑檢校工部尚書爲齊德滄節度使辛酉京畿奉先
等九縣旱損田播州流人衛中行卒宋亳水害稼壬申詔雪王廷湊
復官爵甲戌以吏部侍郎李宗閔同中書門下平章事九月戊寅朔
辛巳勑兩軍諸司內官不得著紗縠綾羅等衣服帝性儉素不喜華
侈駙馬韋處仁戴夾羅巾帝謂之曰比慕卿門地清素以之選尚如
此巾服從他諸戚爲之唯卿非所宜也壬辰以兵部侍郎李德裕檢
校戶部尚書兼滑州刺史義成軍節度使戊戌以前睦州刺史陸亘爲
越州刺史浙東觀察使代元稹以稹爲尚書左丞代韋弘景以弘景
爲禮部尚書冬十月戊申朔己酉江西沈傳師奏皇帝誕月請爲僧

尼起方等戒壇詔曰不度僧尼累有勑命傳師忝爲藩守合奉詔條誘致愚妄庸非禮道宜罰一月俸料丙辰以前義成軍節度使李聽爲太子少師癸亥以戶部侍郎崔元略爲戶部尚書判度支以中書舍人韋詞爲湖南觀察使十一月丁丑朔庚辰太子太傅鄭絪卒丙戌勑前亳州刺史李繁於京兆府賜死甲申帝親祀昊天上帝於南郊禮畢御丹鳳門大赦節文禁止奇貢云四方不得以新樣織成非常之物爲獻機杼纖麗若花絲布撩綾之類並宜禁斷勑到一月機杼一切焚棄刺史分憂得以專達事有違法觀察使然後奏聞丙申西川奏南詔蠻入寇甲辰王智興來朝乙巳以智興守太傅依前平章事武寧軍節度使進封鴈門郡王十二月丁未朔南蠻逼戎州遣使起荊南鄂岳襄鄧陳許等道兵赴援蜀川以劒南東川節度使郭釗爲西川節度使仍權東川事壬子貶劒南西川節度使杜元穎爲韶州刺史遣中使楊文端齎詔賜南蠻王蒙豐佑蠻軍陷邛雅等州戊午以右領軍衛大將軍董重質充神策西川行營都知兵馬使西川奏蠻軍陷成都府東川奏蠻軍入梓州西郭門下營又詔促諸鎮

兵救援西川己丑以東都留守令狐楚檢校右僕射天平軍節度使代崔弘禮爲東都留守　丁卯貶杜元穎循州司馬乙巳郭釗奏蠻軍抽退遣使賜蠻帥蒙嵯巔國信辛未以太子少師李聽爲邠寧節度使癸酉以中丞溫造爲右丞吏部郎中宇文鼎爲中丞

唐書本紀卷第十七上

唐書本紀卷第十七下

劉　昫　等修

聞人詮校刊沈桐同校

文宗下

太和四年春正月丙子朔辛卯武昌軍節度使牛僧孺來朝丙戌以左神策軍大將軍丘直方爲鄜坊節度使戊子詔封長男永爲魯王辛卯以武昌節度使鄂岳蘄黃安申等觀察處置等使金紫光祿大夫檢校吏部尚書同中書門下平章事上柱國竒章郡開國公牛僧孺爲兵部尚書同中書門下平章事壬辰以兵部侍郎崔鄲爲陝虢觀察使封魯王母王氏爲昭儀癸巳以前邠寧節度使劉遵古爲劍南東川節度使甲午守左僕射同平章事諸道鹽鐵轉運使王播卒丙申以太常卿王涯爲吏部尚書充諸道鹽鐵轉運使辛丑以尚書左丞杜元潁檢校戶部尚書充武昌軍節度鄂岳蘄黃安申等州觀察使癸卯以前陝虢觀察使王起爲左丞二月丙午朔戊午興元軍亂節度使李絳舉家被害判官薛齊趙存約死之庚申以左丞溫造爲興元節度使辛未夏州節度使李寰卒壬申以神策行營節度使董重質爲夏綏銀宥節度使三月乙亥以河東節度使李程檢校左僕射同平章事兼河中尹晉絳磁隰等州節度使以刑部尚書柳公綽檢校左僕射太原尹北都留守河東節度使丁丑以前河中節度使薛平爲太子太保丁亥以衛尉卿桂仲武爲福建觀察使興元溫造奏害李絳賊首丘盎丘鑄及官健千人並處斬訖其親刃絳者斬一百段號令者三段餘並斬首內一百首祭李絳三十首祭死王事官寮其餘屍首並投於漢江己丑詔興元監軍使楊叔元宜配流康州百姓錮身遞於配所丁酉監修國史中書侍郎平章事路隨進所撰憲宗實録四十卷優詔荅之賜史官等五人錦綵銀器有差癸卯以淮南節度使段文昌檢校尚書左僕射同中書門下平章事兼江陵尹充荊南節度使以前太子賓客崔從檢校右僕射揚州大都督府長史淮南節度使甲辰以前荊南節度使崔群檢校右僕射兼太常卿以中書舍人李虞仲爲華州刺史代嚴休復以休復爲右散騎常侍夏四月乙巳朔丙午以右散騎常侍翰林侍講學士鄭覃爲工部尚書丁未兵部尚書致仕張賈卒丁巳貶前齊德滄景等州節度使李有裕爲永州刺史馳驛赴任庚申以尚書左丞王起爲戶部尚書判度支代崔元畧以元畧檢校吏部尚書爲東都留守辛酉夜月掩南斗第二星壬戌詔曰儉以足用令出惟行著在前經斯爲理本朕自臨四海愍元元之久困日昃忘食宵興疚懷雖絕文繡之飾尚愧茅茨之儉亦諭卿士形于詔條如聞積習流弊餘風未革車服第室相高以華靡之制資用貨竇固啓于貪冒之源有司不禁侈俗滋扇蓋朕教導之未敷使兆庶昧於恥尚也其何以足用行令臻于致理歟永念慙歎廼茲申勑自今內外班列職位之士各務素朴弘茲國風有僭差尤甚者御史糺上主者宣示中外知朕意焉文宗承長慶寶曆奢靡之風銳意懲革躬行儉素以率厲之辛未以前東都留守崔弘禮爲刑部尚書鎮州王廷湊請脩建初啓運二陵從之五月甲戌朔丁丑以旱命京城諸司疏理繫囚己卯通化南北二門鎖不可開鑰入如有持之者上令鐵工破鎖時日巳及辰矣丁亥改鄆州東平縣爲天平縣戊子勑度支每歲於西川織造綾羅錦八千一百六十七匹令數內減二千五百十四六月癸卯朔丁未以守司徒門下侍郎平章事上柱國開國公食邑三千戶食實封三百戶裴度爲守司徒平章軍國重事待疾損日每三日五日一度入中書辛未夜自一更至五更大小星流旁午觀者不能數壬申詔如聞諸司刑獄例多停滯委尚書左右丞及監察御史糺舉以聞秋七月癸酉朔癸未詔以朝議郎尚書右丞上柱國賜紫金魚袋宋申錫爲正議大夫行尚書右丞同中書門下平章事乙酉勑前行郎中知制誥者約滿一周年即與正授從諫議大夫知者亦宜準此餘依長慶二年七月二十七日勑處分振武置雲伽關加鎮兵千人以吏部侍郎王播爲京兆尹兼御史大夫代李諒爲桂管觀察使太原飢賑粟三萬石賜十六宅諸王綾絹二萬匹丁酉守司徒裴度上表辭冊命言臣此官已三度

受冊有靦面目從之八月壬寅朔丙辰鄆州水溺居民三百餘家太原柳公綽奏雲代蔚三州山谷間石化爲麪人取食之己未宣歙觀察使于敖卒甲子內出綾絹三十萬匹付戶部充和糴戊辰幸梨園亭會昌殿奏新樂九月壬申朔丁丑以大理卿裴誼檢校右散騎常侍充江西觀察使代沈傳師以傳師爲宣歙觀察使內出綾三千匹賜宥州築城兵士戊寅舒州太湖宿松望江三縣水溺民戶六百八十詔以義倉賑貸庚辰吏部尚書王涯爲右僕射依前鹽鐵轉運使壬午以守司徒平章軍國重事晉國公裴度守司徒兼侍中充山南東道節度使以投來奚王茹羯爲右驍衛將軍同正丙戌以前山南東道節度使竇易直爲尚書左僕射戊子吏部尚書致仕裴向卒己丑淮南天長等七縣水害稼丁酉前豐州刺史天德軍使渾瑊坐贓七千貫貶袁州司馬冬十月壬寅朔戊申以東都留守崔元略檢校吏部尚書兼滑州刺史義成軍節度使代李德裕以德裕檢校兵部尚書兼成都尹充劍南西川節度使己酉京師有熊入莊嚴寺庚戌

○以前刑部尚書崔弘禮爲東都留守甲寅以前劍南西川節度使檢校司空郭釗爲太常卿代崔群爲吏部尚書丁卯御史中丞宇文鼎奏今月十三日宰臣宣言今後羣臣延英奏事前一日進狀入來者臣以尋常公事不暇面論但見表章足以陳露儻臨時忽有公務交字不足盡言則咫尺天聽無路闡達更俟後坐動踰數辰處置之間便有不及伏乞重賜宣示限以狀入者並在卯前如在卯後聽不收覽自然人各遵守禮亦得中從之十一月辛未朔是夜熒惑近左執法癸巳以左丞庾承宣爲兗海沂密等州節度使淮南大水及蟲霜並傷稼十二月辛丑朔滄州殷侑請廢景州爲景平縣己酉義成軍節度使崔元略卒壬子以左金吾衛大將軍段嶷爲義成軍節度使癸丑湖南觀察使韋詞卒丙辰以工部侍郎崔琯爲京兆尹代王播爲尚書左丞癸亥東都留守崔弘禮卒以同州刺史高重爲潭州刺史兼御史中丞充湖南觀察使甲子左僕射致仕楊於陵卒贈司空丙寅以前河南尹馮宿爲工部侍郎戊辰以太子賓客分司白居易爲河南尹以代韋弘景以弘景守刑部尚書東都留守閏十二月辛未朔壬申太常卿郭釗卒贈司徒壬辰廢齊州歸化縣地入臨邑縣廢景州其縣隸滄州刺史是歲京畿河南江南荊襄鄂岳湖南等道大水害稼出官米賑給

五年春正月庚子朔以積陰浹旬罷元會丁巳賜滄德節度使曰義昌軍太原旱賑粟十萬石己未詔方鎮節度觀察使請入覲者先上表奏聞候允則任進程庚申幽州軍亂逐其帥李載義立後院副兵馬使楊志誠爲留後癸亥詔端午節辰方鎮例有進奉其雜綵匹段許進生白綾絹己丑以權知渤海國務大彝震檢校秘書監忽汗州都督渤海國王二月庚午朔壬辰以盧龍軍節度使守太保同平章事李載義守太保同中書門下平章事時載義失守入朝賜第於永寧里給賜優厚丙申以桂管觀察使李諒爲嶺南節度使戊戌神策中尉王守澄奏得軍虞候豆盧著狀告宰相宋申錫與漳王謀反即令追捕庚子詔貶宋申錫爲太子右庶子壬寅左常侍崔玄亮及諫官等

○十四人伏奏王階北軍所告事請不於內中鞫問乞付法司帝曰吾已謀於公卿矣卿等且退崔玄亮泣涕陳諫久之帝改容勞之曰朕即與宰臣商議玄亮等方退癸卯詔漳王湊可降爲巢縣公左庶子宋申錫開州司馬同正初京師恟恟以宰相實聯親王謀逆三四日後方知誣搆人士側目於守澄鄭注故諫官號泣論之申錫方免其禍己酉勑以李載義入朝於曲江亭賜宴仍命宰臣百寮赴會辛酉以黔中觀察使裴弘泰爲桂管經略使以前安州刺史陳正儀爲黔中觀察使丁卯紫宸奏事宰相隨至龍墀身仆于地令中人掖之翌日上疏陳退議者嘉之夏四月己巳朔甲戌以新羅王嗣子金景徽爲開府儀同三司檢校太保使持節雞林州諸軍事雞林州大都督寧海軍使上柱國封新羅王仍封其母朴氏爲新羅國太妃丁亥詔史官記事用戒時常朝舊制並得隨仗其後宰臣撰時政記因循斯久廢墜實多自今後宰臣奏事有關獻替及臨時處分稍涉政刑者委中書門下丞一人隨時撰錄每季送史館庶警朕闕且復官常

已丑以李載義爲山南西道節度依前守太保同平章事代溫造以
造爲兵部侍郎以幽州盧龍節度畱後楊志誠檢校工部尚書爲幽
州盧龍節度使五月戊戌朔太廟第四室第六室破漏有司不時脩
葺各罰俸上命中使領工徒及以禁中脩營材葺之右補闕韋溫上
疏論曰宗廟不葺罪在有司弛慢宜加重責今有司止於罰俸便委
內臣葺脩是許百司之官公然廢職以宗廟之重爲陛下所司則群官
有司便同委棄此臣竊爲聖朝惜也事關宗廟皆書史冊苟非舊典
不可率然伏乞更下詔書復委所司營葺則制度不紊官業各脩矣
疏奏帝嘉之乃追止中使命有司脩奉戊午西川李德裕奏南蠻放
還先虜掠百姓工巧僧道約四千人還本道辛酉東都畱守刑部尚
書韋弘景卒丙寅以京兆尹崔琯爲尚書左丞太常少卿龐嚴權知
京兆尹六月丁卯朔戊寅以霖雨涉旬詔疏理諸司繫囚辛卯蘇杭
湖南水害稼甲午東川奏玄武江水漲二丈梓州羅城漂人廬舍秋
七月丁酉朔庚子贈太子賓客李渤禮部尚書辛丑以兵部侍郎溫

造檢校戶部尚書爲東都畱守甲辰以太子少師分司上柱國襲徐
國公蕭俛守左僕射致仕劒南東西兩川水遣使宣撫賑給已未以
給事中羅讓爲福建觀察使八月丙寅朔庚午武昌軍節度使檢校
戶部尚書元稹卒辛未貶刑部員外郎舒元輿爲著作郎元輿累上
表請自效并進文章朝議責其躁進也壬申以河陽三城懷州節度
使楊元卿爲宣武軍節度使代李逢吉以逢吉檢校司徒兼太子太
師充東都畱守代溫造以溫造爲河陽三城懷州節度使戊寅以陝
虢觀察使崔郾爲鄂岳安黃觀察使甲申以中書舍人崔咸爲陝州
防禦使詔陝州舊有都防禦觀察使額宜停兵馬屬本州防禦使丙
戌京兆尹龐嚴卒庚寅以司農卿駙馬都尉杜悰爲京兆尹九月丙
申朔甲辰貶太子左庶子郭求爲婺王府司馬以其心疾與同寮忿競
也翰林學士薛廷老李讓夷皆罷職守本官廷老在翰林終日酣醉
無儀檢故罷讓夷常推薦廷老故坐累也已未以左僕射竇易直判
太常卿西川李德裕奏收復吐蕃所陷維州差兵鎮守冬十月乙丑

朔以前綿州刺史鄭綽爲安南都護戊寅蠻寇巂州陷二縣辛巳滄
州移清池縣於南羅城內置十一月乙未朔庚戌鳳翔節度使王承
元來朝已未以承元檢校司空青州刺史充平盧軍節度使癸亥以
尚書左僕射判太常卿事竇易直檢校司空爲鳳翔隴右節度使十
二月乙丑朔戊寅以左丞王璠兼判太常卿事甲申貶新除桂管觀
察使裴弘泰爲饒州刺史以除鎮淹程不進爲憲司所糾故也癸巳
以鄭州刺史李翺爲桂管觀察使是歲淮南浙江東西道荊襄鄂岳
南東川並水害稼請蠲秋租是冬京師大雨雪
六年春正月乙未朔以久雪廢元會戊戌振武李泳招收得黑山外
契苾部落四百七十三帳壬子詔朕聞天聽自我人聽天視自我人
視朕之菲德涉道未明不能調序四時導迎和氣自去冬已來踰月
雨雪寒風尤甚頗傷于和念茲庶甿或罹凍餒無所假貸莫能自存
中宵載懷旰食興歎怵惕若厲時予之辜思弘惠澤以順時令天下
死罪囚除官典犯贓故意殺人外并降徒流流已下遞降一等應京

畿諸縣宜令以常平義倉斛斗賑恤京城內鰥寡癃殘無告不能自
存者委京兆尹量事濟恤具數以聞言念赤子視之如傷天或警予
示此陰沴撫躬夕惕予甚悼焉羣臣拜表上徽號甲寅司徒致仕薛
平卒二月甲子朔以前義昌軍節度使殷侑檢校吏部尚書充天平
軍節度鄆曹濮等州觀察使代令狐楚以楚檢校右僕射兼太原尹
北都畱守河東節度使戊寅蘇湖二州水賑米二十二萬石以本州
常平義倉斛斗給庚辰戶部尚書判度支王起請於邠寧靈武置營
田務從之已丑寒食節上宴羣臣於麟德殿是日雜戲人弄孔子帝
曰孔子古今之師安得侮瀆亟命驅出三月甲午朔辛丑以武寧軍
節度使守太傅同平章事王智興兼侍中充忠武軍節度陳許蔡觀
察等使以邠寧節度使李聽爲武寧軍節度徐泗濠觀察等使以金
吾衛大將軍孟友亮爲邠寧節度使以前河東節度使柳公綽爲兵
部尚書辛酉以前忠武軍節度使高瑀檢校右僕射充武寧軍節度
徐泗濠觀察等使夏四月癸亥朔乙丑兵部尚書柳公綽卒戊寅以

新除武寧軍節度使李德爲太子太保五月癸巳朔甲辰西川修邛
崍關城又移嶲州於臺登城壬子浙西丁公著奏杭州八縣災疫賑
米七萬石丁巳以鹽州刺史王晏平檢校左散騎常侍御史大夫充
靈鹽節度使己未興平縣人上官興因醉殺人而亡竄官捕其父囚
之興歸罪有司京兆尹杜悰中丞宇文鼎以興自首免父之囚其孝
可獎請免死詔兩省衆議皆言殺人者死古今共守興不可免上竟
從悰等議免死決杖八十配流靈州庚申詔如聞諸道水旱害人疾
疫相繼宵旰罪己興寢疚懷今長吏奏申札瘥猶甚蓋教化未感於
蒸人精誠未格於天地法令或爽官吏爲非有一於兹皆傷和氣並
委中外臣寮一一具所見聞奏朕當親覽無憚直言其遭災疫之家一
門盡歿者官給凶器其餘據其人口遭疫多少與減稅錢疾疫未定
處官給醫藥諸道既有賑賜國費復慮不充其供御所須及諸公用
量宜節減以救凶荒六月壬戌朔丙寅京兆尹杜悰兼御史大夫戊
寅右僕射王涯奉勅准令式條疏士庶衣服車馬第舍之制度勅下

後浮議沸騰杜悰於勅內條件易施行者寬其限事竟不行公議惜
之秋七月辛卯朔甲午以諫議大夫王彥威戶部郎中楊漢公祠部
員外郎蘇滌右補闕裴休並充史館修撰故事史官不過三員或止
兩員今四人並命論者非之戊申原王逵薨癸丑以前靈武節度使
李文悅爲兗海沂密節度使己未以河中節度使李程爲左僕射以
戶部尚書判度支王起檢校吏部尚書充河中晉磁隰節度使以御
史中丞兼刑部侍郎宇文鼎爲戶部侍郎判度支八月辛酉朔吏部
尚書崔羣卒以駕部郎中知制誥李漢爲御史中丞乙丑以尚書右
丞判太常卿王璠檢校禮部尚書潤州刺史浙西觀察使庚午山南
東道節度使裴度來朝壬申以前浙西觀察使丁公著爲太常卿甲
戌御史中丞李漢奏論僕射上事儀不合受四品已下官拜時左僕
射李程將赴省上故也詔曰僕射上儀近定所緣拜禮皆約令文已
經施行不合更改宜準太和四年十一月十六日勅處分九月庚寅
朔淄青初定兩稅額五州一十九萬三千九百八十九貫自此淄青

始有上供庚子以太傅趙宗儒守司空致仕辛丑涿州置新城縣古
督亢之地也丁未太常卿丁公著卒庚戌司空致仕趙宗儒卒壬子
以右金吾衛將軍史孝章爲鄜州刺史鄜坊丹延節度使冬十月庚
子朔甲子詔魯王永宜冊爲皇太子壬午以左金吾衛將軍李昌言
檢校左散騎常侍充夏綏銀宥節度使甲申以諫議大夫王彥威爲
河中少尹以其論上官興獄太徼訐故也十一月己丑朔丁未淮南
節度使檢校右僕射崔從卒乙卯以荊南節度使段文昌爲劍南西
川節度使依前檢校左僕射同平章事十二月己未朔乙丑以中書
侍郎同平章事牛僧孺檢校右僕射同平章事揚州大都督府長史
充淮南節度使戊辰內養王宗禹渤海使迴言渤海置左右神策軍
左右三軍一百二十司畫圖以進以尚書右丞崔琯爲江陵尹荊南
都團練觀察使珍王誠薨乙亥昭義節度使劉從諫來朝丁未以前
西川節度使李德裕爲兵部尚書貶授循州司戶杜元穎卒贈湖州
刺史

七年春正月乙丑朔御含元殿受朝賀比年以用兵雨雪不行元會
之儀故書吳蜀貢新茶皆於冬中作法爲之上務恭儉不欲逆其物
性詔所供新茶宜於立春後造甲午加劉從諫同平章事襄州裴度
奏請停臨漢監牧從之此監元和十四年置馬三千二百匹廢百姓
田四百餘頃停之爲便乙亥以太府卿崔珙爲廣州刺史嶺南節度
使壬子詔朕承上天之睠佑荷列聖之丕圖宵旰憂勞不敢暇逸思
致康乂八年于兹而水旱流行疫疾作沴兆庶艱食札瘥相仍蓋德
未動天誠未感物一類失所其過在予載懷罪己之心深軫納隍之
歎如聞關輔河東去年亢旱秋稼不登今春作之時農務又切若不
賑救懼至流亡京兆府賑粟十萬石河南府河中府絳州各賜七萬
石同華陝虢晉等州各賜十萬石並以常平義倉物充以新除嶺南
節度使崔珙檢校工部尚書充武寧軍節度使以右金吾衛將軍王
茂元爲嶺南節度使丙辰以前武寧軍節度使高瑀爲刑部尚書嶺
南五管及黔中等道選補使宜權停一二年二月己未朔己巳以吏

部侍郎庾承宣爲太常卿癸酉以宗正卿李詵爲陝州防禦使代崔咸以咸爲右散騎常侍己卯麟德殿對吐蕃渤海牂牁昆明等使辛巳御史臺奏均王傅王堪男禎國忌日於私第科決罰人詔曰準令國忌日禁飲酒舉樂決罰人吏都無明文起今後從有此類不須舉奏王禎宜釋放丙戌詔以銀青光祿大夫守兵部尚書上柱國贊皇縣開國伯食邑七百戶李德裕以本官同中書門下平章事三月戊子朔庚寅以前戶部侍郎楊嗣復爲尚書左丞壬辰以左散騎常侍張仲方爲太子賓客分司仲方爲郎中時常駮故相李吉甫謚德裕秉政仲方請告因授之己亥嶺南節度使李諒卒辛丑和王綺薨復於埇橋置宿州割徐州符離縣蘄縣泗州虹縣隸之以東都鹽鐵院官吳季眞爲宿州刺史癸卯以京兆尹駙馬都尉杜悰檢校禮部尚書充鳳翔隴右節度己酉安南奏蠻寇當管金龍州當管生獠國赤珠落國同出兵擊蠻敗之庚戌出給事中楊虞卿爲常州刺史中書舍人張元夫汝州刺史以太府卿韋長爲京兆尹丙辰以散騎常侍嚴

休復爲河南尹丁巳以給事中蕭澣爲鄭州刺史夏四月戊午朔辛酉九姓迴紇可汗卒癸亥前鳳翔節度使檢校司空竇易直卒癸酉以同州刺史吳士智爲江西觀察使以吏部侍郎高鉞爲同州刺史庚辰以工部侍郎李固言爲右丞中書舍人楊汝士爲工部侍郎壬子以河南尹白居易爲太子賓客分司東都甲申以江西觀察使裴誼爲歙池觀察使代沈傳師以傳師爲吏部侍郎以右金吾衛將軍唐弘實使迴紇冊九姓迴紇愛登里羅汨没使合句錄毗伽彰　信可汗五月丁亥朔丁酉以李聽爲鳳翔隴右節度使依前檢校司徒兼太子太保癸卯興元李載義來朝癸丑以前邛州刺史劉旻爲安南都護六月丁巳朔乙巳以山南西道節度使李載義爲太原尹北都留守河東節度使依前守太保同平章事壬申以御史中丞李漢爲禮部侍郎以工部尚書翰林侍講學士鄭覃爲御史大夫甲戌以刑部尚書高瑀爲太子少保分司乙亥以中書侍郎平章事李宗閔檢校禮部尚書同平章事兼興元尹山南西道節度使丁丑以左金

吾衛將軍李從易爲桂管觀察使己卯以右神策大將軍李用爲邠寧節度使河陽脩防口堰役工四萬溉濟源河内溫縣武德武陟五縣田五千餘頃癸未涇原節度使張惟清卒乙酉以前河東節度使令狐楚檢校右僕射兼吏部尚書秋七月丙戌朔丁亥以右龍武統軍康志睦爲四鎮北庭行軍涇原節度使壬寅以金紫光祿大夫守尚書右僕射諸道鹽鐵轉運使上柱國代郡公食邑二千戶王涯可同中書門下平章事領使如故甲辰右丞李固言等奏狀論僕射省中上事不合受四品已下拜勑旨宜準大和四年十一月十六日勑處分乙巳虢州刺史崔玄亮卒以左丞楊嗣復檢校禮部尚書充劍南東川節度使以戶部侍郎庾敬休爲左丞己酉以旱命京城諸司疏決繫囚壬子勑應任外官帶一品正京官者縱不知政事其俸料宜兼給癸丑以左僕射李程檢校司空兼汴州刺史宣武軍節度使甲寅以旱徙市左降官開州司馬宋申錫卒詔許歸葬閏七月乙卯朔詔曰朕嗣守丕圖覆嫗生類兢業寅畏上承天休而陰陽失和膏澤愆

候害我稼穡災于黔黎有過在予敢忘咎責從今避正殿減供膳停教坊樂厩馬量減芻粟百司廚饌亦宜權減陰陽鬱堙有傷和氣宜出宮女千人五坊鷹犬量須減放内外脩造事非急務者並停時久無雨上心憂勞詔下數日雨澤霑洽人心大悅乙丑以前宣武軍節度楊元卿爲太子太保戊戌以給事中崔戎爲華州刺史癸未以太子賓客李紳檢校左散騎常侍兼越州刺史充浙東觀察使代陸亘以亘爲宣歙觀察使八月甲申朔御宣政殿冊皇太子永是日降詔應犯死降徒流流已下遞減一等諸王自今年後相次出閤授緊望已上州刺史佐其十六宅諸縣主委吏部於選人中簡擇配匹且以名聞皇太子方從師傅傳授六經一二年後當令齒胄國庠以興墜典宜令國子選名儒宜五經博士各一人其公卿士族子弟明年已後不先入國學習業不在應明經進士限其進士舉宜先試帖經并略問大義取經義精通者放及第卿大夫者下人之所視遠方之所傚若非恭儉克己廉眞任人而望其服從固不可得況朕不寶珠玉

不御纖華遠于六宮皆務儉薄卿大夫得一不叶朕此志率先兆人比年所須制度皆約國家令式去其甚者稍謂得中而士大夫尙自便身安於習俗因循未革以至于今百官士族起今年十月其衣服輿馬並宜準太和六年十月七日勑如有固違重加黜責文武常參官及諸州府長官子爲父後者賜勳兩轉癸巳太子太保楊元卿卒戊申以京兆尹韋長兼御史大夫以刑部尚書高瑀爲忠武軍節度使九月甲寅朔丙寅侍御史李款閤內奏彈前邠州行軍司馬鄭注曰注內通勑使外連朝官兩地往來卜射財貨晝伏夜動干竊化權人不敢言道路以目請付法司推劾旬日之中諫章數十上由是授注通王府司馬兼侍御史充神策軍判官中外駭歎甲寅以前忠武軍節度使王智興依前守太傅兼侍中河中尹河中晉絳慈隰節度使代王起以起爲兵部尚書冬十月癸未朔揚州江都等七縣水害稼壬辰上降誕日僧徒道士講論於麟德殿翌日御延英上謂宰臣曰降誕日設齋起自近遠朕緣相承已久未可便革雖置齋會唯對王源中等暫入殿至僧道講論都不臨聽宰相路隨等奏誕日齋會誠資景福本非中國教法臣伏見開元十七年張說源乾曜請以誕日爲千秋節內外宴樂以慶昌期頗爲得禮上深然之宰臣因請十月十日爲慶成節上誕日也從之辛酉潤常蘇湖四州水害稼十一月癸丑朔乙亥涇原節度使康志睦卒己卯以左神策長武城使朱叔夜爲涇州刺史充涇原節度使壬午於銀州置監牧十二月癸未朔己亥刑部詳定大理丞謝登新編格後勑六十卷令删落詳定爲五十卷庚子幸望春宮聖體不康癸卯天平軍節度檢校司空王承元卒丁未以河南尹嚴休復檢校禮部尚書充平盧軍節度淄青登萊棣觀察等使戊申以給事中王質權知河南尹以河東節度副使李石爲給事中

八年春正月癸丑朔丁巳聖體痊平御太和殿見內臣甲子御紫宸殿見群臣丙寅脩太廟令太常卿庾承宣攝太尉徧告九室遷神主於便殿癸酉揚楚舒廬壽滁和七州去年水損田四萬餘頃二月壬

午朔日有蝕之庚寅詔以聖躬痊復赦繫囚放逋賦移流人己亥蔚州飛狐鎮置鑄錢院三月壬子朔甲寅上巳賜群臣宴於曲江亭庚午以山南東道節度使裴度充東都留守依前守司徒兼侍中以東都留守李逢吉檢校司徒兼右僕射癸酉兗海節度使李文悅卒丙子以右丞李固言爲華州刺史代崔戎以戎爲兗海觀察使四月壬午朔壬辰集賢學士裴潾撰通選三十卷以擬昭明太子文選潾所取偏僻不爲時論所稱甲午以宿州刺史吳季眞爲邕管經略使乙巳翰林學士兵部侍郎王源中辭內職乃以源中爲禮部尚書五月辛亥朔己巳脩奉太廟畢以吏部尚書令狐楚攝太尉徧告神主復正殿飛龍神駒中廄火六月庚辰朔辛巳徙市壬午大理卿劉遵古卒壬辰陳許節度使高瑀卒甲午以旱詔諸司疏決繫囚丙申以前鳳翔節度使駙馬都尉杜悰起復檢校戶部尚書充忠武軍節度使戊戌宰臣王涯路隨奏請依舊制讀時令庚子兗海觀察使崔戎卒辛丑同州刺史高鉞卒戊申以將作監駙馬都尉崔杞爲兗海沂密觀察使秋七月庚戌朔丙辰以工部侍郎楊汝士爲同州刺史戊午奉先美原櫟陽等縣雨損夏麥辛酉定陵臺大雨震東廊廊下地裂一百三十尺詔宗正卿李仍叔啓告脩塞癸亥覃王經薨己巳夜月犯昴壬申以右金吾衛大將軍段百倫檢校工部尚書充福建觀察使堂帖中外臣寮各舉善周易學者八月己卯朔右龍武統軍董重質卒庚寅太白犯熒惑辛卯詔故澧王大男漢可封東陽郡王第二男源可封安陸郡王第三男演可封臨川郡王故深王大男潭可封河內郡王第二男淑可封吳興郡王故絳王大男洙可封新安郡王第二男滂可封高平郡王故淑王大男湧可封潁川郡王淄王大男澣可封許昌郡王沔王大男瀛可封晉陵郡王祁王大男溥可封平陽郡王仍並賜光祿大夫丙申罷諸色選舉歲旱故也己亥御寫周易義五道示群臣有人明此義者三日內聞奏時李仲言以易道惑上及下其義人皆竊笑卒無進言者九月乙酉朔辛亥夜彗起太微近郎位西指長丈餘西北行凡九夜越郎位西北五尺滅癸丑月入南

丑乙亥宣州觀察使陸亘卒巳未宰臣李德裕進御臣要略及柳氏
舊聞三卷隨州刺史杜師仁前刺吉州坐贓計絹三萬匹賜死于家
故江西觀察使裴誼乖於廉察削所贈工部尚書庚申右軍中尉王
守澄宣召鄭注對于浴堂門仍賜錦彩銀器是夜彗出東方長三尺
輝耀甚偉辛酉以權知河南尹王質爲宣歙觀察使吏部尚書致仕張
正甫卒癸亥以尚書吏部侍郎鄭澣爲河南尹甲子鄭注進藥方一
卷庚午安王溶潁王瀍皆檢校兵部尚書宰相路隨冊拜太子太師
辛巳幽州節度使楊志誠監軍李懷仵悉爲三軍所逐立其部將史
元忠爲留後陜州江西旱無稼巳丑秘書監崔咸卒庚寅以山南西
道節度使檢校禮部尚書同平章事上柱國襄武縣開國侯食邑一
千戶李宗閔可中書侍郎同中書門下平章事辛卯以中使田全操
充皇太子見太師禮儀使壬辰召國子四門助教李仲言對於思政殿賜
緋河南府鄧州同州揚州並奏旱蟲傷損秋稼甲午以銀青光祿大
夫守中書侍郎平章事李德裕檢校兵部尚書同平章事興元尹充
○

山南西道節度使以助教李仲言爲國子周易博士充翰林侍講學
士皇太子見太師路隨於崇明門丙申諫官上疏論李仲言不合獎
任上令中使宣諭諫官曰朕留仲言禁中顧問經義勑命巳行不可
遽改淮南兩浙黔中水爲災民戶流亡京師物價暴貴庚子詔鄭注
對於太和殿以御史大夫鄭覃爲戶部尚書壬寅翰林院宴李仲言
賜法曲弟子二十人奏樂以寵之丙午以新除興元節度使李德裕
爲兵部尚書十一月丁未朔庚戌以尚書左僕射致仕蕭俛爲太子
太傅辛亥以左金吾衛大將軍蕭洪爲河陽三城節度使襄州水損
田壬子滁州奏清流等三縣四月雨至六月諸山發洪水漂溺戶萬
三千八百癸丑以禮部尚書王源中檢校戶部尚書充山南西道節
度使以戶部侍郎李漢爲華州刺史鎮國軍潼關防禦使成德軍節
度使王廷湊卒以前揚州節度使溫造爲御史大夫巳卯幽州節度
使楊志誠被逐入朝下御史臺訊鞫志誠在幽州被服皆爲龍鳳乃
流之嶺外至商州殺之乙亥以兵部尚書李德裕檢校右僕射充鎮

海軍節度浙江西道觀察等使丙子李仲言奏請改名訓從之十二
月丁丑朔巳卯以昭義節度副使檢校庫部員外郎賜紫金魚袋鄭
注爲太僕卿辛巳以棣州刺史韓威爲安南都護癸未以通王爲幽
州盧龍節度使以權勾當幽州兵馬史元忠爲留後甲申許太子太
傅蕭俛致仕是夜月掩昴巳丑以太子賓客分司張仲方爲左散騎
常侍常州刺史楊虞卿爲工部侍郎巳亥以尚書左僕射李逢吉守
司徒致仕以宗正卿李仍叔爲湖南觀察使代李翺以翺爲刑部侍
郎代裴潾以潾爲華州鎮國軍潼關防禦使昭成寺火
九年春正月丁未朔巳卯以鎮州左司馬王元逵起復定遠將軍守
左金吾衛大將軍檢校工部尚書充成德軍節度使鎮冀深趙觀察
等使以太常卿庾承宣檢校吏部尚書充天平軍節度使代殷侑以侑
爲刑部尚書癸亥巢縣公湊薨追封齊王壬申司徒致仕李逢吉卒
癸酉以右散騎常侍舒元輿爲陜州防禦觀察使以前棣州刺史田
早爲安南都護二月丙子朔甲申以司農卿王彥威兼御史大夫充
○

平盧軍節度使丁亥發神策軍一千五百人脩淘曲江如諸司有力
要於曲江置亭館者宜給與閑地辛丑冀王絿薨癸卯京師地震甲
辰以幽州留後史元忠爲盧龍節度使乙巳劒南節度使西川檢校
左僕射同平章事段文昌卒庚申以劒南東川節度使楊嗣復檢校
戶部尚書兼成都尹西川節度使乙丑以歲饑河北尤甚賜魏博六
州粟五萬石陳許鄆曹濮三鎮各賜糙米二萬石庚午左丞庾敬休
卒廢朝一日詔曰官至丞郎朕所親委不幸云亡者宜爲之廢朝自
今丞郎宜準諸司三品官例罷朝一日夏四月丙子朔丙戌以桂管
觀察使李從易爲廣州刺史嶺南節度使以鎮海軍節度使浙西觀
察等使李德裕　爲太子賓客分司東都辛卯以京兆尹賈餗爲浙
西觀察使以工部侍郎楊虞卿爲京兆尹仍賜金紫以給事中韓佽
爲桂管觀察使丙申以太子太師門下侍郎平章事路隨爲鎮海軍
節度浙西觀察等使戊戌詔以新浙西觀察使賈餗爲中書侍郎同
中書門下平章事庚子詔銀青光祿大夫守太子賓客分司東都上

柱國贊皇縣開國伯食邑七百戶李德裕貶袁州長史辛丑大風含元殿四鴟吻並皆落壞金吾仗舍廢樓觀城四十餘所壬寅吏部侍郎沈傳師卒五月乙巳朔丁未以浙東觀察使李紳爲太子賓客分司東都乙卯以給事中高銖爲浙東觀察使戊午以御史大夫溫造爲禮部尚書以吏部侍郎李固言爲御史大夫辛酉太和公主進馬射女子七人沙陀小兒二人戊辰以金吾大將軍李玭爲黔中觀察使以尚書右丞王璠爲戶部尚書判度支己巳以戶部尚書鄭覃爲秘書監辛未宰相王涯冊拜司空癸酉以河中節度使王智興爲宣武軍節度使依前守太傅兼侍中六月乙亥朔西市火以前宣武軍節度使李程爲河中節度使庚寅夜月掩歲癸巳以吏部尚書令狐楚爲太常卿丁酉禮部尚書溫造卒京兆尹楊虞卿家人出妖言下御史臺虞卿弟司封郎中漢公并男知進等八人撾登聞鼓稱冤敕虞卿歸私第己亥以右神策大將軍劉沔爲涇原節度使壬辰詔以銀青光祿大夫守中書侍郎同平章事襄武縣開國侯食邑一千

戶李宗閔貶明州刺史時楊虞卿坐妖言人歸第人皆以爲冤誣宗閔於上前極言論列上怒面數宗閔之罪叱出之故坐貶秋七月甲申朔貶京兆尹楊虞卿爲虔州司馬同正丙午以給事中李石權知京兆尹戊申塡龍首池爲鞠場曲江脩紫雲樓辛亥詔以御史大夫李固言爲門下侍郎同平章事壬子再貶李宗閔爲處州長史癸丑以右司郎中兼侍御史知雜事舒元輿爲御史中丞貶吏部侍郎李漢爲汾州刺史刑部侍郎蕭澣爲遂州刺史丁巳詔不得度人爲僧尼戊午貶工部侍郎充皇太子侍讀崔侑爲洋州刺史貶吏部郎中張諷爲夔州刺史考功郎中皇太子侍讀蘇滌忠州刺史戶部郎中楊敬之連州刺史辛酉以鄂岳觀察使崔郾充浙西觀察使以國子祭酒高重爲鄂岳觀察使壬戌鎮海軍節度使路隨卒癸亥貶侍御史李甘爲封州司馬殿中侍御史蘇特爲潘州司戶甲子以周易博士李訓爲兵部郎中知制誥依前充翰林侍講學士丁卯天平軍節度使庾承宣卒以大理卿羅讓爲散騎常侍以汝州刺史郭行餘爲大

理卿戊辰以刑部尚書殷侑爲天平軍節度使以吉州刺史裴泰爲邕管經略使八月甲戌朔以戶部侍郎李翺檢校禮部尚書充山南東道節度使代王起以起爲兵部尚書判戶部事丙子又貶虔州長史李宗閔爲潮州司戶丁丑以太僕卿鄭注爲工部尚書充翰林侍講學士上幸左軍龍首殿因幸梨園含元殿大合樂戊寅以秘書監鄭覃爲刑部尚書貶翰林學士守尚書戶部侍郎知制誥李珏爲江州刺史以鄜坊節度使李𢒰爲義成軍節度使甲申以左神策軍大將軍趙儋爲鄜坊節度使甲午貶中書舍人權璩爲鄭州刺史丙申內官楊承和於驩州安置韋元素象州安置王踐言思州安置仰錮身遞送言李宗閔爲吏部侍郎時託駙馬沈𥗟於宮人宋若憲處求宰相承和踐言元素居中導達故也宗閔黨楊虞卿李翰蕭澣皆再貶壬寅貶中書舍人高元裕爲閬州刺史元裕爲鄭注除官制說注醫藥之功注銜之故也以蘇州刺史盧周仁爲河南觀察使九月癸卯朔奸臣李訓鄭注用事不附己者即時貶黜朝廷悚震人不自安是

日下詔曰朕承天之序燭理未明勞虛襟以求賢勵寬德以容衆頃者台輔乖弼諧之道而具寮扇朋比之風翕然相從實斁彝憲致使薰蕕共器賢不肖並馳退迹者咸後時之夫登門者有迎吠之客緜積之氣堙鬱未平而望陰陽順時疵癘不作朝廷淸肅班列和安自古及今未嘗有也今旣再申朝典一變澆風掃淸朋附之徒匡飭貞廉之俗凡百卿士惟新令猷如聞周行之中尚蓄疑懼或有妄相指目令不自安今茲曠然明喻朕意應與宗閔德裕或新或故及門生舊吏等除今日已前放黜之外一切不問辛亥以太子賓客分司東都白居易爲同州刺史代楊汝士以汝士爲駕部侍郎乙亥以涇原節度使劉沔爲振武麟勝節度使丙辰以權知御史中丞舒元輿爲御史中丞兼判刑部侍郎庚申以鳳翔節度使李聽爲忠武軍節度使癸亥令內養齊抱眞將杖於淸泥驛決殺前襄州監軍陳弘志以有弒逆之罪也丁卯以門下侍郎同平章事李固言爲興元尹山南西道節度使以翰林侍講學士工部尚書鄭注檢校右僕射充鳳翔

隴右節度使戊辰以右軍中尉王守澄爲左右神策觀軍容使兼十二衛統軍己巳詔以朝議郎守御史中丞兼刑部侍郎賜紫金魚袋舒元輿本官同中書門下平章事朝議郎守兵部郎中知制誥充翰林侍講學士賜緋魚袋李順可守尚書禮部侍郎同中書門下平章事仍賜金紫壬申以刑部郎中兼侍御史知雜李孝本權知御史中丞冬十月癸酉朔乙亥杜悰復爲陳許節度使李聽爲太子太保分司内出曲江新造紫雲樓彩霞亭額左軍中尉仇士良以百戲於銀臺門迎之時鄭注言秦中有災宜興土功厭之乃濬昆明曲江二池上好爲詩每誦杜甫曲江行云江頭宫殿鏁千門細柳新蒲爲誰綠乃知天寶已前曲江四岸皆有行宫臺殿百司廨署思復昇平故事故爲樓殿以壯之王涯獻榷茶之利乃以涯爲榷茶使茶之有榷稅自涯始也京兆河南兩畿旱以吏部尚書令狐楚爲左僕射以刑部尚書鄭覃爲左僕射辛巳遣中使李好古齎酖賜王守澄是日守澄卒壬午賜羣臣宴於曲江亭癸未以前廣州節度使王茂元爲涇原節度使

○丁亥禮部郎中錢可復兵部員外郎李敬彝駕部員外郎盧簡能主客員外郎蕭傑左拾遺盧茂弘等皆授鳳翔使府判官從鄭注奏請也乙未以新授同州刺史白居易爲太子少傅分司以汝州刺史劉禹錫爲同州刺史己亥以前河陽節度使蕭洪爲鄜坊節度使淄青觀察使王彥威請停管内縣丞一十九員從之庚子東都留守特進守司徒侍中裴度進位中書令餘如故以前山南西道節度使王源中爲刑部尚書十一月壬寅朔乙巳令内養馮叔良殺前徐州監軍王守涓於中牟縣以左神策將軍胡沐爲容管經略使以大理卿郭行餘爲邠寧節度使丁未鄜坊節度使趙儋卒乙酉左金吾衛大將軍崔鄯卒癸丑以左僕射令狐楚判太常卿事右僕射鄭覃判國子祭酒事丁巳以戶部尚書判度支王璠爲太原尹北都留守河東節度使戊午以京兆尹李石爲戶部侍郎判度支以京兆少尹羅立言權知府事己未以太府卿韓約爲左金吾衛大將軍壬戌中尉仇士良率兵誅宰相王涯賈餗舒元輿李訓新除太原節度王璠郭行餘鄭注羅立言李孝本韓約等十餘家皆族誅時李訓鄭注謀誅内官詐言金吾仗舍石榴樹有甘露請上觀之内官先至金吾仗見幕下伏甲遽扶帝輦入内故訓等敗流血塗地京師大駭旬日稍安癸亥詔以銀青光祿大夫尚書左僕射上柱國滎陽郡開國公鄭覃以本官同中書門下平章事乙丑詔以朝議郎守尚書戶部侍郎判度支李石可朝議大夫本官同平章事丁卯以左神策大將軍陳君奔爲鳳翔節度使戊辰以給事中李翊爲御史中丞左右軍中尉仇士良魚志弘並兼上將軍十二月壬申朔諸道鹽鐵轉運榷茶使令狐楚奏榷茶不便於民請停從之癸丑太子太保張茂宗卒甲子勑左右省起居齎筆硯及紙於螭頭下記言記事丙子以刑部尚書王源中爲天平軍節度使丁丑勑諸道府不得私置曆日板己卯鳳翔監軍奏鄭注判官錢可復等四人並處斬訖庚辰上御紫宸謂宰相曰坊市之間人漸安未李石奏曰人情雖安然刑殺過多致此陰沴又聞鄭注在鳳翔招致兵募不少今皆被刑戮臣恐乘此生事切宜原赦

○以安之上曰然鄭覃又陳理道上曰我每思貞觀開元之時觀今日之事往往憤氣填膺耳癸未儀仗使田全操巡邊迴馳馬入金光門街市訛言相驚縱橫散走賴金吾大將軍陳君賞以其徒立望仙門下至晩　方定丁亥以權知京兆尹張仲方爲華州防禦使以司農卿薛元賞權知京兆左僕射令狐楚奏方鎮節度使等具帑帓帶器仗就尚書省兵部參辭伏乞停罷如須參謝令具公服從之時楚引訓注奸謀用王璠郭行餘兵仗遂云不宜以兵仗入省參辭殊乖事體也物議尤之先是宰相武元衡被害憲宗出内庫弓箭陌刀賜左右街使俠宰相入朝以爲翼從及建福門退至是亦停之辛卯置諫院印

開成元年正月辛丑朔帝常服御宣政殿受賀遂宣詔大赦天下改元開成乙巳御紫宸殿宰臣李石奏曰陛下改元御殿人情大悦全放京兆一年租賦又停四節進奉恩澤所該實當要切帝曰朕務行其實不欲崇長空文石曰赦書須内留一本陛下時看之又十道黜

陟使發日更付與公事根本令向外與長吏詳擇施行方盡利害之
要丁未以秘書監韋縝爲工部尚書勑楊承和韋元素王踐言崔潭
峻頃遭誣陷毎用追傷宜復官爵聽其歸葬以銀州刺史劉源爲夏
綏銀宥節度使丙辰望日有蝕之二月辛未朔以左散騎常侍羅讓
爲江西觀察使乙亥夜四更京師地震屋瓦皆墮丙申左武衛大將
軍朱叔夜賜死於藍田關天德奏生退渾部落三千帳來投豐州三
月庚子朔壬寅以袁州長史李德裕爲滁州刺史庚申幸龍首池觀
內人賽雨因賦暮春喜雨詩昭義節度使劉從諫三上疏問王涯罪
名內官仇士良聞之惕懼是日從諫遣焦楚長入奏於客省進狀請
面對上召楚長慰諭遣之夏四月庚午朔以河南尹鄭澣爲左丞以
太子賓客分司東都李紳爲河南尹癸酉以亳州刺史裴弘泰爲義
成軍節度使以諫議大夫李讓夷兼權知起居舍人事己卯以潮州
司戶李宗閔爲衡州司馬以江州刺史李珏爲太子賓客分司癸未
吏部侍郎李虞仲卒辛卯淄王協薨甲午詔以山南西道節度使檢

校兵部尚書李固言爲門下侍郎同中書門下平章事以左僕射諸
道鹽鐵轉運使令狐楚檢校左僕射爲山南西道節度使丙申李固
言判戶部事李石判度支兼諸道鹽鐵轉運使五月乙亥朔癸卯以
翰林學士歸融爲御史中丞丁未以給事中郭承嘏爲華州防禦使
給事中盧載以承嘏公正守道屢有封駮不宜置之外郡乃封還詔
書翊日復以承嘏爲給事中乃以給事中盧鈞代嘏守華州乙卯御
紫宸上謂宰臣曰爲政之道自古所難李石對曰朝廷法令行則易
丁巳以尚書右丞鄭肅爲陝虢都防禦觀察使前罷觀察復置之以
中書舍人唐扶爲福建觀察使庚申判國子祭酒宰臣鄭覃奏太學
新置五經博士各一人請依王府官例賜以祿粟從之丙寅昭義奏
開夷儀山路通太原晉州從之閏五月己巳朔甲申以河中節度使
李程爲左僕射判太常卿事乙酉以太子太保分司李聽爲河中節
度使丙戌烏集唐安寺逾月方散己丑以神策大將軍魏仲卿爲朔
方靈鹽節度湖南觀察使盧周仁進羨餘錢二萬貫雜物八萬段不

受還之使貸貧下戶征稅六月戊戌朔癸亥以河南尹李紳檢校禮
部尚書汴州刺史充宣武軍節度使秋七月戊辰朔御史臺奏秘書
省管新舊書五萬六千四百七十六卷長慶二年已前並無文案太
和五年已後並不納新書今請創立簿籍據闕添寫卷數逐月申臺
從之辛未以左金吾衛將軍傅毅爲鄜坊節度使癸酉宣武軍節度
使王智興卒辛卯刑部尚書殷侑檢校右僕射充山南東道節度使
壬午以滁州刺史李德裕爲太子賓客甲午以金吾衛大將軍陳君
賞爲平盧軍節度使代王彥威以彥威爲戶部侍郎判度支丙申湖
南觀察使盧周仁進羨餘錢一十萬貫御史中丞歸融彈其違制進
奉詔以周仁所進錢於河陰院收貯八月戊戌朔甲戌詐稱國舅人
前鄜坊節度使蕭洪宜長流驩州戊申以皇太后親弟蕭本爲右贊
善大夫九月丁卯朔庚辰詔復故左降開州司馬宋申錫正議大夫
尚書右丞同平章事仍以其子慎微爲臣固尉以饒州刺史馬植爲
安南都護辛巳以壽州刺史高承恭爲邕管經略使辛卯勑秘書省

集賢院應欠書四萬五千二百六十一卷配諸道繕寫冬十月丁酉
朔己酉揚州江都七縣水旱損田十一月丙寅朔庚辰浙西觀察使
李鄘卒以太子賓客分司東都李德裕檢校戶部尚書充浙西觀察
使壬午以兵部尚書皇太子侍讀王起兼判太常卿甲申以左僕射
李程兼吏部尚書忠武帥杜悰天平帥王源中奏當道常平義倉斛
斗除元額外請別置十萬石十二月丙申朔以京兆尹兼御史大夫
薛元賞爲武寧節度徐泗宿濠觀察等使以戶部侍郎兼御史中丞
歸融爲京兆尹以給事中狄兼謨爲御史中丞己酉嶺南節度使李
從易卒庚戌以華州刺史盧鈞爲廣州刺史充嶺南節度使以中書舍
人崔龜從爲華州防禦使辛亥劍南東川節度使馮宿卒壬子太僕
卿殷伯倫卒癸丑以兵部侍郎楊汝士檢校禮部尚書充劍南東川
節度使己未漵王縱薨
二年春正月乙丑朔丙寅宣州觀察使王質卒乙亥以吏部侍郎崔
鄲爲宣歙觀察使以右丞鄭澣爲刑部尚書判左丞事庚寅戶部侍

郎判度支王彥威進所撰供軍圖略序曰至德乾元之後迄于貞元
元和之際天下有觀察者十節度二十有九防禦者四經略者三掎
角之師犬牙相制大都通邑無不有兵約計中外兵額至八十餘萬
長慶戶口凡三百三十五萬而兵額又約九十九萬通計三戶資奉
一兵今計天下租賦一歲所入總不過三千五百餘萬而上供之數
三之一焉三分之中二給衣賜自留州留使兵士衣食之外其餘四
十萬衆仰給度支焉二月乙未朔丙申刑部侍郎郭承嘏卒丙午夜
彗出東方長七尺在危初西指戊申王彥威進所撰唐典七十卷起
武德終永貞庚戌均王緯薨辛酉夜彗長丈餘直西行稍南指在虛
九度半壬戌夜彗長二丈餘廣三尺在女九度自是漸長闊三月甲
子朔內出音聲女妓四十八人令歸家乙丑夜彗星長五丈岐分兩
尾其一指氐其一掩房丙寅罷曲江宴是夜彗長六丈尾無岐在亢
七度勑尚食使自今每一日御食料分為十日停內脩造戊辰夜彗
長八丈有餘西北行東指在張十四度辛未宣徽院法曲樂官放歸

壬申詔曰朕嗣丕構對越上玄虔恭寅畏于今一紀何嘗不宵衣念
道昃食思衜師周文之小心慕易乾之夕惕懼德不類貽列聖羞將
欲俗致和平時無殃眚然誠未格物謫見於天仰愧三靈俯慙庶彙
思獲攸濟浩無津涯昔宋景發言星因退舍魯僖納諫飢不害人取
鑒往賢深惟自勵載軫在予之責宜降恤辜之恩式表殷憂冀荅昭
誡天下死罪降從流流已下並釋放唯故殺人官典犯贓主掌錢穀
賊盜不在此限諸州遭水旱處並蠲租稅中外脩造並停五坊鷹隼
悉解放朕今素服避殿徹樂減膳近者內外臣寮繼貢章表欲加徽
號夫道大為帝朕膺此稱祗愧已多矧鍾星變之時敢議名揚之美
非徽既往且儆將來中外臣寮更不得上表奏請表〻在路並宜速
還在朝群臣方岳長吏宜各上封事極言得失弼違納誨副我虛懷
甲戌以左僕射李程為山南東道節度使壬午以楚州刺史嚴譽為
桂管觀察使甲申以山南東道節度使殷侑為太子賓客分司貞興
門外鵲巢于古冢丁亥邠寧節度使李用卒戊子以河南尹李玨為

戶部侍郎己丑以金吾大將軍李直臣為邠寧節度使壬辰桂管觀
察使韓佽卒以兵部侍郎裴潾為河南尹夏四月甲午朔戊戌詔將
仕郎守尚書工部侍郎知制誥充翰林學士兼皇太子侍讀上騎都
尉賜紫金魚袋陳夷行可本官同中書門下平章事丙子以中書舍
人敬昕為江西觀察使戊申前江西觀察使羅讓卒己酉秘書監張
仲方卒丁卯宰相李石奏定長定選格庚申太原節度使李載義卒
酉詔置終南山神祠遂州復置蓬池二縣五月癸亥朔乙丑以東都
留守裴度為太原尹北都留守河東節度使依前守司徒中書令丙
寅戶部侍郎李玨判本司事以浙西觀察使李德裕檢校戶部尚書
兼揚州大都督府長史充淮南節度使辛未詔以前淮南節度使牛僧
孺為檢校司空東都留守以蘇州刺史盧商為浙西觀察使壬申上
幸十六宅與諸王宴樂決十六宅宮市內官范文喜等三人以供諸
王食物不精故也六月癸巳朔丁酉以成德軍節度使王元逵為駙
馬都尉尚壽安公主己亥以鴻臚卿李逵為天德軍都防禦使庚子吏

部奏長定選格請加置南曹郎中一人別置印一面以新置南曹之
印為文從之丙午河陽軍亂逐節度使李泳戊申以左金吾衛將軍
李執方為河陽三城懷州節度使庚戌以右金吾衛大將軍崔珙為
京兆尹魏博澤潞淄青滄德兗海河南府等州並奏蝗害稼鄆州奏
蝗得雨自死丁亥以御史中丞狄兼謨為刑部侍郎以前京兆尹歸
融為秘書監以給事中李翊為湖南觀察使秋七月壬戌朔乙亥以
久旱徙市閉坊門甲申以太府卿張賈為兗海觀察使詔除河北三
鎮外諸州府不得以試銜奏官鄆州奏當州先廢天平平陰兩縣請
復置平陰縣以制盜賊從之乙酉以蝗旱詔諸司疏決繫囚己丑遣
使下諸道巡覆蝗蟲是日京畿雨群臣表賀外州李紳奏蝗蟲入境
不食田苗詔書褒美仍刻石于相國寺八月壬辰朔丁酉彗出虛危
之間振武奏突厥入寇營田庚戌詔昭儀王氏冊為德妃昭容楊氏冊
為賢妃又詔敬宗皇帝第二子休復第三子執中第四子言揚第六
子成美等宜開列土之封用申睦族之典休復可封梁王執中可封

襄王言揚可封汜王成美可封陳王皇第二男宗儉可封蔣王乙丑房州刺史盧行簡坐贓杖殺己巳以前湖南觀察使盧行術爲陝觀察使甲申詔曰慶成節朕之生辰天下錫宴庶同歡泰不欲屠宰用表好生非是信尚空門將希無妄之福恐中外臣庶不諭朕懷廣置齋筵大集僧衆非獨凋耗物力兼恐致惑生靈自今宴會蔬食任陳脯醢永爲常例又勑慶成節宜令京兆尹准上巳重陽例於曲江會文武百寮延英奉觴宜權停戊子以尚書戶部侍郎判度支王彥威爲衛尉卿分司東都冬十月辛卯朔詔改天后所撰三教珠英爲海內珠英戊戌詔嘉王運循王遹通王諶並可光祿大夫檢校司空賜勳上柱國仍依百官例給料錢安王溶潁王瀍並給料錢庚子慶成節賜羣臣宴于曲江上幸十六宅與諸王宴樂癸卯宰臣判國子祭酒鄭覃進石壁九經一百六十卷時上好文鄭覃以經義啓導稍折文章之士遂奏置五經博士依後漢蔡伯喈刊碑列于太學創立石壁九經諸儒校正訛謬上又令翰林勒字官唐玄度復校字體又乖

○

師法故石經立後數十年名儒皆不窺之以爲蕪累甚矣戊申以門下侍郎同平章事李固言爲劒南西川節度使依前同門下侍郎平章事甲寅勑鹽鐵戶部度支三使下監院官皆郎官御史爲之使雖更改院官不得移替如顯有贓敗即具事以聞己未以前西川節度使楊嗣復爲戶部尚書充諸道鹽鐵轉運使十一月辛酉朔壬戌以太子賓客分司東都殷侑爲忠武軍節度使癸亥狂病人劉德廣突入含元殿付京兆府杖殺乙丑京師地震丁丑興元節度使令狐楚卒丁亥以刑部尚書鄭澣爲山南西道節度使己丑契丹朝貢十二月庚寅朔丙申閤內對左右史裴素等上自開成初復故事每入閤左右史執筆立於螭頭之下君臣論奏得以備書故開成政事最詳於近代壬寅以前忠武軍節度使杜悰爲工部尚書判度支時悰既除官久未謝恩戶部侍郎李珏奏杜悰爲岐陽公主服假內珏因言比來駙馬爲公主行服三年所以士族之家不願爲國戚者以此帝大駭其奏即日詔曰制服輕重必資典禮如聞往者駙馬爲公主行服三年緣

情之義殊非故實違經之制今乃聞知宜行朞周永爲定制

三年春正月庚申朔甲子宰臣李石遇盜於親仁里中劒斷其馬尾又中流矢不甚傷是時京城大恐補盜不獲既而知仇士良所爲乙丑常參官入朝者九人而已餘皆潛竄累日方安乙卯詔故齊王湊贈懷懿太子戊申以諸道鹽鐵轉運使正議大夫守戶部尚書上柱國弘農郡開國伯食邑七百戶賜紫金魚袋楊嗣復可本官同中書門下平章事朝議郎戶部侍郎判戶部事上柱國賜紫金魚袋李珏可本官同中書門下平章事依前判戶部事丙子以中書侍郎同中書門下平章事李石爲荊南節度使依前中書侍郎平章事丁丑以前荊南節度使韋長爲河南尹癸未詔去秋蝗蟲害稼處放逋賦仍以本處常平倉賑貸是日大雪二月己丑朔乙未上謂宰臣曰李宗閔在外數年可別與一官鄭覃陳夷行曰宗閔養成鄭注幾覆朝廷其奸邪甚於李林甫楊嗣復李珏奏曰太和末宗閔德裕同時得罪二年之間德裕再量移爲淮南節度使而宗閔尚在貶所凡事貴得

○

中不可但狥私情上曰與一郡可也丁酉以衡州司馬李宗閔爲杭州刺史庚子吏部奏去年所修長定選格或乖往例頗不便人不可久行請却用舊格從之乙巳詔僕射尚書侍郎左右丞大卿監每遇坐日宜令兩人循次進對丁未以同州刺史孫簡爲陝虢觀察使代盧衎以衎爲福王傅分司東都乙酉禮部尚書許康佐卒辛亥左丞盧載爲同州防禦使三月己未朔庚午封故陳王第十九男儼爲宣城郡王故襄王第三男寀爲樂平郡王夏四月戊子朔己丑禮部尚書致仕徐晦卒辛卯戶部侍郎崔蠡從判本司事詔曰戶部侍郎兩員今後先授上者宜令判本司錢穀加帶平章事判鹽鐵度支兼中丞學士不在此限壬辰以給事中裴夌爲華州防禦使己酉改法曲爲仙韶曲仍以伶官所處爲仙韶院兵部侍郎裴潾卒癸丑屯田郎中李衢沔王府長史林寶等進所修皇唐玉牒一百五十卷五月丁巳朔勑禮部貢院進士舉人歲限放三十人及第辛酉詔前江西觀察使吳士規坐贓長流端州庚午月犯天心大星癸未以吏部侍郎向

鐵爲鄂岳觀察使代高重以重爲兵部侍郎六月丁未朔辛酉出宮人四百八十送兩街寺觀安置廢晉州平陽院礬官並歸州縣癸丑上御紫宸對宰臣曰幣輕錢重如何楊嗣復曰此事已久不可遽變其法法變則擾人但禁銅器斯得其要秋七月丙辰朔壬戌陳許節度使殷侑卒甲子以衛尉卿王彥威檢校禮部尚書充忠武軍節度使以右金吾衛大將軍史孝章爲邠寧節度使戊辰西川節度使李固言再上表讓門下侍郎及檢校右僕射八月丙戌朔甲午山南東道諸州大水田稼漂盡丁酉詔大河西南幅員千里楚澤之北連亘數州以水潦暴至隄防潰溢既壞廬舍復損田苗言念黎元罹此災沴或生業蕩盡農功索然困竭彫殘豈能自濟宜令給事中盧弘宣往陳許鄭滑曹濮等道宣慰刑部郎中崔瑨往山南東道鄂岳蘄黃道宣慰己亥嘉王運薨魏博六州蝗食秋苗並盡九月丙辰朔辛酉荊南李石讓中書侍郎乃改授檢校兵部尚書壬戌上以皇太子慢遊敗度欲廢之中丞狄兼謨垂涕切諫是夜移太子於少陽院殺太子宮

人左右數十人戊辰詔梁王等五人先於北內可却歸十六宅辛未易定節度使張璠卒壬申以易州刺史李仲遷爲定州刺史充義武軍節度使戊寅以東都留守牛僧孺爲左僕射辛巳詔皇太子侍讀竇宗直隔日入少陽院冬十月乙酉朔以尚書左丞崔琯檢校戶部尚書充東都留守易定軍亂不納新使李仲遷立張璠子元益爲留後己丑以少府監張沼爲黔中觀察使壬辰以右金吾衛將軍高霞寓爲夏綏銀宥節度使癸巳以中書舍人李景讓爲華州防禦使甲午慶成節命中人以酒酺仙韶樂賜群臣宴於曲江亭丁酉夏州節度使劉源卒庚子皇太子薨於少陽院謚曰莊恪乙巳以左金吾將軍郭旼爲邠寧慶節度使是夜彗起於軫其長三丈東西指己酉前邠寧節度使史孝章卒十一月乙卯朔是夜彗孛東西竟天壬戌詔曰上天蓋高感應必由乎人事寰宇雖廣理亂盡繫於君心從古已來必然之義朕嗣膺寶位十有三年常尅己以恭虔每推誠於衆庶將以導迎休應漸致輯熙期克倚於宗祧思保寧於華夏而德有所

未至信有所未孚災氣上騰天文謫見再周朞月重擾星纏當求衣之時觀垂象之變兢懼惕厲若蹈泉谷是用舉成湯之六事念宋景之一言詳求譴告之端採聽銷禳之術必有精理蘊於衆情[illegible]屈法以安人爰恤刑而原下應京城諸道見繫囚自十二月八日已前死罪降流已下遞減一等十惡大逆殺人刼盜官典犯贓不在此限今年遭水蝗蟲處並宜存撫賑給以滄州節度使李彥佐爲鄆曹濮節度使以德州刺史滄景節度副使劉約爲義昌軍節度使癸亥以宋州刺史唐弘實爲邕管經略使乙丑天平軍節度使王源中卒庚午以翰林學士丁居晦爲御史中丞壬申以蔡州刺史韓威爲定州刺史義武軍節度北平軍等使十二月乙酉朔辛丑詔以河東節度使開府儀同三司守司徒兼中書令太原尹北都留守上柱國晉國公食邑三千戶裴度可守司徒中書令以兵部侍郎狄兼謨爲河東節度使丙午守太子太師尚書右僕射門下侍郎國子祭酒同平章事鄭覃罷太子太師仍三五日入中書日本國貢真珠絹

四年春正月甲寅朔丁巳熒惑太白辰聚於南斗丁卯夜於咸泰殿觀燈作樂三宮太后諸公主等畢會上性節儉延安公主衣裾寬大即時斥歸駙馬竇澣待罪詔曰公主入參衣服踰制從夫之義過有所歸澣宜奪兩月俸錢閏月甲申朔以吏部侍郎鄭肅檢校禮部尚書河中晉絳慈隰等州節度使以蘇州刺史李道樞爲浙東觀察使以諫議大夫高元裕爲御史中丞丙申以前河中節度使李聽爲太子太保己亥裴度自太原至上令中人就第問疾辛丑以司農卿李玭爲福建觀察使諫官論其不可乃罷之丙午以大理卿盧貞爲福建觀察使丁未興元節度使鄭澣卒戊申闍婆國朝貢二月癸酉朔辛酉以吏部侍郎歸融檢校禮部尚書充山南西道節度使丙寅寒食節上御通化門以觀遊人戊辰幸勤政樓觀角抵蹴鞠三月癸未朔乙酉賜羣臣上巳宴於曲江是夜月掩東井第三星丙申司徒中書令裴度卒癸酉浙東觀察使李道樞卒以戶部侍郎崔龜從爲宣歙觀察使代崔鄲以鄲爲太常卿以楚州刺史蕭俶爲浙東觀察使夏

四月壬子朔以右羽林統軍李昌元爲鄜坊節度使壬戌有麞出太廟五月辛丑朔丁亥閤內上謂宰臣曰新修開元政要如何楊嗣復曰臣等未見陛下欲以此書傳示子孫則宣付臣等參定可否緣開元政事與貞觀不同玄宗或好畋遊或好聲色選賢任能未得盡美撰述示後所貴作程豈容易哉丙申鄭覃陳夷行罷知政事覃守左僕射夷行爲吏部侍郎丙午邠寧節度使郭旼卒天平魏博易定等管內蝗食秋稼六月辛亥朔以長武城使符澈爲邠寧節度使庚申上幸十六宅安王溶王院宴樂賜與頗厚戊辰以久旱分命祠禱每憂動於色宰臣等奏曰水旱時數使然乞不過勞聖慮上改容言曰朕爲人主無德及天下致茲災旱又謫見於天若三日不雨當退歸南內更選賢明以主天下宰臣嗚咽流涕各請策免是夜大雨霑霈丁丑襄陽山竹結實其米可食秋七月庚辰朔西蜀水害稼乙未夜月犯熒惑壬寅以河南尹韋長爲平盧軍節度使以刑部侍郎高錯爲河南尹甲辰以太中大夫守太常卿上柱國賜紫金魚袋崔鄲可

○本官同中書門下平章事滄景淄青大水八月庚戌朔以給事中姚合爲陝虢觀察使辛亥鄭王經薨丙辰邢州廢青山縣磁州移昭義縣於固鎮驛癸亥以左僕射牛僧孺檢校司空同平章事兼襄州刺史充山南東道節度使辛未夜流星出羽林尾長八十餘尺滅後有聲如雷壬申鎮冀四州蝗食稼至於野草樹葉皆盡九月巳卯朔辛卯以劍南東川節度楊汝士爲吏部侍郎丁酉夜月掩東井第三星辛丑以吏部侍郎陳夷行爲華州鎮國軍防禦使以蘇州刺史李頴爲江西觀察使以諫議大夫馮定爲桂管觀察使甲辰以京兆尹鄭復爲劍南東川節度使丙午以前江西觀察使敬昕爲京兆尹冬十月巳酉朔戊午慶成節賜群臣宴於曲江亭辛酉夜星入斗魁前桂管觀察使嚴謩卒丙寅制以敬宗第六男陳王成美爲皇太子丁丑太子太保李聽卒十一月巳卯朔壬申前福建觀察使唐扶卒巳亥曲赦京城繫囚十二月巳酉朔癸丑貶光祿卿駙馬都尉韋讓爲灃州長史乙卯乾陵火以杭州刺史李宗閔爲太子賓客分司東都辛酉上不康百寮赴延英起居乙亥宰臣入謁見上于太和殿是歲戶部計見管戶四百九十九萬六千七百五十二

五年春正月戊寅朔上不康不受朝賀巳卯詔立親弟潁王瀍爲皇太弟權勾當軍國事皇太子成美復爲陳王辛巳上崩於大明宮之太和殿壽三十三羣臣謚曰元聖昭獻皇帝廟號文宗其年八月十七日葬于章陵

史臣曰昭獻皇帝恭儉儒雅出於自然承父兄奢弊之餘當閽寺撓權之際而能以治易亂化危爲安太和之初可謂明矣初帝在藩時喜讀貞觀政要每見太宗孜孜政道有意于茲洎即位之後每延英對宰臣率漏下十一刻故事天子隻日視事帝謂宰輔曰朕欲與卿等每日相見其輟朝放朝用雙日可也時憲宗郭后居興慶宮曰太皇太后敬宗母寶曆太后及上母蕭太后時呼三宮太后帝性仁孝三宮問安其情如一嘗內園進櫻桃所司啓曰別賜三宮太后帝曰太后宮送物焉得爲賜遽取筆改賜爲奉宗正寺以祭器朽敗請易之及

○有司呈進命陳於別殿具冠帶而閱之容色悽然尤勤於政理凡選內外羣官宰府進名帝必面訊其行能然後補除中書用鴻臚卿張賈爲衢州刺史賈好博朝辭日帝謂之曰聞卿善長行對曰政事之餘聊與賓客爲戲非有所妨帝曰豈有好之而無妨也內外聞之悚息而帝以累世變起禁闈尤側目於中官欲盡除之然訓注狂狡之流制御無術矢謀既誤幾致顛危所謂有帝王之道而無帝王之才雖旰食焦憂不能弭患惜哉

贊曰昭獻統天洪惟令德心憤讐恥志除凶慝未殄蠥魅又生鬼蜮天未好治亂何由息

唐書本紀卷第十七下

唐書本紀卷第十八上

劉昫　等修

聞人詮校刻沈桐同校

武宗

武宗至道昭肅孝皇帝諱炎穆宗第五子母曰宣懿皇后韋氏元和九年六月十二日生於東宮長慶元年三月封潁王本名瀍開成中加開府儀同三司檢校吏部尚書依百官例逐月給俸料初文宗追悔莊恪太子殂不由道乃以敬宗子陳王成美為皇太子開成四年冬十月宣制未遑冊禮五年正月二日文宗暴疾宰相李珏知樞密劉弘逸奉密旨以皇太子監國兩軍中尉仇士良魚弘志矯詔迎潁王於十六宅曰朕自嬰疾疹有加無瘳懼不能躬總萬機日釐庶政稽於謨訓謀及大臣用建親賢以貳神器親弟潁王瀍昔在藩邸與朕常同師訓動成儀矩性禀寬仁俾奉昌圖必諧人欲可立為皇太弟應軍國政事便令權勾當百辟卿士中外庶臣宜竭迺心輔成予志

○陳王成美先立為皇太子以其年尚沖幼未漸師資比日重難不遑冊命迴踐朱邸式協至公可復封陳王是夜士良統兵士於十六宅迎太弟赴少陽院百官謁見於東宮思賢殿三日仇士良收捕宣詔院副使尉遲璋殺之屠其家四日文宗崩宣遺詔皇太弟宜於柩前即皇帝位宰相楊嗣復攝冢宰十四日受冊於正殿時年二十七陳王成美安王溶殂於邸第初楊賢妃有寵於文宗而莊恪太子母王妃失寵怨望為楊妃所譖王妃死太子廢及開成末年帝多疾無嗣賢妃請以安王溶嗣帝謀於宰臣李珏珏非之乃立陳王至是仇士良立武宗欲歸功於已乃發安王舊事故二王與賢妃皆死二月制穆宗妃韋氏追謚宣懿皇太后帝之母也上御正殿降德音以開府右軍中尉仇士良封楚國公左軍中尉魚弘志為韓國公太常卿崔鄲戶部尚書判度支崔珙並本官同中書門下平章事勑二月十五日玄元皇帝降生日宜為降聖節休假一日三月詔宮人劉氏王氏並為妃勑朔望入閣對刑法官是日非便宜停五月中書奏六月十二日皇

帝載誕之辰請以其日為慶陽節祔宣懿太后于太廟初武宗欲啓穆宗陵祔葬中書門下奏曰園陵已安神道貴靜光陵二十餘載福陵則近又修崇竊惟孝思足彰嚴奉今若再因合祔須啓二陵或慮聖靈不安未合先旨又以陰陽避忌亦有所疑不移福陵實協典禮乃止就舊墳增築名曰福陵又奏准今年二月八日赦文應京諸司勒留官令本處勒留手力雜給與攝官者臣等檢詳諸道正官料錢絕少雜給手力即多今正官勒留亦管公事料錢少於雜給刻下事未得中臣等商量其正官料錢雜給等錢望每貫割留二百文與攝官餘並如舊從之秋七月制檢校禮部尚書華州刺史陳夷行復為中書侍郎同平章事八月十七日葬文宗皇帝于章陵知樞密劉弘逸薛季稜率禁軍護靈駕至陵所二人素為文宗獎遇仇士良惡之心不自安因是掌兵欲倒戈誅士良弘志鹵簿使兵部尚書王起山陵使崔鄲覺其謀先諭鹵簿諸軍是日弘逸季稜伏誅門下侍郎同平章事楊嗣復檢校吏部尚書潭州刺史充湖南都團練觀察使中書侍郎同平章事李珏檢校兵部尚書桂州刺史充桂管防禦觀察等使御史中丞裴夷直為杭州刺史皆坐弘逸季稜黨也易定軍亂逐節度使陳君賞君賞鳩合豪傑數百人復入城盡誅謀亂兵士軍城復安九月以淮南節度使檢校尚書左僕射李德裕為吏部尚書同中書門下平章事兼門下侍郎以宣武軍節度使檢校吏部尚書汴州刺史李紳代德裕鎮淮南帝在藩時頗好道術修攝之事是秋召道士趙歸真等八十一人入禁中於三殿修金籙道場帝幸三殿於九天壇親受法籙右拾遺王哲上疏言王業之初不宜崇信過當疏奏不省十一月鹽鐵轉運使奏江淮已南請復稅茶從之魏博節度使何進滔卒三軍推其子重霸知留後事會昌元年正月壬寅朔庚戌有事於郊廟禮畢御丹鳳樓大赦改元二月壬寅以淮南節度使檢校吏部尚書李紳為中書侍郎同平章事中書奏南宮六曹皆有職分各責官業即事不因循近者戶部度支多是諸軍奏請本司郎吏束手閑居今後請祇令本行分判委中書門下簡擇公幹才器相當

者轉授從之車駕幸昆明池賜仇士良紀功碑詔右僕射李程爲其
文三月貶湖南觀察使楊嗣復湖州司馬桂管觀察使李珏端州司
馬杭州刺史裴夷直驩州司戸宰臣李德裕進位司空三月壬申宰
相李德裕陳夷行崔珙李紳等奏憲宗皇帝有恢復中興之功請爲
百代不遷之廟帝曰所論至當續議之事竟不行贈故中書令晉國
公裴度太師山南東道蝗害稼造靈符應聖院於龍首池四月辛丑
勑憲宗實錄舊本未備宜令史官重脩進内其舊本不得注破候新
撰成同進時李德裕先請不遷憲宗廟爲議者沮之復恐或書其不
善之事故復請改撰實錄朝野非之五月辛未中書門下奏據六典
隋置諫議大夫七人從四品上大曆二年昇門下侍郎爲正三品兩
省遂闕四品建官之道有所未周詩云衮職有闕仲山甫補之周漢
大臣願入禁闥補過拾遺張衡爲侍郎爲居帷幄從容諷諫此皆大
臣之任故其秩峻其任重則敬其言而行其道況蹇諤之地宜老成
之人秩未優崇則難用耆德其諫議大夫

○望依隋氏舊制昇爲從四品分爲左右以備兩省四品之闕向後與
丞郎出入迭用以重其選又御史中丞爲大夫之貳緣大夫秩崇官
不常置中丞爲憲臺之長今寺監少卿少監司業少尹並爲寺署之
貳皆爲四品中丞官名至重見秩未崇望昇爲從四品從之六月有
禿鶖鳥集於禁苑庚子夜五更小流星五十餘 旁午流散制以
魏博兵馬留後何重霸檢校工部尚書魏州大都督府長史充天雄
軍節度使仍賜名重順中書奏請依姚璹故事宰相每月脩時政記
送史館從之以衡山道士劉玄靖爲銀青光祿大夫充崇玄館學士
賜號廣成先生令與道士趙歸眞於禁中修法籙左補闕劉彦謨上
疏切諫貶彦謨爲河南府戸曹勑自前中外上封論事有所糺舉則
請留中今後並云請付御史臺不得云留中不下如事關軍國理須
有密不在此限如臺司勘當後若得事實必獎奉公苟涉加誣必當
反問告示中外明知此意七月巳巳北方有流星經天狼關東大蝗
傷稼襄郢江左大水彗復出室壁之間八月廻鶻烏介可汗遣使告

難言本國爲黠戛斯所攻故可汗死今部人推爲可汗緣本國破散
今奉太和公主南投大國時烏介至塞上大首領嗢沒斯與赤心宰
相相攻殺赤心率其部下數千帳近西域天德防禦使田牟以聞烏
介又令其相頡于迦斯上表借天德城以安公主仍乞糧儲牛羊供
給詔金吾大將軍王會宗正少卿李師偃往其牙宣慰令放公主入
朝賑粟二萬碩九月幽州軍亂逐其帥史元忠推牙將陳行泰爲留
後三軍上章請符節朝旨未許十月幽州雄武軍使張絳遣軍吏吳
仲舒入朝言行泰慘虐不可處將帥之任請以鎮軍加討許之十月
誅行泰遂以絳知兵馬使車駕校獵咸陽十一月丁酉朔壬寅夜大
星東北流其光燭地有聲如雷山崩石隕其彗起於室凡五十六日
而滅太和公主遣使入朝言烏介自稱可汗乞行冊命緣初至漢南
乞降使宣慰從之十二月中書門下奏脩實錄體例舊錄有載禁中
之言伏以君上與宰臣公卿言事皆須衆所聞見方可書於史冊且
禁中之語在外何知或得之傳聞多涉於浮妄便形史筆實累鴻猷

○今後實錄中如有此色並請刊削又宰臣與公卿論事行與不行須
有明據或奏請允愜必見褒稱或所論乖僻因有懲責在藩鎮上表
必有批荅居要官啓 事者自有著明並須昭然在人耳目或取捨存
於堂案或與奪形於詔勑前代史書所載奏議罔不由此近見實錄
多載密疏言不彰於朝聽事不顯於當時得自其家未足爲信今後
實錄所載章奏並須朝廷共知者方得紀述密疏並請不載如此則
理必可法人皆向公愛憎之志不行褒貶之言必信從之李德裕奏
改修憲宗實錄所載吉甫不善之迹鄭亞希旨削之德裕更此條奏
以掩其迹搢紳謗議武宗頗知之

二年春正月丙申朔以撫王紘爲開府儀同三司幽州大都督府長
史充幽州盧龍節度大使以雄武軍使張絳檢校左散騎常侍兼幽
州左司馬知兩使留後仍賜名仲武中書奏百官議九官壇本大祠
請降爲中祠宰相崔珙陳夷行奏定左右僕射上事儀注二月丙寅
中書奏准元和七年勑河東鳳翔鄜坊邠寧等道州縣官令戸部加

給課料錢歲六萬二千五百貫吏部出得平留官數百員時以爲當自後戶部支給零碎不得觀察使乃別將破用徒有加給不及官人所以選人憚遠不樂注受伏望委令部都與實物及時支還諸道委觀察判官知給受專判此案隨月支給年終計帳申戶部又赴選官人多京債到任填還致其貪求罔不由此今年三銓於前件州府得官者許連狀相保戶部各備兩月加給料錢至支時折下所與物官到任不帶息債衣食稍足可責清廉從之太子太師致仕蕭俛卒牂牁南詔蠻遣使入朝三月遣使冊廻紇烏介可汗以振武麟勝節度使銀青光祿大夫檢校尚書右僕射單于大都護兼御史大夫彭城郡開國公食邑二千戶劉沔可檢校右僕射兼太原尹北京留守充河東節度管內觀察處置等使代符澈時廻紇在天德命沔以太原之師討之四月乙丑朔光祿大夫守司空兼門下侍郎平章事李德裕銀青光祿大夫守右僕射門下侍郎平章事崔珙銀青光祿大夫中書侍郎同平章事李紳金紫光祿大夫檢校司徒兼太子太保牛僧孺等

○上章請加尊號曰仁聖文武至神大孝皇帝戊寅御宣政殿受冊十月九日雨至十四日轉甚乃改用二十三日時有纖人告中尉仇士良言宰相作赦書欲減削禁軍衣糧馬草料士良怒曰必若有此軍人須至樓前作鬧宰相李德裕等知之請開延英訴其事帝曰姦人之詞也召兩軍中尉諭之曰赦書出自朕意不由宰相況未施行公等安得此言士良惶恐謝之是日晴霽中書奏元日御含元殿百官就列唯宰相及兩省官皆未開扇前立於欄檻之內及扇開便侍立於御前三朝大慶萬邦稱賀唯宰相侍臣同介胄武夫竟不拜至尊而退酌於禮意事未得中臣等請御殿日昧爽宰相兩省官鬬班於香案前俟扇開通事贊兩省官再拜拜訖升殿侍立從之天德奏廻紇族帳侵擾部內勑勸課種桑比有勑命如能增數每歲申聞比知並無遵行恣加翦伐列於鄽市賣作薪蒸自今州縣所由切宜禁斷五月勑慶陽節百官率醵外別賜錢三百貫以備素食合宴仍令京兆府供帳用追集坊市樂人天德軍使田牟奏廻紇大將嗢没斯與

多覽將軍將吏二千六百人請降遣中人齎詔慰勞之宰相李德裕兼守司徒六子太師致仕鄭覃卒六月甲子朔火星犯木丙寅太白犯東井廻紇降將嗢没斯將吏二千六百餘人至京師制以嗢没斯檢校工部尚書充歸義軍使封懷化郡王仍賜姓名曰李思忠以廻紇宰相受耶勿爲歸義軍副使檢校右散騎常侍賜姓名曰李弘順七月嵐州人田滿川據郡叛劉沔誅之八月廻紇烏介可汗過天德至杷頭烽北俘掠雲朔北川詔劉沔出師守鴈門諸關廻紇首領屈武降幽州授左武衛將軍同正詔以廻紇犯邊漸侵內地或攻或守於理何安令少師牛僧孺陳夷行與公卿集議可否以聞僧孺曰今百寮議狀以固守關防伺其可擊則用兵宰相李德裕議以廻紇所恃者嗢没赤心耳今已離叛其強弱之勢可見戎人獷悍不顧成敗以失二將乘忿入侵出師急擊破之必矣守險示弱虜無由退擊之爲便天子以爲然乃徵發許蔡汴滑等六鎮之師以太原節度使劉沔爲廻紇南面招討使以張仲武爲幽州盧龍節度使檢校工部尚

○書封蘭陵郡王充廻紇東面招討使以李思忠爲河西党項都將廻紇西南面招討使皆會軍於太原制以皇子峴爲益王岐爲兖王皇長女爲昌樂公主第二女爲壽春公主第三女爲永寧公主上御麟德殿見室韋首領督熱論等十五人太原奏廻紇移帳近南四十里索叛將嗢没斯昨至橫水俘虜兼公主上表言食盡乞賜牛羊事賜烏介詔曰朕自臨寰區爲人父母唯以好生爲德不願黷武爲名故自彼國不幸爲嗢没斯所破來投邊境已歷歲年撫納之間無所不至初則念其饑歉給以糧儲旋則知其破傷盡還馬價前後遣使勞問交馳道途小侵擾亦盡不計今可汗尚此近塞未議還蕃朝廷大臣四方節鎮皆懷疑忿盡請興師雖朕切務含弘亦所未諭一昨數使廻來皆言可汗只待馬價及令付之次又聞所止屢遷或侵掠雲朔等州或劫奪羌渾諸部未知此意終欲如何若以未交馬價須近塞垣行止之間亦宜先告邊將豈有倏來忽往遷徙不常雖云隨逐水草動皆逼近城柵遙揣深意倡恃姻好之情每觀蹤由實爲馳突之計況到

穢水柵下殺戮至多番渾牛羊豈惟馳掠黎庶何罪皆被傷夷所以
率朝大臣皆云迴紇近塞已是違盟更戮邊人實背大義咸願因此
翦遂以雪殂謝之寃然朕志在懷柔情深屈己寧可汗之負德終未
忍於幸災石戒直久在京城備知人實憤惋發於誠懇固請自行嘉
其深見事機不能遠阻可汗審自問遂速擇良圖無至不悛以貽後
悔詔太原起室韋沙陁三部落吐渾諸部委石雄爲前鋒易定兵千
人守大同軍契苾通何清朝領沙陁吐渾六千騎趣天德李思忠率
迴紇党項之師屯保大柵十月吐蕃贊普卒遣使論普熱入朝告哀
詔將作少監李璟入蕃弔祭帝幸涇陽校獵白鹿原諫議大夫高少
逸鄭朗等於閣內諭陛下校獵太頻出城稍遠萬機廢弛星出夜歸
方今用兵且宜停止上優勞之諫官出謂宰相曰諫官甚要朕時聞
其言庶幾減過
三年春正月以宿師于野罷元會勑新授銀州刺史本州押蕃落銀
川監牧使何清朝可檢校太子賓客左龍武大將軍令分領沙陁吐

渾党項之衆赴振武取劉沔處分二月先詔百官之家不得於京城
置私廟者其皇城南向六坊不得置其閑僻坊曲即許依舊置太原
劉沔奏昨率諸道之師至大同軍遣石雄襲迴鶻牙帳雄大敗迴鶻
於殺胡山烏介可汗被創而走已迎得太和公主至雲州是日御宣
政殿百寮稱賀制曰夫天之所廢難施繼絶之恩人之所棄當用侮亡
之道朕每思前訓豈忘格言迴鶻比者自恃兵強久爲桀驁凌虐諸郡
結怨近鄰黠戛斯潛師掃穹居尾鮮種族盡膏於原野區落遂至
於荆榛今可汗逃走失國竊號自立遠踰沙漠寄命邊陲朕念其衰
殘尋加賑卹每陳章表多詐諛之詞接我使臣如全盛之日無傷禽
哀鳴之意有困獸猶鬬之心去歲潛入朔川大掠牛馬今春擁衆振
武逼近城池可汗皆自率兵首爲寇盜不耻破敗莫顧姻親河東節
度使劉沔料敵伐謀乘機制勝發胡貉之騎以爲前鋒搴郅侯之旗
伐彼在穴短兵壓於帳下元惡挾於轂中況乘匪六飛衆纔一旅備
已竭計日可擒太和公主居處不同情義久絶懷土多思亟聞黃鵠

之歌失位自傷寧免綠衣之歎念其羈苦常軫朕心今已脫於豺狼
再見宮闕上以獻宗廟之宿憤次以慰太皇太后之深慈永言歸寧
良用欣感其迴紇既以破滅義在翦除宜令諸道兵馬使同進討河
東立功將士已下優厚賞給續條疏處分應在京外宅及東都修功
德迴紇並勒冠帶各配諸道收管其迴紇及摩尼寺莊宅錢物等並
委功德使以御史臺及京兆府各差官點檢收抽不得容諸色人影
占如犯者並處極法錢物納官摩尼寺僧委中書門下條疏聞奏以
麟州刺史天德行營副使石雄爲銀青光祿大夫檢校左散騎常侍
豐州刺史御史大夫充豐州西城中城都防禦本管押蕃落等使劉
沔檢校尚書左僕射張仲武檢校尚書右僕射餘並如故黠戛斯使
注吾合素入朝獻名馬二匹言可汗已破迴鶻迎得太和公主歸國
差人送公主入朝愁迴鶻殘衆奪之於路帝遂遣中使送注吾合素
往太原迎公主時烏介可汗中箭走投黑車子詔黠戛斯出兵攻之
三月太和公主至京師百官班于章敬寺迎謁仍令所司告憲宗穆

宗二室四月昭義節度使劉從諫卒三軍以從諫姪稹爲兵馬留後
上表請授節鉞尋遣使齎詔潞府令稹護從諫之喪歸洛陽稹拒朝
旨詔中書門下兩省尚書御史臺四品已上武官三品已上會議劉
稹可誅可宥之狀以聞五月勑諸道節度使置隨身不得過六十人
觀察使不得過四十人經略都護不得過三十人築望仙觀於禁中
宰臣百寮進議狀以昆戎未殄塞上用兵不宜中原生事潞府請以
親王遙領令稹權知兵馬事以俟邊上罷兵獨李德裕以爲澤潞內
地前時從諫許襲已是失斷自後跋扈難制規脅朝廷以積豎子不
可復踐前車討之必殄武宗性雄俊曰吾與德裕同之保無後悔自
是諫官上疏言不可用兵相繼六月西內神龍寺災左軍中尉楚國
公仇士良卒秋七月戊子宰相奏秋色已至將議進軍幽州須早平
回鶻鎮魏須速誅劉稹各須遣使諭旨兼值三鎮軍情今日延英面
奏聖旨欲遣張賈支使臣等續更商量張賈幹濟有才甚諳軍中體
勢然性剛負氣慮不安和不如且命李回若以臺綱闕人即兵部侍

郎鄭涯久為征鎮判官情甚精敏雖無詞辯言事分明官重事閑最似相稱上曰不如令李回去即遣回奉使三鎮八月壬戌火星自七月蒼赤色動搖井中至是月十六日犯輿鬼萬年縣東市火黠戛斯使諦德伊斯難珠入朝以右僕射平章事陳夷行檢校司空兼河中尹御史大夫充河中節度晉絳慈隰觀察等使九月制定天下者致風俗於大同安生人者齊法度於畫一雖晉之欒趙家有舊勲漢之韓黥身為佐命至于干亂紀律罔不梟夷禁暴除殘古今大義故昭義節度劉悟頃居海岱嘗列爪牙翻師道阻兵王師問罪三面開網一境離心乘此危機遂能歸命憲宗嘉其誠款授以南燕穆宗待以腹心委之上黨招致死士固護一方迨于末年已虧臣節劉從諫生稟戾氣幼習亂風因跋扈之資以專封壤恃紀綱之力以襲兵符暫展執珪之儀終無上壽之請隙駒為喻魏豹姑務於絕河井蛙自居孫述頗聞于恃險誘受亡命妄作妖言中罔朝廷潛圖左道接壤戎師屢奏陰謀覬影亂之所矜豈淵魚之是察洎乎沈痼曾靡哀鳴猶

○駐將盡之魂恣行邪僻之志罔或奮拔自樹狡童中使授醫莫覩其朝服近臣銜命不入於壘門逆節甚明人神共棄其贈官及先所授官爵并劉稹在身官爵宜並削奪成德軍節度使王元逵魏博節度使何弘敬或姻連王室或任重藩維懇陳一至之誠願揚九伐之戰吳漢任職受詔而初無辦嚴上式朴忠未戰而義形於色況成德軍嘗以梟騎橫陣首破朱滔戰氣方酣再廻魯陽之日鼓音不息三騎不周之山魏博軍頃以大旆涉河竟殲師道建十二郡之旗鼓以列降人削六十年之厲階盡歸皇化士傳餘勇軍有雄名必能稟鄭侯之指縱成葛亮之心伐咨爾二師朕所注懷元逵可本官充北面招討澤潞使弘敬充東面招討澤潞使　曩者烈祖在藩先天啓聖符瑞昭晰彩繪煥於泗亭鑾輅巡遊金石刻於代邸寔謂可封之俗久為仁壽之鄉寇難以來頗著誠節必非同惡咸許自新其昭義舊將士及百姓等如保初心並赦而不問如能捨逆效順以州郡兵衆歸降者必厚加封賞如能擒送劉稹者別授土地以報勲庸頃隨劉悟

鄆州舊將校子孫既有義心宜思改悔如能感喻劉稹束身歸朝必當待之如初特與洗雪爾等舊校亦並酬勞仍委夷行劉沔王茂元各進兵同力攻討其諸道進軍並不得焚燒廬舍發掘墳墓擒執百姓以為俘囚桑麻田苗各許本戶為主罪止元惡務拯生靈於戲藩維大臣抗疏於外髦俊舊老昌言於朝戒朕以祖宗之法不可私一族刑賞之柄所以正萬邦宜用甲兵陳於原野雖朕以恩不聽而群臣以義固爭詢自僉謀諒非獲已布告中外明體朕懷仍以徐泗節度使李彥佐為澤潞西南面招討使河陽節度使王茂元以本軍屯萬善彥佐制下後踰月未出師朝廷疑其持重乃以天德軍石雄為彥佐之副劉稹牙將李丕降用為忻州刺史以陳許節度使王宰充澤潞南面招討使河陽節度使王茂元卒贈司徒王宰代茂元總萬善之師十月宰相監修國史李紳兵部郎中史館修撰判館事鄭亞進重修憲宗實錄四十卷頒賜有差晉絳行營副招討石雄奏收賊砦五以河東節度使劉沔檢校司空兼滑州刺史御史大夫充義成

○軍節度鄭滑濮觀察等使以荊南節度使檢校右僕射同平章事李石可檢校司空平章事兼太原尹北都留守充河南節度管內觀察等使十一月勅中外官員過為繁冗量宜減省以便軍民宜令吏部條疏合減員數以聞十二月王宰奏收天井關榆社行營都將王逢奏兵少乞濟師詔太原軍二千人赴之初劉沔破廻鶻留三千人戍橫水至是李石以太原無兵抽橫水戍卒一千五百人以赴王逢是月二十八日橫水軍至太原請出軍優給舊例每一軍絹二疋時劉沔交代後軍庫無絹石以已絹　益之方可人給一疋便催上路軍人以歲將除欲候過歲期既速軍情不悅都頭楊弁乘士卒流怨激之為亂

四年春正月乙酉朔以澤潞用兵罷元會其日楊弁逐太原節度使李石勅齋月斷屠出於釋氏國家創業猶近梁隋卿相大臣或沿茲弊鼓刀者既獲厚利糾察者潛受請求正月以萬物生植之初宜斷三日列聖忌斷一日仍准開元二十二年勅三元日各斷三日餘月

不禁壬子河東監軍使呂義忠收復太原生擒楊弁盡斬其亂卒百餘稱賀二月甲寅朔丁巳制晉絳河中慈隰等州節度觀察等使中散大夫檢校左散騎常侍卽河中尹御史大夫上柱國博陵縣開國男食邑三百戶崔元式可檢校禮部尚書兼太原尹北都留守充河東節度觀察等使戊午夜太白犯鎮星辛酉太原送楊弁與其同惡五十四人來獻斬於狗脊嶺三月以晉絳副招討石雄爲澤潞西面招討以汾州刺史李丕爲副以道士趙歸眞爲左右街道門教授先生時帝志學神仙師歸眞歸眞乘寵每對排毀釋氏言非中國之教蠹耗生靈盡宜除去帝頗信之四月王宰進軍攻澤州五月以司農卿薛元賞爲京兆尹六月金紫光祿大夫尚書右僕射中書侍郎同平章事判度支崔珙貶澧州刺史癸丑勑諫官論事所見不同連狀署名事同糾率此後凡論公事各隨已見不得連署姓名如有大政奏論即可連署制追削故左軍中尉仇士良先授官及贈官其家財並籍沒士良死後中人於其家得兵杖數千件兼發士良宿罪故也

○勑責授官銀青光祿大夫澧州刺史上柱國安平郡開國公食邑二千戶崔珙再貶恩州司馬員外置以珙領鹽鐵時欠宋滑院鹽鐵九十萬貫帝令度支鹽鐵轉運合爲一使七月以淮南節度使檢校司空杜悰守尚書右僕射兼門下侍郎同平章事仍判度支充鹽鐵轉運等使又制銀青光祿大夫守尚書右僕射兼門下侍郎同平章事監修國史上柱國趙郡開國公食邑二千戶李紳可檢校司空平章事揚州大都督府長史淮南節度副大使知節度事吏部條奏中外合減官員一千一百一十四員王元逵奏邢州刺史裴問別將高元武以城降洺州刺史王釗磁州刺史安玉以城降何弘敬山東三州平潞州大將郭誼張谷陳揚廷遣人至王宰軍請殺稹以自贖王宰以聞乃等詔石雄率軍七千入潞州誼斬劉稹首以迎雄澤路平五州八月戊戌王宰傳稹首與大將郭誼等一百五十人露布獻於京師上御安福門受俘百寮樓前稱賀以魏博節度使檢校尚書右僕射同平章事何弘敬進封廬江郡開國公食邑二千戶以成德軍節

度使王元逵檢校司空兼太子太師同平章事進封太原郡開國公食邑二千戶宰相李德裕守太尉進封衛國公加食邑一千戶以兵部侍郎翰林學士承旨崔鉉爲中書侍郎同平章事河東節度使陳夷行卒九月以天德軍使晉絳行營招討使石雄檢校兵部尚書河中尹兼御史大夫河中晉絳慈隰等州節度使以前山南東道節度使盧鈞檢校尚書左僕射潞州大都督府長史充昭義軍節度使澤潞邢洺觀察等使以忠武軍節度陳許蔡等州觀察處置等使河陽行營諸軍招討使金紫光祿大夫檢校尚書右僕射兼御史大夫上柱國太原郡開國公食邑二千戶王宰檢校司空太原尹北都留守充河東節度管內觀察處置等使制曰逆賊郭誼等狐鼠之妖依丘穴而作固牛羊之力得水草而逾充久從叛臣皆貪逆氣劉從諫背德反義掩賊藏姦積其怙亂之謀無非親吏之計劉公直安全慶等各馮地險屢抗王師每肆悖言常懷革面況郭誼王協聞邢洺歸款懼義旅覆巢賣孽童以圖全據堅城而請命昔伍被詣吏不免就誅

○延岑出降終亦夷族致之大辟無所愧懷郭誼劉公直王協安全慶李道德李佐堯劉稹稹母阿裴稹弟曹九滿郎君郎妹四娘五娘從兄洪卿漢卿周卿魯卿匡堯張谷男匡鮮愁陳楊廷弟宣男醜奴張溢男歡郎三寶門客甄戈伎術人郭誼將黨李訓兄仲京王涯姪孫羽韓約男茂章茂實王璠男珪等並處斬于獨柳勑以河陽三城鎮遏使爲孟州割澤州隸焉與懷孟澤爲節度號河陽制以皇子愕爲開府儀同三司夏州刺史朔方軍節度大使時党項叛命親王以制之十月車駕幸鄠縣十一月幸雲陽十二月勑郊禮日近獄囚數多案款已成多有翻覆其兩京天下州府見繫囚已結正及兩度審案伏欵者並令先事結斷訖申時左僕射王起頻年知貢舉每貢院考試訖上牓後更呈宰相取可否復人數不多宰相延英論言主司試藝不合取宰相與奪比來貢舉艱難放人絶少恐非弘訪之道帝曰貢院不會我意不放子弟即大過無論子弟寒門但取實藝耳李德裕對曰鄭肅封敖有好子弟不敢應舉帝曰我比聞楊虞卿兄弟朋

比貴勢妨平人道路非楊知至鄭朴之徒並令落下抑其太甚耳德
裕曰臣無名第不合言進士之非然臣祖天寶末以仕進無他伎勉
強隨計一舉登第自後不於私家置文選蓋惡其祖尚浮華不根藝
實然朝廷顯官須是公卿子弟何者自小便習舉業自熟朝廷間事
臺閣儀範班行准則不教而自成寒士縱有出人之才登第之後始
得一班一級固不能熟習也則子弟成名不可輕矣
五年春正月己酉朔勑造望僊臺於南郊壇時道士趙歸真特承恩
礼諫官上疏論之延英帝謂宰臣曰諫官論趙歸真此意要卿等知
朕宮中無事屏去聲技但要此人道話耳李德裕對曰臣不敢言前
代得失只緣歸真於敬宗朝出入宮掖以此人情不願陛下復親近
之帝曰我爾時已識此道人不知名歸真只呼趙練師在敬宗時亦
無甚過我與之言滌煩爾至於軍國政事唯卿等與次對官論何須
問道士非直一歸真百歸真亦不能相惑歸真自以涉物論遂舉羅
浮道士鄧元起有長年之術帝遣中使迎之繇是與衡山道士劉玄

○靖及歸真膠固排毀釋氏而拆寺之請行焉宰臣李德裕杜悰李讓
夷崔鉉太常卿孫簡等率文武百寮上徽號曰仁聖文武章天成功
神德明道皇帝辛亥有事於郊廟礼畢御承天門大赦天下庚申義
安太后崩敬宗之母也遺令皇帝三日聽政十三日小祥二十五日
大祥二十七日釋服兵部尚書歸融奏事貴得中礼從順變配祔之
礼宜有等差請降服朞以日易月十二日釋服內外臣寮亦請以其
日釋服陵園制度請無降殺從之以前太原節度使檢校司空李石
以本官充東都留守二月戊寅朔太白掩昴之北側諫議大夫權知
禮部貢舉陳商選士三十七人中第物論以為請託令翰林學士白
敏中覆試落張瀆李玗薛忱張覲崔槧王諶劉伯芻等七人三月崔
鉉罷知政事出為陝虢觀察使以御史中丞兼兵部侍郎李回本官
同平章事夏四月皇第四女封延慶公主第五女封靖樂公主勑祠
部檢括天下寺及僧尼人數大凡寺四千六百蘭若四萬僧尼二十
六萬五百宰相杜悰罷知政事以戶部侍郎判戶部崔元式同平章

事六月丙子勑漢魏已來朝廷大政必下公卿詳議博求理道以盡
群情所以政必有經人皆向道此後事關礼法群情有疑者令本司
申尚書都省下礼官参議如是刑獄亦先令法官詳議然後申刑部
参覆如郎官御史有能駁難或據經史故事議論精當即擢授遷改
以獎之如言涉浮華都無經據不在申聞神策奏修望僊樓及廊舍
五百三十九間功畢秋七月庚子勑併省天下佛寺中書門下條疏
聞奏據令式諸上州国忌日官吏行香於寺其上州望各留寺一所
有列聖尊容便令移於寺內其下州寺並廢其上都東都兩街請留
十寺寺僧十人勑曰上州合留寺工作精妙者留之如破落亦宜廢
毀其合行香日官吏宜於道觀其上都下都每街留寺兩所寺留僧
三十人上都左街留慈恩薦福右街留西明莊嚴中書又奏天下廢
寺銅像鍾磬委鹽鐵使鑄錢其鐵像委本州鑄為農器金銀鍮石等
像銷付度支衣冠士庶之家所有金銀銅鐵之像勑出後限一月納
官如違委鹽鐵使依禁銅法處分其土木石等像合留寺內依舊又

○奏僧尼不合隸祠部請隸鴻臚寺其大秦穆護等祠釋教既已釐革
邪法不可獨存其人並勒還俗遞歸本貫充稅戶如外國人送還本
處收管八月制朕聞三代已前未嘗言佛漢魏之後像教寖興是由
季時傳此異俗因緣染習蔓衍滋多以至於蠹耗國風而漸不覺誘
惑人意而衆益迷泊於九州山原兩京城闕僧徒日廣佛寺日崇勞
人力於土木之功奪人利於金寶之飾遺君親於師資之際違配偶
於戒律之間壞法害人無逾此道且一夫不田有受其飢者一婦不
蠶有受其寒者今天下僧尼不可勝數皆待農而食待蠶而衣寺宇
招提莫知紀極皆雲構藻飾僭擬宮居晉宋齊梁物力凋瘵風俗澆
詐莫不由是而致也況我高祖太宗以武定禍亂以文理華夏執此
二柄足以經邦豈可以區區西方之教與我抗衡哉貞觀開元亦嘗
釐革剗除不盡流行轉滋朕博覽前言旁求輿議弊之可革斷在不
疑而中外誠臣協予至意條疏至當 宜在必行懲千古之蠹源成百
王之典法濟人利衆予何讓焉其天下所拆寺四千六百餘所還俗

僧尼二十六萬五百人收充兩稅戶拆招提蘭若四萬餘所收膏腴
上田數千萬頃收奴婢為兩稅戶十五萬人隸僧尼屬主客顯明外
國之教勒大秦穆護祆二千餘人還俗不雜中華之風於戲前古未
行似將有待及今盡去豈謂無時驅游惰不業之徒已逾十萬廢丹
雘無用之室何啻億千自此清淨訓人慕無為之理簡易齊政成一
俗之功將使六合黔黎同歸皇化尚以革弊之始日用不知下制明
廷宜體予意制第六女封樂溫公主第七女封長寧公主中書奏伏
見公主上表稱妾某者伏以臣妾之義取其賤稱家人之礼即宜區
別臣等商量公主上表請如長公主之例並云某邑公主幾女上表
郡縣主亦望依此例稱謂從之九月火星犯上將十月乙亥中書奏
池水縣武牢關是太宗擒王世充竇建德之地關城東峯有二聖塑
容在一堂之內伏以山河如舊城壘猶存威靈皆盛於軒臺風雲疑
還於豊沛誠宜百代嚴奉萬邦式瞻西漢故事祖宗嘗行幸處皆令
邦國立廟今緣定覺寺例合毀拆望取寺中大殿材木於東峯以造
〇一殿四面置宮牆伏望名為昭武廟以昭聖祖武功之盛委懷孟節
度使差判官一人勾當緣聖像年代以久望令李石於東都揀好畫
手就增嚴飾務興功日望令東都差分司官一員薦告從之十一月
甲辰勅悲田養病坊緣僧尼還俗無人主持恐殘疾無以取給兩京
量給寺田賑濟諸州府七頃至十頃各於本管選耆壽一人勾當以
充粥料十二月車駕幸咸陽給事中韋弘質上疏論中書權重三司
錢穀不合相府兼領宰相奏論之曰臣等昨於延英對恭聞聖旨常
欲朝廷尊臣下肅此是陛下深究理本也臣按管子云凡國之重器
莫重於令令重則君尊君尊則國安故國安在於尊君尊君在于行
令君人之理本莫要于出令故曰虧令者死益令者死不行令者死
不從令者死又曰令行于上而下論可不可是上失其威下繫於人
也自太和已來其風大弊令出于上非之於下此弊不除無以理國
也昨韋弘質所論宰相不合兼領錢穀臣等輒以事體陳聞昔匡衡
所以云大臣者國家之股肱萬姓所瞻仰明王所慎擇傳曰下輕

其上賤人圖柄則國家搖動而人不靜弘質受人教導輒獻封章是
則賤人圖柄矣蕭望之漢朝名儒重德為御史大夫奏云今首歲日
月少光罪在臣等上以望之意輕丞相乃下侍中御史詰問貞觀中
監察御史陳師合上書云人之思慮有限一人不可兼總數職太宗曰
此人妄有毀謗欲離間我君臣流師合於嶺外賈誼云人主如堂群
臣如陛陛高則堂高亦由將相重君臣尊其勢然也如宰相姦謀隱
慝則人人皆得上論至於制置職業固是人主之柄非小人所得干
議古者朝廷之士各守其官思不出位弘質賤人豈得以非所宜言
上瀆明主此是輕宰相撓時政也昔東漢處士橫議遂有黨錮事起
此事深要懲絕伏望陛下詳其姦詐去其朋徒則朝廷安靜制令肅
然臣等不勝感憤之至弘質坐貶官又奏曰天寶已前中書除機密
遷授之外其他政事皆與中書舍人同商量自艱難已來務從權便
政頗去於臺閣事多繫於軍期決遣萬機不暇博議臣等商量今後
除機密公事外諸侯表疏百寮奏事錢穀刑獄等事望令中書舍人
〇六人依故事先參詳可否臣等議而奏聞從之李德裕在相位日久
朝臣為其所抑者皆怨之自崔鉉杜悰罷相後中貴人上前言德裕
太專上意不悅而白敏中之徒教弘質論之故有此奏而德裕結怨
之深由此言也

六年春正月癸卯朔丁巳左散騎常侍致仕馮定卒贈工部尚書已
未南詔契丹室韋渤海牂牁昆明等國遣使入朝對于麟德殿兵部
侍郎判度支盧商奏諸道兵討伐党項今差度支郎官一人往所在
有糧料州郡先計度支給從之己丑渤海王子大之萼入朝東都太
微宮修成玄元皇帝玄宗肅宗三聖容遣右散騎常侍裴章往東都
薦獻監察元壽奏前彭州刺史李鉄買本州龍興寺婢為乳母違法
貶隨州長史二月壬申朔癸酉以時雨愆候詔京城天下繫囚除官
典犯贓持伏劫殺忤逆十惡外罪遞減一等並釋放征党項行營兵
士不得濫有殺傷丁丑左拾遺王龜以父興元節度使起年高乞休
官侍養從之是夜月犯畢大星相去三寸庚辰以夏州節度使米暨

充東北道招討党項使壬午右庶子呂讓進狀亡兄温女太和七年
嫁左衛兵曹蕭敏生二男開成三年敏心疾乖忤因而離婚今敏日
愈却乞與臣姪女配合從之乙酉前太子少保劉沔可太子太保致
仕前壽州刺史王鎮貶潞州長史丁亥夜月色少光至一更一點犯
熒惑相去四寸後良久其光燭地在軫七度壬辰以翰林學士起居
郎孫穀為兵部員外郎充職以旱停上巳曲江賜宴勅比緣錢重幣
輕生人轉困今新加鼓鑄必在流行通變救時莫切於此宜申先甲
之令以儆居貨之徒京城諸道宜起來年正月已後公私行用並取
新錢其舊錢權停三數年如有違犯同用鉛錫錢例科斷其舊錢並
没納又勅諸道鑄錢已有次第須令舊錢流例有布絹價值稍增文
武百寮俸料起三月一日並給見錢一半先給疋段對估時價皆給
見錢貶舒州刺史蘇滌為連州刺史滌李宗閔黨前自給事中為德
裕所斥累年郡守至是李紳言其無政故也以邠寧節度使高承恭
充西南面招討党項使丙申夜月掩牛南星又犯歲星丁酉新羅使
金國連入朝辛丑夜東北流星如桃色赤其光燭地尾迹入大角西
流穿紫微垣三月壬寅上不豫制改御名炎帝重方士頗服食修攝
親受法籙至是藥躁喜怒失常疾既篤旬日不能言宰相李德裕等
請見不許中外莫知安否人情危懼是月二十三日宣遺詔以皇太
叔光王柩前即位是日崩時年三十三謚曰至道昭肅孝皇帝廟號
武宗其年八月葬於端陵德妃王氏祔焉

史臣曰開成中王室寖卑政由閽寺及綴衣將變儲位遽移昭肅以
孤立維城副茲當璧而能雄謀勇斷振已去之威權運策勵精拔非
常之俊傑屬天驕失國潞孽阻兵不惑盈庭之言獨納大臣之計戎
車既駕亂略底寧紀律再張聲名復振足以蹈彰武出師之迹繼元
和戡亂之功然後迂訪道之車築礼神之館棲心玄牝物色幽人將
致俗於大庭欲希蹤於姑射於是削浮圖之法懲游惰之民志欲矯
步丹梯求珠赤水徒見蕭衍姚興之謬本不悟秦王漢武之非求蓋
惑於左道之言偏斥異方之說況身毒西來之教向欲千禩蚩蚩之
民習以成俗畏其教甚於國法樂其徒不畏釜僊如文身祝髮之鄉
久習而莫知其醜以吐火吞刀之戲乍觀而便以爲神安可正之以
咸韶律之以章甫加以笮融何充之佞代不乏人非荀卿孟子之賢
誰與正論一朝槩殘金狄燔棄胡書結怨於膜拜之流犯怒於鄙夫
之口哲王之舉不駭物情前代存而勿論實爲中道欲革斯弊以俟
河清昭肅明照聽斯弊矣

唐書本紀卷第十八上

劉　昫　等修
聞人詮校刻沈桐同校

宣宗

宣宗聖武獻文孝皇帝諱忱憲宗第十三子母曰孝明皇后鄭氏元和五年六月二十二日生於大明宮長慶元年三月封光王名怡會昌六年三月一日武宗疾篤遺詔立爲皇太叔權勾當軍國政事翌日柩前即帝位改今名時年三十七帝外晦而內明嚴重寡言視瞻特異幼時宮中以爲不慧十餘歲時遇重疾沈綴忽有光輝燭身蹶然而興正身拱揖如對臣寮乳媪以爲心疾穆宗視之撫其背曰此吾家英物非心憊也賜以玉如意御馬金帶常夢乘龍昇天言之於鄭后乃曰此不宜人知者幸勿復言歷太和會昌朝愈事韜晦群居游處未嘗有言文宗武宗幸十六宅宴集強誘其言以爲戲劇謂之光叔武宗氣豪尤不爲禮及監國之日哀毀滿容接待群寮決斷庶

○務人方見其隱德焉四月辛未釋服尊母鄭氏曰皇太后以兵部侍郎翰林學士承旨白敏中守本官同中書門下平章事以特進守太尉門下侍郎同平章事上柱國衛國公食邑二千戶李德裕檢校太尉同平章事江陵尹荊南節度使以中散大夫大理卿馬植爲金紫光祿大夫刑部侍郎充諸道鹽鐵等使以成德軍節度使王元逵檢校太保山南西道節度使王起檢校司空魏博節度使何弘敬淮南節度使李昇並檢校司空劍南西川節度使崔鄲檢校尚書右僕射同中書門下平章事並如故東都留守李石奏修奉太廟畢所迎奉太微宮神主祔廟訖東都太廟者本武后家廟神龍中中宗反正廢武氏廟主立太祖已下神主祔之安祿山陷洛陽以廟爲馬廐棄其神主而協律郎嚴郢收而藏之史思明再陷洛陽尋又散失賊平東京留守盧正己又募得之廟已焚毀乃寄主於太微宮大曆十四年留守路嗣恭奏重修太廟以迎神主詔百官參議紛然不定禮儀使顏真卿堅請歸祔不從會昌五年留守李石因太微宮正殿圮以廢弘敬寺爲太廟迎神主祔之又下百寮議皆言准故事無兩都俱置之禮唯禮部侍郎陳商議云周之文武有鎬洛二廟今兩都異廟可也然不宜置主於廟主宜依禮瘞於廟之北墉下事未行而武宗崩宣宗即位因詔有司迎太微宮寓主祔瘞寺之新廟而知禮者非之制皇長男溫可封鄆王二男涇可封雅王第三男滋可封蘄王第四男沂可封慶王五月左右街功德使奏准今月五日赦書節文上都兩街舊留四寺外更添置八所兩所依舊名興唐寺保壽寺六所請改舊名寶應寺改爲資聖寺青龍寺改爲護國寺菩提寺改爲保唐寺清禪寺改爲安國寺法雲尼寺改爲唐安寺崇敬尼寺改爲唐昌寺右街添置八所西明寺改爲福壽寺莊嚴寺改爲聖壽寺舊留寺二所舊名千福寺改爲興元寺化度寺改爲崇福寺永泰寺改爲萬壽寺溫國寺改爲崇聖寺經行寺改爲龍興寺奉恩寺改爲興福寺勑旨依奏誅道士劉玄靖等十二人以其說惑武宗排毀釋氏故也今月五日赦書節文吏部三銓選士祗憑資考多匪實才許觀察

○使刺史有奇才異政之士聞薦試用又觀察使刺史交代之時冊書所交戶口如能增添至千戶即與超遷如逃亡至七百戶罷後三年內不得任使又徙流人在天德振武者管中量借糧種俾令耕田以爲業以劍南東川節度使檢校禮部尚書盧商爲兵部侍郎同平章事六月以戶部侍郎充諸道鹽鐵轉運使馬植本官同平章事七月以兵部尚書李讓夷爲劍南東川節度使十月勑太廟祫享合以功臣配其憲宗廟以裴度杜黃裳李愬高崇文等配享以荊南節度使李德裕爲東都留守十一月有司享太廟其穆宗室文曰皇兄太常博士閔慶之奏夫禮有尊尊而不敘親親祝文稱弟未當請改爲嗣皇帝從之京兆府奏京師百司職田斛㪷請准會昌三年例許人戶自送納京師所冀州縣無得欺隱從之以江西觀察使周墀爲義成軍節度使鄭滑觀察等使十二月刑部尚書判度支崔元式奏准七月二日勑綾紗絹等次弱疋段並同禁斷不得織造臣欲與鹽鐵戶部三司同條疏先勘左藏庫令分析出次弱疋段州府即牒本道官吏

索狹小機杼令焚毀其已納到次弱疋段具數以聞上從之大中元
年春正月戊戌朔宮苑使奏皇帝致齋行事內諸宮苑門共九十四
所並令鎖閉鑰匙進內候車駕還宮則請頒從之戊申皇帝有事於
郊廟禮畢御丹鳳門大赦改元制條曰古者郎官出鄉相治郡所以
重親人之官急為政之本自澆風久扇此道稍消頡頏清途便臻顯
貴治人之術未嘗經心欲使究百姓艱危通天下利病不可得也為
政之始思厚儒風軒墀近臣蓋備顧問如其不知人疾苦何以贊朕
眷求今後諫議大夫給事中中書舍人未曾任刺史縣令或在任有
贓累者宰臣不得擬議守宰親人職當撫字三載考績著在格言貞元
年中釐下明詔縣令五考方得改移近者因循都不遵守諸州或得
五考畿府罕及二年以此字人若為成政道途郡吏有迎送之勞鄉
里庶民無蘇息之望自今須滿三十六箇月永為常式二月丁卯制憲
宗第十七子惕封彭王第十八子惴為棣王第五子澤為濮王第六
子潤為鄂王勅修百福殿以檢校太尉東都留守李德裕為太子少

保分司東都以給事中鄭亞為桂州刺史御史中丞桂管防禦觀察
等使二月丁酉禮部侍郎魏扶奏臣今年所放進士三十三人其封
彥卿崔琢鄭延休等三人實有詞藝為時所稱皆以父兄見居重位
不得令中選詔令翰林學士承旨戶部侍郎韋琮重考覆勅曰彥卿
等所試文字並合度程可放及第有司考試秪在至公如涉請託自
有朝典今後但依常例放榜不得別有奏聞帝雅好儒士留心貢舉
有時微行人間採聽輿論以觀選士之得失每山池曲宴學士詩什
屬和公卿出鎮亦賦詩餞行凡對臣寮肅然拱揖鮮有輕易之言大
臣或獻章疏即燒香盥手而覽之當時以大中之政有貞觀之風焉
又勅自今進士放榜後杏園任依舊宴集有司不得禁制武宗好巡遊
故曲江亭禁人宴聚故也閏三月勅會昌季年併省寺宇雖云異方
之教無損致理之源中國之人久行其道釐革過當事體未弘其靈
山勝境天下州府應會昌五年四月所廢寺宇有宿舊名僧復能修
創一任住持所司不得禁止四月積慶太后蕭氏崩謚曰貞獻文宗

母也六月以義成軍節度使周墀為兵部侍郎判度支冊黠戛斯王
子為英武誠明可汗命鴻臚卿李業入蕃冊拜以金紫光祿大夫守
太子少保分司東都上柱國奇章郡開國公食邑二千戶牛僧孺守
太子太師銀青光祿大夫行太子賓客上柱國隴西郡開國公食邑
二千戶李彥佐為太子太保並依前分司以左諫議大夫庾簡休為
虢州刺史以正議大夫行尚書考功郎中知制誥上柱國崔璵為中
書舍人以中散大夫前朔州刺史彭陽縣開國男食邑三百戶令狐
綯行尚書考功郎中知制誥秋七月制以正議大夫尚書戶部侍郎知
制誥翰林學士承旨上柱國賜紫金魚袋韋琮以本官同中書門下平
章事以太子少保分司東都衛國公李德裕為人所訟貶潮州司馬
員外置同正員八月工部尚書中書侍郎平章事盧商出為鄂岳觀
察使神策軍奏修百福殿成名其殿曰雍和殿樓曰親親樓凡廊舍
屋宇七百間以會諸王子孫九月前永寧縣尉吳汝納詣闕稱冤言
弟湘會昌四年任揚州江都縣尉被節度使李紳誣奏湘贓罪宰相李

德裕曲情附紳斷臣弟湘致死詔下御史臺鞫按
三年春正月壬戌宰臣率文武百寮上徽號曰聖敬文思和武光孝
皇帝御宣政殿受冊訖宣德音神策軍修左銀臺門樓屋宇及南面
城牆至廣武樓二月制劍南西川節度光祿大夫檢校吏部尚書同
平章事成都尹上柱國隴西郡開國公食邑二千戶李回責授湖南
觀察使桂州刺史御史中丞鄭亞責授管防禦觀察使循州刺史前
淮南觀察判官魏鉶貶吉州司戶陸渾縣令元壽貶韶州司戶殿中
侍御史蔡京貶澧州司馬御史臺奏據三司推勘吳湘獄謹具逐
罪狀如後揚州都虞候盧行立劉群於會昌二年五月十四日於阿
顏家喫酒與阿顏母阿焦同坐群自擬收阿顏為妻妄稱監軍使處
分要阿顏進奉不得嫁人兼擅令人監守其阿焦遂與江都縣尉吳
湘密約嫁阿顏與湘劉群與押軍牙官李克勳即時遮欄不得乃令
江都百姓論湘取受節度使李紳追湘下獄計贓處死具獄奏聞朝
廷疑其冤差御史崔元藻往揚州按問據湘雖有取受罪不至死李

德裕黨附李紳乃貶元藻嶺南取淮南元申文案斷湘處死令據三司使追崔元藻及淮南元推判官魏鉶幷關連人款狀淮南都虞候劉群元推判官魏鉶典孫貞高利錢倚黃嵩江都縣典沈頒臣宰節度押牙白涉鎮遏使傅義左都虞候盧行立天長縣令張弘思典張洙清陳迴右廂子巡李行璠典臣金弘舉送吳湘妻女至澧州取受錢物人潘宰前揚府錄事參軍李公佐元推官元壽吳珙翁恭太子少保分司李德裕西川節度使李回桂管觀察使鄭亞等伏候勑旨其月勑李回鄭亞元壽魏鉶已從別勑處分李紳起此冤訴本由不真今旣身歿無以加刑粗塞衆情量行削奪宜追奪三任官告送刑部注毀其子孫稽於經義罰不及嗣並釋放李德裕先朝委以重權不務絕其黨庇致使冤苦直到于今職爾之由能無恨歎昨以李威所訴已經遠貶俯全事體特爲從寬宜准去年勑令處分張弘思李公佐卑吏守官制不由已不能守正曲附權臣各削兩任官崔元藻曾受無辜之貶合從洗雪之條委中書門下商量處分李恪詳驗款

○狀蠹害最深以其多時須議臧等委京兆府決脊杖十五配流天德李克勳欲收阿顏決脊杖二十配流硤州劉群據其欵狀合議痛刑曾効職官不欲決脊決臀杖五十配流岳州其盧行立及諸典吏委三司使量罪科放訖聞奏三月己酉兵部侍郎判度支周墀本官平章事以禮部尚書鹽鐵轉運使馬植本官同平章事日本國王子入朝貢方物王子善碁帝令待詔顧師言與之對手五月己未日有蝕之六月己丑太皇太后郭氏崩謚曰懿安憲宗妃穆宗之母也戶部侍郎兼御史大夫判度支崔龜從奏應諸司場院官請却官本錢後或有欺隱欠負徵理須足不得苟從恩蕩以求放免今後凡隱盜欠負請如官典犯贓例處分縱逢恩赦不在免限從之七月戊午以前山南西道節度使高元裕爲吏部尚書八月戊子朝散大夫中書舍人充翰林學士上柱國平陰縣開國男食實封三百戶賜紫金魚袋畢諴爲刑部侍郎九月勑比有無良之人於街市投匿名文書及於衙前上或旗幡上縱爲奸言以亂國法此後所由切加捉搦如獲此

色便仰焚瘞不得上聞十一月兵部侍郎判戶部事魏扶奏天下州府錢物斛㪷文簿並委錄事參軍專判仍與長史通判至交代時具數申奏如無懸欠量與獎選注擬勑路隨等所修憲宗實錄舊本却仰施行其會昌新修者仰並進納如有抄錄得勑到並納史館不得輒留委州府嚴加搜捕以戶部侍郎判度支崔龜從本官同平章事銀青光祿大夫門下侍郎兼禮部尚書同平章事韋琮爲太子詹事分司東都三年春正月丙寅涇原節度使康季榮奏吐蕃宰相論恐熱以秦原安樂三州及石門等七關之兵民歸國詔太僕卿陸耽往喻旨仍令靈武節度使朱叔明邠寧節度使張君緒各出本道兵馬應接其來以太常卿封敖檢校兵部尚書爲興元尹山南西道節度使三月乙卯勑待詔官宜令與刑法官諫官次對銀青光祿大夫中書侍郎同平章事監修國史上柱國汝南縣開國子食邑五百戶周墀檢校刑部尚書梓州刺史充劍南東川節度使四月以正議大夫守中書侍郎同平章事集賢殿大學士賜紫金魚袋馬植爲太子賓

○客分司東都以正議大夫守御史大夫上柱國博陵縣開國子食邑五百戶賜紫金魚袋崔鉉可中書侍郎平章事正議大夫行兵部侍郎判戶部事上柱國鉅鹿縣開國男食邑五百戶賜紫金魚袋魏扶可本官平章事五月幽州節度使檢校司徒平章事張仲武卒三軍以其子直方知留後事六月癸未五色雲見于京師勑先經流貶罪人不幸歿於貶所有情非惡逆任經刑部陳牒許令歸葬絕遠之處仍量事官給棺櫝康季榮奏收復原州石門驛藏木峽制勝六盤石峽等六關訖邠寧張君緒奏今月十三日收復蕭關御史臺奏義成軍節度使韋讓於懷真坊侵街造屋九間已令毀拆訖勑於蕭關置武州改長樂爲威州七月三州七關軍人百姓皆河隴遺黎數千人見於闕下上御延喜門撫慰令其解辮賜之冠帶共賜絹十五萬疋八月鳳翔節度使李玭奏收復秦州制曰自昔皇王之有國也曷嘗不文以守成武以集事參諸二柄歸乎大寧朕猥荷丕圖思弘景運憂勤庶政四載于茲每念河湟土疆緜亘遐闊自天寶末犬戎乘我多難

無力禦姦遂縱腥羶不遠京邑事更十葉時近百年進士試能靡不竭其長策朝廷下議皆亦聽其直詞盡以不生邊事爲永圖且守舊地爲明理荏苒於是收復無由今者天地儲祥祖宗垂佑左衽輸款邊壘連降刷耻建功所謀必剋實樞衡妙算將帥雄稜副玄元不爭之文絕漢武遠征之悔旣脫頓空於內地斥堠全據於新封莫大之休指期而就況將士等櫛沐風雨暴露郊原披荆棘而刁斗夜嚴逐豺狼而穹廬曉破動皆如意古無與京念此誠勤宜加寵賞涇原宜賜絹六萬疋靈武五萬疋鳳翔邠寧各四萬疋並以戶部產業物色充仍待季榮叔明李玭君緒各迴戈到鎮度支差腳支送四道立功將士各具名銜聞奏當議甄酬其秦威原三州及七關側近訪聞田土肥沃水草豐美如百姓能耕墾種蒔五年內不加稅賦五年已後重定戶籍便任爲永業溫池鹽利可贍邊陲委度支制置聞奏鳳翔邠寧靈武涇原守鎮將士如能於本戍處耕墾營田即度支給賜牛糧子種每年量得斛㪷便充軍糧亦不限約定數三州七關鎮守官健

每人給衣糧兩分一分依常年例支給一分度支加給仍二年一替換其家口委長吏切加安存官健有莊田戶籍者仰州縣放免差役秦州至隴州已來道路要置堡柵與秦州應接委李玭與劉皐即便計度聞奏如商旅往來官健父兄子弟通傳家信關司並不得邀詰阻滯三州七關刺史關使將來訓練捍防有効能者並與超序官爵劒南西川沿邊沒蕃州郡如力能收復本道亦宜接借三州七關創置戍卒且要務靜如蕃人求市切不得通有來投降者申取長吏處分嗚呼七關要害三郡膏腴候館之殘趾可尋唐人之遺風尚在追懷往事良用興嗟夫取不在廣貴保其金湯得必有時詎計於遲速今則便務修築不進干戈必使足食足兵有備無患載洽亭育之道示致生靈之安中外臣寮宜體朕意九月辛亥西川節度使杜悰奏收復維州制曰朕祗荷丕業思平泰階將分邪正之源冀使華夷胥悅其有常登元輔久奉武宗深苞禍心盜弄國柄雖已行譴斥之典而未塞億兆之言是議再舉 朝章式遵彝憲守潮州司馬員外置同正

員李德裕早藉門地叨踐清華累居將相之榮唯以姦傾爲業當會昌之際極公台之榮騁諛佞而得君遂恣橫而持政專權生事妬賢害忠動多詭異之謀潛懷僭越之志秉直者必棄向善者盡排誣貞良造朋黨之名肆讒構生加諸之釁計有踰於指鹿罪實見其欺天屬者方處鈞衡曾無嫌避委國史於愛婿之手寵祕文於弱子之身洎忝信書亦引親昵恭惟元和實錄乃不刊之書擅敢改張罔有畏忌奪他人之懿績爲私門之令猷又附李紳之曲情斷成吳湘之冤獄凡彼簪纓之士遏其取捨之途驕居自夸狡蠹無對擢爾之髮數罪未窮載覩罔上之由益驗無君之意使天下之人重足而迹皆讋懼奉面而慢易在心爲臣若斯於法何逭於戲朕務全大體久爲含容雖黜降其官榮尚蓋藏其醜狀而睥睨未已兢惕無聞積惡旣彰公議難抑是宜移投荒服以謝萬邦中外臣寮當知予意可崖州司戶叅軍所在馳驛發遣縱逢恩赦不在量移之限以起居郞處道蔚禮部員外郞李文儒並充翰林學士十月辛巳京師地震河西天德靈

夏尤甚戍卒壓死者數千人十一月東川節度使鄭涯鳳翔節度使李玭奏修文川谷路自靈泉至白雲置十一驛下詔褒美經年爲雨所壞又令封敖修斜谷舊路以刑部侍郞常有翼爲御史中丞以職方員外郞鄭處誨兼御史知雜幽州軍亂逐其留後張直方軍人推其衙將周綝爲留後十二月追謚順宗曰至德大聖大安孝皇帝憲宗曰昭文彰武大聖孝皇帝初以河湟收復百寮請加徽號帝曰河湟收復繼成先志朕欲追尊祖宗以昭功烈白敏中等對曰非臣愚昧所能及至是上御宣政殿行事及冊出俯僂目送流涕嗚咽崖州司戶叅軍李德裕卒於貶所四年春正月以追尊二聖御正殿大赦天下徒流比在天德者以十年爲限旣遇鴻恩例減三載但使循環添換邊不闕人次第放歸人無怨苦其秦原威武諸州諸關先准格徒流人亦量與立限止於七年如要任者亦聽諸州府縣官如請工假一月已下權差諸廳判官一月已上即准勾當例其課料等據數每貫剋二百文與見判案官添給有故意殺人者雖已傷未死已死更

生意欲殺傷偶然得免並同已殺人條處分二月皇女萬壽公主出
降右拾遺鄭顥以顥爲銀青光祿大夫行起居郎駙馬都尉三月己
卯刑部奏監臨主守應將官物私自貸使并將借人及以己物中納官
司者並準知別當主掌所由有犯贓並同犯入己贓不在原赦之限
從之以幽州節度副大使檢校工部尚書張直方爲左金吾衛將軍四
月勅法司用刑或持巧詐分律兩端遂成其罪既奸吏得計則黎庶
何安自今後應書罪定刑宜直指其事不得舞文妄有援引又刑部
奏准今年正月一日勅節文據會昌元年三月二十六日勅竊盜贓
至一貫文處死宜委所司重詳定條目奏聞臣等檢校並請准建中三
年三月二十四日勅竊盜贓滿三疋已上決殺如贓數不充量請科
放從之七月丙子大理卿劉濛奏古者懸法示人欲使人從善遠罪
至於不犯以致刑措准太和二年十月二十六日刑部侍郎高鉞條
疏准勘節目一十一件下諸州府粉壁書於錄事參軍食堂每申奏
罪人須依前件節目歲月滋久文字湮淪州縣推案多違漏節目今後
請下諸道令刻石置於會食之所使官吏起坐觀省記憶條目庶令
案牘周詳從之八月刑部侍郎御史中丞魏謩奏諸道州府百姓詣
臺訴事多差御史推劾臣恐煩勞州縣先請差度支戶部鹽鐵院官
帶憲銜者推劾又各得三司使申稱院官人數不多例專掌院務課
績不辦今諸道觀察使幕中判官少不下五六人請於其中帶憲銜
者委令推劾如累推有勞能雪冤滯御史臺闕官便令奏用從之九
月以朝請大夫檢校禮部尚書孟州刺史河陽三城節度使李拭爲
太原尹北都留守河東節度等使幽州節度使周綝卒軍人立其牙
將張允伸爲留後十月中書侍郎平章事魏扶罷知政事十一月己
亥勅收復成維扶等三州建立已定條令制置一切合同其已配到
流人宜准秦原威武等州流例七年放還以戶部侍郎判本司事令
狐綯爲兵部侍郎同平章事十二月以華州刺史周敬復爲光祿大
夫檢校左散騎常侍兼洪州刺史江南西道團練觀察使賜金紫
五年春正月甲戌制皇第七子洽封懷王第八子汭爲昭王第九子

汶爲康王勅兩京天下州府起　大中五年正月一日已後三年內不
得殺牛如郊廟享祀合用者即　與諸畜代二月戶部侍郎裴休充諸
道鹽鐵轉運等使四月癸卯刑部侍郎劉瑑奏據今年四月十三日已
前凡三百四十四年雜制勅計六百四十六門二千一百六十五條議
輕重名曰大中刑法統類欲行用之五月以太原尹河東節度使李
拭爲鳳翔節度使李業檢校戶部尚書太原尹北都留守充河東節
度使守司空門下侍郎太原郡開國伯食邑一千戶白敏中檢校司
徒同平章事邠州刺史充邠寧節度觀察東面招討党項等使以戶
部侍郎判戶部事魏謩本司同平章事七月宰相監修國史崔龜從
續柳芳唐曆二十二卷上之八月勅公主邑司擅行文牒恐多影庇
有紊條章今後公主除錄微封外不得令邑司行文書牒府縣如緣公
事令邑司申宗正寺與酌事體施行汝州刺史張義潮遣兄義潭以
瓜沙伊肅等十一州戶口來獻自河隴陷蕃百餘年至是悉復隴右
故地以義潮爲瓜沙伊等州節度使九月勅條疏刺史交代須一一交割
公事與知州官方得離任准會昌元年勅刺史只禁科率由抑配人
戶至於使州公廨及雜利潤天下州府皆有規制不敢違越緣未有
明勅處分多被無良人吏致使恐嚇或致言訟起今後應刺史下擔
什物及除替後資送錢物但不率斂官吏不科配百姓一任各守州
縣舊例色目支給如無公廨不在資送之限若輒有率配以入己贓論
以正議大夫兵部侍郎諸道鹽鐵轉運使上柱國河東縣開國子裴
休守禮部尚書進階金紫以前宣歙觀察使太中大夫檢校左散騎
常侍裴諗權知兵部侍郎十月己亥京兆尹韋博奏京畿富戶爲諸
軍影占苟免府縣色役或有追訴軍府紛然請准會昌三年十二月
勅諸軍使不得强奪百姓入軍從之十一月中書侍郎兼吏部尚書
平章事崔龜從檢校尚書左僕射汴州刺史充宣武軍節度使沙州置
歸義軍以張義潮爲節度使太子詹事姚康獻帝王政纂十卷又撰
統史三百卷上自開闢下盡隋朝帝王美政詔令制置銅鹽錢穀損
益用兵利害下至僧道是非無不備載編年爲之國子祭酒馬審奏

文宣王廟始太宗立之睿宗書額武后稱政之日改篆題大周二字
請削之從之十二月盜斫景陵神門戟京兆尹韋博罰兩月俸貶宗
正卿李文舉睦州刺史陵令吳閲岳州司馬奉先令裴讓隋州司馬
是歲湖南大饑
六年春正月戊辰以隴州防禦使薛逵爲秦州刺史天雄軍使兼秦
成階兩州經略使二月右衛大將軍鄭光以賜田請免租稅宰相魏
謩奏曰鄭光以國舅之親賜田可也免稅無以勸蒸民勅曰一依人
戶例供稅三月隴州刺史薛逵奏修築定成關工畢四月丁酉勅常
平義倉斛㪷每年檢勘實水旱災沴處録事軍先勘人戶多少支給
先貧下戶富戶不在支給之限以禮部尚書諸道塩鐵轉運等使裴
休可本官同平章事五月勅天下軍府有兵馬處宜選會兵法能弓
馬等人充教練使每年合教習時常令教習仍於其時申兵部御史
臺奏諸色刑獄有關連朝官者尚書省四品以上諸司三品已上官
宜先奏取進止如取諸色官狀即申中書取裁從之秋七月丙辰前

淮南節度使金紫光禄大夫檢校尚書左僕射兼揚州大都督府長
史御史大夫上柱國賛皇郡開國公食邑一千五百戶李玨卒贈司
空勅犯贓人平贓據律以當時物價上旬估請取所犯之處其月內
上旬時估平之從之檢校司空太子少師上柱國范陽郡開國公食
邑二千戶盧鈞可太原尹北都留守河東節度使九月勅起居郎轉
官月限宜以二十箇月
七年春正月壬辰金紫光禄大夫守太子少傅分司上柱國晉陵郡
開國公食邑二千戶歸融卒贈右僕射宗正卿李文舉貶睦州刺史
四月以御史大夫鄭朗爲中書侍郎同平章事五月左衛率府倉曹
張戣集律令格式條件相類一千二百五十條分一百二十一門號
曰刑法統類上之七月以正議大夫尚書左丞上柱國賜紫金魚袋
崔璪爲刑部尚書以銀青光禄大夫行兵部侍郎知制誥充翰林學
士蘇滌爲尚書左丞權知戶部侍郎崔璵可權知兵部侍郎十月尚
書左僕射門下侍郎平章事大清宮使弘文舘大學士崔鉉進續會

要四十卷修撰官楊紹復崔瑑薛逢鄭言等賜物有差
八年春正月陝州黄河清二月南蠻進犀牛詔還之三月勅以旱詔
使疏決繫囚宰相監修國史魏謩修成文宗實録四十卷上之修史
官給事中盧躭太常少卿蔣偕司勳員外郎王渢右補闕盧吉頒賜
銀器錦綵有差以山南東道節度使檢校戶部尚書襄州刺史上柱
國酒泉縣開國子食邑三百戶李景讓爲吏部尚書五月以中書舍
人翰林學士韋澳爲京兆尹以戶部侍郎翰林學士承旨上柱國武
功縣開國子食邑三百戶蘇滌檢校兵部尚書兼江陵尹御史大夫
充荆南節度管内觀察處置等使七月銀青光禄大夫守門下侍郎
同平章事魏謩兼戶部尚書八月以司農卿鄭助爲檢校左散騎常
侍兼夏州刺史御史大夫上柱國滎陽縣開國男食邑三百戶夏綏
銀宥等州節度營田觀察處置押蕃落安撫平夏党項等使
九年春正月辛巳銀青光禄大夫祕書監許昌縣開國男陳商卒贈
工部尚書二月中書侍郎兼禮部尚書同平章事裴休檢校吏部尚

書兼汴州刺史御史大夫充宣武軍節度使汴宋亳潁觀察處置等
使三月試宏詞舉人漏泄題目爲御史臺所劾侍郎裴諗改國子祭
酒郎中周敬復罰兩月俸料考試官刑部郎中唐枝出爲處州刺史
監察御史馮顓罰一月俸料其登科十人並落下其吏部東銓委右
丞盧懿權判以吏部侍郎鄭涯檢校禮部尚書兼定州刺史御史大夫
充義武軍節度易定州觀察處置北平軍等使御史臺據正月八日
禮部貢院捉到明經黄續之趙弘成全質等三人偽造堂印堂帖兼
黄續之偽著緋衫將偽帖入貢院令與舉人虞蒸胡簡党贄等三人
及第許得錢一千六百貫文據勘黄續之等罪款具招造偽所許錢
未曾入手便事敗奉勅並准法處死主司以自獲姦人並放七月以
河東節度使檢校司空太原尹北都留守上柱國范陽郡開國公食
邑二千戶盧鈞守尚書右僕射八月以門下侍郎守尚書右僕射
監修國史博陵縣開國伯食邑一千戶崔鉉檢校司空同平章事兼
揚州大都督府長史充淮南節度副大使知節度使事宣宗宴餞賜

詩以賜之九月昭義節度使檢校禮部尚書兼潞州大都督府長史
御史大夫上柱國賜紫金魚袋鄭涓檢校刑部尚書太原尹北都留
守御史大夫充河東節度管內觀察處置等使十一月以河南尹劉
瑑檢校工部尚書汴州刺史兼御史大夫充宣武軍節度宋亳汴潁
觀察處置等使以中書舍人鄭顥爲禮部侍郎
十年春正月乙巳以正議大夫華州刺史潼關防禦鎮國軍等使上
柱國隴西縣開國男食邑三百戶賜紫金魚袋李納檢校左散騎常侍
兼越州刺史御史大夫浙江東道都團練觀察等使三月中書門下
奏據禮部貢院見置科目開元禮三禮三傳三史學究道舉明算童
子等九科近年取人頗濫曾無實藝可採徒添入仕之門須議條疏
俾精事業臣已於延英面論伏奉聖旨將文字來者其前件九科臣
等商量望起大中十年權三年滿後至時赴科試者令有司據所舉
人先進名令中書舍人重覆問過如有本業稍通堪備朝廷顧問即
作等第進名候敕處分如有事業荒蕪不合送名數者考官郎[illegible]勒責其

○童子近日諸道所薦送者多年齒已過僞稱童子考其所業又是常
流起今日後望令天下州府薦送童子並須實年十一十二已下仍
須精熟一經問皆全通兼自能書寫者如違制條本道長吏亦議懲法
從之四月癸丑以刑部郎中盧搏爲廬州刺史以給事中渤海郡開
國公食邑二千戶高少逸檢校禮部尚書華州刺史潼關防禦鎮國
軍等使六月以兵部郎中裴夷直爲蘇州刺史九月以中書舍人杜審
權知禮部貢舉十月以邠寧慶節度使檢校禮部尚書邠州刺史上
柱國賜紫金魚袋畢諴爲檢校兵部尚書潞州大都督府長史御史
大夫充昭義節度副大使知節度使潞邢洺等州觀察使桂管觀察
使令狐楚卒贈禮部尚書十一年春正月以銀青光祿大夫守吏部
尚書上柱國酒泉縣開國男食邑三百戶李景讓爲御史大夫以朝
請大夫守御史中丞兼尚書右丞上柱國賜紫金魚袋夏侯孜爲戶
部侍郎判戶部事以朝散大夫守京兆尹上柱國扶風縣開國男食
邑三百戶賜紫金魚袋韋澳爲檢校工部尚書孟州刺史御史大夫充

河陽三城節度孟懷澤觀察處置等使先是車駕將幸華清宮兩省官
進狀論 奏詔曰朕以驪山近宮真聖廟貌未嘗修謁自謂闕然今
屬陽和氣清中外事簡聽政之暇或議一行蓋崇礼敬之心非以逸
遊爲事雖申勑命兼慮勞人卿等職備禁闈志勤奉上援據前古列
狀上章載陳懇到之詞深觀盡忠之節已允來請所奏 以劍南西
川節度副大使知節度事管內觀察處置統押近界諸蠻及西山八
國雲南安撫等使特進檢校司徒同中書門下平章事兼成都尹上
柱國太原郡開國公食邑二千戶白敏中以本官兼江陵尹充荊南
節度管內觀察處置等使二月以夏綏銀宥節度使通議大夫檢校
左散騎常侍夏州刺史御史大夫上柱國滎陽縣開國男食邑三百
戶賜紫金魚袋鄭助爲檢校工部尚書邠州刺史充邠寧慶節度管
內營田觀察處置兼充慶州南路救援鹽州及當道公路鎮寨糧料
等使以右金吾衛將軍田在賓檢校右散騎常侍兼夏州刺史代鄭助爲
夏綏銀宥節度等使以荊南節度使銀青光祿大夫檢校兵部尚書兼

○江陵尹御史大夫上柱國武功郡開國男食邑三百戶蘇滌爲太常
卿以銀青光祿大夫守門下侍郎兼戶部尚書同平章事監修國史
上柱國魏謩檢校戶部尚書同平章事兼成都尹充劍南西川節度
副大使知節度事以太中大夫守工部尚書上柱國賜紫金魚袋崔
慎由爲中書侍郎同平章事以成德軍節度鎮冀深趙觀察處置等
使起復雲麾將軍守左金吾衛大將軍同正檢校兵部尚書鎮州大
都督府長史王紹鼎爲銀青光祿大夫檢校尚書右僕射餘官如故
以通議大夫守中書門下侍郎兼礼部尚書同平章事集賢殿大學
士上柱國賜紫金魚袋鄭朗可監修國史太中大夫守工部尚書同
平章事上柱國賜紫金魚袋崔慎由可集賢院大學士三月起復朝
請大夫深州刺史御史大夫兼成德軍節度判官王紹懿可檢校左
散騎常侍鎮府左司馬知府事充成德軍節度副使兼充都知兵馬
使以成德軍中軍兵馬使銀青光祿大夫檢校太子賓客兼監察御
史上柱國王景胤可本官深州刺史本州團練守捉使檢校左散騎

常侍右神武大將軍知軍事王紹孚可落起復依前右神武大將軍紹懿紹孚鎮州王紹鼎之弟也景亂紹鼎子也以朝請大夫檢校刑部尚書華州刺史上柱國鄧縣開國男食邑三百戶賜紫金魚袋蕭倣爲太子賓客分司東都四月以職方郎中知制誥裴坦爲中書舍人以朝議大夫權知京兆尹崔郢爲濮王傅分司東都以決殺府吏也以江西觀察使洪州刺史御史中丞上柱國賜紫金魚袋張毅夫爲京兆尹以鳳翔節度使正議大夫檢校戶部尚書兼鳳翔尹上柱國襲晉國公食邑三千戶襲實封一百五十戶裴識可許州刺史充忠武軍節度陳許蔡觀察等使以吏部侍郎盧懿檢校工部尚書兼鳳翔尹御史大夫鳳翔隴右節度使以中書舍人鄭憲爲洪州刺史御史中丞江南西道都團練觀察處置等使仍賜紫金魚袋以安南宣慰使右千牛衛大將軍宋涯爲安南都護御史中丞本管經略招討處置等使以幽州節度使張允伸弟允中爲荊州刺史允千檀州刺史允辛安塞軍使允舉納降軍使並兼御史中丞以前邠寧節度使

○朝議大夫檢校工部尚書邠州刺史上柱國賜紫金魚袋鄭憙可檢校禮部尚書河南尹五月以職方郎中李玄爲壽州刺史六月以朔方靈武定遠等城節度使朝散大夫檢校左散騎常侍靈州大都督府長史上柱國賜紫金魚袋劉潼爲鄭州刺史馳驛赴任以給邊兵糧不及時也以安南都護宋涯爲容州刺史容管經略招討處置等使制皇第三男灌封衛王第十一男灘封廣王以朝散大夫守尚書兵部侍郎判度支上柱國彭縣開國男食邑三百戶賜紫金魚袋蕭鄴本官同平章事判度支以右監門將軍知內府省事清河公崔巨宗爲淮南監軍以特進檢校司空兼太子太傅分司東都上柱國扶風郡開國公食邑二千戶杜悰本官判東都尚書省兼御史大夫充東都留守東畿汝都防禦使七月以飛龍使宮闈局令王歸長守內侍省內常侍知省事充內樞密使責授邠州員外司馬張直方爲右驍衛大將軍八月成德軍節度使檢校尚書右僕射王紹鼎卒贈司空賻布帛三百段以皇子睦王洳爲開府儀同三司守鎮州大都督府

長史成德軍節度鎮冀深趙觀察等大使以成德軍節度副使都知兵馬使左司馬知府事御史中丞王紹懿爲成德軍副使留後以義武軍節度易定觀察等使檢校禮部尚書定州刺史上柱國滎陽縣開國男食邑三百戶鄭涯檢校戶部尚書汴州刺史上柱國充宣武軍節度副大使知節度事宋亳觀察亳州大清宮等使以四鎮北庭行軍涇原渭武節度使銀青光祿大夫檢校右散騎常侍涇州刺史御史大夫上柱國范陽縣開國男食邑三百戶盧簡求可檢校工部尚書定州刺史義武節度使易定觀察北都天平軍等使以鹽州防禦蕃落諸軍防秋都知兵馬使度支烏池推稅等使檢校右散騎常侍鹽州刺史上柱國賜紫金魚袋陸耽代簡求爲涇原節度使以翰林學士朝散大夫中書舍人賜紫金魚袋曹確權知河南尹汝州防禦使令狐緒有善政郡人詣闕請立德政碑頌緒以弟綯在中書上表乞寢從之以太常卿蘇滌爲兵部尚書權知吏部銓事以銀青光祿大夫守散騎常侍上柱國渤海郡開國伯食邑七百戶封敖爲太常

○卿是月熒惑犯東井九月以秦州刺史李承勛爲朝散大夫檢校工部尚書涇州刺史充四鎮北庭涇原渭武節度等使以禮部郎中楊知溫充翰林學士以中散大夫尚書禮部侍郎上柱國賜紫金魚袋杜審權爲陝州大都督府長史兼御史大夫陝虢都防禦觀察處置等使以銀青光祿大夫檢校司空兼太子太師上柱國范陽郡開國公食邑二千戶盧鈞爲檢校司空同中書門下平章事興元尹充山南西道節度等使右補闕陳嘏左拾遺王讚右拾遺薛廷傑上疏諫遣中使往羅浮山迎軒轅先生詔曰朕以萬機事繁躬親庶務訪聞羅浮山處士軒轅集善能攝生年齡亦壽乃遣使迎之或冀有少保理也朕每觀前史見秦皇漢武爲方士所惑常以之爲誡卿等位當論列職在諫司闕下來章深納誠意仍謂崔慎由曰爲吾言於諫官雖少翁欒大復生不能相惑如聞軒轅生高士欲與之一言耳宰相鄭朗累月請告三章求免是月乙未彗出於房初度長三尺十月制通議大夫守中書侍郎禮部尚書同平章事監修國史上柱國賜紫金魚

袋鄭朗可檢校尚書右僕射兼太子少保以山南西道節度使中散大夫檢校禮部尚書興元尹上柱國賜紫金魚袋蔣係權知刑部尚書宰相崔愼由兼修國史蕭鄴兼集賢殿大學士以華州刺史高少逸爲左散騎常侍以蘇州刺史裴夷直爲華州刺史潼關防禦鎭國軍等使以太常少卿崔鈞爲蘇州刺史入迴鶻冊禮使衛尉少卿王端章貶賀州司馬副使國子禮記博士李濤爲郴州司馬判官河南府士曹李寂永州司馬端章等出塞黑車子阻路而廻故也以成德軍觀察留後御史中丞賜紫金魚袋王紹懿檢校工部尚書兼鎭州大都督府長史御史大夫充成德軍節度鎭冀深趙觀察等使以中書舍人李藩權知禮部貢院十一月太子少師鄭朗卒贈司空銀青光祿大夫檢校尚書左僕射兼太子太保充右羽林統軍御史大夫上柱國滎陽縣開國[illegible]食邑三百戶鄭光卒輟朝三日贈司徒仍令百官奉慰上之元舅也宰相崔愼由爲中書侍郎兼禮部尚書尚書蕭鄴兼工部尚書餘並如故十二月以昭義軍節度使朝議大夫檢校

○工部尚書上柱國平陰縣開國男食邑三百戶畢諴爲太原尹北都留守河東節度使朝議大夫檢校禮部尚書兼太原尹北都留守上柱國賜紫金魚袋劉瑑爲尚書戶部侍郎判度支以翰林學士承旨通議大夫守尚書戶部侍郎知制誥上護軍賜紫金魚袋蔣伸爲兵部侍郎充職以金紫光祿大夫守太子少保分司東都上柱國河東縣開國男食邑五百戶裴休檢校戶部尚書兼潞州大都督府長史昭義軍節度副大使知節度事潞磁邢洺觀察等使以正議大夫行尚書兵部侍郎上柱國河東縣開國男食邑三百戶賜紫金魚袋柳仲郢本官兼御史大夫充諸道鹽鐵轉運使以正議大夫檢校戶部尚書兼太子賓客上柱國賜紫金魚袋孔溫業本管分司東都以病請告故也禮部郎中楊知溫本官知制誥充翰林學士以幽州中軍使檢校國子祭酒幽府左司馬知府事御史中丞張簡眞檢校右散騎常侍允伸之子也以中散大夫權知刑部尚書上柱國賜紫金魚袋蔣係檢校戶部尚書鳳翔尹御史大夫鳳翔隴右節度觀察處置等使是歲舒州吳塘堰有衆禽成巢闊七尺高七丈而水禽山鳥鷹隼鷰雀之類無不馴狎又有鳥人面綠毛爪觜皆紺色其聲曰甘人呼爲甘蟲

十二年春正月以晉陽令鄭液爲通州刺史羅浮山人軒轅集至京師上召入禁中謂曰先生遐壽而長生可致乎曰徹聲色去滋味哀樂如一德施周給自然與天地合德日月齊明何必別求長生也留之月餘堅求還山三月以前鄉貢進士于琮爲秘書省校書郎尋尚皇女廣德公主改銀青光祿大夫守右拾遺駙馬都尉以安南本管經畧招討處置使朝散大夫檢校左散騎常侍安南都護御史大夫賜紫金魚袋李弘甫爲宗正卿以中大夫守京兆尹上柱國賜紫金魚袋張毅夫爲鄂州刺史御史大夫鄂岳蘄黃申等州都團練觀察使以太中大夫福州刺史御史中丞上柱國賜紫金魚袋楊發檢校右散騎常侍廣州刺史御史大夫充嶺南東道節度觀察處置等使以朝散大夫守康王傅分司東都上柱國襲魏郡開國公食邑二千戶賜

○紫金魚袋王式爲安南都護兼御史中丞充安南本管經畧招討處置等使以朝請大夫前守太子賓客分司東都上柱國鄭縣開國男食邑三百戶賜紫金魚袋蕭俶守太子少保分司以朝請大夫檢校左散騎常侍右金吾大將軍充右街使上柱國襲太原郡開國公食邑二千戶賜紫金魚袋王鎭爲檢校左散騎常侍使持節都督福州諸軍事兼福州刺史御史大夫充福建等州都團練觀察處置等使以翰林學士朝議郎守尚書司勲郎中知制誥賜緋魚袋孔溫裕爲中書舍人充職以右驍衛上將軍李正源守大內皇城留守以朝議大夫守尚書戶部侍郎判度支上柱國賜紫金魚袋劉瑑本官同平章事依前判度支以太中大夫守中書侍郎兼禮部尚書同平章事監修國史上柱國賜紫金魚袋崔愼由檢校禮部尚書梓州刺史御史大夫劍南東川節度副大使知節度事代韋有翼以有翼爲吏部侍郎二月以前邕管經畧招討處置使朝議郎邕州刺史御史中丞賜紫金魚袋段文楚爲昭武校尉右金吾衛將軍以朝議郎守中書

舍人權知禮部貢舉上柱國賜緋魚袋李藩為尚書戶部侍郎以朝散大夫守工部尚書同平章事兗集賢殿大學士上柱國彭城縣開國男食邑三百戶賜紫金魚袋蕭鄴為監修國史以朝議大夫守戶部侍郎同平章事判度支上柱國賜紫金魚袋劉瑑可兗集賢院學士以渤海國王弟權知國務疑虔晃為銀青光祿大夫檢校祕書監忽汗州都督冊為渤海國王以兵部侍郎柳仲郢為刑部尚書以朝議大夫守尚書戶部侍郎判戶部事上柱國賜紫金魚袋夏侯孜為兵部侍郎兗諸道鹽鐵轉運使以朝請大夫權知刑部侍郎賜紫金魚袋杜勝為戶部侍郎判戶部事以光祿大夫守左領軍衛大將軍分司東都上柱國會稽縣開國公食邑一千五百戶康季榮可檢校尚書右僕射兼左衛上將軍分司貶前利州刺史杜倉為賀州司戶蔡州刺史李叢邵州司馬以工部郎中知制誥于德孫庫部郎中知制誥苗恪並可中書舍人依前翰林學士以前右金吾衛將軍鄭濤璋前鴻臚少卿鄭漢卿並起復授本官國男光之子也以銀青光祿大夫行給事中駙馬都尉衛洙為工部侍郎前濮王傅分司皇甫權為康王傅分司以庫部員外郎史館修撰李浼為長安令閏二月以司農少卿盧籍為代州刺史前江陵少尹杜暉為司農少卿以河東馬步都虞候段威為朔州刺史兗天寧軍使兼與唐軍沙陁三部落防遏都知兵馬使五月以兵部侍郎鹽鐵轉運使夏侯孜本官同平章事六月南蠻攻安南府八月洪州賊毛合宣州賊康全大攻掠郡縣詔兩浙兵討平之十二月太子少保魏謩卒贈司徒

十三年春正月以虢陝觀察使杜審權為戶部侍郎判戶部事三月宰相盧鄴罷知政事守吏部尚書四月以翰林學士承旨兵部侍郎知制誥蔣伸本官同平章事五月上不豫月餘不能視朝八月七日宣遺詔立鄆王為皇太子勾當軍國事是日崩于大明宮聖壽五十詔門下侍郎平章事令狐綯攝冢宰群臣上謚曰聖武獻文孝皇帝廟號宣宗十四年二月葬於貞陵

史臣曰臣嘗聞黎老言大中故事獻文皇帝器識深遠久歷艱難備知人間疾苦自寶曆已來中人擅權事多假借京師豪右大擾窮民洎大中臨馭一之日權豪斂迹二之日姦臣畏法三之日閽寺讋氣中是刑政不濫賢能效用百揆四嶽穆若清風十餘年間頌聲載路上宮中衣澣濯之衣常膳不過數器非毋后侑膳輒不舉樂歲或小饑憂形於色雖左右近習未嘗見怠惰之容與群臣言儼然煦接如待賓僚或有所陳聞虛襟聽納舊時人主所行黃門先以龍腦鬱金藉地上悉命去之宮人有疾醫視之既瘳即袖金賜之誡曰勿令敕使知謂予私於侍者其恭儉好善如此季年風毒召羅浮山人軒轅集訪以治國治身之要其伎術詭異之道未嘗措言集亦有道之士也十三年春堅求還山上曰先生少留一年候於羅浮山別創一道館集無留意上曰先生捨我亟去國有災乎朕有天下竟得幾年集取筆寫四十字而十字挑上乃十四年也與替有數其若是乎而帝道皇猷始終無缺雖漢文景不足過也惜乎簡籍遺落舊事十無三四吮墨揮翰有所慊然

贊曰李之英主實惟獻文粃粺盡去汝慝斯分河隴歸地朔漠消氛到今遺老謌詠明君

唐書本紀卷第十八下

唐書本紀卷第十九上

劉　昫　等修

聞人詮校刻沈桐同校

懿宗

懿宗昭聖恭惠孝皇帝諱漼宣宗長子母曰元昭皇太后晁氏太和七年十一月十四日生於藩邸會昌六年十月封鄆王本名温大中十三年八月七日宣遺詔立爲皇太子監國改今名十三日柩前即帝位年二十七帝姿貌雄傑有異稱人藩邸時常經重疾郭淑妃侍醫藥見黃龍出入於卧内既間妃以異告帝曰愼勿復言又嘗大雪數尺而帝寢室之上獨無人皆異之宣宗制泰邊陲樂曲詞有海晏咸通之句又大中末京城小兒疊布漬水紐之向日謂之拔暈帝果以鄆王即大位以咸通爲年號九月釋服追尊母后晁氏爲太后謚曰元昭十月癸未制以門下侍郎守左僕射同平章事令狐綯守司空門下侍郎兵部尚書同平章事蕭鄴兼尚書右僕射中書侍郎礼部尚書平章事夏侯孜兼兵部尚書中書侍郎平章事蔣伸兼工部尚書並依前知政事又以兵部侍郎鄭顥爲河南尹以昭義軍節度潞邢磁洺觀察等使光禄大夫檢校吏部尚書兼潞州大都督府長史上柱國河東縣開國子食邑五百戶裴休爲太原尹北都留守河東節度管内觀察處置等使以河中節度使檢校尚書左僕射畢諴爲汴州刺史充宣武軍節度宋亳觀察等使以中書舍人裴坦權知礼部貢舉十二月以戶部侍郎翰林學士杜審權爲檢校禮部尚書河中晉絳節度等使咸通元年春正月上御紫宸殿受朝對宰臣使二月葬宣宗皇帝於貞陵以右拾遺劉鄴充翰林學士以河中節度使杜審權爲兵部侍郎判度支尋以本官同平章事以門下侍郎守司徒同平章事令狐綯檢校司徒同平章事出鎮河中尚書左僕射諸道塩鐵轉運使杜悰同平章事浙東觀察使王式斬草賊仇甫浙東郡邑皆平八月以河東節度使裴休爲鳳翔尹鳳翔隴右節度使以鳳翔隴右節度使銀青光禄大夫檢校刑部尚書盧簡求爲太原尹北都留守河東節度使十一月丙午朔丁未上有事於郊廟礼畢御丹鳳門大赦改元以中書舍人薛耽權知貢舉

二年春二月吏部尚書蕭鄴檢校尚書右僕射太原尹北都留守河東節度觀察等使鄭滑節度使檢校工部尚書李福奏屬郡潁州去年夏大雨沉丘汝陰潁上等縣平地水深一丈田稼屋宇淹没皆盡乞蠲租賦從之以中書侍郎兼工部尚書蔣伸兼刑部尚書右僕射門下侍郎杜悰爲左僕射依前知政事四月以前婺州刺史裴閱爲潁州刺史充本州團練鎮遏等使以駕部郎中王鐸本官知制誥八月以中書舍人衞洙爲工部侍郎尋改銀青光禄大夫檢校礼部尚書兼滑州刺史御史大夫駙馬都尉充義成軍節度鄭滑潁觀察處置等使洙奏狀稱蒙恩除授滑州刺史官號内一字與臣家諱音同雖文字有殊而聲韻難別請改授閑官者勑曰嫌名不諱著在礼文成命已行固難依允以兵部侍郎曹確判度支以兵部員外郎楊知遠司勳員外郎穆仁裕試吏部宏詞選人九月以前兵部侍郎判度支畢諴爲工部尚書同平章事蔣伸罷知政事林邑蠻寇安南府遣神策將軍康承訓率禁軍及江西湖南之兵赴援

三年春正月左僕射門下侍郎平章事杜悰率百寮上徽號曰睿文明聖孝德皇帝五月勑嶺南分爲五管誠已多年居常之時同資禦捍有事之際要别改張邕州西接南蠻深據黃洞控兩江之獷俗居數道之游民比以委人太輕軍威不振境連内地不並海南宜分嶺南爲東西道節度觀察處置等使以廣州爲嶺南東道邕州爲嶺南西道别擇良吏付以節旄其所管八州俗無耕桑地極邊遠近罹盜擾尤甚凋殘將盛藩垣宜添州縣宜割桂州管内龔州象州容州管内藤州巖州並隸嶺南西道收管宰臣杜悰兼司空畢諴兼兵部尚書駕部郎中知制誥王鐸爲中書舍人以邕管經畧使鄭愚爲廣州刺史充嶺南東道節度觀察處置等使將軍宋戎爲嶺南西道節度使夏淮南河南蝗旱民饑南蠻陷交阯徵諸道兵赴嶺南詔湖南水運自湘江入澪渠西造地艓粥以饋行營相離泝運功役艱難軍屯

廣州多食潤州人陳磻石詣闕上書言江西湖南泝流運糧不濟軍師士卒食盡則散此宜深慮臣有奇計以饋南軍天子召見磻石因奏臣弟聽思曾任雷州刺史家人隨海船至福建往來大船一隻可致千石自福建裝船不一月至廣州得船數十艘便可致三萬石至廣府矣又引劉裕海路進軍破盧循故事執政是之以磻石爲鹽鐵巡官往揚子院專督海運於是康承訓之軍皆不闕供七月徐州軍亂以浙東觀察使王式檢校工部尚書徐州刺史御史大夫武寧軍節度徐泗濠觀察等使初王智興得徐州召募凶豪之卒二千人號曰銀刀鵰旗門槍挾馬等軍番宿衙城自後寖驕節度使姑息不暇田牟鎮徐日每與驕卒雜坐酒酣撫背時把板爲之唱歌其徒日費万計每有賓宴必先厭食飫酒祁寒暑雨卮酒盈前然猶諠譟邀求動謀逐帥前年壽州刺史温璋爲節度使驕卒素知璋嚴酷深負憂疑璋開懷撫諭終爲猜貳給與酒食未嘗瀝口不期月而逐璋上是以式代璋時式以忠武義成之師三千平定仇甫便詔式率二鎮之師渡淮徐卒聞之懼其勢無如之何至大彭館方來迎謁居三日犒勞兩鎮兵令還旣擐甲執兵即命環驕卒殺之徐卒三千餘人是日盡誅繇是兇徒悉殄九月以戶部侍郎李晦檢校工部尚書兼興元尹山南西道節度使十一月遣將軍蔡襲率禁軍三千會諸道之師赴援安南以吏部侍郎鄭處誨蕭倣吏部員外郎楊儼戶部員外郎崔彥昭等試宏詞選人十二月以吏部侍郎蕭倣權知禮部貢舉

○四年春正月甲子朔庚午上有事于圓丘禮畢御丹鳳樓大赦中外官宜准建中元年勑授官後三日舉一人自代州牧令錄上佐官在任須終三考河東節度使檢校刑部尚書盧簡方以病求罷詔以太子少師致仕歸東都以昭義節度使檢校禮部尚書上柱國賜紫金魚袋劉潼爲太原尹北都留守御史大夫充河東節度觀察處置等使二月以左散騎常侍李荀檢校工部尚書滑州刺史義成軍節度鄭滑觀察等使三月以兵部侍郎判度支楊收本官同平章事以刑部侍郎曹汾爲河南尹以戶部侍郎李瓚檢校禮部尚書潞州大都督府長史充昭義節度觀察處置等使四月勑徐州罷防禦使爲文都隸兗州七月朔制安南寇陷之初流人多寄溪洞其安南將吏官健走至海門者人數不少宜令宋式李良瑍察訪人數量事救卹安南管內被蠻賊驅劫處本戶兩稅丁錢等量放二年候收復後別有指揮其安南溪洞首領素推誠節雖蠻寇竊據城壁而酋豪各守土疆如聞溪洞之間悉藉嶺北茶藥宜令諸道一任商人興販不得禁止往來廉州珠池與人共利近聞本道禁斷遂絕通商宜令本州任百姓採取不得止約其徐州銀刀官健其中先有逃竄者累降勑旨不令捕逐其今年四月十八日草賊頭首巳抵極法其餘徒黨各自奔逃所在更勿捕逐是月東都許汝徐泗等州大水傷稼初大中末安南都護李琢貪暴侵刻獠民群獠引林邑蠻攻安南府三年大徵兵赴援天下騷動其年冬蠻竟陷交州赴安南諸軍並令抽退分保嶺南東西道十一月長安縣尉集賢校理令狐滈爲左拾遺制出左拾遺劉蛻起居郎張雲上疏論滈父綯秉權之日廣納賂遺受李琢賄除安南致生蠻寇滈不宜居諫諍之列時綯在淮南上表論訴乃貶雲興元少尹蛻華陰令滈改詹事司直以中書舍人王鐸權知禮部貢舉以兵部侍郎判度支曹確同平章事以中書侍郎平章事畢諴檢校吏部尚書河中尹晉絳慈隰節度使就加幽州張允伸檢校司徒以兵部侍郎高璩本官同平章事以戶部侍郎裴寅判本司事

○五年春正月戊午朔以用兵罷元會諫議大夫裴坦上疏論天下徵兵財賦方匱不宜過興佛寺以困國力優詔荅之二月以兵部尚書牛叢檢校兵部尚書兼成都尹劍南西川節度副大使知節度事徐州處置觀察防禦使以門下侍郎兵部尚書平章事杜審權爲潤州刺史浙江西道節度使三月以兵部郎中高湜員外于懷試吏部平判選人四月右僕射平章事夏侯孜增爵五百戶以中書舍人王鐸爲禮部侍郎以晉州刺史孟球檢校工部尚書兼徐州刺史南蠻寇邕管以秦州經略使高駢率禁軍五千赴邕管會諸道之師禦之五月丁酉制朕以寡昧獲承高祖太宗之丕構六載於茲矣罔敢遊是

婐冏聲色是縱冏刑戮是濫冏邪佞是惑夙夜悚惕以憂以勤庶幾平乂表用康兆人以泰而西戎欵附北狄懷柔獨惟南蠻姦宄不率侵陷交阯突犯朗寧爰及嶲州亦用擾寇勞我士卒興吾甲兵騷動黎元役力飛輓每一軫念閔然疚懷顧惟生人罹此愁苦宜布自天之澤俾垂及物之仁如聞湖南桂州是嶺路係口諸道兵馬綱運無不經過頓遞供承動多差配凋傷轉甚宜有特恩潭桂兩道各賜錢三萬貫文以助軍錢亦以充館驛息利本錢其江陵江西鄂州三道比於潭桂徭配稍簡宜令本道觀察使詳其閑劇准此例與置本錢邕州巳西黎嶲界內昨因蠻寇互有殺傷宜令本道收拾埋瘞量設祭酹徐州土風雄勁甲士精強比以制馭乖方頻致騷擾近者再置額郗領四州勞逸既均人心甚泰但聞比因罷節之日或有被罪奔逃雖朝廷頻下詔書並令一切不問猶恐尚懷疑懼未委招攜結聚山林終成詿誤況邊方未靜深藉人才宜令徐泗團練使選揀召募官健三千人赴邕管防戍待嶺外事寧之後即與替代歸還仍令每

召滿五百人即差軍將押送其糧料賞給所司準例處分淮南兩浙海運虜隔舟船訪聞商徒失業頗甚所由縱捨為弊實深亦有搬貨財委於水次無人看守多至散亡嗟怨之聲盈於道路宜令三道據所搬米石數牒報所在鹽鐵巡院令和雇入海船船分付所司通計載米數足外輒不更有隔奪妄稱貯備其小舸短船到江口使司自有船不在更取商人舟船之限如官吏妄行威福必議痛刑於戲萬方雖安寧忘於罪已百姓不足敢怠於責躬用伸欽恤之懷式表憂勤之旨壬寅制以中書侍郎平章事楊收為門下侍郎兼刑部尚書以中書侍郎平章事曹確兼工部尚書兵部侍郎平章事高璩為中書侍郎知政事餘並如故秋七月壬子延資庫使夏侯孜奏鹽鐵戶部生積欠當使咸通四年巳前延資庫錢絹三百六十九萬餘貫匹內戶部每年合送錢二十六萬四千一百八十貫匹從大中十二年至咸通四年九月巳前除納外欠一百五十萬五千七百一十四萬貫匹當使緣戶部積欠數多先具申奏請於諸道州府場監院合納戶部所收八十文除陌錢內割一十五文屬當使自收管勑命雖行送納稽緩今得戶部迭稱所收管除陌錢絹外更有諸雜物貨延資庫徵收不便請起今年合納延資庫錢絹一時便足其巳前積欠候物力稍克積漸填納其所割一十五文錢即當司仍舊收管又緣累歲以來嶺南用兵多支戶部錢物當使不欲堅論舊欠請依戶部商量合納今年一年額色錢絹須足明年即依舊制三月九月兩限送納畢其以前積欠仍令戶部自立填納期限者勑旨依之十月丙辰以中書舍人李蔚權知禮部貢舉十一月乙酉以大同軍防禦使盧簡方檢校工部尚書滄州刺史御史大夫充義昌軍節度滄齊德觀察等使乙未以兵部侍郎蕭寘本官同中書門下平章事

六年正月癸未朔丁亥制以河東節度使檢校刑部尚書孔溫裕為鄆州刺史天平軍節度鄆曹棣觀察處置等使二月制以御史中丞徐商為兵部侍郎同平章事高璩罷知政事以吏部尚書崔慎由吏部侍郎鄭從讜吏部侍郎王鐸兵部員外郎崔瑾張彥遠等考宏詞

選人金部員外郎張又思大理少卿董廣試拔萃選人以給事中楊嚴為工部侍郎尋召為翰林學士四月西川節度使牛叢奏於蠻界築新城安城遏戎州功畢時南詔蠻入寇姚嶲陳許大將顏復戍嶲州新築二城其年秋六姓蠻攻遏戎州為復所敗退去兵部侍郎平章事徐商蕭寘轉中書侍郎知政事五月以左丞相楊知溫為河南尹以神策大將軍馬舉為秦州經畧招討使以右金吾大將軍李宴元為夏州刺史朔方節度等使安南都護高駢奏於邕管大敗林邑蠻七月以右衛大將軍薛綰檢校工部尚書徐州刺史充徐泗團練觀察防禦等使九月以中書舍人趙隱權知禮部貢舉以吏部侍郎蕭倣檢校禮部尚書滑州刺史御史大夫充義成軍節度鄭滑潁觀察等使十二月太皇太后鄭氏崩謚曰孝明是歲秋高駢自海門進軍破蠻軍收復安南府自李琢失政交阯湮沒十年蠻軍北寇邕容界人不聊生至是方復故地

七年春正月戊寅朔以太皇太后喪罷元會三月成德軍節度鎮冀

深趙等州觀察處置等使金紫光禄大夫檢校司空鎮州大都督府長史御史大夫太原縣開國伯食邑七百戶襲食實封一百戶王紹懿卒贈司徒紹鼎之弟俱壽安公主之子也三軍推紹鼎子景崇知兵馬留後事就加幽州張允伸兼太保平章事進封燕國公以吏部侍郎鄭從讜檢校禮部尚書兼太原尹北都留守御史大夫上柱國滎陽縣開國男食邑三百戶充河東節度管內觀察處置等使四月壽安公主上表請入朝詔曰志興奏汝以景崇未降恩命欲來朝覲事具悉景崇素聞孝悌頗有義方洽三軍愛戴之情荷千里折衝之寄纘延舊服綽有令猷朝廷獎能續有處分緣孝明太后園寢有日庶事且停俟祔廟禮成當允誠請七月沙州節度使張義潮進甘峻山青骹鷹四聯延慶節馬二匹吐蕃女子二人僧曇延進大乘百法門明論等八月鎮州王景崇起復忠武將軍左金吾衛將軍同正檢校右散騎常侍兼鎮州大都督府左司馬知府事御史中丞充成德軍節度觀察留後上柱國賜紫金魚袋中書侍郎平章事徐商兼工

○部尚書十月沙州張義潮奏差迴鶻首領僕固俊與吐蕃大將尚恐熱交戰大敗蕃冦斬尚恐熱傳首京師右僕射門下侍郎平章事夏侯孜檢校司空平章事兼成都尹劍南西川節度等副大使知節度事安南高駢奏蠻冦悉平十一月十日御宣政殿大赦以復安南故也以翰林學士承旨戶部侍郎路巖爲兵部侍郎同平章事義成軍節度蕭倣就加檢校兵部尚書褒能政也以禮部郎中李景溫吏部員外郎高湘試拔萃選人

八年春正月壬寅朔丁未河中晉絳地大震廬舍壞仆傷人有死者三月安南高駢奏南去邕管水路湍險巨石梗途今工人開鑿訖漕船無滯者降詔褒之制以門下侍郎兼戶部尚書平章事上柱國晉陽縣開國男食邑三百戶賜紫金魚袋楊收檢校兵部尚書充浙江西道觀察使以浙西觀察使杜審權守尚書左僕射以兵部侍郎于悰本官同平章事九月丁酉延資庫使曹確奏戶部每年合送當使三月九月兩限絹二十一萬四千一百匹錢萬貫自大中八年已後至咸通四年積欠一百五十萬五千七百餘貫匹前使杜悰申奏起請咸通五年正月以後於諸道州府場監院合送戶部八十文除陌錢內割十五文當使收管以填積欠續據戶部牒稱州府除陌錢有折色零碎請起咸通五年所合送延資庫錢絹逐年兩限須足其除陌十五文當司仍舊收管前使夏侯孜具事由申奏且請依戶部論請期限其咸通五年錢絹戶部已送納自六年至八年其錢絹依前旋納又積欠三十六萬五千五百七貫匹者伏以所置延資庫初以備邊爲名至大中三年始改令號若財貨不充則名額虛設當制置之時所令三司逐年分減送當使收管元勑只有錢數但令本司減割送庫不定色目以此因循漸隳舊制年月既久積欠漸多既無計以徵收乃指色以取濟稍得備邊名號得遵元勑指揮乃割戶部除陌八十文內十五文收管又戶部請逐年送庫須且稟從今既積欠又多終慮不及期限臣今酌量諸道州府場監院合送戶部錢絹內分配令勒留下合送延資庫數目令本處別爲綱運與戶部綱同送上都直納延資庫則戶部免有逋懸不至累年積欠從之十月丙

○寅兵部侍郎判度支崔彥昭奏當司應收管江淮諸道州府咸通八年已前兩稅榷酒及支米價幷二十文除陌諸色屬省錢準舊例逐年商人投狀便換自南蠻用兵已來置供軍使當司在諸州府場監錢猶有商人便換齎省司便換文牒至本州府請領皆被諸州府稱準供軍使指揮占留以此商人疑惑乃致當司支用不充乞下諸道州府場監院依限送納及給還商人不得託稱占留者勑旨從之宰相門下侍郎戶部尚書曹確兼吏部尚書門下侍郎禮部尚書路巖兼戶部尚書中書侍郎工部尚書徐商兼刑部尚書兵部侍郎平章事于悰爲中書侍郎以中書舍人劉允章權知禮部貢舉以吏部侍郎盧匡吏部侍郎李蔚兵部員外郎薛崇司勳員外郎崔殷夢考吏部宏詞選人

九年春正月丙申以吏部侍郎李蔚檢校刑部尚書汴州刺史御史大夫充宣武節度汴宋亳觀察處置等使幽州節度使張允伸就加檢校太傅以兵部員外郎焦濆司勳員外郎李徹考宏詞選人七月

戊戌白虹橫亘西方其月徐州赴桂林戍卒五百人官健許佶趙可立殺其將王仲甫以糧料判官龐勛爲都頭剽掠湘潭衡山兩縣有衆千人擅還本鎮九月辛卯朔甲午龐勛陷宿州知州判官焦璐奔歸于徐乙未龐勛陷徐州殺節度使崔彥曾判官焦璐李稅溫廷皓崔蘊韋廷乂惟免監軍張道謹遂出徐宿官庫錢帛召募兇徒不旬日其徒五萬勛抗表請罷仍命群兇邀求節鉞上遣中使因而撫之賊令別將梁伾守宿州以姚周爲柳子寨主又遣劉行及丁景琮吳迥攻圍泗州十月詔徵河南河東山南諸道之師貶浙西觀察使楊收爲端州司馬同正收弟前浙東觀察使越州刺史御史中丞嚴爲韶州刺史檢校工部尚書洪州刺史鎮南節度江南西道觀察處置等使嚴譔長流嶺南賊攻泗州勢急淮南節度使令狐綯慮失泗口爲賊奔衝乃令大將李湘赴援爲賊所誘示弱乞降乘其無備爲賊所襲舉軍皆沒湘與都監郭厚本俱爲賊所執送徐州十一月庚寅朔丁酉戌時妖星初出如匹練亘空化爲雲沒在楚分吳迥既執李

○湘乃令小將張行簡吳約攻滁州城內無兵有淮南遊奕兵三百人在州界見賊至徑來奔部賊衆之遂陷滁州張行簡執刺史高錫望手刃之屠其城而去行簡又進攻和州刺史崔雍登城樓謂吳迥曰城中玉帛女子不敢惜只勿取天子城池賊許之遂剽城中居民殺判官張琢以琢城壕故也龐勛又令將劉贇攻濠州陷之囚刺史盧望回於迴車館望回鬱憤而死僕妾數人皆爲賊蒸而食之十二月甲辰朔將軍戴可師率沙陁吐渾部落二萬人於淮南與賊轉戰賊黨廖敗盡棄淮南之守是歲江淮蝗食稼大旱龐勛奏當道先發戍嶺南兵士三千人春冬二衣令欲差人送赴邕管鄂岳觀察使劉允章上書言龐勛聚徒十萬今若遣人達嶺表如戍卒與勛合勢則禍難非細尋詔龐勛止絕兼令江淮諸道紀綱捕之

十年春正月己未朔以徐州用兵罷元會癸亥以右拾遺韋保衡爲銀青光祿大夫守起居郎駙馬都尉尚皇女同昌公主出降之日禮儀甚盛以神武大將軍王晏權檢校工部尚書徐州刺史御史大夫

充武寧軍節度徐泗濠觀察兼徐州北路行營招討等使智興之從子也以將軍朱克融克北路招討都虞候王宥北路招討前軍使以翰林學士戶部侍郎劉瞻守本官同平章事中書侍郎兼戶部尚書平章事蔣伸爲太子太保罷知政事病免也以門下侍郎兼刑部尚書同平章事徐商檢校兵部尚書江陵尹荊南節度使以右神策大將軍知軍使兼御史大夫上柱國龍陽縣開國伯食邑一千戶康承訓可金紫光祿大夫檢校刑部尚書兼右神策大將軍御史大夫上柱國扶風郡開國公食邑一千五百戶充徐泗行營都招討使又以將軍李邵爲徐州南路行營招討都虞候以將軍史忠用爲潁州行營都知兵馬使將軍馬濬爲徐州行營都知兵馬使將軍董濤充盧州行營都知兵馬使將軍戴可師充濮州行營招討使將軍朱耶赤心充太原行營招討使沙陁三部落等軍使將軍王建充淮泗行營招討使將軍曹翔充兗海節度行營招討使將軍馬舉爲揚州都督府司馬充淮南行營招討使將軍高羅銳爲楚州刺史本州行營招

○討使將軍秦匡謨爲濠州刺史本州行營招討使將軍李播爲宿州刺史赴盧州行營招討使以將軍孟彪爲太僕卿充都糧料使凡十八將分董諸道之兵七萬三千一十五人正月一日進軍攻徐州魏博何弘敬奏當道點檢兵馬一萬三千赴行營時賊將劉行及丁景琮吳迥攻圍泗州可師乘勝救之屯於石梁驛賊自退去可師追擊生擒劉行及賊保都梁城乃斷行及之指懸於城下以示賊賊登城拜曰見與都頭謀歸朝可師既知其窘乃退軍五里其城西面有水三面天軍賊乃夜中涉水而遁明早開城門惟病嫗數人而已王師入壘未整翌日詰旦重霧賊軍大至可師方大醉單馬奔出爲虹縣人郭真所殺一軍盡沒惟忠武太原沙陀之騎軍保全而退副將王健爲賊所擒劉行及却爲賊將吳迥所得吳迥乃進軍復圍泗州自是梯衝雲合內外不通龐勛恃其驟勝遣人上表詞語不恭又與康承訓書指斥朝政王晏權者智興之猶子也故授以武寧節制以招之以冀招懷徐人怨王式之誅相扇構亂數月招携唱之以利民[illegible]

卒無華心者康承訓大軍攻宿州賊將梁伾出戰屢敗乃授承訓檢校尚書右僕射兼滑州刺史義成軍節度使責授端州司馬楊收長流驩州與嚴譔並賜死於路其黨楊公慶嚴季實楊全益史明厲遂何師玄李孟勳馬全祐李羽王彥復等長流儋崖播等州判官朱偘常潾閻均等配流嶺南以河中節度使開府儀同三司檢校司徒平章事上柱國譙郡開國公食邑二千戶夏侯孜爲太子少保分司東都時南平蠻寇西川責孜在蜀日失政也二月己丑龐勛急攻泗州遣牙將李員入城見刺史杜慆曰留後知中丞名族不敢令軍士失禮但開城門令百姓存活無相疑也慆執而殺之詔司農卿薛瓊使淮南廬壽楚等州點集鄉兵以自固四月康承訓奏大敗柳子寨賊詔監軍楊玄价與康承訓商量拔汴河水以灌宿州六月丁亥朔戊戌制曰動天地者莫若精誠致和平者莫若修政朕顧惟庸昧託于王公之上于茲十一年矣祇荷丕構寅畏小心慕唐堯之欽若昊天遵周王之昭事上帝念茲夙夜靡替虔恭同馭朽之憂勤思納隍之軫慮

唐紀十九上　十一

○內戒奢靡外罷畋遊匪敢期於緝熙所自得於清淨止望寰區無事稼穡有年然而燭理不明涉道唯淺氣多堙鬱誠未感通旱暵是虞蟲蝗爲害蠻蜑未賓於遐裔寇盜復犇於中原尚駕戎車益調兵食俾黎元之重困每宵旰而忘安今盛夏驕陽時雨久曠憂勤兆庶旦夕焦勞內修香火以虔祈外罄牲玉以精禱仰候玄貺必致甘滋而油雲未興秋稼闕望因茲愆亢軫于誠懷冀復慈政煩刑強官酷吏侵漁蠹耗陷害孤煢致有冤抑之人構災沴之氣王守長史無忘奉公伐叛興師蓋非獲已除奸討逆必使當辜苟或陷及平人自然風雨愆候凡行營將帥切在審詳昭示惻憫之心敬聽勤卹之旨應京城天下諸州府見禁囚徒除十惡忤逆官典犯贓故意殺人合造毒藥放火持仗開劫墳墓及關連徐州逆黨外並宜量罪輕重速令決遣無久繫留雷雨不同田疇方瘁誠宜愍物以示好生其京城未降雨間宜令坊市權斷屠宰昨陜虢中使迴方知蝗旱有損處諸道長史分憂共理宜各推公共思濟物內有饑歉切在慰安哀此蒸人毋俾艱食

徐方寇孽未殄師旅有征凡合誅鋤審分淑慝無令脅從橫死元惡偷生宜申告伐之文使知逆順之理於戲每思禹湯之罪己其庶成康之措刑孰謂德信未孚教化猶梗咨爾多士俾予一人既引過在躬亦漸幾于理布告中外稱朕意焉賊將鄭鎰急攻壽州詔南面招討使馬舉救之賊解圍而去康承訓悉兵攻賊小睢寨不利而退七月康承訓攻賊柳子寨垂剋而賊將王弘立救至王師大敗承訓退保宋州龐勛乘勝自率徐州勁卒併攻泗州留其都將許佶守徐州詔南面招討使馬舉爲行營都招討使代承訓率諸軍以援泗州八月和州防虞行官石佯等一百三十人狀訴刺史崔雍稱賊初劫烏江縣雍令步奏官二人探知雍猶不信二人並被枷扭續差人探見賊已去州十里賊尋逼州城崔雍與賊頭吳約於鼓角樓上飲酒許與賊州又認軍事判官李譙爲親弟表狀驅使官張立爲男只乞二人并身其餘將士一任處置便令押衙李詞等各脫下衣甲防虞官健束手被斬者八百餘人行官石瑱脫衣甲稍遲便被崔雍遣賊處

唐紀十九上　十二

○斬其崔雍所有料錢并家口累差人押送往采石今在潤州豈有將一千人兵士之命贖拔已之一身不惟辜其神明實亦生負聖主兼科配軍州官吏修葺城池妄稱出料錢修城者勑曰臣子之節無如盡忠士人之風宜當遠恥崔雍任居牧守賊犯州城禦扞曾不發言從容乃與命酒況石瑱未脫衣甲志在當鋒不能獎其赤誠翻令擒送賊所原其深意與賊通和臣節全虧情狀可見欲行朝典宜更推窮其崔雍家口並在宣州宜令宣歙觀察使追崔雍收禁速勘逐具事由申奏是月馬舉率師解泗州之圍賊黨遁去勑曰當崔雍守郡之日是龐勛肆逆之初屬狂寇奔衝望風和好置酒以邀賊將啓關而納兇徒城內不許持兵皆令解甲致使三軍百姓扙血相視連頭受誅初聞奏陳深駭觀聽錫望守城而死已有追榮杜慆孤壘獲全尋加殊獎既褒忠節難赦罪人王石固分懲勸斯在將垂誡於四海當何愛於一夫其崔雍宜差內養孟公度專往宣州賜自盡公度至雍死於陵陽館其男黨兒歸僧配流康州錮身遞送司勳郎中崔原貶

郴州司戶比部員外郎崔福昭州司戶長安縣令崔朗澧州司戶左拾遺崔庾連州司戶荆南觀察支使崔厚衡州司戶皆罹之覩冀也九月賊宿州守將張玄稔以城降有兵萬人馬舉率師赴之龐勛聞之以其衆將攻玄稔賊之勁將出遂與舉合勢急圍徐州許佶登城拒守者三日佶敗走出玄稔收復徐州龐勛方來赴援聞城已拔欲南趨濠州馬舉追及渙河擊敗之勛溺水而死蕭縣主將又斬許佶首來降徐寇悉平初龐勛據徐州倉庫素無貯蓄乃令群兇四出於楊楚廬壽滁和兖海沂密曹濮等州界剽牛馬輓運糧糗以夜繼晝招致亡命有衆二十萬男女十五已上皆令執兵其人皆釕鋤鈎為兵號曰霍錐首尾周歲十餘郡生靈受其酷毒至是盡平與玄稔詔曰去歲災興分野毒起徐方蕞爾庸夫稱兵犯命招諭不復猖狂罔悛脅從三州之人汚染萬姓之俗逆順之理邪正坐分果有忠臣悉殲逆黨再清郡邑不舉干戈此皆衆人協心闔州受福但以首尾周歲取制兇威里閭不安農桑失業言念於此倍積憂懷已有詔指揮

令授玄稔銀青光祿大夫檢校右散騎常侍兼右驍衛大將軍御史大夫賜分帛五千匹金榼一枚蓋椀一具金腰帶一條軍將張臯已下二十人等第優給今差高品李志承押領宣賜制曰朕以眇身獲承丕業虔恭惕厲十一載于茲況荷十七聖之鴻休紹三百年之慶祚將求理本敢忘宵衣雖誠信未孚而寅畏不怠既絕意於苑囿固無心於畋遊業業兢兢日慎一日休徵罔應沴氣潛生南蠻將罷於戰爭徐寇忽孤於惠養招諭不至虐暴滋深竊弄干戈擅攻州鎮將邀符印輒恣兇殘不畏神祇自貽覆滅股肱之臣以罪惡之難捨腹心之衆謂悖逆之可誅爰徵甲兵用救塗炭上將宣力内臣協心選用皆得於良材掃蕩纔及於周歲誅于紀反常之噍類懲亂臣賊子之奸謀今則已及偃戈重康庶黎疇庸之典在絲髮以無私懋賞之時貴纖毫之必當其四面行營節度使既成茂勳宜加酬獎並取別勑處分應諸道行營都將已下節度及軍將各委本道具功勞名銜分析聞奏當續有處分被堅執鋭冒涉寒暄觧甲櫜弓還鄉復業須繒帛之賜免差役之征應四面行營將士今既平寧宜令次第放歸本道其賞賜匹段已從別勑處分到本道後仍令節度使各犒宴放歸私第便令歇息未用差使如行營人並免差科色役如本厢本將令後有節級員闕且以行營軍健量材差置用酬征伐之勤臨敵用命力屈殞身須慰傷魂以彰忠節超與職事仍加任使如無父兄子弟即有妻女者即委州使厚加贈邺常令安撫如是都將至都虞候陣亡者與贈官應陣亡將士有父兄子弟願入軍者便令本道填替如無父兄子弟仍且與給衣糧三年因戰陣傷損手足永廢者終身不得停給如將士被賊殺害者委所在州縣量事救接重與改瘞勿令暴露兼與設祭王者以仁恕為本拯濟是謀元惡既已誅鋤脅從宜從寬宥除龐勛親屬及桂州廻戈逆黨為賊脅從及因戰陣拒敵官軍招諭不悛懼法逃走皆非本惡蓋鋒刃所驅今並釋放一切不問應舊軍將軍吏節及所由既已歸還征賦先宜蠲免其徐宿濠泗等州應合徵秋夏兩稅及諸色差科色役一事已上宜放十年已後蠲

放三年待三年後續議條疏處分編甿失業丘井無人桑柘枌榆[illegible]為茂草應行營處百姓田宅產業為賊殘毀燒焚者今既平寧並許識認各還本主諸色人不得妄有侵占九原可作千載不忘尚禁樵蘇寧傷丘壠應有先賢墳墓碑記為人所知被賊毀廢者即與掩瘞仍量致祭自用兵已來郡邑皆罹攻刼遠念[illegible]撓尤在慰安今遣右散騎常侍劉異兵部郎中薛崇等往彼宣撫於戲朕以四海為家兆人為子一物失所每軫納隍之憂一方未寧常負阽危之戒今元兇就戮逆黨誅夷載戢干戈永銷氛祲庶平妖氣允洽嘉祥遐邇臣寮當體予意制以徐州南面招討使檢校尚書左僕射右神武大將軍權知淮南節度事扶風縣開國伯食邑一千戶馬舉可檢校司空兼揚州大都督府長史淮南節度副大使知節度事以右武衛大將軍徐州東南面招討使曹翔檢校兵部尚書兼徐州刺史御史大夫徐泗濠團練防禦等使以前淮南節度使檢校司空平章事上柱國涼國公食邑三千戶令狐綯為太子太保分司東都魏博節度使檢校太

傳同平章事何弘敬卒三軍立其子全暭爲兵馬留後十一月南詔蠻驃信坦綽酋龍率衆二萬寇嶲州定邊軍節度都頭安再榮守清溪關爲賊所攻再榮退保大渡河北去清溪關二百里隔水相射凡九日八夜定邊軍節度使竇滂勒兵拒之十二月驃信遣清平官十餘人來僞和與竇滂語次蠻軍舩栰競渡忠武武寧軍兵士結陣抗之接戰自午及申蠻軍稍却竇滂自縊于帳中徐州將苗全緒解之謂滂曰都統何至於是但安心全緒與再榮弘節等血戰取勝全緒三人率兵而出滂乃單騎宵遁其夜蠻軍營於山下全緒等謀曰彼衆我寡若明日對陣吾屬敗矣可夜擊之令其軍亂自鮮去忠武武寧之師乃夜入蠻軍弓弩亂發蠻衆大駭全緒等三將保軍而去蠻軍乘勝進攻西川城朝廷以顔慶復爲大渡河制置劒南應接等使宋威爲行營都知兵馬使將兵數萬與忠武武寧之師合與蠻軍戰于漢州之毗橋大捷解西川之圍明日蠻軍遁走西川平以蜀王佶爲開府儀同三司成都尹劒南西川節度副大使知節度事不出閤

以盧耽知節度事詔河東節度使鄭從讜赴闕以義成軍節度使光祿大夫檢校尚書左僕射同平章事滑州刺史上柱國會稽縣開國伯食邑二千戸康承訓以本官兼太原尹北都留守充河東軍節度使以吏部侍郎楊知温吏部侍郎于德孫李玄考官司封員外郎盧蕘刑部侍郎楊戴考試宏詞選人以虞部郎中宋震前昭應主簿胡德融考科目舉人詔以兵戈纔罷且務撫寧其禮部貢舉宜權停一年付中書行勑指揮其兩省官等不用論奏勑荊南節度使杜悰據司天奏有小孛星氣經歷分野恐有外夷兵水之患緣邊藩鎮最要隄防宜訓習師徒增築城堡凡關制置具事以聞制以魏博節度使何全暭起復檢校司空同平章事

十一年春正月甲寅朔制尚書右僕射杜審權爲檢校司徒河中尹絳慈隰節度觀察處置等使丙午制宰相門下侍郎吏部尚書曹確可兼尚書左僕射門下侍郎戸部尚書路巖可兼右僕射中書侍郎于悰可兼戸部尚書平章事劉瞻可中書侍郎知政事餘並如故已酉制河東節度使康承訓將門瑣質戎畧微才曾不知兵謬膺重祿憂貂鈐以効任畜姦惡以事君幾授鉞於戎藩嘗執金以徼道謂其盡節委以專征屬者徐部匪寧敢干紀律俾護諸將坐覆危巢蠹國弊以佐軍須王爵而賞士而玩寇莫戰按甲不前立法未學於穰苴申令頓虧於孫子況部伍不戰逼撓無謀人數空多軍威何振使農夫釋耒工女下機始凝望於天誅翻有思於賊至洎元兇自潰玄稔効忠彭門洞開爾功何有而負恩已甚瀆貨是求叨榮苟幸於一時遺患遂逾於積歲爰行國典俾傅戎藩可蜀王傅分司東都再貶恩州司馬同正馳驛發遣以檢校左散騎常侍泗州刺史杜慆檢校工部尚書滑州刺史義成軍節度鄭滑觀察等使以河東行營沙陀三部落蕃渾諸部招討使檢校太子賓客監察御史朱邪赤心爲檢校工部尚書單于大都護御史大夫振武節度麟勝等州觀察等使仍賜姓名曰李國昌以吏部尚書蕭鄴吏部侍郎于德孫吏部侍郎楊知温考官司勳員外郎李耀禮部員外郎崔澹等考試應宏詞選人以

河陽三城節度孟懷澤觀察使中散大夫檢校禮部尚書孟州刺史御史大夫崔彥昭爲金紫光祿大夫檢校刑部尚書太原尹北都留守河東節度觀察等使以兵部侍郎翰林學士承旨扶風縣開國子食邑伍百戸駙馬都尉韋保衡本官同平章事以兵部侍郎劉鄴判度支左僕射門下侍郎同平章事曹確以病求免授檢校司空同平章事兼潤州刺史充浙江西道觀察等使魏博節度使何全暭酷政爲衙軍所殺推其大將韓君雄爲留後四月癸未朔戊子勑去年屬以用軍之際權停貢舉一年今旣去戈却宜仍舊來年宜別許三十人及第進士十人明經二十人已後不得援例八月辛巳朔乙酉同昌公主薨追贈衛國公主謚曰文懿主郭淑妃所生主以大中三年七月三日生咸通九年二月二日下降上尤鍾念悲惜異常以待詔韓宗紹等醫藥不効殺之收捕其親族三百餘人繫京兆府宰相劉瞻京兆尹温璋上疏論諫行法太過上怒叱出之九月丙辰制以正議大夫守中書侍郎兼刑部尚書同平章事充集賢殿大學士上柱國

彭城縣開國侯食邑一千戶賜紫金魚袋劉瞻檢校刑部尚書同平章事兼江陵尹充荆南節度等使翰林學士戶部侍郎知制誥上柱國賜紫金魚袋鄭畋爲梧州刺史正議大夫御史中丞上柱國賜紫金魚袋孫瑝爲汀州刺史將仕郎右諫議大夫柱國賜紫金魚袋高湘爲高州刺史中散大夫比部郎中知制誥柱國賜紫金魚袋楊知至爲瓊州司馬將仕郎守禮部郎中魏簹爲春州司馬朝議大夫行兵部員外郎判度支案柱國張顏爲播州司戶朝議大夫行刑部員外郎柱國崔顏融爲雷州司戶並坐劉瞻親善爲韋保衡所逐也京兆尹溫璋貶振州司馬制出之夜璋仰藥而死劉瞻再貶康州刺史十月以給事中薛能爲京兆尹以中書舍人高湜權知禮部貢舉十一月己酉朔辛亥制以禮部尚書王鐸本官同平章事丁卯勅徐州地當沛野軍本驍雄寔爲壯國之都固協建侯之制況山河素異土俗甚殷豈欲削畢挫其繁盛蓋緣比因稔禍或至亂常罪由己招孽非天作桂林叛卒纔有逆謀塗炭生靈首尾周歲殺傷黎庶汚染忠

○

〈唐紀十九上〉 十七

良所不忍言尋加剪滅是以畢其鎮額隸彼藩方近屬大兵已來饑年荐至且聞軍人百姓深耻前非願行舊規却希建節朕每深軫念思致小康特示渥恩復其軍額宜賜宣徽庫綾絹十萬匹助其宴犒必獲周豊其徐州都團練使改爲感化軍節度徐宿豪泗等州觀察處置等使以吏部侍郎鄭從讜檢校戶部尚書兼外州刺史御史大夫充宣武軍節度使代李蔚以蔚檢校吏部尚書揚州大都督府長史兼淮南節度副大使知節度事

十二年春正月戊申宰相路巖率文武百寮上徽號曰睿文英武明德至仁大聖廣孝皇帝御含元殿册禮畢大赦辛酉葬衛國公主於少陵原先是詔百寮爲挽歌詞仍令韋保衡自撰神道碑京兆尹薛能爲外監護供奉楊復璟爲内監護威儀甚盛上與郭淑妃御延興門哭送幽州節度使張允伸病請以子簡會爲節度副大使權知兵馬事詔從之三月以吏部尚書蕭鄴吏部侍郎歸仁晦李當考官司封郎中鄭紹業兵部員外郎陸勳等考試宏詞選人四月以左僕射門下侍郎同平章事路巖檢校司徒兼成都尹劍南西川節度等使五月庚申勅慎恤刑獄大易格言語曰如得其情即哀矜而勿喜而獄吏苛刻務在舞文守臣因循罕聞視事以此械繫之輩溢於狴牢追捕之徒繫於簡牘實傷和氣因致沴氣況時屬炎蒸化先茂育並赦罪戾式順生成應天下所禁繫罪人除十惡忤逆故意殺人合造毒藥持仗行刼開發墳墓外餘並宜疎理釋放或信任人吏多有生情繫留續察訪得知本道觀察使判官州府本曹官必加懲譴以誡慢易到後十日内速疎理分析聞奏上幸安國寺賜講經僧沉香高座七月辛丑中書門下奏准今年六月十二日勅釐革諸道及在京諸司奏官并請章服事者其諸道奏州縣官司錄縣令錄事參軍或見任公事敗闕不理切要替換及前任實有勞効并見有闕員即任各舉所知每道奏請仍不得過兩人其河東潞府邠寧涇原靈武鹽夏振武天德鄜坊滄德易定三川等道觀察防禦等使及嶺南五管每道每年除令錄外許量奏簿尉及中下州判司及縣丞共三人福

○

〈唐紀十九上〉 十八

州不在奏州縣官限其黔中所奏州縣官及大將管内官即任準舊例處分在京諸司及諸道帶職奏官或非時僉替考限未滿並却與本資官諸道節度及都團練防禦使下將校奏轉試官及憲御等今諸節度事每年量許五人都團練防禦量許三人爲定不得更於其外奏請其御史中丞已下即準勅文條疏須有軍功方可授任自今後如顯立戰伐功勞者任具事績申奏如檢甚不虛當別與商量處分以外輙不得更有奏請其幽鎭魏三道望且準承前舊例處分勑旨從之十二月以檢校戶部尚書汴州刺史御史大夫宣武軍節度使鄭從讜爲廣州刺史嶺南東道節度觀察處置等使

十三年春正月壬寅朔甲戌制以兵部侍郎判度支劉鄴本官同平章事幽州盧龍等軍節度使檢校司徒同平章事幽州大都督府長史上柱國燕國公食邑三千戶張允伸卒贈太尉謚曰忠烈允伸鎭幽州二十三年二月幽州牙將張公素奪留後張簡會軍政自稱留後丁巳制以尚書右僕射門下侍郎同平章事于琮檢校司空襄州

刺史充山南東道節度觀察處置等使以御史中丞趙隱爲戶部侍郎本官同平章事三月以吏部尚書蕭鄴吏部侍郎獨孤雲考官職方郎中趙蒙駕部員外郎李超考試宏詞選人試日蕭鄴替差右丞孔溫裕權判五月庚午朔辛未勑檢校尚書左僕射守左羽林軍統軍御史大夫張直方貶康州司馬同正以其部下爲盜故也乙亥國子司業韋殷裕於閤門進狀論淑妃弟郭敬述陰事上怒甚即日下京兆府決殺殷裕籍沒其家殷裕妻崔氏音聲人鄭羽客王燕客婢微娘紅子等九人配入掖庭閤門使田獻銛奪紫配於橋陵閤門司閹敬直決十五配南衙爲受殷裕文狀故也給事中杜裔休貶端州司馬中書舍人崔沆循州司戶殷裕妻兄也太僕少卿崔元應州司戶殷裕妻父也前河陰院官韋君卿爲愛州宋平尉殷裕季父也以前大理正万侯鎔爲國子司業前興元少尹馮彭爲普州刺史前大理正陽瑨爲昌州刺史丙子制開府儀同三司檢校尚書左僕射兼襄州刺史御史大夫充山南西道節度觀察等使于琮可正議大夫守普王傅分司東都辛巳勑尚書左丞李當貶道州刺史吏部侍郎王渢貶漳州刺史左散騎常侍李郁貶賀州刺史前中書舍人封彥卿貶湖州司戶翰林學士承旨兵部侍郎知制誥張裼貶封州司馬右諫議大夫楊塾貶和州司戶工部尚書嚴祁貶郴州刺史給事中李貺貶勤州刺史給事中張鐸貶縣州刺史左金吾衛大將軍充左街使李敬仲貶儋州司戶前青州刺史平盧軍節度使于涓爲涼王府長史分司東都前湖南觀察使于瓌爲袁州刺史涓瓌琮之兄也于諸于親亦配流自李當已下皆于琮之親黨也爲韋保衡所逐以天德防禦使檢校左散騎常侍段文楚爲雲州刺史大同軍防禦使六月義成軍節度使檢校工部尚書杜慆奏當管潁州僧道百姓舉留刺史宗回勑曰回清幹臨人自有月限方籍綏輯未議替移六月中書門下奏今月十七日延英面奉聖旨令誡約天下州府應有逃亡戶口其賦稅差科不得攤配見在人戶上者伏以諸道州府或兵戈之後災沴之餘戶口逃亡田疇荒廢天不敷佑人多艱危鄉閭屢困於征

徭帑藏因茲而耗竭遂使從來經費色額太半空系簿書綬徵斂則闕於供須促期限則追於貧耆言念凋弊勞乃憂勤不降明文孰知聖念其逃亡戶口賦稅及雜差科等須有承佃戶人方可依前應役如將闕稅課額攤於見在人戶則轉成逋債重困黎元或富者有連阡之田貧者無立錐之地欲令均一固在公平若令狡猾之徒得以昇降由巳望其完葺不亦難乎全由長史竭誠方使疲甿漸泰臣等商量今諸道州府準此條疏應有逃亡戶口稅賦幷雜色差科等並不得輒更攤配於見存務人戶之上設法招攜多方撫御乘茲豐稔重獲昭蘇苟致安寧自當遷陟不遵詔令必舉典刑從之七月以前義昌軍節度使盧簡方爲太僕卿十二月以振武節度李國昌爲檢校右僕射雲州刺史大同軍防禦等使國昌恃功頗橫專殺長史朝廷不能平乃移鎮雲中國昌稱病辭軍務乃以太僕卿盧簡方檢校刑部尚書雲州刺史充大同軍防禦等使上召簡方於思政殿謂之曰卿以滄州節鎮屈轉大同然朕以沙陀羌渾撓亂邊鄙以卿曾在雲中惠及部落且忍屈爲朕此行具達朕旨安慰國昌勿令有所猜嫌也是月李國昌小男克用殺雲中防禦使段文楚據雲州自稱防禦留後制追謚宣宗爲元聖至明成武獻文睿智章仁神聰懿道大孝皇帝

十四年春正月丙寅朔御史中丞韋蟾奏應諸州刺史除授正衙辭謝後託故陳牒請假實爲容易自今後如實有故爲衆所知者三日外不在陳牒之限應內外除官入京合便朝謝如遇假日且合在都亭驛近日多因請假便歸私家既犯條章頗乖禮敬自今巳後望準故事如未朝謝須於都亭驛如違越臺司勘當申奏從之辛未以雲朔暴亂代北騷動賜盧簡方詔曰李國昌久懷忠赤顯著功勞朝廷亦三受土疆兩移旄節其爲寵遇實寡比倫昨者徵發兵師又令克讓將領惟嘉節義同絕嫌疑近知大同軍不安殺害段文楚推國昌小男克用主領兵權事雖出於一時心豈忘於長久段文楚若實剋剝自結怨嫌但可申論必行朝典遽至傷殘性命劉剔肌膚慘毒憑凌

殊可驚駭況忠烈之後節義之門致茲横亡尤悚觀聽若克用暫勿主兵務束手待朝廷除人則事出權宜不足猜慮若便圖軍柄欲奄有大同則患繫久長故難依允料國昌輸忠効節必當已有指揮知鄉兩任雲中恩及國昌父子敬憚懷感不同常人宜諫與書題深陳禍福殷勤曉喻劈析指宜切令大節無虧勿使前功併棄簡方準詔諭之國昌不奉詔乃詔太原節度使崔彥昭幽州節度使張公素帥師討之三月以新除大同軍使盧簡方為單于大都護振武節度麟勝等州觀察等使時李國昌據振武簡方至嵐州而卒自是沙陀侵掠代北諸軍鎮庚午詔兩街僧於鳳翔法門寺迎佛骨是日天雨黃土徧地四月八日佛骨至京自開遠門達安福門綵棚夾道念佛之音震地上登安福門迎禮之迎入內道場三日出於京城諸寺士女雲合威儀盛飾古無其比制曰朕以寡德纘承鴻業十有四年頃屬寇猖狂王師未息朕憂勤在位愛育生靈遂乃尊崇釋教至重玄門迎請真身為萬姓祈福今觀覩之衆隘塞路岐載念狴牢寢興在慮嗟我黎人陷於刑辟況漸當暑毒繫於縲紲或積幽窘有傷和氣或關連追擾有妨農務京畿及天下州府縣禁囚徒除十惡忤逆故意殺人官典犯贓合造毒藥放火持仗開發墳墓外餘罪輕重節級遞減一等其京城軍鎮限兩日內疏理訖聞奏天下州府勅到三日內疏理聞奏以吏部侍郎蕭倣為兵部侍郎同平章事六月帝不豫七月癸亥朔戊寅疾大漸庚午制立晉王儼為皇太子權勾當軍國政事辛巳遺詔曰朕祇事九廟君臨四海夕惕如厲宵分靡寧必求政化之源思建大中之道至於懷柔夷貊偃戢干戈皆以德綏亦自刑致其清淨之為理庶洽平之可臻自秋已來忽爾嬰疹坐朝既闕踰旬未瘳六疾斯侵萬機多曠醫和無驗以至彌留嗚呼數哉有窮聖賢之所必同明於斯言是為達節載申顧命式叶典謨皇太子權勾當軍國事儼性禀寬和生知忠孝德苞睿哲聖表怡齊必能揚祖宗之重光荷邦家之丕構宜令所司具禮於柩前即皇帝位以司空門下侍郎平章事韋保衡攝冢宰軍國務殷豈可久曠況易月之制行之自古皇帝宜三日而聽政二十七日釋服諸道節度觀察團練防禦等使及監軍諸州刺史受寄至重並不得離任赴哀文武常參官朝晡之臨十五舉音宮中當臨者非時無得擅哭天下人吏百姓告哀後出臨三日皆釋服勿禁食肉飲酒婚姻祭祀釋服之後無禁當舉薄葬之禮宜遵漢魏之文其山陵制度切在儉約並不得以金銀錦繡文飾喪具五坊鷹犬等除蒐狩外餘並解放其醫官段璲趙玭符虔休馬及等並釋放咨爾將相卿士中外臣寮竭力盡忠匡予令嗣送往事居無違朕志是日崩于咸寧殿聖壽四十一百寮上謚曰睿文昭聖恭惠孝皇帝廟號懿宗十五年二月葬于簡陵

史臣曰臣常接咸通耆老言恭惠皇帝故事當大中時四海承平百職修舉中外無粃政府庫有餘貲年穀屢登封疆無擾恭惠始承丕構頗亦勵精延納讜言尊崇耆德數稔之內洋洋頌聲然器本中庸流於近習所親者巷伯所昵者桑門以蠱惑之侈言亂驕淫之方寸欲無怠忽其可得乎及釁結蠻陬奸生戍卒發嶺領之轉輸寰海

動搖徵二蜀之扞防蒸人盪覆徐寇雖殄河南幾空然猶削軍賦而飾伽藍困民財而修淨業以諛佞為愛己謂忠諫為妖言爭趨險詖之途罕勵貞方之節見豕負塗之愛豎非次寵昇爍頭爛額之輔臣無辜竄逐是以干戈布野蟲旱彌年佛骨纔入於應門龍輴已泣於蒼野報應無必斯其驗歟土德淩夷禍階於此雖有文景之英繼難以興焉自茲龜玉之不昌固其宜矣黃髮遺叟言之涕零

贊曰邦家治亂在君聽斷恭惠驕奢賢良貶竄凶豎當國憸人滿朝奸雄乘釁貽謀道消

唐書本紀卷第十九上

舊唐書本紀卷第十九下

劉 昫 等修
聞人詮校刻沈桐同校

僖宗

僖宗惠聖恭定孝皇帝諱儇懿宗第五子母曰惠安皇后王氏咸通三年五月八日生於東內初封普王名儼十四年七月懿宗大漸其月十八日制曰朕守大器之重居兆人之上日慎一日如履如臨旰昃勞懷寢興思理涉道猶淺導化未孚而攝養乖方寒暑成癘實有慮於闕政且無暇於怡神恙未少瘳日加寖劇萬務凡總須有主張考思舊章謀于卿士思闡鴻業式建皇儲第五男普王儼改名儇孝敬溫恭寬和博厚日新令德天假英姿言皆中規動必由禮俾崇邦本允協人心宜立為皇太子權勾當軍國政事咨爾中外卿士洎于腹心之臣敬保予衝輔成予志各竭乃心以安黎庶布告中外知朕意焉是日懿宗崩二十日即皇帝位于柩前時年十二左軍中尉劉行深右軍中尉韓文約居中執政並封國公八月皇帝釋服冊聖母王氏為皇太后河南大水自七月雨不止至釋服後方霽九月守司空門下侍郎平章事韋保衡貶賀州刺史以岳州刺史于琮為太子少傅緣琮貶逐者並放還循州司戶崔沆復為中書舍人前戶部侍郎知制誥翰林學士承旨鄭畋為左散騎常侍前兵部侍郎知制誥翰林學士張裼為太子賓客前諫議大夫高湘復為諫議大夫前宣歙觀察使楊嚴復為給事中十月左僕射門下侍郎平章事劉鄴檢校左僕射同平章事兼揚州大都督府長史充淮南節度觀察副大使知節度事十一月以光祿大夫守太子少傅駙馬都尉于琮檢校尚書左僕射兼襄州刺史御史大夫充山南東道節度觀察等使十二月雷震義成軍節度使檢校刑部尚書杜慆就加兵部尚書

○乾符元年春正月辛酉朔乙丑左僕射門下侍郎平章事蕭倣兼右僕射門下侍郎吏部尚書平章事王鐸檢校吏部尚書同平章事兼汴州刺史充宣武軍節度宋亳觀察等使二月葬懿宗于簡陵三月以河東節度使檢校尚書右僕射崔彥昭為尚書兵部侍郎充諸道鹽鐵轉運等使以銀青光祿大夫京兆尹上柱國岐山郡開國公食邑三千戶竇澣檢校戶部尚書太原尹北都留守御史大夫充河東節度管內觀察處置等使以中書侍郎刑部尚書同平章事趙隱檢校吏部尚書潤州刺史浙江西道都團練觀察等使四月崔彥昭本官同平章事領使如故以前淮南節度使李蔚為吏部尚書以天平軍節度使檢校尚書右僕射兼鄆州刺史高駢檢校司空兼成都尹充劍南西川節度副大使知節度事以右散騎常侍韋荷為吏部侍郎前同州刺史崔璞為右散騎常侍右領軍衛上將軍渾偘檢校吏部尚書左千牛衛上將軍以侍御史盧衡征為司封員外郎判戶部案五月以吏部侍郎鄭畋為兵部侍郎同平章事戶部侍郎知制誥翰林學士賜紫金魚袋盧攜本官同平章事太子右庶子李嶧為太僕卿侍御史裴渥為起居郎以嶺南東道節度使檢校刑部尚書鄭從讜為刑部尚書以吏部侍郎韋荷檢校禮部尚書廣州刺史嶺南東道節度使七月以禮部侍郎裴瓚為檢校左散騎常侍潭州刺史御史大夫湖南觀察使故湖南觀察使李庾贈禮部尚書十月以中書舍人崔沆為中書侍郎右諫議大夫崔衡為給事中十一月丙戌朔庚寅上有事於宗廟禮畢御丹鳳門大赦改元為乾符宰相蕭倣兼司空弘文館大學士太清宮使兵部侍郎崔彥昭為中書侍郎兵部侍郎鄭畋為集賢殿大學士以宣慰沙陀六州部落檢校兵部尚書李鈞為靈武節度制曰朕以沙陀驍勇重累戰功六州蕃渾沐浴王化念其出於猜貳互有傷殘而克璋報仇其意未已被我君臨之德軫吾子育之心爰擇良能俾之宣撫惟爾先正嘗鎮北門侍國昌以雄傑之才置國昌於濟活之地既藉奕葉之舊又懷任土之觀是用付以封疆委之軍旅必集王事無墜家聲初鈞父業鎮太原能安集代北部落時李國昌父子據大同振武吐渾契苾幽州諸道之軍攻之不利故假鈞靈武節鉞率師招諭之以長安令李壁為諫議大夫以吏部員外郎徐彥若為長安令兵部郎中盧鄴為楚州刺史十二月

党項廻鶻寇邊以左司郎中崔原爲兵部郎中江州刺史李可仁爲
右司郎中權知工部尚書牛蔚爲礼部尚書太子賓客于溊爲工部
尚書是冬南詔蠻寇蜀詔河西河東山南西道東川徵兵赴援西川
節度使高駢奏奉勑抽發長武鄜州河東等道兵士赴緜南行營者
伏以西川新軍舊軍差到巳衆況蠻蛋小醜必可枝梧今以道路崎嶇
館驛窮困更有軍頓立見流移所謂望一處完全而百處俱破且兵
不在衆而在於和其左右神策長武鎮鄜川河東所抽甲馬兵士人
數不少況備辦軍食費損尤多又緣三道藩鎮盡扼羌戎邊鄙未寧
望不差發如巳在道路並請降勑勒廻詔荅曰蠻蛋如尚憑凌固須
倍兵禦敵若己奔退即要併力追擒方藉北軍助平南寇其三處兵
士宜委高駢候到蜀日分布驅使具務多匕之辦寧亂整匕之師其
河東一千二百人令賓辭不要差發時駢扞蠻巳退長武兵士竟至
蜀而還議者惜其　勞費而虛邀出入之賞也右軍中尉韓文約以
疾乞休致從之

○二年春正月乙酉朔巳丑宰相崔彥昭率文武百寮上尊號上御正
殿受冊以知內樞密田令孜爲右軍中尉南蠻驃信遣使乞盟許之
以鳳州刺史郭弘業爲左金吾衛將軍庫部郎中韋岫爲泗州刺史
都官員外郎李頻爲建州刺史二月以兵部侍郎充諸道鹽鐵轉運
使王凝爲秘書監以所補吏職罪也以吏部侍郎裴坦爲兵部侍郎
充諸道鹽鐵轉運使以翰林學士崔澹爲中書舍人翰林學士徐仁
嗣爲司封郎中學士如故以容管經畧招討使高春檢校戶部尚書
太府卿李嶧爲宗正卿湖州刺史張搏爲盧州刺史庫部員外郎楊
堪爲吏部員外郎三月以右補闕鄭勤爲起居郎度支推官牛徽爲
右補闕以戶部郎中崔彥融爲長安令都官郎中楊知退爲戶部郎
中左司員外郎唐嶠爲刑部郎中刑部員外郎畢紹顏爲左司員外郎
侍御史鄭頊爲刑部員外郎四月海賊王郢攻剽浙西郡邑以殿中
侍御史李燭爲禮部員外郎以太子賓客張禓爲吏部侍郎前淮南
節度使李蔚爲太常卿成德軍節度使王景崇加開府儀同三司秘

書監蕭峴爲國子祭酒汝州刺史崔彥冲爲太子賓客分司新除吏
部侍郎張禓爲京兆尹東川點檢兵馬使吳行魯可金紫光祿大夫
檢校兵部尚書兼梓州刺史御史大夫充緜南東川節度等使以東
川節度使檢校戶部尚書崔充爲河南尹河南尹李晦檢校左散騎
常侍兼福州刺史福建都團練觀察使以鳳翔隴西節度使檢校
司徒同平章事上柱國涼國公食邑三千戶令狐綯進封趙國公五
月濮州賊首王仙芝聚於長垣縣其衆三千剽掠閭井進陷濮州俘
丁壯萬人鄆州節度使李種出兵擊之爲賊所敗以殿中少監薛瑎
爲衛州刺史國子司業裴拙爲洋州刺史中書舍人崔沆爲禮部侍
郎兵部郎中裴虔餘爲太常少卿六月以司勳員外郎薛邁爲兵部郎
中戶部員外郎鄭就爲司勳員外郎倉部員外郎鄭綮爲戶部員外
郎主客員外郎王鐐爲倉部員外郎秋七月以大理卿蔡行以爲豐
州刺史天德軍都防禦使大理卿張彥遠爲大理卿以京兆尹張禓
檢校戶部尚書兼鄆州刺史御史大夫充天平軍節度鄆曹濮觀察

等使以左司勳員外郎杜貞符爲都官郎中吏部員外郎牛循爲金
州刺史司封員外郎盧徹征爲吏部員外郎十月以秘書少監李晛
爲諫議大夫以前大同軍及雲朔都防禦營田供軍等使李瑨檢校
左散騎常侍澧州刺史充天德軍澧州西城中城都防禦使本管押
蕃落等使以考功員外郎趙蘊爲吏部員外郎戶部員外郎盧莊爲
起居員外郎禮部員外郎蕭遘爲考功員外郎十一月以起居郎劉
崇龜爲禮部員外郎殿中侍御史孔綸爲戶部員外郎是月雷震電
左僕射王鐸兼門下侍郎同平章事復輔政
○三年春正月巳卯朔司空門下侍郎同平章事蕭倣以病求免罷爲
太子太傅浙西奏誅王郢徒黨以左金吾衛大將軍右街使齊克讓
檢校兵部尚書兼兗沂海等州節度使三月以吏部尚書歸仁晦吏
部侍郎孔晦吏部侍郎崔蕘試宏詞選人考功郎中崔庾考功員外
郎周仁舉爲考官以太常卿李蔚本官同平章事奉天鎮上言金龍壹
見自河昇天門下侍郎崔彥昭太清宮使弘文舘大學士中書侍郎

刑部尚書平章事鄭畋監修國史以右武衛大將軍墨沖謙為左金吾衛大將軍以黎州刺史杜岡為雅州刺史五月以江西觀察使獨孤雲為太子少傅金州刺史柬鄉勵為嘉州刺史六月勑福建觀察使李播荊州刺史楊權古蔚州刺史王龜範壁州刺史張鷟濮州刺史韋浦施州刺史婁傳會邢州刺史王回撫州刺史崔理黃州刺史計信卿等刺史親人之官苟不諳詳豈宜除授比為朕養百姓非獨榮爾一身每念疲羸實所傷歎李播等九人授官之時衆詞不可王回等三人到郡無政惟務貪求實汚方州並宜停任以檢校右散騎常侍衛尉卿李鐸為太府卿以涼王傅分司裴思謙為衛尉卿撫王府長史劉允章京王傅主客郎中崔福為汾州刺史荊南節度副王搓為主客郎中六月以門下侍郎刑部尚書平章事太清宮使弘文館大學士判度支崔彥昭兼左僕射中書侍郎鄭畋兼門下侍郎太常卿平章事李蔚為中書侍郎以歙州刺史蕭籌為右司員外郎右司員外郎崔潼為歙州刺史七月草賊王仙芝寇掠河南十五州其

衆數萬是月賊逼潁許攻汝州下之虜刺史王鐐刑部侍郎劉承雍在郡為賊所害賊遂南攻唐鄧安黃等州時關東諸州府兵不能討賊但守城而已以戶部郎中李節為駕部郎中金部郎中王慥為戶部郎中主客郎中鄭誠為金部郎中金部員外郎張譙為主客郎中屯田員外郎竇翊為金部員外郎京兆司錄趙曄為屯田員外郎工部侍郎崔朗為同州刺史左軍擗仗使左監門衛上將軍西門思恭為右威衛上將軍以右諫議大夫知制誥魏簹　為中書舍人九月以右丞崔蕘權知吏部侍郎禮部侍郎崔沆為尚書右丞中書舍人高湘權知禮部侍郎京兆尹楊知至為工部侍郎兵部尚書兼太常卿李瑎檢校尚書右僕射太常衛尉卿蕭寬為鴻臚卿充閑廄使以宰相崔彥昭男保謙為秘書省校書郎右僕射門下侍郎平章事崔彥昭加特進門下侍郎禮部尚書平章事鄭畋可特進太中大夫平章事盧攜可銀青光祿大夫銀青光祿大夫平章事李蔚可金紫光祿大夫以太府卿李嶧檢校工部尚書滑州刺史御史大夫充義成軍節度鄭滑潁觀察處置等使雅州自六月地震至七月未止壓傷人頗衆詔河南藩鎮舉兵討賊以刑部郎中李璵為戶部郎中分司東都戶部郎中鄭誠為刑部郎中戶部郎中知制誥翰林學士王徽為中書舍人戶部員外郎翰林學士蕭遘為戶部郎中學士並如故諫議大夫趙蒙為給事中商州刺史張同為諫議大夫十一月以司門員外郎鄭蕘為池州刺史水部員外郎樊充為工部員外郎汴宋度使杜孺休為水部員外郎太常少卿崔渾貶康州刺史揚州左司馬鄭祥遭州刺史度支分巡院使李仲章為建州刺史十二月以右金吾衛將軍張簡會為左金吾大將軍充右街使右龍武將軍李瓚為右金吾將軍前陝西虢觀察使陸墉為太子賓客

四年春正月癸酉朔丁丑降制赦天下繫囚及徒流人放還以諫議大夫李湯為給事中以兵部郎中崔厚為諫議大夫大理少卿王承顏為鹽州刺史明州刺史殷僧辯為大理卿以吏部尚書鄭從讜吏部侍郎孔晦吏部侍郎崔蕘考宏詞選人三月以開府行內侍監致

仕劉行深為內侍省觀軍容守內侍監致仕以判鹽鐵案檢校考功郎中鄭溵為司封員外郎充轉運判官兵部員外郎裴渥為蘄州刺史職方員外郎盧澄為兵部員外郎以草賊大寇河南山南詔曰亂常干紀天地所不容伐罪弔人帝王之大典歷觀往代徧數前朝其有怙衆稱兵憑兇構孽或疑迷於郡縣或殘害於生靈初則狐假鴟張自謂驍雄莫敵旋則鳥焚魚爛無非破敗而終蓋以逆順相懸幽明共怒近者龐勛拒命王郢挺災結聚至多倡狂頗甚尋則身膏原野家受誅夷亦有方從叛亂能自迴翔移吉凶於反掌之間變禍福於立談之際則諸葛爽今為刺史朱實見存將軍弘霸郎受職於禁營宋再雄策名於淮海莫不身名光顯家族輝榮近準諸道奏報草賊稍多江西淮南宋亳曹潁或攻郡縣或掠鄉村雖命兵師且令招撫朕以寬弘為理慈愍居心每念蒼生皆同赤子恨不能均其衣食令致荒飢寧忍迫以鋒鋩斷其身首如王仙芝及諸賊頭領能洗心悔過散卒休兵所在州府投降便令具名聞奏朝廷當議獎升如諸

賊頑傲不悛兇強自恃卽宜令諸道兵師犄角誅剪若諸軍全捕得一火草賊數至三百人已上者超授將軍賞錢一千貫如鄉村有幹勇才畧而能率合義徒驅除草寇者本處以聞亦與重賞如鄭鎰湯群之輩已爲刺史朝廷故不食言勑到宜令諸道明行宣諭令知朕意青州節度使宋威上表請步騎五千特爲一使兼率本道兵士所在討賊必立微功以酬聖獎優詔嘉之乃授威諸道招討草賊使仍給禁兵三千甲馬五百匹仍諭河南方鎭曰王仙芝本爲盐賊自號草軍南至壽廬北經曹宋半年燒劫僅十五州兩火轉鬬踰七千衆諸道發遣將士同共討除日月漸深煙塵未息盖以遞相觀望虛費糇糧州縣罄於供承鄉村泣於侵暴今平盧軍節度使宋威深憤萑蒲請行誅討朕以威前時蜀部破南詔之全軍比歲徐州摧龐勛之大陣官階甚貴可以統諸道之都頭驍勇素彰足以破伏戎之草寇今已授指揮諸道兵馬招討草賊使候宋威到本道日供給犒設並取上供錢支給仍命指揮都頭凡攻討進退取宋威處分時賊渠王

仙芝之尚君長在安州宋威自青州與副使曹全晸進軍攻討所在破賊是月兗朐賊黃巢聚萬人攻鄆州陷之逐節度使薛崇五月幽州節度使李茂勳上表乞致仕以其男可舉權知兵馬事制以壽王傑爲開府儀同三司幽州經畧盧龍等軍節度觀察押奚契丹等使以幽州節度副使權知兵馬事李可舉檢校左散騎常侍幽州大都督府左司馬充幽州兵馬留後制以幽州盧龍節度使檢校工部尚書李茂勳守尚書左僕射致仕以前綿州刺史皇甫鏞爲秘書少監以陳州刺史許珂爲睦州刺史以右衛將軍程可復爲左衛大將軍黃巢賊陷沂州六月以宣歙觀察使高駢檢校司空兼潤州刺史鎭海軍節度蘇常杭潤觀察處置江淮鹽鐵轉運江西招討等使以汝州防禦使李鈞檢校尚書右僕射潞州大都督府長史充昭義軍節度潞邢洺磁觀察等使幽州留後李可舉請以本軍討沙陀三部落從之七月黃巢自沂海其徒數萬趨潁蔡入查牙山遂與王仙芝合七月賊陷隨州執刺史崔休徵群賊屯於白狀是月江州賊首柳彥璋聚徒陷江州殺刺史陶祥八月以中書舍人崔澹權知貢舉沙陀大寇雲朔十月詔昭義節度李鈞幽州李可舉吐渾赫連鐸白義誠沙陀安慶薛葛部落合兵討李國昌父子於蔚州十一月賊王仙芝率衆渡漢攻江陵節度使楊知溫嬰城拒守知溫本非禦侮之才城無宿備賊急攻之十二月賊陷江陵之郛知溫窮蹙求援於襄陽山南東道節度使李福悉其師援之時沙陀軍五百騎在襄陽軍次荊門騎軍擊賊敗之賊盡焚荊南郛郭而去

五年春正月丁酉朔沙陀首領李盡忠陷遮虜軍太原節度使竇澣遣都押衙康傳圭率河東土團二千人屯代州將發求賞呼譟殺馬步軍使鄧虔竇澣自入軍中安慰仍借率富戶錢五萬貫以賞之朝廷以澣非禦侮才以前昭義節度使曹翔檢校尚書右僕射兼太原尹北都留守河東節度使又以左散騎常侍支謨爲河東節度副使二月王仙芝餘黨攻江西招討使宋威出軍屢敗之仍宣詔書諭仙芝欲降於威求節鉞威僞許之仙芝令其大將尚君長蔡溫玉奉表

入朝威乃斬君長溫玉以徇仙芝怒急攻洪州陷其郛宋威赴援與賊戰大敗之殺仙芝傳首京師尚君長弟尚讓爲黃巢黨以兄遇害乃大驅河南山南之民其衆十萬大掠淮南其鋒甚銳侍中晉國公王鐸請自督衆討賊天子以宋威失策殺君長乃以王鐸檢校司徒兼侍中門下侍郎江陵尹荊南節度使充諸道兵馬都統三月王鐸奏兗州節度使李係爲統府左司馬兼潭州刺史充湖南都團練觀察使黃巢之衆再攻江西陷虔吉饒信等州自宣州渡江由浙東欲趨福建以無舟船乃開山洞五百里由陸趨建州遂陷閩中諸州以吏部尚書鄭從讜吏部侍郎崔沆考宏詞選人七月滑州忠武昭義諸道之師會于太原大同軍副使支謨爲前鋒先趨行營八月沙陀陷岢嵐軍曹翔自率軍赴忻州翔至軍中風而卒諸軍皆退太原大懼閉城門昭義兵士爲亂劫坊市九月門下侍郎吏部尚書平章事李蔚檢校尚書左僕射充東都留守以吏部尚書鄭從讜本官同平章事十月司空平章事崔彥昭罷爲太子太傅十一月制以河東宣慰使

權知代北行營招討崔季康檢校戶部尚書兼太原尹北都留守充
河東節度代北行營招討使沙陀攻石州崔季康救之十二月季康
與北面行營招討使李鈞與沙陀李克用戰于岢嵐軍之洪谷王師
大敗鈞中流矢而卒戊戌代州昭義軍亂爲代州百姓所殺殆盡以
中書舍人張讀權知禮部貢舉
六年春正月辛卯朔河東節度使崔季康自靜樂縣收合餘衆廻軍
軍亂殺孔目官石裕季康衆遁歸行營衙將張鍇郭朏率其衆歸
太原兵士鼓譟攻東陽門入使衙季康父子皆被害三月以吏部侍
郎崔沆崔澹試宏詞選人駕部郎中盧蘊刑部郎中鄭頊爲考官制
以邠寧節度使李侃檢校戶部尚書兼太原尹北都留守充河東節
度等使四月黃巢陷桂管五月賊圍廣州仍與廣南節度使李巖浙
東觀察使崔璆書求保薦乞天平節鉞璆巖上表論之詔公卿議其可
否宰相鄭畋盧攜爭論於中書詞語不遜俱罷爲太子賓客分司東
都以吏部侍郎崔沆爲兵部侍郎戶部侍郎翰林學士豆盧瑑並本

官同平章事黃巢陷廣州大掠嶺南郡邑八月制以特進檢校司空
東都留守李蔚爲檢校司徒同平章事兼太原尹北都留守河東節
度觀察兼代北行營招討供軍等使十月制以鎮海軍節度浙江西
道觀察處置等使高駢檢校司徒同平章事揚州大都督府長史充
淮南節度副大使知節度事江淮鹽鐵轉運江南行營招討等使進
封燕國公食邑三千戶初駢在浙西遣大將張璘梁續等大破黃巢
於浙東賊進寇福建踰嶺表故移鎮揚州時賊北踰大庾嶺朝廷授
駢諸道行營兵馬都統太原節度使李蔚卒以禮部侍郎張讀權知
左丞事十一月制以銀青光祿大夫檢校右散騎常侍河東行軍司
馬鴈門代北制置等使石嶺鎮北兵馬代北軍等使上柱國康傳圭
檢校工部尚書兼太原尹北都留守河東節度使時傳圭已率兵在
代州是月自行營赴任兩都虞候張鍇郭朏迎於烏城驛並殺之軍
中震悚又制以神策大將軍周寶檢校尚書左僕射兼潤州刺史鎮
海軍節度浙江西道觀察等使以定州已來制置內閑廐宮苑等使

金紫光祿大夫檢校刑部尚書上柱國太原縣開國伯食邑七百戶王
處存檢校戶部尚書兼定州刺史充義武軍節度易定觀察處置北
平軍等使十二月制以河東馬步軍都虞候朱玫爲代州刺史以太
子賓客分司盧攜爲兵部尚書同平章事太子賓客鄭畋檢校左僕
射鳳翔尹充鳳翔節度使
廣明元年春正月乙卯朔上御宣政殿制曰朕祗膺寶祚嗣守宗祧
夙夜一心勤勞八載實欲驅黎元於仁壽致華夏之昇平而國步猶
艱群生寡遂災迍荐起寇孼仍臻竊弄干戈連攻郡邑雖輸降款未
息狂謀江右海南瘡痍既甚湖湘荊漢耕織屢空言念疲羸良深軫
惻我心未濟天道如何賴近者嚴敕師徒稍聞勝捷皆明聖之潛祐
寧非德以言功屬節變三陽日當首歲乃御正殿爰命改元況及發
生是宜在宥自古繼業守文之主握圖御宇之君必自正月吉辰發
號施令所以垂千年之懿範固萬代之洪基莫不由斯道也可改乾符
七年爲廣明元年近日東南州府頻奏草賊結連本是平人迫於饑

饉驅之爲盜情不願爲委所在長吏子細曉諭如自首歸降保非詐
僞便須撫納不要勘問如未倒戈即登時剪撲東南州府遭賊之處
農桑失業耕種不時就中廣州荊南湖南盜賊留駐人戶逃亡傷夷
最甚自廣明已前諸色稅賦宜令十分減四其河中府太原府遭賊
寇掠處亦宜準此吏部選人粟錯及除駮放者除身名渝濫欠考外
並以比遠殘闕收注入仕之門兵部最濫全無根本頗壞紀綱近者
武官多轉入文官依資除授宜懲僭倖以辨品流自今後武官不得
轉入文官選改所冀輪轅各適秩序區分其內司不在此限沙陀部
落踰鴈門關進逼忻州二月沙陀逼太原陷太谷康傳圭遣大將伊
釗張彥球蘇弘軫分兵拒之於秦城驛爲沙陀所敗傳圭怒斬蘇弘
軫張彥球部下兵士爲亂倒戈攻太原殺傳圭監軍使周從寓安慰
方定是月制以開府儀同三司門下侍郎兼兵部尚書同平章事充太
清宮使弘文舘大學士延資庫使上柱國滎陽郡開國公食邑三千
戶鄭從讜檢校司空同平章事兼太原尹北都留守充河東節度管

內觀察處置兼行營招討供軍等使黃巢賊軍自衡永州下頓陷湖南江西屬郡時都統王鐸前鋒都將李係守潭州有衆五萬并諸團結軍號十萬賊自桂陽編木爲栰數千其衆乘暴水沿湘而下徑至潭州急攻其城一日而陷李係僅以身免兵士五萬皆爲賊所殺流屍塞江賊將尚讓乘勝沿流而下進逼江陵王鐸聞係軍敗乃棄城奔襄陽別將劉漢宏大掠江陵之民剽剝不勝其酷士民亡竄山谷江陵焚剽殆盡半月餘賊衆方至江陵三月賊衆衮欲寇襄陽江西招討使曹全晸與襄陽節度使劉巨容謀拒之時營於荊門賊軍一萬屯於團林驛全晸命巨容悉以精用陣於林薄之中自以騎軍挑戰僞不勝而遁賊大乘之比至荊門其徒不成列巨容發伏擊之賊大潰而走全晸鐵騎急追之比至江陵十俘七八黃巢尚讓以餘衆徒濟江全晸方渡江襲賊遽詔至以段彥謨爲江南節度使全晸乃還賊遂率舟軍東下攻鄂州陷其郛全晸救至賊遂轉戰江西陷江西饒信杭衢宣歙池等十五州全晸在江西朝廷以王鐸統衆無功

○乃授淮南節度使高駢爲諸道兵馬行營都統駢令大將張璘渡江討賊屢捷賊衆疫癘其將李罕之以一軍投淮南其衆稍沮是月沙陀寇忻代詔以汝州防禦使諸葛爽爲北面行營副招討率東都防禦兵士赴代州四月甲申朔大雨雹大風拔兩京街樹十二三東都長夏門內古槐十拔七八宮殿鴟尾皆落丁酉制以檢校吏部尚書前太常卿上柱國隴西郡開國公食邑三千戶李琢爲光祿大夫檢校尚書右僕射御史大夫充蔚朔等州諸道行營都招討使應東北面行營李孝昌李元禮諸葛爽王重盈朱玫等兵馬及忻代州土團並取琢處分以內常侍張存禮充都糧料使判官崔鋋充制置副使六月代北行營招討使李琢幽州節度使李可舉吐渾首領赫連鐸等軍討李克用於雲州時克用令其大將軍傅文達守蔚州高文集守朔州吐渾赫連鐸遣人說高文集令歸國文集與沙陀首領李友金薩葛都督米海萬安慶都督史敬存以前蔚州歸款於李琢特克用李衆禦燕軍於雄武軍九月沙陀三部落李友金等開門迎天軍

克用聞之亟來赴援爲李可舉之兵追擊大敗於藥兒嶺李琢赫連鐸又擊敗于蔚州降文達李克用部下皆潰獨與國昌及諸兄弟北入達靼部乃以吐渾都督赫連鐸爲雲州刺史大同軍防禦使吐渾白義誠爲蔚州刺史薩葛米海萬爲朔州刺史加李可舉檢校司徒同平章事七月黃巢之衆渡江寇淮南是歲春末賊在信州疫癘其徒多喪淮南將張璘急擊之賊懼以金啗璘仍致書高駢乞保命歸國駢信之厚待其使許求節鉞時昭義武寧義武等軍兵馬數萬赴淮南駢欲收功於己乃奏賊已將殄不在諸道之師並遣還北賊知諸軍已退以求節鉞不獲暴怒與駢絕請戰駢怒令張璘整軍擊之爲賊所敗臨陣殺璘賊遂乘勝渡江攻天長六合等縣駢不能拒但決陳登水自固而已朝廷聞賊復振大怒詔河南諸道之師屯于溵水官軍大集賊未北渡時兗州節度使齊克讓屯汝州九月徐州兵三千人赴溵水途經許許州節度使薛能前爲徐師得軍民情徐軍吏至請館能以徐軍懷惠令館於州內許軍懼徐人見襲許州大將周

○岌自溵水以其戍卒還逐薛能自據其城徐軍以至河陰聞許軍亂徐將時溥亦以戍兵還徐逐節度使支詳齊克讓懼兵見襲亦還兗州溵水諸軍皆散賊聞之十月乃悉衆渡淮黃自號率土大將軍其衆富足自淮已北整衆而行不剽財貨惟驅丁壯爲兵耳十一月辛亥朔己巳賊陷東都留守劉允章率分司官屬迎謁之賊供頓而去坊市晏然壬申陷虢州丙子攻潼關守關諸將望風自潰十二月庚辰朔辛巳賊據潼關時左軍中尉田令孜專政宰相盧攜曲事之相與誤謀以至傾敗令孜恐衆罪加己請貶攜官命學士王徽裴徹爲相甲申宣制以戶部侍郎翰林學士王徽裴徹本官同平章事貶右僕射門下侍郎平章事盧攜爲太子賓客攜聞賊至仰藥而死是日上與諸王妃后數百騎自子城由含光殿金光門出幸山南文武百官寮不之知並無從行者京城晏然是日晡晚賊入京城時右驍衛大將張直方率武官十餘迎黃巢於城頭壬辰黃巢據大內僭號大齊稱年號金統悉陳文物據丹鳳門僞赦以太常博士皮日休進士

沈雲翔為學士為偽赦書云揖讓之儀廢已久矣竄遁之迹良用憮
然朝臣三品已上並停見任四品已下宜復舊位以趙章為中書令尚
讓為太尉崔璆為中書侍郎平章事時宰相豆盧瑑崔沆故相左僕
射劉鄴太子少師裴諗御史中丞趙濛刑部侍郎李溥故相于琮皆
從駕不及匿於閭里為賊所捕皆遇害將作監鄭綦庫部郎中鄭係義
不臣賊舉家雉經而死中和元年春正月庚戌朔車駕在興元以翰
林學士承旨尚書戶部侍郎知制誥蕭遘為兵部侍郎充諸道鹽鐵
轉運等使尋以本官同平章事領使如故以宿州刺史劉漢宏為越
州刺史領東軍節度浙江東道觀察處置等使詔太原節度使鄭從
讜發本道之師與北面行營招討副使諸葛爽代州刺史北面行營
馬步都虞候朱玫夏州將李思恭等行營諸軍並赴京師討賊河中
馬步都虞候王重榮逐其帥李都自稱留後二月代州北面行營都監
押陳景思率沙陀薩葛安慶等三部落與吐渾之衆三萬赴援關中
次絳州沙陀首領翟稽俘掠絳州叛還景思知不可用遣使詣行在請

○
赦李國昌父子令討賊以贖罪從之三月陳景思齎詔入達靼召李
克用軍屯蔚州克用因大掠鴈門已北軍鎮以鳳翔節度使鄭畋守
司空門下侍郎同平章事充京西諸道行營都統與涇原節度使程
宗楚秦州經略使仇公遇鄜延節度使李孝恭夏州節度使拓拔思
恭等同盟起兵傳檄天下黃巢遣大將林言尚讓率衆數萬寇鳳翔
鄭畋率師逆擊大敗賊衆於龍尾陂四月以前大同軍防禦使李克
用檢校工部尚書兼代州刺史鴈門已北行營兵馬節度等使五月
李克用赴代州遂率蕃漢兵萬人南出石嶺關稱準詔赴難長安丁
巳沙陀軍至太原鄭從讜供給糧料辛酉沙陀求發軍賞錢從讜與
錢千貫米千石克用怒縱兵大掠從讜求援於振武契苾通自率兵來
赴與沙陀戰於晉王嶺沙陀敗走陷榆次陽曲而退是日大風大雨土
特進尚書右僕射趙隱卒贈司空六月沙陀退還代州車駕幸成都
府西川節度使陳敬瑄自來迎奉七月丁未朔乙卯車駕至西蜀丁
巳御成都府廨改廣明二年為中和元年大赦天下以兵部侍郎判

度支韋昭度本官同平章事以侍中王鐸檢校太尉中書令兼滑州
刺史義成軍節度鄭滑觀察處置兼充京城四面行營都統以太子
太保崔安潛為副觀軍容使西門思恭為天下行營兵馬都監押中
書侍郎平章事諸道鹽鐵轉運等使韋昭度為供軍使時淮南節度
使高駢為諸道行營都統自車駕出幸中使相繼促駢起軍駢託以
周寶劉漢宏不利於已遷延半歲竟不出軍乃以鐸為都統以河中
節度使王重榮為京城北面都統義武軍節度使王處存為京城東
面都統鄜延節度使李孝章為京城西面都統朔方軍節度使拓拔
思恭為京城南面都統以忠武監軍使楊復光為天下行營兵馬都
監代西門思恭許王鐸以便宜從事遣郎官御史分行天下徵兵赴
關內八月代北行營兵馬使諸葛爽朱玫拓拔思恭等軍屯渭橋朱
玫屯興平為賊將王播所擊退保奉天諸葛爽降賊偽署爽河陽節
度使許州牙將秦宗權奏破賊於汝州乃授宗權蔡州防禦使昭義
節度使高潯與賊將李詳戰于石橋為賊所敗退歸河中賊乘勝陷同

○
州九月澤潞高潯牙將劉廣擅還據潞州是月尋天井關戍將孟方
立率戍卒攻劉廣殺之方立遂自稱留後仍移軍鎮於邢州制以京
城四面催陣使守兵部尚書王徽檢校左僕射兼潞州大都督府長
史昭義節度潞邢洺磁觀察等使貶高潯端州刺史楊復光王重榮
以河西昭義忠武義成之師屯武功鳳翔節度使鄭畋以病徵還行
在以鳳翔大將李昌言代畋為節度使兼京城西面行營都統十月
青州軍亂逐節度使安師儒立其行營將王敬武為留後十二月行
營都統王鐸率禁軍山南東川之師三萬至京畿屯於盩厔
二年春正月甲辰朔天下勤王之師雲會京畿京師食盡賊食樹皮
以金玉買人於行營之師人獲數百萬山谷避亂百姓多為諸軍之
所執賣二月涇原大將唐弘夫大敗賊將林言於興平俘斬萬計王
處存率軍二萬徑入京城賊偽遁去京師百姓迎處存歡呼叫譟是
日軍士無部伍分占第宅俘掠妓妾賊自灞上分門復入處存之衆
蒼黃潰亂為賊所敗黃巢怒百姓歡迎處存凡丁壯皆殺之坊市為

之流血自是諸軍退舍賊鋒愈熾三月前蔚州刺史蘇祐為沙陀所敗棄郡投鎮州至靈壽部人為盜祐為王景崇所殺七月辛丑朔丙午夜西北方赤氣如絳虹竟天賊將尚讓攻宜君砦雨雪盈尺甚寒賊兵凍死者十二三八月庚子賊同州防禦使朱溫殺其監軍嚴實與大將胡真謝瞳等來降王鐸承制拜華州刺史潼關防禦鎮國軍等使魏博節度韓簡自率軍三萬攻河陽偽署節度使諸葛爽棄城而去簡遣大將守河橋而還九月賊以黃鄴為華州刺史初賊以李詳守華州詳與朱溫素善及溫歸河中黃巢遣閹官後凡率功臣馬千匹至華殺詳以鄴代歸太原諸山棲杏有花實十月西北方無雲而雷名天狗墜以嵐州刺史湯群為懷州刺史時群倚沙陀為援朝廷疑而易之鄭從讜遣人傳官告授群群怒殺使者據城內沙陀魏博節度使韓簡以兵攻鄆州節度使曹全晸拒之為簡所敗執而殺之全晸大將朱瑄以餘衆保鄆州乞和於簡簡捨之而去十一月沙陀李克用監軍陳景思以部落之衆一萬七千騎自嵐石州路赴河中

〇賊將李詳下牙隊斬華州守將歸明王鐸用其部將王遇為華州刺史十二月己亥朔庚戌成德軍節度鎮冀深趙觀察處置等使開府儀同三司檢校太尉中書令上柱國常山郡王食邑六千戶王景崇卒贈太傅謚曰忠穆遺表請以子鎔繼戎事遂以鎔為兵馬留後三年春正月戊辰朔車駕在成都府鴈門節度使檢校工部尚書李克用率師至河中己巳沙陀軍進屯沙苑之乾坑二月沙陀攻華州刺史黃鄴出奔至石堤谷追擒之魏博節度使韓簡再興兵討河陽諸葛爽遣大將李罕之拒之於武陟逆擊之魏軍大敗而還大將樂彥貞先據魏州韓簡為部下所殺推彥貞為留後就加李克用檢校尚書左僕射忻代雲蔚等州觀察處置等使三月丁卯朔壬申沙陀軍與賊將趙璋尚讓戰于成店賊軍大敗追奔至良天坡橫屍三十里王重榮築屍為京觀四月丁酉朔庚子沙陀忠武義成義武等軍逼長安賊悉衆拒之於渭橋大敗而還李克用乘勝追之己卯黃巢收其殘衆由藍田關而遁庚辰收復京城天下行營兵馬都監楊復

光上章告捷行在曰頃者妖興霧市孽聚叢祠而岳牧藩侯備盜不謹謂大同之運常可容姦謂無事之秋縱其長惡賊首黃巢因得兇盈窟穴變延萑蒲驅我蒸黎徇其兇逆展鉏耰以成鋒刃殺耕牛以恣燔炮魑魅晝行虺蜴夜噬自南海失守湖外喪師養虎災深馴梟逆大物無不害惡靡不為豺狼貽朝市之憂瘡痏及腹心之痛遂至華流萬姓盜汙兩京衣冠銜塗炭之悲郡邑起丘墟之歎萬方共怒十道齊攻仗九廟之威靈殄積年之兇醜河中節度使王重榮神資壯烈天賦機謀誓立功名志安家國至於屯田待敵率士當衝救百姓十萬餘家降賊黨三萬餘衆法能持重功遂晚成久稽原野之刑未決雷霆之怒自收同華進逼京師夕烽高照於國門遊騎頻臨於灞岸既知四隅斷絕百計奔衝如窮鳥觸籠似飛蛾赴焰鴈門節度使李克用神傳將略天付忠貞機謀與武藝皆優臣節共本心相稱殺賊無非手刃入陣率以身先可謂雄才得名飛將統領本軍南下與臣同力前驅雖在寇興不忘寇讐今月八日遣衙隊將前鋒守宗河中

〇騎將白志遷橫野軍使滿存踏雲都將丁行存朝邑鎮將康師貞忠武黃頭軍使龐從等三十二都隨李克用自光泰門先入京師力摧兇逆又遣河中將劉讓王環與軍武孫琪忠武大將喬從遇鄭滑將韓從威荊南大將申屠悰滄州大將賈涵易定大將張仲慶壽州大將張行方天德大將顧彥朗左神策弩手甄君楚公孫佐橫衝軍使楊守亮踏雲都將高周彝忠順都將胡貞絳州監軍毛宣伯聶弘裕等七十都繼進賊尚為堅陣來抗官軍李克用率勵驍雄整齊金革叶謀而鼙將動叱喑嗚而氣欲吞沙寬列戈矛麾軍夾擊自卯至申兇徒大敗自望春宮賊殺至昇陽殿合圍戈不濫揮矢無虛發其賊即時奔遁散入商山徒延漏刃之生佇作欽頭之器伏自收平京國三面皆立大功若破敵摧鋒鴈門實居其首其餘將佐同効驅馳無臣所部二萬餘人數歲櫛風沐雨既茲盪定並錄以聞報至從官稱賀五月制以河中節度使檢校尚書右僕射王重榮檢校司空同平章事餘如故鴈門已北行營節度忻代蔚朔等州觀察處置等使檢校

尚書左僕射代州刺史上柱國食邑七百戶李克用檢校司空同平章事兼太原尹北京留守克河東節度管內觀察處置等使義武軍節度使檢校司空王處存檢校司徒同平章事餘如故以檢校尚書右僕射華州刺史潼關防禦等使朱溫檢校司空兼汴州刺史御史大夫充宣武節度觀察等使仍賜名全忠京城西北營都統京金紫光祿大夫檢校司空邠州刺史邠寧節度使朱玫就加同平章事進封吳興縣侯食邑一千戶鄜坊節度使金紫光祿大夫檢校尚書右僕射東方逵就加同平章事王鐸罷行營都統依前檢校太師中書令進封晉國公加食邑二千戶節度觀察使如故時中尉田令孜用事自負帷　幄之功以鐸用兵無功而由楊復光建策召沙陀成破賊之効欲權歸北司乃黜王鐸而悅復光也就加諸道行營兵馬都監楊復光開府儀同三司弘農郡開國公食邑三千戶充同華等州管內制置使仍賜號資忠耀武匡國平難功臣六月乙未朔甲子楊復光卒於河中其部下忠武八都都頭鹿晏弘晉暉王建韓建等各以其衆散去時復光兄復恭知內樞密田令孜以復光立破賊功憚而惡之共嶽平賞薄及聞復光死甚悅復擯復恭罷樞密爲飛龍使是月黃巢圍陳州營於州北五里初賊出藍田關遣前鋒將孟楷攻蔡州刺史秦宗權以兵逆戰爲楷所敗宗權勢窘與賊通和孟楷移兵攻陳州刺史趙犨示弱伏兵擊之臨陣斬楷楷賊之愛將深惜之黃巢怒悉衆攻陳州時黃巢與宗權合從縱兵四掠遠近皆罹其酷時仍歲大饑民無積聚賊俘人爲食其炮炙處謂之舂磨寨白骨山積喪亂之極無甚於斯賊攻城急徐州節度使時溥許州周岌汴州朱全忠皆出師護援之十月制以西川節度使開府儀同三司守太尉同平章事成都尹上柱國潁川郡王食邑三千戶實封四百戶陳敬瑄賜鐵券詔鄭從讜赴行在八月李克用赴鎮太原制以前振武節度檢校司空兼單于都護御史大夫李國昌爲檢校司徒代州刺史鴈門已北行營節度鄜朔等州觀察等使十月李國昌卒十一月蔡賊秦宗權圍許州十二月詔河東李克用赴援陳許忠武大將鹿晏

弘陷興元逐節度使牛勗自爲　留後

四年春正月癸亥朔車駕在成都府二月河東節度使李克用將出師援陳許河陽節度使諸葛爽以兵屯澤州拒之三月壬戌朔甲戌克用移軍自河中南渡東下洛陽四月辛卯朔甲寅沙陀軍次許州節度使周岌及監軍田從異以兵會戰賊將尚讓屯太康黃鄴屯西華稍有蓄聚己未沙陀分兵攻太康西華賊砦庚申尚讓黃鄴遁去官軍得其蓄粟黃巢亦退保鄆城以兵部侍郎判度支鄭昌圖以本官同平章事五月辛酉朔癸亥沙陀追黃巢而北丁卯次尉氏戊辰大雨平地水深三尺溝河漲溢賊至中牟臨汴河欲渡沙陀遽至賊大駭其黨分潰殺傷溺死殆半尚讓一軍降時溥別將楊能李讜霍存葛從周張歸霸等降朱全忠李周楊景彪以殘衆走封丘己巳沙陀渡汴河趨封丘黃巢兄弟悉力拒戰李克用擊敗之獲所俘男女五萬口牛馬萬餘并僞乘輿法物符印寶貨戎仗等三萬計得巢幼子年六歲黃巢既敗以其殘衆東走庚午李克用急躡黃巢一日夜行二百里馬疲乏死者殆半宿宛朐糧運不及騎軍至寡乃與忠武監軍田從異班師甲戌次汴州節度使朱全忠館克用于上源驛全忠以克用兵力寡弱大軍在遠乃圖之是夜置酒郵舍克用既醉全忠以兵圍驛縱火燒之雷雨驟作平地水深尺餘克用踰垣僅免其部下三百餘人及監軍使史敬思書紀任珪皆被害丙子克用至許州率本軍還太原庚辰徐州將李師悅陳景思率兵萬人追黃巢於兗州六月鄆州節度使朱瑄奏大敗賊於合鄉秋七月己未朔癸酉賊將林言斬黃巢黃揆黃秉三人首級降時溥初徐將李師悅與賊戰于瑕丘賊殊死戰其衆殆盡林言與巢走至太山狼虎谷之襄王村擒追至并命乃斬賊降師悅壬午捷書至行在從官稱賀河東節度使李克用累表訴屈請討汴州天子優詔和解之就加克用階特進封隴西郡王以悅之自是全忠克用有尋戈之怨九月山南西道節度使鹿晏弘爲禁軍所討棄城擁衆東出襄鄧大掠許州晏弘大將王建韓建張造晉暉李師泰各率本軍歸朝田令孜以建等楊復光故

將溥之皆授諸衛將軍惟以王建爲壁州刺史十月關東諸鎮上章請車駕還京十一月鹿晏弘陷許州殺周岌自稱留後尋爲秦宗權所攻制以義成軍節度檢校太師中書令上柱國晉國公王鐸爲滄州刺史義昌軍節度滄德觀察處置等使十二月丁亥朔大明宮留守權知京兆尹御史大夫京畿制置等使王徽與留司百官上表請車駕還宮詔以來年正月還京新除滄德節度使王鐸爲魏博節度使樂彥禎害之於漳南縣之高雞泊行從三百餘人皆遇害

光啓元年春正月丁巳朔車駕在成都府己卯僖宗自蜀還京二月丁亥朔丙申車駕次鳳翔三月丙辰朔丁卯車駕至京師己巳御宣政殿大赦改元光啓時李昌符據鳳翔王重榮據蒲陝諸葛爽據河陽洛陽孟方立據邢洺李克用據太原上黨朱全忠據汴滑秦宗權據許蔡時溥據徐泗朱瑄據鄆齊曹濮王敬武據淄青高駢據淮南八州秦彥據宣歙劉漢宏據浙東皆自擅兵賦迭相吞噬朝廷不能制江淮轉運路絕兩河江淮賦不上供但歲時獻奉而已國命所能

制者河西山南劍南嶺南西道數十州大約郡將自擅常賦殆絕藩侯廢置不自朝廷王業於是蕩然蔡賊秦宗權侵寇藩鄰制以徐州節度使時溥爲鉅鹿王充蔡州四面行營兵馬都統宗權將秦賢攻汴鄭不已以汴州刺史朱全忠爲沛郡王充蔡州西北面行營都統杭州刺史董昌大敗劉漢宏之衆進攻越婺台明等州下之遂以昌爲越州刺史鎮東軍節度浙江東道觀察等使以杭州大將錢鏐爲杭州刺史閏三月鎮冀節度使王鎔獻耕牛千頭農具九千兵仗十萬

四月乙卯朔以開府儀同三司右金吾衛上將軍左衛功德使齊國公田令孜爲左右神策十軍使時自蜀中護駕令孜招募新軍五十四都都千人左右神策各二十七都分爲五軍令孜總領其權時軍旅既衆南衙北司官屬萬餘三司轉運無調發之所度支惟以關畿稅賦支給不充賞勞不時軍情咨怨舊日安邑解縣兩池榷鹽稅課鹽鐵使特置鹽官以總其事自黄巢亂離河中節度使王重榮兼領榷務歲出課鹽三千車以獻朝廷至是令孜以親軍闕供計無從出乃舉廣明前舊事請以兩池榷務歸鹽鐵使收利以贍禁軍詔下重榮上章論訴言河中地窄悉籍鹽課供軍五月制以河中節度使檢校司徒同平章事河中尹上柱國瑯琊郡王王重榮爲檢校太傅同平章事兼兗州刺史兗沂海節度觀察處置等使代齊克讓以克讓檢校司徒兼定州刺史御史大夫充義武節度觀察北平軍等使代王處存以處存依前檢校太傅同平章事河中尹河中晉磁隰節度觀察等使是月宰臣蕭遘率文武百寮上徽號曰至德光烈孝皇帝御宣政殿受冊大赦六月甲寅朔丙辰定州王處存奏幽州節度使李可舉鎮州節度使王鎔各令大將率領兵士侵攻當道臣並已殺退時李可舉乘天子播越中原大亂以河朔三鎮休戚事同惟易定二郡爲朝廷所有乃同議攻處存以分其地會燕將李全忠有奪帥之志軍情相疑全忠方圍易州處存出奇騎以擊之燕軍大敗是月全忠收合殘衆攻幽州李可舉舉室登樓自焚而死全忠自稱留後滄州軍亂逐其帥楊全玫立衙將盧彥威爲留後制以保鑾都將檢

校司徒兼黔州刺史黔中節度觀察等使曹誠檢校太保兼滄州刺史充義昌軍節度滄德觀察等使河中王重榮累表論列數令孜離間方鎮令孜遣邠寧節度使朱玫會合鄜延靈夏之師討河中九月朱玫屯沙苑王重榮求援於太原十月李克用率太原軍南出陰地關十一月河中太原之師與禁軍對壘於沙苑十二月辛亥朔癸酉官軍合戰爲沙陀所敗朱玫走還邠州神策軍潰散遂入京師肆掠乙亥沙陀逼京師田令孜奉僖宗出幸鳳翔初黄巢據京師九衢三內宮室宛然及諸道兵破賊爭貨相攻縱火焚剽宮室居市閭里十焚六七賊平之後令京兆尹王徽經年補葺僅復安堵至是亂兵復焚宮闕蕭條鞠爲茂草矣

二年春正月辛巳朔車駕在鳳翔李克用旋師河中與朱玫王重榮同上表請駕駐蹕鳳翔仍數田令孜之罪乃以飛龍使楊復恭復知內樞密事戊子田令孜迫乘輿請幸興元庚寅車駕次寶雞授刑部尚書孔緯兼御史大夫令率從官赴行在時車駕夜出宰相蕭遘裴澈

鄭昌圖及文武百寮不之知扈從不及故令孔緯促之蕭遘惡令孜
弄權再亂京國因邠州奏事判官李松年至鳳翔乃令亟召朱玫迎
奉癸巳朱玫引步騎五千至鳳翔令孜聞邠州軍至奉帝入散關令
禁軍守靈壁玫至禁軍潰散遂長驅追駕至尊途驛嗣襄王熅疾爲
玫所得時興元節度使石君涉聞車駕入關乃毀徹棧道柵絶險要
車駕由他道僅達爲邠州軍踵後崎嶇危殆者數四二月辛亥朔以
十軍觀軍容使開府田令孜爲劍南西川節度監軍以內樞密使楊
復恭爲神策左軍中尉三月庚辰朔戊午興元節度使石君涉棄城入
朱玫軍內丙申車駕至興元戊辰以翰林學士承旨兵部尚書知制
誥杜讓能爲兵部侍郎刑部尚書御史大夫孔緯爲兵部侍郎兗諸
道鹽鐵轉運等使並以本官同平章事保鑾都將李鋋楊守亮楊宗
守等敗邠州軍於鳳州四月庚戌朔是夜熒惑犯月角壬子朱玫李
昌言迫宰相蕭遘等於鳳翔驛舍請嗣襄王熅權監軍國事玫自爲
大丞相兼左右神策十軍使遂驅率文武百寮奉襄王還京師五月

○已卯朔庚辰襄王僭即皇帝位年號建貞以蕭遘衍沮襄王監國之
命罷知政事爲太子少師以朱玫爲侍中諸道鹽鐵轉運使以裴澈
爲門下侍郎右僕射同平章事判度支中書侍郎刑部尚書平章事
鄭昌圖判戶部事蕭遘移疾歸河中之永樂僞制加諸侯官爵以淮
南節度使檢校太尉兼侍中高駢爲太師中書令江淮鹽鐵轉運諸
道行營兵馬都統又以淮南右都押衙和州刺史呂用之檢校兵部
尚書兼廣州刺史嶺南東道節度使令戶部侍郎柳涉往江淮宣諭
戶部侍郎夏侯潭河北宣諭諸藩郎將多授其僞署惟定州太原宣
武河中拒而不受是月星孛於箕尾歷北斗攝提荊南襄陽仍歲蝗
旱米斗三十千人多相食楊復恭兄弟於河中太原有破賊連衡之
舊乃奏遣諫議大夫劉崇望齎詔宣諭達復恭之旨王重榮李克用
欣然聽命尋遣使貢奉獻縑十萬匹願殺朱玫自贖崇望使還君臣
相賀六月已酉朔以扈蹕都將楊守亮爲金州刺史金商節度京畿
制置使守亮率師二萬趨金州與王重榮李克用犄角進軍時朱玫

遣將王行瑜率邠寧河西之師五萬屯鳳州保鑾都將李鋋李茂貞
陳珮等抗之於大唐峯七月戊寅朔蔡賊秦宗權陷許州殺鹿晏弘
以金商節度使楊守亮檢校司徒兼興元尹克南山西道節度等使
王行瑜急攻興州守亮出師擊敗之八月幽州節度使李全忠卒三
軍立其子匡威爲留後九月楊守亮復敗邠州軍於鳳州軍容楊復
恭密遣人說王行瑜令謀歸國十月壬子朔滑州軍亂逐其帥安師
儒推衙將張驍主留後軍務師儒奔汴州朱全忠殺之遂以兵攻滑
斬張驍以告行在朝廷以汴帥全忠兼領義成軍節度使壬辰夜白
虹見西方十一月蔡賊孫儒陷鄭州刺史李璠遁免儒引軍攻河陽
十二月乙巳朔是月朱玫愛將王行瑜受密詔自鳳州率衆還長安
辛酉行瑜斬朱玫及其黨與數百人縱兵大掠是冬苦寒九衢積雪
兵入之夜寒冽尤劇民吏剽剥之後僵凍而死蔽地裴澈鄭昌圖及
百官奉襄王奔河中王重榮紿稱迎奉執李熅斬之械裴澈鄭昌圖
於獄文武官寮遭戮者殆半重榮函襄王首赴行在刑部奏請御興

○元城南門閱俘馘受賀下禮院定儀注博士殷盈孫奏曰伏以僞熅
違背宗社僭竊乘輿欺天之禍既盈盜國之罪斯重果至覆敗以就
誅夷九重之妖祲既除萬國之生靈共慶宜陳賀禮以顯皇猷然物
議之間有所未允臣按禮經公族有罪獄既具有司聞於公曰某之
罪在大辟君曰赦之如是者三有司走出致刑君復使謂之曰雖然
固當赦之有司曰不及矣君爲之素服不樂三月左傳衛君在晉衛
臣元咺立衛君之弟叔武衛君入國叔武爲前驅所殺衛君哭之左
氏書焉今僞熅皇族也雖犯殊死之罪宜就屠戮其可以朝群臣而受
賀乎臣以爲熅衛係金枝名標玉牒迫脅之際不能守節効死而乃
甘心逆謀罪實滔天刑不可赦已爲軍前處置宜即黜爲庶人絶其
屬籍其首級仍委所在以庶人禮收葬大捷之慶當以朱玫首級到
日稱賀爲得其宜上不軫于宸衷下無傷於物體協禮經之旨祛中
外之疑遂罷賀禮及朱玫傳首至乃御樓受俘馘是月蔡賊孫儒陷
河陽諸葛爽奔歸汴州別將李罕之出據澤州張全義據懷州

三年春正月乙亥朔車駕在興元府制以邠州都將王行瑜檢校刑部尚書兼邠州刺史邠寧慶節度使保鑾都將李鋋檢校司空黔州刺史黔中節度觀察使扈蹕都頭李茂貞爲檢校尚書左僕射洋州刺史武定軍節度使扈蹕都頭楊守宗爲金州刺史金商節度等使保鑾都將陳珮檢校尚書右僕射爲宣州刺史宣歙觀察使兵部侍郎諸道租庸使張濬本官同平章事二月乙巳朔潤州牙將劉浩虔支使薛朗同謀逐其帥周寶劉浩自稱留後三月乙亥朔甲申車駕還京次鳳翔以宮室未完節度使李昌符請駐蹕以俟畢工河中械送僞宰相裴澈鄭昌圖命斬之於岐山縣太子少師致仕蕭遘賜死於永樂縣以特進監修國史門下侍郎吏部尚書平章事孔緯領諸道鹽鐵轉運使以集賢殿大學士中書侍郎兵部尚書平章事杜讓能進封襄陽郡公增食邑三千戶四月甲辰朔揚州牙將畢師鐸自高郵率戍兵攻揚州下之囚高駢於別室自總軍政蔡賊秦賢攻汴州周列三十六砦朱全忠乞師於兗鄆朱瑾率師來赴屯封禪寺朱

瑄屯靜戎鎮五月甲戌朔乙亥秦宗權自率衆來應秦賢壬午鄆兗汴三鎮之師大破蔡賊於邊孝村宗權退走孫儒聞秦賢敗盡驅河陽之人殺之投尸於河焚燒閭井而去王師收孟洛許汝懷鄭陝虢等州詔以扈駕都頭楊守宗權知許州事汴將孟從益權知鄭州事諸葛爽舊將李罕之自澤州收河陽懷州刺史張全義收洛陽揚州牙將畢師鐸召宣州觀察使秦彥入揚州推爲節度使六月癸卯朔戊申天威軍都頭楊守立與李昌符爭道麾下相毆上命中使諭之不止是夜嚴兵爲備己酉守立以兵攻昌符戰于通衢昌符兵敗出保隴州命扈駕都將李茂貞攻之甲寅河中牙將常行儒殺其帥王重榮推重榮兄重盈爲兵馬留後丙辰太常禮院奏太廟十一室并祧廟八室孝明太后等別廟三室自車駕再幸山南並經焚毀神主失墜今大駕還京宜先葺宗廟神主然後還宮遂詔修奉太廟使宰相鄭延昌修奉是時宮室未完國力方困未暇舉行舊制延昌請權以少府監大廳爲太廟太廟凡十一室二十三間間十一架今監五間請添造成十一間以備十一室之數勅曰敬依典禮七月壬申朔隴州刺史薛知籌以城降李茂貞遂拔隴州斬李昌符昌仁等傳首獻于行在丙子制以武定軍節度使檢校尚書左僕射兼洋州刺史御史大夫上柱國隴西郡公食邑一千五百戶李茂貞檢校司空同平章事兼鳳翔尹鳳翔隴右節度等使九月辛未朔淮南節度使高駢爲其牙將畢師鐸所殺楊行密急攻廣陵蔡賊秦宗權遣其將孫儒將兵三萬渡淮爭揚州城中食盡十一月秦彥畢師鐸潰圍奔于孫儒軍行密入據揚州十一月秦彥引孫儒之兵攻廣陵行密遣使求援于朱全忠制授全忠檢校太尉侍中兼揚州大都督府長史充淮南節度觀察等使行營兵馬都統汴將李璠率師至淮口以援之十二月己巳朔東川節度使顧彥朗璧州刺史王建連兵五萬攻成都陳敬瑄告難于朝詔中使諭之

文德元年春正月己亥朔車駕在鳳翔制故鳳翔隴右節度觀察處置等使檢校司徒同平章事兼鳳翔尹上柱國滎陽郡開國公食邑

三千戶鄭畋贈司徒謚曰文昭蔡賊孫儒斬秦彥畢師鐸于高郵二月己巳朔壬午車駕在鳳翔至京師魏博軍亂逐其帥樂彥禎彥禎子相州刺史從訓率衆攻魏州牙軍立其小校羅宗弁爲留後出兵拒之從訓求援於汴朱全忠遣將朱珍渡河赴之戊子上御承天門大赦改元文德宰相韋昭度兼司空孔緯杜讓能加左右僕射進階開府儀同三司並賜號持危啓運保乂功臣張濬兼兵部尚書進階開府儀同三司左右神策十軍觀軍容使左金吾衛上將軍左右街功德使上柱國弘農郡開國公楊復恭進封魏國公加食邑七千戶賜號忠貞啓聖定國功臣以保鑾都將黔中節度使李鋋檢校司徒平章事保鑾都將陳珮檢校司空廣州刺史嶺南東道節度使潘鎮諸侯進秩有差宰臣韋昭度率文武百寮上徽號曰聖文睿德光武弘孝皇帝三月戊戌朔正殿受冊庚子上暴疾壬寅大漸癸卯宣制立弟壽王傑爲皇太弟勾當軍國事是夕崩於武德殿聖壽二十七群臣上謚曰惠聖恭定孝皇帝廟號僖宗其年十二月葬于靖陵

史臣曰恭帝冲年纘曆政在宦臣惕厲虔恭殷憂重慎屬世道交喪海縣橫流赤眉摇蕩於中原黃屋流離於遐徼黔黎塗炭宗社丘墟而猶藩垣多伏義之臣心腹有盡忠之輔驅駕豪傑號令軍戎終誅伏莽之徒大雪失邦之耻而令孜一爲謬計幾喪丕圖雖如綫之僅存固棼絲之莫救茫茫禹迹空悲文命之艱難赫赫宗周竟墜文王之基業非僖皇失道之過其土運之窮歟悲夫

贊曰運曆將窮人君幼冲塵飛巨盗波駭群雄天既降喪人罕輸忠迴鑾返正禁旅之功

唐書本紀卷第十九下

唐書本紀卷第二十上

劉昫等修

聞人詮校刻沈桐同校

昭宗

昭宗聖穆景文孝皇帝諱曄懿宗第七子母曰惠安太后王氏以咸通八年二月二十二日生於東內十三年四月封壽王名傑乾符四年授開府儀同三司同幽州大都督幽州盧龍等軍節度押奚契丹管內觀察處置等使帝於僖宗母弟也尤相親睦自艱難播越嘗隨侍左右握兵中要皆奇而愛之文德元年二月僖宗暴不豫時初復宮闈人心傾矚遽聞被疾軍民駭愕及大漸之夕而未知所立群臣以吉王最賢又在壽王之上將立之唯軍容楊復恭請以壽王監國三月六日宣遺詔立爲皇太弟八日柩前即位時年二十二以司空韋昭度攝冢宰己丑見群臣始聽政帝攻書好文尤重儒術神氣雄俊有會昌之遺風以先朝威武不振國命寖微而尊禮大臣詳延道術意在恢張舊業號令天下即位之始中外稱之四月戊辰朔庚午追謚聖母惠安太后曰恭獻乙亥河南尹張全義以兵襲李罕之於河陽罕之出據澤州魏博衙軍殺其帥樂彥禎於龍興寺又擊樂從訓敗之從訓以殘衆保洹水爲羅宗弁陷其城而殺之壬午蔡賊孫儒陷揚州楊行密潰圍而出據宣州孫儒自稱淮南節度仍率其衆攻宣州五月丁酉朔制以宣武軍節度使檢校侍中沛郡王朱全忠爲蔡州四面行營兵馬都統自秦賢石璠敗後蔡賊漸弱時溥方爲全忠所攻故移溥都統之命授全忠壬寅蔡賊將偽署荊襄節度使趙德諲遣使歸朝願討賊自效乃以德諲爲蔡州四面行營副都統德諲遂以荊襄之兵屬全忠六月丁卯朔以川賊王建大亂劍南陳敬瑄告難制以開府儀同三司守司空門下侍郎同平章事太清宮使弘文館大學士延資庫使上柱國扶陽郡開國公食邑二千戶韋昭度檢司徒門下侍郎同平章事兼成都尹充劍南西川節度副大使知節度事兼兩川招撫制置等使蔡州行營奏大破賊於龍陂進

軍以逼賊城七月丙申朔澤州刺史李罕之引太原之師攻河陽爲汴將丁會所敗退還高平九月乙未汴將朱珍敗時溥之師于埇橋遂陷宿州自是溥嬰城不敢復出汴將胡元琮急攻蔡州十二月甲子朔蔡州牙將申叢執秦宗權折其足乞降詔中使宣諭便以叢權知留後比中使至別將郭璠殺申叢篡宗權繫送汴州蔡申光等州平詔賜蔡州行營兵士錢二十五萬貫令度支逐近支給是月葬僖宗於靖陵

龍紀元年春正月癸巳朔上御武德殿受朝賀宣制大赦改元中外文武臣寮進秩頒爵有差以劍南西川節度兩川招撫制置使韋昭度檢校司空爲東都留守以翰林學士承旨兵部侍郎知制誥劉崇望本官同平章事以刑部侍郎孫揆爲京兆尹二月癸亥朔己丑汴州行軍司馬李璠監送逆賊秦宗權并妻趙氏以獻上御延喜門受俘百寮稱賀以之徇市告廟社斬於獨柳趙氏笞死初自諸侯收長安黃巢東出關與宗權合巢賊雖平而宗權之兇徒大集西至金商陝虢南極荊襄東過淮甸北侵徐兗汴鄭幅圓數十州五六年間民無耕織千室之邑不存一二歲既凶荒皆膾人而食喪亂之酷未之前聞宗權既平而朱全忠連兵十萬吞噬河南兗鄆青徐之間血戰不解唐祚以至於亡中書奏請以二月二十二日爲嘉會節從之三月壬辰朔以右僕射門下侍郎同平章事孔緯守司空太清宮使弘文館大學士延資庫使領諸道鹽鐵轉運等使以右僕射門下侍郎集賢殿大學士杜讓能爲左僕射監修國史判度支以中書侍郎戶部尚書同平章事張濬爲集賢殿大學士判戶部事四月壬戌朔以宣武淮南等節度副大使知節度事管內營田觀察處置等使開府儀同三司檢校太傅兼侍中揚州大都督府長史汴州刺史充蔡州四面行營都統上柱國沛郡王食邑四千戶朱全忠爲檢校太尉中書令進封東平王仍賜賞軍錢十萬貫五月壬辰朔漢州刺史王建陷成都府遷陳敬瑄于雅州建自稱西州兵馬留後復用田令孜爲監軍六月辛酉朔邢洺節度使孟方立卒三軍推其弟洺州刺史遷爲留

後太原李克用出軍攻之杭州刺史錢鏐攻宣州下之擒劉浩剖心以祭周寶七月詔於杭州置武威軍以鏐為本軍防禦觀察等使十月己未朔青州節度使王敬武卒制以特進太子少師博陵郡開國侯食邑一千戶崔安潛檢校太傅兼侍中青州刺史平盧軍節度觀察押新羅渤海兩蕃等使青州三軍以敬武子師範權知兵馬事十一月乙丑朔將有事於圜丘敕御名曰曄辛亥上宿齋於武德殿宰相百寮朝服于位時兩軍中尉楊復恭及兩樞密皆朝服侍上太常博士錢珝李綽等奏論之曰皇帝赴齋宮內臣皆服朝服臣檢國朝故事及近代禮令並無內官朝服助祭之文伏惟皇帝陛下承天御曆聖祚中興祇見宗祧克陳大禮皆稟高祖太宗之成制必循虞夏商周之舊經軒冕服章式遵彝憲禮院先准大禮使牒稱得內侍省牒要知內臣朝服品秩禮院已准禮令報訖今參詳近朝事例若內官及諸衛將軍必須製冠服即各依所兼正官隨資品依令式服本官之服事存傳聽且可俯從然亦不分明著在禮令乞聖慈允臣所

奏狀入至晚不報錢珝又進狀曰臣今日巳時進狀論內官冠服制度未奉聖旨伏以陛下虔事郊禋式遵彝範凡關典禮必守憲章今陛下行先王之大禮而內臣遂服先王之法服來日朝獻大聖祖臣贊導皇帝行事若侍臣服章有違制度是為非禮上瀆祖宗臣期不奉敕臣謬當聖代叨備禮官獲正朝儀死且不朽脂膏泥滓是所甘心狀入降朱書御札曰卿等所論至當事可從權勿以小瑕遂妨大禮於是內四臣遂以法服侍祠甲寅圜丘禮畢御承天門大赦十二月戊午宰臣杜讓能兼司空

大順元年春正月戊子朔御武德殿受朝賀宰臣百寮上徽號曰聖文睿德光武弘孝皇帝禮畢大赦改元大順二月丁巳宰臣兼國子祭酒孔緯以孔子廟經兵火有司釋奠無所請內外文臣自觀察使制使下及令佐於本官料錢上緡抽十文助修國學從之宣武節度使朱全忠進位守中書令加食邑千戶餘如故太原都將安金俊攻圍邢州歷年城中食盡邢洺觀察使孟遷以城降乃以孟遷之族歸太原克用以大將安建為邢洺留後三月丁亥朔朱全忠上表關東藩鎮請除用朝廷名德為節度觀察使如藩臣固位不受代臣請以兵誅之如王徽裴璩孔晦崔安潛等皆縉紳名族踐歷素高宜用為徐鄆青兗等道節度使從之昭義節度使李克修卒太原帥克用之弟也三軍推克修弟克恭知留後事四月丙辰朔李克用遣大將安金俊率師攻雲州赫連鐸求援於幽州李匡威出兵援之戰于蔚州太原軍大敗燕軍執安金俊獻之于朝李匡威赫連鐸朱全忠等上表請因沙陀敗亡臣與河北三鎮及臣所鎮汴滑河陽之兵平定太原願朝廷命重臣一人都總戎事昭宗以太原於艱難時立興復大功心疑其事下兩省御史臺尚書省四品已上官議唯黨全忠者言其可伐不可者十之七宰臣杜讓能劉崇望深以為不可惟張濬議曰先朝再幸興元實沙陀之罪比慮河北諸侯與之膠固無以滌除今兩河大藩皆願誅討不因其離貳而除之是當斷失斷也孔緯曰濬言是也軍容楊復恭曰先朝蒙犯霜露播越草莽七八年間寢不安

席雖賊臣搖蕩於外亦由失制於中陛下纘承人心忻戴不宜輕舉干戈為國生事望優詔報全忠且以柔服為辭上然之全忠密遺濬之親黨賂濬濬恃全忠之援論奏不已天子僶俛從之五月制特進中書侍郎兵部尚書同平章事集賢殿大學士上柱國河間郡開國伯食邑七百戶張濬為太原四面行營兵馬都統京兆尹孫揆副之以華州節度使韓建為北面行營招討都虞候供軍等使以宣武節度使朱全忠為太原東南面招討使成德軍節度使王鎔為太原東面招討使幽州節度使李匡威為太原北面招討使雲州防禦使赫連鐸副之丙午潞州軍亂殺其帥李克恭監軍使薛績本函克恭首獻之于朝濬方起兵朝廷稱賀壬子都招討使張濬孫揆率神策諸軍三千赴行營昭宗御安喜門臨送誡誓之六月乙卯李克用大將權知邢洺兵馬留後安建上表請以三州歸順遣中使往勞之制以德州刺史權知滄州兵馬留後盧彥威檢校尚書右僕射兼滄州刺史御史大夫充義昌軍節度滄德觀察處置等使彥威先逐其帥楊

全忠求旄節朝廷以邑𨻶都將曹誠爲滄德節度使誠雖不至任而彥威之請不行至是王鎔羅弘信因張濬用兵爲彥威論請故有斯授以京兆尹行營兵馬副招討孫揆檢校兵部尚書兼潞州大都督府長史充昭義節度副大使知節度事張濬會諸軍於晉州朱全彥選汾卒三千爲張濬牙隊秋七月乙酉朔王師屯于陰地太原大將康君立以兵拒戰朱全忠遣大將葛從周率千騎入潞州從周權充兵馬留後朱全忠奏已差兵士守潞州請節度使孫揆赴鎮時中使韓歸範押揆旌節官告送至行營丙申揆建節率兵二千自晉州赴鎮昭義戊申至長子縣山谷中太原騎將李存孝伏兵執揆與韓歸範牙兵五百俘送太原餘兵悉爲存孝所殺太原將康君立率兵二萬攻潞州九月甲申幽州雲州蕃漢兵三萬攻鴈門太原將李存信薛阿檀擊敗之汴將　葛從周棄上黨康君立入據之克用以君立爲澤潞兵馬留後十一月癸丑朔太原將邢州刺史李存孝自恃擒孫揆功合爲昭義帥怨克用授康君立存孝自晉州率行營兵歸邢州據城上表歸朝仍致書與張濬王鎔求援克用遣大將李存信薛阿檀拒王師于陰地三戰三捷由是河西鄜夏邠岐之軍渡河西歸韓建以諸軍保平陽存信追之建軍又敗建退保絳州張濬以汴卒禁軍萬人在晉州存信攻之三日相與謀曰張濬宰相俘之無益天子禁兵不宜加害如得平陽於我無利遂退舍五十里而軍十二月壬午朔張濬韓建振晉絳遁去李存信收晉絳大掠河中四郡丙寅制特進中書侍郎平章事太原四面行營都統張濬可檢校兵部尚書兼鄂州刺史御史大夫充鄂岳觀察使以開府儀同三司守司徒門下侍郎同平章事上柱國魯國公食邑三千戶充諸道鹽鐵轉運等使孔緯檢校司徒兼江陵尹荊南節度觀察處置使庚午新除鄂岳觀察使張濬責授連州刺史新除荊南節度使孔緯責授均州刺史並馳驛赴任太原軍屯晉州李克用遣中使韓歸範還朝因上表訴冤言被賊臣張濬依倚朱全忠離間功臣致削奪臣官爵朝廷欲令釋減下群臣議其可否左僕射韋昭度等議曰賞功罰否前聖之令猷含垢匿瑕

百王之垂訓是以雷解而羲文象德網開而湯化歸仁用彼懷柔式存彝範上自軒農之代下臻文武之朝罔不允洽寬弘以流霈澤況國家德祖守成之日憲宗致理之時車軌一同桑麻萬里燭龍外野悉在梯杭火鼠窮貂咸歸正朔然猶王承宗擁兵鎮冀詔范希朝討之仍歲無功卒行赦宥而又朱滔以幽州之衆結田悅李納王武俊之強遣馬燧等征之不克旋又寬之以累聖之典謨睿哲大朝之紀律文明非不欲厲彼風驅快其電掃然且考春秋之義稽楚鄭之文或退而許平或服而更捨存於舊史載彼新書李克用代襲强宗陰山貴胤呼吸而風雲作氣指麾而草樹成形仰天指心誓獻秩皆之首伏殘歐血屢親都護之營所謂勇多上人自匪窮來歸我及陛下聖考懿宗皇帝之朝彭門失守親驅銳卒首建殊功而先帝即位之初渚宮大擾復提義旅克靜妖氛其後封豕長蛇荐食上國繼以子朝之亂皆因重耳之盟保大朝之宗祧垂中興於簡冊蓋聖王之御天下也有勳可書有績可載宥過不忘於十代念功豈止於一時天高聽卑請事斯語且四海之內創痍猶殷九貢之邦綱條未理昨者遽起邠岐之衆尋已退還又徵燕薊之師倏聞內變出於饑饉失職脅貧非絶供致此投戈是乖借著蓋下計之未熟非聖謀之不臧儻宸斷重離天機間出錄茲成欵散彼師徒虛其念舊之懷待以如初之禮臣等所議實以在斯抑又聞往者漢將趙充國欲因邊境衰弱出兵擊之於是魏相上書陳利害且曰恃國家之大矜人物之衆欲見威於敵者謂之驕兵兵驕者滅非但人事乃天道也又曰臣不知此兵何名者也兵出無名事乃不成漢宣納之竟寢其伐伏惟皇帝陛下鑒往古用師之難採列聖還善之美恩加區宇信及豚魚則臣等不勝懇願況今汴魏猶艱幽定方困縱遣之調發豈能集事虛行號令徒召寇讐將以勳人非唯辱國且黷武斯嬰勤王之衆推効命之誠未能虜騎獨攻所望漢兵同力今茲數鎮奔命不遑難致濟師恐又生事論其漸當暑熱非利戎旃悉力頒霑遣還蕃部重盈陳五郡之卒益護關防王珙振兩河之雄更嚴旗鼓然後獎其上表哀以自陳錄彼

前勞責之後効徵神爵之往典遂曰逐之故封論其已斥王恭不使更疑晉帝凡百臣子實切乃誠其克用在身官爵並請却還仍依前編入屬籍從之以翰林學士承旨兵部侍郎崔昭緯本官同平章事御史中丞徐彦若爲戸部侍郎同平章事尚書右僕射王徽卒贈司空謚曰貞

二年春正月壬子朔李克用急攻邢州李存孝求援於王鎔鎔出軍援之屯于堯山克用自太原至擊敗之進圍邢州司徒門下侍郎平章事杜讓能進位太尉太清宫使弘文館大學士延資庫使領諸道鹽鐵轉運等使以中書侍郎吏部尚書平章事劉崇望爲門下侍郎監修國史判度支事工部侍郎平章事崔昭緯判戸部事二月辛巳李克用復檢校太師中書令太原尹北都留守河東節度觀察處置等使時張濬韓建兵敗後爲太原將李存信等所追至是方自含山踰王屋出河清達于河陽爲河溢無舟徹遠壞人廬舍爲木罌數百方獲渡人多覆溺休其徒於司徒廟是役也朝廷倚朱全忠及三

鎮兵全忠方連兵徐鄆乃求兵糧于鎮魏全忠終不至行營鎮魏倚太原爲扞蔽如破太原鄆恐危鎮魏王鎔羅弘信亦不出師唯邠岐華鄜夏烏合之衆會晉州兵未交而孫揆擒燕卒敗所以河西岐下之師望風潰散而濬建至敗全忠以鎮魏不助兵糧觀望遣龐師古將兵討魏陷十縣羅弘信乞盟乃退棣州刺史張蟾爲青州將王師範所敗新授平盧節度使崔安潛自棣州歸朝復授太子少師三月辛亥朔以青州權知兵馬留後王師範檢校兵部尚書兼青州刺史御史大夫充平盧軍節度觀察押新羅渤海兩蕃等使淮南節度孫儒爲宣州觀察使楊行密所殺初行密楊州失守據宣州孫儒以兵攻圍三年是春淮南大飢軍中疫癘死者十三四是月孫儒亦病爲帳下所執降行密行密乃併孫儒之衆復據廣陵六月王鎔出軍援李存孝克用大舉討鎮州七月太原軍出井陘屯於常山鎮大掠鎮趙深諸郡幽州節度使李匡威自率步騎三萬援王鎔八月克用班師九月丁未朔乙卯天子賜左軍中尉楊復恭几杖以大將軍致仕復恭怒稱病不受詔十月丁丑朔甲申天威軍使李順節率禁兵討楊復恭復恭假子玉山軍使楊守信以兵拒之列陣于昌化里昭宗登延喜樓陳兵自衛以俟變相持至晚不戰而退是夜守信乃擁其衆衛復恭出京師且戰且行出通化門由七盤路之商州又令義兒張綰爲後殿永安都頭安權追及綰擒之而還十一月朱全忠上表請移時溥節鎮是月汴軍陷宿州乃授溥太子太師溥將劉知俊降汴軍鎮州王鎔幽州李匡威復謀攻定州以分其地王處存求援於太原十二月丙子朔以光祿大夫門下侍郎右僕射平章事監修國史判度支上柱國彭城縣開國男劉崇望檢校司空同平章事兼徐州刺史充武寧軍節度徐宿觀察制置使時李順節恃恩恣横出入以兵仗自隨兩軍中尉劉景宣西門君遂懼其窺圖非望丁亥兩中尉傳詔召順節順節以甲士三百自隨至銀臺門門司傳詔止從者兩中尉在仗舍邀順節坐次令部將嗣光審斫順節頭隨剱落其部下知順節死大譟出延喜門是日天威捧日登封三都亂剽永寧里

至晚方定戸部尚書鄭延昌爲中書侍郎平章事判度支

景福元年春正月丙午朔上御武德殿受朝賀大赦改元景福鳳翔李茂貞邠州王行瑜華州韓建同州王行約秦州李茂莊等上表疏興元楊守亮納叛臣楊復恭請同出本軍討伐兼自備供軍糧料不取給於度支只請加茂貞山南招討使名内臣皆不可其奏昭宗亦以茂貞得山南之後有問鼎之志詔久之不下茂貞怒與王行瑜不俟進止發兵攻興元累請招討之命兼與宰相杜讓能中尉西門君遂書詞語詬詈凌蔑王室昭宗心不能容二月丙子朔庚寅太原易定之兵合勢攻鎮州王鎔復告難於幽州李匡威率步騎三萬赴之時太原之衆軍於常山鎮易定之衆軍堅固鎮燕趙之卒分拒之三月克用豪存歛軍而退四月乙亥左軍中尉西門君遂殺天威軍使賈德晟時德晟與李順節俱掌天威軍順節死中尉惡德晟誣奏殺之是日德晟部下千餘騎出奔鳳翔自是岐軍益盛五月甲辰制以河南尹張全義檢校司徒同平章事兼孟州刺史充河陽三城節度

孟懷澤觀察等使七月燕趙之卒合勢援邢州太原大將李存信率軍拒於堯山王鎔大敗而還十一月辛丑鳳翔邠寧之衆攻興元府陷之山南西道節度使楊守亮與前左軍中尉楊復恭判官李巨川突圍而遁將奔太原李茂貞表其子繼密權知興元府事十二月辛未朔華州節度使韓建奏於乾元縣遇興元潰散兵士擊敗之其楊守亮楊復恭並已處斬訖皆傳首京師

二年春正月辛丑朔制以權知劒南東川兵馬留後顧彥暉檢校尚書右僕射兼梓州刺史御史大夫充劒南東川節度觀察等使時王建連年攻彥暉李茂貞欲與建爭東川故表請彥暉正授旄鉞示修好也二月庚午朔太原李克用以兵攻鎮州師出井陘王鎔懼再求救于幽州甲申李匡威復來赴援太原之軍還邢州三月庚子制以捧日都頭陳珮爲廣州刺史嶺南東道節度使邑陣都頭曹誠爲黔州刺史黔中節度使耀德都頭李鋌爲潤州刺史鎮海軍節度使宣威都頭孫惟晟爲江陵尹荊南節度使並加特進同平章事各令赴

〇 唐紀二十上 九

鎮並落軍權時朝議以茂貞傲侮王命武臣難制欲用杜讓能及親王典禁兵故罷五將之權兼以平章事悅其心太尉杜讓能冊拜加食邑至六千戶是月幽州節度使李匡威弟匡籌據幽州自稱留後以符追行營兵兵皆還幽州匡威既無歸路遣判官李貞抱入奏請朝覲王鎔感匡威援助之恵乃築第於恒州迎匡威處之四月己巳汴將王重師牛存節陷徐州節度使時溥舉家自燔而死朱全忠遣將龐師古守徐州六月丁酉朔乙卯幽州節度使李匡威謀害王鎔而奪其帥恒州三軍攻匡威殺之戊午制太尉門下侍郎平章事晉國公杜讓能加食邑至九千戶門下侍郎吏部尚書平章事崔昭緯進階光祿大夫中書侍郎平章事鄭延昌兼刑部尚書並加食邑至千戶以祠部郎中知制誥陸扆爲中書舍人依前翰林學士幽州節度使李匡籌遣使檄王鎔訊殺匡威之罪二藩結怨朱全忠遣判官韋震使幽州和解之七月李克用興兵攻鎮州敗王鎔軍於平山鎔懼乞盟請以兵糧助攻邢州許之克用遂旋軍襄國癸未制以鳳翔隴州節度使檢校太尉中書令鳳翔尹上柱國岐王食邑四千五百戶李茂貞爲興元尹山南西道節度等使以中書侍郎同平章事徐彥若檢校尚書左僕射同平章事兼鳳翔尹充鳳翔隴州節度使時茂貞恃兵求兼領山南節度昭宗乆之不行茂貞表章不遜深詆時政上不能容將加兵問罪故以彥若代之八月丙申朔以嗣覃王爲京西招討使神策大將軍李鐬副之九月丙寅朔以武威軍防禦使錢鏐爲鎮海軍節度浙江西道觀察處置等使仍移鎮海軍額於杭州乙亥覃王率扈駕五十四軍進攻岐陽屯于興平李茂貞以兵逆戰屯于盩厔壬午岐軍進迫興平王師自潰茂貞乘勝逼京師進屯三橋甲申昭宗御安福門斬觀軍容使西門君遂內樞密使李周潼遣中使賜茂貞詔令收兵歸鎮茂貞陳兵臨皐驛數宰臣杜讓能之罪請誅之制貶太尉平章事晉國公杜讓能爲雷州司戶十月乙未賜杜讓能自盡其弟戶部侍郎弘徽坐讓能賜死十一月制以鳳翔節度使李茂貞守中書令進封秦王兼興元尹山南西道節度使邠

〇 唐紀二十上 十

州節度使王行瑜賜號尚父賜鐵券以門下侍郎吏部尚書平章事監修國史崔昭緯兼尚書左僕射充諸道鹽鐵轉運等使以特進行右僕射韋昭度爲司空門下侍郎同平章事弘文館大學士太清宮使延資庫使中書侍郎刑部尚書平章事判度支鄭延昌罷知政事守尚書左僕射以病求罷故也以新除鳳翔節度使徐彥若復知政事戶部侍郎判戶部事王摶本官同平章事

乾寧元年春正月乙丑朔上御武德殿受朝宣制大赦改元乾寧鳳翔李茂貞來朝大陳兵衛獻妓女三十人宴之內殿數日還藩時茂貞有山南梁洋興鳳岐隴秦涇原等十五餘郡甲兵雄盛淩弱王室頗有問鼎之志二月汴人大敗兗鄆之軍於東阿瑄瑾勢蹙求援於太原李克用出師援之三月甲子朔太原軍攻邢州陷之執其逆將李存孝檻送太原裂之克用以大將馬師素權知邢洺團練事五月桀賊孫儒部將劉建鋒攻陷潭州自稱湖南節度使以翰林學士中書舍人陸扆爲戶部侍郎知制誥充職六月壬辰李克用攻陷雲州

執大同防禦使赫連鐸以其牙將薛志勤守雲中十月庚寅以中書
侍郎平章事王摶爲湖南節度使以翰林學士承旨禮部尚書知制
誥李磎爲戶部侍郎同平章事宣制之日水部郎中知制誥劉崇魯
出班而泣言磎姦邪黨附內官不可居輔弼之地由是制命不行戊
申制御史中丞崔胤爲兵部侍郎同平章事是月李克用以太原之
衆進攻幽州十二月幽州節度使李匡籌潰圍而遁克用陷幽州以
李匡威故將劉仁恭爲幽州兵馬留後是月李匡籌南奔赴闕至景
城爲滄州節度使盧彥威所殺
二年春正月己未朔河中節度使檢校太師中書令河中尹上柱國
瑯琊郡王王重榮卒三軍立重榮子行軍司馬珂知留後事二月己
丑朔王重榮子陝州節度使珙絳州刺史瑤舉兵討王珂兼上章訴
珂冐姓非重榮子珂珙爭爲蒲帥上遣中使慰勞三月制以中書侍
郎同平章事崔胤檢校尚書左僕射同平章事河中尹充河中節度
晉絳慈隰觀察處置等使浙東節度使董昌僭號稱平羅國年稱大

○聖用婺州刺史蔣瓌爲宰相仍僞署官員鎮海軍節度使錢鏐請以
本軍進討從之以翰林學士承旨兵部侍郎知制誥趙光逢爲尚書
左丞依前充職太原李克用上章言王重榮有功於國其子珂宜承
襲請賜節鉞邠州王行瑜鳳翔李茂貞華州韓建各上章言珂螟蛉
不宜纘襲請以王珂爲陝州王珙爲河中天子以先允克用之奏久
之不下五月丁巳朔甲子李茂貞王行瑜韓建等各率精甲數千人
入覲京師大恐人皆亡竄吏不能止昭宗御安福門以俟之三帥既
至拜舞樓下昭宗臨軒自諭之曰卿等藩侯宜存臣節稱兵入朝不
由奏請意在何也茂貞行瑜汗流洽背不能對唯韓建陳叙入覲之
由上並召升樓賜之巵酒宴之於同文殿茂貞行瑜極言南北司相
傾深蠹時政請誅其太甚者乃貶宰相韋昭度李磎尋殺之於都亭
驛殺內官數人而去王行瑜留弟行約茂貞留假子閻圭各以兵二
千人宿衛時三帥同謀廢昭宗立吉王聞太原起軍乃止留兵宿衛
而還壬申以青授均州司戶孔緯繡州司戶張濬並爲太子賓客以

翰林學士戶部侍郎知制誥陸扆爲兵部侍郎充職六月丁亥朔以
京兆尹嗣薛王知柔兼戶部尚書判度支兼諸道鹽鐵轉運等使壬
辰以太子賓客孔緯爲吏部尚書尋復開府儀同三司守司空門下侍郎
同平章事弘文館大學士太清宮延資庫使上柱國魯郡開國公食邑四
千戶食實封二百戶仍號持危啓運保乂功臣時緯在華州壽屬太
原軍至而止以太子賓客張濬復光祿大夫行兵部尚書上柱國河
間郡開國侯食邑二千戶濬在長水亦不至京師復以王摶爲中書
侍郎平章事七月丙辰朔李克用舉軍渡河以討王行瑜李茂貞韓
建等稱兵詣闕之罪庚申同州節度使王行實棄郡入京師謂兩軍
中尉駱全瓘劉景宣曰沙陀十萬至矣請奉車駕幸邠州且有城守
時景宣附鳳翔癸亥夜閻圭與劉景宣子繼晟同州王行實縱火剽
東市請上出幸上聞亂登承天門遣諸王率禁兵禦之捧日都頭李
筠率本軍侍衛樓上閻圭以鳳翔之卒攻李筠矢及御座之樓扉上
懼下樓與親王公主內人數百幸永興坊李筠營邑躍都頭李君實

○以繼至乃與筠兩都兵士侍衛出啓夏門憇於華嚴寺以候內人繼
至其日晚幸莎城鎮京師士庶從幸者數十萬比至南山谷口暍死
者三之一至暮爲盜寇掠慟哭之聲殷動山谷權令京兆尹知柔中
書事及隨駕置頓使信宿宰相徐彥若王摶崔胤三人至乃移石門
鎮之佛宮仍令知樞密劉光裕薛王知柔歸京師制置合禁軍以備
宮禁丙寅李克用遣牙將閻諤奉表奔問奏屯軍河中候進止發赴
邠州丁卯上遣內官張承業傳詔克用軍便令監太原行營兵馬發
赴新平又令內官郗廷立傳詔涇州令張鐇起涇原之師會克用軍
上在南山半月餘克用仍在河中未至渭北上懼鳳翔兵士劫遷乃
令延王將御服鞍馬玉器等至河中宣諭曰朕以景宣全瓘行實繼
鵬爲表裏之姦謀縱干戈於雙闕煙塵倏忽刼殺縱橫朕偶脫鋒鋩
遂移鑾輅所爲巡幸止在近郊蓋知卿統領雄師駐臨蒲坂累飛書
詔繼遣使人期卿以社稷爲憂君親在念必思響應速議龔行豈謂
將涉兩旬未有來表憂虞是切寢食不遑豈忠義不切疚懷而道途

咸有畏滯令則專令親信懇託勳賢故遣延王戒丕册王允與供奉
官王魯紆等宣示御宣便董猻琳徑臨邠鳳蕩平妖穴以拯阽危是
所望也八月乙酉朔延王至河中克用已發前鋒至渭北又令史儼
率五百騎赴行在侍衛己丑克用自至渭橋砦癸巳於黎園殺邠軍
數千獲其大將王令陶以獻又詔鄜州節度使李思孝本軍進討丁
酉制以河東節度使開府儀同三司守太師中書令兼太原尹北都
留守上柱國隴西郡王李克用爲邠寧四面行營都招討使夏州節
度使李思諫充邠寧東北面招討使涇原節度使張鐇充邠寧西面
招討使河中節度使王珂充行營供軍糧料使李茂貞聞之懼斬閻
圭武秃子傳首行在上章請罪辛丑制削奪王行瑜在身官爵攺授
李克用邠寧四面行營都統其大將蓋寓李存信閻鍔判官王讓李
襲吉等並除詔錫賚又以河中都監袁李貞充邠寧四面行營兵馬
都監押壬寅李克用遣子存貞奉表行在請車駕還宮荅詔曰昨延
王迴言御宴特體國執禮輸忠接遇之間周旋盡節備知肺腑識我

恩榮靜惟尊主之心果契知臣之分朕欲取今月二十四日卸復都
城與寧兆庶倚我勳德有若長城速伸翦盪之謀以慰黔黎之望癸
卯又令延王傳詔令克用發騎軍三千赴三橋屯駐以備迴鑾辛亥
車駕還宮壬子司空門下侍郎平章事監修國史諸道鹽鐵轉運使
崔昭緯罷知政事爲太子賓客以河中兵馬留後王珂檢校司空兼
河中尹御史大夫充護國軍節度河中晉絳慈隰觀察等使以幽州
兵馬留後劉仁恭檢校司空兼幽州大都督府長史充幽州盧龍軍
節度押奚契丹等使以故左軍中尉楊復恭開府魏國公並從克用
奏請也九月甲寅朔丙辰制光祿大夫守尚書左僕射門下侍郎同
平章事監修國史上柱國東莞郡公徐彥若爲司空門下侍郎同平
章事太清宮修奉太廟等使弘文館大學士延資庫使充諸道鹽鐵
轉運等使正議大夫中書侍郎同平章事王摶爲金紫光祿大夫戶
部尚書門下侍郎監修國史判度支正議大夫中書侍郎同平章事
崔胤爲金紫光祿大夫兼禮部尚書集賢殿大學士判戶部事並賜

號扶危匡國致理功臣癸亥司空門下侍郎平章事太清宮脩奉太
廟等使弘文館大學士延資庫使上柱國魯　郡開國公孔緯卒贈
太尉十月甲申朔王師破賊梨園砦俘斬萬計行瑜由是嬰城自固
丁亥制赦繫囚其節文曰其任崇柱石位重台衡或委以軍權或參
諸宥密竟因連謗終至禍名豈我好生嗟乎強死應大順已來有非
罪而加削奪者並復官資其杜讓能西門君遂李周潼巳下並與昭
雪還其爵秩韋昭度頃處台司每伸相業王行瑜求尚書令獨能抑
之致於沉冤諒由此事李磎文章宏贍迥出輩流竟以朋黨之間擠
於死地凡在有識孰不咨嗟宜並與昭洗仍復官爵又勅太子賓客
崔昭緯責授梧州司馬水部郎中知制誥劉崇魯貶崖州司戶又詔
邠州行營都統曰邠州節度副使崔鋋破賊之時勿令漏網鋋與昭
緯去年朋黨交結行瑜構合禍胎原由此賊付四面行營知委是月
四面行營大集邠州十一月癸未朔壬寅王行瑜與其妻子部曲五
百餘人潰圍出奔至慶州行瑜爲部下所殺并其家二百口並詣行

營乞降李克用遣牙將閻鍔獻于京師十二月甲申朔昭宗御延喜
門受俘馘百寮樓前稱賀制以李克用守太師中書令進封晉王食
邑九千戶攺賜忠貞平難功臣是月克用班師太原制皇第三子栩
封棣王第五子禊封虔王第六子禋封沂王第七子禕封遂王
三年春正月癸丑朔制以特進戶部尚書兼京兆尹嗣薛王知柔檢
校司徒兼廣州刺史御史大夫充清海軍節度嶺南東道觀察處置
等使以尚書右丞崔澤爲鳳州刺史魏博羅弘信擊敗太原軍於莘
縣初兗鄆求援于太原克用令蕃將史完府何懷寶等千騎赴之至
是又令大將李存信屯于莘縣魏人常假其道存信戢軍不謹或侵
掠魏民弘信怒伏兵擊之其軍宵潰自是弘信南結于梁與太原絕
兗鄆已至俱陷二月壬子朔制以通王滋爲開府儀同三司判侍衛
諸道軍事以銀青光祿大夫戶部尚書嘉興縣子食邑五百戶陸扆
爲兵部尚書三月壬子朔以考功員外郎集賢殿學士杜德祥爲工部
郎中知制誥四月壬午朔湖南軍亂殺其帥劉建鋒三軍立其部將權

知邵州刺史馬殷爲兵馬留後鎮海軍節度使錢鏐攻越州下之斬董昌平浙東制加錢鏐檢校太尉中書令五月辛巳責授梧州司馬崔昭緯賜自盡制金紫光祿大夫戶部尚書門下侍郎平章事監修國史上柱國太原郡開國公王摶爲檢校尚書左僕射同平章事兼越州刺史充鎮東軍節度浙江東道觀察處置等使六月庚戌李克用率沙陀并汾之衆五萬攻魏州及其郭六拔於其六郡陷城安洹水臨漳十餘邑報莘之怨也鳳翔李茂貞怨國家有朱玫之討絕朝貢謀將犯闕天子命覃王治兵以俟變是歲茂貞上章請以兵師入覲上令通王覃王延王分統安聖捧宸保寧宣化等四軍以衛近畿丙寅鳳翔軍犯京畿覃王拒之於婁館接戰不利秋七月庚辰朔壬辰岐軍逼京師諸王率禁兵奉車駕將幸太原癸巳次渭北京州韓建遣子充奉表起居請駐蹕華州乃授建京畿都指揮安撫制置催促諸道綱運等使詔謂建曰啓途之行已在河東今且幸鄜時甲午次富平韓建來朝泣奏曰藩臣倔強非止茂貞雖太原勤王無宜巡幸臣

唐紀二十上　十五

○之鎮守控扼關畿兵力雖微足以自固陛下若輕捨近畿遠巡極塞去園陵宗廟寧不痛心失魏闕金湯又非良筭若輿駕渡河必難再復謀苟不戕悔之寧及願陛下且駐三峯以圖恢復上亦泣下曰朕難奈茂貞忿不思難御言是也乙未次下邽丙申駐蹕華州以衙城爲行宮時岐軍犯京師宮室鄽閭鞠爲灰燼自中和已來葺構之功掃地盡矣乙巳制以金紫光祿大夫中書侍郎兼禮部尚書同平章事集賢殿大學士判戶部事上柱國博陵縣開國伯崔胤檢校尚書左僕射兼廣州刺史御史大夫充清海軍節度嶺南東道觀察處置等使丙午制以翰林學士承旨尚書左丞知制誥嘉興縣開國子食邑五百戶陸扆爲戶部侍郎同平章事八月己酉朔甲寅新除鎮東軍節度使錢鏐權領浙江東道軍州事戊午制以戶部侍郎平章事陸扆爲中書侍郎兼判戶部事九月己卯朔汴州朱全忠河南尹張全義與關東諸侯俱上表言秦中有災請車駕遷都洛陽全忠全義言臣已表率諸藩繕治洛陽宮室優詔答之乙未制新除清海軍節度使崔胤復知政事胤之出鎮朱全忠再表請論奏言胤不宜去相位故有是命丁酉制中書侍郎集賢殿大學士判戶部事陸扆責授硤州刺史崔胤怒扆代己誣奏扆黨庇茂貞故也丙午制以鎮國軍節度使韓建檢校太尉兼中書令充修復宮闕京畿制置催促諸道綱運等使以京兆尹孫偓爲兵部侍郎同平章事十月戊申朔以中書舍人權知禮部貢舉薛昭緯爲禮部侍郎壬子制以兵部侍郎平章事孫偓爲中書侍郎充鳳翔行營招討使甲寅偓於驛舍會諸將以議進軍戊午李茂貞上表章請罪願改事君之禮繼修職貢仍獻錢十五萬助修京闕韓建左右之師遂不行十一月丁丑朔以韓建兼領京兆尹京城把截使十二月丁未李克用縱兵俘剽魏博諸郡邑以前翰林學士承旨尚書左丞知制誥趙光遠爲御史中丞太常禮院奏權立行廟以備告饗從之

四年春正月丁丑朔車駕在華州行宮受群臣朝賀癸未汴將龐師古陷鄆州節度使朱瑄與妻榮氏潰圍瑄至中都爲野人所殺榮氏

唐紀二十上　十六

○俘於汴軍朱全忠署龐師古爲鄆州兵馬留後宰相孫偓罷知政事守兵部尚書二月丙午朔戊申汴將葛從周攻兗州陷之節度使朱瑾奔楊行密其將康懷貞降從周朱全忠署從周爲兗州兵馬留後自是鄆齊曹棣兗沂密徐宿陳許鄭滑濮等州皆沒於全忠唯王師範守青州亦納款於汴己未制朝議大夫守右散騎常侍上柱國榮陽縣男鄭綮爲禮部侍郎同平章事癸丑責授硤州刺史陸扆爲工部尚書甲寅華州防城將花重武告睦王已下八王欲謀殺韓建移車駕幸河中帝聞之駭然召韓建諭之建辭疾不敢行帝即令通王已下詣建治所自陳建奏曰今日未時睦王濟王韶王通王彭王韓王儀王陳王等八人到臣治所不測事由臣酌量事體不合與諸王相見兼恐久在臣所於事非宜況睦王等與臣中外事殊尊卑禮隔王於事柄未有相侵忽然及門意不可測又引晉室八王撓亂天下事請依舊制令諸王在十六宅不合典兵其殿後捧日扈蹕等軍人皆坊市無賴之徒不堪侍衛伏乞放散以寧衆心昭宗不得已皆

從之是日囚八王於別第殿後侍衛四軍二萬餘人皆放散殺捧日
都頭李筠於大雲橋下自是天子之衛士盡矣丙辰韓建上表請封
拜皇太子親王以爲維城之計己未制德王裕宜册爲皇太子辛酉
制第八男祕可封景王第九男祚可封輝王第十男祺可封祁王第
十一男禎可封雅王第十二男祥可封瓊王三月丙子朔戊寅制韓
建進封昌黎郡王改賜資忠靖國功臣以光祿大夫兵部尚書上柱
國河間郡開國侯食邑二千戶張濬爲尚書左僕射依前充租庸使
四月丙午朔就加福建節度使王潮檢校尚書右僕射韓建獻封事
十條其三太子諸王請置師傅教導乃以太子賓客王牘爲諸王侍
讀宰相鄭綮以病乞骸乃罷知政事五月乙亥朔以國子博士朱朴
爲右諫議大夫同平章事七月甲戌帝與學士親王登齊雲樓西望
長安令樂工唱御製菩薩蠻詞奏畢皆泣下霑襟覃王已下並有屬
和八月甲辰朔以工部尚書陸扆爲兵部尚書韓建與邠岐三鎮表
有無君之迹及李克用誅行瑜心常切齒去歲車駕將幸河東乃令

○延王戒丕使太原見克用陳省方之意是月延王自太原還韓建奏
曰自陛下即位已來與近輔交惡皆因諸王典兵兇徒樂禍遂致輿
駕不安比者臣奏罷兵權實慮有不測之變今聞延王覃王尚苞陰
計願陛下宸斷不疑制於未亂即社稷之福也上曰豈至是耶居數
日以上無報乃與知樞密劉季述矯制發兵圍十六宅諸王懼披髮
沿垣而呼曰官家救兒命或登屋沿樹是日通王覃王已下一十王
并其侍者皆爲建兵所擁至石堤谷無長少皆殺之而建以謀逆聞
尋殺太子詹事馬道殷將作監許巖士與平章事朱朴皆上所寵昵
者九月癸酉朔以御史中丞狄歸昌爲尚書右丞以刑部侍郎楊涉
爲吏部侍郎制以鎮海軍節度使錢鏐爲鎮海軍節度浙江東西道
觀察處置等使杭州越州刺史上柱國吳王冬十月癸卯朔以華州
節度使韓建兼同州刺史匡國軍節度使朱全忠遣其將權徐州兵
馬留後龐師古兗州留後葛從周率兗鄆曹濮徐宿滑等兵士七萬
渡淮討楊行密制以太中大夫前御史中丞裴贄爲禮部尚書知貢

舉幽州節度使劉仁恭大敗沙陀於安塞李克用單騎僅免十一月
壬申朔癸酉淮南大將朱瑾潛出舟師襲汴軍於清口龐師古舉軍
皆沒師古被執時葛從周自霍丘渡淮至濠州聞師古敗乃退軍信
宿至渒河方渡而朱瑾至是日殺傷溺死殆盡還者不滿千人唯牛
存節一軍先渡獲免比至潁州大雪寒凍死者十五六自古喪師之
甚無如此也繇是行密據有江淮之間以檢校司空權知兗州兵馬
事葛從周爲兗州刺史充泰寧軍節度使以潁州刺史王敬堯檢校
尚書左僕射兼徐州刺史充武寧軍節度使從全忠奏也
光化元年春正月辛未朔車駕在華州以兵部侍郎崔遠爲戶部侍
郎同平章事諸道貢修宮闕錢命京兆尹韓建入京城計度朱全忠
遣判官韋震奏事求兼領鄆州時全忠軍敗之後欲自大其權以扼
鄰藩之變幽州節度使劉仁恭恃安塞之捷欲吞噬河朔是月遣其
子守文將兵襲滄州節度使盧彥威棄城而遁守文遂據之自稱留
後四月庚子制淑妃何氏宜册爲皇后上幸陟屺寺宴從官於韓建

○所獻御莊五月己巳朔以立后大赦汴將葛從周率衆攻李克用邢
洺磁等州陷之全忠署從周爲三州兵馬留後六月己亥帝幸西溪
觀競渡天下藩牧文武百寮上表請車駕還京七月汴將氏叔琮陷
趙匡凝之隨唐鄧等州勑昇華州爲興德府刺史爲尹左右司馬爲
少尹鄭縣爲次赤官員資望一同五府封華嶽廟爲佑順侯八月戊
戌朔己未車駕自華還京師甲子御端門大赦改元光化九月戊辰
朔以御史中丞狄歸昌爲尚書左丞制以鎮國匡國等軍節度使韓
建守太傅中書令興德尹封潁川郡王賜鐵券并御寫忠貞以遺之
建累上表辭王爵乃改封許國公魏博節度使羅弘信進封臨清郡
王是月弘信卒贈太師謚曰莊肅衙軍立其子副大使紹威知兵馬
事尋賜之節鉞十月丁酉朔河南尹張全義就加侍中汴將朱友恭
自江西行營還過安州殺刺史武瑜遣部將守之汴將張存敬以兵
襲蔡州刺史崔洪納款請以弟賢質于汴許之十二月丙寅李克用
將潞州節度使薛志勤死澤州刺史李罕之乘其無帥襲潞取之遣

其子顥乞降于汴全忠表罕之爲節度使
二年春正月乙未朔丁未以兵部尚書陸扆爲兵部侍郎同平章事
二月蔡州刺史崔洪爲衙兵所迫同寇淮南時洪以弟賢質于汴汴
人遣賢還蔡徵兵三千出征蔡兵亂殺賢遂擁洪渡淮朱全忠令其
子友裕守蔡州幽州節度使劉仁恭驅燕軍十萬將兼趙魏是月陷
貝州人無少長皆屠之投尸清水爲之不流遂進攻魏州羅紹威求
救于汴三月朱全忠遣大將張存敬赴援之屯于內黃葛從周自邢
洺率勁騎八百入魏州燕將劉守文單可及聞汴軍在內黃引兵趨
擊之存敬設伏內黃東大敗燕軍俘斬三萬生擒單可及劉守文以
餘衆還魏州爲存敬從周所乘燕軍復敗仁恭父子僅免汴魏合兵
躡之趙人復邀之東境自魏至滄五百里間僵屍相枕是春有白氣
竟天如練自西南徹東北而旋有燕卒之敗四月汴將氏叔琮由上
黨進軍攻太原出石會爲沙陁擒其前鋒將陳章叔琮乃退去六月
制以昭義節度使檢校太尉兼太師侍中潞州大都督府長史隴西

郡開國公食邑三千戸李罕之爲孟州刺史充河陽三城節度孟懷
觀察等使以檢校司徒孟州刺史河陽節度使丁會爲澤潞等節度
使從全忠奏也丁丑李罕之至懷州卒于傳舍陝州軍亂殺其帥王
珙立都將軍李璠爲留後丁亥制以前太常卿劉崇望爲吏部尚書
兵部侍郎裴樞爲吏部侍郎戸部侍郎薛昭緯爲兵部侍郎七月青
州守海州將牛從毅擁郡人投淮南行密遂有海州十一月陝州衙
將朱簡殺李璠自稱留後降汴全忠表簡爲帥守
三年春正月庚子朔以禮部尚書裴贄爲刑部尚書癸卯朱全忠奏
本貫宋州碭山縣蒙恩升爲輝州其地卑濕難葺廬舍請移輝州治
所於單父縣從之仍賜號爲崇德軍四月戊午汴魏合軍攻滄州以
報入鄆之役葛從周連陷滄德郡邑王鎔遣使和解于全忠令劉仁
恭修好汴魏班師辛未皇后太子謁九廟六月丁巳朱全忠表陝州
兵馬留後朱簡鄉里同宗改名友謙乞真授節鉞從之戊辰特進司
空門下侍郎平章事監修國史王摶貶崖州司戸尋賜死於藍田驛

樞密使宋道弼景務修並死爲崔胤所誣言三人中外相結也七月
丁亥朔兵部尚書劉崇望卒贈司空甲午兵部郎中薛正表爲右諫
議大夫以許州刺史朱友恭檢校司徒爲潁州刺史以左武衛將軍
趙霖檢校左僕射爲許州刺史宣武押衙劉知俊檢校右僕射爲鄭
州刺史從全忠奏也戊申制以武貞軍節度澧朗敘等州觀察處置
等使開府儀同三司檢校司徒同平章事朗州刺史上柱國馮翊郡
開國侯食邑一千五百戸雷滿檢校太保封馮翊郡王餘如故以武
泰軍節度黔中觀察處置等使光祿大夫檢校尚書左僕射黔州刺
史御史大夫上柱國趙崇封天水縣開國子食邑五百戸庚戌制昭
義節度留後光祿大夫檢校司空上柱國孟遷爲檢校司徒兼潞州
大都府長史充昭義節度副大使知節度事潞磁邢洺等州觀察處
置使仍封平昌縣男食邑三百戸從李克用奏也以金紫光祿大夫守
兵部尚書上柱國樂安郡開國公食邑一千五百戸孫儲守兵部尚
書兼京兆尹乙卯制忠烈衛聖鎮國功臣劍南西川節度副大使知

節度事管內營田觀察處置統押近界諸蠻兼西山八國雲南安撫
制置等使開府儀同三司檢校太尉中書令成都尹上柱國瑯琊郡
王食邑三千戸實封一百戸王建可兼劍南東川武信軍兩道都指
揮制置等使加食邑一千戸餘如故時建攻下梓州顧彥暉兼有東
川洋果閬等州故也又以忠義軍節度山南東道管內觀察處置三
司水陸發運等使開府儀同三司檢校太尉中書令兼襄州刺史上
柱國南平王食邑三千戸趙匡凝可檢校太師兼中書令加實封一
百戸八月丙辰朔朱全忠奏先割汝州隸許州請却還東都河陽先
管澤州今緣蕃戎占據得失不常請權割河南府王屋清河犖三縣
隸河陽從之癸亥制忠貞平難功臣河東節度管內觀察處置等使
開府儀同三司守太師兼中書令北都留守太原尹上柱國晉王食
邑九千戸食實封七百戸李克用加實封一百戸丁卯以朝請大夫
虞部郎中知制誥上柱國賜紫金魚袋顏蕘爲中書舍人己巳制前
歸義軍節度副使權知兵馬留後銀青光祿大夫檢校國子祭酒

監察御史上柱國張承奉為檢校左散騎常侍兼沙州刺史御史大夫充歸義節度瓜沙伊西等州觀察處置押蕃落等使庚辰太原大將李嗣昭攻洺州下之執汴將朱紹宗汴將葛從周率師赴之嗣昭棄城而云從周邀之於青山口晉軍大敗從周乘勝攻鎮州壬午制荊南節度忠萬歸夔涪峽等州觀察處置水陸催運等使開府儀同三司檢校太尉兼中書令江陵尹上柱國上谷郡王食邑三千户成汭可檢校太師中書令餘如故甲申制扶危匡國致理功臣特進行尚書左僕射兼門下侍郎同平章事監修國史判度支上柱國清河郡開國公食邑二千户崔胤可開府儀同三司進封魏國公加食邑一千户餘如故九月丙戌朔朱全忠引三鎮之師攻鎮州王鎔懼遣判官周式副大使王昭祚主事深公儒子弟為質于汴出犒師絹十五萬匹求盟許之張存敬遂自深冀進軍攻瀛莫下郡邑二十阻雨泥濘不及幽州遂西行陷祁州大敗中山將王處直軍於沙河北進屯懷德驛遂攻定州節度使王郜奔太原衙將王處直斬孔目官梁

汶出縑二十萬乞盟許之全忠遂署王處直為義武軍留後乙巳制扶危匡國致理功臣開府儀同三司守太保兼門下侍郎平章事充太清宮使修奉太廟使弘文館太學士延資庫使諸道鹽鐵轉運等使上柱國齊國公食邑五千户食實封一百户徐彦若可檢校太尉同平章事充清海軍節度嶺南東道管內觀察處置供軍糧料等使丙午制光祿大夫中書侍郎兼吏部尚書同平章事充集賢殿大學士判户部事博陵郡開國公食邑二千户崔遠罷知政事守本官戊申制左僕射門下侍郎平章事監修國史判度支崔胤充太清宮使修奉太廟使弘文館大學士延資庫使依前判度支兼充諸道鹽鐵轉運等使光祿大夫中書侍郎兼户部尚書同平章事上柱國吳郡開國公食邑一千五百户陸扆為門下侍郎户部尚書監修國史以正議大夫守刑部尚書上柱國河東縣開國男食邑三百户賜紫金魚袋裴贄為中書侍郎兼刑部尚書同平章事充集賢殿大學士以銀青光祿大夫行尚書吏部侍郎上柱國裴樞為中書侍郎同平章

事判户部事辛亥以光祿大夫尚書右僕射租庸使張濬罷租庸使守本官十月丙辰朔辛酉以前清海軍節度副使朝散大夫檢校左散騎常侍御史大夫上柱國王溥守左散騎常侍充鹽鐵副使癸未制以保義軍節度留後銀青光祿大夫檢校户部尚書兼御史大夫上柱國朱友謙為金紫光祿大夫檢校尚書右僕射兼陝州大都督府長史御史大夫充保義軍節度陝虢觀察處置等使十一月乙酉朔庚寅左右軍中尉劉季述王仲先廢昭宗幽於東內問安宮請皇太子裕監國時昭宗委崔胤以執政胤恃全忠之助稍抑宦官而帝自華還宮後頗以禽酒肆志喜怒不常自宋道弼等得罪黄門尤懼至是上獵苑中醉甚是夜手殺黄門侍女數人庚寅日及辰巳內門不開劉季述詣中書謂宰相崔胤曰宮中必有不測之事人臣安得坐觀我等內臣也可以便宜從事即以禁兵千人破關而入問訊中人具知其故即出與宰臣謀曰主上所為如此非社稷之主也廢昏立明具有故事國家大計非逆亂也即召百官署狀崔胤等不獲已署

之季述仲先與汴州進奏官程巖等十三人請對對訖季述上殿待罪次左右軍將士齊唱萬歲聲遂突入宣化門行至思政殿便行殺戮徑至乞巧樓下帝遽見兵士驚墮牀下起而將去季述仲先掖而令坐何皇后遽出拜曰軍容長官護官家勿至驚恐有事取容商量季述即出百官合同狀曰陛下倦臨寶位中外群情願太子監國請陛下頤養於東宮帝曰吾昨與卿等歡飲不覺太過何至此耶皇后曰聖人依他軍容語即於御前取國寶付季述即時帝與皇后共一輦并常所侍從十餘內人赴東宮入後季述手自扃鎖院門日於窻中通食器是日迎皇太子監國矯宣昭宗命稱上皇甲午宣上皇制太子登皇帝位宰臣百寮方鎮加爵進秩又賜百寮銀一千五百兩絹千匹綿萬兩充救接皆季述求媚於朝也時朱全忠在定州行營崔胤與前左僕射張濬告難於全忠請以兵問罪全忠自行營還大梁十二月乙卯朔癸未夜護駕鹽州都將孫德昭周承誨董彦弼以兵攻劉季述王仲先殺仲先携其首詣東宮門呼曰逆賊王仲先已

斬首訖請陛下出宮慰諭兵士宮人破鑰帝與皇后方得出
天復元年春正月甲申朔昭宗反正登長樂門樓受朝賀班未退孫
德昭執劉季述至樓前上方詰責已爲亂棒擊死乃尸之於市乙酉
制以孫德昭檢校司空充靜海軍節度使丙戌宰相崔胤進位司空
己丑朱全忠械程巖折足檻送京師戮之於市制皇太子裕降爲德
王改名祐庚寅制以孫德昭爲安南節度檢校太保以周承誨爲邕
州刺史邕管節度經略使以董彥弼爲容州刺史容管節度等使並
檢校太保同平章事殺神策軍使李師虔徐彥回勅曰朕臨御已來
十有四載常慕好生之德固無樂殺之心昨季述等幽辱朕躬迫脅
太子李師虔是逆賊親厚選來東內主持動息之間俾其偵伺每有
須索皆不供承要紙筆則恐作詔書索錐刀則慮爲利器凌辱萬狀
出入搜羅朕所御之衣晝服夜濯凝冽之際寒苦難勝嬪婇公主衾
裯皆闕緡錢則貫百不入繒帛則尺寸難求六輩同其主張五人權
其威勢若言狀罪輸墨難窮若許生全是爲貸法宜並處斬時朱全

○忠既服河朔三鎮欲窺圖王室篡代之謀以李克用在太原懼其角
逐是月全忠令大將張存敬率兵三萬由含山襲河中王珂晉州刺
史張漢瑜絳州刺史陶建不意賊至城守無備皆以郡降存敬移兵
圍河中王珂求救於太原克用不能救乃嬰城謂存敬曰吾與汴王
有舊侯王至即降二月甲寅朔戊辰朱全忠至河中遂移王珂及兄
璘弟瓚舉室徙於汴以張存敬守河中是月制以全忠檢校太師守
中書令進封梁王三月癸未朔全忠引軍歸汴奏河中節度使歲貢
課鹽三千車臣今代領池場請加二千車歲貢五千車候五池完葺
則依平時供課額從之四月癸丑朔汴軍大舉攻太原氏叔琮以兵
三萬由天井關進攻澤潞節度使孟遷以上黨降叔琮長驅出團柏
營于洞渦驛葛從周率趙魏中山之兵由土門入陷承天軍與叔琮
會時屬大雨芻糧不給汴將保衆而還甲戌天子有事於宗廟是日
御長樂門大赦天下改元天復李茂貞自鎮來朝賜宴於壽春殿進
錢數萬緡時中尉韓全誨及北司與茂貞相善宰相崔胤與朱全忠

相善四人各爲表裏全忠欲遷都洛陽茂貞欲迎駕鳳翔各有挾天
子令諸侯之意五月壬午朔庚子制門下侍郎戶部尚書平章事陸
扆加兵部尚書進階特進壬寅制以朱全忠兼河中尹河中節度晉
絳慈隰觀察處置安邑解縣兩池榷鹽制置等使閏六月辛巳朔制
以河陽節度丁會依前檢校司徒兼潞州大都督府長史昭義節度
等使代孟遷以遷檢校司徒爲河陽節度全忠奏也仍請於昭義節
度官階內落下邢洺磁三州却以澤州爲屬郡其河陽節度只以懷
州爲屬郡從之全忠又奏請以齊州隸鄆州從之十月己卯朔戊戌
全忠引四鎮之師七萬赴河中京師聞之大恐豪民皆亡竄山谷十
一月己酉朔壬子中尉韓全誨與鳳翔護駕都將李繼誨奉車駕出
幸鳳翔是日汴軍陷同州執州將司馬鄴華州節度使韓建遣判官
李巨川送款甲寅汴軍駐靈口乙卯全忠知帝出幸乃迴兵攻華州
大軍駐赤水全忠以親兵駐西溪韓建出降乃署爲忠武軍節度使
以陳州爲理所丁巳宰相崔胤令戶部侍郎王溥至赤水詣促全忠

○以兵迎駕戊午全忠自赤水趣長安崔胤率文武百寮太子太師盧
知猷已下迎全忠於坡頭庚申汴軍趨鳳翔戊辰至岐下全忠令判
官李擇裴鑄入城奏事言臣在河中得崔胤書言奉密詔令臣以兵
士迎駕臣不敢擅自迎鑾昭宗怒胤矯命連詔全忠以兵士還鎮辛
未全忠引軍離鳳翔退攻邠州甲戌制扶危致理功臣開府儀同三
司守司空門下侍郎平章事充太清宮使弘文館大學士延資庫使
諸道鹽鐵轉運等使判度支上柱國魏國公食邑五千戶食實封二
百戶崔胤可責授朝散大夫守工部尚書乙亥邠州節度使李繼徽
以城降全忠乃舍其孥於河中以繼徽從軍以汴軍營於三原十二
月己卯崔胤自長安至三原偕與全忠謀攻鳳翔
二年春正月戊申朔車駕在鳳翔全忠在三原李克用遣大將周德
威攻慈隰晉等州全忠歸河中令其將朱友寧率衆五萬屯絳州大
敗太原軍於蒲縣西北友寧乘勝追奔陷汾州進圍太原天子遣諫
議大夫張顗至晉州諭全忠令與太原通和劉友寧再戰不利乃還

關西四月丁丑朱友寧揔大軍屯於興平五月岐軍出戰大敗於武功南之漢谷全忠聞捷自引汴軍五萬西征六月進營虢縣丁亥進圍鳳翔遣判官入城迎駕九月岐軍出戰又敗十一月鄜州節度使李周彝率衆救鳳翔十二月癸酉汴將孔勍乘虛襲下鄜州獲周彝妻子周彝即以兵士來降於是邠寧鄜坊等州皆陷於汴軍茂貞懼謀誅內官以解

三年春正月癸卯朔車駕在鳳翔甲辰天子遣中使到全忠軍茂貞亦令軍將郭啓奇來達上欲還京之旨丙午青州牙將劉鄩陷全忠之兖州又令牙將張厚入奏是日亦竊發於華州殺州將婁敬思上又令戶部侍郎韓偓趙國夫人寵顏宣諭於全忠軍辛亥全忠令判官李振入奏上令翰林學士姚洎傳宣令全忠喚崔胤令率文武百寮來迎駕癸丑上令禮部尚書蘇循傳詔賜全忠玉帶仍令全忠處分將玄暉侍帝左右丁巳蔣玄暉與中使同押送中尉韓全誨張弘彥已下二十人首級告諭四鎮兵士迴鑾之期戊午遣中使走馬華

州追崔胤胤託疾不至甲子己時車駕出鳳翔幸全忠軍全忠素服待罪泣下不自勝上親解玉帶賜之乙丑扶風令朱友倫揔兵侍衛丙寅次武功丁卯次興平宰臣崔胤率百官迎謁即日降制以崔胤守司空門下侍郎平章事後太清宮使弘文館大學士延資庫使諸道鹽鐵轉運使判度支魏國公封邑如故戊辰次咸陽己巳入京師天子素服哭于太廟改服晃旒謁九廟禮畢御長樂樓大赦百寮稱賀全忠處左軍辛未宴全忠於內殿內弟子奏樂是日制內官第五可範已下七百人並賜死於內侍省其諸道監軍及小使仰本道節度使處斬詑奏從全忠崔胤所奏也帝悲惜之自爲奠文祭之二月壬申朔甲戌制賜全忠迴天再造竭忠守正功臣名己卯制以輝王祚充諸道兵馬元帥又制以迴天再造竭忠守正功臣宣武宣義天平護國等軍節度使汴宋亳輝河中晉絳慈隰鄭滑潁鄆齊曹等州觀察處置等使太清宮修葺宮闕制置度支解縣池場等使開府儀同三司檢校太師守中書令河中尹汴滑鄆等州刺史上柱國梁王食邑九千戶食實封六百戶朱全忠可守太尉中書令充諸道兵馬副元帥進邑三千戶以宰臣崔胤守司徒兼侍中判六軍十二衛以吏部尚書平章事裴樞檢校右僕射同平章事兼廣州刺史清海軍節度嶺南東道觀察等使甲戌制以門下侍郎兵部尚書同平章事監修國史陸扆責授沂王傅分司己丑上宴全忠於壽春殿又令全忠與茂貞書取平原公主同州節度使趙翊陝州節度使朱友謙來朝制以朱友裕爲華州刺史充感化軍節度使乙未會鞠於保寧殿全忠得頭籌令內弟子送酒仍面賜副元帥官告以新除廣州節度使裴樞爲門下侍郎吏部尚書平章事監修國史以戶部侍郎王溥同平章事戊戌全忠歸大梁上宴之內殿置酒於延喜門是日全忠與四鎮判官皆預席上臨軒泣別又令中使走送御製楊柳枝詞五首賜之辛丑平原公主至京師三月壬寅朔全忠引四鎮之兵征王師範先是大將朱友寧楊師厚前軍臨淄青師範求援于淮南楊行密遣將王景仁帥衆萬人赴之四月辛未朔西川王建以兵攻秦隴

乘茂貞之弱也仍遣判官韋莊入貢修好于全忠五月制鳳翔隴右四鎮北庭行軍彰義軍節度涇原渭武觀察處置押蕃落等使開府儀同三司守尚書令兼侍中鳳翔尹上柱國秦王李茂貞可檢校太師守中書令初茂貞夌弱王室朝廷姑息加尚書令及是全忠方守太尉茂貞懼乞罷尚書令故也崔胤奏六軍十二衛名額空存實無兵士京師侍衛亦藉親軍請每軍量召募一千一百人共置六千六百人從之乃令六軍諸衛副使京兆尹鄭元規立格招收於市制以潁州刺史朱友恭檢校司空兼徐州刺史充武寧軍節度使從全忠奏也六月青州淮南軍與汴人戰于臨淄汴軍大敗朱友寧戰死傳首淮南九月汴將楊師厚大敗青州軍於臨朐荆南節度使成汭以舟師赴援鄂州澧朗雷彥恭承虛襲陷江陵汭軍士聞之潰歸汭憤怒投水而死趙匡凝遂以兵襲荆州據之辛巳汴州護駕都將朱友倫擊鞠墜馬卒全忠怒殺同鞠將校數人十一月丁酉朔王師範以青州降楊師厚全忠復令師範知青州事邠州鳳翔兵士逼京畿汴

軍屯河中青州牙將劉鄩以兗州降葛從周稟師範命也全忠嘉之署爲元帥府都押衙權知鄜州留後事十二月丁卯朔辛巳制以礼部尚書獨孤損爲兵部侍郎同平章事丙申制守司徒侍中太清宮使弘文館大學士延資庫使判六軍十二衛事諸道鹽鐵轉運使判度支上柱國魏國公食邑四千五百戶崔胤責授太子賓客守刑部尚書兼京兆尹六軍諸衛副使鄭元規責授循州司戶是日汴州邑駕指揮使朱友諒殺胤及元規皇城使王建勳飛龍使陳班閤門使王建襲客省使王建乂前左僕射上柱國河間郡公張濬全忠將逼車駕幸洛陽懼衛濬立異也

天祐元年春正月丁酉朔以翰林學士左拾遺柳璨爲右諫議大夫同平章事賜紫金魚袋己亥制以兵部尚書崔遠爲中書侍郎同平章事集賢殿大學士己酉全忠率師屯河中遣牙將寇彥卿奉表請車駕遷都洛陽全忠令長安居人按籍遷居徹屋木自渭浮河而下連甍號哭月餘不息秦人大罵於路曰國賊崔胤召朱溫傾覆社稷俾我及此天乎天乎丁巳車駕發京師癸亥次陝州全忠迎謁于路二月丙寅朔乙亥全忠辭赴洛陽親督工作四月丙寅朔癸巳帝遣晉國夫人可證傳詔諭全忠言中宮誕蓐未安取十月入洛陽宮全忠意上遷留俟變怒甚謂牙將寇彥卿曰亟往陝州到日便促官家發來閏四月乙未朔丁酉車駕發陝州壬寅次穀水行宮時崔胤所募六軍兵士亂死後亡散並盡從上東遷者唯諸王小黃門十數打毬供奉內園小兒共二百餘人全忠在陝仍慮此輩爲變欲盡去之以汴卒爲侍衛至穀水頓全忠令醫官許昭遠告內園等謀變因會設幄酒食次並坑之乃以謀逆聞由是帝左右前後侍衛職掌皆汴人也甲辰車駕由徽安門入朱全忠張全義宰相裴樞獨孤損前導是日大風雨土跬不辨物色日瞑稍止上謁太廟礼畢還宮御正殿宣勞從官衛士受賀乙巳上御光政門大赦制曰乃睠中州便侯伯會朝之路運逢百六順古今權避之宜况建鼎舊京我家二宅轘轅通其左郟鄏引其前周平王之東遷更延姬姓漢光武之定業克茂劉

○

唐紀二十上　廿七

宗肇葺新都祈天永命皆因否運復啓昌期或西避於戎狄或載纖於妖孽朕遭家不造布德不明十載已來三罹播越亦屬災纏秦雍叛起邠岐始幸石門以避衛兵之亂載遷華嶽仍驚畿邑之侵憂危則矢及車輿釁胥則火延宮廟迨至逆連宮豎構結姦兇致劉季述幽朕於下宮韓全誨刼予於右輔莫匪兵圍內殿焰亘九重臣思假武以容身唯効指鹿而威衆矯宣天憲欺蔑外藩行書詔以任情欲忠良而獲罪雖群方憤抗協力匡扶拘戎律於阻修報朝恩而隔越副元帥梁王全忠以兼鎮近輔總兵四藩遠赴岐陽躬迎大駕辛勤百戰盡勤兇渠營野三年竟迴鑾輅咸鎬載新其宮闕讓珪組類於闕徒方崇再造之功以正中興之運又邠岐結釁巴蜀連兵上負國恩下凌鄰好焚宮烈火更延爇於親鄰却駕兇鋒復延侵於禁苑抑又太一遊處併集六宮罰星熒惑久纏東井玄象荐災於秦分地形無過於洛陽爰有一二藎臣洎四方同志竭心王室共誓嘉謀魏鎮定燕航大河而畢至陳徐潞蔡輦巨軸以偕來披荊棘而立朝廷刻

○

灰燼而化輪奐左郊兆而右社稷肅爾崇嚴前廣殿而後重廊鵠然華邃公卿僉議龜筮協從甲子今年孟夏初吉備法駕而離陝分列百官而入洛郊觀此殷繁良多嘉慰謝罪太廟憂惕驚懷登御端門軫惻興感蓋以一人寡祐致萬姓靡寧工役艱疲忠良盡瘁克建再遷之業冀延八百之基宜覃渙汗之恩俟此雍熙之慶滌瑕盪垢咸與惟新可大赦天下改天復四年爲天祐元年於戲肆眚闡闕即安宮闈雖九廟几筵已閟於新室而諸陵松栢遥隔於舊都將務乂寧難申綣慕文武百辟執事具僚從我千里而來端爾一心莅政因覃既往効責從新方當開國之初必舉慢官之罰戊申勅今後除留宣徽兩院小馬坊豐德庫御厨客省閤門飛龍莊宅九使外其餘並停內園冰井公事委河南尹仍不差內夫人傳宣殺醫官閻祐之國子博士歐陽特言星讖也宰相裴樞兼右僕射諸道鹽鐵轉運等使監修國史戶部尚書門下侍郎平章事獨孤損判度支中書侍郎平章事柳璨判戶部事五月乙丑朔丙寅制河陽節度使張漢瑜同平章事

唐紀二十上　廿八

宴百寮于崇勳殿上賛述全忠之功業因言御樓前一日所司亡失
赦書賴元帥府收得副本施行幾失事矣中書不得無過裴樞等起
待罪中歡帝更衣召全忠曲宴閣中全忠懇辭帝曰朕以全忠功業
崇高欲齋中歡曲以表庇賴耳全忠旣不欲來即令敬翔來朕與之
言全忠令敬翔私退奏曰敬翔亦醉而出矣已全忠辭赴大梁宴
于崇勳殿是日雨甚乙酉翰林學士左諫議大夫知制誥沈棲遠守
本官以病陳乞故也丁亥勑河南府畿縣先減尉一員可准京兆府
例復置縣尉一員癸巳中書奏准今年四月十一日赦文陝州都督
府改爲興唐府其都督府長史宜改爲尹左右司馬爲少尹錄事爲
司錄陜縣爲次赤餘爲次畿從之六月甲午朔邠州楊崇本侵掠
關内全忠遣朱友裕屯軍於百仁村丙申通議大夫中書舍人賜紫
金魚袋楊注可充翰林學士庚子三佛齊國入朝使蒲訶粟可寧遠
將軍丁未制金紫光祿大夫太子少傅盧紹可太子太保致仕銀青
光祿大夫太子少師天水男食邑三百戶趙崇可檢校右僕射甲寅

以京兆少尹鄭䎬光爲太常少卿前侍御史韋詵爲右司員外郎
前進士姚顗爲校書郎前進士趙頎劉明濟竇專並可秘書省校書
郎正字從柳璨奏也荆南襄州忠義軍節度開府儀同三司檢校太
師中書令江陵尹襄州刺史上柱國楚王食邑六千戶趙匡凝宜備
禮冊命七月癸亥朔全忠率師討邠鳳甲子自汴至洛陽宴於文思
毬場全忠入百官或坐於廊下全忠怒笞通引官何凝丙寅制金紫
光祿大夫行御史中丞上柱国韓儀責授棣州司馬侍御史歸藹責
授登州司戶坐百官慠全忠也甲戌制以中大夫中書舍人上柱國
賜紫金魚袋杜彥林爲太中大夫守御史中丞丁丑制以兵部郎中
蕭頎爲吏部郎中戶部郎中徐綰爲兵部郎中司勳員外郎張茂樞
爲禮部郎中監察御史郄殷象爲右補闕己卯制武昌軍節度鄂岳
蘄黃等州觀察處置兼三司水陸發運淮南西面行營招討等使開
府儀同三司檢校太師中書令西平王食邑三千戶杜洪加食邑一
千戶實封二百戶庚寅中書奏西京舊有凌煙閣圖畫功臣今遷都

洛陽合議修建副元帥梁王勳庸冠世請凌煙閣之側別創一閣以
表殊勳從之八月壬辰朔壬寅夜朱全忠令左龍武統軍朱友恭右
龍武統軍氏叔琮樞密使蔣玄暉弑昭宗於椒殿自帝遷洛李克用
李茂貞西川王建襄陽趙匡凝知全忠篡奪之謀連盟舉義以興復
爲辭而帝英傑不群全忠方事西討慮變起於中故害帝以絶人望
帝自離長安日憂不測與皇后内人唯沉飲自寬是月壬寅全忠令
判官李振自河中至洛陽與友恭等圖之是夜二鼓蔣玄暉選龍武
衙官史太等百人叩内門言軍前有急奏面見上内門開玄暉每門
留卒十人至椒殿院貞一夫人啓關謂玄暉曰急奏不應以卒來史
太執貞一殺之急趨殿下玄暉曰至尊何在昭儀李漸榮臨軒謂玄
暉曰院使莫傷官家寧殺我輩帝方醉聞之遽起史太持劍入椒殿
帝單衣旋柱而走太追而弑之漸榮以身護帝亦爲太所殺復執何
皇后將害之后求哀於玄暉玄暉以全忠止令害帝釋后而去帝殂
年三十八群臣上謚曰聖穆景文孝皇帝廟號昭宗二年二月二十

日葬于和陵

唐書本紀卷第二十上

劉　昫　等修

閩人詮校刻沈桐同校

哀帝

哀皇帝諱柷昭宗第九子母曰積善太后何氏景福元年九月三日生於大内乾寧四年二月封輝王名祚天復三年二月拜開府儀同三司充諸道兵馬元帥天祐元年八月十二日昭宗遇弑翌日蔣玄暉矯宣遺詔曰我國家化隋爲唐奄有天下三百年之盛業十八葉之耿光朕自纘丕圖垂將二紀雖恭勤無怠屬運數多艱致寰宇之未寧覩兵戈之屢起賴勲賢協力宗社再安豈意宮闈之間禍亂忽作昭儀李漸榮河東夫人裴貞一潛懷逆節輒肆狂謀傷疾既深已及危革萬機不可以久曠四海不可以乏君神器所歸須有纘繼輝王祚幼彰岐嶷長實端良衮然不群予所鍾愛必能克奉丕訓以安兆人宜立爲皇太子仍改名柷監軍國事於戲孝愛可以承九廟恭儉可以安萬邦無樂逸遊志康寰宇百辟卿士佑茲冲人載揚我高祖太宗之休烈是日遷神柩于西宮文武百寮班慰於延和門外其日午時又矯宣皇太后令曰予遭家不造急變爰臻禍生女職之徒事起宮奚之輩皇帝自罹鋒刃已至彌留不及顧遺號慟徒切定大計者安社稷纂丕圖者擇賢明議屬未亡人須示[illegible]長策承高祖之寶運繫元勲之忠規伏示股肱以匡冲昧皇太子柷宜於柩前即皇帝位其哀制並依祖宗故事中書門下准前處分於戲送往事居古人令範行今報舊前哲格言抆淚敷宣言不能喻帝時年十三乞且監國柩前即位宜差太常卿王溥充禮儀使又令太子家令李能告哀於十六宅丙午大行皇帝大殮皇太子柩前即皇帝位己酉矯制曰昭儀李漸榮河東夫人裴貞一今月十一日夜持刃謀逆懼罪投井而死宜追削爲悖逆庶人蔣玄暉夜既弑逆詰旦宣言於外曰夜來帝與昭儀博戲帝醉爲昭儀所害歸罪宮人以掩弑逆之跡然龍武軍官健備傳二夫人之言於市人尋用史太爲棣州刺史以酬弑

逆之功庚戌群臣上表請聽政甲寅中書奏皇帝九月三日降誕請以其日爲乾和節從之乙丑百寮赴西宮殮訖釋服皇帝見群臣於崇勲殿西廊下中書帖今月二十四日釋服後三日一度進名起居丙辰勑朕奉太后慈旨以兩司綱運未來百官事力多闕旦夕霜冷深軫所懷今於内庫方圓銀二千一百七十二兩充見任文武常參官救接委御史臺依品秩分俵是日皇帝聽政丁巳勑乾和節方在哀疚其内道場宜停戊午遣刑部尚書張禕告哀於河中全忠號哭盡哀庚申勑乾和節文武百寮諸軍諸使諸道進奏官准故事於寺觀設齋不得宰殺只許酒果脯醢辛酉勑三月二十三日嘉會節伏以大行皇帝仙駕上昇靈山將卜神既遊於天際節宜輟於人間准故事嘉會節宜停九月壬戌朔百官素服赴西内臨進名奉慰戊辰大行皇帝大祥百官素服赴西内臨己巳勑右僕射門下侍郎禮部尚書平章事裴樞宜充大行皇帝山陵禮儀使門下侍郎平章事獨孤損宜充大行皇帝山陵使兵部侍郎李燕充鹵簿使權知河南尹韋震充橋道使宗正卿李克勤充按行使庚午皇帝釋服從吉中書門下奏伏以陛下光繼寶圖纂承丕緒教道克申於先訓保任實自於慈顏今則正位宸居未崇徽號伏以大行皇帝皇后毋臨四海德冠六宮推尊宜正於鴻名敬上式光於睿孝望上尊號曰皇太后奉勑宜依又勑輝王府官屬宜停辛巳山陵橋道使改差權河南尹張廷範其頓遞陵下應接等使並令廷範兼之庚寅中書奏太常寺止鼓兩字敬上字犯御名請改曰肇從之十月辛卯朔日有蝕之在心初度壬辰全忠自河中來朝赴西内臨祭訖對於崇勲殿甲午勑檢校太保左龍武統軍朱友恭可復本姓名李彦威貶崖州司戶同正檢校司徒右龍武統軍氏叔琮可貶貝州司戶同正又勑彦威等主典禁兵妄爲扇動既有彰於物論兼亦繫於軍情謫掾遐方安能塞責宜配充本州長流百姓仍令所在賜自盡河南尹張廷範收彦威等殺之臨刑大呼曰賣我性命欲塞天下之謗其如神理何操心若此欲望子孫長世可乎呼廷範謂曰公行當及此勉自圖之是日全忠

歸大內。甲申，制天平軍節度使檢校太師中書令兼鄆州刺史上柱國東平王食邑七千戶張全義本官兼河南尹許州刺史忠武軍節度觀察等使判六軍諸衞事。皇帝即位行事官左丞楊涉進封開國伯加食邑四百戶，吏部侍郎趙光逢進開國公加食邑三百戶，右散騎常侍竇回、給事中孫纃、戶部郎中知制誥封舜卿等加勳階，禮儀使太常卿王溥與一子八品正員官，書讀册官吏部尚書陸扆、刑部尚書張禕扆與一子八品正員官，禕加階。太子太保盧紹卒。魏博羅紹威進救接百官絹千匹、綿三千兩。十一月辛酉朔。癸酉午時，日有黃白暈，旁有青赤紛。楊行密攻光州，又急攻鄂州，杜洪遣使求援，全忠率師五萬自潁州渡淮至霍丘，大掠以紓之，行密分兵來拒。乙酉，勑：「據太常禮院奏，於十二月內擇日册太后者。朕近奉慈旨，以山陵未畢，哀感方纏，凡百有司，且應充奉吉凶之禮，難以並施。太后册禮宜俟山陵畢日，應得橋山攀慕，彰盡節於羣臣；蘭殿承榮，展盛儀於朕志。情既獲遂，禮實宜之。付所司。」己丑，嶺南東道辦州宜改為勳州。○十二月辛卯朔。癸卯，權知河南府尹和王傅張廷範宜復本官光祿大夫檢校司徒河東縣開國子食邑五百戶，充山陵副使；權知河南尹天平軍節度副使韋震權知鄆州軍州事。

二年春正月庚申朔，楊行密陷鄂州，執節度使杜洪，斬於揚州市，鄂、岳、蘄、黃等州入行密。全忠自霍丘還大梁。甲子，太常卿王溥上大行皇帝謚號廟號，乃勑右僕射平章事裴樞撰謚册，中書侍郎柳璨撰哀册。辛未，勑：「朕祇荷丕圖，仰惟先訓，方迫遺弓之痛，俯臨同軌之期，將展孝思，親扶護衞。皇太后義深鳴鳳，痛切攀龍，亦欲專奉靈轝，躬及園寢，兼盡追摧之道，用終克敬之儀。其大行皇帝山陵發引日，朕隨太后親至陵所。付中書門下。」宜體至懷，羣臣三表論諫，乃止。二月庚寅朔。壬辰，制以前知鄜州軍州事檢校尚書左僕射劉鄩為右金吾衞大將軍，充右街使；檢校左僕射朱漢賓為右羽林統軍。丙申，羣臣告謚於西宮。己亥，勑：「今月十一日大行皇帝啓攢宮，准故事，坊市禁音樂，至二十日掩玄宮畢如舊。」庚子，啓攢宮，文武百寮夕臨於西宮。丁未，靈駕發引，濮王

已下從皇帝太后長樂門外祭畢，歸大內。己酉，葬昭宗皇帝於和陵。庚戌，制以太常卿王溥為工部尚書。壬子，制以汝州刺史裴迪為刑部尚書；泰寧軍節度檢校司空兖州刺史御史大夫葛從周檢校司徒兼右金吾上將軍致仕，從周病風不任朝謁故也；以左金吾上將軍盧彥威為左威衞上將軍。是月社日，樞密使蔣玄暉宴德王裕已下九王於九曲池，既醉，皆絞殺之，竟不知其瘞所。丙辰，左僕射裴贄等議遷廟，合遷順宗一室，從之。己未，昭宗皇帝神主祔太廟，禮院奏昭宗廟樂曰咸寧之舞。三月庚申朔。壬戌，制以前平盧軍節度使檢校太傅同平章事兼青州刺史上柱國瑯琊郡公食邑二千五百戶王師範為孟州刺史河陽三城懷孟節度觀察等使，從全忠奏也。甲子，制以特進尚書右僕射門下侍郎同平章事太清宮使弘文館大學士延資庫使諸道鹽鐵轉運使判度支上柱國河東郡開國公食邑二千戶裴樞可守尚書左僕射；光祿大夫門下侍郎戶部尚書同平章事監脩國史河南縣開國子食邑五百戶獨孤損可檢校尚書○左僕射同平章事兼安南都護，充靜海軍節度安南管內觀察處置等使；以光祿大夫中書侍郎同平章事集賢殿大學士上柱國博陵郡開國公食邑一千五百戶崔遠可守尚書右僕射；以正議大夫中書侍郎同平章事判戶部事上柱國河東縣男食邑三百戶柳璨為門下侍郎兼戶部尚書同平章事太清宮使弘文館大學士延資庫使諸道鹽鐵轉運等使；以正議大夫尚書吏部侍郎上柱國賜紫金魚袋張文蔚為中書侍郎同平章事監修國史判度支；以銀青光祿大夫行尚書左丞上柱國弘農縣伯食邑七百戶楊涉為中書侍郎同平章事集賢殿大學士判戶部事。庚午，勑：「朕以宰臣學士文武百寮常拘宮局，空逐遊從。今膏澤不愆，豐年有望，當茲節景，宜示優恩。自今月十二日後至十六日，各令取便選勝追遊。付所司。」壬申，以檢校司徒和王傅張廷範為太常卿。丁亥，勑：「翰林學士戶部侍郎楊注是宰臣楊涉親弟兄，既秉於樞衡，弟故難居宥密，可守本官，罷內職。」四月己丑朔。壬辰，勑：「河南府緱氏縣令宜兼充知陵臺令，仍昇為赤

縣癸巳勅曰文武二柄國家大綱東西兩班官職同體咸臣聖運共列明廷品秩相對於高卑祿俸皆均於厚薄不論前代秖考本朝太宗皇帝以中外臣寮文武參用或自軍衛而居臺省亦由衣冠而秉節旄足明於武列文班不合分清濁優劣近代浮薄相尚凌蔑舊章假偃武以修文競弃本而逐末雖藍衫魚簡當一見而便許升堂縱拖紫腰金若非類而無令接席以是顯揚榮辱分別重輕遂失人心盡虧朝体致其今日實此之由須議改更漸期通濟文武百官自一品以下逐月所給料錢並須均匀數目多少一般支給兼差使諸道亦依輪次既就公平必期開泰凢百臣㢘宜体朕懷和王傳張廷範者全忠將吏也以善音律求為太常卿全忠薦用之宰相裴樞以廷範非樂卿之才全忠怒罷樞相位柳璨希旨又降此詔斥樞輩故有白馬之禍丙午前棣州刺史劉仁遇檢校司空兼兗州刺史御史大夫充泰寧軍節度使乙未制左僕射裴樞新除清海軍節度使獨孤損河南尹張全義工部尚書王溥司空致仕裴贄刑部尚書張禕並

賜一子八品正員官以奉山陵之勞也勅曰朕以宿麥未登時陽久亢慮闕粢盛之備軫予宵旰之懷所宜避正位於宸居減珍羞於常膳諒惟眇質深合罪躬自今月捌日已後不御正殿減常膳付所司辛丑侍御史李光庭郗殷象殿中丞張昇崔昭矩起居舍人盧仁炯盧鵬蘇楷吏部員外郎崔協左補闕崔咸休右補闕杜承昭羅兗右拾遺韋承路德延並宜賜緋魚袋兵部郎中韋乾美比部郎中楊煥皆賜紫金魚袋並以奉山陵之榮也壬寅勅朕獲荷丕圖仰遵慈訓爰崇徽號已定禮儀冀申為子之心以展奉親之敬昨所司定今月貳十五日行皇太后冊禮再奏慈旨以宮殿未停工作蒸暑不欲勞人宜改吉辰固難違命冊禮俟修大內畢功日所司以聞癸卯太清宮使柳璨奏修上清宮畢請改為太清宮從之甲辰夜彗起北河貫文昌其長三丈在西北方丁未勅設官分職各有司存銓衡既任於吏曹除授寧煩於宰職但所司注擬申到中書過驗酌量苟或差舛難可書定近年除授其徒實繁占選部之闕員擇公當之優便遂致三

銓注擬之時皆曠職務且以宰相之任提舉百司唯務公平無私方致漸臻有道應天下州府令錄並委吏部三銓注擬自天祐二年四月十一日已後中書並不除授或諸薦奏量留即度可否施行㢘各司其扃免致紊隳宰相提綱求存事體付所司辛亥以彗孛謫見德音放京畿軍鎮諸司禁囚常赦不原外罪無輕重遞減一等限三日內疏理聞奏壬子勅朕以冲幼克嗣丕基業業兢兢勤恭夕惕彗星謫見罪在朕躬雖已降赦文特行恩宥起今月二十四日後避正殿減常膳以明思過付所司丙辰勅准向來事例每貫抽除外以八百五十文為貫每陌八十五文如聞坊市之中多以八十為陌更有除折頻爽舊規付河南府市肆交易並以八十五文為陌不得更有改移戊午勅東上閤門西上閤門比帝出入以東上為先大忌進名即西上閤門為便比因閹官擅權乃以陰陽取位不思南面但啓西門遂來相承未議更改詳其稱謂似爽舊規自今年五月一日後常朝出入取東上閤門或遇奉慰即開西上閤門永為定制付所司又勅朕

以上天謫見避殿責躬不宜朔會朝正殿其五月一日朝會宜權停五月己未朔以星變不視朝勅曰天文變見合事祈禳宜於太清宮置黃籙道場三司支給齋料壬戌勅法駕遷都之日洛京再建之初慮懷土有類於新豐權更名以變於舊制妖星既出於雍分高閎難効於秦餘宜改舊門之名以壯卜年之永延喜門改為宣仁門重明門改為興教門長樂門改為光政門光範門曰應天門乾化門曰乾元門宣政門曰敷政門宣政殿曰貞觀殿日華門曰左延福門月華門曰右延福門萬壽門曰萬春門積慶門曰興善門含章門曰膺福門含清門曰延義門金鑾門曰千秋門延和門曰章善門保寧殿曰文思殿其見在門名有與西京門同名者並宜復洛京舊門名付所司乙酉夜西北彗星長六七十丈自軒轅大角及天市西垣光輝猛怒其長竟天丙寅有司修皇太后宮畢中書奏皇太后慈惠臨人寬仁馭物早叶俔天之兆克彰誕聖之符今輪奐新宮規摹舊典崇訓既徵於信史積善宜顯於昌期太后宮請以積善為名從之又以將卜

郊禋預調雅樂宜以太常卿張廷範充修樂懸使丁卯荆襄節度使趙匡凝奏爲故使成汭立祠宇從之己巳太清宮使柳璨奏近敕改易宮殿門名竊以玄元皇帝廟西京曰太清宮東京曰太微宮其太清宮請復爲太微宮臣便給入官階從之庚午敕所司定今年十月九日有事郊丘其修製禮衣祭服宜令宰臣柳璨判祭器宜令張文蔚楊涉分判儀仗車輅宜令太常卿張廷範判壬申制新除靜海軍節度使銀青光禄大夫檢校尚書左僕射同平章事兼安南都護河南郡開國侯食邑一千戶獨孤損可責授朝散大夫棣州刺史仍令御史臺發遣出京詔聞奏敕曰朕謬將眇質叨荷丕圖常懷馭朽之心每軫泣辜之念誅於黜責豈易施行左僕射裴樞右僕射崔遠雖罷樞衡尚居揆路既處優崇之任未傷進退之規不能秉志安家但恣流言謗國頗興物論難抑朝章須離八座之榮尚付六條之政勉思欲已無至尤人樞可責授朝散大夫登州刺史遠可責授朝散大夫萊州刺史便發遣出京兵部郎中韋乾美貶沂州司戶甲戌敕中

○書舍人封渭貶齊州司戶右補闕鄭賛密州莒縣尉兵部員外盧協祁州司戶並員外置乙亥敕吏部尚書陸扆貶濮州司戶工部尚書王溥淄州司戶司天奏旬朔已前星文變見仰觀垂象特軫聖慈自今月八日夜已後連遇陰雨測候不得至十三日夜一更三點天色暫晴景緯分明妖星不見於碧虛災沴潛消於天漢者敕曰上天謫見下土震驚致夙夜之沈憂恐生靈之多難不居正殿盡輟常羞盍務齊虔以申禳禱果致玄穹覆祐孛彗消除豈罪己之感通免貽人於災沴式觀陳奏深慰誠懷丙子敕戶部郎中李仁儉貶和王府諮議起居舍人盧仁炯安州司戶壽安尉直弘文館盧晏滄州東光尉丁丑陳許節度使張全義奏得許州留後狀申自多事以來許州權爲列郡今特創皷角樓訖請復爲軍額敕宜依舊置忠武軍牌額戊寅宴群臣於崇勳殿全忠與王鎔羅紹威置宴也庚辰敕特進檢校司徒守太保致仕趙崇可曹州司戶銀青光禄大夫兵部侍郎王贊可濮州司戶辛巳敕責授登州刺史裴樞可隴州司戶責授棣州刺史獨孤損可瓊州司戶責授萊州刺史崔遠可白州司戶壬午敕司勳員外常甄責授和王友洛陽縣令李光序責授左春坊典設郎甲申秘書監崔仁魯可密州司戶國子祭酒崔澄陳州司戶太府少卿裴鉞徐州司戶衛尉少卿裴紓曹州南華尉左補闕崔咸休寧陵尉司封員外薛高輝州司戶前鹽鐵推官獨孤憲臨沂尉秘書少監裴鉥鄆州司戶長安尉直史館裴格符離尉兵部郎中李象鄭州司戶刑部員外盧薦范縣尉丙戌潁州汝陰縣人彭文妻產三男丁亥敕以翰林學士尚書職方郎中張策兼充史館修撰修國史六月戊子朔敕責授隴州司戶裴樞瓊州司戶獨孤損白州司戶崔遠濮州司戶陸扆淄州司戶王溥曹州司戶趙崇濮州司戶王贊等皆受國恩咸當重任罔思罄竭唯貯姦邪雖已謫於遐方尚難寬於國典委御史臺差人所在州縣各賜自盡時樞等七人已至滑州皆併命於白馬驛全忠令投屍於河己丑敕君臣之間進退以禮矧於求舊欲保初終苟自掇於悔尤亦須行於黜責特進守司空致仕上柱國河東

○縣開國公食邑二千戶裴贄早以公望嘗踐台司靡聞竭力以匡時每務養恬而避事洎從請老不謂無恩合慎樞機動循規矩雖云勇退乃有後言自爲簿從之酋頗失人臣之禮謫居郡掾用正朝綱可責授青州司戶刑部郎中李煦可萊州司戶辛卯太微宮使柳璨奏前使裴樞充宮使日權奏請玄元觀爲太清宮又別奏在京弘道觀爲太清宮至今未有制置伏以今年十月九日陛下親事南禋先謁聖祖廟弘道觀既未修葺玄元觀又在北山若車駕出城禮非便穩今欲只留北邙山上老君廟一所其玄元觀請拆入都城於清化坊內建置太微宮以備車駕行事從之壬辰敕諸道節度觀察防禦刺史等部內有新除朝官前資朝官敕到後三日內發遣赴闕仍差人監送所在州縣不得停住苟或稽違必議貶黜付所司癸巳敕衛尉少卿敬沼是裴贄之甥常累於舅或以明經撓丈柄或以私事竊化權贄已左遷爾又何逭可貶徐州蕭縣尉丙申敕福建每年進橄欖子比因閹豎出自閩中牽於嗜好之間遂成貢奉之典雖嘉忠盡伏

恐煩勞今後只供進臘面茶其進撖欖子宜停戊戌勅密縣令裴練貶登州牟平尉長水令崔仁略淄州高苑尉福昌主簿陸珣沂州新太尉泥水令獨孤韜范縣尉並員外置皆裴樞崔遠陸扆宗黨也壬寅湖南馬殷奏岳州洞庭青草之側有古祠四所先以荒圮臣復修廟了畢乞賜名額者勅旨黃陵二妃祠曰懿節洞庭君祠曰利涉侯青草祠曰安侯三閭大夫祠先以澧朗觀察使雷滿奏已封昭靈侯宜依天祐元年九月二十九日勅處分丙午全忠奏得宰相柳璨記事欲拆北邙山下玄元觀移入都內於淸化坊取舊昭明寺基建置太微宮準備十月九日南郊行事緣延資庫鹽鐵並無物力令臣商量者臣已牒判六軍諸衛張全義指揮工作訖優詔嘉之丁未勅太子賓客柳遜嘗爲張濬租庸判官又王溥監修日奏充判官授工部侍郎又與趙崇裴贄爲刎頸之交昨裴樞等得罪之時合當連坐尚矜暮齒且俾懸車可本官致仕戊申勅前司勳員外郎賜緋魚袋李延古責授衛尉寺主簿七月戊午朔辛酉賜全忠迎鑾記功碑文立

○於都內全忠進助效禮錢三萬貫癸亥再貶柳遜曹州司馬辛巳勅全忠請鑄河中晉絳諸縣印縣名內有城字並落下如密鄭絳蒲例單名爲文壬午宰臣柳璨禮部尚書蘇循充皇太后冊禮使是日於積善宮行禮畢帝乘輦赴太后宮稱賀丙戌太常禮院奏每月朔望皇帝赴積善宮起居文武百官於宮門進名起居從之八月丁亥朔戊子制中書舍人姚洎可尚書戶部侍郎充元帥府判官從全忠奏也洛苑使奏穀水屯地內嘉禾合穎乙未勅僞稱官階人泉州晉江縣應鄉貢明經陳文巨招伏罪款付河南府決殺庚子勅漢代元勳鄧禹冠諸侯之上晉朝重位王導居百辟之先皆道著匡扶功宣寰宇其於崇寵過異等倫朕獲以眇躬重興丕運凡關制度必法舊章實仗勳賢永安宗社副元帥梁王正守太尉中書令忠武軍節度使河南尹張全義亦正守中書令俱深倚注咸正台衡其朝廷冊禮告祀天地宗廟其司空則差官攝行太尉侍中中書令即宰臣攝行今太尉副元帥任冠藩垣每遇行禮之時或不在京 國即事須差攝太

尉行事全義見居闕下任正中樞不可更差別官 又攝中書令事其太尉官如梁王朝覲在京便委行事如却赴鎭即依前攝行所合差中書令便委全義以本官行禮其侍中司空司徒 即臨時差官付所司壬寅勅前太中大夫尚書兵部侍郎賜紫金魚袋司空圖俊造登科朱紫升籍既養高以傲代類移山而釣名志樂澂流心輕食祿匪夷匪惠難居公正之朝載省載思當狥幽棲之志宜放還中條山癸卯勅太常卿張廷範宜充南郊禮儀使丁未制削奪荆襄節度使趙匡凝在身官爵是月乙未全忠遣大將楊師厚討匡凝收唐鄧福郢隨等州全忠自率親軍赴之荆襄之軍陣於漢水之陰九月丁巳朔辛酉楊師厚於襄州西六十里陰谷江口伐竹木爲浮梁癸亥梁成引軍渡江甲子趙匡凝率勁兵二萬陣於江之湄師厚一戰敗之遂乘勝躡之陣於城下是夜匡凝挈其孥潰圍遁走乙丑師厚入襄陽丙寅全忠繼至壬申匡凝牙將王建武遣押牙常質以荆南降言權知荆南軍府事趙匡凝今月十一日弃城上峽奔蜀川勅曰梁王躬臨

○貔武收復荆襄拔峴首若轉丸平荆門如沃雪連收兩鎭併走二兇乃睠勳庸載深嘉注宜賜詔獎飾內出宣旨妳婆楊氏可賜號昭儀妳婆王氏可封郡夫人第二妳婆先帝已封郡夫人准楊氏例改封中書奏議言乳母古無封夫人賜內職之例近代因循殊乖典故昔漢順帝以乳母宋氏爲山陽君安帝乳母王氏曰野王君當時朝議非之今國祚中興禮宜求舊臣等商量楊氏望賜號安聖君王氏曰福聖君第二王氏曰康聖君從之己巳勅武成王廟宜改爲武明王乙酉勅先擇十月九日有事郊丘備物之間有所未辦宜改用十一月十九日十月丙戌朔制梁王全忠可充諸道兵馬元帥別開府幕加食邑通前一萬五千戶實封一千五百戶金州馮行襲奏當道昭信軍額內一字與元帥全忠諱字同乃賜號戎昭軍制削奪荆南留後趙匡凝官爵丁亥勅洛城坊曲內舊有朝臣諸司宅舍經亂荒榛張全義葺理已來皆已耕墾既供軍賦即係公田或恐每有披論認爲世業須煩按驗遂啓倖門其都內坊曲及畿內已耕植田土諸色

人並不得論認如要業田一任買置凡論認者不在給還之限如有本主元自差人勾當不在此限如荒田無主即許識認付河南府甲午起居郎蘇楷駁昭宗諡號曰帝王御宇由理亂以審于隆宗祀配天資謚號以定升降故臣下君上皆不得而私也伏以陛下順考古道昭彰至公既當不諱之朝寧阻上言之路伏以昭宗皇帝睿哲居尊恭儉垂化其於善美孰敢蔽虧然而否運莫興至理猶鬱遂致四方多事萬乘頻遷始則閹豎猖狂受幽辱於東內終則嬪嬙悖亂羅天闕於中闈其於易名宜循考行有司先定尊謚曰聖穆景文孝皇帝廟號昭宗敢言謚美似異直書按後漢和安順帝緣非功德遂改宗稱以允臣下之請今郊禋有日祫祭惟時將期允愜列聖之心更下詳議新廟之稱庶使叶先朝罪己之德表聖主無私之明楷禮部尚書循之子凡劣無藝乾寧二年應進士登第後物論以爲濫昭宗命翰林學士陸扆秘書監馮渥覆試黜落永不許入舉場楷負愧銜怨至是全忠弒逆君上柳璨陷害朝臣乃與起居郎羅袞起居舍人

盧鼎連署駁議楷目不知書手僅能執筆其文羅袞作也時政出賊臣哀帝不能制太常卿張廷範改諡曰恭靈莊閔孝皇帝廟號曰襄宗全忠雄猜物聽自楷駁謚後深鄙之既傳代之後循楷父子皆斥逐不令在朝丁未所司改題昭宗神主輟朝一日癸丑勅成德軍宜改爲武順管內稾城縣曰稾平信都曰堯都欒城曰欒氏阜城曰漢阜臨城爲房子　避全忠祖父名也十一月乙卯朔勅潞州潞城縣改爲潞子黎城曰黎亭全忠平荆襄後遂引軍將攻淮南行次襄陽阻雨比至光州道險途潦人馬饑乏休止十餘日乃趨固始進軍拒壽州三十里壽人閉壁不出左右言師老不可用是月丙辰全忠自正陽渡淮而北至汝陰全忠深悔此行無益丁卯至大梁時哀帝以此月十九日親祠圜丘中外百司禮儀法物已備戊辰宰相已下於南郊壇習儀而裴迪自大梁迴言全忠怒蔣玄暉張廷範柳璨等謀延唐祚而欲郊天改元玄暉柳璨大懼庚午勅曰先定此月十九日親禮南郊雖定吉辰改卜亦有故事宜改取來年正月上辛付所

司辛巳制迴天再造竭忠守正功臣諸道兵馬元帥宣武宣義天平護國等軍節度觀察處置修宮闕制置度支解縣池場亳州太清宮等使開府儀同三司守太尉中書令河中尹汴滑鄆等州刺史上柱國梁王食邑一萬五千戶實封一千五百戶朱全忠可授相國總百揆其以宣武宣義天平護國天雄武順忠武佐國河陽義武昭義保義戎昭武定泰寧平盧匡國鎮國武寧忠義荆南二十一道爲魏國仍進封魏王依前充諸道兵馬元帥太尉中書令宣武宣義天平護國等軍節度觀察處置等使加食邑五千戶實封八千五百戶入朝不趨劍履上殿贊拜不名兼備九錫之命仍擇日備禮冊命又制以楊師厚爲襄州兵馬留後左龍武統軍張慎思爲武寧軍兵馬留後壬午中書門下奏相國魏王總百揆百司合呈納本司印其中書門下印堂後王仁珪呈納中書公事權追中書省印行遣從之甲申勅河南告成縣改爲陽邑蔡州襃城改爲苞孚同州韓城改爲韓元絳州翼城改爲澮川鄆州鄆城改爲萬安慈州文城改爲屈邑澤州晉城改

高都陽城改爲護澤安州應城改爲應陽洪州豐城改爲吳高全忠令判官司馬鄴讓相國總百揆之命十二月乙酉朔戊子詔蔣玄暉賫手詔赴魏國不許陳讓錫命辛卯制正議大夫門下侍郎兼戶部尚書同平章事太微宮使弘文館大學士延資庫使充諸道鹽鐵轉運等使上柱國河東縣開國男食邑三百戶柳璨可光祿大夫守司空兼門下侍郎同平章事太微宮使弘文館大學士延資庫使充諸道鹽鐵轉運等使進封河東縣開國伯通前食邑七百戶充魏國冊禮使制相國魏王曾祖贈太傅茂琳追封魏王謚宣憲祖贈太師信追封魏王謚武元父贈尚書令誠追封魏王謚文明勅右常侍王鉅太常卿張廷範給事中崔沂工部尚書李克助祠部郎中知制誥張茂樞膳部員外知制誥杜曉吏部郎中李光嗣駕部郎中趙光胤戶部郎中崔協比部郎中楊煥左常侍孔拯右諫議蕭頎左拾遺裴瑑右拾遺高濟職方郎中牛希逸主客郎中蕭蘧等隨冊禮使柳璨魏國行事先是北院宣徽使王殷使壽州行營構蔣玄暉於全忠全忠怒急歸大

梁上令刑部尚書裴迪賫詔慰勞全忠全忠忿恨語極不遜故行相
國百揆之命以悅其心蔣玄暉自至大梁陳訴全忠怒猶不解帝憂
之甲午上召三宰相議其事柳璨曰人望歸元帥陛下揖讓釋負今
其時也帝曰運祚去唐久矣幸爲元帥所延今日天下非予之天下
神器大寶歸於有德又何疑焉他人傳子意不盡卿自往大梁備言
此懷乃賜璨茶藥便令進發乙未勑樞密使蔣玄暉宜削在身官爵
送河南府處斬豐德庫使應頊尚食使朱建武送河南府決殺庚子
勑樞密使及宣徽南院北院並停其樞密公事令王殷權知其兩院人
吏並勒歸中書其諸司諸道人並不得到宣徽院凡有公事並於中書論
請其延義千秋兩門只差小黃門三人勾當其官健勒歸本軍勑魏
王堅辭寵命過示撝謙朕以國史所書元帥之任並以天下爲名爰
自近年改爲諸道既非舊制須在正名宜追制改爲天下兵馬元帥
餘准詔旨處分辛丑勑漢宣帝中興五日一聽朝歷代通規永爲常
式近代不循舊儀輟臨制度既姦邪之得計致臨視之失常須守舊

規以循定制宜每月只許一五九日開延英計九度其入閤日仍於
延英日一度指揮如有大段公事中書門下具牓子奏請開延英不
計日數付所司又勑宮嬪女職本備內任近年已來稍失儀制宮人
出內宣命寀御祭隨視朝乃失舊規須爲永制今後每遇延英坐朝
日只令小黃門祗候引從宮人不得擅出內門庶循典儀免至紛雜
壬寅戎昭軍奏收復金州兵火之後井邑殘破請移理所於均州從
之仍改爲武定軍乙巳汴州別駕蔣仲伸決殺玄暉季父也又勑蔣
玄暉身居密近擅弄威權贓賄貪官聚財營第而苞藏悖逆稔浸姦
邪雖都市已處於極刑而屍法尚憔於衆怒更示焚弃之典以懲顯
負之蹤宜追削爲兇逆百姓仍委河南府揭屍於都門外聚衆焚燒
玄暉死後王殷趙殷衡等又譖於全忠云內人相傳玄暉私侍積善
宮與柳璨張廷範爲盟誓之交求興唐祚戊申全忠令知樞密王殷
害皇太后何氏于積善宮又殺宮人阿秋阿虔言通導蔣玄暉己酉
勑以太后喪廢朝三日百官奉慰訖又勑曰皇太后位承坤德有愧

母儀近者兇逆誅夷宮闈詞連醜狀毒自崩變以謝萬方朕以幼沖
君臨區宇雖情深號慕而法難徇私勉循秦漢之規須示追降之典
其遣黃門收所上皇太后寶冊追廢爲庶人宜差官告郊廟庚戌勑
朕以謬荷丕圖禮合親謁郊廟先定來年正月上辛用事今以宮闈
內亂播于醜聲難以慚恧之容入於祖宗之廟其明年上辛親謁郊
廟宜停壬子勑積善宮安福殿宜廢癸丑勑光祿大夫守司空門下
侍郎平章事太微宮使弘文館大學士延資庫使諸道鹽鐵轉運使
柳璨責授朝議郎守登州刺史又勑太常卿張廷範太常少卿裴磵
溫鑾祠部郎中知制誥張茂樞等蔣玄暉在樞密之時與柳璨張廷
範共爲朋扇日相往來假其遊宴之名別貯傾危之計苟安重位酷
陷朝臣既此陰謀難寬大辟柳璨已從別勑處分廷範可責授萊州
司戶裴磵等常同聚會固共苞藏磵可青州北海尉鑾臨淄尉茂樞
博昌尉並員外置甲寅勑責授登州刺史柳璨素矜憸巧每務回邪
幸以庸才驟居重位曾無顯效孤負明恩詭譎多端苞藏莫測但結

連於兇險獨陷害於賢良罪既貫盈理須竄殛可貶密州司戶再貶
長流崖州百姓委御史臺賜自盡是日斬于上東門外又勑張廷範
性唯庸妄志在回邪不能保慎寵榮而乃苞藏兇險密交柳璨深結
玄暉晝議宵行欺天負地神祇共怒罪狀難原宜除名委河南府於
都市集衆以五車分裂溫鑾裴磵張茂樞並除名委於御史臺所在
賜自盡柳璨弟瑀瑊送河南府決殺三年春正月乙卯朔全忠以四
鎮之師七萬會河北諸軍屯于深州樂城戊午勑右拾遺柳瑗貶洺
州雞澤尉璨疎屬也乙丑全忠自汴河赴魏州丙寅制定亂安國功
臣鎮海鎮東軍節度浙江東西道觀察處置等使淮南東面行營招
討營田安撫兩浙鹽鐵制置發運等使開府儀同三司守侍中兼中
書令杭越兩州刺史上柱國吳王食邑九千戶實封五百戶錢鏐總
臨兩鎮制撫三吳道途阻艱未行冊命宜令所司擇日備禮己巳夜
魏博節度使羅紹威殺其衙內親軍八千人戊午全忠自內黃入魏
州是月魏博衙外兵五萬自歷亭還分據紹威貝博等州汴軍攻圍

之壬申勅相國摠百揆魏王頃辭冊命宜令所司再行冊禮辛巳國
子監奏奉去年十六月五日勅文應國學每年與諸道等一例解送兩
人令監生郭應圖等六十人連狀論訴勅旨取士之科明經極重每
年人數已有舊規去夏條疏蓋防渝濫令國子監河南府俱有論奏
所試明經宜令准常年例解送禮部放人多少酌量施行但不徇濫
求無致僥倖付所司二月甲申朔魏博節度使羅紹威宜許於本鎮
置三代私廟癸卯勅今年禮部所放進士據依去年人數外更放兩
人三月甲寅朔甲戌勅河中昭義管內俱有慈州地里相去不遠稱
謂時聞錯悞其昭義管內慈州宜改爲惠州壬戌全忠奏河中判官
劉崇子匡圖今年進士登第遽列高科恐涉群議請禮部落下戊寅
制元帥梁王可兼領諸道鹽鐵轉運等使判度支戶部事充三司都
制置使辛巳勅故西都留守判官左諫議大夫鄭賓崖州司戶尋賜
死四月甲申朔日有蝕之在胃十二度戊申魏博羅紹威奏臣當管
博州聊城縣武陽莘縣武水博平高堂等五縣皆於黃河東岸其鄉

村百姓渡河輸稅不便與天平軍管界接連請割屬鄆州從之五月癸
酉朔追贈故荊南節度使成汭鄂岳節度使杜洪官爵仍於本州立
祠廟從全忠奏也丙申勅天祐二年九月二十日於全州置戎昭軍
割均房二州爲屬郡比因馮行襲叶贊元勳克宣丕績用獎濟師之
効遂行割地之權今命帥得人疇庸有秩其戎昭軍額宜停其均房
二州却還山南東道收管六月癸未朔甲申勅襄州近因趙匡凝作
師請別立忠義軍額既非往制固是從權忠義軍額宜停廢依舊爲
山南東道節度使己亥權知唐州事衛審符奏州郭凋殘又不居要
路請移理所於泌陽縣從之制以京兆尹佑國軍節度使韓建爲青
州節度使代王重師以重師代建爲京兆尹壬寅勅文武百寮每月一
度入閤於貞觀殿貞觀大殿朝廷正衙遇正至之辰受群臣朝賀比
來視朔未正規儀今後於崇勳殿入閤付所司左拾遺充史館修撰
裴瑑以堂叔母危疾在濟源無兄弟侍疾乞假寧省從之七月壬子
朔己未全忠始自魏州歸大梁魏博六州平定檢校工部尚書守宗

正卿嗣邠王震停見任落下襲封以請告於外也辛未皇妹永明公
主薨罷朝三日八月甲辰全忠復自汴州北渡河攻滄州乙未魏博
奏割貝州永濟廣宗相州臨河內黃洹水斥丘等六縣隷魏州從之
九月辛亥朔丁卯全忠大軍至滄州軍於長蘆是月積陰霖雨不止
差官禜都門十月乙未兩浙錢鏐請於本鎮立三代私廟從之十一
月庚戌朔丙子廢牛羊司御廚肉河南府供進所有進到牛羊便付
河南府收管十二月己卯朔淮南僞署宣歙觀察使檢校司徒王茂
章可金紫光祿大夫檢校太保從錢鏐奏也茂章背楊渥以宣州降
錢鏐故也己丑全忠奏文武兩班一五九朝日元帥府排比廊食勅
曰百官入朝兩廊賜食還都之後有司官闕供元帥梁王欲整大綱
復行故事俾其班列盡認優隆宜賜詔獎飭甲辰河陽節度副使孫
乘貶崖州司戶尋自賜盡閏十二月己酉朔福建百姓僧道詣闕請
爲節度使王審知立德政碑從之乙丑華州鎮國節度觀察處置等
使額及興德府名並宜停廢復爲華州刺史充本州防禦使仍隷同

州爲支郡所管華商兩州諸縣先昇次赤次畿並罷宜依舊名西都
佑國軍作鎮已來未有屬郡其金州商州宜隷爲屬郡京兆府奉先
縣本屬馮翊櫟陽連接下邽奉先縣宜却隷同州櫟陽宜隷華州丙
寅奪西川節度使王建在身官爵戊辰李克用與幽州之衆同攻潞
州全忠守將丁會以澤潞降太原克用以其子嗣昭爲留後甲戌全
忠燒長蘆營旋軍聞潞州陷故也乙亥貶興唐府少尹孫秘長流愛
州尋賜死孫乘弟也

四年春正月戊寅朔壬寅全忠自長蘆至大梁天子遣御史大夫薛
貽矩賚詔慰勞全忠自弒昭宗之後岐蜀太原連兵牽制關西日削
幸羅紹威殺牙軍全獲魏博六州將行篡代欲威臨河朔乃再興師
臨幽滄冀仁恭父子乞盟則與之相結以固王鎔紹威之心而自
秋迄冬攻滄州無功及聞丁會失守燒營遽還路由魏州羅紹威知
失勢恐兵襲已深贊篡奪之謀他日如王受禪必釁六州軍賦以助
大禮全忠深感之至大梁會薛貽矩來乃以臣禮見全忠貽矩承間

密陳禪代之謀全忠心德之貽矩還奏曰元帥有受代意陛下深體時事去玆重負帝曰此吾素懷也乃降詔元帥以二月行傳禪之禮全忠僞辭二月壬子詔文武百官以今月七日齊赴元帥府癸丑宰相百官辭全忠以未斷表爲詞三月戊寅朔全忠令大將李思安率兵三萬合魏博之衆攻掠幽州思安頓兵臨其郛會仁恭子守光率兵赴援思安乃還庚寅詔薛貽矩再使大梁達傳位之旨甲辰詔曰勑宰臣文武百辟藩岳庶尹明聽朕言夫大寶之尊神器之重儻非德充宇宙功濟黔黎著重華納麓之功彰文命導川之績允熙帝載克代天工則何以統御萬邦照臨八極元帥梁王龍顏瑞質玉理奇文以英謀睿武定寰瀛以厚澤深仁撫華夏神功至德絕後光前緹油罕紀其鴻勳謳謡顯歸於至化二十年之功業億兆衆之推崇邇無異言遠無異望朕惟王聖德光被八紘宜順玄穹膺玆寶命況天文符瑞雜沓宣明虞夏昌期顯于圖籙萬機不可以久曠天命不可以久違神祇叶心歸于有德朕敬以天下傳禪聖君退居舊藩以備三恪今勑宰臣張文蔚楊涉等率文武百寮備法駕奉迎梁朝勉厲肅恭尊戴明主沖人釋玆重負永爲虞賓稷奉新朝慶泰兼極中外列辟宜體朕懷乙酉乃以中書侍郎平章事張文蔚充冊使禮部尚書蘇循爲副中書侍郎平章事楊涉押傳國寶使翰林學士中書舍人張策爲副御史大夫薛貽矩爲押金寶使左丞趙光逢爲副甲午文蔚押文武百寮赴大梁甲子行事冊曰皇帝若曰咨爾天下兵馬元帥相國揔百揆梁王朕每觀上古之書以堯舜爲始者蓋以禪讓之典垂於無窮故封泰山禪梁父略可道者七十二君則知天下至公非一姓獨有自古明王聖帝焦思勞神惴若納隍坐以待旦莫不居之則兢畏去之則逸安且軒轅非不明放勳非不聖尚欲游於姑射休彼大庭矧乎曆數尋終期運久謝屬於孤藐統御萬方者哉況自懿祖之後嬖幸亂朝禍起有階政漸無象天綱幅裂海水橫流四紀于玆群生無庇洎乎喪亂誰其底綏洎于小子粤以幼年繼玆衰緒豈玆沖昧能守洪基惟王明聖在躬體于上哲奮揚神武戡定區夏

大功二十光著冊書北越陰山南踰瘴海東至碣石西暨流沙懷生之倫罔不悅附矧予寡昧危而獲存今則上察天文下觀人願是土德終極之際乃金行兆應之辰況十載之間彗星三見布新除舊厥有明徵謳歌所歸屬在睿德今遣持節銀青光祿大夫守中書侍郎同中書門下平章事張文蔚等奉皇帝寶綬敬遜于位於戲天之曆數在爾躬允執其中天祿永終王其祗顯大禮享玆萬國以肅膺天命全忠建國奉帝爲濟陰王遷於曹州處前刺史氏叔琮之第時太原幽州鳳翔西川猶稱天祐正朔天祐五年二月二十一日帝爲全忠所害時年十七仍諡曰哀皇帝以王禮葬於濟陰縣之定陶鄉中興之初方備禮改卜遇國喪而止明宗時就故陵置園邑有司請諡曰昭宣光烈孝皇帝廟號景宗中書覆奏少帝行事不合稱宗存諡而已知禮者亦以宣景之諡非宜今只取本諡載之于紀

史臣曰悲哉土運之將亡也五常殆盡百怪斯呈宇縣瓜分皇圖瓦解昭宗皇帝英猷奮發志憤凌夷旁求奇傑之才欲拯淪胥之運而世途多僻忠義俱亡極爵位以待賢豪罄珍奇而託心腹殷勤國士之遇罕有託孤之賢豢豐而犬豕轉獰肉飽而虎狼逾暴五侯九伯無非問鼎之徒四岳十連皆畜無君之迹雖蕭屛之臣扼腕巖廊之輔痛心空銜毀室之悲寧救喪邦之禍及扶風西幸洛邑東遷如寄珠於盜跖之門蓄水於尾閭之上往而不返夫何言哉至若川竭山崩古今同數虎爭龍戰興替無常縱胠篋之不仁亦攫金之有道曹操請刑於椒壼蓋迫陰謀馬昭拒命於凌雲寧於見討誠知醜迹得以爲詞而全忠所行止於殘忍況自岐遷洛天子塊然六軍盡斥於秦人四面皆環於汴卒冕旒如寄纖芥爲疑迎鑾未及於崇朝傳刃已聞於塗地立嗣君於南面斃母后於中闈黄門與禁掖皆殲宗室共衣冠並殪復又盜鍾掩耳嫁禍於人何九六之數窮偶天人之道盡目擊斯亂言之傷心哀帝之時政由凶族雖揖讓之令有類於山陽而凌逼之權過踰於侯景人道寖薄陰隲難徵然以此受終如何延永

贊曰勳華受命揖讓告終逆取順守仁道已窮梟則短祚義則延洪
厧賓之禍非止一宗
唐書本紀卷二十下

唐書二十下　十九

劉　昫　等修
聞人詮校刻沈桐同校

禮儀一

記曰人生而靜天之性也感物而動性之欲也欲無限極禍亂生焉聖人懼其邪放於是作樂以和其性制禮以檢其情俾俯仰有容周旋中矩故肆覲之禮立則朝廷尊郊廟之禮立則人情肅冠婚之禮立則長幼序喪祭之禮立則孝慈著蒐狩之禮立則軍旅振享宴之禮立則君臣篤是知禮者品彙之璿衡人倫之繩墨失之者辱得之者榮造物已還不可須臾離也五帝之時斯爲治本類帝禋宗吉禮也遏音陶瓦凶禮也班瑞肆覲賓禮也誅苗殛鯀軍禮也釐降嬪虞嘉禮也故曰脩五禮五玉堯舜之事也時代循淳節文尚簡及周公相成王制五禮六樂各有典司其儀大備暨幽厲失道平王東遷周室浸微諸侯侮法男女失冠婚之節野麕之刺興焉君臣廢朝會之期踐土之譏著矣葬則奢儉無算軍則狙詐不仁數百年間禮儀大壞雖仲尼自衛返魯而有定禮之言蓋舉周公之舊章無救魯邦之亂政仲尼之世禮教已亡遭秦燔煬遺文殆盡漢興叔孫通草定止習朝儀至於郊天祀地之文配祖禋宗之制拊石鳴球之備物介丘瘞水之盛猷語則有之未遑措思及世宗禮重儒術屢訪賢良河間博洽古文大搜經籍有周舊典始得周官五篇士禮十七篇王又鳩集諸子之說爲禮書一百四十篇后倉二戴因而刪擇得四十九篇此曲臺集禮今之禮記是也然數百載不見舊儀諸子所書止論其意百家縱胸臆之說五禮無著定之文故西漢一朝曲臺無制郊上帝於甘泉祀后土於汾陰宗廟無定主樂懸缺金石巡狩非勛華之典封禪異陶匏之音光武受命始詔儒官草定儀注經邦大典至是粗備漢末喪亂又淪沒焉而衛宏應仲遠王仲宣等掇拾遺散載之條目而已東京舊典世莫得聞自晉至梁繼令條纘鴻生鉅儒銳思綿蕝江左學者髣髴可觀隋氏平陳寰區一統文帝命太常卿牛弘

集南北儀注定五禮一百三十篇煬帝在廣陵亦聚學徒修江都禮集雖是周漢之制僅有遺風神堯受禪未遑制作郊廟宴享悉用隋代舊儀太宗皇帝踐祚之初悉興文教乃詔中書令房玄齡秘書監魏徵等禮官學士修改舊禮定著吉禮六十一篇賓禮四篇軍禮二十篇嘉禮四十二篇凶禮六篇國卹五篇總一百三十八篇分爲一百卷玄齡等始與禮官述議以爲月令禘祭唯祭天宗謂日月而下近代禘五天帝人帝五地極皆非古典今並除之又依禮有益於人則祀之神州者國之所託餘八州則義不相及近代通祭九州今除八州等八座唯祭皇地祇及神州以正祀典又漢建武中封禪用元封時故事封泰山於圜臺上四面皆立石闕並高五丈有方石再累藏玉牒書石檢十枚於四邊檢之東西各三南北各二外設石封高九尺上加石蓋周設石距十八如碑之狀去壇二步其下石跗入地數尺今案封禪者本以成功告於上帝天道貴質故藉用藁秸罇以瓦甒此法不在經誥又乖醇素之道定議除之又案梁甫是梁陰近代設壇於山上乃乖處陰之義今定禪禮改壇位於山北又皇太子入學及太常行山陵天子大射合朔陳五兵於太社農隙講武納皇后行六禮四孟月讀時令天子上陵朝廟養老於辟雍之禮皆周所闕凡增多二十九條餘並準依古禮旁求異代擇其善者而從之太宗稱善頒于内外行焉高宗初議者以貞觀禮節文未盡又詔太尉長孫無忌中書令杜正倫李義府中書侍郎李友益黄門侍郎劉祥道許圉師太子賓客許敬宗太常少卿韋琨太學博士史道玄符璽郎孔志約太常博士蕭楚才孫自覺賀紀等重加緝定勒成一百三十卷至顯慶三年奏上之增損舊禮并與令式參會改定之高宗自爲之序時敬宗李義府用事其所損益多涉希旨行用已後學者紛議以爲不及貞觀上元三年三月下詔令依貞觀年禮爲定儀鳳二年又詔顯慶新脩禮多有事不師古其五禮並依周禮行事自是禮司益無憑準每有大事皆參會古今禮文臨時撰定然貞觀顯慶二禮皆行用不廢時有太常卿裴明禮太常少卿韋萬石相次參掌其

事又前後博士賀敳賀紀韋叔夏裴守真等多所議定則天時以禮官不甚詳明特詔國子博士祝欽明及叔夏每有儀注皆令參定叔夏卒後博士唐紹專知禮儀博學詳練舊事議者以為稱職先天二年紹為給事中以講武失儀得罪被誅其後禮官張星王琇又以元日儀注乖失詔免官歸家學問開元十年詔國子司業韋縚為禮儀使專掌五禮十四年通事舍人王嵒上疏請改撰禮記削去舊文而以今事編之詔付集賢院學士詳議右丞張說奏曰禮記漢朝所編遂為歷代不刊之典今去聖久遠恐難改易今之五禮儀注貞觀顯慶兩度所脩前後頗有不同其中或未折衷望與學士等更討論古今删改行用制從之初令學士右散騎常侍徐堅及左拾遺李銳太常博士施敬本等檢撰歷年不就銳卒後蕭嵩代為集賢院學士始奏起居舍人王仲丘撰成一百五十卷名曰大唐開元禮二十年九月頒所司行用焉昊天上帝五方帝皇地祇神州及宗廟為大祀社稷日月星辰先代帝王岳鎮海瀆帝社先蠶釋奠為中祀司中司命

風伯雨師諸星山林川澤之屬為小祀大祀所司每年預定日奏下小祀但移牒所由若天子不親祭享則三公行事若官缺則職事三品已上攝三公行事大祀散齋四日致齋三日中祀散齋三日致齋二日小祀散齋二日致齋一日散齋之日晝理事如舊夜宿於家正寢不得弔喪問疾不判署刑殺文書不決罰罪人不作樂不預穢惡之事致齋惟為祀事得行其餘悉斷若大祀齋官皆於散齋之日集於尚書省受誓戒太尉讀誓文致齋之日三公於尚書省安置餘官各於本司若皇城內無本司於太常郊社太廟署安置皆相出前至齋所至祀前一日各從齋所晝漏上水五刻向祠所接神之官皆沐浴給明衣若天子親祠則於正殿行致齋之禮文武官服褲褶陪位於殿庭車駕反齋官赴祠祭之所州縣及金吾清所行之路不得見諸凶穢及縗絰者哭泣之聲聞於祭所者權斷訖事依舊齋官至祠所太官惟設食祭訖依班序餕訖均胙貴者不重賤者不虛中祀已下惟不受誓戒自餘皆同大祀之禮武德初定令每歲冬至祀昊天

上帝於圓丘以景帝配其壇在京城明德門外道東二里壇制四成各高八尺一寸下成廣二十丈再成廣十五丈三成廣十丈四成廣五丈每祀則昊天上帝及配帝設位于平座藉用藁秸器用陶匏五方上帝日月內官中官外官及衆星並皆從祀其五方帝及日月七座在壇之第二等內五星已下官五十五座在壇之第三等二十八宿已下中官一百三十五座在壇之第四等外官一百十二座在壇下外壝之內衆星三百六十座在外壝之外其牲上帝及配帝用蒼犢二五方帝及日月用方色犢各一內官已下加羊豕各九夏至祭皇地祇于方丘亦以景帝配其壇在宮城之北十四里壇制再成下成方十丈上成五丈每祀則地祇及配帝設位於壇上神州及五嶽四鎮四瀆四海五方山林川澤丘陵墳衍原隰並皆從祀神州在壇之第二等五嶽已下三十七座在壇下外壝之內丘陵等三十座在壝外其牲地祇及配帝用犢二神州用黝犢一岳鎮已下加羊豕各五孟春辛日祈穀祀感帝于南郊元帝配牲用蒼犢二孟夏之月雩祀

昊天上帝於圓丘景帝配牲用蒼犢二五方上帝五人帝五官帝並從祀用方色犢十季秋祀五方天上帝於明堂元帝配牲用蒼犢二五人帝五官並從祀用方色犢十孟冬祭神州於北郊景帝配牲用黝犢二貞觀初詔奉高祖配圓丘及明堂北郊之祀元帝專配感帝自餘悉依武德永徽二年又奉太宗配祀于明堂有司遂以高祖配五天帝太宗配五人帝顯慶元年太尉長孫無忌與禮官等奏議曰臣等謹尋方冊歷考前規宗祀明堂必配五郊預入明堂自緣從祀今以太宗作配理有未安伏見永徽二年七月詔建明堂伏惟陛下天縱聖德追奉太宗已遵嚴配時高祖先在明堂禮司致惑竟未遷祀率意定儀遂便著令乃以太宗皇帝降配五人帝雖復亦在明堂不得對越天帝深乖明詔之意又與先典不同謹案孝經云孝莫大於嚴父嚴父莫大於配天昔者周公宗祀文王於明堂以配上帝伏惟詔意義在於斯今所司行令殊為失旨又尋漢魏晉宋歷代禮儀並無父子同配明堂之義唯祭法云周人禘嚳而郊稷祖文王而宗

武王鄭玄注云禘郊祖宗謂祭祀以配食也禘謂祭昊天於圜丘郊謂祭上帝於南郊祖宗謂祭五帝五神於明堂也尋鄭此注乃以祖宗合爲一祭又以文武共在明堂連衽配祀良爲謬矣故王肅駁曰古者祖有功而宗有德祖宗自是不毀之名非謂配食於明堂者也審如鄭義則孝經當言祖祀文王於明堂不得言宗祀也凡宗者尊也周人既祖祀廟又尊其祀孰謂祖於明堂者乎鄭引孝經以解祭法而不曉周公本意殊非仲尼之義旨也又解宗武王云配勾芒之類是謂五神位在堂下武王降位失君叙矣又案六韜曰武王伐紂雪深丈餘五車二馬行無轍迹詣營求謁武王怪而問焉太公對曰此必五方之神來受事耳遂以其名召入各以其職命焉既而克殷風調雨順豈有生來受職歿則配之降尊敵卑理不然矣故春秋傳禘郊祖宗報五者國之典祀也傳言五者故知各是一事非謂祖宗合祀於明堂也臣謹上考殷周下洎貞觀並無一代兩帝同配於明堂南齊蕭氏以武明昆季並於明堂配食事乃不經未足援據又

○檢武德時令以元皇帝配於明堂兼配感帝至貞觀初緣情革禮奉祀高祖配於明堂奉遷世祖專配感帝此即聖朝故事已有遞遷之典取法宗廟古之制焉伏惟太祖景皇帝構室有周建絕代之丕業啓祚汾晉創歷聖之洪基德邁發生道符立極又世祖元皇帝潛鱗韞慶屈道事周導濬發之靈源肇光宅之垂裕稱祖清廟萬代不遷請停配祀以符古義伏惟高祖太武皇帝躬受天命奄有神州創制改物體元居正爲國始祖抑有舊章昔者炎漢高帝當塗太祖皆以受命例並配天請遵故實奉祀高祖於圜丘以配昊天上帝伏惟太宗文皇帝道格上玄功清下黷拯率土之塗炭協大造於生靈請準詔書宗祀於明堂以配上帝又請依武德故事兼配感帝作主斯乃二祖德隆永不遷廟兩聖功大各得配天遠協孝經近申詔意二年七月禮部尚書許敬宗與禮官等又奏議據祠令及新禮並用鄭玄六天之議圓丘祀昊天上帝南郊祭太微感帝明堂祭太微五帝謹按鄭玄此義唯據緯書所說六天皆謂星象而昊天上帝不屬穹蒼故

注月令及周官皆謂圓丘所祭昊天上帝爲北辰星曜魄寶又說孝經郊祀后稷以配天及明堂嚴父配天皆爲太微五帝考其所說舛謬特深按周易云日月麗於天百穀草木麗於地又云在天成象在地成形足明辰象非天草木非地毛詩傳云元氣昊大則稱昊天遠視蒼蒼則稱蒼天此則蒼昊爲體不入星辰之例且天地各一是曰兩儀天尚無二焉得有六是以王肅羣儒咸駁此議又檢太史圓丘圖昊天上帝座外別有北辰座與鄭義不同得太史令李淳風等狀昊天上帝圖位自在壇上北辰自在第二等與北斗並列爲星官內座之首不同鄭玄據緯書所說此乃羲和所掌觀象制圖推步有徵相沿不謬又按史記天官書等太微宮有五帝者自是五精之神五星所奉矣其又以○天是人主之象故況之曰帝亦如房心爲天王之象豈是天乎周禮云兆五帝於四郊又云祀五帝則掌百官之誓戒惟稱五帝皆不言天自太微之神本非穹昊之祭又孝經惟云郊祀后稷無別圓丘之文王肅等以爲郊即圓丘圓丘即郊猶王城京師異

○名同實符合經典其義甚明而今從鄭說分爲兩祭圓丘之外別有南郊違棄正經理深未允且檢吏部式惟有南郊陪位更不別載圓丘式文既遵王肅祠令仍行鄭義令式相乖理宜改革又孝經云嚴父莫大於配天下文即云周公宗祀文王於明堂以配上帝則是上帝即是明堂所祀正在配天而以爲但祭星官反違明義又按月令孟春之月祈穀於上帝左傳亦云凡祀啓蟄而郊郊而後耕故郊祀后稷以祈農事然則啓蟄郊天自以祈穀謂爲感帝之祭事甚不經今請憲章姬孔考取王鄭四郊迎氣存太微五帝之祀南郊明堂廢緯書六天之義其方丘祭地之外別有神州謂之北郊分地爲二既無典據理又不通亦請合爲一祀以符古義仍並條附式令永垂後則敬宗等又議籩豆之數曰按今光祿式祭天地日月岳鎮海瀆先蠶等籩豆各四祭宗廟籩豆各十二祭社稷先農等籩豆各九祭風師雨師籩豆各二尋此式文事深乖謬社稷多於天地似不貴多風雨少於日月又不貴少且先農先蠶俱爲中祭或六或四理不可通

又先農之神尊於釋奠籩豆之數先農乃少理既差舛難以因循謹按禮記郊特牲云籩豆之薦水土之品不敢用褻味而貴多品所以交於神明之義也此即祭祀籩豆以多爲貴宗廟之數不可踰郊今請大祀同爲十二中祀同爲十小祀同爲八釋奠準中祀自餘從座並請依舊式詔並可之遂附于禮令乾封初高宗東封迴又詔依舊祀感帝及神州司禮少常伯郝處俊等奏曰顯慶新禮廢感帝之祀改爲祈穀昊天上帝以高祖太武皇帝配檢舊禮感帝以世祖元皇帝配神州今既奉勑依舊祭感帝今改祈穀爲感帝以高祖太武皇帝配神州又高祖依新禮見配圓丘昊天上帝及方丘皇地祇若更配感帝神州便恐有乖古禮按禮記祭法云有虞氏禘黃帝而郊嚳夏后氏亦禘黃帝而郊鯀殷人禘嚳而郊冥周人禘嚳而郊稷鄭玄注云禘謂祭上帝於南郊又按三禮義宗云夏正郊天者王者各祭所出帝於南郊即大傳所謂王者禘其祖之所自出以其祖配之是也此則禘須遠祖郊須始祖今若禘郊同用一祖恐於典禮無所據其神州十月祭者十月以陰用事故以此時祭之依檢更無故實

○按春秋啓蟄而郊鄭玄注禮云三王之郊一用夏正又三禮義宗云祭神州法正月祀於北郊請依典禮以正月祭者請集奉常博士及司成博士等總議定奏聞其靈臺明堂檢舊禮用鄭玄義仍祭五方帝新禮用王肅義又下詔依鄭玄義祭五天帝其雩及明堂並準勑祭祀於是奉常博士陸遵楷張統師權無二許子儒等議稱北郊之月古無明文漢光武正月辛未始建北郊咸和中議北郊同用正月然皆無指據武德來禮令即用十月爲是陰用事故於時祭之請依舊十月致祭乾封二年十二月詔曰夫受命承天崇至敬於明祀膺圖纂籙昭大孝於嚴配是以薦鱗鰭於清廟集振鷺於西雍宣雅頌於太師明肅恭於考室用能紀配天之盛業嗣積德之鴻休永播英聲長爲稱首周京道喪秦室政乖禮樂淪亡典經殘滅遂使漢朝博士空說六宗之文晉代鴻儒爭陳七祀之議或同昊天於五帝分感帝於五行自茲以降遞相祖述異論紛紜是非莫定朕以寡薄嗣膺丕緒肅承禋祀明發載懷虔奉宗祧寤寐興感每惟宗廟之重尊配之

儀思革舊章以申誠敬高祖太武皇帝撫運膺期創業垂統拯庶類於塗炭寘懷生於仁壽太宗文皇帝德光齊聖道極幾神執銳被堅櫛風沐雨勞形以安百姓屈已而濟四方澤被區中恩覃海外乾坤所以交泰品物於是咸亨掩玄闕而開疆指青丘而作鎮巍巍蕩蕩無得名焉禮曰化人之道莫急於禮禮有五經莫重於祭祭者非物自外至也自內生於心也是以惟賢者乃能盡祭之義況祖功宗德道冠百王盡聖窮神業高千古自今以後祭圓丘五方明堂感帝神州等祠高祖太武皇帝太宗文皇帝崇配仍總祭昊天上帝及五帝於明堂庶因心致敬獲展虔誠宗祀配天永光鴻烈儀鳳二年七月太常少卿韋萬石奏曰明堂大享准古禮鄭玄義祀五天帝王肅義祀五行帝貞觀禮依鄭玄義祀五天帝顯慶已來新修禮祀昊天上帝奉乾封二年勑祀五帝又奉制兼祀昊天上帝伏奉上元三年三月勑五禮並依貞觀年禮爲定又奉去年勑並依周禮行事今用樂須定所祀之神未審依古禮及貞觀禮爲復依見行之禮時高宗及

○宰臣並不能斷依違久而不決尋又詔尚書省及學者詳議事仍不定自此明堂大享兼用貞觀顯慶二禮則天臨朝垂拱元年七月有司議圓丘方丘及南郊明堂嚴配之禮成均助教孔玄義奏議曰謹按孝經云孝莫大於嚴父嚴父莫大於配天明配尊大昊天是也物之大者莫若於天推父比天與之相配行孝之大莫過於此以明尊配之極也又易云先王以作樂崇德殷薦之上帝以配祖考鄭玄注上帝天帝也故知昊天之祭合祖考並配請奉太宗文武聖皇帝高宗天皇大帝配昊天上帝於圓丘義符孝經周易之文也神堯皇帝肇基王業應天順民請配感帝於南郊義符大傳之文又祭法云祖文王而宗武王祖始也宗尊也所以名祭爲尊始者明一祭之中有此二義又孝經云宗祀文王於明堂文王言祖而云宗者亦是通武王之義故明堂之祭配以祖考請奉太宗文武聖皇帝高宗天皇大帝配祭於明堂義符周易及祭法之文也太子右諭德沈伯儀曰謹按禮有虞氏禘黃帝而郊嚳祖顓頊而宗堯夏后氏亦禘黃帝而郊鯀祖顓頊

而宗禹殷人禘嚳而郊冥祖契而宗湯周人禘嚳而郊稷祖文王而
宗武王鄭玄注云禘郊祖宗謂祭祀以配食也禘謂祭昊天於圓丘
祭上帝於南郊曰郊祭五帝五神於明堂曰祖宗伏尋嚴配之文於
此最爲詳備虞夏則退顓頊而郊嚳殷人則捨契而郊冥去取既多
前後乖次得禮之序莫尚於周禘嚳郊稷不聞於二主明堂宗祀始
兼於兩配咸以文王父子殊別文王父上主五帝武王對父下配五
神孝經曰嚴父莫大於配天則周公其人也昔者周公宗祀文王於
明堂以配上帝不言嚴父武王以配天則武王雖在明堂理未齊於
配祭既稱宗祀義獨主於尊嚴雖同兩祭終爲一主故孝經緯曰后稷
爲天地主文王爲五帝宗也必若一神兩祭便則五祭十祠薦獻頻
繁禮虧於數此則神無二主之道禮崇一配之義竊尋貞觀永徽共
尊專配顯慶之後始創兼尊必以順古而行實謂從周爲美高祖神
堯皇帝請配圜丘方澤太宗文武聖皇帝請配南郊北郊高宗天皇
大帝德邁九皇功開萬寓制禮作樂告禪昇中率土共休普天同賴

竊惟莫大之孝理當揔配五天鳳閣舍人元萬頃范履冰等議曰伏
惟高祖神堯皇帝擊乾構象闢土開基太宗文武聖皇帝紹統披元循
機闡極高宗天皇大帝弘祖宗之大業廓文武之宏規三聖重光千
年接旦神功懿德鑿圓牒而難稱盛烈鴻猷超古今而莫擬豈徒錙
銖堯舜糠粃殷周而已哉謹案見行禮昊天上帝等祠五所咸奉高
祖神堯皇帝太宗文武聖帝兼配今議者引祭法周易孝經之文雖
近稽古之辭殊失因心之旨但子之事父臣之事君孝以成志忠而
順美竊以兼配之禮特稟先聖之懷爰取訓於前規遂申情於大孝
詩云昊天有成命二后受之易曰殷薦之上帝以配祖考敬尋厥旨
本合斯義今若遠據遺文近乖成典拘常不變守滯莫通便是臣黜
於君遽見郊丘之位下非於上靡遵弓劍之心豈所以申太后哀感
之誠徇皇帝孝思之德愼終追遠良謂非宜嚴父配天寔當若是伏
據見行禮高祖神堯皇帝太宗文武聖皇帝今既先配五祠理當依
舊無改高宗天皇大帝齊尊曜魄等遂含樞闡三葉之宏基開萬代

之鴻業重規疊矩在功烈而無差享帝郊天豈祀配之有別請奉高
宗天皇大帝歷配五祠制從萬頃議自是郊丘諸祠皆以三祖配及
則天革命天冊萬歲元年加號爲天冊金輪大聖皇帝親享南郊合
祭天地以武氏始祖周文王追尊爲始祖文皇帝后考應國公追尊
爲無上孝明高皇帝亦以二祖同配如乾封之禮其後長安年又親
享南郊合祭天地及諸郊丘並以配焉中宗即位神龍元年九月親
享昊天上帝于東都之明堂以高宗天皇大帝崇配其儀亦依乾封
故事至景龍三年十一月親祀南郊初將定儀注國子祭酒祝欽明
希旨上言后亦合助祭遂奏議曰謹按周禮天神曰祀地祇曰祭宗
廟曰享又內司服職掌王后之六服凡祭祀供后之衣服又祭統曰
夫祭也者必夫婦親之據此諸文即知皇后合助皇帝祀天神祭地祇
明矣望請別修助祭儀注同進上令宰相與禮官議詳其事太常博
士唐紹蔣欽緒建議云皇后南郊助祭於禮不合但欽明所執是祭
宗廟禮非祭天地禮按漢魏晉宋及後魏齊梁隋等歷代史籍輿王

令主郊天祀地代有其禮史不闕書並不見皇后助祭之事又高祖
神堯皇帝太宗文武聖皇帝高宗天皇大帝南郊祀天並無皇后助
祭之禮尚書右僕射韋巨源又協同欽明之議上遂以皇后爲亞獻
仍補大臣李嶠等女爲齋娘執籩豆焉時十一月十三日乙丑冬至
陰陽人盧雅侯藝等請奏促冬至就十二日甲子以爲吉會時右臺
侍御史唐紹奏曰禮所以冬至祀圓丘於南郊夏至祭方澤於北郊
者以其日行躔次極於南北之際也日北極當晷度循半日南極當
晷度環周是日一陽爻生爲天地交際之始故易曰復其見天地之
心乎即冬至卦象也一歲之訥莫大焉甲子但爲六旬之首一年之內
隔月常遇既非大會略運未周唯揔六甲之辰助四時而成歲今欲
避環周以取甲子是背大吉而就小吉也太史令傅孝忠奏曰準漏
經南陸北陸並日校一分若用十二日即欠一分未南極即不得爲至
上曰俗諺云冬至長於歲亦不可改竟依紹議以十三日乙丑祀圓
丘睿宗太極元年正月初將有事南郊有司立議惟祭昊天上帝而

不設皇地祇位諫議大夫賈曾上表曰微臣詳據典禮謂宜天地合祭謹按禮祭法曰有虞氏禘黃帝而郊嚳夏后氏禘黃帝而郊鯀傳曰大祭曰禘然則郊之與廟俱有禘禘廟則祖宗之主俱合於太祖之廟禘郊則地祇群望俱合於圓丘以始祖配享皆有事而大祭異於常祀之義禮大傳曰不王不禘故知王者受命必行禘禮虞書曰月正元日舜格於文祖肆類于上帝禋于六宗望于山川徧于群神此則受命而行禘禮者諶格于文祖則餘廟之享可知矣言類于上帝則地祇之合可知矣且山川之祀皆屬于地群望尚徧況地祇乎周官以六律六呂五聲八音六舞大合樂以致神祇以和邦國以諧萬人又凡六樂者六變而致象物及天神此則禘郊合天神地祇人鬼而祭之樂也三輔故事漢祭圓丘儀上帝位昊天正南面后土位兆亦南面而少東又東觀漢記云光武即位爲壇於鄗之陽祭告天地採用元始故事二年正月於洛陽城南依鄗爲圓壇天地位其上皆南向西上按兩漢時自有后土及北郊祀而此已於圓丘設地位明是禘祭之儀又春秋說云王者一歲七祭天地合食於四孟別於分至此復天地自常有同祭之義王肅云孔子言兆圓丘於南郊南郊即圓丘圓丘即南郊也又云祭天而地配此亦郊祀合祭之明說惟鄭康成不論禘當合祭而分昊天上帝爲二神專憑緯文事匪經見又其注大傳不王不禘義則云正歲之首祭感帝之精以其祖配注周官大司樂圓丘則引大傳五禘以爲冬至之祭遞相矛盾未足可依伏惟陛下膺籙居尊繼文在曆自臨宸極未親郊祭今之南郊正當禘禮宜合祀天地咸秩百神答受命之符彰致敬之道豈可不崇盛禮同彼常郊使地祇無位未從禘享今請備設皇地祇并從祀等座則禮得古義合緣情然郊丘之祀國之大事或失其情精禋將闕臣術不通經識慙博古徒以昔謬禮職今忝諫曹正議是司敢陳忠讜事有可採惟斷之聖慮制令宰臣召禮官詳議可否禮官國子祭酒褚無量國子司業郭山惲等咸請依曾所奏時又將親享北郊竟寢曾之表玄宗即位開元十一年十一月親享圓丘時中書令張說爲禮

儀使衛尉少卿韋縚爲副說建議請以高祖神堯皇帝配祭始罷三祖同配之禮至二十年蕭嵩爲中書令改撰新禮祀天一歲有四祀地有二冬至祀昊天上帝於圓丘高祖神堯皇帝配中官加爲一百五十九座外官減爲一百四座其昊天上帝及配帝二座每座籩豆用十二簠簋甑俎各一上帝則太樽著樽犧樽象樽壺樽各二山罍六配帝則不設太樽及壺樽減山罍之四餘同上帝五方帝座則籩豆各十簠簋甑俎各一太樽二大明夜明籩豆各八餘同五方帝內官每座籩豆二簠簋俎各一內官已上設樽於十二階之間內官每道間著樽二中官犧樽二外官著樽二衆星壺樽二正月上辛祈穀祀昊天上帝於圓丘以高祖配五方帝從祀其上帝配帝籩豆等同冬至之數五方帝太樽著樽犧樽山罍各二籩豆等亦同冬至之數孟夏雩祀昊天上帝於圓丘以太宗配五方帝及太昊等五帝勾芒等五官從祀其上帝配帝五方帝籩豆各八簠簋甑俎各一五官每座籩豆各二簠簋及俎各一季秋大享于明堂祀昊天上帝以睿宗配○五方帝五帝五官從祀籩豆之數同于雩祀皇地祇于方丘以高祖配其從祀神州巳下六十八座同貞觀之禮地祇配帝籩豆如圓丘之數神州籩豆各四簠簋甑俎各一五岳四鎮四海四瀆五方山林川澤等三十七座每座籩豆各二簠簋各一五方五帝丘陵墳衍原隰等三十座籩豆簠簋甑俎各一立冬祭神州于北郊以太宗配二座籩豆各十二簠簋甑俎各一自冬至圓丘巳下餘同貞觀之禮時起居舍人王仲丘既掌知修撰乃建議曰按貞觀禮正月上辛祀感帝於南郊顯慶禮祀昊天上帝於圓丘以祈穀左傳曰郊而後耕詩曰噫嘻春夏祈穀於上帝禮記亦曰上辛祈穀于上帝則祈穀之文傳於歷代上帝之號允屬昊天而鄭康成云天之五帝遞王王者之興必感其一因其所感別祭尊之故夏正之月祭其所生之帝於南郊以其祖配之故周祭靈威仰以后稷配之因以祈穀據所說祀感帝之意本非祈穀先儒所說事恐難憑今祈穀之禮請準禮修之且感帝之祀行之自久記曰有其舉之莫可廢也請於祈穀之壇遍祭五方帝夫五帝者

五行之精五行者九數之宗也今請二禮並行六神咸祀又按貞觀禮孟夏雩祀五方上帝五人帝五官於南郊顯慶禮則雩祀昊天上帝於圓丘且雩祀上帝蓋爲百穀祈甘雨故月令云命有司大雩帝用盛樂以祈穀實鄭玄云雩上帝者天之別號允屬昊天祀於圓丘尊天位也然雩祀五帝既久亦請二禮並行以成大雩帝之義又貞觀禮季秋祀五方帝五官於明堂顯慶禮祀昊天上帝於明堂準孝經曰郊祀后稷以配天宗祀文王於明堂以配上帝先儒以爲天是感精之帝即太微五帝此即皆是星辰之例且上帝之號皆屬昊天鄭玄所引皆云五帝周禮曰王將旅上帝張氈案設皇邸祀五帝張大次小次由此言之上帝之與五帝自有差等豈可混而爲一乎孝經云嚴父莫大於配天其下文即云宗祀文王於明堂以配上帝鄭玄注云上帝者天之別名神無二主故異其處孔安國云帝亦天也然則禋享上帝有合經義而五方皆祀行之已久其有舉之難於即廢亦請二禮並行以成月令大享帝之義天寶十載五月已前郊祭

天地以高祖神堯皇帝配座故將祭郊廟告高祖神堯皇帝室寶應元年杜鴻漸爲太常卿禮儀使員外郎薛頎歸崇敬等議以神堯爲受命之主非始封之君不得爲太祖以配天地太祖景皇帝始受封於唐即殷之契周之后稷也請以太祖景皇帝郊祀配天地告請宗廟亦太祖景皇帝酌獻諫議大夫黎幹議以太祖景皇帝非受命之君不合配享天地二年五月幹進議狀爲十詰十難曰集賢校理潤州別駕歸崇敬議狀及禮儀使判官水部員外郎薛頎等稱禘謂冬至祭天於圓丘周人則以遠祖帝嚳配今欲以景皇帝爲始祖配昊天於圓丘

臣幹詰曰國語曰有虞氏夏后氏俱禘黃帝商人禘舜周人禘嚳俱不言祭昊天於圓丘一也詩商頌曰長發大禘也又不言祭昊天於圓丘二也詩周頌曰雍禘太祖也又不言祭昊天於圓丘三也禮記祭法曰有虞氏夏后氏俱禘黃帝殷人周人俱禘嚳又不言祭昊天於圓丘四也禮記大傳曰不王不禘王者禘其祖之所自出以其祖配之又不言祭昊天於圓丘五也爾雅釋文曰禘大祭也又不言祭昊天於圓丘六也家語云凡四代帝王之所郊皆以配天也其所謂禘者皆五年大祭也又不言祭昊天於圓丘七也盧植云禘祭名禘者帝也事尊明禘故曰禘又不言祭昊天於圓丘八也王肅云禘謂於五年大祭之時又不言祭昊天於圓丘九也郭璞云禘五年之大祭又不言祭昊天於圓丘十也臣幹謂禘是五年宗廟之大祭詩禮經傳文義昭然今略舉十詰以明之臣惟見禮記祭法及禮記大傳商頌長發等三處鄭玄注或稱祭昊天或云祭靈威仰臣精詳典籍更無以禘爲祭昊天於圓丘及郊祭天者審如禘是祭之最大則孔子說孝經爲萬代百王法稱周公大孝何不言禘祀帝嚳於圓丘以配天而反言郊祀后稷以配天是以五經俱無其說聖人所以不言輕議大典亦何容易猶恐不悟今更作十難其一難曰周頌雍禘太祖也鄭玄箋云禘大祭太祖文王也商頌云長發大禘也玄又箋云大禘祭天也夫商周之頌其文互說或云禘太祖或云大禘俱是五年宗廟之大祭詳覽典籍更無異同惟鄭玄箋長發乃稱

是郊祭天詳玄之意因此商頌禘如大傳云大祭如春秋大事于太廟爾雅禘大祭雖云大祭亦是宗廟之祭可得便稱祭天乎若如所說大禘即云郊祭天稱禘即是祭宗廟又祭法說虞夏商周禘黃帝與嚳大傳不王不禘禘上俱無大字玄何因復稱祭天乎又長發文亦不歌嚳與感生帝故知長發之禘而非禘嚳及郊祭天明矣殷周五帝之大祭群經衆史及鴻儒碩學自古立言著論序之詳矣俱無以禘爲祭天何棄周孔之法言獨取康成之小注便欲違經非聖誣亂祀典謬哉其二難曰大傳稱禮不王不禘王者禘其祖之所自出以其祖配之諸侯及其太祖者此說王者則當禘其謂祭法虞夏殷周禘黃帝及嚳不王則不禘所當禘其祖之所自出謂虞夏出黃帝殷周出帝嚳以近祖配而祭之自出之祖既無宗廟即是自外至者故同之天地神祇以祖配而祀之自出之說非但於父在母亦然左傳子產云陳則我周之自出此可得稱出於太微五帝乎故曰不王不禘王者禘其祖之所自出以其祖配之謂也及諸侯之禘則降於王者

不得祭自出之祖只及太祖而已故曰諸侯及其太祖此之謂也鄭玄錯亂分禘爲三注祭法云禘謂祭昊天於圜丘一也注左傳稱郊祭天以后稷配靈威仰箋商頌又稱郊祭天二也注周頌云禘大祭大於四時之祭而小於祫太祖謂文王三也禘是一祭玄析之爲三顛倒錯亂皆率胸臆曾無典據何足可憑其三難曰虞夏殷周已前禘祖之所自出其義昭然自漢魏晉已還千餘歲其禮遂闕又鄭玄所說其言不經先儒棄之未曾行用愚以爲錯亂之義廢棄之注不足以正大典其四難曰所稱今三禮行於代者皆是鄭玄之學請據鄭學以明之曰雖云據鄭學今欲以景皇帝爲始祖之廟以配天復與鄭議相乖何者王制云天子七廟玄云此周禮也七廟者太祖及文武之祧與親廟四也殷則六廟契及湯與二昭二穆也據鄭學夏不以鯀及顓頊昌意爲始祖昭然可知也而欲引稷契爲例其義又異是爰稽邃古洎今無以人臣爲始祖者惟殷以契周以稷夫稷契者皆天子元妃之子感神而生昔帝嚳次妃簡狄有娀氏之女吞玄

鳥之卵因生契契長而佐禹治水有大功舜乃命契作司徒百姓既和遂封於商故詩曰天命玄鳥降而生商宅殷土芒芒此之謂也后稷者其母有邰氏之女曰姜嫄爲帝嚳妃出野履巨跡歆然有孕生稷稷長而勤於稼穡堯聞舉爲農師天下得其利有大功舜封於邰號曰后稷唐虞夏之際皆有令德故詩曰履帝武敏歆居然生子即有邰家室此之謂也舜禹有天下稷契在其間量功比德抑其次也舜授職則播百穀敷五教禹讓功則平水土宅百揆故國語曰聖人之制祀也功施於人則祀之以死勤事則祀之契爲司徒而人輯睦稷勤百穀而死皆居前代祀典子孫有天下得不尊而祖之乎其五難曰既遵鄭說小德配寡遂以后稷只配一帝尚不得全配五帝今以景皇帝特配昊天於鄭義可乎其六難曰眾難臣云上帝與五帝一也所引春官祀天旅上帝祀天旅四望旅訓眾則上帝是五帝臣曰不然旅雖訓眾出於爾雅及爲祭名春官訓陳注有明文若如所言旅上帝便成五帝則季氏旅於泰山可得便是四鎮耶其七難曰

所云據鄭學則景皇帝親盡廟主合祧却欲配祭天地錯亂祖宗夫始祖者經綸草昧體大則天所以正元氣廣大萬物之宗尊以長至陽氣萌動之始日俱祀於南郊也夫萬物之始天也人之始祖也日之始至也掃地而祭質也器用陶匏性也牲用犢誠也兆於南郊就陽位也至尊至質不敢同於先祖禮也故白虎通曰祭天歲一何天至尊至質事之不敢褻黷故因歲之陽氣始達而祭之今國家一歲四祭之黷莫大焉上帝五帝其祀遂闕怠亦甚矣黷與怠皆禮之失不可不知夫親有限祖有常聖人制禮君子不以情變易國家重光累聖歷祀百數豈不知景皇帝始封于唐當時通儒議功度德尊神堯克配彼天宗太宗以配上帝神有定主爲日已久今欲黜神堯配含樞紐以太宗配上帝則紫微五精上帝佐也以子先父豈禮意乎非止神祇錯位亦以祖宗乖序何以上稱皇天祖宗之意哉若夫神堯之功太宗之德格于皇天上帝臣以爲郊祀宗祀無以加焉其八難曰欲以景皇帝爲始祖既非造我區寓經綸草昧之主故非夏始

祖禹殷始祖契周始祖稷漢始祖高帝魏始祖武皇帝晉始祖宣帝國家始祖神堯皇帝同功比德而忽昇于宗祀圜丘之上爲昊天匹曾爲圜丘不如林放乎其九難曰昨所言魏文帝丕以武帝操爲始祖晉武帝炎以宣帝懿爲始祖者夫孟德仲達者皆人傑也擁天下之強兵挾漢魏之微主專制海內令行草偃服袞冕陳軒懸天子決事於私第公卿列拜於道左名雖爲臣勢實凌君後主因之而業帝前王由之而禪代子孫尊而祖之不亦可乎其十難曰所引商周魏晉既不當矣則景皇帝不爲始祖明矣我神堯拔出群雄之中廓清隋室拯生人於塗炭則夏禹之勳不足多成帝業於數年之間而漢祖之功不足比夏以大禹爲始祖漢以高帝爲始祖則我唐以神堯爲始祖法夏則漢於義何嫌今欲革皇天之祀易太祖之廟事之大者莫大於斯曾無按據一何寡陋不愧于心不畏于天乎以前奉詔令諸司各據禮經定議者臣幹忝竊朝列官以諫爲名以直見知以學見達不敢不罄竭以裨萬一昨十四日具以議狀呈宰相宰相今

朝臣與臣論難所難臣者以臣所見獨異莫不騰辭飛辯競欲碎臣理鉗臣口剖析毫釐分別異同序墳典之疑滯指子傳之乖謬事皆歸根觸物不礙但臣言有宗爾豈辯者之流也又歸崇敬薛頎等援引鄭學欲蕪祀典臣爲明辯迷而不復臣輒作十詰十難按據墳籍昭然可知庶郊禘事得其眞嚴配不失其序皇靈降祉天下蒙賴臣亦何顏不蹈鼎鑊謹敢聞達伏增悚越議奏不報至二年春夏旱言事者云太祖景皇帝追封於唐高祖實受命之祖百神受職合依高祖今不得配享天地所以神不降福以致愆陽代宗疑之詔百寮會議○太常博士獨孤及獻議曰禮王者禘其祖之所自出以其祖配之凡受命始封之君皆爲太祖繼太祖巳下六廟則以親盡迭毀而太祖之廟雖百代不遷此五帝三王所以尊祖敬宗也故受命于神宗禹也而夏后氏祖顓頊而郊鯀縉禹黜夏湯也而殷人郊冥而祖契革命作周武王也而周人郊稷而祖文王則明自古必以首封之君配昊天上帝唯漢氏崛起豐公太公皆無位無功不可以爲祖宗

故漢以高皇帝爲太祖其先細微也非足爲後代法伏惟太祖景皇帝以柱國之任翼周弼魏肇啓王業建封于唐高祖因之遂以爲天地之號天所命也亦如契之封商后稷之封邰禘郊祖宗之位在百代不遷之典郊祀太祖宗祀高祖猶周之祖文王而宗武王也今若以高祖創業當躋其祀是棄三代之令典尊漢氏之末制黜景皇帝之大業同豐公太公之不祀反古違道失孰大焉夫追尊景皇廟號太祖高祖太宗所以崇尊之禮也若頹之位既異則太祖之號宜廢祀之不修廟亦當毀尊祖報本之道其墜于地乎漢制擅議宗廟以大不敬論今武德貞觀憲章未改國家方將敬祀事和神人禘郊之間恐非所宜臣謹稱禮文參諸往制請仍舊典竟依歸崇敬等議以太祖配享天地廣德二年正月十六日禮儀使杜鴻漸奏郊太廟大禮其祝文自今已後請依唐禮板上墨書其玉簡金字者一切停廢如允臣所奏望編爲常式敕曰宜行用竹簡貞元元年十一月十一日德宗親祀南郊有司進圖敕付禮官詳酌博士柳冕奏曰開元定禮垂

之不刊天寶改作起自權制此皆方士謬妄之說非禮典之文請一准開元禮從之其年十月二十七日詔郊祀之義本於至誠制禮定名合從事實使名實相副則尊卑有倫五方配帝上古哲王道濟烝人禮著明祀論善計功則朕德不類統天御極朕位攸同而於祝文稱臣以祭既無益於誠敬徒有瀆於等威前京兆府司錄參軍高佩上疏陳請其理精詳朕重變舊儀訪于卿士申明大義是用釋然宜從改正以敦至禮自今已後祀五方配帝祝文並不須稱臣其餘禮數如舊六年十一月八日有事于南郊詔以皇太子爲亞獻親王爲終獻上問禮官亞獻終獻合受誓誡否吏部郎中柳冕曰準開元禮獻官前七日於內受誓誡辭云各揚其職不供其事國有常刑今以皇太子爲亞獻請改舊辭云各揚其職肅奉常儀從之十五年四月術士匡彭祖上言大唐土德千年合符請每於四季月郊祀天地詔禮官儒者議歸崇敬曰準禮立春日迎春於東郊祭青帝立夏日迎夏於南郊祭赤帝立秋後十八日迎黃靈於中地祭黃帝秋冬各於其

方黃帝於五行爲土王在四季土生於火用事於未而祭於秋三季則否漢魏周隋共行此禮國家土德乘時亦以每歲六月土王之日祀黃帝於南郊以后土配合於典禮彭祖憑候緯之說據陰陽之書事涉不經恐難行用乃寢元和十五年十二月將有事於南郊穆宗問禮官南郊卜日否禮院奏伏準禮令祠祭皆卜自天寶已後凡欲郊祀必先朝太清宮次日饗太廟又次日祀南郊相循至今並不卜日從之及明年正月南郊禮畢有司不設御榻上立受群臣慶賀及御樓仗退百寮復不於樓前賀乃受賀於興慶宮二者闕禮有司之過也

唐書志卷第一

按本書紀第十一有錯簡兩節已據沈氏德潛校本改正本卷復有錯簡仍依前例訂正如左

今第六葉前十一行自是五精之神五星所奉矣其又以下原接今第十二葉前十四行五方帝五帝五官從祀

今第十二葉前十四行以睿宗配下原接今第十七葉前九行太常博士獨孤及獻議曰

今第十七葉前九行百寮會議下原接今第六葉前十一行天是人主之象但殿本於今第六葉前十一行五星所奉矣其又以天是人主之象句脫去矣字其又以天是五字作以其是三字

按殿本考證云五星所奉矣下應接以其是人主之象云云原本以字譌矣下誤接其又以五方帝云云共誤二千三百餘字今查自五方帝至百寮會議實三千五百字

又考證云以睿宗配下應接其五方帝云云原本誤接太常博士獨孤及云云共三千三百餘字今查自太常博士獨孤及至有司之過也祇一千九十八字

又考證云詔百寮會議下應接太常博士獨孤及云云原本誤接天是人主之象云云共四千二百餘字今查自以其是人主之象至以睿宗配祇四千五百六字

以上三則考證所記字數均與實數不符特爲訂正張元濟識

唐書志卷第二

劉昫　等修

聞人詮校刻沈桐同校

禮儀二

隋文帝開皇中將作大匠宇文愷依月令造明堂木樣以獻帝令有司於京城安業里內規兆其地方欲崇建而諸儒爭論不定竟議罷之煬帝時愷復獻明堂木樣幷議狀屬遷都興役事又不就終於隋代季秋大享恒在雩壇設祀高祖受禪不遑創儀太宗平定天下命儒官議其制貞觀五年太子中允孔穎達以諸儒立議違古上言曰臣伏尋前勑依禮部尚書劉伯莊等議以爲從崑崙道上層祭天又尋後勑云爲左右閣道登樓設祭臣檢六藝羣書百家諸史皆名基上曰堂樓上曰觀未聞重樓之上而有堂名孝經云宗祀文王於明堂不云明樓明觀其儀一也又明堂法天聖王示儉或有翦蒿爲柱葺茅作蓋雖復古今異制不可恒然猶依大典惟在朴素是以席惟藁秸器尚陶匏

用繭栗以貴誠服大裘以訓儉今若飛樓架道綺閣凌雲考古之文實堪疑慮按郊祀志漢武明堂之制四面無壁上覆以茅祭五帝於上座祀后土於下防臣以上座正爲基上下防惟是基下既云無四壁未審伯莊如何上層祭神下有五室且漢武所爲多用方士之說違經背正不可師祖又盧寬等議云上層祭天下堂布政欲使人神位別事不相干臣以古者敬重大事與接神相似以朝覲祭祀皆在廟堂豈有樓上祭祖樓下視朝閣道昇樓路便窄隘乘輿登降儀衛不敬步往則勞曳聖躬侍衛在旁百司供奉求之典誥全無此理臣非敢固執愚見以求己長伏以國之大典不可不慎乞以臣言下群臣詳議侍中魏徵議曰稽諸古訓參以舊圖其上圓下方複廟重屋百慮一致異軫同歸洎當塗膺籙未遑斯禮典午聿興無所取則裴頠以諸儒持論異端蜂起是非外互靡所適從遂乃以人廢言止爲一殿宋齊即仍其舊梁陳遵而不改雖嚴配有所祭享不匱求之典則道實未弘夫孝因心生禮緣情立心不可極故備物以表其誠情無以盡故飾宮以廣其敬宣尼美意其在茲乎臣等親奉德音令參大議思竭塵露微增山海凡聖人有作義重隨時萬物斯覩事資通變若據蔡邕之說則至理失於文繁若依裴頠所爲則又傷於質略求之情理未允厥中今之所議非無用捨請爲五室重屋上圓下方旣體有則象又事多故實下室備布政之居上堂爲祭天之所人神不雜禮亦宜之其高下廣袤之規几筵尺丈之制則並隨時立法因事制宜自我而作何必師古廓千載之疑議爲百王之懿範不使太山之下惟聞黃帝之法汶水之上獨稱漢武之圖則通乎神明庶幾可俟子來經始成之不日議猶未決十七年五月秘書監顏師古議曰明堂之制爰自古昔求之簡牘全文莫覩始之黃帝降及有虞彌歷夏殷迄于周代各立名號別創規模衆說舛駁互執所見巨儒碩學莫有詳通斐然成章不知裁斷究其指要實布政之宮也徒以戰國縱橫典籍廢棄暴秦酷烈經禮湮亡今之所存傳記雜說用爲準的理實蕪昧然周書之敘明堂紀其四面則有應門雉門據此一塗固是王

者之常居耳其青陽總章玄堂太廟及左个右个與四時之次相用則路寢之義足爲明證文王居明堂之篇帶以弓韣祠于高禖下九門磔禳以禦疾疫置梁除道以利農夫令國有酒以合三族凡一事等皆合月令之文觀其所爲皆在路寢者也戴禮昔周公朝諸侯于明堂之位天子負斧扆南向而立明堂也者明諸侯之尊卑也又云周人明堂度九尺之筵東西九筵堂一筵據其制度即大寢也亦曰黃帝曰合宮有虞氏曰總章殷曰陽館周曰明堂斯皆路寢之徵知非別處大戴所說初有近郊之言復稱文王之廟進退無據自爲矛盾原夫負扆受朝常居出入既在皐庫之內亦何云於郊野哉孝經傳云在國之陽又無里數漢武有懷創造詢於搢紳言論紛然終無定據乃立於汶水之上而宗祀焉明其不拘遠近無擇方面孝成之代表行城南雖有其文厥功靡立平帝元始四年大議營創孔牢等乃以爲明堂辟雍太學其實一也而有三名金褒等又稱經傳無文不能分別同異中興之後蔡邕作論復云明堂太廟一物二名鄭玄則

曰在國之陽三里之外七里之内丙巳之地頴容釋例亦云明堂太廟凡有八名其體一也苟立同異竟爲巧說並出自胸懷曾無師祖審夫功成作樂理定制礼草創從宜質文遞變旌旗冠冕古今不同律度權衡前後不一隨時之義斷可知矣假如周公舊章猶當擇其可否宜尼彝則尚或補其闕漏况鄭氏臆說淳于謏聞匪異守株何殊膠柱愚謂不出墉雉邇接宮闈實允事宜諒無所惑但當上遵天旨祗奉德音作皇代之明堂永貽範於來葉區區碎議皆略而不論

又上表曰明堂之制陛下已發德音久令詳議但以學者專固人人異言損益不同是非莫定臣愚以爲五帝之後兩漢已前高下方圓皆不相襲惟在陛下聖情創造即爲大唐明堂足以傳於萬代何以論戶牖之多少疑階廷之廣狹若恣儒者互說一端久無斷决徒稽盛礼昔漢武欲草封禪儀博望諸生所說不同莫知孰是唯御史大夫倪寬勸上自定制度遂成登封之礼臣之愚誠亦望陛下斟酌繁省爲其節文不可謙拒以淹大典尋以有事遼海未暇營創永徽二

年七月二日勑曰上玄幽贊處崇高而不言皇王提象代神功而理物是知五精降德爰應帝者之尊九室垂文用紀配天之業且合宮靈符創鴻規於上代太室總章標茂範於中葉雖質文殊制奢儉異時然則立天中作人極布政施教其歸一揆朕嗣膺下武丕承上烈思所以答眷上靈聿遵孝享而法宮曠礼明堂寢構今國家四表無虞人和歲稔作範垂訓今也其時宜令所司與礼官學士等考覈故事詳議得失務依典礼造立明堂庶曠代闕文獲申於茲日因心展敬永垂於後昆其明堂制度令諸曹尚書及左右丞侍郎太常國子秘書官弘文館學士同共詳議於是太常博士柳宣依鄭玄義以爲明堂之制當爲五室内直丞孔志約據大戴礼及盧植蔡邕等義以爲九室曹王友趙慈皓秘書郎薛文思等各造明堂圖諸儒紛爭互有不同上初以九室之議爲是乃令所司詳定形制及辟門闕等明年六月内出九室様仍更令有司損益之有司奏言内様堂基三重每基階各十二上基方九雉八角高一尺中基方三百尺高一筵下

基方三百六十尺高一丈二尺上基象黃琮爲八角四面安十二階請從内様爲定基高下仍請準周制高九尺其方共作司約準一百四十八尺中基下基望並不用又内室各方三筵開四闥八牕屋圓楣徑二百九十一尺按鑄大饗五帝各在一室商量不便請依兩漢季秋合饗總於太室若四時迎氣之祀則各於其方之正其安置九室之制增損明堂故事三三相重太室在中央方六丈其四隅之室謂之左右房各方二丈四尺當太室四面青陽明堂總章玄堂等室各長六丈以應太室闊二丈四尺以應左右房室間並通巷各廣一丈八尺其九室并巷在堂上總方一百四十四尺法坤之策屋圓楣楯櫓或爲未允請據鄭玄盧植等說以前梁爲楣其徑二百一十六尺法乾之策圓柱旁出九室四隅各七尺法天以七紀柱外餘基共作司約準面别各餘一丈一尺内室别四闥八牕檢與古同請依爲定其戶依古外設而不開内外有柱三十六每柱十梁内有七間柱根以上至梁高三丈梁以上至屋峻起計高八十一尺上圓下方飛

檐應規請依内様爲定其屋蓋形制仍望據考工記改爲四阿并依礼加重檐準太廟安鴟尾堂四向五色請依周礼白盛爲便其四向各隨方色請施四垣及四門辟雍按大戴礼及前代說辟雍多無水廣内徑之數蔡邕云水廣二十四丈四周於外三輔黃圖云廣四周與蔡邕不異仍云水外周堤又張衡東京賦　稱造舟爲梁礼記明堂位陰陽録云水左旋以象天商量水廣二十四丈恐傷於闊今請減爲二十四步垣外量取周足仍依故事造舟爲梁其外周以圓堤并取陰陽水行左旋之制殿垣按三輔黃圖殿垣四周方在水内高不蔽日殿門去殿七十二步準今行事陳設猶恐窄小其方垣四門去堂步數請準太廟南門去廟基遠近爲制仍立四門八觀依太廟門别各安三門施玄閫四角造三重魏闕此後羣儒紛競各執異議尚書左僕射于志寧等請爲九室太常博士唐昤等請爲五室高宗令於觀德殿依兩議張設親與公卿觀之帝曰明堂之礼自古有之議者不同未果營建今設兩議公等以何者爲宜工部尚書閻立德對

曰兩議不同俱有典故九室似闇五室似明取捨之宜斷在聖慮上
以五室爲便議又不定由是且止至乾封二年二月詳宜略定乃下
詔曰朕以寡薄忝承丕緒奉二聖之遺訓撫億兆以初臨馭朽兢懷
推溝在念而上玄垂祐宗社降休歲稔時和人殷俗阜車書混一文
軌大同檢玉泥金升中告禪百蠻執贄萬國來庭朝野懽娛華夷胥
悅但爲郊禋嚴配未安太室布政施行猶闕合宮朕所以日旰忘疲
中宵輟寢討論墳籍錯綜群言採三代之精微探九皇之至賾斟酌
前載製造明堂棟宇方圓之規雖兼故實度筵陳俎之法獨運財成
宣諸內外博考詳議求其長短異廣異聞而鴻生碩儒俱稱盡善搢
紳士子並奏該通創此宏摹自我作古因心既展情禮獲伸永言宗
祀良深感慰宜命有司及時起作務從折中稱朕意焉於是大赦天
下改元爲總章分萬年置明堂縣明年三月又具規製廣狹下詔曰
合宮聽朔闡皇軒之茂範靈府通和敷帝勛之景化啟人陽館青珪
備禮姬氏玄堂彤璋合獻雖運殊驪翰時變質文至於立天中建皇

極軌物施教其歸一揆考圖汶上僅存公玉之儀度室圭躔才紀中
元之製屬炎精墜鷟璠宮毀籥四海淪於沸鼎九土陷於塗原高祖
太武皇帝杖鉞唐郊收鈐雍野納祥符於蒼水受靈命於丕山飛沈
泳沫動植游源太宗文皇帝盟津光誓協降火而登壇豐谷斷蛇應
屯雲而鞠旅封金岱嶺昭累聖之鴻勳勒石九都成文考之先志固
可以作化明堂顯庸太室傍羅八柱周建四門木工不琢土事無文
豐約折衷經始勿亟闕文斯備大禮聿脩其明堂院每面三百六十
步當中置堂按周易乾之策二百一十有六坤之策一百四十有四
總成三百六十故方三百六十步當中置堂處二儀之中定三才之
本構茲一宇臨此萬方自降院每面三門同爲一宇徘徊五間按尚
書一朞有四時故四面各一所開門每時有三月故每一所開三門
一朞十有二月故周迴總十二門所以面別一門應茲四序既一時
而統三月故於一舍而置三門又周易三爲陽數二爲陰數合而爲
五所以每門舍五間院四隅各置重樓其四墉各依本方色按淮南

子地有四維故四樓又按月令水火金木土五方各異色故其墻各
依本方之色基八面象八方按周禮黃琮禮地鄭玄注琮者八方之
玉以象地形故以祀地則知地形八方又按漢書武帝立八觚壇以
祀地登地之壇形象地故今爲八方之基以象地形基高一丈二尺
徑二百八十尺按漢書陽爲六律陰爲六呂陽與陰合故高一丈二
尺又按周易三爲陽數八爲陰數三八相乘得二百四十丈按漢書
九會之數有四十合爲三百八十所以基徑二百八十尺故以交通
天地之和錯綜陰陽之數以明陽不獨運資陰和以助成陰不孤行
待陽唱而方應陰陽兩順天地咸亨則百寶斯興九疇攸序基每面
三階周迴十二階每階爲二十五級按漢書天有三階故每面三階
地有十二辰故周迴十二階又按文子從凡至聖有二十五等故每
階二十五級所以應符星而設階法台耀以疏陛上擬霄漢之儀下
則地辰之數又列茲重級用準聖凡象皇極之高居俯庶類而臨耀
基之上爲一堂其宇上圓按道德經天得一以清地得一以寧侯王

得一以爲天下貞又曰道生一一生二二生三三生萬物又按漢書
太極元氣函三爲一又曰天子以四海爲家故置一堂以象元氣并
取四海爲家之義又按周禮蒼璧禮天鄭玄注璧圓以象天故爲宇
上圓堂每面九間各廣一丈九尺按尚書地有九州故立九間又按
周易陰數十故間別一丈九尺所以規摹厚地準則陰陽法二氣以
通基置九州於一宇堂周迴十二門每門高一丈七尺闊一丈三尺
按禮記一歲有十二月所以置十二門又按周易陰數十陽數七故
高一丈七尺又曰陽數五陰數八故闊一丈三尺所以調茲玉燭應
彼金輝叶二氣以循環逐四序而迎節堂周迴二十四窗高一丈三
尺闊一丈一尺二十三櫺二十四明按史記天有二十四氣故置二
十四窗又按書一年十二月并象閏故高一丈三尺又按周易天數
一地數十故闊一丈一尺又天數九地數十并四時成二十三故二
十三櫺又按周易八純卦之本體合二十四爻故有二十四明列牖
疏象風候氣遠周天地之數曲準陰陽之和堂心八柱各長五十五

尺按河圖八柱承天故置八柱又按周易大衍之數五十有五故長五十五尺聳茲八柱承彼九閒數該大衍之規形符立極之制且柱爲陰數天實陽元柱以陰氣上昇天以陽和下降固陰陽之交泰乃天地之相承堂心之外置四柱爲四輔按漢書天有四輔星故置四柱以象四星內以八柱承天外象四輔明化上交下泰表裏相成叶台耀以分輝契編珠而拱極八柱四輔之外第一重二十柱按周易天數十并五行之數合而爲二十故置二十柱體二儀而立數叶五位以裁規式符立極之功允應剛柔之道八柱四輔之外第二重二十八柱按史記天有二十八宿故有二十八柱所以仰則乾圖上符景宿考編珠而紀度觀列宿以迎時八柱四輔之外第三重三十二柱按漢書有八節八政八風八音四八三十二柱調風御節萬物資以化成布政流音九區仰而貽則外面周迴三十六柱按漢書一朞三十六旬故法之以置三十六柱所以象歲時而致用順氣序以通微璿璣之度無愆玉曆之期永契八柱之外修短總有三等按周易天

○地人爲三才故置柱長短三等所以擬三才以定位高下相形體萬物以資生長短兼運八柱之外都合一百二十柱按禮記天子置三公九卿二十七大夫八十一元士合爲一百二十是以置一百二十柱分職設官翊化資於多士開物成務構廈藉於群材其上監周迴二百四柱按周易坤之策一百四十有四又漢書九會之數有六十故置二百四柱所以採坤策之玄妙法甲乙之精微環迴契辰象之規結構準陰陽之數又基以象地故叶策於坤元柱各依方復規模於甲子重楣二百一十六條按周易乾之策二百一十有六故置二百一十六條所以規模易象擬法乾元應大衍之深玄叶神冊之至數大小節及栱總六千三百四十五按漢書會月之數六千三百四十五故置六千三百四十五枚所以遠採三統之文傍符會月之數契金儀而調節偶璇曆以和時重幹四百八十九枚按漢書章月二百三十五閏月周迴二百五十四總成四百八十九故置四百八十九枚所以法績端之奧義象舉正之芳猷規模歷象發明章閏下枊

七十二枚按易緯有七十二候故置七十二枚所以式模芳節取規貞候契至和於昌曆偶神數於休期上枊八十四枚按漢書九會之數有七十又按莊子六合之外聖人存而不論司馬彪注天地四方爲六合總成八十四故置八十四枚所以模範二儀包羅六合準會陰陽之數周通氣候之源枅六十枚按漢書推太歲之法有六十故置六十枚所以兼該曆數包括陰陽採甲乙之深微窮辰子之玄奧連栱三百六十枚按周易當朞之日三百有六十故置三百六十枚所以叶周天之度韋當期之日順平分而成歲應點運以循環小梁六十枚按漢書有六十甲子故置六十枚構此虹梁邐規鳳曆傍竦四宇之製遥符六甲之源檸二百二十八枚按漢書章中二百二十八故置二百二十八枚所以應長曆之規象中月之度廣綜陰陽之數傍通寒暑之和方衡一十五重按尚書五行生數一十有五故置十五重結棟分間法五行而演秘既楹疊構叶生數以成規南北大梁三根按周易太極生兩儀故置二大梁執範乾坤模擬天地象玄

○黄之合德表覆載以生成陽馬二十六道按易緯有三十六節故置三十六道所以顯茲嘉節契此貞辰分六氣以燮陰陽環四象而調風雨椽二千九百九十根按漢書月法二千三百九十二通法五百九十八共成二千九百九十所以偶推步之規合通法之數是知䟽椽構宇則大壯之架斯隆積月成年則會曆之規無爽大招兩重重別三十六條總七十二按淮南子太平之時五日一風一年有七十二風故置七十二條所以通規瑞曆叶數祥風遥符淳俗之源遠則休徵之契飛檐椽九百二十九枚按漢書從子至午其數九百二十九枚所以採辰象之宏模法周天之至數且午爲陰本子實陽源子午分時則生成之道自著陰陽合德則覆載之義茲隆堂檐徑二百八十八尺按周易乾之策二百一十六易緯云年有七十二候合爲二百八十八故徑二百八十八尺所以仰叶乾策遠承貞候順和氣而調序擬圓蓋以照臨堂上棟去基上面九十尺按周易天數九地數十以九乘十數當九十故去基上面九十尺所以上法圓清下儀方

載粢陰陽之至數叶交泰之貞符又以兹天九乘於地十象陽唱而陰和沾乾施而坤成搶去地五十五尺按周易大衍之數五十有五故去地五十五尺所以擬大易之嘉數通惟神之至賾道合萬象理貫三才上以清陽玉葉覆之按淮南子清陽爲天合以清陽之色詔下之後猶詳議未決終高宗之世未能創立則天臨朝儒者屢上言請創明堂則天以高宗遺意乃與北門學者議其制不聽群言垂拱三年春毁東都之乾元殿就其地創之四年正月五日明堂成凡高二百九十四尺東西南北各三百尺有三層下層象四時各隨方色中層法十二辰圓蓋蓋上盤九龍捧之上層法二十四氣亦圓蓋亭中有巨木十圍上下通貫栭櫨橕欂藉以爲本亘之以鐵索蓋爲鸑鷟黃金飾之勢若飛翥刻木爲瓦夾紵漆之明堂之下施鐵渠以爲辟雍之象號萬象神宮因改河南縣爲合宮縣詔曰黃軒御曆朝萬方於合宮丹陵握符咨四岳於衢室有虞輯瑞總章之號既存大禹錫珪重屋之名攸建殷人受命置陽館以辨方周室凝圖立明堂以經

○野用能範圍三極幽贊五神展尊祖之懷用宗祀之典爰從漢魏迨及周隋經始之制雖興脩廣之規未備朕以庸昧虔膺厚託受寄於綴衣之夕荷顧於仍几之前伏以高宗往年已屬意於陽館故宗輔之縣預紀明堂之名改元之期先著總章之號朕於乾封之際已奉表上壓雖簡宸心未遑營構今以鼎郊勝壤圭邑奧區處天地之中順陰陽之序舟車是湊貢賦攸均爰藉子來之功式遵奉先之旨夫明堂者天子宗祀之堂朝諸侯之位也開乾坤之奧策法氣象之運行故能使災害不生禍亂不作眷言盛烈豈不美歟比者鴻儒禮官所執各異咸以爲明堂者置之三里之外七里之內在國陽明之地今既俯邇宮掖恐黷靈祇誠乃布政之居未爲宗祀之所朕乃爲丙巳之地去宮室遥遠每月所居因時饗祭常備文物動有煩勞在於朕懷殊非所謂今故裁基紫掖闢宇彤闈經始肇興成之匪日但敬事天地神明之德乃彰尊祀祖宗嚴恭之志方展若使惟云布政負扆臨人則茅宇土階取適而已豈必勞百姓之力制九筵而御哉誠

以獲執蘋蘩虔奉宗廟故也時既沿革莫或相遵自我作古用適於事今以上堂爲嚴配之所下堂爲布政之居光敷禮訓式展誠敬來年正月一日可於明堂宗祀三聖以配上帝宜令禮官博士學士內外明禮者詳定儀禮務從典要速以奏聞永昌元年正月元日始親享明堂大赦改元其月四日御明堂布政頒九條以訓于百官文多不載翌日又御明堂饗群臣賜縑纁有差自明堂成後縱東都婦人及諸州父老入觀兼賜酒食久之乃止吐蕃及諸夷以明堂成亦各遣使來賀載初元年冬正月庚辰朔日南至復親饗明堂大赦改元用周正翼日布政于群后其年二月則天又御明堂大開三教內史邢文偉講孝經命侍臣及僧道士等以次論議日昃乃罷天授二年正月乙酉日南至親祀明堂合祭天地以周文王及武氏先考先妣配百神從祀並於壇位次第布席以祀之於是春官郎中韋叔夏奏曰謹按明堂大享唯祀五帝故月令云是月也大享帝則禮典所云大享不問卜鄭玄注云謂徧祭五帝於明堂莫適卜是也又按祭法云

○祖文王而宗武王鄭玄注云五神於明堂曰祖宗故孝經云宗祀文王於明堂以配上帝據此諸文明堂正禮唯祀五帝配以宗祖及五帝五官神等自外餘神並不合預伏惟陛下追遠情深崇禋志切於明堂享祀加昊天上帝皇地祇重之以先后配享此乃補前王之闕典弘嚴配之虔誠往以神都郊壇未建乃於明堂之下廣祭衆神蓋義出權時非不刊之禮也謹按禮經其內官中官五岳四瀆諸神並合從祀於二至明堂總奠事乃不經然則宗祀配天之親雜與小神同薦於嚴敬之道理有不安望請每歲元日惟祀天地大神配以帝后其五岳以下請依禮於冬夏二至從方丘圓丘庶不煩黷從之時則天又於明堂後造天堂以安佛像高百餘尺始起建構爲大風振倒俄又重營其功未畢證聖元年正月丙申夜佛堂災延燒明堂至曙二堂並盡尋時又無雲而雷起自西北則天欲責躬避正殿宰相姚璹曰此實人火非是天災至如成周宣榭卜代逾長漢武建章盛德彌永今明堂是布政之所非宗祀也則天乃御端門觀酺宴下詔

令文武九品已上各上封事極言無有所隱左拾遺劉承慶上疏曰臣聞自古帝王皆有美惡休祥所以昭其德災變所以知其咎天道之常理王者之常事然則休祥屢臻不可務功而自滿災變荐降不可輕忽而靡驚故殷宗以桑穀生朝懷懼而自省妖不勝德遂立中興之功辛紂以雀生大鳥恃福而自盈祥不勝驕終致傾亡之禍故知災變之生將自覺悟明主扶持大業使盛而不衰理須祗畏神心警懼天誡飭身正事業業兢兢則凶往而吉來轉禍而爲福昔殷湯禱身而降雨成王省事以反風宋公憂熒惑之災而應三舍之壽高宗懲雊鼎之異而享百年之福此其類也自陛下承天理物至道事神美瑞嘉祥洊臻狎委非臣所能盡述日者變生人火損及神宮驚惕聖心震動黎庶臣謹按左傳曰人火曰火天火曰災人火因人而興故指火體而爲稱天火不知何起直以所災言之其名雖殊爲害不別又漢書五行志曰火失性則自上而降及濫僭妄起所謂人火其來雖異爲患寔同王者舉措營爲必關幽顯幽爲天道顯爲人事

○幽顯迹通天人理合今工匠宿藏其火本無放燎之心明堂教化之宮復非延火之所孽煨潛扇倏忽成災雖則因人亦關神理臣愚以爲火發既先從麻主後及總章意將所營佛舍恐勞而無益但崇其教即是津梁何假紺宮方存汲引既辟在明堂之後又前逼牲牢之筵兼以厥構崇大功多難畢立像弘法本擬利益黎元傷財役人却且煩勞家國承前大風摧木天誡已顯今者毒燄冥熾人孽復彰聖人動作必假天人之助一興功役二者俱違厥應昭然殆將緣此臣以爲明堂是正陽之位至尊所居展禮班常崇化立政玉帛朝會神靈依憑營之可曰大功損之實非輕事既失嚴禋之所復傷孝理之情陛下昨降明制猶申寅畏之旨群寮理合兢畏震悚勉力司存豈合承恩耽樂安然醵宴又下人感荷聖德覩變增惶神體克寧豈非深悅但以火氣初止尚多驚懼餘憂未息遽以歡事過之臣恐憂喜相爭傷於情理故傳曰可憂而爲樂取憂之道又古者有火祭四墉四墉積陰之氣祈之以禳火災炎陽之氣歡樂陽事火氣方勝不可復

興陽事臣聞災變之興至聖不免聿修其德來患可禳陛下垂制博訪許陳至理而左史張鼎以爲今既火流王屋彌顯大周之祥通事舍人逄敏奏稱當彌勒初成佛道時有天魔燒宮七寶臺須臾散壞斯實諂妄之邪言實非君臣之正論幃昧王化無益萬機夫天道雖高其察彌近神心雖寂其聽彌聰交際皇王事均影響今大風烈火譴告相仍實天人丁寧匡諭聖主使鴻基益固天祿永終之意也伏願陛下乾乾在慮翼翼爲懷若涉巨川如承大祭審其致災之理詳其降眚之由無替天人之心而興不急之役則兆人蒙賴福祿靡窮幸甚幸甚則天尋令依舊規制重造明堂凡高二百九十四尺東西南北廣三百尺上施寶鳳俄以火珠代之明堂之下圜遶施鐵渠以爲辟雍之象天冊萬歲二年三月重造明堂成號爲通天宮四月朔日又行親享之禮大赦改元爲萬歲通天翼日則天御通天宮之端扆殿命有司讀時令布政于群后其年鑄銅爲九州鼎既成置於明堂之庭各依方位列焉神都鼎高一丈八尺受一千八百石冀州鼎

○名武興雍州鼎名長安兗州名日觀青州名少陽徐州名東原揚州名江都荊州名江陵梁州名成都其八州鼎高一丈四尺各受一千二百石司農卿宗晉卿爲九鼎使都用銅五十六萬七百一十二斤鼎上圖寫本州山川物產之像仍令工書人著作郎賈膺福殿中丞薛昌容鳳閣主事李元振司農錄事鍾紹宗等分題之左尚方署令曹元廓圖畫之鼎成自玄武門外曳入令宰相諸王南北衙宿衛兵十餘萬人并仗內大牛白象共曳之則天自爲曳鼎歌令相唱和其時又造大儀鍾斂天下三品金竟不成九鼎初成欲以黃金千兩塗之納言姚璹曰鼎者神器貴於質朴無假別爲浮飾臣觀其狀光有五彩輝煥錯雜其間豈待金色爲之炫燿乃止其年九月又大享於通天宮以契丹破滅九鼎初成大赦改元爲神功聖曆元年正月又親享及受朝賀尋制每月一日於明堂行告朔之禮司禮博士辟閭仁諝奏議曰謹按經史正文無天子每月告朔之事惟禮記玉藻云天子聽朔於南門之外周天官太宰正月之吉布政于邦國都鄙干

寶注云周正建子之月告朔日也此即王藻之聽朔矣今每歲首元日於通天宮受朝讀時令布政事京官九品以下諸朝集使等咸列於庭此則聽朔之禮畢而合于周禮玉藻之文矣而鄭玄注玉藻聽朔以秦制月令有五帝五官之事遂云凡聽朔必特牲告其時帝及其神配以文王武王此鄭注之誤也故漢魏至今莫之用按月令云其帝太昊其神勾芒者謂宣布時令告示下人其令詞云其帝其神耳所以爲敬授之文欲使人奉其時而務其業每月有令故謂之月令非謂天子月朔日以配帝而發告之其每月告朔者諸侯之禮也故春秋左氏傳曰公既視朔遂登觀臺又鄭注論語禮云人君每月告朔於廟有祭謂之朝享魯自文公始不視朔是諸侯之禮明矣今王者行之非所聞也按鄭所謂告其帝者即太昊等五人帝其神者即重黎等五行官雖並功施於人列在祀典無天子每月拜祭告朔之文臣等謹檢禮記及三禮義宗江都集禮貞觀禮顯慶禮及祠令並無天子每月告朔之事若以爲代無明堂故無其告朔之禮則江

都集禮貞觀禮顯慶禮及祠令著祀五方上帝於明堂即孝經宗祀文王於明堂也此則無明堂而著其享祭何爲告朔獨闕其文若以君有明堂即合告朔則周秦有明堂而經典正文無天子每月告朔之事臣等歷觀今古博考載籍既無其禮不可習非望請停每月一日告朔之祭以正國經竊以天子之尊而用諸侯之禮非所謂頒告朔令諸侯使奉而行之義也鳳閣侍郎王方慶又奏議曰謹按明堂天子布政之宮也蓋所以順天氣統萬物動法於兩儀德被於四海者也夏曰世室殷曰重屋姬曰明堂此三代之名也明堂天子太廟所以宗祀其祖以配上帝東曰青陽南曰明堂西曰總章北曰玄堂中曰太室雖有五名而以明堂爲主漢代達學通儒咸以明堂太廟爲一漢左中郎將蔡邕立議亦以爲然取其正室則謂之太室取其向陽則謂之明堂取其建學則謂之太學取其圜水則謂之辟雍異名而同事古之制也天子以孟春正月上辛日於南郊總受十二月之政還藏於祖廟月取一政班於明堂諸侯孟春之月朝於天子受

十二月之政藏於祖廟月取一政而行之蓋所以和陰陽順天道也如此則禍亂不作災害不生矣故仲尼美而稱之曰明王之以孝理天下也人君以其禮告廟則謂之告朔聽視此月之政則謂之視朔亦曰聽朔雖有三名其實一也今禮官議稱經史正文無天子每月告朔之事者臣謹按春秋文公六年閏十月不告朔穀梁傳曰閏附月餘日天子不以告朔左氏傳云閏月不告朔非禮也閏以正時時以作事事以厚生生人之道於是乎在矣不告閏朔棄時政也臣據此文則天子閏月亦告朔矣寧有他月而廢其禮者乎博考經籍其文甚著何以明之周禮太史職云頒告朔於邦國閏月告王居門終月又禮記玉藻云閏月則闔門左扉立于其中並是天子閏月而行告朔之事也禮官又稱玉藻天子聽朔於南門之外周禮天官太宰正月之吉布政于邦國都鄙干寶注云周正建子之月告朔日也此即王藻之聽朔矣今每歲首元日通天宮受朝讀時令布政事京官九品以上諸州朝集使等咸列於庭此聽朔之禮畢而合于周禮玉

藻之文矣禮論及三禮義宗江都集禮貞觀禮顯慶禮及祠令無王者告朔之事者臣謹按玉藻云玄冕而朝日於東門之外聽朔於南門之外鄭注云朝日春分之時也東門皆謂國門也明堂在國之陽每月就其時之帝而聽朔焉卒事反宿於路寢凡聽朔必以特牲告其時帝及其神配以文王武王臣謂今歲首元日通天宮受朝讀時令及布政自是古禮孟春上辛受十二月之政班於明堂其義昭然猶未行也即如禮官所言遂闕其事臣又按禮記月令天子每月居青陽明堂總章玄堂即是每月告朔之事先儒舊說天子行事一年十八度入明堂大享不問卜一入也每月告朔十二入也四時迎氣四入也巡狩之年一入也今禮官立議王惟歲首一入耳與先儒既異臣不敢同鄭玄云凡聽朔告其帝臣愚以爲告朔之日則五方上帝之一帝也春則靈威仰夏則赤標怒秋則白招拒冬則叶光紀季月則含樞紐也並以始祖而配之焉人帝及神列在祀典亦於其月而享祭之魯自文公始不視朔子貢見其禮廢欲去其羊孔子以羊

存猶可識其禮羊亡其禮遂廢故云爾愛其羊我愛其禮漢承秦滅
學庠事草創明堂辟雍其制遂闕漢武帝封禪始造明堂於太山旣
不立於京師所以無告朔之事至漢平帝元始中王莽輔政庶幾復
古乃建明堂辟雍焉帝祫祭於明堂諸侯王列侯宗室子弟九百餘
人助祭畢皆益戶賜爵及金帛增秩補吏各有差漢末喪亂尚傳其
禮爰至後漢祀典仍存明帝永平二年郊祀五帝於明堂以光武配
祭牲各一犢奏樂如南郊董卓西移載籍湮滅告朔之禮於此而墜
暨于晉末戎馬生郊禮樂衣冠掃地總盡元帝過江是稱狼狽禮樂
制度南遷蓋寡彝典殘缺無復舊章軍國所資臨事議之旣闕明堂
寧論告朔宋朝何承天纂集其文以爲禮論雖加編次事則闕如梁
代崔靈恩撰三禮義宗但捃摭前儒因循故事而已隋大業中煬帝
命學士撰江都禮集只抄撮禮論更無異文貞觀顯慶禮及祠令不
言告朔者蓋爲歷代不傳其文遂闕各有由緒不足依據今禮官引
爲明證在臣誠實有疑陛下肇建明堂聿遵古典告朔之禮猶闕舊

○
章欽若稽古應須補葺若每月聽政於明堂事亦煩數孟月視朔恐
不可廢上又命奉常廣集衆儒取方慶仁諝所奏議定得失當時大
儒成均博士吳揚吾太學博士郭山惲曰臣等謹按周禮禮記及三
傳皆有天子告朔之禮夫天子頒告朔於諸侯秦政焚滅詩書由是
告朔禮廢今明堂肇建總章新立紹百王之絕軌樹萬代之鴻規上
以嚴配祖宗下以敬授人時使人知禮樂道適中和災害不生禍亂
不作今若因循頒朔每月依行禮貴隨時事須沿革望依王方慶議
用四時孟月日及季夏於明堂修復告朔之禮以頒天下其帝及神
亦請依方慶用鄭玄義告五時帝於明堂上則嚴配之道通於神明
至孝之德光於四海制從之長安四年始制元日明堂受朝停讀時
令中宗即位神龍元年九月親享明堂合祭天地以高宗配禮畢曲
赦京師明年駕入京於季秋大享復就圜丘行事迄于睿宗之世開
元二年八月太子賓客薛謙光獻九鼎銘其蔡州鼎銘天后御撰曰
羲農首出軒昊膺期唐虞繼踵湯禹乘時天地光宅域中雍熙上天

降鑒方建隆基紫微令姚崇奏曰聖人啓運休兆必彰請宣付史館
從之五年正月幸東都將行大享之禮太常少卿王仁忠博士馮宗
陳貞節等議以武氏所造明堂有乖典制奏議曰明堂之建其所從
來遠矣自天垂象聖人則之蓋桂茅簷之規上圓下方之制考之大
數不踰三七之間定之方中必居丙巳之地者豈非得房心布政之
所當太微上帝之宮乎故仰叶俯從正名定位人神不雜各司其序
則嘉應響至保合太和昔漢氏承秦經籍道息旁求湮墜詳究難明
孝武初議立明堂於長安城南遭竇太后不好儒術事乃中廢孝成
之代又欲立於城南議其制度莫之能決至孝平元始四年始創造
於南郊以申嚴配光武中興元年立於國城之南自魏晉迄於梁朝
雖規制或殊而所居之地常取丙巳者斯蓋百王不易之道也高宗
天皇大帝纂承平之運崇朴素之風四夷來賓九有咸乂永徽三年
詔禮官學士議明堂制度群儒紛競各執異端久之不決因而遂止
者何也非謂財不足力不堪也將以周孔旣遥禮經且紊事不師古

○
或爽天心難用作程神不字祐者也則天太后總禁闈之政藉軒臺
之威屬皇室中圮之期躡和熹從權之制以爲乾元大殿承慶小寢
當正陽亭午之地實先聖聽斷之宮表順端闈儲精營室爰從朝享
未始臨御乃起工徒挽令摧覆旣毀之後雷聲隱然衆庶聞之或以
爲神靈感動之象也於是增土木之麗因府庫之饒南街北闕建天
樞大儀之制乾元遺趾興重閣層樓之業煙焰蔽日梁柱排雲人斯
告勞天實貽譴熛燼甫爾遽加修復況乎地殊丙巳未答靈心跡匪
膺期乃申嚴配事昧彝典神不昭格此其不可者一也又明堂之制
木不鏤土不文今體式乖宜違經紊禮雕鐫所及窮侈極麗此其不
可者二也高明爽塏事資虔敬密邇宮掖何以祈天人神雜擾不可
放物此其不可者三也況兩京上都萬方取則而天子闕當陽之位
聽政居便殿之中職司其憂豈容沉默當須審攷歷之計擇煩省之
宜不便者量事改修可因者隨宜適用削彼明堂之號克復乾元之
名則當宁無偏人識其舊矣詔令所司詳議奏聞刑部尚書王志愔

等奏議咸以此堂所置實乖典制多請改削依舊造乾元殿乃下詔
曰古之操皇綱執大象者何嘗不上稽天道下順人極或變通以隨
時爰損益以成務且衢室創制度堂以筵用之以禮神是光孝享用
之以布政蓋稱視朔先王所以厚人倫感天地者也少陽有位上帝
斯歆此則神貴於不黷禮殷於至敬今之明堂俯鄰宮掖比之嚴祀
有異肅恭苟非憲章將何軌物由是禮官博士公卿大夫廣參群議
欽若前古宜存露寢之式用罷辟雍之號可改爲乾元殿每臨御宜
依正殿禮自是駕在東都常以元日冬至於乾元受朝賀季秋大享祀
依舊於圓丘行事十年復題乾元殿爲明堂而不行享祀之禮二十
五年駕在西京詔將作大匠康𧦧素往東都毀之𧦧素以毀拆勞人
乃奏請且拆上層卑於舊制九十五尺又去柱心木平座上置八角
樓樓上有八龍騰身捧火珠又小於舊制圓五尺覆以真瓦取其永
逸依舊爲乾元殿

唐書志卷第二

唐書志卷第三

劉昫　等修
聞人詮校刻沈桐同校

禮儀三

封禪之禮自漢光武之後曠世不修隋開皇十四年晉王廣率百官抗表固請封禪文帝令牛弘辛彥之許善心等創定儀注至十五年行幸兖州遂於太山之下爲壇設祭如南郊之禮竟不升山而還貞觀六年平突厥年穀屢登群臣上言請封泰山太宗曰議者以封禪爲大典如朕本心但使天下太平家給人足雖闕封禪之禮亦可比德堯舜若百姓不足夷狄內侵縱修封禪之儀亦何異於桀紂昔秦始皇自謂德洽天心自稱皇帝登封岱宗奢侈自矜漢文帝竟不登封而躬行儉約刑措不用今皆稱始皇爲暴虐之主漢文爲有德之君以此而言無假封禪禮云至敬不壇掃地而祭足表至誠何必遠登高山封數尺之土也侍中王珪對曰陛下發德音明封禪本末非愚臣之所及秘書監魏徵曰隋末大亂黎民遇陛下始有生望養之則至仁勞之則未可升中之禮須備千乘萬騎供帳之費動役數州戶口蕭條何以能給太宗深嘉徵言而中外章表不已上問禮官兩漢封山儀注因遣中書侍郎杜正倫行太山上七十二帝壇迹是年兩河水潦其事乃寢至十一年羣臣復勸封山始議其禮於是國子博士劉伯莊睦州刺史徐令言等各上封祀之事互設疑議所見不同多言新禮中封禪儀注簡略未周太宗勑秘書少監顏思古諫議大夫朱子奢等與四方名儒博物之士參議得失議者數十家遞相駁難紛紜久不決於是左僕射房玄齡特進魏徵中書令楊師道博採衆議堪行用而與舊禮不同者奏之其議昊天上帝壇曰將封先祭義在告神且備謁敬之儀方展慶成之禮固當於壇下阯預申齋潔營饗已畢然後登封既表重慎之深兼示行事有漸今請祭於泰山下設壇以祀上帝以景皇帝配享壇長一十二丈高一丈二尺又議制玉牒曰金玉重寶質性貞堅宗祀郊禋皆充器幣豈嫌華美寔貴精確況乎三神壯觀萬代鴻名禮極殷崇事資藻縟玉牒玉檢式韞靈奇傳之無窮永存不朽今請玉牒長一尺三寸廣厚各五寸玉檢厚二寸長短闊一如玉牒其印齒請隨璽大小仍纏以金繩五周又議玉策曰封禪之祭嚴配作主皆奠玉策肅奉虔誠今玉策四枚各長一尺三寸廣一寸五分厚五分每策五簡俱以金編其一奠上帝一奠太祖座一奠皇地祇一奠高宗座又議金匱曰登配之策盛以金匱歸格藝祖之廟室今請長短令容玉策高廣各六寸形制如今之表函纏以金繩封以金泥印以受命璽又議方石再累曰舊藏玉牒止用石函亦猶盛書篋笥所以或呼石篋今請方石三枚以爲再累其十枚石檢刻方石四邊而立之纏以金繩封以石泥印以受命璽又議泰山上圜壇曰四出開道壇塲通義南面入升於事爲允今請介丘上圓壇廣五丈高九尺用五色土加之四面各設一階御位在壇南升自南階而就上封玉牒又議圓丘上土封曰凡言封者皆是積土之名利建分封亦以班社立號謂之封禪厥義可知今請於圜壇之上安置方石璽緘既畢加土築以爲封高一丈二尺而廣二丈以五色土以封牒書藏於其內祀禪之土土封制亦同此又議玉璽曰謹詳前載方石緘封玉檢金泥必資印璽以爲秘固今請依今用受命璽以封石檢其玉檢既與石檢大小不同請更造璽一枚方一寸二分文同受命璽以封玉牒石檢形制依漢建武時故事又議立碑曰勒石紀號顯揚功業登封降禪肆覲之壇立碑之議設告至壇曰既至山下禮行告至柴于東方上帝望秩遍禮群神今請其壇方八十一尺高三尺陛仍四出其禪方壇及餘儀式請從今禮仍請柴祭望秩同時行事又議廢石闕及大小距石曰距石之設意取牢固本資實用豈云雕飾今既積土厚封足與天長地久其小距環壇石闕迴建事非經誥無益禮義煩而非要請從減省太宗從其議仍令附之於禮十五年下詔將有事於泰山復令公卿諸儒詳定儀注太常卿韋挺禮部侍郎令狐德棻爲封禪使參考其議時論者又執異見顏師古上書申明前議太宗覽其奏多依師古所陳爲定車駕至

洛陽宮會有彗星之變乃下詔罷其事
高宗即位公卿數請封禪則天既立爲皇后又密贊之麟德二年二月車駕發京東巡狩詔禮官博士撰定封禪儀注有司於乾封元年正月戊辰朔先是有司齋戒於前祀七日平旦太尉誓百官於行從中臺云來月一日封祀二日登封太山三日禪社首各揚其職不供其事國有常刑上齋於行宮四日致齋三日近侍之官應從升者及從事群官諸方客使各本司公館清齋一宿前祀一日諸衛令其屬未後一刻設黃麾半仗於外壝之外與樂工人俱清齋一宿有司於太嶽南四里爲圓壇三成十二階如圓丘之制壇上飾以青四面各依方色并造燎壇及壝三重又造玉策三枚皆以金繩連編玉簡爲之每簡長一尺二寸廣一寸二分厚三分刻玉填金爲字又爲玉匱一以藏正座玉策長一尺三寸并玉檢方五寸當繩處刻爲五道當封璽處刻深二分方一寸二分又爲金匱二以藏配座玉策制度如玉匱又爲黃金繩以纏玉匱各五周爲金泥玉匱金匱爲玉璽一枚

方一寸二分文同受命璽封玉匱金匱又爲石礠玉匱用方石再累各方五尺厚一尺刻方石中令容玉匱礠旁施檢處皆刻深三寸三分闊一尺當繩處皆刻深三分闊一寸五分爲石檢十枚以檢石礠皆長三尺闊一尺厚七寸皆刻爲印齒三道深四寸當封璽處方五寸當通繩處闊一寸五分皆有小石蓋制與檢刻處相應以檢擫封泥其檢立於礠旁南方北方各三東方西方各二去礠隅皆十寸又爲金繩以纏石礠各五周徑三分爲石泥以泥石礠其泥末石和方色土爲之爲距石十二枚分距礠隅皆再累各闊二尺長一丈斜刻其首令與礠隅相應泰山之上設登封之壇上徑五丈高九尺四出陛壇上飾以青四面依方色一壝隨地之宜其玉牒玉匱石礠石檢距石皆如封祀之制又爲降禪壇於社首山上方壇八隅一成八陛如方丘之制壇上飾以黃四面依方色三壝隨地之宜其玉策玉匱石礠石檢距石等亦同封祀之制至其年十二月車駕至山下及有司進奏儀注封祀以高祖太宗同配禪社首以太穆皇后文德皇后同

配皆以公卿充亞獻終獻之禮於是皇后抗表曰伏尋登封之禮遠邁古先而降禪之儀竊爲未允其祭地祇之日以太后昭配至於行事皆以公卿以妾愚誠恐未周備何者乾坤定位剛柔之義已殊經義載陳中外之儀斯別瑶壇作配既合於方祇玉豆薦芳寔歸於內職況推尊先后親饗瓊筵豈有外命宰臣內參禋祭詳於至理有紊徽章但禮節之源雖興於昔典而升降之制尚缺於遙圖且往代封嶽雖云顯號或因時省俗意在尋仙或以情覬名事深爲己豈如化被乎四表推美於神宗道冠乎二儀歸功於先德寧可仍遵舊軌靡創彝章妾謬處椒闈叨居蘭掖但以職惟中饋道屬於蒸嘗義切奉先理光於蘋藻罔極之思載結於因心祇肅之懷寔深於明祀但妾早乖定省已闕侍於晨昏今屬崇禋豈敢安於帷帟是故馳情夕寢睠嚮里而翹魂疊慮宵興仰梁郊而聳念伏望展禮之日總率六宮內外命婦以親奉奠冀申如在之敬式展虔拜之儀積此微誠已淹氣序既屬鑾輿將警奠璧非賒輒効丹心庶裨大禮冀聖朝垂則永

播於芳規螢燭末光增輝於日月於是祭地祇梁甫皆以皇后爲亞獻諸王大妃爲終獻丙辰前羅舍府果毅李敬貞論封禪須明水實罇淮南子云方諸見月則津而爲水高誘注云方諸陰燧大蛤也熟摩拭令熱以向月則水生以銅盤受之下數石王充論衡云陽燧取火於日方諸取水於月相去甚遠而火至水來者氣感之驗也漢書儀云八月飲酎車駕夕牲以鑑諸取水於月以陽燧取火於日周禮考工記云金有六齊金錫半謂之鑑燧之齊鄭玄注云鑑燧取水火於日月之器也準鄭此注則水火之器皆以金錫爲之今司宰有陽燧形如圓鏡以取明火陰鑑形如方鏡以取明水但比年祠祭皆用陽燧取火應時得以陰鑑取水未有得者常用井水替明水之處奉勑令禮司研究敬貞因說先儒是非言及明水乃云周禮金錫相半自是造之法鄭玄錯解以爲陰鑑之制依古取明水法合用方諸引淮南子等書用大蛤也又稱敬貞曾八九月中取蛤一尺二寸者依法試之自人定至夜半得水四五斗者敬貞所陳檢有故實又稱先

經試驗確執聖請差敬貞自取蚌蛤便赴太山與所司對試是日制曰古今典制文質不同至於制度隨世代沿革唯祀天地獨不改張斯乃自處於厚奉天以薄又今封禪即用玉牒金繩器物之間復有瓦罇秸席一時行禮文質頓乖駁而不論深為未愜其封祀降禪所設上帝后土位先設藁秸瓦甒瓢杯等物並宜改用裀褥罍爵每事從文其諸郊祀亦宜準此於是昊天上帝之座褥以蒼皇地祇褥以黃配帝及后褥以紫五方上帝及大明夜明席皆以方色內官已下席皆以莞三年正月帝親享昊天上帝于山下封祀之壇如圓丘之儀祭訖親封玉策置石𥓷聚五色土封之圓徑一丈二尺高九尺其日帝率侍臣已下升泰山翌日就山上登封之壇封玉策訖復還山下之齋宮其明日親祀皇地祇於社首山上降禪之壇如方丘之儀皇后為亞獻越國太妃燕氏為終獻翌日上御朝覲壇以朝群臣如元日之儀禮畢詔文武百寮大赦改元初上親享于降禪之壇行初獻之禮畢執事者皆趨而下宦者執帷皇后率六宮以升行禮帷帟皆以

○錦繡為之百寮在位瞻望或竊議焉於是詔立登封降禪朝覲之碑各於壇所又詔名封祀壇為舞鶴臺介丘壇為萬歲臺降禪壇為景雲臺以紀當時所見之瑞焉高宗既封泰山之後又欲遍封五岳至永淳元年於洛州嵩山之南置崇陽縣其年七月勑其所造奉天宮二年正月駕幸奉天宮至七月下詔將以其年十一月封禪於嵩岳詔國子司業李行偉考功員外郎賈大隱太常博士韋叔夏裴守貞輔抱素等詳定儀注於是議立封祀壇如圓丘之制上飾以玄四面依方色為圓壇三成高二丈四尺每等高六尺壇上徑一十六步三等各闊四步設十二陛陛皆上闊八尺下闊一丈四尺為三重壝距外壝三十步內壝距五十步燎壇在壇東南外壝之內高三尺方一丈五尺南出陛登封壇圓徑五丈高九尺四出陛為一壝飾以五色準封祀壝禪祭上飾以金四面依方色為八角方壇再成高一丈二尺每等高四尺壇上方十六步每等廣四步設八陛其上壇陛皆廣八尺中等陛皆廣一丈下等陛皆廣一丈二尺為三重壝之大小準封

祀為埋埳在壇之未地外壝之內方深取足容物南出陛朝覲壇於行宮之前為壇宮方三分壝二在南壇方二十四丈高九尺南面兩陛餘三面各一陛封祀登封五色土封石𥓷為圓封上徑一丈二尺下徑三丈高九尺禪祭五色土封為八角方封大小準封祀制度所用尺寸準歷東封並用古尺諸壇並築土為之禮無用石之文並度影以定方位登封降禪四出陛各當四方之中陛各上廣七尺下廣一丈二尺封祀玉帛料有蒼璧四圭有邸圭璧禪祭有黃琮兩圭有邸無圭璧又定登封降禪朝覲等日準禮冬至祭天於圓丘其封祀請用十二日準東封祀故事十二日登封十三日禪祭十四日朝覲若有故須改登封已下期日在禮無妨又鸞輿料云封祀登封皇帝出乘玉輅還乘金輅皇太子往還金輅禪祭皇帝太子如封祀又衣服料云東封祠祭日天皇服袞冕近奉制依貞觀禮服大裘又云袞冕服一具齋服一具迴服之翼善冠服一具馬上服之皇太子袞冕服又齋則服遠遊冠受朝則公服遠遊冠服馬上則進

○德冠服當時又令詳求射牛之禮行偉守貞等議曰據周禮及國語郊祀天地天子自射其牲漢武唯封太山令侍中謁者射牛行事至於餘祀亦無射牲之文但親春射牲雖是古禮久從廢省據封禪祀曰未明十五刻宰人以鑾刀割牲質明而行事比鑾駕至時牢牲總畢天皇唯奠玉酌獻而已今若祀前一日射牲事即傷早祀日方始射牲事又傷晚若依漢武故事即非親射之儀事不可行詔從之尋屬高宗不豫遂罷封禪之禮則天證聖元年將有事於嵩山先遣使致祭以祈福助下制號嵩山為神岳尊嵩山神為天中王夫人為靈妃嵩山舊有夏啓及啓母少室阿姨神廟咸令預祈祭至則天萬歲二年臘月甲申親行登封之禮禮畢便大赦改元萬歲登封改嵩陽縣為登封縣陽城縣為告成縣粵三日丁亥禪于少室山又二日己丑御朝覲壇朝群臣咸如乾封之儀則天以封禪日為嵩岳神祇所祐遂尊神岳天中王為神岳天中皇帝靈妃為天中皇后夏后啓為齊聖皇帝封啓母神為玉京太后少室阿姨神為金闕夫人王子晋

號爲昇仙太子乃別爲立廟登封壇南有檞樹大赦日於其杪置金雞樹則天自製昇中述志碑樹於壇之丙地玄宗開元十二年文武百寮朝集使皇親及四方文學之士皆以理化昇平時穀屢稔上書請修封禪之禮并獻賦頌者前後千有餘篇玄宗謙冲不許中書令張說又累日固請乃下制曰自古受命而王者曷嘗不封泰山禪梁父答厚德告成功三代之前罔不由此越自魏晉以迄周隋帝典闕而大道隱王綱弛而舊章缺千載寂寥封崇莫嗣物極而復天祚我唐武文二后膺圖受籙洎于高宗重光累盛承至理登介丘懷百神震六合紹殷周之統接虞夏之風中宗弘懿鑠之休睿宗沭粹精之道巍巍蕩蕩無得而稱者也朕昔戡多難稟略先朝虔奉慈言嗣膺丕業是用創九廟以申孝敬禮二郊以展嚴禋寶菽粟於水火捐珠玉於山谷兢兢業業非敢追美前王日慎一日實以奉遵遺訓至於巡狩大典封禪鴻名顧惟寡薄未遑時邁十四載于茲矣今百穀有年五材無眚刑罰不用禮義興行和氣氤氳淳風澹泊蠻夷戎狄殊方異類重譯而至者日月於闕廷奇獸神禽甘露嘉醴窮祥極瑞朝夕於林籞王公卿士罄乃誠於中鴻生碩儒獻其書於外莫不以神祇合契億兆同心斯皆烈祖聖考垂裕餘慶故朕頼宗廟之介福敢以眇身纘其克讓是以敬奉羣議弘此大猷以光我高祖之丕圖以紹我高祖之鴻烈未言陟配追感載深可以開元十三年十一月十日式遵故實有事太山所司與公卿諸儒詳擇典禮預爲備具勿廣勞人務存節約以稱朕意於是詔中書令張說右散騎常侍徐堅太常少卿韋縚秘書少監康子元國子博士侯行果等與禮官於集賢書院刊撰儀注玄宗初以靈山好靜不欲喧繁與宰臣及侍講學士對議用山下封祀之儀於是張說謂徐堅韋縚等曰乾封舊儀禪社首享皇地祇以先后配饗王者父天而母地當今皇母位亦當往帝之母也子配母饗亦有何嫌而以皇后配地祇非古之制也天監孔明福善如響乾封之禮文德皇后配皇地祇天后爲亞獻越國太妃爲終獻宮闈接神有乖舊典上玄不祐遂有天授易姓之事宗社中

圮公族誅滅皆由此也景龍之季有事圜丘韋氏爲亞獻皆以婦人升壇執籩豆褻黷穹蒼享祀不潔未及踰年國有内難終獻皆受其咎掌座齋郎及女人執祭者多亦夭卒今主上尊天敬神事資革正斯禮以睿宗大聖貞皇帝配皇地祇侑神作主乃定議奏聞上從之

舊禮郊祀既畢收取玉帛牲體置於柴上然後燔於燎壇之上其壇於神壇之左顯慶中禮部尚書許敬宗等因循改舊禮乃奏曰謹按祭祀之禮周人尚臭祭天則燔柴祭地則瘞血宗廟則焫蕭灌鬯皆貴氣臭同以降神禮經明白義釋甚詳委柴在祭神之初理無所惑是以三禮義宗等竝云祭天以燔柴爲始然後行正祭祭地以瘞血爲先然後行正祭又禮論說太常賀循上言積柴舊在壇南燎祭天之牲用犢左胖漢儀用頭今郊用脅之九个太宰令奉牲脅太祝令奉圭璧俱奠燎薪之上此即晉氏故事亦無祭天之文既云漢儀用牲頭頭非神俎之物且祭末俎皆升右胖之脅唯有三禮賀循既云用祭天之牲左胖復云今儀用脅九个足明燔柴所用與升俎不同是知自在祭初別燔牲體非於祭末燒神餘饌此則晉氏以前仍遵古禮唯周魏以降妄爲損益納告廟之幣事畢瘞埋因改燔柴將爲祭末事無典實禮闕降神又燔柴正祭牲玉皆別蒼璧蒼犢之流柴之所用四圭騂犢之屬祀之所須故郊天之有四圭猶祀廟之有圭瓚是以周官典瑞文勢相因竝事畢收藏不在燔例而今新禮引用蒼璧不顧圭瓚遂亦俱燔義既有乖理難因襲又燔柴作樂俱以降神則處置之宜須相依準柴燔在左作樂在南求之禮情實爲不類且禮論說積柴之處在神壇之南新禮以爲壇左文無典故請改燔爲始祭樂縣之南外壝之内其陰祀瘞埋亦請準此制可之自是郊丘諸祀竝先焚而後祭及玄宗將作封禪之禮張說等參定儀注臣徐堅康子元等建議曰臣等謹按顯慶年修禮官長孫無忌等奏改燔柴在祭前狀稱祭祀之禮必先降神周人尚臭祭天則燔柴者臣等按禮迎神之義樂六變則天神降八變則地祇出九變則鬼神可得而禮矣則降神以樂周禮正文非謂燔柴以降神也案尚臭之義不爲燔

之先後假如周人尚臭祭天則燔柴容或燔臭先以迎神然則殷人尚聲祭天亦燔柴何聲可燔先迎神乎又按顯慶中無忌等奏稱晉氏之前獨遵古禮周魏以降妄爲損益者今按郭璞晉南郊賦及注爾雅祭後方燔又按宋忠所論亦祭後方燔又檢南齊北齊及梁郊祀亦飲福酒後方燔又檢後周及隋郊祀亦先祭後燔據此卽周遵後燔晉不先燎無忌之事義乃相乖又按周禮大宗伯職以玉作六器以禮天地四方注云禮爲始告神時薦於神座也下文云以蒼璧禮天以黃琮禮地皆有牲幣各如其器之色又禮器云有以少爲貴者祭天特牲是知蒼璧之與蒼牲俱各奠之神座理節不惑又云四圭有邸以祀天旅上帝卽明祀昊天上帝之時以旅五方天帝明矣其青圭赤璋白琥玄璜自是立春立夏立秋立冬之日各於其方迎氣所用自分別矣今按顯慶所改新禮以蒼璧與蒼牲蒼幣俱用先燔蒼璧旣已燔矣所以遂加四圭有邸奠之神座蒼牲旣已燔矣所以更加騂牲竟其實俎混昊天於五帝同用四圭失特牲之明文加

爲二犢深乖禮意事乃無憑考功員外郎趙冬曦太學博士侯行果曰先焚者本以降神行之已久若從禮後焚爲定中書令張說執奏曰徐堅等所議燔柴前後議有不同據祭義及貞觀顯慶已後旣先燔若欲正失禮求祭義請從貞觀禮如且因循不改更請從顯慶禮凡祭者本以心爲主心至則通於天地達於神祇旣有先燔後燎自可斷於聖意所至則神於神明燔之先後臣等不敢裁定玄宗令依後燔及先奠之儀是後太常卿寧王憲奏請郊壇時祭並依此先奠璧而後燔柴瘞埋制從之時又有四門助教施敬本駁奏舊封禪禮八條其略曰舊禮侍中跪取匜沃盥非禮也夫盥手洗爵人君將致潔而尊神故能使小臣爲之今侍中大臣也而盥沃於人君太祝小臣也乃詔祝於天神是接天神以小臣奉人君以大臣故非禮按周禮大宗伯曰鬱人下士二人贊祼事則沃盥此職也漢承秦制無鬱人之職故使近臣爲之魏晉至今因而不改然則漢禮侍中行之則可矣今以侍中爲之則非也漢侍中其始也微高帝時籍儒爲之惠帝時閎儒爲之留侯子辟強年十五爲之至後漢堅以議郎拜侍中邵闓自侍中遷步兵校尉其秩千石少府卿之屬也少府卿秩中二千石丞秩千石侍中與少府丞班同魏代蘇則爲之舊侍中親省起居故謂之執獸子吉茂見謂之曰仕進不止執獸子是言其爲褻臣也今侍中名則古官人非昔任掌同爕理寄實鹽梅非復漢魏執獸子之班異乎周禮鬱人之職行舟不息墜劒方遙驗刻而求可謂謬矣夫祝以傳命通主人之意以薦於神明非賤職也故兩君相見則卿爲上儐況天人之祭其肅恭之禮以兩君爲喻不亦大乎今太祝下士也非所以重命而尊神之義也然則周漢太祝是禮矣何者按周禮大宗伯曰太祝下大夫二人上士四人掌六祝之辭大宗伯爲上卿今禮部尚書太常卿比也小宗伯中大夫今侍郎少卿比也太祝下大夫今郎中太常丞比也上士四人今員外郎太常博士之比也故可以處天人之際致尊極之辭矣又漢太祝令秩六百石與太常博士同班梁太祝令與南臺御史同班今太祝下士之卑而居下大夫

之職斯又刻舟之論不異於前矣又曰舊禮謁者引太尉升壇亞獻非禮也謁者已賤升壇已重是微者用之於古而大體實變之於今也按漢官儀尚書御史臺官屬有謁者僕射一人秩六百石銅印青綬謁者三十五人以郎中滿歲稱給事未滿歲稱權謁者又按漢書百官公卿表光祿勳官屬有郎中員外秩比二千石有謁者掌賓讚受事員七十人秩比六百石古之謁者秩異等今謁者班微以之從事可謂疎矣又曰舊禮尚書令奉玉牒今無其官請以中書令從事按漢武帝時張安世爲尚書令遊宴後宮以宦者一人出入帝命改爲中書謁者令至成帝罷宦者用士人魏黃初改秘書置中書監令舊尚書并掌制誥旣置中書官而制誥樞密皆掌焉則自魏以來中書是漢朝尚書之職今尚書王牒是用漢禮其官旣闕故可以中書令主之議奏玄宗令張說徐堅召敬本與之對議詳定說等奏曰敬本所議其中四條先已改定有不同者望臨時量事改攝制從之十二年十一月丙戌至泰山去山趾五里西去社首山三里丁亥玄宗

服袞冕於行宮致齋於供帳前殿己丑日南至大備法駕至山下玄
宗御馬而登侍臣從先是玄宗以靈山清潔不欲多人上欲初獻於
山上壇行事亞獻終獻於山下壇行事因召禮官學士賀知章等入
講儀注因問之知章等奏曰昊天上帝君位五方時帝臣位帝號雖
同而君臣異位陛下享君位於山上群臣祀臣位於山下誠足以垂
範來葉爲變禮之大者也禮成於三初獻亞終合於一處玄宗曰朕
正欲如是故問卿耳於是勑三獻於山上行事其五方帝及諸神座
於山下壇行事玄宗因問玉牒之文前代帝王何故秘之知章對曰
玉牒本是通於神明之意前代帝王所求各異或禱年筭或思神仙
其事微密是故莫知之玄宗曰朕今此行皆爲蒼生祈福更無秘請
宜將玉牒出示百寮使知朕意其辭曰有唐嗣天子臣某敢昭告于
昊天上帝天啓李氏運興土德高祖太宗受命立極高宗升中六合
殷盛中宗紹復繼體不定上帝眷祐錫臣忠武底綏內難惟戴聖父
恭承大寶十有三年敬若天意四海晏然封祀岱岳謝成于天子孫

百祿蒼生受福庚寅祀昊天上帝于山上封臺之前壇高祖神堯皇
帝配享焉邠王守禮亞獻寧王憲終獻皇帝飲福酒癸巳中書令張
說進稱天賜皇帝太一神策周而復始永綏兆人帝拜稽首山上作
圓臺四階謂之封壇臺上有方石再累謂之石䃁玉牒玉策刻玉填
金爲字各盛以玉匱東以金繩封以金泥皇帝以受命寶印之納二
玉匱於䃁中金泥䃁際以天下同文之印封之壇東南爲燎壇積柴
其上皇帝就望燎位火發群臣稱萬歲傳呼下山下聲動天地山下
壇祀群臣行事已畢皇帝未離位命中書門下曰朕以薄德恭膺大
寶今封祀初建雲物休祐皆是卿輔弼之力君臣相保勉副天心長
如今日不敢矜怠中書令張說跪言聖心誠懇宿齋山上昨夜則息
風收雨今朝則天清日暖復有祥風助樂卿雲引燎靈迹盛事千古
未聞陛下又思慎終如初長福萬姓天下幸甚先是車駕至岳西來
蘇頓有大風從東北來自午至夕裂幕折柱衆恐張說倡言曰此必
是海神來迎也及至岳下天地清晏玄宗登山日氣和煦至齋次日

入後勁風偃人寒氣切骨玄宗因不食次前露立至夜半仰天稱某
身有過請即降罰若萬人無福亦請某爲當罪兵馬辛苦乞停風寒
應時風止山氣温暖時從山上布兵至于山壇傳呼辰刻及詔命來
往斯須而達夜中燃火相屬山下望之有如連星自地屬天其日平
明山上清迥下望山下休氣四塞登歌奏樂有祥風自南而至絲竹
之聲飄若天外及行事日揚火光慶雲紛郁遍滿天際群臣並集于
社首山帷宮之次以候鑾駕遙望紫煙憧憧上達內外讙譟玄宗自
山上便赴社首齋次辰巳間至日色明朗慶雲不散百辟及蕃夷爭
前迎賀辛卯享皇地祇于社首之泰折壇睿宗大聖貞皇帝配祀五
色雲見日重輪藏玉策於石䃁如封壇之儀壬辰玄宗御朝覲之帳
殿大備陳布文武百寮二王後孔子後諸方朝集使岳牧舉賢良及
儒生文士上賦頌者戎狄夷蠻羌胡朝獻之國突厥頡利發契丹奚
等王大食謝䫻五天十姓崑崙日本新羅靺鞨之侍子及使內臣之
番高麗朝鮮王伯濟帶方王十姓摩阿史那興昔可汗三十姓左右

賢王日南西竺鑿齒雕題牂柯烏滸之酋長咸在位制曰朕聞天監
唯后后克奉天既合德以受命亦推功而復始厥初作者七十二君道
洽跡著時至符出皆用事于介丘升中於上帝人神之望蓋有以塞
之皇王之序可得而言朕接統千歲承光五葉惟祖宗之德在人惟
天地之靈作主往者內難幽贊而集大勳間無外虞守成而纘舊服
未嘗不乾乾終日思與公卿大夫上下協心聿求至理以弘我烈聖
其庶乎馨香今九有大寧群氓樂業時必敬授而不奪物亦順成而
無夭札建皇極幸致太和洎乃幽遐率由感被戎狄不至唯文告而來
庭麟鳳已臻將覺情而在數以故凡百執事亟言大封顧惟不德切
欲勿議伏以先聖儲祉與天同功荷傳符以在今敢侑神而無報大
篇斯在朕何讓焉遂奉遵高宗之舊章憲乾封之令典時邁東土柴
告岱岳精意上達肸蠁來應信宿行事雲物呈祥登降之禮斯畢嚴
配之誠獲展百神群望莫不懷柔四方諸侯莫不來慶斯是天下之
介福邦家之耿光也無窮之休祉豈獨在予非常之惠澤亦宜逮下

可大赦天下封泰山神爲天齊王禮秩加三公一等仍令所管崇飾祠廟環山十里禁其樵採給近山二十戶復以奉祠神玄宗製紀太山銘御書勒于山頂石壁之上其辭曰朕宅內有十載顧惟不德懵于至道任夫難任安夫難安茲朕未知獲戾于上下心之浩盪若涉大川賴上帝垂休先后儲慶宰相庶尹交修皇極四海會同五典敷暢歲云嘉熟人用大和百辟僉謀唱余封禪謂孝莫大於嚴父禮莫盛于告天天符既至人望既積固請不已固辭不獲肆余與夫二三臣稽虞典繹漢制張皇六師震疊九寓旌旗有列士馬無譁肅肅邕邕翼翼溶溶以至岱宗順也爾雅曰泰山爲東岳周官曰兗州之鎭山實萬物之始故稱岱焉其位居五岳之伯故稱宗焉自昔王者受命易姓於是乎啓天地薦成功序圖錄紀氏號朕統承先王茲率厥典實欲報玄天之眷命爲蒼生之祈福豈敢高視千古自比九皇哉故設壇場於山下受羣方之助祭躬封燎於山上暨一獻之通神斯亦因高崇天就廣增地之義也乃仲冬庚寅有事東岳類于上帝配我

高祖在天之神罔不畢降粵翌日禪於社首佑我聖考祀於皇祇在地之神罔不咸舉暨壬辰覲群后上公進曰天子膺天符納介福群臣拜稽首呼萬歲慶合歡同乃陳誡以德大渾協度彝倫攸敘三事百揆時乃之功萬物由庚兆人允植列牧衆宰時乃之功一二兄弟篤行孝友錫類萬國時唯休哉我儒制禮我史作樂天地擾順時唯休哉蠻夷戎狄重譯來貢累聖之化朕何慕焉五靈百寶日來月集會昌之運朕何感焉凡今而後儆乃在位一王度齊象法權舊章補缺政存易簡去煩苛思立人極乃見天則於戲天生烝人惟后時能以美利利天下事天明矣地德載物惟后時相能以厚生生萬人事地察矣天地明察鬼神著矣惟我藝祖文考精爽在天其曰懿爾幼孫克享上帝惟帝時若馨香其下丕乃曰有唐氏文武之曾孫隆基誕錫新命纘我舊業永保天祿子孫其承之余小子敢對揚上帝之休命則亦與百執事尚綏兆人將多于前功而毖彼後患一夫不獲萬方其罪予一心有終上天其知我朕惟實行三德曰慈儉謙慈者覆無疆之言儉者崇將來之訓自滿者人損自謙者天益苟如是則軌迹易循基構易守磨石壁刻金石冀後人之聽辭而見心觀末而知本銘曰維天生人立君以理維君受命奉天爲子代去不留人來無已德衰老滅道高斯起赫赫高祖明明太宗爰革隋政奄有萬邦罄天張宇盡地開封武稱有截文表時邕高宗稽古德施周溥茫茫九夷削平一鼓礼備封禪功齊舜禹嚴嚴岱宗衛我神主中宗紹運舊邦惟新恭己南面氤氳化淳告成之礼留諸後人緬余小子重基五聖匪功伐高匪德矜盛欽若祀典丕承永命至誠動天福我萬姓古樹太公七十二君或禪亭亭或禪云云其迹不見其名可聞祇遹文祖光昭舊勳方士虛誕儒書不足佚后求仙誣神檢玉秦災風雨漢汙編錄德未合天或承之辱道在觀政名非從欲銘心絕巖播告羣岳於是中書令張說撰封祀壇頌侍中源乾曜撰社首壇頌禮部尚書蘇頲撰朝覲壇頌以紀德玄宗乙酉歲生以華岳當本命先天二年七月正位八月癸丑封華岳神爲金天王開元十年因幸東都

又於華岳祠前立碑高五十餘尺又於嶽上置道士觀修功德至天寶九載又將封禪於華岳命御史大夫王鉷開鑿險路以設壇場會祠堂災而止

唐書志卷第三

劉 昫 等修
聞人詮校刻沈桐同校

禮儀四

武德貞觀之制神祇大享之外每歲立春之日祀青帝於東郊帝宓羲配勾芒歲星三辰七宿從祀立夏祀赤帝於南郊帝神農氏配祝融熒惑三辰七宿從祀季夏土王日祀黃帝於南郊帝軒轅配后土鎮星從祀立秋祀白帝於西郊帝少昊配蓐收太白三辰七宿從祀立冬祀黑帝於北郊帝顓頊配玄冥辰星三辰七宿從祀每郊帝及配座用方色犢各一籩豆各四簠簋各二㽅俎各一勾芒已下五星及三辰七宿每宿及牲用少牢每座籩豆簠簋㽅俎各一孟夏之月龍星見雩五方上帝於雩壇五帝配於阯官從祀於下牲用方色犢十籩豆已下如郊祭之數帝嚳配祭於頓丘唐堯契配祭於平陽虞舜咎繇配祭於河東夏禹伯益配祭於安邑殷湯伊尹配祭於偃師

○周文王太公配祭於酆周武王周公召公配祭於鎬漢高祖蕭何配祭於長陵三年一祭以仲春之月牲皆用太牢祀官以當界州長官有故遣上佐行事五嶽四鎮四海四瀆年別一祭各以五郊迎氣日祭之東嶽岱山祭於兗州東鎮沂山祭於沂州東海於萊州東瀆大淮於唐州南嶽衡山於衡州南鎮會稽於越州南海於廣州南瀆大江於益州中嶽嵩山於洛州西嶽華山於華州西鎮吳山於隴州西海西瀆大河於同州北嶽恒山於定州北鎮醫無閭山於營州北海北瀆大濟於洛州其牲皆用太牢籩豆各四祀官以當界都督刺史充仲春仲秋二時戊日祭太社太稷社以勾龍配稷以后稷配社稷各用太牢一牲色並黑籩豆簠簋各二鉶俎各三春分朝日於國城之東秋分夕月於國城之西各用方色犢一籩豆各四簠簋㽅俎各一孟春吉亥祭帝社於籍田天子親耕季春吉巳祭先蠶於公桑皇后親桑並用太牢籩豆各九將蠶日內侍省預奉移所司所事諸祭祀卜日皆先卜上旬不吉次卜中旬下旬筮日亦如之其先蠶一祭節氣若晚即於節氣後取日立春後丑祀風師於國城東北立夏後申祀雨師於國城西南立秋後辰祀靈星於國城東南立冬後亥祀司中司命司人司祿於國城西北各用羊一籩豆各二簠簋各一季冬晦堂贈儺磔牲於宮門及城四門各用雄雞一仲春祭馬祖仲夏祭先牧仲秋祭馬社仲冬祭馬步並於大澤用剛日牲各用羊一籩豆各二簠簋各一季冬藏冰仲春開冰並用黑牡秬黍祭司寒之神於冰室籩豆各二簠簋俎各一其開冰加以桃弧棘矢設於神座季冬寅蜡祭百神於南郊大明夜明用犢二籩豆各四簠簋㽅俎各一神農氏及伊耆氏各用少牢一籩豆各四簠簋㽅俎各一后稷及五方十二次五官五方田畯五嶽四鎮四海四瀆

以下方別各用少牢一當方不熟者則闕之其日祭井泉於川澤之下用羊一卯日祭社稷於社宮辰日臘享於太廟用牲皆準時祭井泉用羊二二十八宿五方之山林川澤五方之丘陵墳衍原隰五方之鱗羽鸁毛介五方之水墉坊郵表畷五方之猫於菟及龍麟朱鳥白虎玄武方別各用少牢一各座籩豆簠簋俎各一蜡祭凡一百八十七座當方年穀不登則闕其祀蜡祭之日祭五方井泉於山澤之下用羊一籩豆各二簠簋及俎各一蜡之明日又祭社稷于社宮如春秋二仲之禮顯慶中更定籩豆之數始一例大祀籩豆各十二中祀各十小祀各八

○京師孟夏以後旱則祈雨審理冤獄賑恤窮乏掩骼埋胔先祈嶽鎮海瀆及諸山川能出雲雨者於北郊望而告之又祈社稷又祈宗廟每七日皆一祈不雨還從嶽瀆後一旬不雨即徙市禁屠殺斷繖扇造土龍雨足則報祀祈用酒醢報準常祀皆有司行事已齋未祈而雨及所經祈者皆報祀若霖雨不已禁京城諸門門別三日每日一禁不止乃祈山川嶽鎮海瀆三日不止祈社稷宗廟其州縣禁城門其界內山川及社稷三禁一祈皆準京式並用酒脯醢國城門報用少牢州縣城門用一特牲太宗貞觀三年正月親祭先農躬御耒耜籍於千畝之甸初晉時南遷後魏來自雲朔中原分裂又雜以獯戎代歷周隋此禮久廢而今始行之觀者莫不駭

躍於是秘書郎岑文本獻籍田頌以美之初議籍田方面所在給事
中孔穎達曰禮天子籍田於南郊諸侯於東郊晉武帝猶於東南今
於城東置壇不合古禮太宗曰禮緣人情亦何常之有且虞書云平
秩東作則是堯舜敬授人時已在東矣又乘青輅推黛耜者所以順
於春氣故知合在東方且朕見居少陽之地田於東郊蓋其宜矣於
是遂定自後每歲常令有司行事則天時改籍田壇爲先農神龍元
年禮部尚書祝欽明與禮官等奏曰謹按經典無先農之文禮記祭
法云王自爲立社曰王社先儒以爲社在籍田詩之載芟篇序云春
籍田而祈社稷是也永徽年中猶名籍田垂拱已後刪定改爲先農
與社本是一神頻有改張以惑人聽其先農壇請改爲帝社壇以應
禮經王社之義其祭先農既先農改爲帝社壇仍準令用孟春吉亥
祠后土以勾龍氏配制從之於是改先農爲帝社壇於壇西立帝稷
壇禮同太社太稷其壇不備方色所以異於太社也
睿宗太極元年親祀先農躬耕帝籍禮畢大赦改元玄宗開元二十

三年冬禮部員外郎王仲丘又上疏請行籍田之禮二十三年正月
親祀神農於東郊以勾芒配禮畢躬御耒耜于千畝之甸時有司進
儀注天子三推公卿九推庶人終畝玄宗欲重勸耕籍遂進耕五十
餘步盡壠乃止禮畢輦還齋宮大赦侍耕執牛官皆等級賜帛[illegible]開
元二十六年又親往東郊迎氣祀青帝以勾芒配歲星及三辰七宿
從祀其壇本在春明門外玄宗以祀所隘狹始移於滻水之東面而
位望春宮其壇一成壇上及四面皆青色勾芒壇在東南歲星已下
各爲一小壇在青帝壇之北親祀之時有瑞雪壇下侍臣及百寮拜
賀稱慶肅宗乾元三年春正月丁丑將有事於九宮之神兼行籍田
禮自明鳳門出至通化門釋軷而入壇行宿齋於宮戊寅禮畢將耕
籍先至於先農之壇因閱耒耜有彫刻文飾謂左右曰田器農人執
之在於朴素豈文飾乎乃命徹之下詔曰古之帝王臨御天下莫不
務農敦本保儉爲先蓋用勤身率下也屬東耕啓候爰事典章況紺
轅縹軏固前王有制崇奢尚靡諒爲政所疵靖言思之良用歎息豈

朕法堯舜重茅茨之意耶其所造彫飾者宜停仍令有司依農用常
式即別改造庶萬方黎庶知朕意焉翌日已卯致祭神農氏以后稷
配享肅宗冕而朱紘躬秉耒耜而九推焉禮官奏陛下合三推今過
禮肅宗曰朕以身率下自當過之恨不能終於千畝耳既而佇立久
之觀公卿諸侯王公已下耕畢太宗貞觀十四年春正月庚子命有
司讀春令詔百官之長升太極殿列坐而聽之開元二十六年玄宗
命太常卿韋縚每月進月令一篇是後每孟月視日玄宗御宣政殿
側置一榻東面置案命韋縚坐而讀之諸司官長亦升殿列座而聽
焉歲餘罷之乾元元年十二月丙寅立春肅宗御宣政殿命太常卿
于休烈讀春令常參官五品已下正員並升殿預坐而聽之舊儀嶽
瀆已下祝版御署訖北面再拜證聖元年有司上言曰伏以天子父
天而母地兄日而姊月於禮應敬故有再拜之儀謹按五嶽視公四
瀆視諸侯天子無拜公侯之禮臣愚以爲失尊卑之序其日月已下
請依舊儀五嶽已下署而不拜制可從之貞觀之禮無祭先代帝王

之文顯慶二年六月禮部尚書許敬宗等奏曰請案禮記祭法云聖
王之制祀也法施於人則祀之以死勤事則祀之以勞定國則祀之
能禦大災則祀之能捍大患則祀之又堯舜禹湯文武有功烈於
人及日月星辰人所瞻仰非此族也不在祀典準此帝王合與日月
同例常加祭享義在報功爰及隋代並遵斯典漢高祖祭法無文但
以前代迄今多行秦漢故事始皇無道所以棄之漢祖典章法垂於
後自隋已下亦在祠例伏惟大唐稽古垂化網羅前典唯此一禮咸
秩未申今請聿遵故事三年一祭以仲春之月祭唐堯于平陽以契
配祭虞舜于河東以咎繇配祭夏禹于安邑以伯益配祭殷湯于偃
師以伊尹配祭周文王于酆以太公配祭武王於鎬以周公召公配
祭漢高祖于長陵以蕭何配玄宗開元二十二年正月詔曰古聖帝
明王嶽瀆海鎭用牲牢餘並以酒脯充奠祀二十三年正月詔自今
已後明衣絹布並祀前五日預給丁酉詔自今已後有大祭宜差丞
相特進開府少保少傅尚書御史大夫攝行事天寶六載正月詔三

皇五帝於京城置令丞七載五月詔三皇已前帝王宜於京城共置
廟官歷代帝王肇跡之處德業可稱者忠臣義士孝婦烈女所在亦
置一祠宇晉陽眞人等並追贈得道昇仙處度道士永修香火九載
九月處士崔昌上大唐五行應運曆以王者五十代而一千年請國
家承周漢以周隋爲閏十一月勅唐承漢後其周武王漢高祖同置
一廟并官吏十二載九月以魏周隋依舊爲二王後封韓公介鄭公
等依舊五廟天寶六載正月詔大祭祀騂犢量減其數肅宗上元元
年閏四月改元制以歲儉停中小祠享祭至其年仲秋復祠文宣於
太學永泰二年春夏累月亢旱詔大臣裴冕等十餘人分祭川瀆以
祈雨禮儀使右常侍于休烈請依舊祠風伯雨師於國門舊壇復爲
中祠從之高祖武德二年國子立周公孔子廟七年二月巳酉詔諸
州有明一經已上未被升擢者本屬舉送具以名聞有司試策皆加
敘用其吏民子弟有識性明敏志希學藝亦具名申送量其差品並
即配學州縣及鄉並令置學丁酉幸國子學親臨釋奠引道士沙門

有學業者與博士雜相駁難久之及罷貞觀十六年三月丁丑太宗
幸國子學親觀釋奠祭酒孔穎達講孝經太宗問穎達曰夫子門人
曾閔俱稱大孝而今獨爲曾説不爲閔説何耶對曰曾孝而全獨爲
曾能達也制旨駁之曰朕聞家語云曾晳使曾參鋤瓜而誤斷其本
晳怒援大杖以擊其背手仆地絶而復蘇孔子聞之告門人曰參來
勿内既而曾子請焉孔子曰舜之事父母也使之常在側欲殺之乃
不得小箠則受大杖則走今參於父委身以待暴怒陷父於不義不
孝莫大焉由斯而言孰愈於閔子騫也穎達不能對太宗又謂侍臣
諸儒各生異意皆非聖人論孝之本旨也孝者善事父母自家刑國
忠於其君戰陳勇朋友信揚名顯親此之謂孝其在經典而論者多
離其文迥出事外以此爲教勞而非法何謂孝之道耶二十一年詔
曰左丘明卜子夏公羊高穀梁赤伏勝高堂生戴聖毛萇孔安國劉
向鄭衆杜子春馬融盧植鄭玄服虔何休王肅王弼杜預范甯賈逵
揔二十二座春秋二仲行釋奠之禮初以儒官自爲祭主直云博士

姓名昭告于先聖又州縣釋奠亦以博士爲主敬宗等又奏曰按禮
記文王世子凡學官春釋奠於其先師鄭注云官謂詩書禮樂之官
也彼謂四時之學將習其道故儒官釋奠各於其師既非國學行禮
所以不及先聖至於春秋二時合樂之日則天子視學命有司典秩
即揔祭先聖先師焉秦漢釋奠無文可檢至於魏武則使太常行事
自晉宋已降時有親行而學官主祭全無典實且名稱國學樂用軒
懸罇俎威儀蓋皆官備在於臣下理不合專況凡在小神猶皆遣使
行禮釋奠既準中祀據理必須稟命今請國學釋奠令國子祭酒爲
初獻祝辭稱皇帝謹遣仍令司業爲亞獻國子博士爲終獻其州學
刺史爲初獻上佐爲亞獻博士爲終獻縣學令爲初獻丞爲亞獻博
士既無品秩請主簿及尉通爲終獻若有闕並以次差攝州縣釋奠
既請各刺史縣令親獻主祭望準祭社同給明衣修附禮令以爲永則
高宗顯慶二年七月禮部尚書許敬宗等議依令周公爲先聖孔子
爲先師又禮記云始立學釋奠於先聖鄭玄注云若周公孔子也且

周公踐極功比帝王請配成王以孔子爲先聖二年廢書筭律學龍
朔二年正月東都置國子監丞主簿錄事各一員四門助教博士四
門生三百員四門俊士二百員二月復置律及書筭學三年以書隷
蘭臺筭隷秘閣局律隷詳刑寺乾封元年正月高宗東封還次鄒縣
類祭宣父贈太師總章元年二月皇太子弘幸國學釋奠贈顏回太
子少師曾參太子少保儀鳳三年五月詔自今已後道德經並爲上
經貢舉人皆須兼通其餘經及論語任依常式則天天授三年追封
周公爲褒德王孔子爲隆道公則天長壽二年自製臣軌兩卷令貢
舉人爲業停老子神龍元年停臣軌復習老子以鄒魯百戶封隆道
公謚曰文宣睿宗景雲二年八月丁巳皇太子釋奠于太學太極元
年正月詔孔宣父祠廟令本州修飾取側近三十戶以供灑掃開元
七年十月戊寅皇太子詣國學行齒胄之禮開元十一年春秋二時
釋奠諸州宜依舊用牲牢其屬縣用酒脯而已十九年正月春秋二
時社及釋奠天下州縣等停牲牢唯用酒脯永爲常式二十四年三

月始移貢舉遣禮部侍郎姚奕請進士帖左傳禮記通五及第二十
五年三月勑明經自今已後帖十通五已上口問大義十條取通六
已上仍荅時務策三道取粗有文理者及第進士停帖小經宜準明
經例試大經帖十通四然後試雜文及策訖封所試雜文及策送中
書門下詳覆二十六年正月勑諸州鄉貢見訖令引就國子監謁先
師學官爲之開講質問疑義有司設食弘文崇文兩館學生及監內
得舉人亦聽預焉其日祀先聖已下如釋奠之禮青宮五品已下及
朝集使就監觀禮遂爲常式每年行之至今 初開元八年國子司業
李元瓘奏稱先聖孔宣父廟先師顏子配座今其像立侍配享合坐
十哲弟子雖復列像廟堂不預享祀謹檢祠令何休范甯等二十賢
猶霑從祀望請春秋釋奠列享在二十賢之上七十子請準舊都監
堂圖形于壁兼爲立贊庶敦勸儒風光崇聖烈曾參等道業可崇獨
受經於夫子望準二十二賢預饗勑改顏生等十哲爲坐像悉預從
祀曾參大孝德冠同列特爲塑像坐於十哲之次圖畫七十子及二

十二賢於廟壁上以顏子亞聖上親爲之贊以書于石閔損已下令
當朝文士分爲之贊二十七年八月又下制曰弘我王化在乎儒術
孰能發揮此道啓迪含靈則生人已來未有如夫子者也所謂自天
攸縱將聖多能德配乾坤身揭日月故能立天下之大本成天下之
大經美政教移風俗君君臣臣父父子子人到于今受其賜不其猗
歟嗚戲楚王莫封魯公不用俾夫大聖纔列陪臣棲遲旅人固可知
矣年祀寖遠光靈益彰雖代有褒稱而未爲崇峻不副於實人其謂
何朕以薄德祗膺寶命思闡文明廣被華夏時則異於今古情每重
於師資既行其教合旌厥德爰申盛禮載表徽猷夫子既稱先聖可
追謚爲文宣王宜令三公持節冊命應緣冊及祭所司速擇日并撰
儀注進其文宣陵并舊宅立廟量加人灑掃用展誠敬其後嗣可謂
文宣公至如辨方正位著自禮經苟非得所何以示則昔緣周公南
面夫子西坐今位既有殊坐豈如舊宜補其墜典永作成式自今已
後兩京國子監夫子皆南面而坐十哲等東西列侍天下諸州亦准

此且門人三千見稱十哲包夫衆美實越等夷暢玄聖之風規發人
倫之耳目並宜褒贈以寵賢明顏子淵既云亞聖須優其秩可贈兗
公閔子騫可贈費侯冉伯牛可贈鄆侯冉仲弓可贈薛侯冉子有可
贈徐侯仲子路可贈衛侯宰子我可贈齊侯端木子貢可贈黎侯言
子游可贈吳侯卜子夏可贈魏侯又夫子格言參也稱魯雖居七十
之數不載四科之目頃雖異於十哲終或殊於等倫允稽先言俾循
舊位咸平禮得其序人焉式瞻宗洙泗之丕烈重膠庠之雅範又贈
曾參顓孫師等六十七人皆爲伯於是正宣父坐於南面內出王者
袞冕之服以衣之遣尚書左丞相裴耀卿就國子廟冊贈文宣王冊
畢所司奠祭亦如釋奠之儀公卿已下預觀禮又遣太子少保崔琳
就東都廟以行冊禮自是始用宮懸之樂春秋二仲上令三公攝行
事天寶元年明經進士習爾雅九載七月國子監置廣文館知進士
業博士助教各一人秩同大學十二載七月詔天下舉人不得充鄉
貢皆補學生四門俊士停寶應二年六月勑令州縣每歲察秀才孝廉

取鄉閭有孝悌廉恥之行薦焉委有司禮待之試其所通之學五經
之內精通一經兼能對策達於理體者並量行業授官其明經進士
並停國子學道舉亦宜準此因楊綰之請也詔下朝臣集議中書舍
人賈至議請依綰奏有司奏曰竊以今年舉人等或舊業既成理難
速改或遠州所送身已在途事須收獎其今秋舉人中有情願舊業
舉試者亦聽明年已後一依新勑後綰議竟不行自至德後兵革未
息國學生不能廩食生徒盡散堂墉頹壞常借兵健居止至永泰二
年正月國子祭酒蕭昕上言崇儒尚學以正風教乃王化之本也其
月二十九日勑曰理道同歸師氏爲上化人成俗必務於學俊造之
士皆從此徒國之貴遊罔不受業修文行忠信之教崇祗庸孝友之
德盡其師道乃謂成人兼復揚于王廷考以政事徵之以禮任之以
官實于周行莫匪邦彥樂得賢也其在茲乎朕志求理體尤重儒術
先王大教敢不底行頃以戎狄多難急於經略太學空設諸生蓋寡
絃誦之地寂寥無聲函丈之間殆將不掃上庠及此甚用憫焉今宮

[illegible]寧文武兼備方投戈而講藝俾釋菜而行禮四科咸進六藝復興神人以和風化寖美日用此道將無間然其諸道節度觀察都防禦使等朕之腹心久鎮方面眷其子弟各奉義方修德立身事資括羽恐干戈之後學校尚微僻居遠方無所諮稟山東寡學質疑必就於馬融關西盛名尊儒乃稱楊震負經來學當集京師并宰相朝官及神策六軍軍將子弟欲習業者自今已後並令補國子生欲其業重籝金器成琢玉日新厥德代不乏賢其中身雖有官欲附學讀書者亦聽其學官委中書門下即簡擇行業堪爲師範者充學生員數多少所集經業考試等第并所供糧料及學館破壞要量事修理各委本司作條件聞奏務須詳悉稱朕意焉及二月朔上丁釋奠齋畢又奏請宰相元載杜鴻漸李抱玉及常參官六軍軍將就國子學聽講論賜錢五百貫令京兆尹黎幹造食集諸儒道僧質問竟日此禮久廢一朝能舉八月國子學成祠堂論堂六館院及官吏所居廳宇用錢四萬貫拆曲江亭子瓦木助之四日釋奠宰相常參官軍將盡會於

講堂京兆府置食講論軍容使魚朝恩說易又於論堂畫周易鏡圖自至德二年收兩京唯元正含元殿受朝賀設宮懸之樂雖郊廟大祭祇有登歌樂亦無文武二舞其時軍容使魚朝恩知監事廟庭乃具宮懸之樂於講堂前又有教坊樂府雜伎竟日而罷二十五日詔曰古者設官分土所以崇德報功惣內署之綱事密於清禁弘上庠之教德闡於鴻業賦開千乘禮厚九賓必資兼濟之能用協至公之選開府儀同三司兼右監門衛大將軍仍知觀軍容宣慰處置使知內侍省事內飛龍閑廄使內弓箭庫使知神策軍兵馬使上柱國馮翊郡開國公魚朝恩溫良恭儉寬柔簡廉長才博達敏識高妙學究儒玄之秘諶窮遁甲之精百行資身一心奉上自王室多故雲雷經始五原之北弘先啓行三河之表爰整其旅成師必勝每合於韜鈐料敵無遺可徵於蓍蔡關洛既定幽燕復開海外有截厥功惟茂歷事三聖始終竭力頃東都邑蹕釋位勤王時當綴旒節見披棘下江勵戎甲今先書社稷之衛邦家是賴及遣陪羆警戎務解嚴方奬勵於易象才兼文武所謂勳賢亦既任能斯焉命賞宜膺朝典式副公議可行內侍監判國子監事充鴻臚禮賓等使封鄭國公食邑三千戶二十四日於國子監上詔宰相及中書門下官諸司常參官六軍軍將送上京兆府造食　內教坊音樂竿木渾脫羅列於論堂前朝恩辭以中官不合知南衙曹務宰相僕射大夫皆勸之朝恩固辭乃奏之宰相引就食奏樂中使送酒及茶菓賜兒宴樂竟日而罷元載奏狀又使中使宣勑云朝恩既辭不止但任知學生糧料是日宰相軍將已下子弟三百餘人皆衣紫衣充學生房設食於廊下脣錢一萬貫五分收錢以供監官學生之費俄又請青苗頭取一百文資課以供費同舊例兩京國子監生二千餘人弘文館崇文館崇玄館學生皆廩飼之十五載上都失守此事廢絕乾元元年以兵革未息又詔罷州縣學生以俟豐歲

則天垂拱五年四月雍州永安人唐同泰偽造瑞石於洛水獻之其文曰聖母臨人永昌帝業於是號其石爲寶圖賜百官宴樂賜物有

差授同泰爲游擊將軍其年五月下制欲親拜洛受寶圖先有事於南郊告謝昊天上帝令諸州都督刺史并諸親並以拜洛前十日集神都於是則天加尊號爲聖母神皇大赦天下改寶圖爲天授聖圖洛水爲永昌封其神爲顯聖侯加特進禁漁釣祭享齊於四瀆所出處號曰聖圖泉於泉側置永昌縣又以嵩山與洛水接近因改嵩山爲神嶽授太師使持節神嶽大都督天中王禁斷芻牧其天中王及顯聖侯並爲置廟又先於汜水得瑞石因改汜水縣爲廣武縣至其年十二月則天親拜洛受圖爲壇於洛水之北中橋之左皇太子皆從內外文武百寮蠻夷酋長各依方位而立珍禽奇獸並列於壇前文物鹵簿自有唐已來未有如此之盛者也禮畢即日還宮神都父老勒碑於拜洛壇前號曰天授聖圖之表開元五年左補闕盧履冰上言曰則天皇后拜洛受圖壇及碑文云垂拱五年唐同泰得石文云聖母臨人永昌帝業之所建因改元爲永昌仍置永昌縣縣既尋廢同泰亦已貶官唯碑壇獨立準天樞須毀之例不可更留始令所

司毀之其顯聖侯廟亦準毀拆
開元二十年正月巳丑詔兩京及諸州各置玄元皇帝廟一所并置
崇玄學其生徒令習道德經及莊子列子文子等每年準明經例舉
送至闕四月玄宗夢京師城南山趾有天尊之像求得之於盩厔樓
觀之側至天寶元年正月癸丑陳王府參軍田同秀稱於京永昌街
空中見玄元皇帝以天下太平聖壽無疆之言傳於玄宗仍云桃林
縣故關令尹喜宅傍有靈寶符發使求之十七日獻於含元殿於是
置玄元廟於太寧坊東都於積善坊舊邸二月丁亥御含元殿加尊號
爲開元天寶聖文神武皇帝辛卯親祔玄元廟丙申詔史記古今人表玄
元皇帝昇入上聖莊子號南華真人文子號通玄真人列子號冲虛真人庚
桑子號洞虛真人改莊子爲南華真經文子爲通玄真經列子爲冲虛
真經庚桑子爲洞虛真經亳州真源縣先天太后及玄元廟各置令
一人兩京崇玄學各置博士助教又置學生一百員桃林縣改爲靈
寶縣田同秀與五品官四月詔崇文習道德經七月隴西李氏燉煌

姑臧絳郡武陽四房隸於宗正寺九月兩京玄元廟改爲太上玄元
廟天下準此十月改新豐驪山爲會昌山仍於秦坑儒之所立祠宇
新作長生殿改爲集靈臺二年正月丙辰加玄元皇帝尊號大聖祖
三字崇玄學改爲崇玄館博士爲學士助教爲直學士更置大學士
員三月壬子親謁玄元宮聖祖母益壽氏號先天太后仍於譙郡置
廟尊皐繇爲德明皇帝涼武昭王爲興聖皇帝西京玄元廟爲太清
宮東京爲太微宮天下諸　州爲紫極宮九月譙郡紫極宮宜準西
京爲太清宮先天太皇及太后廟亦並改爲宮三載三月兩京及天
下諸郡於開元觀開元寺以金銅鑄玄宗等身天尊及佛各一軀七
載二月於大同殿修功德處玉芝兩莖生於柱礎上五月玄宗御興
慶殿授冊尊號曰開元天寶聖文神武應道皇帝十二月以玄元皇
帝見於朝元閣改爲降聖閣改會昌縣爲昭應縣改會昌山爲昭應
山封昭應山神爲玄德公立祠宇初太清宮成命工人於太白山採
白石爲玄元聖容又採白石爲玄宗聖容侍立於玄元之右皆依王

者衮冕之服繒綵珠玉爲之又於像設東刻白石爲李林甫陳希烈
之形及林甫犯事又刻石爲楊國忠之形而瘞林甫之石及希烈國
忠貶盡毀瘞之八載六月玉芝產於大同殿先是太白山人李渾稱
於金星洞仙人見語老人云有玉版石記符聖上長生久視令御史
中丞王鉷入山洞求而得之閏六月四日玄宗朝太清宮加聖祖玄
元皇帝尊號曰聖祖大道玄元皇帝高祖太宗高宗中宗睿宗尊號
並加大聖字皇后並加順聖字五日玄宗御含元殿加尊號曰開元
天　寶聖文神武應道皇帝大赦自今已後每至禘祫並於太清
宮聖祖前設位序太白山封神應公金星洞改嘉祥洞所管華陽縣
改爲眞符縣兩京及十道一大郡置眞符玉芝觀九載十月先是御
史大夫王鉷奏稱太白山人王玄翼見玄元皇帝於寶仙洞中乃遣
王鉷張鈞王倕嵩濟王翼王獄靈於洞中得玉石函上清護國經寶
券紀籙等獻之十一月制承前宗廟皆稱告享自今已後每親告獻
太清太微宮改爲朝獻有司行事爲薦獻親告享宗廟改爲朝獻有

司行事爲薦享親巡陵改爲朝陵有司行事爲拜陵應諸事告宗廟
者並改爲表其郊天后土及享祠祝文云敢昭告者並改爲敢昭薦
十載正月有事于南郊於壇所大赦自今已後攝祭南郊薦獻太清
宮薦享太廟其太尉行事前一日於致齋所具羽儀鹵簿公服引入親
授祝版乃赴清齋所汾陰后土之祀自漢武帝後廢而不行玄宗開
元十年將自東都北巡幸太原便還京乃下制曰王者承事天地以
爲主郊享泰尊以通神蓋燔柴泰壇定天位也瘞埋泰折就陰位也
將以昭報靈祇克崇嚴配爰逮秦漢稽諸祀典立甘泉於雍畤定后
土於汾陰遺廟巋然靈光可燭朕觀風唐晉望秩山川肅恭明神因
致禋敬將欲爲人求福以輔昇平今此神符應於嘉德行幸至汾陰
宜以來年二月十六日祠后土所司準式先是脽上有后土祠嘗爲
婦人塑像則天時移河西梁山神塑像就祠中配焉至是有司送梁
山神像於祠外之別室內出錦繡衣服以上后土之神乃更加裝飾
焉又於祠堂院外設壇如皇地祇之制及所司起作獲寶鼎三枚以

獻十一年二月上親祠于壇上亦如方丘儀礼畢詔改汾陰爲寶鼎
亞獻邠王守礼終獻寧王憲已下頒賜各有差二十年車駕又從東
都幸太原還京中書令蕭嵩上言去十一年親祠后土爲祈穀自是
神明昭格累年豐登有祈必報礼之大者且漢武親祠脽上前後數
四伏請準舊祀后土行賽之礼上從之其年十一月至寶鼎又親祠
以申賽謝礼畢大赦仍令所司刊石祠所上自爲其文開元二十四
年七月乙巳初置壽星壇祭老人星及角亢等七宿天寶三年有術
士蘇嘉慶上言請於京東朝日壇東置九宮貴神壇其壇三成成三
尺四階其上依位置九壇壇尺五寸東南曰招摇正東曰軒轅東北
曰太陰正南曰天一中央曰天符正北曰太一西南曰攝提正西曰
咸池西北曰青龍五爲中戴九履一左三右七二四爲上六八爲下
符於遁甲四孟月祭尊爲九宮貴神礼次昊天上帝而在太清宮太
廟上用牲牢璧幣類于天地神祇玄宗親祀之如有司行事即宰相
爲之肅宗乾元三年正月又親祀之初九宮神位四時改位呼爲飛位

乾元之後不易位太和二年八月監察御史舒元輿奏七月十八日
祀九宮貴神臣次合監祭職當檢察礼物伏見祝版九片臣伏讀既
竟竊見陛下親署御名及稱臣於九宮之神臣伏以天子之尊除祭
天地宗廟之外無合稱臣者王者父天母地兄日姊月比以九宮爲
目是宜分方而守其位臣又觀其名號及太一天一招摇軒轅咸池
青龍太陰天符攝提也此九神於天地猶子男也於日月猶侯伯也
陛下尊爲天子豈可反臣於天之子男耶臣竊以爲過縱陰陽者流
言其合祀則陛下當合稱皇帝遣其官致祭于九宮之神不宜稱臣
與名臣實愚瞽不知其可伏緣行事在明日雞初鳴時成命已行臣
不敢滯伏乞聖慈異日降明詔礼官詳議與明萬乘之尊無所虧降
悠久悞典因此可正詔都省議皆如元輿之議乃降爲中祠祝版稱
皇帝不署
會昌元年十二月中書門下奏準天寶三年十月六日勅九宮貴神
實司水旱功佐上帝德庇下人冀嘉穀歳登災害不作每至四時初

節令中書門下往攝祭者準礼九宮次昊天上帝壇在太清宮太廟
上用牲牢璧幣類於天地天寶三載十二月玄宗親祠乾元二年正
月肅宗親祀伏自累年已來水旱愆候恐是有司禱請誠敬稍虧今
屬孟春合修祀典望至明年正月祭日差宰臣人禱請向後四時祭
並請差僕射少師少保尚書太常卿等官所冀稍重其事以申嚴敬
臣等十一月二十五日已於延英面奏伏奉聖旨令檢儀注進來者今
欲祭時伏望令有司崇飾舊壇務於嚴潔勅旨依奏二年正月四日
太常礼院奏準監察御史関牒今月十三日祀九宮貴神已勅宰相
崔珙攝太尉行事合受誓誡及有司徒司空否伏以前件祭本稱大
祠準太和三年七月二十四日勅降爲中祠昨據勅文祇稱崇飾舊
壇務於嚴潔不令別進儀注更有改移伏恐不合却用大祠礼料伏
候裁旨中書門下奏曰臣準天寶三年十月六日勅九宮貴神實司
水旱臣等伏覩既經兩朝親祠必是祈請有徵況自太和已來水旱
愆候陛下常憂稼穡每念烝黎臣等合副聖心以修墜典伏見太和

三年礼官狀云縱司水旱兵荒品秩不過列宿今者五星悉是從祀
日月猶在中祀竊詳其意以星辰不合比於天官曾不知統而言之
則爲天地在於辰象自有尊卑謹按後魏王鈞志北辰第二星盛而常
明者　元星露寢太帝常居始由道而變通之迹又天皇大帝其精
曜魄寶蓋萬神之秘圖河海之命紀皆稟焉據玄說即昊天上帝也
天一掌八氣九精之政令以佐天極徵明而有常則陰陽序大運興
太一掌十有六神之法度以輔人極徵明而得中則神人和而王道
昇平又北斗有權衡二星天一太一參居其間所以財成天地輔相
神道也若一槩以列宿論之實爲淺近按漢書曰天神貴者太一佐
曰五帝古者天子以春秋祭太一列於祀典其來久矣今五帝猶爲
大祀則太一無宜降祀稍重其祀固爲得所劉向有言曰祖宗所立
神祇舊典誠未易動又曰古今異制經無明文至尊至重難以疑說
正其意不欲非祖宗舊典　以劉向之博通尚難於改作況臣等學
不究於天人識尤懵於祀典欲爲參酌恐未得中伏望更令太常卿

興學宮同詳定屢獲明據從之檢校左僕射太常卿王起廣文博士盧就等獻議曰伏以九宮貴神位列星座往因致福詔立祠壇降至尊以稱臣就東郊以親拜在祀典雖云過禮庇羣生豈惠無文恩福黔黎持申嚴奉誠聖人屈己以安天下之心也厥後祝史不明精誠亦怠禮官建議降處中祠今聖德憂勤期臻壽域兵荒水旱寤寐軫懷爰命台臣緝興墜典伏惟九宮所稱之神即太一攝提軒轅招搖天符青龍咸池太陰天一者也謹按黃帝九宮經及蕭嵩五行大義一宮其神太一其星天蓬其卦坎其行水其方白二宮其神攝提其星天內其卦坤其行土其方黑三宮其神軒轅其星天衝其卦震其行木其方碧四宮其神招搖其星天輔其卦巽其行木其方綠五宮其神天符其星天禽其卦離其行土其方黃六宮其神青龍其星天心其卦乾其行金其方白七宮其神咸池其星天柱其卦兌其行金其方赤八宮其神太陰其星天任其卦艮其行土其方白九宮其神天一其星天英其卦離其行火其方紫觀其統八卦運、五行土飛於中數轉於極雖數事迎釐不聞經見而範圍亭育有助昌時以此兩朝親祀而臻百祥也然以萬物之精上爲列星星之運行必繫於物貴而居者則必統八氣總萬神幹權化於混茫賦品彙於陰陽與天地日月誠相參也豈得緊賴於敷祐而屈降於等夷又據太尉攝祀九宮貴神舊儀前七日受誓誡於尚書省散齋四日致齋三日牲用犢祝版御署稱嗣天子臣圭幣樂成比類中祠則無等級今據江都集禮又開元禮蜡祭之日大明夜明二座及朝日夕月皇帝致祝皆率稱臣若以爲非泰壇配祀之時得主日報天之義卑緣厭屈尊用德伸不以著在中祠取類常祀此則中祠用大祠之義也又據太社太稷開元之制列在中祠天寶三載二月十四日勑改爲大祠自後因循復用前禮長慶三年正月禮官獻議始準前勑稱爲大祠唯御署祝文稱天子謹遣某官某昭告文義以爲殖物粒人則宜增秩致祝稱禱有異方丘不以伸爲大祠遂屈尊稱此又大祠用中祠之禮也參之日月既如彼考之社稷又如此所謂功鉅者因之以殊禮

位稱者不敢易其文是前聖後儒陟降之明徵也今九宮貴神既司水旱降福禳災人將賴之追舉舊章誠爲得禮然以立祠非古宅位有方分職既異其司存致祝必參乎等列求之折中宜有變通稍重之儀有以爲比伏請自今已後卻用大祠之禮誓官備物無有降差唯御署祝文以社稷爲本伏緣已稱臣於天帝無二尊故也勑旨依之付所司

天寶十載四月二十九日移黃帝壇於子城內坤地將親祠祭壇成而止玄宗先天二年封華嶽神爲金天王開元十三年封泰山神爲天齊王天寶五載封中嶽神爲中天王南嶽神爲司天王北嶽神爲安天王六載河瀆封靈源公濟瀆封清源公江瀆封廣源公淮瀆封長源公十載正月四海並封爲王遣國子祭酒嗣吳王祇祭東嶽天齊王太子家令嗣魯王宇祭南嶽司天王秘書監崔秀祭中嶽中天王國子祭酒班景倩祭西嶽金天王宗正少卿李成裕祭北嶽安天王衛尉少卿李澣祭江瀆廣源公京兆少尹章恒祭河瀆靈源公太子諭德柳偡祭淮瀆長源公河南少尹豆盧回祭濟瀆清源公太子率更令嗣道王鍊祭沂山東安公吳郡太守趙居貞祭會稽山永興公大理少卿李稹祭吳嶽山成德公潁王府長史甘守默祭霍山應聖公范陽司馬畢炕祭醫無閭山廣寧公太子中允李隨祭東海廣德王義王府長史張九章祭南海廣利王太子中允柳奕祭西海廣潤王太子洗馬李齊榮祭北海廣澤王取三月十七日一時禮冊玄宗御極多年尚長生輕舉之術於大同殿立真仙之像每中夜夙興焚香頂禮天下名山令道士中官合鍊醮祭相繼於路投龍奠玉造精舍採藥餌真訣仙蹤滋於歲月肅宗至德二年春在鳳翔改汧陽郡吳山爲西嶽增秩以祈靈助及上元年聖躬不康術士請改吳山爲華山華山爲泰山華州爲泰州華陽縣爲太陰縣寶應元年復舊則天長安三年令天下諸州宜教人武藝每年準明經進士例申奏開元十九年於兩京置太公尚父廟一所以漢留侯張良配饗天寶六載詔諸州武舉人上省先謁太公廟拜將帥亦告太公廟至肅宗

上元二年閏四月又尊爲武成王選歷代良將爲十哲高宗顯慶元年三月辛巳皇后武氏有事於先蠶玄宗天寶二年三月辛卯皇后王氏祀先蠶肅宗乾元二年三月己巳皇后張氏祠先蠶於苑內內外命婦同採焉舊儀大祭祀宮懸軒懸奏於庭登歌於堂上自至德二年剋復兩京後樂工不備時又艱食諸壇廟祭享空有登歌無壇下庭中樂及二舞舊儀凡祭享有司行事則太尉奠瓚幣司徒捧俎司空掃除太尉初獻太常卿亞獻光祿卿終獻自上元後南郊九宮祥壇太廟備此五官餘即太常卿攝司空光祿卿攝司徒貴省於事舊儀有協律郎立於阼階上麾竿以節樂今無協律之位舊儀光祿欲爲祭饌將陽燧盟日取火謂之明火太牢皆棧飼於廩犧署以至充腯臨祭視其充瘦謂之省牲肅宗上元二年九月改元爲元年詔圜丘方澤依恒存一太牢皇廟諸祠臨時獻熟今昊天上帝太廟一牢羊豕各三餘祭盡隨事辦供以備禮明火棧飼之禮亦不暇矣

唐書志卷第四

唐書志卷第五

劉　昫　等修
聞人詮校刻沈桐同校

禮儀五

唐禮四時各以孟月享太廟每室用太牢季冬蜡祭之後以辰日臘享於太廟用牲如時祭三年一祫以孟冬五年一禘以孟夏又時享之日修七祀於太廟西門內之道南司命戶以春竈以夏門厲以秋行以冬中霤則於季夏迎氣日祀之若品物時新堪進御者所司先送太常與尚食相知簡擇精好者以滋味與新物相宜者配之太常卿奉薦於太廟不出神主仲春薦冰亦如之

武德元年五月備法駕迎宣簡公懿王景皇帝元皇帝神主祔於太廟始享四室貞觀九年高祖崩將行遷祔之禮太宗命有司詳議廟制諫議大夫朱子奢建議曰按漢丞相韋玄成奏立五廟諸侯亦同五劉子駿議開七祖邦君降二鄭司農踵玄成之轍王子雍揚國師之

波分塗並騖各相師祖咸覩其所習好同惡異遂令歷代祧祀多少參差優劣去取曾無畫一傳稱名位不同禮亦異數易云卑高以陳貴賤位矣豈非別嫌疑慎微遠防陵僭尊君卑佐升降無舛所貴禮者義在茲乎若使天子諸侯俱立五廟便是賤所以可貴臣可以濫主名器無準冠屨同歸禮亦異數義將安設戴記又稱禮有以多為貴者天子七廟諸侯五廟若天子五廟纔與子男相埒以多為貴何所表乎愚以為諸侯立高祖以下并太祖五廟一國之貴也天子立高祖以上并太祖七廟四海之尊也降殺以兩禮之正焉前史所謂德厚者流光德薄者流卑此其義也伏惟聖祖在天山陵有日祔祖嚴配大事在斯宜依七廟用崇大禮若親盡之外有王業之所基者如殷之玄王周之后稷尊為始祖儻無其例請三昭三穆各置神主太祖一室考而虛位將待七百之祚遞遷方處庶上依晉宋傍愜人情於是八座奏曰臣聞揖讓受終之后革命創制之君何嘗不崇親親之義篤尊尊之道虔奉祖宗致敬郊廟自義乖闕里學滅秦庭儒雅既喪經籍湮殄雖兩漢纂修絕業魏晉敦尚斯文而宗廟制度典章散逸習所傳而競偏說執淺見而起異端自昔迄茲多歷年代語其大略兩家而已祖鄭玄者則陳四廟之制述王肅者則引七廟之文貴賤混而莫辯是非紛而不定陛下至德自然孝思罔極孺慕踰四夫之志制作窮聖人之道誠宜定一代之宏規為萬世之彝則臣奉述睿旨討論往載紀七廟者寔多稱四祖者蓋寡校其得失昭然可見春秋穀梁傳及禮記王制祭法禮器孔子家語並云天子七廟諸侯五廟大夫三廟士二廟尚書曰七世之廟可以觀德至於孫卿孔安國劉歆班彪父子孔晁虞喜干寶之徒或學推碩儒或才稱博物商較今古咸以為然故其文曰天子三昭三穆與太祖之廟而七晉宋齊梁皆依斯義立親廟六豈非有國之茂典不刊之休烈乎若使違群經之明文從累代之疑議背子雍之篤論尊康成之舊學則天子之禮下偪於人臣諸侯之制上僭於王者非所謂尊卑有序名位不同者也況復禮由人情自非天墜大孝莫重於尊親厚本莫先於嚴

配數盡四廟非貴多之道祀逮七世得加隆之心是知德厚者流光乃可久之高義德薄者流卑寔不易之令範臣等參議請依晉宋故事立親廟六其祖宗之制式遵舊典庶承宗之道興於理定之辰尊祖之義成於孝治之日制從之於是增修太廟始崇祔弘農府君及高祖神主并舊四室為六室二十三年太宗崩將行崇祔之禮禮部尚書許敬宗奏言弘農府君廟應迭毀謹按舊儀漢丞相韋玄成以為毀主瘞埋但萬國宗饗有所從來一旦瘞埋事不允愜晉博士范宣意欲別立廟宇奉征西等主安置其中方之瘞埋頗叶情理事無典故亦未足依又議者或言毀主藏於天府祥瑞所藏本非斯意今謹準量去祧之外猶有壇墠祈禱所及竊謂合宜今時廟制與古不同共基別室西方為首若在西夾之中仍處尊位祈禱則祭未絕祇享方諸舊儀情實可知弘農府君廟遠親殺詳據舊章禮合迭毀臣等參議遷奉神主藏於夾室本情篤教在理為弘從之其年八月庚子太宗文皇帝神主祔於太廟文明元年八月奉高宗神主祔於太廟

中始遷宣皇帝神主於夾室垂拱四年正月又於東都立高祖太宗高宗三廟四時享祀如京廟之儀別立崇先廟以享武氏祖考則天尋又令所司議立崇先廟室數司禮博士崇文館學士周悰希旨請立崇先廟為七室其皇室太廟減為五室春官侍郎賈大隱奏曰臣竊準秦漢皇太后臨朝稱制幷據禮經正文天子七廟諸侯五廟蓋百王不易之義萬代常行之法未有越禮違古而擅裁儀注今周悰別引浮議廣述異文直崇臨朝權儀不依國家常度升崇先之廟而七降國家之廟而五臣聞皇圖廣闢寔崇宗社之尊帝業弘基實等山河之固伏以天步多艱時逢遏密代天理物自古有之伏惟皇太后親承顧託憂勤黎庶納孝慈之請垂矜撫之懷實所謂光顯大猷恢崇聖載其崇先廟室合同諸侯之數國家宗廟不合輙有移變臣之愚直並依正禮周悰之請實乖古儀則天由是且止天授二年則天既革命稱帝於東都改制太廟為七廟室奉武氏七代神主祔於太廟改西京太廟為享德廟四時唯享高祖已下三室餘四室令所

○司閉其門廢其享祀之禮又改西京崇先廟為崇尊廟其享祀如太廟之儀萬歲登封元年臘月封嵩山迴親謁太廟明年七月又改京崇尊廟為太廟仍改太廟署為清廟臺加官員崇其班秩聖曆二年四月又親祀太廟曲赦東都城內中宗即位神龍元年正月改享德廟依舊為京太廟五月遷武氏七廟神主於西京之崇尊廟東都創置太廟太常博士張齊賢建議曰昔孫卿子云有天下者事七代有一國者事五代則天子七廟古今達禮故尚書稱七代之廟可以觀德祭法稱王立七廟一壇之廟而七莫不尊始封之君謂之太祖太祖之廟百代不遷祫祭之禮毀廟之主陳於太祖未毀廟之主皆升合食於太祖之室太祖東向昭南向穆北向商之玄王周之后稷是也太祖之外更無始祖但商自玄王以後十有四代至湯而有天下周自后稷已後十有七代至武王而有天下其間代數既遠遷廟親皆出太祖之後故得合食有序尊卑不差其後漢高祖受命無始封祖即以高皇帝為太祖太上皇帝之父立廟享祀不在昭穆合食之列為

尊於太祖故也魏武創業文帝受命亦即以武帝為太祖其高祖太皇處士君等並為屬尊不在昭穆合食之列晉宣創業武帝受命亦即以宣帝為太祖其征西豫章潁川京兆府君等並為屬尊不在昭穆合食之列歷茲已降至於有隋宗廟之制斯禮不改故宇文氏以文　皇帝為太祖隋室以武元皇帝為太祖國家誕受天命累葉重光景皇帝始封唐公實為太祖中間代數既近列在三昭三穆之內故皇家太廟唯有六室其弘農府君宣光二帝尊於太祖親盡則遷不在昭穆合食之數今皇極再造孝思匪寧奉二月二十九日勑七室已下依舊號尊崇又奉三月一日勑既立七廟須尊崇始祖速令詳定者伏尋禮經始祖即是太祖太祖之外更無始祖周朝太祖之外以周文王為始祖不合禮經或有引白虎通義云后稷為始祖文王為太祖武王為太宗及鄭玄註詩雍序云太祖謂文王以為說者其義不然何者彼以禮王者祖有功宗有德周人祖文王而宗武王故謂文王為太祖耳非祫祭群主合食之太祖今之議者或有欲立

○涼武昭王為始祖者殊為不可何者昔在商周稷卨始封湯武之興祚由稷卨故以稷卨為太祖即皇家之景帝是也涼武昭王勲業未廣後主失國土宇不傳景王始封實基明命今乃捨封唐之盛烈崇西涼之遠構考之前古實乖典禮魏氏不以曹參為太祖晉氏不以殷王卬為太祖宋氏不以楚元王為太祖齊梁不以蕭何為太祖陳隋不以胡公楊震為太祖則皇家安可以涼武昭王為太祖乎漢之東京大議郊祀多以周郊后稷漢當郊堯制下公卿議議者多同帝亦然之杜林正議獨以為周室之興祚由后稷漢業特起功不緣堯祖宗故事所宜因循竟從林議又傳稱欲知天上事問長人以其近之武德貞觀之時主聖臣賢其去涼武昭王蓋亦近於今矣當時不立者必不可立故也今既年代寖遠方復立之是非三祖二宗之意實恐景皇失職而震怒武昭虛位而不答非社稷之福也宗廟事重禘祫禮崇先王以之觀德或者不知其說既灌而往孔子不欲觀之今朝命惟新宜䖍慎禮祭如神在理不可誣請準勑加太廟為七室享宣皇

帝以備七代其始祖不合別有尊崇太常博士劉承慶尹知章又議云謹按王制天子七廟三昭三穆與太祖之廟而七此載籍之明文古今之通制皇唐稽考前軌詳採列辟崇建宗靈式遵斯典但以開基之主受命之君王迹有淺深太祖有遠近湯文祚基稷卨太祖代遠出乎昭穆之上故七廟可全若夏繼唐虞功非由鯀漢除秦項力不因堯及魏晉經圖周隋撥亂皆勛隆近代祖業非遠受命始封之主不離昭穆之親故肇立宗祊罕聞全制夫太祖以功建昭穆以親崇有功百代而不遷親盡七葉而當毀或以太祖代淺廟數非備更於昭穆之上遠立合遷之君曲從七廟之文深乖迭毀之制皇家千齡啓旦百葉重光景皇帝濬德基唐代數猶近號雖崇於太祖親尚列於昭穆且臨六室之位未申七代之尊是知太廟當六未合有七故先朝惟有宣光景元神堯文武六代親廟大帝登遐神主升祔於廟室以宣皇帝代數當滿準禮復遷今止有光皇帝已下六代親廟非是天子之廟數不當有七本由太祖有遠近之異故初建有多少之殊敬惟三后臨朝代多儒雅神祊事重禮豈虛存規模可沿理難變革宣皇既非始祖又廟無祖宗之號親盡既遷其廟不合重立若禮終運往建議復崇實違王制之文不合先朝之旨請依貞觀之故事無改三聖之宏規光崇六室不虧古議時有制令宰相更加詳定禮部尚書祝欽明等奏言博士三人自分兩議張齊賢以始同太祖不合更祖昭王劉承慶以王制三昭三穆不合重崇宣帝臣等商量請依張齊賢以景皇帝為太祖依劉承慶尊崇六室制從之尋有制以孝敬皇帝為義宗升祔於太廟其年八月崇祔光皇帝太祖景皇帝太祖元皇帝高祖神堯皇帝太宗文武聖皇帝高宗天皇太帝皇兄義宗孝敬皇帝於東都之太廟躬行享獻之禮二年駕還京師太廟自是亦崇享七室仍改武氏崇尊廟明年二月復令崇恩廟一依天授時享祭時武三思用事密令安樂公主諷中宗故有此制尋又特令武氏崇恩廟齋郎取五品子充太常博士楊孚奏言太廟齋郎承前只七品已下子今崇恩廟齋郎既取五品子即太廟齋郎作何等級上曰

太廟齋郎亦準崇恩廟置孚奏曰崇恩廟為太廟之臣太廟為崇恩廟之君以臣準君猶為僭逆以君準臣天下疑懼孔子曰名不正則言不順言不順則事不成事不成則禮樂不興禮樂不興則刑罰不中刑罰不中則人無所措手足故君子名之必可言也伏願無惑邪言以為亂始其事乃寢崇恩廟至睿宗踐祚乃廢毀之景雲元年冬將葬中宗孝和皇帝於定陵中書令姚元之吏部尚書宋璟奏言準禮大行皇帝山陵事終即合祔廟其太廟第七室先祔皇兄義宗孝敬皇帝哀皇后裴氏神主伏以義宗未登大位崩後追尊神龍之初乃特令遷祔春秋之義國君即位未踰年者不合列敘昭穆又古者祖宗各別立廟孝敬皇帝恭陵既在洛州望於東都別立義宗之廟遷祔孝敬皇帝哀皇后神主命有司以時享祭則不違先旨又協古訓人神允穆進退得宜在此神主望入夾室安置伏願陛下以禮斷恩制從之及既葬祔中宗孝和皇帝和思皇后趙氏神主於太廟其義宗即於東都從善里建廟享祀時又追尊昭成肅明二皇后於親仁里別置儀坤廟四時享祭開元四年睿宗崩及行祔廟之禮太常博士陳貞節蘇獻等奏議曰謹按孝和皇帝在廟七室以滿今睿宗大聖真皇帝是孝和之弟甫及仲冬禮當祔遷但兄弟入廟古則有焉遞遷之禮昭穆須正謹按禮論太常賀循議云兄弟不相為後也故殷之盤庚不序於陽甲而上繼於先君漢之光武不嗣於孝成而上承於元帝又曰晉惠帝無後懷帝承統懷帝自繼於世祖而不繼於惠帝其惠帝當同陽甲孝成別出為廟又曰若兄弟相代則共是一代昭穆位同至其當遷不可兼毀二廟此蓋禮之常例也荀卿子曰有天下者事七代謂從禰已上也尊者統廣故恩及遠祖若傍容兄弟上毀祖考此則天子有不得全事於七代之義矣孝和皇帝有中興之功而無後嗣請同殷之陽甲漢之成帝出為別廟時祭不虧大祫之辰合食太祖奉睿宗神主昇祔太廟上繼高宗則昭穆永貞獻祼長序制從之初令以儀坤廟為中宗廟尋又改造中宗廟於太廟之西貞節等又以肅明皇后不合與昭成皇后配祔睿宗奏議曰禮宗廟

父昭子穆皆有配座每室一帝一后禮之正儀自夏殷而來無易伏
惟昭成皇后有太姒之德已配食於睿宗則肅明皇后無啓母之尊自
應別立一廟謹按周禮云奏夷則歌小呂以享先妣者姜嫄是也姜
嫄是帝嚳之妃后稷之母特為立廟名曰閟宮又禮論云晉伏系之
議云晉簡文鄭宣后既不配食乃築宮於外歲時就廟享祭而已今
肅明皇后無祔配之位請同姜嫄宣后別廟而處四時享祭如舊儀制
從之於是遷昭成皇后神主祔於睿宗之室惟留肅明神主於儀坤
廟時太常卿姜皎復與禮官上表曰臣聞敬宗尊祖享德崇恩必也
正名用光時憲禮也伏見太廟中則天皇后配高宗天皇太帝題云
天后聖帝武氏伏尋昔居寵秩親承顧託因攝大政事乃從權神龍
之初已去帝號岑羲等不閑政體復題帝名若又使帝號長存恐非
聖朝通典夫七廟者高祖神堯皇帝之廟也父昭子穆祖德宗功非
夫帝子天孫乘乾出震者不得昇祔於斯矣但皇后祔廟配食高宗
位號舊章無宜稱帝今山陵日近昇祔非遙請申陳告之儀因除聖

帝之字直題云則天皇后武氏詔從之時既別造義宗廟將作大匠
韋湊上疏曰臣聞王者制禮是曰規模規模之興實資師古師古之
道必也正名惟名與實固當相副其在宗廟禮之大者豈可失哉禮
祖有功而宗有德祖宗之廟百代不毀故殷太甲曰太宗太戊曰中
宗武丁曰高宗周宗文王武王漢則文帝為太宗武帝為世宗其後
代有稱宗皆以方制海內德澤可宗列於昭穆期于不毀祖宗之義不
亦大乎況孝敬皇帝位止東宮未嘗南面聖道誠冠於儲副德教不
被於寰瀛立廟稱宗恐非合禮況別起寢廟不入昭穆稽諸祀典何
義稱宗而廟號義宗稱之萬代以臣庸識竊謂不可望更令有司詳定務
合於禮於是太常請以本謚孝敬為廟稱從之五年正月玄宗將行
幸東都而太廟屋壞乃奉七廟神主於太極殿玄宗素服避正殿輟
朝三日親謁神主于太極殿而後發幸東都乃勑有司修太廟明年廟
成玄宗還京行親祔之禮時有司撰儀注以祔祭之日車駕發宮中
玄宗謂宋璟蘇頲曰祭必先齋所以齊心也據儀注祭之日發大明

宮又以質明行事縱使侵星而發猶是移辰方到質明之禮其可及
乎又朕不宿齋宮即安正殿情所不敢宜於廟所設齋宮五日赴行
宮宿齋六日質明行事庶合於禮璟等稱聖情深至請即奉行詔有
司改定儀注景雲中玄宗自齋宮步詣太廟入自東門就立位樂奏
九成昇自阼階行祼獻之禮至睿宗室俯伏嗚咽侍臣莫不流涕有
河南府人孫平子詣闕上言中宗孝和皇帝既承大統不合遷於別
廟玄宗令宰相召平子與禮官對定可否太常博士蘇獻等固執前
議平子口辯所引咸有經據獻等不能屈時蘇頲知政事以獻是其
從祖之兄頗黨助之平子之議竟不得行平子論竟不已遂謫平子
為康州都城尉仍差使領送至任不許東西平子之任尋卒時雖貶
平子議者深以其言為是至十年正月下制曰朕聞王者乘時以設
教因事以制禮沿華以從宜為本取舍以適會為先故損益之道有
殊質文之用斯異且夫至德之謂孝所以通乎神明大事之謂祀所
以虔乎宗廟國家握紀命曆重光累盛四方由其繼明七代可以觀

德朕嗣守丕業祇奉睿圖聿懷昭事罔不祁祀嘗覽古典詢諸舊制
遠則夏殷事異近則漢晉道殊雖禮文之不一固嚴敬之無二朕以
為立愛自親始教人睦也立敬自長始教人順也是知朕率於禮緣
於情或教以道存或禮從時變將因宜以創制豈沿古而限今況息
以降殺而疏廟以遷毀而廢雖式瞻古訓禮則不違而永言孝思情
所未足享嘗則止豈愛崇而禮備有禱而祭非德盛而流永其祧室
宜列為正室使親而不盡遠而不祧廟以貌存宗猶尊立俾四時式
薦不間於毀主百代靡遷匪惟於始廟所謂變以合禮動而得中嚴
配之典克崇肅雍之美茲在又兄弟繼及古有明文今中宗神主猶
居別處詳求故實當宁不安移就正廟用章大典仍創立九室宜令所
司擇日啓告移遷十一年春玄宗還京師下制曰崇建宗廟禮之大
者聿追孝饗德莫至焉今宗以立尊親無遷序永惟嚴配致用蠲絜
棟宇式崇祼奠斯授顧茲薄德獲承禋祀不躬不親曷展誠敬宜用
八月十九日祇見九室於是追尊宣皇帝為獻祖復列於正室光皇

帝為懿祖幷遷中宗神主於太廟及將親祔會雨而止乃令所司行事其京師中宗舊廟便毀拆之東都舊廟始移孝敬神主祔焉其從善里孝敬舊廟亦令毀拆二十一年玄宗又特令遷肅明皇后神主祔於睿宗之室仍以舊儀坤廟為肅明觀大曆十四年十月代宗神主將祔禮儀使顏真卿以元皇帝代數已遠準禮合祧請遷於西夾室其奏議曰王制天子七廟三昭三穆與太祖之廟而七又禮器云有以多為貴者天子七廟又伊尹曰七代之廟可以觀德此經典之明證也七廟之外則曰去祧為壇去壇為墠故歷代儒者制迭毀之禮皆親盡宜毀伏以太宗文皇帝七代之祖高祖神堯皇帝國朝首祚萬葉所承太祖景皇帝受命於天始封於唐元本皆在不毀之典代祖元皇帝地非開統親在七廟之外代宗皇帝升祔有日元皇帝神主禮合祧遷或議者以祖宗之名難於迭毀昔漢朝近古不敢以私滅公故前漢十二帝為祖宗者四而已至後漢漸遠經意子孫以推美為先自光武已下皆有廟號則祖宗之名莫不遠也安帝信讒

害大臣廢太子及崩無上宗之奏後自建武以來無毀者曰以陵號稱宗至桓帝失德尚有宗號故初平中左中郎蔡邕以和帝以下功德無殊而有過差不應為宗餘非宗者追尊三代皆奏毀之是知祖有功宗有德存至公之義非其人不居蓋三代立禮之本也自東漢已來則此道甚美魏明帝自稱烈祖論者以為逆自稱祖宗故近代此名悉為廟號未有子孫踐祚而不祖宗先王者以此明之則不得獨據兩字而為不合祧遷之證假令傳祚百代豈可上崇百代以為孝乎請依三昭三穆之義永為通典寶應二年升祔玄宗肅宗則獻祖懿祖已從迭毀伏以代宗睿文孝皇帝卒哭而祔則合上遷一室元皇帝代數已遠其神主準禮當祧至禘祫之時然後享祀於是祧元皇帝於西夾室祔代宗神主焉永貞元年十一月德宗神主將祔禮儀使杜黃裳與禮官王涇等請遷高宗神主於西夾室其議曰自漢魏已降沿革不同古者祖有功宗有德皆不毀之名也自東漢魏晉迄於陳隋漸違經意子孫以推美為先光武已下皆有祖宗之號故

至於迭毀親盡禮亦迭遷國家九廟之尊皆法周制伏以太祖景皇帝受命於天始封元本德同周之后稷也高祖神堯皇帝國朝首祚萬葉所承德同周之文王也太宗文皇帝應天靖亂垂統立極德同周武王也周人郊后稷而祖文王宗武王聖唐郊景皇帝祖高祖而宗太宗皆在不遷之典高宗皇帝今在三昭三穆之外謂之親盡新主入廟禮合迭遷藏於從西第一夾室每至禘祫之月合食如常於是祧高宗神主於西夾室祔德宗神主焉元和元年七月順宗神主祧有司疑於遷毀太常博士王涇建議曰禮經祖有功宗有德皆不毀之名也惟三代行之漢魏已降雖曰祖宗親盡則遷無功亦毀不得行古之道也昔夏后氏十五代祖顓頊而宗禹殷人七代祖契而宗湯周人三十六王以后稷為太祖祖文王而宗武王聖唐德厚流廣遠法殷周奉景皇帝為太祖祖高祖而宗太宗皆在百代不遷之典故代宗升祔遷代祖也德宗升祔遷高宗也今順宗升祔中宗在三昭三穆之外謂之親盡遷於太廟夾室禮則然矣或諫者以則天

太后革命中宗復而興之不在遷藏之例臣竊未諭也昔者高宗晏駕中宗奉遺詔自儲副而陟元后則天太后臨朝廢為廬陵王聖曆元年太后詔復立為皇太子洎太后聖壽延長御下日久奸臣擅命紊其紀度敬暉桓彥範等五臣俱唐舊臣匡輔王室翊中宗而承大統此乃子繼父業是中宗得之而且失之母授子位是中宗失之而復得之二十年間再為皇太子復踐皇帝位失之在己得之在己可謂革命中興之義殊也又以周漢之例推之幽王為犬戎所滅平王東遷周不以平王為中興不遷之廟其例一也漢呂后專權產祿秉政文帝自代邸而立之漢不以文帝為中興不遷之廟其例二也霍光輔遷之廟其例三也伏以中宗孝和皇帝於聖上為六代伯祖尊非正統廟亦親盡爰及周漢故事是與中興功德之主不同奉遷夾室固無疑也是月二十四日禮儀使杜黃裳奏曰順宗皇帝神主已升祔太廟告祧之後即合遞遷中宗皇帝神主今在三穆三昭之外準禮合於太廟從西第一夾室每至禘祫之日合食如常於是祧中

宗神主於西夾室祔順宗神主焉有司先是以山陵將畢議遷廟之禮有司以中宗為中興之君當百代不遷之位宰臣召史官蔣武問之武對曰中宗以弘道元年於高宗柩前即位時春秋已壯矣及母后篡奪神器潛移其後賴張柬之等同謀國祚再復此蓋同於反正恐不得號為中興之君凡非我失之自我復之謂之中興漢光武晉元帝是也自我失之因人復之晉孝惠孝安是也今中宗於惠安二帝事同即不可為不遷之主也有司又云五王有再安社稷之功今若遷中宗廟則五王永絕配享之例武曰凡配享功臣每至禘祫年方合食太廟居常即無享禮今遷中宗神主而禘祫之年毀廟之主並陳於太廟此則五王配食與前時如一也有司不能答十五年四月禮部侍郎李逢奏上大行皇帝謚曰聖神章武孝皇帝廟號憲宗先是河南節度使李夷簡上議曰王者祖有功宗有德大行皇帝戡前寇逆累有武功廟號合稱祖陛下正當決在宸斷無信齷齪書生也遂詔下公卿與禮官議其可否太常博士王彥威奏議大行廟號不宜稱祖宜稱宗從之其月禮部奏準貞觀故事遷廟之主藏於夾室西壁南北三間第一間代祖室第二間高宗室第三間中宗室伏以山陵日近睿宗皇帝祧遷有期夾室西壁三室外無置室處準江都集禮古者遷廟之主藏於太室北壁之中今請於夾室北壁以西為上置睿宗皇帝神主石室制從之長慶四年正月禮儀使奏謹按周禮天子七廟三昭三穆太祖之廟而七荀卿子曰有天下者祭七代有一國者祭五代則知天子上祭七廟典籍通規祖功宗德不在其數國朝九廟之制法周之文太祖景皇帝始為唐公肇基天命義同周之后稷高祖神堯皇帝創業經始化隋為唐義同周之文王太宗文皇帝神武應期造有區夏義同周武王其下三昭三穆之外是親盡之祖雖有功德禮合祧遷禘祫之歲則從合食制從之開成五年禮儀使奏謹按天子七廟祖功宗德不在其中國朝制度太廟九室伏以太祖景皇帝受封於唐高祖太宗創業受命有功之主百代不遷今文宗元聖昭獻皇帝升祔有時代宗睿文孝武皇帝是親盡之

祖禮合祧遷每至禘祫合食如常從之會昌元年六月制曰朕近因載誕之日展承顏之敬太皇太后謂朕曰天子之孝莫大於丕承人倫之義莫大於嗣續穆宗睿聖文惠孝皇帝厭代已久星霜屢遷禰宮曠合食之禮惟帝深濡露之感宣懿皇太后長慶之際德冠後宮夙表沙麓之祥實茂河洲之範先朝恩禮之厚中壼莫偕況誕我聖君纘承昌運已協華於先帝方延祚於後昆思廣貽謀庶弘博愛從舊典以慰孝思當以宣懿皇太后祔太廟穆宗睿聖文惠孝皇帝之室率是彝訓其敬承之朕祗奉慈旨載深感咽宜令宣示中外咸使聞知會昌六年五月禮儀使奏武宗昭肅皇帝祔廟并合祧遷者伏以自敬宗文宗武宗兄弟相及已歷三朝昭穆之位與承前不同所可疑者其事有四一者兄弟昭穆同位不相為後二者已祧之主復入舊廟三者廟數有限無後之主則宜出置別廟四者兄弟既不相為後昭為父道穆為子道則昭穆同班不合異位據春秋文公二年躋僖公何休云躋升也謂西上也惠公與莊公當同南西上隱桓與閔僖當同西北上孔穎達亦引此義釋經又賀循云殷之盤庚不序陽甲漢之光武上繼元帝晉元帝簡文皆用此義蓋以昭穆位同不可兼毀二廟故也尚書曰七代之廟可以觀德且殷家兄弟相及有至四帝不及祖禰何容更言七代於理無矣二者今已兄弟相及同為一代矯前之失則合復祔代宗神主於太廟或疑已祧之主不合更入太廟者按晉代元明之時已遷豫章潁川矣及簡文即位乃元帝之子故復豫章潁川二神主於廟又國朝中宗已祔太廟至開元四年乃出置別廟至十年置九廟而中宗神主復祔太廟則已遷復入亦可無疑三者廟有定數無後之主出置別廟者按魏晉之初多同廟蓋取上古清廟一宮尊遠神祇之義自後晉武所立之廟雖云七主而實六代蓋景文同廟故也又按魯立姜嫄文王之廟不計昭穆以尊尚功德也晉元帝上繼武帝而惠懷愍三帝時賀循等諸儒議以為別立廟親遠義疎都邑遷異於理無嫌也今以文宗棄代纔六七年武宗甫爾復土遽移別廟不齒祖宗在於有司非所宜議

四者添置廟之室按禮論晉太常賀循云廟以容主爲限無拘常數故晉武帝時廟有七主六代至元帝明帝廟皆十室及穆簡三帝皆至十一室自後雖遷故祔新大抵以七代為準而不限室數伏以江左大儒通賾覩奥事有明據固可施行今若不行是議更以迭毀為制則當上不及高曾未盡之親下有忍臣子恩義之道今備討古今參校經史上請復代宗神主於太廟以存高曾之親下以敬宗文宗武宗同為一代於太廟東間添置兩室定為九代十一室之制以全臣子恩敬之義庶協大順之宜得變禮之正折古今之紛互立群疑之杓指俾因心廣孝永燭於皇明昭德事神無虧於聖代勅曰宗廟事重實資參詳宜令尚書省兩省御史臺四品以上官大理卿京兆尹等集議以聞尚書左丞鄭涯等奏議曰夫禮經垂則莫重於嚴配必參損益之道則合典禮之文況有明徵是資折衷伏自敬宗文宗武宗三朝嗣位皆以兄弟考之前代理有顯據今謹詳禮院所奏並上稽古文旁摭史氏協於通變允謂得宜臣等商議請依禮官所議

○從之大中三年十一月制追尊憲宗順宗諡號事下有司太常博士李稠奏請別造憲宗順宗神主改題新諡上疑其事詔都省集議右司郎中楊發都官員外郎劉彦模等奏考尋故事無別造神主改題之例事在楊發傳時宰臣奏改造改題並無所據酌情順理題則為宜況今士族之家通行此例雖尊卑有異而情理則同望就神主改題則為通允依之黃巢犯長安僖宗避狄於成都府中和元年夏四月有司請享太祖已下十一室詔公卿議其儀太常卿牛叢與儒者同議其事或曰王者巡狩以遷廟主行如無遷廟之主則祝奉幣帛皮珪告於祖禰遂奉以出載於齋車每舍奠焉今非巡狩是失守宗廟夫失守宗廟則當罷宗廟之事叢疑之將作監王儉太子賓客李匡乂虞部員外郎袁皓建議同異及左丞崔厚為太常卿遂議立行廟以玄宗幸蜀時道宮玄元殿之前架幄幕為十一室又無神主題神版位而行事達禮者非之以為止之可也明年乃特造神主以祔行廟

光啓元年十二月二十五日僖宗再幸寶雞其太廟十一室并祧廟八室及孝明太皇太后等別廟三室等神主緣室法物宗正寺官屬奉之隨駕鄠縣為賊所刼神主法物皆遺失三年二月車駕自興元還京以宮室未備權駐鳳翔禮院奏皇帝還宮先謁太廟今宗廟焚毀神主失墜請準禮例脩奉者禮院獻議曰按春秋新宮災三日哭傳曰新宮宣公廟也三日哭禮也按國史開元五年正月二日太廟四室摧毀時神主皆存迎奉於太極殿安置玄宗素服避正殿寶應元年肅宗還京師以宗廟為賊所焚於光順門外設次向廟哭歷檢故事不見百官奉慰之儀然上既素服避殿百官奉慰亦合情禮竊循故事比附參詳恐須宗正寺具宗廟焚毀及神主失墜事由奏皇帝素服避殿受慰訖輟朝三日下詔委少府監擇日依禮新造列聖神主如此方似合宜伏緣採栗須十一月漸恐遲晚修奉使宰相鄭延昌具議中書門下奏曰伏以前年冬再有震驚俄然巡幸主司宗祝迫以蒼黃伏緣移蹕鳳翔未敢陳奏今則將迴鑾輅皆舉典章清

○廟再營孝思咸備伏請降勅命所司參詳典禮修奉勅曰朕以京德祇嗣寶圖不能上承天休下正人紀兵革競興於寓縣車輿再越於藩垣宗廟震驚烝嘗廢闕敬備禮倍切哀摧宜付所司又修奉太廟使宰相鄭延昌奏太廟大殿十一室二十三間十一架功績至大計料支費不少兼宗廟制度有數難為損益今不審依元料修奉為復更有商量請下禮官詳議太常博士殷盈孫奏議言如依元料難以速成況祭藏方虛須資變禮竊以至德二年以新修太廟未成其新造神主權於長安殿安置便行饗告之禮如同宗廟之儀以俟廟成方為遷祔今京城除充大內及正衙外別無殿宇伏聞先有詔言欲以少府監大廳權充太廟其廳五間伏緣十一室於五間之中陳設隘狹請更接續修建成十一間以備十一室薦饗之所其三太后廟即於少府監取西南屋三間以備三室告饗之所勅旨從之大順元年將行禘祭有司請以三太后神主祔饗於太廟三太后者孝明太皇太后鄭氏宣宗之母也恭僖皇太后王氏敬宗之母也貞獻皇太

后韋氏文宗之母也三后之崩皆作神主有故不當入太廟當時禮官建議並置別廟每年五享及三年一禘五年一祫皆於本廟行事無奉神主入太廟之文至是亂離之後舊章散失禮院憑曲臺禮欲以三太后祔享太廟博士殷盈孫獻議非之曰臣謹按三太后憲宗穆宗之后也二帝已祔太廟三后所以立別廟者不可入太廟故也與帝在位皇后別廟不同今有司悞用王彥威曲臺禮禘別廟太后於太廟乖戾之甚臣竊究事體有五不可曲臺禮云別廟皇后禘祫於太廟祔於祖姑之下此乃皇后先崩已造神主夫在帝位如昭成肅明元獻昭德之比昭成肅明之崩也睿宗在位元獻之崩也玄宗在位昭德之崩也肅宗在位四后於太廟未有本室故創別廟當爲太廟合食之主故禘祫乃奉以入饗其神主但題云某謚皇后明其後太廟有本室即當遷祔帝方在位故皇后暫立別廟耳本是太廟合食之祖故禘祫乃升太廟未有位故祔祖姑之下今恭僖貞獻二太后皆穆宗之后恭僖會昌四年造神主合祔穆宗廟室時穆宗廟

已祔武宗母宣懿皇后神主故爲恭僖別立廟其神主直題云皇太后明其終安別廟不入太廟故也貞獻太后大中元年作神主立別廟其神主亦題爲太后並與恭僖義同孝明咸通五年作神主合祔憲宗廟室憲宗廟已祔穆宗之母懿安皇后故孝明亦別立廟是懿宗祖母故題其主爲太皇太后與恭僖貞獻亦同帝在位后先作神主之例今以別廟太后神主禘祭升享太廟一不可也曲臺禮別廟皇后禘祫於太廟儀注云內常侍奉別廟皇后神主入置於廟庭赤黃褥位奏云某謚皇后禘祫祔享太廟然後以神主升今即須奏云某謚太皇太后且太廟中皇后神主二十一室今忽以皇太后入列於昭穆二不可也若但云某謚皇后即與所題都異神何依憑此三不可也若今禮要云舊典周立姜嫄別廟四時祭薦及禘祫於七廟皆祭惟不入太祖廟爲別配魏文思甄后明帝母廟及寢依姜嫄之廟四時及禘皆與諸廟同此皆禮明文得以爲證今以別廟太后禘祫於太廟四不可也所以置別廟太后以孝明不可與懿安並祔憲宗之

室今禘享乃處懿安於舅姑之上此五不可也且祫合祭也合猶不入太祖之廟而況於禘乎竊以爲並皆禘於別廟爲宜且恭僖貞獻二廟比在朱陽坊禘祫赴太廟皆須備法駕典禮甚重儀衛至多咸通之時累遇大饗耳目相接歲代未遙人皆見聞事可詢訪非敢以臆斷也或曰以廟故禘祫於別廟或可矣而將來有可疑焉謹案睿宗親盡已祧今昭成肅明二后同在夾室如或後代憲宗穆宗親盡而祧三太后神主其得不入夾室乎若遇禘祫則如之何對曰此又大悞也三太后廟若親盡合祧但當閟而不享安得處於夾室禘祫則就別廟行之歷代已來何嘗有別廟神主復入太廟夾室乎禘祫禮之大者無宜錯失宰相孔緯曰博士之言是也昨禮院所奏儀注今已勑下大祭日迫不可遽改且依行之於是遂以三太后祔祫太廟達禮者譏其太謬至今未正會昌六年十一月太常博士任疇上言去月十七日饗德明興聖廟德廟直候論狀稱懿祖室在獻祖室之上當時雖以爲然便依行事猶牒報監察使及宗正寺請過祭詳窺

王牒如有不同即相知聞奏爾後伏檢高祖神堯皇帝本紀伏審獻祖爲懿祖之昭懿祖爲獻祖之穆昭穆之位天地極殊今廟室奪倫不即陳奏然尚爲苟且罪不容誅仍勑脩撰朱儔檢討王皡研精詳覆得報稱天寶二年制追尊咎繇爲德明皇帝涼武昭王爲興聖皇帝十載立廟至貞元十九年制從給事中陳京右僕射姚南仲等一百五十人之議以爲禘祫是祖宗以序之祭凡有國者必尊太祖今國家以景皇帝爲太祖太祖之上施於禘祫不可爲位請按德明興聖廟共成四室祔遷獻懿二祖謹尋儔等所報即當時表奏並獻居懿上伏以德尊謚爲孝君臣嚴敬有司慎恪是歲還不當失序四十餘載理難尋詰伏祈聖鑒即垂詔勑具禮遷正其月儔又奏曰伏聞今月十三日勑以臣所奏獻懿祖二室倒置事宜令禮官集議聞奏者臣去月十七日緣遇太廟祫饗太祖景皇帝已下群主準貞元十九年所祔獻懿祖於德明廟共爲四室準元勑各於本室行享禮審知獻祖合居懿祖之上昭穆方正其時親見獻祖之室倒居懿祖之下

於後遍校圖籍實見差殊遂敢聞奏今奉勅宜令禮官集議聞奏者
臣得奉禮郎李岡太祝柳仲年協律郎諸葛畋李潼檢討官王皥修
撰朱儔博士閔慶之等七人狀稱謹按高祖神堯皇帝本紀及皇室圖
譜幷武德貞觀永徽開元已來諸禮著在甲令者並云獻祖宣皇帝是
神堯之高祖懿祖光皇帝是神堯皇帝之曾祖以高曾辨之則獻祖
是懿祖之父懿祖是獻祖之子即博士任疇所奏倒祀不虛臣等伏
乞即垂詔勅具禮遷正其事遂行僖宗自興元還京夏四月將行禘
祭有司引舊儀禘德明興聖二廟及懿祖獻祖神主祔興聖德明廟
通爲四室黃巢之亂廟已焚毀及是將禘俾議其儀博士殷盈孫議
曰臣以德明等四廟功非創業義止追封且於今皇帝年代極遙昭
穆甚遠可依晉韋弘屋毀乃已之例因而廢之勅下百寮都省會議禮
部員外薛昭緯奏議曰伏以禮貴從宜過猶不及祀有常典理當據
經謹按德明追尊實爲遐遠徵諸歷代莫有其倫自古典禮該詳無
踰周室后稷實始封之祖文王乃建極之君且不聞后稷之前別議
○
立廟以至二漢則可明徵劉累梁魏則近有蕭曹稽彼簡書並無追
號追王興聖事非有據蓋以始王於涼遂列爲祖類長沙於後漢之代
等楚元於宋高之朝恐無尊祀之名足爲憲章之驗重以獻祖懿祖皆
非宗有德而祖有功親盡宜祧理當毀瘞遷於二廟亦出一時且武
德之初議宗廟之事神堯聽之太宗叅之碩學通儒森然在列而不
議立皐陶涼武昭之廟蓋知其非所宜立也尊太祖代祖爲帝而以
獻祖爲宣簡公懿祖爲懿王卒不加帝號者謂其親盡則毀明矣春
秋左氏傳孔子在陳聞魯廟災曰其桓僖乎已而果然蓋以親盡不
毀宜致天災烱然之徵不可忽也據太常禮院狀所引至德二年克
復後不作弘農府君廟神主及晉韋弘屋朽乃已之議頗爲明據深
協禮經其興聖等四室請依禮院之議奉勅敬依典禮付所司　開
元二十三年正月制以籩豆之薦或未能備物宜令禮官學士詳議
具奏太常卿韋縚請宗廟之奠每室籩豆各加十二又今之酌獻酒
爵制度全小僅無一合執持甚難請稍令廣大其郊祀奠獻亦準此

仍望付尚書省集衆官詳議務從折衷於是兵部侍郎張均及職方
郎中韋述等建議曰謹按禮祭統曰凡天之所生地之所長苟可薦
者莫不咸在水草陸海三牲八簋昆蟲之異草木之實陰陽之物皆
備薦矣聖人知孝子之情深而物類之無限故爲之節制使有常禮
物有其品器有其數上自天子下至公卿貴賤差降無相踰越百代
常行無易之道也又按周禮膳夫掌王之食飲膳羞食用六穀膳用
六牲飲用六清羞用百有二十品珍用八物醬用百有二十甕則與
祭祀之物豈省本殊左傳曰享以訓恭儉宴以示慈惠恭儉以行禮
慈惠以布政又曰享有體薦讌有折俎杜預曰享有體薦爵盈而不飲
豆乾而不食宴則相與食之享之與宴猶且異文祭奠所陳固不同
矣又按周禮籩人豆人各掌四籩四豆之實供祭祀與賓客所用各
殊據此數文祭奠不同常時其來久矣且人之嗜酒本無憑準宴私
之饌與時遷移故聖人一切同歸於古雖平生所嗜非禮亦不薦也
平生所惡是禮即不去也楚語曰屈到嗜芰有疾召宗老而屬曰祭
○
我必以芰及卒宗老將薦芰屈建命去之曰祭典有之國君有牛享
大夫有羊饋士有豚犬之奠庶人有魚炙之薦籩豆脯醢則上下安
之不羞珍異不陳庶侈不以私欲干國之典遂不用此則禮外之食
前賢不敢薦也今欲取甘旨之物肥濃之味隨所有者皆充祭用苟
踰舊制其何限焉雖籩豆有加豈能備也傳曰大羹不致粢食不鑿
昭其儉也書曰黍稷非馨明德惟馨事神在於虔誠不求厭飫三年
一禘不欲黷也三獻而終禮有成也風有采蘋采蘩雅有行葦泂酌
守以忠信神其捨諸君以今之珍饌平生所習求神無方何必師古
簠簋可去而盤盂杯案當在御矣韶護可息而箜篌箏笛當在奏矣
凡斯之流皆非正物或興於近代或出於蕃夷耳目之娛本無則象
用之宗廟後嗣何觀欲爲永式恐未可也且自漢已降諸陵皆有寢宮歲時朔
望薦以常饌此既常行亦足盡至孝之情矣宗廟正禮宜依典故率
情變革人情所難又按舊制一升曰爵五升曰散禮器稱宗廟之祭
貴者獻以爵賤者獻以散此明貴小賤大示之節儉又按國語觀射父曰郊禘不

適繭栗蒸嘗不過把握天神以精明臨人者也所求備物不求豐大苟失於禮雖多何爲豈可捨先王之遺法徇一時之所尚廢棄禮經以從流俗裂冠毀冕將安用之且君子愛人以禮不求苟合況在宗廟敢忘舊章請依古制庶可經久禮部員外郎楊仲昌議曰謹按禮曰夫祭不欲煩煩則黷亦不欲簡簡則怠又鄭玄云人生尚褻食鬼神則不然神農時雖有黍稷猶未有酒醴及後聖作爲醴酪猶存玄酒示不忘古春秋曰蘋蘩薀藻之菜潢汙行潦之水可羞於王公可薦於鬼神又曰大羹不和粢食不鑿此明君人者有國奉先敬神嚴享豈肥濃以爲尚將儉約以表誠則陸海之物鮮肥之類既乖禮文之情而變作者之法皆充祭用非所詳也易曰罇酒簋貳納約自牖此明祭存簡易不在繁奢所以一罇之酒貳簋之奠爲明祀也抑又聞之夫義以出禮禮以體政違則有紊是稱不經薦肥濃則褻味有登加籩豆則事非師古與其別行新制寧如謹守舊章時太子賓客崔沔戶部郎中楊伯成左衛兵曹劉秩等皆建議以爲請依舊禮不可

改易於是宰臣等具沔述等議以奏玄宗曰朕承祖宗休德至於享祀粢盛實思豐潔禮物之具諒在昭忠其非芳潔不應法制者亦不可用以是更令太常量加品味章縚又奏請每室加籩豆各六每四時異品以當時新果及珍羞同薦制可之又酌獻酒爵玄宗令用龠升一升合於古義而多少適中自是常依行焉○後漢世祖光武皇帝葬于原陵其子孝明帝追思不已永平元年乃率諸侯王公卿正月朝于原陵親奉先后陰氏粧奩篋笥悲慟左右侍臣莫不嗚咽梁武帝父丹陽尹順之追尊爲太祖文帝先葬丹徒亦尊爲建陵武帝即大位後大同十五年亦朝于建陵有紫雲蔭覆陵上食頃方滅梁主著單衣介幘設次而拜望陵流哭淚之所霑草皆變色陵傍有枯泉至時而水流香潔因謂侍臣曰陵陰石虎與陵俱創二百餘年恨小可更造碑石柱麟井二陵中道門爲三闥園陵職司並賜一級奉辭諸陵哭踊而拜周太祖文帝葬于成陵其子明帝初立元年十二月謁于成陵高祖神堯葬于獻陵貞觀十三年正月乙巳太宗朝于獻陵先是日宿設黃麾仗周衛陵寢至是質明七廟子孫及諸侯百僚蕃夷君長皆陪列于司馬門內皇帝至小次降輿納履哭於闕門西面再拜慟絕不能興禮畢改服入于寢宮親執饌閱視高祖及先后服御之物匍匐牀前悲慟左右侍御者莫不歔欷初甲辰之夜大雨雪及皇帝入陵院悲號哽咽百辟哀慟是時雪益甚寒風暴起有蒼雲出於山陵之上俄而流布天地晦冥至禮畢皇帝出自寢宮步過司馬門北泥行二百餘步於是風靜雪止雲氣歇滅天色開霽觀者竊議以爲孝感之所致焉是日曲赦三原縣及從官衛士等大辟已下已發覺未發覺皆釋其罪免民一年租賦有八十已上及孝子順孫義夫節婦鰥寡孤獨有篤疾者賜物各有差宿衛陵邑中郎將士齋員及三原令以下各賜爵一級丁未至自獻陵己酉朝于太極殿庚子會群臣奏功成慶善及破陣之樂玄宗開元十七年十一月丙申親謁橋陵皇帝望陵涕泣左右並哀感進奉先縣同赤縣以所管陵三百戶供陵寢三府兵馬供衛曲赦縣內大辟罪已下戊戌謁定陵己亥謁獻

陵壬寅謁昭陵乙巳謁乾陵戊申車駕還宮大赦天下流移人並放還左降官移近處百姓無出今年地稅之半每陵取側近六鄉以供陵寢皇帝初至橋陵質明柏樹甘露降瞻後祥煙遍空皇帝謁昭陵陪葬功臣盡來受饗風吹颯颯若神祇之所集陪位文武百寮皆聞先聖嘆息功臣蹈舞之聲皆以爲至孝所感天寶二年八月制自今已後每至九月一日薦衣於陵寢十三載改昭獻乾定橋五陵署爲臺其署令改爲臺令加階一級

唐書志卷第五

劉　昫　等修

聞人詮校刻沈桐同校

禮儀六

建中元年三月禮儀使上言東都太廟闕木主請造以祔初武后於東都立高祖太宗高宗三廟至中宗已後兩京太廟四時並饗至德亂後木主多亡缺未祔於是議者紛然而大言有三其一曰必存其廟遍立群主時饗之其二曰建廟立主存而不祭若皇輿時巡則就饗焉其三曰存其廟瘞其主駕或東幸則飾齋車奉京師群廟之主以往議者皆不決而罷　貞元十五年四月膳部郎中歸崇敬上疏東都太廟不合置木主謹按典禮虞主用桑練主用栗重作栗主則埋桑主所以神無二主猶天無二日土無二王也今東都太廟是則天皇后所建以置武氏木主中宗去其主而存其廟蓋將以備行幸遷都之置也且殷人屢遷前八後五其後遷都一十三度不可每都而

別立神主也議者或云東都神主已曾虔奉而禮之豈可以一朝廢之乎且虞祭則立桑主而虞祀練祭則立栗主而埋桑主豈桑主不曾虔祀而乃埋之又所闕之主不可更作作之不時非禮也長慶元年二月分司官庫部員外郎李渤奏太微宮神主請歸祔太廟勑付東都留守鄭絪商量聞奏絪奏云臣謹詳三代典禮上稽高祖太宗之制度未嘗有並建兩廟並饗二主之禮天授之際祀典變革中宗初復舊物未暇詳考典章遂於洛陽創宗廟是行還都之制實非建國之儀及西歸上都因循未廢德宗嗣統墜典克修東都九廟不復告饗謹按禮記仲尼答曾子問曰天無二日土無二王嘗禘郊社尊無二上所以明二主之非禮也陛下接千載之大統揚累聖之耿光憲章先王垂法後嗣況宗廟之禮至尊至重違經黷祀時謂不欽特望擇三代令典守高祖太宗之憲度鑒神龍權宜之制遵建中矯正之禮依經復古允屬聖明伏以太微宮元皇帝三代睿宗文武孝皇帝神主參考經義不合祔饗至於遷置神主之禮三代以降經無明文

伏望委中書門下與公卿禮官質正詳定勑付所司太常博士王彥威等奏議曰謹按國初故事無兩都並建宗廟並行饗祭之禮伏尋周書召誥洛誥之說實有祭告豐廟洛廟之文是則周人兩都並建宗祧至則告饗然則兩都皆祭祖考禮祀並興自神龍復辟中宗嗣位廟既偕作饗亦並行天寶末兩都傾陷神主亡失肅宗既復舊物但建廟作主於上都其東都神主大曆中始於人間得之遂寓於太微宮不復祔饗臣等謹按經傳王者之制凡建居室宗廟為先廟必有主主必在廟是則立廟兩都蓋行古之道主必在廟實依禮經今按參詳理合升祔謹按元皇帝是追王高宗中宗睿宗是祧廟之主其神主合藏於太廟從西第一夾室景皇帝是始封不遷之祖其神主合藏於太廟從西第一室高祖太宗玄宗肅宗代宗是創業有功親廟之祖伏準江都集禮正廟之主藏於太室之中禮記群廟之主有故則聚而藏諸祖廟伏以德宗之下神主未作代宗之上后主先亡若歸本室有虛神主事雖可據理或未安今高祖已下神主並合藏於太

祖之廟依舊準故事不饗如陛下肆覲東后移幸洛陽自非祧主合歸本室其餘闕主又當特作而祔饗時祭禘祫如儀臣又按國家追王故事太祖之上又有德明興聖懿祖別廟今光皇帝神主即懿祖也伏緣東都先無前件廟宇光皇帝神主今請權祔於太廟夾室居元皇帝之上如駕在東都即請準上都式營建別廟作德明興聖獻祖神主備禮升祔又於太廟夾室奉迎光皇帝神主歸廟第四室禘祫如儀或問曰禮作栗主瘞桑主漢魏並有瘞桑之議大曆中亦瘞孝敬皇帝神主今祔而不瘞如之何答曰古者師行以遷主無則主命自非遷祖之主別無出廟之文凡邑有宗廟先君之主曰都則兩都宗廟各宜有主又問曰古者作主必因虞練若主必歸祔則室不可虛則當祔已亡之主創當祔之主禮經無說如之何答曰虞練作主禮之正也非時作主事之權也王者遵時為法因事制宜苟無其常則思其變如駕或東幸廟仍虛主即準肅宗廣德二年上都作主故事特作闕主而祔蓋主不可闕故禮貴從宜春秋之義變而正之

者臣伏思祖宗之主神靈所憑寓於太微不入宗廟據經復本允屬聖明至是下尚書省集議而郎吏所議與彥威多同丞郎則各執所見或曰神主合藏於太微宮或云並合埋瘞或云關主當作或云與駕東幸即載上都神主而東咸以其言不本經據竟以紛議不定遂不舉行

會昌五年八月中書門下奏東都太廟九室神主共二十六座自祿山叛後取太廟爲軍營神主棄於街巷所司潛收聚見在太微宮內新造小屋之內其太廟屋室並在可以修崇大和中太常博士議以爲東都不合置神主車駕東幸即載主而行至今因循尚未修建望令尚書省集公卿及禮官學官詳議如不要更置須有收藏去處如合置望以所拆大寺材木修建既是宗室官居守便望令充修東都太廟使勾當修繕奉勅宜依六年三月太常博士鄭路等奏東都太微宮神主二十座去年二月二十九日禮院分析聞奏訖伏奉今月七日勅此禮至重須遵典故宜令禮官學官同議聞奏者臣今與學官

等詳議訖謹具分析如後獻祖宣皇帝宣莊皇后懿祖光皇帝光懿皇后文德皇后高宗天皇大帝則天皇后中宗大聖大昭孝皇帝和思皇后昭成皇后孝敬皇帝孝敬哀皇后已前十二座親盡迭毀宜遷諸太廟祔于興聖廟禘祫之歲乃一祭之東都無興聖廟可祔伏請且權藏於太廟夾室未題神主十四座前件神主既無題號之文難伸祝告之禮今與禮官等商量伏請告遷之日但瘞於舊太微宮內空閑之地恭酌事理庶協從宜制可太常博士段瓌等三十九人奏議曰禮之所立本於誠敬廟之所設實在尊嚴既曰薦誠則宜統一昔周之東西有廟亦可徵其所由但緣卜洛之初既須營建又以遷都未決因議兩留酌其事情匪務於廣祭法明矣伏以東都太廟廢已多時若議增修稍乖前訓何者東都始制寢廟於天后中宗之朝事出一時非貞觀開元之法前後因循不廢者亦逮鎬京之文也記曰祭不欲數數則煩天寶之中兩京悉爲寇陷西都廟貌如故東都因此散亡是知九廟之靈不欲歆其煩祀也自建中不葺之後彌歷歲年今若廟貌惟新即須室別有主舊主雖在大半合祧必几筵而存之所謂宜祧不祧也孔子曰當七廟五廟無虛主也謂廟不得無主者也舊主如有留去新廟便合創添謹按左傳云祔練作主又載云虞而立几筵如或過時成之便是以凶干吉創添既不典虛廟又非儀考諸禮文進退無守或曰漢於郡國置宗廟凡百餘所今止東西立廟有何不安者當漢氏承秦焚燒之餘不識典故至於廟制率意而行比及元成二帝之間貢禹韋玄成等繼出果有正論竟從毀除足知漢初不本於禮經又安可程法也或曰几筵不得復設廟寢何妨修營候車駕時巡便合於所載之主者究其終始又得以論之昨者降勅參詳本爲欲收舊主主既不立廟何可施假令行幸九州一一皆立廟乎愚以爲廟不可脩主宜瘞或就瘞於埳室或瘞於兩階間此乃百代常行不易之道也其年九月勅段瓌等詳議東都不可立廟李福等別狀又有異同国家制度須合典礼證據未一則難建立宜並令赴都省對議須歸至當工部尚書薛元賞等議伏

以建中時公卿奏請脩建東都太廟當時之議大者有三其一曰必有其廟備立其主時饗之日以他官攝行二曰建廟立主存而不祭皇輿時巡則就饗焉三曰存其廟瘞其主臣等立其三議參酌禮經理宜存廟不合置主謹按祭礼義曰建国之神位右社稷而左宗廟礼記云君子將營宮室宗廟爲先是知王者建邦設都必先宗廟社稷況周武受命始都于豐成王相宅又卜于洛烝祭歲於新邑冊周公于太室故書曰戊辰王在新邑烝祭歲王入太室祼成王厥後復立于豐雖成洛邑未嘗久處逮于平王始定東遷則周之豐鎬皆有宗廟明矣又按曾子問廟有二主夫子對以天無二日土無二王嘗禘郊社尊無二上未知其爲禮者昔齊桓公作二主夫子譏之以爲僞主是知二主不可並設亦明矣夫聖王建社以厚本立廟以尊祖所以京邑必有宗社今国家定周秦之兩地爲東西之兩宅闢九衢而立宮闕設百司而嚴拱衛取法玄象號爲京師既嚴帝宅難虛神位若無宗廟何謂皇都然依人者神在誠者祀誠非外至必由中出

理合親敬用交神明位宜存於兩都廟可借立誠難專於二祭主不並設或以禮云七廟五廟無虛主是謂不可無主所以天子巡狩亦有所尊尚飾齋車載遷主以行今若修廟瘞主則東都太廟九室皆虛既違於經須徵其說臣復探賾禮意因得盡而論之所云七廟五廟無虛主是謂見饗之廟不可虛也今之兩都雖各有廟禘祫饗獻斯皆親奉於上京神主几筵不可虛陳於東廟且禮云雖聖人爲能饗帝孝子爲能饗親昔漢韋玄成議廢郡國祀亦曰立廟京師躬親承事四海之內各以其職來祭人情禮意如此較然二室既不並居二廟 豈可借祔但所都之國見饗之廟既無虛室則叶通經議者又欲置主不饗以俟巡幸昔魯作僖公之主不於虞練之時春秋書而譏之合祔之主作非其時尚爲所譏今若置不合祔之主不因時而作違經越禮莫甚於此豈有九室合饗之主而有置而不饗之文兩廟始創於周公二主獲譏於夫子自古制作皆軌周孔舊典猶在足可明徵臣所以言東都廟則合存主不合置今將修建廟宇誠不

○虧於典禮其見在太微宮中六主請待東都修建太廟畢具禮迎置於西夾室閟而不饗式彰陛下嚴祀之敬以明聖朝尊祖之義吏部郎中鄭亞等五人議據禮院奏以爲東都太廟既廢不可復修見在太微宮神主請瘞於所寓之地有乖經訓不敢雷同臣所以別進議狀請修 祔主並依典禮兼與建中元年禮儀使顏真卿所奏事同臣與公卿等重議皆以爲廟固合修主不可瘞即與臣等別狀意同但衆議猶疑東西二廟各設神主恐涉廟有二主之義請修廟虛室以太微宮所寓神主藏於夾室之中伏以六主神位內有不祧之宗今用遷廟之儀猶未合禮臣等猶未敢署衆狀蓋爲闕疑太學博士直弘文館鄭遂等七人議曰夫論國之大事必本乎正而根乎經以臻于中道聖朝以廣孝爲先以得禮爲貴而臣下敢不以經對三論六故以詳於前議矣再俸天問而陳乎諸家之說求于典訓考乎大中廟有必脩之理主無可置之理何則王經正史兩都之廟可徵禮稱天子不卜處太廟擇日卜建國之地則宗廟可知則廢廟之說恐非

所宜廢謹按詩書禮三經及漢朝正史兩都並設廟而載主之制久已行之敢不明徵而去文飾援據經文不易前見東都太廟合務修崇而舊主當瘞請于太微宮所藏之所皇帝有事于洛則奉齋車載主以行太常博士顧德章議曰夫禮雖緣情將明厥要實在得中必過禮而求多則反虧於誠敬伏以神龍之際天命有歸移武氏廟於長安即其地而置太廟以至天寶初復不爲建都而設議曰中宗立廟於東都無乖舊典徵其意不亦謬乎又曰東都太廟至於睿宗玄宗猶奉而不易者蓋緣嘗所尊奉不敢輒廢也今則廢已多時猶循莫舉之典也又曰雖貞觀之始草創未暇豈可謂此事非開元之法者謹按定開元六典勅曰聽政之暇錯綜古今法以周官作爲唐典覽其本末千載一朝春秋謂考古之法也行之可久不曰然歟此時東都太廟見在六典序兩都官闕西都具太廟之位東都則存而不論足明事出一時又安得曰開元之法也又三代禮樂莫盛於周咋者論議之時便宜細大取法周遷而立廟今立廟不因遷何美之而不

○能師之也又曰建國神位右社稷而左宗廟君子將營宮室宗廟爲先者謹按六典永昌中則天以東都爲神都漸加構宮室百司於是備矣今之宮室百司乃武氏改命所備也上都已建國立宗廟不合引言又曰東都洛陽祭孝宣等五帝長安祭孝成等三帝以此爲置廟之例則大非也當漢兩處有廟所祭之帝各別今東都建廟作主與上都盡同而論之失之甚者又曰今或東洛復太廟有司同日侍祭以此爲數實所未解者謹按天寶三載詔曰頃四時有事於太廟兩京同日自今已後兩京各宜別擇日載在祀典可得而詳且立廟造主所以祭神而曰存 而勿祀出自何經當七廟五廟無虛主而欲立虛廟法於何典前稱廟貌如故者即指建中之中就有而言以爲國之先也前以非時不造主者謂見有神主不得以數而造也若江左至德之際主並散亡不可拘以例也或曰廢主之瘞請在太微宮者謹按天寶二年勅曰古之制禮祭用質明義兼取於尚幽情實緣於既沒我聖祖澹然常在爲道之宗既殊有盡之期宜展事生

之禮自今已後每至聖祖宮有昭告宜改用卯時者今欲以主瘞於宮所即與此勑全乖又曰主不合瘞請藏夾室者謹按前代藏主頗有異同至如夾室儀用以序昭穆也今廟主俱不中禮則無禘祫之文又曰君子將營宮室以宗廟為先則建國營宮室而宗廟必設東都既有宮室而太廟不合不營凡以論之其義斯勝而西周東漢並曰兩都其各有宗廟之證經史昭然又得以極思於揚搉詩曰其繩則直縮板以載作廟翼翼大雅瓜瓞言豐廟之作也又曰於穆清廟肅雍顯相洛邑既成以率文王之祀此詩言洛之廟也書曰成王既至洛烝祭歲文王騂牛一武王騂牛一又曰祼于太室康王又居豐命畢公保釐東郊豈有無廟而可烝祭非都而設保釐則書東西之廟也遠于後漢卜洛西京之廟亦存建武二年於洛陽立廟而成哀平三帝祭於西京一十八年親幸長安行禘禮當時五室列於洛都三帝留於京廟行幸之歲與合食之期相會不奉齋車又安可以成此禮則知兩廟周人成法載主以行漢家通制或以當虛一都之廟為不可而引七廟無虛主之文禮言一都之廟室不虛主非為兩都各廟而不可虛也聯出征之辭■更明載主之意因事而言理實相統非如詩人更可斷章以取義也古人求神之所非一奉神之意無二故廢■桑主重作栗主既事理之已明其一也或又引左氏傳築郿凡例謂有宗廟先君之主曰都而立建主之論按魯莊公二十八年冬築郿左傳為築發凡例穀梁譏因藪澤之利公羊稱避凶年造邑之嫌三傳異同左氏為短何則當春秋二百年間魯凡城二十四邑唯郿一邑稱築城其二十二邑豈皆宗廟先君之主乎執此為建主之端又非通論或又曰廢之瘞何以在於太微宮所藏之所宜舍故依新前已列矣按瘞主之位有三或於北牖之下或在西階之間廟之事也其不當立之主但隨其所以瘞之夫主瘞乎當立之廟斯不然矣以在所而言則太微宮所藏之所與漢之寢園無異歷代以降建一都者多兩都者少今國家崇東西之宅極嚴奉之典而以各廟為疑合以建都故事以相質正即周漢是也今詳議所徵究其

年代率皆一都之時豈可以擬議亦孰敢獻酬於其間詳考經言古人謀寢必及於廟未有設寢而不立廟者國家承隋氏之弊草創未暇後雖建於垂拱而事有所合其後當干戈寧戢之歲文物大備之朝歷于十一聖不識議廢之豈不以事雖出於一時廟有合立之理而不可一一革也今洛都之制上自宮殿樓觀下及百辟之司與西京無異鑾輿之至也雖廝役之賤必歸其所理也豈先帝之主獨無其所安乎時也虞主尚瘞廢主宜然或以馬融李舟二人稱寢無傷於借立廟不妨於暫虛是則馬融李舟可法於宣尼矣以此擬議乖當則深或稱凡邑有宗廟先君之主曰都無曰邑邑曰築都曰城者謹按春秋二百四十年間惟郿一邑稱築如城郎費之類各有所因或以他防或以自固謂之盡有宗廟理則極非或稱聖主有復古之功簡冊有考文之美五帝不同樂三王不同禮遭時為法因事制宜此則改作有為非有司之事也如有司之職但合一一據經變禮從時則須俟明詔也凡不修之證略有七條廟立因遷一也已廢不舉二也廟不可虛三也非時不造主四也合載遷主行五也尊無二上六也六典不書七也謹按文王遷酆立廟武王遷鎬立廟成王遷洛立廟今東都不因遷而欲立廟是違因遷立廟也謹按禮記曰凡祭有其廢之莫敢舉也有其舉之莫敢廢也今東都太廟廢已八朝若果立之是違已廢不舉也謹按禮記曰當七廟五廟無虛主今欲立虛廟是違廟不可虛也謹按左傳丁丑作僖公主書不時也記又曰過時不祭禮也合禮之祭過時猶廢非禮之主可以作乎今欲非時作主是違非時不作主也謹按曾子問古者師行以遷廟主行乎孔子曰天子巡狩必以遷廟主行載於齋車言必有尊也今也取七廟之主以行則失之矣皇氏云遷廟主者載遷一室之主也今欲載群廟之主以行是違載遷之主也謹按禮記曰天無二日土無二王嘗禘郊社尊無二上也今欲兩都建廟作主是違尊無二上也謹按六典序兩都宮闕及廟宇此時東都有廟不載是違六典不書也遍考書傳並不合修復以武德貞觀之中作法垂範之日文物大備儒彥畢

臻若可修營不應議不及矣記曰樂由天作禮以地制天之體動也地之體止也此明樂可作禮難變也伏惟陛下誠明載物莊敬御天孝方切於祖宗事乃求於根本再令集議俾定所長臣實職司敢不條白以對德章又有上中書門下及禮院詳議兩狀並同載於後其一曰伏見八月六日勑欲修東都太廟令會議事此時已有議狀準禮不合更修尚書丞郎已下三十八人皆同署狀德章官在禮寺實忝司存當聖上嚴禋敬事之時會相公尚古黜華之日既國之祀典有乖禮文豈唯受責於曠官竊懼貽耻於明代所以懃懃懇懇將不言而又言也昨者異同之意盡可指陳一則以有都之名更合立廟次則欲崇修廟宇以候時巡殊不知廟不合虛主惟載一也謹按貞觀九年詔曰太原之地肇基王業事均豐沛義等宛譙約禮而言須議立廟時秘書監顏師古議曰臣傍觀祭典遍考禮經宗廟皆在京師不於下土別置昔周之豐鎬實爲遷都乃是因事便營非云一時別立太宗許其奏即日而停由是而言太原豈無都號太原爾時猶

○廢東都不立可知且廟室惟新即須有主主既藏瘞非虛而何是有都立廟之言不攻而自破矣又按曾子問曰古者師行必以遷廟主行乎孔子曰天子巡狩必以遷廟主行載于齋車言必有尊也今也取七廟之主以行則失矣皇氏云遷廟主者惟載新遷一室之主也如祧之主無載行之文假使候時巡自可修營一室議構九室有可依憑夫宗廟尊事也重事也至尊至重安得以疑文定論言尚不經則爲擅議近者勑旨凡以議事皆須一一據經若無經文任以史證如或經史皆無據者不得率意而言則立廟東都正經史無據果從臆說無乃前後相違也書曰三人占則從二人之言會議者四十八人所同者六七人耳比夫二三之喻又何其多也夫堯舜之爲帝迄今稱詠之者非有他術異智者也以其有賢臣輔翼能順考古道也故堯之書曰若稽古帝堯孔氏傳曰傳說佐殷之君亦曰事不師古匪說攸聞考之古道既如前驗以國章又如此將求典實無以易諸伏希必本正經稍抑浮議踵皐夔之古道法周孔之遺文則天下守貞

之儒實所幸甚其餘已具前議其二曰夫宗廟之設主於誠敬旋觀典禮貳則非誠是以匪因遷都非不別立廟宇記曰天無二日土無二王嘗禘郊社尊無二上又曰凡祭有其廢之莫敢舉也有其舉之莫敢廢也則東都太廟廢已多時若議增修稍違前志何者聖曆神龍之際武后始復明辟中宗取其廟易置太廟焉本欲權固人心非經久之制也伏以所存神主既請祧藏今廟室惟新即須有主神主非時不造廟寢又無虛議如修復以俟時巡惟載一主備在方册可得而詳又引經中義有數等或是弟子之語或是他人之言今廟不可虛尊無二上非時不造主合載一主行皆大聖祖及宣尼親所發明者比之常據不可同塗又丘明脩春秋悉以君子定褒貶至陳泄以忠獲罪晉文以臣召君於此數條復稱君子將評得失特以宣尼斷之傳曰危疑之理須聖言以明也或以東都不同他都地有壇社宮闕欲議權葺似是無妨此則酌於意懷非曰經據也但以遍討今古無有壇社立廟之證用以爲說實所未安謹上自殷周傍稽故實

○除因遷都之外無別立廟之文制曰自古議理皆酌人情必稷嗣知幾賈生達識方可發揮大政潤色皇猷其他管窺蓋不足數公卿之議實可施行德章所陳最爲淺近豈得苟申獨見妄有異同事貴酌中理宜從衆宜令有司擇日修崇太廟以留守李石充使勾當六年三月擇日既定禮官既行旋以武宗登遐其事遂寢

宣宗即位竟迎太微宮神主祔東都太廟禘祫之禮盡出神主合食於太祖之前貞觀禮祫享功臣配享於廟庭禘享則不配當時令文祫禘之日功臣並得配享貞觀十六年將行禘祭有司請集禮官學士等議太常卿韋挺等一十八人議曰古之王者富有四海而不朝夕上膳於宗廟者患其禮過也故曰春秋祭祀以時思之至於臣有大功享祿其後孝子率禮絜粢豐盛禴祀烝嘗四時不輟國家大祫又得配焉所以昭明其勳尊顯其德以勸嗣臣也其禘及時享功臣皆有應預故周禮六功之官皆配大烝而已先儒皆取大烝爲祫祭高堂隆庾蔚之等多遵鄭學未有將爲時享又漢魏祫祀皆在十月

晉朝禮官欲用孟秋殷祭左僕射孔安國啓彈坐免者不一梁初誤禘功臣左丞何佟之駮議武帝允而依行降洎周齊俱遵此禮竊以五年再殷合諸天道一大一小通人雅論小則人臣不預大則兼及功臣今禮禘無功臣誠謂禮不可易乃詔改令從禮至開元中改修禮復令禘祫俱以功臣配饗高宗上元三年十月將祫享于太廟時議者以禮緯三年一祫五年一禘公羊傳云五年而再殷祭義交互莫能斷決太學博士史璨等議曰按禮記正義引鄭玄禘祫志云春秋僖公三十三年十二月薨文公二年八月丁卯大享于太廟公羊傳云大享者何祫也是三年喪畢新君二年當祫明年當禘于羣廟又宣公八年禘僖公也宣公八年皆有禘則後禘去前禘五年以此定之則新君二年祫三年禘自爾已後五年而再殷祭則六年當祫八年當禘祭昭公十年齊歸薨至十三年喪畢當祫爲平丘之會冬公如晉至十八年祫二十年禘二十三年祫二十五年禘昭公二十五年有事於襄宫是也如上所云則禘已後隔三年祫已後隔二年禘此則有合禮經不違傳義自此依璨等議爲定開元六年秋睿宗喪畢祫享于太廟自後又相承三年一祫五年一禘各自計年不相通數至二十七年凡經五禘七祫其年夏禘訖冬又當祫太常議曰禘祫二禮俱爲殷祭祫爲合食祖廟禘謂禘序尊卑由先君遠下之慈成群嗣奉親之孝事異常享有時行之然而祭不欲數數則黷亦不欲疏疏則怠故王者法諸天道制祀典焉烝嘗象時禘祫如閏五歲再閏天道大成宗廟法之再爲殷祭者也謹按禮記王制周官宗伯鄭玄注解高堂所議並云國君嗣位三年喪畢祫于太祖明年禘于群廟自爾已後五年再殷一祫一禘漢魏故事貞觀實錄並用此禮又按禮緯及魯禮禘祫注云三年一祫五年一禘所謂五年而再殷祭也又按白虎通及五經通義許慎異議何休春秋賀循祭議並云三年一禘何也以爲三年一閏天道小備五年再閏天道大備故也此則五年再殷通計其數一祫一禘迭相乘矣今廟禘祫各自數年兩岐俱下不相通計或比年頻合或同歲再序或一禘之後併

爲再祫或五年之內驟有三殷法天象閏之期既違其度五歲再殷之制數又不同求之禮文頗爲乖失說者或云禘祫二禮大小不侔祭名有殊年數相去祫以三紀抵小而合禘以五斷至十而周存兹參差難爲通計竊以三祫五禘之說本出禮緯五歲再殷之數同在其篇會通二文非相詭也蓋以禘後置祫二周有半數以全數謂之三年一閏只用三十二月也其禘祫異稱各隨四時秋冬爲祫春夏爲禘祭名雖異爲殷則同譬如礿祠烝嘗其體一也鄭玄謂祫大禘小傳或謂祫小禘大肆陳之間或有增減通計之義初無異同蓋象天之法相傳久矣惟晉代陳舒有三年一殷之議自五年八年又十一十四尋其議文所引亦以象閏五年一禘又奚所施矛盾之說固難憑也夫以法天之度既有指歸稽古之理若兹昭著禘祫二祭通計明矣今請以開元二十七年己卯四月禘至辛巳年十月祫至甲申年四月又禘至丙戌年十月又祫至己丑年四月又禘至辛卯年十月又祫自此五年再殷周而後始又禘祫之說非唯一家五歲再殷之文既相師矣法天象閏之理大抵亦同而禘後置祫或近或遠盈縮之度有二法馬鄭玄宗高堂則先三而後二徐邈之議則先二而後三謹按鄭氏所注先三之法約三祫五禘之文存三歲五年之位以爲甲年既禘丁年當祫己年又禘壬年又祫甲年又禘丁年又祫周而復始以此相承祫後去禘十有八月而近禘後去祫三十二月而遥分析不均粗於筭矣假如攻乎異端置祫於秋則三十九月爲前二十一月爲後雖小有愈其間尚偏竊據本文皆云象閏二閏相去則平分矣兩殷之序何不等耶且又三年之言本舉全數二周有半實準三年於此置祫不違文矣何必拘滯隔三正乎蓋千里一失通儒之敝也徐氏之議有異於是研覈周審最爲可憑以爲二禘相去爲月六十中分三十置一祫焉若甲年夏禘丙年冬祫有象閏法毫釐不偏三年一祫之文既無乖越五歲再殷之制疏數有均校之諸儒義實長久今請依據以定二殷預推祭月周而復始禮部員外郎崔宗之駮下太常令更詳議令集賢學士陸善經等更加詳覈善經

亦以其議爲允於是太常卿韋縚奏曰禮有禘祫俱稱殷祭二法更用鱗次相承或云五歲再殷一禘一祫或云三年一祫五年一禘法天象閏大趣皆同皆以太廟禘祫計年有差考於經傳微有所乖頃在四月巳前禘享今指孟冬又申祫儀合食禮頻恐違先典伏以陛下能事畢舉舊物咸甄宗祏祗慎之時經訓申明之日臣等忝在持禮職司討論輒據舊文定其倫序請以今年夏禘便爲殷祭之源自此之後禘祫相代五年再殷周而復始其今年冬祫準禮合停望今所司但行時享即嚴禋不黷庶合舊儀制從之舊儀天寶八年閏六月六日勑文禘祫之禮以存序位質文之變蓋取隨時國家系本仙宗業承聖祖重熙累盛既錫無疆之休合享登神思弘不易之典自今巳後每禘祫並於太清宮聖祖前設位序正上以明陟配之禮欽若玄象下以盡虔祭之誠無違至道比來每緣禘祫時享則停事雖適於從宜禮或虧於必備巳後每緣禘祫其常享以素饌三焚香以代三獻

○建中二年九月四日太常博士陳京上疏言今年十月祫享太廟并合食遷廟獻祖懿祖二神主春秋之意毀廟之主陳于太祖未毀廟之主皆升合食于太祖太祖之位西而東向其下子孫昭穆相對南北爲別廟無毀廟遷主不享之文徵是禮也自於周室而國朝祀典當與周異且周以后稷配太廟爲始封之祖而乃立廟廟毀主遷皆在太祖之後禘祫之時無先於太廟太祖者正太祖東向之位全其尊而不疑然今年十月禘饗太廟伏請據魏晉舊制爲比則構築別廟東晉以征西等四府君爲別廟至禘祫之時則於太廟正太祖之位以申其尊別廟祭高皇大皇征西等四府君以敘其親伏以國家若用此義則宜別爲獻祖懿祖立廟禘祫祭之以重其親則太祖於太廟遂居東向以全其尊伏以德明興聖二皇帝曩立廟至禘祫之時常用饗禮今則別廟之制便就興聖廟藏祔爲宜勑下尚書省百寮集議禮儀使太子少師顏真卿議曰議者或云獻祖懿祖親遠廟遷不當祫享宜永閟於西夾室又議者云二祖宜同祫享於太祖並昭穆而空太祖東向之位又議者云二祖若同祫享即太祖之位永不得正宜奉遷二祖神主祔藏於德明皇帝廟臣伏以三議俱未爲允且禮經殘缺既無明據儒者能方義類斟酌其中則可舉而行之蓋協於正也伏惟太祖景皇帝以受命始封之功處百代不遷之廟配天崇享是極尊嚴且至禘祫之時暫居昭穆之位屈己申孝敬奉祖宗緣齒族之禮廣尊先之道此實太祖明神烝烝之本意亦所以化被天下率循孝悌也請依晉蔡謨等議至十月祫享之日奉獻祖神主居東向之位自懿祖太祖洎諸祖宗遵左昭右穆之列此有彰國家重本尚順之明義足爲萬代不易之令典也又議者請奉二祖神主於德明皇帝廟行祫祭之禮夫祫合也故公羊傳云大事者何祫也若祫祭不陳於太廟而享於德明廟其乃分食也豈謂合食乎名實相乖深失禮意固不可行也

○貞元七年十一月二十八日太常卿裴郁奏曰禘祫之禮殷周遷廟皆出太祖之後故得合食有序尊卑不差及漢高受命無始祖以高皇帝爲太祖太上皇高帝之父位廟享祀不在昭穆合食之列爲尊於太祖故也魏武創業文帝受命亦即以武帝爲太祖其高皇太祖處士君等並爲屬尊不在昭穆合食之列晉宣創業武帝受命亦即以宣帝爲太祖其征西潁川等四府君亦爲屬尊不在昭穆合食之列國家誕受天命累聖重光景皇帝始封唐公實爲太祖中間世數既近於三昭三穆之內故皇家太廟惟有六室其弘農府君宣光二祖尊於太祖親盡則遷不在昭穆之數著在禮志可舉而行開元中加置九廟獻懿二祖皆在昭穆是以太祖景皇帝未得居東向之尊今二祖已祧九室惟序則太祖之位又安可不正伏以太祖上配天地百代不遷而居昭穆獻懿二祖親盡廟遷而居東向徵諸故實實所未安請下百寮僉議勑旨依八年正月二十三日太子左庶子李嶸等七人議曰王制天子七廟三昭三穆與太祖而七周制也七者太祖及文王武王之祧與親廟四也太祖后稷也殷則六廟契及湯與二昭二穆夏則五廟無太祖禹與二昭二穆而晉朝博士孫欽議云王者

受命太祖及諸侯始封之君其巳前神主據巳上數過五代即毀其
廟禘祫不復及也禘祫所及者謂受太祖之後未毀主升藏於二祧
者也雖百代禘祫及之伏以獻懿二祖太祖以前親盡之主也擬三
代以陟之制則禘祫不及矣代祖神主則太祖巳下毀廟之主則公
羊傳所謂巳毀廟之主陳于太祖者是也謹按漢永光四年詔議罷郡國
廟及親盡之祖丞相韋玄成議太上孝惠廟皆親盡宜毀太上廟主
宜瘞園孝惠主遷於太祖廟奏可太上則太祖巳前之主瘞于園禘
祫不及故也則今獻懿二祖之比也孝惠遷於太祖廟明太祖巳下
子孫則禘祫所及則今代祖元皇帝神主之比也自魏晉及宋齊隋
陳相承始受命之君皆立廟虛太祖之位自太祖之後至七代君則
太祖東向位乃成七廟太祖以前之主魏明帝則遷處士主置於園
邑歲時使令丞奉薦世數猶近故也至東晉明帝崩以征西等三祖
遷入西除名之祧以準遠廟至康帝崩穆帝立於京兆遷入西除同
謂之祧如前之禮並禘祫所不及國朝始饗四廟宣元并太祖世祖

神主祔于廟至貞觀九年將祔高祖于太廟朱子奢請準禮立七廟
其三昭三穆各置神主太祖依宋以來故事虛其位待遞遷方之東
嚮位於是始祔弘農府君及高祖爲六室虛太祖之位而行禘祫至
二十三年太宗祔廟弘農府君乃藏於西夾室文明元年高宗祔廟
始遷宣皇帝于西夾室開元十年玄宗特立九廟於是追尊宣皇帝
爲獻祖復列於正室光皇帝爲懿祖以備九室禘祫猶虛太祖之位
祝文於三祖不稱臣明全廟數而巳至德二載剋復後新作九廟神
主遂不造弘農府君神主明禘祫不及故也至寶應二年祔玄宗肅
宗於廟遷獻懿二祖於西夾室始以太祖當東嚮位以獻懿二祖爲
是太祖以前親盡神主準禮禘祫不及凡十八年至建中二年十月
將祫饗禮儀使顏眞卿伏奏合出獻懿二祖神主行事其布位次第
及東面尊位請準東晉蔡謨等議爲定遂以獻祖當東嚮以懿祖於
昭位南嚮以太祖於穆位北嚮以次左昭右穆陳列行事且蔡謨當時
雖有其議事竟不行而我唐廟祧豈可爲準嶸伏以嘗禘郊社尊無

二上瘞毀遷藏禮有義斷以獻懿爲親盡之主太祖巳當東嚮之尊
一朝改移實非典故謂宜復先朝故事獻懿神主藏於西夾室以類
祭法所謂遠廟爲祧去祧爲壇去壇爲墠壇墠有禱則祭無禱乃止
太祖旣昭配天地位當東嚮之尊庶上守貞觀之首制中奉開元之
成規下遵寶應之嚴式符合經義不失舊章吏部郎中柳冕等十二
人議曰天子受命之君諸侯始封之祖皆爲太祖故天子必有尊也
是以尊太祖焉故雖諸侯必有先也亦以尊太祖焉故太祖巳下親
盡而毀洎秦滅學漢不及禮不列昭穆不建迭毀晉失之宋因之於
是有違五廟之制於是有虛太祖之位夫不列昭穆非所以示人有
序也不建迭毀非所以示人有殺也違五廟之制非所以示人有別
也虛太祖之位非所以示人有尊也此禮之所由廢按禮父爲士子
爲天子葬以士今獻祖祧也懿祖亦祧也唐未受命猶士禮也是故
高祖太宗以天子之禮祭之不敢以太祖之位易之今而易之無乃
亂先王之序乎昔周有天下追王太王王季以天子之禮及其祭也

親盡而毀之漢有天下尊太上皇以天子之禮及其祭也親盡而毀
之唐有天下追王獻懿二祖以天子之禮及其祭也親盡而毀之則
不可代太祖之位明矣又按周禮有先公之祧有先王之祧先公之
遷主藏乎后稷之廟其周未受命之祧乎先王之遷主藏乎文王之
廟其周巳受命之祧乎故有二祧所以異廟也今獻祖巳下之祧猶
先公也太祖巳下之祧猶先王也請築別廟以居二祖則行周之禮
復古之道故漢之禮因於周也魏之禮因於漢也隋之禮因於魏也
皆立三廟有二祧又立私廟四於南陽亦後漢制也以爲人之子事
太宗降其私親故私廟所以奉本宗也太廟所以尊正統也雖古今異
時文質異禮而知禮之情與問禮之本者莫不通其變酌而行之故
上致其崇則太祖屬尊乎上矣下盡其殺則祧主親盡於下矣中處
其中則王者主祧於中矣工部郎中張薦等議曰昔殷周以稷禼之
後所以昭穆合祭尊卑不差如夏后氏以禹始封遂爲不遷之祖故
夏五廟禹與二昭二穆而巳據此則鯀之親盡其主巳遷左氏旣稱

禹不先鯀足明遷廟之主雖屬尊於始封祖者亦在合食之位矣又據晉宋齊梁北齊周隋史其太祖已下並同禘祫未嘗限斷遷毀之主伏以南北八代非無碩學巨儒宗廟大事議必精博驗於史冊其禮僉同又詳魏晉宋齊梁北齊周隋故事及貞觀顯慶開元所禘祫並虛東嚮既行之已久實群情所安且太祖處清廟第一之室其神主雖百代不遷永歆烝嘗上配天地於郊廟無不正矣若至禘祫之時覽居昭穆之列屈已申孝以奉祖禰豈非伯禹烝烝敬鯀之道歟亦是魏晉及周隋之太祖不敢以卑厭尊之義也議者或欲遷二祖於興聖廟及請別置築室至禘祫年饗之夫祫合也此乃分食殊乖禮意又欲藏於西夾室永不及祀無異漢代瘞園允為不可輒敢徵據正經考論舊史請奉獻懿二祖與太祖並從昭穆之位而虛東嚮司勳員外郎裴樞議曰禘之主亦由是也若祔於遠廟無乃中一有間等上不倫西位當虛則太祖永厭於昭穆異廟別祭則祫饗事主乎合食永祕比於姜嫄則推詳禨而無事禮云親親故尊祖尊祖故

○敬宗敬宗故收族所以宗廟嚴社稷重由是言也太祖之上復有追尊之祖則親親尊祖之義無乃乖乎太廟之外輕置別祭之廟則宗廟無乃不嚴社稷無乃不重乎且漢丞相韋玄成請瘞於園晉徵士虞喜請瘞于廟兩階之間喜又引左氏說古者先王日祭於祖考月祀於曾高時享及二祧歲祫及壇墠終禘及郊宗石室是謂郊宗之祖斯最近矣但當時議所居石室未有準酌喜請於夾室中愚以為石室可據所以處之道未安何者夾室謂太祖之下毀主非是安太祖之上藏主也未有卑處正位尊在傍居考理即心恐非允協今若建石室於園寢遷神主以永安採漢晉之舊章依禘祫之一祭修古禮之殘缺為國朝之典故庶乎春秋變禮之正動也中者焉考功員外郎陳京議曰京前為太常博士已於建中二年九月四日奏議祫饗獻懿二祖所安之位請下百寮博採所疑其時禮儀使顏真卿因是上狀與京議異京議未行伏見去年十一月二十八日詔下太常卿裴郁所奏大抵與京議相會伏以興聖皇帝則獻祖之曾祖懿祖之

高祖夫以曾孫祔引於曾高之廟豈禮之不可哉實人情之大順也京兆少尹韋武議曰凡三年一祫五年一禘祫則群廟大合禘則各序其祧謂主遷彌遠祧室既修當祫之歲當以獻祖居于東嚮而懿祖序其昭穆以極所親若行禘禮則太祖復延于西以衆主列其左右是則於太祖不為降屈於獻祖無所厭卑考禮酌情謂當行此為勝同官縣尉仲子陵議曰今儒者乃援子雖齊聖不先父食之語欲令已祧獻祖權居東向配天太祖屈居昭穆此不通之甚也凡左氏不先食之言且以正文公之逆祀儒者安知非夏后廟數未足之時而言禹不先鯀乎且漢之禘祫蓋不足徵魏晉已遠太祖皆近是太祖之上皆有遷主歷代所疑或引閟宮之詩而永閟或因虞主之義而瘞園或緣遠廟為祧以築宮或言太祖實卑而虛位惟東晉蔡謨憑左氏不先食以為說欲令征西東嚮均定數者此最不安且蔡謨此議非有所行前有司不本謨改築之言取征西東嚮之一句為萬代法此其不可甚也臣又思之永閟瘞園則臣子之心有所不安權虛正

○位則太祖之尊無時而定則別築一室義差可安且興聖之於獻祖乃曾祖也昭穆有序饗祀以時伏請奉獻懿二祖遷於德明興聖廟此其大順也或以祫者合也今二祖別廟是分食也何合之為臣以為德明興聖二廟每禘祫之年亦皆饗薦是亦分食奚疑於二祖乎其月二十七日吏部郎中柳冕上禘祫義證凡一十四道以備顧問并議奏聞至三月十二日祠部奏鄭等議狀至十一年七月十二日勅于頎等議狀所謂各殊理在討論用求精當宜令尚書省會百寮與國子監儒官切磋舊狀定可否仍委所司具事件聞奏其月二十六日左司郎中陸淳奏曰臣尋七年百寮所議雖有一十六狀總其歸趣三端而已于頎等一十四狀並云復太祖之位張薦狀則云並列昭穆而虛東嚮之位韋武狀則云當祫之歲獻祖居于東嚮行禘之禮太祖復延于西謹按禮經及先儒之說復太祖之位驗正也義在不疑太祖之位既正懿獻二主當有所歸詳考十四狀其意有四一曰藏諸夾室二曰置之別廟三曰遷于園寢四曰祔于興聖藏諸夾

室是無饗獻之期異乎周人藏於二祧之義禮不可行也置之別廟
始於魏明之説寔非禮經之文晉義熙九年雖立此義已後亦無行者
遷於園寢是亂宗廟之儀既無所憑殊乖經意不足徵也惟有祔于
興聖之廟禘祫之歲乃一祭之庶乎亡於禮者之禮而得變之正也
十九年三月給事中陳京奏禘是大合祖宗之祭必尊太祖之位以
正昭穆今年遇禘伏恐須定向來所議之禮勑曰禘祫之禮祭之大
者先有衆議由未精詳宜令百寮會議以聞時左僕射姚南仲等獻
議狀五十七封詔付都省再集百寮議定聞奏戶部尚書王紹等五
十五人奏議請奉遷獻祖懿祖神主祔德明興聖廟請別增兩京奉
安神主緣二十四日禘祭修廟未成請於德明興聖廟垣内權設幕
屋爲二室暫安神主候增修廟室成準禮遷祔神主入新廟每至禘
祫年各於本室行饗禮從之是月十五日遷獻祖懿祖神主權祔德
明興聖廟之幕殿二十四日饗太廟自此景皇帝始居東向之尊元
皇帝已下依左昭右穆之列矣二祖新廟成勑曰奉遷獻祖懿祖神

主正太祖景皇帝之位虔告之禮當任重臣宜令檢校司空平章事
杜佑攝太尉告太清宮門下侍郎平章事崔損攝太尉告太廟又詔
曰國之大事式在明禋王者孝饗莫重於禘祭所以尊祖而正昭穆
也朕承列聖之休德荷上天之睠命虔奉牲幣二十五年永惟宗廟
之位禘嘗之序夙夜祗慄不敢自專是用延訪公卿稽參古禮博考
群議至于再三敬以令辰奉遷獻祖宣皇帝神主懿祖光皇帝神主
祔于德明興聖皇帝廟太祖景皇帝正東向之位宜令所司循禮務
極精嚴祗肅祀典載深感惕咨爾中外宜悉朕懷會昌六年十月太
常禮院奏禘祫祝文稱號穆宗皇帝宣懿皇后韋氏敬宗皇帝文宗
皇帝武宗皇帝緣從前序親親以穆宗皇帝室稱爲皇兄未合禮文
得修撰官朱儔等狀稱禮敘尊尊不敘親親陛下於穆宗敬宗武宗三
室祝文恐須但稱嗣皇帝臣某昭告于某宗臣等同考禮經於義爲
允從之貞元十二年祫祭太廟近例祫祭及親拜郊皆令中使一人
引伐國寶至壇所所以昭示武功至是上以伐國大事中使引之非

宜乃令禮官一人就内庫監領至太廟焉
舊儀高祖之廟則開府儀同三司淮安王神通禮部尚書河間王孝
恭陝東道大行臺右僕射鄖國公殷開山吏部尚書渝國公劉政會
配饗太宗之廟則司空梁國公房玄齡尚書右僕射萊國公杜如晦
尚書左僕射申國公高士廉配饗高宗之廟則司空英國公李勣尚
書左僕射北平縣公張行成中書令高唐縣公馬周配饗中宗之廟
則侍中平陽郡王敬暉侍中扶陽郡王桓彥範中書令南陽郡王袁
恕已配享睿宗之廟則太子太傅許國公蘇瓌尚書左丞相徐國公
劉幽求配饗
天寶六載正月詔京城章懷節愍惠文宣太子與隱太子懿德太子
同爲一廟呼爲七太子廟以便於祀享太廟配饗功臣高祖室加裴
寂劉文靜太宗室加長孫無忌李靖杜如晦宣宗室加褚遂良高季
輔劉仁軌中宗室加狄仁傑魏元忠王同皎等十一人大祭祀騂犢
減數十載太廟置内官十一載閏三月制自今已後每月朔望日宜

令尚食造食薦太廟每室一牙盤内官享薦仍五日一開室門灑掃
其後又有玄宗子靜德太子廟肅宗子恭懿太子廟孝敬廟在東京
太廟院内貞順皇后讓皇帝廟在京中餘皆四時致祭

唐書志卷第六

唐書志卷第七

劉　昫　等修

聞人詮校刻沈桐同校

禮儀七

貞觀十四年太宗因修禮官奏事之次言及喪服太宗曰同爨尚有緦麻之恩而嫂叔無服又舅之與姨親疎相似而服紀有殊理未爲得宜集學者詳議餘有親重而服輕者亦附奏聞於是侍中魏徵禮部侍郎令狐德棻等奏議曰臣聞禮所以決嫌疑定猶豫別同異明是非者也非從天降非從地出人情而已矣夫親族有九服術有六隨恩以薄厚稱情以立文然舅之與姨雖爲同氣論情度義先後實殊何則舅爲母之本族姨乃外戚他族求之母族姨不在焉考之經典舅誠爲重故周王念齊每稱舅甥之國秦伯懷晉實切渭陽之詩在舅服止一時爲姨居喪伍月循名責實逐末棄本蓋古人之情或有未達所宜損益寔在兹乎記曰兄弟之子猶子也蓋引而進之也嫂叔之不服蓋

推而遠之也禮繼父同居則爲之朞未嘗同居則不爲服從母之夫舅之妻二夫人相爲服或曰同爨緦然則繼父之徒並非骨肉服重由乎同爨恩輕在乎異居故知制服雖繫於名亦緣恩之厚薄者也或有長年之嫂遇孩童之叔劬勞鞠養情若所生分饑共寒契闊偕老譬同居之繼父方他人之同爨情義之深淺寧可同日而言哉在其生也愛之同於骨肉及其死也則曰推而遠之求之本原深所未諭若推而遠之爲是則不可生而共居生而共居之爲是則不可死同行路重其生而輕其死厚其始而薄其終稱情立文其義安在且事嫂見稱載籍非一鄭仲虞則恩禮甚篤顏弘都則竭誠致感馬援則見之必冠孔伋則哭之爲位此並躬踐教義仁深孝友察其所尚之旨豈非先覺者歟但于其時上無哲王禮非下之所議遂使深情鬱乎千載至理藏於萬古其來久矣豈不惜哉今屬欽明在辰聖人有作五禮詳洽一物無遺猶　且永念愼終凝神遐想以爲尊卑之叙雖煥乎大備喪紀之制或情理未周爰命秩宗更詳考正臣等奉遵明旨觸類旁求採摭羣經討論傳紀或引兼實無文之禮或秩敦睦之情俾變薄俗於既往垂篤義於將來信六籍所不能談超百王而獨得者也諸儒所守互有異同詳求厥中申明聖旨謹按曾祖父母舊服齊衰三月請加爲齊衰五月嫡子婦舊服大功請加爲朞衆子婦小功今請與兄弟子婦同爲大功九月嫂叔舊無服今請服小功五月報其弟妻及夫兄亦小功五月舅服緦麻請與從母同服小功制可之

顯慶二年九月修禮官長孫無忌等又奏曰依古喪服甥爲舅緦麻舅報甥亦同此制貞觀年中八座議奏舅服同姨小功五月而今律疏舅報於甥服猶三月謹按尊傍之服禮無不報已非正尊不敢降也故甥爲從母五月從母報甥小功甥爲舅緦麻舅亦報甥三月是其義矣今甥爲舅使同從母之喪則舅宜進甥以同從母之報修律疏人不知禮意舅報甥服尚止緦麻於例不通禮須改正今請修改律疏舅服甥亦小功又曰庶母古禮緦麻新禮無服謹按庶母之子即是已昆季爲之杖齊而已與之無服同氣之內吉凶頓殊求之禮情

深非至理請依典故爲服緦麻制又從之龍朔二年八月所司奏同文正卿蕭嗣業嫡繼母改嫁身亡請申心制據令繼母改嫁及爲長子並不解官既而有勑雖云嫡母終是繼母據禮緣情須有定制付所司議定奏聞司禮太常伯隴西郡王博等又奏稱緬尋喪服母名斯定嫡繼慈養皆在其中惟出母制特言出妻之子明非生已則皆無服是以令云母嫁又云出妻之子出言其子以著所生嫁即言母通包養嫡俱當解任並合心喪其不解者惟有繼母之嫁繼母爲名正據前妻之子嫡於諸子禮無繼母之文甲令今既見行嗣業理申心制然奉勑議定方垂永則令有不安亦須釐正竊以嫡繼慈養皆非所生並同行路嫁雖比出稍輕於父終爲義絕繼母之嫁既殊親母慈嫡義絕豈合心喪望請凡非所生父卒而嫁爲父後者無服非承重者杖朞並不心喪一同繼母有符情禮無玷舊章又心喪之制惟施服屈杖朞之服不應解官而令文三年齊斬亦入心喪之例杖朞解官又有妻喪之舛又依禮庶子爲其母緦麻三月既是所生無服

準例亦合解官今文漏而不言於事終須修附旣與嫡母等嫁同一條揔議請改理爲允愜者依集文武官九品已上議得司衛正卿房仁裕等七百三十六人議請一依司禮狀嗣業不解官得右金吾衛將軍薛孤吳仁等二十六人議請解嗣業官不同司禮狀者母非所生出嫁義絕仍令解職有紊緣情杖朞解官不甄妻服三年齊斬謬曰心喪庶子爲母緦麻漏其中制此並令文疏舛理難因襲依房仁裕等議揔加修附垂之不朽其禮及律疏有相關涉者亦請準此改正嗣業嫡母改醮不合解官詔從之上元元年天后上表曰至如父在爲母服止一朞雖心喪三年服由尊降竊謂子之於母慈愛特深非母不生非母不育推燥居濕咽苦吐甘生養勞瘁恩斯極矣所以禽獸之情猶知其母三年在懷理宜崇報若父在爲母服止一朞尊父之敬雖周服母之慈有闕且齊斬之制足爲差減更令周以一朞恐傷人子之志今請父在爲母終三年之服高宗下詔依議行焉

開元五年右補闕盧履冰上言准禮父在爲母一周除靈三年心喪

則天皇后請同父沒之服三年然始除靈雖則權行有紊彝典今陛下孝理天下動合禮經請仍舊章庶叶通典於是下制令百官詳議并男及嫂叔服不依舊禮亦合議定刑部郎中田再思建議曰乾尊坤卑天一地二陰陽之位分矣夫婦之道配焉至若死喪之威隆殺之等禮經五服之制齊斬有殊考妣三年之喪貴賤無隔以報免懷之慈以酬罔極之恩者也稽之上古喪期無數暨乎中葉方有歲年禮云五帝殊時不相沿樂三王異代不相襲禮白虎通云質文再而變正朔三而復自周公制禮之後孔父刊經已來爰殊厭降之儀以標服紀之節重輕從俗斟酌隨時故知禮不從天而降不由地而出也在人消息爲適時之中耳春秋諸國魯最知禮以周公之後孔子之邦也晉韓起來聘言周禮盡在魯矣齊仲孫來盟言魯猶秉周禮尚有子張問高宗諒陰三年子思不聽其子服出母子游謂同母異父昆弟之服大功子夏謂合從齊衰之制此等並四科之數十哲之人高步孔門親承聖訓及遇喪事猶此致疑即明自古已來升降不一者也

三年之制說者紛然鄭玄以爲二十七月王肅以爲二十五月又改葬之服鄭云服緦三月王云訖葬而除又繼母出嫁鄭云皆服王云從乎繼育 乃爲之服又無服之殤鄭云子生一月哭之一日王云以哭之一日易服之月鄭王祖經宗傳各有異同荀摯采古求遺互爲損益方知去聖漸遠殘缺彌多故曰會禮之家名爲聚訟寧有定哉而父在爲母三年行之已踰四紀出自高宗大帝之代不從則天皇后之朝大帝御極之辰中宮獻書之日往時然議將可施行編之於格服之已久前王所是疏而爲律後王所是著而爲令何必乖先帝之旨阻人子之情虧純孝之心背德義之本有何妨於聖化有何紊於彝倫而欲服之周年與伯叔母齊焉與姊妹同焉夫三年之喪如白駒之過隙君子喪親有終身之憂何況再周乎夫禮者體也履也示之以迹孝者畜也養也因之以心小人不恥不仁不畏不義服之有制使愚人企及衣之以衰使見之摧痛以此防人人猶有朝死而夕忘者以此制人人猶有釋服而從吉者方今漸歸古朴須敦孝義抑

賢引愚理資寧戚食稻衣錦所不忍聞若以庶事朝儀一依周禮則古之人臣見君也公卿大夫贄羔鴈珪璧今何故不依乎周之用刑也墨劓宮刖今何故不行乎周則侯甸男衛朝聘有數今何故不行乎周則不五十不仕七十不入朝今何故不依乎周則井邑丘甸以立征稅今何故不行乎周則分土五等父死子及今何故不行乎周則冠冕衣裘乘車而戰今何故不行乎周則三老五更膠序養老今何故不行乎諸如此例不可勝述何獨孝思之事愛一年之服於其母乎可爲痛心可爲慟哭者詩云哀哀父母生我劬勞禮云父之親子也親賢而下無能母之親子也賢則親之無能則憐之阮嗣宗晉代之英才方外之高士以爲母重於父據齊斬升數麤細已降何忍服之節制減至於周豈後代之士盡慙於古循古未必是依今未必非也又同爨服緦禮經明義嫂叔遠別同諸路人引而進之觸類而長猶子咸依其葬季父不服緦麻推遠之情有餘睦親之義未足又母之昆弟情切渭陽翟輔訟舅之冤寧氏宅甥之相我之出也義亦殷焉

不同從母之尊遂降小功之服依諸古禮有爽俗情今與舅而宗姨是陋今而榮古此並太宗之制也行之百年矣輒爲刊復實用有於禮是紛議不定履冰又上疏曰禮父在爲母十一月而練十三月而祥十五月而禫心喪三年上元中則天皇后上表請同父沒之服亦未有行至垂拱年中始編入格易代之後俗乃通行臣開元五年頻請仍舊恩勅幷嫂叔舅姨之服亦付所司詳議諸司所議同異相參所司惟執齊斬之文又曰亦合典禮竊見新修之格猶依垂拱之僞致有祖父母安存子孫之妻亡沒下房筵几亦立再周甚無謂也據周易家人卦云利女貞女正位于內男正位于外男女正天地之大義家人有嚴君焉父母之謂也父父子子兄兄弟弟夫夫婦婦而家道正正家而天下定矣禮婦人在家以父爲天出嫁以夫爲天又在家從父出嫁從夫夫死從子本無自專抗尊之法即喪服四制云天無二日土無二王國無二君家無二尊以理之也所以父在爲母服周者避二尊也伏惟陛下正持家國孝理天下而不斷在喪哀詳正此禮無隨末俗顧念兒女之情臣恐後代復

○有婦奪夫政之敗者疏奏未報履冰又上表曰臣聞夫婦之道人倫之始尊卑法於陰陽陰陽和而天地生成夫婦正而人倫式序自家刑國牝雞無晨四德之禮不愆三從之義斯在即喪服四制云天無二日土無二王國無二君家無二尊以理之也故父在爲母服周者見無二尊也準舊儀父在爲母一周立靈再周心喪父必三年而後娶者達子之志焉豈先聖無情於所生固有意於國家者矣原夫上元肇年則天已潛秉政將圖僭篡預自崇先請升慈愛之喪以抗尊嚴之禮雖齊斬之儀不改而几筵之制遂同數年之間尚未通用天皇晏駕中宗蒙塵垂拱之末果行聖母之僞符載初之元遂啓易代之深釁孝和雖多反正韋氏復效晨鳴孝和非意暴崩韋氏旋即稱制不蒙陛下英算宗廟何由克復易云臣弒其君子弒其父非一朝一夕之故其斯之謂矣臣謹尋禮意防杜實深若不早圖刊正何以垂戒於後所以薄言禮教請依舊章恩勅通明蒙付所司詳議且臣所獻者蓋請正夫婦之綱豈忘母子之道諸議多不討其本源所非議者大凡秪論罔極之恩喪也寧戚禽獸識母而不識父秦燔書後禮經殘缺後儒纘集不足可憑豈得與伯叔母服同豈得與姑姊妹制等三王不相習禮五帝不相沿樂齊斬足爲升降歲年何忍不同此並道聽途說之言未習先王之旨又安足以議經邦理俗之禮乎臣請據經義以明之所云罔極之恩者春秋祭祀以時思之君子有終身之憂霜露之感豈止一二周之服哉故聖人恐有朝死而夕忘曾鳥獸之不若爲立中制使賢不肖共成文理而已所云喪也寧戚者孔子荅林放之問至如太奢太儉太易太戚皆非禮中苟不得中名爲俱失不如太儉太戚焉毀而滅性猶愈於朝死夕忘焉此論臨喪哀毀之容豈比於同宗異姓之服所云禽獸識母而不識父者禽獸群居而聚麀而無家國之禮少雖知親愛其母長不解尊嚴其父引此爲論則亦禽獸之不若乎所云秦燔書後禮經殘缺後儒纘集不足可憑者人間或有遺逸豈亦家戶到而燔之假若盡燔苟不可信則墳典都謬庠序徒立非聖之談復云安屬所云與伯叔姑姊服同者伯叔

○姑姊有筵杖之制三年心喪乎所云五帝不相沿樂三王不相襲禮誠哉是言此是則天懷私苞禍之情豈可復相沿襲禮乎所云齊斬足爲升降者母齊父斬不易之禮按三年問云將由修飾之君子喻三年之喪若駟之過隙遂之則是無窮也然則何以周也曰至親以周斷是何也曰天地則已易矣四時則已變矣其在天地之中者莫不更始焉以是象之也然則何以三年曰加重焉耳故父加至再周父在爲母加三年心喪今者還同父沒之制則尊厭之律安施喪服四制又曰凡禮之大體體天地法四時則陰陽順人情故謂之禮訾之者是不知禮之所由生非徒不識禮之所由制亦恐未達孝子之通義臣謹按孝經以明陛下孝治之合至德要道請論世俗皆禮之徒夫至德謂孝悌要道謂禮樂移風易俗莫善於樂安上治民莫善於禮又禮有無體之禮無聲之樂按孝經援神契云天子孝曰就就之爲言成也天子德被天下澤及萬物始終成就則其親獲安故曰就也諸侯孝曰度度者法也諸侯居國能奉天子法度得不危溢

則其親獲安故曰度也卿大夫孝曰譽譽之爲言名也卿大夫言行布滿能無惡稱譽達遐邇則其親獲安故曰譽也士孝曰究究者以明審爲義士始升朝辭親入仕能審資父事君之禮則其親獲安故曰究也庶人孝曰畜畜者含畜爲義庶人含情受朴躬耕力作以畜其德則其親獲安故曰畜也陛下以韋氏構逆中宗降禍宸衷哀憤睿情卓烈初無一旅之衆遂殄九重之妖定社稷於阽危拯宗枝於塗炭此陛下孝悌之至通於神明光於四海無所不通使諸侯得守其法度卿大夫得盡其言行士得資親以事君庶人得用天而分地此陛下無體之禮以安上理人也上元已來政由寗氏文明之後法在凶人賊害宗親誅滅良善勳階歲累酺赦年頻倖之則榮華正之則遷謫神龍景雲之際其事尤繁先天開元之間斯弊都革此陛下之無聲之樂以移風易俗也臣前狀單略議者未識臣之懇誠謹具狀重進請付中書門下商量處分臣言若讜然敢側足於軒墀臣言不忠伏請竄跡於荒裔左散騎常侍元行沖奏議曰天地之性惟人

最靈者蓋以智周萬物惟睿作聖明貴賤辨尊卑遠嫌疑分情理也是以古之聖人徵性識本緣情制服有申有厭天父天夫故斬衰三年情理俱盡者同心立極也生則齊體死則同穴比陰陽而配合同兩儀而成化而妻喪杖期情禮俱殺者蓋以遠嫌疑尊乾道也父爲嫡子三年斬衰而不去職者蓋尊祖重嫡崇禮殺情也資於事父以事君孝莫大於嚴父故父在爲母罷職齊周而心喪三年謂之尊厭者則情申而禮殺也斯制也可以異於飛走別於華夷羲農堯舜莫之易也文武周孔同所尊也今若捨尊厭之重虧嚴父之義略純素之嫌貽非聖之責則事不師古有傷名教矣姨兼從母之名卽母之女黨加於舅服有理存焉嫂叔不服避嫌疑也若引同爨之緦以忘推遠之跡旣乖前聖亦謂難從謹詳三者之疑並請依古爲當自是百寮竟不決至七年八月下勑曰惟周公制禮當歷代不刊況子夏爲傳乃孔門所受格條之內有父在爲母齊衰三年此有爲而爲非尊厭之義與其改作不如師古諸服紀宜一依喪服文自是卿士之

家父在爲母行服不同或旣周而禫禫服六十日釋服心喪三年者或有旣周而禫禫服終三年者或有依上元之制齊衰三年者時議者是非紛然元行沖謂人曰聖人制厭降之禮豈不知母恩之深也厭尊祖貴禰欲其遠別禽獸近異夷狄故也人情易摇淺識者衆一紊其度其可止乎二十年中書令蕭嵩與學士改脩定五禮又議請依上元勑父在爲母齊衰三年爲定及頒禮乃一依行焉二十三年藉田禮畢下制曰服制之紀或有所未通宜令禮官學士詳議聞奏太常卿韋縚奏曰謹按儀禮喪服舅緦麻三月從母小功五月傳曰何以小功以名加也堂姨舅舅母恩所不及外祖父母小功五月傳曰何以小功以尊加也舅緦麻三月並是情親而服屬疎者也外祖正尊同於從母之服姨舅一等服則輕重有殊堂姨舅親即未疎恩絕不相爲服親舅母來承外族同爨之禮不如竊以古意猶有所未暢者也且爲外祖小功此則正尊情甚親而服屬疎者也請加至大功九月姨舅儕親旣無別服宜齊等請爲舅加小功五月堂姨舅疎降

一等親舅母從服之例先無制服之文並望加至袒免臣聞禮以飾情服從義制或有公華損益可明事體旣大理資詳審望付尚書省集衆官吏詳議務從折衷永爲典則於是太子賓客崔沔建議曰竊聞大道旣隱天下爲家聖人因之然後制禮禮教之設本爲正家家道正而天下定矣正家之道不可以貳總一定議理歸本宗父以尊崇母以厭降豈忘愛敬宜在倫序是以內有齊斬外服皆緦麻尊名所加不過一等此先王不易之道也前聖所志後賢所傳其來久矣昔辛有適伊川見被髮而祭於野者曰不及百年此其戎乎其禮先亡矣貞觀修禮時改舊章漸廣渭陽之恩不遵洙泗之典及弘道之後唐元之間國命再移於外族矣禮云徵兆儻或斯見天人之際可不誡哉開元初補闕盧履冰嘗進狀論喪服輕重勑令僉議于時群議紛挐各安積習太常禮部奏依舊定陛下運稽古之思發獨斷之明至開元八年特降別勑一依古禮事符故實人知向方式固宗盟社稷之福更圖異議竊所未詳願守八年明旨以爲萬代成法職方郎中

韋述議曰天生萬物惟人最靈所以尊尊親親別生分類存則盡其愛敬沒則盡其哀戚緣情而制服考事而立言往聖討論亦已勤矣上自高祖下至玄孫以及其身謂之九族由近而及遠稱情而立文差其輕重遂爲五服雖則或以義降或以名加教有所從理不踰等百王不易三代可知日月同懸咸所仰也自微言旣絶大義復乖雖文質有遷而必遵此制謹按儀禮喪服傳曰外親之服皆緦麻鄭玄謂外親異姓正服不過緦麻外祖父母小功五月以尊加也從母小功五月以名加也舅甥外孫中外昆弟依本服緦麻三月若以匹敵外祖則祖也舅則伯叔父之別也姨舅伯叔則父母之恩不殊而獨殺於外氏聖人之心良有以也喪服傳曰禽獸知母而不知父野人曰父母何筭焉都邑之士則知尊禰矣大夫及學士則知尊祖也諸侯及其太祖天子及其始祖聖人究天道而厚於祖禰繫姓族而親其子孫近則別其賢愚遠則異於禽獸由此言之母黨比於本族不可同貫明矣且家無二尊喪無二斬人之所奉不可貳也特重於大宗者降其小宗爲人後者減其父母之服女子出嫁殺其本家之喪蓋所存者遠所抑者私也今若外祖及舅更加服一等堂舅及姨列於服紀之內則中外之制相去幾何廢禮 狥情所務者末古之制作者知人情之易搖恐失禮之將漸別其同異輕重相懸欲使後來之人永不相雜微旨斯在豈徒然哉且五服有上殺之義必循源本方及條流伯叔父母本服大功九月從父昆弟亦大功九月並以上出於祖其服不得過於祖也從祖祖父母從祖父母從祖昆弟皆小功五月以出於曾祖服不得過於曾祖也族祖祖父母族祖父母族祖昆弟皆緦麻三月以其出於高祖其服不得過於高祖也堂舅姨旣出於外曾祖若爲之制服則外曾祖父母及外伯叔祖父母亦宜制服矣外祖加至大功九月則外曾祖合至小功外高祖合至緦麻若舉此而捨彼事則不均棄親而録疎理則不順推而廣之是與本族無異矣服皆有服則堂外甥外曾孫姪女之子皆須制服矣聖人豈薄其骨肉背其恩愛情之親者服制乃輕蓋本於公者薄於私存其大者略其

細義有所斷不得不然苟可加也亦可減也往聖可得而非則禮經可得而隳矣先王之制謂之彝倫奉以周旋猶恐失墜一紊其叙廣可止乎且舊章淪胥爲日已久矣所存者無幾又欲棄之雖曰未達不知其可請依儀禮喪服爲定禮部員外郎楊仲昌議曰謹按儀禮曰外皆服緦又曰外祖父母以尊加從母以名加並爲小功五月其爲舅緦鄭文貞公魏徵巳議同從母例加至小功五月訖今之所加豈異前言雖文貞賢也而周孔聖也以賢改聖後學何從堂舅姨堂舅母並升爲袒免則何以祖述禮經乎如以外祖父母加至大功則豈無加報於外孫乎如外孫爲報服大功則本宗庶孫何同等而相淺乎儻必如是深所不便竊恐內外乖序親疎奪倫情之所沿何所不至理必然也昔子路有姊之喪而不除孔子問之子路對曰吾寡兄弟而不忍也子曰先王制禮行道之人皆不忍也子路聞而除之此則聖人因言以立訓援事抑情之明例也禮不云乎無輕議禮明其蟠於天地並彼日月賢者由之安敢小有損益也況夫喪服之紀先王大猷奉以周旋以匡人道一辭寧措千載是遵涉於異端豈曰弘教伏望各依正禮以厚儒風太常所謂增加愚見以爲不可又戶部郎中楊伯成左監門録事參軍劉秩並同是議與沔等略同議奏上又手勑侍臣等曰朕以爲親姨舅旣服小功則舅母於舅有三年之服服是受我而厚以服制情則舅母之服不得全降於舅也宜服緦麻堂姨舅古今未制服朕思敦睦九族引而親之宜服袒免又鄭玄注禮記云同爨緦若比堂姨舅於同爨親則厚矣又喪服傳云外親之服皆緦是亦不隔於堂姨舅也若以所服不得過本而須爲外曾祖父母及外伯叔祖父母制服亦何傷乎是皆親親敦本之意卿等更熟詳之侍中裴耀卿中書令張九齡禮部尚書李林甫等奏曰外族之親禮無厭降外甥旣爲舅母制服舅母還合報之夫外甥旣爲報服則與夫之姨舅以類是同外甥之妻不得無服所增者頗廣所引者漸疎微臣愚蒙猶有未達玄宗又手制答曰從服有六此其一也降殺之制禮無明文此皆自身率親用爲制服所有存抑盡是推恩朕

情有未安故令詳議非欲苟求變古以示不同卿等以爲外族之親禮無厭降報服之制所引甚踈且姨舅者屬從之至近也以親言之則亦姑伯之匹敵也豈有所引者踈而降所親者服又婦從夫者也夫以姨舅夫旣有服從夫而服由是睦親實欲令不肖者企及賢者俯就卿等宜熟詳之耀卿等奏曰陛下體至仁之德廣推恩之道將弘引進以示睦親再發德音更令詳議臣等按大唐新禮親舅加至小功與從母同服此蓋當時特命不以輕重遞增蓋不欲參於本宗愼於變禮者也今聖制親姨舅小功更制舅母緦麻堂姨舅袒免等服取類新禮垂示將來通於物情自我作則群儒風議從有稽留並望準制施行制從之天寶六年正月出嫁母宜終服三年

唐書志卷第七

劉　昫　等修

聞人詮校刻沈桐同校

音樂一

樂者太古聖人治情之具也人有血氣生知之性喜怒哀樂之情情感物而動於中聲成文而應於外聖王乃調之以律度文之以歌頌蕩之以鍾石播之以絃管然後可以滌情靈可以祛怨思施之於邦國則朝廷序施之於天下則神祇格施之於賓宴則君臣和施之於戰陣則士民勇三五之代世有厥官故虞廷振干羽之容周人立弦誦之教洎蒼精道喪戰國塵飛禮樂出於諸侯雅頌淪於衰俗齊竽燕筑俱非皦繹之音東缶西琴各寫哇淫之狀乃至播鼗入漢師摯寢絃延陵有自鄶之譏孔子起聞韶之嘆及始皇一統傲視百王鍾鼓滿於秦宮無非鄭衛歌舞陳於漢廟並匪咸韶而九成六變之容八佾四懸之制但存其數罕達其情而制氏所傳形容而已武宣之世天子弘

○儒采夜誦之詩考從臣之賦朝吟蘭殿暮奏竹宮乃命協律之官始制禮神之曲屬河間好古遺籍充庭乃約詩頌而制樂章體周官而為舞節自茲相襲代易其辭雖流管磬之音恐異莖英之旨其後臥聽桑濮雜以兜離孤竹空桑無復旋宮之義崇牙樹羽惟陳備物之儀煩手即多知音蓋寡自永嘉之後咸洛為墟禮壞樂崩典章始盡江左擷其遺散尚有治世之音而元魏宇文代雄朔漠地不傳於清樂人各習其舊風雖得兩京工胥亦置四廂金奏殊非入耳之玩空有作樂之名隋文帝家世士人銳興禮樂踐祚之始詔太常卿牛弘祭酒辛彥之增修雅樂弘集伶官措思歷載無成而郊廟侑神黃鍾一調而已開皇八年平陳始獲江左舊工及四懸樂器帝令廷奏之歎曰此華夏正聲也非吾此舉世何得聞乃調五音為五夏二舞登歌房中等十四調賓祭用之隋氏始有雅樂因置清商署以掌之既而協律郎祖孝孫依京房舊法推五音十二律為六十音明六之有三百六十音旋相為宮因定廟樂諸儒論難竟不施用隋世雅音惟清樂十四調而已隋末大亂其樂猶全高祖受禪擢祖孝孫為吏部郎中轉太常少卿漸見親委孝孫由是奏請作樂時軍國多務未遑改創樂府尚用隋氏舊文武德九年始命孝孫修定雅樂至貞觀二年六月奏之太宗曰禮樂之作蓋聖人緣物設教以為撙節治之隆替豈此之由御史大夫杜淹對曰前代興亡實由於樂陳將亡也為玉樹後庭花齊將亡也而為伴侶曲行路聞之莫不悲泣所謂亡國之音也以是觀之蓋樂之由也太宗曰不然夫音聲能感人自然之道也故歡者聞之則悅憂者聽之則悲悲歡之情在於人心非由樂也將亡之政其民必苦然苦心所感故聞之則悲耳何有樂聲哀怨能使悅者悲乎今玉樹伴侶之曲其聲具存朕當為公奏之知公必不悲矣尚書右丞魏徵進曰古人稱禮云禮云玉帛云乎哉樂云樂云鍾鼓云乎哉樂在人和不由音調太宗然之孝孫又奏陳梁舊樂雜用吳楚之音周齊舊樂多涉胡戎之伎於是斟酌南北考以古音作為大唐雅樂以十二律各順其月旋相為宮按禮記云大樂與天地同和故制十

○二和之樂合三十一曲八十四調祭圜丘以黃鍾為宮方澤以林鍾為宮宗廟以太簇為宮五郊朝賀饗宴則隨月用律為宮初隋但用黃鍾一宮惟扣七鍾餘五鍾虛懸而不扣及孝孫建旋宮之法皆遍扣鍾無復虛懸者矣祭天神奏豫和之樂地祇奏順和宗廟奏永和天地宗廟登歌俱奏肅和皇帝臨軒奏太和王公出入奏舒和皇帝食舉及飲酒奏休和皇帝受朝奏政和皇太子軒懸出入奏承和元日冬至皇帝禮會登歌奏昭和郊廟俎入奏雍和皇帝祭享酌酒讀祝文及飲福受胙奏壽和五郊迎氣各以月律而奏其音又郊廟祭享奏　化康凱安之舞周禮旋宮之義亡絕已久時莫能知一朝復古自此始也及孝孫卒後協律郎張文收復採三禮言孝孫雖創其端至於郊禋用樂事未周備詔文收與太常掌禮樂官等更加釐改於是依周禮祭昊天上帝以圜鍾為宮黃鍾為角太簇為徵姑洗為羽奏豫和之舞若封太山同用此樂若地祇方丘以函鍾為宮太簇為角姑洗為徵南呂為羽奏順和之舞禪梁甫同用此樂祫禘宗廟以黃鍾

爲宮大呂爲角太蔟爲徵應鍾爲羽奏永和之舞五郊日月星辰及
類于上帝黃鍾爲宮奏豫和之曲大蜡大報以黃鍾太蔟姑洗蕤賓
夷則無射等調奏豫和順和永和之曲明堂雩以黃鍾爲宮奏豫和
之曲神州社稷籍田宜以太蔟爲宮雨師以姑洗爲宮山川以蕤賓
爲宮並奏順和之曲饗先妣以夷則爲宮奏永和之舞大饗讌奏姑
洗蕤賓二調皇帝郊廟食舉以月律爲宮並奏休和之曲皇帝郊廟
出入奏太和之樂臨軒出入奏舒和之樂並以姑洗爲宮皇帝大射
姑洗爲宮奏騶虞之曲皇太子奏貍首之曲皇太子軒懸姑洗爲宮奏
永和之曲凡奏黃鍾歌大呂奏太蔟歌應鍾奏姑洗歌南呂奏蕤賓
歌林鍾奏夷則歌中呂奏無射歌夾鍾黃鍾蕤賓爲宮其樂九變大呂
林鍾爲宮其樂八變太蔟夷則爲宮其樂七變夾鍾南呂爲宮其樂
六變姑洗無射爲宮其樂五變中呂應鍾爲宮其樂四變天子十二
鍾上公九侯伯七子男五卿六大夫四士三及成奏之太宗稱善於
是加級頒賜各有差十四年勑曰殷薦祖考以崇功德比雖加以誠潔

○而廟樂未稱宜令所司詳諸故實制定奏聞八座議曰七廟觀德義
冠於宗祀三祖在天式章於嚴配致敬之情允洽大孝之道宜宣是
以八佾具陳肅儀形於綴兆四懸備展被鴻徽於雅音考作樂之明
義擇皇王之令典前聖所履莫大于茲伏惟皇帝陛下天縱感通率
由冥極孝理昭懿光被於八埏愛敬純深追崇於百葉永言錫祚斯
弘頌聲鍾律革音播鏗鏘於饗薦羽籥成列申蹈厲於蒸嘗奚詔典
司乃加隆稱循聲覈實敬闡尊名竊以皇靈滋慶濬源長委邁吞燕
之生商軼擾龍之肇漢盛韜光於九二漸發迹於三分高祖縮地補
天重張區宇反魂肉骨再造生靈恢恢帝圖與二儀而合大赫赫皇
道共七曜以齊明雖復聖跡神功不可得而窺測經文緯武敢有寄
於名言敬備樂章式昭彝範皇祖弘農府君宣簡公懿王三廟樂請
同奏長發之舞太祖景皇帝廟樂請奏大基之舞世祖元皇帝廟樂
請奏大成之舞高祖大武皇帝廟樂請奏大明之舞文德皇后廟樂
請奏光大之舞七廟登歌請每室別奏制可之二十三年太尉長孫

無忌侍中于志寧議太宗廟樂曰易曰先王作樂崇德殷薦之上帝
以配祖考請樂名崇德之舞制可之後文德皇后廟有司據禮停光
大之舞惟進崇德之舞光宅三年九月高宗廟樂以鈞天爲名中宗
廟樂奏太和之舞開元六年十月勑睿宗廟奏景雲之舞二十九年
六月太常奏準十二年東封太山日所定雅樂其樂曰元和六變以降天
神順和八變以降地祇皇帝行用太和之樂其封太山也登歌奠玉幣
用肅和之樂迎俎用雍和之樂酌福飲福用福和之樂送文迎武用舒和
之樂亞獻終獻用凱安之樂送神用夾鍾宮元和之樂禪社首也送
神用林鍾宮順和之樂享太廟也迎神用永和之樂獻祖宣皇帝酌獻
用光大之舞懿祖光皇帝酌獻用長發之舞太祖景皇帝酌獻用大
政之舞世祖元皇帝酌獻用大成之舞高祖神堯皇帝酌獻用大明之
舞太宗文皇帝酌獻用崇德之舞高宗天皇大帝酌獻用鈞天之舞
中宗孝和皇帝酌獻用太和之舞睿宗大聖貞皇帝酌獻用景雲之
舞徹豆用雍和之舞送神用黃鍾宮永和之樂臣以樂章殘缺積有歲

○時自有事東巡親謁九廟聖情眞禮精祈感通皆祠前累日考定音
律請編入史冊萬代施行下制曰王公卿士爰及有司頻詣闕上言
請以唐樂爲名者斯至公之事朕安得而辭焉然則大咸大韶大護
大夏皆以大字表其樂章今之所定宜曰大唐樂皇祖弘農府君至
高祖大武皇帝六廟貞觀中已詔顏師古等定樂章舞號洎今太常
■又奏有司所定獻祖宣皇帝至睿宗聖貞皇帝九廟酌獻用舞之
號天寶元年四月命有司定玄元皇帝廟告享所奏樂降神用混成
之樂送神用太一之樂寶應三年六月有司奏玄宗廟樂請奏廣運之
舞肅宗廟樂請奏惟新之舞大曆十四年代宗廟樂請奏保大之舞永
貞元年十月德宗廟樂請奏文明之舞元和元年順宗廟樂請奏大
順之舞元和十五年憲宗廟樂請奏象德之舞穆宗廟樂請奏和寧
之舞敬宗廟樂請奏大鈞之舞文宗廟樂請奏文成之舞武宗廟樂
請奏大定之舞貞觀元年宴羣臣始奏秦王破陣之曲太宗謂侍臣
曰朕昔在藩屢有征討世間遂有此樂豈意今日登於雅樂然其發

揚蹈厲雖異文容功業由之致有今日所以被於樂章示不忘於本也尚書右僕射封德彝進曰陛下以聖武戡難立極安人功成化定陳樂象德實弘濟之盛烈為將來之壯觀文容習儀豈得為比太宗曰朕雖以武功定天下終當以文德綏海內文武之道各隨其時公謂文容不如蹈厲斯為過矣德彝頓首曰臣不敏不足以知之其後令魏徵虞世南褚亮李百藥改制歌辭更名七德之舞增舞者至百二十人被甲執戟以象戰陣之法焉六年太宗行幸慶善宮宴從臣於渭水之濱賦詩十韻其宮即太宗降誕之所車駕臨幸每特感慶賞賜閭里有同漢之宛沛焉於是起居郎呂才以御製詩等於樂府被之管絃名為功成慶善樂之曲令童兒八佾皆進德冠紫袴褶為九功之舞冬至享醼及國有大慶與七德之舞偕奏于庭七年太宗制破陣舞圖左圓右方先偏後伍魚麗鵝貫箕張翼舒交錯屈伸首尾迴互以象戰陣之形令呂才依圖教樂工百二十人被甲執戟而習之凡為三變每變為四陣有來往疾徐擊刺之象以應歌節數日而

就更名七德之舞癸巳奏七德九功之舞觀者見其抑揚蹈厲莫不扼腕踴躍凜然震竦武臣列將咸上壽云此舞皆是陛下百戰百勝之形容羣臣咸稱萬歲蠻夷十餘種自請率舞詔許之久而乃罷十四年有景雲見河水清張文收採古朱鴈天馬之義制景雲河清歌名曰讌樂奏之管絃為諸樂之首元會第一奏者是也永徽二年十一月高宗親祀南郊黃門侍郎宇文節奏言依儀明日朝羣臣除樂懸請奏九部樂上因曰破陣樂舞者情不忍觀所司更不宜設言畢慘愴久之顯慶元年正月改破陣樂舞為神功破陣樂二年太常奏白雪琴曲先是上以琴中雅曲古人歌之近代已來此聲頓絕雖有傳習又失宮商令所司簡樂工解琴笙者修習舊曲至是太常上言曰臣謹按禮記家語云舜彈五絃之琴歌南風之詩是知琴操曲弄皆合於歌又張華博物志云白雪是大帝使素女鼓五十絃瑟曲名又楚大夫宋玉對襄王云有客於郢中歌陽春白雪國中和者數十人是知白雪琴曲本宜合歌以其調高人和遂寡自宋玉以後迄今千祀

未有能歌白雪曲者臣今準勑依於琴中舊曲定其宮商然後教習並合於歌輒以御製雪詩為白雪歌辭又按古今樂府奏曲之後皆別有送聲君唱臣和事彰前史輒取侍臣等奏和雪詩以為送聲各十六節今悉教訖並皆諧韻上善之乃付太常編於樂府六年二月太常丞呂才造琴歌白雪等曲上製歌辭十六首編入樂府六年三月上欲伐遼於屯營教舞召李義府任雅相許敬宗許圉師張延師蘇定方阿史那忠于闐王伏闍上官儀等赴洛城門觀樂樂名一戎大定樂賜觀樂者雜綵有差麟德二年七月制曰國家平定天下革命創制紀功旌德久被樂章今郊祀四懸猶用干戚之舞先朝作樂韜而未伸其享宴等所奏宮懸文舞宜用功成慶善之樂皆著履執拂依舊服袴褶童子冠其武舞宜用神功破陣之樂皆被甲持戟其執纛之人亦着金甲人數並依八佾仍量加簫笛歌鼓等並於懸南列坐若舞即與宮懸合奏其宴樂內色舞者仍依舊別設上元三年十一月勑供祠祭上元舞前今大祠享皆將陳設自今已後圓丘方澤太廟

祠享然後用此舞餘祭並停儀鳳二年十一月六日太常少卿韋萬石奏曰據貞觀禮郊享曰文舞奏豫和順和永和等樂其舞人著委貌冠服並手執籥翟其武舞奏凱安其舞人並著平冕手執干戚奏麟德三年十月勑文舞改用功成慶善樂武舞改用神功破陣樂并改器服等自奉勑以來為慶善樂不可降神神功破陣樂未入雅樂雖改用器服其舞猶依舊迄今不改事既不安恐須別有處分者以今月六日錄奏奉勑舊文舞武舞既不可廢并器服總宜依舊若懸作上元舞日仍奏神功破陣樂及功成慶善樂并殿庭用舞並須引出懸外作其安置舞曲宜更商量作安穩法并錄凱安六變法象奏聞萬石又與刊正官等奏曰謹按凱安舞是貞觀中所造武舞準貞觀禮及今禮但郊廟祭享奏武舞之樂即用之凡有六變一變象龍興參野二變象剋靖關中三變象東夏賓服四變象江淮寧謐五變象獫狁讋伏六變復位以崇象兵還振旅謹按貞觀禮祭享曰武舞準作六變亦如周之大武六成樂止按樂有因人而作者則因人而止如

著成數者數終卽止不得取行事賒促爲樂終早晩卽禮云三闋六
成八變九變是也今禮奏武舞六成而數終未止旣非師古不可依行
其武舞凱安望請依古禮及貞觀禮六成樂止立部伎内破陣樂五
十二遍修入雅樂祇有兩遍名曰七德立部伎内慶善樂七遍修入
雅樂祇有一遍名曰九功上元舞二十九遍今入雅樂一無所減每
見祭享曰三獻已終上元舞又自未畢今更加破陣樂兼恐酧獻已
後歌舞更長其雅樂内破陣樂慶善樂及上元舞三曲竝望修改通
融令長短與禮相稱冀望久長安穩破陣樂有象武事慶善樂有象
文事按古六代舞有雲門大咸大夏大韶是古之文舞殷之大濩周
之大武是古之武舞依古義先儒相傳國家以揖讓得天下則先奏
文舞若以征伐得天下則先奏武舞望請應用二舞日先奏神功破
陣樂次奏功成慶善樂先奉勑於圓丘方澤太廟祠享日則用上元
之舞臣據見行禮欲於天皇酧獻降復位巳後卽作凱安六變樂正其

神功破陣樂功成慶善樂上元之舞三曲待修改訖以次通融作之
卽得與舊樂前後不相妨破若有司攝行事日亦請據行事通融從
之三年七月上在九成宮咸亨殿宴集有韓王元嘉霍王元軌及南
北軍將軍等樂作太常少卿韋萬石奏稱破陣樂舞者是皇祚發跡
所由宣揚宗祖盛烈傳之於後永永無窮自天皇臨馭四海寢而不
作旣緣聖情感愴羣下無敢關言臣忝職樂司廢缺是懼依禮祭之
日天子親總干戚以舞先祖之樂與天下同樂之也今破陣樂久廢
羣下無所稱述將何以發孝思之情上瞿然改容俯遂所請有制令
奏樂舞旣畢上欷歔感咽涕泗交流臣下悲淚莫能仰視久之顧謂兩
王曰不見此樂垂三十年乍此觀聽實深哀感追思往日王業艱難
勤苦若此朕今嗣守洪業可忘武功古人云富貴不與驕奢期驕奢
自至朕謂時見此舞以自誡勗冀無盈滿之過非爲懽樂奏陳之耳
侍宴羣臣咸呼萬歲調露二年正月二十一日則天御洛城南樓賜
宴太常奏六合還淳之舞長壽二年正月則天親享萬象神宮先是

上自製神宮大樂舞用九百人至是舞於神宮之庭景龍二年皇后
上言自妃主及五品以上母妻并不因夫子封者請自今遷葬之日
特給鼓吹宮官亦準此侍御史唐紹上諫曰竊聞鼓吹之作本爲軍容
昔黃帝涿鹿有功以爲警衞故掆鼓曲有靈夔吼鵰鶚爭石墜崖壯
士怒之類自昔功臣備禮適得用之丈夫有四方之功所以恩加寵
錫假如郊祀天地誠是重儀惟有宮縣本無按架故知軍樂所備尚
不洽於神祇鉦鼓之音豈得接於閨閫准式公主王妃已下葬禮準
有團扇方扇綵帷錦障之色加至鼓吹歷代未聞又準令五品官婚
葬先無鼓吹惟京官五品得借四品鼓吹爲儀令特給五品已上母
妻五品官則不當給限便是班秩本因夫子儀飾乃復過之事非倫
次難爲定制參詳義理不可常行請停前勑各依常典上不納延載
元年正月二十三日製越古長年樂一曲玄宗在位多年善樂音若
讌設酺會卽御勤政樓先一日金吾引駕仗北衙四軍甲士未明陳
仗衞尉張設光祿造食候明百僚朝侍中進中嚴外辦中官素扇天

子開簾受朝禮畢又素扇垂簾百寮常參供奉官貴戚二王後諸蕃
酋長謝食就坐太常大鼓藻繪如錦樂工齊擊聲震城闕太常卿引
雅樂每 色數十人自南魚貫而進列於樓下鼓笛雞婁充庭考擊
太常樂立部伎坐部伎依點鼓舞間以胡夷之伎日旰卽内閑廐引蹀馬三
十匹傾杯樂曲奮首鼓尾縱横應節又施三層校牀乘馬而上抃轉
如飛又令宮女數百人自帷出擊雷鼓爲破陣樂太平樂上元樂雖
太常積習皆不如其妙也若聖壽樂則迴身換衣作字如畫又五方
使引大象入場或拜或舞動容鼓振中於音律竟日而退玄宗又於
聽政之暇教太常樂工子弟三百人爲絲竹之戲音響齊發有一聲
誤玄宗必覺而正之號爲皇帝弟子又云梨園弟子以置院近於
禁苑之梨園太常又有別教院教供奉新曲太常每陵晨鼓笛亂發
於太樂別署教院廩食常千人宮中居宜春院玄宗又製新曲四十
餘又新製樂譜每初年望夜又御勤政樓觀燈作樂貴臣戚里借看
樓觀望夜闌太常樂府縣散樂畢卽遣宮女於樓前縛架出眺歌舞

以娛之若繩戲竿木詭異巧妙固無其比天寶十五載玄宗西幸祿山遣其逆黨載京師樂器樂伎衣盡入洛城尋而肅宗剋復兩京將行大禮禮物盡闕命禮儀使太常少卿于休烈使屬吏與東京留臺領赴于朝廷詔給錢使休烈造伎衣及大舞等服於是樂工二舞始備矣乾元元年三月十九日上以太常舊鐘磬自隋已來所傳五聲或有差錯謂于休烈曰古者聖人作樂以應天地之和以合陰陽之序和則人不夭札物不疵癘且金石絲竹樂之器也比親享郊廟每聽樂聲或宮商不倫或鐘磬失度可盡供鐘磬朕當於內自定太常進入上集樂工考試數日審知差錯然後令再造及磨刻二十五日一部先畢召太常樂工上臨三殿親觀考擊皆合五音送太常二十八日又於內造樂章三十一章送太常郊廟歌之貞元三年四月河東節度使馬燧獻定難曲御麟德殿命閱試之十二年十二月昭義軍節度使王虔休獻繼天誕聖樂十四年二月德宗自製中和舞又奏九部樂及禁中歌舞伎者十數人布列在庭上御麟德殿會百寮觀

○新樂詩仍令太子書示百官貞元十六年正月南詔異牟尋作奉聖樂舞因韋皋以進十八年正月驃國王來獻本國樂太和八年十月宣太常寺準雲韶樂舊用人數令於本寺閱習進來者至開成元年十月教成三年武德司奉宣索雲韶樂縣圖二軸進之太和三年八月太常禮院奏謹按凱樂鼓吹之歌曲也周官大司樂王師大獻則奏凱樂注云獻功之樂也又大司馬之班師有功則凱獻于社注云兵樂曰凱司馬法曰得意則凱樂所以示喜也左氏傳載晉文公勝楚振旅凱入魏晉已來鼓吹曲章多述當時戰功是則歷代獻捷必有凱歌太宗平東都破宋金剛其後蘇定方執賀魯李勣平高麗皆備軍容凱歌入京師謹檢貞觀顯慶開元禮書並無儀注今參酌今古備其陳設及奏歌曲之儀如後凡命將征討有大功獻俘馘者其日備神策兵衛於東門外如獻俘常儀其凱樂用鐃吹二部笛篳篥簫笳鐃鼓每色二人歌工二十四人樂工等乘馬執樂器次第陳列如鹵簿之式鼓吹令丞前導分行於兵馬俘馘之前將入都門鼓吹

振作迭奏破陣樂等四曲破陣樂應聖期兩曲太常舊有辭賀朝歡君臣同慶樂今撰補之破陣樂受律辭元首相將討叛臣咸歌破陣樂共賞太平人應聖期聖德期昌運雍熙萬寓清乾坤資化育海岳共休明闢土忻耕稼銷戈遂偃兵殊方歌帝澤執贄賀昇平賀朝歡四海皇風被千年德水清戎衣更不著今日告功成君臣同慶樂主聖開昌曆臣忠奏大猷君看偃革後便是太平秋候行至太社及廟門工人等下馬陳列於門外（按周禮大司樂注云獻于祖大司馬云先凱樂獻于社謹詳禮儀則社廟之中似合奏樂伏以尊嚴之地鐃吹讙譁既無明文或乖肅敬今請並於門外陳設不奏歌曲）候告獻禮畢復導引奏曲如儀至皇帝所御樓前兵仗旌門外二十步樂工皆下馬徐行前進兵部尚書介冑執鉞於旌門內中路前導（周禮師有功則大司馬左執律右秉鉞以先凱樂注云律所以聽軍聲鉞所以為將威今吹律聽聲其術久廢惟請秉鉞以存禮文）次協律郎二人公服執麾亦於門外分導鼓吹令丞引樂工等至位立定太常卿於樂工之前跪具官臣某奏事請奏凱樂協律郎舉麾鼓吹大振作遍奏破陣樂等四曲樂闋協律郎偃麾太常卿又跪奏凱樂畢兵部尚書太常卿退樂

○工等並出旌門外訖然後引俘馘入獻及稱賀如別儀別有獻俘馘儀注如俘囚引出方退請宣付當司編入新禮仍令樂工教習依奏

唐書志卷第八

舊唐書志卷第九

劉　昫　等修

聞人詮校刻沈桐同校

音樂二

高祖登極之後享宴因隋舊制用九部之樂其後分爲立坐二部今立部伎有安樂太平樂破陣樂慶善樂大定樂上元樂聖壽樂光聖樂凡八部安樂者後周武帝平齊所作也行列方正象城郭周世謂之城舞舞者八十人刻木爲面狗喙獸耳以金飾之垂線爲髮畫猰皮帽舞蹈姿制猶作羌胡狀太平樂亦謂之五方師子舞師子鷙獸出於西南夷天竺師子等國綴毛爲之人居其中像其俛仰馴狎之容二人持繩秉拂爲習弄之狀五師子各立其方色百四十人歌太平樂舞以足持繩者服飾作崑崙象破陣樂太宗所造也太宗爲秦王之時征伐四方人間歌謠秦王破陣樂之曲及即位使呂才協音律李百藥虞世南褚亮魏徵等製歌辭百二十人披甲持戟甲以銀飾

之發揚蹈厲聲韻慷慨享宴奏之天子避位坐宴者皆興慶善樂太宗所造也太宗生於武功之慶善宮既貴宴宮中賦詩被以管絃舞者六十人衣紫大袖裙襦漆髻皮履舞蹈安徐以象文德洽而天下安樂也大定樂出自破陣樂舞者百四十人被五彩文甲持槊歌和云八紘同軌樂以象平遼東而邊隅大定也上元樂高宗所造舞者百八十人畫雲衣備五色以象元氣故曰上元聖壽樂高宗武后所作也舞者百四十人金銅冠五色畫衣舞之行列必成字十六變而畢有聖超千古道泰百王皇帝萬年寶祚彌昌字光聖樂玄宗所造也舞者八十人鳥冠五綵畫衣兼以上元聖壽之容以歌王跡所興自破陣舞以下皆雷大鼓雜以龜茲之樂聲振百里動蕩山谷大定樂加金鉦惟慶善舞獨用西涼樂最爲閑雅破陣上元慶善三舞皆易其衣冠合之鍾磬以享郊廟以破陣爲武舞謂之七德慶善爲文舞謂之九功自武后稱制毀唐太廟此禮遂有名而亡實安樂等八舞聲樂皆立奏之樂府謂之立部伎其餘總謂之坐部伎則天中宗之代大增造坐立諸舞尋以廢寢坐部伎有讌樂長壽樂天授樂鳥歌萬歲樂龍池樂破陣樂凡六部讌樂張文收所造也工人緋綾袍絲布袴舞二十人分爲四部景雲樂舞八人花錦袍五色綾袴雲冠烏皮靴慶善樂舞四十人紫綾袍大袖絲布袴假髻破陣樂舞四人緋綾袍錦衿褾緋綾褲承天樂舞四人紫袍進德冠並銅帶樂用玉磬一架大方響一架搊箏一臥箜篌一小箜篌一大琵琶一大五絃琵琶一小五絃琵琶一大笙一小笙一大篳篥一小篳篥一大簫一小簫一正銅拔一和銅拔一長笛一短笛一楷鼓一連鼓一鞉鼓一桴鼓一工歌二此樂惟景雲舞僅存餘並亡長壽樂武太后長壽年所造也舞十有二人畫衣冠天授樂武太后天授年所造也舞四人畫衣五采鳳冠鳥歌萬歲樂武太后所造也武太后時宮中養鳥能人言又常稱萬歲爲樂以象之舞三人緋大袖並畫鸜鵒冠作鳥像今案嶺南有鳥似鸜鵒而稍大乍視之不相分辨籠養久則能言無不通南人謂之吉了亦云料開元初廣州獻之言音雄重如丈夫委曲識人情慧於鸚鵡遠

矣疑卽此鳥也漢書武帝本紀書南越獻馴象能言鳥注漢書者皆謂鳥爲鸚鵡若是鸚鵡不得不舉其名而謂之能言鳥鸚鵡秦隴尤多亦不足重所謂能言鳥卽吉了也北方常言鸜鵒踰嶺乃能言傳者誤矣嶺南甚多鸜鵒能言者非鸜鵒也龍池樂玄宗所作也玄宗龍潛之時宅在隆慶坊宅南坊人所居變爲池望氣者亦異焉故中宗季年汎舟池中玄宗正位以坊爲宮池水逾大瀰漫數里爲此樂以歌其祥也舞十有二人人冠飾以芙蓉破陣樂玄宗所造也生於立部伎破陣樂舞四人金甲冑自長壽樂已下皆用龜茲樂舞人皆著靴惟龍池備用雅樂而無鍾磬舞人躡履清樂者南朝舊樂也永嘉之亂五都淪覆遺聲舊制散落江左宋梁之間南朝文物號爲最盛人謠國俗亦世有新聲後魏孝文宣武用師淮漢收其所獲南音謂之清商樂隋平陳因置清商署總謂之清樂遭梁陳亡亂所存蓋鮮隋室已來日益淪缺武太后之時猶有六十三曲今其辭存者惟有白雪公莫巴渝明君鳳將雛明之君鐸舞白鳩白紵子夜吳聲四時

歌前溪阿子及歡聞團扇懊憹長史督護讀曲烏夜啼石城莫愁襄陽棲烏夜飛估客楊伴雅歌驍壺常林歡三洲採桑春江花月夜玉樹後庭花堂堂泛龍舟等三十二曲明之君雅歌各二首四時歌四首合三十七首又七曲有聲無辭上林鳳雛平調清調瑟調平折命嘯通前為四十四曲存焉白雪周曲也平調清調瑟調皆周房中曲之遺聲也漢世謂之三調公莫舞晉宋謂之巾舞其說云漢高祖與項籍會於鴻門項莊劍舞將殺高祖項伯亦舞以袖隔之且云公莫害沛公也漢人德之故舞用巾以象項伯衣袖之遺式也巴渝漢高帝所作也帝自蜀漢伐楚以版楯蠻為前鋒其人勇而善鬬好為歌舞高帝觀之曰武王伐紂歌也使工習之號曰巴渝渝美也亦云巴有渝水故名之魏晉改其名梁復號巴渝隋文廢之明君漢元帝時匈奴單于入朝詔王嬙配之即昭君也及將去入辭光彩射人聳動左右天子悔焉漢人憐其遠嫁為作此歌晉石崇妓綠珠善舞以此曲教之而自製新歌曰我本漢家子將適單于庭昔為匣中玉今為糞

上英晉文王諱昭故晉人謂之明君此中朝舊曲今為吳聲蓋吳人傳受訛變使然也鳳將雛漢世舊歌曲也明之君本漢世鞞舞曲也梁武時改其辭以歌君德鐸舞漢曲也白鳩吳朝拂舞曲也楊泓拂舞序曰自到江南見白符舞或言白鳧鳩云有此來數十年察其辭旨乃是吳人患孫皓虐政思屬晉也隋牛弘請以鞞鐸巾拂等舞陳之殿庭帝從之而去其所持巾拂等白紵沈約云紵本吳地所出疑是吳舞也梁帝又令約改其辭其四時白紵之歌約集所載是也今中原有白紵曲辭旨與此全殊子夜晉曲也晉有女子夜造此聲聲過哀苦晉日常有鬼歌之前溪晉車騎將軍沈玩所制阿子及歡聞晉穆帝升平初歌畢輒呼阿子汝聞否後人演其聲以為此曲團扇晉中書令王珉與嫂婢有情愛好甚篤嫂捶撻婢過苦婢素善歌而珉好捉白團扇故云團扇復團扇持許自遮面憔悴無復理羞與郎相見懊憹晉隆安初民間訛謠之曲歌云春草可攬結女兒可攬擷齊太祖常謂之中朝歌長史變 晉司徒左長史王廞臨敗所制督護晉宋

間曲也彭城內史徐逵之為魯軌所殺宋高祖長壻也使府內直督護丁旿殯斂之其妻呼旿至閤下自問斂送之事每問輒歎息曰丁督護其聲哀切後人因其聲廣其曲焉今歌是宋孝武帝所製云督上征去儂亦惡聞許願作石尤風四面斷行旅讀曲宋人為彭城王義康所制也有死罪之辭烏夜啼宋臨川王義慶所作也元嘉十七年徙彭城王義康於豫章義慶時為江州至鎮相見而哭為帝所怪徵還宅大懼妓妾夜聞烏啼聲扣齋閤云明日應有赦其年更為南兗州刺史作此歌故其和云籠牕牕不開烏夜啼夜夜望郎來今所傳歌似非義慶本旨辭曰歌舞諸少年娉婷無種跡菖蒲花可憐聞名不相識石城宋臧質所作也石城 在竟陵質嘗為竟陵郡於城上眺矚見羣少年歌謠通暢因作此曲歌云生長石城下開門對城樓城中美年少出入見依投莫愁樂出於石城樂石城有女子名莫愁善歌謠石城樂和中復有莫愁聲故歌云莫愁在何處莫愁石城西艇子打兩槳催送莫愁來襄陽樂宋隋王誕之所作也誕始為襄

陽郡元嘉二十六年仍為雍州夜聞諸女謌謠因作之故歌和云襄陽來夜樂其謌曰朝發襄陽來暮至大堤宿大堤諸女兒花豔驚郎目裴子野宋略稱晉安侯劉道彥為雍州刺史有惠化百姓歌之號襄陽樂其辭旨非也棲烏夜飛沈攸之元徽五年所作也攸之未敗之前思歸京師故歌和云日落西山還去來估客樂齊武帝之製也布衣時常遊樊鄧追憶往事而作歌曰昔經樊鄧役阻潮梅根渚感憶追往事意滿情不敘使太樂令劉瑤教習百日無成或啟釋寶月善音律帝使寶月奏之便就敕歌者常重為感憶之聲梁改其名為商旅行楊伴本童謠歌也齊隆昌時女巫之子曰楊旻隨母入內及長所寵童謠云楊婆兒共戲來而歌語訛遂成楊伴兒歌云暫出白門前楊柳可藏烏歡作沉水香儂作博山爐驍壺疑是投壺樂也投壺者謂壺中躍矢為驍壺今謂之驍壺者是也常林歡疑是宋梁間曲宋梁世荊雍為南方重鎮皆皇子為之牧江左辭詠莫不稱之以為樂土故隋王作襄陽之歌齊武帝追憶樊鄧梁簡文樂府歌云分手桃

林岸送别峴山頭若欲寄音信漢水向東流又曰宜城投酒今行
熟停鞍繫馬暫栖宿桃林在漢水上宜城在荆州北荆州有長林縣
江南謂情人爲歡常長聲相近蓋樂人誤謂長爲常三州商人歌也
商人數行巴陵三江之間因作此歌採桑因三州曲而生此聲也春
江花月夜玉樹後庭花堂堂並陳後主所作叔寶常與宮中女學士
及朝臣相和爲詩太樂令阿胥又善於文詠採其尤艷麗者以爲此
曲汎龍舟隋煬帝江都宮作餘五曲不知誰所作也其辭類皆淺俗
而綿世不易惜其古曲是以備論之其他集録所不見亦闕而不載當
江南之時巾舞白紵巴渝等衣服各異梁以前舞人並二八梁舞省
之咸用八人而已今工人平巾幘緋褲褶舞四人碧輕紗衣裙襦大
袖畫雲鳳之狀漆鬟髻飾以金銅雜花狀如雀釵錦履舞容閑婉曲
有姿態沈約宋書志江左諸曲哇淫至今其聲調猶然觀其政已亂其
俗已淫既怨且思矣而從容雅緩猶有古士君子之遺風也樂則莫
與爲比樂用鍾一架磬一架琴一三絃琴一擊琴一瑟一秦琵琶一卧箜
篌一筑一箏一節鼓一笙二笛二簫二篪二葉二歌二自長安已後朝廷
不重古曲工伎轉缺能合于管絃者唯明君楊伴驍壺春歌秋歌白
雪堂堂春江花月等八曲舊樂章多或數百言武太后時明君尚能
四十言今所傳二十六言就之訛失與吳音轉遠劉貺以爲宜取吳
人使之傳習以問歌工李郎子李郎子北人聲調已失云學於俞才
生才生江都人也今郎子逃清樂之歌闕焉又聞清樂唯歌一曲辭
典而音雅閱舊記其辭信曲漢有盤舞今隸散樂部中又有幡舞扇
舞並亡自周隋已來管絃雜曲將數百曲多用西涼樂鼓舞曲多用
龜茲樂其曲度皆時俗所知也惟彈琴家猶傳楚漢舊聲及清調瑟
調蔡邕雜弄非朝廷郊廟所用故不載西涼樂者後魏平沮渠氏所
得也晉宋末中原喪亂張軌據有河西苻秦通涼州旋復隔絶其樂
具有鍾磬蓋涼人所傳中國舊樂而雜以羌胡之聲也魏世共隋咸
重之工人平巾幘緋褶白舞一人方舞四人白舞今闕方舞四人假
髻玉支釵紫絲布褶白大口褲五綵接袖烏皮靴樂用鍾一架磬一

架彈箏一搊箏一臥箜篌一豎箜篌一琵琶一五絃琵琶一笙一簫
一篳篥一小篳篥一笛一橫笛一腰鼓一齊鼓一檐鼓一銅拔一貝
一編鍾今亡周官　韎師掌教韎樂祭祀則帥其屬而舞之大享亦
如之韎東夷之樂名也舉東方則三方可知矣又有鞮鞻氏掌四
夷之樂與其聲歌祭祀則歙而歌之讌亦如之作先王樂者貴能包
而用之納四夷之樂者美德廣之所及也東夷之樂曰韎離南蠻之
樂曰任西戎之樂禁北狄之樂曰昧離言陽氣始通萬物離地而生
也任言陽氣用事万物懷任也禁言陰氣始通禁止萬物之生長也昧
言陰氣用事萬物衆形暗昧也其聲不正作之四門之外各持其方
兵獻其聲而已自周之衰此禮寖廢後魏有曹婆羅門受龜茲琵琶
商人世傳其業至孫妙達尤爲北齊高洋所重常自擊胡鼓以和之
周武帝聘虜女爲后西域諸國來媵於是龜茲疏勒安國康國之樂
大聚長安胡兒令羯人白智通教習頗雜以新聲張重華時天竺重
譯貢樂伎後其國王子爲沙門來遊又傳其方音宋世有高麗百濟
伎樂魏平拓跋亦得之而未具周師滅齊二國獻其樂隋文帝平陳
得清樂及文康禮畢曲列九部伎百濟伎不預焉煬帝平林邑國獲
扶南工人及其匏琴陋不可用但以天竺樂轉寫其聲而不齒樂部西魏與
高昌通始有高昌伎我太宗平高昌盡收其樂又造讌樂而去禮畢
曲今著令者惟此十部雖不著令聲節存者樂府猶隸之德宗朝又
有驃國亦遣使獻樂高麗樂工人紫羅帽飾以鳥羽黃大袖紫羅帶
大口褲赤皮靴五色縚繩舞者四人椎髻於後以絳抹額飾以金璫
二人黃裙襦赤黃褲極長其袖烏皮靴雙雙並立而舞樂用彈箏一
搊箏一臥箜篌一豎箜篌一琵琶一義觜笛一笙一簫一小篳篥一
大篳篥一桃皮篳篥一腰鼓一齊鼓一檐鼓一貝一武太后時尚二十
五曲今惟習一曲衣服亦寖衰敗失其本風百濟樂中宗之代工人
死散岐王範爲太常卿復奏置之是以音伎多闕舞二人紫大袖裙襦
章甫冠皮履樂之存者箏笛桃皮篳篥箜篌歌此三國東夷之樂也
扶南樂舞二人朝　行纏赤皮靴隋世全用天竺樂今其存者有羯鼓

都曇鼓毛員鼓簫笛篳篥銅拔貝天竺樂工人皁絲布頭巾白練襦紫綾袴緋帔舞二人辮髮朝霞袈裟行纏碧麻鞋袈裟今僧衣是也樂用銅鼓羯鼓毛員鼓都曇鼓篳篥橫笛鳳首箜篌琵琶銅拔貝毛員鼓都曇鼓今亡驃國樂貞元中其王來獻本國樂凡一十二曲以樂工三十五人來朝樂曲皆演釋氏經論之辭此三國南蠻之樂高昌樂舞人白襖錦袖赤皮靴赤皮帶紅抹額樂用答臘鼓一腰鼓一雞婁鼓一羯鼓一簫二橫笛二篳篥二琵琶二五絃琵琶二銅角一箜篌一箜篌今亡龜茲樂工人皁絲布頭巾緋絲布袍錦袖緋布袴舞者四人紅抹額緋襖白袴帑烏皮靴樂用豎箜篌一琵琶一五弦琵琶一笙一橫笛一簫一篳篥一毛員鼓一都曇鼓一答臘鼓一腰鼓一羯鼓一雞婁鼓一銅拔一貝一毛員鼓今亡疏勒樂工人皁絲布頭巾白絲布袴錦襟褾舞二人白襖錦袖赤皮靴赤皮帶樂用豎箜篌琵琶五絃琵琶橫笛簫篳篥答臘鼓腰鼓羯鼓雞婁鼓康國樂工人皁絲布頭巾緋絲布袍錦領舞二人緋襖錦領袖綠綾　襠袴赤皮靴白袴帑舞急

○轉如風俗謂之胡旋樂用笛二正鼓一和鼓一銅拔一安國樂工人皁絲布頭巾錦褾領紫袖袴舞二人紫襖白袴帑赤皮靴樂用琵琶五絃琵琶箜篌簫橫笛篳篥正鼓和鼓銅拔箜篌五絃琵琶今亡此五國西戎之樂也南蠻北狄國俗皆隨髮際斷其髮今舞也咸用繩圍首反約髮抄內於繩下又有新聲河西至者號胡音聲與龜茲樂散樂俱爲時重諸樂咸爲之少寢北狄樂其可知者鮮卑吐谷渾部落稽三國皆馬上樂也鼓吹本軍旅之音馬上奏之故自漢以來北狄樂總歸鼓吹署後魏樂府始有北歌即魏史所謂真人代歌是也代都時命掖庭宮女晨夕歌之周隋世與西涼樂雜奏今存者五十三章其名目可解者六章慕容可汗吐谷渾部落稽鉅鹿公主白淨王太子企喻也其不可解者咸多可汗之辭　此即後魏世所謂簸邏迴者是也其曲亦多可汗之辭北虜之俗皆呼爲可汗吐谷渾又慕容別種知此歌是燕魏之際鮮卑歌歌音辭虜竟不可曉梁有鉅鹿公主歌辭似是姚萇時歌其辭華音與北歌不同梁樂府鼓吹又有

大白淨皇太子少白淨皇太子企喻等曲隋鼓吹有白淨皇太子曲與北歌校之其音皆異開元初以問歌工長孫元忠云自高祖以來代傳其業元忠之祖受業於侯將軍名貴昌并州人也亦世習北歌貞觀中有詔令貴昌以其聲教樂府元忠之家世相傳如此雖譯者亦不能通知其辭蓋年歲久遠失其真矣絲桐惟琴曲有胡笳聲大角金吾所掌散樂者歷代之有非部伍之聲俳優歌舞雜奏漢天子臨軒設樂舍利獸從西方來戲於殿前激水成比目魚跳躍嗽水作霧翳日化成黃龍修八丈出水遊戲輝耀日光繩繫兩柱相去數丈二倡女對舞上切肩而不傾如是雜變總名百戲江左猶有高絙紫鹿跂行鼈食齊王捲衣笮鼠夏育扛■鼎巨象行乳神龜抃舞背負靈嶽桂樹白雪畫地成川之伎晉成帝七年散騎侍郎顧臻表曰末世之樂設外方之觀逆行連倒四海朝覲帝庭而足以蹈天頭以履地反天地之順傷彝倫之大乃命太常悉罷之其後復高絙紫鹿後踝北齊亦有魚龍辟邪鹿馬仙車吞刀吐火剝車剝驢種瓜拔井之戲

○周宣帝徵齊樂並會關中開皇初散遣之大業二年突厥單于來朝洛陽宮煬帝爲之大合樂盡通漢晉周齊之術胡人大駭帝命樂署肄習常以歲首縱觀端門內大抵散樂雜戲多幻術幻術皆出西域天竺尤甚漢武帝通西域始以善幻人至中國安帝時天竺獻伎能自斷手足刳剔腸胃自是歷代有之我高　宗惡其驚俗勑西域關令不令入中國苻堅嘗得西域倒舞伎睿宗時婆羅門獻樂舞人倒行而以足舞於極銛刀鋒倒植於地低目就刃以歷臉中又植於背下吹篳篥者立其腹上終曲而亦無傷又伏伸其手兩人躡之旋身遶手百轉無已漢世有橦木伎又有盤舞晉世加之以杯謂之杯盤舞樂府詩云妍袖陵七盤言舞用盤七枚也梁謂之舞盤伎梁有長蹻伎擲倒伎跳劍伎吞劍伎今並存又有舞輪伎蓋今戲車輪者透三峽伎蓋今透飛梯之類也高絙伎蓋今之戲繩者是也梁有獮猴幢伎今有緣竿又有獮猴緣竿未審何者爲是又有弄椀珠伎丹珠伎歌舞戲有大面撥頭踏搖娘窟礧子等戲玄宗以其非正聲置教坊

於禁中以處之婆羅門樂與四夷同列婆羅門樂用漆篳篥二齊鼓一散樂用橫笛一拍板一腰鼓三其餘雜戲變態多端皆不足稱代面出於北齊北齊蘭陵王長恭才武而面美常著假面以對敵嘗擊周師金墉城下勇冠三軍齊人壯之爲此舞以效其指麾擊刺之容謂之蘭陵王入陣曲撥頭出西域胡人爲猛獸所噬其子求獸殺之爲此舞以像之也　踏搖娘生於隋末隋末河內有人貌惡而嗜酒常自號郎中醉歸必毆其妻其妻美色善歌爲怨苦之辭河朔演其曲而被之絃管因寫其夫之容妻悲訴每搖頓其身故號踏搖娘近代優人頗改其制度非舊旨也窟礧子亦云魁礧子作偶人以戲善歌舞本喪家樂也漢末始用之於嘉會齊後主高緯尤所好高麗國亦有之八音之屬協於八節匏瓠也女媧氏造列管於匏上內簧其中爾雅謂之巢大者曰竽小者曰和竽煦也立春之氣煦生萬物也竽管三十六宮管在左和管十三宮管居中今之竽笙並以木代匏而漆之無復音矣荊梁之南尚存古制云管三孔曰籥春分之音萬物振

躍而動也簫舜所造也爾雅謂之筊大曰言二十三管修尺四寸笛漢武帝工丘仲所造也其元出於羌中短笛脩尺有咫長笛短笛之間謂之中管篪吹孔有觜如酸棗橫笛小篪也漢靈帝好胡笛五胡亂華石遵翫之不絕音宋書云有胡篪出於胡吹則謂此梁胡吹歌云快馬不須鞭反插楊柳枝下馬吹橫笛愁殺路傍兒此歌舞元出北國之橫笛皆去觜其加觜者謂之義觜笛篳篥本名悲篥出於胡中其聲悲亦云胡人吹之以驚中國馬云柷衆也立夏之音萬物衆皆成也方面各二尺餘傍開員孔內手於中擊之以舉樂敔如伏虎背有鬣二十七碎竹以擊其首而逆刮之以止樂也舂牘虛中如筩無底舉以頓地如舂杵亦爲之頓相相助也以節樂也或謂梁孝王築睢陽城擊鼓爲下杵之節睢陽操用舂牘後世因之拍板長闊如手厚寸餘以韋連之擊以代抃琴伏羲所造琴禁也夏至之音陰氣初動禁物之淫心五絃以備五聲武王加之爲七絃琴十有二柱如琵琶擊琴柳惲所造惲嘗爲文詠思有所屬搖筆誤中琴絃因爲此

樂以管承絃又以片竹約而束之使絃急而聲亮舉竹擊之以爲節曲瑟昔者大帝使素女鼓五十絃瑟悲不能自止破之爲二十五絃大帝太昊也箏本秦聲也相傳云蒙恬所造非也制與瑟同而絃少案京房造五音準如瑟十三絃此乃箏也雜樂箏並十有二絃他樂皆十有三絃軋箏以片竹潤其端而軋之筑如箏細頸以竹擊之如擊琴清樂箏用骨爪長寸餘以代指琵琶四絃漢樂也初秦長城之役有弦鼗而鼓之者及漢武帝嫁宗女於烏孫乃裁箏筑爲馬上樂以慰其鄉國之思推而遠之曰琵引而近之曰琶言其便於事也今清樂奏琵琶俗謂之秦漢子圓體修頸而小疑是弦鼗之遺制其他皆充上銳下曲項形制稍大疑此是漢制兼似兩制者謂之秦漢蓋謂通用秦漢之法梁史稱侯景之將害簡文也使太樂令彭雋齎曲項琵琶就帝飲則南朝似無曲項者亦本出胡中五絃琵琶稍小蓋北國所出風俗通云以手琵琶之因爲名案舊琵琶皆以木撥彈之太宗貞觀始有手彈之法今所謂搊琵琶者是也風俗通所謂以手琵琶之乃非用撥之義豈上世

固有搊之者耶阮咸亦秦琵琶也而項長過於今制列十有三柱武太后時蜀人蒯明於古墓中得之晉竹林七賢圖阮咸所彈與此類因謂之阮咸咸晉世實以善琵琶知音律稱箜篌漢武帝使樂人侯調所作以祠太一或云侯輝所作其聲坎坎應節謂之坎侯聲訛爲箜篌或謂師延靡靡樂非也舊說亦依琴制今按其形似瑟而小七絃用撥彈之如琵琶豎箜篌胡樂也漢靈帝好之體曲而長二十有二弦豎抱於懷用兩手齊奏俗謂之擘箜篌鳳首箜篌有項如軫七絃鄭善子作開元中進形如阮咸其下缺少而身大傍有少缺取其身便也絃十三隔孤柱一合散聲七隔聲九十一柱聲一揔九十九聲隨調應律太一司馬縚開元中進十二絃六隔散聲十二隔聲七十二絃散聲應律呂以隔聲旋相爲宮合八十四調今編入雅樂宮縣內用之六絃史盛作天寶中進形如琵琶而長六絃四隔孤柱一合散聲六隔聲二十四柱聲一揔三十一聲隔調應律天寶樂任偃作天寶中進類石幢十四絃六柱黃鍾一均足倍七聲移柱作調應律

塤曛也立秋之音萬物將曛黃也埏土為之如鵞卵六孔銳上豐下
上大者爾雅謂之叫古缶如足盆古西戎之樂秦俗應而用之其形
似覆盆以四杖擊之秦趙會於澠池秦王擊缶而歌八缶唐永泰初
司馬滔進廣平樂蓋八缶具黃鍾一均聲鍾黃帝之工垂所造鍾種也
立秋之音萬物種成也大曰鎛鎛亦大鍾爾雅謂之鏞小而編之曰
編鍾中曰剽小曰棧錞于圜如碓頭大上小下縣以龍抹芒蓬將之
以和鼓沈約宋書云今人間時有之則宋日非廟庭所用後周平蜀
獲之斛斯徵觀曰錞于也依于寶周禮注試之如其言鐃木　舌搖
之以和鼓梁有銅磬蓋今方響之類　方響以鐵為之修八寸廣二
寸圜上方下架如磬而不設業倚於架上以代鍾磬人間所用者纔
三四寸銅拔亦謂之銅盤出西戎及南蠻其圓數寸隱起若浮漚貫
之以韋皮相擊以和樂也南蠻國大者圓數尺或謂南齊穆士素所造
非也鉦如大銅疊縣而擊之節鼓銅鼓鑄銅為之虛其一面覆而擊
其上南夷扶南天竺類皆如此嶺南豪家則有之大者廣丈餘磬　叔所

造也磬勁也立冬之音萬物皆堅勁書云泗濱浮磬言泗濱石可為
磬今磬石皆出華原非泗濱也登歌磬以玉為之爾雅謂之毊鼓動
也冬至之音萬物皆含陽氣而動雷鼓八面以祀天靈鼓六面以祀
地路鼓四面以祀鬼神夏后加之以足謂之足鼓殷人貫之以柱謂
之楹鼓周人縣之謂之縣鼓後世從殷制建之謂之建鼓晉鼓六尺
六寸金奏則鼓之傍有鼓謂之應鼓以和大鼓小鼓有柄曰鞉搖之
以和鼓大曰鞞腰鼓大者瓦小者木皆廣首而纖腹本胡鼓也石遵
好之與橫笛不去左右齊鼓如漆桶大一頭設齊於鼓面如麝臍故
曰齊鼓檐鼓如小甕先冒以革而漆之羯鼓正如漆桶兩手具擊以其
出羯中故號羯鼓亦謂之兩杖鼓都曇鼓似腰鼓而小以槌擊之毛員鼓似
都曇鼓而稍大答臘鼓制廣於羯鼓而短以指揩之其聲甚震俗謂之
揩鼓雞婁鼓正圓而首尾可擊之處平可數寸正鼓和鼓者一以正一
以和皆腰鼓也節鼓狀如博局中間員孔適容其鼓擊之節樂也撫拍
以韋為之實之以糠撫之節樂也金石絲竹匏土革木謂之八音金

木之音擊而成樂今東夷有管木者桃皮是也西戎有吹金者銅角是
也長二尺形如牛角貝蠡也容可數升並吹之以節樂亦出南蠻桃
皮卷之以為篳篥葉卷葉而嘯其聲清震橘柚尤善四夷絲竹之量
國異其制不可詳盡爾雅琴二十絃曰離瑟二十七絃曰灑漢世有
洞簫又有管長尺圍寸而併漆之宋世有統梁似臥箜篌今並亡矣
今世又有篪其長盈尋曰七星如箏稍小曰雲和樂府所不用周天
子宮縣諸侯軒縣大夫曲縣士特縣故孔子之堂聞金石之音魏絳
之家有鍾磬之聲秦漢之際斯禮無聞漢丞相田蚡前庭羅鍾磬置
曲旃光武又賜東海恭王鍾簴之樂即漢世人臣尚有金石漢樂歌
云高張四縣神來讌饗謂宮縣也制氏在太樂能記鏗鏘鼓舞河間
王著樂記八佾之舞與制氏不甚相遠又舞八佾之明文也漢儀云
高廟撞千石之鍾十枚即上林賦所謂撞千石之鍾立萬石之鉅
者也鍾當十二而此十枚未識其義議者皆云漢世不知用宮縣今
案漢章和世用旋宮漢世羣儒備言其義牛弘祖孝孫所由準的也

又河間王博採經籍與制氏不殊知漢世之樂為最備矣魏晉已來
但云四廂金石而不言其禮或八架或十架或十六架梁武始用二
十六架貞觀初增三十六架加鼓吹熊羆按十二於四隅後魏周齊皆
二十六架建德中復梁三十六架隋文省煬帝又復之樂縣橫曰簨
豎曰簴飾簨以飛龍飾趺以飛廉鍾簴以摯獸磬簴以摯鳥上列封羽
傍垂流蘇周制也縣以崇牙殷制也飾以博山後世所加也宮縣每
架金博山五軒縣三鼓承以花趺覆以華蓋上集翔鷺隋氏二十架
先置建鼓於四隅鎛鍾方面各三依其辰位雜列編鍾磬各四架於
其間二十六架則編鍾十二架磬亦如之軒縣九架鎛鍾三架在辰丑
申編鍾磬皆三架設路鼓二於縣內戌巳地之北柷敔於四隅舞
人立於其中錞于鐃鐸撫拍舂牘列於舞人間唐禮天子朝廟用三
十六架高宗成蓬萊宮充庭七十二架武后遷都乃省之皇后廟及
郊祭並二十架同舞八佾先聖廟及皇太子廟並九架舞六佾縣設
柷敔各一柷於左敔於右錞于撫拍頓相鐃鐸次列於路鼓南舞人

列於縣北登歌二架登於堂上兩楹之前編鍾在東編磬在西登歌工人坐堂上竹人立堂下所謂琴瑟在堂竽笙在庭也殿庭加設鼓吹於四隅讌享陳清樂架對列於左右廂設舞筵於其間舊皇后庭但設絲管大業尚侈始置鍾磬猶不設鎛鍾以鎛磬代武太后稱制用鍾因而莫革樂縣庭廟以五綵雜飾軒縣以朱五郊則各從其方色每先奏樂三日太樂令宿設縣於庭其日率工人入居其次協律郎舉麾樂作仆麾樂止文舞退武舞進若常享會先一日具坐立部樂名封上請所奏御注而下及會先奏坐部伎次奏立部使次奏蹀馬次奏散樂而畢矣廣明初巢賊干紀輿駕播遷兩都覆圮宗廟悉為煨燼樂工淪散金奏幾亡及僖宗還宮購募鍾縣之器一無存者昭宗即位將親謁郊廟有司請造縣樂詢於舊工皆莫知其制度修奉樂縣使宰相張濬悉集太常樂胥詳酌竟不得其法時太常博士殷盈孫深於典故乃案周官考功記之文究其欒銑于鼓鉦舞甬之法沉思三四夕用算法乘除鎛鍾之輕重高低乃定懸下編鍾正黃

鍾九寸五分下至登歌倍應鍾三寸三分半凡四十八等口項之量徑衡之圍悉為圖遺金工依法鑄之凡二百四十口鑄成張濬求知聲者處士蕭承訓梨園樂工陳敬言與太樂令李從周令先校定石磬合而擊拊之八音克諧觀者聳聽濬既進呈昭宗陳於殿庭以試之時以宗廟焚毀之後修奉不及乃權以少府監廳為太廟其庭甚狹議者論縣樂之架不同濬奏議曰臣伏準舊制太廟含元殿並設宮縣三十六架太清宮南北郊社稷及諸殿庭並二十架今修奉樂懸太廟合造三十六架臣今參議請依古禮用二十架伏自兵興已來雅樂淪缺將為修奉事實重難變通宜務於酌中損益當循於寧儉臣聞諸舊史昔武王定天下至周公相成王始暇制樂魏初無樂器及伶人後稍得登歌會舉之樂明帝大明末詔增益之咸和中鳩集遺逸尚未有金石之音至孝和太元中四廂金石始備郊祀猶不設樂宋文帝元嘉九年初調金石二十四年南郊始設登歌妙舞亦闕孝武建元中有司奏郊廟宜設備樂始為詳定故後魏孝文太和初司樂上書陳樂章有闕求集羣官議定廣修器數正立名品詔雖行之仍有殘缺隋文踐祚太常議正雅樂九年之後惟奏黃鍾一宮郊廟止用一調（撿禮文每一代之樂二調並殊六代之樂凡二十調）其餘聲律皆不復通高祖受隋禪軍國多務未遑改創樂府尚用隋氏舊文武德九年命太常考正雅樂貞觀二年考畢上奏蓋其事體大故歷代不能速成伏以俯逼郊天式修雅樂必將集事須務相時今者帑藏未充貢奉多闕凡闕貨刀不易方圓制度之間亦宜樽節臣伏惟儀禮宮懸之制陳鎛鍾二十架當十二辰之位甲丙庚壬各設編鍾一架乙丁辛癸各設編磬一架合為二十架對建鼓於四隅當乾坤艮巽之位以象二十四氣宗廟殿庭郊丘社稷皆用此制無聞異同周漢魏晉宋齊六朝並秖用二十架隋氏平陳撿梁故事乃設三十六架國初因之不改高宗皇帝初成蓬萊宮充庭七十二架尋乃省之則簨簴架數太多本近於侈止於二十架正協禮經兼今太廟之中地位甚狹百官在列萬舞充庭雖三十六架具存亦施為不得廟庭難於容易開廣樂架

不可重沓鋪陳今請依周漢魏晉宋齊六代故事用二十架從之古制雅樂宮縣之下編鍾四架十六口近代用二十四口正聲十二倍聲十二各有律呂凡二十四聲登歌一架亦二十四鍾雅樂淪滅至是復全

唐書志卷第九

劉　昫　等修
閩人詮校刻沈桐同校

音樂三

貞觀二年太常少卿祖孝孫既定雅樂至六年詔褚亮虞世南魏徵等分制樂章其後至則天稱制多所改易歌辭皆是內出開元初則中書令張說奉制所作然雜用貞觀舊詞自後郊廟歌辭樂師傳授多缺或祭用宴樂或郊稱廟詞二十五年太常卿韋縚令博士韋逌直太樂尚沖樂正沈元福郊社令陳虔申懷操等銓叙前後所行用樂章爲五卷以付太樂鼓吹兩署令工人習之時太常舊相傳有宮商角徵羽讌樂五調歌詞各一卷或云貞觀中侍中楊仁恭妾趙方等所銓集詞多鄭衛皆近代詞人雜詩至縚又令太樂令孫玄成更加整比爲七卷又自開元已來歌者雜用胡夷里巷之曲其孫玄成所集者工人多不能通相傳謂爲法曲今依前史舊例錄雅樂歌詞前後常行用者附於此志其五調法曲詞多不經不復載之

冬至祀昊天於圜丘樂章八首

貞觀二年祖孝孫定雅樂貞觀六年褚亮虞世南魏徵等作此詞今行用

降神用豫和

上靈睠命兮膺會昌盛德殷薦叶辰良景福降兮聖德遠玄化穆兮天曆長

皇帝行用太和

穆穆我后道應千齡登三處大得一居貞禮唯崇德樂以和聲百神仰止天下文明

登歌奠玉帛用肅和

闓陽播氣甄曜垂明有赫圜宰深仁曲成日麗蒼璧煙開紫營聿遵虔享式降鴻禎

迎俎入用雍和

欽惟大帝載仰皇穹始命田燭爰啓郊宮雲門駭聽雷鼓鳴空神其介祀景祚斯融

酌獻飲福用壽和

八音斯奏三獻畢陳寶祚惟永暉光日新

送文舞出迎武舞入用舒和

疊璧凝影皇壇路編珠流彩帝郊前已奏黃鍾歌大呂還符寶曆祚昌年

武舞作用凱安

昔在炎運終中華亂無象酆郊赤烏見邙山黑雲上大賚下周車禁暴開殷網幽明同叶贊鼎祚齊天壤

送神用豫和

歌奏畢兮禮獻終六龍馭兮神將昇明德感兮非黍稷降福簡兮祚休徵

又郊天樂章一首 太樂舊有此辭名不詳所起

送神用豫和

蘋蘩禮著黍稷誠微音盈鳳管彩駐龍旂洪歆式就介福攸歸送樂有闋靈馭遄飛

則天大聖皇后大享昊天樂章十二首 御撰

第一　太陰凝至化貞耀蘊軒儀德邁娥臺敞仁高姒幄披捫天遂啓極夢日乃昇曦

第二　瞻紫極望玄穹翹至懇罄深衷聽雖遠誠必通垂厚澤降雲宮

第三　乾儀混成沖邃天道下濟高明闓陽晨披紫闕太一曉降黃庭圓壇敢申昭報方璧冀展虔情丹襟式敷衷懇玄鑒庶察微誠

第四　巍巍叡業廣赫赫聖基隆菲德承先顧禎符萃眇躬鎔開武巖側圖薦洛川中微誠詎幽感景命忽昭融有懷慙紫極無以謝玄穹

第五　朝壇霧卷曙嶺煙沉爰設筐幣式表誠心筵輝麗璧樂暢和音仰惟靈鑒俯察翹襟

第六　昭昭上帝穆穆下臨禮崇備物樂奏鏘金蘭羞委薦桂醑盈
斟敢希明德聿鑒莊心
第七　鑄浮九醞禮備三周陳誠菲奠契福神猷
第八　奠璧郊壇昭大禮鏘金拊石表虔誠始奏承雲娛帝賞復歌
調露暢韶英
第九　荷恩承顧託執契恭臨撫廟略靜邊荒天兵曜神武有截資先
化無爲遵舊矩禎符降昊穹大業光寰宇
第十　肅肅祀典邕邕禮秩三獻已周九成斯畢爰撤其俎載遷其
實或昇或降唯誠唯質
第十一　禮終肆類樂闋九成仰惟明德敢薦非馨顧慚菲奠久駐
雲軿瞻荷靈澤悚戀兼盈
第十二　式乾路闢天扉迴日馭動雲衣登金闕入紫微望仙駕仰
恩徽

景龍三年中宗親祀昊天上帝樂章十首

降神用豫和
天之曆數歸睿唐顧惟菲德欽昊蒼選吉日兮表殷薦冀神鑒兮降
闓陽
皇帝行用太和　圜鍾宮
恭臨寶位肅奉瑤圖恒思解網每軫泣辜德慚巢燧化劣唐虞期我良
弼式贊嘉謀
告謝　圜鍾宮
得一流玄澤通三御紫宸遠叶千齡運遐銷九域塵絕瑞駢闐集殊
祥絡繹臻秊慶西畝稔歲賀盈囷
登歌用肅和　無射均之林鍾羽
悠哉廣覆大矣曲成九玄著象七曜甄明珪璧是奠醞酎斯盈作樂
崇德爰暢咸英
迎俎用雍和　圜鍾均之黃鍾羽
郊壇展敬嚴配因心孤竹簫管空桑瑟琴肅穆大禮鏗鏘八音恭惟
上帝希降靈歆
酌獻用福和　圜鍾宮
九成爰奏三獻式陳欽承景福恭託明禋
中宮助祭昇壇用　函鍾宮
坤元光至德柔訓闡皇風芣苡芳聲遠螽斯美化隆嚴䄍超千載嘉
獻備六宮肅恭陪盛典欽若薦禋宗
亞獻函鍾宮用登歌樂
三靈降饗三后配神虔敷藻奠敬展郊禋
送文舞出迎武舞入用舒和　圜鍾均之南呂商
已陳粢盛敷嚴祀更奏笙鏞協雅聲璇圖寶曆欣寧謐晏俗淳風
樂太平
武舞作用凱安　圜鍾均之无射徵
堂堂聖祖興赫赫昌基泰戎車盟津偃玉帛塗山會舜日啓祥暉堯雲
卷征旆風猷被有截聲教覃無外

開元十一年玄宗祀昊天於圜丘樂章十一首

降神用豫和　圜鍾宮三成黃鍾角一成太簇徵一成姑洗羽一成已上六變詞同
至矣丕構烝哉太平授犧膺籙復禹繼明草木仁化鳧鷖頌聲祀宗
陳德無媿斯誠
迎神用歆和
崇禋已備粢盛聿修潔誠斯展鍾石方道
皇祖光皇帝室酌獻用長發　黃鍾宮貞觀長發詞同
太祖景皇帝室酌獻用大基　太簇宮貞觀大基詞同
代祖元皇帝室酌獻用大成　姑洗宮貞觀大成詞同
高祖神堯皇帝室酌獻用大明　蕤賓宮貞觀大明詞同
太宗文武聖皇帝室酌獻用崇德　夷則宮貞觀崇德詞同
高宗天皇大帝室酌獻用鈞天　黃鍾宮光宅鈞天詞同
懿宗孝敬皇帝室酌獻用承和　黃鍾宮
登相載穆玉裕重暉養德清禁承光紫微乾宮候色震象增威監國

方永寶天不歸華夏自衆溫文性與龍樓正啓鶴駕斯舉丹宸流念
鴻名式序中興考室永陳嚴禋
皇帝飲福用延和　黃鍾宮
巍巍累聖穆穆重光奄有區夏祚啓隆唐百蠻飲澤萬國來王本枝
億載鼎祚逾長
皇帝行用大和
郊壇齋帝禮樂祠天丹青寰宇宮徵山川神祇畢降行止重旋融融
穆穆納祉洪延
登歌奠玉用肅和
止奏潛聆登儀宿轉大玉躬奉參鍾首奠簠簋聿升犧牲遞薦昭事
顒若存存以俔
迎俎入用雍和
爓雲晉洽律風無外千品其凝九賓斯會禋樽晉燭純犧滌汰玄覆
攸廣鴻休汪濊
○皇帝酌獻天神用壽和
六變爰闋八階載虔祐我皇祚於萬斯年
酌獻配座用壽和
於赫聖祖龍飛晉陽底定萬國奄有四方功格上下道冠農黃郊天
配享德合無疆
飲福酒用壽和
崇崇太畤肅肅嚴禋粢盛既絜金石畢陳上帝來享介福爰臻受釐
合福寶祚惟新
送文舞出迎武舞入用舒和
祝史正辭人神慶叶福以德昭享以誠接六藝云備百禮斯浹祀事
孔明祚流萬葉
武舞用凱安
馨香惟后德明命光天保肅和崇聖靈陳信表皇道玉鏚初路厲金匏
既靜好

禮畢送神用豫和
大號成命思文配天神光肸蠁龍駕言旋眇眇閶闔昭昭上玄俾昌
而大於萬斯年
皇帝還大次用太和
六成既闋三薦云終神心具醉聖敬愈崇受釐皇邸迴蹕帷宮穰穰
之福永永無窮
玄宗開元十三年封泰山祀天樂十四首
中書令燕國公張說作今行
降神用豫和六變　夾鍾宮之一
欽奉壇柴泰清受天命報天成竦皇心薦樂聲志上達歌下迎
夾鍾宮之二
億上帝臨下庭騎日月陪列星嘉視信大糟馨澹神心醉皇靈
夾鍾宮之三
相百辟貢八荒九歌敘萬舞翔肅振振鏘皇皇帝欣欣福穰穰
○黃鍾宮　高在上道光明物資始德難名承眷命牧蒼生寰宇謐太階
平
太簇徵　天道無親至誠與鄰山川遍禮宮徵惟新玉帛非盛聰明
會貞正　斯一德通平百神
姑洗羽　饗帝饗親維孝維聖緝　熙懿德敷揚成命華夷志同笙
鏞禮盛明靈降止感此誠敬
迎送皇帝用太和
孝敬中發和容外彰騰華照寓如昇太陽貞璧就奠玄靈垂光禮樂
具舉濟濟洋洋
登歌奠玉帛用肅和調
奠祖配天承天享帝百靈咸秩四海來祭植我蒼璧布我玄製華日
徘徊神靈容裔
迎俎入用雍和
俎豆有馥粢盛絜豐亦有和羹既戒既平鼓鍾管聲肅唱和鳴皇皇

后祖賓我思成
酌獻用壽和黃鍾宮調
烝烝我后享獻惟夤躬酌鬱鬯跪奠明神孝莫孝乎配上帝於親敬莫
敬乎教天下為臣
皇帝飲福用壽和
皇祖嚴配享皇天皇降嘏天子萬年
送文舞出迎武舞入用舒和 商調
六鍾翕協六變成八佾倘佯八風生樂九韶兮人神感美七德兮 天
地清
終獻亞獻用凱安
列祖順三靈文宗威四海黃鉞誅群盜朱旗掃多罪戢兵天下安約
法人心改大哉干羽意長見風雲在
送神用豫和 夾鍾調
禮樂終烟燎上懷靈惠結皇想歸風疾迴風爽百福來衆神往

正月上辛祈穀於南郊樂章八首 貞觀中褚亮等作今行用
降神用豫和 詞同冬至圜丘 皇帝行用太和 詞同冬至圜丘
登歌奠玉帛用肅和 貞觀禮祀感帝用此詞明慶已後詞同冬至圜丘
稷良斯絕居中體正龍運垂祉昭符啓聖式事嚴禋聿懷嘉慶惟帝永
錫時皇休命
迎俎用雍和
殷薦乘春太壇臨曙八簋盈和六瑚登御嘉稷匪歆德馨斯飫祝嘏
無易靈心有豫
皇帝酌獻飲福酒用壽和 詞同冬至圜丘
送文舞出迎武舞入用舒和
玉帛犧牲申敬享金絲鏚羽盛音容庶俾億齡提景福長欣萬寓洽
時邕
武舞用凱安 詞同冬至圜丘 送神用豫和 詞同冬至圜丘
季秋享上帝于明堂樂章 八首 貞觀中褚亮等作今行用

降神用豫和 詞同冬至圜丘 皇帝行用大和 詞同冬至圜丘
登歌奠玉帛用肅和
象天御宇乘時布政嚴配申虔宗禋展敬鐏罍盈列樹羽交映玉幣
通誠祚隆皇聖
迎俎用雍和
八牖晨披五精朝奠霧凝璇篚風清金縣神滌備全明粢豊行載結
彝俎陳誠以薦
皇帝酌獻飲福用壽和 詞同冬至圜丘
送文舞出迎武舞入用舒和
御扆合宮承寶曆席圖重館奉明靈偃武修文九圍泰沉烽靜柝八
荒寧
武舞用凱安 詞同冬至圜丘 送神用豫和 詞同冬至圜丘
則天大聖皇帝享明堂樂章十二首 御撰
外辦將出

總章陳昔典衢室禮惟神宏規則天地神用叶陶鈞負扆三春旦充
庭萬宇賓顧已誠虛薄空慙馭兆人
皇帝行 用黃鍾宮
仰膺曆數俯順謳歌遠安邇肅俗阜時和化光玉鏡訟息金科方興
典禮永戢干戈
皇嗣出入昇降
至人光俗大孝通神謙以表性恭惟立身洪規載啓茂典方陳譽隆
三善祥開萬春
迎送王公
千官肅事萬國朝宗載延百辟爰集三宮君臣得合魚水斯同睿圖
方永周曆長隆
登歌 用大呂均無射羽
禮崇宗祀志表嚴禋笙鏞合奏文物惟新敬遵茂典敢擇良辰潔
誠斯著奠謁方申

笙鏞間鳴玉文物昭清暉粹影貼芳奠休光下太微孝思期有感明配饗

縈廢無違

宫音　履艮包羣望居中冠百靈萬方資廣運庶品荷裁成神功諒匪

測盛德實難名藻奠申誠敬恭祀表惟馨

角音　出震位開平秩扇條風乘甲乙龍德盛烏星出薦珪篚陳誠

實

徵音　赫赫離精御炎陸滔滔熾景開隆暑冀延神鑒俯蘭罇式表

虔襟陳簋俎

商音　律中夷則序應收成功宣建武儀表惟明爰申禮奠庶展翹

誠九秋是式百穀斯盈

羽音　歲律肇啓隆冬蘋藻攸陳饗祭黃鍾既陳玉燭紅粒方殷稔

歲

孟夏雩祀上帝于南郊樂章八首貞觀中褚亮等作今行用

降神用豫和詞同冬至圜丘　皇帝行用大和詞同冬至圜丘

登歌奠玉帛用肅和

朱鳥開辰蒼龍啓暎大帝昭饗羣生展敬禮備懷柔功宣舞詠旬液

應序年祥叶慶

迎俎用雍和

紺筵分彩瑤圖吐絢風管晨凝雲歌曉囀肅事蘋藻虔申桂奠百穀

斯登萬箱攸薦

皇帝酌獻飲福酒用壽和詞同冬至圜丘

送文舞出迎武舞入用舒和

鳳曲登歌調令序龍雩集舞泛祥風綵襚雲迴昭薦德朱干電發表

神功

武舞用凱安詞同冬至圜丘　送神用豫和詞同冬至圜丘

又雩祀樂章二首太樂舊有此詞不詳所起或云開元初造

降神用豫和

烏緯遷序龍星見辰純陽在律明德崇禋五方降帝萬寓安人恭以

致享肅以迎神

送神用豫和

祀遵經設享緣誠舉獻畢于樽撤臨于俎舞止干戚樂停柷敔歌以

送神神還其所

祀五方上帝於五郊樂章四十首貞觀中魏徵等作今行用

祀黃帝降神奏宮音

黃中正位含章居貞既彰六律兼和五聲畢陳萬舞乃薦斯牲神其

下降永祚休平

皇帝行用太和詞同冬至圜丘

登歌奠玉帛用肅和

眇眇方輿蒼蒼圓蓋至哉樞紐宅中圖大氣調四序風和萬籟祚我

明德時雍道泰

迎俎用雍和

金縣夕肆玉俎朝陳饗薦黃道芬流紫辰廼誠廼敬載享載禋崇薦

斯在惟皇是賓

皇帝酌獻飲福用壽和詞同冬至圜丘

送文舞出迎武舞入用舒和

御徵乘宮出郊甸安歌率舞遞將迎自有雲門符帝賞猶持雷鼓答天成

武舞用凱安詞同冬至圜丘　送神用豫和詞同冬至圜丘

祀青帝降神用角音

鶴雲旦起烏星昏集律候新風陽開初蟄至德可饗行潦斯挹錫以

無疆烝人乃粒

皇帝行用太和詞同冬至圜丘　登歌奠玉帛用肅和

玄鳥司春蒼龍登歲節物變柳光風轉蕙瑤席降神朱絲饗帝誠備祝

嘏禮殫珪幣

迎俎用雍和

大樂稀音至誠簡禮文物斯建聲名濟濟六變有成三登無體迺眷

豆篆思宣愷悌
皇帝酌獻飲福用壽和（詞同冬至圓丘）
送文舞出迎武舞入用舒和
笙歌籥舞屬年韶鷺鼓鳧鐘展時豫調露初迎綺春節承雲遽踐蒼
霄馭
武舞用凱安（詞同冬至圓丘）　送神用豫和（詞同冬至圓丘）
祀赤帝降神用徵音
青陽告謝朱明戒序延長是祈敬陳椒醑博碩斯薦笙鏞備舉庶盡
肅恭非馨稷黍
皇帝行用太和（詞同冬至圓丘）
登歌奠玉帛用肅和
離位克明火中宵見峰雲暮起景風晨扇木槿初榮含桃可薦芬馥
百品鏗鏘三變
迎俎用雍和

。昭昭丹陸奕奕炎方禮陳牲幣樂備篪簧瓊羞溢俎玉醑浮觴恭惟
正直歆此馨香
皇帝酌獻飲神用壽和（詞同冬至圓丘）
送文舞出迎武舞入用舒和
千里溫風飄絳羽十枚炎景勝朱干陳觴薦俎歌三獻拊石摐金會
七盤
武舞用凱安（詞同冬至圓丘）　送神用豫和（詞同冬至圓丘）
祀白帝降神用商音
白藏應節天高氣清歲功既阜庶類收成萬方靜謐九土和平馨香
是薦受祚聰明
皇帝行用太和（詞同冬至圓丘）
登歌奠玉帛用肅和
金行在節素靈居正氣肅霜嚴林凋草勁豺祭隼擊潦收川鏡九穀
已登萬廂流詠

迎俎用雍和
律應西成氣躔南呂珪幣咸列笙竽備舉苾苾蘭羞芬芬桂醑式資
宴貺用調霜序
皇帝酌獻飲福用壽和
送文舞出迎武舞入用舒和
璿儀氣爽驚緹籥玉呂灰飛含素商鳴鞞奏管芳羞薦會舞安歌葆
旄揚
武舞用凱安（詞同冬至圓丘）　送神用豫和
祀黑帝降神用羽音
嚴冬季月星迴風厲享祀報功方祈來歲
皇帝行用太和（詞同冬至圓丘）
登歌奠玉帛用肅和
律周玉琯星迴金度次極陽烏紀窮陰兔火林霰雪湯泉凝沍八蜡
已登三農息務
迎俎用雍和

。陽月斯紀應鐘在候載絜牲牷爰登俎豆既高既遠無聲無臭靜言
格思惟神保佑
皇帝酌獻飲福用壽和（詞同冬至圓丘）
送文舞出迎武舞入用舒和
執籥持羽初終曲朱干玉鏚始分行七德九功咸已暢明靈降福具
穰穰
武舞用凱安（詞同冬至圓丘）　送神用豫和（詞同冬至圓丘）
又五郊樂音十首（太樂舊有此詞不詳所起）
黃郊迎神
朱明季序黃郊王辰厚以載物甘以養人毓金爲體稟火成身宮音
式奏奏以迎神
送神春末冬暮徂夏抄秋土王四月時季一周黍稷已享籩豆宜收
送神有樂神其賜休

青郊迎神　緹幕移候青郊啓蟄淑景遲遲和風習習璧玉宵備旌旗曙立張樂以迎帝神其入

送神　文物流彩聲明動色人竭其恭靈昭其飭歆薦無已垂禎不極送禮有章惟神還軾

赤郊迎神　青陽節謝朱明候改靡草彫華含桃流彩簉列鍾磬達陳膳醴樂以迎神神其如在

送神　炎精式降蒼生攸仰羞列豆籩酒陳犧象昭祀有應宜其不爽送樂張音惟靈之往

白郊迎神　序移玉律節應金商天嚴殺氣吹警秋方樽燎既積稷奠並芳樂以迎奏庶降神光

送神　祀遵五禮時屬三秋人懷肅敬靈降禎休奠歆旨酒薦享珍羞載張送樂神其上遊

黑郊迎神　玄英戒序黑郊臨候掌禮陳彝司筵執豆寒霧斂色沍泉凝漏樂以迎神八音斯奏

送神　北郊時冽南陸輝處奠本虔誠獻彌恭慮上延祉福下承歡豫廣樂送神神其整馭

祀朝日樂章八首貞觀中作今行用

降神用豫和詞同冬至圜丘　皇帝行用大和詞同冬至圜丘

登歌奠玉帛用肅和

惟聖格天惟明饗日帝郊肆類王官戒吉珪奠春舒鍾歌曉溢禮云克備斯文有秩

迎神用雍和

晨儀式薦明祀惟光神物爰止靈暉載揚玄端肅事紫幄興祥福覆攸假於昭令王

皇帝酌獻飲福用壽和詞同冬至圜丘

送文舞出迎武舞入用舒和

崇牙對羽延調露旋宮扣律掩承雲誕敷懿德昭神武載集豐功表睿文

武舞用凱安詞同冬至圜丘　送神用豫和詞同冬至圜丘

又祀朝日樂章二首太樂舊有此辭不詳所起

迎神　太陽朝序王宮有儀蟠桃彩駕細柳光馳軒祥表合漢曆彰奇禮和樂備神其降斯

送神　五齊兼飭百羞具陳樂終廣奏禮畢崇禋明鑒萬寓昭臨兆人永流洪慶式動飈輪

祀夕月樂章八首貞觀中作今行用

降神用豫和詞同冬至圜丘　皇帝行用太和詞同冬至圜丘

登歌奠玉帛用肅和

測妙為神通微曰聖坎祀貽則郊禋展敬璧薦登光金歌動映以載嘉德以流曾慶

迎俎用雍和

朏晨爭畢天宗禮闕夜典京秋陰明湛夕有醇斯言有牲斯碩穆穆其暉穰穰是積

皇帝酌獻飲福用壽和詞同冬至圜丘

送文舞出迎武舞入用舒和

合吹八風金奏動分容萬舞玉鞘驚詞昭茂典光前烈夕曜業功表盛明

武舞用凱安詞同冬至圜丘　送神用豫和詞同冬至圜丘

蜡百神樂章八首貞觀中作今行用

降神用豫和詞同冬至圜丘　皇帝行用太和詞同冬至圜丘

登歌奠玉帛用肅和

序迫歲陰日躔星紀爰稽茂典聿崇清祀綺幣霞舒瑞珪虹起百禮垂裕萬靈薦祉

迎俎用雍和

緹籥勁序玄英晚候姬蜡開儀豳歌入奏蕙馥彫俎蘭芬玉酎大華明祇永綏多祐

皇帝酌獻飲福用壽和詞同冬至圜丘

送文舞出迎武舞入用舒和
經緯兩儀文化洽削平萬域武功成瑶紘自樂乾坤泰玉鏚長歡區
縣寧
武舞用凱安詞同冬至圜丘　送神用豫和詞同冬至圜丘
又蜡百神樂章二首太樂舊有此詞不詳所起
迎神令不行厤　八蜡開祭萬物咸祀上極天維下窮坤紀鼎俎流馥樽
彝薦美有靈有祇咸希來止
送神令行用　十旬歡洽一日祠終澄彝拂俎報德酬功慮虔容肅禮
縟儀豐神其降祉整馭隨風
夏至祭皇地祇於方丘樂章八首貞觀中褚亮等作
迎神用順和
萬物資以化文泰屬昇平易從業惟簡得一道斯寧具儀光玉帛送
舞變咸英黍稷良非貴明德信惟馨
皇帝行用太和詞同冬至圜丘

登歌奠玉帛用肅和
至矣坤德皇哉地祇開元統紐合大承規九宮肅列六典相儀永言
配命長保無虧
迎俎用雍和
柔而能方直而能敬厚載以德大享以正有滌斯牷布聲斯盛介茲
景福祚我休慶
皇帝酌獻飲福用壽和詞同冬至圜丘
送文舞出迎武舞入用舒和
玉幣牲牷分薦享羽旌干鏚遞成容一德惟寧兩儀泰三才保合四
時邕
武舞用凱安詞同冬至圜丘
送神用順和
陰祇叶贊厚載方貞牲幣具舉簫管備成其豐惟肅其德惟明神之
聽矣式鑒虔誠

則天皇后永昌元年大享拜洛樂章十五首御撰
設禮用昭和
九玄眷命三聖基隆奉成先旨明臺畢功宗祀展敬冀表深衷永昌
帝業式播淳風
致和　神功不測兮運陰苞藏萬宇兮孕八荒天符既出兮帝業昌
願臨明祀兮降禎祥
咸和　坎澤祠容備舉坤壇祭典爰伸靈睠遥行祕躅嘉貺荐委殊
珍肅禮恭禋載展翹襟懇志逾殷方期交祭懸應下一句逸
乘輿初行用九和
祇荷坤德欽若乾靈慙惕罔寅興居匪寧恭崇禮則肅奉儀形惟憑
展敬敢薦非馨
拜洛
菲躬承睿顧薄德忝坤儀乾乾遵後命翼翼奉先規撫俗勤雖切還
淳化尚虧未能弘至道何以契明祇

受圖用顯和
顧德有慙虛非明祇屢降禎符汜水初呈祕象溫洛薦表昌圖玄澤
流恩載洽丹襟荷渥增愉
登歌用昭和
舒陰致養合大資生德以恒固功由永貞升歌薦序垂幣翹誠虹開
玉照鳳引金聲
迎俎用敬和
蘭俎既昇蘋羞可薦金石載設咸英已變林澤斯總山川是遍敢用
敷誠實惟忘倦
酌獻用欽和
送文舞出迎武舞入用齊和
沉潛演貺分三極廣大凝禎總萬方既薦羽旌文化啓還呈干鏚武
威揚
武舞用德和

夕惕司龍契晨兢當鳳扆宗儒習舊規偃霸循先言絕壞飛冠蓋遐

區麗山水幸承三聖餘忻屬千年始

撤俎用禋和

百禮崇容千官肅事靈降舞兆神凝有粹奠享咸周威儀畢備奏夏

登列歌雍撤肆

辭神用通和

皇皇靈睠穆穆神心暫動凝質還歸積陰功玄樞紐理寂高深銜恩

佩德聳志翹襟

送神用歸和

言旋雲洞兮躡煙途永寧中宇兮安下都苞涵動植兮順榮枯長貽

寶貺兮贊璇圖

又歸和

調雲闋兮神座興驂雲駕兮儼將昇騰絳霄兮垂景祐翹丹懇兮荷

休徵

○睿宗太極元年祭皇地祇於方丘樂章八首（不詳撰者）

迎神用順和（黃鍾宮三變太簇角一變姑洗徵一變南呂羽一變）

坤厚載物德柔垂祉九域咸雍四瀆爲紀敬因良節虔修陰祀廣樂

式張靈其降止

金奏（新加太簇宮）

坤元至德品物資生神凝博厚道叶高明列鎮五嶽環流四瀆于何

不載萬寶斯成

皇帝行用太和（詞同貞觀冬至圜丘黃鍾宮）

登歌奠玉帛用肅和（詞同貞觀太簇肅和應鍾均之夾則）

迎俎及酌獻用雍和（詞同貞觀太簇雍和）

送文舞出迎武舞入用舒和（詞同皇帝朝群臣舒和）

武舞用凱和（詞同貞觀冬至圜丘）

送神用順和（林鍾宮）

樂備金石禮光樽俎大享爰終洪休是舉雨零感節雲飛應序纓紱

載辭皇靈具舉

玄宗開元十一年祭皇地祇於汾陰樂章十一首

迎神用順和（林鍾以下各兩變）林鍾宮（黃門侍郎韓思復作）

大樂和暢殷薦明神一降通感八變必臻有求斯應無德不親降靈

醉止休徵萬人

太簇角（中書侍郎盧從愿作）

坤元載物陽樂發生播殖資始品彙咸亨列俎棊布方壇砥平神歆

禋祀后德惟明

姑洗徵（司勳郎中劉晃作）

大君出震有事郊禋齋戒既肅馨香畢陳樂和禮備候暖風春恭惟

降福實賴明神

南呂羽（禮部侍郎韓休作）

於穆濬哲維清緝熙肅事昭配永言孝思滌濯靜嘉馨香在茲神之

聽之用受福釐

○皇帝行用太和　黃鍾宮（吏部尚書王晙作）

於穆聖皇六葉重光太原刻頌后土疏場寶鼎呈符歆雲降祥禮樂

備矣降福穰穰

登歌奠玉帛用肅和　蕤賓均之夾鍾羽（刑部侍郎崔玄童作）

肆修嚴配展事禋宗祥符寶鼎禮備黃琮祝詞以信明德惟聰介茲

景福永永無窮

迎俎用雍和　黃鍾均之南宮羽（徐州刺史賈曾作）

蠲我漸饎潔我膋薌有豆孔碩爲羞既臧至誠無昧精意惟芳神其

醉止欣欣樂康

酌獻飲福用壽和　黃鍾宮（禮部尚書蘇頲作）

禮物斯備樂章乃陳誰其作主皇考聖真對越在天聖明佐神窅然

汾上厚澤如春

送文舞出迎武舞入用舒和　太簇宮（太常少卿何鸞作）

樂奏云闋禮章載虔禋宗于地昭假于天惟馨薦矣既醉歆焉神之

降福永永萬年　武舞用凱安黃鍾均之林鍾徵主爵郎中蔣挺作
維歲之吉維辰之良聖君紱冕肅事壇場大禮已備大樂斯張神其
降止降福無疆
送神用順和尚書右丞源光裕作
方丘既膳嘉饗載謐齊敬畢誠陶匏貴質粢盛豐薦芳俎盈實永永
福流其昇如日
玄宗開元十三年禪社首山祭地祇樂章八首
迎神用順和太常少卿賀知章作
至哉含柔德萬物資以生常順稱厚載流謙通變盈聖心事能察曾
廟陳厥誠黃祇儼如在泰折俟咸亨
皇帝行用太和
肅我成命於昭黃祇裘冕而祀陟降在斯五音克備八變聿施緝熙
肆靖厥心匪離

登歌奠玉帛用肅和
黃祇是祇我其夙夜寅畏誠絜匪遑寧舍禮以琮玉薦厥茅藉念茲
降康胡寧克暇
迎俎入用雍和
夙夜宥密不敢寧宴五齊既陳八音在縣粢盛以絜房俎斯薦惟德
惟馨尚茲克徧
皇帝初獻用壽和
惟以明發有懷載殷樂盈而反禮順其禋立清以獻薦欲是親於穆
不已裒對斯臻
皇帝飲福用福和
穆穆天子告成岱宗大裘如濡執珽有顒樂以平志禮以和容上帝
臨我云胡肅邕
皇帝還宮用太和
昭昭有唐天俾萬國列祖應命四宗順則申錫無疆宗我同德曾孫

繼緒享神配極
送神用靈具醉代顥和侍中源乾曜作
靈具醉杳熙熙靈將往眇禋禋顧明德吐正詞爛遺光流禎祺
祭神州于北郊樂八首貞觀中褚亮作
迎神用順和詞同夏至方丘
登歌奠玉帛用肅和　皇帝行用太和詞同冬至圜丘
大矣坤儀至哉神縣包含日域牢籠月竁露絜三清風調六變皇祇
届止式歆恭薦
迎俎用雍和
泰折嚴享陰郊展敬禮以導神樂以和性黝牲在列黃琮俯暎九土
既平萬邦貽慶
皇帝酌獻飲福用壽和詞同冬至圜丘
送文舞出迎武舞入用舒和
坤道降祥和庶品靈心載德厚群生水土既調三極泰文武畢備九

區平
武舞用凱安詞同冬至圜丘　送神用順和詞同冬至圜丘
又祭神州樂章二首太樂舊有此詞不詳所起
迎神　黃輿厚載赤縣歸德含育九區保安萬國誠敬無怠禋祀有
則樂以迎神其儀不忒
送神　神州陰祀洪恩廣濟草樹霑和飛沉沐惠禮修鼎俎奠歆瑤
幣送樂有章靈軒其逝
祭太社樂章八首貞觀中褚亮等作
迎神用順和詞同夏至方丘　皇帝行用太和詞同冬至圜丘
登歌奠玉帛用肅和
后土凝德神功叶契九域底平兩儀交際戊期應序陰墉展幣靈車
少晋俯歆樽桂
迎俎用雍和
美報崇本嚴恭展事受釐疏壇承風啓地潔粢登俎醇犧入饋介福

遠流羣生畢遂

皇帝酌獻飲福用壽和（詞同冬至圜丘）

送文舞出迎武舞入用舒和

神道發生敷九稼陰陽乘仁暢八埏緯武經文陶景化登祥薦祉啓豐年

武舞用凱安（詞同冬至圜丘） 送神用順（詞同冬至圜丘）

又太社樂章二首（太樂舊有此詞不詳所起）

迎神 烈山有子后土有臣播種百穀濟育兆人春官緝禮宗伯司禋戊爲吉日迎享茲辰

送神 告祥式就酬功載畢覲地尊天禮文經術颬徵令序福流初日神馭爰歸祠官其出

享先農樂章（貞觀中褚亮等作）

迎神用咸和 粒食伊始農之所先古今攸賴是曰人天耕斯帝籍播厥公田式崇明祀神其福焉

○皇帝行用太和（詞同冬至圜丘）

登歌奠玉帛用肅和

鎛磬既列瑚簋有薦歌工載登幣禮斯奠肅肅享祀顒顒纓弁神之聽之福流寰縣

迎俎用雍和

前夕親牲質明奉俎沐芳整弁其儀式序盛禮畢陳嘉樂備舉歆我懿德非馨稷黍

皇帝酌獻飲福用壽和（詞同冬至圜丘）

送文舞出迎武舞入用舒和

羽籥低昂文綴已千鍼蹈厲武行初望歲祈農神所聽延祥介福豈云虛

武舞用凱安（詞同冬至圜丘） 送神用承和

又享先農樂章一首（太樂舊有此詞不詳所起）

送神用承和

三推禮就萬慶所凝貪賔志遠薦豕惟興降歆肅薦垂祐 祖膺送神有樂神其上昇

享先蠶樂章五首（明慶中皇后親蠶素物內出此詞）

迎神用永和（亦曰勸德）

芳春開令序韶苑暢和風惟靈申廣祐利物表神功綺會周天宇黼黻藻寰中庶幾承慶節歆奠下帷宮

皇后昇壇用肅和

明靈光至德深功掩百神祥源應節啓福緒逐年新萬寓承恩覆七廟佇恭禋于茲申至懇方期遠慶臻

登歌奠幣用展敬

霞莊列寶衛雲集動和聲金卮薦綺席玉幣委芳庭因心罄丹款先已勵蒼生所冀延明福於茲享至誠

迎俎用潔誠

桂筵開玉俎蘭圃薦瓊芳八音調鳳律三獻奉鸞觴𥻘粢申大享庭

○寓冀降祥神其覃有慶錫福永無疆

飲福送神用昭慶

仙壇禮既畢神駕儼將昇佇屬深祥啓方期庶績凝虔誠資宇內務本勗黎蒸靈心昭備享率土洽休徵

皇太子親釋奠樂章五首

迎神用承和（亦曰宣和）

聖道日用神幾不測金石以陳絃歌載陟爰釋其菜匪馨于稷來顧來享是宗是極

皇太子行用承和

萬國以貞光上嗣三善茂德表重輪視膳寢門遵要道高闢崇賢引正人

登歌奠幣用肅和

粵惟上聖有縱自天旁周萬物俯應千年舊章允著嘉贊孔虔王化茲首儒風是宣

迎俎用雍和

堂獻瑤篚庭敷璆縣禮備其容樂和其變肅肅親享雍雍執奠明禮惟馨蘋蘩可薦

送文舞出迎武舞入用舒和

革集龜開昭聖列龍蹲鳳跱肅神儀尊儒敬業宏圖闡緯武經文盛德施

武舞用凱安 詞同冬至圜丘

送神用承和 詞同迎神

又享孔廟樂章三首 太樂舊有此詞不詳所起

迎神

通吳表聖問老探貞三千弟子五百賢人億齡規法萬載祠禋潔誠以祭奏樂迎神

送神

醴溢犧象羞陳俎豆魚鼉類聞泗州如覯里校覃福胄延承祐雅樂清音送神其奏

亨龍池樂章十首

第一章 紫微令姚崇作也

〇恭聞帝里生靈沼應報明君鼎業新既叶翠泉光寶命還符白水出真人此時舜海潛龍躍北地堯河帶馬巡獨有前池一小雁叨承舊惠入天津

第二章 左拾遺蔡孚作

帝宅王家大道邊神馬龍龜涌聖泉昔日昔時經此地看來看去漸成川歌臺舞榭宜正月柳岍梅洲勝往年莫言波上春雲少秪爲從龍直上天

第三章 太府少卿沈佺期作

龍池躍龍龍已飛龍德光天天不違池開天漢分黃道龍向天門入紫微邸第樓臺多氣色君王鳧鴈有光輝爲報寰中百川水來朝上地莫東歸

第四章 黃門侍郎盧懷慎作

代邸東南龍躍泉清漪碧浪遠浮天樓臺影就波中出日月光疑鏡裏懸鴈沼迴流成舜海龜書薦祉應堯年大川既濟慚爲楫報德空思奉細涓

第五章 殿中監姜晈作

龍池初出此龍山常經此地謁龍顏日日芙蓉生夏水年年楊柳變春灣堯壇寶匣餘烟霧舜海漁舟尚往還願以飄颻五雲影從來從去九天間

第六章 吏部尚書崔日用作

龍興白水漢興符聖主時乘運斗樞岍上苹茸五花樹波中的皪千金珠操環昔聞迎夏啟發匣先來瑞有虞風色雲光隨隱見赤雲神化象江湖

第七章 紫微侍郎蘇頲作

西京鳳邸躍龍泉佳氣休光鍾在天軒后霧圖今已得秦王水劍昔常傳恩魚不似昆明釣瑞鶴長如太液仙願侍巡遊同舊里更聞簫鼓齊樓船

第八章 黃門太郎李乂作

〇星分邑里四人居水洊源流萬頃餘魏國君王稱象處晉家藩邸化龍初青蒲似蹔遊梁馬綠藻還疑宴鎬魚自有神靈滋液地年年雲物史官書

第九章 工部侍郎姜晞作

靈沼縈迴邸第前浴日涵春寫曙天始見龍臺昇鳳闕應如霄漢起神泉石匱渚傍還啟聖桃李初生更有仙欲化帝圖從此受正同河變一千年

第十章 兵部郎中裴璀作

乾坤啟聖吐龍泉泉水年年勝一年始看魚躍方成海即覩龍飛利在天洲渚遥將銀漢接樓臺直與紫微連休氣榮光常不散懸知此地是神仙

唐書志卷第十

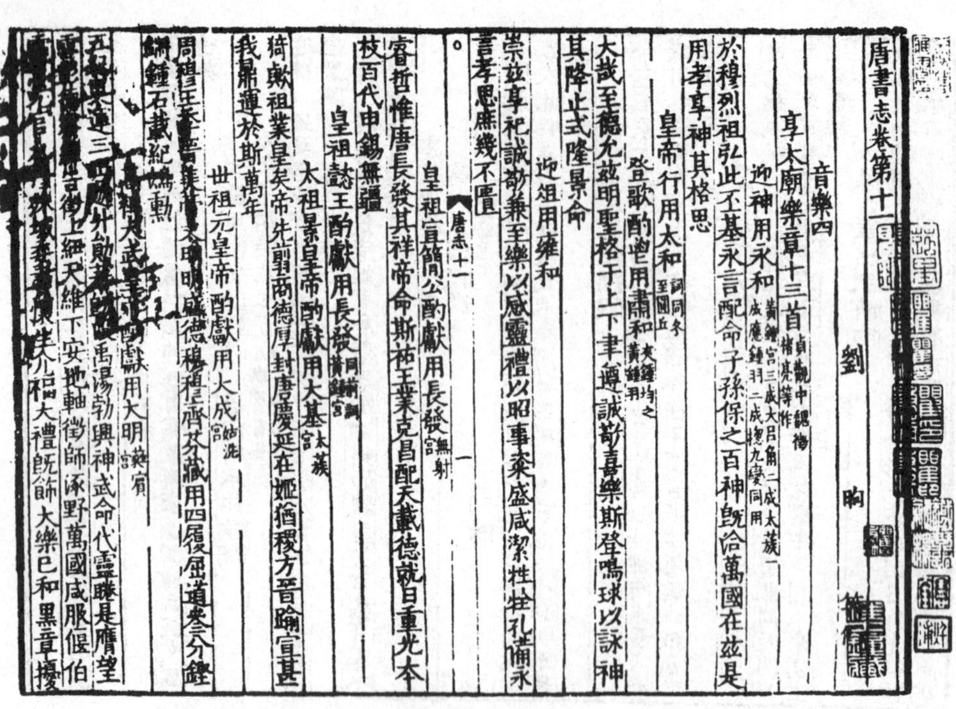

唐書志卷第十一

劉　昫　撰

音樂四

享太廟樂章十三首 貞觀中魏徵褚亮等作

迎神用永和 黃鍾宮三成大呂角二成太蔟一成應鍾羽二成揔九變同用

於穆烈祖弘此丕基永言配命子孫保之百神既洽萬國在茲是用孝享神其格思

皇帝行用太和 詞同冬至圜丘

登歌酌鬯用肅和 夾鍾均之黃鍾羽

大哉至德允茲明聖格于上下聿遵誠敬喜樂斯登鳴球以詠神其降止式隆景命

迎俎用雍和

崇茲享祀誠敬兼至樂以感靈禮以昭事粢盛咸潔牲牷孔備永言孝思庶幾不匱

皇祖宣簡公酌獻用長發 無射宮

濬哲惟唐長發其祥帝命斯祐王業克昌配天載德就日重光本枝百代申錫無疆

皇祖懿王酌獻用長發 詞同 黃鍾宮

猗歟祖業皇矣帝先翦商德厚封唐慶延在姬猶稷方晉踰宣甚我鼎運於斯萬年

太祖景皇帝酌獻用大基 太蔟宮

世祖元皇帝酌獻用大成 姑洗宮

周稱王季晉美中軍明明盛德穆穆齊芬藏用四履屈道參分鏗鏘鍾石載紀鴻勳

高祖大武皇帝酌獻用大明 蕤賓宮

五紀更運三正[illegible]勳華既沒禹湯勃興神武命代靈睠是膺望雲[illegible]上紐天維下安地軸徵師涿野萬國咸服偃伯[illegible]福大禮既飾大樂已和黑章擾

圖赤字呼河功宣載籍德被詠歌克昌厥後百祿是荷

皇帝飲福用壽和

八音斯奏三獻畢陳寶祚惟永暉光日新

送文舞出迎武舞入用舒和

聖敬通神光七廟靈心薦祚和萬方嚴禋克配鴻基遠明德惟馨鳳曆昌

武舞用凱安 詞同冬至圜丘

徹俎用雍和

於穆清廟聿修嚴祀四縣載陳三獻斯止籩豆徹薦人祇介祉神惟格思錫祚不已

送神用永和

肅肅清祀蒸蒸孝思薦享昭備虔恭在茲雍歌徹俎祝嘏陳辭用光武至永固鴻基

又享太廟樂章五首 永徽已後續撰不詳撰者

太宗文皇帝酌獻用崇德 夷則宮永徽元年造

五運改卜千齡啓聖彤雲曉聚黃星夜映華闈珠囊基開玉鏡騰圖下臨萬寓上齊七政霧開三象塵清九服海瀍星暉遠安邇肅天地交泰華夷輯睦翔泳歸仁中外禔福績踰䴥夏勳高前商武陳七德刑設三章祥禽巢閣仁獸遊梁十年惟永景福無疆

高宗天皇大帝酌獻用鈞天 黃鍾宮光宅元年造

承天撫籙纂聖登皇遐清萬寓仰協三光功成日用道濟時康莫圖載永寶曆斯昌日月揚暉煙雲爛色河岳修貢神祇效職舜風攸偃堯曦先就睿感通寰孝思浹宙奉揚先德虔尊曩狩展義天扃飛英雲岫化逸王表神凝帝先乘雲厥俗馭日登玄

中宗孝和皇帝酌獻用太和 太蔟宮景雲元年造

廣樂既備嘉薦既新述先惟德孝饗惟親七獻具舉五齊畢陳錫茲祚福於萬斯春

睿宗大聖真皇帝酌獻用景雲 黃鍾宮開元四年造

惟睿作聖惟聖登皇精感耀魄時膺會昌舜勲大孝堯推讓王

能事斯極振古誰方大明辰運車書同軌執競赫赫盡善盡美衢
室凝旒大庭端扆釋負之寄事光復子脫屣高天登遐上玄龍湖
超忽象野芊綿遊衣複道薦果初年新廟弈弈明德配天
皇祖宣皇帝酌獻用光大 無射宮舊樂章宣光二宮同用長發其詞亦同開元十年撰定宣帝用光大詞更別造
大業龍祉徽音駿尊潛居皇德赫嗣天昆慶儀宗祖重誠孝孫春
秋無極享奏存存
又享太廟樂章三首 太樂舊有此詞不詳所起
迎神 黃鐘宮大呂角太蔟徵應鐘羽並同此詞
七廟觀德百靈攸仰俗荷財成物資含養道光執契化龍提象肅
肅雍雍神其來享
金奏 無射宮大迎神
肅肅清廟巍巍盛唐配天立極累聖重光樂和管磬禮備蒸嘗永
惟來格降福無疆
送神

五聲備奏三獻終祠車移鳳輦旆轉紅旗禮周籩豆誠效虔祇皇
靈徙蹕簪紳拜辭
則天皇后享清廟樂章十首
第一 建清廟贊玄功擇吉日展禋宗樂已變禮方崇望神鴐降
仙宮
第二 隆周創業寶命惟新敬宗茂典爰表虔禋聲明已備文物斯
陳肅容如在懇志方申
第三登歌 肅敬大禮上謁尊靈敬陳筐幣載表丹誠
第四迎神 敬奠蘋藻式罄虔襟絜誠斯展佇降靈歆
第五歆福 爰陳玉醴式奠瓊漿靈心有穆介福無疆
第六送文舞 帝圖草創王業初開功高佐命業贊雲雷
第七迎武舞 赫赫玄功被穹壤皇皇至德洽生靈開基撥亂祇
氛廓佐命宜威海內清
第八武舞作 荷恩承顧託執契恭臨撫廟略靜邊荒天兵耀神武

第九徹俎 登歌已闋獻禮方周欽承景福肅奉鴻休
第十送神 大禮言畢仙衛將歸莫申丹懇空瞻紫微
中宗孝和皇帝神龍元年享太廟樂章二十首 不詳撰之所出
迎神用嚴和 黃鐘宮三成大呂角三成太蔟徵三成應鐘羽二成同用此詞
肅肅清廟赫赫玄猷功高萬古化奄十洲中興丕業上荷天休祇
奉先構禮被懷柔
皇帝行用昇和 黃鐘宮
顧惟菲薄纂曆應期中外同軌夷狄來思樂用崇德禮以陳詞夕
惕若厲欽奉宏基
登歌祼鬯用虔和 大呂均之無射羽
禮標薦鬯肅事祠庭敬申如在敢託非馨
送文舞出迎武舞入用同和 太蔟同
惟聖配天數盛禮惟天爲大闡洪名恭禋展敬光先德蘋藻申虔
表志誠

武舞用寧和 林鐘徵
爰取失天綱土德承天命英猷被寰宇懿躅隆邦政七德已綏邊
九夷咸底定景化覃遐邇深仁洽翔泳
徹俎用恭和 大呂均之無射羽
禮周三獻樂闋九成肅承靈福悚惕兼盈
送神用通和 黃鐘宮
祠容既畢仙座爰興停停鳳舉藹藹雲昇長隆寶運永錫休徵
福覃貽厥恩被黎蒸
皇后助享皇后行用正和 黃鐘宮詞同貞觀中宮朝會正和
登歌奠鬯用昭和 大呂均之無射羽
道洽二儀交泰時休四寓和平環珮肅於庭實鐘石揚乎頌聲
皇后酌獻飲福用誠敬 黃鐘宮
顧惟菲質忝位椒宮虔奉蘋藻肅事神宗敢申誠絜庶罄深衷
睟容有裕靈享無窮

徹俎用肅和 大呂均之無射羽
月禮已周雲和將變爰獻其醑載遷其實明德逾隆非馨是薦
澤霑動植仁覃寓縣
送神用昭感 黃鍾羽
鏗鏘韶護肅穆神容洪規赫赫祠典雍雍已周三獻將乘六龍虔
誠有託懇志無從
玄宗開元七年享太廟樂章十六首 特進行尚書左丞相燕國公張說作
迎神用永和三章
肅九室諧八音歌皇慕動神心禮宿設樂妙尋聲明備禋貢臨
律迓氣音入玄依玉几御黼筵聆愾息僾周旋九韶遍百福傳
信工祝永頌聲來祖考聽和平相百辟貢九瀛神休委帝孝成
皇帝行用太和一章
時文聖后清廟肅邕致誠動薦在皃恩恭玉節肆夏金鏘五鍾繩
繩雲步穆穆天容

登歌酌鬯用肅和一章
天子孝享工歌清廟躬祼鬱鬯乃焚膋蕭臭以達言聲以求陽奉
時蒸嘗永代不忘
迎俎用雍和二章
在滌嘉豢麗碑敬牲角握之牡色純之騂火傳陽燧水溉陰精太
公胙俎傅說和羹俎豆有馥齍盛絜豐亦有和羹既戒既平鼓鍾
管磬肅唱和鳴皇皇后祖來我思成
皇帝酌醴齊用文舞一章
聖暮九德其言五千慶集昌胄符開章先高文扶鉞克配彼天三
宗握鏡六合煥然帝其承祀幸禮罔愆圖書霧出日月清懸舞形
德類詠諗功傳黃龍蜿蟺綵雲蹁躚五行氣順八佾風宣介此百
祿於皇萬年
獻祖宣皇帝室酌獻用光大之舞一章
肅肅藝祖滔滔濬源有雄玉劍作鎮金門玄王貽緒后稷謀孫肇
禋九廟四海來尊
懿祖光皇帝室酌獻用長發之舞一章
具禮崇德備樂承風魏推幢主周贈司空不行而至無成有終神
興王業天歸帝功
太祖景皇帝室酌獻用大政之舞一章
於赫元命權輿帝文天齊八柱地半三分宗廟觀德笙鏞樂勳封
唐之兆成天下君
代祖元皇帝室酌獻用大成之舞一章
帝舞季曆龍聖生昌后歌有嶠胎炎孕黃天地合德日月齊光肅
邕孝享祚我萬方
高祖神堯皇帝室酌獻用文明之舞一章
赤精亂德四海困窮黃旗舉義三靈會同旱望春雨雲披大風
溥天來祭高祖之功
太宗文武聖皇帝室酌獻用崇德之舞一章

皇合一德朝宗百神削平天地大拯生人上帝配食單于入臣戎
歌陳舞曄曄震震
高宗天皇大帝室酌獻用鈞天之舞一章
高皇邁道端拱無為化懷獯鬻兵賦勾驪禮尊封禪樂盛來儀
合位媧后同稱伏羲
中宗孝和皇帝室酌獻用文和之舞一章
退居江水鬱起丹陵禮物還舊朝章中興龍圖友及駿命恭膺鳴
球香瓚大糦是承
睿宗大聖真皇帝室酌獻用景雲之舞一章
景雲霏爛告我帝符噫帝沖德與天為徒笙鏞遝遠俎豆虛無春
秋孝獻迴復此都
又享太廟樂章十四首
玄宗至道大聖大明孝皇帝室酌獻用廣運之舞
一章 司徒兼中書令汾陽郡王郭子儀撰

於赫皇祖昭明有融惟文之德惟武之功河海靜謐車書混同虞
恭孝饗穆穆玄風

肅宗文明武德大聖大宣孝皇帝室奠獻用惟新之舞一章（吏部尚書平章事彭城郡公劉晏撰）

漢祚惟永神功中興夙驅氛祲天覆黎蒸三光再朗庶績其凝重
熙累葉景命是膺

皇帝飲福受胙用福和一章

備禮用樂崇親致尊誠通意降歆徹受存獻俾稱壽畢咸承嘏
皇帝孝德子孫千億大包天域長亘不極

送文舞出迎武舞入一章

六鍾翕協六變成八佾倘佯八風生樂九韶兮人神感美七德兮
天地清

亞獻終獻行事武舞用凱安四章

毖彼瑤爵亞維上公室如屏氣門不容躬禮務其本樂執其中聖
皇永慕天地幽通禮亞三獻樂遍九成降循軒陛仰欽皇情福與仁
合德因孝明百年神畏四海風行總總干戚填填鼓鍾奮揚增氣坐
作為容離若鷙鳥合如戰龍萬方觀德肅肅邕邕
烈祖順三靈文宗威四海黃鉞誅群盜朱旗掃多罪戢兵天下安
約法人心改大哉干羽意長見風雲在

徹豆登歌一章

上笙磬徹豆籩廟無響閟入玄主在室神在天情餘慕禮罔愆喜
黍稷屢豐年

送神一章

眇嘉樂授靈爽感若來思如往休氣散迴風上返寂寞還惚恍懷
靈駕結空想

代宗睿文孝武皇帝室奠獻用保大之舞一章（尚父郭子儀撰）

於穆文考聖神昭彰肅兮群慝含光遠方萬物茂遂九夷賓王愔
愔雲韶德音不忘

德宗神武孝文皇帝室奠獻用文明之舞一章（尚書左丞平章事鄭餘慶撰）

開邸除暴時邁勳尊三九告命四極駿奔金枝翠葉煇燭瑤琨象
德億載貽慶湯孫

順宗至德大聖大安孝皇帝室奠獻用大順之舞一章（中書侍郎平章事鄭絪撰）

於穆時文受天明命允恭玄默化成理定出震嗣德應乾傳聖猗
歟緝熙千億流慶

憲宗聖神章武孝皇帝室奠獻用象德之舞一章（中書侍郎平章事段文昌撰）

肅肅清廟登顯至德澤周八荒兵定四極生物咸遂群盜滅息明
聖欽承子孫千億

儀坤廟樂章十二首

迎神用永和林鍾宮（散騎常侍昭文館學士徐彥伯作）

猗若清廟肅肅熒熒國薦嚴祀坤興淑靈有几在室有樂在庭臨
茲孝享百祿惟寧

金奏夷則宮（不詳作者一本無此章）

陰靈效祉軒曜降精祥符淑氣慶集柔明瑤俎既列雕桐發聲徽
猷永遠比德皇英

皇帝行用太和黃鍾宮（左諭德昭文館學士丘說撰）

孝哉我后沖乎洒聖道暎重華德輝文命慕深視篋情殷撫鏡
萬國移風兆人承慶

酌獻登歌用肅和中呂均之太蔟（一云蕤賓均之夾鍾羽太子洗馬昭文館學士張齊賢作）

祼圭既濯鬱鬯既陳畫冪雲舉黃流玉醇儀充獻酌禮盛衆禋
地察惟孝愉焉饗親

迎俎用雍和姑洗羽（太中大夫昭文館學士鄭善玉作）

酌鬱既灌取蕭方爇籩豆靜器簠簋芬飶魚臘薦美牲牷表絜
是戢是將載迎載列

肅明皇后室酌獻用昭升林鍾宮（禮部尚書昭文館學士薛稷作）

陽靈配德陰魄昭升堯壇鳳下漢室龍興伣天作對前旒是凝化
行南國道盛西陵造舟集灌無德而稱我粢既絜我醴既澄陰陰

靈廟光靈若憑德馨惟饗孝思烝烝
昭成皇后室酌獻用坤貞 不詳作者
乾道既享坤元以貞肅雍攸在輔佐斯成外睦九族內光一庭克生
叡哲祚我休明欽若徽範悠哉淑靈建茲清宮于彼上京縮茅以
獻絜粢惟馨蕃實受其福期乎億齡
飲福用壽和黃鐘宮 太子詹事崇文館學士徐堅作
於穆清廟肅雍嚴祀合福受釐介以繁祉
送文舞出迎武舞入用舒和南呂商 銀青光祿大夫崇文館學士胡雄作
送文迎武遞彖差一始一終光聖儀四海生人歌有慶千齡孝享
肅無虧
武舞用安和太簇徵 秘書少監崇文館學士劉子玄作
妙算申帷幄神謀出廟庭兩階文物備七德武功成校獵長楊苑
屯軍細柳營將軍獻凱入歌舞溢重城
徹俎用雍和蕤賓均之夾鐘羽 銀青光祿大夫崇文館學士員半千作

孝享云畢維徹有章雲感玄羽風悽素商瞻望神座祇戀匪遑禮
終樂闋肅雍鏘鏘
送神林鐘宮 金紫光祿大夫崇文館學士祝欽明作
閟宮實實清廟徽徽降格無象馨香有依式昭纂慶方融嗣徽
明禋是享神保聿歸
又儀坤廟樂章十二首 太樂又有一本與前本略同二章不同如左不詳撰者
迎神 一本有此章而無徐彥伯之詞
月靈降德坤元授光娥英比秀娀姒均芳瑤臺薦祉金屋延祥迎
神有樂歆此嘉薌
送神 一本有此章而無祝欽明之詞也
玉帛儀大金絲奏廣靈應有孚冥徵不爽降彼休福歆茲禋享送
樂有章神麾其上
昭德皇后室酌獻用坤元樂章九首 出內
迎神用永和

穆清廟薦嚴禋昭禮備知樂新望靈光集元辰祚無極享萬春
登歌鬯用肅和
誠心達娛樂分外肅牲牷鬱氛氳茅既縮鬯既薰后來思福如雲
迎俎用雍和
我將我享盡明而誠載芬黍稷載滌犧牲懿矣元良萬邦以貞心
乎愛敬若覩容聲
酌獻用坤元
於穆先后儷聖稱崇毋臨萬寓道被六宮月時協慶理內成功彤
薦明德傳芳國風
送文舞出迎武舞入用舒和
金枝羽部徹清歌瑤堂肅穆笙磬羅諧音遍響合明意萬類昭
融靈應多
武舞用凱安
辰位列四星帝功參十亂進賢勤內輔扈蹕清多難承天厚載均

並曜宵光燦留徽藹前躅萬古披圖煥
徹俎用雍和
公尸既起享禮載終稱歌進徹盡敬由衷澤流惠下大小咸同
送神用永和
昭事終幽享餘移月御返仙居璇庭寂靈幄虛顧徘徊感皇儲
孝敬皇帝廟樂章九首
迎神用永和詞同貞觀太廟永和 皇帝行用太和詞同貞觀太
廟太和登歌酌鬯用肅和詞同貞觀太廟肅和 迎俎用雍和詞
同貞觀太廟雍和 酌獻用承光詞同中宗享孝敬承光
送文舞出迎武舞入用舒和詞同太廟 武舞用凱安詞同太廟
徹俎用雍和詞同迎俎送神用永和詞同太廟 享隱太子廟樂
章六首貞觀中撰 迎神用誠和
道閟鶴關運纏鳩里門集大命俾歆嘉祀禮亞六瑚誠殫二簋
有誠顯若神斯戾止

登歌奠玉帛用肅和

歲肇春宗乾開震長瑤山既寂戾園斯享玉肅其事物昭其象絃誦成風笙歌合響

迎俎用雍和

明典肅陳神居邃春伯聯事秋官相禮有來雍雍登歌濟濟緬惟主鬯庶歆芳醴

送文舞出迎武舞入用舒和

三縣已判歌鍾列六佾將開羽籥分尚想鸞飛來歆日路疑鶴影降麥雲

武舞

天步昔將開商郊初欲踐撫戎金陣廓武極瑤圖闢鶴駐遂崇儀龍樓期好善弄兵嗟震業啓聖隆祠典

送神用誠和 詞同迎神

懿德太子廟樂章二首 大樂舊有此詞不詳所出 迎神

蒼震有位黃離蔽明江充禍結戾據災成銜冤昔痛贈典今榮享靈有秩奉樂以迎

送神

皇情悼往祀儀增設鍾鼓鏗鍠羽旄昭晰享禮云備司進告徹樂以送神靈其駐閟

章懷太子廟樂章六首 神龍初作

迎神第一 姑洗宮

副君昭象道應黃離銅樓備德玉裕成規仙氣靄靄靈從師師前驅戾止控鶴來儀

登歌酌鬯第二 南呂均之蕤賓羽

忠孝本著羽翼先成寢門昭德馳道爲程幣帛有典容衛無聲司存饒肅廟享惟淸

迎俎及酌獻第三 大呂羽

適三鑠胥明兩承英太山比赫伊水聞笙宗祧是寄禮樂其亨嘉展薦俎以發聲明

送文舞出迎武舞入第四 蕤賓商

羽籥崇文禮以畢干戚奮武事將行用捨由來其有致壯志宣威樂太平

武舞作第五 夷則角

綠林熾炎曆黃虞格有苗沙塵驚塞外帷幄命嫖姚七德干戈止三邊雲霧消寶祚長無極歌舞盛今朝

送神第六 詞同迎神

懿德太子廟樂章六首 神龍初作

迎神第一 姑洗宮

甲觀昭祥畫堂昇位禮絕群后望尊儲貳啓誦慙德莊丕掩粹伊浦鳳翔緱峯鶴至

登歌酌鬯第二 南呂均之蕤賓羽

蔡闈元儲寄崇明兩玉裕雖晦銅樓可想絃誦輟音笙歌罷響幣帛言設禮容無爽

迎俎酌獻第三 大呂羽

雍雍盛典肅肅靈祠賓天有聖對日無期飄飄羽服掣掣雲旗眷言主鬯心乎愴兹

送文迎武第四 蕤賓商

入音協奏陳金石六佾分行整禮容儲源趨海還稱少秉月開輪即是重

武舞作第五 夷則角

隋季昔云終唐年初啓聖纂戎將禁暴崇儒更敷政威略靜三邊仁恩覃萬姓

送神第六 詞同迎神 節愍太子廟樂章六首 景雲中作 迎神第一 姑洗宮

儲后望崇元良寄切寢門是仰馳道不絕仙袂雲會靈旗電晰煌煌而來禮物攸設

登歌酌鬯第二 南呂均之蕤賓

灼灼重明仰承元首既賢且哲惟孝與友惟孝雖遥靈規不朽祀因誠致備絜玄酒

迎俎及酌獻第三 大呂羽

嘉薦有典至誠莫騫畫梁雲亘雕俎星聯樂器周列禮容備宣依俙如在若未賓天

送文迎舞第四 蕤賓商

邕邕闈化憑文德赫赫宣威藉武功既執羽旄先拂吹還持玉鉞更揮空

武舞作第五 夷則角

武德諒雄雄由來掃寇戎劍光揮作電旗影列成虹霧廓三邊靜波澄四海同睿圖今已盛相共舞皇風

送神第六

則天大聖皇后崇先廟樂章一首 御撰

先德謙撝冠昔嚴規節素超今奉國忠誠每竭承家至孝純深追崇懼乖尊意顯號恐玷徽音既迫王公屢請方乃俯遂群心有限無由展敬奠醑每闕親斟大禮虔申典冊蘋藻敬薦翹襟

褒德廟樂章五首 神龍中為皇后韋氏祖考所立祠並出內

迎官用昭德 姑洗宮 二成

道赫梧宮悲盈蒿里爰暢徽烈載敷嘉祀享洽四時規陳二簋靈應昭格神其戾止

登歌用進德 南呂均之 蕤賓羽

塗山懿戚嬀汭崇姻祠筵肇啟祭典方申禮以備物樂以感神用隆敦敘載穆彝倫

俎入初獻用褒德 大呂角

家著累仁門昭積善瑤篚既列金縣式展

武舞作

昭昭竹殿開弈弈蘭宮啟懿範隆丹掖殊榮闢朱邸六佾薦徽容三簋陳芳醴萬石覃貽厥分珪崇祖禰

亞獻及送神用彰德

名隆五岳秩暎三台嚴祠已備睟影方迴

唐書志卷第十一

右文林郎充兩浙東路提舉茶鹽司幹辦公事臣崔文貞校勘

曆一

劉昫等修

太古聖人體二氣之權輿贊三才之物象乃創紀以窮其數畫卦以通其變而紀有大衍之法卦有推策之文繇是曆法生焉虞人用九疇五紀之書周禮載馮相保章之職所以辨三辰之躔次察九野之吉凶歷代疇人迭相傳授蓋推步之成法協用之舊章暨秦氏焚書遺文殘缺漢興作者師法多門雖同鍾律之文共演蓍龜之說而建元或異積蔀相懸考驗於春秋猶乖察於晷象靡不揚眉抵掌謂甘石未稱日官遷筴稽精言禪捭不知天道及至備臺驗候黃道考辯言踰則盈少中多否否則矯云差筭中則自負加時章玄不生惡何質證高齊天保中六月日當蝕朔文宣先期問候官蝕何時張孟賓言蝕申鄭元偉董峻言蝕辰宋景業言蝕巳是日蝕於申卯之間言皆不中時景業造天保曆則疏密

○可知矣昔鄧平落下閎造漢太初曆非之者十七家後劉洪蔡伯喈何承天祖沖之皆數術之精粹者至於宣考曆書之際猶爲橫議所排斯道寂寥知音蓋寡所以張胄玄佩印而沸騰劉孝孫輿棺而慟哭俾諸後學益用爲疑以臣折衷無如舊法高祖受隋禪傅仁均首陳七事言戊寅歲時正得上元之首宜定新曆以符禪代繇是造戊寅曆祖孝孫李淳風立理駮之仁均條答甚詳故法行於貞觀之世高宗時太史奏舊曆加時寖差宜有改定乃詔李淳風造麟德曆初隋末劉焯造皇極曆其道不行淳風約之爲法時稱精密天后時瞿曇羅造光宅曆中宗時南宮說造景龍曆皆舊法之所棄者復取用之徒云革易寧造深微尋亦不行開元中僧一行精諸家曆法言麟德曆行用既久晷緯漸差宰相張說言之玄宗召見令造新曆遂與星官梁令瓚先造黃道游儀圖考校七曜行度準周易大衍之數別成一法行用垂五十年肅宗時韓穎造至德曆代宗時郭獻之造五紀曆德宗時徐承嗣造正元曆

憲宗時徐昂造觀象曆其法今存而元計蔀章之數或異前經而察斂啓閉之期何殊舊法至論徵驗罕及研精綿代流行示存經法耳前史取傅仁均李淳風南宮說一行四家曆經爲曆志四卷近代精數者皆以淳風一行之法歷千古而無差後人更之要立異耳無踰其精密也景龍曆不經行用世以爲非今略而不載但取戊寅麟德大衍三曆法以備此志示於疇官爾戊寅曆經日自入立秋初日加四千八十分後日減七十六分（置初日所加之分計後日減之數以減之訖餘以行分法約之爲日數及加平見日及分滿行分法又去之從日一爲定見日及分後皆倣此）畢於秋分自入寒露日減一百二十七分（減若不足即一日加行分法及減之爲定見日及分後皆倣此）畢於立冬自入小雪畢於大雪均減八日初見去日十四度

熒惑平見入冬至初日減一萬六千三百五十四分後日減五百四十五分畢於小寒自入大寒日加四百二十六分畢於啓蟄自入雨水畢於穀雨均加二十九日入立夏初日加一萬九千三百九十二分後日減二百一十三分畢於大暑自入立秋依平自入

○處暑日減一百八十四分畢於立冬自入小雪畢於大雪均減二十五日初見去日十七度鎮星平見入冬至初日減四千八百一十四分後日加七十九分畢於氣盡自入小寒畢於大寒均減九日入立春均減八日入啓蟄均減七日入雨水均減六日入春分均減五日入清明均減四日入穀雨畢芒種均減三日入夏至畢十日內均減二日十日外入小暑畢五日內均減一日五日外畢於氣盡依平自入大暑日加一百八十一分畢於立秋自入處暑均加九日自入白露初日加六千二分後日減一百三十三分畢於寒露自入霜降日減七十九分畢於大雪初見去日十七度

太白晨平見入冬至依平自入小寒日加六十六分畢於大寒自入立春畢於立夏均加三日自入小滿初日加一千九百六十四分後日減六十分畢於芒種自入夏至依平自入小暑減六十分畢於大暑自入立秋畢於立冬均減三日自入小雪初日減一千九百六十四分後日減六十六分畢大寒夕平見入冬至日減一百

分畢於立春自入啓蟄畢於春分均減九日自入清明初日減五千九百八十六分後日減一百分畢於小滿自入芒種依平自入夏至日加一百分畢於立秋自入處暑畢於秋分均加九日自入寒露初日加五千九百八十六分後日減一百分畢於小雪自入大雪依平初見去日十一度

辰星晨平見入冬至均減四日自入小寒畢大寒依平自入立春畢啓蟄減三日（其在啓蟄氣內去日十八度外四十三度內晨有木火土金一星已上者不見也）自入雨水畢於立夏應見不見（其在立夏氣內去日度如前晨無木火土金一星已上者亦不見之）自入小滿畢於寒露依平自入霜降畢於立冬加一日自入小雪畢於大雪十二日依平若在大雪十三日即減一日在十四日減二日在十五日減三日在六十日減四日夕平見入冬至畢於清明依平自入穀雨畢於芒種減二日自入夏至畢於大暑依平自入立秋畢於霜降應見不見（其在立秋及霜降二氣之內夕有星去日如前之者亦見）自入立冬畢於大雪依平初見去日十七度

行五星法

各置星定見之前夜半日所在宿度算及分各以定見去朔日算及一分加之小分滿法十四分從行分一行分滿法六百七十六分從度一又以星初見去日度數晨減夕加之命度以次即星初見所在度及分（自此已前皆依[illegible]小分也）

求次日術

各加一日所行度及分其火金之行而有小分者各以日率爲母小分滿其母去從行分一行分滿法去從度一（其行有益疾益遲者置一日行分各以其[illegible]分求益遲[illegible]分乃加之）留者因前退則減之伏不注度順行出斗去其分行入斗先加分訖皆以二十六副行分爲度分歲星初見順日行一百七十六分五十秒日益遲一分一百一十四日行十九度二百九分而留二十八日乃退日九十七分八十四日退十二度五十分又留二十六日五百九十六小分七四分（[illegible]以初定見日分[illegible]加之餘滿行分法即去之從月）去之從一日乃順初日行六十分日益疾一分一百一十四日行十九度四百三十七分而伏熒惑初見入冬至初 率二百四十一日行一百六十三度（已後二日損日及度各一）盡一百二十八日 率一百七十七日行九十九度（畢一百九十一日皆同已後三日損日及度各一）盡一百八十二日 率一百七十日行九十二度（畢一百八十八日皆同已後三日益日及度各一）盡二百二十七日 率一百八十三日 行一百五度（已後二日益日及度各一）盡二百四十九日 率一百九十四日行一百一十六度（已後一日益日及度各一）盡三百一十日 率二百五十五日行一百七十七度（畢三百三十七日皆同已後二日損[illegible]）盡三百六十五日復二百四十一日 行一百六十三度 見入小寒已後三日去日率一畢於啓蟄自入雨水畢於立夏均去日率二十自入小滿初去日率二十以次三日去十九日日去十八以次三百去一日畢於小暑即依平爲定日之率若入處暑畢於秋分皆去度率六各依冬至後日數而損益之又依所入之氣以減之名爲前疾日數及度數之率若初行入大寒畢於大暑皆差行日益遲一分其餘皆平行若入白露畢於秋分初日行半度四十日行二十度（即去日率四十度率二十以爲半度之行訖然後求平行之分以續之平行分者置定行度率以分法乘之以定日率除之所得爲平行一日之分不盡爲小分求差行者置日率之數減一數又半之加平行一日之分爲初日行分）各盡其日度而遲初日行三百二十六分日益遲一分半六

十日行二十五度五分（其前疾去度如者皆此遲初日加六十七分小分三十小分滿六十去之從行分一即六十日行三十一度[illegible]）而留十二日（前去日分[illegible]於二留奇從後留）乃退日一百九十二分六十日退十七度二十八分又留十二日六百二十六分小分三十分（亦如初定見分滿去如前）又順後遲初日行二百三十八分日益疾一分半六十日行二十五度三十五分（此遲在立秋至秋分[illegible]日行三十一度分同也）而後疾入冬至初 率二百一十四日 行一百三十六度（已後一日損日及度各一）盡三十七日 率一百七十七日 行九十九度（已後二日損日及度各一）盡五十七日 率一百六十七日行八十九度（畢七十九日皆同已後三日益日及度各一）盡一百三十日 率一百八十四日 行一百六度（已後二日益日及度各一）盡一百四十四日 率一百九十一日 行一百一十三度（已後一日益日及度各一）盡一百九十日 率二百三十七日 行一百五十九度（已後一日益日及度各一）盡二百一十日 率二百六十七日 行一百八十九度（畢二百五十九日皆同已後二日損日及度各一）盡三百六十五日 復率二百一十四行一百三十六度 後遲加六度者此後疾去度率六爲定度各依冬至後日數而損益之爲後疾日及度之率

若入立夏於夏至日行半度盡六十日行三十度若入小暑於大暑盡四十日行二十度皆去日及度之率則爲半度之行然後求平行之分以續之各盡其日度而伏

鎮星初見順日行六十分八十三日行七度二百四十八分而留三十八日乃退日四十一分一百日退六度四十四分又留三十七日六十一分小分四前以減定見日分加之減去如前乃順日行六十分八十三日行七度二百四十八分而伏

太白晨初見乃退日一度半十日退十五度而留九日乃順遲差行先遲日益疾八分四十日行三十度若此遲入大雪已後畢於小滿即依此爲定而求行分自入芒種十日減一度爲定度畢於夏至自入小暑畢於霜降均減三度自入立冬初日減三度後十日減一度畢於霜降小雪皆爲定度求一日行分者以行分法乘定度以四十除之爲平分不盡爲小分又以四乘三十九以減平分爲初日行分平行日一度十五日行十五度若此平行入小寒後十日益日及度各一畢於驚蟄自入雨水之氣增二十一日行二十一度自入春分後十日減一畢於立夏即十五日自入處暑畢於寒露即無此平行自入霜降即四日益一畢於大雪後十五日行十五度疾百七十日行二百四度前疾減度者計所減之數以益此度爲定度求一日行度及分者以百七十日減度數餘行以分法乘以百七十除之所得爲之日平行度分晨伏東方夕初見順疾百七十日行二百四度畢於立夏依此順疾入冬至已後畢於立夏依此爲定自入小滿六日加一度自入大暑初畢於芒種自入夏畢於小暑均五度自入大暑初加五度後三日減一度畢於氣盡自入立秋畢於大雪

夏至後依本率從白露畢春分皆差行先疾日益遲一分半自入清明畢於處暑均平行同晨疾求差行者半一百六十九乃以一分半乘之以加平行分爲初日行度分也平行日一度十五日行十五度此平行入冬至後十日減日及度各一畢於立春自入啓蟄畢於芒種皆均九日行九度自入夏至後五日益一畢於小暑自入大暑畢於氣盡皆十五日行十五度自入立秋後六日一畢於小雪自入大雪畢於氣盡皆十五日行十五度者此順遲差行先疾日益遲八分四十日行三十度前加度者此依數減之求一日行分如晨遲準減者爲加之又留九日乃退日半度十日退五度而夕伏西方晨星晨初見留六日順遲日行一百六十九分四日行一度若初見入大寒畢於啓蟄之內即不須此遲行平行日一度十日行十度此平行若入大寒已後二日去日及度各一畢於二十日日及度俱盡即無此平行疾日行一度六百九十分十日行十九度六分前無遲行者此疾日減二百三十分七日行十七度四分晨伏東方夕初見順疾日行一度六百九分十日行十九度六分此來者入小暑畢於處暑之內日減二百三分十日行十六度四分平行日一度十日行十度此平行若入大暑已後於二日去日及度各一畢於二十日日及度俱盡即無此平行遲日行一百六十九分四日行一度若疾減二百三十分者此不須此遲行又留六日九分夕伏西方

推交會

交會法一千二百七十四萬一千二百五分 交分法六百三十七萬六百二十九分 朔差一百八萬五千四百九十二分 望分六百九十一萬三千三百五十分 交限五百八十二萬七千八百五十八分 望差五十四萬二千七百四十七分 外限六百七十六萬七百八十二九分 中限一千二百三十五萬一千二十五八分 內限一千二百一十九萬八千四百五十八七分 交時法二萬九千一十八

推交分術

置入上元已來積月以交會法去之餘以朔差乘之滿交會法又去之仁均本術武德年加交差七百七十五萬五千一百六十四分餘爲所求年天正朔入平交分求望平交分術以望分加之滿去如前爲平分次月平分術

其朔望入冬至氣內依平爲定若入小寒已後日加二氣差一千六百五十分畢於立春自入啓蟄畢於清明均加七萬六千一百分後日減一千六百五十分畢於小滿置初日所加之分計後日減之數以減至餘以加平交分自入芒種畢於夏至依平爲定加之滿交會法即去餘爲定交分其朔入交若入小寒畢於雨水及立夏畢於小滿值盈二時已下皆半氣差而加之二時已上皆不加其朔入時交分如望差分已下外限已上有星伏木土去見十日外火去見四十日外金星伏去見二十二日外有一星者不加氣差其朔望入小暑已後日減二氣差一千

二百分畢於處暑自入白露畢於霜降均減九萬五千八百二十分自入立冬初日減六萬三千三百分後日減二千一百一十分畢於小雪置初日所減之分計後日減之數以減之餘以減平交分也自入大雪亦依平爲定減若不足者加交會法乃減之餘爲定交分其朔入交分如交限內限已上交分中限已下有星伏如前者不減氣差

推道在內外及先後去交術其定交分不滿交分法者爲在外道滿去之餘爲在內道其餘如望差已下即是去先交分以時法爲之得一爲去先交時數交限已上即以減交分法餘爲去後交分亦以時法約之爲時數望則月蝕也其朔在內道者朔則日蝕或雖在內道去交而遠在外道去交而近亦爲蝕也

推月蝕加時術

置有蝕之望定小餘若入曆一日即減二百八十入十五日即加之若入十四日即加五百五十入二十八日即減之自入諸日值盈皆加二百八十值縮皆減之爲定餘乃以十二乘之以時法六千五百三除之所得爲半辰之數命以子半起算外即所在辰初命子半以一算自後皆以二算爲一辰不盡爲時餘若時餘在辰半之前者乃位之如法無所

得爲辰初又以三因之如法得一名爲強若得二強即名
少弱若倍之如法得一爲少凡四分一爲少二爲半三爲太又不盡者三之如法得
一名爲強若得二強者即名爲半弱若時餘在辰半之亦倍之如法無所得爲正在辰半以三因之如法得二名爲強即名半強若得二強即名太弱若倍之
法得一爲太不盡者又三之如法得一爲強即名太強若得者又
二強者爲辰未亦可前辰名之月在衝上蝕日出後入前各一時半外不注蝕

推日蝕加時術

置有蝕之朔定小蝕若入曆一日即減三百八十五日即加之若十四日即加五百五十八二十八日即減之以爲定自後不入四時加減之限春三月內道去交四時巳上入曆值盈加二百八十值縮反減之夏三月內道值盈加二百八十值縮反減之秋三月內道去交十一時巳下值盈加二百八十值縮不加十一時巳上值盈加五百五十值縮不加一百八十冬三月內道去五時巳下值盈加二百八十縮不加皆爲定餘乃以十二乘之以時法除之所得半辰之數命以子半起算外即所在辰命辰如前法不盡爲時餘別置爲副若入仲辰半前即以副減法餘爲差率若在半後即退其半辰還以法加餘即以副爲差率若入季辰半前即以法加副而爲差率若在半後即其半辰還以法加餘乃倍法以加副而爲差率若入孟辰半前即三因其法而以副減之餘爲差率若半後即退其半辰還以法加餘又以法加副乃因其法而副減之爲差率又置去交時數三巳下加二三六巳下加九巳下加一九巳上依數十二巳上從十二以乘差率若在季辰半後孟辰半前去交六時巳上者皆從其六以乘差率六時巳下自依其數不須加如十四得一爲時差子半至卯半午至酉半以加餘加之若滿卯半午酉半子半以減時餘加之若滿時法者乃去之加於辰即進之於前也減之若不足者減半辰加時法乃減之即退之於後也餘爲定時餘乃如月蝕法子午卯酉爲仲辰戌丑未爲季寅申巳亥爲孟日出前後各一時半外不注日蝕

推內道日不蝕術

夏五月朔加時在南方三辰先交十三時外六月朔後交十三時外者不蝕啓蟄畢清明先交十三時外值縮加時在未巳酉者亦不蝕入處暑畢寒露後交十三時值盈加時在巳巳東者亦不蝕

推外道日蝕術

不問交之先後但去交一時內者皆蝕也若先交二時內者值盈二外者亦蝕若後交時內值縮二時外者亦蝕其夏去交二時在南方三辰者亦蝕若去分至十二時內去交六時內者亦蝕若去去春分三內後交二時內者亦蝕秋分日內先交二時內者亦蝕諸去交三內星伏如前者亦蝕

推月蝕分術

置去交分其在於冬先後交皆去不蝕分二時之數若在於春先交去半時後交去二時夏即依定若在於秋先交去二時後交去半時若不足去者蝕既乃以三萬六千一百八十三爲法除之所得爲不蝕分不盡者半法巳上爲半強巳下爲半弱而以減十五餘爲蝕之大分

推月蝕所起術

若在外道初起東北蝕甚西北若在內道初起東東南蝕甚西南十三分巳上正東起推皆據正南而言

推日蝕分術

置去交分若入冬至巳後畢於立春皆均減十二萬八百蝕爲不蝕分不足減者及以交分減之蝕爲不蝕分亦減望差爲定法其後交值縮者直以望差爲定法不須減之自入啓蟄初日減二十二萬八百分後日減一千八百一十分置初日所減之分計後日減之數以減之餘以減交分畢於芒種自入夏至日減二千四百分畢於白露自入秋分畢於大雪皆均減二十二萬八百分但不足減者皆如前及以交分減之訖皆爲不蝕若入冬至畢小寒不蝕分依定若入大寒畢於立夏去後交五時外皆去不蝕分一時時若值減者先交減之後交加之不足減者蝕既時差值加者先交加之後交減不足減者蝕既乃爲定分以十五乘之以定法除之所得爲不蝕分不盡者半法巳上爲半強巳下爲半弱而以減十五餘爲蝕之大分也

推日蝕所起術

若在初起西南蝕甚東南若在內道外道初起西北甚東北十三度已上西起亦據正南而言之

日出日入

冬至辰十四分之二十　申七刻十二分　小寒辰十三分　申七刻十九分

大寒卯八刻七分　酉一分　立春卯七刻十一分　酉二十一分

啓蟄卯六刻十分　酉一刻二十一分　雨水卯五刻五分　酉三刻三分

春分卯三刻二十一分　酉四刻十分　清明卯二刻十五分　酉五刻十七分

穀雨卯一刻十一分　酉六刻二十一分　立夏卯十二分　酉七刻二十分

小滿寅八刻一分　戌七分　芒種寅七刻十四分　戌十八分

夏至寅七刻十二分　戌二十分　小暑寅七刻　戌十八分

大暑寅八刻　戌　立秋卯十一分　酉七刻二十一分

處暑卯一刻十一分　酉六刻二十一分　白露卯七刻十分　酉一刻二十二分

立冬卯七刻十一分　酉二十分

小雪卯七刻七分　酉一分　大雪辰十三分　申七刻十九分

求日出入所在術

以所入氣辰刻及分與後氣辰刻及分相減餘乘入氣日筭以十五除之所得以加減所入氣為定日出入從冬至至夏至日出減之日入加之從夏至冬至日出加之日入減之入餘為定刻及分

武德九年五月二日校曆人前曆博士臣南宮子明

校曆人前曆博士臣薛　弘疑

校曆人筭曆博士臣王　孝通

監校曆大理卿凊河縣公崔　善為

夜漏半

右依武德元年經加於漏刻日出没二十四氣下

推月蝕加時術

右加有蝕之望以百刻乘定小餘日法而一以課所近氣不滿夜半者命日以甲子筭上注曆

推月蝕虧初復滿先造每箭更籌用刻

倍月蝕日所入氣夜漏半二十五而一為籌刻分亦注於曆下

月蝕分用刻率　置月蝕分

蝕一分用三刻　二分用四刻　三分用十刻　四分用六刻　五分用八刻

六分用九刻　七分用十刻　八分用十刻　九分用十三刻　十分用十四刻

十一分用十五刻　十二分用十六刻　十三分用十八刻　十四分用十九刻　既用二十刻

推日月蝕加時定刻術

置日月蝕加時定餘在辰半後者加時法於時餘以二十五乘之三萬九千一十八而一刻命刻筭外即所入辰刻

求虧初復滿術

置蝕分用刻率副之以乘所入曆損益率四千五十七而一值盈或損加值縮依其損益副為蝕定用刻數乃六乘之十而一以減蝕加時辰刻為虧初丈四乘餘之用刻數十而一以加蝕加時辰刻為復滿

求所蝕夜初甚末更籌刻術

因其日日所入辰殘刻及分依次加辰刻及分至蝕初辰刻及分減二刻十二分從其更用刻及分除之不滿更即初蝕更籌依所求得至甚刻加之命即甚依求得甚後刻數加之命即末更籌刻及分日出前後滿日入後初虧皆不注蝕

二十四氣	日出	日入	夜漏半	一更	一籌
冬至	辰二十四分之二十	申七刻十二分	二十七刻十二分	十一刻	二刻四分
小寒同大雪	辰十三分	申七刻十九分	二十七刻五分	十刻二十一分	二刻四分
大寒同小雪	卯八刻七分	酉入一分	二十六刻十五分	十刻十五分	二刻二分
立春同立冬	卯七刻十一分	酉二十一分	二十五刻十九分	十刻七分	二刻一分
啓蟄同霜降	卯六刻十分	酉二十二分	二十四刻十八分		
雨水同寒露	卯五刻五分	酉三分	二十三刻十三分	九刻十分	一刻二十三分
春分同秋分	卯三刻二十一分	酉四刻十分	二十二刻十分	八刻二十一分	一刻十八分

清明同白露	卯二刻十五分	酉五刻十七分	二十刻二十分	八刻八分	一刻十六分
穀雨同處暑	卯一刻十分	酉六刻二十一分	十九刻十九分	七刻二十一分	一刻十四分
立夏同立秋	卯十分	酉七刻二十一分	十八刻	七刻十六分	一刻十二分
小滿同大暑	寅八刻一分	戌七分	十八刻一分	七刻五分	一刻
芒種同小暑	寅七刻十四分	戌十八分	十七刻十四分	七刻	一刻九分
夏至	寅七刻十二分	戌二十分	十七刻十二分	七刻	一刻九分

唐書志第十二

右文林郎充兩浙東路提舉茶鹽司幹辦公事霍文昭校勘

劉　昫　等

曆二

麟德甲子元曆　上元甲子距今

大唐麟德元年甲子歲積二十六萬九千八百八十筭推法一千
三百四十　朞實四十八萬九千四百二十八　旬周六十推氣序術
置入甲子元積筭距今所求年以朞乘之爲朞揔滿法得一爲積
日不滿爲小餘旬去積日不盡爲大餘命大餘起甲子筭外即所
求年天正中氣冬至恒日及大小餘（天正建子律氣所由故陰陽發斂皆從其時爲自）

求恒次氣術

因冬至大小餘加五大餘十五小餘二百九十二小分小分滿從
小餘小餘滿揔法從大餘大餘滿旬周去之以次轉加而命各
得其所求（他皆放此凡氣餘朔大餘爲日小餘爲辰也）

求土王

○置清明小暑寒露小寒大寒小餘各加大餘十二小餘二百四十四
小分八（五乘氣小分通之加八若滿三十去從小餘一凡分餘相并不同者互乘而并之母相乘爲法其并滿法一爲全此即齊同之術）小餘
滿揔法從命如前即各其氣從土王日沒法一千七百五十七沒
分十二萬二千三百五十七

求沒日術

以九十乘有沒氣小餘十五乘小分從之以減沒分餘法得一爲
日不盡餘以日數如其氣大餘去命如前即其氣內沒日也（小氣餘一千四
十七已上其氣有沒者勿推也）沒餘皆盡者爲滅求次沒因前沒加日六十九餘一千
一百四餘滿沒從日一因而命之以氣別日盈朔實三萬九千九
百三十三　朒朔實三萬九千二百二十　恒朔實三萬九千五百七十一

推朔端

列朞揔以恒朔實除之爲積月不滿爲閏餘滿揔法爲閏日不滿
爲閏辰以閏日減冬至大餘辰減小餘即所求年正月恒朔大小
餘命大餘以甲子筭外即其日也（天正者日南至之月也恒數者不朒不盈之常數也凡減者小餘不足減退大
餘一加揔法而減之大餘不足減者加旬周乃減之其朔減分奇者退分餘一加其法而減以其在宿度遊實不足減者如在宿過周遊餘及奇乃減之皆放此可）以
天正恒用小餘加閏餘以減朞揔餘爲揔實

求恒弦望術

因天正恒朔大小餘加大餘十小餘五百一十二太（凡四分一爲少二爲半三爲太）滿
法者去命如前即天正上弦恒日及大小餘以次轉加得望下弦
及來月朔（以大轉加去命如前合得所求他皆放此）因朔徑求弦加大餘十四小餘一百二
十五分半因朔徑求下弦加大餘二十二餘一百九十八少因朔徑
次朔加大餘二十九小餘七百十一半揔六百七十辰率三百三十五

檢律候術氣自

中氣　律名　日中影　陟降率　初候　次候
冬至　黃鍾　一丈二尺七寸五分　末候　陟四寸一分
虎始交　芸始生　荔挺出　小寒　一丈二尺三寸八分　陟二尺一寸三分
蚯蚓結　麋角解　水泉動　大寒　大呂　一丈一尺一寸五分　陟一尺五寸一分
鴈北向　鵲始巢　雉始雊　立春　九尺六寸二分　陟一尺五寸五分

○雞始乳　東風解凍　蟄蟲始振　啓蟄　大蔟　八尺七寸　陟一尺五寸三分
魚上冰　獺祭魚　鴻鴈來　雨水　六尺五寸四分　陟二尺一寸一分
始雨水　桃始花　倉庚鳴　春分　夾鍾　五尺三寸三分　陟一尺九分
鷹化爲鳩　玄鳥至　雷始發聲　清明　四尺三寸四分　陟九寸四分
始雷　蟄蟲咸動　穀雨　姑洗　三尺三寸　陟八寸一分
桐始華　田鼠化爲鴽　虹始見　立夏　三尺四寸九分　陟五寸一分
萍始生　戴勝降于桑　螻蟈鳴　小滿　中呂　一尺九寸八分　陟三寸四分
蚯蚓出　王瓜生　苦菜秀　芒種　一尺六寸四分　陟一寸五分
靡草死　小暑至　螳蜋生　夏至　蕤賓　一尺四寸九分　降一寸五分
鵙始鳴　反舌無聲　鹿角解　小暑　一尺六寸四分　降三寸四分
蟬始鳴　半夏生　木槿榮　大暑　林鍾　一尺九寸八分　降五寸一分
溫風至　蟋蟀居壁　鷹乃學習　立秋　二尺四寸九分　降八寸一分
腐草爲螢　土潤溽暑　涼風至　處暑　夷則　三尺三分　降九寸四分
白露降　寒蟬鳴　鷹祭鳥　白露　四尺三寸四分　降一尺九分

天地始肅　暴風至　鴻鴈來　秋分　南呂　五尺三寸三分　降一尺二寸一分
玄鳥歸　群鳥養羞　雷始收聲　寒露　六尺五寸四分　降一尺五寸三分
蟄蟲坯戶　殺氣盛　陽氣始衰　霜降　無射　八尺七分　降一尺五寸五分
水始涸　鴻鴈來賓　雀入大水為蛤　立冬　九尺六寸二分　降一尺五寸三分
菊有黃華　豺祭獸　水始冰　小雪　應鍾　一丈一尺一寸五分　降一尺一寸三分
地始凍　野雞入水為蜃　虹藏不見　大雪　一丈二寸八分　降四寸七分
水益壯　地始坼　鶡鳥不鳴

求恒氣初日影汎差術

見所求氣陟降率并後氣率半之十五而一為汎末率又二率相減餘十五而一為總差前少以總差減汎末率前多以總差加汎末率加減汎末率訖此為汎初率（其後氣無同率因前末率即為汎初率以總差減初率餘為汎末率）

求恒氣初日影定差術

十五除總差為別差為限前小者以限差加汎初末率前多者以限差減汎初末率加減汎初末率訖即為定初末率即恒氣初日

影定差　求次日影差術

以別定差前少者加初日影定差前多者減初日影定差加減初影定差訖即為次日影定差以次積累歲即各所求（每氣皆十五日限其有前後）

（十六除汎末率及總差別差）　求恒氣日中影定數術

置其恒氣小餘以半總減之餘為中後分不足減者反減半總餘為中前分置前後分影定差乘之總法而一為變差冬至午前以變差減氣影午後以變差加氣影夏至後午前以變差加氣影午後以變差減氣影冬至一日有減無加夏至一日有加無減加減訖各其恒氣日中定影

求次日中影術

迭以定差陟減降加恒氣日中定影各得次日中影（[illegible]至日中影一丈二尺夏至一尺五寸於今並短冬須驗時影校其陟降及氣日中影應與至降地皆效此前求每日中影術古曆並無臣等創立斯法也）

求律呂應日及加時術

十二律各以其月恒中氣日加時應列其氣小餘六乘之辰率而一為半張之數不盡為辰餘命時起子算外為加時所在辰六乘辰餘如法得一為初二為少弱三為少四為少強五為半弱若在辰半後者得一為半強二為太弱三為太四為太強五為辰末

求七十二候術

恒氣日即初候日也加其大餘五小餘九十七小分十一三乘氣小分加十一滿十八從小餘一滿法去命如前即次候日以次轉加得末候

求次氣日　檢盈虛術

進綱　十六　退紀　十七　秋分
汎差　十　總辰　十二（六十五　平閏）

秋分後春分前日行速春分前行遲速為進綱遲為退紀若取其數綱為名用其時春分為至進日分前退日分後凡用綱紀皆準此例

氣月中節　躔差率　消息總　先後率　盈朒積　冬至子月中
益七百三十二　息初　先五十四　盈　小寒丑月中　益六百七十六　息七

百二十二　先四十六　盈五十四　大寒丑月中　益五百一十四
息一千三百四十　先三十八　盈一百　立春寅月節　益五百十四
度七十分之十四　息一千八百五十四　先三十八　盈一百三十八
啓蟄寅月　益六百一十八　息二千二百六十八　先四十六
盈一百七十六　雨水卯月節　益七百二十二　息二千九百八十六
先五十四　盈二百二十二　春分卯月中　損七百二十二
息三千七百八　先五十四　盈二百七十六　清明辰月節
損六百一十八　息二千九百八十六　後四十八　盈二百三十二
穀雨辰月中　損五百七十四　息二千三百六十八　後三十八
盈一百七十六　立夏巳月節　損五百一十四　息一千八百五十四　後三十八
盈一百三十六　小滿巳月節　損六百一十八　息一千三百三十　後四十六
盈一百　芒種五月節　損七百七十分二十二秒　息七百二十二　後五十四
盈五十四　夏至午月中　益七百二十二　消初　先五十四　朒本
小暑未月節　益六百一十八　消七百二十二　先四十六　朒五十四

大暑未月中　益五百一十四　消一千三百四十　先三十八　朒一百
立秋申月節　益五百一十四　消一千八百五十四　先三十八
朒一百三十八　處暑申月中　益六百一十八　消一千三百六十八
先四十六　朒一百七十六　白露酉月節　益七百二十二
消二千九百七十六　先五十四　朒二百二十三　秋分酉月中
消三千七百八　損七百二十二　後五十四　朒二百一十六
寒露戌月節　損六百一十八　消二千九百八十六後四十六
朒二百二十二　霜降戌月中　損五百一十四　消二千三百六十八
後三十八　朒一百七十六　立冬亥月節　損五百一十四
消一千八百五十四後三十八　朒一百三十八　小雪亥月中
損六百一十八　消一千三百四十後四十六　朒一百
大雪子月節　損七百二十二　消七百二十二後五十四　朒五十四
見所在氣躔差率并後氣率半之以總辰乘之綱紀而一得氣末
率各以氣差通其綱紀以同差辰也又二率相減餘以總辰乘而紀除之為總差辰

○之綱紀除之為別差率前少者以總差減末率前多者以總差加
減訖皆為其氣初日損益率前多以別差日減前少者以別差日
加加減氣初日損益率訖即次日損益率亦名每日躔差率以次加減得每
日所求各累所損益隨曆定氣損益消息總各為其日消息數
其後氣無同率及有數同者皆因前少以前末率為初加總差為
末率別差漸加初率為每日率前多者總差減初率為末率別差
漸減為日率其有氣初未計會及綱紀所校多少不叶者隨其增損調而御之使際會相準

求氣盈朒所入日辰術

各冬夏二至即以恒氣為定自外各以氣下消息數息減消加其恒
氣小餘滿若不足進退其日即其氣朒日辰亦因別其日命以甲子得所求加之為盈氣減之為朒氣定其盈朒所在故日定凡推日月度及推發斂皆依定氣推之若注曆依恒氣日

求定氣恒朔弦望夜半後辰數術

各置其小餘三乘如辰率而一為夜半後辰數

求每日盈朒積術

各置其氣先後率與盈朒積乃先率後率如躔差率盈朒積如
消息總亦如求消息法即得每日所入盈朒及先後之數

求朔弦望恒日恒所入盈縮數術

各以總辰乘其所入定氣日筭朒朔弦望夜半後辰數乃以所入
定氣夜半後辰數減之餘為辰總其恒朔弦望與定氣同日而辰多者其朔弦望即在前氣氣末而辰總時有多於進綱紀通數者躔入後氣之初也以乘其氣前多之末率前少之初總辰而一為
總率凡須相乘有分餘者母必通全子乘訖報母異者齊同也其前多者辰總減紀乘總差綱紀
而一為差并於總率差辰總乘之倍總辰除之以加總率前少者
辰總再乘別差總辰自辰乘倍而除之以加總率皆為總數乃以
先加後減其氣其朒為定積凡分餘不成全而更不復須者過半更不復夜無氣也以盈朒定積
盈加朒減其日小餘滿若不足進退之各其入盈朒日及小餘非若朔望有交從者速朒雖者以所入定氣日筭乘先後率加十五而一先加減盈朒為定積入氣日十五筭者加十六而一曆變周四十四
萬三千七十七　變奇率十二曆　變日二十七　變餘七百四十三
變奇一月程法六十三

推曆變術

以曆變周去總實餘以變奇率乘之滿變周又去之不滿者變
奇率約之為變分不盡為變奇分滿總法為日不滿為餘命日筭外即
所求年天正恒朔夜半入變日及餘以天正恒朔小餘加之即經辰所入

求朔弦望經辰所入

因天正經辰所入日餘奇加日七餘五百一十二奇九奇滿率成
餘餘如總法為日得上弦經辰所入以次轉加得望下弦及來月
朔所日滿變日及餘奇則去之凡相連去者皆放於此
徑求望者加朔所入日十四餘一千二十五奇六徑求次朔加一日餘
一千三百七奇十一

求朔望弦盈朒　辰所入術

各以其日所入盈朒定積盈加朒減其恒經辰所入餘即各所求

變日　離差　離程　增減率　遲速積
一日　九百八十五　退十一　增一百三十四　速初

日	轉積度	進退	增減	遲速
二日	九百七十四	退十二	增一百一十七	速一百三十四
三日	九百六十二	退十四	增九十九	速二百五十一
四日	九百四十八	退十五	增七十八	速三百五十
五日	九百三十三	退十五	增五十六	速四百二十八
六日	九百一十八	退十六	增三十三	速四百八十四
七日	九百二	退十六	增 初增九末減[illegible]	速五百一十七
八日	八百八十六	退十六	減十四	速五百二十七
九日	八百七十	退十六	減三十八	速五百一十二
十日	八百五十四	退十五	減六十二	速四百七十四
十一日	八百四十九	退十二	減八十五	速四百一十七
十二日	八百二十六	退十	減一百四	速三百一十七
十三日	八百一十五	退七	減一百二十七	速二百一十三
十四日	八百八	進二 初減一百二十末二十九		速二百二
十五日	八百十	進九	增一百二十八	遲二十九
十六日	八百一十九	進十三	增一百一十五	遲一百五十七
十七日	八百三十二	進十四	增九十五	遲二百七十二
十八日	八百四十六	進十五	增七十四	遲三百六十七
十九日	八百六十一	進十六	增五十二	遲四百四十一
二十日	八百七十七	進十六	增二十八	遲四百九十三
二十一日	八百九十三	進十六	增四 初增四末減[illegible]	遲五百二十一
二十二日	九百九	進十六	增二十	遲五百二十五
二十三日	九百二十五	進十六	減四十四	遲五百二十
二十四日	九百四十一	進十四	減六十八	遲四百六十一
二十五日	九百五十五	進十三	減八百九	遲三百九十三
二十六日	九百六十八	進十一	減一百八	遲三百四
二十七日	九百七十九	進六	減一百二十五	遲一百九十六
二十八日	九百八十五	平 進五退五減一百四十四 初減七十一末增入轉		遲七十七

求朔弦望盈朒日辰入轉遲速定數術

各例其所入日增減率并後率而半之爲通率又二率相減餘爲率差增者以入餘減捴法餘乘率差捴法而一并率差而半之減者半入餘乘率差亦捴法而一並以加於通率以入餘乘之捴法而一所得爲經辰變轉半經辰變遲速減法遲加盈朒經辰所入餘爲轉餘應增者減法應減者因餘皆以乘率差捴法而一加於通率變率乘之捴法而一以速減遲加變率爲定率乃以定率增減遲速積爲定[illegible]其後無同率者亦因前率應增者以通率爲初數半率差而減之應減入餘遲速日者分爲二日隨餘初末如法求之所得并以減率

七日	初七分	末一分	初千一百九十一	末一百四十九
十四日	初七分	末二分	初千四百十二	末二百九十八
二十一日	初六分	末三分	初八百九十二	末四百四十六
二十八日	初五分	末四分	初七百四十三	末五百九十七

其入曆件日餘如初數已下者爲初已上者以初數減捴法餘爲

末之數增減相反約以九分爲限初雖少弱而末微強餘差不多理既兼[illegible]今有雖差各隨其數若恰算所求七日與二十一日得初率而末之所減隱而不顯且數與平行上等亦初末有數而恰算所得其十四日二十八日既初末數存而爲差亦顯其數數者去帶法不見

求朔弦望盈朒所入日名及小餘術

各以其所入變曆遲定數減遲加其盈朒小餘滿若不足進退其日命以甲子筭外各其盈朒日反餘[illegible]

求定朔月大小術

凡朔盈朒日名即爲定朔日名其定朔日名干與來月同者大不同者小其月無中氣者爲閏月[illegible]

檢宿度術
斗二十六及分 牛八 女十二 虛十 危十七 室十六
壁九北方九十八度 奎十六 婁十二 胃十四 昴十一 畢十八
觜一 參九西方八十度 井三十 鬼三 柳十四 星七
張十八 翼十八 軫南方一百十二度 角十三 亢九 氐十六
房五 心五 尾十八 箕東方七十五度
前件周天二十八宿相距三百六十五度前漢唐都以渾儀赤道
所量其數常定紘帶天中儀圖所準日月往來隨交損益所以
宿度進退不同黃道宿度右中郎將賈逵檢日月所去赤道不同更鑄黃道渾儀所檢者
斗二十四度 牛七度 女十一度 虛十六度
危十六度 室八十一度 壁十度北方九十六度宿分三百二十八
奎十七度 婁十三度 胃十四度 昴十一度
畢十六度 觜一度西方八十三度 參九 井三十度 鬼三度
柳十四度 星七度 張十六度 翼十九度

○軫十八度南方一百九度 角十三度 亢九度 氐十六度
房五度 心五度 尾十八度 箕十度東方七十九度
臣等今所修撰討論更造木渾圖交絡調賦黃赤二道三百六
十五度有奇校量大率與此符會今曆以步日行月及五星出入
循此其月行交絡黃道進退亦宜有別每交輒差不可詳盡今
亦依黃道推步

推日躔術

置冬至初日躔差率加揔法乘冬至小餘如揔法而一以減天宿
度分其餘命起黃道斗十二度宿次去之經斗去宿分度不滿宿
筭外即所求年冬至夜半所在宿度筭及分

求每定氣初日夜半日所在定度術

各以其定氣初日躔差率乘氣定餘揔法而一進加退減餘爲
分以減定氣日度及分命以宿次如前即其夜半度及春秋二分定氣初日前度進退之數當平行度其餘依此加退減度之

求次日夜半日所在定度術

各因定氣夜半所在爲本加度一又以其日躔差率進加退減度
分滿若不足並依前例去命如上即得所求其定朔弦望夜半日度各隨定氣以其日月名亦直而分別之爲右依恒有餘從定恒行度不用躔差

求朔弦望定日夜辰所加日度術

各以其定小餘爲平分又定小餘乘其日所躔差率揔法而一乃
進加退減其平分以加其夜半日度即各定辰所加擬與五星加減者皆半其分消息月朔者應推月度所須皆依本朔大小若往曆依甲子乙乙子名疑入

推月離術

求朔望定日辰月所在度術

各置朔弦望定辰所加日度及分 凡朔定辰所加爲合朔日月
同度上弦加度九十一 分四百一十七 望加度一百八十三 分八百
三十四 下弦加度二百七十三 分一千二百五十一訖各半而十退之爲程度分

求次月定朔夜半入變宿術

置天正恒朔夜半所入變日及餘定朔有進退一日者進退一日爲定朔夜半所入 月大加二

日月小加一日餘皆五百九十六奇十六

求次日夜半所入變曆術

因定朔夜半所入日筭加日一滿皆如前其弦皆依前定日所在求之

求變日定離程術

各以其日夜半入變餘乘離差揔法而一爲見差以進加退減其
日離程爲月每日所離定程

求朔弦望之定日夜半月所在度術

各以其日定小餘乘所入變日離定程揔法而一爲夜半後分滿
程法爲度餘爲度分以減其日加辰所在度及分命以黃道宿度
即其所求次日夜半各以離定程加朔弦望夜半所在分滿程法
從度去命以黃道宿度筭外則次日夜半月度求晨昏度以其日
離定程乘其日夜刻二百而一爲昏分滿程法爲度望前以昏後
以昏加度半度得所求其弦望以五乘定小餘程法一爲刻即各
其辰所入刻數皆減其晨前刻不盡爲晨後刻不滿晨前刻者

欽前日佳曆闕佚推

揔刻一百　辰刻八　辰刻分十二　刻分法七十二　定氣名
晨前刻分及　昏去中度　定氣日度分及　黃道去極度屈申
率放斂差冬至三十刻　八十二度分二　斗十二度　一百一十五度分三
申一分三　益十六　朒小寒二十九刻四分五十　八十三度　牛二度四小分一千三百
一百一十三度分　申三分七　益十六　朒大寒二十九刻分十八　八十四度分八
女十一度七分四二百五十　一百一十度分七　申六分　益二十二　朒立春二十八刻三分三十
八十七度分七　危五度十三分五百五　一百七度分九　申九分四　益九　朒啓蟄二十
七刻分二十　九十一度分六　室四度三分二八百四十　一百二度分九　申十半七分　益七
朒雨水二十六刻分十八　九十五度分九　壁一度十六分一一千一百四　九十七度分三
申十一分八　益三　朒春分二十五刻分四　一百度分四　奎十七度分八十　九十一度分三
申十二半二分　損三　朒春分二十五刻分四　一百度分四　朒清明二十三刻四分五十
一百四度分九　婁五度一分五三百八十　八十五度分三　申十一分分八　損七　朒穀雨
二十二刻二分四十　一百九度分三　胃七度四分四六百七十　七十九度分七　申十半七分　損九

〇　第十四　曆志十三　十二

朒立夏二十刻九分三十　一百一十三度分一　昴七度九分二九百六十　七十四度分七
申九分四　損二十三　朒小滿二十刻四分五十　一百一十六度　畢十一度六十分三一千一百
七十度分九　申六分　損十六　朒芒種二十刻分十八　一百一十七度分八
參八度三分二百一　六十八度分五　申三分七　損十六　朒夏至二十刻
一百一十八度分七　井十五度六分五百　六十七度分三　屈一分三　益十六　盈小暑
二十刻分十八　一百一十九度分八　井三十度八分五七百九十　六十八度分五　屈七分
益十六　盈大暑二十刻四分五十　一百一十六度　柳十一度一分四一千九十　七十度分九
屈六分　益二十二　盈立秋二十一刻九分三十　一百一十三度分　張六度分三三十四
七十四度分　屈九分二　益九　盈處暑二十二刻二分四十　一百九度分三
翼四度七分二三百三十　七十七度分七　屈十半七分　益七　盈白露二十三刻四分五十
一百四度分九　翼十九度十分一六百四　八十五度分三　屈十一分八　益三　盈秋分
二十五刻　一百度分四　軫十五度十三九百二　九十一度分三　屈十二半二分
損三　盈寒露二十六刻分十八　九十五度分九　角十三度十五分五一千二百　九十七度分三
屈十一分八　損　盈霜降二十七刻分三十　九十一度分六　氐五度八分四一百六十
一百二度分九　屈十半十分　損九　盈立冬二十八刻三分三十　八十七度分七
房四度一分二四百六十　一百七度　屈九分四　損二十三　盈小雪二十九刻分十八
八十四度分八　尾九度四分二七百五十　一百一十一度分十　屈六分一　損十六
盈大雪二十九刻四分五十　八十三度　箕六度七分一一千三十　一百一十四度分一
屈三分七　損十六

求定氣日晝夜漏刻及日出沒術

倍其氣晨前刻及分滿法從刻爲日不見漏以減百刻餘爲日見漏五刻晝漏刻以晝漏刻減百刻餘爲夜漏刻以四刻十二分加晨前漏刻命起子初刻筭外即日出辰刻以日見漏加日出刻辰以次如前即日沒所在辰刻（以二十五除夜漏得每更一籌之數以二刻三十六分加日沒辰刻即甲夜辰刻又以更籌累加之得每夜一籌數以更籌累加滿更去命之即五更夜籌所以當辰刻及注以配二十一筭前漏之法也）

求每日並屈申數術

每氣準爲一十五日各置其氣屈申率每以發斂差損益之差滿十從率分滿十從率一即各爲每日屈申率各累計屈申率爲刻分

〇　第十四　曆志十三　十二

乃以一百八十乘刻分以差十一乘綱紀而除之得爲刻差滿法爲刻隨氣所在以申減屈加不見漏而半之爲晨前定刻每求次日各如前法（晴加其如皆加夜日則以率減之）

求黃道去極每日差術

置刻差三十而一爲度不滿三約爲分申減屈加其氣初黃道度即每日所求

求昏旦去中星度術

每日求其晝漏刻數以乘朞實二百乘揔法而除之得昏去中星度以減周天度餘爲晨去中星度以昏旦去中星度加其辰日所在即各其日中星宿度（其梗概粗舉者加其夜半日度各其日中星宿度）

因求次日者各置其四刻差七十二乘之二百八十八而一度冬至後加夏至後減隨日加各得每日去中度　晨昏所距日在黃道中星準度以赤道計之推

遊交術

終率一千九十三萬九千三百一十三　奇率三百約終三萬六千

四百六十四　奇一百一十三　交中一萬八千二百三十二　奇五十
六半　交中日二十七　餘二百八十四　奇一百一十三　中日十三
餘八百一十二　奇五十六半　虧朔三千一百六　奇一百八十七
實望二萬九千七百八十五　奇一百五十　後準一百五十二
奇九百三半　前準一萬六千六百七十八　奇二百六十三

求月行入交表裏術

置摠實以終率去之不足去者奇率乘之滿終率又去之不滿者奇率約之爲天正恒朔夜半入交分不盡爲奇以摠法約入交分爲日不盡爲餘命日筭外即天正恒朔夜半入交日筭及餘奇天正定朔有進退日者依所進退一日爲朔所入日不滿中日及餘奇者爲月在外滿去之餘皆爲月在內大月加二日小月加一日餘皆一千五十五奇一百八十七求次日加一日滿中日者皆去之餘爲入次一表一裏迭互入之

交日	去交差	差積
一日	進十四	積元
二日餘二百一十四已下者入蝕限	進十三	十四
三日	進十一半	二十七
四日	進十一半	三十八半
五日	進七	四十八
六日	進四	五十五
七日	進二退二五分日進強一退弱	五十七
八日	退二	六十一六十又一分一分當日退
九日	退五	五十八
十日	退八	五十三
十一日	退十半	四十五
十二日	退十二半	三十四半
十三日餘五百九十九已上入蝕限	退十三半	二十二
十四日	退十四少三退強三進弱	八半

求月入交去日道遠近術

置所入日差幷後差半之爲通率進以入日餘減摠法以乘差摠法而一幷差以半之退者半入餘以乘差摠法而一皆加通率爲交定率乃以入餘乘定摠法乃進退差積滿十爲度不滿爲分即各其日月去日道度數每求日道宿度去極數其入七日餘一千七十六奇二十八少已下者進已上盡全餘二百六十三奇二百七十一太者退入十四日如交餘奇已下者退其入此已上盡全餘五百二十七奇二百四十二半者進而終其要爲五分則七百四分十四日三分末則七日後一分十四日後二分雖初強末弱差率有撿月道一度半強已下者爲沾黃道當朔望則有虧過五星在黃道者則相侵掩

求所在宿術

求夜半入交日十三筭者及餘以減中日及餘不盡者以乘其日離定程摠法而一爲離分滿程爲度以加其日夜半月所在宿度筭及分求次交準此各得其定交在所度置前後定交所宿度筭及分半之即各表裏極所在宿度及分

求恒朔望汎交分野

因天正恒朔夜半入交分以天正恒朔汎交分求望汎交以實望加之又加得次月恒朔汎交分滿約終及奇去之次求次朔以虧望加之

求朔望入常交分術

以入氣盈朒定積盈加朒減其恒汎交分滿若不足進退約終即其常分交

求朔望定分術

以六十乘定遲速以七百七十七降除之所得爲限數速減遲加常其數朔入交月在日道裏者以所入限數減定遲速餘以減遲加其定交分而出日道表者爲蝕交分加減不出日道表即依定交分求蝕分其數交分出日道表三時半內者撿其前後月望入交分數多少依其虧初復末定蝕術往消息心定蝕不

求入蝕限術

其入交定分如交中已下者爲月在外道交中已上者以交中減之餘爲月在內外分如後準已下前準已上者爲入蝕陽則月蝕朔入限月在裏者日蝕入限如後準已下者爲交後分前準已上者及減交中餘爲交前後分以一百一十二約之爲交時

求月蝕所在辰術

置望日不見刻六十七乘之十而一所得若蝕望定小餘與之等已下又以此得減摠法餘與之等已爲蝕正見數定小餘如求律氣應加時法得加時所在辰月在衝辰蝕若非正見者於日出後日沒前十二刻半內求其初末以候之又以半摠減蝕定小餘不足減者半摠加減訖以六乘之辰所在二命起子半筭外外即月蝕其所在辰

求日蝕所在辰術

置有蝕朔定小餘副之以辰率除之所得以艮巽坤乾爲次命過筭外不滿法者半法減之無可減者爲初所減之餘爲末初則減法各爲差率月在內道者乃以十加去交時數而三除之以乘差十四而一爲差其朔在二分前後一氣內即以差爲定近冬至以去寒露雨水近夏至以去清明白露氣數倍之又三除去交時數增之近冬至艮巽以加坤乾以減近夏至艮巽以減坤乾以加其差爲定差艮坤加副巽乾減副月在外道者三除去交時數以乘差率十四而一爲之差艮坤以減副之巽乾以加副各加減副訖爲定副小餘如求律氣應加時術即日蝕所在辰及少太其求入辰刻以半辰刻乘朔辰率而一得刻及分若蝕近朝夕者以朔所入氣日出沒刻校蝕所在知蝕見不之多少所在辰爲正見日月蝕既在起復初末亦或變常退於見前後十二刻半候之

求月起復依蝕分後術

求月在日道表朔不應蝕準朔在夏至初日準去交前後二百四十八分爲初準已下加時在午正前後七刻內者蝕朔去夏至前後每一日損初準二分畢於前後九十四日各爲每日變準其朔去交如變準已下加時如前者蝕

又以末準六十減初準及變準餘以十八約之爲刻準以并午正前後七刻數爲時準加時準內去交如末準已下並蝕又置末準每一刻加十八爲差準每加時刻去午前後如差準刻已下去交分如差已下者並蝕　自秋分至春分去交如末準已下加時南方三辰者亦蝕（凡定交分在辰前後半時外者雖入蝕準前爲變）　求日在日道裏朔應蝕而不蝕準朔在夏至日去交一千三百七十三爲初準已上加時在午正前後十八刻內者或不蝕朔去夏至前後每一日益初準一分半畢於前後九十四日各爲每日變準以初減變餘十而一爲刻準以刻減午正前後十八刻餘十而一爲時準其去交在變準已上加時在準內者或不蝕

求月蝕分術

置去交前後定分交冬前後皆去二百二十四春交後去一百交前去二百夏不問前後去五十秋交後去二百交前去一百不足去者蝕既有餘者以減後準一百四而一餘半已下爲半弱半已上爲半強命以十五爲限得月蝕之大分

求月蝕所起術

月在內道　蝕東方三辰（虧自月下邪南上月從西而漸北自東而漸南正南復於在下）蝕南方三辰（虧起在下甚於正北復於右上）蝕西方三辰（虧自月下邪北而上虧起東而漸南月從南而漸西起於月上邪北而下）月在外道　蝕東方三辰（虧起南而漸北月從西漸高漸西起於月上邪南而下）蝕南方三辰（虧起在上甚於正北復於右上）蝕西方三辰（虧自北而漸東月從南而漸西起於月上邪北而下）凡蝕十二分已上皆隨黃道所在起復於正傍逆順上下每過其分又道有升降每各不同各隨時取正

求日蝕分術

月在內道者朔入冬至畢朒雨水及盈秋分畢五十八秋分畢大雪皆以五百五十八爲蝕差（自入朒春分已後日損大分畢於白露）置蝕去交前後定分皆以蝕差減之但去交分不足減者皆反以減蝕差蝕爲不蝕餘自入朒小滿畢於小暑加時在午正前後七刻外者皆不去蝕餘一時三刻內加不蝕餘一時朒大寒畢朒立春交前五時外大暑畢盈立冬交後五時外皆云不蝕蝕餘一時五時內加一時諸加時辰差應減者交後減之交前加之應加者交後加之交前減之但不足減去者蝕既加減入不蝕限者或不蝕其月在外道者冬至初日無蝕差自後日益六分累計以爲蝕差畢於朒雨水自入朒春分畢於盈白露皆以五日二十二爲蝕差（自入盈秋分已後日損六分畢於大雪所損之餘爲蝕差）以蝕差加去交定分爲蝕分以減後準餘爲不蝕分各置其朔蝕差十五約之以減一百四餘爲定法不蝕分餘各如定法得一分餘半法已上爲半強已下爲半弱減十五餘爲蝕之大分

求日蝕所起術

日在內道　日蝕東方三辰（虧自日上近北而邪下月漸西北日漸東南）日蝕南方三辰（虧起右下蝕甚正北復在下月在南而漸東日在北而漸西）日蝕西方三辰（月漸東北日漸西南自日下近西而邪上）日在外道

日蝕東方三辰虧自日上近南而邪下月漸東日漸西北日蝕南方三辰虧起右下甚北南復左下月在南而漸東日在
北而漸西日蝕西方三辰月漸西南日漸東北虧自日上近南而邪上凡蝕十二分已上起於正傍
各據黃道外降以準其體隨其所與每各不同蝕有初末動涉其時隨損益以定虧復所在之方也

求日月蝕虧初及復末時刻術

置朔望所蝕大分數為率四分已上因增二五分已上因增三九分已上因增四十三分已上因增五各為汎用刻率副之以乘所入率副之以乘所入變增減率總法而一應速增損減加應遲依其增減副訖為蝕定用刻數乃四乘之十而一以減蝕甚辰刻為虧初又六乘之十而一加蝕甚辰刻為復末依其定加時所在辰刻加減命之各其辰其月蝕甚初末更籌因其日月所入辰刻及分依前定氣所過夜刻更籌術求其初末及甚時更籌迎葉孝威等天竺法先依日月行遲疾度以推入交遠近日月蝕分加時日月蝕亦為十五分去交十五度十四度十三度影虧不㳒蝕自此已下乃依驗蝕十二度十五分蝕二分少强以漸差降自五度半已上

蝕既十四分强若五度無餘分已下皆蝕盡又用前蝕多少以定後蝕分餘若既其後蝕度及分即加七度以為蝕度若望月蝕既來月朔日雖入而不注蝕若蝕半已下五分取一分若半已上三分取一分以加來月朔蝕度及分若今歲日餘度及分然後可驗蝕度分數多又云六月依節一蝕日月十五日是月蝕節黑月盡是月蝕節以亦吉凶之象皆告王者奉順正法養生福盛雖時應蝕由福故也其蝕即退更經六月欲蝕之前皆有先兆月欲有蝕先月乘搖振狀若驚懼月兒及側月色黃如有憂狀自常暈月初生時光不顯盛或極細微日欲有蝕先日形搖振極如驚懼狀或光色微昧不精盛或黎埃日月蝕先同候光隤墜或旦暮際有赤色起如火燒金銀珠玉諸寶失光或有盡如雲入日或有黑盡入月鳥聲細隱鳥不顯亮雲交擾擾光景渾亂忽極令諸乳卒竭月暈如阡狀日形毀列衣無光犬嗥貓叫虹見有聲三辰失月時有鋏水赤色有膩十四日十五日辟鳥圓集者亦是蝕之先候此等

與中國法數稍殊外梗槩相似也

步五星術

五星奇率皆百 總率 奇 伏分 奇

歲星木精五十三萬四百八十三奇三十五伏分三萬四千三十一奇二十二半 熒惑火精一百四萬五千八十 奇六十伏分九萬七千九十 奇三十 鎮星土精五十萬六千六百二十三奇二十九伏分二萬四千八百三十一 奇六十四半 太白金精七十八萬四百四十九奇九 伏分五萬六千二百二十四 奇五十四半 辰星水精十五萬五千二百七十八奇六十六伏分一萬一千六百九十九 奇三十三

五星終日 餘奇 木終日三百九十八餘一千一百六十三 奇四十五

火終日七百七十七餘一千二百二十 奇六十 土終日三百七十八餘一百三 奇二十九 金終日五百八十三 餘一千二百二十九 奇九夕見伏二百五十六日 辰見伏三百二十七日餘 奇同終分奇

水終日一百一十五 餘一千一百七十六 奇六十六 夕見伏五十二日辰見伏六十三日 餘奇同終分奇

求五星平見術

各以伏分減總實餘以其星總率去之不足去者反減其餘總率餘以總法約之為日不盡為餘奇即所求年天正恒朔夜半後星辰夕平見日筭及餘奇天正定朔進退日者進減退加一日為定朔夜半後星平見日及餘奇其金水二星先得夕平見其滿見伏日及餘者去之餘為晨平見日及餘奇命見日天正曆月大小以次去之不滿月者為入其月命日筭外即晨夕平見所在月日及餘奇

求後平見在月日術

各以其星終日筭及餘奇如前平見所在月日筭及餘奇奇滿率從餘餘滿總法為日去命如前即後平見所在月日及餘奇金水二星加夕得晨加晨得夕各半見餘以同半總

求五星常見術

各依其星平見所入佰氣計日損益分滿半總為日不滿為分以損益所加減訖餘以加減訖平見日及分即其常見日及分星目初見去日度平見入氣損益加減日率損益歲星初見去日十四度見入冬至畢小寒均

減六日自入大寒已後日損六十七分自後日加八十九分見入春分初日依平入立夏畢小滿均加六日自入芒種已後日損益八十九分入夏至畢立秋　均加四日自入處暑已後日損一百七十八分入白露初日依平均自後日減五十二分入小雪畢大雪　均減六日熒惑初見去日十七度　見入冬至初日減二十七日自後日損六百三分入大寒初日依平自後日加四百二分入雨水畢穀雨　均加二十七日自入立夏已後日損一百九十八分　鎮入立秋依平自入處暑已後日減一百九十分小雪畢大寒　均減二十七日　鎮星初見去日十七度　見入冬至初日　減四日自後日益八十九分入大寒畢春分均減八日自後清明已後日損五十九分入小暑初日依平自後日加八十九分入白露初日加八日自後日損一百七十八分入秋分　均加四日自入寒露已後日損五十九分入小雪初日依平自平後日減八十九分太白初見去日十一度　夕見入冬至初日依平自入自後日減一百分入啓蟄畢春分　均減九日自入清明已後日損一百分入芒種依平自入夏至已後日加一百分入處暑畢秋分　均加九日自入寒露已後日損一百分入大雪依平晨見入冬至依平自入小寒已後日加六十七分入立春畢立夏　均加三日自入小滿已後日損六十七分入夏至依平自入小暑已後日減六十七分入立秋畢　均加三日自入小雪已後日損六十七分

辰星初見去日十七度　夕見入冬至畢清明依平入穀雨畢芒種均減二百　入夏至畢大暑依平　入立秋畢霜降　應見不見其在立秋及霜降二氣之內多去日十八度外三十六度內有木火土金一星已上者入立冬畢大雪依平　晨見入冬至　均減四日　入小寒畢大寒依平　入立春畢啓蟄　均減三日其在啓蟄氣晨無水火土金內去日度如前一星已上不見　入雨水畢立夏　應見不見其在立夏氣內去日度如前晨有木火土金一星已上者亦見　入小滿畢寒露依平　入霜降畢立冬均加一日　入小雪畢大雪依平

求五星定見術

各置其星常見日消息定數半之息減消息如常見日即爲定見日及分五星休王光不同喜怒盛衰大小尤異茍變狀常見或先後今依日躔遲速考其行度其略以去日爲之定準

求星見所在度術

置星定見日夜半日所在宿度筭及分半其日躔差率定見餘半揔而一進加退減定見餘以加夜半度分乃以其星初見去日度數晨減夕加之即星初見辰所在宿度筭及分

行星術

各置其星初見日消息定數半之息加消減其星初見行留日率其土木三日出不須加減即依本術其加減不滿日者與見通之過半從一日無半不從論乃依行星日度之率求日之行分

求初見日後夜半星所在術

置其星定見餘以減半揔以其星初日行分乘之半揔而一以順加逆減星初見定辰所在度分加之滿法減之不足進退一度依前命之筭外即星見後夜半所在宿度及分自此已後每依其星計日行度所至日度及益疾皆從夜半爲昭辰有少隨所近也

轉求次日夜半星行所至術

各以其星一日所行度及分順加逆減之其行有小分者以日率爲母小分滿母去之從行分一行分滿半揔去之從度一其行有益疾益遲者副置一日行分各以其差遲損疾加之留者因前逆則依減順行出斗去其分逆行入斗先加分訖皆以程法約行分爲度分各得每日所至其五星後順留退所經日度各依伏度求其去日遠近消息日度之以定伏日所在若往曆其日度及金水等皆兼其分也

求平行度及分術

置定度率以揔乘之以有分者從之以日率除之所得爲一日行分不盡小分滿其行分滿半揔爲度即是一日所行度及行分小分置定日率減一日以所差分乘之二而一爲差率益疾者以差率減平行分益遲者以差率加平行分即是初日所行度及分

歲星

星名星行變日初行入氣曆行日率行度及度分率損益率

初順差行一百一十四日行十八度五百九遲一分先疾日益十四日　前留二十六日

旋退　西行差行三十日退六度十二分先遲日益疾一　又退　西行差行四十二日退六度十二分先疾日益遲二分　後留二十五日　後須差行一百一十四日行十八度五百九先遲日益疾一分日盡而夕伏十四日　熒惑初順入冬至初日　率二百四十三日行一百六十五度自後三日損日及度各三　小寒初日二百三十五日行一百五十四度自後二日損日及度各三　穀雨四日平畢小滿九日　一百七十八日行一百度自入小滿九日已後二日益日及度各一　夏至初日平畢六日　一百七十一日　行九十三度自入夏至六日已後三日益日及度各一　立

秋初日一百八十四日行一百六度自後一日益日及度各一白露初日二百一十四
日行一百三十六度自後五日益日及度各一秋分初日二百三十二日行一百五十
四度自後一日益日及度各一寒露初日二百四十七日行一百六十九度自後五日益日及度各二
霜降五日平畢立冬十三日二百五十九日行一百八十一度自入立冬十三日已後二日損日及度各一
復冬至初日二百四十二日行一百六十五度各依所入恒氣平者
依率自餘計日損益名爲前疾日度定率其前遲及留退入氣有損益日度者計日損益皆同
此疾之法以爲遲留旋退定日疾之率也

求變日率術

此疾入大寒六日損日率一畢雨水入春分畢立夏減日率十入
小滿初減日率十後三日損所減一畢芒種依平若入立秋三日
益日率一畢處暑入白露畢秋分均加率十入寒露初加率十後
一日半損所加一畢氣盡依平

求變度率術

此疾若入大寒畢於啓蟄立夏至大暑氣盡霜降畢小雪皆加度

率四清明畢穀雨加率度十二初行入處暑減日率六十度率十三
十別爲初遲半度之行行盡此日度及來所減之餘日度之率續爲疾入白露畢秋分四十四日行二
十二度皆爲初遲半度之率初行入大寒畢大暑差行先疾日益遲一
分各如上法求其行分其前遲後日率既有增損而益遲益疾若分皆檢括前疾末日行分爲前遲初日行分以前遲平行分減
之餘爲前遲總差後疾日分爲後遲末日行分爲後遲日行分減之餘爲後總差減爲後別日差分其不滿者皆謂爲小分遲疾之際行分衰殺不論所差多者依此
槲算若所差不多者各依本算前遲順差行入冬至六十日行二十五度先疾日益自入小寒已後二遲
二分日損一日及度各大寒初日五十五日行二十五度自後三日益日及度各一立春初日平畢
清明六十日行二十五度自穀雨氣別減一氣立夏初日平畢小滿六十日行二
十二度自入芒種別益一度夏至初日平畢處暑六十日行二十五度自入白露已後三日
損一度秋分初日六十日行二十五度自後一日益日半益一度寒露初日六十日
行二十五度自後二日損一度立冬一日平畢氣六十日行十七度自大雪已後五日益
度大雪初日六十日行二十度自後三日益一度前留十三日前疾減日率一度以其數分益此留
及後遲日率前疾以日率右以其數分遲日率旋退西行入冬至初日六十三日退二十一度自後四日
益一度小寒一日六十三日退二十六度自入小寒已後三日半損一度立春三日平畢啓
蟄六十二日退十七度自入雨水已後二日益日及度各一雨水八日平畢氣盡六十七
日退二十一度自入春分已後一日損日及度各一春分四日平畢芒種六十三日退七十
度自入夏至已後六日損日及度各一大暑初日平畢氣盡五十八日退十二度立秋
初日平畢氣盡五十七日退十一度自入白露已後二日益日及度各一白露十二日平畢秋
分六十三日退七十度自入寒露已後三日益日及度各一寒露九日平畢氣盡六十
六日退二十度自入霜降已後三日損日及度各一霜降六日平畢氣盡六十三日
退十七度自立冬已後三日益日及度各一立冬十一日平畢氣盡六十七日退二十
一度自入小雪已後二日損日及度各一小雪八日平畢氣盡六十三日退十七度自入大雪已後三日
益一度後留冬至留十三日自後二日半益一日大寒初平畢氣盡留二十五
日自入立春已後二日半日損一雨水初留十三日自後三日益一日清明初留二十三日自後
一日損一日清明十日平畢氣盡留十五日自入白露已後二日損一日益一日秋分十一日
無留自入秋分十一日已後一日益一日霜降初日留十九日自後三日損一日立冬三日平畢
大雪留十三日後遲順差行六十日行二十五度先疾日益疾二日前後疾加度者此遲依
數減之爲定度前疾無加度者此遲入秋分至立冬減三度入冬至減五度復留定日納十三日者所以納日數加此遲日率也後疾冬至初

日率二百一日行一百三十一度自後一日損日及度各一大寒八日一百七十
二日行九十四度自入大寒八日已後一日損日及度各一啓蟄平畢氣盡一百六十日
行八十三度自入雨水已後三日益日及度各一穀雨三日一百七十七日行九十九度自入
穀雨後三日益日及度各一芒種十四日平畢夏至二百三十三日行一百五十度
自入夏至已後十日益日及度各一小寒五日二百五十三日行一百七十五度自入小暑已後
五日益日及度各一大暑初日平畢處暑二百六十三日行一百八十五度自入白露
已後二日損日及度各一秋分一日二百五十五日行一百七十七度自入秋分日已後一日半損日及
度各一大雪初日二百五十日行一百二十度自入秋分三日益日及度各一冬至初
日復二百一十日行一百二十七度其入恒氣日度之率有損益者
計日損益並同前疾之法以爲後疾定度之率

求變日率術

其前遲定日朒六十及退行定日朒六十三者皆以所朒日數如
此疾定日率前遲定日盈六十三後留定日盈十三者皆以所盈
日數減此疾定日率加減訖即變日率

求變度術

其盈縮遲定度朒二十五退行定盈十七遲入秋分至冬至減度者皆以所盈朒減度者皆以所盈朒減度數加此疾定度率前遲定度盈二十五及退行定度朒十七者皆所盈朒度數減此疾定度率加減訖即變度率初行入春分畢穀雨差行先進日益疾一分初行入立夏畢至日行半度六十六日行二十三度小暑五十日行二十五度立秋畢氣盡二十日行十度減率十度行盡同前疾初遲法損益依前求其行分各盡度而夕伏鎮星初順差行八十三日行七度二百九十分先疾日益遲半分前留三十七日旋退西行差行五十一日退三十分先遲日益疾少半太白夕見順入冬至畢立夏入立秋畢大雪一百七十二日行二百六度自入小滿後十日益一度爲定疾初入白露畢春分差行疾日益遲二分自餘平行夏至畢小暑一百七十二日行二百九度自入大暑已後五日損一度畢氣盡平行入冬至畢日及大暑各畢氣盡一十三日行一十三度自入冬至後十日損一畢已後立春入立秋日益一畢秋分啓蟄畢芒種七日行七度自入夏至後五日益一畢於小雪寒露初日三十三日行三十二度自後六日損一畢於小雪順遲差行三十二日行三十度先疾日益遲入分前疾加度疾加度過二百六

前者準數損此度夕留七日夕退西行一十日退五度日盡而夕伏晨初退西行十日退五度日退半度晨留七日順遲差行冬至畢立夏大雪畢氣盡三十二日先遲日益疾入分自入小滿已後率十日損一度芒種平行冬至畢氣盡立夏畢氣盡一十三日行一十三度日行一度自入小寒已後六日益日及度各一畢於啓蟄入小滿後七日損日各一畢立秋雨水初日二十三日行二十三度自後六日損日及度各一畢於霜降處暑畢寒露無此平行自入霜降後五日益日及度各一畢大雪前遲行損度不滿三十度者此疾依之數益疾行一百七十二日行二百六度處暑畢寒露差行先遲日益疾一分餘平行行日盡而晨伏

晨星夕見順疾一十二日行二十一度六分日行一度五百三分大暑畢處暑一十二日行一十七度二分日行一度二百八十分平行七日行七度自入大暑後二日損日及度各一入立秋無此平行順遲行六日行二度四分日行二百二十四分前疾行十一度者無此遲行日盡而夕伏夕留五日晨見留五日順遲行六日行二度四分日行二百二十四分自入大寒畢於啓蟄無此遲行平行七日行七度日行一度大寒已後二日損日及度各一又立春無此平行順疾行一十二日行二十一度六分日行一度五百三分前無遲行者一十三日行一十七度一十分日行一度二百八十分各日盡而晨伏

凡五星終日分奇皆於伏分消遣故於行星更不別見武太后稱制詔曰頃者所司造曆以臘月爲閏稽考史籍便紊舊章遂令去歲之中晦仍月見重更尋討果差一日履端舉正屬在於兹宜改曆於惟新革前非於既往可以今月爲閏十月來月爲正月是歲得甲子合朔冬至於是改元聖曆以建子月爲正建丑爲臘建寅爲一月命太史瞿曇羅造新曆至三年復用夏時光宅曆亦不行用中宗反正太史丞南宮說奏麟德曆加時浸疏又上元甲子之首五星有入氣加時非合璧連珠之正也乃詔說與司曆徐保乂南宮季友更治乙巳元曆至景龍中曆成詔令施用俄而睿宗即位景龍曆寢廢不行麟德曆經今略載其法大端

毋法一百兩大衍之數爲毋法　旬周六十六甲之終數爲旬周　辰法八刻分三十三少半以十二辰數除一百刻得辰法

朞周三百六十五日餘二十四奇四十八一朞之德日及餘奇數爲朞

氣法十五日餘二十一奇八十五少半以二十四氣分朞周得氣法

候法五日餘七奇二十八遊分四以七十二候分朞周得候法

月法二十九日餘十三奇爲月法　日法日舒月速乃舒一合朔之及餘奇爲日法

望法十四日餘七十六奇五十三因爲陰後限二分月法得望法亦是月行陰曆後與朔望會交限

弦法七日餘三十八奇二十六半四分月法得弦法　閏差十月餘八十七奇七十六月法去朞周餘得閏差

没數九十一餘三十一奇十二四分朞周餘四分之得没法　没法一餘三十一奇十二以旬周去朞周餘四分之得没法

月周法二十七日餘五十五奇四十五小分五十九月行遲疾一周之數爲月周法

月差法一日餘九十七奇六十小分四十一以月周減月法餘得月差

周天法三百六十五度餘二十五奇七十一小分十三二十八宿總度數相距總數及餘奇爲周天法

交周法二十七日餘二十一奇二十二小分十六七分日行陰陽一周交於是日之數爲交周法

交差法二日餘三十一奇八十三小分八十三分以交周法減月法得交差法

交中法十三日餘六十奇六十一小分三分半二分交周得交中法

陽前限十三日餘四十四奇六十九小分十六七分月行陽曆與朔望會之後

陽後限一日餘十五奇九十一小分九十一六分半月行陽曆後與朔望會之限

陰前限二十六日餘五奇三十小分二十五半分月行陰曆先與朔望會之限

木歲星合法三百九十八日餘八十六奇七十九小分八十

火熒惑合法七百七十九日餘九十一奇五十五小分四十五

土鎮星合法 三百七十八日餘八百四小分八十

金太白合法 五百八十三日餘九十一百七十七小分七十

水辰星合法 一百一十五日餘八十七百九十五小分七十

太極上元歲次乙巳十一月甲子朔旦冬至之日黃鍾之始夜半之時斗衡之末建於子中日月如合璧五星若連珠俱起於星紀牽牛之初踐今大唐神龍元年復歲次於乙巳積四十一萬四千三百六十筭外上驗往古年成一筭下求將來年加一筭乙巳元曆法積數大約如此其筭經不錄

唐書志第十三

右文林郎充兩浙東路提舉茶鹽司幹辦公事臣董文郁校勘

唐書志卷第十四

曆三

劉昫

開元大衍曆經

演紀上元閼逢困敦之歲距今開元十二年甲子歲

歲積九千六百六十六萬一千七百四十筭

大衍步中朔第一　大衍通法三千四十

策實一百一十萬三百四十三　揲法八萬九千七百七十三

減法九萬一千三百　策餘一萬五千九百四十三

用差一萬七千一百二十四　掛限八萬七千一十八

三元之策一十五　餘六百六十四　秒七　四象之策二十九

餘一千六百一十三　中盈分千三百一十八　秒十四　爻數六十　象統二十四

推天正中氣以策實乘入元距所求積筭命日中積分盈大衍通法得一爲積日不盈者爲小餘爻數去積日不盡日爲大餘

數從甲子起筭外即所求年天正中氣冬至日及小餘也求次氣因天正中氣大小餘以三元之策及餘秒加之其秒盈象統從小餘小餘滿大衍通法從大餘大餘滿爻數去之命如前即次氣恒日及餘秒凡率相因加者下有餘秒皆以類相從而滿其法則迭進之用加上位日盈爻數去之也

推天正合朔以揲法中積分其所不盡日歸餘之掛以減中積分餘爲朔積分適如大衍通法而一爲日不盡爲小餘日盈爻數去之不盈者爲大餘命以甲子筭外即所求年天正合朔經日及小餘也求次朔及弦望因天正經朔大小餘以四象之策及餘加之數除如法即次朔經日及餘也又自經朔加一象之日七及餘一千一百六十三少得上弦倍之得望參之得下弦四之是謂一揲復得後月之朔凡四分一爲少二爲半三爲大四爲全加滿其全數去之從上位綜中朔盈虛分累益歸餘之掛每其月閏衰凡歸餘之掛五萬六千七百六十以上其歲有閏因考其閏衰滿掛限以上其月及合置閏或有進退皆以定朔無中氣裁焉

推沒日置有沒之氣恒小餘以象統乘之內秒分參而伍之以減策實餘滿策餘爲日不滿爲沒餘命卯起也凡恒氣小餘不滿大衍通法如中盈分半法已下爲有沒之氣

推減日以有減之朔經小餘減大衍通法餘倍參伍乘之用減減法餘滿朔虛分爲日不滿爲減餘命起經朔初日筭外即合朔後減日也凡經朔小餘不滿朔虛分者爲有減之朔

大衍步發斂術第二

天中之策五　餘二百二十二　秒三十一　秒法七十二

地中之策六　餘一百六十五　秒八十六　秒法一百二十

貞悔之策三　餘一百三十二　秒一百三　秒法如前

辰法七百六十　刻法三百四

推七十二候各因中節大小餘命之即初候日也以天中之策及餘秒加之數除如法即次候日又加得末候日凡發斂皆以恒氣推

六十卦各因中氣大小餘命之公卦用事日也以地之策及餘秒累加之數除如法各次卦用事日若以貞悔之策加諸候卦得十有二節之初外卦用事日

推五行用事各因四立大小餘命卯之即春木夏火秋金冬水首用

事日也以貞悔之策及餘秒減四季中氣大小餘即其月土始用事日凡抽加減而有秒者母若不齊當令母互乘子通加減之母相乘爲法

恒氣 月中節 四正卦	初候	次候	末候	始卦	中卦	終卦
冬至 十一月中 坎初六	蚯蚓結	麋角解	水泉動	公中孚	辟復	侯屯內
小寒 十二月節 坎九二	鴈北鄉	鵲始巢	野雞始雊	侯屯外	大夫謙	卿睽
大寒 十二月中 坎六三	雞始乳	鷙鳥厲疾	水澤腹堅	公升	辟臨	侯小過內
立春 正月節 坎六四	東風解凍	蟄蟲始振	魚上冰	侯小過外	大夫蒙	卿益
雨水 正月中 坎九五	獺祭魚	鴻鴈來	草木萌動	公漸	辟泰	侯需內
驚蟄 二月節 坎上六	桃始花	倉庚鳴	鷹化爲鳩	侯需外	大夫隨	卿晉
春分 二月中 震初九	玄鳥至	雷乃發聲	始電	公解	辟大壯	侯豫內
清明 三月節 震六二	桐始華	鼠化爲鴽	虹始見	侯豫外	大夫訟	卿蠱
穀雨 三月中 震六三	萍始生	鳴鳩拂羽	戴勝降桑	公革	辟夬	侯旅內
立夏 四月節 震九四	螻蟈鳴	蚯蚓出	王瓜生	侯旅外	大夫師	卿比
小滿 四月中 震六五	苦菜秀	靡草生	小暑至	公小畜	辟乾	侯大有內

芒種五月節震上六 螳螂生 鵙始鳴 反舌無聲 侯大有外 大夫家人 卿井
夏至五月中震六二 鹿角解 蜩始鳴 半夏生 公咸 辟姤 侯鼎內
小暑六月節離六二 溫風至 蟋蟀居壁 鷹乃學習 侯鼎外 大夫豐 卿渙
大暑六月中離九三 腐草爲螢 土潤溽暑 大雨時行 公履 辟遯 侯恒內
立秋七月節離九四 涼風至 白露降 寒蟬鳴 侯恒外 大夫節 卿同人
處暑七月中離六五 鷹祭鳥 天地始肅 禾乃登 公損 辟否 侯巽內
白露八月節離上九 鴻鴈來 玄鳥歸 群鳥養羞 侯巽外 大夫萃 卿大畜
秋分八月中兌初九 雷乃收聲 蟄蟲坏戶 水始涸 公賁 辟觀 侯歸妹內
寒露九月節兌九二 鴻鴈來賓 雀入大水爲蛤 菊有黃花 侯歸妹外 大夫无妄 卿明夷
霜降九月中兌六三 豺乃祭獸 草木黃落 蟄蟲咸俯 公困 辟剝 侯艮內
立冬十月節兌九四 水始冰 地始凍 野雞入大水爲蜃 侯艮外 大夫既濟 卿噬嗑
小雪十月中兌九五 虹藏不見 天氣上騰地氣下降 閉塞而成冬 公大過 辟坤 侯未濟內
大雪十一月節兌上六 鶡鳥不鳴 虎始交 荔挺出 侯未濟外 大夫蹇 卿頤

推發斂去朔各置其月閏衰以大衍通法約之爲日不盡爲餘，即其月中氣去經朔日筭及餘秒也。求卦候者各以天地之策及餘秒累加減之中氣之前以減中氣之後以加得去經朔日筭及餘秒。

推發斂加時各置其小餘以六爻乘之如辰法而一爲半辰之數不盡者五之三刻法除之爲刻又不盡者三約爲分此分滿刻若今滿象積爲刻爲刻者即置不盡之數十之九而一爲分命辰起子半筭外各其加時所在辰刻及分也

大衍步日躔術第三

乾實一百一十一萬三百七十九太 周天度三百六十五虛分七百七十九太 歲差三十六太

定氣	辰數	盈縮分
前後數	損益率	朓朒積
冬至	一百七十三三分	盈二千三百五十三
先端	益一百七十八	朒初
小寒	一百七十五三分	盈一千八百四十五
先二千三百五十三	益一百三十八	朒一百七十六
大寒	一百七十七一分	盈一千三百九十
先四千一百九十八	益一百四	朒三百一十四
立春	一百七十八八分	盈九百七十六
先五千五百八十八	益七十三	朒四百一十八
雨水	一百八十三分	盈五百八十八
先六千五百六十四	益四十四	朒四百九十一
驚蟄	一百八十一八分	盈二百一十四
先七千一百五十二	益十六	朒五百三十五
春分	一百八十三五分	縮二百一十四
先七千三百六十六	損十六	朒五百五十一
清明	一百八十四九分	縮五百八十八
先七千一百五十二	損四十四	朒五百三十五
穀雨	一百八十六五分	縮九百七十六
先六千五百六十四	損七十三	朒四百九十一
立夏	一百八十八一分	縮一千三百九十
先五千五百八十八	損一百四	朒四百一十八
小滿	一百八十九九分	縮一千八百四十五
先四千一百九十八	損一百三十八	朒三百一十四
芒種	一百九十一九分	縮二千三百五十三
先二千三百五十三	損一百七十六	朒一百七十六
夏至	一百九十一九分	縮二千三百五十三
後端	益一百七十六	朓初
小暑	一百八十九九分	縮一千八百四十五
後二千三百五十三	益一百三十八	朓一百七十六
大暑	一百八十八一分	縮一千三百九十
後四千一百九十八	益一百四	朓三百一十四
立秋	一百八十六五分	縮九百七十六
後五千五百八十八	益七十三	朓四百一十八
處暑	一百八十四九分	縮五百八十八

後六千五百六十四　益四十四　朓四百九十一
白露　一百八十三五分　縮二百一十四
後七千一百五十二　益十六　朓五百三十五
秋分　一百八十一八分　盈二百一十四
後七千三百六十六　損十六　朓五百五十一
寒露　一百八十三分　盈五百八十八
後七千一百五十二　損四十四　朓五百四十五
霜降　一百七十八八分　盈九百七十六
後六千五百六十四　損七十三　朓四百九十一
立冬　一百七十七一分　盈一千三百九十
後五千五百八十八　損一百四　朓四百一十八
小雪　一百七十五三分　盈一千八百四十五
後四千一百九十八　損一百三十八　朓三百一十四
大雪　一百七十三三分　盈一千八百五十三
後二千三百五十三　損一百七十六　朓一百七十六

求每日先後定數：以所入氣并後氣盈縮分，倍六爻乘之，綜兩氣辰數除之，為末率。又列二氣盈縮分，皆倍六爻乘之，各如辰數而一，少減多，餘為氣差。加減末率，（至後以差加，分後以差減。）為初率。倍氣差，亦六爻乘之，復綜兩氣辰數以除之，為日差。半之，以加減初末，各為定率。以日差累加減氣初定率，（至後以差減，分後以差加。）為每日盈縮分。迺驯積之，隨所入氣日加減氣下先後數，各其日定。（冬至後爲陽復，在盈加之縮減；夏至後爲陰復，在縮加之，在盈減之。距四正前一氣在陽變革之際，不可以并，皆因前末爲初率，以氣差至前加之，分前減之，爲末率，餘依前率，各得所求。其朓朒亦放此求之，各得每日定數。其分不滿全數，母又每氣不同，當退法除之，用百爲母，半已上從一，已下弃之。下求朓朒餘分不滿準此。）

推二十四氣定日：冬、夏至皆得天地之中，無有盈縮，餘各以氣下先後數先減後加恒氣小餘，滿若不足，進退其日，命從甲子，算外，各其定日及餘秒也。（凡推日月行度及朓朒交會，並依定氣，若歷即依恒氣也。）

推平朔四象：以定氣相距，置朔弦望經日大小餘，以所入定氣大小餘及秒分減之，各其所入定氣日算及餘秒也。若大餘少不足減者，加爻數，然後減之。（其弦望小餘有少半太，當以爻乘之，乃以氣秒分減退一，加氣統；小餘不足減，退日算一，加大衍通法也。）

求朔弦望經日入朓朒：各置其所入定氣日算及餘秒，減日算一，各以日差乘而半之，以加減其氣初定率，（前少加之，前多減之。）以乘其所入定氣日算及餘秒，（凡除者先以母通全內子，乃相乘，母相除之。若忽微之數煩多而不甚相校者，過半收爲全，不滿半法弃之。）所得以損益朓朒積，各為其日所入朓朒定數。（若非朔望有交者，以十二乘所入日算三小餘，辰法除而從之，以乘損益率，如定氣辰數而一，所得以損益朓朒積，各爲定數也。）

赤道宿度

斗二十六　牛八　女十二　虛十（及分）　危十七　室十六　壁九
右北方七宿九十八度　虛分七百七十九太
奎十六　婁十二　胃十四　昴十一　畢十七　觜一　參十
右西方七宿八十一度
井三十三　鬼三　柳十五　星七　張十八　翼十八　軫十七
右南方七宿一百一十一度
角十二　亢九　氐十五　房五　心五　尾十八　箕十一
右東方七宿七十五度

前皆赤道度，其畢、觜、參及輿鬼四宿度數與古不同，今並依天以儀測定，用為常數。紘帶天中，儀極攸憑，以格黃道也。推黃道：準冬至歲差所在，每距冬至前後各五度為限，初數十二，每限減一，盡九限，數終於四；距二立之際一度少強，依平。距春分前秋分後，初限起四，每限增一，盡九限，終於十二而黃道交。復計春分後秋分前亦五度為限，初數十二，盡九限，數終於四；距二立之際一度少強，依平。距夏至前後，初限起四，盡九限，終於十二。皆累裁之，以數乘限度，百二十而一，得度，不滿者十二除為分，（若以下除則大分十二爲母，命以太半少及強弱。）命曰黃赤道差數。二至前後各九限，以差減赤道度為黃道度；二分前後各九限，以差加赤道度為黃道度。（若從黃道反推赤道，二至前後各加之，二分前後須減之。）

黃道宿度

斗二十三半　牛七半　女十一少　虛十（及差）　危十七太　室十七少　壁九太
右北方九十七度（六虛之差十九太）
奎十七半　婁十二太　胃十四太　昴十一　畢十六少　觜一　參九少

右西方八十二度

井三十　鬼二太　柳十四少　星六太　張十八太　翼十九少　軫十八太

右南方一百十度半

角十三　亢九半　氐十五太　房五　心四太　尾十七　風星十少

右東方七十五度少

前皆黃道度其步日行月與五星出入循此求此宿度皆有餘分前後輩之少半太准爲全度若上考古下驗術家當據歲差每移一度各依術算使得當時宿度及分然可步月五星知其犯守也

推日度以乾實去中積分不盡者盈大衍通法爲度不滿爲度餘命起赤道虛九去分不滿宿算外即所求年天正冬至加時日所在度及餘也以三元之策累加之命宿次如前各得氣初日加時赤道宿度

求黃道日度以度餘減大衍通法餘以冬至日躔之宿距度所入限乘之爲距前分置距度下黃赤道差以大衍通乘之減去距前分餘滿百二十除定差不滿者以象統乘之復除爲秒分迺以定差反秒減赤道宿度餘依前命之即天正冬至加時日所在黃道宿度及餘也

求次定氣置歲差以限數乘之滿百二十除爲秒分不盡爲小分以加於三元之策秒分因累而裁之命以黃道宿次去之各得定氣加時日躔所在宿及餘也

求定氣初夜半日所在度各置其氣定小餘副之以乘其日盈縮分滿大衍通法而一盈加縮減其副用減其日時度餘命如前各其日夜半日躔行在求次日各因定氣初日夜半度累加一策迺以其日盈縮分盈縮減度餘命以宿次即半日所在度及餘也

大衍步月離術第四

轉終分六百七十萬一千二百七十九　轉終日二十七　餘一千六百八十五

秒七十九　轉法七十六　轉秒八十

推天正經朔入轉以轉終分去朔積分不盡以秒法乘盈轉終分又去之餘如秒法一而入轉分不盡爲秒入轉分滿大衍通法爲日不滿爲餘命日算外即所求年天正經朔加時入轉日及餘秒

求次朔入轉因天正所入轉差日一轉餘二千九百六十七秒分一盈轉終日餘秒者去之數除如前即次日經朔加時所入者上下弦望如求經朔四象術循變相加若以經朔望小餘減之各其日夜半所入轉日及餘秒

終日	轉分	列衰	轉積度	損益率	朓朒積
一日	九百一十七	進十三	度初	益二百九十七	朓初
二日	九百三十	進十三	十二度五	益二百五十九	朓二百九十七
三日	九百四十三	進十三	二十四度二十五	益二百二十	朓五百五十六
四日	九百五十六	進十四	三十六度五十四	益一百八十	朒七百七十六
五日	九百七十	進十四	四十九度二十二	益一百三十九	朒九百五十六
六日	九百八十四	進十六	六十二度四	益九十七	朒一千九十五
七日	一千	進十八	七十五度	初益四十八末損六	朒一千一百九十二
八日	一千一十八	進十九	八十八度十二	損六十四	朒一千二百三十四
九日	一千三十七	進十四	一百度四十二	損一百六	朒一千一百七十
十日	一千五十一	進十四	一百十五度十五	損一百四十八	朒一千六十四
十一日	一千六十五	進十四	一百二十九度二	損一百八十八	朒九百十六
十二日	一千七十九	進十三	一百四十二度三	損一百二十九	朒七百二十七
十三日	一千九十二	進十三	一百五十七度十八	損一百六十七	朒四百九十八
十四日	一千一百五十	進十退三	一百七十一度四十六	初損二百四十一末益六十六	朒二百三十一
十五日	一千一百十二	退十三	一百八十度十一	益二百八十九	朓六十六
十六日	一千九十九	退十三	二百度五十九	益二百五十	朓三百五十五
十七日	一千八十六	退十三	二百一十五度十八	益二百一十一	朓六百五
十八日	一千七十三	退十四	二百二十九度十四	益一百七十二	朓八百一十六
十九日	一千五十九	退十四	二百四十三度四十九	益一百三十	朓九百八十七
二十日	一千四十五	退十七	二百五十七度四十四	益八十七	朓一千一百一十七
二十一日	一千二十八	退十八	二百七十一度二十五	初益三十六末損一十八	朓一千二百四
二十二日	一千一十	退十八	二百八十四度六十五	損七十三	朓一千二百二十三
二十三日	九百九十二	退十四	二百九十八度十一	損一百十六	朓一千一百四十九

二十四日 九百七十八 退十四 三百十一度 損一百五十七 朓一千三十三

二十五日 九百六十四 退十四 三百二十四度五十 損一百九十八 朓八百七十六

二十六日 九百五十 退十三 三百二十六度七十 損二百三十七 朓六百七十八

二十七日 九百三十七 退十三 三百三十九度九十 損二百七十六 朓四百四十一

二十八日 九百二十四 退七進六 三百六十一度四十四 初損一百六十五末益入後 朒一百六十五

求朔弦望入朓朒定數各朔其所入日損益而半之爲通率又二率相減爲率差前多者以入餘減大衍通法餘乘率差盈大衍通法得一并率差而半之前少者半入餘乘率差亦如大衍通法除爲加時轉率迺半之以損益加時所入餘爲轉餘其轉餘應益者減法應損者因餘皆以乘率差盈大衍通法得一加於通法轉率乘之大衍通法約之以朓朒加轉率爲定率乃以定率損益朓朒積爲定數其後無同率者亦因前率應益者以通率爲初數半率差而減之應損者即爲通率其損益入餘進退日者分爲二日隨初末如法求之所得並以損益轉率此術本出皇極曆以究筭術之微變若非朔望有交者直以入餘乘損益如大衍通法而一以損益朓朒爲定數各得所求

七日 初二千七百一約爲大分八末三百三十九約爲大分一 十四日 初二千三百六十三約爲大分七末六千七十七約爲大分二

○二十一日 初二千二十四日分約爲大分六末一千一十六約爲大分三 二十八日 初一千六百八十六約爲大分五末一千三百五十四約爲大分四

右以四象約轉終日及餘均得六日二千七百一分就全數約爲大分是爲之八分以減法餘爲末數迺四象馴變相加各其所當之日初末數也視入轉餘如初數以下者加減損益因循前率如初數以上則反其衰歸于後率云

求朔弦望定日及餘以入氣入轉朓朒定數同名相從異名相消迺以朓減朒加四象經小餘滿若不足進大餘命以甲子筭外各其定日及小餘于名與後朔同者月大不同者小無中氣者爲閏月凡言夜半者皆起晨前子正之中若注曆觀弦望定小餘不盈晨初餘數者退一日其望小餘雖滿此數若有交蝕初虧在晨初已前者亦如之又月行九道遲疾則三大二小以日行盈縮累增損之則各有四大三小理數然也若俯循常儀當察加時早晚隨其所近而進退之使不過三小其正月朔若有交加時正見消息前後一兩月以定大小令虧在晦二

推定朔弦望夜半日所在度各隨定氣次日以所直日度及餘分命爲若以五星相加減者以四約度餘迺列朔弦望小餘副之以乘其日盈縮分如大衍通法而一盈加縮減其副以加其日夜半度餘命如前各其日加

時日躔所次

推月九道度凡合朔所交冬在陰曆夏在陽月行青道冬夏至後青道半交在春分之宿當黃道東立冬夏後青道半交在立春之宿當黃道東南至所衝之宿亦如之也冬在陽曆夏在陰曆月行白道冬至夏至後白道半交在秋分之宿當黃道西立北至所衝之宿亦如之也春在陽曆秋在陰曆月行朱道春秋分後朱道半在夏至宿當黃道南立春立秋後朱道半在立夏之宿當黃道西南至所衝之宿亦如之也春在陰曆秋在陽曆月行黑道春秋分後黑道半交在冬至之宿當黃道北立春立秋後黑道半交在立冬之宿當道東北至所衝之宿亦如之也四序離爲八節至陰陽之始交皆以黃道相會故月有九行各視月交所入七十二候距交初黃道日每五度爲限交初交中同術亦初數十二每限減一數終於四乃一度強依平更從四起每限增一終於十二而至半交其去黃道六度又自十二每限減一數終於四亦一度強依平更從四起每限增一終於十二復與日軌相會各累計其數以乘限度二百四十而一得度不滿者二十四除爲分若以二十除之則大分十二爲母命以半太少及強弱也月爲月與黃道差數距半前後各九限以差數爲減距正交前後各九限以差數爲加此加減是出入六度單與黃道相校三數也若校赤道則隨氣遷變不恒計去冬至○夏至以來候數乘黃道所差十八而一爲行與赤道差數凡日以赤道內爲陰赤道外爲陽月以黃道內爲陰黃道外爲陽故月行宿度入春分交後行陰曆秋分交後行陽曆皆爲異名其在同名以差數爲加者加之減者減之若在異名以差數爲加者減之減者加之皆以增損黃道度爲九道定度

推月九道平交入氣各以其月恒中氣去經朔日筭及餘秒加其月經朔加時入交汎日及餘秒迺以減交經日及餘秒其餘即各平交入其月恒中氣日筭及餘秒也滿三元之策及餘秒則去之其餘即平交入後月恒節氣日筭及餘秒因求次交者以交終日及餘秒加之滿三元之策及餘秒去之不滿者爲平交入其氣日筭及餘秒各以其氣前先後數先加後減其入餘滿若不進退日筭即平交入定氣日筭及餘秒也

求平交入氣朓朒定數置所入定氣日筭倍六爻乘之三其小餘辰法除而從之以乘其氣損益率如定氣辰數而一所得以損益其氣朓朒積爲定數也

求平交入轉朓朒定數置所入定氣餘加其日夜半入轉餘以乘其

日損益率滿大衍通法而一所得以損益其日朓朒積逌以交率乘之大數而一爲定數

求正交入氣置平交入氣及入轉朓朒定數同名相從異名相消逌以朓減朒加平交入氣餘滿若不足進退日筭即爲正交定氣日筭及餘也

求正交加時黃道宿度置正交入定氣餘副之乘其日盈縮分滿大衍通法而一所得以盈加縮減其副以加其日夜半日度即正交加時所在黃度及餘也

求正交加時月離九道宿度以正交加時度餘減大衍通法餘以正交之宿距度所入限數乘之爲距前分置距度下月道與黃道差以大衍通法乘之減去距前分餘滿二百四十除爲定差不滿者一退爲秒以定差及秒加黃道度餘仍計去冬至夏至已來候數乘定定差十八而一所得依名同異而加減之滿若不足進退其度命如前即正交加時月離所在九道宿度及餘也

○推定朔弦望加時月所在度各置其日加時日躔所在變從九道循次相加凡合朔加時月行潛在日下與太陽同度是謂離象先置朔弦望加時黃道日度以正交加時所在黃道宿度減之餘以加其正交道加時九道宿度命起正交宿度筭外即朔弦望加時所當九道宿度也其合朔加時若非正交則日在黃道月在九道各入宿度雖多少則考其去極若應繩準故云月行潛在日下與太陽同度也以一象之度九十一餘九百五十四秒二十二半爲上弦兌象倍之而與日衝得望坎象叅之得下弦震象各以加其所當九道宿度秒盈象統從餘餘滿大衍通法從度命如前各其日加時月所在度及餘秒也綜五位成數四十以約度餘爲分不盡者因爲小分也

推定朔夜半入轉恒視經朔夜半所入若定朔大餘有進退者亦如減轉日否則因經朔爲定徑求次定朔夜半入轉因前定朔夜半所入大月加轉差日二小月加日一轉餘皆一千三百五十四秒分一數除如前即次月定朔夜半所入

求次日累加一日去命如各其夜半所入轉日及餘秒

求每日月轉定度各以夜半入轉餘乘列衰如大衍通法而一所得以進加退減其日轉分爲月每所轉定分滿轉法爲度也

求朔弦望定日前夜半月所在度各半列衰減轉分退者定餘乘衰以大衍通法除并衰而半之進者半定餘乘衰定以大衍通法除皆加所減逌以定餘乘之盈大衍通法得一以減加時月度及分因夜半准此求轉分以加之亦得加時月度若非朔望有交直以定小餘乘入日轉交分如大衍通法而一以減其日時月度亦得所求

求次日夜半月度各以其日轉定分加之分滿轉法從度命如前即次日夜半月所在度及分

推月晨昏度各以所入轉定分乘其日夜漏倍百刻除爲晨分以減轉定分餘爲昏分分滿轉法從度以加夜半度望前以昏加望後以晨加各得其日晨昏月所在度及分

大衍步軌術第五

爻統千五百二十　象揁四百八十　辰刻八　刻分百二十　昏明刻各二　刻分二百四十

定氣	陟降率	消息衰	陽城日晷	漏刻	黃道去極度	距中宿度
冬至	降七十八	息空六十四	丈二赤七寸一分五二十	二十七刻二百四十	一百十五度十二	八十二度二十七
小寒	降七十二	息五十一九十	丈二赤三寸七十七	二十七刻一百三十五	一百十四度	八十三度九十一
大寒	降五十三	息百二十一四十二	丈一赤二寸一分八十二	二十六刻二百八十	一百十一度十九	八十四度七十七
立春	降三十四	息二十五二十	九赤七寸三分五十	二十五刻四百七五	一百八度	八十七度十七
雨水	降十七八初限	息三十五七十八	八赤二寸一分六	二十四刻四百八十	一百三度十二	九十度二十九
驚蟄	降一	息三十九十五	六赤七寸三分四八十	二十三刻三百六十	九十七度十二	九十五度八十八
春分	陟五	息三十九九十五五	五赤四寸三分九八十	二十二刻三百三十	九十一度十三	一百度四十四五十
清明	陟初限	息三十八九八十	四赤三寸一分十二	二十一刻一百二十	八十五度十三	一百五度
穀雨	陟三十二	息三十三六五十	三赤三寸四十四	二十刻十	七十九度十四	一百九度五十
立夏	陟五十二	息二十八八三十	二赤五寸三十	十九刻五	七十四度五五十	一百十三度九五十
小滿	陟六十三	息二十十一	一赤九寸五分六七十	十八刻一百	七十度七十	一百十一度二十
芒種	陟六十四	息十十三	一赤六寸三	十七刻四二百五十	六十八度四二十	一百十八度九
夏至	陟六十四	消空五十一	一赤四寸七分九七十	十七刻二百五十	六十七度十四	一百十八度二六十
小暑	降六十三	消十十六	一赤六寸三	十七刻二百五十五	六十八度五二十	一百十七度八九十

大暑　降五十二　消二十五（五　七十）　一尺九寸五分　十八刻（一百）　七十八度（十七）　一百十八度（二十）
立秋　降三十二　消二十八（九十）　二尺五寸三分（三十）　十九刻（五）　七十四度（五　五十）　一百十三度（九十）
處暑　降十九（初限九）　消三十四（六　七十）　三尺三寸（三十七）　二十刻（十）　七十九度（十五）　一百九度（五十）
白露　降五　消三十八（九十）　四尺三寸二分（一十）　二十二刻（二十　一百）　八十五度（二十）　一百五度
秋分　陟一　消三十九（六　六十）　五尺四寸三分（九十）　二十刻（四十　二百）　九十一度　一百度（四十四　五十）
寒露　陟（初限一）　消三十九（十　五）　六尺七寸三分（四　八十）　二十三刻（六十　三百）　九十七度（三十）　九十五度（八十八）
霜降　陟三十四　消三十四（八　九十）　八尺二寸一分（六）　二十四刻（七十一　四百）　一百三度（二十）　九十一度（三十九）
立冬　陟五十三　消二十九（二　七十）　九尺八寸三分（五十）　二十五刻（十五　四百）　一百八度（五）　八十七度
小雪　陟七十二　消二十一（七　十）　一丈一尺二寸一分（二　八十）　二十六刻（八十　三百）　一百十一度（十九）　八十四度（七十）
大雪　陟七十八　消十一（十三）　一丈二尺三寸（六　六十）　二十七刻（四十五　二百）　一百十四度　八十二度（九十一）

求每日消息定衰各置其氣消息衰依定氣日數每日以陟降率陟減降加其分滿百從衰不滿爲分各得每日消息定衰及分其距二分前後各一氣之外陟降不等各每以三日爲一限損益如後

雨水　初日降七十八（初限每日損十二次限每日損八次限每日損三次限每日益二末限每日益一次）

清明　初日陟一（初限每日益一次限每日益二次限每日益三次限每日益八末限日益十九）

處暑　初日降九十九（初限每日損十九次限每日損八次限每日損三次限每日損二末限每日損一）

寒露　初日陟一（初限每日益一次限每日益二次限每日益三次限每日益八末限每日益十二）

求前件四氣置初日陟降率每日依限次損益之各爲每日率遞以陟減降加其氣初日消息衰分亦得每日定衰及分也

推戴日之北每度晷數南方戴日之下正中無晷自戴日之北一度適初數一千三百七十九從此起差每度增一終於二十五度又每度增二終於四十度又每度增六終於四十四度增六十八每度增二終於五十五度又每度增十九終於六十度增一百六十又每度增三十三終於六十五度又每度增三十六終於七十度又每度增三十九終於七十二度增二百六十又度增四百四十又度增一千六十又度增一千八百六十又度增二千八百四十又度增四千又度增五千三百四十而各爲每度差因累其差以遞加初數滿百爲分分滿十爲寸各爲每度晷差又每度晷差數求陽城日晷每日中常數各置其氣去極度以極去戴日下度五十六盈分八十二減半之各得戴日之北度數及分各以其消息定衰戴日北所直度分之晷差滿百爲分分滿十爲寸各爲每日晷差遞以息減消加其氣初晷數得每日中晷常數也

求每日中晷定數各置其日所在氣定小餘以爻統減之餘爲中後分置前後分以其日晷差乘之如大衍通法而一爲變差乃以變差加減其日中晷常數（冬至後中前以差減中後以差加夏至後中前以差加中後以差減冬至一日有減無加夏至一日有加無減）各得每日中晷定數

求每日夜半漏定數置消息定衰滿象積爲刻不滿爲分各遞以息減消加其氣初夜半漏各得每日夜半漏定數求晨初餘數置夜半定漏全刻以九千一百二十乘之十九乘刻分從之如三百而一所得爲晨初餘數不盡爲小分

求每日晝夜漏及日出入所在辰刻各倍夜半之漏爲夜刻以減百刻餘爲晝刻減晝五刻以加夜即晝爲見刻夜爲没刻半没刻以半辰刻加之命起子初刻算外即日出辰刻以見刻加之命如前即

日入辰刻（置夜刻以五除之得每更差刻得每籌差刻以昏刻加日入辰即甲夜初刻又以更籌差加之得次更一籌之數以次累加滿辰刻去之命如前即得五夜更籌所當辰及分也其夜半定漏亦名晨初夜刻）

求每日黃道去極定數置消息定衰滿百爲度不滿爲分各遞以息減消加其氣初去極度各得每日去極定數

求每日距中度定數置消息定衰以一萬二千三百八十六乘之如一萬六千二百七十七而一爲每日度差滿百爲度不滿爲分各遞以息加消減其氣初距中度各得每日距中度定數（倍距中度以減周天度五而所得爲每更差度）

求每日昏明及每更中宿度所臨置其日所在赤道宿度以距中度加之命宿次如前即得其日昏中所臨宿度以每更差度加之命如前即乙夜初中所臨宿度及分也

求九服所在每氣初日中晷常數置其氣去極度數相減各爲每氣消息定數因測所在冬夏至日晷長短（但測至即得下必要須冬至）於其戴日之北度及分晷數中校取長短同者便爲所在戴日北度數及分每氣各以消息定數加減之（因冬至後者每氣以減因夏至後者每氣以加）各得每氣戴日北度數及

分各因其氣所直度分之晷數長短即各爲所在每定氣初日中晷常數其測晷有在表南者亦據其晷尺寸長短與戴日北每度晷數同者因取其所直之度去戴日北度數反之爲去戴日南度然後以消息定數加減

求九服所在晝夜漏刻冬夏至各於所在下水漏以定當處晝夜刻數迺相減爲冬夏至差刻半之以加減二至晝夜刻數加夏至減冬至爲春秋分定日晝夜刻數迺置每氣消息定數以當處二至差刻數乘之如二至極差度四十七分八十而一所得依分前後各減二分初日晝夜漏刻春分前秋分後加夜減晝春分後秋分前加晝減夜各得所在定氣初日晝夜漏刻數

求次日者置每日消息定衰亦以差刻乘之差度而一所得以息減消加其氣初漏刻各得所求其求距中度及昏明中宿日出入所在皆依陽城法求仍以差度而今有之即得也

又術置所在春分定日中晷常數與陽城每日晷數校取同者因其日夜半漏即爲所在定春分初日夜半漏求餘氣定日每以消息定數依分前後加減刻分春分前以加分後以減秋分後以減分後以加滿象積爲刻不滿爲分各爲所在定氣初日夜半定漏

求次日以消息定衰依陽城法求之即得此術究理大體合通但高山平川視日不等校其日晷長短迺同考其水漏多少殊別以茲參累術爲審也

大衍步交會術第六

交終八億二千七百二十五萬一千三百二十二

交中四萬一千三百六十二 秒五千六百六十一

終日二十七 餘六百四十五 秒一千三百二十二

中日十三 餘一千八百四十二 秒五千六百六十一

朔差日二 餘九百六十七 秒八千六百七十八

望差日一 餘四百八十三 秒九千三百三十九

望數日十四 餘二千三百二十六 秒五千

交限日十二 餘一千三百五十八 秒六千三百二十二

交率三百四十三 交數四千三百六十九 辰法七百六十 秒分法萬

推天正經朔入交以終去朔積分不盡以秒分法乘盈交終又去之餘如秒法而一爲入交分不盡爲秒入交分滿大衍通法爲日不滿爲餘命日筭外即所求年天正經朔加時入交汎日及餘秒

求次朔入交因天正所入加朔差日及餘秒盈交終日及餘秒者去之數除如前即次月經朔加時所入

求望以數日及餘秒加之去命如前即得所求若以經朔望小餘減之各其日夜半所入交汎日及餘秒

求定朔夜半入交恒視經朔望夜半所若定朔望大餘有進退者亦加減交日否則因經爲定各得所求求次定朔夜半入交因前定朔夜半所入大月加交差日二月小加日一餘皆二千三百九十四秒八千六百七十八求次日累加一日數除如前各其夜半所入交汎日及餘秒

求朔望入交常日各以其日入氣朓朒定數朓減朒加其入交汎餘滿大衍通法從日即爲入交常及餘秒

求朔望入交定日各置其日入轉朓朒定數以交率乘之如交數而一所得以朓朒加入交常餘數如前即爲入交定日及餘秒

求月交入陰陽曆恒視其朔望入交定日及餘秒如中日及餘秒已下者爲月入陽曆已上者以中日及餘秒去之餘爲月入陰曆

陰陽曆

交目	加減率	陰陽積	月去黃道度
少陽少陰初	加一百八十七	陽陰初	空
少陽少陰二	加一百七十一	陽陰二百八十七	一度六十七分
少陽少陰三	加一百三十七	陽陰三百五十八	二度一百十八分
少陽少陰四	加一百十五	陽陰五百五	四度二十五分
少陽小陰五	加七十五	陽陰六百二十	五度二十八分
少陽少陰上	加二十七	陽陰六百九十五	五度九十五分
老陽老陰初	減二十七	陽陰七百二十二	六度二分
老陽老陰二	減七十五	陽陰六百九十五	五度九十五分
老陽老陰三	減一百十五	陽陰六百二十	五度二分
老陽老陰四	減一百四十七	陽陰五百五	四度二十五分
老陽老陰五	減一百七十一	陽陰三百五十八	三度一百十八分

老陽上　減一百八十七　陽陰一百八十七　一度六十七分

求四象六爻每度加減分及月去黃道定數以其爻加減率與後爻加減率相減爲前差又以後爻率與次後爻率相減爲後差二差相減爲中差置所在爻并後爻加減率半中差以加而半之十五而一爲爻末率因爲後爻初率每以本爻初末率相減爲爻差十五而一爲度差半之以加減初率（少象減之老象加之）爲定初率每以度差累加減之（少象以差減老象以差加）各得每度加減定分迺循積其分滿百二十爲度各爲每度月去黃道度數及分（其四象初爻無初率上爻無末率皆倍本爻加減率十五而一所得各以初末率減之皆互得其率餘依術算各得所求）

求朔望夜半月行入陰陽度數各置其日夜半入轉日及餘秒以餘以其日夜半入交定日及餘秒減之也（其秒母不等當循變相通然後減之如不足減即加轉終日及餘秒然後減之）餘爲定交初日夜半入轉日及餘秒迺以定交初日夜半入餘與其日夜半入餘各乘其日轉定分如大衍通法而一所得滿轉法爲度不滿爲分各以加其日轉積度及分迺相減其餘即爲其夜半月行入陰陽度數及分也（轉求次日但以其日轉定分加之滿轉法爲度即得）

○求朔望夜半月行入四象度數置其日夜半入陰陽度數及分以一象之度九十除之（若以小象除之則兼陰差度一度分一百六十三小分十四乃以大象除之）所得以少陽老陽少陰老陰爲次命起少陽算外即其日夜半所入象度數及分也（先以三十乘陰陽度分十九而一爲度分乘及除爲小分然以象度及分除之）

求朔望夜半月行入六爻度數置其日夜半所入象度數及分以一爻之度十五除之所得命起其象初爻算外即以其日夜半所入爻度數及分也（其月行入少象初爻之內皆爲始近黃道度當朔望則有蝕）求入蝕限其入交定日及餘秒如望差已下交限已上者爲入蝕限望入蝕限月在陰曆則日蝕入限如望差已下爲交後交限已上者以減中日及餘爲交前後定日及餘秒蝕通之爲去交前後定分置去交定分以十一乘之如二千六百四十三除之爲去交度數不盡以大衍通法乘之復除爲餘（大抵去交十三度以上雖入蝕限爲涉交數微光影相接或不見蝕）

求月蝕分其去交定分七百七十九已下者皆蝕既已上者以交定分減望差餘以一百八十三約之盡半已下爲半弱已上爲半強命以十五爲限得月蝕之大分

求月蝕所起月在陰曆初起東南甚於正南復於西月在陽曆初起東北甚於正北復於西北其蝕十二分已上者皆起於正東復於正西（此皆據南方正午而論之若蝕於餘方者各隨方面所在準此取正而定其蝕起復也）

求月蝕用刻置月蝕之大分五已下因增三十已下因增四十已上因增五其去交定分五百二十已下又增半二百六十已下又增半各爲汎用刻率

定氣	增損差	差積	定氣	增損差	差積
冬至	增十	積初	小寒	增十五	積十
大寒	增二十	積二十五	立春	增二十五	積二十五
雨水	增三十	積七十	驚蟄	增三十五	積一百
春分	增四十	積一百三十五	清明	增四十五	積一百七十五
穀雨	增五十	積二百二十	立夏	增五十五	積二百七十
小滿	增六十	積三百二十五	芒種	增六十五	積三百八十五
夏至	損六十五	積四百五十	小暑	損六十	積三百八十五
大暑	損五十五	積三百二十五	立秋	損五十	積二百七十
處暑	損四十五	積二百二十	白露	損四十	積一百七十五
秋分	損三十五	積一百三十五	寒露	損三十	積一百
霜降	損二十五	積七十	立冬	損二十	積四十五
小雪	損十五	積二十五	大雪	損十	積十

○求每日差積定數以所入氣并後氣增損差倍六爻乘之綜兩氣辰數除之爲氣末率又列二氣增損差皆倍六爻乘之各如辰數而一少減多餘爲氣差加減末率（冬至後以差減夏至後以差加）爲初率倍氣差亦倍六爻乘之復綜兩氣辰數以除之爲日差半之以加減初末各爲定率以日差累加減氣初定率（冬至後以差加夏至後以差減）爲每日增損差迺循積之隨所入氣日加減氣下差積各其日定數（其二至之前一氣皆後無同差不可相并各因前末爲初率以氣差冬至前減夏至前加爲末率餘依筭術各得所求也）

陰曆

蝕差一千二百七十五　蝕限二千五百二十四　或限三千六百五十九

陽曆

蝕限一百三十五　或限九百七十四

求蝕差及諸限定數各置其差限以蝕朔所入氣日下差積陰曆減之陽曆加之各爲蝕定差及定限

求陰曆陽曆的蝕或蝕其陰曆去交定分滿蝕定差已上爲陰曆蝕不滿者爲陽曆蝕在陰曆此月類同陽曆蝕也其去交定分滿蝕定陽已下者其蝕（約見或限已下者其蝕或見或不見）求日蝕分陰曆蝕者置去交定分以蝕定差減之餘一百四已下者皆蝕既已上者以一百四減之其餘以一百四十三約之（其入或限者以一百五十二約之）半已下爲半弱半已上爲半強以減十五餘爲日蝕之大分其同陽曆蝕者但去交定分少於蝕定差六十已下者皆蝕既六十已上者置去交定分以陽曆蝕定限加之以九十約之其陽曆蝕者直置去交定分亦以九十約之（其入或限者以一百四十二約之）半已下爲半弱半已上爲半強命以十五爲限亦得日蝕之大分

求月蝕所起月在陰曆初起西北甚於正北復於東北月在陽曆初起西南甚於正南復於東南其蝕十二分已上皆起正西復於正東（此亦據午地而論之）

求月蝕用刻置所蝕之大分皆因增二其陰曆去交定分多於蝕定差七十已上者又增三十五已下者又增半其同陽曆去交定分少於蝕定差二十已下者又增半四十已下者又增半少各爲汎用刻半率

求日月蝕甚所在辰置去交定分以交率乘之二十乘交數除之所得爲差其月道與黃道同名者以差加朔望定小餘異名以差減朔定小餘置蝕定餘如求發斂加時術入之即蝕甚所在辰刻及分也（其望蝕甚辰月當衝蝕）

求虧初復末置日月蝕汎用刻率副之以乘其日入轉損益率如大衍通法而一所得應朒者依其損加益減其副爲定用刻數半之以減蝕甚辰刻爲虧初以加餘甚辰刻爲復末（其月蝕求入更籌者置月蝕定用刻[illegible]數以其日每更差刻除爲更數不盡以每籌差刻除爲籌[illegible]通累日計日入至蝕甚辰刻置之以昏刻加日入辰刻減之餘以更[illegible]所得命以初更[illegible]外即蝕甚[illegible]定用更[illegible]減之爲[illegible]以加之爲復末[illegible][illegible]所[illegible]日蝕[illegible]其蝕朔日度躔于[illegible]宮者[illegible]蝕[illegible]不得其[illegible]在之宮有火星者前三後一之宮并伏在日下並不蝕若五星[illegible]出并木見又水在陰曆及三星已上同聚一宿亦不蝕凡星與日別宮或別宿則易[illegible]若同宿則[illegible]至有蝕理多頻碎繁不復具詳著其天竺所云十二宮即中國之十二次也曰[illegible]宮者即中國降婁之次也其十二次宿度首尾具[illegible]分野春中也）

求九服所在蝕差先測所在冬夏至及春分定日中晷長短陽城每日中晷常數校取同者各因其日蝕差爲所在冬夏至及春分定日蝕差

求九服所在每氣蝕差以夏至差減春分差減冬至各爲率并二率半之六而一爲夏率二率相減六一爲差置揔差六而一爲氣差以加夏率又以揔差減之爲冬率（冬至率即是冬至之率也）每以氣差加之各爲每氣定率乃循其率以減冬至蝕差各得每氣初日蝕差（求[illegible]日加[illegible]減求之者[illegible]日之[illegible]當[illegible]其前[illegible]在皆反之即得）

大衍步五星術第七

歲星

終率一百二十一萬二千三百七十九　秒十八

終日三百九十八　餘二千六百五十九　秒六　變差筭空　餘三十四　秒十四

象筭九十一　餘二百三十八　秒五十七二十　交筭十五　餘一百六十六　秒四十二太

鎮星

終率一百一十四萬九千三百九十九　秒九十八

終日三百七十八　餘一百七十九　秒九十八　變差筭空　餘二千二　秒九十二

象筭九十二　餘二百二十七　秒八十七　交筭十五　餘一百六十六　秒三十一

太白

終率一百七十七萬五千三十　秒十二

終日五百八十三　餘一千七百一十一　秒十二　中合日二百九十一　餘三千八百五十五　秒六

變差筭空　餘三十　秒五十三　象筭九十二　餘二百一十八　秒三十四

交筭十五　餘一百六十六　秒三十九

辰星

終率三十五萬二千二百七十九　秒十二

終日一百一十五　餘二千六百一十九　秒十二　中合日五十七　餘三千八百五十九　秒八十六

變差筭空　餘一百三十六　秒七十八　象筭九十一　餘二百四十四　秒九十六

交筭十五　餘一百六十七　秒三十九

辰法七百六十　秒法一百　微分法九十六

推五星平合置中積分以天正冬至小餘減之各以其星終率去之不盡者退以減終率滿大衍通法為日不滿為餘即所求年天正冬至夜半後星平合日筭及餘秒也求平合入爻象曆置積年各以其星變以差乘之滿乾實去之不滿者以大衍通法約之為日不盡為餘秒以減其星冬至夜半後平合日筭及餘秒即平合入曆筭數及餘秒也各四約其餘為進退法也

求平合入四象置曆筭數及秒以一象之筭及餘秒除之所得依入爻象次命起少陽筭外即平合所入象筭數及餘秒也

求平合入六爻置所入象筭數及餘秒以一爻之筭及餘秒除之所得命起其象初爻筭外即平合所入爻筭數及餘秒也

星名	爻目	損益率	進退積
歲星	少陽少陰 初	益七百七十三	進退 空
	少陽少陰 二	益七百二十一	進退 七百七十三
	少陽少陰 三	益六百三十	進退 一千四百九十四
	少陽少陰 四	益五百	進退 二千一百二十四
	少陽少陰 五	益三百三十一	進退 二千六百二十四
	少陽少陰 上	益一百二十三	進退 二千九百五十五
	老陽老陰 初	損一百二十三	進退 三千七十八
	老陽老陰 二	損三百二十	進退 二千二百五十五
	老陽老陰 三	損五百	進退 二千六百二十四
	老陽老陰 四	損六百三十	進退 二千一百二十四
	老陽老陰 五	損七百二十一	進退 一千四百九十四
	老陽老陰 上	損七百七十三	進退 七百七十三
熒惑	少陽少陰 初	益一千二百二十七	進退 空
	少陽少陰 二	益一千一百四十三	進退 一千二百二十七
	少陽少陰 三	益九百九十一	進退 二千三百八十
	少陽少陰 四	益九百八十一	進退 三千三百七十一
	少陽少陰 五	益五百一十三	進退 四千一百五十二
	少陽少陰 上	益一百八十七	進退 四千六百六十五
	老陽老陰 初	損一百八十七	進退 四千八百五十二
	老陽老陰 二	損五百一十三	進退 四千六百六十五
	老陽老陰 三	損七百八十一	進退 四千一百五十二
	老陽老陰 四	損九百九十一	進退 三千三百七十一
	老陽老陰 五	損一千一百四十三	進退 二千三百八十
	老陽老陰 上	損一千二百二十七	進退 一千二百二十七
鎮星	少陽少陰 初	益一千六百八十四	進退 空
	少陽少陰 二	益一千五百四十四	進退 一千六百八十四
	少陽少陰 三	益一千三百三十	進退 三千二百二十八
	少陽少陰 四	益一千四十二	進退 四千五百五十八
	少陽少陰 五	益六百八十	進退 五千六百
	少陽少陰 上	益二百四十四	進退 六千二百八十
	老陽老陰 初	損二百四十四	進退 六千五百二十四
	老陽老陰 二	損六百八十	進退 六千二百八十
	老陽老陰 三	損一千四百三	進退 五千六百
	老陽老陰 四	損一千三百三十	進退 四千五百五十八
	老陽老陰 五	損一千五百四十四	進退 三千二百二十八
	老陽老陰 上	損一千六百八十四	進退 一千六百八十四
太白	少陽少陰 初	益二千五十五	進退 空
	少陽少陰 二	益二千三十一	進退 二百五十五
	少陽少陰 三	益一百九十八	進退 四百八十六
	少陽少陰 四	益一百五十六	進退 六百八十四
	少陽少陰 五	益一百五	進退 八百四十
	少陽少陰 上	益四十五	進退 九百四十五
	老陽老陰 初	損四十五	進退 四百九十
	老陽老陰 二	損一百五	進退 九百四十五

爻	損益率	進退
老陽老陰三	損一百五十六	八百四十
老陽老陰四	損一百九十八	六百八十四
老陽老陰五	損二百三十一	四百八十六
老陽老陰上	損二百五十五	二百五十五
辰星		
少陽少陰初	益六百四十三	空
少陽少陰二	益五百八十五	六百四十三
少陽少陰三	益五百一	一千二百二十八
少陽少陰四	益三百九十	一千七百二十九
少陽少陰五	益三百五十五	二千一百二十
少陽少陰上	益九十三	二千三百七十五
老陽老陰初	損九十三	二千四百六十八
老陽老陰二	損二百五十五	二千三百七十五
老陽老陰三	損三百九十一	二千一百二十
老陽老陰四	損五十	一千七百二十九
老陽老陰五	損五百八十五	一千二百二十九
老陽老陰上	損六百四十三	六百四十三

求四象六爻每算損益及進退定數以所入爻與後爻損益率相減爲前差又以後爻與次後爻損益率相減爲後差前後差相減爲中差置所入爻并後爻損益率半中差以加之九之二百七十四而一爲爻末率因爲後爻初率（皆以前爻末率爲後爻初率）初末之率相減爲爻差倍爻差九之二百七十四而一爲一算差半之加減初末各爲定率以算差累加減爻初定率（少象以差減老象以差加）爲每損益率循累其率隨所入爻損益其下進退即各得其算定數（其四象初爻無初率上爻無末率皆置本爻損益率四而九之二百七十四而一爲初末率各以初末率減之皆互得其率餘依術算各得所求）

求平合入進退定數各置其星平合所入爻之算差半之以減其所入算損益率損者以所入餘乘限差辰法除并差而半之益者半入餘乘差亦辰法除加所減之率通以入餘乘之辰法而一所得以損益其算下進退各爲平合所入進退定數（此法微密用算稍繁若從省者可置其所入算損益率以乘其下損益率如辰法而一所得以損益其算下進退爲定數）

求常合置平合所入進退定數（各以合下乘數乘之除數除之）所得滿辰法爲日不滿爲餘以進退減平合日算及餘秒（先以四約平合餘然後以進退減之）即爲冬至夜半後常合日算及餘也

求定合置常合日并後定數四而一所滿辰法爲日不滿爲餘迺以先減後加常合算及餘即爲冬至夜半後定合日算及餘也

求定合度置其日盈縮分四而一以定合餘乘之滿辰法而一所得以盈加縮減其定餘以加其日夜半日度餘（先以四約夜半日度餘以加之）滿辰法從度依前命之算外即爲定合加時度及餘也

求定合月日置冬至夜半後定合日算及餘秒以天正冬至大小餘加之天正經朔大小餘減之（其至朔小餘皆以四約之若大餘少於經朔大餘者又以四象之策加之然後以減）其餘滿四象之策及餘附之爲月數不盡者爲入朔日算及餘命月數起天正日算起經朔算外即定所在日月也（其定合加時度及餘亦可以依此術推之凡退加一日爲定合所在日月度及餘也）

求定合入爻置常合及定合應加減定數兩名相從異名相消通以加減其平合入爻算并餘滿若不足進退其算即爲定合入爻算數及餘也

求變行初日入爻置定合入爻算數及餘以合後伏下變行度常率加之滿爻率去之命爻次如前即次變初日入爻算數及餘也（更求次變入爻但以其下行度常加之去命如上篇）

求變行初日入進退定數各置其變行初日入爻算數及餘如平合求進退術入之即得變行初日所入進退定數也置進退定數各以其下乘數乘之除數除之所得各爲進退變率

星名	變行目	變行日中率	變行度中率
	差行損益率	變行度常率	變行乘數 變行除數
歲星	合後伏十七日（三百五十二）	行三度（三百三十三）	先遲二日
	益疾九分	行一度（三百五十七）	乘數三百五十 除數二百八十
	前順一百十四	行十八度（六十五）	先疾五日
	益遲六分	行九度（三百五十七）	乘數三百一十 除數二百八十一

前留二十七日　行二度二百三十

乘數二百六十七　除數一百二十二

前退四十三日　退五度三百六十九　先疾六日

益疾十一分　行三度四百七十五　乘數四百七十　除數四百三

後退四十三日　退五度三百六十九　先疾六日

益遲十一分　行三度四百七十五　乘數五百一十　除數四百六十七

後留二十七日　行三度二百一十

後順一百十二日　行一十八度六十五　先遲五日

益疾六分　行九度三百三十七　乘數二百六十七　除數二百二十七

合前伏十七日　行三度三百三十三　先疾二日

益遲九分　行度三百五十八　乘數三百五十　除數二百八十

熒惑

合後伏七十一日七百二十五　行五十四度七百三十五　先疾五日

益遲七分　行三十八度二百一　乘數二百二十七　除數三十

前疾二百一十四日　行一百三十六度　先疾九日

益遲四分　行一百十三度五百九十六　乘數一百二十　除數三十

前遲六十日　行二十五度　先疾日

益遲四分　行三十一度六百八十五　乘數三百二十　除數五十四

前留一十三日　行六度六百九十二

乘數二百三　除數五十四

前退三十一日　退八度四百七十二　先遲六日

益疾五分　行一十六度三百六十七　乘數二百五　除數四十八

後退三十一日　退八度四百七十三　先疾六日

益遲五分　行十六度二百六十七　乘數二百五　除數四十八

後留十三日　行六度六百九十三　乘數二百三　除數四十八

後遲六十日　行二十五度　先遲日

益疾四分　行三十一度六百八十五　乘數二百三　除數五十四

後疾二百一十四日　行三十六度

行一百十三度五百九十六

合前伏七十一日七百三十六　行五十四度七百三十六　先遲五日

益疾七分二百二　乘數一百二十七　除數三十

鎮星

合後伏十八日四百一十五　先遲一日

益疾九分　行度空四百八十　乘數十二　除數十一

前順八十三日　行七度二百四十二　先遲二日

益遲五分　行二度六百二十三　乘數十三　除數十一

前留三十七日三百八十　行一度二百八

乘數十　除數九

前退五十日　退二度二百三十四　先遲七日

益疾一分　行一度五百三十一　乘數二十　除數十七

後退五十日　退二度三百三十四　先疾七日

益遲一分　行一度五百三十一　乘數五　除數四

後留三十七日三百八十　行一度二百八

乘數二十　除數一十七

後順八十三日　行七度二百三十一　先遲六日

益疾五分　行二度六百二十三　乘數十　除數九

合前伏十八日四百一十五　行一度四百一十五　先疾二日

益遲九分　行度空四百八十　乘數十二　除數十一

太白

晨合伏後四十一日七百一十九　行五十二度七百一十九　先遲三日

益疾十六分　行三十一度七百一十九　乘數七百九十七　除數三百九

夕疾行一百七十一日　行二百六十度　先疾五日

益遲九分　行一百七十一度　乘數七百九十一　除數二百九

夕平行十二日　行十二度

乘數五百一十五　除數一百三十七

夕遲行四十二日　行三十一度　先疾日

益遲十分　行四十三度　乘數五百一十五　除數一百三十

夕留八日　行八度

乘數五百一十五　除數九十二

夕退十日　退五度　先遲日
益疾九分　行十度　乘數五百一十五　除數八十六
夕合前伏六日　退五度　先遲日
益疾八十五　行六度　乘數五百一十五　除數八十四
夕合後伏六日　退五度　先疾日
益遲八十五分　行六度　乘數五百一十五　除數八十三
晨退十日　退五度　先疾日
益遲九分　行十度　乘數五百一十五　除數八十四
晨留八日　行八度
乘數五百一十五　除數八十六
晨遲行四十二日　行四十一度　先遲日
益疾十分　行四十二度　乘數五百一十五　除數九十二
晨平行十二日　行十二度
乘數五百一十五　除數一百三十七

晨疾行一百七十日　行二百六度　先遲五日
益疾九分　行一百七十度　乘數五百一十五　除數一百五十六
晨合前伏四十一日（七百一十九）　行五十二度（七百一十九）　先疾三日
益十六分　行四十一度（七百一十九）　乘數七百一十七　除數二百九

辰星

晨合後伏十六日（七百一十五）　行三十二度（七百一十五）　先遲日
益疾二十二分　行十六度（七百一十五）　乘數二百八十六　除數二百八十七
夕疾行十二日　行十七度　先疾日
益遲五十分　行十二度　乘數二百八十六　除數二百八十七
夕平行九日　行九度
乘數四百九十五　除數一百九十四
夕遲行六日　行四度　先疾日
益遲七十六分　行六度　乘數四百九十六　除數一百九十五
夕留三日　行三度
乘數四百九十七　除數一百九十六

夕合前伏十一日　退六度　先遲日
益疾三十一分　行十一度　乘數四百九十八　除數一百九十七
夕合後伏十一日　退六度　先疾日
益遲三十一分　行十一度　乘數五百　除數一百九十八
晨留三日　行三度
乘數四百九十八　除數一百九十八
晨遲行六日　行四度　先遲日
益疾七十六分　行六度　乘數四百九十七　除數一百九十六
晨平行九日　行九度
乘數四百九十五　除數一百九十五
晨疾行十二日　行十七度　先遲日
益疾五十分　行十二度　乘數四百九十五　除數一百九十四
晨合前伏十六日（七百一十五）　行二十三度（七百一十五）　先疾日
益遲二十二分　行十六度　乘數二百八十六　除數二百八十七

求變行日度率置其本進退變率與後變（謂次）率同名者相消為差在進前少在退前多各以差為加在進前多在退前少各以差為減異名者相從謂并前退後進各以并為減皆以差及并加減日度中率各為日度變率（其水星疾行直以差以并加減度之中率為變率其日直因中率為變率不須加減也）

求變行日度定率以定合日與後變初日先後定數同名相消為差異名者相從為并四而一所得滿辰法為度適以盈加縮減其合後伏度之變率及合前伏日之變率（金水之合日度加減反之）其二日留日之變率若差於中率者即以所差之數為度各加減本遲度之率（以多於中率之數加之少於中率之數減之以下加減准此）退行度變率若於中率者即倍所差之數各加減本疾之變率（其木土二星既無遲疾即加減前後晦行度之變率）其水星疾行度之變率若差於中率者即以所差之數為日各加減留日變率（其留日變率若少不足減者即後遲減日變率也）各加減變率訖皆為日度定率其日定率有分者前後輩之（多者為也以少分益多分滿全為日有餘轉配其諸變率不加減者皆依變為定率）

求定合後夜半星所在度置其星定合餘以減辰法餘以其星初

日行分乘之辰法而一以加定合加時度餘滿辰法為度依前命之筭外即定合後夜半星所在宿及餘自此已後各依其星計日行度所至皆從夜半為始也

轉求次日夜半星行至各以其星一日所行度及順加退減之其行有小分者各滿其法從行分一行分滿辰法從度一合之前後伏不注度留者因前退則依順行出虛去六虛之差退行入虛先加此差先置六虛之差四而一然用加減訖皆以轉法約行分為度分各得每日所至其三星之行日度定率或加或減益疾益遲每日漸差皆為揭定今且略據日度中率留量置之其定率既有盈縮即差漸合隨而增皆當先檢括諸變定率與中率相通者因用其差求其初末之日行分為主自餘變因此消息加減其差各求初末分循環比校使際會參言乘數相循其金水皆以平行為主前後諸變亦準此求之其合前伏晨有日度定率加至合而與後算計相不叶者皆從後算為定其五日初見伏之度去日不等各以日度與星度相校木去日十四度金十一度火土水各十七度皆見各減一度皆伏其木火土三星前順之初後順之末及金水疾行留退初末皆是見伏之初日雖曆消息定之其金水及日月等度並棄其分也

求每日差置所差分為實以所差日為法實如法而一所得為行分不盡者為小分即是也每日差所行分及小分也其差若全不同此術

求平行度及分置度定率以辰法乘之有分者從之如日定率而一為行分不盡為小分其行分滿辰法為度即是一日所行度及分

求差行初末日行度及分置日定率減一以差分乘之二而一為差以加減平行分益疾者以差率減平為初日加平為末日益遲者以差率加平為初日減平為末日也加減訖即是初末日所行度及分其差不全而與日月相合者先置日定率一以所差分乘之為實餘所差日為法實如法而一為行分不盡者因為小分然為差率

求差行次日行度及分置初日行分益遲者以每日差減之益疾者以每日差加之即為次日行度及分也其每日差初日行皆有小分者母既不同當令同之然可加減轉求次日者此各得所求之也

徑求差行餘日行度及分置所求日減一以每日差乘之以加減初日行分益遲減之益疾加之滿辰法為度不滿為行分即是所求日行度及分也

求差行先定日數徑求積度及分置所求日減一次每日差乘之二而一所得以加減初日行分益遲減之益疾加之以所求日乘之如辰法而一為積度不盡者為行分即是從初日至所求日積度及分也

求差行先定度數徑求日數置所求行度以辰法乘之有分者從之八之如每日差而一為積倍初日行分以每日差加減之益遲者加之益疾者減之如每日差而一為率合自乘以積加減之益遲者以積減之益疾者以積加之開方除之所得以率加減之益遲者以率加之益疾者以率減之置半之即所求日數也其開方除者置所開之數為實借一算為下法步之超一位置商於上方副商於下法之上名曰方法命上商以除實畢倍方法一折下法再折置後商於下法之上名曰隅法副並方法命後商以除實畢隅從方法[illegible][illegible]以下[illegible]除如前開之即所得也

求星行黃道南北各視其星變行入陰陽交而定之其前變入陽交為黃道北入陰交為黃道南後變入陽交為黃道南入陰交為黃道北其金水二星以交變為前變各計其變行定初日入交之前後光後上交來[illegible]之[illegible]不滿[illegible]變行[illegible]度會率者因置其數術[illegible]變行日定率乘之如變行度會率而一為日其入變日數與此日數已下者星在黃道南北依本所入陰陽交為定過此日數之外者黃道南北則反之

唐書志卷第十四

右文林郎充兩浙東路提舉茶鹽司幹辦公事臣[illegible][illegible][illegible]校勘

唐書志卷第十五

劉　昫　等修

聞人詮校刻沈桐同校

天文上

易曰觀乎天文以察時變是故古之哲王法垂象以施化考庶徵以致理以授人時考　物紀脩其德以順其度改其過以愼其災去危而就安轉禍而爲福者也夫其五緯七紀之名數中官外官之位次凌歷犯守之所主飛流彗孛之所應前史載之備矣武德年中薛頤庾儉等相次爲太史令雖各善於占候而無所發明貞觀初將仕郎直太史李淳風始上言靈臺候儀是後魏遺範法制疎略難爲占步太宗因令淳風改造渾儀鑄銅爲之至七年造成淳風因撰法象志七卷以論前代渾儀得失之差語在淳風傳其所造渾儀太宗令置於凝暉閣以用測候既在宮中尋而失其所在玄宗開元九年太史頻奏日蝕不效詔沙門一行改造新曆一行奏云今欲創曆立元須知黃

道進退請太史令測候星度有司云承前唯依赤道推步官無黃道游儀無由測候時率府兵曹梁令瓚待制於麗正書院因起游儀木樣甚爲精密一行乃上言曰黃道游儀古有其術而無其器以黃道隨天運動難用常儀格之故昔人潛思皆不能得今梁令瓚創造此圖日道月交莫不自然契合既於推步尤要望就書院更以銅鐵爲之庶得考驗星度無有差舛從之至十三年造成又上疏曰按舜典云在璿樞玉衡以齊七政説者以爲取其轉運者爲樞持正者爲衡皆以玉爲之用齊七政之變知其盈縮進退得失政之所在即古太史渾天儀也自周室衰微疇人喪職其制度遺象莫有傳者漢興丞相張蒼首創律曆之學至武帝詔司馬遷等更造漢曆乃定東西立晷儀下漏刻以追二十八宿相距星度與古不同故唐都分天部洛下閎運算轉曆今赤道曆星度則其遺法也後漢永元中左中郎將賈逵奏言臣前上傳安等用黃道度日月弦望多近史官壹以赤道度之不與天合至差一日以上願請太史官日月星辰及星度課與

待詔星官考校奏可傳典星　待詔姚崇等十二人皆曰星圖有規法日月實從黃道官無其器不知施行甘露二年大司農丞耿壽昌奏以圖儀度日月行考驗天運日月行赤道至牽牛東井日行一度月行十五度至婁角日行一度月行十三度此前代共所知也是歲永元四載也明年始詔太史造黃道銅儀冬至日在斗十九度四分之一與赤道定差二度史官以校日月弦望雖密近而不爲望日儀黃道與度運轉難候是以少終其事其後劉洪因黃道渾儀以考月行出入遲速而後代理曆者不遵其法更從赤道命文以驗賈逵所言差謬益甚此理曆者之大惑也今靈臺鐵儀後魏明元時都匠解蘭所造規制朴略度刻不均赤道不動乃如膠柱不置黃道進退無準此據赤道月行以驗入曆遲速多者或至十七度少者僅出十度不足以上稽天象敬授人時近祕閣郎中李淳風著法象志備載黃道渾儀法以玉衡旋規別帶日道傍列二百四十九交以攜月游用法頗雜其術竟寢臣伏承恩旨更造游儀使黃道運行以追列舍之變因

二分之中以立黃道交於軫奎之間二至陟降各二十四度黃道之內又施白道月環用究陰陽朓朒之數動合天運簡而易從足以制器垂象永傳不朽於是玄宗親爲製銘置之於靈臺以考星度其二十八宿及中外官與古經不同者凡數十條又詔一行與梁令瓚及諸術士更造渾天儀鑄銅爲　圓天之象上具列宿赤道及周天度數注水激輪令其自轉一日一夜天轉一周又別置二輪絡在天外綴以日月令得運行每天西轉一帀日東行一度月行十三度十九分度之七凡二十九轉有餘而日月會三百六十五轉而日行帀仍置木櫃以爲地平令儀半在地下晦明朔望遲速有準又立二木人於地平之上前置鐘鼓以候辰刻每一刻自然擊鼓每辰則自然撞鐘皆於櫃中各施輪軸鉤鍵交錯關鎖相持既與天道合同當時共稱其妙鑄成命之曰水運渾天俯視圖置於武成殿前以示百寮無幾而銅鐵漸澁不能自轉遂收置於集賢院不復行用今錄游儀制度及所測星度異同開元十二年分遣使諸州所測日晷長短李淳風僧

一行所定十二次分野武德已來交蝕及五星祥變著于篇黃道游儀規尺寸旋樞雙環外一丈四尺六寸一分縱八分厚三分直徑四尺五寸九分即古所謂旋儀也南北斜兩極上下循規各三十四度兩面各畫周天度數一面加釘並用銀飾使東西運轉如渾天游儀中旋樞軸　至兩極首內孔徑大兩度半長與旋環徑齊並用古尺四分為度玉衡望筩長四尺五寸八分廣一寸二分厚一寸孔徑六分古用玉飾之玉衡衡施於軸中旋運持正用闚七曜及列星之闊狹外方內圓孔徑一度半周日輪也陽經雙環外一丈七尺三寸內一丈四尺六寸四分廣四寸厚四分直徑五尺四寸四分置於子午左右用八柱相固兩面畫周天度一面加釘並銀飾之半出地上半入地下雙間挾樞軸及玉衡望筩旋環於中也陰緯單環外內廣厚周徑皆準陽經與陽經相銜各半內外俱齊面平上為天以下為地橫周陽環謂之陰渾也面上為兩界內為周天百刻平上御製銘序及書並金為字天頂單環外一丈七尺三寸縱廣八分厚三分直徑五○尺四寸四分當中國人頂之上東西當卯酉之中稍南使見日出入令與陽經陰緯相固如殼之裹黃南去赤道三十六度去黃道十二度去北極五十五度去南北平各九十一度強赤道單環外以一丈四尺五寸九分橫八分厚三分直徑四尺九寸赤道者當天之中二十八宿之列位也其本後魏斛蘭所造也因著雙規不能運動臣今所造者上外周天星度使轉運隨天仍度穿一穴隨元退交不有差謬即知古者秋分在角五度今在軫十三度冬至在牽牛初今在斗十度擬隨差却退故置穴也傍在卯酉之南上去天頂三十六度而橫置之黃道單環外一丈五尺四寸一分橫八分厚四分直徑四尺八寸四分日之所行故名黃道古人知有其事竟無其器遂使太陽陟降積歲有差月及五星亦隨日度出入規制不知準的斟量為率疎闊尤多臣今創置此環置於赤道環內仍開　合使隨轉運出入四十八度西極畫兩方東西列周天度數南北列百刻使見日知時不有差謬上列三百六十策與用卦相準度穿一穴與赤道相交

白道月環外一丈五尺五分橫度八分厚三分直徑四尺七寸六分行有迂曲遲疾與日行緩急相反古無其器今創置於黃道環內使就黃道為交合出入六十度以測每夜行度上畫周天度數穿一穴擬移交會並用銅鐵為之李淳風法象志說有此日月兩環在旋儀環上既用玉衡不得遂於玉衡內別安一尺望筩運用既難其器已濫游儀四柱龍各高四尺七寸水槽山各高一丈七寸五分槽長六尺九寸高廣各四寸水泄深一寸廣一寸五分龍者能興雲雨故以飾柱柱在四維龍下有山雲俱在水平槽上並銅為之游儀初成太史所測二十八宿等與經同異狀角二星十二度赤道黃道度與古同舊經去極九十一度今則九十三度半星經云角去極九十一度距星正當赤道其黃道在赤道南不經角中今測角在道南二度半黃道復經角中即與天象符合亢四星九度舊去極八十九度今九十一度半氐四星十六度舊去極九十四度今九十八度房四星五度舊去極一百八度今一百一十度半心三星五度舊去極一百八○度今一百一十一度尾九星十八度舊去極一百二十度一云一百四十一度今一百二十四度箕四星十一度舊去極一百一十八度今一百二十度南斗六星二十六度舊去極一百一十六度今一百一十九度牽牛六星八度舊去極一百六度今一百四度危虛二星十度舊去極一百四度今一百一度北星舊圖入虛宿今測在須女九度危三星十七度舊去極九十七度今九十七度北星舊圖入危宿今測在虛六度半室二星十六度舊去極八十五度今八十三度東壁二星九度舊去極八十六度今八十四度奎十六星十六度舊去極七十六度一云七十一度今七十三度東壁九度奎十六度此錯以奎西大星為距即損壁二度加奎二度今取西南大星為距即奎壁各不失本度婁三星十三度舊去極八十度今七十七度昴七星十一度舊去極七十四度今七十二度畢八星十七度舊去極七十八度今七十六度觜觿三度舊去極八十四度今八十二度畢赤道與黃道度同觜赤道二度黃道三度其二宿俱當黃道斜虛畢有十六度尚與赤道

度同觜摠二度黃道損加一度此即承前有誤今測畢有十七度半觜觿半度並依天正參十星舊去極九十四度今九十二度東井八星三十三度舊去極七十度今六十八度輿鬼五星舊去極六十八度今古同也柳八星十五度舊去極七十七度一云七十九度今八十度半柳合用西頭第三星爲距比來錯取第四星今依第三星爲正七星十度舊去極九十一度一云九十二度今九十三度半張六星十八度舊去極九十七度今一百度張六星中央四星爲朱鳥味外二星爲翼比來不取膺前爲距錯取翼星即張加二度半七星欠二度半今依本經爲定翼二十二星十八度舊去極九十七度今一百三度軫四星十七度舊去極九十八度今一百度文昌舊三星在鬼四星在井今五星在柳一星在鬼一星在井北斗在魁第一星舊在七星一度今在張十三度第二星舊在張二度今在張十二度半第三星舊在翼二度今在翼十三度第四星舊在翼八度今在翼十七度太第五星舊在軫八度今在軫十度半第六星舊在角七度今在角四度少第

。七星舊在亢四度今在角十二度少天關舊在黃道南四度今當黃道天江舊在黃道外今當黃道天囷舊在赤道外今當赤道三台上台舊在井今測在柳中台舊在七星今在張建星舊去黃道北半度今四度半天苑舊在昴畢今在胃昴王良舊五星在壁今四星在奎一星在壁外屏舊在觜今在畢宿雲雨舊在黃道外今在黃道內七度雷電舊在赤道外五度今在赤道二度霹靂舊五星並在赤道外四度今四星在赤道內一星在外土公吏舊在赤道外今在赤道內六度虛梁舊在黃道內四度外屏舊在黃道外三度今當黃道八魁舊九星並在室今五星在壁四星在室長垣舊當黃道今在黃道北五度軍井準經在王井東南二斗半天桴舊在黃道北今當黃道天高舊在黃道外今當黃道狗國舊在黃道外今當黃道羅堰舊當黃道今在黃道北黃道春分之日與赤道交於奎五度太秋分之日交於軫十四度少冬至之日於斗十半度去赤道南二十四度夏至之日於井十三度少去赤道北二十四度其赤道帶天之中用分列宿之

度黃道斜運以明日月之行其冬至落下閎起於午初張衡等遷於斗度由每歲差分不及舊次也日晷周禮大司徒常以土圭之法測土深正日景以求地中日東則景夕多風日西則景朝多陰日至之景尺有五寸謂之地中天地之所合也四時之所交也風雨之所會也陰陽之所合也然則百物阜安乃建王國焉鄭氏以爲凡日景於地千里而差一寸景尺有五寸者南戴日下萬五千里地與星辰四游升降於三萬里之中是以半之得地之中焉鄭司農云土圭之長尺有五寸以夏至之日立八尺其景適與等謂之地中今潁川陽城爲然謹按南越志宋元嘉中南征林邑以五月立表望之日在表北影居表南交州日影覺北三寸林邑覺九寸一分所謂開地戶以向日也交州大略去洛九千餘里蓋水陸曲折非論圭表所度惟直考實其五千乎開元十二年詔太史交州測景夏至影表南長三寸三分與元嘉中所測大同然則距陽城而南使直路應弦至於日下蓋不盈五千里也測影使者大相元太云交州望極纔出地二十餘度以八月自海中南望老人星殊高老人星

。下環星燦然其明大者甚衆圖所不載莫辨其名大率去南極二十度以上其星皆見乃古渾天家以爲常沒地中伏而不見之所也又按貞觀中史官所載鐵勒迴紇部在薛延陁之北去京師六千九百里又有骨利幹居迴紇北方瀚海之地草多百藥地出名馬駿者行數百里北又距大海晝長而夕短既日沒後天色正曛煮一羊胛纔熟而東方已曙蓋近日出入之所云凡此二事皆書契所未載也開元十三年太史監南宮說擇河南平地以水準繩樹八尺之表而以引度之始自滑州白馬縣北至之晷尺有五寸七分自滑州臺表南行一百九十八里百七十九步得汴州浚儀古臺表夏至影長一尺五寸微強又自浚儀而南百六十七里二百八十一步得許州扶溝縣表夏至影長一尺四寸四分又自溝而南一百六十里百一十步至豫州上蔡武津表夏至影長一尺三寸六分半大率五百二十六里二百七十步影差二寸有餘而先儒以爲王畿千里影移一寸又乖舛而不同矣今以勾股圖校之陽城北至之晷一尺四寸八分弱冬至之

晷一丈二尺七寸一分半春秋分其長五尺四寸三分以覆矩斜視北極出地三十四度四分凡度分皆以十分爲法自滑臺表視之高三十五度三分差陽城九分自浚儀表視之高三十四度八分差陽城九分自武津表視之高三十三度八分差陽城九分雖秋分稍有盈縮難以目校然大率五百二十六里二百七十步而北極差一度半三百五十一里八十步而差一度樞極之遠近不同則黃道之軌景固隨而遷變矣自此爲率推之比歲朗州測影夏至長七寸七分冬至長一丈五寸三分春秋分四尺三寸七分半以圖測之定氣長四尺七分按圖斜視北極出地二十九度半差陽城五度二分蔚州橫野軍測影夏至長二尺二寸九分冬至長一丈五尺八寸九分春秋分六尺四寸四分半以圖測之定氣六尺六寸三分半按圖斜視北極出地四十度差陽城五度二分凡南北之差十度半其徑三千六百八十里九十步自陽城至朗州一千八百二十六里百九十六步自陽城至蔚州橫野軍一千八百六十一里二百一十四步北至之晷差一尺五寸三分自陽城至朗州差七寸二分自陽城至橫野軍差八寸南至之晷差五尺三寸六分自陽城至朗州差二尺一寸八分自陽城至橫野軍差三尺二寸八分率夏至與南

方差少冬至與北方差多又以圖校安南日在天頂北二度四分北極高二十度四分冬至影長七尺九寸四分定春秋分影長二尺九寸三分差陽城十四度三分其徑五千二十三里至林邑國日在天頂北六度六分強北極之高十七度四分周圍三十五度常見不隱影長六尺九寸其徑六千一百一十二里假令距陽城而北至鐵勒之地亦十七度四分合與林邑正等則五月日在天頂二十七度四分北極之高五十二度周圍一百四度常見不隱北至之晷四尺一寸三分南至之晷二丈九尺二寸六分定春秋分影長五尺八寸七分北方其沒地纔十五度餘昏伏於亥之正西晨見於丑之正東以里數推之已在迴紇之北又南距洛陽九千八百一十里則五月極長之日其夕其南矣又先儒以南戴下日萬五千里爲勾股邪射陽城爲弦考周徑之率以揆天度當一千四百六里二十四步有餘今則日影距陽城五千餘里已居戴日之高則一度之廣皆宜三分去二計南極相去纔八萬餘里其徑五萬餘里宇宙之廣豈若是乎然則王蕃所傳蓋以管窺天以蠡測

海之蠡也古人所以恃勾股之術謂其有徵於近事顧未知目視不能遠浸成微分之差不已遂與術錯如人游於太湖廣不盈百里而覩日月朝夕出入湖中及其浮于巨海不知幾千萬里猶覩日月朝出其中夕入其中若於朝夕之際俱設重差而望之必將小大同術而不可分矣夫橫既有之縱亦宜然假令設兩表南北相距千里其崇皆數十里若置火炬於南表之端而植八尺之木於其下則當無影試從南表之下仰望北表之端必將積微分之差漸與南表參合表首參合則置炬於其上亦當無影矣又置火炬於北表之端而植八尺之木於其下則當無影試從北表之下仰望南表之端又將積微分之差漸與北表參合表首參合則置炬於其上亦當無影矣復於二表之間相距各五里更植八尺之木仰而望之則表首環屈而相會若置火炬於兩表之端皆當無影夫數十里之高與十里之廣然則邪射之影與仰望不殊今欲求其影差以推遠近高下猶尚不可知也而況稽周天積里之數於不測之中又可必乎假令學者因二十

里之高以立勾股之術尚不知其所以然況八尺之木乎原人所以步圭景之意將欲節宣和氣輔相物宜而不在於辰次之周徑其所以重曆數之意將欲敬授人時欽若乾象而不在於渾蓋之是非若乃述無稽之談於視聽之所不及則君子闕疑而不質仲尼慎言而不論也而或者各封所傳之器以述天體謂渾元可任數而測大象可運算而闚終以六家之說迭爲矛盾今誠以爲蓋天則南方之度漸狹以爲渾天則北方之極浸高此二者又渾蓋之家未能有以通其說也由是而觀則王仲任葛稚川之徒區區於異同之辨何益人倫之化哉又凡日晷差冬夏不同南北亦異而先儒一以里數齊之喪其事實沙門一行因修大衍圖更爲覆矩圖自丹穴以暨幽都之地凡爲圖二十四以考日蝕之分數知夜漏之短長今載諸州測景尺寸如左

林邑國北極高十七度四分冬至影在表北六尺九寸定春秋分影在表北二尺八寸五分夏至影在表南五寸七分

安南都護府北極高二十六度六分冬至影在表北七尺九寸四分定春秋分影在表北

二尺九寸三分夏至影在表南三寸三分朗州武陵縣北極高二十九度五分冬至影在表北一丈五寸三分定春秋分影在表北四寸七分夏至影在表北七寸七分襄州恒春分影在表北四尺八寸蔡州上蔡縣武津館北極高三十三度八分冬至影在表北一丈二尺三寸八分定春秋分影在表北五尺二寸八分許州扶溝北極高三十四度三分冬至影在表北一丈二尺五寸三分定春秋分影在表北五尺三寸七分夏至表北五尺四寸四分汴州浚儀大岳臺北極高三十四度八分冬至表北一丈二尺八寸五分定春秋分影在表北五尺五寸夏至影在表北一丈五寸三分滑州白馬北極高三十五度三分冬至表北一丈三尺定春秋分影在表北五尺五寸六分夏至影在表北一尺五寸七分太原府恒春分影在表北六尺蔚州横野軍北極高三十度冬至影在表北一丈五尺八寸九分定春秋分影在表北六尺大寸三分夏至影在表北二尺二寸九分

唐書志卷第十五

唐書志卷第十六

劉　昫　等修

聞人詮校刻沈桐同校

天文下

天文之為十二次所以辨析天體紀綱辰象上以考七曜之宿度下以配萬方之分野仰觀變謫而驗之於郡國也傳曰歲在星紀而淫于玄枵姜氏任氏實守其地及七國交爭善星者有甘德石申更配十二分野故有周秦齊楚韓趙燕魏宋衛魯鄭吳越等國張衡蔡邕又以漢郡配焉自此因循但守其舊文無所變革且懸象在上終天不易而郡國沿革名稱屢遷遂令後學難為憑准貞觀中李淳風撰法象志始以唐之州縣配焉至開元初沙門一行又增損其書更為詳密既事包今古與舊有異同頗裨後學故錄其文著于篇幷配武德以來交蝕淺深及注蝕不虧以紀日月之變云爾

○須女虛危玄枵之次子初起女五度(二千三百七十四分少)中虛九度終危十二度其分野自濟北郡東踰濟水涉平陰至于山茌(漢太山郡山茌縣屬齊州西南之界)東南及高密(漢高密國今在密州北界自此以上玄枵之分)又東盡東萊之地(漢之東萊即及萊國今為萊州登州也)得漢之北海千乘淄川濟南齊郡(今為淄青齊等州及濱州東界)及平原渤海盡九河故道之南濱于碣石(今為德州棣州滄州其北界自九河故道之北屬析木分也)

○營室東壁陬訾之次亥初起危十三度(二千九百二十六分太)中室十二度(五百五十二十一半)終奎一度其分野自王屋太行而東盡漢河內之地(今為懷州各衛所之西境)北負彰鄴東及館陶聊城(漢地自黎陽內黃及鄴魏武安東至館陶元城皆屬魏郡自頓丘三城武陽東至聊城皆屬東郡今為相魏衛州)東盡漢東郡之城(漢東郡清河西南至白馬濮陽東至東河須昌濱濟至于鄆城今為滑州濮州鄆州其須昌濟東之地屬降婁非豕韋也)

奎婁及胃降婁之次戌初起奎二度(一千二百一十七少)中婁一度(一千八百八十三)終胃三度其分野南屆鉅鹿東達梁父以負東海又東至于呂梁乃東南抵淮水而東盡于徐夷之地(東為降婁之次)得漢東平魯國(漢東平國在在城平陸今在兗州)奎為大澤在陬訾之下流濱于淮泗東北負山為婁胃之墟蓋中國膏腴之地百穀之所阜也胃星得馬牧之氣與冀之北土同

占昴畢大梁之次畢酉初起胃四度(二千五百四十九分太)中昴六度(一百七十四分半)終畢九度其分野自魏郡濁漳之北得漢之趙國廣平鉅鹿常山東及清河信都北據中山真定(今為洺趙邢恒定冀貝深八州又分相魏博之北界與瀛州之西全趙之分)又北盡漢代郡鴈門雲中定襄之地與北方群狄之國皆大梁分也

觜觽參伐實沈之次也申初起畢十度(八百四十一十五太)中參七度(一千五百二十六)終井十二度其分野得漢河東郡(今為蒲絳晉州又得澤州及慈州界也)及上黨(今為澤潞儀沁也)太原(今為并汾州)盡西河之地(今為隰州石州嵐州西涉河得銀州以北也)西河戎狄之國皆實沈分也(今河東郡永樂芮城河北縣及河曲豐勝夏州皆為實沈之次東井之分也)參伐為戎索為武政故殷河東盡大夏之墟上黨次居下流與趙魏相接為觜觽之分

東井輿鬼鶉首之次也未初起井十二度(二千一百七十二十五太)中井二十七度(二千八百二十八一半)終柳六度其分野自漢之三輔及北地上郡安定西自隴坻至河西西南巴蜀漢中之地及西南夷犍為越巂益州郡

○極南河之表東至牂牁皆鶉首分也(三首之分得禹貢雍梁二州其郡縣知故不詳載)狼星分野在江河上源之西弧矢犬雞皆徼外之象(今之西羌吐蕃吐谷渾及西南徼外夷皆狼星之象)

柳星張鶉火之次午初起柳七度(四百六十四七少)中柳星七度(一千一百三)終張十四度其分野北自滎澤滎陽並京索暨山南得新鄭密縣至於方陽(方陽之南得漢之潁川郡翟崇高郟城襄城南盡鄭縣今為汝唐仙四州界又漢南陽郡北自宛葉南盡漢東申隋之地大抵以淮源桐柏東陽為限今之唐州隨州屬鶉火申州屬壽星)又自洛邑負河之南西及函谷南紀達武當漢水之陰盡弘農郡(漢弘農盧氏陝縣今為虢陝二州上洛商洛為商州丹水為均州宜陽澠池新安陸渾今屬洛州)古三周虢鄭管鄶東密滑焦唐申鄧皆鶉火分也及祝融氏之都(新鄭為祝融氏之墟屬鶉火其東鄙則入壽星舊說皆在鶉火非也)柳星與鬼之東又接漢源故殷商洛之陽接南河之上流星上係軒轅得土行之正位中岳象也故為河南之分張星直河南漢東與鶉尾同占

翼軫鶉尾之次巳初起張十五度(一千七百九十五二十二少)中翼十二度(二千四百六十一八半)終軫九度其分野自房陵白帝而東盡漢之南郡(南郡巫縣今在蘄州秭歸在西夷陵在陝州襄郢中在襄郢界餘為荊州)夔江夏(江夏竟陵今為復州安鄂縣沔黃五州皆漢江夏界)東達廬

江南郡(漢廬江之尋陽今在江州於山河之象宜屬鶉尾也)濱彭蠡之西得漢長沙武陵桂陽
零陵郡(零陵今為道州永州桂陽今為柳州大抵自沅湘上流西通黔安之左皆楚之分也)又逾南紀盡鬱林
合浦之地(鬱林縣貴州定林縣今在廉州合浦縣今為桂州今自富昭蒙龔繡容白罕八州以西皆屬鶉尾之墟也)荊楚
鄖鄀羅權巴夔與南方蠻貊殷河南之南其中一星主長沙国逾嶺徼
而南皆東甌青丘之分(今安南諸州在雲漢上元之東宜屬鶉火)
角亢壽星之次辰初起軫十度(八千七十四半)中角八度(七百五十三十)終氐一度
其分野自原武管城濱河濟之南東至封丘陳留盡陳蔡汝南之地
逾淮源至于弋陽(漢陳留郡自封丘陳留已東皆入大火之分漢汝南今為豫州西華南頓城縣今為陳州汝陰縣今在潁州弋陽縣在光州)西涉南陽郡至于桐栢又東北抵嵩之東陽(漢南陽郡舂陵湖陽蔡陽後分為舂陵郡後魏以為南荊州今有舊義陽郡在申国之東界今為申州按中国地絡在河南北河之間故申隨光三州皆屬禹貢豫州之分宜屬鶉火壽星非南方負海之地)古陳蔡隨許皆屬壽星分也氐星涉壽星之
次故其分野殷雒邑衆山之東與亳土相接
氐房心大火之次也卯初起氐二度(千四百一十九五太)中房二度(千八百五一)
半終尾六度其分野得漢之陳留縣自雍丘襄邑小黃而東循濟陰

界于齊魯右泗水達於呂梁乃東南抵淮西南接太昊之墟盡濟陰
山陽楚国豐沛之地(濟陰縣之定陶宛向乘氏今在東郡大抵譙宋徐亳及鄆州西界皆屬大火分)自商亳
以負北河陽氣之所升也為心分自豐沛以負南河陽氣之所布也
為房分故其下流皆與尾星同占西接陳鄭為氐星之分
尾箕析木之次也寅初起尾七度(二千七百五十二十一少)中箕星五度(三百七十六十
七)終斗八度其分野自渤海河之北盡河間涿郡廣陽国(漢渤海郡浮陽今為清池縣屬滄州涿郡之饒陽今屬瀛州涿縣良鄉與廣陽国薊縣今在幽州)及上谷漁陽右北平遼東樂
浪玄菟(漁陽在幽州右北平在白狼無終縣隋代為漁陽郡古孤竹国後置北平郡今為平州遼東在無慮縣即周禮醫無閭山樂浪在朝鮮縣玄菟在高勾驪縣今皆在東夷也)古之北燕孤竹無終及東方九夷之国皆
析木之分也得雲漢之末流北紀之所窮也箕與南斗相近故其分
野在吳越之東
南斗牽牛星紀之次也丑初起斗九度(千四十一十二太)中斗二十四度(千七百八十)終女四度其分野自廬江九江負淮水之南盡臨淮廣陵至于
東海(廬江壽和濠揚皆屬星紀也)又逾南河得漢丹陽會稽豫章郡西濱彭蠡南

涉越州盡蒼梧南海(又逾嶺表自韶廣封梧藤羅雷州南及朱崖自北以東為星紀其西皆屬鶉尾之次)古吳
越及東南百越之國皆星紀分也南斗在雲漢之流當淮海之間為
吳分牽牛去南河寖遠故其分野自豫章東達會稽南逾嶺徼為越
分島夷蠻貊之人聲教之所不洎皆係于狗國(李淳風刊定隨大志圖顧為詳悉所注郡邑多依用其後州縣又隸管屬不同但據山河以分耳)

日蝕

武德元年十月壬申朔四年八月丙戌朔六年十二月壬寅朔九年十月丙辰朔貞觀元年閏三月癸丑朔九月庚戌朔二年三月戊申朔三年八月己巳朔四年閏正月丁卯朔六年正月乙卯朔九年閏四月丙寅朔十一年三月丙戌朔十二年閏二月庚辰朔十三年八月辛未朔十七年六月己卯朔十八年十月辛丑朔二十年閏三月癸巳朔二十二年八月己酉朔高宗顯慶五年六月庚午朔乾封二年八月己酉朔總章二年六月戊申朔咸亨元年六月壬寅朔二年十一月甲午朔三年十一月戊子朔上元元年三月辛亥朔二年九月壬

寅朔調露二年四月乙巳朔十一月壬寅朔開耀元年十月丙寅朔永淳元年四月甲子朔十一月庚申朔則天垂拱二年二月辛未朔四年六月丁亥朔天授二年四月壬寅朔如意元年四月丙申朔長壽二年九月丁亥朔三年九月壬午朔延載元年九月壬午朔證聖元年二月己酉朔聖曆三年五月乙酉朔久視元年五月己酉朔長安二年九月乙丑朔三年三月壬戌朔九月庚寅朔中宗神龍三年六月丁卯朔景龍元年十二月乙丑朔睿宗太極元年二月丁卯朔高宗先天元年九月丁卯朔開元三年七月庚辰朔六年五月乙丑朔九年五月乙巳朔十二年閏十二月壬辰朔十七年十月丙午朔二十年二月癸酉朔八月辛未朔二十一年七月乙丑朔二十二年十二月戊子朔二十三年閏十一月壬午朔二十六年九月丙申朔二十八年三月丁亥朔天寶元年七月癸卯朔五載五月壬子朔十三載六月乙丑朔肅宗至德元載十月辛巳朔上元二年七月癸未朔蝕既大星皆見代宗大曆三年三月乙巳朔四年正月十五日甲午

蝕十三年甲戌有司奏合蝕不蝕十四年二月丙寅朔德宗貞元三年八月辛巳朔日蝕有司奏準禮請伐鼓于社不許太常卿董晉諫曰伐鼓所以責羣陰助陽德宜從經義竟不報六年正月戊戌朔有司奏合蝕不蝕百寮稱賀七年六月庚寅朔有司奏蝕是夜陰雲不見百官表賀八年十一月壬子朔先是司天監徐承嗣奏據曆合蝕八分今退蝕三分准占君盛明則陰匿而潛退請書于史從之十年四月癸卯朔有司奏太陽合虧巳正後刻蝕之旣未正後五刻復滿太常奏准禮上不視朝其日陰雲不見百官表賀十七年五月壬戌蝕元和三年七月癸巳蝕憲宗謂宰臣曰昨司天奏太陽虧蝕皆如其言何也又素服救日其儀安在李吉甫對曰日月運行遲速不齊日凡周天三百六十五度有餘日行一度月行十三度有餘率二十九日半而與日會又月行有南北九道之異或進或退若晦朔之交又南北同道即日爲月之所掩故名薄蝕雖自然常數可以推步然日爲陽精人君之象若君行有緩有急即日爲之遲速稍踰常度爲月

○所掩即陰侵於陽亦猶人君行或失中應感所致故禮云男教不脩陽事不得謫見于天日爲之蝕古者日蝕則天子素服而脩六官之職月蝕則后素服而修六宮之職皆所以懼天戒而自省惕也人君在民物之上易爲驕盈故聖人制禮務乾恭夕惕以奉若天道苟德大備天人合應百福斯臻陛下恭己向明日愼一日又顧憂天譴則聖德益固升平何遠伏望長保睿志以永無疆之休上曰天人交感妖祥應德蓋如卿言素服救日自貶之旨也朕雖不德敢忘兢惕卿等當匡吾不逮也十年八月巳亥朔十三年六月癸丑朔長慶二年四月辛酉朔三年九月壬子朔太和八年二月壬午朔開成二年庚寅朔當蝕陰雲不見會昌三年二月庚申朔四年二月甲寅朔五年七月丙午朔六年十二月戊辰朔皆蝕武德九年二月二十三日夜星孛于胃昴閒凡二十八日又孛于卷舌貞觀八年八月二十三日星孛于虛危歷于玄枵凡十一日而滅太宗謂侍臣曰是何妖也虞世南對曰昔景公時有彗星晏子對曰公穿池畏不深築臺恐不高行刑

刑不當是以彗爲誡耳景公懼而脩德十六日而星滅臣聞若德政不脩麟鳳數見無所禆也苟政教無闕雖有災怨何損於時伏願陛下勿以功高古人而務大勿以太平日久而驕逸愼終如始彗何足憂帝深嘉之十三年三月二十二日夜星孛于畢昴十五年六月十九日星孛於太微犯郎位七月甲戌滅總章元年四月彗見五車上避正殿減膳令內外五品巳上上封事極言得失許敬宗曰星雖孛而光芒小此非國眚不足上勞聖慮請御正殿復常膳不從敬宗又進曰星孛于東北王師問罪高麗將滅之徵帝曰我爲萬國主豈移過於小蕃哉二十二日星滅上元二年十月彗見于角亢南長五尺三年七月二十一日彗見東井指南河積薪長三尺餘漸向東北光芒益長長三丈掃中台指文昌經五十八日而滅永隆二年九月一日萬年縣女子劉疑靜乘白馬着白衣男子從者八九十人入大史局升令廳牀坐勘問此有何災異太史令姚玄辯執之以聞是夜彗見西方天市中長五尺漸小向東行出天市至河鼓左旗十七日滅

○永淳二年三月十八日彗見五車之北凡二十五日而滅文明元年七月二十二日西方有彗長丈餘凡四十九日滅光宅元年九月二十九日有星如半月見西方景龍元年十月十八日彗見西方凡四十三日而滅二年二月天保墜于西南有聲如雷野雉皆雊七月七日星孛胃昴之閒三年八月八日星孛于紫宮太極元年七月四日彗入太微開元十八年六月十一日彗見五車三十日星孛于畢昴二十六年三月八日星孛于紫微垣歷斗魁十餘日陰雲不見

武德元年六月三日熒惑犯左執法八年九月二十二日熒惑入太微九年五月傅奕奏太白晝見于秦秦國當有天下高祖以狀授太宗及太宗即位召奕謂曰汝前奏事幾累我然而今後但須悉心盡言無以前事爲慮貞觀十三年五月熒惑犯右執法十五年二月十五日熒惑逆犯太微東藩上相十七年三月七日熒惑守心前星十九日退其月二十二日熒惑犯勾陳九月二十九日熒惑犯太微西藩上將十九年九月二十四日太白在太微犯左執法光芒相及末微

三年六月二日熒惑犯右執法三日太白入太微犯右執法顯慶五年二月三日熒惑入南斗龍朔元年九月十四日太白犯太微左執法乾封二年五月熒惑入軒轅咸亨元年十二月熒惑入太微上元二年正月九日熒惑犯房星儀鳳四年四月九日熒惑犯羽林調露二年五月二十四日太白經天長安四年熒惑入月及鎮星犯天關太史令嚴善思奏法有亂臣伏罪臣下謀上之變歲餘誅二張五王立中宗景龍二年六月八日太白晝見于東井景龍二年三月二十七日太白入羽林太極元年三月三日熒惑入東井四月十二日熒惑與太白守東井先天元年八月十四日夜月蝕盡有星入月魄中十六日太白襲月開元十年七月二十九日熒惑入南斗天寶十三載五月熒惑守心五十餘日至德元年十一月二十六日熒惑太白同犯昴武德二年三月二十七日太白辰鎮聚于東井九年六月十八日辰歲會于東井二十三日辰歲太白又會于東井貞觀十八年五月太白辰合于東井景雲二年七月太白鎮同在張宿

○

武德三年十月三十日有流星墜於東都城內殷殷有聲高祖謂侍臣曰此何祥也起居舍人令狐德棻曰昔司馬懿伐遼有流星墜于遼東梁水上尋而公孫淵敗走晉軍追之至其星墜處斬之此王世充滅亡之兆也貞觀十八年五月五日有流星大如斗出東壁光照聲如雷咸亨三年二月三日有流星如雷景龍二年二月十九日大星墜于西南聲如雷野雉皆雊景雲二年八月十七日東方有流星出五車至于上台天寶三載閏二月十七日星墜于東南有聲京師訛言官遣棖棖捕人肝以祭天狗人相恐畿內尤甚景龍元年九月十八日有赤氣竟天其光燭地經三日乃止九月四日黃霧昏濁唐隆元年六月八日虹蜺竟天

災異編年　　至德後

至德元年三月乙酉歲太白熒惑合于東井十月辛丑朔日有蝕之十一月壬戌夜五更有流星大如斗流于東北長數丈蛇行屈曲有碎光迸空　乾元元年四月熒惑鎮太白合於營室太史南宮沛奏所合之處戰不勝大人惡之恐有喪禍明年冬郭子儀等九節度之師自潰於相州五月癸未夜一更三籌月掩星前星二更四籌方出正月癸丑月入南斗魁二年二月丙辰月犯心前大星相去三寸三年四月丁巳夜五更彗出東方色白長四尺在婁胃間疾行向東北角歷昴畢觜參井鬼柳軒轅至太微右執法七寸所凡五十餘日方滅閏四月辛酉朔妖星見于南方長數丈是時自四月初大霧大雨至閏四月末方止是月逆賊史思明再陷東都米價踊貴斗至八百文人相食殍尸蔽地上元元年十二月癸未夜歲掩房星二年七月癸未朔日有蝕之大星皆見司天秋官正瞿曇譔奏曰癸未太陽虧辰正後六刻起虧巳正後一刻既午前一刻復滿虧於張四度周之分野甘德云日從巳至午蝕爲周周爲河南今逆賊史思明據乙巳占曰日蝕之下有破國其年九月制去上元之號單稱元年月首去正二三之次以建冠之其年建子月癸巳亥時一鼓二籌後月掩昴出其北兼白暈畢星有白氣從北來貫昴司天監韓穎奏曰按石申占月

○

掩昴胡王死又月行昴北天下福臣伏以三光垂象月爲刑殺之徵二石殲夷史官常占畢昴爲天綱白氣兵喪掩其星則大破胡王行其北則天下有福巳爲周分癸主幽燕當羯胡竊據之郊是殘寇滅亡之地明年史思明爲其子朝儀所殺十月雍王收復東都上元三年正月（時去上元之號今存之以正年）建辰月肅宗病是月丙戌月上有黃白冠連成暈東井五諸侯南北河輿鬼皆在中建巳月以楚州獻定國寶乃改元寶應月復以正二三爲次其月肅宗崩代宗即位其月壬子夜西北方有赤光見炎赫亘天貫紫微漸流于東瀰漫北方照耀數十里久之乃散辛未夜江陵見赤光貫北斗俄僕固懷恩叛明年十月吐蕃陷長安代宗避狄幸陝州廣德二年五月丁酉朔日當蝕不蝕羣臣賀十二月三日夜星流如雨自亥及曉永泰元年九月辛卯太白經天是月吐蕃逼京畿二年六月丁未日重輪其夜月重輪是年大水大曆元年十二月彗星出匏瓜長尺餘犯宦者星二年七月癸亥熒惑色赤黃順行入氐乙丑夜鎮星色黃近辰星在東井初度丙寅申時有

青赤氣長四十餘尺見日旁久之乃散巳巳夜歲星順行去司怪七寸庚午夜月逼天關壬申十二月赤氣長二丈亘日上甲戌酉時白氣亘天八月壬午月入氐戊子月犯牽牛相去九寸己丑夜月犯畢相去四寸九月戊申朔歲星守東井凡七日乙卯吐蕃入寇至邠寧戊午夜白霧起尾西北瀰漫亘天乙丑晝有流星大如一升器其色黃明尾迹長六七十尺出于午流于丑戊辰夜熒惑去南斗五寸乙亥青赤氣亘于日旁十一月辛酉夜月去東井一尺甲子夜月去軒轅一尺壬戌京師地震有聲如雷自東北來十二月丁酉夜熒惑入壁壘戊戌有黑氣如霧亘北方久之方散三年正月壬子夜月掩畢丁巳巳時日有黃冠青赤珥三月乙巳朔日有蝕之自午虧至後一刻凡蝕十分之六分半癸丑夜太白去天衢八寸癸酉夜太白順行去歲星二尺七月壬申夜五星並列東方占云中國之利八月己酉月入畢辛酉月入東井壬戌火星去太白四寸庚午夜太白犯左執法相去一尺九月壬申夜歲星入輿鬼乙亥夜大星如斗自南流北其

光燭地丁丑夜熒惑入太微垣巳卯夜太微犯左執法相去六寸戊子夜歲星去輿鬼一尺巳丑夜月犯東井去五寸庚戌熒惑去太微五寸太白去進賢四寸癸巳月去靈臺一尺四年正月十五日日有蝕之二月丙午夜熒惑有芒角去房星二尺所丙辰夜地震有聲如雷者三三月壬午熒惑有芒角入氐癸未月去氐一尺戊子夜鎮星近輿鬼五月丙戌京師地震七月熒惑犯次相星九月丁卯熒惑犯郎位是歲自四月霖雨至秋末方息京師米斗八百文五年四月乙巳夜歲星入軒轅巳未夜彗出五車蓬孛光芒長三丈巳卯夜彗出北方其色白癸未夜彗隨天東行近八穀甲申西北方白氣竟天六月丙申月去太微左執法一寸丁酉月去哭星二寸庚子月去氐七寸癸卯彗去三公二尺庚戌太白入東井甲寅白氣出西北方竟天巳未彗星滅七月京師米價騰踴斗千錢六年七月乙巳夜月掩畢入昴畢中壬子月去太微二寸八月庚辰月入太微九月壬辰熒惑犯哭星去二寸庚子夜火去泣星四寸月掩畢申辰夜西南流星大

如一升器有尾跡光明照地珠子散落長五丈餘出須女入天市南垣滅丁未月入太微辛亥熒惑入壁壘十月丁卯月掩畢甲戌月入軒轅十一月壬寅月入太微丙午夜月掩氐十一月己巳月入太微七年正月乙未夜月近軒轅二月戊午月掩天關辛酉月逼輿鬼己巳熒惑逼天衢三月辛卯月逼靈臺丁巳熒惑入東井辛未歲星入東角壬申月入羽林丙子鎮星臨太微五月丙戌月入太微六月乙亥月臨東井十二月甲子太白入羽林丙寅雨土是夜長星出于參八年五月庚辰熒惑入羽林六月戊辰流星大如一升器有尾跡長三丈流入太微七月己卯太白入東井留七日而出庚寅酉時有氣三道竟天辛卯夜熒惑臨月乙未月掩畢中八月戊午夜熒惑臨月其月朱滔自幽州入朝九月癸未月入羽林巳丑月入太微十月癸卯太白臨鎮星丙午夜太白臨進賢丁巳夜月掩畢壬戌夜月入鬼中庚午月近太白並入氐中十一月己卯月入羽林壬午鎮星逼進賢癸未太白掩房癸巳月入太微垣閏十一月壬寅夜太白辰星會

于危癸丑月掩天關甲寅月入東井乙丑月掩天關丙寅月入氐十二月癸酉月入羽林九年正月癸丑熒惑逼諸王星三月丁未熒惑入東井四月乙亥月臨軒轅丁丑月入大微五月己酉太白逼熒惑乙未夜太白入軒轅辛酉辰星逼軒轅六月戊寅月逼天綱己卯月掩南斗庚辰月入太微戊子太白臨左執法七月甲辰月掩房辛亥月入羽林壬戌月入輿鬼八月辛卯月掩軒轅九月庚子朱泚自幽州入朝是夜太白入南斗甲子熒惑入氐十月戊子木入南斗十二月戊辰月入羽林十年正月昭義軍亂逐薛崿田承嗣據河北叛戊申月逼軒轅甲寅夜熒惑歲合于南斗並順行二月河陽軍亂逐常休明三月陝州軍亂逐李國清庚戌熒惑入壁壘四月甲子熒惑順行入羽林庚午月臨軒轅六月癸亥太白臨東井乙丑夜熒惑臨天關戊辰月逼太微乙亥月臨南斗七月庚子辰星太白順行同在柳八月乙酉熒惑順行臨天高戊子月入太微九月甲午月臨房十月辛酉朔日有蝕之十二月甲子夜東方月上有白氣十餘道如匹帛

貫五車東井輿鬼觜觿參畢柳軒轅三更後方散十二年閏八月丁酉
太白晝見其年七月李靈耀以汴州叛十月方誅之十三年正月乙
丑夜月掩軒轅癸酉夜月掩心前星丙子月入南魁斗中二月乙未
鎮星入氐辛亥夜流星大如桃尾長十丈出匏瓜入太微三月壬戌
月入太微戊辰月逼心星是月宰臣元載誅王縉黜四月庚寅月臨
左執法乙未夜月掩心前星五月丙辰月入太微六月戊戌月入羽
林七月庚戌月入南斗癸丑熒惑逼司怪己巳宰相楊綰卒乙亥熒
惑順行入東井是歲春夏旱八月大雨河南大水平地深五尺吐蕃
入寇至坊州十月己丑月臨歲星壬辰月掩昴乙未月臨五諸侯庚
子月臨左執法遂入太微垣十一月癸丑太白臨哭星乙卯夜月入
羽林戊辰月臨左執法十二月辛巳鎮星臨關鍵壬午月入羽林十
四年五月十一日代宗崩德宗即位明年改元建中至四年十月朱泚
亂車駕幸奉天貞元四年五月丁卯月犯歲星乙亥熒惑鎮歲聚于
營室三十餘日八月辛卯朔日有蝕之十年三月乙亥黃霧四塞日

○
無光四月太白晝見元和七年正月辛未月掩熒惑六月乙亥月去
南斗魁第四星西北五寸所八年七月四日夜月去太微東垣之南
首星南一尺所癸酉夜月去五諸侯之西第四星南七寸所十月己
丑熒惑順行去太微西垣之南首星西北四寸所九年二月丁酉月
去心大星東北七寸所四月辛巳北方有大流星尾跡長五丈光芒
照地至右攝提南三尺所九月己丑月掩軒轅十二年正月戊子孛
出畢南長二尺餘指西南凡三日近參旗沒十三年正月乙未歲星
退行近太微西垣之南第一星八月己未月近南斗魁壬戌太白順
行近太微十四年正月己丑月近東井北轅星癸卯夜月近南斗魁
星五月庚寅月犯心前大星西南一尺所十五年正月二十七日憲
宗崩穆宗即位七月庚申熒惑退行入羽林癸亥夜大星出勾陳南
流至婁北滅八月己卯月掩牽牛長慶元年正月丙午月掩鉞星二
更後月去東井南轅第一星南七寸丙辰南方大流星色赤尾有跡
長三丈光明燭地出狼星北二尺所東北流至七星三尺所滅己未

夜星孛于翼丁卯夜星孛在辰上去太微西垣南第一星七寸所二
月八日夜太白犯昴東南五寸所丁亥夜月犯歲星南六寸所在尾
十三度三月庚戌太白犯五車東南七寸所七月壬寅月掩房次相
星乙丑夜東方大流星色黃有尾跡長六七丈光明燭地出參西北
向西流至羽林東北滅其月幽州軍亂囚其帥張弘靖立朱克融其
月二十八日鎮州軍亂殺其帥田弘正王廷湊元和末河北三鎮皆
以疆土歸朝廷至是幽鎮俱失俄而史憲誠以魏州叛三鎮復爲盜
據連兵不息八月辛巳夜東北有大星自雲中出流白光照地前後
長丈二尺五寸西北入蜀滅太白在軒轅左角西北一尺所是月壬
辰夜太白去太微垣南第一星一尺所九月戊戌夜太白順行入太
微去左執法星西北一尺所乙巳夜去左執法二寸所辛亥月去天
關西北八寸二年正月戊申魏帥田布伏劒死史憲誠據郡叛二月
甲戌夜熒惑在歲星南七寸所四月辛酉朔日有蝕之在胃十二度
不盡者四之一燕趙見之既七月丙子夜東方大星西流至昴滅其

○
聲如雷十月甲子夜月掩牽牛中星乙丑夜太白去南斗魁第四星
西一寸所十一月丁丑月掩左角庚辰月去房一尺所十二月丁亥
月掩左角庚戌夜月近房星壬子五更後月近太白相去一尺所四
年正月二十二日穆宗崩敬宗即位二月癸卯太白犯東井近北轅三
月甲子熒惑犯鎮星壬申太白犯東井近北轅四月十七日染院作
人張韶於紫草車中載兵器犯銀臺門共三十七人入大內對食於
清思殿其日禁兵誅之七月乙卯夜有大星出于天船流犯斗魁第
一星西南滅八月丁亥熒惑犯鎮星癸未熒惑入東井己丑太白犯
軒轅右角十二月戊子夜月掩東井甲午夜西北有流星出閣道至
北極滅寶曆元年七月乙酉月犯西咸去八寸所甲子夜月掩畢閏
七月癸巳夜月去心距九寸庚子流星出北極至南斗柄滅八月乙
卯太白犯房相去九寸九月癸未太白犯南斗丙戌月犯畢甲午月
犯太微左執法十月辛卯月犯天囷相去七寸癸亥太白臨哭星相
去九寸十一月庚辰鎮星犯東井相去七寸癸未夜月去東井六寸

戊戌西南大流星出羽林入濁十二月戊申夜月犯畢乙酉夜西北方有霧起須臾徧天霧上有赤氣其色或深或淺久而方散二年正月甲戌夜北方大流星長五丈餘出紫微過軫滅甲申月犯右執法相去五寸二月丙午夜月犯畢三月己巳流星出河鼓東過天市入濁滅四月甲子夜西方大流星長三丈穿天市垣至房滅其月十七日白虹貫日連環至午方滅五月甲戌月去太微八寸所癸巳西北方大流星長三丈光明照地入天市垣中滅甲午五更熒惑犯昴六月庚申太白犯昴七月壬申流星長二丈出斗北入濁滅其夜月初入巳上有流星向南滅其夜辰犯畢八月丙申夜北方大流星長四丈餘出王良流至北斗柄滅甲辰夜太白去太微八寸所丁未夜熒惑近鎭星西北丁丑熒惑去輿鬼七寸十二月八日夜敬宗爲内官劉克明所殺立絳王樞密使王守澄等殺絳王立文宗大和元年九月戊寅月掩東井南轅星四年四月辛酉夜四更五籌後月掩南斗第二星十一月辛未朔熒惑犯右執法西北五寸五年二月宰相宋

申錫漳王被誣得罪八年二月朔日有蝕之六月辛巳五更有六流星赤色有尾跡光明照地珠子散落出河鼓北流近天棓滅有聲如雷七月己巳夜流星出紫微西北長二丈至北斗第一星滅是夜五更月犯昴九月辛亥夜五更太微宮近郎位有彗星長丈餘西指西北行凡九夜越郎位星西北五尺滅癸丑月入南斗庚申右軍中尉王守澄宣召鄭注對於浴殿門是夜彗星出東方長三尺芒耀甚猛十二月丙戌夜月掩昴九年三月乙卯京師地震四月辛丑大風震雷拔殿前古樹六月庚寅夜月掩歲星丁酉夜一更至四更流星縱橫旁午約二十餘處多近天漢其年十一月李訓謀殺内官事敗中尉仇士良殺王涯鄭注李訓等十七家朝臣多有貶逐開成元年正月甲辰太白掩西建第一星其月十五日日有蝕之二月乙亥夜四更京師地震二年丙午夜彗出東方長七尺餘在危初度西指戊申夜危之西南彗長七尺芒耀愈猛亦西指癸丑夜彗在危八度庚申夜在虛三度半辛酉夜彗長丈餘直行稍南指在虛一度半壬戌夜

彗長二丈其廣三尺在女九度癸亥夜彗愈長廣在女四度三月甲子朔其夜彗長五丈岐分兩尾其一指氐其一掩 月在斗十度丙寅夜彗長六丈尾無岐北指在危七度文宗召司天監朱子容問星變之由子容曰彗主兵旱或破四夷古之占書也然天道懸遠唯陛下脩政以抗之乃勑尚食今後每日御食料分爲十日其夜彗長五丈濶五尺却西北行東指戊辰夜彗長八丈有餘西北行東指在張十四度詔天下放繫囚撤樂減膳避正殿先是群臣拜章上徽號宜並停癸未夜彗長三尺出軒轅之右東指在張十度六月河陽軍亂逐李詠是歲夏蝗大旱八月丁酉彗出虛危之間十月地南北震三年十月十九日彗見長二丈餘二十日夜長二丈五尺二十一日夜長三丈二十二日夜長三丈五尺並在辰上西指軫魁十一月乙卯朔是夜彗出東方東西竟天五月五日太白犯輿鬼六月一日太白犯熒惑二十八日太白犯右執法十月七日太白犯南斗四年正月丁巳熒惑太白辰聚于南斗癸酉彗出于西方在室十四度閏月二十

三日又見于卷舌北凡三十三日至二十六日夜滅二月二十六日自夜四更至五更四方中央流星大小二百餘並西流有尾跡長三丈三月乙酉夜月掩東井第三星是歲夏大旱禱祈無應文宗憂形于色宰臣進曰星官言天下時當爾乞不過勞聖慮帝改容言曰朕爲人主無德庇人比年災旱星文謫見若三日内不雨朕當退歸南内卿等自選賢明之君以安天下宰相楊嗣復等嗚咽流涕不已十月辛丑月犯熒惑河南大水八月辛未流星出羽林有尾跡長十丈有聲如雷十月辛酉辰入南斗魁五年正月文宗崩武宗即位會昌元年六月二十九日從一鼓至五鼓小流星五十餘交橫流散七月二日北方流星光明照地東北流星有聲如雷九月癸巳熒惑犯輿鬼閏九月丁酉熒惑貫鬼宿戊戌在鬼中十一月六日彗見西南在室初度凡五十六日而滅其夜上方大流星光明燭地東北流星有聲二年六月乙丑熒惑犯歲星丙寅太白犯東井其夜熒惑含赤色動搖於井中至八月十六日犯輿鬼五年二月五日太白掩昴北側

在昴宿一度五月辛酉太白入畢口距星東南一尺八月七日太白
犯軒轅大星舊儀太史局隸秘書省掌視天文曆象則天朝術士尚
獻輔精於曆筭召拜太史令獻輔辭曰臣山野之人性靈散率不能
屈事官長天后惜其才久視元年五月十九日勅太史局不隸秘書
省自爲職局仍改爲渾天監至七月六日又改爲渾儀監長安二年
八月獻輔卒復爲太史局隸秘書省緣進所置官員並廢景龍二年
六月改爲太史監不隸秘書省景雲元年七月復爲太史局隸秘書
省八月又改爲太史監十一月又改爲太史局二年閏九月改爲渾
儀監開元二年二月改爲太史監十五年正月改爲太史局隸秘書
省天寶元年又改爲太史監乾元元年三月改太史監爲司天臺於
永寧坊張守珪故宅置勅曰建設邦都必稽玄象分列曹局皆應物
宜靈臺三星主觀察雲物天文正位在太微西南今興慶宮上帝廷
也考符之所合置靈臺宜令所司量事修理舊臺在秘書省之南仍置五官正
五人司天臺內別置一院曰通玄院應有術藝之士徵辟至京于崇

玄院安置其官員大監一員正三品少監二人正四品丞三人正六
品主簿三人主事二人五官正五人五官副正五人靈臺郎一人五
官保章正五人五官挈壺正五人五官司曆五人五官司辰十五人
觀生曆生七百二十六人凡官員六十六人寶應元年司天少監瞿
曇譔奏曰司天丞請減兩員主簿減兩員主事減一員保章正減三
員挈壺正減三員監候減兩員司辰減十員五陵司辰減五員從之
天寶十三載三月十四日勅太史監官除朔望朝外非別有公事一
切不須入朝及充保識仍不在點檢之限開成五年十二月勅司天
臺占候災祥理宜秘密如聞近日監司官吏及所由等多與朝官并
雜色人交游既乖慎守須明制約自今已後監司官吏不得更與朝
官及諸色人等交通往來委御史臺察訪

唐書志卷第十六

唐書志卷第十七

劉　昫　等修

聞人詮校刻沈桐同校

五行

昔禹得河圖洛書十五字治水有功因而寶之殷太師箕子入周武王訪其事乃陳洪範九疇之法其一曰五行漢興董仲舒劉向治春秋論災異乃引九疇之說附于二百四十二年行事一推咎徵天人之變班固叙漢史採其說五行志綿代史官因而纘之今略舉大端以明變怪之本經曰水曰潤下火曰炎上木曰曲直金曰從革土爰稼穡又曰建用皇極傳曰畋獵不時飲食不享出入不節奪民農時及有姦謀則木不曲直棄法律逐功臣殺太子以妾為妻則火不炎上好治宮室飾臺榭內淫亂犯親戚侮父兄則稼穡不成好戰功輕百姓飾城郭侵邊境則金不從革簡宗廟不禱祠廢祭祀逆天時則水不潤下經曰敬用五事謂貌曰恭言曰從視曰明聽曰聰思曰睿恭作肅從作乂明作哲聰作謀睿作聖又曰建用皇極皇建其有極傳曰貌之不恭是謂不肅厥咎狂厥罰恒雨厥極凶時則有服妖時則有龜孽時則有雞禍時則有下體生上之痾時則有青眚青祥（凡草木之類謂之妖蟲豸之類謂之孽六畜謂之禍及人謂之痾甚則異物生謂之眚自外而來謂之祥也）言之不從是謂不乂厥咎僭厥罰恒暘厥極憂時則有詩妖時則有介蟲之孽時則有犬禍時則有口舌之痾時則有白眚白祥視之不見是謂不哲厥咎豫厥罰恒燠厥極疾時則有草妖時則有蠃蟲之孽時則有羊禍時則有目痾時則有赤眚赤祥聽之不聰是謂不謀厥咎急厥罰恒寒厥極貧時則有鼓妖時則有魚孽時則有豕禍時則有耳痾時則有黑眚黑祥思之不睿是謂不聖厥咎蒙厥罰恒風厥極凶短折時則有脂夜之妖時則有華孽時則有牛禍時則有心腹之痾時則有黃眚黃祥皇之不極是謂不建厥咎眊厥罰恒陰厥極弱時則有射妖時則有龍蛇之孽時則有馬禍時則有下體代上之痾時則有日月亂行星辰逆行九疇名數十五其要五行皇極之說前賢所以窮

治亂之變談天人之際蓋本于斯故先録其言以傳於事京房易傳曰臣事雖正專必地震其震於水則波於木則搖於屋則瓦落大經在辟而易臣茲謂陰動又曰小人剥廬厥妖山崩茲謂陰乘陽弱勝強劉向曰金木水沴土地所以震春秋災異先書地震日蝕惡陰盈也

貞觀十二年正月二十二日松叢二州地震壞人廬舍二十年九月十五日靈州地震有聲如雷二十三年八月一日晉州地震壞人廬舍壓死者五十餘人三日又震十一月五日又震　永徽元年四月一日又震六月十二日又震高宗顧謂侍臣曰朕政教不明使晉州之地屢有震動侍中張行成曰天陽也地陰也陽君象陰臣象君宜轉動臣宜安靜今晉州地震彌旬不休臣將恐女謁用事大臣陰謀且晉州陛下本封今地屢震尤彰其應伏願深思遠慮以杜其萌帝深然之　開元二十二年二月十八日秦州地震先是秦州百姓聞州西北地下殷殷有聲俄而地震壞廨宇及居人廬舍數千間地拆而復合經時不定壓死百餘人玄宗令右丞相蕭嵩致祭山川又遣倉部員外郎韋伯陽往宣慰存恤所損之家　至德元年十一月辛亥朔河西地震有聲地裂陷壞廬舍張掖酒泉尤甚至二年六月始止　大曆二年十一月壬申京師地震有聲自東北來如雷者三四年二月丙辰夜京師地震有聲如雷者三　貞元三年十一月己卯夜京師地震是夕者三巢鳥皆驚人多去室東都蒲陝亦然四年正月朔日德宗御含元殿受朝賀是日質明殿階及欄檻三十餘間無故自壞甲士死者十餘人其夜京師地震二日又震三日又震十八日又震十九日又震二十日又震帝謂宰臣曰蓋朕寡德屢致后土震驚但當脩政以答天譴耳二十三日又震二十四日又震二十五日又震時金房州尤甚江溢山裂屋宇多壞人皆露處至二月三日壬午又震甲申又震乙酉又震丙申又震三月甲寅又震己未又震庚午又震辛未又震京師地生毛或白或蒼有長尺餘者五月丁卯又震八月甲辰又震其聲如雷九年四日辛酉京師又震有聲如

雷河中尤甚壞城壘廬舍地裂水涌十年四月戊申又震十三年七
月乙未日午時震從東來須臾而止　元和七年八月京師地震憲
宗謂侍臣曰昨地震草樹皆搖何祥異也宰臣李絳曰昔周時地震
三川竭太史伯陽甫謂周君曰天地之氣不過其序若過其序人亂
也人政乖錯則上感陰陽之氣陽伏而不能出陰迫而不能升于是
有地震又孔子脩春秋所紀災異先地震蝕蓋地載萬物日君象政
有感傷天地見眚書之示戒用儆後王伏願陛下體勵虔恭之誠動
以利萬物綏萬方為念則變異自消休徵可致九年三月丙辰巂州
地震晝夜八十震方止壓死者百餘人　太和九年三月乙卯京師
地震　開成元年二月乙亥夜四更京師地震屋瓦皆墜戶牖之間
有聲二年十一月乙丑夜地南北微震　大中三年十月京師地震
振武天德靈武鹽夏等州皆震壞軍鎮廬舍　武德六年七月二十
日巂州山崩川水咽流　貞觀八年七月七日隴右山崩大蛇屢見
太宗問秘書監虞世南曰是何災異對曰春秋時梁山崩晉侯召宗

伯而問焉對曰國主山川故山崩川竭君為之不舉降服出次祝幣
以禮焉晉侯從之卒亦無害漢文帝九年齊楚地二十九山同日崩
文帝出令郡國無來獻施惠于天下遠近歡洽亦不為災後漢靈帝
時青蛇見御座晉惠帝時大蛇長三百步經市入廟今蛇見山澤蓋
深山大澤實生龍蛇亦不足怪也惟脩德可以消變上元之十七年八
月四日原州昌松縣瀉池谷有石五青質白文成字曰高皇海出多
子李元王八十年太平天子李世民千年太子李治書燕山人士樂
太國主尚汪譚獎文仁邁千古大王五王六王七王十鳳毛才子七
佛八菩薩及上果佛田天子文武貞觀昌大聖延四方上下治示孝
仙戈八為善原州奏其年十一月三日遣使祭之曰嗣天子某祚繼
鴻業君臨寓縣夙興旰食無忘于政導德齊禮愧於前脩天有成命
表瑞貞石文字昭然曆數惟永既旌高廟之業又錫眇身之祚迨于
皇太子治亦降貞符具紀姓氏列　于石言仰瞻睿漢空銘大造甫惟
寡薄彌增寅懼敢因大禮重薦玉　帛上謝明靈之貺以申祇慄之誠

永徽四年八月二十日隕石十八　于同州馮翊縣光曜有聲如雷上
問于志寧曰此何祥也當由朕政　之有闕對曰按春秋隕石于東五
內史過曰是陰陽之事非吉凶所生自古災變杳不可測但恐物之
自爾未必關于人事陛下發書誠懼責躬自省未必不為福矣　永
昌中華州敷水店西南坡白晝飛四五里直抵赤水其坡上樹木禾
黍宛然無損　則天時新豐縣東南露臺鄉因大風雨雹震有山踊
出高二百尺有池周三頃池中有龍鳳之形禾麥之異則天以為休
徵名為慶山荊州人俞文俊詣闕上書曰臣聞天氣不和而寒暑隔
人氣不和而疣贅生地氣不和而堆阜出今陛下以女主居陽位反
易剛柔故地氣隔塞山變為災陛下謂慶山臣以為非慶也誠宜側
身脩德以答天譴不然恐災禍至則天怒流于嶺南　開元十七年
四月五日大風震電藍田山開百餘步　乾元二年六月虢州閿鄉
縣界黃河內女媧墓天寶十三載因大雨晦冥失其所在至今年六
月一日夜河濱人家忽聞風雨聲曉見其墓踊出上有雙柳樹下有

巨石二柳各長丈餘郡守圖畫以聞今號風陵堆　大曆十三年鄜
州黃芩山崩震壓殺數百人　建中初魏州魏縣西四十里忽然土長
四五尺數畝里人駭異之明年魏博田悅反德宗命河東馬燧潞州
李抱真討之營于陘山幽州朱滔恒州王武俊帥兵救田悅王師退
保魏縣西朱滔武俊田悅引軍與王師對壘三年十一月朱滔僭稱
冀王武俊稱趙王田悅魏王悅時壘正當土長之所及僭署告天乃
因其長土為壇以祭魏州功曹韋稔為益土頌以媚悅馬燧聞之笑
曰田悅異常賊也　貞觀十一年七月一日黃氣竟天大雨穀水溢
入洛陽宮深四尺壞左掖門毀宮寺一十九洛水暴漲漂六百餘家
帝引咎令羣臣直言政之得失中書侍郎岑文本曰伏唯陛下覽古
今之事察安危之機上以社稷為重下以億兆為念明選舉慎賞罰
進賢才退不肖聞過即改從諫如流為善在於不疑出令期於必信
頤神養性省畋游之娛去奢從儉減工役之費務靜方內不求闢土
載櫜弓矢而無忘武備凡此數者願陛下行　之不怠必當轉禍為福

化咎為祥況水之為患陰陽常理豈可謂之天譴而繫聖心哉十三日詔曰暴雨為災大水泛溢靜思厥咎朕甚懼焉文武百寮各上封事極言朕過無有所諱諸司供進悉令減省凡所力役量事停廢遭水之家賜帛有差二十日詔廢明德宮及飛山宮之玄圃院分給河南洛陽遭水戶九月黃河泛溢壞陝州河北縣及太原倉毀河陽中潬太宗幸白馬坂以觀之　永徽五年六月恒州大雨自二日至七日滹沱河水泛溢損五千三百家　總章二年七月益州奏六月十三日夜降雨至二十日水深五尺其夜暴水深一丈已上壞屋一萬四千三百九十區害田四千四百九十六頃九月十八日括州暴風雨海水翻上壞永嘉安固二縣城百姓廬舍六千八百四十三區殺人九千七十牛五百頭損田苗四千一百五十頃　咸亨元年五月十四日連日澍雨山水溢溺死五千餘人　永淳元年六月十二日連日大雨至二十三日洛水大漲漂損河南立德弘敬洛陽景行等坊二百餘家壞天津橋及中橋斷人行累日先是頻降大雨沃若懸

流至是而泛溢衝突焉西京平地水深四尺已上麥一束止得一二升米一斗二百二十文布一端止得一百文國中大饑蒲等州沒徙人家口并逐糧饑餒相仍加以疾疫自陝至洛死者不可勝數西京米斗三百已下二年三月洛州黃河水溺河陽縣城水面高於城內五六尺自鹽坎已下至縣十里石灰並平流津橋南北道無不碎破　文明元年十月溫州大水漂流四千餘家　長安三年寧州大霖雨山水暴漲漂流二千餘家溺死者千餘人流屍東下十七日京師大雨雹人有凍死者四年自九月至十月晝夜陰晦大雨雪都中人畜有饑凍死者令開倉賑恤　神龍元年七月二十七日洛水漲壞百姓廬舍二千餘家詔九品已上直言極諫右衛騎曹宋務先上疏曰臣聞自昔后王樂聞過罔不興拒忠諫罔不亂何者樂聞過則下情通下情通則政無缺此其所以興也拒忠諫則羣議壅羣議壅則主孤立此其所以亂也伏見明勑令文武九品已上直言極諫大哉德音其堯舜之用心禹湯之責已也臣嘗讀書觀天人相與之際考休

咎宜符之兆有感必通其間甚密是以政失於此變生於彼亦猶影之像形響之赴聲動而輒隨各以類應故易曰天垂象見吉凶聖人象之竊見自夏已來水氣勃戾天下郡國多罹其災去月二十七日洛水暴漲漂損百姓謹按五行傳曰簡宗廟廢祭祀則水不潤下夫王者即位必郊祀天地嚴配祖宗是故鬼神歆饗多獲福助自陛下光臨寶極綿曆炎涼郊廟遲留不得殷薦山川寂寞未議懷柔暴水之災殆因此發臣又按水者陰類臣妾之道陰氣盛滿則水泉迸溢加之虹蜺紛錯暑雨滯淫雖丁厥時而汨恒度亦陰勝之沴也臣恐後庭近習或有離中饋之職干外朝之政伏願深思天變杜絕其萌又自春及夏牛多病死疫氣浸淫于今未息謹按五行傳曰思之不睿時則有牛禍意者萬機之事陛下或未躬親乎昔太戊有異木生于朝伊尹戒以脩德厥妖用殄高宗有飛雉雊于鼎祖乙陳以政事殷道再興此皆視履考祥轉禍為福之明鑑也鼂錯曰五帝其臣不及則自親之今朝廷怪異雖則多矣然皆仰知陛下天光大顧勤思

德容少凝大化以萬方為念不以聲色為娛以百姓為憂不以犬馬為樂暫勞宵旰用緝明良豈不休哉天下幸甚臣聞三王之朝不能免淫亢太平之時不能無小孽備禦之道存乎其人若細微之災恬而不怪及禍變成象駭而圖之猶水決而繕防病困而求藥雖復僶俛亦何救哉夫災變應天實繫人事故日蝕脩德月蝕脩刑若乃雨暘或愆則貌言為咎雩禜之法存乎禮典今暫逢霖雨即閉坊門弃先聖之明訓遵後來之淺術時偶中者安足神耶蓋當屏翳收津豐隆戢響之日也豈有一坊一市遂能感召星靈暫閉暫開便欲發揮神道必不然矣何其謬哉至今巷議街言共呼坊門為宰相謂能節宣風雨變理陰陽夫如是則赫赫師尹便為虛設悠悠蒼生復何所望自數年已來公私俱竭戶口減耗家無接新之儲國無候荒之蓄陛下不出都邑近觀朝市則以為率土之人既康且富及至踐閭陌視鄉亭百姓衣牛馬之衣食犬彘之食十室而九空丁壯盡於邊塞孤孀轉於溝壑猛吏淫威奮其毒暴徵急政破其資馬困斯跌人窮

乃詐或起為姦盜或競為流亡從而刑之良可悲也臣觀今之甿俗率多輕佻人貧而奢不息法設而偽不止長吏貪冒選舉私謁樂多繁淫器尚浮巧稼穡之人少商旅之人多誠願坦然更化以身先之端本澄源滌瑕蕩穢接凋瘵之後宜緩其力役當久弊之極宜法訓敦龐良牧樹風賢宰垂化十年之外生聚方足三代之美庶幾可及臣聞太子者君之貳國之本易有其卦天有其星今古相循率由茲道陛下自登皇極未建元良非所以守器承祧養德贊業離明不可輟曜震位不可久虛伏願早擇賢能以光儲副上安社稷下慰黎元且姻戚之間謗議所集假令漢帝無私於廣國元規切讓於中書天下之人安可戶說稽疑成惑馮寵生災所謂愛之適足以害之至如武三思等誠能輟其機務授以清閑厚媾富其身蕃錫以獎其意家國俱泰豈不優乎夫爵賞者君之重柄傳曰惟名與器不可假人自頃官賞頗亦乖謬大勳未滿于人聽高秩已越于朝倫貪天之功以為己力秘書監鄭普思國子祭酒葉靜能或挾小道以登朱紫或因淺術以取銀黃既虧國經實悖天道書曰制理於未亂保邦於未危此誠理亂安危之時也伏願欽祖宗之丕烈傷王業之艱難遠佞人親有德乳保之愛妃主之家以時接見無令媟瀆凡此數者當今急務唯陛下留神採納永保康寧疏奏不省右僕射唐休璟以霖雨為害咎在主司上表曰臣聞天運其工人代之而為理神行其化為政資之以和得其理則陰陽以調失其和則災沴斯作故舉才而授帝唯其艱論道於邦官不必備頃自中夏及乎首秋郡國水災屢為人害夫水陰氣也臣實主之臣忝職右樞致此陰沴不能調理其氣而乃曠居其官雖運屬堯年則無洽水之用位侔殷相且闕濟川之功猶負明刑坐逃皇譴皇恩不弃其若天何昔漢家故事丞相以天災免職臣竊遇聖時豈敢靦顏居位乞解所任待罪私門冀移陰咎之徵復免夜行之責　神龍二年三月壬子洛陽東十里有水影月餘乃滅四月洛水泛溢壞天津橋漂流居人廬舍溺死者數千人三年夏山東河北二十餘州大旱饑饉死者二千餘人　景龍二年正月

滄州雨雹大如雞卵　開元五年六月十四日鞏縣暴雨連日山水泛漲壞郭邑廬舍七百餘家人死者七十二汜水同日漂壞近河百姓二百餘戶八年夏契丹寇營州發關中卒援之軍次澠池縣之闕門野營穀水上夜半山水暴至二萬餘人皆溺死唯行網役夫樗蒱覺水至獲免逆旅之家溺死死人漂入苑中如積其年六月二十一日夜暴雨東都穀洛溢入西上陽宮宮人死者七十八畿內諸縣田稼廬舍蕩盡掌關兵士凡溺死者一千一百四十八人京城興道坊一夜陷為池一坊五百餘家俱失其年鄧州三鵶口大水塞谷初見二小兒以水相潑須臾有大蛇十圍已上張口向天人或斫射之俄而暴雷雨漂溺數百家十年二月四日伊水泛漲毀都城南龍門天竺奉先寺壞羅郭東南角平地水深六尺已上入漕河水次屋舍樹木蕩盡河南汝許仙豫唐鄧等州各言大水害秋稼漂沒居人廬舍十四年六月戊午大風拔木發屋端門鴟吻盡落都城內及寺觀落者約半七月十四日瀍水暴漲流入洛漕漂沒諸州租船數百艘溺死者甚衆漂失楊壽光和廬杭瀛棣租米一十七萬二千八百九十六石并錢絹雜物等因開斗門決堰引水南入洛漕水燥竭以搜漉官物十收四五焉七月甲子壞衛鄭滑汴濮許等州澍雨河及支川皆溢人皆巢舟以居死者千計資產苗稼無孑遺滄州大風海運船沒者十一二失平盧軍糧五千餘石舟人皆死潤州大風從東北海濤奔上沒瓜步洲損居人是秋天下八十五州言旱及霜五十州水河南河北尤甚十五年七月甲寅雷震興教門樓兩鴟吻燒樓柱良久乃滅二十日鄜州雨洛水溢入州城平地丈餘損居人廬舍溺死者不知其數二十一日同州損郭邑及市毀馮翊縣八月八日沔池縣夜有暴雨澗水穀水漲合毀郭邑百餘家及普門佛寺是歲天下六十三州大水損禾稼居人廬舍河北尤甚十八年六月乙丑東都瀍水暴漲漂損楊楚淄德等州租船壬午東都洛水泛漲壞天津永濟二橋及漕渠斗門漂損提象門外助鋪及仗舍又損居人廬舍千餘家二十七年八月東京改作明堂訛言官取小兒埋于明堂下以

為厭勝村邑童兒藏于山谷都城騷然或言兵至玄宗惡之遣主客郎中王信往東都及諸州宣慰百姓久之乃定二十九年暴水伊洛及支川皆溢損居人廬舍秋稼無遺壞東都天津橋及東西漕河南北諸州皆多漂溺天寶十載廣陵郡大風架海潮淪江口大小船數千艘十三載秋京城連月澍雨損秋稼九月遣閉坊市北門蓋井禁婦人入街市祭玄冥大社禜門京城坊市牆宇崩壞向盡東京瀍洛水溢隄穴衝壞一十九坊　上元二年京師自七月霖雨八月盡方止京城宮寺廬舍多壞街市溝渠中漉得小魚　永泰元年先旱後水九月大雨平地水數尺溝河漲溢時吐蕃寇京畿以水自潰而去二年夏洛陽大雨水壞二十餘坊及寺觀廨舍河南數十州大水大曆四年秋大雨是歲自四月霖澍至九月京師米斗八百文官出太倉米賤糶以救饑人京城閉坊市北門門置土臺臺上置壇及黃幡以祈晴秋末方止五年夏復大雨京城饑出太倉米減價以救人十二年秋大雨是歲春夏旱至秋八月雨河南尤甚平地深五尺河

○決漂溺田稼　貞元二年夏京師通衢水深數尺吏部侍郎崔縱自崇義里西門為水漂浮行數十步街鋪卒救之獲免其日溺死者甚衆東都河南荊南淮南江河泛溢壞人廬舍四年八月連雨灞水暴溢溺殺渡者百餘人八年秋大雨河南河北山南江淮凡四十餘州大水漂溺死者二萬餘人時幽州七月大雨平地水深二丈鄚涿薊檀平五州平地水深一丈五尺又徐州奏自五月二十五日雨至七月八日方止平地水深一丈二尺郭邑廬里屋宇田稼皆盡百姓皆登丘塚山原以避之　元和七年正月振武界黃河溢毀東受降城五月饒撫虔吉信五州山水暴漲壞廬舍虔州尤甚水深處四丈餘八年五月許州奏大雨摧大隗山水流出溺死者千餘人六月庚寅京師大風雨毀屋揚瓦人多壓死水積城南深處丈餘入明德門猶漸車輻辛卯渭水暴漲毀三渭橋南北絕濟者一月時所在霖雨百源皆發川瀆不由故道丙申富平大風折樹一千二百株辛丑出宮人二百車得人娶納以水害誠陰盈也九年秋淮南宣州大水十一年五月京畿大雨害田四萬頃昭應尤甚漂溺居人衢州山水漲深三丈壞州城民多溺死浮梁樂平溺死者一百七十人為水漂流不知所在者四千七百戶潤常湖陳許等州各損田萬頃十二年秋大雨河南北水害稼其年六月京師大雨街市水深三尺壞廬舍二千家含元殿一柱陷十五年九月十一日至十四日大雨兼雪街衢禁苑樹無風而摧折連根而拔者不知其數仍令閉坊市北門以禳之滄州大水　長慶二年十月好畤山水泛漲漂損居人三百餘家河南陳許二州尤甚詔賑貸粟五萬石量人戶家口多少等第分給太和三年四月同官暴水漂沒三百餘家六年徐州自六月九日大雨至十一日壞民舍九百家四年夏鄆曹濮雨壞城郭田廬向盡蘇湖二州水壞六堤水入郡郭溺廬井許州自五月大雨水深八尺壞郡郭居民大半　會昌元年七月襄州漢水暴溢壞州郭均州亦然則天時宗秦客以佞幸為內史受命之日無雲而雷聲震烈未周歲而誅　延和元年六月河南偃師縣之李村村有霹靂閃入人家地

○震裂闊丈餘長十五里測之無底所裂之處井廁相通所衝之冢棺柩出植平地無損竟不知其故　儀鳳三年十一月十四日雨木冰開元十五年七月四日雷震興教門兩鴟吻欄檻及柱災二十九年十一月二十二日雨木冰凝寒凍冽數日不解寧王見而歎曰諺云樹稼達官怕必有大臣當之其月王薨　乾元三年閏四月大霧大雨月餘是月史思明再陷東都京師米斗八百文人相食殍骸蔽地永泰元年二月甲子夜雷電震烈三月降霜為木冰辛亥大風拔木大曆二年三月辛亥夜京師大風發屋十一月紛霧如雪草木冰十年四月甲申夜大雨雹暴風拔樹飄屋瓦宮寺鴟吻飄失者十五六人震死者十二損京畿田稼七縣七月己未夜杭州大風海水翻潮飄蕩州郭五千餘家船千餘隻全家陷溺者百餘戶死者四百餘人蘇湖越等州亦然　貞元二年正月大雨雪平地深尺餘雪上有黃色狀如浮埃四年正月陳留十里許雨木皆大如指長寸餘木有孔通中所下立者如植其年宣州暴雨震電有物墮地豬首手腳各有

兩指執一赤班蛇食之遂巡黑雲合不見八年二月京師雨土五月
己未暴風破屋拔樹太廟屋及諸門寺署壞者不可勝計十年六月
辛丑晦有水鳥集於左藏庫其夜暴雨大風拔樹十七年二月五日
大雨雹七日大霜十六夜大雨震雷且電十九日大雨雪而電　元
和三年四月壬申大風毀含元殿西闕欄檻二十七間八年三月丙
子大風拔崇陵上宮衙殿西鴟尾并上宮西神門六戟竿折行牆四
十間簷壞　長慶元年九月壬寅京師震電大風雨四年五月庚辰
大風吹壞延喜景風二門　大和八年六月癸未暴風雷雨壞長安
縣廨及經行寺塔同華大旱七月辛酉定陵臺大風雨震東廊之下
地裂一百三十尺其深五尺詔宗正卿李仍叔啓告脩之九年四月
二十六日夜大風含元殿四鴟吻皆落拔殿前樹三壞金吾仗舍廢樓
觀內外城門數千光化門西城牆壞七十七步是日廢長生院起內
道場取李訓言沙汰僧尼故也　開成元年夏六月鳳翔麟遊縣暴
風雨飄害九成宮正殿及滋善寺佛舍壞百姓屋三百間死者百餘
○

人牛馬不知其數　長安四年九月後霖雨并雪凡陰一百五十餘
日至神龍元年正月五日龍二張孝和反正方晴霽　先天二年四
月陰至六月一百餘日至七月三日誅竇懷貞等一十七家方晴
景龍中東都霖雨百餘日閉坊市北門駕車者苦甚污街中言曰宰
相不能調陰陽致茲恒雨令我污行會中書令楊再思過謂之曰於
理則然亦卿牛劣耳　貞元二十一年順宗[illegible]叔文用事連月霖雨
不霽乃以憲宗為皇太子制出日即晴傳所謂皇之不極厥罰恒陰
皆此數也　貞觀二年六月京畿旱蝗食稼太宗在苑中掇蝗呪之
曰人以穀為命而汝害之是吾民也百姓有過在予一人汝若通靈
但當食我無害吾民將吞之侍臣恐上致疾遽救止之上曰所冀移
災朕躬何疾之避遂吞之是歲蝗不為患　開元四年五月山東螟
蝗害稼分遣御史捕而埋之汴州刺史倪若水拒御史執奏曰蝗是
天災自宜脩德劉聰時除既不得為害滋深宰相姚崇牒報之曰劉
聰偽主德不勝妖今日聖朝妖不勝德古之良守蝗蟲避境若言修

德可免彼豈無德致然今坐為食苗忍而不救因此饑饉將何以安
卒行埋瘞之法獲蝗一十四萬乃投之汴河流者不可勝數朝議喧
然上復以問崇崇對曰凡事有違經而合道反道而適權者彼庸儒
不足以知之縱除之不盡猶勝養之以成災帝曰殺蟲太多有傷和
氣公其思之崇曰若救人殺蟲致禍臣所甘心八月四日勑河南河
北檢校捕蝗使狄光嗣康瓘敬昭道高昌賈彥璿等宜令待蟲盡而
刈禾將畢即入京奏事諫議大夫韓思復上言曰伏聞河北蝗蟲頃
日益熾經歷之處苗稼都盡臣望陛下省咎責躬發使宣慰損不急
之務去至冗之人上下同心君臣一德持此至誠以答休咎前後捕
蝗使望並停之上出符䟽付中書姚崇乃令思復往山東檢視蟲災
之所及還具以聞二十五年貝州蝗食苗有白鳥數萬羣飛食蝗一
夕而盡明年榆林關有虸蚄食苗羣雀來食數日而盡　天寶三載
貴州紫蟲食苗時有赤鳥羣飛自東北來食之　廣德元年秋虸蚄
食苗關西尤甚米斗千錢　興元元年秋關輔大蝗田稼食盡百姓
○

饑捕蝗為食蒸曝颺去足翅而食之明年夏蝗尤甚自東海西盡河
隴羣飛蔽天旬日不息經行之處草木牛畜毛靡有孑遺關輔已東
穀大貴餓饉枕道京師大亂之後李懷光據河中諸軍進討國用磬
竭衣冠之家多有殍殕者旱甚灞水將竭井皆無水有司奏國用裁
可支七旬德宗減膳不御正殿百司不急之費皆減之　元和元年
夏鎮冀蝗害稼　長慶三年秋洪州旱螟蝗害稼八萬頃　太和元
年秋旱罷選舉　開成二年河南河北旱蝗害稼京師旱尤甚徙市
閉坊南門四年六月天下旱蝗食田禱祈無効上憂形于色宰臣曰
星官奏天時當爾乞不勞聖慮文宗憮然改容曰朕為天下主無德
及人致此災旱今又彗星謫見于上若三日內不雨當退歸南內卿
等自選賢明之君以安天下宰臣曰嗚咽流涕不能已是歲河南府
界黑蟲食苗河南河北蝗害稼都盡鎮定等州田稼既盡至于野草
樹葉細枝亦盡　會昌元年山南鄧唐等州蝗害稼　貞觀十三年
四月二十九日雲陽石燃方丈晝如炭夜則光見投草木於其上則

焚歷年方止　證聖元年正月十六日夜明堂火延及天堂京城光照
如晝至曙並為灰燼則天欲避殿徹樂宰相姚璹以為火因麻主人
護不謹非天災也不宜貶損乃勸則天御端門觀酺引建章故事令
薛懷義重造明堂以厭勝之　則天時建昌王武攸寧置內庫長五
百步二百餘間別貯財物以求媚一夕為天災所燔玩好並盡　景
龍中東都凌空觀災火自東北來其金銅諸像銷鑠並盡　開元五
年洪潭二州災火延燒郡舍郡人先見火精赤暾暾飛來旋即火發
十五年衡州災火延燒三四百家郡人見物大如甕赤如燭籠此物
所至即火發十八年二月十八日大雨雪俄又雷震飛龍廄災　天
寶二年六月七日東都應天門觀災延燒左右延福門經日不滅九
載三月華嶽廟災十載正月大風陝州運船失火燒二百一十五隻損
米一百萬石舟人死者六百人又燒商人船一百隻其年八月六日
武庫災燒二十八間十九架兵器四十七萬件　寶應元年十一月
迴紇焚東都宜春院延及明堂甲子日而盡　廣德元年十二月二
○十五夜鄂州失火燒船三千艘延及岸上居人二千餘家死者四五
千人　大曆十年二月莊嚴寺佛圖災初有疾風震電薄擊俄而火
從佛圖中出寺僧數百人急救之乃止棟宇無損　貞元七年蘇州
火十九年四月家令寺火二十年四月開業寺火　元和四年御史
臺舍火七年鎮州甲仗庫一十三間災節度使王承宗殺主守坐死
者百餘人承宗方拒天軍而兵仗為災所焚天意嫉惡也十年四月
河陰轉運院火十一月獻陵寢宮永巷火十一年十二月未央宮及
飛龍草場火皆王承宗李師道謀撓用兵陰遣盜縱火也時李師道
於鄆州起宮殿欲謀僭亂既成是歲為災並盡俄而族滅　太和元
年十月甲辰昭德宮火延燒至宣政東垣及門下省至晡方息八年
十二月昭成宮火九年六月乙亥朔西市火　會昌三年六月萬年
縣東市火燒屋宇貨財不知其數又西內神龍宮火　大順二年七
月汴州相國寺佛閣災是日晚微雨震雷寺僧見赤塊在三門樓藤
網中周遶一帀而火作良久赤塊北飛越前殿飛入佛閣網中如三

門周遶轉而火作如是三日不息訖為灰燼　貞觀初白鵲巢于殿
庭之槐樹其巢合歡如腰鼓左右稱賀太宗曰吾常笑隋文帝好言
祥瑞瑞在得賢白鵲子何益於事命撤之送于野　高宗文明後天
下頻奏雌雉化為雄或半化未化兼以獻之則天臨朝之兆　調露
元年突厥盟傳等未叛時有鳴鵽羣飛入塞相繼蔽野邊人相驚曰
突厥雀南飛突厥犯塞之兆也至二年正月還復北飛至靈夏已北
悉墜地而死視之皆無頭裴行儉問右史苗神客曰鳥獸之祥乃應
人事何也對曰人雖最靈而稟性含氣同於萬類故吉凶兆於彼而
禍福應於此聖王受命龍鳳為嘉瑞者和氣同也故漢祖斬蛇而驗
秦之必亡仲尼感麟而知己之將死夷羊在牧殷紂已滅鸜鵒來巢
魯昭出奔鼠舞端門燕剌誅死大鳥飛集昌邑以敗是故君子虔恭
寅畏動必思義雖在幽獨如承大事知神明之照臨懼患難之及己
雖升鼎耳殷宗側身以脩德鵩上坐隅賈生作賦以叙命卒以無患
者德勝妖也大曆八年四月戊申乾陵上仙觀之尊殿有雙鵲銜泥
○及柴補殿之巢壞凡十五處其年九月大鳥見于武功殿羣鳥隨而
噪之神策將軍張日芬射得之肉翅狐首四足足有爪其廣四尺三
寸其毛色赤形類顛鶻十一年渭九獲赤烏十三年五月左羽林軍
鸜鵒乳雀　貞元三年三月中書省梧桐樹有鵲以泥為巢四年夏
汴鄭二州羣烏皆飛入田緒李納境內啣木為城高二三尺方十里
緒納惡之命焚之信宿而復烏口皆流血十年四月有大鳥飛集宮
中食雜骨數日獲之不食而死六月辛未晦水鳥集左藏庫十四年
秋有鳥色青類鳩鵲息於宋郊所止之處羣鳥翼衛朝夕嗛稻粱以
哺之睢陽之人適野聚觀者旬日人不知其名郡人李翱見之曰此
鸑也鳳之次　長慶元年六月濮州雷澤縣人張憲家榆樹鳥巢因
風墜二雛別樹鵲引二鳥雛於巢哺之　開成二年六月眞興門外
野鵲巢於古塚　永徽中黑齒常之戍河源軍有狼三頭白晝入軍
門射之斃常之懼求代將軍李謹代常之軍月餘卒　先天初洛陽
市人牽一羊左肋下有人手長尺許以之乞丐　開元二年韶州鼠

害稼千萬為群三年有熊白晝入廣陵城月餘都督李處鑒卒　永
泰二年十一月乾陵赤兔見　大曆二年三月河中獻玄狐四年九
月己卯虎入京城長壽坊元載私廟將軍周皓格殺之六年八月丁
丑太極殿內廊下獲白兔八年七月白鼠出內侍十二年六月苑內
獲白鼠十三年六月戊戌隴右汧源縣軍士趙貴家猫鼠同乳不相
害節度使朱泚籠之以獻宰相常袞率百寮拜表賀中書舍人崔祐
甫曰此物之失性也天生萬物剛柔有性聖人因之垂訓作則禮迎
猫為食田鼠也然猫之食鼠載在祀典以其能除害利人雖微必錄
今此猫對鼠何異法吏不勤觸邪疆吏不勤扞敵據禮部式錄三瑞
無猫不食鼠之目以此稱慶理所未詳以劉向五行傳言之恐須申
命憲司察聽貪吏誡諸邊境無失儆巡則猫能致功鼠不為害帝深
然之　建中四年五月滑州馬生角　貞元四年二月太僕寺郊牛
生犢六足太僕卿周皓白宰相李泌請上聞泌笑而不答又京師人
家豕生子兩首四足有司以白御史中丞竇參請上聞參寢而不奏

○三月癸丑鹿入京師西市門衆殺之　元和七年十一月龍州武安
川會田中嘉禾生有麟食之復生麟之來一鹿引之羣鹿隨之光華
不可正視使畫工圖麟及嘉禾來獻八年四月長安西市人家豕生
子三耳八足自尾分為二　太和九年八月易定監軍小將家馬因
飲水吐出寶珠一獻之

貞觀中汾州言青龍見吐物在空中有光明如火墜地地陷掘之得
玄金廣尺長七寸　大足元年虔州別駕得六眼龜一夕而失　神
龍中渭河有蝦蟇大如一石鼎里人聚觀數日而失是歲大水漂溺
京城數百家商州水入城門襄陽水至樹杪　先天二年六月西京
朝堂磚堦無故自昇墫下有大蛇長丈餘蝦蟇大如盤面目赤如火
相向鬬俄而蛇入大樹蝦蟇入于草　其年七月三日玄宗誅竇懷貞
岑羲等十七家　開元四年六月郴州馬嶺山下有白蛇長六七尺
黑蛇長丈餘兩蛇鬬白蛇吞黑蛇至麤處口眼流血黑蛇頭穿白蛇
腹出俄而俱死旬日內桂陽大雨山水暴溢漂五百家殺三百餘人

天寶中洛陽有巨蛇高丈餘長百尺出於芒山下胡僧無畏見之歎
曰此欲決水注洛城即以天竺法咒之數日蛇死祿山陷洛之兆也
李揆時作相前一月有大蝦蟇如牀見室之中俄失所在占者以為
蟇天使也有福慶之事　乾元二年九月通州三岡縣放生池中日
氣下照水騰波湧上有黃龍躍出高丈餘又於龍旁數處浮出明珠
大曆八年京師金天門外水渠獲毛龜　貞元三年李納獻毛龜
元和七年四月舒州桐城縣有黃青白三龍各一翼風雷自梅天陂
起約高二百尺凡六里降于浮塘坡九年四月道州二青龍見于江
中　太和二年六月七日密州界產山北面有龍見初赤龍從西來
續有青龍黃龍從南來後有白龍黑龍從山北來並形狀分明自申
至戌方散去　天寶初臨川郡人李嘉胤所居柱上生芝草狀如天
尊像太守張景夫拔柱以獻　上元二年七月甲辰延英殿御座生
白芝一莖三花肅宗製玉靈芝詩三篇羣臣皆賀占曰白芝主喪明
年上皇肅宗俱崩二年九月含輝院生金芝　永泰二年二月京城

○槐樹有蟲食葉其形類蠶其年六月太廟第二室芝草生　大曆四
年三月潤州上元縣芝草生一莖四葉高七寸八年廬州廬江縣紫
芝生高一丈五尺九年九月晉州神山縣慶唐觀檜樹已枯重榮十
二年五月甲子成都府人郭遠因樵獲瑞木一莖有文曰天下太平
四字其年十一月蔡州汝陽縣芝草生紫莖黃蓋　興元元年八月
亳州真元縣大空寺僧院李樹種來十四年纔長一丈八寸今春枝
忽上聳高六尺周圍似蓋九尺餘又先天太后墓槐樹上有靈泉漏
出今年六月其上有雲氣五色又黃龍再見于泉上　元和十一年
十二月雷桃李俱花　長慶三年十二月水不氷草萌芽如正二月
之候　神龍二年三月洛陽東七里有水影側近樹木車馬之影歷
歷見水影中月餘方滅　乾元二年七月嵐州合河關黃河水四十
里間清如井水經四日而後復　寶應元年九月甲午華州至陜州
二百餘里黃河清澄澈見底　大曆二年醴泉出櫟陽愈疾　貞元
四年七月自陜州至河陰河水色如墨流入汴河止于汴州城下一

宿而後　寶曆二年亳州言出聖水愈病江淮已南遠來奔湊求水浙西觀察使李德裕奏論其妖宰相裴度判汴州所申狀曰妖由人興水不自作牒汴州觀察使損塞訖申　玄宗初即位東都白馬寺鐵像頭無故自落於殿門外其後姚崇秉政以惠範附太平乃澄汰僧尼令拜父母午後不出院其法頗峻　大曆十三年二月太僕寺廨有佛堂堂内小脫空金剛左臂上忽有黑汗滴下以紙承之色即血也明年五月代宗崩　上元三年楚州刺史崔侁獻定國寶十三一曰玄黃天符形如笏長八寸有孔辟人間兵疫二曰玉雞毛白玉也以孝理天下則見三曰穀璧白玉也粟粒無雕鐫之跡王者得之五穀豐熟四曰西王母白環二所在處外國歸伏六曰如意寶珠大如雞卵七曰紅靺鞨大如巨栗八曰琅玕珠二九曰玉玦形如玉環四分缺一十曰玉印大如半手理如鹿形陷入印中十一曰皇后採桑鉤如箸屈其末十二曰雷公石斧無孔十三缺凡十三寶寘之日中白氣連天初楚州有尼曰真如忽有人接之昇天天帝謂之曰下方有災令第二寶鎮之即以十三寶付真如時肅宗方不豫以為瑞乃改元寶應仍傳位皇太子此近白祥也　寶曆二年五月神策軍修苑内古漢宮掘得白玉牀其長六尺以獻　大曆十年二月京兆神策昭應婦人張氏產一男二女　貞元八年二月許州人李鈎兒持杖上含元殿擊欄檻又擊殺所擒卒誅之十年四月巨人跡見常州　元和二年開紅崖冶役夫將化為虎衆以水沃之化之不果　長慶四年四月十七日染坊作人張韶與卜者蘇玄明於紫草車内藏兵仗入宮作亂二人對食於清思殿是日禁軍誅張韶等三十七人　寶曆二年十二月延州人賀文妻產三男　太和九年京師訛言鄭注為主上合金丹須小兒心肝密旨捕小兒或相告云某處失幾兒人家扃鎖小兒甚密上恐遣中使諭之乃止　開成二年十二月二十八日狂人劉德廣入含元殿詔付京兆府杖殺之　隋末有謠云桃李子洪水繞楊山煬帝疑李氏有受命之符故誅李金才後李密據洛口倉以應其讖　隋文時自長安故城東南移於唐興村

置新都今西内承天門正當唐興村門今有大槐樹柯枝森欝即村門樹也有司以行列不正將去之文帝曰高祖嘗坐此樹下不可去也　調露中高宗欲封嵩山累草儀注有事不行有謠曰不畏登不得但恐不得登三度徵兵馬旁道打騰騰高宗至山下遘疾還宮而崩　永徽末里歌有桑條韋也女時韋也樂及神龍中韋后用事鄭愔作桑條歌十篇上之　龍朔中俗中飲酒令曰子母去離連臺拗倒俗謂盃盤爲子母又名盤爲臺及中宗廢於房州之應也時里歌有突厥鹽及則天遣尚書閻知微送武延秀立知微爲可汗被之入寇　如意初里歌云黃麞黃麞草裏藏彎弓射爾傷後契丹李萬榮叛陷營州則天令總管曹仁師王孝傑等將兵百萬討之大敗於黃麞契丹乘勝至趙郡　垂拱已後東都有孝莪兒歌皆淫豔之詞後張易之兄弟有内嬖易之小字莪莪　元和小兒謠云打麥打麥三三三乃轉身曰舞了也及武元衡爲盜所害是元和十年六月三日五行傳所謂詩妖皆此類也

上元中爲服令九品已上佩刀礪等袋紛帨爲魚形結帛作之爲魚像鯉強之意也則天時此制遂絕景雲後又佩之張易之爲母阿臧爲七寶帳有魚龍鸞鳳之形仍爲象牀犀簟則天令鳳閣侍郎李迥秀妻之迥秀不獲已然心惡其老薄之阿臧怒出迥秀爲定州刺史中宗女安樂公主有尚方織成毛裙合百鳥毛正看爲一色旁看爲一色日中爲一色影中爲一色百鳥之狀並見裙中凡造兩腰一獻韋氏計價百萬又令尚方取百獸毛爲韉面視之各見本獸形韋后又集鳥毛爲韉面安樂初出降武延秀蜀川獻單絲碧羅籠裙縷金爲花鳥細如絲髮鳥子大如黍米眼鼻嘴甲俱成明目者方見之自安樂宮主作毛裙百官之家多效之江嶺奇禽異獸毛羽採之殆盡開元初姚宋執政屢以奢靡爲諫玄宗悉命宮中出奇服焚之於殿廷不許士庶服錦繡珠翠之服自是採捕漸息風教日淳韋庶人妹七姨嫁將軍馮太和權傾人主嘗爲豹頭枕以辟邪白澤枕以辟魅伏熊枕以宜男太和死再嫁嗣虢王及玄宗誅韋后虢王斬七姨首

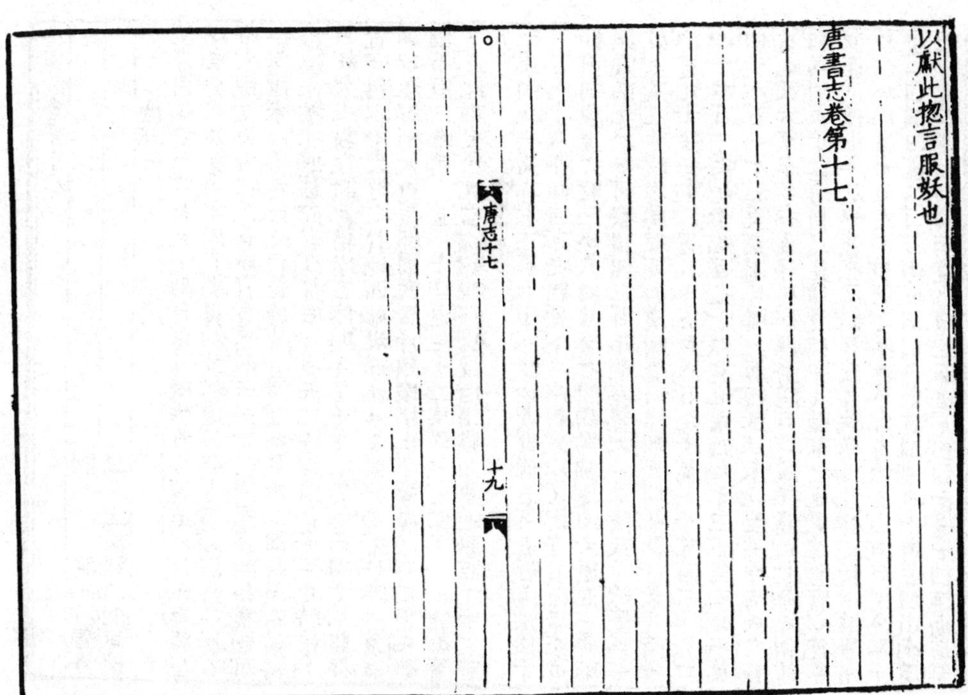

以獻此抱言服妖也

唐書志卷第十七

唐志十七　十九

唐書志卷第十八

劉　昫　等修

聞人詮校刻沈桐同校

地理一

王者司牧黎元方制天下列井田而底職貢分縣道以控華夷雖皇墳帝典之殊塗禹貢周官之異制其於建侯胙土頒瑞剖符外奏百蠻內親九牧古之元首咸有意焉然子弟受封周室竟貽於衰削郡縣為理秦人不免於敗亡蓋德業有淺深制置無工拙殷周未為得秦漢未為非摭實而言在哲后守成而已謹詳前代隆平之時校今日耗登之數存諸戶籍以志休期昔秦并天下裂地為四十九郡郡置守尉以御史監之其地西臨洮而北沙漠東縈南帶皆際海濱漢興以秦郡稍大析置郡國武帝斥越攘胡土宇彌廣哀平之季凡郡國百有三縣千三百一十四道三十二侯國二百四十一而諸郡置十三部刺史分統之（謂司隸并荊兗豫揚冀青徐益交梁幽等十三州）漢地東西九千三百二里南北一萬三千三百六十八里後漢郡國百有五縣道侯國千一百八十六亦如西京之制置十三州刺史以究郡守其地廣袤亦如前制曹魏之時三分鼎峙淮漢之間鞠為鬬壤洎太康混一尋罹胡戎南北分爭何暇疆理三百年間廢置不一及隋氏平陳寰區一統大業三年改州為郡郡亦如漢制置司隸刺史以糾郡守大凡隋簿郡百九十縣一千二百五十五戶八百九十萬七千五百三十六口四千六百一萬九千九百五十六其地東西九千三百里南北一萬四千八百一十五里東南皆際大海西至且末北至五原隋氏之極盛也及大業季年群盜蜂起郡縣淪陷戶口減耗高祖受命之初改郡為州太守並稱刺史其緣邊鎮守及襟帶之地置總管府以統軍戎至武德七年改總管府為都督府自隋季喪亂群盜初附權置州郡倍於開皇大業之間貞觀元年悉令併省始於山河形便分為十道一曰關內道二曰河南道三曰河東道四曰河北道五曰山南道六曰隴右道七曰淮南道八曰江南道九曰劍南道十曰嶺南道至

十三年大簿凡州府三百五十八縣一千五百五十一至十四年平高昌又增二州六縣自北殄突厥頡利西平高昌北踰陰山西抵大漠其地東極海西至焉耆南盡林州南境北接薛延陁界凡東西九千五百一十一里南北萬六千九百一十八里高宗時平高麗百濟遼海已東皆為州俄而復叛不入提封景雲二年分天下郡縣置二十四都督府以統之議者以權重不便尋亦罷之開元二十一年分天下為五十道每道置採訪使檢察非法如漢刺史之職

京畿採訪使（理京師城內）都畿（理東都城內）關內（以京官遙領）河南（理汴州）河東（理蒲州）河北（理魏州）隴右（理鄯州）山南東道（理襄州）山南西道（理梁州）劍南（理益州）淮南（理揚州）江南東道（理蘇州）江南西道（理洪州）黔中（理黔州）嶺南（理廣州）又於邊境置節度經略使式遏四夷（凡節度使十經略守捉使三）大凡鎮兵四十九萬人戎馬八萬餘疋每歲經費衣賜則千二十萬疋段軍食則百九十萬石大凡千二百一十萬（開元已前每年邊用不過二百萬天寶中至於是數）安西節度使撫寧西域統龜茲焉耆于闐疏勒四國（安西都護府治所在龜茲國城內管戍兵二萬四千人馬二千七百疋衣賜六十二萬疋焉耆治所在安西府東八百里于闐在安西府南二千里踈勒在安西府西二千餘里）

○北庭節度使防制突騎施堅昆斬管瀚海天山伊吾三軍（北庭節度使所治在北庭都護府管兵二萬人馬五千疋衣賜四十八萬疋段突騎施牙帳在北庭府西北三千餘里堅昆斬在北庭府北七千里東北去斬啜千七百里瀚海軍在北庭府城內管兵萬二千人馬四千二百疋天山軍在西州城內管兵五千人馬五百疋伊吾軍在伊州西北三百里甘露川管兵三千人馬三百疋）河西節度使斷隔羌胡統赤水大斗建康寧寇玉門墨離豆盧新泉等八軍張掖交城白亭三守捉（河西節度使治在涼州管兵七萬三千人馬萬九千四百疋衣賜歲百八十萬疋段赤水軍在涼州城內管兵三萬三千人馬萬三千疋大斗軍在涼州西二百餘里管兵七千五百人馬二千四百疋建康軍在涼州西百二里管兵五千三百人馬五百疋寧寇軍在涼州東北千餘里玉門軍在肅州西二百里管兵五千二百人馬六百疋墨離軍在瓜州西北千里管兵五千人馬四百疋豆盧軍在沙州城內管兵四千三百人馬四百疋新泉軍在會州西北二百餘里管兵千人張掖守捉在涼州南二里管兵五百人交城守捉在涼州西二百里管兵千人白亭守捉在涼州西北五百里管兵千七百人）朔方節度使捍禦北狄統經略豐安定遠西受降城東受降城安北都護振武等七軍府（朔方節度使治靈州管兵六萬四千七百人馬四千三百疋衣賜二百萬疋段經略軍理靈州城內管兵二萬七百人馬三千疋豐安軍在靈州西黃河外百八十里管兵八千人馬千三百疋定遠城在靈州東北二百里黃河外管兵七千人馬三千疋西受降城在豐州北黃河外八十里管兵七千人馬千七百疋安北都護府治在中受降城黃河北岸管兵六千人馬二千疋東受降城在勝州東

北二百里管兵七千人馬千七百疋振武軍在單于東都護府城內管兵九千人馬千六百疋河東節度使掎角朔
方以禦北狄統天兵大同橫野岢嵐等四軍忻代嵐三州雲中守捉
河東節度使治太原府管兵五萬五千人馬萬四千疋衣賜歲百二十六萬疋段軍糧五十萬石天兵軍理太原府城內管兵三萬人馬
五千五百疋雲中守捉在單于府西北二百七十里管兵七千七百人馬二千疋大同軍在代州北三百里管兵九千五百人馬五千五
百疋橫野軍在蔚州東北一百四十里管兵三千人馬千八百疋忻州在太原府北百八十里管兵七千八百人代州至太原五百里
管兵四千人嵐州在太原府西北二百五十里管兵三千人岢嵐軍在嵐州北百里管兵一千人范陽節度使臨制
奚契丹統經略威武清夷靜塞恆陽北平高陽唐興橫海等九軍范陽
節度使理幽州管兵九萬一千四百人馬六千五百疋衣賜八十萬疋段軍糧五十萬石經略軍在幽州城內管兵三萬人馬五千四百
疋威武軍在檀州城內管兵萬人馬三百疋清夷軍在嬀州城內管兵萬人馬三百疋靜塞軍在薊州城內管兵萬六千人馬五百疋恆
陽軍在恆州城東管兵三千五百人北平軍在定州城西管兵六千人高陽軍在易州城內管兵六千人唐興軍在莫州城內管兵六千
人橫海軍在滄州城內管兵六千人平盧軍節度使鎮撫室韋靺鞨統平盧盧龍二軍
榆關守捉安東都護府平盧軍節度使治在營州管兵三萬七千五百人馬五千五百疋平盧軍在營州城內管兵
萬六千人馬四千二百疋盧龍軍在平州城內管兵萬人馬三百疋榆關守捉在營州城西四百八十里管兵三百人馬百疋安東都護
府在營州東二百七十里管兵八千五百人馬七百疋
隴右節度使以備羌戎統臨洮河源白

水安人振威威戎莫門寧塞積石鎮西等九軍綏和合川平夷三守
捉隴右節度使在鄯州管兵七萬人馬六百疋衣賜二百五十萬疋段臨洮軍在鄯州城內管兵萬五千人馬八千疋河源軍在鄯州
西百二十里管兵四千人馬六百五十疋白水軍在鄯州西北二百三十里管兵四千人馬五百疋安人軍在鄯州界星宿川州西兵萬
人馬三百五十疋振威軍在鄯州西三百里管兵千人馬五千疋威戎軍在鄯州西北三百五十里管兵千人馬五十疋綏和守捉在鄯州西南
二百五十里管兵千人合川守捉在鄯州南百八十里管兵千人莫門軍在洮州城內管兵五千五百人馬二百疋寧塞軍在鄯州城
內管兵五百人馬五十疋積石軍在鄯州西百八十里管兵七千人馬三百疋鎮西軍在河州城內管兵萬三千人馬三百疋平夷守捉在
河州西南四千里管兵三千人劍南節度使西抗吐蕃南撫蠻獠統團結營及松維
蓬恭雅黎姚悉等八州兵馬天寶平戎昆明寧遠澄川南江等六軍
鎮劍南節度使治在成都府管兵三萬九百人馬二千疋衣賜八十萬疋段軍糧七十萬石團結營在成都府城內管兵萬四千人馬千
八百疋翼州管兵五百人茂州管兵三百人維州管兵五百人天寶軍在恭州東南九十里管兵千人拓州管兵五百人松州管兵二千
八百人平戎城在恭州南八十里管兵千人雅州管兵四百人當州管兵五百人黎州管兵千人昆明軍在巂州南管兵五千一百人馬
二百疋寧遠城在巂州西管兵三百人姚州管兵三百人澄川守捉在姚州東六百里管兵二千人悉州管兵五千人南江郡管兵三百
人嶺南五府經略使綏靜夷獠統經略清海二軍桂管容管安南邕管四
經略使五府經略使治在廣州管兵萬五千四百人輕稅本鎮以自給經略軍在廣州城內管兵五千四百人清海軍在恩州城內

管兵二千人桂管經略使治桂州管兵千人容管經略使治容州管兵千一百人安南經略使治安南都護府即交州管兵四千二百人
邕管入經略使兵七百人長樂經略使福州刺史領之管兵千五百人東萊守捉萊州刺史領之管兵千人
東牟守捉登州刺史領之管兵千人至德之後中原用兵刺史皆治軍戎遂有防
禦團練制置之名要衝大郡皆有節度之類寇盜稍息則易以觀察
之號東都畿汝防禦觀察使領汝州東都留守兼之河陽三城節度使治孟州領孟懷
州宣武軍節度使治汴州管宋亳潁四州義成軍節度使治滑州管滑鄭濮三州忠武軍
節度使治許州管許陳蔡三州天平軍節度使治鄆州管鄆齊曹棣四州兗海節度使治兗州管
兗海沂密四州武寧軍節度使治徐州管徐泗濠宿四州平盧軍節度使治青州管淄青登萊四州陝
州節度使治陝州管陝虢二州潼關防禦鎮國軍使華州刺史領之同州防禦長春宮
使同州刺史領之鳳翔隴節度使治鳳翔府管鳳翔府隴州邠寧節度使治邠州管邠寧慶鄜坊丹延綏
等州涇原節度使治涇州管涇原渭武四州朔方節度使治靈州管靈鹽夏豐會麟勝單于府等州河
中節度使治河中府管晉絳慈隰等州昭義軍節度使治潞州管潞澤邢洺磁五州河東節度
使治太原府管汾遼沁嵐石憲等州大同軍防禦使雲州刺史領之管雲蔚朔三州魏博節度使治魏州管魏博貝衛澶相六州
義昌軍節度使治滄州管滄景德三州成德軍節度使治恒州領恒趙冀深

四州義武軍節度使治定州領易祁三州幽州節度使治幽州管幽涿瀛莫檀薊平營嬀順等十州山
南西道節度使治興元府管開通渠興集鳳洋蓬利壁巴閬果金商等州山南東道節度使治襄州管
襄鄧均房唐隨等州後用兵折鄧唐二州別立一節度元和中淮荊南節度使治江陵府管歸夔峽忠萬澧朗等州
劍南西川節度使治成都府管彭蜀漢眉嘉資簡維茂黎雅松扶文龍戎翼邛巂姚協恭當悉奉靜
等州使親王領之劍南東川節度使治梓州管梓綿劍普榮遂合渝瀘等州武昌軍節度使治鄂
州管鄂岳蘄黃安申光等州淮南節度使治揚州管揚楚滁和舒壽廬等州使親王領之浙江西道節度
使治潤州管潤蘇常杭湖睦等州或為觀察使浙江東道節度使治越州管越衢婺溫台明等州或為觀察使
福建觀察使治福州管福建泉汀漳等州宣州觀察使治宣州管宣歙池等州江南西道觀
察使治洪州管洪饒吉江袁信撫等州兵亂後時升為節度使湖南觀察使治潭州管潭衡郴連道永邵等州
黔中觀察使治黔州管涪溪思費辰錦施珍夷業溱南無等州嶺南東道節度使治廣州管廣韶循潮岡
賀端新康封恩春高義勤竇等州嶺南西道桂管經略觀察使治桂州管桂昭蒙富梧潯龔鬱林平
宜琴融等州邕管經略使治邕州管邕貴澄賓橫田嚴山立羅瀧等州容管經略使治容州管容辯
白牢欽巖禺湯黨古等州安南都護節度使治安南府交武峩川粵芝愛日福祿州長峯陸廉雷龍環崖儋振瓊萬
上元年後河西隴右州郡悉陷吐蕃大中咸通之間隴右遺黎

始以地圖歸國又析置節度秦州節度使(治秦州管成階等州) 凉州節度使(治凉州管西洮鄯臨河等州) 瓜沙節度使(治沙州管沙瓜甘肅蘭伊岷廓鄯等州) 乾符之後天下亂離禮樂征伐不自朝廷禹迹九州瓜分臠剖或併或析不可備書今舉天寶十一載地理唐土東至安東府西至安西府南至日南郡北至單于府南北如前漢之盛東則不及西則過之(漢地東至樂浪玄菟今高麗渤海是也今在遼東非唐土也漢境西至燉煌郡今沙州是唐土又龜兹是西過漢之盛也) 開元二十八年戶部計帳凡郡府二百二十有八縣千五百七十有三羈縻州郡不在此數戶八百四十一萬二千八百七十一口四千八百一十四萬三千六百九應受田一千四百四十萬三千八百六十二頃一十二畝雖未盈兩漢之數晉魏以來斯爲盛矣永泰之後河朔隴西淪於寇盜元和掌計之臣嘗爲版簿二方不進戶口莫可詳知今但自武德已來備書廢置年月其前代分華累載郡邑之端俾職方之臣不殆於顧問耳

關内道　河南道

關内道

○京師　秦之咸陽漢之長安也隋開皇二年自漢長安故城東南移二十里置新都今京師是也城東西十八里一百五十步南北十五里一百七十五步皇城在西北隅謂之西内正門曰承天正殿曰太極太極之後殿曰兩儀内別殿亭觀三十五所京師西有大明興慶三宮謂之三内有東西兩市都内南北十四街東西十一街街分一百八坊坊之廣長皆三百餘步皇城之南大街曰朱雀之街東五十四坊萬年縣領之街西五十四坊長安縣領之京兆尹總其事東内曰大明宮在西内之東北高宗龍朔二年置正門曰丹鳳正殿曰含元含元之後曰宣政宣政左右有中書門下二省弘文史二館高宗巳後天子常居東内別殿亭觀三十餘所南内曰興慶宮在東内之南隆慶坊本玄宗在藩時宅也自東内達南内有夾城複道經通化門達南内人主往來兩宮人莫知之宮之西南隅有花萼相輝勤政務本之樓禁苑在皇城之北苑城東西二十七里南北三十里至灞水西連故長安城南連京城北枕渭水苑内離宮亭觀二十四所漢長安故城東西十三里亦隷入苑中苑置西南監及總監以掌種植

京兆府　隋京兆郡領大興長安新豐鄭華陰藍田鄠盩厔始平武功上宜醴泉涇陽雲陽三原宜君同官華原富平萬年高陵二十二縣武德元年改爲雍州改大興爲萬年萬年爲櫟陽分櫟陽置平陽以渭南縣屬華州分醴泉置溫秀縣分雲陽置石門縣二年分萬年置芷陽縣分藍田置白鹿縣分涇陽始平置咸陽縣分高陵置鹿苑縣改平陵爲粟邑縣分醴泉置好時縣分盩厔置終南縣二年改白鹿爲寧人縣分藍田置玉山縣分始平置醴泉縣仍分武功好時盩厔扶風四縣置稷州分溫秀石門二縣置泉州四年改三原爲池陽五年復以華州之渭南來屬六年改池陽爲華池縣七年廢芷陽入萬年縣(貞觀元年)廢鹿苑入高陵縣廢寧人玉山入藍田縣改雲陽爲池陽縣改華池爲三原縣廢稷州以武功好時盩厔三縣來屬八年廢粟邑入櫟陽縣廢終南入盩厔縣廢雲陽入池陽縣仍改池陽爲雲陽縣廢上宜入岐州之岐陽縣十七年罷宜州以華原同官二縣

○來屬二十年又置宜君縣永徽二年廢宜君縣乾封元年置明堂乾封二縣咸亨元年置美原縣文明元年置奉天縣天授元年改雍州爲京兆郡其年復舊二年分始平武功奉天盩厔好時等縣置稷州雲陽涇陽醴泉三原富平美原等縣置宜州大足元年罷以鴻宜鼎稷四州依舊爲縣以始平等十七縣還隷雍州長安二年廢乾封明堂二縣景龍三年以邠州之永壽商州之安業二縣來屬景雲元年復以永壽屬邠州安業隷商州開元元年改雍州爲京兆府復隋舊名四年改同州蒲城縣爲奉先縣仍隷京兆府天寶元年以京師爲西京七載置貞符縣十一年廢　舊領縣十八戶二十萬七千六百五十口九十二萬三千三百二十　天寶領縣二十三戶三十六萬二千九百二十一口一百九十六萬七千一百八十八府理京城之光德坊去東京八百里

萬年　隋大興縣武德元年改爲萬年乾封元年分置明堂縣治永樂坊長安三年廢復併萬年天寶七載改爲咸寧乾元復舊也　長

安　隋縣乾封元年分爲乾封縣治懷直坊長安三年廢復併長安
藍田　隋縣　渭南　隋縣武德元年屬華州五年復隸雍州天
授二年置鴻州分渭南置鴻門縣凡領渭南慶山高陵櫟陽鴻門五
縣壽廢鴻門縣還入渭南大足元年廢鴻州入雍州也　昭應　隋
新豐縣治古新豐城北垂拱二年改爲慶山縣神龍元年復爲新豐
天寶二年分新豐萬年置會昌縣七載省新豐縣改會昌爲昭應治
溫泉宮之西北　三原　隋縣武德四年移治清父南故任城改爲
池陽縣六年又移故所改爲華池縣仍分置三原縣屬北泉州貞觀
元年廢三原縣仍改華池縣爲三原縣屬雍州九年置高祖獻陵於
縣之東南天授元年改隸鼎州大足元年隸京兆府　富平　隋縣
天授二年隸宜州大足元年州廢還隸雍州景雲二年置中宗房陵
於縣界　櫟陽　隋萬年縣武德元年改爲櫟陽二年分置粟邑縣
貞觀八年廢粟邑併櫟陽天授三年隸鴻州大足元年還隸雍州
咸陽　隋廢縣武德二年復分涇陽置初治鮑橋其年移治杜郵天
○授二年則天以其母順陵在其界升爲赤神龍初復　高陵　隋縣
天授二年隸鴻州大足元年還雍州　涇陽　隋縣天授二年隸鼎
州大足元年還雍州　醴泉　隋寧夷縣後廢貞觀十年置昭陵於
九嵕山因析雲陽咸陽二縣置醴泉縣天授元年改隸鼎州大足
元年還雍州寶應二年又置肅宗建陵在縣北之遷山　雲陽　隋
縣武德元年分置石門縣三年於石門縣置泉州領石門溫秀二縣
貞觀元年廢泉州改石門爲雲陽改雲陽爲池陽並屬雍州八年廢
雲陽改池陽復名雲陽　興平　隋始平縣天授二年隸稷州大足
元年還雍州景龍四年中宗送金城公主入蕃別於此因改金城縣
至德二年十月改興平縣　鄠　隋縣　武功　隋縣武德三年分
雍州之武功好畤盩厔扶風四縣置稷州因后稷封邰爲名其年割
郿州之郿鳳泉二縣來屬四年又割岐州之圍川鳳泉屬岐州以盩
厔好畤武功三縣屬雍州天授二年置稷州領武功始平奉天盩厔
好畤五縣大足元年還屬雍州　好畤　武德二年分醴泉縣置

因漢舊名屬雍州三年改隸稷州貞觀元年復屬雍州天授二年復
隸稷州大足元年還屬雍州　盩厔　隋縣武德三年屬稷州貞觀
三年還雍州天授二年屬稷州大足元年還雍州天寶元年改爲宜壽
縣至德二年三月十八日復爲盩厔　奉先　舊蒲城縣屬同州開
元四年以管橋陵改京兆府仍改爲奉先縣十七年制官員同赤縣
寶應二年又置玄宗泰陵於縣東北　奉天　文明元年以管乾陵
分醴泉置天授二年隸稷州大足元年還雍州　華原　舊宜州領
華原宜君同官土門四縣貞觀十七年省宜州及土門縣以華原同
官屬雍州宜君屬坊州垂拱二年改華原爲永安縣天授二年又置
宜州領永安同官富平美原四縣大足元年廢宜州縣還雍州神龍
元年復爲華原縣　美原　舊宜州土門縣貞觀十七年廢咸亨二
年又割富平華原及同州之蒲城縣置改爲美原縣天授二年又屬
宜州大足元年還雍州　同官　舊屬宜州貞觀十七年改屬雍州天
授二年改屬宜州大足元年還屬雍州　華州上輔　隋京兆郡之
○鄭縣義寧元年割京兆之鄭縣華陰二縣置華山郡因後魏郡名武
德元年改爲華州割雍州之渭南來屬五年改渭南還雍州垂拱元
年割同州之下邽來屬二年改爲太州神龍元年復舊名天寶元年
改爲華陰郡乾元元年復爲華州上元元年十二月改爲太州華山
爲太山寶應元年復爲華州　舊領縣二戶一萬八千八百二十三
口八萬八千八百三十
天寶領縣三戶三萬三千一百八十七口二十一萬三千六百一十
三　在京師東一百八十里去東都六百七十里
鄭　隋縣　華陰　隋縣垂拱二年改爲仙掌縣天授二年分置
同津縣於關口長安中廢神龍元年復爲華陰上元元年改爲太陰
縣寶應元年復舊　下邽　隋縣舊屬同州垂拱元年來屬
同州上輔　隋馮翊郡武德元年改爲同州領馮翊下邽蒲城朝邑澄
城白水郃陽韓城八縣三年分朝邑置河濱縣分郃陽置河西縣分
澄城置長寧縣仍割河西韓城郃陽三縣於河西置西韓州九年分

馮翊置臨沮縣貞觀元年省河濱臨沮二縣八年省長寧縣廢西韓州以郃陽河西二縣來屬垂拱元年割下邽屬華州開元四年割蒲城縣屬京兆府天寶元年改同州為馮翊郡乾元元年復為同州乾元三年以蒲州為河中府割朝邑縣入河中府改河西縣為夏陽縣又屬河中府　舊領縣九戶五萬三千三百一十五口二十三萬二千一十六　天寶領縣八戶六萬九百二十八口四十萬八千七百五　在京師東北二百五十五里至東都六百二里　馮翊　隋縣　郃陽　隋縣　武德三年割屬西韓州貞觀八年復屬同州　白水　隋縣　澄城　隋縣　韓城　隋縣　武德七年割屬西韓州八年自河西縣移西韓州理於此領韓城郃陽河西三縣貞觀八年廢西韓州以韓城等三縣復還屬同州也　夏陽　武德三年分郃陽於此置河西縣乾元三年為夏陽

坊州上　隋上郡之內部縣周天和七年元皇帝作牧鄜州於此置馬坊武德二年分鄜州置坊州以馬坊為名天寶元年改為中部郡乾

元元年復為坊州　舊領縣二戶七千五百七口一萬一千六百七十一　天寶領縣四戶二萬二千四百五十八口十二萬二百八　在京師東北三百四十七里去東都九百四十八里　中部　隋曰內部武德元年屬鄜州二年改為中部屬坊州　宜君　舊屬宜州貞觀十七年廢二十五年復置屬雍州管玉華宮永徽二年復廢龍朔三年又割中部同官兩縣地復置宜君縣理古役栩城北屬坊州　昇平　天寶十二年分宜君縣置　鄜城　隋縣武德元年屬鄜州二年改屬坊州

丹州下　隋延安郡之義川縣義寧元年於義川置丹陽郡武德元年改為丹州領縣五二年於州置總管府北連北廣二州貞觀元年罷都督府天寶元年改為咸寧郡乾元元年復為丹州　舊領縣五戶三千一百九十四口一萬七千二十　天寶戶一萬五千一百五口八萬七千六百二十五　在京師東北六百一十一里去東都九百二十里

義川　隋縣　汾川　隋縣治土壁堡開元二十二年移於今所　咸寧　隋縣治白水川景龍二年移治長松川　雲巖　隋廢縣武德元年復分義川縣置理迴城堡咸寧四年移治今所　門山　隋廢縣武德三年分汾川縣置治宋斯堡總章二年移治庫利川

鳳翔府　隋扶風郡武德元年改為岐州領雍陳倉郿號岐山鳳泉等六縣又割雍等三縣置圍川縣其年割圍川屬稷州貞觀元年廢稷州以圍川及郿州之麟遊普潤等三縣來屬七年又置岐陽縣八年改圍川為扶風縣省號縣及鳳泉天授二年復置號縣天寶元年改為扶風郡至德二年肅宗自順化郡幸扶風郡置天興縣改雍縣為鳳翔縣並治郭下初以陳倉為鳳翔縣乃改為寶雞縣其年十月克復兩京十二月置鳳翔府號為西京與成都京兆河南太原為五京　寶應元年併鳳翔縣入天興縣後罷京名　舊領縣八戶二萬七千二百八十二口十萬八千三百二十四　天寶領縣九戶五萬八千四百八十六口三十八萬四百六十三

在京師西三百一十五里去東都一千一百七十里　天興　隋雍縣至德二年分雍縣置天興縣寶應元年廢雍縣併入天興　扶風　武德三年分岐山縣置圍川縣取湋川為名俗訛改為圍四年以圍川隸稷州貞觀元年改扶風縣復屬岐州　寶雞　隋陳倉縣至德二年二月十五日改為鳳翔縣其月十八日改為寶雞　岐陽　貞觀七年割扶風岐陽二縣置至二十一年廢永徽五年復置　岐山　隋縣武德元年移治張堡七年移治龍尾城貞觀八年移治猪驛南即今治所是仍省號縣併入　郿　隋縣義寧二年於縣界置郿城郡領郿鳳泉二縣武德元年罷郡置郿州領郿縣三年廢郿州改屬稷州七年改屬岐州　麟遊　義寧元年於仁壽宮置鳳棲郡及麟遊縣其郡領麟遊上宜普潤三縣二年改為麟遊郡及靈臺縣仍割安定郡之鶉觚來屬武德元年改麟遊郡為麟州貞觀元年省靈臺縣入麟遊又廢麟州以普潤麟遊二縣隸岐州上宜隸雍州鶉觚隸涇州太宗改仁壽宮為九成宮　普潤　隋縣本

屬麟州貞觀元年來屬　號　隋縣貞觀八年廢入岐山縣天授二
年復分岐山置號縣
邠州上　隋北地郡之新平縣義寧二年割北地郡之新平三水二
縣置　新平郡武德元年改為邠州二年分新平置永壽縣貞觀二
年又分新平置宜祿縣開元十三年改豳為邠天寶元年改為新平
郡乾元元年復為邠州　舊領縣四戶一萬五千五百三十四口六
萬四千八百一十九　天寶戶二萬二千九百七十七　十三萬五
千二百五十去京師西北四百九十三里至東都一千一百三十二
里　新平　隋縣　三水　隋縣　永壽　武德二年分新平置通神
縣三年改屬雍州景龍元年復屬邠州　宜祿　貞觀二年分新平
置[illegible]縣後魏廢縣名
涇州上　隋安定郡武德元年討平薛仁杲改名涇州天寶元年復
為安定郡乾元元年復為涇州　舊領縣五戶八千七百七十三口
三萬五千九百二十一　天寶戶三萬一千三百六十五口十八萬
六千八百四十九　在京師西北四百九十三里至東都一千三百
八十七里　安定　隋縣　靈臺　隋鶉觚縣天寶元年改為靈臺
良原　隋陰盤縣天寶元年改為潘原縣界有潘原廢縣　臨涇
隋縣

隴州上　隋扶風郡之汧源縣義寧二年置隴東郡領縣五武德元
年改為隴州以南由縣屬含州四年廢含州復以南由來屬天寶元
年改為汧陽郡乾元元年復為隴州　舊領縣五戶四千五百七十
一口一萬八千六百三　天寶戶二萬四千六百五十二口十萬一
百四十八　在京師西四百九十六里去東都一千三百二十五里
汧源　隋縣　汧陽　隋縣　南由　隋縣武德元年置含州於
此領南由一縣四年廢含州以縣屬隴州　吳山　隋長蛇縣貞觀
元年改為吳山縣治槐衙堡上元元年移治龍盤城　華亭　隋縣
垂拱二年改亭川神龍元年復舊
寧州上　隋北地郡義寧元年領定安羅川襄樂彭原新平三水六
縣二年分定安置歸義縣以新平三水屬新平郡武德元年改北地
郡為寧州其年以彭原縣屬彭州三年分彭原置豐義縣屬彭州又
分定安置平定縣貞觀元年廢彭州以彭原豐義二縣來屬仍於寧
州置都督府四年罷都督府十七年廢歸義縣天寶元年改為彭原
郡乾元元年復為寧州　舊領縣七戶一萬五千四百九十一口六
萬六千一百三十五　天寶領縣六戶三萬七千一百二十一口二
十二萬四千八百三十七　在京師西北四百四十六里至東都一
千三百二十四里
定安　隋縣　彭原　隋縣武德元年置彭州領彭原一縣二年分
置豐義縣貞觀元年廢彭州以縣來屬寧州　貞寧　隋羅川縣
天寶元年改為貞寧　定平　武德二年分定安縣置貞觀十七年
廢歸義縣併入定平　襄樂　隋縣　豐義　武德二年分彭原縣
置屬彭州貞觀元年廢彭州來屬
原州中都督府　隋平涼郡武德元年平薛仁杲置原州貞觀五年置

都督府管原慶會銀亭達要等七州十年省亭達要三州唯督四州
天寶元年改為平涼郡乾元元年復為原州
舊領縣三戶二千四百四十三口一萬五百一十二　天寶領縣四
戶七千三百四十九口三萬三千一百四十六　在京師西北八百
里至東都一千六百四十五里
平高　隋縣　平涼　隋縣治陽晉開元五年移治古塞城　百泉
隋縣　蕭關　貞觀六年置緣州領突厥降戶寄治於平高縣界
他樓城高宗時於蕭關置他樓縣神龍元年廢他樓縣置蕭關縣大
中五年置武州
慶州中都督府　隋弘化郡武德元年改為慶州領合水樂蟠三泉
馬嶺弘化五縣三年改三泉為同川縣六年置總管府改合水為合
川縣又置白馬蟠交二縣　七年改總管為都督府貞觀元年廢
都督府及合川縣仍割林州之華池縣來屬二年置洛原縣四年復
置都督府及北永州以洛　原屬北永州五年又罷都督府以慶州隸

原州都督府八年又以廢求州之洛原縣來屬開元四年復置都督
府二十六年昇爲中都督府天寶元年改爲安化郡至德元年改爲
順化郡乾元元年改爲慶州　舊領縣八戶七千九百一十七口三
萬五千一十九　天寶領縣十戶二萬三千九百四十九口一十二
萬四千三百三十六　在京師西北五百七十三里至東都一千四
百一十里　安化　隋弘化縣治弘州故城武德六年移治今所與
合水縣俱在州治其年改合水爲合川縣貞觀元年省合川縣併入
神龍元年改爲安化縣　樂蟠　義寧元年分合水縣置合水武德
六年分合水置蟠交縣天寶元年廢併入合水　馬嶺　隋縣治天
家堡貞觀八年移理新城以縣西有馬嶺坂　方渠　景龍元年分
馬嶺置　同川　義寧二年發北永州分寧州彭原置於三泉縣故
城武德三年復治同州城改爲同川縣　洛源　隋縣大業十三年
爲胡賊所破因廢貞觀二年復置又自延州金城縣移北永州治於
此八年永州廢復以洛源縣屬慶州　延慶　武德六年分合水縣

置白馬縣天寶元年改爲延慶縣　華池　隋舊縣大業十三年爲胡
賊所破縣廢武德四年復置又於此置林州揔管府管永州其林州
領華池一縣五年改永州爲北永州七年罷林州揔管府貞觀元年
廢林州華池隸慶州　懷安　開元十年檢括逃戶置因名懷安
芳池州都督府　寄在慶州懷安縣界管小州十　靜獯王濮林尹位
長寶寧　並黨項野利氏種落
安定州都督府　寄在慶州界管小州七　党橋烏西戎州野利州米
州還州
安化州都督府　寄在慶州界管小州七　永利州威州旭州莫州西
滄州儒州琮州
鄜州上　隋上郡武德元年改爲鄜州領洛交洛川三川伏陸內部
鄜城六縣二年以內部鄜城隸坊州三年置直羅縣貞觀二年置都
督府六年又改爲大都督府九年復爲都督府天寶元年改爲洛交
郡乾元元年復爲鄜州　舊領縣五戶一千七百三口五萬一千二

百一十六　天寶戶二萬三千四百八十四口十五萬三千七百十
四也　京師東北五百里至東都九百二十五里
洛交　隋縣　洛川　隋縣　三川　隋縣以華池水黑水洛水三
水會同因名　直羅　武德三年分三川洛交於直羅城置以城枕
羅水其川平直故也　甘泉　武德元年分洛交縣置伏陸縣天寶
元年改爲甘泉縣
延州中都督府　隋延安郡武德元年改爲延州總管府領膚施豐
林延川三縣管南平北武東夏三州四年又管丹廣達三州貞觀元
年罷都督府開元二年復置都督府領丹綏渾等州天寶元年改爲
延安郡乾元元年復爲延州　舊領縣九戶九千三百四口一萬四
千一百七十六　天寶戶一萬八千九百五十四口十萬四十
京師東北六百三十一里至東都一千一百五十一里
膚施　隋縣分豐林金明二縣置　延長　隋廢縣武德二年復於
此置北連州領義鄉齊明二縣貞觀二年廢北連州及義鄉齊明二

縣併入延安廣德二年改爲延長縣　臨真　隋縣武德初屬東夏
州貞觀二年州廢來屬　敷政　隋固城縣武德二年移治於金城
鎮改爲金城縣又於界內置永州領金城洛盤新昌士塠四縣貞觀
四年移永州於洛源縣八年廢樂盤等三縣併入金城屬延州天寶
元年改金城爲敷政　金明　隋廢縣武德二年置北武州領開遠
金義崇德永定安義五縣復分膚施置金明縣貞觀二年廢北武州
以開遠等五縣併入金明縣　豐林　隋舊縣武德四年於此僑置
雲州及雲中榆林龍泉三縣八年廢雲州及三縣以龍泉併入臨真
以雲中榆林併入豐林　延水　武德二年分延川縣置西和州領
安人脩文桑原三縣貞觀二年廢西和州以脩文桑原併入安人屬
北基州八年廢北基州入延川二十三年改爲弘風縣神龍元年改
爲延水　延川　隋舊縣武德二年置南平州領義門縣四年廢南
平州及縣併入延川　延昌　武德二年置北平州貞觀三年廢十
年於廢州置罷交縣天寶元年改名爲延昌縣

渾州　寄治延安郡界隸延州節度使
綏州下　隋雕陰郡武德三年於延州豐林縣置綏州捴管府領西
和南平北基銀雲貞上珍北吉匡龍等十一州其綏州領上城平綏
德延福五縣六年移治所於延州延川縣界七年又移治平城縣界
魏廢平城貞觀二年平梁師都罷都督府移州治上縣天寶元年改
爲上郡乾元元年復爲綏州　舊領縣五戶三千一百六十三口一
萬六千一百二十九　天寶戶二萬八百六十七口八萬九千一百
一十一　在京師東北一千里至東都一千八百一十九里
龍泉　隋曰上縣天寶元年改爲龍泉　延福　隋縣武德六年置
北吉州領歸義洛陽二縣羅州領石羅開善萬福三縣匡州領安定
源泉二縣貞觀二年三州及縣並廢地併入延福　綏德　隋廢縣
武德二年復置六年又分置雲州領信義淳義二縣龍州領風卿義
良二縣貞觀二年二州及縣俱廢地併入綏德　城平　隋舊縣武
德三年又置魏平縣屬南平州又置魏州領安故安泉二縣七年又

於魏平城中置綏州捴管府并大斌縣貞觀二年廢南平州淸州及
魏平安故安泉三縣移綏州治於上縣大斌治於今所
大斌　武德七年置治魏平貞觀二年移治今所
銀州下　隋雕陰郡之儒林縣貞觀二年平梁師都置銀州隋舊名
天寶元年改爲銀川郡乾元元年復爲銀州　舊領縣四戶一千四
百九十五口七千七百二　天寶戶七千六百二口四萬五千五百
二十七　京師東南一千一百三十里至東都一千五百七十九里
儒林　隋舊縣也　撫寧　隋縣貞觀二年屬綏州八年改屬銀州
治龍泉川開元二年移於今所　貞鄉　隋縣　開光　隋縣貞觀
二年屬綏州八年改屬柘州十三年柘州廢來屬銀州
靜邊州都督府　舊治銀州郡界內管小州十八
歸德州　寄治銀州界處降党項羌
夏州都督府　隋朔方郡貞觀二年討平梁師都改爲夏州都督府
領夏綏銀三州其夏州領德靜巖銀寧朔長澤四縣其年改巖銀爲

朔方縣七年於德靜縣置長州都督府八年改北開州爲化州十三
年廢化州及長州以德靜長澤二縣來屬天寶元年改爲朔方郡乾
元元年復爲夏州　舊領縣四戶二千三百二十三口一萬二百八
十六　天寶戶九千二百一十三口五萬三千一百四　京師東
北一千一百一十里至東都一千六百八十里
朔方　隋巖銀縣貞觀二年改爲朔方縣永徽五年分置寧朔縣長
安二年廢開元四年又置九年又廢還併入朔方　德靜　隋縣貞
觀七年屬北開州八年改北開州爲化州十三年廢化州以縣屬夏
州　寧朔　隋縣武德六年於此置南夏州貞觀二年廢　長澤
隋縣貞觀七年置長州都督府十三年廢長州縣還夏州
雲中都督府　党項部落　寄在朔方縣界管小州五舍利思
壁州阿史那州綽部州白登州　戶一千四百三十口五千六百八
十一　呼延州都督府　党項部落寄在朔方縣界管小州三賀魯州
那吉州跌跌州　戶一百五十五口六百五

桑乾都督府　寄朔方縣界管小州四郁射州執失州畢失州叱略
州　戶二百七十四口一千三百二十三
定襄都督府　寄治寧朔縣界管小州四阿德州執失州蘇農州拔延
州　戶四百六十口一千四百六十三
達渾都督府　延陁部落寄在寧朔縣界管小州五姑衍州步訖若
州溪彈州鶻州低粟州　戶一百二十四口四百九十五
安化州都督府　寄在朔方縣界　戶四百八十三口二千五十三
寧朔州都督府　寄在朔方縣界　戶三百七十四口二千二十七
僕固州都督府　寄在朔方縣界　戶一百二十二口六百七十三
靈州大都督府　隋靈武郡武德元年改爲靈州捴管府領迴樂弘
靜懷遠靈武鳴沙五縣二年以鳴沙縣屬西會州貞觀四年於迴樂
縣置迴環二州並屬靈武都督府十三年廢迴環二州靈州都督入
靈填二州二十年鐵勒歸附於州界置皐蘭州高麗祁連三州並屬
靈州都督府永徽元年廢皐蘭等三州調露元年又置魯麗塞含依

契等六州撿爲六胡州開元初廢復置東皐蘭燕然燕山雞田雞鹿燭龍等六州並寄靈州界屬靈州都督府天寶元年改靈州爲靈武郡至德元年七月肅宗即位于靈武升爲大都督府乾元元年復爲靈州 舊領縣五戶四千六百四十口二萬一千四百六十二 天寶領縣六戶一萬一千四百五十六口五萬三千一百六十三 在京師西北一千二百五十里至東都二千里

迴樂 隋縣在郭下武德四年分置豐安縣屬迴州十三年州廢并入迴樂 鳴沙 隋縣武德二年置西會州以縣屬焉貞觀六年廢西會州置環州九年廢環州縣屬靈州神龍二年移治廢豐安城 靈武 隋縣 懷遠 隋縣界有隋五原郡武德元年改爲豐州領九原縣六年州縣俱省入懷遠縣儀鳳中再築新城縣有鹽池三所 保靜 隋弘靜縣神龍元年改爲安靜至德元年改爲保靜 溫池 神龍元年置

燕然州 寄在迴樂縣界突厥九姓部落所處 戶一百九十口九

百七十八

雞鹿州 在迴樂縣界突厥九姓部落所處 戶一百三十二口五百五十六

雞田州 在迴樂縣界突厥九姓部落所處 戶一百四口四百六十九

東皐蘭州 寄在鳴沙界九姓所處 戶一千三百四十二口五千一百八十二

燕山州 在溫池縣界亦九姓所處 戶四百三十口二千一百七十六

燭龍州 在溫池界亦九姓所處 戶一百一十七口三百五十三

鹽州下 隋鹽川郡武德元年改爲鹽州領五原興寧二縣其年移州及縣寄治靈州四年省興寧入五原縣貞觀元年廢鹽州五原縣入靈州二年平梁師都復於舊城置鹽州及五原興寧二縣隸夏州都督府其年改爲鹽州都督府天寶元年改爲五原郡乾元元年復爲鹽州永泰元年十一月升爲都督府元和八年隸夏州 舊領縣二戶九百三十二口三千九百六十九 天寶戶二千九百二十九口一萬六千六百六十五 在京師西北一千一百里至東都二千一十里

五原 隋縣武德元年寄治靈州貞觀元年省二年復置二十年置

興寧 龍朔三年置

豐州下 隋文帝置後廢貞觀四年以突厥降附置豐州都督府不領縣唯領蕃戶二十一年廢地入靈州二十三年又改豐州天寶元年改爲九原郡乾元元年復爲豐州 領縣二戶二千八百一十三口九千六百四十一 京師北二千二百六里至東都三千四十四里 九原 永徽四年置 永豐 隋縣武德六年省永徽元年復置

會州上 隋會寧鎮武德二年討平李軌置西會州天寶元年改爲會寧郡乾元元年復爲會州永泰元年昇爲上州領縣二戶四千五

百九十四口二萬六千六百六十二 去京師一千一百里至東都二千一百里

會寧 隋涼川縣武德二年改爲會寧 烏蘭 後周縣置在會寧關東南四里天授二年移於關東北七里

宥州 調露初六胡州也長安四年併爲匡長二州神龍三年置蘭池都督府仍置六縣以隸之開元十年復分爲魯麗契塞四州十一年克定康待賓後遷其人於河南江淮之地十八年又爲匡長二州二十六年自江淮放迴胡戶於此置宥州及延恩懷德歸仁三縣天寶元年改爲寧朔郡至德二年改爲懷德郡都督府乾元元年復爲宥州寶應後廢元和九年復於經略軍置宥州郭下置延恩縣十五年移治長澤縣爲吐蕃所破長慶四年夏州節度使李祐復置 領縣三戶七千八十三口三萬二千六百五十二 去京師二千一百里去東都三千一百九十里

延恩 開元二十六年以廢匡州置後隋州移徙歸仁舊蘭池州之

長泉縣開元二十六年置歸仁縣 懷德 開元二十二年以廢豐門縣置 勝州下都督府 隋置勝州大業爲榆林郡武德中平梁師都復置勝州天寶元年復爲榆林郡乾元元年復爲勝州領縣二戶四千一百八十七口二萬九百五十二 去京師一千八百三十里至東都一千九百五里

榆林 隋舊河濱榆林郡地貞觀三年置雲州于河濱因置河濱縣四年改爲威州八年廢河濱屬勝州 麟州下 天寶元年王忠嗣奏請割勝州連谷銀城兩縣置麟州其年改爲新秦郡乾元元年復爲麟州 領縣三戶二千四百二十八口一萬九百三 去京師一千四百四十里至東都一千九百五里

新秦 天寶元年分連谷銀城二縣地置 連谷 舊屬勝州天寶元年來屬 銀城 舊屬勝州天寶元年來屬

安北大都護府 開元十年分豊勝二州界置 蒲海都護府 總章中改爲安北大都護府北至陰山七十里至廻紇界七百里 舊

領縣一戶二千六口七千四百九十八 去京師二千七百里至東都二千九百里在黃河北

陰山 天寶元年置

河南道

東都 周之王城平王東遷所都也故城在今苑內東北隅自赧王已後及東漢魏文晉武皆都於今故洛城隋大業元年自故洛城西移十八里置新都今都城是也北據邙山南對伊闕洛水貫都有河漢之象都城南北十五里二百八十步東西十五里七十步周圍六十九里三百二十步都內縱橫各十街街分一百三坊二市每坊縱橫三百步開東西二門宮城在都城之西北隅城東西四里一百八十步南北二里一十五步宮城有隔城四重正門曰應天正殿曰明堂明堂之西有武成殿即正衙聽政之所也宮內別殿臺館三十五所上陽宮在宮城之西南隅南臨洛水西距穀水東即宮城北連禁苑宮內正門正殿皆東向正門曰提象正殿曰觀風其內別殿亭觀九所上陽之西隔穀水有西上陽宮虹梁跨穀行幸往來皆高宗龍朔後置禁苑在都城之西東抵宮城西臨九曲北背邙阜南距飛仙苑城東面十七里南面三十九里西面五十里北面二十里苑內離宮亭觀一十四所

河南府 隋河南郡武德四年討平王世充置洛州總管府領洛鄭熊穀嵩管伊汝魯九州洛州領河南洛陽偃師鞏陽城緱氏嵩陽陸渾伊闕等九縣其年十一月罷總管府置陝東道大行臺九年罷行臺置洛州都督府領洛懷鄭汝等四州權於府置尚書省貞觀元年割穀州之新安來屬七年又割穀州之壽安來屬八年移治所於河南縣之宣範坊十八年廢都督府省緱氏嵩陽二縣顯慶二年置東都官員準雍州是日廢穀州以福昌長水永寧澠池等四縣懷州之河陽濟源溫王屋鄭州之汜水來屬龍朔二年又以許州之陽翟鄭州之密縣絳州之恒縣來屬乾封元年以恒縣隸絳州咸亨四年又置栢崖大基二縣其年省栢崖縣上元元年復置緱氏縣永淳元年復

置嵩陽縣光宅元年改東都爲神都垂拱四年置永昌縣載初元年置武臨縣天授元年置武泰縣尋廢仍改鄭州之滎陽武泰來屬三年置來廷縣神龍元年改神都復爲東都廢永昌來廷二縣改武泰爲滎陽還鄭州先天元年置伊闕縣開元元年改洛州爲河南府二十二年置河陰縣天寶元年改東都爲東京也 天寶領縣二十六戶十九萬四千七百四十六口一百一十八萬三千九十三 在西京之東八百五十里

河南 隋舊武德四年權治司隸臺貞觀元年移治所於大理寺貞觀二年徙理金墉城六年移治都內之毓德坊垂拱四年分河南洛陽置永昌縣治於都內之道德坊永昌元年改河南爲合宮縣神龍元年復爲河南縣廢永昌縣三年復爲合宮縣景龍元年復爲河南縣 洛陽 隋舊武德四年權治大理寺貞觀元年徙治金墉城六年移治都內之毓德坊垂拱四年分置永昌縣天授三年又分置來廷縣治於都內之從善坊龍朔元年廢來廷縣神龍二年十一月

改洛陽爲永昌縣唐隆元年七月復爲洛陽　偃師　隋縣　鞏
隋縣　緱氏　隋縣貞觀六年省上元二年七月復置　晉孝　敬
陵舊縣治西北澗南上元中復置治所於通谷北今治是　告成
隋陽城縣武德四年割陽城嵩陽陽翟置康城縣又置嵩州治陽城
貞觀元年割陽翟隸許州三年省嵩州及康城縣以陽城嵩陽屬洛
州登封元年將有事嵩山改爲告成縣　登封　隋嵩陽縣貞觀十
七年省永淳元年七月復置二年又廢光宅元年又置登封元年十
二月改爲登封縣神龍元年二月改爲嵩陽二年十一月復爲登封
陸渾　隋縣　伊闕　隋縣　伊陽　先天元年十二月割陸渾縣置
壽安隋縣義寧元年移治九曲城屬熊州貞觀七年移於今治屬洛
州長安四年立興泰宮分置興泰縣神龍元年廢併入壽安　新安
隋縣義寧二年置新安郡武德元年改爲穀州領新安澠池東垣三
縣四年省東垣入新安貞觀元年移穀州治澠池新安移入廢州城
改屬洛州顯慶二年十二月廢穀州以福昌新安澠池永寧并懷州
○之河陽濟源溫王屋鄭州汜水並隸洛州　福昌　隋宜陽縣義寧
二年置宜陽郡領宜陽澠池永寧三縣又於新安縣置新安郡領新
安一縣武德元年改宜陽郡爲熊州新安爲穀州割熊州之澠池又
置東垣縣屬之仍改熊州之宜陽爲福昌縣三年割熊州永寧置函
州四年省東垣縣八年廢函州復以永寧屬熊州貞觀元年省熊州
以永寧屬穀州壽安屬洛州顯慶二年廢穀州福昌隸洛州也　澠
池隋舊治大塢城貞觀元年移穀州治所於此領福昌澠池永寧三
縣三年縣南移於雙橋其年穀州移治雙橋六年又移理於福昌顯
慶二年十二月廢穀州澠池隸洛州　長水　隋長澤縣義寧元年
改爲長水武德元年屬虢州貞觀元年屬穀州顯慶二年隸洛州
永寧　隋熊耳縣所治義寧二年置永寧縣治永固城屬宜陽郡武
德元年改屬熊州三年移治同軌城改屬函州八年復屬熊州貞觀
元年改屬穀州十四年移於今所十七年移治鹿橋顯慶元年穀州
廢改隸洛州　密　隋縣武德三年置密州四年廢縣屬鄭州龍朔

二年割屬洛州　河清　咸亨四年分河南洛陽新安王屋濟源河陽
置大基縣先天元年改爲河清　潁陽　載初元年析河南伊闕嵩
陽三縣置武臨縣開元十五年改爲潁陽　河陽　汜水　溫　河
陰　已上縣會昌三年割屬孟州陽翟還許州濟源還懷州王屋還
懷州
孟州上　本河南府之河南縣本屬懷州顯慶二年割屬河南府以
城臨大河長橋架水古稱設險乾元中史思明再陷洛陽太尉李光
弼以重兵守河陽及雍王平賊留觀軍容使魚朝恩守河陽乃以河
南府之河清濟源溫四縣租稅入河陽三城使河南尹但總領其縣
額寄又以汜水軍賦隸之會昌三年九月中書門下奏河陽五縣自
艱難已來割屬河陽三城使其租賦色役盡歸河陽河南尹但總管
名額而已使歸一統便爲定制既是雄鎮足壯三城其河陽望昇爲
孟州　仍爲望河陽等五縣改爲望縣尋有敕割河陰隸孟州河清
還河南府時河陽節度以懷州爲理所會昌四年又割澤州隸河陽
○節度使仍移治所於孟州戶口籍帳入河南府　河陽　隋縣武德
四年於隋河陽宮置盟州領河陽集城溫三縣八年廢盟州省集城
入河陽縣以河陽溫屬懷州顯慶二年以河陽溫屬洛州　汜水
隋縣武德四年分置成皋縣貞觀元年省入汜水屬鄭州顯慶二年
割屬洛州仍移治武牢城垂拱四年改爲廣武神龍元年復爲汜州
開元二十九年移治所於武牢成皋府在縣北　河陰　開元二十
年割汜水滎澤二縣置管河陽倉　溫　舊屬懷州顯慶二年割屬
洛州　濟源　隋舊縣武德二年置西濟州又分置湨陽燕川邵原
三縣四年廢西濟州及邵原燕川湨陽三縣入濟源改隸懷州
鄭州雄　隋滎陽郡武德四年平王世充置鄭州於武牢領汜水滎澤
成皋密五縣其年又於管城縣置管州領管城須水圃田清池四縣
貞觀元年廢管州及須水清池二縣以廢管州之陽武新鄭四縣屬
鄭州七年自武牢移鄭州理所於管城
舊領縣八戶一萬八千七百九十三口九萬三千九百三十七　天

寶領縣七戶七萬六千六百九十四口三十六萬七千八百八十一
至京師一千一百五里 至東都七十里
管城郭下 隋舊滎陽 隋縣天授二年分置武泰縣隸洛州又改
滎陽為武泰萬歲通天元年復為滎陽 尋又為武泰神龍復
滎澤 隋舊 新鄭 隋舊 中牟 隋圃田縣武德元年改為中牟
屬汴州龍朔二年改屬鄭州 原武 隋舊
陝州大都督府 隋河南郡之陝縣義寧元年置弘農郡領陝崤桃
林長水四縣二年省崤縣武德元年改為陝州摠管府管陝鼎熊函
穀五州仍割長水屬虢州其年復立崤縣二年復割崤縣屬函州三
年又置南 韓州嵩州並屬陝府四年東都平割熊穀嵩三州屬洛
州摠管府其年罷洛州摠管復以熊穀嵩三州來屬仍省南韓州入
洛州八年廢函州以崤縣來屬貞觀元年罷都督府又以廢芮城河
北二縣來屬十四年改崤縣為峽石縣大足元年割絳州之夏縣來
屬尋却還絳州天寶元年改為陝府置軍至德二年十月收兩京乾

元元年復為陝郡因割蒲州之解安邑絳州之夏縣來屬仍改安邑
為虞邑廣德元年十月吐蕃犯京師車駕幸陝州仍以陝為大都督
府天祐初昭宗遷都洛陽駐蹕陝州改為興德府為次畿赤哀帝即
位省復為大都督府舊領縣五戶二萬一千一百七十一口八萬一
千九百一十九 天寶領縣七戶三萬九百五十八口十七萬二百
三十八 在京師東四百九十里東至東都三百三十里
陝 隋縣郭下 峽石 隋崤縣義寧二年省武德元年復置二年
割屬函州三年自石隝移治鴨橋八年改屬陝州十四年移治峽石
塢因改為峽石縣 靈寶 隋桃林縣天寶元年以堀得寶符改為
靈寶縣 芮城 隋縣武德二年置芮州領芮城河北二縣貞觀元年
罷芮州以芮城河北屬陝州 平陸 隋河北縣義寧元年置安邑郡
縣屬焉天寶三載太守李齊物開三門石下得戟大刃有平陸篆字
因改為平陸縣 安邑 隋虞州郭下置安邑縣領安邑解桐鄉四縣
貞觀十七年廢虞州及桐鄉縣以安邑解縣屬蒲州夏縣屬絳州乾

元元年割屬陝州改安邑為虞邑大曆四年復為安邑縣 夏縣
舊屬虞州貞觀十七年改隸絳州乾元元年改屬陝州安邑夏縣天
寶後加管戶一萬八千五百
虢州望 漢弘農郡隋廢郡為弘農縣屬陝州隋末復置郡義寧元
年改為鳳林郡仍於盧氏置虢郡端德元年改為虢州改鳳林為鼎
州貞觀八年廢鼎州移虢州於今治屬河南道開元初以巡按所便
屬河東道天寶元年改為弘農郡乾元元年復為虢州以弘農為緊
縣盧氏朱陽王城為望縣 天寶領縣六戶二萬八千二百四十九
口八萬八千四十五 西至京師四百三十里東至東都五百五十
三里 弘農 漢縣隋廢大業三年於今湖城縣西一里置尋隨郡
移於弘農川神龍元年改弘為恒開元十六年復為弘農州所治也
閿鄉 隋縣 湖城 漢湖縣後加城字乾元元年改為天平縣大
曆四年復為湖城 朱陽 隋縣 王城 隋縣分盧氏置 盧氏
隋縣 汝州望隋襄城郡武德四年平王世充改為伊州領承休梁

郟城三縣貞觀元年以廢魯州魯山縣來屬其年省梁縣仍改承休
為梁縣八年改伊州為汝州領梁郟城魯山三縣證聖元年置武興
縣先天元年置臨汝縣開元二十六年以仙州之葉縣來屬天寶元
年以許州之襄城來屬仍改為臨汝郡乾元元年復為汝州也 舊
領縣三戶三千八百八十四口一萬七千五百三十四 天寶領縣
七戶六萬九千三百七十四口二十七萬三千七百五十六 在京
師東九百八十二里至東都一百八十里
梁 隋承休縣貞觀元年改為梁郡 郟城 隋舊縣 魯山 隋舊
武德四年於縣置魯州領魯山滍陽二縣貞觀元年州廢仍置滍陽
縣以魯山縣屬伊州八年改伊州為汝州 葉 隋縣武德四年置
葉州五年廢縣屬許州開元四年置仙州領葉襄城方城西平舞陽
五縣二十六年廢仙州以葉屬汝州襄城舞陽屬許州方城還唐州
西平屬豫州 襄陽 隋舊縣武德元年於此置汝州領襄城汝墳
郟城三縣貞觀元年廢汝州及汝墳川城二縣以襄城屬許州開元

四年屬仙州二十六年還屬許州其年改屬汝州也　龍興　證聖
元年分郟城魯山置武興縣神龍元年改爲中興縣其年又改爲龍
興　臨汝　先天元年置貞觀八年以梁縣西界二鄉益之兼移縣
於石壕驛
許州望隋潁川郡武德四年平王世充改爲許州領長社長葛許昌
鄢昌黄臺德強臨潁七縣貞觀元年廢黄臺鄢昌德強三縣以洧州
之扶溝鄢陵汝州之襄城嵩州之陽翟北澧之葉縣來屬十三年改
置都督府管許唐陳潁四州而許州領長社長葛許昌鄢陵扶溝臨
潁襄城陽翟葉九縣十六年罷都督府顯慶二年割陽翟屬洛州開
元四年割葉襄城置仙州二十六年仙州廢以葉襄城陽翟來屬其
年又以葉襄城屬汝州二十年又以襄城來屬是歲又以葉屬汝州
天寶元年改爲潁川郡乾元元年復爲許州長慶三年廢溵州爲鄢
城縣屬許州　舊領縣九戶一萬五千七百一十五口七萬二千二
百二十九　天寶領縣七戶七萬三千二百四十七口四十八萬七

○千八百六十四　在京師東一千二百里至東都四百里　長社
郭下隋潁川縣武德四年改爲長社取舊名　長葛　隋分許昌縣
置取舊名許昌縣　鄢陵　隋置洧州後廢爲縣屬許州　扶溝
隋縣武德四年置北陳州其年州廢縣屬洧州九年洧州廢來屬臨
潁　舊縣建中二年隸溵州貞元元年溵州廢來屬
舞陽　漢縣治所在古城內屬仙州開元二十六年隸許州元和十
三年移治於吳城鎮　郾城　本屬豫州長慶元年來屬
汴州上　隋滎陽郡之浚儀縣也武德四年平王世充置汴州總管
府管汴洧杞陳四州領浚儀新里開封封丘等五縣七年改爲都督
府廢開封外黄新里三縣入浚儀復以廢杞州之雍丘陳留管州之
中牟洧州之尉氏來屬龍朔二年以中牟隸鄭州延和元年復置開
封縣天寶元年改汴州爲陳留郡乾元元年復爲汴州建中二年築
其羅城　舊領縣五浚儀雍丘陳留中牟尉氏戶五萬七千七十一
口八萬二千八百七十九　天寶領縣六戶十萬九千八百七十六

口五十七萬七千五百七　在京師東一千三百五十里東都四百
一里　浚儀　古縣隋置在今縣北三十里爲李密所陷縣人王要
漢率豪族置縣於汴州之內要漢自爲縣令義寧元年於縣復置汴
州以要漢爲刺史武德四年移縣於州北羅城內貞觀元年移於州
西一里延和元年六月割浚儀十四鄉分置開封縣　開封　漢縣
在今縣南五十里貞觀元年省併入浚儀延和元年六月析浚儀復
置並在郭下　尉氏　隋縣屬潁川郡武德四年於縣置洧州領尉
氏扶溝康陰新汲鄢陵宛陵歸化七縣貞觀元年廢洧州及康陰宛
陵新汲歸化四縣以扶溝鄢陵屬許州尉氏屬汴州　陳留　隋縣
屬汴州武德元年屬杞州貞觀元年廢杞州陳留屬汴州　封丘
隋縣　雍丘　隋縣武德四年於縣置杞州領雍丘陳留圉城襄邑
外黄濟陽六縣權於州內以倉院置貞觀六年廢杞州及濟陽圉城
外黄三縣以襄邑屬宋州陳留雍丘屬汴州而移縣入廢杞州
蔡州上　隋汝南郡武德三年四月平王世充置豫州總管府管豫

○道眞輿息舒五州豫州領汝陽平輿眞陽吳房上蔡五縣七年改爲都
督府廢輿道舒息四州貞觀元年罷都督府廢平輿新蔡二縣復以
道州之郾城息州之新息　朗州之朗山舒州之褒信新蔡五縣來
屬天授三年又置平輿西平兩縣開元四年以西平屬仙州二十六
年省仙州復以西平來屬天寶元年改爲汝南郡乾元元年復爲豫
州寶應元年改爲蔡州　舊領縣十戶一萬二千一百八十二口六
萬四百一十五天寶領縣十一戶八萬七百六十一口四十六萬二
百五去京師一千五百四十里至東都六百七十里　汝陽　隋舊
縣治郭下　朗山　漢安昌縣隋改爲朗山　遂平　隋吳房縣元
和十二年討吳元濟於文城柵置行吳房縣權隸溵州賊平改爲遂
平縣隸唐州長慶元年復隸蔡州　郾城　隋舊武德四年於此置
道州領郾城邵陵北武西平四縣貞觀元年廢道州及北武邵陵西
平三縣以郾城屬豫州本治溵水南開元十一年因大水移治溵水
北元和十二年於縣置溵州長慶元年廢溵州以郾城隸許州也

上蔡 隋縣 新蔡 隋舊武德四年於此置舒州領新蔡褒信二
縣貞觀元年廢舒州新蔡屬豫州 褒信 後漢縣 新息 隋縣
武德四年於縣置息州領新息淮川長陵三縣貞觀元年廢息州及
淮川長陵二縣以新息屬豫州 平輿 隋置貞觀元年廢天授二
年復置 西平 漢縣貞觀元年廢天授二年復置元和十二年隸
溵州州廢隸蔡州 真陽 漢慎陽縣隋爲真陽載初元年改爲淮
陽神龍元年復
滑州望 隋東郡武德元年改爲滑州以城有古滑臺也二年陷城
及平王世充復置領白馬衛南韋城匡城靈昌長垣七縣八年廢長
垣縣入匡城以廢東梁州之酸棗縣來屬天寶元年改爲靈昌郡乾
元元年復爲滑州。舊領縣七戶一萬三千七百三十八口六萬四
千九百六十 天寶戶七萬一千九百八十三口四十二萬二千七
百九十去京師一千四百四十里至東都五百三十里
白馬 郭下漢縣 衛南 隋楚丘縣後以曹有楚丘乃改爲衛南
○縣治古楚丘城儀鳳元年移治西北濱河之新城永昌元年又移於
楚丘之 城南 韋城 隋分白馬縣置於古城韋氏之國城 匡
城 漢長垣縣隋改爲匡城 胙城 漢南燕縣隋改爲胙城隸滑
州 酸棗漢縣 靈昌 隋分酸棗縣置靈昌者河津之名
陳州上 隋淮陽郡武德元年討平房憲伯改爲陳州領宛丘箕城
扶樂太康新平五縣貞觀元年廢扶樂箕城新平三縣復以沈州之
項城溵水三縣來屬長壽元年置武城縣證聖元年置光武縣天寶
元年改陳州爲淮陽郡乾元元年復爲陳州 舊領縣四戶六千三
百六十七口三萬九百六十一 天寶領縣六戶六萬六千四百四
十二口四十萬二千四百八十六 在京師一千五百二十里至東
都七百一十七里 宛丘 郭下隋縣 太康 漢陽夏縣隋改太
康以縣東有太康城 項城 隋舊武德四年於此置沈州領項城
潁東鮦陽南頓溵水五縣貞觀元年廢沈州以縣屬陳州 溵水
漢汝陽縣改爲溵水建中二年隸溵州興元元年廢溵州縣隸陳州

南頓 隋縣武德六年省入項城證聖元年割項城置光武縣以縣
有光武廟故也景雲元年改爲南頓復古名也 西華 漢縣武德
元年改爲箕城縣也貞觀元年省入宛丘長壽元年割宛丘置武城
縣以縣本楚武王所築故也神龍元年復爲箕城景雲元年改爲西
華復古名也
亳州望 隋譙郡武德四年平王世充改爲亳州領譙城父谷陽鹿
邑酇五縣五年置摠管府管譙亳宋北荊領沈州六十一年改爲都督
府貞觀元年罷都督府亳州不改十七年廢譙州以臨渙永城山桑
三縣來屬天寶元年改爲譙郡乾元元年復爲亳州也 舊領縣八
戶五千七百九十口三萬三千 百七十七 天寶戶八萬八千九
百六十口六十七萬五千一百二十一 至京師一千七百里至東
都八百九十八里
譙 郭下貞觀十七年自古譙城移入州城置 酇 漢縣隋屬沛
郡武德四年改屬亳州開元二十六年移於汴城垣陽驛置
○城父 隋舊 鹿邑 隋舊 真源 漢苦縣隋爲谷陽乾封元年
改爲真源載初元年改爲仙源縣源龍元年復爲真源有老子祠
臨渙 隋置譙州領縣四貞觀十七年省以臨渙永城山桑屬亳州
蘄縣屬徐州縣本治經城十七年移治所於廢譙州元和九年割屬
宿州 永城 隋縣屬譙州貞觀十七年廢屬亳州舊治於馬浦城
東北三里武德五年移置於馬浦城 蒙城 隋山桑縣屬譙州州
廢隸亳州天寶元年改爲蒙城
潁州中 漢汝南郡隋爲汝陰郡武德四年平王世充於汝陰縣西北
十里置信州領汝陰清丘永安高唐永樂等六縣六年改爲潁州移
於今治領高唐永樂永安三縣貞觀元年省清丘縣八年又以廢渦
州之下蔡縣來屬天寶元年改爲汝陰郡乾元元年復爲潁州長慶
二年以潁州隸滑鄭節度使 舊領縣三戶二千九百五口一萬四
千一百八十五 天寶領縣四戶三萬七百七口二萬二千八百九
十 至京師一千八百二十里 至東都九百六十里

汝陰　郭下漢縣穎上　隋置治所於古鄭城武德四年移於今治
下蔡　隋舊武德四年於縣置渦州下蔡隸之八年州廢縣屬潁州
也　沈丘　古曰寢丘至隋不改神龍二年改爲沈丘
宋州望　隋之梁郡武德四年平王世充置宋州領宋城寧陵柘城
穀熟下邑碭山虞城七縣其年以虞城屬東虞州五年廢東虞州仍
以虞城來屬貞觀元年廢杞州以襄邑縣來屬仍省柘城縣十七年
以廢戴州之單父楚丘來屬永淳元年又置柘城縣天寶元年改宋
州爲睢陽郡乾元元年復爲宋州
舊領縣七戶一萬一千三百三口六萬一千七百二十　天寶領縣
十戶一十二萬四千二百六十八口八十九萬七千四十一
宋城　郭下治古睢陽城漢睢陽縣隋改爲宋城　襄邑　隋置武
德二年屬杞州貞觀元年屬宋州　寧陵　漢縣久廢隋特置貞觀
元年併柘城縣入　虞城　隋分下邑縣置武德四年屬宋州其年
於縣置東虞州五年州廢縣屬宋州　碭山　舊安陽縣隋改爲碭

山屬宋州　下邑　漢縣　穀熟　漢縣武德二年於縣置南穀州
四年州廢縣屬宋州　單父古邑隋於縣置戴州大業廢武德五年
復置戴州貞觀十七年戴州廢縣屬宋州　楚丘　治古邑氏城屬
戴州貞觀七年屬宋州　柘城　秦縣久廢隋復置貞觀初廢永淳
元年析穀熟寧陵復置
曹州上　隋濟陰郡武德四年改爲曹州領濟陰定陶冤句離狐乘
氏并置蒙澤普陽等七縣其年省普陽縣五年以廢梁州之考城來
屬貞觀元年省定陶蒙澤二縣入濟陽十七年以廢戴州之成武來
屬天寶元年改曹州爲濟陰郡乾元元年復爲曹州
舊領縣五戶九千二百四十四口五萬四千九百八十一　天寶領
縣六戶十萬三百五十二口七十一萬六千八百四十八　在京師
東北一千四百五十三里至東都東北六百五十七里
濟陰　郭下隋縣　考城　隋舊武德四年於縣置梁州領考城縣
五年州廢以縣屬曹州　冤句　漢縣隋武德四年分縣西界置濟

陽縣屬杞州貞觀元年廢濟陽併入冤句　乘氏　漢縣春秋之重
丘地也　南華　漢離狐縣累代不改天寶元年改爲南華　成武
漢縣隋屬戴州州廢屬曹州
濮州上　隋東郡之鄄城縣也武德四年置濮州領鄄城廩城雷澤
臨濮昆吾濮陽永定安丘長城九縣五年廢安丘長城二縣八年廢
昆吾永定廩城三縣貞觀八年割濟州之范縣來屬天寶元年改爲
濮陽郡乾元元年復爲濮州　舊領縣五戶八千六百二十八口四
萬四千一百三十五　天寶戶五萬七千七百八十一口四十萬六
百四十八　在京師東北一千五百七十里至東都七百三十五里
鄄城　古縣後漢於縣置兗州武德四年分置永定縣八年併入鄄
城　濮陽　隋舊武德四年分置昆吾縣八年省併入濮陽　范
漢縣武德二年置范州治昆吾城五年州廢縣屬濟州貞觀八年改
屬濮州　雷澤　漢縣武德四年分置廩城縣貞觀八年省入雷澤
臨濮　武德四年分雷澤置五年省長城縣併入

鄆州上　隋東平郡之須昌縣武德四年平徐圓朗於鄆城置鄆州
領鄆城須昌宿城鉅野乘丘五縣又以廢壽州之壽張來屬其年置
捴管府管鄆濮兗戴曹五州貞觀元年罷都督府仍以鉅野屬戴州
又廢宿城乘丘二縣八年自鄆城移治須昌景龍元年又置宿城縣
天寶元年改鄆州爲東平郡乾元元年復爲鄆州　舊領縣三須昌
鄆城壽張戶四千一百四十一口二萬一千六百九十二　天寶領
縣五戶四萬四千二百九十九口二十八萬四千五百三十天寶十
三年廢濟州其所管五縣並入鄆州　濟州　舊領縣五戶六千九
百五口三萬四千五百一十　天寶領戶三萬八千七百四十九口
二十一萬六千九百七十九並入鄆州　在京師東北一千六百九
十七里去東都東北九百七十三里今領縣十
須昌　隋舊縣於郭下置　壽張　隋縣武德四年於縣置壽州領
壽張壽良二縣五年廢壽張省壽良入壽張屬鄆州　鄆城　漢壽良
縣隋改爲萬安縣仍於縣置鄆州尋改萬安爲鄆城貞觀八年移鄆

州治所於須昌縣　鉅野　漢縣隋縣升爲州壽廢屬戴州貞觀十
七年戴州廢鉅野來屬　須昌　治郭下漢縣　今故城鄆州東南
三十二里隋於故城置宿城縣仍置須昌縣於今所貞觀八年州自
鄆城移於須昌縣後廢宿城縣景雲三年十二月復分須昌置宿城
貞觀四年改宿城爲東平縣移就郭下太和四年改爲天平縣六年
七月廢天平縣入須昌縣　盧縣　漢舊隋置濟北郡武德四年改
濟州領盧平陰長清東阿陽穀范八縣又置昌城濟北穀城孝感與
丘美政六縣六年廢美政孝感穀城乘丘昌城五縣八年割范縣屬
濮州貞觀元年又廢濟北縣入長清天寶元年改爲濟陽郡乾元元
年復爲濟州十三載六月一日廢濟州盧長清平陰東阿陽穀等五
縣並入鄆州平陰漢肥城縣隋爲平陰屬濟州天寶十三載州廢縣
屬鄆州太和六年併入東阿縣開成二年七月節度使王源中奏置
平陰縣　東阿　漢縣隋屬濟州州廢屬鄆州　陽穀　隋置取縣
界陽穀臺爲名屬濟州州廢屬鄆州　中都　漢平陸縣本置殿密

城在今治西三十九里天寶元年改爲中都移於今治
泗州中　隋下邳郡武德四年置泗州領宿預徐城淮陽三縣貞觀
元年省淮陽縣入宿預以廢邳州之下邳廢連州之漣水來屬八年
又以廢仁州之虹縣來屬總章元年割海州沭陽來屬咸亨五年沭
陽還海州長安四年置臨淮縣開元二十三年自宿預移治所於臨
淮天寶元年改爲臨淮郡乾元元年復爲泗州　舊領縣五戶二千
二百　五口二萬六千九百二十　領宿豫漣水徐城虹下邳　天
寶領縣六戶三萬七千五百二十六口二十萬五千九百五十九今
領縣三臨淮漣水徐城其虹縣割隸宿州宿預下邳隸徐州　臨淮
長安四年割徐城南界兩鄉於沙熟淮口置臨淮縣開元二十三年
移治郭下　漣水　隋縣武德四年置漣州仍分置金城縣貞觀元
年廢漣州并省金城縣以縣屬泗州總章元年改爲楚州咸亨五
年還屬泗州　徐城　漢徐縣隋爲徐城縣屬泗州治於大徐城開
元二十五年移就臨淮縣

海州中隋東海郡武德四年置海州總管府領漣環東楚四州海州
領朐山龍沮新樂曲陽沭陽厚丘懷仁利城祝其九縣六年改新樂
爲祝其七年以東楚州屬揚府又以沂州來屬八年廢環州及龍沮
祝其曲陽厚丘利城祝其六縣仍以廢環州之東海來屬九年廢漣
州貞觀元年罷都督府天寶元年以海州爲東海郡乾元元年復爲
海州　舊領縣四朐山東海沭陽懷仁戶八千九百九十九口四萬
三千六百九十三　天寶戶二萬八千五百四十九口十八萬四千
九　在京師東二千五百七十里至東都一千七百五十四里朐山
郭下漢朐縣後加山字　東海　漢贛榆縣武德四年置環州領東
海青山石城贛榆四縣八年廢環州仍廢青山等三縣入東海縣隸
海州縣治鬱州四面環海　沭陽　漢厚丘縣後魏改沭陽　懷仁
後魏置
兗州上都督府　隋魯郡武德五年徐圓朗置兗州領任城瑕丘平
陸龔丘曲阜鄒泗水七縣貞觀元年省曲阜縣其年又省東泰州以

博城縣來屬八年復置曲阜縣十四年置都督府管兗泰沂三州十
七年以廢戴州之金鄉方與來屬長安四年置萊蕪縣天寶元年改
兗州爲魯郡乾元元年復爲兗州　舊領縣八戶九千五百六十六
口一萬五千四百二十八　天寶領縣十一戶八萬八千九百八十
七口五十八萬六百八中都割屬鄆州在京師東一千八百四十三
里去東都一千七十里　瑕丘　郭下宋置兗州於魯瑕邑故事隋
因置瑕丘縣　曲阜　隋縣武德　元年省貞觀八年復置　乾封
隋博城縣武德五年於縣置東泰州領博城梁父嬴肥城岱六縣貞
觀元年罷泰州省梁父嬴二縣入博城仍以博城屬兗州兼省嬴肥乾
封元年高宗封泰山改爲乾封縣總章元年復爲博城神龍元年又
爲乾封　泗水　漢卞縣隋分汶陽縣於下縣古城置泗水縣　鄒
古邾國魯穆公改爲鄒　任城　漢縣北齊於縣置高平郡隋廢
縣屬兗州　龔丘　北齊平原縣隋改爲龔丘　金鄉　後漢縣武
德四年於縣置金州領方與金鄉二縣五年改金州爲戴州貞觀十

七年州廢以金鄉方與屬兗州以單父楚丘屬宋州成武屬曹州鉅
野屬鄆州　魚臺　漢方與縣隋屬戴州貞觀十七年戴州廢縣入
兗州寶應元年改爲魚臺以城北有魯公觀魚臺　萊蕪　漢　縣
晉廢後魏於古城置嬴縣貞觀初廢入博城縣長安四年於廢嬴縣
置萊蕪縣元和十七年併入乾封縣尋却置屬兗州
徐州上　隋彭城郡武德四年平王世充置徐州揔管府管徐邳泗
鄫沂仁六州徐州領彭城蕭沛豐滕符離論陽七縣貞觀元年廢論
陽縣入符離二年省鄫邳二州仍以譙州來屬七年以沂州屬海州
都督八年廢仁州入譙州其徐州都督徐泗譙三州十七年罷都督
府以廢譙州之蘄縣來屬天寶元年改徐州爲彭城郡乾元元年復
爲徐州　舊領縣六戶八千一百六十二口四萬五千五百三十七
天寶領縣七戶六萬五千一百七十口四十七萬八千六百七十六
京師東二千六百里　東都東一千二百五十七里　彭城　漢
彭城郡治也　蕭　漢縣隋爲龍城縣尋改爲蕭　豐　漢縣北齊

○置永昌郡尋省爲豐縣　沛　漢縣隋廢武德五年復置　滕縣
古滕國隋置縣　宿遷　晉宿預縣元魏於縣置徐州州移彭城縣
隸泗州寶應元年以犯代宗諱改預爲遷仍隸徐州　下邳　漢下
邳郡元魏置東徐州周改邳州隋廢武德四年復邳州領下邳郯良
城三縣貞觀元年廢邳州仍省郯良城二縣以下邳屬泗州元和中
復屬徐州
宿州上　徐州之符離縣也元和四年正月勑以徐州之符離置宿
州仍割徐州之蘄泗州之虹九年又割亳州之臨渙等三縣屬宿州
元和三年徐泗觀察使崔群奏罷宿州四縣各歸本屬至七年勑宜
準元和四年正月勑復置宿州於埇橋在徐之南界汴水上當舟車
之要　其舊割四縣仍舊來屬州新置元和已來未計戶口
符離　漢縣隋治朝解城貞觀元年移治行邑城元和四年正月置
宿州仍爲上州　虹　漢縣隋曰夏丘縣武德四年屬仁州其年分
置虹縣於古虹城屬仁州六年廢夏丘縣貞觀八年廢仁州以虹縣

屬泗州移治夏丘故城元和四年割屬宿州　蘄　漢縣後魏加城
曰蘄城縣隋去城字屬北譙州貞觀十七年廢譙州屬徐州舊治穀
城顯慶元年移於今所元和四年割屬宿州也　臨渙　隋舊屬
譙州州廢隸亳州太和元年割屬宿州
沂州中　漢東海郡之瑯琊縣武德四年平徐圓朗置沂州領費臨
沂顓臾三縣又置蘭山臨沭昌樂三縣六年省蘭山臨沭昌樂三縣
入臨沂貞觀元年省顓臾入費縣其年省鄫州以丞縣來屬八年
又省莒州以新泰沂三縣來屬天寶元年改爲瑯琊乾元元年復爲
沂州　舊領縣五戶四千六百五十二口二萬三千九百　天寶戶
三萬三千五百一十口十九萬五千七百三十七　在京師東二千
二百五十四里至東都一千四百三十里　臨沂　漢縣州所治後
魏置郯郡又改爲北徐州並在此縣後周置沂州　丞　漢縣隋蘭
陵縣武德四年置鄫州以蘭陵隸之仍改爲丞縣別置蘭陵鄫城二縣
屬鄫州貞觀元年鄫州與二縣俱廢以丞縣來屬沂州　費　漢縣

○春秋時費国　新泰　漢東新泰縣晉去東字武德五年屬莒州貞
觀元年莒州廢縣屬沂州　沂水　漢東莞縣隋改爲東安縣尋改
爲沂水武德五年於縣置莒州領沂水新泰莒三縣貞觀八年省莒
州縣屬密州沂水新泰屬沂州
密州中　隋高密郡武德五年改爲密州領諸城安丘高密三縣貞
觀八年省莒州以莒來屬天寶元年改爲高密郡乾元元年復爲密
州舊領縣四戶三千五百八十口一萬八千五百九十三　天寶戶
二萬八千二百九十二口十四萬六千五百二十四　在京師東南
二千五百三十里至東都東一千八百六十九里　諸城　州所治
本漢東武縣城也隋移入廢高密郡城因改爲諸城輔唐　漢安丘
縣屬北海郡乾元二年刺史殷仲卿奏請治於故昌安城因改爲輔
唐　高密　漢縣隋末大亂廢之武德三年於義城堡置高密縣六
年併高密膠西兩縣移就故夷安城城舊高密縣也仍廢膠西縣
莒　漢縣屬東海郡武德五年於縣置莒州州廢以縣屬密州

齊州上　漢濟南郡隋為齊郡武德元年改為齊州領歷城山茌阿
源陽臨邑五縣二年置摠管府管齊鄒東泰譚淄濟六州貞觀元年
廢都督府及譚州省源陽縣又以廢譚州之平陵臨濟亭山章丘四
縣來屬七年又置都督府管齊青淄萊密五州天寶元年改為臨淄
郡五載為濟南郡乾元元年復為齊州　舊領縣八戶一萬一千五
百九十三口六萬一千七百七十一　天寶戶六萬二千四百八十
五口三十六萬五千九百七十二　在京師東北二千六十九里東
都東北一千二百四十四里今管縣六併三縣也歷城　漢縣屬濟
南郡舊志有平陵縣貞觀十七年齊王祐起兵平陵人不從順遂改
為全節元和十年正月以戶口凋殘併全節入歷城縣　章丘　漢
陽丘縣隋為章丘武德二年於平陵縣置譚州領平陵亭山章丘營
城四縣八年廢營城入平陵又以廢鄒州之臨濟來屬貞觀元年廢
譚州為平陵縣屬齊州章丘亦來屬　亭山　隋縣元和十五年以
戶口凋殘併入章丘縣因廢亭山
○臨邑　漢縣武德元年屬譚州州廢來屬　長清　隋置屬齊州貞
觀十七年屬齊州舊志有豐齊縣古山茌邑也天寶元年改為豐齊
元和十五年以戶口凋殘併入長清縣　禹城　漢祝阿縣天寶元
年以為禹城以縣西有禹息故城　臨濟　漢之菅縣隋為朝陽縣尋
改為臨濟縣武德元年於縣置鄒州領臨濟蒲臺高苑長山鄒平五
縣八年廢鄒州縣屬譚州州廢屬齊州
青州上　隋北海郡武德四年置青州摠管府管青濰登牟莒密萊
乘八州青州領益都臨朐臨淄般陽樂安時水安平等七縣八年省
乘濰牟登四州以廢濰州之北海廢乘州之千乘壽光博昌來屬省
般陽樂安時水安平四縣貞觀元年罷都督府天寶元年改青州為
北海郡乾元元年復為青州　舊領縣七戶一萬六百五十八口五
萬六千三百一十七　天寶戶七萬三千一百四十八口四十萬二
千七百四　在京師東北二千二百五十里至東都五百七里
益都　漢縣在今壽光縣南十里故益都城是也北齊移入青州城

北門外為治所　臨淄　漢縣治古齊國城久廢隋復置　博昌
漢縣治故郡城樂安隋縣武德二年屬乘州州廢屬青州總章二年
移治於今所　壽光　漢縣隋移治所於博昌縣初屬乘州州廢來
屬　千乘　漢千乘國後漢改為樂安郡宋齊廢隋置千乘縣武德
二年於縣置乘州領千乘博昌壽光新河洄五縣六年廢新河縣八
年乘州廢千乘等縣隸青州　臨朐　漢縣隋為逢山縣尋復為臨
朐屬北海郡　北海　漢平壽縣隋置北海郡開皇三年罷郡置下
密縣於廢郡城大業二年改為北海縣武德二年於縣置濰州領北
海連水平壽華池城都下密東陽寒水營亭維水汶陽膠東營丘華
宛昌安都昌城平等十七縣六年唯留北海營丘下密三縣餘十四
縣並廢八年廢濰州仍省營丘下密二縣以北海屬青州
淄州上　隋齊郡之淄川縣武德元年置淄州領淄川長白萊蕪三
縣六年廢長白萊蕪二縣八年又以廢淄州之長山高苑蒲臺三縣
來屬　天寶元年復為淄川郡乾元元年復為淄州景龍元年分高
○苑置濟陽縣又併高苑又割蒲臺隸之後割屬棣州　舊領縣五戶
六千三百二十三口三萬四千四百二十五　天寶戶四萬二千七
百三十七口二十萬三千八百二十一　在京師東北二千一百三
十三里東都東北一千四百二十五里　今管縣四併濟陽入高苑
淄川　漢盤陽縣武德初屬淄州郭下　長山　漢於陵縣武德初
屬鄒州州廢屬淄川　高苑　隋置初屬鄒州州廢來屬景龍元年
分置濟陽縣元和十五年併入高苑　鄒平　漢縣北齊為平原縣
隋移治漢鄒平故城因改為鄒平初屬譚州州廢來屬
棣州上　後漢樂安郡隋渤海郡之猒次縣武德四年置棣州領陽
信樂陵滴河猒次四縣治陽信六年併入滄州貞觀十七年復置棣
州於樂陵縣領猒次滴河陽信三縣又割淄州之蒲臺隸焉而樂陵
屬滄州　天寶元年改為樂安郡上元元年復為棣州　領縣五戶
三萬九千一百五十口二十三萬八千一百五十九　在京師東北
二千二百一十里東都東北一千三百七十里　猒次　郭下漢富

平縣隋屬滄州武德四年改屬棣州　六年省棣州復隸滄州貞觀十
七年復置棣州猒次還屬　滴河　隋縣　陽信漢縣屬渤海郡貞
觀十七年改屬棣州　蒲臺　漢濕沃縣隸淄州割屬棣州　渤海
萊州中　漢東萊郡隋因之武德四年討平綦順置萊州領掖膠水
即墨盧鄉昌陽曲城當利曲臺膠東九縣六年廢曲城當利曲臺膠
東四縣貞觀元年廢盧鄉割登州之文登廢牟州之黃來屬麟德元
年置牟平縣如意元年割黃縣之文牟登平置登州天寶元年改萊
州爲東萊郡乾元元年復爲萊州舊領縣六掖黃文登昌陽即墨膠
水戶一萬一千五百六十八口六萬三千三百九十六　天寶領縣
四戶二萬六千九百九十八口七萬一千五百　京師東北二千
五百九十九里去東都一千八百五十二里　掖　州治漢東萊郡
也隋置掖縣屬萊州　昌陽　漢縣置於古昌陽城永徽元年移古
縣西北二十三里　膠水　漢膠東國地隋置縣於古光州因改名
膠水　即墨　漢不其邑也隋置即墨縣

○登州　漢東萊郡之黃縣如意元年分置登州領文登牟平黃三縣
以牟平爲治所神龍三年改黃縣爲蓬萊縣移州治於蓬萊天寶元
年以登州爲東牟郡乾元元年復爲登州　天寶領縣四戶二萬二
百九十八口一十萬八千九百　在京師東三千一百五十里至東
都二千七十一里
蓬萊　漢黃縣屬萊州如意元年於縣置登州神龍三年改爲蓬萊
移於今所　牟平　麟德二年分牟平置屬萊州如意元年置登州
治牟平神龍三年移治所於蓬萊縣　文登　隋舊縣武德四年置
登州領文登觀陽三縣六年以觀陽屬牟州又置清陽廓定二縣屬
登州貞觀元年登州及清陽廓定二縣並廢地入文登縣　黃　漢
舊縣神龍元年改爲蓬萊縣屬登州以爲州治先天元年又割蓬萊
置黃縣

劉　昫　等修
聞人詮校刻沈桐同校

十道郡國　地理二

河東道三　河北道四　山南道五

河東道

河中府　隋河東郡武德元年置蒲州治桑泉縣領河東桑泉猗氏虞鄉四縣二年置蒲州總管府管蒲虞泰絳邵澮六州三年移蒲治河東縣依舊總管府其年置溫泉縣九年又置都督府管蒲虞芮邵泰五州仍省溫泉縣其年罷都督府貞觀八年割虢州之永樂來屬十七年以廢虞州之安邑解縣廢泰州之汾陰來屬開元八年置中都改蒲州爲河中府其年罷中都依舊爲蒲州又與陝鄭汴懷魏爲六雄十二年昇爲四輔天寶元年改爲河東郡乾元元年復爲蒲州割安邑屬陝州三年四月置河中府析同州之朝邑於河西臨坊置

○河西縣來屬元年建卯月又爲中都元和三年復爲河中府　舊領縣五戶三萬六千四百九十九口十七萬三千七百八十四　天寶領縣八戶七萬八百口四十六萬九千二百一十三元和領縣十一在京師東北三百二十四里去東都五百五十里

河東　隋縣州理所開元八年分置河西縣其年罷中都乃省乾元三年復置　河西　舊朝邑縣屬同州管長春宮乾元元年置河中府割朝邑來屬改爲河西縣以鹽坊爲理所　臨晉　隋分猗氏置桑泉縣武德三年分置溫泉縣九年省溫泉併入桑泉天寶十三年改爲臨晉縣　解　隋虞鄉縣武德元年改爲解縣屬虞州蒲州別置虞鄉縣貞觀十七年省解縣併入虞鄉二十二年復析置解縣屬蒲州　猗氏　漢縣古郇國也　虞鄉　漢解縣地後魏分置虞鄉縣貞觀十七年省解縣併入虞鄉縣二十年復置解縣省虞鄉天授二年復分解縣置虞鄉縣　永樂　武德元年分芮縣置屬芮州九年廢芮州改屬鼎州貞觀八年改屬芮州又割屬虢州神龍元年復來屬

寶鼎　漢汾陰縣隋屬泰州貞觀十七年廢泰州縣來屬開元十一年玄宗祀后土獲寶鼎因改爲寶鼎　龍門　漢皮氏縣後魏改爲龍門武德元年於縣置泰州領龍門萬泉汾陰四縣貞觀十七年廢泰州及芮縣以龍門萬泉屬絳州汾陰屬蒲州　聞喜　漢縣隋爲桐鄉縣武德元年分置聞喜縣　萬泉　武德三年分稷山界於薛通城置萬泉縣屬泰州州廢入絳州後又隸河中府

絳州　隋絳郡武德元年置絳州總管府管絳潞蓋建澤沁韓晉呂澮泰蒲虞芮邵十五州絳州領正平太平曲沃聞喜稷山五縣三年廢總管府其年以廢北澮州之翼城置翼城縣領翼城絳小鄉三縣武德元年改爲澮州二年改爲北澮州四年州廢三縣併入絳州置南絳州又置絳縣　曲沃　漢絳縣地後魏置曲沃縣　絳　漢聞喜縣後魏置南絳州又置絳縣　稷山　後魏高涼縣隋改名稷山　垣　隋縣義寧元年置邵原領垣王屋又置清廉亳城四縣武德元年改爲邵州二年又置長泉縣五年廢亳城九年省邵州省清廉入垣縣王

○屋屬懷州垣屬絳州　襄陵　後魏擒盛縣改爲襄陵取漢舊名屬晉州元和十四年屬絳州

晉州　隋臨汾郡義旗初改爲平陽郡領臨汾襄陵岳陽冀氏楊五縣其年改楊縣爲洪洞武德元年改爲晉州分襄陵置浮山縣分洪洞置西河縣三年置總管府管晉絳沁呂四州移治白馬城改浮山爲神山縣貞觀六年廢都督十二年移治所於平陽古城十七年省西河縣以廢呂州之霍邑趙城汾西三縣來屬天寶元年改州爲平陽郡乾元元年復爲晉州元和十四年割襄陵屬絳州大和元年改屬河中府　舊領縣七戶二萬一千六百一十七口九萬七千五百五　天寶領縣九戶六萬四千八百三十六口四十二萬九千二百二十一　元和領縣八　在京師東北七十二十五里至東都七百三十九里　臨汾　漢平陽縣隋改爲臨汾貞觀十七年省西河縣併入臨汾　洪洞　漢楊縣至隋不改義寧元年改爲洪洞取縣北嶺名　神山　武德二年分襄陵置浮山縣四年改爲神山以縣東南羊角

山神見爲名　岳陽　後魏安澤縣隋改爲岳陽　霍邑　漢彘縣後漢改爲永安隋於此置汾州尋改爲呂州領霍邑趙城汾西靈石四縣貞觀十七年廢呂州以靈石等三縣來屬以靈石屬汾州　趙城　國初分霍邑縣置　汾西　後漢汾西郡隋廢爲縣屬呂州隋末陷賊武德初權於今城南五十里申村堡置貞觀六年移於今所
冀氏　漢猗氏縣地後於古猗氏縣城南置冀氏

隰州下　隋龍泉郡武德元年改爲隰州領隰川溫泉大寧石樓四縣二年置總管府領隰中昌南汾東和西德六州三年又置北隰州屬焉貞觀元年省中昌西德北隰四州又以廢昌州蒲縣來屬仍督隰南汾東和三州三年廢都督府又以廢東和州永和縣來屬天寶元年改爲大寧郡乾元元年復爲隰州　舊領縣六戶八千二百二十二口三萬八千三百九十五　天寶戶一萬九千四百五十五在京師東北九百六里至東都八百八十里　隰川　州所理漢蒲子縣地隋爲隰川縣　蒲　漢縣武德二年置昌州領蒲仵城常武昌

原四縣貞觀元年省昌州及昌原仵城常武三縣以蒲屬隰州　大寧　漢北屈縣地隋爲仵城武德二年置中州於隋大寧故城因改名大寧貞觀元年廢中州及大義白龍二縣以大寧隸隰州　永和　漢狐讘縣隋爲永和武德二年移治於仙芝谷西屬東和州又分置樓山縣貞觀元年廢東和州及樓山縣以永和隸隰州　石樓　漢土軍縣隋改爲石樓武德二年於縣置西德州領長壽臨河石樓三縣貞觀元年廢西德州省長壽臨河二縣以石樓屬東和州二年又省東和州以石樓來屬　溫泉　隋新城縣武德二年分置溫泉縣仍置北溫州領溫泉新城高堂三縣屬隰州總管府貞觀元年省北溫州及新城高唐二縣以溫泉來屬

汾州　隋西河郡義旗初依舊領隰城介休孝義平遙四縣其年割介休平遙二縣屬介休郡武德元年以介休郡爲介州西河郡爲浩州三年改浩州爲汾州仍割并州之文水來屬貞觀元年省介州以介休平遙二縣來屬文水還并州十七年以廢呂州之靈石來屬天寶元年改爲西河郡乾元元年復爲汾州　舊領縣四戶二萬四千九口十萬六千三百八十四天寶領縣五戶五萬九千四百五十口三十二萬二百三十三　去京師一千二百六里東都九百三十七里　西河　漢美稷縣隋爲隰城縣上元元年九月改爲西河縣　孝義　漢中陽縣後魏曰永安貞觀元年改爲孝義　介休　漢縣武德元年於縣置介州貞觀元年州廢以介休平遙屬汾州　平遙　漢平陶縣後魏避諱改陶爲遙武德屬介州州廢來屬　靈石　隋分介休縣置屬呂州州廢來屬

慈州　元魏曰南汾州隋改爲耿州又爲文成郡武德元年改爲汾州五年改爲南汾州八年改爲慈州以郡近慈烏戍故也舊領縣五戶五千二百四十五口二萬二千六百五十一　天寶戶一萬一千六百一十六口六萬二千四百八十六　在京師東北六百八十三里去東都七百二十七里　吉昌　隋縣　文城　元魏曰仵城縣隋改爲文城顯慶三年移仵城縣東北文城村置　昌寧　漢臨汾縣地後魏分置太平縣又分太平置昌寧縣　呂香　義寧

元年分仵城縣置平昌縣貞觀元年改爲呂香因舊鎮爲名上元三年移治所於故平昌府南置今縣是也　仵城　後魏置縣取鎮戍名也

潞州大都督府　隋上黨郡武德元年改爲潞州領上黨長子屯留潞城四縣二年置總管府管潞澤沁韓蓋五州四年分上黨置壺關縣貞觀元年廢都督府八年置大都督府十年又改爲都督府貞觀十七年廢韓州以所管襄垣等五縣屬潞州開元十七年以玄宗歷職此州置大都督府管慈儀石沁四州天寶元年改爲上黨郡乾元元年依舊爲潞州大都督府　舊領縣五戶一萬八千六百九十口八萬三千四百五十五舊於襄垣置韓州領縣五戶七千一十七口三萬二千九百三十六　天寶領縣十戶六萬八千三百九十一口三十八萬八千六百六十　在京師東北一千一百里至東都四百八十七里　上黨　漢壺關縣隋分置上黨州所治壺關武德四年分上黨置治於高望堡貞觀十七年移治進流川　長子　漢縣　屯留

隋舊武德五年自靈壁移於今所　潞城　古邑隋特置潞城縣
襄垣　隋縣武德元年於縣置韓州領襄垣黎城涉銅鞮武鄉五縣
又割并州之榆社來屬三年置甲水縣仍以榆社屬榆州六年割沁
州之銅鞮來屬九年省甲水縣貞觀十七年廢韓州以襄垣等五縣
隷潞州　黎城　舊刈陵縣隋改曰黎城州涉　漢隋縣屬韓州廢來
屬　銅鞮　漢縣隋屬韓州武德元年屬沁州三年分置甲水縣五
年移治鮧水堡六年移於今所屬韓州省甲水縣韓州廢屬潞州
武鄉　漢垣縣後魏曰沮城移治於南亭川改爲鄉縣屬韓州州廢
屬潞州則天加武字神龍年去武字復爲鄉縣後又加武字
澤州上　隋長平郡武德元年改爲蓋州領高平丹川陵川又置蓋
城四縣又於濩澤縣置澤州領濩澤沁水端氏三縣三年於今理置
晉城縣六年廢建州自高平移蓋州治之八年移澤州治端氏九年
省丹川蓋城貞觀元年廢蓋州自端氏縣移澤州於今治天寶元年
改澤州爲高平郡乾元元年復爲澤州
○舊領縣六戶一萬六百六十口四萬六千七百三十二　天寶戶二
萬七千八百二十二口二十五萬七千九十　京師東北一千三十里
至東都六百六十七里　晉城　漢高都縣隋改爲丹川武德元年
移丹川於源澤水北屬蓋州三年於古高都城置晉城縣屬建州六
年廢建州縣屬蓋州九年省丹川縣貞觀元年廢蓋州縣屬澤州
端氏　漢縣武德八年移澤州於此縣貞觀元年又移於晉城　陵川
漢泫氏縣隋改陵川武德初屬蓋州貞觀元年隷澤州　陽城　隋
濩澤縣武德元年於縣置澤州八年移州治於端氏天寶元年改爲
陽城　沁水　元魏置永安縣隋改爲沁水屬蓋州州廢來屬　高
平　漢泫氏縣地武德元年於縣置蓋州領高平丹川陵武蓋城四
縣貞觀元年廢蓋州來屬
沁州下　隋上黨郡之沁源縣義寧元年置義寧郡領沁源銅鞮綿
上仍分沁源置和川凡四縣武德元年改爲沁州二年分沁源置招
遠縣三年省招遠縣六年以銅鞮屬韓州天寶元年改沁州爲陽城

縣乾元元年復爲沁州　舊領縣三戶三千九百五十六　口一萬
六千一百七　天寶戶六千三百八口三萬四千九百六十三　在京
師東北一千二十五里去東都六百三十五里
沁源　漢穀遠縣地後魏改爲沁源　和川　義寧元年分沁
源置綿上隋分介休之南界置綿上縣
遼州　隋太原郡之遼山縣武德三年分并州之樂平和順平城石
文四縣置遼州治樂平其年置義興縣六年自樂平移於遼山仍以
石艾樂平二縣屬受州省義興縣以廢榆州之榆社平城二縣來屬
八年改遼州爲箕州先天元年又改爲儀州天寶元年改爲樂平郡
乾元元年復爲儀州中和三年八月復爲遼州　舊領縣四戶四千
三百六十五口八萬八千六百四十　天寶戶九千八百八十二口
五萬四千五百八十　在京師東北一千四百五十九里至東都七百九
十七里　遼山　漢阻縣地魏改轑陽縣隋改遼山縣屬并州武德三年
屬遼州榆社　晉武鄉縣義寧元年分置榆社縣武德三年於此置
○榆州割并州平城來屬仍置偃武縣六年廢榆州及偃武縣以平城
榆社屬遼州　和順　漢治縣地隋爲和順縣武德初屬并州三年改
爲遼州　平城　隋縣武德初屬并州三年改屬榆州六年改爲遼州　北
京太原府　隋爲太原郡武德元年改爲并州總管領晉陽太原榆
次太谷祁陽直壽陽盂樂平交城石艾文水遼山平城烏河榆社十
六縣其年置清源縣仍以榆社屬韓州三年廢總管其年置沁陽仍
以盂壽陽二縣置受州治盂縣樂平遼山平城石艾四縣置遼州治
樂平太谷祁二縣置太州治太谷仍以文水屬沁州四年又置總管
管并介受遼太榆沁七州其年改爲上總管五年又改代石二總管
其年改上總管爲大總管六年又管朔州總管仍割汾州之文水來
屬其年廢太州以太谷祁二縣來屬七年改爲大都督府其年置羅陰縣
仍省陽直縣改汾陽爲陽曲縣又以文水置汾州貞觀元年省烏河
羅陰二縣又以文水來屬八年以廢受州之壽陽盂樂平石艾又割
順州之燕然凡五縣來屬督并汾箕嵐四州十四年廢燕然縣　龍

朔二年進爲大都府天授元年置北都開元十一年又置北都改并州爲太原府天寶元年改北都爲北京　舊領縣十四戶九萬七千八百七十四口二十萬九百三十六　天寶領縣十三戶十二萬八千九百五口七十七萬八千二百七十八　在京師東北一千三百六十里至東都八百八里　太原　漢晉陽縣隋文又移於州城內古晉陽城置今州所治　晉陽　隋新移於州內　太谷　隋縣武德三年置太原州六年州廢以大谷祁屬并州　文水　隋縣武德三年屬汾州六年屬并州七年又屬汾州貞觀初還屬并州天授元年改爲武興縣以天后鄉里縣與太原晉陽並爲京縣神龍元年依舊爲文水　榆次　漢縣　盂縣　隋縣武德三年置受州領盂壽陽二縣六年移受州於壽陽貞觀八年省受州盂復屬并州　清源　隋於古梗陽城置清源縣以水爲名　交城　隋分晉陽縣置取縣西北古交城爲名初治交山天授元年移治却波村先天二年於故縣分置靈川縣開元二年後省　陽曲　隋陽直縣武德三年分置汾陽縣七年省陽直縣改汾陽爲陽曲縣仍移治陽直廢縣其年又分置羅陰縣貞觀元年省十七年又省燕然併入　壽陽　隋舊縣武德三年屬遼州六年移受州於此領壽陽盂二縣其年又割遼州之樂平石艾二縣來屬貞觀八年廢壽州以所管四縣隸并州　廣陽　漢上艾縣後漢改爲石艾縣武德三年屬遼州六年屬受州八年州廢屬并州天寶元年改爲廣陽　樂平　隋縣武德三年於縣置遼州六年移遼州治於箕州以樂平屬受州州廢縣來屬　祁　漢縣至隋不改武德三年屬太州州廢來屬

代州中都督府　隋爲鴈門郡武德元年置代州總管管代忻蔚三州代州領鴈門繁畤崞五臺四縣五年廢總管六年又置管代蔚州四州貞觀四年又督靈州六年又督順州十二年省順州以懷化縣來屬今督代忻蔚朔靈五州高宗廢懷化縣證聖元年置武延縣天寶元年改爲鴈門郡依舊爲都督府乾元元年復爲代州　舊領縣五戶九千二百五十九口三萬六千一百三十四　天寶戶二萬一千二百八十口十萬三百五十　在京師東北一千五百五十里去東都一千二百二十三里　鴈門　漢廣武縣隋爲鴈門縣　五臺　漢慮虒縣隋改爲五臺　繁畤　漢縣　東魏置廓州又廢　崞　漢縣　唐林　證聖元年分五臺崞縣置延武縣唐龍元年改唐林

蔚州　隋鴈門郡之靈丘縣武德四年平劉武周六年置蔚州寄治并州陽曲縣仍置靈丘飛狐二縣七年寄治代州繁畤縣八年又寄治所州秀容之北恒州城貞觀五年移於今治天寶元年改爲安邊郡至德二年九月改爲興唐郡乾元元年置蔚州　舊領縣二戶九百四十二口三千七百四十八　天寶領縣三戶五千五十二口二萬九百五十八　在京師東北一千八百一十里去東都一千六百四十里　靈丘　隋縣隋末陷賊寄治陽曲自此隨州寄治貞觀五年移於今所　飛狐　隋縣隋末陷賊武德六年復置寄治於易州遂城縣貞觀五年移治於今所　興唐　隋安邊縣至德二年改爲興唐

忻州　隋樓煩郡之秀容縣義旗初置新興郡領秀容一縣武德元年改爲忻州四年又置定襄縣天寶元年改爲定襄郡乾元元年復爲忻州　舊領縣二戶四千九百八十七口一萬七千一百三十　天寶戶一萬四千八百六口八萬二千三百三十二　在京師東北一千三百八十里去東都一千六十三里　秀容　漢汾陽縣地治郭下隋朝自秀容故城移於此因改爲秀容縣　定襄　漢陽曲縣地後漢末移陽曲於太原界置乃於陽曲古城置定襄縣復廢武德四年分秀容縣復置

嵐州下　隋樓煩郡之嵐城縣武德四年平劉武周置東會州領嵐城縣又以北和州之太和縣來屬其年分嵐城置合會豐潤二縣仍自故郡城移嵐州於廢東會州置嵐州舊領岢嵐一縣縣移舊嵐州其年又以北管州之靜樂縣來屬七年置臨津縣九年省合會岢嵐大和三縣貞觀元年改臨津爲合河三年又置大和縣八年又省天寶元年復爲樓煩郡乾元元年復爲嵐州　舊領縣三戶二千八百四十二口一萬一千五百四十一　天寶領

縣四戸一萬六千七百四十八口八萬四千六　在京師東北一千二百九十五里去東都一千一百四十四里　宜芳　隋嵐城縣武德四年改爲宜芳屬東會州四年分置豐潤合會二縣五年省豐潤併入六年改屬嵐州九年省合會併入　靜樂　漢汾陽縣地有隋汾陽宮武德四年置管州領靜樂又分置汾陽六度二縣五年改管州爲北管州六年省北管州及汾陽六度二縣以靜樂屬嵐州　合河　隋臨泉縣武德四年置臨津縣貞觀元年改爲合河　嵐谷　舊岢嵐軍也在宜芳縣北界長安三年分宜芳於岢嵐舊軍置嵐谷縣神龍二年廢縣置軍開元十二年復置縣

憲州下　舊樓煩監牧也先隸隴右節度使至德後屬內飛龍使舊樓煩監牧嵐州刺史兼領貞觀十五年楊鉢爲監牧使遂專領監司不係州司龍紀元年持置憲州於樓煩監仍置樓煩郡城開元四年王毛仲築　州新置未記戸口帳籍

樓煩　龍紀元年於監西一里置　玄池州東六十里置　天池州

西南五十里置本置於孔河館乾元後移於安明谷口道人堡下

石州　隋離石郡武德元年改爲石州五年置揔管府管石北和北管東會嵐西定六州貞觀二年廢都督府三年復置都督六年又廢天寶元年改爲昌化郡乾元元年復爲石州　舊領縣五戸三千七百五十八口一萬七千四百二　天寶戸一萬四千二百九十四口六萬六千九百三十五　京師東北一千二百九十一里至東都一千二百二十八里　離石　漢縣周改爲昌化郡隋復爲離石州所治　平夷　後周析離石縣置　定胡　隋縣武德三年置西定州貞觀二年廢分置孟門縣七年廢孟門入定胡　臨泉德隋太和縣武德三年置北和州改爲太初縣爲臨泉縣貞觀三年省北和州縣屬和州　方山　隋縣武德二年置方州三年州廢縣屬石州

朔州　隋馬邑縣武德四年置朔州領善陽常寧二縣其年省常寧縣天寶元年改爲馬邑郡乾元元年復爲朔州　舊領縣一善陽戸一千二百五十七口四千九百一十三　天寶領縣二戸五千四百九十三口二萬四千五百三十三　在京師東北一千七百七十四里至東都一千三百四十三里　善陽　漢定襄地有秦時馬邑城武周塞後魏置桑乾郡隋爲善陽縣　馬邑　秦漢舊名久廢開元五年分善陽縣於天同軍城置

雲州　隋馬邑郡之雲内縣界恒安鎮也武德四年平劉武周六年置北恒州七年州廢貞觀十四年自朔州北定襄城移雲州及定襄縣置於此永淳元年爲賊所破因廢乃移百姓於朔州開元二十年復爲雲州天寶元年改爲雲中郡乾元元年復爲雲州　領縣一戸七十三口五百六十一　在京師東北一千九百四十里去東都一千六百四十二里　雲中　隋雲内縣之恒安鎮武德六年置恒州貞觀十四年自朔州北定襄城移雲州於此置因爲定襄縣今治即後魏所都平城也永淳元年爲賊所破因廢雲州及縣開元二十年與州復置仍改定襄爲雲中縣

單于都護府　秦漢時雲中郡城也唐龍朔三年置雲中都護府麟

德元年改爲單于大都護府東北至朔州五百五十七里振武軍在城内置　天寶戸二千一百口一萬三千　在京師東北二千三百五十里去東都二千里　金河　與府置同

河北道

懷州雄　隋河内郡武德二年於濟源西南柏崖城置懷州領大基河陽集城長泉四縣其年於濟源立西濟州於武德縣立北義州修武縣東北故濁鹿城立陟州置揔管府管懷西濟北義陟四州三年懷州又置太行忠義紫陵穀只温五縣四年移懷州於今治野王城其年又於温縣置平州以温縣屬之又省穀只太行忠義紫陵四縣後省平州仍於隋河陽宮置盟州領河陽集城温三縣又省西濟北義陟三州入懷州又於獲嘉縣置殷州其懷州揔管管懷盟殷三州懷州領河内武德軹濟源五縣八年廢盟州省集城入河陽縣以河陽温二縣來屬貞觀元年罷都督府以廢殷州修武獲嘉武陟廢邵州之王屋四縣來屬仍省懷軹二縣顯慶二年割河陽温濟温王屋

四縣屬洛州天授元年改爲河内郡乾元元年復爲懷州　舊領縣
九　河内　武德　脩武　獲嘉　武陟温　河陽　濟源　王屋
戶三萬九十口十二萬六千九百一十六　天寶領縣五戶五萬
五千三百四十九口三十一萬八千一百二十六　在京師東九百六
十九里至東都一百四十里　河内　漢野王縣隋爲河内縣武德
四年省太行忠義紫陵三縣併入　武德　隋爲安昌縣武德三年
改爲武德　武陟　漢懷縣地故城在今縣西　脩武　漢山陽縣地
脩武古名也隋因之武德二年李厚德以縣東北濁鹿城歸順因置
陟州及脩武縣四年賊平改爲武陟隋廢陟州以脩武屬殷州仍移
縣治於隋故脩武城貞觀元年省殷州脩武屬懷州　獲嘉　漢縣
名武德四年於縣置殷州領獲嘉武德武陟脩武新鄉共城五縣貞
觀元年省殷州以獲嘉武陟脩武屬懷州新鄉共城屬衛州
衛州望　隋汲郡本治衛縣武德元年改爲衛州二年陷竇建德四
年賊平仍舊領衛清淇湯陰三縣其年廢義州以汲縣來屬六年以

湯陰屬相州貞觀元年州移治於汲縣又廢殷州以共城新鄉博望
三縣來屬六年廢博望縣十七年廢清淇縣其年又以廢黎州之黎陽
縣來屬天寶元年改爲汲郡乾元元年復爲衛州
舊領縣五戶一萬一千九百三口四萬三千六百八十二　天寶戶
四萬八千五十六口二十八萬四千六百三十　在京師東一千二百
二十二里去東都三百九十里　汲　漢縣隋因之武德元年置義
州領汲縣四年廢義州縣屬衛州貞觀六年衛州自衛縣徙治所於
汲縣　新鄉　隋割汲獲嘉二縣地於古新樂城置新鄉縣武德初
屬義州州廢來屬殷州州廢屬衛州　衛　漢朝歌縣紂所都朝歌城
在今縣西隋大業二年改爲衛縣仍置汲郡於縣治貞觀初移於汲
縣初屬義州州廢屬衛州十七年省清淇縣入衛縣長安三年又置
清淇縣神龍元年又省入衛縣　共城　漢共縣隋因之武德元年
置共州領共城凡城二縣四年廢共州省凡城入共城縣初屬殷州
貞觀初來屬　黎陽　隋黎陽縣武德二年置黎州揔管府管殷衛

洹澶四州尋陷賊四年平竇建德復置黎州領臨河内黃湯陰觀城
頓丘繁陽澶水八縣其年以澶水觀城頓丘三縣置澶州又以湯陰
屬相州貞觀元年省繁陽又以澶水來屬十七年廢黎州及澶水縣
以黎陽屬衛州内黃臨河屬相州
相州　漢魏郡也後魏道武改名相州隋爲魏郡武德元年置相州
揔管府領安陽鄴林慮零泉相臨障洹水堯城八縣二年割林慮置
巖州四年廢揔管府仍省零泉縣五年廢巖州以林慮來屬仍省相
縣六年割衛州之湯源來屬其年復置揔管府管慈洺黎衛邢六州
九年廢都督府貞觀元年改湯源爲湯陰以廢慈州之安陽成安二
縣來屬十年復置都督管相衛黎魏洺邢貝七州十六年罷都督府十
七年以廢黎州之内黃臨河來屬天寶元年改爲鄴郡乾元元年復
爲相州　舊領縣九戶一萬一千四百九十口七萬四千七百六十
六　天寶縣十一戶十萬一千一百四十二口五十九萬一百九十
六　在京師東北一千四百二十一里至東都六百六里　安陽　漢

侯國故城在湯陰東曹魏時廢安陽併入鄴後周移鄴置縣於安陽
故城仍爲鄴縣隋又改爲安陽縣州所治漢魏郡城在縣西北七里
鄴　漢縣屬魏郡後魏於此置相州東魏改爲司州周平齊復爲相
州周大象二年隋文輔政相州刺史尉遲迥舉兵不順楊堅令韋孝
寬討迥平之乃焚燒鄴城徙其居人南遷四十五里以安陽城爲相
州理所仍爲鄴縣煬帝初於鄴故都大慈寺置鄴縣貞觀八年始築
今治所小城　湯陰　漢蕩陰縣也併入安陽武德四年分安陽置
湯源縣屬衛州六年改屬相州貞觀元年改爲湯陰　林慮　漢隆
慮縣武德三年置巖州領林慮一縣五年巖州廢縣屬相州　堯城
隋縣　洹水　漢長樂縣地魏郡國周建德六年分臨漳東北界
置洹水縣　臨漳　後周建德六年分鄴縣置　成安　漢斥丘縣
屬魏郡後廢北齊復置改爲成安　内黃　漢縣名舊屬黎州貞觀
十七年改屬相州　臨河　隋分黎陽縣置貞觀十七年改屬相州
廢澶水縣併入

魏州雄　漢魏郡元城縣之地後魏天平二年分館陶西界於今州
西北三十里古趙城置貴鄉縣後周建德七年以趙城卑濕西南移
三十里就孔思集寺爲貴鄉縣大象二年於縣置魏州隋改名武陽
郡武德四年平竇建德復爲魏州又分置漳陰縣領復爲貴鄉昌樂
元城莘武陽臨黃觀城頓丘繁水魏冠氏館陶漳陰十三縣其年割頓
丘觀城二縣置澶州又割莘臨黃武陽三縣置莘州又割冠氏館陶
置毛州魏州置揔管府管黎澶莘毛五州魏州領貴鄉昌樂繁水漳
陰元城六縣貞觀元年罷都督仍省漳陰縣其年廢莘毛澶三州盡
以所領縣屬魏州十七年省元城武陽觀城三縣十八年省繁水縣
龍朔二年改爲冀州大都督府以冀王爲都督府貝德相棣滄魏七
州咸亨三年依舊爲魏州罷都督府永昌元年置武聖縣聖曆二年
又置元城縣天寶元年改爲魏郡乾元元年復爲魏州　舊領縣十
三戸三萬四百四十口十三萬六千六百一十二　天寶領縣十戸
十五萬一千五百九十六口一百一十萬九千八百七十里　在京師
○
東北一千五百九十里去東都七百五十里　貴鄉　後魏分館陶
西界置貴鄉縣於趙城周建德七年自趙城東南移三十里以孔思
集寺爲縣廨大象二年於縣置魏州武德八年移縣入羅城內開元
二十八年刺史盧暉移於羅城西百步大曆四年又移於河南岸置
元城　隋縣治古殷城貞觀十七年併入貴鄉聖曆二年又分貴鄉
莘縣置治王莽城開元十三年移治州郭下古殷城在朝城東北十二
里　魏　漢舊縣在今縣南天寶三年移於今所　館陶　漢縣隋
因之武德五年置毛州割魏州之館陶冠氏堂邑貝州之臨清清水
又分置沙丘縣貞觀元年廢毛州省沙丘清水二縣以堂邑屬博州
臨清屬貝州館陶冠氏屬魏州　冠氏　春秋邑名隋分館陶縣東
界置武德四年屬毛州州廢來屬　莘　漢陽平縣地隋置新州武
德五年改爲莘州領莘臨黃武陽武水四縣貞觀元年廢莘州以莘
臨黃武陽屬魏州武水屬博州　臨黃　漢觀縣地隋爲臨黃縣武
德四年屬莘州州廢來屬　朝城　隋武陽縣貞觀十七年廢武陽

入臨黃莘二縣開元七年復置改爲朝城　昌樂　晉置屬陽平郡
後魏置昌州今縣西古城是也隋廢昌樂縣入繁水武德五年復置
隸魏州今治所武德六年築也
澶州　漢頓丘縣屬東郡今縣北古陰安城是也武德四年分魏州
之頓丘觀城置澶州領頓丘觀城又特置澶水縣貞觀元年廢澶州
以澶水屬黎州頓丘觀城屬魏州大曆七年正月勅又於頓丘縣置
澶州領頓丘清豐觀城臨黃四縣
州新置未計戸口帳籍　在京師東北一千四百八十五里至東都
六百八十五里　頓丘　漢縣屬東郡後移治所於陰安城今屬魏
郡今縣地北陰安城是也　清豐　大曆七年割頓丘昌樂二縣界
四鄉置以縣界有孝子張清豐門闕魏州田承嗣請爲縣名　觀城
隋縣唐初屬澶州州廢亦省觀城大曆七年割昌樂臨黃二縣四鄉
置縣於舊觀城店　臨黃　隋舊縣武德四年屬莘州州廢屬魏州
大曆七年置澶州割之來屬
○
博州上　隋武陽郡之聊城縣武德四年平竇建德置博州領聊城
武水堂邑茌平仍置莘亭靈清平博平凡九縣五年省莘亭靈二縣
貞觀元年省茌平縣天寶元年改爲博平郡乾元元年復爲博州
舊領縣六戸七千六百八十二口三萬七千三百九十四天寶戸五
萬二千六百三十一口四十萬八千二百五十二　在京師東北一千
七百一里至東都九百四十七里　聊城　漢縣治郭下武德四年
公置茌平縣貞觀元年省入聊城　博平　漢縣隋因之武德四年分置
靈縣五年省併入博平貞觀十七年省博平入聊城天授二年析聊
城復置　武水　漢陽平縣地屬東郡隋改爲清邑又分清邑置武
水縣武德四年屬莘州貞觀元年屬博州　清平　漢貝丘縣隋改
爲清平屬博州　堂邑　漢縣後魏廢隋分清陽縣復置初屬毛州
州廢屬博州　高唐　隋縣長壽二年改爲崇武神龍元年復爲唐
貝州　隋爲清河郡武德四年平竇建德置貝州領清河武城漳南
歷亭清陽鄃夏津七縣　六年移治所於歷亭八年還於舊治九年以

廢宗州之宗城經城來屬又以廢毛州之臨清來屬天寶元年改爲
清河郡乾元元年復爲貝州　舊領縣九戶一萬七千七百一十九
口九萬七十九　天寶戶十一萬一十五口八十三萬四千七百五
十七　在京師東北一千七百八十二里至東都九百九十三里
清陽　武德四年分置夏津縣九年復省舊治甘陵城永昌元年移
治於孔橋開元二十三年移就州治　清河　漢縣後漢桓帝改爲
甘陵後省隋復分置清河縣在郭下　武城　漢曰東武城舊治古
夏城調露元年移於今治　宗城　隋舊武德四年置宗州領宗城
府城南宮斌強四縣九年廢宗州及府城斌強二縣以經城宗城貝
州南宮屬冀州　臨清　漢清泉縣後魏改爲臨清武德四年屬毛
州州廢屬貝州　經城　漢縣武德四年屬宗州州廢來屬　漳南
漢東陽縣後魏省隋分東強清平二縣地復置於古東陽城仍改
爲漳南縣　歷亭　漢東陽地隋分鄃縣置歷亭縣　夏津　舊鄃
縣天寶元年改爲夏津

洺州望　隋武安郡武德元年改爲洺州領永年洺水平恩清漳四
縣二年陷竇建德四年建德平立山東道大行臺又立曲周雞澤二
縣五年罷行臺置洺州大總管府管洺衛嚴相慈邢趙八州六年罷
總管府以磁州之武安臨洺肥鄉三縣來屬貞觀元年又以廢慈州
之邯鄲來屬天寶元年改爲廣平郡乾元元年復爲洺州永泰之後
復以武安邯鄲屬慈州會昌元年省清漳洺水二縣入肥鄉平恩曲
周等縣　舊領縣七戶二萬二千九百三十三口十萬一千三十
天寶領縣十戶九萬一千六百六十六口六十八萬三千二百八十
省清漳洺水　今領縣六
在京師東北一千五百八千五里至東都八百五十七里
永年　州所治本漢曲梁縣屬廣平郡改廣平爲永年平恩漢縣隋
自斥漳城移於平恩故城置臨洺漢易陽縣隋改爲臨洺武德元年
置紫州領臨洺武安肥鄉邯鄲等縣四年罷紫州臨洺屬慈州五年
改屬洺州　雞澤　漢廣平縣地武德四年置雞澤縣肥鄉　漢邯

溝縣地曹魏立肥鄉縣屬廣平郡會昌三年省清漳縣入　曲周
隋廢縣武德四年復置會昌三年省臨水縣入　磁州　隋魏郡之滏
陽縣武德元年置磁州領滏陽臨水成安三縣四年割洺州之臨洺
武安邯鄲肥鄉來屬六年置慈州總管府領磁邢洺黎相衛六州其
年廢總管府以臨洺武安肥鄉三縣屬洺州磁州領成安邯鄲三縣
貞觀元年廢磁州滏陽成安屬相州以邯鄲屬洺州永泰元年六月
昭義節度使薛嵩請於滏陽復置磁州領滏陽武安昭義邯鄲四縣
州新置未計戶口帳籍
在京師東北一千四百八十五里至東都六百六十五里
滏陽　漢武安縣地隋置滏陽縣州所治　邯鄲　漢縣屬廣平郡
隋屬磁州州廢屬洺州永泰初復置磁州來屬　武安　漢縣隋復
置隸磁州　昭義　永泰元年廉察使薛嵩特置於滏口之右故臨
水縣城
邢州上　隋襄國郡武德元年改爲邢州總管府管邢溫和封蓬東

龍六州邢州領龍岡堯山內丘三縣四年平竇建德罷總管府割內
丘屬趙州仍省和溫封三州以其所領南和沙河平鄉三縣來屬又
立任縣五年割趙州之內丘柏仁來屬天寶元年改爲鉅鹿郡乾元
元年復爲邢州　舊領縣九戶二萬一千九百八十五口九萬九百
六十　天寶戶七萬一百八十九口三十八萬二千七百九十八　在
京師東北一千六百五十五里至東都八百五十七里　龍岡　漢
襄國郡隋改爲龍岡州所治也　沙河　隋分龍岡縣置武德元年
置溫州四年州廢屬邢州　南和　漢縣後周置南和郡隋廢州爲
縣武德元年置和州四年州廢縣屬邢州　鉅鹿　隋於漢南䜌故城
置鉅鹿縣武德元年置起州幷白起縣四年廢起州鉅鹿屬趙州仍
省白起併入鉅鹿貞觀元年屬邢州舊治東府亭城嗣聖元年移於
今所　平鄉　漢鉅鹿郡故郡城在今縣北十一里古鉅鹿城即今
治也隋改平鄉縣　任　漢南䜌地晉置任縣後廢武德四年復置
舊治苑鄉城　堯山　漢柏仁縣至隋不改武德元年置東龍州領柏

仁壽四年平竇建德縣屬趙州貞觀初屬邢州天寶元年改爲堯山
内丘　漢中丘縣隋改爲内丘縣屬趙州貞觀初還屬邢州
趙州　漢平棘縣故城在今縣南後魏於昭慶縣置殷州齊改爲趙州隋廢尋復置趙郡於平棘縣武德元年張志昂以郡歸國改爲趙州領平棘高邑贊皇元氏癭陶欒城大陸栢鄉房子稾城鼓城十二縣其年以稾城屬廉州以鼓城屬深州四年改大陸爲象城天寶元年改爲隋郡乾元元年復爲趙州　舊領縣九戸二萬一千四百三十七口八萬五千九百九十二　天寶戸六萬三千四百五十四口三十九萬五千二百三十八　去京師東北一千八百四十三里至東都一千三十三里　平棘　漢平棘縣屬常山郡隋自象城移趙州治所於縣置　寧晉　漢楊氏縣屬鉅鹿郡今治即楊氏城也後改爲癭陶元魏改爲廮陶隋復爲陶天寶元年改爲寧晉　昭慶　漢廣阿縣屬鉅鹿郡後魏置殷州北齊改爲趙州隋改廣阿爲大陸武德四年改爲象城天寶元年改爲昭慶以有建初啓運二陵故也

○栢鄉　漢縣屬鉅鹿郡故城在今縣西南十七里復廢隋於今治彭水之陽復置　高邑　漢鄗縣屬常山郡世祖更名高邑晉代不改　臨城　漢房子縣屬常山郡天寶元年改爲臨城　贊皇　古無其名隋置取贊皇山爲名　元氏　漢常山郡所治故城在今縣西
鎭州　秦東垣縣漢高改名眞定置恒山郡又爲眞定國歷代爲常山郡治元氏後魏道武登常山郡北望安樂壘美之遂移郡治於安樂城今州城是也周隋改爲恒州後廢義旗初復置恒州領眞定石邑行唐九門滋陽五縣州治石邑武德元年陷竇建德四年賊平徙治所於眞定省滋陽縣又割廉州之稾城來屬天寶元年改爲常山郡乾元元年復爲恒州興元元年昇爲都督府元和十五年改爲鎭州　舊領縣六戸二萬六千一百一十三口五萬四千五百四十三　天寶領縣九戸五萬四千六百三十三口三十四萬二千二百三十四　今領縣十一　在京師東北一千七百六十里至東都一千一百三十六里　眞定　隋屬高陽郡武德四年自石邑移恒州於縣爲治所載初元年改爲中山縣神龍元年復爲眞定縣　稾城　漢縣唐初置鉅鹿郡領稾城栢肆新豐宜安四縣武德元年改爲廉州其年陷竇建德四年賊平復置廉州領稾城鼓城毋極四縣省栢肆新豐宜安併入稾城貞觀元年廢廉州以鹿城屬深州鼓城毋極屬定州稾城屬恒州　石邑　漢縣屬常山郡　九門　漢縣屬常山郡至隋不改國初置九門郡領九門新市信義三縣武德元年改爲觀州五年州廢省信義新市二縣以九門隸恒州　靈壽　漢縣屬常山郡義寧元年置燕州武德四年州廢縣屬并州七年州廢屬恒州　行唐　漢南行唐縣屬常山郡武德五年省滋陽縣屬常山郡武德五年省滋陽縣併入長壽二年改爲章武神龍元年復爲行唐　井陘　漢縣屬常山郡義寧元年置井陘郡并葦澤縣武德元年改爲并州四年又以廢嶽州之房山蒲吾二縣恒州之鹿泉來屬五年又以恒州之靈壽來屬貞觀元年廢蒲吾葦澤二縣入井陘十七年廢并州以井陘等三縣屬恒州　獲鹿　漢石邑縣地隋置鹿泉縣屬并州

○貞觀十七年來屬至德元年改爲獲鹿　平山　漢蒲吾縣屬常山郡隋改爲房山縣義寧元年置房山郡武德元年置嶽州領房山一縣四年廢嶽州房山屬恒州至德元年改爲平山縣仍以恒州爲平山郡　鼓城　漢臨平下曲陽兩縣之地屬鉅鹿郡隋分稾城於下曲陽故城東五里置昔陽縣尋改爲鼓城武德四年屬廉州州廢屬定州大曆三年割屬恒州　欒城　漢關縣屬常山郡後魏於關縣古城置欒城縣屬趙州大曆三年割屬恒州
冀州上　隋信州郡武德四年改爲冀州領信都衡水武邑棗強南宮堂陽下博武強八縣六年置揔管府移治所於下博管冀貝深宮四州貞觀元年廢都督府移州治於信都又以下博武強二縣屬深州十七年以廢深州之下博武強鹿城廢觀州之阜城來屬龍朔二年改爲魏州都督府咸亨三年復舊先天二年割下博武強鹿城三縣屬深州開元二年復以下博武強還冀州天寶元年改爲信都郡乾元元年復爲冀州　舊領縣六　信都　南宮　堂陽　棗強　武

邑　衡水戶一萬六千二十三口七萬二千七百三十三　天寶領
縣九戶一十萬三千八百八十五口八十三萬五百二十　在京師
東北一千九百七十八里至東都一千一百里　信都　漢信都國
城今州所治也後漢改爲樂城國又改安平國魏晉後爲冀州所治
南宮　漢縣屬信都國至隋不改武德四年屬宗州貞觀元年屬
冀州　堂陽　漢縣屬鉅鹿郡隋舊屬冀州　棗強　漢縣屬清河
郡隋舊也　武邑　漢縣屬信都國隋舊武德四年分置昌亭縣貞
觀初省　衡水　古無此名隋開皇十七年河北大使郎蔚之分信
都北界武邑西界下博南界置衡水縣特築此城　阜城　漢縣屬
渤海郡隋屬冀州故城在今縣東二十里今城隋築　蓨　漢縣屬
勃海郡隋舊隷觀州州廢屬德州故城在今縣南十里貞觀元年分
置觀津縣尋省永泰後屬冀州
深州　武德四年平竇建德於河間郡之饒陽縣置深州領安平饒
陽蕪蔞三縣初治安平其年移治饒陽貞觀元年割故廉州之鹿城

冀州之武強下博來屬省蕪蔞縣十七年廢深州以饒陽屬瀛州安
平屬定州鹿城下博武強屬冀州先天二年復割饒陽安平鹿城置
深州仍分置陸澤縣天寶元年改深州爲饒陽郡乾元元年復爲深
州　舊領縣五戶二萬一百五十六口八萬七千　天寶縣四戶萬
八千八百二十五口三十四萬六千四百七十二　京師東北二千
一十三里至東都一千二百五十里　陸澤　先天二年分饒陽鹿
城界置陸澤縣於古鄡城鄡漢縣屬鉅鹿郡　饒陽　漢縣屬涿郡武
德四年分置蕪蔞縣貞觀元年省十七年割屬定州先天二年還深
州武德初爲深州所治　東鹿　漢安定侯國今縣西七里故城是
也周齊爲安定縣隋改爲鹿城唐至德六年改爲東鹿　下博　漢縣
屬信都國隋舊武德四年屬冀州貞觀元年改屬深州十七年屬冀
州先天二年還深州　安平　漢縣屬涿郡武德初置深州以縣屬
十七年州廢屬定州先天二年來屬　武強　漢武隧縣屬河間國
晉改爲武強武德四年屬冀州貞觀元年屬深州　博野　漢蠡吾

縣屬涿郡後漢分置博陵縣後魏改爲博野武德五年置蠡吾州領
博野清苑割定州之義豐三縣八年州廢三縣各還本屬九年復立
蠡州領博野清苑二縣貞觀元年廢蠡州博野清苑屬瀛州永泰中
屬深州　樂壽　漢樂城縣屬河間國城在今縣東南十六里後
魏移縣東北近古樂壽亭因改爲樂壽隋屬河間郡永泰中割屬深
州滄州上　漢渤海郡隋因之武德元年改爲滄州領清池饒安無
棣三縣治清池其年移治饒安四年平竇建德分饒安置鬲津縣五
年以清池屬東鹽州六年以觀州胡蘇縣來屬州仍徙治之其年又
省棣州以滴河猒次陽信樂陵四縣來屬貞觀元年以瀛州之景城
廢景州之長蘆南皮魯城三縣廢東鹽州之鹽山清池二縣並來屬
又以滴河猒次二縣屬德州以胡蘇屬觀州仍移治於清池又省鬲
津入樂陵省無棣入陽信八年復置無棣縣十七年以廢觀州之弓
高東光胡蘇來屬割陽信屬棣州天寶元年改爲景城郡乾元元年
復爲滄州　舊領縣十戶二萬五十二口九萬五千七百九十六

天寶領縣十一戶十二萬四千二十四口八十二萬五千七百五
在京師東北二千二百一十八里去東都一千三百八十二里　清
池　漢浮陽縣渤海郡所治隋改爲清池縣治郭下武德四年屬景
州五年改屬東鹽州貞觀元年改屬滄州　鹽山　漢高城古縣在
南隋改爲鹽山武德四年置東鹽州領縣一五年又割景州之清池
來屬仍置浮水縣貞觀元年省東鹽州及浮水縣以清池屬滄州
南皮　漢縣屬渤海郡至隋不改武德四年屬景州貞觀元年改屬
滄州　長蘆　漢參戶縣屬渤海郡後周改爲長蘆武德四年割滄
州之清池南皮二縣瀛州之魯城平舒長蘆三縣於此置景州其年
陷劉黑闥五年賊平置景州揔管府管滄瀛鹽景四縣又分清池縣
屬東鹽州貞觀元年廢景州以平舒屬瀛州南皮魯城長蘆三縣屬
滄州舊治永濟河西開元十六年移於今治　樂陵　漢舊縣屬平
原郡隋不改武德四年屬棣州六年省棣州以縣屬滄州　饒安
漢平童縣屬渤海郡後漢改爲饒安隋因之武德元年移治故平童

城仍移州治於此六年州移治胡蘇貞觀十二年移縣治故浮水城
無棣　漢陽信縣屬渤海郡改爲無棣貞觀元年併入陽信八年復
置太和二年屬棣州又復還滄州　臨津　漢東光縣地隋於故胡
蘇亭置胡蘇縣武德四年屬觀州貞觀十七年屬滄州天寶元年改
爲臨津　乾符　隋魯城縣武德四年屬景州貞觀元年改屬滄州
乾符年改爲乾符　景州　漢鬲縣地屬平原郡隋置弓高縣屬渤
海郡武德四年於縣置觀州領弓高蓨阜城東光安陵胡蘇觀津七
縣六年以胡蘇屬滄州貞觀元年省觀津縣復以胡蘇來屬十七年
廢觀州以東光胡蘇屬滄州蓨縣安陵屬德州阜城屬冀州貞觀二
年又於弓高縣置景州又以弓高東光胡蘇來屬長慶元年廢景州
四縣亦還本屬二年復於弓高置景州太和四年廢縣屬滄州景福
元年復於弓高置景州管東光安陵三縣天祐五年移州治於東光
縣領縣六戶一萬一千三口五萬七千五百三十二　在京師東北
二千九百里至東都一千三百里　弓高　漢鬲縣屬平原郡隋置

弓高縣後於縣治置觀州景州與皆不常事在州說中　東光　漢
縣屬渤海郡歷代不改　安陵　隋宣府鎮武德四年置安陵縣屬
觀州貞觀十七年廢觀州改屬德州永徽二年移治白社橋景福元
年改屬景州
德州　漢平原郡隋置德州又爲平原郡武德四年平竇建德後置
德州領安德般平原長河將陵平昌六縣其年置總管府管博德棣
觀四州貞觀元年廢都督府割滄州之滴河猒次來屬十七年廢般
縣以滴河猒次二縣屬棣州又以廢觀州之蓨縣安陵來屬天寶元
年改爲平原郡乾元元年復爲德州　舊領縣八戶一萬一百三十
五口五萬二千一百四十一　天寶領縣七戶八萬三千三百一十
一口六十五萬九千八百五十五　至京師一千九百八十二里去
東都一千一百三十八里　安德　漢縣屬平原郡今州治至隋不
改　平原　漢舊平原郡所治故城在今縣西南二十五里今縣治
城北齊所築　長河　漢廣川縣屬信都國後廢隋於舊廣川縣東

八十里置新縣今治是也尋改爲長河縣爲水壞唐元和四年十月
移就白橋於永濟河西岸置縣東去故城十三里十年又置河東小
胡城　將陵　漢安德縣　隋分安德於將陵故城置此縣　平昌
漢縣屬平原郡故城在今縣東三十里太和二年割屬齊州又還
德州
定州上　漢縣屬平原郡故城在今縣三十里後漢中山國後魏置
安州尋改爲定州隋改博陵郡又復爲高陽郡武德四年平竇建德
移置定州領安喜義豐北平深澤毋極唐昌新樂恒陽唐望都等十
縣其年置總管府領定恒井滿廉五州六年升爲大總管府管定洺
相慈黎冀深瀛滄魏貝景博趙宗觀廉井邢欒德衛滿幽易燕檀
平營等三十二州七年改爲都督定恒滿井趙廉欒蠡等八州貞觀
元年以廢廉州之鼓城來屬五年廢都督府十七年以廢深州之安
平來屬先天二年以安平還深州天寶元年改爲博陵郡乾元元年
復爲定州大曆三年以鼓城隸鼓州曲陽隸洹州九年廢洹州曲陽

復來屬貞元十三年復爲大都督府十四年廢依舊爲上州　舊領縣
十一戶二萬五千六百三十七口八萬六千八百六十九　天寶戶
七萬八千九十口四十九萬六千六百七十六　在京師東北二千九
百六里至東都一千二百里　安喜　漢盧奴縣屬中山國慕容垂
改爲不連北齊改爲安喜隋改爲鮮虞縣武德四年復爲安喜州所
治也　義豐　漢安國縣屬中山國隋自鄡城移於鄭德堡置今縣
治是仍改爲義豐萬歲通天二年契丹攻之不下則天改爲立節縣
神龍中復舊名　北平　漢縣屬中山國萬歲通天二年契丹攻之
不下乃改爲徇中縣神龍元年復舊名　望都　武德四年分安喜
北平二縣置初治安險故城貞觀八年移於今治　安險　漢縣屬
中山國　曲陽　漢上曲陽縣屬常山郡隋改爲恒陽大曆三年屬
洹州九年復來屬元和十五年改爲曲陽　陘邑　漢苦陘縣屬中
山國章帝改爲漢昌曹魏改爲魏昌隋改爲隋昌武德四年改爲唐
昌天寶元年改爲陘邑　唐　漢縣屬中山國舊治古人城聖曆元

年移於今所　新樂　古鮮虞子國漢新市縣屬中山郡隋改爲新
樂　祁州中　景福二年定州節度使王處存奏請於本部無極縣
置祁州　州新置未計戶口帳籍　在京師東北二千二百一十里
至東都一千三百二十里　無極　漢縣屬中山國無本作毋字
武德四年屬廉州貞觀元年屬定州萬歲通天二年改毋字爲無
深澤　漢縣屬中山國至隋不改屬定州隋徙治滹沲北本縣治也隋
末陷賊武德四年復立縣景福二年割屬祁州
易州中　隋上谷郡武德四年討平竇建德改爲易州領易淶水永
樂遂城道五縣五年割道縣置北義州州廢以道來屬開元二十三
年分置五迴樓亭板城三縣天寶元年改爲上谷郡復隋舊名乾元
元年復爲易州　舊領縣五戶一萬二千八百二十口六萬三千四
百五十七　天寶領縣八戶四萬四千二百三十口二十五萬八千
七百七十九　今領縣六　在京師東北二千三百三十四里至東
都一千四百六十三里　易　漢故安縣屬涿郡隋爲易縣　容城

○漢縣屬涿郡改爲道縣武德五年置北義州領道又割幽州之固安
歸義屬之貞觀元年廢北義州三縣各還本屬聖曆二年契丹入寇
固守得全因改名全忠縣天寶元年改爲容城　遂城　漢北新城
縣屬中山國後魏改爲新昌隋末爲遂城　淶水　漢道縣屬涿郡
隋屬上谷郡　蒲城　漢北平縣地後魏置永樂縣隋不改天寶元
年改爲蒲城　五迴　開元二十三年刺史盧暉奏分易縣置城於五
迴山下因名之二十四年遷於古公城暉又奏置樓亭板城二縣天
寶後廢
瀛州上　隋河間郡武德四年討平竇建德改爲瀛州領河間樂壽
景城文安東城豐利六縣五年又置武恒任丘二縣貞觀元年省豐
利入文安省武恒入河間割蒲州之高陽蒲故景州之平舒故蠡州
之博野清苑五縣來屬又以景城屬滄州景雲二年割鄚任丘文安
清苑四縣屬鄚州天寶元年改爲河間郡乾元元年復爲瀛州　舊
領縣十　河間高陽樂壽博野清苑鄚任丘文安平舒東城景雲二
年分鄚文安任丘清苑置莫州大曆後割博野樂壽隸深州　戶三
萬五千六百五　口十六萬四千　天寶領縣六戶九萬八千一十
八口六十六萬三千一百七十一　今領縣五　在京師東北二千二
百里至東都一千三百二里　河間　漢州鄉縣地屬涿郡隋爲河
間縣　高陽　漢縣屬涿郡隋舊武德四年於縣置蒲州領高陽博
野清苑三縣屬蠡州八年二縣又割屬蒲州九年復隸蠡川貞觀元
年廢蒲州以鄚高陽二縣屬瀛州　平舒　漢東平舒縣屬渤海郡
後去東字隋不改武德四年屬景州貞觀元年屬瀛州　東城　漢
東州縣屬渤海郡隋曰東城屬河間郡　景城　漢縣屬渤海郡武
德四年屬瀛州貞觀元年屬滄州大中後割屬瀛州
莫州上　本瀛州之鄚縣景雲二年於縣置莫州割瀛州之鄚任丘
文安清苑幽州之歸義等五縣屬之其年歸義復還幽州開元十三
年以鄚字類鄭字改爲莫天寶元年復爲莫州管縣六莫文安任丘
清苑長豐唐興　天寶領縣六戶五萬三千四百九十三口三十三
萬九千九百七十二去京師二千三百一十里至東都一千四百三

○十里　莫　漢縣屬涿郡至隋不改武德四年屬蒲州貞觀元年改
屬瀛州景雲二年割屬莫州　清苑　漢樂鄉縣屬信都國隋爲清
苑武德四年屬蒲州貞觀元年改屬瀛州景雲二年屬莫州　文安
漢縣屬渤海郡至隋不改故城在今縣東北舊屬瀛州景雲二年
來屬　任丘　隋縣後廢武德五年分莫縣復置　長豐　開元十
九年分文安任丘二縣置　唐興　如意元年分河間縣置武昌縣
屬瀛州長安四年改屬州其年還隸瀛州神龍元年改屬唐興縣景
雲二年改屬莫州
幽州大都督府　隋爲涿郡武德元年改爲幽州總管府管幽易平
檀燕北燕營遼等八州幽州領薊良鄉潞涿固安雄奴安次昌平等
八縣二年又分潞縣置玄州領一縣隸總管四年竇建德平固安縣
屬北義州六年改總管爲大總管管三十九州七年改爲大都督府
又改涿縣爲范陽九年改大都督爲都督管幽易景瀛東鹽滄蒲蠡北

義燕管遼平檀玄北燕等十七州貞觀元年廢玄州以漁陽潞二縣
來屬又廢北義州以固安來屬八年又置歸義縣都督幽易燕北燕
平檀六州乾封三年置無終縣如意元年分置武隆縣景龍三年分
置三河縣開元十三年昇爲大都督府十八年割漁陽玉田三河置
薊州天寶九年改范陽郡屬范陽上谷嬀川密雲歸德漁陽順義歸
化八郡乾元元年復爲幽州
舊領縣十 薊潞雍奴漁陽良鄉固安昌平范陽歸義也
戶二萬一千六百九十八口十萬二千七十九 天寶縣十戶六萬
七千二百四十二口十七萬一千三百一十二 今領縣九 在京
師東北二千五百二十里至東都一千六百里 薊 州所治古之
燕國都漢爲薊縣屬廣陽國晉置幽州慕容儁稱燕皆治於此自晉
至隋幽州刺史皆以薊爲治所 幽都 管郭下西界與薊分理建
中二年取羅城內廢燕州廨署置幽都縣在府北一里 廣平 天
寶元年分薊縣置三載復廢至德後復分置 潞 後漢縣屬漁陽

○郡隋不改武德二年於縣置玄州仍置臨泃縣玄州領潞臨泃漁陽
無終四縣貞觀元年廢玄州省臨泃無終二縣以潞漁陽屬幽州
武清 後漢雍奴縣屬漁陽郡歷代不改天寶元年改爲武清 永
清 如意元年分安次縣置武隆縣景雲元年改爲會昌縣天寶元
年改爲永清 安次 漢縣屬渤海郡至隋不改隋屬幽州 良鄉
漢縣屬涿郡至隋不改 昌平 後漢縣屬廣陽國故城在今縣
東南隋屬涿郡
涿州 本幽州之范陽縣大曆四年幽州節度使朱希彩奏請於范
陽縣置涿州仍割幽州之范陽歸義固安三縣以隸涿屬幽州都督
州新置未計戶口帳籍 至京師二千四百里至東都一千四百
八十里 范陽 漢涿郡之涿縣也郡所治曹魏文帝改爲范陽郡
晉爲范陽國後魏爲范陽郡隋爲涿縣武德七年改爲范陽縣大曆
四年復於縣置涿州 新昌 漢縣名後廢大曆四年復析固安縣
置 歸義 漢易縣地屬涿郡北齊省入鄚縣武德五年於縣置北

義州貞觀元年與州同省八年復置改屬幽州分置涿州又來屬
固安 漢縣屬涿郡武德四年屬北義州移治章信城貞觀元年省
義州以縣屬幽州乃移於今治今治城漢方城縣地屬廣陽國 新
城 大曆四年析置
薊州 開元十八年分幽州之三縣置薊州天寶元年改爲漁陽郡
乾元元年復爲薊州 天寶領縣三戶五千三百一十七口二萬八
千五百二十一 至京師二千八百二十三里至東都一千二十三
里 漁陽 後漢縣屬漁陽國秦古北平郡所治也隋爲漁陽縣武
德元年屬幽州二年改屬玄州又分置無終縣貞觀元年屬幽州省
無終神龍元年改屬營州開元四年還屬幽州十八年於縣置薊州
乃隸之 三河 開元四年分潞縣置屬幽州十八年改隸薊州
玉田 漢無終縣屬右北平郡乾封二年於廢無終縣置名無終屬
幽州萬歲通天二年改爲玉田縣神龍元年割屬營州開元四年還
屬幽州八年又割屬營州十一年又屬薊州 檀州 後漢奚縣屬

○漁陽郡隋置安樂郡分幽州燕樂密雲二縣隸之武德元年改爲檀
州天寶元年改屬密雲郡乾元元年復爲檀州 舊領縣二戶一千
七百三十七口六千四百六十八 天寶戶六千六十四口三萬二
百四十六 在京師東北二千六百五十七里至東都一千八百四
十四里 密雲 隋縣州所治 燕樂 隋縣後魏於縣置廣陽郡
後廢舊治白檀故城長壽二年移治新興城即今治也 嬀州 隋
涿郡之懷戎縣武德七年討平高開道置北燕州復北齊舊名貞觀
八年改名嬀州取嬀水爲名長安二年移治舊清夷軍城天寶元年
改名嬀川郡乾元元年復爲嬀州 舊領縣一戶四百七十六口二
千四百九十 天寶戶二千二百六十三口一萬一千五百八十四
元和縣二 在京師東北二千八百四十二里至東都一千九百一
十里 懷戎 後漢潘縣屬上谷郡北齊改爲懷戎嬀水經其中州
所治也 嬀川 天寶後析懷戎縣置今所
平州 隋爲北平郡武德二年改爲平州領臨渝肥如二縣其年自

臨渝移治肥如改爲盧龍縣更置撫寧縣七年省臨渝撫寧二縣天寶元年改爲北平郡乾元元年復爲平州　舊領縣一戶六百三口二千五百四十二　天寶領縣三戶三千一百一十三口二萬五千八十六　在京師東北二千六百五十里至東都一千九百里　盧龍　後漢肥如縣屬遼西郡至隋不改武德二年改爲盧龍縣復開皇舊名　石城　漢縣屬右北平貞觀十五年於故臨渝縣城置臨渝　萬歲通天二年改爲石城取舊名　馬城　開元二十八年分盧龍二縣置

順州下　貞觀六年置寄治營州南五柳城天寶元年改爲順義郡乾元元年復爲順州　舊領縣一戶八十一口二百一十九　天寶戶一千六十四口五千一百五十七　賓義　郡所理在幽州城內　歸順州　開元四年置爲契丹松漠府彈汗州部落天寶元年改爲歸化郡乾元元年復爲歸順州　天寶領縣一戶一千三十七口四千四百六十九　在京師二千六百里至東都一千七百一十

里　懷柔　州所理也

營州上都督府　隋柳城郡武德元年改爲營州摠管府領遼燕二州領柳城一縣七年改爲都督督營遼二州貞觀二年又督昌州三年又督師崇二州六年又督順州十年又督慎州今督七州萬歲通天二年爲契丹李萬榮所陷神龍元年移府於幽州界置仍領漁陽玉田二縣開元四年復移還柳城八年又往就漁陽十一年又還柳城舊治天寶元年改爲柳城郡乾元元年復爲營州　舊領縣一戶一千三十一口四千七百三十二　天寶戶九百九十七口三千七百八十九　在京師東北三千五百八十九里至東都二千九百一十里　柳城　漢縣屬遼西郡室韋靺鞨諸部並在東北遠者六千里近者二千里西北與奚接界北與契丹接界　燕州　隋遼西郡寄治於營州武德元年改爲燕州摠管府領遼西瀘河懷遠三縣其年廢瀘河縣六年自營州南遷寄治於幽州城內貞觀元年廢都督仍省懷遠縣開元二十五年移治所於幽州北桃谷山天寶元年改爲歸德郡乾元元年復爲燕州

舊領縣一無實土戶所領戶出粟皆靺鞨別種　戶五百天寶戶二千四十五口一萬一千六百三　兩京道里與幽州同　遼西州所治縣也

威州　武德二年置遼州摠管自燕支城徙寄治營州城內七年廢摠管府貞觀元年改爲威州隸幽州大都督所領戶契丹內稽部落

舊領縣一戶七百二十九口四千二百二十二　天寶戶六百一十一口一千八百六十九　兩京道里與涿州同　威化　後契丹陷營州乃南遷寄治於良鄉縣石窟堡爲威化縣幽州治也慎州武德初置隸營州領涑沫靺鞨烏素固部落萬歲通天二年移於淄青州安置神龍初復舊隸幽州　天寶領縣一戶二百五十口九百八十四　逢龍　契丹陷營州後南遷寄治良鄉縣之故都鄉城爲逢龍縣州所治也

玄州　隋開皇初置處契丹李去閭部落萬歲通天二年移於徐宋

州安置神龍元年復舊今隸幽州　天寶領縣一戶六百一十八口一千三百三十三　靜蕃　州治所范陽縣之魯泊村

崇州　武德五年分饒樂郡都督府置崇州鮮州處奚可汗部落隸營州都督　舊領縣一戶一百四十口五百五十四　天寶戶二百口七百一十六　昌黎　貞觀二年置北黎州寄治營州東北廢楊師鎮八年改爲崇州置昌黎縣契丹陷營州徙治於潞縣之古潞城爲縣　夷賓州　乾封中於營州界內置處靺鞨愁思嶺部落隸營州都督萬歲通天二年遷於徐州神龍初還隸幽州都督　領縣一戶一百三十口六百四十八　來蘇　自徐州還寄於良鄉縣之廣陽城爲縣　師州　貞觀三年置領契丹室韋部落隸營州都督萬歲通天元年遷於青州安置神龍初改隸幽州都督　舊領縣一戶一百三十八口五百六十八　天寶戶三百一十四口三千二百一十五　陽師　初貞觀置州於營州東北廢陽師鎮故號師州神龍中自青州還寄治於良鄉縣之故東閭城爲州治縣在焉

鮮州　武德五年分饒樂郡都督府奚部落置隸營州都督萬歲通天元年遷於青州安置神龍初改隸幽州　天寶領縣一戶一百七口三百六十七　賓從　初置營州界自青州還寄治潞縣之古潞城

帶州　貞觀十九年於營州界內置處契丹乙失革部落隸營州都督萬歲通天元年遷於青州安置神龍初放還隸幽州都督　天寶領縣一戶五百六十九口一千九百九十　孤竹　舊治營州界州陷契丹後寄治於昌平縣之清水店爲州治

黎州　載初二年析愼州置處浮渝靺鞨烏素固部落隸營州都督萬歲通天元年遷於宋州管治神龍初還改隸幽州都督　天寶領縣一戶五百六十九口一千九百九十一　新黎　自宋州遷寄治於良鄉縣之故都鄉城

沃州　載初中析昌州置處契丹松漠部落隸營州州陷契丹乃遷於幽州隸幽州都督　天寶領縣一戶一百五十九口六百一十九　濱海沃州　本寄治營州城內州陷契丹乃遷於薊縣東南迴城爲治所

昌州　貞觀二年置領契丹松漠部落隸營州都督萬歲通天二年遷於青州安置神龍初還隸幽州　舊領縣一戶一百二十二口四百八十七　天寶戶二百八十一口一千八十八　龍山　貞觀二年置州於營州東北廢靜蕃戍七年移治於三合鎮營州陷契丹乃遷於安次縣古常道城爲州治

歸義州　摠章中置處海外新羅隸幽州都督　舊領縣一戶一百九十五口六百二十四　歸義　在良鄉縣之古廣陽城州所治也

瑞州　貞觀十年置於營州界隸營州都督處突厥烏突汗達干部落咸亨中改爲瑞州萬歲通天二年遷於宋州安置神龍初還隸幽州都督　舊領縣一戶六十口三百六十五　天寶戶一百九十五口六百二十四　來遠　舊縣在營州界州陷契丹移治於良鄉縣之故廣陽城

信州　萬歲通天元年置處契丹失活部落隸營州都督二年遷於青州安置神龍初還隸幽州都督　天寶領縣一戶四百一十四口一千六百　黃龍　州所治寄治范陽縣

青山州　景雲元年析玄州置隸幽州都督　領縣一戶六百二十二口三千二百一十五　青山　寄治於范陽縣界水門村

凜州　天寶初置於范陽縣界處降胡　領縣一戶六百四十八口二千一百八十七

安東都護府　摠章元年九月司空李勣平高麗高麗本五部一百七十六城戶六十九萬七千其年十二月分高麗地爲九都督府四十二州一百縣置安東都護府於平壤城以統之用其酋渠爲都督刺史縣令令將軍薛仁貴以兵二萬鎮安東府上元三年二月移安東府於遼東郡故城置儀鳳二年又移置於新城聖曆元年六月改爲安東都督府神龍元年復爲安東都護府開元二年移安東都護於平州置天寶二年移於遼西故郡城置至德後廢初置領羈縻州十四戶一千五百八十二　去京師四千六百二十五里至東都三千八百二十里

新城州都督府　遼城州都督府
哥勿州都督府　建安州都督府
南蘇州　木底州　蓋牟州　代那州　倉巖州
磨米州　積利州　黎山州　延津州　安市州

凡此十四州並無城池是高麗降戶散此諸軍鎮以其酋渠爲都督刺史羈縻之　天寶領戶五千七百一十八口一萬八千一百五十六自燕以下十七州皆東北蕃降胡散諸處幽州營州界內以州名羈縻之無所役屬安祿山之亂一切驅之爲寇遂擾中原至德之後入據河朔其部落之名無存者今記天寶承平之地理焉

山南道　山南西道

梁州興元府　隋漢川郡武德元年置梁州摠管府管洪梁洋集興四州梁州領南鄭褒中城固西四縣二年改城固爲唐固割西縣置褒州三年置白雲縣七年改摠管爲都督督梁洋集興褒五州梁州領南鄭褒中白雲四縣八年廢褒州以西金牛二縣來屬九年省白

雲縣入城固貞觀三年復改　唐固爲城固三年改褒中爲褒城六年
廢都督府八年又置依舊督洋集壁四州十七年又罷顯慶元年復
置都督府督洋集壁四州開元十三年改梁州爲褒州依舊都督府
二十年又爲梁州天寶元年改爲漢中郡仍爲都督府乾元元年復
爲梁州興元元年六月昇爲興元府官員資序一切同京兆河南二
府　舊領縣五戶六千六百二十五口二萬七千五百七十六　天
寶領縣六戶三萬七千四百七十口十五萬三千七百一十七　至
京師一千二百二十三里至東京二千七十八里　南鄭　州所
理漢縣屬漢中郡隋不改　褒城　漢褒中縣屬漢中郡義寧二年
改爲褒中貞觀三年復爲褒城　城固　隋舊武德二年改爲唐固
貞觀二年復爲城固　西　隋舊武德二年置褒州割金牛來屬領
西金牛二縣八年廢褒州以縣屬梁州　金牛　漢葭萌縣地武德
二年分綿谷縣置屬褒州八年州廢屬梁州　三泉　武德四年分
綿谷縣置南安州領三泉嘉平二縣八年廢南安州及嘉平縣以三

○泉屬利州天寶元年改屬梁州移治沙溪之東　鳳州下隋河池郡
武德元年改爲鳳州天寶元年復爲河池郡乾元元年復爲鳳州
舊領縣四戶一千九百五十七口九千七百九十四　天寶戶五千
九百一十八口二萬七千八百七十七　在京師西南六百里至東
都一千四百五十里　梁泉　漢故道縣地後魏置梁泉縣晉仇池
所處地後魏廢帝於縣置鳳州　兩當　漢故道縣地晉改兩當取
水名　河池　後漢縣屬武都郡以川爲名
黃花　武德四年分梁泉縣置以川爲名
興州下　隋順政郡武德元年改爲興州天寶元年改爲順政郡乾
元元年復爲興州　舊領縣三戶一千二百二十五口四千九百一
十三　天寶戶二千二百二十四口一萬一千四十六　至京師九
百四十八里至東都一千七百八十一里　順政　漢沮縣屬武都
郡後魏改爲略陽晉置武興蕃以處互市後魏於武興蕃置興州仍
以略陽爲順政　長舉　漢沮縣地隋爲長舉縣本治槃頭城貞觀

三年移於今所　鳴水　漢沮縣地隋爲鳴水縣舊治落番水南永
隆元年移治水北
利州下　隋義城郡武德元年改爲利州領綿谷葭萌益昌義清岐
坪嘉川景谷七縣二年置總管府管利龍隆始蓬靜六州三年割綿
谷之東界置南安州四年割景谷縣置沙州七年又割岐坪義清二
縣置南平州其年改總管府爲都督府督利龍隆始沙南平靜八州
利州領綿谷葭萌益昌嘉川四縣八年廢南安州割三泉縣來屬貞
觀元年廢沙州二年廢南平州復以景谷岐坪義清等縣來屬其年
以嘉川屬靜州六年罷都督府以州當劍口戶不滿萬移爲中州又
降爲下州天寶元年改爲益昌郡仍割三泉屬梁州乾元元年復爲
利州　舊領縣七戶九千六百二十八口三萬一千九十三　天寶
領縣六戶二萬三千九百一十口四萬四千六百　在京師西南一
千四百八十八里至東都二千一百九十七里　綿谷　漢葭萌縣
地蜀爲漢壽縣晉改晉壽縣又分晉壽置興安縣隋改興安爲綿谷

○南齊於壽縣置西益州後梁改爲利州　胤山　隋義清縣天寶元
年八月改爲胤山　嘉川　隋屬靜州貞觀十七年割屬利州　葭
明　漢縣蜀爲漢壽晉改晉壽江左改晉安隋改爲葭明取漢舊名
益昌　後魏分晉壽縣置京兆縣後周改爲益昌　景谷　漢白
水縣地宋置平興縣隋改爲景谷武德四年置沙州割龍州之方維
來屬沙州領景谷方維二縣貞觀元年廢沙州以景谷屬利州仍省
方維縣併入　通州上　隋通川郡武德元年改爲通州領通川宣
漢三岡石鼓東鄉五縣以宣漢屬南井州二年屬新寧思來二縣三
年以東鄉屬南井州又爲通川總管府管通開蓬渠萬南井南石南
鄰八州通川領通州三岡石鼓新寧思來五縣八年以廢南石州之
東鄉縣來屬貞觀元年以廢井州之宣漢來屬又省思來入通川其
年廢萬州以永穆來屬貞觀五年廢都督府爲下州長安二年昇爲
中州開元二十三年昇爲上州天寶元年改爲通川郡乾元元年復
爲通州　舊領縣七戶七千八百九十八口三萬八千一百二十三

天寶戶四萬七百四十三口十一萬八百四　在京師西南二千三百里去東都二千八百七十五里　通川　漢宕渠縣地分置宣漢縣屬巴郡後魏改爲石城縣梁於縣置萬州元魏改爲通州隋爲通川縣　永穆　宕渠地梁置永康縣隋改爲永穆武德元年屬巴州二年置萬州割巴州之歸仁置諾水廣納太平恒豐四縣並屬萬州七年省諾水縣貞觀元年廢萬州以歸仁屬巴州廣納屬壁州永穆屬通州廢太平恒豐二縣入永穆　三岡　隋舊縣　石鼓　後魏置　東鄉　武德三年置南石州又分置下滿昌樂二縣屬之八年廢南石州省昌樂入石鼓下滿入東鄉　宣漢　隋舊武德元年置南并州又置東開縣隸之貞觀元年廢南并州省東開入宣漢自和昌城移治新安屬通州　新寧　武德二年分通川縣置治新寧故城貞觀八年移治淙城　巴渠　永泰元年六月分石鼓縣四鄉置巴渠　洋州下　隋漢川郡之西鄉縣武德元年割梁州三縣置洋州四年又置洋源縣天寶元年改爲洋川郡乾元元年復爲洋

州　舊領縣四戶二千二百二十六口一萬八千六十　天寶領縣五戶二萬三千八百四十九口八萬八千三百二十七　在京師南八百里至東都二千里　西鄉　本漢城固縣地蜀立西鄉縣後魏於此置洋州以水爲名　黃金　漢安陽縣地屬漢中郡後魏置黃金縣水名也隋縣治巴嶺鎮貞觀三年移於今治　興道　隋興勢縣貞觀二十三年改爲興道　洋源　武德七年分西鄉縣置　眞符開元十八年分興道置華陽縣天寶七年改屬京兆仍改爲眞符十一年還屬洋川郡　合州中　隋涪陵郡武德元年改爲合州領石鏡漢初赤水三縣三年又置新明縣天寶元年改爲巴川郡乾元元年復爲合州　舊領縣四戶一萬四千九百三十四口五萬二百一十　天寶領縣六戶六萬六千八百一十四口十萬七千二百二十　在京師南二千四百五十里至東都三千三百里　石鏡　漢墊江縣屬巴郡宋改名石宕渠宋置東渠郡及石鏡縣又改郡爲合州涪漢二水合流處爲名　新明　武德二年分鏡置　漢初後魏

清居縣隋改漢初　赤水　隋分置石鏡縣　巴川　開元二十三年割石鏡銅梁二縣置　銅梁　長安三年置初治奴崙山南開元三年移治於武金坑　集州下　隋漢川郡之難江縣武德元年置集州仍割巴州之符陽長地白石三縣來屬又置平桑縣凡領五縣八年以符陽白石屬壁州貞觀元年廢平桑縣二年又置六年又省平桑長池二縣八年又割壁州之符陽來屬十七年又割廢靜州之地平來屬天寶元年改爲符陽郡乾元元年復爲集州　舊領縣一戶一千一百二十六口四千一十七　天寶領縣二戶四千三百五十三口二萬五千七百二十六　在京師西南一千四百二十五里至東都二千六百里　難江　漢宕渠縣地後周改爲難江梁立東巴州恭帝改爲集州以水爲名　符陽　漢縣武德元年屬集州三年改屬壁州貞觀八年復還集州　地平　武德元年分清化縣置狄平縣二年改狄平爲地平其年置靜州領地平嘉川大牟清化四縣貞觀十七年廢靜州嘉川屬利州大牟清化屬巴州地平屬集州

巴州中　隋清化郡武德元年改爲巴州領化城清化曾口盤道永穆歸仁始寧奇章安固伏虞恩陽白石符陽長池白石屬集州以安固伏虞屬蓬州清化屬靜州二年割歸仁永穆置萬州貞觀元年廢萬州以歸仁來屬天寶元年改爲清化郡乾元元年復爲巴州　舊領縣七戶一萬九百三十三口四萬七千八百九十　天寶領縣十戶三萬二百一十口九萬一千五十一　至京師二千三百六十里至東都二千五百八十二里　化城　後漢昌縣梁改爲梁大縣後周改爲化城縣後魏置大谷郡隋置巴州於縣理　盤道　後魏置　清化　隋屬巴州武德元年於清化縣界木門故地置靜州領清化大牟二縣其年又置地平縣六年移靜州於地平縣又割利州之嘉川皆隸靜州貞觀十七年廢靜州以清化縣屬巴州　曾口　梁置隋縣治戴公山神龍元年移治曾溪　歸仁　梁置平州隋改爲歸仁縣武德二年屬萬州貞觀元年屬巴州　始寧　梁置以山爲名　奇章　梁置縣東八里有奇章山　恩陽　梁置義陽縣隋改

為恩陽貞觀十七年廢萬歲通天元年復置　大牟　武德元年分
清化縣置縣東三里有大牟山　七盤　久視元年分置　蓬州下
武德七年割巴州之安固伏虞隆州之儀隴大寅渠州之宕渠咸
安等六縣置蓬州因周舊名三年以儀隴屬萬州尋復來屬天寶元
年改為咸安郡至德二年改為蓬山郡乾元元年復為蓬州　舊領
縣六戶九千二百六十八口三萬五千五百六十六　天寶縣七戶
一萬五千五百七十六口五萬三千三百五十二　至京師二千二
百一十里至東都二千九百九十五里　良山　漢宕渠地梁置伏
虞郡安固縣後周改伏虞為蓬州安固為良山開元初蓬州移治大
寅縣至後不改　大寅　梁置舊治斗子山後移治鬬壇口今為蓬
州所治　儀隴　梁置武德三年屬萬州州廢還蓬州舊領金城山
開元二十三年移治平溪　伏虞　梁宣漢縣隋改為伏虞屬蓬州
宕渠　梁置取漢縣名舊治長樂山長安三年移治羅獲水　咸
安　梁置綏安縣隋改為咸安至德二年改為蓬山大竹久視元年

。分宕渠縣置至德二年割屬鄰山郡
壁州下　武德八年分巴州始寧縣改置壁州并諸水縣又割集州
之符陽白石二縣來屬貞觀元年廢萬州割廣納縣來屬八年復以
符陽屬集州天寶元年改為始寧郡乾元元年復為壁州　舊領縣
三戶一千四百九十二口七千四百四十九　天寶領縣四戶一萬
二千三百六十八口五萬四千七百五十七　在京師西南一千八
百二十二里至東都二千九百四十二里　諸水　後漢宣漢縣梁
分宣漢置始寧縣元魏分始寧置諸水縣武德八年分巴州始寧之
東境置壁州及諸水縣今州所治　廣納　武德三年割始寧歸仁
二縣地置以廣納溪為名　白石　後魏置以白石水為名武德初
屬巴州又改屬集州八年還壁州　巴東　開元二十三年六月置
太平縣天寶元年八年二十四日改為巴東縣　商州　隋上洛郡
武德元年改為商州其年於上津縣置上州貞觀十五年州廢上津
來屬天寶元年改為上洛郡乾元元年復為商州　舊領縣五戶四

千九百一口二萬一千五十　天寶縣六戶八千九百二十六口五
萬三千八十　至京師二百八十一里至東都八百八十六里　上
洛　漢縣屬弘農郡言在洛水之上故為縣名隋於縣置上雒郡
豐陽　漢商縣地晉分商縣置豐陽以川為名舊治吉川城麟德元
年移理豐陽川　洛南　漢上洛縣地晉分置拒陽縣隋改拒陽為
洛南舊治拒陽川顯慶三年移治清州　商洛　漢商縣屬弘農郡
隋文加洛字　上津　漢長利縣地屬漢中郡梁置南洛州後魏改
為上州隋廢州為上津縣義寧二年置上津郡武德元年改為上州
領上津豐利黃土長利四縣貞觀初省長利縣十年廢上州以黃土
屬金州豐利屬均州上津屬商州　安業　萬歲通天元年分豐陽
置景龍三年改屬雍州景雲元年還屬商州乾元元年正月改為乾
元縣割屬京兆府
金州　隋西城郡武德元年改為金州領洵陽石泉安康等縣其年
割洵陽驢川二縣置洵州領三縣又置西安州又立寧都廣德二縣

。隸西安州為直州三年金州置總管府管金井直洵洋南豐均遷
房重順十二州十年廢洵州以洵城洵陽驢川三縣來屬貞觀元年
廢直州又省寧都廣德以安康來屬仍省驢川縣八年省洵陽縣又
以廢上州之黃土縣來屬天寶元年改為安康郡至德二年二月改
為漢南郡乾元元年復為金州　舊領縣六戶一萬四千九十一口
五萬三千二十九　天寶戶九千六百七十四口五萬七千九百八
十一　在京師南七百三十七里至東都一千七百里
西城　州所理漢西城縣屬漢中郡後魏置安康郡尋改為東梁州
又以其地出金改為金州皆以西城為治所隋末廢義寧二年復置
洵陽　漢縣名武德元年置洵州又分洵陽置洵城驢川三縣七
年廢洵州三縣屬金州貞觀二年省驢川八年省洵城並入洵陽
淯陽　後魏黃土縣義寧二年屬上州貞觀八年屬金州天寶元年
改為淯陽　石泉　隋縣聖曆元年改為武安神龍初復為石泉永
貞年省入漢陰縣復置　漢陰　漢安陽縣屬漢中郡晉武改為安

康置安康郡隋改爲縣武德元年置西安州立寧都廣德二縣改西
安州爲直州州廢省寧都廣德二縣入安康至德二年二月改爲漢
陰縣　平利　後周於平利川置吉陽縣隋改爲安吉武德元年改
爲平利
開州　隋巴東郡之盛山縣義寧二年分置萬州仍割巴東郡之新
浦通川郡之萬縣西流三縣來屬武德元年改爲開州領四縣貞觀
初省西流入盛山天寶元年改爲盛山郡乾元元年復爲開州　舊
領縣三戶二千一百二十二口一萬五千五百四　天寶戶五千六
百六十口三萬四百二十一在京師南一千四百六十里至東都二
千六百七十里　盛山　漢朐䏰縣屬巴郡蜀分置開州周改漢豐
爲永寧隋改永寧爲盛山以山爲名　新浦　宋分漢豐縣置　萬
歲　後周之萬縣隋加世字貞觀二十三年改萬世爲萬歲縣　渠
州下　隋宕渠郡武德元年改爲渠州領流江賨城宕渠咸安潾水
墊江六縣其年改賨城爲治安又分置賨城義興豐樂三縣以宕渠
盛安二縣屬蓬州又分潾水墊江置潾山鹽泉四縣置潾州三年
潾州之潾水來屬八年省義興豐洛賨城三縣其年廢潾州以潾山
來屬天寶元年改爲潾山郡乾元元年復爲渠州　舊領縣四戶九
千七百二十六口二萬一千五百五十二　天寶戶九千九百五十
七口二萬六千五百二十四在京師西南二千一百七十里至東都
三千一百九十里　流江　漢宕渠縣地屬巴郡梁置渠州周改爲
北宕渠郡又改爲流江郡仍於郡內置流江縣武德元年改爲渠州
又併賨城義興二縣入流江　潾水　梁置　義寧元年屬潾州
武德三年屬渠州　渠江　梁置始安縣隋不改　天寶元年八月
改爲渠江縣　潾山　梁置潾山在縣西四十里重疊潾北爲名隋
末縣廢武德元年分置潾水縣又置潾州八年州廢縣隸渠州　渝
州　隋之巴郡武德元年置渝州因開皇舊名領江津涪陵二縣其
年以涪陵屬涪州三年置萬春縣改萬春爲壽縣貞觀十三年以廢
霸州之南平縣來屬天寶元年改爲南平郡乾元初復爲渝州　舊

領縣四戶一萬二千七百一十口五萬七百一十三　天寶戶六千
九百九十五口二萬七千六百八十五在京師西南二千七百四十
八里至東都三千四百三十里　巴　漢江州縣屬巴郡古巴子國
地梁置楚州隋改爲渝州以水爲名　江津　漢江州縣分置　萬
壽　武德三年分江津縣置萬春縣五年改爲萬壽　南平　貞觀
四年分巴縣置於縣南界置南平州領南平清谷周泉昆川和山白
溪瀛山七縣八年改南平州爲霸州十三年州廢省清谷等縣以南
平縣屬渝州

山南東道

鄧州　隋南陽郡武德二年改爲鄧州領穰縣冠軍深陽三縣三年
立順陽縣州置總管管鄧淅酈苑灊新弘等七州四年廢總管隸山
南行臺廢新州以新野縣來屬又置平晉縣六年省順陽入冠軍省
平晉入穰縣八年廢苑州以南陽來屬廢酈州以新城來屬貞觀元
年省冠軍入新城天寶元年改爲南陽郡乾元元年復爲鄧州　舊
領縣六戶三千七百五十四口一萬八千二百一十二　天寶領縣
七戶四萬三千五十五口十六萬五千二百五十七　在京師東南
九百二十里至東都六百七十里　穰　漢縣屬南陽郡漢南陽郡
以苑爲理所後魏移治於穰隋改爲南陽郡尋改爲鄧州取漢郡縣
爲名　南陽　漢南陽郡所治苑縣也武德三年置苑州領南陽上
苑上馬安固四縣並寄治苑城八年州廢以上馬入唐州餘三縣入
南陽縣屬鄧州　新野　漢縣屬南陽郡晉於縣置義州武德四年
分置新州領一縣某年新州廢縣屬鄧州　向城　漢西鄂縣地屬
鄧州後魏於古向城置縣乃改立　臨湍　後魏割冠軍縣北境置
新城縣武德二年移治虎遥城屬酈州八年廢酈州縣屬鄧州貞觀
三年移治故臨湍聚天寶元年改爲臨湍縣　內鄉　漢淅縣地屬
弘農郡後周改爲中鄉隋改爲內鄉武德元年置淅州又分內鄉置
默水縣後復改爲內鄉　菊潭　漢沮陽縣地隋改沮水縣後廢開
元二十四年割新城復置改爲菊潭　唐州上　隋淮安郡武德四

年改爲顯州仍置總管領顯北澧純三州顯州領北陽慈丘平氏顯
岡四縣五年又分置唐州屬顯州總管七年改爲都督府州不改貞
觀元年罷都督仍以廢純州桐栢縣來屬三年省顯岡縣九年改顯
州爲唐州以廢唐州之棗陽湖陽及廢魯州之古城三縣來屬十年
以棗陽屬隋州開元五年以方城來屬僊州十三年置上馬縣二十
六年以方城來屬天寶元年改爲淮安郡乾元元年復爲唐州舊屬
河南道至德後割屬山南東道 舊領縣六戶四千七百二十六口
二萬二千二百九十九 天寶領縣七戶四萬二千六百四十三口
十八萬三千三百六十卄 至京師一千四百八十里至東都六百四
十六里 北陽 漢縣屬南陽郡後魏置東荆州於漢北陽古城又
改爲淮州隋改淮州爲顯州取界內顯望岡爲名貞觀元年改爲唐
州北水出縣東今縣州所治也
慈丘 隋分北陽縣置取界內慈丘山為名 桐栢 漢平氏縣地
屬南陽郡梁置華州西魏改淮州又為純州後周為大義郡隋廢
爲桐栢縣 平氏 漢縣屬南陽郡 湖陽 漢縣屬南陽郡隋不
改屬舂陵郡武德四年於縣置湖州領湖陽上馬二縣貞觀元年廢
湖州省上馬以湖陽屬唐州 方城 前漢堵陽縣屬南陽郡後漢
改為順陽隋改為方城縣屬淯陽郡武德二年於縣置北澧州領方
城眞昌二縣貞觀初省眞昌縣八年改北澧州為魯州領縣不改九
年省魯州以方城屬唐州 泌陽 後魏石馬縣後訛為上馬縣貞
觀元年廢開元二十六年割湖陽復置上馬縣天寶元年改爲泌陽縣
均州下 隋淅陽郡之武當縣義寧二年割淅陽之武當淅陽二縣
置武當郡又置平陵縣武德元年改爲均州七年省平陵縣八年省
均陽入武當其年以豐州之鄖鄉堵陽安福三縣來屬貞觀元年廢
均州又省堵陽安福二縣以武當鄖鄉二縣屬淅州八年廢淅州又
以武當鄖鄉二縣置均州又廢上州割豐利縣來屬天寶元年改爲
武當郡乾元元年復爲均州 舊領縣三戶二千八百二十九口一
萬二千五百九十三 天寶戶九千六百九十八口五萬八百九在

京師東南九百三十里至東都九百一十七里 武當 州所治漢
縣南陽郡梁置南始平郡後魏改爲豐州隋改爲均州皆治武當縣
縣舊治延岑城顯慶四年移於今所 鄖鄉 漢錫縣地屬漢中郡
晉改爲鄖鄉武德元年置南豐州領鄖鄉安福堵陽三縣屬均州貞
觀元年廢均州以鄖鄉淅川屬淅州又省安福堵陽並入鄖鄉八年
復置均州二縣來屬 豐利 漢長利縣地後魏置豐利郡分錫縣
置豐利縣武德初屬上州州廢屬均州 房州下 隋房陵郡武德
元年改爲遷州領光遷永清又置受陽淅川房陵凡領五縣其年又
於竹山縣置房州領竹山上庸又置武陵凡領三縣五年廢遷州之
淅川七年又廢房陵受陽二縣貞觀十年廢遷州自竹山移房州治
於廢遷州城其年省武陵縣改光遷爲房陵縣天寶元年改爲房陵郡
乾元元年復爲房州 舊領縣四戶四千五百三十三口二萬一千
五百七十九 天寶戶一萬四千四百二十二口七萬一千七百八
在京師南一千二百九十五里至東都一千一百八十五里 房陵
○漢縣屬漢中郡後魏爲新城郡又改爲光遷國武德初改爲遷州置
光遷縣又改爲房州兼改光遷爲房陵縣 永清 後魏分房陵縣
置大洪縣周改爲永清 竹山 分上庸縣置武德元年置房州貞觀
十七年州移治房陵縣 上庸 漢縣屬漢中郡
隋州下 隋爲漢東郡武德三年改爲隋州領隋縣光化安貴平林
順義五縣五年省安貴縣八年省平林順義二縣貞觀十年割唐州
棗陽來屬天寶元年改爲漢東郡乾元元年復爲隋州 舊領縣三
戶二千三百五十三口一萬一千八百九十八 天寶縣四戶二萬
三千九百一十七口十萬五千七百二十二在京師東南一千三百
八十八里至東都一千八百里 隋 漢縣屬南陽郡後魏於縣置
隋州隋爲漢東郡皆治隋州 光化 隋縣 棗陽 漢舂陵縣屬
南郡隋置舂陵郡武德三年改爲昌州領棗陽舂陵清潭湖陽上馬
五縣其年分湖陽上馬置湖州五年廢昌州及清潭縣貞觀元年省
舂陵入棗陽其年以廢湖州之上馬湖陽來屬九年廢顯州自此移

唐州於廢顯州仍屬焉十年改屬隋州　唐城　開元二十六年分
棗陽置
郢州　後魏置溫州武德四年置郢州於長壽縣置京山藍水二縣
屬焉貞觀元年省藍水入長壽又廢郢州以長壽屬鄀州京山屬荊
州十七年廢溫州依舊置郢州治京山天寶元年改為富水郡乾元
元年復為郢州　舊溫州領縣三戶一千五百八十口七千一百七
十三　天寶改郢州戶一萬二千四十六口五萬七千三百七十五
在京師東南一千四百四十里至東都一千一百四十九里　京山
隋縣屬安陸郡武德四年置溫州因後魏領京山富水二縣貞觀八
年廢郢州以長壽來屬十七年復於縣置郢州　長壽　漢竟陵縣
地屬江夏郡武德四年於縣置郢州貞觀元年廢郢州以長壽屬荊
州八年又屬溫州十七年又屬郢州　富水　隋舊武德初屬溫州
州廢屬郢州
復州　隋沔陽郡武德五年改為復州治竟陵縣貞觀七年移治沔

○陽天寶元年改為竟陵郡乾元元年復為復州　舊領縣三戶一千
四百九十四口六千二百一十八　天寶戶八千二百一十口四萬
四千八百八十五在京師東南一千八百里至東都一千五百一十
八里　沔陽　漢竟陵縣地屬江夏郡隋置沔陽郡武德初改為復
州皆治此縣　竟陵　漢縣後廢晉復置至隋不改　監利　漢華
容縣地屬南郡晉置監利縣
襄州緊上　隋襄陽郡武德四年平王世充改為襄州因隋舊名領
襄陽安養漢南義清南漳常平六縣州置山南道行臺統交廣安黃
壽等二百五十七州五年省鄀州以陰城穀城二縣來屬七年罷行
臺為都督府督襄鄧唐均淅重七州貞觀元年廢重州以荊山縣來
屬六年廢都督府八年廢鄀州以率道樂鄉二縣來屬又省常平入
襄陽省陰城入穀城省南津入義清省漢南入率道天寶元年改為
襄陽郡十四載置防禦使乾元元年復為襄州上元二年置襄州節
度使領襄鄧均房金商等州自後為山南東道節度使治所　舊領
縣七戶八千九百五十七口四萬五千一百九十五　天寶戶四萬
七千七百八十口二十五萬二千一在京師東南一千一百八十二
里至東都八百五十三里　襄陽　漢縣屬南郡建安十三年置襄
陽郡晉入為荊州治所梁置南雍州西魏改為襄州隋為襄陽郡皆
以此縣為治所　鄧城　漢鄧縣屬南陽郡古樊城也宋故安養縣
天寶元年改為臨漢縣貞元二十一年移縣古鄧城置乃改臨漢為
鄧城縣　穀城　漢筑陽縣地屬南陽郡隋為穀城縣　義清　漢
中廬縣地屬南郡元魏改為義清縣舊治柘林永徽元年移治清良
南漳　漢臨沮縣屬南郡晉立上黃縣後魏改為重陽縣隋改為南
漳武德二年分南漳置荊山縣又於縣治西一百五里置重州領荊
山重陽平陽渠陽土門歸義六縣七年省渠陽入荊山省重陽入平
陽又省重陽土門歸義三縣併房州之永清貞觀元年廢重州以荊
山屬裝州移重陽入州城改屬邐州八年省重陽入荊山開元十八
年省荊山移治於南漳故城乃改為南漳　宜城　漢鄀縣屬南郡

○宋立華山郡於大堤村即今縣後魏改為宜城郡分華山新野置陽
立率道縣周省宜城郡縣武德四年率道屬鄀州貞觀八年改隸襄
州天寶七載三縣改為宜城縣　樂鄉　漢鄀縣屬南郡晉於合城
郡置樂鄉縣武德四年置鄀州領樂鄉長壽率道上洪四縣貞觀元
年省上洪縣八年廢鄀州以長壽屬溫州以樂鄉率道屬襄州
荊州江陵府　隋為南郡武德初蕭銑所據四年平銑改為荊州領
江陵枝江長林安興石首松滋公安七縣五年荊州置大總管管荊
辰朗澧東松沅基復巴睦崇硤平等十三州統潭桂交循夔高康欽
尹九州六年改平州為玉州改巴州為岳州七年廢基州入郢州其
年改大總管為大都督督荊辰澧朗東松岳硤玉八州仍統潭桂交
夔高欽尹等七州其沅復睦崇四州循康二州都督並不統八年廢
玉州以當陽縣來屬貞觀元年廢郢州以京山來屬二年降為都督
府惟督前七州而已其桂潭等七州不統也八年廢東松州入硤州
又省京山入長林十年辰州改隸黔州都督硤澧朗岳四州都督從

三品荆州領江陵枝江當陽長林安興石首松滋公安等八縣龍朔
二年昇為大都督督硤岳復郢四州天寶元年改為江陵郡乾元元
年三月復為荆州大都督府自至德後中原多故襄鄧百姓兩京衣
冠盡投江湘故荆南井邑十倍其初乃置荆南節度使上元元年九
月置南都以荆州為江陵府長史為尹觀察制置一準兩京以舊相
呂諲為尹充荆南節度使領澧朗硤夔忠歸萬等八州又割黔中之
涪湖南之岳潭衡郴邵永道連八州增置萬人軍以永平為名二年
置長寧縣於郭內與江陵並治其年省枝江縣入長寧至德二年江
陵尹衛伯玉以湖南闊遠請於衡州置防禦使自此八州置使改屬
江南西道　舊領縣八戶一萬二百六十口四萬九百五十八　天
寶領縣七戶三萬一百九十二口十四萬八千一百四十九在京師
東南一千七百三十里至東都一千三百一十五里　江陵　漢縣
南郡治所也故楚都之郢城今縣北十里紀南城是也後治於郢在
縣東南今治所晉桓溫所築城也　長寧　上元元年分江陵縣置

○治郭下二年又廢枝江併入　當陽　漢縣屬南郡武德四年於縣
置平州領當陽臨沮二縣六年改屬玉州又省臨沮入當陽屬荆州
長林　晉分編縣置長林縣以其有櫟林長故也武德四年於縣東
北百二十里置基州及章山縣七年廢基州以章山屬郢州州廢屬
荆州八年省入長林　石首　漢華容縣屬南郡武德四年分華容
縣置取縣北石首山為名舊治石首山顯慶元年移治陽支山下
松滋　漢高城縣地屬南郡松滋亦漢縣名屬廬江郡晉時松滋縣
人避亂至此乃僑立松滋縣因而不改　公安　吳孱縣地漢末左
將軍劉備自襄陽來鎮此時號左公乃改名公安　硤州下　隋夷
陵郡武德二年平蕭銑置硤州領夷陵夷道遠安三縣貞觀八年廢
東松州以宜都長陽巴山三縣來屬其年省夷道入宜都九年自下
牢鎮移治陸抗故壘天寶元年改為夷陵郡乾元元年復為硤州
舊領縣五戶四千三百口一萬七千一百二十七　天寶戶八千九
十八口四萬五千六十六在京師東南一千八百八十八里至東都

一千六百四十六里　夷陵　漢縣屬南郡有夷山在西北因為名
蜀置宜都郡梁改為宜州後魏改為拓州又改為硤州隋縣治石鼻
城武德四年移治夷陵府貞觀九年移治陸抗故壘　宜都　漢夷
道縣屬南郡陳改為宜都隋改為宜昌屬荆州武德二年置江州領
宜昌一縣尋改為宜都六年改江州為東松州八年廢睦州以長陽
巴山來屬貞觀八年廢東松州盡以三縣屬硤州　長陽　漢佷山
縣屬武陵郡隋改為長陽以溪水為名隋屬荆州武德四年置睦州
領長陽巴山二縣八年廢睦州以二縣屬東松州貞觀八年屬硤州
遠安　漢臨沮縣地屬南郡晉改高安縣後周改為遠安屬硤州
巴山　隋分佷山縣置巴山縣武德四年置江州領巴山鹽水二縣
四年廢江州及鹽水縣以巴山屬睦州八年屬東松州貞觀元年屬
硤州　歸州　隋巴東郡之秭歸縣武德二年割夔州之秭歸巴東
二縣分置歸州三年分秭歸置興山縣治白帝城天寶元年改為巴
東郡乾元元年復為歸州　舊領縣三戶三千五百三十一口二萬

○一十一　天寶戶四千六百四十五口二萬三千四百二十七　在
京師南二千二百六十八里　至東都一千八百四十二里　秭歸
漢縣屬南郡魏改為臨江郡吳晉為建平郡隋屬巴東郡武德二年
置歸州　巴東　漢巫縣地屬南郡周置樂鄉縣隋改為巴東縣
興山　武德二年分秭歸縣置舊治高陽城貞觀十七年移治大清
鎮天授二年移治古夔子城
夔州下　隋巴東郡武德元年改為信州領人復巫山雲安南浦梁
山大昌武寧七縣二年以武寧南浦梁山屬浦州又改信州為夔州
仍置總管管夔硤施業浦洛渝谷南智務黔克思巫平十九州八年
以浦州之南浦梁山來屬九年又以南浦梁山屬浦州貞觀十四年
為都督府督歸夔忠萬涪渝南七州後罷都督府天寶元年改為雲
安郡至德元年於雲安置七州防禦使乾元元年復為夔州二年刺
史唐論請升為都督府尋罷之　舊領縣四戶七千八百三十口三
萬九千五百五十　天寶戶一萬五千六百二十九口六萬五千　在

京師南二千四百四十三里至東都二千一百七十五里　奉節　漢魚復縣屬巴郡今縣北三里赤甲城是也梁置信州周爲永安郡隋爲巴東郡仍改爲人復縣貞觀二十三年改爲奉節　雲安　漢朐䏰縣屬巴郡故城曰萬戶城縣西三十里有監官　巫山　漢巫縣屬南郡隋加山字以巫山硤爲名舊治巫子城　大昌　晉分巫秭歸縣置建昌縣又改爲太昌隋不改

萬州　隋巴東郡之南浦縣武德二年割信州之南浦置南浦州領南浦梁山武寧三縣八年廢南浦州以南浦梁山屬夔州武寧屬臨州其年復立浦州依舊領三縣貞觀八年改爲萬州天寶元年改爲南浦郡乾元元年復爲萬州　舊領縣三戶五千三百九十六口三萬八千八百六十七　天寶戶五千一百七十九口二萬五千七百四十六在京師西南二千六百二十四里至東都二千四百六十五里　南浦　後魏分朐䏰縣置魚泉縣周改爲萬川隋改爲南浦武德二年置浦州貞觀八年改爲萬州以此縣爲治所　武寧　漢臨江縣地周分置源陽縣隋改爲武寧治巴子故城　梁山　後周分朐䏰縣置治後魏萬州郡故城

忠州　隋巴東郡之臨江縣義寧二年置臨州又分置豐都縣武德二年分浦州之武寧置南賓縣又分臨江置清水縣並屬臨州八年又以浦州之武寧來屬其年又隸湘州九年以廢潾州之墊江來屬貞觀八年改臨州爲忠州天寶元年改爲南賓郡乾元元年復爲忠州　舊領縣五戶八千三百一十九口四萬九千四百七十八　天寶戶六千七百二十二口四萬三千二十六在京師南二千二百二十二里至東都二千七百四十七里　臨江　漢縣屬巴郡後魏置萬川郡貞觀八年改臨州爲忠州治於此縣　豐都　漢枳縣地屬巴郡後漢置平都縣義寧二年分臨江置豐都縣　南賓　武德二年分武寧縣置　墊江　漢縣屬巴郡後廢後魏分臨江復置周改爲魏安隋復爲墊江武德初屬潾州州廢屬臨州　桂溪　武德二年分臨江置清水縣天寶元年改爲桂溪

唐書志卷第十九

唐書志卷第二十

劉　昫　等修

闕人詮校刋沈桐同校

十道郡國下　地理三

淮南道　江南道　隴右道

淮南道

揚州大都督府　隋江都郡武德三年杜伏威歸國於潤州江寧縣置揚州以隋江都郡爲兗州置東南道行臺七年改兗州爲邗州九年省江寧縣之揚州改邗州爲揚州置大都督督揚和滁楚舒廬壽七州貞觀十年改大都督爲都督督揚滁常潤和宣歙七州龍朔二年昇爲大都督府天寶元年改爲廣陵郡依舊大都督府乾元元年復爲揚州自後置淮南節度使親王爲都督領使長史爲節度副大使知節度事恒以此爲治所舊領縣四　江都　六合　海陵　高郵　戶二萬三千一百九十九口九萬四千三百四十七　天寶領縣七戶七萬七千一百五口四十六萬七千八百五十七　在京師東南二千七百五十三里至東都一千七百四十九里　江都　漢縣屬廣陵國隋爲江都郡武德三年改爲兗州七年改爲邗州九年改爲揚州都督府皆以江都爲治所　江陵貞觀十八年分江都縣置在郭下與江都分理　六合　漢堂邑縣屬臨淮郡晉置秦郡北齊爲秦州後周爲方州隋改爲兗州武德七年復爲方州置六合縣又分六合置石梁縣貞觀元年省方州併石梁入六合屬揚州　海陵　漢縣屬臨淮郡至隋屬南兗州武德二年屬揚州景龍二年分置海安縣開元十年省併入海陵　高郵　漢縣屬廣陵國至隋不改武德二年屬兗州州改仍舊　揚子　永淳元年分江都縣置　天長　天寶元年割江都六合高郵三縣地置千秋縣天寶七載改爲天長

楚州中　隋江都郡之南陽縣武德四年臧君相歸附立爲東楚州領山陽安宜鹽城三縣八年廢西楚州以盱眙來屬仍去東字天寶元年改爲淮陰郡乾元元年復爲楚州舊領縣四戶三千三百五十七口一萬六千二百六十二　天寶領縣五戶二萬六千六十二口十五萬三千　在京師西南二千五百一里至東都一千六百六十里　山陽　漢射陽縣地屬臨淮郡晉置山陽郡改爲山陽縣武德四年置東楚州八年去東字治於此縣縣東南有射陽湖　鹽城　漢鹽瀆縣地屬臨淮郡久無城邑隋末韋徹於此置射州立射陽安樂新安三縣武德四年歸國因而不改七年廢射州及三縣置鹽城縣於廢射州仍屬楚州　盱眙　漢縣屬臨淮郡武德四年置西楚州置總管東楚西楚領盱眙一縣八年廢西楚州以盱眙屬楚州　寶應　漢平安縣屬廣陵國武德四年置倉州領安宜一縣七年州廢縣屬楚州肅宗上元三年建巳月於此縣得定國寶十三枚因改元寶應仍改安宜爲寶應　淮陰　乾封二年分山陽縣置於隋舊廢縣

滁州下　隋江都之清流縣武德三年杜伏威歸國置滁州又以揚州之全椒來屬天寶元年改爲永陽郡乾元元年復爲滁州舊領縣二戶四千六百八十九口二萬一千五百三十五　天寶領縣三戶二萬六千四百八十六口十五萬二千三百七十四　在京師東南二千五百六十四里至東都一千七百四十六里　清流　漢全椒縣地屬九江郡梁置南譙州居桑根山之朝陽在今縣西南八十里內譙州故城是也北齊自南譙故城經治於此新昌郡城今州治是也隋改南譙爲滁州後廢武德三年復置皆治於清流縣　全椒　漢舊縣名梁北譙郡又改爲臨滁郡隋改爲滁縣煬帝復爲全椒　永陽　景龍二年分清流縣置

和州　隋歷陽郡武德三年杜伏威歸國改爲和州天寶元年改爲歷陽郡乾元元年復爲和州舊領縣二戶五千七百三十口三萬三千四百一天寶領縣三戶二萬四千七百九十四口十二萬一千一十三　在京師東南二千六百八十三里至東都一千八百一十一里　歷陽　漢縣屬九江郡東晉置歷陽郡宋爲南豫州北齊置和州隋爲歷陽郡國初復爲和州皆治此縣　烏江　漢東城縣之烏江亭屬九江郡北齊爲密江郡陳爲臨江郡後周爲問江郡隋爲烏江郡縣

皆治此　含山武德六年置八年廢長安四年復爲武壽縣神龍元年復爲含山

濠州下　隋爲鍾離郡武德三年改爲濠州又改臨濠爲定遠縣化明爲招義縣領　鍾離　塗山　定遠　招義　四縣武德四年省塗山入鍾離天寶元年改爲鍾離郡乾元元年復爲濠州　舊領縣三戶二千六百六十口一萬三千八百五十五　天寶戶二萬一千八百六十四口十萬八千三百六十一　京師東南二千一百五十里　至東都一千三百一十三里

鍾離　漢縣屬九江郡晉宋齊梁置徐州隋初爲濠州煬帝復爲鍾離郡武德八年置濠州皆治於此武德七年省塗山縣併入定遠

定遠　漢曲陽縣地屬九江郡隋置定遠縣

招義　漢淮陵縣地屬臨淮宋置齊陰郡武德七年改爲招義

廬州上　隋廬江郡武德三年改爲廬州領合肥廬江慎三縣七年廢巢州爲巢縣來屬　天寶元年改爲廬江郡乾元元年復爲廬州自中升爲上　舊領縣四戶五千三百五十八口二萬七千五百一十三　天寶領縣五戶四萬三千三百二十三口二十萬五千三百九十六　京師東南二千三百八十七里　至東都一千五百六十九里

合肥　漢縣屬九江郡舊縣在北夏水出城父東南至此與肥水合故曰合肥梁置合州隋改爲廬江郡皆治此縣

慎　漢後道縣屬九江郡古城在今縣南隋爲慎縣

巢　漢居巢縣屬廬江郡隋爲襄安縣武德三年置巢州分襄安立開城扶陽二縣七年廢巢州及開城扶陽二縣改襄安爲巢縣屬廬州

廬江　漢郡名漢龍舒縣地屬廬江郡梁置湖州隋復舊也

舒城　開元二十三年分合肥廬江二縣置取古龍舒縣爲名

壽州中　隋爲淮南郡武德二年杜伏威歸國改爲壽州七年置都督府督壽蓼二州領壽春安豐霍丘三縣貞觀元年廢都督府又以廢霍州之霍山縣來屬天寶元年改爲壽春郡又置霍山縣乾元元年復爲壽州　舊領縣四戶二千九百九十六口一萬四千七百一十八天寶領縣五戶三萬五千五百八十二口十八萬七千五百八十七　在京師東南二千二百一十七里至東都一千三百九里

壽春　漢縣屬九江郡晉改爲壽陽晉於此置揚州齊置豫州後魏置揚州梁復爲豫州後周置揚州隋改壽州煬帝爲南淮郡武德爲壽州皆以壽春爲治所

安豐　漢六國故城在縣南梁置安豐郡縣界有芍陂灌田萬頃號安豐塘隋因置縣

霍山　漢灊城縣屬廬江郡隋置霍山應城三縣貞觀元年廢霍州省應城灊城二縣以霍山屬壽州

盛唐　舊霍山縣神功元年改爲武昌神龍元年復爲霍山開元二十七年改爲盛唐仍移治於騶虞城

霍丘　漢松滋縣地屬廬江郡武德四年置蓼州領霍丘一縣七年蓼州廢霍丘屬壽州縣北有安豐津斬毋丘儉處

光州緊中　隋弋陽郡武德三年改爲光州置總管府以定城縣爲弦州殷城縣爲義州以廢宋安郡爲谷州凡管光弦義谷廬五州光州領光山樂安固始三縣武德七年改總管爲都督府貞觀元年罷都督府省弦州及義州以定城殷城二縣來屬又省谷州以宋安併入樂安天寶元年改爲弋陽郡乾元元年復爲光州　舊領縣五戶五千六百四十九口二萬八千二百九十一　天寶戶三萬一千四百七十三口十九萬八千五百八十至京師一千八百五十五里至東都九百二十五里

定城　漢弋陽地屬汝南郡南齊爲南弋陽縣梁改爲定城武德三年於縣置弦州領定城一縣貞觀元年廢弦州以定城屬光州州所理也

光山　晉分弋陽置西陽縣梁於縣置光州隋爲弋陽郡武德三年復爲光州治於光山縣太極元年移州理於定城

仙居　漢軑縣屬江夏郡古城在縣北十里宋分軑縣置樂安縣天寶元載改爲仙居

殷城　漢期思縣地屬汝南郡宋置苞信縣隋改爲殷城取縣東古殷城爲名

固始　漢寖縣屬汝南郡後漢改爲固始

蘄州中　隋蘄春郡武德四年平朱粲改爲蘄州領蘄春蘄水羅田黃梅浠水五縣其年省蘄水入蘄春又分蘄春立永寧省羅田入浠水又改浠水爲蘭溪又於黃梅縣置南晉州八年州廢以黃梅來屬

天寶元年改為蘄春郡乾元元年復為蘄州　舊領縣四戶一萬六
百一十二口三萬九千六百七十八　天寶戶二萬六千八百九口十
八萬六千八百四十九　到京師二千五百六十里至東都一千八百
二十四里　蘄春　漢縣屬江夏郡吳為蘄春郡晉改為西陽又改
為蘄陽因平淮南改為蘄州　黃梅　漢蘄春縣地屬宋分置新蔡
郡隋改為黃梅武德四年置南晉州領黃梅義豐長吉塘陽新蔡五
縣八年廢州仍省義豐等四縣以黃梅來屬　廣濟　漢蘄春縣地
武德四年置永寧縣天寶元年改為廣濟縣　蘄水　漢蘄春縣地
宋置浠水縣武德四年改為蘭溪天寶元年改為蘄水
申州中　隋義陽郡武德四年置申州領義陽鍾山二縣八年省南
羅州又以羅山來屬天寶元年改為義陽郡乾元元年復為申州
舊領縣三戶四千七百二十九口二萬三千六十一　天寶戶二萬五千
八百六十四口十四萬七千七百五十六　至京師一千七百九十六
里至東都九百四十三里　義陽　漢平氏縣之義陽鄉屬南陽
郡魏分南陽立義陽郡晉自石城徙居於仁順今州理也宋置司州
後魏改為郢州隋改為申州　鍾山　漢鄳縣地屬江夏郡隋改鍾
山縣　羅山　漢鄳縣地隋為羅山縣武德四年置羅州領羅山一
縣八年廢屬申州
黃州下　隋永安郡武德三年改為黃州置總管管黃蘄亭南四州
黃州領黃岡木蘭麻城黃陂四縣其年省木蘭縣分黃岡置堡城縣
分麻城置陽城縣仍於麻城縣置亭州於黃陂縣置南司州七年廢
南司州及亭州縣並屬黃州仍省堡城入黃岡貞觀元年罷都督府
天寶元年改為齊安郡乾元元年復為黃州　舊領縣三戶四千八
百九十六口二萬二千六十　天寶戶一萬五千五百一十二口九萬
六千三百六十八　在京師東南二千一百四十八里至東都一千四百
七十里　黃岡　漢西陵縣地　江夏郡北齊於舊城西南築小城置
衡州領齊安一郡隋改齊安為黃州治黃岡　黃陂　漢西陵縣地
後周於古黃城西四十里獨家村置黃陂縣武德三年置南司州七

年州廢縣屬黃州　麻城　漢西陵縣地隋置麻城縣武德三年於
縣置亭州領麻城二縣八年州廢仍省陽城入麻城縣屬黃州
安州中都督府　隋安陸郡武德四年平王世充改為安州領安陸
雲夢應陽孝昌吉陽應山京山富水八縣其年於應山縣置應州領
應山一縣於孝昌縣置環州領孝昌一縣以富水京山二縣屬溫州
改應陽為應城縣安州置總管管環應二州七年州廢環應二州縣
屬安州改為大都督府督安申陽溫復沔光黃蘄九州六年罷都督
府七年又置督安隋溫沔復五州十二年罷都督府天寶元年改為
安陸郡依舊為都督府督安隋郢沔四州乾元元年復為安州　舊
領縣六戶六千三百三十八口二萬六千五百一十九　天寶戶二
萬二千二百二十一口十七萬一千二百二　京師東南二千五
十一里至東都一千一百九十里　安陸　漢縣屬江夏郡宋分江
夏立安陸郡武德四年改為安州治於安陸　孝昌　宋分安陸縣
置武德四年置環州領孝昌環陽二縣八年州廢以環陽孝昌屬安
州　雲夢　漢安陸縣地後魏分安陸於雲夢古城置雲夢縣　應
城　宋分安陸縣置應城縣隋改為應陽武德四年復為應城　吉陽
梁分安陸置平陽縣後魏改為京池隋改為吉陽取山名　應山　漢
隋縣地屬南陽郡梁分隋縣置永陽縣隋改為應山以縣北山為名
舒州下　隋同安郡武德四年改為舒州領懷寧宿松太湖望江同
安五縣其年割宿松置嚴州五年又割望江置高州又改高州為智
州六年舒州置總管府管舒嚴智三州七年廢智州望江屬嚴州八
年又廢嚴州以望江宿松二縣來屬貞觀元年罷都督府天寶元年
改為同安郡至德二年二月改盛唐郡乾元元年復為舒州　舊領
縣五戶九千三百六十一口三萬七千五百三十八　天寶戶三萬五
千三百五十三口十八萬六千三百九十八　京師東南二千六百二
十六里至東京一千八百九十三里　懷寧　漢皖縣屬江郡晉於
皖縣置懷寧縣晉置晉熙郡隋改為熙州又為同安郡武德四年改
為舒州以懷寧為州治　宿松　漢皖縣地梁置高塘郡隋罷郡置

宿松縣武德四年置嚴州領宿松一縣七年廢智州以望江來屬八年廢嚴州二縣來屬舒州　望江　漢皖縣地晉置新治縣陳於縣置大雷郡隋改新治爲義鄉尋改爲望江武德四年置高州尋改爲智州七年州廢縣屬嚴州八年廢州以縣屬舒州　太湖　漢皖縣地宋置太湖縣　同安　漢樅陽縣屬廬江郡梁置樅陽郡隋罷郡爲同安縣取界內古城名

江南道

江南東道

潤州上　隋江都郡之延陵縣武德三年杜伏威歸國置潤州於丹陽縣改隋延陵縣爲丹徒移延陵還治故縣屬茅州六年輔公祏反後據其地七年平公祏又置潤州領丹徒縣八年廢簡州以曲阿來屬九年揚州移理江都以延陵句容白下三縣屬潤州天寶元年改爲丹陽郡乾元元年復爲潤州永泰後常爲浙江西道觀察使理所舊領縣五戸二萬五千三百六十一口十二萬七千一百四　天寶領縣六戸十萬二千三十三口六十六萬二千七百六　在京師東南二千八百二十一里至東都一千七百九十七里　丹徒　漢縣屬會稽郡春秋吳朱方之邑地吳爲京口戍晉置南徐州隋爲延陵鎮因改爲延陵縣尋以蔣州之延陵永年常州之曲阿三縣置潤州東潤浦爲名皆治於丹徒縣　丹陽　漢曲阿縣屬會稽郡又改名雲陽後復爲曲阿武德五年於縣置簡州八年州廢縣屬潤州天寶元年改爲丹陽縣取漢郡名　延陵　漢曲阿縣地晉分置延陵郡隋移郡丹徒武德三年移於今所屬茅州七年廢茅州以縣屬蔣州八年改蔣州爲揚州九年改屬潤州　上元　楚金陵邑秦爲秣陵吳名建業宋爲建康晉分秣陵置臨江縣晉武改爲江寧武德三年於縣置揚州仍置東南道行臺改江寧爲歸化六年輔公祏反據其地七年公祏平置行臺尚書省改揚州爲蔣州廢茅州以句容二縣來屬蔣州八年罷行臺改蔣州置揚州大都督府改歸化縣爲金陵揚州領金陵句容丹陽溧水六縣九年揚州移治江都改金陵爲白下縣以

延陵句容白下三縣屬潤州丹陽溧陽溧水三縣屬宣州移白下治故白下城貞觀七年復移今所九年改爲江寧縣至德二年二月置江寧郡乾元元年於江寧置昇州割潤州之句容江寧宣州之當塗溧水四縣置浙西節度使上元二年復爲上元縣還潤州當塗等三縣各依舊屬　句容　漢縣屬丹陽郡武德四年於縣置茅州領句容七年州廢以縣屬蔣州九年屬潤州乾元元年屬昇州寶應元年州廢屬潤州　金壇　垂拱四年分延陵縣置也

常州上　隋毗陵郡武德三年杜伏威歸化置常州領晉陵義興無錫武進四縣六年復陷輔公祏七年公祏平復置常州於義興置南興州八年州廢義興來屬省武進入晉陵天寶元年改爲晉陵郡乾元元年復爲常州　舊領縣四戸二萬一千一百八十二口十一萬一千六百六　天寶領縣五戸十萬二千六百三十一口六十九萬六百七十三　在京師東南二千八百四十三里至東京一千九百八十三里　晉陵　漢毗陵縣屬會稽郡吳延陵邑也晉改爲晉陵郡隋省郡於常熟縣置常州武德中移於今治　武進　晉分曲阿縣置武進梁改爲蘭陵隋廢垂拱二年又分晉陵置治於州內　江陰　梁分蘭陵縣置武德三年於縣置暨州領江陰暨陽利城三縣九年省暨陽利城入江陰屬常州　義興　漢陽羨縣屬會稽郡晉立義興郡及縣武德七年置南興州領義興陽羨臨津三縣八年廢興州及陽羨臨津二縣義興復隷常州　無錫　漢縣屬會稽郡隋屬常州

蘇州上　隋吳郡隋末陷賊武德四年平李子通置蘇州六年又陷輔公祏七年平公祏復置蘇州都督督蘇湖杭暨四州治於故吳城分置嘉興縣八年廢嘉興入吳縣九年罷都督貞觀八年復置嘉興縣領吳城崑山嘉興常熟四縣天寶元年改爲吳郡乾元元年復爲蘇州　舊領縣四戸一萬一千八百五十九口五萬四千四百七十一　天寶領縣六戸七萬六千四百二十一口六十三萬二千六百五十五　在京師東南三千一百九十九里至東都二千五百里　吳　春秋時吳都闔閭邑漢爲吳縣屬會稽郡隋平陳置蘇州取州西姑蘇

山為名嘉興　漢由拳縣屬會稽郡吳改嘉興隋廢武德七年復置屬蘇州八年廢入吳貞觀八年復置屬蘇州　崑山　漢婁縣屬會稽郡梁分婁縣置信義縣又分信義置崑山取縣界山名　常熟　晉分吳縣置海虞縣梁改常熟縣今崑山縣東一百三十里常熟故城是也隋舊治南沙城武德七年移於今所治城　長洲　萬歲通天元年分吳縣置在郭下分治州界　海鹽　漢縣屬會稽郡久廢景雲二年分嘉興縣復置先天元年復廢開元五年復置治吳禦城

湖州上　隋吳郡之烏程縣武德四年平李子通置湖州領烏程一縣六年復没于輔公祏七年平賊復置仍廢武州以武康來屬又省雉州以長城縣來屬天寶元年改為吳興郡乾元元年復為湖州　舊領縣五戶一萬四千一百三十五口七萬六千四百三十　天寶領縣五戶七萬三千三百六口十七萬七千六百九十八　在京師東南三千四百四十一里至東都二千六百二十四里　烏程　漢縣屬會稽郡梁置震州取震澤為名隋改湖州取州東太湖為名皆治

烏程　武康　吳分烏程餘杭二縣立永安縣晉改為永康又改為武康武德四年置武州七年州廢縣屬湖州　長城　晉分烏程置長城縣武德四年置雉州領長城原鄉二縣七年州廢及原鄉併入長城屬湖州　安吉　武德四年置桃州七年廢入長城麟德元年復分長城縣置　德清　天授二年分武康置武原縣景雲二年改為臨溪天寶元年改為德清縣

杭州上　隋餘杭郡武德四年平李子通置杭州領錢塘富陽餘杭三縣六年復没于輔公祏七年平賊徙置杭州八年廢潛州以於潛縣來屬貞觀四年分錢塘置鹽官縣天寶元年改為餘杭郡乾元元年復為杭州　舊領縣五戶三萬五百七十一口十五萬三千七百二十　天寶領縣九戶八萬六千二百五十八口五十八萬五千九百六十三　在京師東南三千五百五十六里至東都二千九百一十九里

錢塘　漢縣屬會稽郡隋於餘杭縣置杭州又自餘杭移州理錢塘又移州於柳浦西今州城是貞觀六年自州治南移於今所去州十一里又移治新城戍　二十一年移治州郭下二十五年復還舊所　鹽官　漢海鹽縣地有鹽官吳遂名縣武德四年屬東武州七年省入錢塘貞觀四年復分錢塘置　餘杭　漢縣屬會稽郡隋置杭州後徙治錢塘　富陽　漢富春縣屬會稽郡晉改為富陽隋舊縣　於潛　漢縣屬丹陽郡武德七年置潛州領於潛臨水二縣八年廢潛州及臨水縣於潛還杭州　臨安　垂拱四年分餘杭於潛置於廢臨水縣　新城　永淳元年分富陽置　紫溪　垂拱二年分於潛置萬歲通天元年改為武隆其年依舊為紫溪唐山　萬歲通天元年分紫溪又別置武隆縣神龍元年改為唐山

越州中都督府　隋會稽郡武德四年平李子通置越州總管管越嵊姚鄞浙綱衢毅麗嚴婺十一州越州領會稽諸暨山陰三縣七年改總管為都督督越婺鄞嵊麗五州越州領會稽諸暨山陰餘姚四縣八年廢鄞州為鄮縣嵊州為剡縣來屬麗州為永康屬婺州省山陰縣督越婺二州貞觀元年更督越婺泉建台括六州天寶元年改越州為會稽

郡乾元元年復為越州　舊領縣五戶二萬五千八百九十口十二萬四千一十　天寶領縣六戶九萬二百七十九口五十二萬九千五百八十九　在京師東南二千七百二十里至東都二千八百七十里

會稽　漢郡名宋置東揚州理於此齊梁不改隋平陳改東揚州為吳州煬帝改為越州尋改會稽郡皆立于此縣　山陰　垂拱二年分會稽縣置在州治與會稽分理　諸暨　漢縣屬會稽郡越王允常所都　餘姚　漢縣屬會稽郡隋廢武德四年復置仍置姚州七年州廢縣屬越州　剡　漢縣屬會稽郡武德四年置嵊州及剡城縣八年廢嵊州及剡城以剡縣來屬　蕭山　儀鳳二年分會稽諸暨置永興縣天寶元年改為蕭山　上虞　漢縣屬會稽郡

明州上　開元二十六年於越州鄮縣置明州天寶元年改為餘姚郡乾元元年復為明州取四明山為名　天寶領縣四戶四萬二千一七口二十萬七千三十二　在京師東南四千一百里至東都三千一百五十里　鄮　漢縣屬會稽郡至隋廢武德四年置鄞州八年州

廢爲鄮縣屬越州開元二十六年於縣置明州　奉化　慈溪　翁
山已上三縣皆鄮縣地開元二十六年析置
台州上　隋永嘉郡之臨海縣武德四年平李子通置海州領臨海
章安始豐樂安寧海五縣五年改爲台州六年没于輔公祏七年平
賊仍置台州省寧海入章安八年廢始豐樂安三縣入臨海貞觀八
年復分置始豐舊管二縣永昌元年置寧海縣神龍二年置象山縣
天寶元年改爲臨海郡乾元元年復爲台州　舊領縣二　臨海　始
豐　戶六千五百八十三口三萬五千三百八十三　天寶領縣六戶八萬
三千八百六十八口四十八萬九千一十五　在京師東南四千一百七十
七里　至東都三千三百三十里　臨海　漢回浦縣屬會稽郡後漢
改爲章安吳分章安置臨海縣武德四年於縣置台州取天台山爲名
唐興　吳始平縣晉改始豐隋末廢武德四年復置八年又廢貞觀
八年復爲臨海縣上元二年改爲唐興　黃巖　上元二年分臨海
置　樂安　廢縣上元二年分臨海置徙治孟溪寧海　永昌元年

分臨海置　象山　神龍二年分寧海及越州鄮縣置　婺州　隋
東陽郡武德四年平李子通置婺州領華川長山二縣七年廢綢州
義烏來屬八年廢麗州爲永康縣衢州信安縣並來屬又廢穀州入
信安長山入金華縣貞觀八年復置龍丘縣咸亨五年置蘭溪常山
二縣垂拱二年分龍丘信安常山三縣置衢州又置東陽縣天授二
年又置武義縣天寶元年改婺州爲東陽郡乾元元年復爲婺州
舊領縣五戶三萬七千八百一十九口二十二萬八千九百九十　天寶
領縣六戶十四萬四千八十六口七十萬七千一百五十二　在京師東
南四千七十三里至東都三千一百三十五里　金華　漢烏傷縣
屬會稽郡後漢分烏傷置長山縣吳置東陽郡隋改長山爲金華取
州界山爲名　義烏　晉分烏傷縣置武德四年置綢州仍分置華
川縣七年廢綢州及華川縣改烏傷爲義烏以縣屬婺州　永康
吳分烏傷縣置武德四年置麗州又分置縉雲縣八年廢麗州及縉
雲縣以永康來屬　東陽　垂拱二年分烏傷縣取舊郡名　蘭溪

咸亨五年析金華縣西界置以溪水爲名　武成　天授二年分永康
置武義縣又改爲武成　浦陽　新置
衢州　武德四年平李子通於信安縣置衢州七年陷賊乃廢垂拱
二年分婺州之信安龍丘置衢州取武德廢州名天寶元年改爲信
安郡乾元元年復爲衢州又割常山入信州　天寶領縣五戶六萬八
千四百七十二口四十四萬四百一十一　在京師東南四千七百十三
里至東都三千一百四十五里　信安　後漢新安縣晉改爲信安
武德四年置衢州縣仍屬焉又分置須江定陽二縣八年廢衢州及
須江定陽二縣以信安還屬婺州　龍丘　漢太末縣屬會稽郡晉
置龍丘縣以山爲名至隋廢武德四年置穀州及太末白石二縣八
年廢穀州及白石太末二縣入信安縣貞觀八年分金華信安二縣
置龍丘縣來屬婺州垂拱二年屬衢州　須江　武德四年分信安
置以城南有須江八年廢永昌元年分信安復置　盈川　如意元年
分龍丘置縣西有刑溪陳時土人畱異惡刑字改名盈川因以爲縣

名　常山　咸亨五年分信安置屬婺州垂拱二年改屬衢州乾元
元年屬信州又還衢州　信州　乾元元年割衢州之常山饒州之弋
陽建州之三鄉撫州之一鄉置信州又置上饒永豐二縣領縣四戶四
萬　在京師東南五千八百里至東都二千九百五十里　上饒　乾元
元年置州所理也元和七年省永豐縣入弋陽　舊屬饒州乾元元
年來屬　貴溪　永泰元年十一月分弋陽西界置　玉山　證聖
二年分常山須江置屬衢州乾元元年割屬信州
睦州　隋遂安郡武德四年平汪華改爲睦州領雉山遂安二縣七
年廢嚴州之桐廬縣來屬又改爲東睦州八年去東字舊管縣三治
雉山萬歲登封二年移治建德天寶元年改爲新定郡乾元元年復
爲睦州舊領縣三　雉山　遂安　桐廬　戶一萬二千六十十四口
五萬九千六十八　天寶領縣六戶五萬四千九百六十一口三十八萬
二千五百一十三　在京師東南三千六百五十九里至東都二千八
百三十一里　建德　漢富春縣地屬會稽郡吳分置建德縣隋廢

永淳二年復分桐廬雉山置[illegible]廢通天二年移州治建德縣　清溪
漢歙縣地屬丹陽郡後分置新安縣隋改為雉山文明元年復為新
安開元二十年改為還淳永貞元年十二月避憲宗名改為清溪舊
為睦州治所移建德　壽昌　永昌元年七月分雉山縣置載初元
年廢神龍元年復舊治白艾里後移於今所　桐廬　吳分富春縣
置武德四年於縣置嚴州領桐廬分水建德三縣七年廢州及分水
建德二縣以桐廬屬睦州舊治桐溪開元二十六年移治鍾山　分
水　如意元年分桐廬縣之四鄉置盛武縣神龍元年改為分水
遂安　後漢分歙縣南鄉安定里置新定縣晉改新定為遂安
歙州　隋新安郡武德四年平汪華置歙州總管管歙睦衢三州貞
觀元年罷都督府天寶元年改為新安郡乾元元年復為歙州舊領
縣三戶六千二十一口二萬六千六百一十七　天寶領縣五戶三萬
八千三百三十口二十六萬九千一百九　在京師東南三千六百六十
七里至東都二千八百二十六里　歙　漢縣屬丹陽郡縣南省歙

浦因為名隋於縣置新安郡武德改為歙州　休寧　吳分歙縣置
休陽縣後改為海陽晉武改為海寧隋改為休寧　黟　漢縣屬丹陽
郡晉同置縣南墨嶺山出石墨故也縣置在黟川　積溪　永徽五
年分置北野縣後改為積溪　婺源　開元二十八年正月九日置
處州　隋永嘉郡武德四年平李子通置括州置總管府管松嘉台
三州括州領括蒼麗水二縣七年改總管為都督八年廢松州為松
陽縣來屬省麗水入括蒼貞觀元年廢都督府省嘉州以永嘉安固
二縣來屬天寶元年改為縉雲郡乾元元年復為括州大曆十四年
夏五月改為處州避代宗諱舊領縣四戶一萬二千八百九十九口
十萬一千六百六　天寶領縣五戶四萬二千九百三十六口二十五
萬八千二百四十八今縣六　在京師東南四千二百七十八里至東都
三千一十五里　麗水　漢回浦縣地屬會稽郡光武更為章安隋
平陳改永嘉郡為處州尋改為括州又分松陽縣東界置括蒼縣大
曆十四年夏改為麗水縣州所治　松陽　後漢分章安之南鄉置

松陽縣縣東南大陽及松樹為名　縉雲　萬歲登封元年分括蒼
及婺州永康縣置　青田　景雲二年分括蒼置　遂昌　舊縣武德
八年併入松陽景雲二年分松陽縣復置　龍泉　乾元二年越州
刺史獨孤嶼奏請於括州龍泉鄉置縣以龍泉為名從之
溫州上　隋永嘉郡之永嘉縣武德五年置嘉州領永嘉永寧安固
樂成橫陽五縣貞觀元年廢嘉州以縣屬括州上元二年分括州之
永嘉安固二縣置溫州天寶元年改為永嘉郡乾元元年復為溫州
天寶領縣四戶四萬二千八百一十四口二十四萬一千六百九十四
在京師東南四千七百三十七里至東都三千九百四十里　永嘉
後漢分章安縣之東甌鄉置永寧縣屬會稽郡晉置永寧郡隋改為
永嘉上元二年置溫州治於此縣　安固　後漢章安縣晉改為安
固隋廢武德八年分永嘉縣置屬嘉州貞觀元年廢嘉州安固屬括
州上元元年屬溫州　橫陽　武德五年分安固縣置貞觀元年廢大
足元年復分安固置　樂城　武德五年置七年併入永嘉縣載初

元年分永嘉復置也
福州中都督府　隋建安郡之閩縣貞觀初置泉州景雲二年改為
閩州都督府督泉建漳湖五州開元十三年改為福州依舊都督府
仍置經略使二十二年罷漳湖二州令督福建泉汀四州舊屬嶺南
道天寶初改屬江南東道尋改為長樂郡乾元元年復為福州都督
府　天寶領縣八戶三萬四千八十四口七萬五千八百七十六　在
京師東南五千三十三里至東都四千二百三十三里　閩　漢治縣屬
會稽郡秦時為閩中郡漢高立閩越王都於此武帝誅東越徙其人
於江淮空其地其逃亡者自立為治縣後更名東治縣後漢改為候
官都尉屬會稽郡晉置晉安郡宋齊分之陳置閩州又改為豐州隋
平陳改為泉州煬帝改為泉州又為建安郡開元十三年改為福州
皆治閩縣　候官　隋縣後廢長安二年又分閩縣置長樂　隋縣
後省武德六年分閩縣置新寧縣其年改為長樂　福唐　聖曆二
年分長樂置萬安縣天寶元年改為福唐　連江　武德六年分閩縣

置溫麻縣其年改爲連江　長溪　武德六年置其年併入連江長安二年分連江復置　古田　開元二十九年開山洞置　永泰泰年分置　梅青新置　泉州中　隋建安郡又爲泉州舊治閩縣開元後移治泉州治於南安縣聖曆二年分泉州之南安莆田龍溪三縣置武榮州三年州廢三縣還泉州久視元年又以三縣置武榮州景雲二年改爲泉州開元二十九年割龍溪屬漳州天寶元年改爲泉州爲清溪郡乾元元年復爲泉州　天寶領縣四戶二萬三千八百六口十六萬二百九十五　在京師東南六千二百一十六里至東都五千四百一十三里　晉江開元八年分南安置今爲州之治所　南安　隋縣武德五年置豐州領南安莆田二縣貞觀元年廢豐州縣屬泉州聖曆二年屬武榮州州廢來屬　莆田武德五年分南安縣置屬豐州州廢來屬　仙遊　聖曆二年分莆田置清源縣天寶元年改爲仙遊　建州中　隋建安郡之建安縣武德四年置建州領綏城吳興建陽沙將樂邵武等縣天寶元年改爲建安郡乾元元年

復爲建州舊領縣二戶一萬五千三百三十六口二萬二千八百二十　天寶領縣六戶二萬二千七百七十口一十四萬三千七百七十四　在京師東南四千九百三十五里至東京三千八百八十八里　建安　漢治縣地吳置建安縣州所治以建溪爲名　邵武　隋縣

浦城　載初元年分建安縣置唐興縣天授二年改爲武寧神龍元年復爲唐興天寶元年改爲浦城隋廢縣名　建陽隋廢縣垂拱四年分建安置　將樂　隋廢縣垂拱四年五月分邵武復置　沙

隋廢縣永徽六年分建安置

汀州下　開元二十四年開福撫二州山洞置汀州天寶元年改爲臨汀郡乾元元年復爲汀州　天寶領縣三戶四千六百八十口一萬三千七百二　在京師西南六千一百七十三里至東都五千三百七十里長汀州治所　龍巖　寧化　巳上三縣並開元二十四年開山洞置

漳州　垂拱二年十二月九日置天寶元年改爲漳浦郡舊屬嶺南道天寶割屬江南東道乾元元年復爲漳州　天寶領縣二戶五千三百四十六口一萬七千九百四十　在京師東南七千三百里至東都六千五百里　漳浦　垂拱二年十二月與州同置州所治

龍溪　舊屬泉州聖曆二年屬武榮州景雲二年還泉州開元二十九年屬漳州

江南西道

宣州　隋宣城郡武德三年杜伏威歸化置宣州總管府分宣城置懷安寧國二縣六年陷輔公祏七年賊平改置宣州都督督宣潛猷池四州廢姚州以綏安來屬省懷安寧國二縣宣州領綏安二縣八年廢南州以當塗來屬廢猷州以涇縣來屬九年移揚州於江都以溧陽溧水丹陽來屬貞觀元年罷都督府廢池州以秋浦南陵二縣來屬省丹陽入當塗縣開元中析置青陽太平寧國三縣天寶元年改爲宣城郡至德二年又析置至德縣乾元元年復爲宣州永泰元年割秋浦青陽至德三縣置池州舊領縣八戶二萬二千五百三十

七口九萬五千七百五十三　天寶領縣九戶一十二萬一千二百四口八十八萬四千九百八十五今縣十　在京師東南三千五百五十一里至東都二千五百一十里　宣城　漢宛陵縣屬丹陽郡秦屬漳郡梁置南豫州隋改爲宣州煬帝又爲宣城郡皆此治所　當塗

漢丹陽縣地屬丹陽郡晉分丹陽置于湖縣城帝以江北當塗縣流人寓居于湖乃改爲當塗縣屬宣州牛渚山一名採石在縣北四十五里大江中武德三年置南豫州以縣屬八年省南豫州縣屬宣州

涇　漢涇縣屬丹陽郡武德三年置猷州領涇南陽安吳三縣八年廢猷州及南陽安吳二縣屬宣州縣界有陵陽山　廣德　漢故漳縣屬丹陽郡宋分宣城之廣德吳興之故鄣置綏安縣至德二年九月改爲廣德以縣界廣德故城爲名　溧陽　漢縣屬丹陽郡上元元年十一月割屬昇州州廢來屬　溧水　漢溧陽地隋爲縣武德三年屬揚州九年屬宣州乾元元年屬昇州州廢還屬　南陵　漢春穀縣地屬丹陽郡梁置南陵縣武德七年屬池州州廢來屬舊治

猪圻城長安四年移理青陽城　太平　天寶十一載正月析涇縣
置　寧國　隋縣武德六年廢天寶三載復置　旌德　寶應二年
二月析太平縣置　池州下　隋宣城郡之秋浦縣武德四年置池州
領秋浦南陵二縣貞觀元年廢池州以秋浦屬宣州永泰元年江西
觀察使李勉以秋浦去洪州九百里請復置池州仍請割青陽至德
二縣隷之又析置石埭縣並從之後隷宣州領縣四戶一萬九千口
入萬七千九百六十七　秋浦　州所治漢石城縣屬丹陽郡隋分
南陵置秋浦縣因水爲名　青陽　天寶元年分涇陽南陵秋浦三
縣置治古臨城　至德　至德二年析置　石埭　永泰二年割秋
浦浮梁黟三縣置治古石埭城
饒州下　隋鄱陽郡武德四年平江左置饒州領鄱陽新平廣晉餘
干樂平長城玉亭弋陽上饒九縣七年省上饒入弋陽省玉亭入長
城餘干二縣八年又併長城入餘干併新平廣晉入鄱陽舊領縣四
戶一萬一千四百口五萬九千八百一十七　天寶戶四萬八百九十

○九口二十四萬四千三百五十　在京師東南三千二百六十三里至東
都二千四百一十三里　鄱陽　漢縣屬豫章郡古城在今縣東界
有鄱江今爲州所理　餘干　漢餘干縣屬豫章郡古所謂汗越也
汗音干隋朝去水　樂平　武德中縣九年省後重置　浮梁　武
德中廢新平縣開元四年分鄱陽置後改新昌天寶元年復置
洪州上都督府　隋豫章郡武德五年平林士弘置洪州總管府管
洪饒撫吉虔南平六州分豫州置鍾陵縣洪州領豫章豐城鍾陵二
縣八年廢昌州米州以南昌建昌高安三縣來屬省鍾陵南昌二縣
入豫章貞觀二年加洪饒撫吉虔袁江鄂等入州顯慶四年督饒鄂
等州洪州舊領縣四永淳二年置新吳縣長安四年置武寧縣又督
洪袁吉虔撫五州天寶元年改爲豫章郡乾元元年復爲洪州
舊領縣四　豫章　豐城　高安　建昌戶一萬五千四百五十六
口七萬四千四百四十四　天寶領縣六戶五萬五千五百三十口三十五萬
三千二百三十一　在京師東南三千九十里至東都二千二百一十

一里　鍾陵　漢南昌縣豫章郡所治也隋改爲豫章縣置洪州煬
帝復爲豫章郡寶應元年六月以犯肅宗諱改爲鍾陵取地名豐城
吳分南昌縣高城縣晉改爲豐城　高安　漢建城縣屬豫章郡武
德五年改爲高安仍置靖州領高安望蔡華陽三縣七年改靖州爲
米州其年又改爲筠州八年廢筠州省華陽望蔡二縣以高安屬洪
州　建昌　漢海昏縣屬豫章郡後漢分立建昌武德五年分置南
昌州總管府管南昌西吳靖米孫五州南昌州領建昌龍安永修三
縣七年罷都督爲南昌州八年廢南昌州及孫州以南昌州新吳永
修龍安入建昌縣以孫州之建昌入豫章縣而以建昌屬洪州　新
吳　舊廢縣永淳二年分建昌置　武寧　長安四年分建昌置武
寧縣景雲元年改爲豫章寶應元年復爲武寧　分寧　貞元十六
年二月置
虔州中　隋南康郡武德五年平江左置虔州天寶元年改爲南康
郡乾元元年復爲虔州舊領縣四戶八千九百九十四口三萬九千

○九百一　天寶領縣六戶三萬七千六百四十七口二十七萬五千
四百一十今縣七　在京師東南四千一十七里至東都三千四百
里　贛州所理漢縣屬豫章郡漢分豫章立廬陵郡晉改爲南康郡
隋初爲虔州煬帝爲南康郡皆治贛姑濫　虔化　吳分贛立陽都縣
晉改爲寧都隋平陳改爲虔化屬虔州　南康　漢南野縣屬豫章
郡吳分南野立南安縣晉改爲南康　雩都　漢縣屬豫章郡　信
豐　永淳元年分南康置南安縣天寶元年改爲信豐　太康　神
龍元年分南康置　安遠　貞元四年八月四日置
撫州中　隋臨川郡武德五年討平林士弘置撫州領臨川南城邵
武宜黃崇仁永城東興將樂八縣七年省東興永城將樂三縣以邵
武隷建州八年省宜黃縣天寶元年改爲臨川郡乾元元年復爲撫州
舊領縣三戶七千三百五十四口四萬六百八十五　天寶領縣四
戶三萬六百五口十七萬六千三百九十四　在京師東南三千三百一
十二里至東都二千五百四十里　臨川　州所理漢南昌縣地後

漢分南昌置臨汝縣吳置臨川郡歷南朝不改隋平陳改臨川郡爲
撫州仍改臨汝縣爲臨川縣州郡所理皆此縣　南城　漢縣屬豫章
郡開元八年分南城置　崇仁　吳分臨汝置新建縣梁改爲巴山
縣仍僑置巴山郡隋平陳改巴山爲崇仁縣　南豐　開元八年分
南城置

吉州上　隋廬陵郡武德五年討平林士弘置吉州領廬陵新淦二
縣七年廢潁州以安福縣來屬八年廢南平州以太和縣來屬天寶
元年改爲廬陵郡乾元元年復爲吉州舊領縣四戶一萬五千四十
口五萬三千二百八十五　天寶領縣五戶三萬七千七百五十二口
二十三萬七千三十二　廬陵　漢縣屬豫章郡後漢改爲西昌隋
復爲廬陵州所治也舊治子陽城永淳元年移於今所　太和隋縣
武德五年置南州領太和永新廣興東昌四縣八年廢南平州以永
新等三縣併太和屬吉州　安福　吳置安城郡於此隋廢爲安復
後改爲安福　新淦　漢舊縣屬豫章郡淦音紺又音甘　永新　廢縣顯

慶二年分太和置

江州中　隋九江郡武德四年平林士弘置江州領湓城潯陽彭澤
三縣五年置總管管江鄂智浩四州并管昌洪四總管府又分湓城
置楚城縣分彭澤置都昌縣八年廢浩州及樂城縣入彭澤縣又廢
湓城入潯陽貞觀元年罷都督府八年廢楚縣入潯陽天寶元年改
爲潯陽郡乾元元年復爲江州舊領縣三戶六千三百六十口二萬
五千五百九十九　天寶戶二萬九千二十五口十五萬五千七百四十
四　在京師東南二千九百四十八里至東都二千一百九十七里
潯陽州所理漢縣屬廬江郡晉置江州隋改爲彭蠡縣取州東南五
十二里有彭蠡湖爲名煬帝改爲湓城取縣界湓水爲名武德四年
復爲潯陽潯水至此入江爲名　都昌　武德五年分彭澤置屬浩州
八年廢浩州縣屬江州　彭澤　漢縣屬豫章郡隋爲龍城縣武德
五年置浩州又分置都昌樂城二縣八年罷浩州以彭澤屬江州仍
省樂城入彭澤　至德　至德二年九月中丞宋若思奏置

袁州下　隋宜春郡武德四年平蕭銑置袁州天寶元年改爲宜春
郡乾元元年復爲袁州舊領縣三戶四千六百三十六口二萬五千
七百一十六　天寶戶二萬七千九十三口一十四萬四千九十六　在京
師東南三千五百八十里至東都二千一百六十一里　宜春　州
所理漢縣屬豫章郡吳爲安城郡南朝不改晉改爲宜陽隋置袁州
煬帝爲宜春郡復改爲宜春宜春泉水名在州西取此水爲酒作貢
萍鄉　吳分宜春置萍鄉縣屬安城郡　新喻　吳分宜春置新喻
屬安城郡

鄂州上　隋江夏郡武德四年平蕭銑改爲鄂州天寶元年改爲江
夏郡乾元元年復爲鄂州永泰後置鄂岳觀察使領鄂岳蘄黃四州
恒以鄂州爲使理所舊領縣四戶三千七百五十四口一萬四千六
百一十五　天寶領縣五戶一萬九千一百九十口八萬四千五百六
十三後併沔州入鄂州以漢陽汊川來屬　在京師東南二千三百四十
六里至東都一千五百三十里　江夏　漢郡名本漢沙羨縣地屬

江夏郡晉改沙羨爲沙陽江漢二水會於州西春秋謂之夏汭晉宋
謂之夏口宋置江夏郡治於此隋不改武德四年改爲鄂州取漢縣
名　永興　漢鄂縣地屬江夏郡吳分鄂置新陽縣隋改爲永興
武昌　漢鄂縣屬江夏郡吳晉爲重鎮將以爲鎮守　蒲圻鎮吳分沙
羨縣置　唐年　天寶二年開山洞置　漢陽　漢安陸縣地屬江
夏郡晉置池陽縣隋初爲漢津縣煬帝改爲漢陽武德四年平朱粲
分沔陽郡置沔州治漢陽縣貞觀戶一千五百一十七口六千九百
五十九至大和七年鄂岳節度使牛僧孺奏沔州與鄂州隔江都管
一縣請併入鄂州從之舊屬淮南道　汊川　漢安陸縣地後魏置
汊川郡武德四年分漢陽縣置汊川縣屬沔州州廢屬鄂州

岳州下　隋巴陵郡武德四年平蕭銑置巴州領巴陵華容沅江羅
湘陰五縣六年改爲岳州省羅縣天寶元年改爲巴陵郡乾元元年
復爲岳州舊領縣四戶四千二口一萬七千五百五十六　天寶領縣
五戶一萬一千七百四十口五萬二百九十八　在京師東南二千二百

三十七里至東都一千八百一十六里　巴陵　漢下雋縣屬長沙
郡吳置巴陵縣晉置建昌郡隋改爲　巴州煬帝改爲巴陵郡　武德置
岳州皆置巴陵縣縣界有古巴丘　華容　漢孱陵縣地屬武陵郡
劉表改爲南安隋改爲華容垂拱二年去華字曰容城神龍元年復
爲華容　沅江　漢益陽縣屬長沙國隋改爲安樂又改爲沅江屬
岳州　湘陰　漢羅縣屬長沙國宋置湘陰縣縣界汨水注入湘江
昌江　神龍三年分湘陰縣置
潭州中都督府　隋長沙郡武德四年平蕭銑置潭州總管府管潭
衡永郴連南梁南雲南營八州潭州領長沙衡山醴陵湘鄉益陽新
康六縣七年廢雲州改南梁爲邵州南營爲道州省新康縣督潭衡
郴連永邵道等七州天寶七年改爲長沙郡乾元元年復爲潭州
舊領縣五戶九千三十一口四萬四百四十九　天寶領縣六戶三萬二
千二百七十二口十九萬二千六百五十七　在京師南二千四百四十
五里至東都二千一百八十五里　長沙　秦置長沙郡漢爲長沙

國治臨湘縣後漢爲長沙郡吳不改晉懷帝置湘州至梁初不改隋
平陳爲潭州以昭潭爲名煬帝改爲長沙郡仍改臨湘爲長沙縣武
德復爲潭州　湘潭　後漢湘南縣地屬長沙郡吳分湘南立衡陽
縣屬衡陽郡隋廢郡縣屬潭州天寶八年移治於洛口因改爲湘潭
縣　湘鄉　漢鍾武縣屬零陵郡後漢改爲重安永建三年又名湘
鄉屬長沙郡　益陽　漢縣屬長沙國故城在今縣東八十里武德
四年分置新康縣七年省入　醴陵　漢臨湘縣界有醴陵後漢立
爲縣屬長沙郡隋廢武德四年分長沙置　瀏陽　吳分長沙置瀏
陽縣隋廢景龍二年於故城復置
衡州中　隋衡山郡武德四年平蕭銑置衡州領臨烝湘潭耒陽新
寧重安新城六縣七年省重安新城二縣貞觀元年以廢南雲州之
攸縣來屬天寶元年改爲衡陽郡乾元元年復爲衡州舊領縣五戶
七千三百三十口三萬四千四百八十一　天寶領縣六戶三萬三千
六百八十八口十九萬九千二百二十八　在京師東南三千四百三里

至東都二千七百六十里　衡陽　漢烝陽縣屬長沙國吳分烝陽
立臨烝縣吳末分長沙東界郡立湘東郡宋齊梁不改隋罷湘東郡
爲衡州改臨烝爲衡陽縣武德四年復爲臨烝開元二十年復爲衡
陽　常寧　吳分耒陽立新寧縣屬湘東郡舊治三洞神龍二年移
治麻州開元九年治宜江天寶元年改爲常寧　攸　漢縣屬長沙
國縣北有攸溪故也　茶陵　漢縣屬長沙國(音丈加反)隋廢聖曆元年
分攸縣置　耒陽　漢縣屬桂陽郡隋改爲耒陰武德四年復爲平
陽　衡山　吳分湘南縣置舊屬潭州後割屬衡州
澧州下　隋澧陽郡武德四年平蕭銑置澧州領孱陵安鄉澧陽石
門慈利崇義六縣貞觀元年省孱陵縣天寶元年改爲澧陽郡乾元
元年復爲澧州天寶初割屬山南東道舊領縣五戶三千四百七十
四口二萬五千八百二十六　天寶領縣四戶一萬九千六百二十口九
萬三千三百四十九　在京師東南一千八百九十三里至東都一千
五百七十二里　澧陽　漢零陽縣屬武陵郡吳分武陵西界置天

門郡晉末以義陽流人集此僑置南義陽郡隋平陳改南義陽爲澧
州皆治此縣　安鄉　漢孱陵縣地屬武陵郡隋分立安鄉縣貞觀
元年廢孱陵併入　石門　吳分零陽縣於此置天門郡隋平陳廢
天門郡以廢州爲石門縣　慈利　本漢零陽縣隋改零陽爲慈利
縣麟德元年省崇義併入
朗州下　隋武陵郡武德四年平蕭銑置朗州天寶元年改爲武陵
郡乾元元年復爲朗州天寶初割屬山南東道舊領縣二戶二千一
百四十九口一萬九百一十三　天寶戶九千三百六口四萬三千七百十
六　在京師東南二千一百五十九里至東都一千八百五十八里
武陵　漢臨沅縣地屬武陵郡秦屬黔中郡地梁分武陵郡於縣置武
州陳改武州爲沅陵郡隋平陳復爲嵩州尋又改爲朗州煬帝爲武
陵郡武德復爲朗州皆治於武陵縣　龍陽　隋縣取洲名
永州中　隋零陵郡武德四年平蕭銑置永州領零陵湘源祁陽灌
陽四縣七年省灌陽貞觀元年省祁陽縣四年復置天寶元年改爲

零陵郡乾元元年復爲永州舊領縣三戶六千三百四十八口二萬七千五百八十三　天寶戶二萬七千四百九十四口十七萬六千一百六十八　在京師南三千二百七十四里至東都三千六百六十五里

零陵　漢泉陵縣地屬零陵郡漢郡治泉陵縣故城在今州北二里隋平陳改泉陵爲零陵縣仍移於今理梁陳猶爲零陵郡隋置永州煬帝復爲零陵郡皆治此縣　祁陽　吳分泉陵縣於今縣東北九十里置祁陽縣今有古城隋平陳併入零陵武德四年復分置移於今治貞觀元年省四年又置石鷰岡在祁陽西北一百一十里此岡穴出石鷰充貢湘水南自零陵界來　湘源　漢零陵縣地屬故城在今縣南七十八里隋平陳併零陵入湘源縣　灌陽　漢零陵縣地大業末平蕭銑析湘源縣置武德七年廢上元二年荆南節度使呂諲奏復於故城置灌陽縣灌水在城西今名灌源

道州中　隋零陵郡之永陽縣武德四年平蕭銑置營州領營道江華永陽唐興四縣五年改爲南營州貞觀八年改爲道州仍省永陽

縣貞觀十七年廢永州併入上元二年復析置永州天寶元年改爲江華郡乾元元年復爲道州　舊領縣三戶六千六百一十三口三萬一千八百八十　天寶領縣四戶二萬二千五百五十一口十三萬九千六十三今領縣五　弘道　漢營浦縣屬零陵郡吳置營陽郡晉改爲永陽郡隋平陳改營浦爲永陽縣武德四年於縣置營州改爲營道縣武德四年置州又加南字貞觀八年改爲道州天寶元年改營道爲弘道　延唐　漢泠道縣屬零陵郡古城在今縣東界南四十里隋平陳廢泠道入營道縣仍於泠道廢城置營道縣武德四年移營道縣於州郭置乃於此置唐興縣長壽二年改名武盛神龍元年復爲唐興天寶元年改爲延康泠水在今縣南六十里　江華　漢馮乘縣屬蒼梧郡武德四年析賀州馮乘縣置江華縣貞觀十七年改屬永州上元二年還道州文明元年改爲雲溪縣神龍元年二月復爲江華　永明　隋改漢營浦縣爲永陽置道州後州郭內置營道縣乃移永陽之名於州西南一百一十里置貞觀八年省地入營道天授二年復析營道置天寶元年改爲永明縣　大曆　大曆二年湖南觀察使韋貫之奏請析延唐縣於道州東南二百二十里春陵侯故城北十五里置縣因以大曆爲名

郴州中　隋桂陽郡武德四年平蕭銑置郴州領盧陽義章臨武平陽晉興六縣七年廢牽平陽二縣八年省晉興天寶元年改爲桂陽郡乾元元年復爲郴州舊領縣五戶八千六百四十六口四萬九千三百五十五　天寶領縣八戶三萬一千三百三　在京師東南三千三百里至東都三千五十七里　郴　漢縣屬桂陽郡漢郡理所也後漢郡理耒陽尋還郴宋齊封子弟爲桂陽王皆治於此隋平陳改爲郴州煬帝爲桂陽郡武德四年改郴州皆以郴爲理　義章　大業末蕭銑分郴置武德七年省八年復置長壽元年分義章南界置高平縣開元二十三年廢高平仍移義章治高平廢縣　義昌　晉分郴縣置汝城晉寧二縣陳廢二縣立盧陽郡領盧陽縣開元九年廢郡以盧陽屬郴州天寶元年改爲義昌　平陽　晉分郴置平陽郡及縣

陳廢後蕭銑復分郴置武德七年省八年復置　資興　後漢分郴置漢寧縣吳改爲陽安晉改爲晉寧隋改爲晉興貞觀八年省咸亨三年復置改名資興　高亭　漢便縣地屬桂陽郡晉省陳復置隋廢開元十三年宇文融析郴縣北界四鄉置安陵縣天寶元年改爲高亭取縣東山名　臨武　漢縣屬桂陽郡縣南臨武溪故也　藍山　漢南平縣屬桂陽郡隋廢咸亨二年復置南平縣天寶元年改爲藍山九疑山在縣西五十里

召州　隋長沙郡之召陽縣武德四年平蕭銑置南梁州領召陵建興武岡三縣七年省建興入武岡省召陵併召陽貞觀十年改名召州天寶元年改爲召陽郡乾元元年復爲召州　舊領縣二戶二千八百五十六口一萬三千五百八十三　天寶戶一萬七千七十三口七萬一千六百四十四　在京師東南三千四百里至東都二千二百六十八里　召陽　漢召陵縣屬長沙國後漢改爲昭陽晉改爲召陽隋平陳移於今理吳分零陵北部置召陵郡隋平陳廢郡以召陽屬

渾州尋又於召陽置建州武德四年改置南州貞觀十年改爲召州
皆理召陽縣　武岡　漢都梁縣屬零陵郡晉分都梁置武岡縣隋
廢武德四年分召陽復置
連州　隋熙平郡武德四年平蕭銑置連州天寶元年改爲連山郡
乾元元年復爲連州舊領縣三戶五千五百六十三口三萬一千九十
四　天寶戶三萬二千二百一十口一十四萬三千五百三十二　在京師
南三千六百六十五里至東都三千四百五里　桂陽　漢縣屬桂
陽郡今州理是也隋開皇十年於縣置連州大業改爲熙平郡武德
四年復爲連州皆以桂陽爲理所　陽山　漢縣屬桂陽郡後漢省
晉平吳分洽洭縣後置梁於洽洭縣西置陽山郡以縣屬之隋廢郡
縣屬連州神龍元年移於洭水之北今縣理是也一名湟水　連山
晉武分桂陽立廣惠縣隋改爲廣澤仁壽元年改爲連山
黔州下都督府　隋黔安郡武德元年改爲黔州領彭水都上石城
三縣二年又分置盈隆洪社相永萬資四縣四年置都督府督務施

業辰智牂充應莊等州其年以相永萬資二縣置費州以都上分置
夷州十年以思州高富屬夷州以智州信寧
來屬今督思辰施牢費夷巫應播充莊牂琰池矩十五州其年罷都
督府置莊州都督景龍四年廢以播州爲都督先天二年廢復以黔
州爲都督天寶元年改黔州爲黔中郡依舊都督施夷播思費珍溱
商九州又領充明勞義福建邦琰清莊峩蠻牂鼓儒琳鸞令那暉郝
總敦侯免柯契稜添普寧功亮茂龍延訓鄉雙整懸撫犬水矩思源
逸殷南平勳姜龍小等五十州皆羈縻寄治山谷乾元元年復以黔
中郡爲黔州都督府　舊領縣五戶五千九百一十三口二萬七千
四百三十三　天寶縣六戶四千二百七十口二萬四千二百四
在京師南三千一百九十三里至東都三千二百七十一里　彭水
漢酉陽縣屬武陵郡吳分酉陽置黔陽郡隋於郡置彭水縣周置奉
州尋爲黔州貞觀四年於州置都督府　黔江　隋分黔陽縣置石
城縣天寶元年改爲黔江　洪杜　武德二年分置洪杜縣治洪杜

溪麟德二年移治襲湍　洋水　武德二年分彭水於巴江西置盈
隆縣先天元年改爲盈川天寶元年改爲洋水信寧　隋置信安縣
取界內山名武德二年改爲信寧武德五年屬義州州廢來屬　都
濡　貞觀二十年分盈隆縣置
辰州下　隋沅陵縣武德四年平蕭銑置辰州領沅陵等五縣九年
分大鄉置陽大鄉五縣五年分辰溪置溆浦縣貞觀九年分大鄉置
三亭縣天授二年分大鄉三亭兩縣置溪州景雲二年置都督府督
巫業錦三州開元二十七年罷都督府天寶元年改爲盧溪郡乾元
元年復爲辰州取溪名舊領縣七戶九千二百八十三口三萬九千
二百二十五　天寶領縣五戶四千二百四十一口二萬八千五百五
十四　在京師南微東三千四百五里至東都三千二百六十里　沅陵
漢辰陽縣屬武陵郡本秦黔中郡縣也隋改辰陽爲辰溪仍分置沅
陵縣仍置沅陵郡武德四年改爲辰州以沅陵爲理所
盧溪　武德三年分沅陵縣置　溆浦　漢義陵縣地屬武陵縣武

德五年分辰溪置　麻陽　武德三年分沅陵辰溪二縣置垂拱四
年分置龍門縣尋廢　辰溪　漢辰陽縣地隋分置辰溪縣
錦州下　垂拱二年分辰州麻陽縣地幷開山洞置錦州及四縣天
寶元年改錦州爲盧陽郡乾元元年復爲錦州　天寶領縣五戶二千
八百七十二口一萬四千三百七十四至京師三千五百里至東都
三千七百里　盧陽　招諭　渭陽　常豐　已上四縣並垂拱三
年與州同置其常豐本名萬安天寶元年改爲常豐　洛浦　天授
二年分長州之大鄉置屬溪州四年改屬錦州
施州下　隋清江郡之清江縣義寧二年置施州領清江開夷二縣
貞觀八年廢業州以建始縣來屬麟德元年廢開夷縣入清江天寶
元年改爲清化郡乾元元年復爲施州舊領縣三戶二千三百一十
二口一萬八百二十五　天寶領縣二戶三千七百二口一萬六千四百四
十四　在京師南二千七百九里至東都二千八百一十里　清江
漢巫縣南郡吳分巫立沙渠縣後周於縣立施州隋爲清江縣州所

理也　建始　後周分巫縣置建始縣義寧二年於縣置業州領建
始一縣貞觀八年廢業州縣屬施州
巫州下　貞觀八年分辰州龍標縣置巫州其年置夜郎渭溪思徵
三縣九年廢思徵縣天授二年改爲沅州分夜郎渭溪縣長安三年
割夜郎渭溪二縣置舞州先天二年又置潭陽縣開元十三年改沅
州爲巫州天寶元年改爲潭陽郡乾元元年復爲巫州舊領縣三戶
四千三十二口一萬四千四百九十五　天寶戶五千三百六十八口
一萬一千七百三十八　在京師南三千一百五十八里至東都三千八
百三十三里　龍標　武德七年置屬辰州貞觀八年置巫州爲理
所也　朗溪　貞觀八年置　潭陽　先天二年分龍標置
業州下　長安四年分沅州二縣置舞州開元十三年改爲鶴州二
十年又改爲業州天寶元年改龍標郡乾元元年復爲業州領縣三
戶一千六百七十二口七千二百八十四　在京師南四千一百九十七
里至東都三千九百里　峩山　貞觀五年置夜郎縣屬巫州長安

四年置舞州開元二十年改夜郎爲峩山縣　渭溪　天授二年分
夜郎置屬沅州長安四年改爲業州　梓薑　舊於縣置充州天寶
三年以充州荒廢以梓薑屬業州其充州爲羈縻州
夷州下　隋明陽郡之綏陽縣武德四年置夷州於思州寧夷縣領
夜郎神風豐樂綏養鶏翁伏遠明陽高富寧夷思義丹川宜慈慈岳
等十三縣六年廢鶏翁縣貞觀元年廢夷州省夜郎神泉豐樂三縣
以伏遠明陽高富寧夷思義丹川六縣隸務州宜慈慈岳二縣隸溪
州以綏養隸智州四年復置夷州於黔州都上縣六年又置鶏翁縣
十一年又以義州之綏陽黔州之高富來屬其年又自都上移於今
所天寶元年改爲義泉郡乾元元年復爲夷州舊領縣四戶二千二
百四十一口八千六百五十七　天寶縣五戶一千二百八十四口七千一
十三　在京師南四千三百八十七里至東都三千八百八十里
綏陽　漢牂牁郡地隋朝招慰置綏陽縣古徼外夷也武德三年屬
義州貞觀十一年改屬夷州　都上　隋置武德元年屬黔州貞觀

四年置夷州爲理所十一年州移治綏陽縣　義泉　隋舊於縣置
牢州貞觀十七年廢牢州以義泉屬夷州　洋川　武德二年置舊
屬牢州貞觀十七年屬夷州　寧夷　舊屬思州開元二十五年屬
夷州
播州下　隋牂牁郡之牂牁縣貞觀九年分置郎州領恭水高山貢
山柯盈邪施釋燕六縣十一年省郎州幷六縣十一年又於其地置
播州及恭水等六縣十四年改恭水等六縣名二十年以夷州之芙
蓉琊川來屬顯慶五年廢舍月胡江羅爲三縣景龍四年廢牂州都
督府以播州爲都督府先天二年罷都督開元二十六年又廢胡刀琊
川兩縣天寶元年改爲播川郡乾元元年復爲播州領縣三戶四百
九十口二千一百六十八　在京師南四千四百五十里至東都四千九
百六十里　遵義　漢武開西南夷置牂牁郡秦夜郎郡之西南境
也貞觀元年置恭水縣屬郎州十一年省十三年復置屬播州十四
年改爲羅蒙十六年改爲遵義顯慶五年廢舍月併入　芙蓉　舊屬

牢州貞觀十六年改爲夷州二十年又改屬播州開元二十六年廢
胡刀琊川兩縣併入　帶水　貞觀九年置柯盈縣十四年改爲帶
水
思州下　隋巴東郡之務川縣武德四年置務州領務川涪川扶陽
三縣貞觀元年以廢夷州之伏遠寧夷思義高富明陽丹川六縣廢
思州之丹陽城樂感化思王多田五縣來屬其年省思義明陽丹田
三縣二年又省丹陽四年改務州爲思州其年以涪川扶陽二縣割
入費州八年又以多田城陽二縣割入費州其年又廢感化縣十年
以高富隸黔州十一年又省伏遠縣天寶元年改爲寧夷郡乾元元
年復爲思州舊領縣三戶二千六百三口七千五百九十九　天寶戶
一千五百九十九口一萬二千二十一　在京師南三千八百三十九里
至東都三千五百九十六里　務川　州所治漢西陽縣屬武陵郡
隋朝招慰置務川縣武德元年招慰使冉安昌以務川當牂牁要路
請置務川貞觀八年改爲思州以思印水爲名　思王　武德三年

置屬思州貞觀元年改屬務川四年改屬思州　寧夷　隋置武德四年屬夷州貞觀元年屬思州　思印　開元四年開生獠置

費州下　隋黔安郡之涪川縣貞觀四年分思州之涪川扶陽二縣置費州其年割黔州之萬資相永二縣來屬八年又割思州之多田城樂來屬十一年廢相永萬資二縣天寶元年復爲涪川郡乾元元年復爲費州舊領縣四戶二千七百九口六千九百五十　天寶戶四百二十九口二千六百九　在京師南四千七百里至東都四千九百里

涪川　漢牂牁郡之地久不臣附周宣政元年信州總管龍門公裕招慰生獠王元殊多質等歸國乃置費州以水爲名涪川武德四年置務川貞觀四年置費州治於此　多田　武德四年務州刺史奏置以土地稍平墾田盈畛故以多田爲名貞觀四年屬思州八年改屬費州　扶陽　隋仁壽四年庸州刺史奏置以扶陽水爲名　城樂　武德四年山南道大使趙郡王孝恭招慰生獠始築城人歌舞之故曰城樂

南州下　武德二年置領隆陽扶化隆巫丹溪靈水南川六縣三年改爲楚州四年復爲南州貞觀五年置三溪縣七年又置當山嵐山歸德汶溪四縣八年又廢當山嵐山歸德汶溪四縣十一年又廢扶化隆巫靈水三縣天寶元年改爲南州郡乾元元年復爲南州舊領縣三戶三千五百八十三口一萬三百六十六　天寶領縣二戶四百四十三口二千四十三　在京師南三千六百里至東都三千七百里

南川　武德二年置隆陽縣先天元年改爲南川州所治　三溪　貞觀五年置

溪州下　舊辰州之大鄉天授二年分置溪州舊領縣二又分置洛浦縣長安四年以洛浦屬錦州天寶元年改溪州爲靈溪郡乾元元年復爲溪州領縣二戶二千一百八十四口一萬五千二百八十二至京師二千八百九十三里至東都二千六百九十六里　大鄉　漢沅陵零陵二縣地屬武陵郡梁分置大鄉縣舊屬辰州天授二年來屬州所理也　三亭　貞觀九年分大鄉置屬辰州天授二年改屬溪州縣界有黔山大酉小酉二山

溱州下　貞觀十六年置溱州及榮懿扶歡樂來三縣咸亨元年廢樂來縣天寶元年改爲溱溪郡乾元元年復爲溱州領縣二戶八百七十九口五千四十五　至京師三千四百八十里至東都四千二百里　榮懿　扶歡　已上二縣並貞觀十六年開山洞置

珍州下　貞觀十六年置天寶元年改爲夜郎郡乾元元年復爲珍州領縣三戶二百六十三口一千三十四至京師四千一百里至東都三千七百里　夜郎　漢夜郎郡之地貞觀十七年置於舊播州城以縣界有隆珍山因名珍州　麗皐　樂源　並貞觀十六年開山洞置

牂州領縣二　充州領縣八　應州領縣五　琰州領縣四

牢州領縣七　已上國初置並屬黔中道羈縻州永徽已後併省

隴右道

秦州中都督府　隋天水郡武德二年平薛舉改置秦州仍立總管府管秦渭岷洮疊文武成康蘭宕扶等十三州秦州領上邽成紀秦

領清水四縣四年分清水置邽州六年廢邽州以清水來屬八年廢文州又以隴成來屬其年又廢伏州以伏羌來屬九年於伏羌廢城置鹽泉縣貞觀元年改鹽泉爲夷賓二年省夷賓縣六年省長川縣十四年督秦成渭武四州治上邽十七年廢秦嶺縣開元二十二年緣地震移治所於成紀縣之敬親川天寶元年改爲天水郡依舊都督府督天水隴西同谷三郡其年後還治上邽乾元元年復爲秦州舊領縣六戶五千七百二十四口二萬五千七十三　天寶領縣五戶二萬四千八百二十七口十萬九千七百　在京師西七百八十里至東都一千六百五里　上邽　漢縣屬隴西郡武帝分置天水郡後漢分獠道立南安郡後魏改上邽爲上封隋復於上邽置秦州州前有湘水四時增減故名天水郡　成紀　漢縣屬天水郡舊治小坑川開元二十二年移治敬親川成紀亦徙新城天寶元年州復移治上邽縣　伏羌　漢冀縣屬天水郡晉於此置秦州後魏改爲當亭縣隋復爲冀縣武德三年改爲伏羌縣仍置伏州八年伏州廢縣屬

秦州貞觀三年廢夷賓縣併入伏羌隴城　漢隴縣屬天水郡隋加
城字武德二年置文州以隴城隸之八年文州廢來屬貞觀三年省
長川縣併入　清水　漢縣屬天水郡武德四年置邽州於清水六
年廢邽州以清水來屬
成州下　隋漢陽郡武德元年置成州領上祿長道潭水三縣貞觀
元年以潭水屬宕州又割廢康州之同谷縣來屬州理楊難當所築
建安城天寶元年改爲同谷郡乾元元年復爲成州舊領縣三戶一
千五百四十六口七千二百五十九　天寶戶四千七百二十七口二萬
一千五百八　在京師西南九百六十里至東都一千八百里　上祿
漢縣屬武都郡白馬氐之所處州南八十里仇池山其上有百頃地
可處萬家晉時互酉楊難當據仇池即此山上也晉朝招慰乃置仇
池郡以難當爲守梁置南秦州又改爲成州隋以上祿爲倉泉縣又
復爲上祿　長道　元魏分上祿置長道縣於縣置天水郡隋改天
水爲漢陽郡又改漢陽縣爲長道　同谷　漢下辨道屬武都郡後
魏於此置廣業郡領白石縣又改白水爲同谷辨音步
渭州下　隋隴西郡武德元年置渭州天寶元年改爲隴西郡乾元
元年復爲渭州四月鄯州都督郭英乂奏請以渭州洮州爲都督府
後廢舊領縣四戶一千九百八十九口九千二十八　天寶戶六千四
百二十五口二萬四千五百二十　在京師西一千一百五十三里至東
都二千里　襄武　漢縣屬隴西郡後魏於縣置渭州以水爲名隴
西　漢獂道地屬天水郡獂音桓後漢分武陽置鄣縣天授二年改爲
武陽縣神龍元年復爲鄣縣　渭源　漢首陽縣地屬隴西郡後魏
分隴西置渭源郡又改首陽爲渭源縣上元二年改首陽縣仍於渭
源故城分置渭源縣儀鳳三年廢首陽併入渭源
鄯州下都督府　隋西平郡武德二年平薛舉置鄯州治故樂都城
貞觀中置都督府天寶元年改爲西平郡乾元元年復爲鄯州上元
二年九月州爲吐蕃所陷遂廢所管鄯城三縣今河州收管舊領縣
二戶一千八百七十五口九千五百八十二　天寶領縣三戶五千三

百八十九口二萬七千一十九在京師西一千九百一十三里至東都
二千五百四十里　湟水　漢破羌縣屬金城郡漢破匈奴取西河
地開湟中處月氏即此湟水俗呼湟河又名樂都水南有涼禿髮烏
孤始都此後魏置鄯州改破羌爲西都縣隋改爲湟水縣縣界有浩
亹水　龍支　漢允吾縣屬金城郡後漢改爲龍耆縣後魏改爲金
城縣又改爲龍支積石山在今縣南　鄯城　儀鳳三年置漢西平
郡故城在西
蘭州下　隋金城郡隋末陷薛舉武德二年平賊置蘭州八年置都
督府督蘭河鄯廓四州貞觀六年又督西鹽州十二年又督涼州今
督蘭鄯儒淳六州領金城狄道廣武三縣顯慶元年罷都督府天寶
元年改金城郡二載割狄道縣置狄道郡乾元元年復爲蘭州舊領
縣三戶一千六百七十五口七千三百五　天寶領縣二戶二千八百
八十九口一萬四千二百二十六　在京師西一千四百四十五里至東
都二千二百里　五泉　漢金城縣屬金城郡开羌所處後漢置西
海郡乞伏乾歸都此稱涼隋開皇初置蘭州以皐蘭山爲名煬帝改
金城郡隋置五泉縣咸亨二年復爲金城天寶元年改爲五泉　廣
武　漢枝楊縣屬金城郡張駿置廣武郡隋廢爲縣屬蘭州
臨州下都督府　天寶三載分金城郡置狄道郡乾元元年改爲臨
州都督府督保塞州羈縻之名也領縣二戶二千八百九十九口一
萬四千二百二十六　在京師西一千四百四十五里至東都二千
二百里　狄道　漢縣屬隴西郡晉改爲武始縣隋復爲狄道屬蘭
州天寶三載復置　長樂　舊安樂縣乾元後改爲長樂
河州下　隋枹罕郡武德二年平李軌置河州領枹罕大夏二縣貞
觀元年廢大夏縣五年復置十年省米州置米州縣來屬十一年廢
烏州以其城置安鄉縣來屬天寶元年改爲安鄉郡乾元元年復爲
河州　舊領縣三戶三千三百九十一口一萬二千六百五十五
天寶領縣三戶五千七百八十二口三萬六千八百八十六　在京
師西一千四百一十五里至東都二千二百七十里　枹罕　漢縣

屬金城郡枹罕張駿於縣置河州至後魏不改又名枹罕郡隋初爲
河州煬帝爲枹罕郡武德二年改爲河州皆治於枹罕　大夏　漢
縣屬隴西郡張駿於縣置大夏郡及縣取西大夏水爲名貞觀五年
廢入枹罕五年又置　鳳林　漢白石縣屬金城郡張駿改白水爲
永固貞觀七年廢縣置焉州十一年州廢於城內置安鄉縣天寶元
年改爲鳳林取關名也
武州下　隋武都郡武德元年置武州領將利建威覆津盤堤四縣
貞觀元年省建威入將利天寶元年改爲武都郡乾元元年復爲武
州舊領縣三戶一千一百五十二口五千三百八十一　天寶戶二千
九百二十三口一萬五千三百二十三　在京師西一千二百九十里
至東都二千里　將利　秦漢白馬之地漢置武都郡并縣後魏改
武都爲石門縣置武州後周改爲將利縣仍置武都郡隋初廢煬帝
復爲郡皆治將利縣　覆津　後魏置武階郡又於今縣東北三十
里萬郡故城置覆津縣隋廢武階郡縣屬武都郡　盤堤　漢河池
○縣地屬武都郡後魏於今縣東南百四十二里移盤堤縣於郡置武
州盤堤山爲名
洮州下　隋臨洮郡武德二年置洮州貞觀五年移州治於洪和城
後復移還洮陽城今州治也永徽元年置都督府開元十七年廢併
入岷州臨潭縣置臨州二十七年又改爲洮州天寶元年改爲臨洮
郡管密恭縣党項部落也寄治州界乾元元年復爲洮州舊領縣二
戶二千三百六十三口八千二百六十　天寶戶二千七百口一萬五千六十
在京師西一千五百六里至東都二千三百九十里　臨潭　秦漢時羌地
本吐谷渾之鎮謂之洪和城後周攻得之改爲美相縣屬貞觀四年
洮州理於此置臨潭縣屬旭州八年廢旭州來屬其年移理洮陽城
今州治也仍於舊洪和城置美相縣隸洮州天寶中廢美相併入
岷州下　隋臨洮郡之臨洮縣義寧二年置岷州武德四年爲總管
府管岷宕洮疊旭五州七年加督芳州九年又督文武扶五州貞觀
元年督岷宕洮旭四州六年督橋意二州十二年廢都督府神龍元

年廢當夷縣天寶元年改爲和政郡乾元元年復爲岷州舊領縣四
戶四千五百八十三口一萬九千二百三十九　天寶縣三戶四千三
百二十五口二萬三千四百四十一　在京師西一千三百七十八里至
東都二千一百里　溢樂　秦臨洮縣屬隴西郡今州西二十里長
城蒙恬所築岷山在縣南一里崆峒山縣西二十里　後魏置岷州
仍改臨洮爲溢樂隋復改臨洮義寧二年改名溢樂神龍元年廢當
夷縣併入　枯川　後周置基城縣先天元年改爲枯川避玄宗名
和政　後周置洮城郡保定元年置和政縣
廓州下　隋澆河郡武德二年置廓州天寶元年改爲寧塞郡乾元
元年復爲廓州舊領縣二戶二千二十口九千七百三十二　天寶領
縣三戶四千二百六十一口二萬四千四百　在京師二千三十里至東
都二千七百七十二里　廣威　後漢燒當羌之地段熲破羌斬澆
河大師即此也漢末置西平郡此地即南界也前涼置湟河郡後魏
置石城郡廢帝因縣內化隆谷改爲化隆縣後因置廓州先天元年
○改爲化成縣天寶元年改爲廣威縣縣界有拔延山　達化　後周置
達化郡并縣吐渾澆河城在縣西一百二十里　米川　漢枹罕縣
地屬金城郡貞觀五年置米州及米川縣十年州廢縣屬廓州
疊州下都督府　隋臨洮郡之合州縣武德二年置疊州領合川樂
川疊川三縣五年又置安伏和同二縣以處党項尋省疊川樂川縣
十三年置都督督疊岷洮宕津序壹枯嶂王蓋立橋等州永徽元年
罷都督府天寶元年改爲合川郡乾元元年復爲疊州舊領縣一戶
一千八十三口四千六十九　天寶領縣二戶一千二百七十五口
七千六百七十四　京師西南一千一百一十里至東都二千五
百六十里　合川　秦漢巴夷爲諸羌保據後周武帝逐諸羌始有其
地置合川縣仍於縣置疊州取郡山重疊之義舊治吐谷渾馬牧城
武德三年移於交戍城　常芬　隋同昌郡之常芬縣武德元年置
芳州領常芬恒香丹領三縣神龍元年廢芳州爲常芬縣隸疊州
宕州下　隋宕昌郡武德元年置宕州領懷道良恭和戎三縣貞觀

三年省和戎入懷道天寶元年改爲懷道郡乾元元年復爲宕州
舊領縣二戶一百四十口一千四百六十一　天寶戶一千一百九
十口七千一百九十九　在京師西南一千六百五十六里至東都
二千二百八十五　懷道　歷代諸羌所據後魏始附爲蕃國後
周置宕昌郡及懷道良恭二縣隋爲宕昌郡武德初爲宕州理懷道
良恭　後周置陽宕縣隋改爲良恭

河西道

貞觀元年分隴坻已西爲隴右道景雲二年以江山闊遠奉使者艱
難乃分山南爲東西道自黄河以西分爲河西道

涼州中都督府　隋武威郡武德二年平李軌置涼州總管府管涼
甘瓜肅四州涼州領姑臧昌松番禾三縣三年又置神烏縣七年改
爲都督府督涼肅甘沙瓜伊芳文八州貞觀元年廢神烏縣總章元
年復置咸亨元年爲大都督府督涼甘肅伊瓜沙雄七州上元二年
爲中都督府神龍二年置嘉麟縣天寶元年改爲武威郡督涼甘肅

三州乾元元年復爲涼州舊領縣三戶八千二百三十一口三萬三千
三十　天寶領縣五戶二萬二千四百六十二口十二萬二百八十一
在京師西北二千一十里至東都二千八百七十里　姑臧　漢縣屬
武威郡郡所理秦月氏戎所處匈奴本名蓋藏城語訛爲姑臧城西
魏復置涼州晉末張軌據姑藏稱前涼呂光又稱後涼後入於元魏
爲武威郡武德初平李軌置涼州州界有猪野澤神烏　漢鸞烏縣
屬武威郡後魏廢總章元年復於漢武威城置武威縣神龍元年改
爲神烏於漢鸞鳥古城置嘉麟縣　昌松　漢蒼拾縣屬武威郡拾音
後涼呂光改爲昌松　天寶　漢番禾縣屬張掖郡番音盤　縣南山
曰天山又名雪山咸亨元年於縣置雄州調露元年廢雄州番禾還
涼州天寶三年改爲天寶縣嘉麟　神龍二年於漢鸞鳥古城置景
龍二年廢先天二年復置吐渾部落　興昔部落　閤門府　皐蘭
府　盧山府　金水州　蹛林州　賀蘭州　已上八州府並無縣
皆吐渾契苾思結等部寄在涼州界内共有戶五千四十八口一萬

七千二百一十二

甘州下　隋張掖郡武德二年平李軌置甘州天寶元年改爲張掖
郡乾元元年復爲甘州舊領縣二戶二千九百二十六口一萬一千六
百八十　天寶戶六千二百八十四口二萬二千九十二　在京師西北
二千五百里至東都三千三百一十里　張掖　故匈奴昆邪王地
屬漢武開置張掖郡及觻得縣觻音　郡所治也匈奴王號也後魏置
張掖軍孝文改爲郡及縣州置西涼州尋改爲甘州取州東甘峻山
爲名祁連山在州西南二百里也　刪丹　漢縣屬張掖郡後漢分
張掖置西海郡晉分刪丹置蘭池萬歲仙堤三縣煬帝廢併入刪丹
居延海焉支山在縣界刪丹山即焉支山語訛也

肅州下　武德二年分隋張掖郡置肅州八年置都督府督肅瓜沙
三州貞觀元年罷都督府貞觀中廢玉門縣天寶元年改爲酒泉郡
乾元元年復爲肅州舊領縣三戶一千七百三十一口七千一百一十
八　天寶領縣三戶二千三百三十口八千四百七十六　在京師西北

二千八百五十八里至東都三千七百八十里　酒泉　漢福祿縣
屬酒泉郡郡城下有金泉泉味如酒故爲郡名此月支地爲匈奴所
滅匈奴令休屠昆邪王守之漢武時昆邪來降乃置酒泉郡張軌李
暠沮渠蒙遜皆都于此後魏置酒泉軍復爲郡後周改爲甘州隋分
甘州置肅州皆治酒泉義寧元年置酒泉縣　福祿　漢舊縣屬酒
泉郡令縣漢樂綰縣地屬燉煌郡武德二年於樂綰古城置福祿縣

瓜州下都督府　隋燉煌郡之常樂縣武德五年置瓜州仍立總管
府管西沙肅三州八年罷都督貞觀中復爲都督府天寶元年爲晉
昌郡乾元元年復爲瓜州舊領縣二戶千一百六十四口四千三百二
十二　天寶戶四百七十七口四千九百八十七　在京師西三千三百
一十里至東都四千三百六里　晉昌　漢冥安縣屬燉煌郡冥水
名置晉昌郡及冥安縣因改晉昌爲永興隋改爲瓜州改冥安常樂
武德七年復爲晉昌　常樂　漢廣至縣屬燉煌郡魏分廣至置宜
禾縣李暠於此置涼興郡隋廢置常樂鎮武德五年改鎮爲縣

伊州下　隋伊吾郡隋末西域雜胡據之貞觀四年歸化置西伊州
六年去西字　天寶元年爲伊吾郡乾元元年復爲伊州　舊領縣三戶一千
三百三十二口六千七百七十八　天寶領縣三戶二千四百六十七口一萬
一百五十七　在京師西北四千四百一十六里至東都五千三百三十里伊吾
在燉煌之北大磧之外秦漢之際戎居之南去玉門關八百里東去
陽關二千七百三十里漢宣帝時以鄭吉爲都護在玉門關元帝時
置戊己校尉皆治車師後漢明帝時取伊吾盧地置宜禾都尉以屯
田竇嬰班超大破西域始於此築城班勇爲西域長史居此地也後
魏後周鄯善戎居之隋始於漢伊吾屯城之東築城爲伊吾郡隋末
爲戎所據貞觀四年款附置西伊州始於此天水在州北二十里一
名白山胡人呼析羅漫山　柔遠　貞觀四年置取縣東柔遠故城
爲名　納職　貞觀四年於鄯善胡所築之城置納職縣
沙州下　隋燉煌郡武德二年置瓜州五年改爲西沙州貞觀七年
去西字天寶元年改爲燉煌郡乾元元年復爲沙州舊領縣二戶四

千二百六十五口一萬六千二百五十　在京師西北三千六百五十里
至東都四千三百九里　燉煌　漢郡縣名月氏戎之地秦漢之際
來屬漢武開西域分酒泉置燉煌郡及縣周改燉煌爲鳴沙縣取縣
界山名隋復爲燉煌武德三年置瓜州取春秋祖吾離於瓜州之義
五年改爲西沙州皆治於三危山在縣東南二十里鳴沙山一名沙
角山又名神沙山取州名焉在縣七里　壽昌　漢龍勒縣地屬燉
煌郡縣南有龍勒山後魏改爲壽昌縣陽關在縣西六里玉門關在
縣西北一百一十八里
西州中都督府　本高昌國貞觀十三年平高昌置西州都督府仍
立五縣顯慶三年改爲都督府天寶元年改爲交河郡乾元元年復
爲西州舊領縣五戶六千四百六十六　天寶領縣五戶九千一十六
口四萬九千四百七十六　在京師西北五千五百一十六里至東都六
千二百一十五里　高昌　漢車師前王之庭漢元帝置戊己校尉
於此以其地形高敞故名高昌其故壘有八城張駿置高昌郡後魏
因之魏末爲蠕蠕所據後麴嘉稱高昌王於此數代貞觀十四年討
平之以其地爲西州其高昌國境東西八百里南北五百里尋置都
督府又改爲金山都督府　柳中　貞觀十四年置交河縣界有交
河水源出縣北天山一名神連山縣取水名地本漢車師前王庭
蒲昌　貞觀十四年於始昌故城置縣東南有蒲類海胡人呼爲婆
悉海　天山　貞觀十四年置取祁連山爲名北庭都護府　貞觀
十四年侯君集討高昌西突厥屯兵於浮圖城與高昌相響應及高
昌平二十年四月西突厥泥伏沙鉢羅葉護阿史那賀魯率衆內附
乃置庭州處葉護部落長安二年改爲北庭都護府自永徽至天寶
北庭節度使管鎮兵二萬人馬五千匹所統攝突騎施堅昆斬啜又管
瀚海天山伊吾三軍鎮兵萬餘人馬五千匹至上元元年陷吐蕃舊
領縣一戶二千三百天寶領縣三戶二千二百二十六口九千九百
六十四　在京師西北五千七百二十里東至伊州界六百八十里南至
西州界四百五十里西至突騎施庭一千六百里北至堅昆七千里

東至迴鶻界一千七百里　金滿　流沙州北前後烏孫部舊地方五
千里後漢車師後王庭胡故庭有五城俗號五城之地貞觀十四年
平高昌後置庭州以前故及突厥常居之　輪臺　取漢輪臺爲名
蒲類　海名已上三縣貞觀十四年與庭州同置　瀚海軍　開元
中蓋嘉運置在北庭都護府城內管鎮兵萬二千人馬四千二百匹
天山軍　開元中置伊州城內管鎮兵五千人馬五百匹在都護府
南五里伊吾軍　開元中置在伊州西北五百里甘露川管鎮兵三
千人馬三百匹在北庭府東南七百里
鹽治州都督府　鹽祿州都督府　陰山州都督府
大漠州都督府　輪臺州都督府　金滿州都督府
玄池州　哥係州　咽麪州　金附州　孤舒州　西鹽州
東鹽州　叱勒州　迦瑟州　馮洛州　已上十六番州新戎胡部
落寄於北庭府界內無州縣戶口隨地治畜牧
安西大都護府　貞觀十四年侯君集平高昌置西州都護府治在

西州顯慶二年十一月蘇定方平賀魯分其地置濛池崑陵二都護府分其種落列置州縣於是西盡波斯國皆隸安西都護府仍移安西都護府理所於高昌故地三年五月移安西府於龜茲國舊安西府復爲西州龍朔元年西域吐火羅款塞乃於于闐已西波斯已東十六國皆置都督督州八十縣一百一十軍府一百二十六仍立碑於吐火羅以志之咸亨元年四月吐蕃陷安西都護府至長壽二年收復安西四鎮依前於龜茲國置安西都護府至德後河西隴右戍兵皆徵集收復兩京上元元年河西軍鎮多爲吐蕃所陷有舊將李元忠守北庭郭昕守安西府二鎮與沙陀迴鶻相依吐蕃久攻之不下建中元年元忠昕遣使間道奏事德宗嘉之以元忠爲北庭都護昕爲安西都護其後吐蕃急攻沙陀迴鶻部落北庭安西無援貞元三年竟陷吐蕃

北庭都護府　本龜茲國顯慶中自西川移府治於此東至焉耆鎮守八百里西至疎勒鎮守二千里南至于闐二千里東北至北庭府

。二千里南至吐蕃界八百里北至突騎施界鴈沙川一千里安西都護府鎮兵二萬四千人馬二千七百匹都護兼鎮西節度使

四鎮　安西都護所統

龜茲都督府　本龜茲國其王姓白理白山之南去瓜州三千里勝兵數千貞觀二十二年阿史那社尒破之虜龜茲王而還乃於其地置都督府領蕃州之九至顯慶三年破賀魯仍自西州移安西府置于龜茲國城

毗沙都督府　本于闐國在葱嶺北二百里勝兵數千俗多機巧其王伏闍信開元二十二年入朝上元二年正月置毗沙都督府初管蕃州五上元元年分爲十在安西都護府西南二千里

疎勒都督府　本疎勒國在白山之南勝兵二千去瓜州四千六百里貞觀九年遣使朝貢自是不絶上元中置疎勒都督府在安西都護府西南二千里

焉耆都督府　本焉耆國其王姓龍名突騎支常役於西突厥俗有魚鱉之利貞觀十八年郭孝恪平之由是臣屬上元中置都督府處其部落無蕃州在安西都督府東八百里

西域十六都督州府

龍朔元年西域諸國遣使來內屬乃分置十六都督府州八十縣一百一十軍府一百二十六皆隸安西都護府仍於吐火羅國立碑以紀之

月氏都督府　於吐火羅國所治遏換城置以其王葉護之於其部內分置二十四州都督統之

太汗都督府　於嚈噠部落所治活路城置以其太汗領之仍分其部置十五州太汗領之

條枝都督府　於訶達羅支國所治伏寶瑟顛城置以其王領之仍於其部分置八州

大馬都督府　於解蘇國所治數瞞城置以其王領之仍分其部置三州

。高附都督府　於骨咄施國所治妖沙城置以其王領之仍分其部置三州

修鮮都督府　於罽賓國所治遏紇城置以其王領之仍分其部置十一州

寫鳳都督府　於失范延國所治伏戾城置以其王領之仍分其部置四州

悅般都督府　於石汗那國所治艷城置以其王領之仍分其部置雙靡州

奇沙州　於護特健國所治遏密城置仍分其部置沛濘大秦二州

和默州　於怛没國所治怛城置仍分置粟弋州

拔搬州　於烏拉喝國所治摩竭城置

崑墟州　於護密多國所治抵寶那城置

至拔州　於俱密國所治措瑟城置

鳥飛州　於護密多國所治撲廷城置

王庭州 於乂越得犍國所治步師城置

波斯都督府 於波斯國所治疾陵城置

右西域諸國分置羈縻州軍府皆屬安西都護統攝自天寶十四載已前朝貢不絕今於安西府事末紀之以表太平之盛業也

唐書志卷第二十

唐書志卷第二十一

劉昫等撰

地理四　劍南道東西道　嶺南道五管

劍南道

成都府　隋蜀郡武德元年改爲益州置總管府管益綿陵遂資雅嘉瀘戎會松翼巂南寧昆恭十七州益州領成都雒九隴郫雙流新津晉原青城陽安金水平泉玄武綿竹等十三縣又置　唐隆導江二縣二年分置卭眉普榮登五州屬總管府又置新都什邡二縣三年罷總管置西南道行臺仍分綿竹導江九隴三縣立濛州陽安金水平泉三縣立簡州割玄武屬梓州又析置德陽新繁萬春三縣九年罷行臺置都督府督益綿簡嘉陵眉犍卭十州幷督巂南會寧都督府貞觀二年廢濛州之九隴綿竹導江來屬仍改萬春爲溫江六年罷南寧都督更置戎州都督屬益州八年兼領南金州都督十年又督益綿簡嘉陵雅眉卭八州茂巂二都

督十七年置蜀縣龍朔二年升爲大都督府仍置廣都縣咸亨二年置金堂儀鳳二縣其年又置唐昌濛陽二縣垂拱三年分雒九隴等十三縣置彭蜀二州其年又置犀浦縣聖曆三年又置東陽縣天寶元年改益州爲蜀郡依舊大都督府劍南三十八郡十五載玄宗幸蜀駐蹕成都至德二年十月駕迴西京改蜀郡爲都府長史爲尹又分爲劍南東川西川各置節度使廣德元年黃門侍郎嚴武爲成都尹復併東西川爲一節度自崔寧鎭蜀後分爲西川自後不改舊領縣十六戶十一萬七千八百八十九口七十四萬三百一十二漢朝蜀郡戶二十六萬八千二百七十九口一百二十四萬天寶領縣十戶十六萬九百五十口九十二萬八千一百九十九京師西南二千三百七十九里至東都三千二百一十六里

成都　漢縣屬蜀郡漢朝成都一縣管戶一萬六千二百五十六蜀三代之時西南夷國或臣或否秦惠王既霸西戎欲廣其地乃令[illegible]以其[illegible]漢中巴蜀三郡蜀王本都廣都之樊鄉張儀平蜀後自赤里街移治於少城今州城是也蜀城張儀所築　華陽　貞觀十七年分成都縣置蜀縣在州郭下與成都分理乾元元年二月改爲華陽　新都　漢縣屬廣漢郡　新繁　漢繁縣屬蜀郡劉禪時加新字　犀浦　垂拱二年分成都縣置　雙流　漢廣都縣地屬蜀郡隋置雙流縣也　廣都　龍朔三年分雙流置取隋舊名　郫　漢縣屬蜀郡隋置濛州大業省爲郫縣　溫江　漢郫縣地魏蜀郡治於此隋爲萬春縣貞觀元年改爲溫江　靈池　久視元年分蜀縣廣置東陽縣天寶元年改爲靈池

漢州上　垂拱二年分益州五縣置漢州天寶元年改爲德陽郡乾元元年復爲漢州　領縣五戶六萬九千五口三十萬八千二百三至京師二千二百里至東都三千一百一十六里

雒　漢縣屬廣漢郡後漢置益州治於雒晉置新都郡宋齊爲廣漢郡垂拱二年置漢州皆治雒縣也　德陽　後周廢縣武德三年分雒置　什邡　漢縣屬廣漢郡後周改爲方寧武德三年改爲什

邡雍齒侯邑在縣北四十步　綿竹　漢縣屬廣漢郡隋開皇三年置晉熙縣十八年又改爲孝水縣大業三年改爲綿竹武德三年屬濛州州廢來屬之　金堂　咸亨二年分雒縣新都置屬益州垂拱二年來屬也

彭州上　垂拱二年分益州四縣置彭州天寶元年改爲濛陽郡乾元元年復爲彭州　領縣四戶五萬五千九百二十二口三十五萬七千三百八十七至　京師二千三百三十九里至東都三千一百六十九里

九隴　州所治漢繁縣地宋置晉壽郡古城在縣西北三里梁置東益州後魏爲天水郡仍改爲九隴初於縣東三里置濛州大業省武德三年復置濛州領九隴綿竹導江三縣置彭州之名也三縣置屬益州垂拱二年屬彭州長壽二年改爲周昌神龍初復置也　濛陽　儀鳳二年分九隴雒什邡三縣置屬益州垂拱三年來屬　導江　蜀置都安縣後周改爲汶山武德元年改爲盤龍尋改爲導江三年割屬濛州州廢屬益州舊治灌口城武德元年移治導江郡垂拱二年來屬

蜀州　垂拱二年分益州四縣置天寶元年改爲唐安郡乾元元年
復爲蜀州也　領縣四戶五萬六千五百七十七口三十九萬六百九十
四至　京師三千三百三十二里至東都三千一百七十二里
晉原　漢江源地屬蜀州李雄立江源郡晉改爲多融縣又改爲
晉原鶴鳴山在西北十里青城漢江源縣地南齊置齊基縣後周
改爲青城山在西北三十二里舊青字加水開元十八年去水爲青
唐安本漢江源縣地後魏於此立犍爲郡及棘人道縣隋省武德
元年復置改爲唐隆長壽二年爲武隆先天元年改爲唐安　新津
漢武陽縣屬犍爲郡後周改爲新津屬益州垂拱二年屬蜀州也
眉州上　隋眉山郡之通義縣武德二年割嘉州之通義丹稜洪
雅青神南安五縣置眉州五年省南安貞觀二年置龍山縣天寶
元年改爲通義郡乾元元年復爲眉州也　舊領縣五戶三萬
六千九口十六萬九千七百五十五　天寶戶四萬三千五百二十九口一十七
萬五千二百五十六至　京師二千五百五十里至東都三千二百八十九里

通義　後漢置通義縣屬齊通義郡梁改爲青州後魏改爲眉
州後改通義爲安洛又復通義隋初爲廣壽改爲通義武德元年
於縣置唐眉州也　彭山　漢陽武縣地屬犍爲晉於郡置西江陽郡
後魏增置隆山郡以界內有彘鼻山地形隆故也隋改爲陵州隆
山縣先天元年改爲彭山也　丹稜　本南齊二樂郡後周改爲洪
雅縣隋改爲丹稜屬嘉州武德二年來屬也　洪雅　後周洪雅鎮
隋改爲縣武德九年置犍州貞觀初州廢屬眉州也　青神　漢南
安縣屬犍爲郡縣臨青衣江西魏置青衣縣本治思蒙水口武德
八年移於今治屬眉州也
綿州上　隋金山郡武德元年改爲綿州領巴西昌隆涪城魏成
金山萬安神泉七縣三年分置顯武龍安文義鹽泉四縣七年省
金山縣貞觀元年又省文義縣　舊領縣九戶四萬三千九百四口
十九萬五千五百六十三　天寶領縣九戶六萬五千六十六口二十六萬
三千三百五十二至　京師二千五百九里至東都三千二百五十九里

巴西　漢涪縣屬廣漢郡晉置梓郡西魏置潼州隋改爲綿州煬
帝改爲金山郡隋改涪爲巴西縣也　涪城　漢涪縣地東晉置始平
郡後魏改爲涪城及潼縣隋改潼爲涪城　昌明　漢涪縣地晉置
漢昌縣後魏爲昌隆先天元年改爲昌明舊有顯武縣神龍元年
改爲興聖開元二年廢併入昌明仍分巴西涪城萬安三縣地置
興聖縣二十七年廢地各還本屬　魏城　隋置　羅江　漢涪縣地
晉於梓潼水尾萬安故城置萬安縣後魏置萬安郡隋廢天寶元
年改萬安爲羅江廉泉譚水出縣北平地也　神泉　漢涪城地晉
置西園縣隋改爲神泉以縣西泉能愈疾故也　鹽泉　武德三年
分城置也　龍安　隋金水縣武德三年復置改爲龍安　西昌
隋金山縣隋末廢永淳元年復置改爲西昌也
劒州　隋普安郡武德元年改爲始州領縣七聖曆二年置劒門
縣先天二年改始州爲劒州天寶五年改爲普安郡乾元元年復爲
劒州也　舊領縣七戶三萬六千七百一十四口十九萬九十六　天寶

領縣八戶二萬三千五百一十口一十萬四百五十　至京師一千六百
六十二里至東都二千五百六十里
普安　漢梓潼縣廣漢郡治也宋置南安郡梁州又改爲安州西
魏改爲始州兼置普安郡武德三年復爲始州皆治於普安也
黃安　梁分梓潼縣置梁安縣尋改爲黃安　永歸　隋分梓
潼縣置　梓潼　漢縣蜀先分廣漢置梓潼西魏改爲潼川郡隋
爲梓潼縣後魏自涪縣移梓郡於今縣屬始州仍改郡爲縣也
陰平　晉流人入蜀於縣置北陰平郡山北有十八隴山山有隴
十八也　武連　漢梓潼縣地宋置武都郡及下辨縣又改下辨爲武
功後魏改爲武連也　臨津　漢梓潼縣地南齊置相厚縣隋改爲
臨津也　劒門　聖曆二年分普安永歸陰平三縣地於方期驛城
置劒門縣界大劒山即梁山也其北三十里所有小劒山大劒山有
劒閣道三十里至劒處張載刻銘之所劒山東西二百三十一里
梓州上　隋新城郡武德元年改爲梓州領郪射洪鹽亭飛烏

四縣三年又以益州玄武來屬四年又置永泰縣調露元年置銅
山縣天寶元年改爲梓潼郡乾元元年復爲梓州乾元後分蜀爲
東西川梓州恒爲東川節度使治所　舊領縣七戸四萬五千九
百二十九口二十四萬八千三百九十四　天寶領縣八戸六萬一千八百二
十四口二十四萬六千六百五十二至　京師二千九十里至東都二千九百里
郪　漢縣屬廣漢郡歷晉宋齊不改梁於縣置新州西魏改爲
昌城郡隋改爲梓州煬帝改爲新城郡城左帶潼水右挾中江
鄰居水陸之要梓州所治以梓潼水爲名也　射洪　漢郪縣地
後魏分置射洪縣婁縷灘東六里有射江語訛爲洪　通泉　漢廣
漢縣地隋縣也　玄武　漢氐道縣屬蜀郡晉改爲玄武武德元
年屬益州三年割屬梓州也　鹽亭　漢廣漢縣地梁置鹽亭
縣也　飛烏　漢郪縣地隋置飛烏鎮又改爲縣取飛烏山爲名
也　永泰　武德四年分鹽亭武安二縣置　銅山　調露元年分
飛烏二縣地置也

閬州　隋巴西郡武德元年改爲隆州領閬中南部倉溪南充相
如西水三城奉國儀隴大寅屬蓬州十縣其年又立辨丹思恭二
縣四年以南充西水屬果州儀隴大寅屬蓬州又置新政七年又
以奉國屬西平州還以奉國來屬又省思恭入閬中縣先天元年
改爲閬州天寶元年改爲閬中郡乾元元年復閬州
舊領縣八戸三萬八千九百四十九口二十七萬三千五百四十三　今領縣
九戸二萬五千五百八十八口十三萬二千一百九十二至　京師一千九百一
十五里至東都二千七百六十里
閬中　漢縣屬巴郡梁置北巴州西魏置隆州及盤龍郡煬帝改
爲巴郡武德爲隆州皆治閬中閬水迂曲經郡三面故曰閬中隋
爲閬內也　晉安　漢閬中縣地梁置金遷戍又爲金遷郡隋省郡
改爲晉城武德改爲晉安也　南部　後漢分閬中置充郡國縣屬
巴郡又分置南充國郡梁改爲南充郡國隋改爲南部也　蒼溪
後漢分宕渠置漢昌縣屬巴郡隋改漢昌爲蒼溪也　西水　漢閬
中縣地梁置掌天城後周改爲西水縣　奉國　後漢分閬中置武
德七年屬西平州貞觀元年還屬隆州　新井　漢充國縣地武德
元年分南部晉安二縣置界內有鹽井　新政　武德四年分南部
相如兩縣置　岐坪　舊屬利州開元二十三年來屬也
果州中　隋巴西郡之南充縣武德四年割隆州之南充相如二縣置
果州因果山爲名又置西充朗池二縣天寶元年爲南充郡乾元
元年復爲果州也　舊領縣四戸一萬三千五百一十口七萬五千八百一
十一　天寶領縣六戸三萬三千九百四口八萬九千二百二十五至　京
師二千五百五十八里至東都三千四百二十三里
南充　漢安漢縣屬巴郡宋於安漢故城置南宕渠郡隋改安漢爲
南充果山在縣南八里　相如　漢安漢縣地梁置梓潼郡周省郡立
相如縣以縣城南二十里有相如故宅二相如坪有琴臺　流溪
開耀元年析南充縣於溪水側置也　西充　武德四年分南充置
有西充山　朗池　武德四年分相如置　岳池　萬歲通天二年分
南充相如二縣置初治思岳池開元二十年移治今所

遂州中　隋遂寧郡武德元年改爲遂州領方義長江青石三縣
二年置總管遂梓資普四州貞觀罷總管十年復置都督督果
普合四州十七年罷都督府天寶元年改爲遂寧郡乾元元年復
爲遂州　舊領縣三戸一萬二千九百七十七口六萬六千四百六十九
天寶領縣五戸三萬五千六百三十二口十萬七千七百一十六至　京師
二千三百二十九里至東京三千一百六十六里
方義　漢廣漢縣屬廣漢郡宋置遂寧郡齊梁加東字後周改東
遂寧爲遂州後魏改廣漢爲方義　長江　東晉巴興縣魏改爲
長江舊治靈鷲山上元二年移治白桃川也　蓬溪　永淳元年分
方義縣置唐興縣長壽二年改爲武豐神龍初復景龍二年分唐
興置唐安縣先天二年廢唐安縣移唐安廢縣置天寶元年改唐
興爲蓬溪也　青石　東晉興縣後魏改爲始興隋改始興爲青石
以縣界有青石祠也遂寧景龍元年分置

普州中　隋資陽郡之安岳縣武德二年分資州之岳隆康居普慈四縣置普州三年又置樂至隆龕二縣天寶元年改爲安樂郡乾元元年復爲普州　舊領縣六戶二萬五千八百四十口六萬七千三百二十　天寶領縣四戶二萬五千六百九十三口七萬四千六百九十二至京師二千三百六十里至東都三千二百三里

安岳　漢犍爲巴郡地資中牛鞞墊江三縣地李雄亂後爲獠所據梁招撫之置普慈郡後周置普州隋省武德二年復置安岳爲治所　安居　後周柔剛縣屬安居郡隋改柔剛爲安居柔剛山在縣東二十步舊治柔剛山天授二年移理張栅也　普康　後周永唐縣隋改爲永康移治伏強城壽改爲隆康先天元年改爲普康也　崇龕　後周隆龕縣隋爲隆龕縣舊治整瀨川久視元年移治波羅川先天元年爲崇龕隆龕山在縣西三里也

陵州中　隋隆山郡武德元年改爲陵州領仁壽貴平井研始建隆山五縣貞觀元年割隆山屬眉州天寶元年改爲仁壽郡乾元

元年復爲陵州也　舊領縣四戶一萬七千四百四十一口八萬一百二十　天寶領縣五戶三萬四千七百二十八口十萬一百二十八至京師二千五百一十里至東都三千四百八十四里

仁壽　漢武陽縣縣東境屬犍爲郡晉置西域戍以爲井防後魏平蜀改置普寧縣後周置陵州以州南陵井爲名隋改普寧爲仁壽所治也　貴平　漢廣都縣之東南地屬郡後魏置和仁郡仍立平井貴平可曇三縣舊治和仁城開元十四年移治祿川也　井研　漢武陽縣地東晉置西陽郡魏置蒲亭縣隋改爲井研武德四年自擁思范水移治今所也　始建　漢武置建始鎮五年改鎮爲始建縣舊治擁思水聖曆二年移治榮祉山籍梁席郡一名漢陽戍永徽四年分貴平置

資州上　隋資陽郡武德元年改爲資州領盤石內江安岳普慈安居隆唐陽大牢威遠屬榮州二年分安居隆唐普慈安岳四縣屬普州貞觀四年置丹山縣天寶元年改爲資陽郡乾元元年復爲資州乾元二年正月分置昌壽廢也　舊領縣八戶二萬九千三百四十七口十五萬二千一百三十九　天寶戶二萬九千六百三十五口十萬四千七百七十五至京師二千五百六十里至東都三千五百千里

盤石　漢資中縣屬犍爲縣後周於今簡州陽安縣移資州於漢資中故城爲治所仍改資中爲盤石今州治　資陽　後周分資中置縣在資水之陽也　牛鞞　漢資中縣爲盤地隋分置牛鞞縣漢有牛鞞縣屬犍爲郡此非也洛水一名牛鞞水（音必尒反）　內江　漢資中縣地後漢於中江水濵置漢安戍其年改爲中江縣因其地江乃云中隋改爲內江漢安故城今縣治也　月山　資中地義寧二年置　龍水　資中地義寧二年置　銀山　資中地義寧二年置　丹山　漢資中地貞觀四年置六年省併入內江七年又置

榮州中　隋資陽郡之牢縣武德元年置榮州領大牢威遠二縣貞觀二年置旭川婆日至如三縣三年割瀘州之隆越來屬三年自

公井移州治大牢仍割嘉州資官來屬八年又割瀘州之和義來屬廢婆日至如越隆三縣永徽二年移州治旭川天寶元年改爲和義郡乾元元年復爲榮州　舊領縣六戶一萬二千二百六十二口五萬六千六百一十四　天寶戶五千六百三十九口一萬八千二十四至京師二千九百七十二里至東都二千七百四十九里

大牢　漢南安縣屬犍爲郡隋置大牢鎮壽改爲縣武德元年割資州之大牢威遠二縣於公井鎮置榮州取界內榮德山爲名又改公井爲縣六年自公井移州治於大牢縣也　公井　漢江陽縣屬犍爲郡後周置公井鎮武德元年鎮置榮州改爲公井縣貞觀六年治移於大牢也　威遠　漢安縣地屬犍爲郡隋於舊威戍置縣武德初屬資州其年割屬榮州也　旭川　貞觀元年分大牢縣置　資官　漢南安縣地晉置資官縣武德初屬嘉州六年來屬　和義　漢安仁縣地隋置和義縣

簡州　隋蜀郡之陽安縣武德三年分益州置天寶元年改爲陽

安郡乾元元年復爲簡州　舊領縣三戶一萬三千八百五口七萬五
千一百三十三　天寶戶二萬三千六十六口十四萬三千一百九十至　京師
西南二千七百里至東都三千六百里　陽安　漢牛鞞縣屬犍爲郡
後魏置陽安縣又分陽安平泉資陽三縣置簡州取界內賴簡池
爲名　金水　漢新都縣屬廣漢郡晉將朱齡石於東山立金水
戍後魏立金水郡分置金水白牟二縣隋改爲金淵屬蜀郡武德
初爲金水三年屬簡州州縣有金堂山　平泉　漢牛鞞縣地後魏
置婆閏縣隋移縣治於賴黎池仍改爲平泉縣縣之旁地湧泉
故也
嘉州中　隋眉山郡武德元年改爲嘉州領龍遊平羌夾江義眉
玉津綏山通義洪雅丹稜青神南安五縣置眉州貞觀六年改資
官屬榮州上元元年以戎州之犍爲來屬天寶元年改爲犍爲郡
乾元元年復爲嘉州三月劍南節度使盧元裕請升爲中都督府
尋罷　舊領縣六戶二萬五千八十五口七萬五千三百九十一　天寶
○　十八　〔唐志二十一〕　九　徐頲
領縣八戶三萬四千二百八十九口九萬九千五百九十一至京師二千七
百二十里至東都三千五百里　龍遊　漢南安縣地屬犍爲郡後
周置平羌縣隋初爲義眉縣又改爲青衣縣隋伐陳時龍見于江中
引舟乃改爲龍遊縣也州臨大江爲名　平羌　後周置也　義眉
漢南安縣隋置義眉縣取西山名也　夾江　漢南安縣地隋分龍
遊平羌三縣於涇上置夾江縣今北八十里有夾江廢戍即涇上地
也舊治涇上武德元年移於今治也　玉津　漢南安縣地隋置玉
津縣江中出蝁故也　綏山　隋招致生獠於榮樂城置綏山縣取
旁山名也　羅目　麟德二年開生獠置沐州及羅目縣上元三年
俱廢儀鳳三年又置治沐和城屬嘉州如意元年又自義眉縣界
移羅目治於今所也　犍爲　本漢郡因山立名舊屬戎州上元元年
改屬嘉州
邛州上　隋臨邛郡之依政縣武德元年割雅州之依政臨邛蒲江
火井五縣置邛州於依政縣三年又置安仁縣顯慶二年移州治
於臨邛天寶元年改爲臨邛郡乾元元年復爲邛州　舊領縣六
戶一萬五千八百八十六口七萬二千八百五十九　天寶領縣七戶四萬
二千一百七口十九萬三百二十七至京師西南二千五百一十五里至
東都三千三百七十一里　臨邛　漢縣屬蜀郡邛水出嚴道邛來山
入青衣江故云臨邛晉於益州唐隆縣置臨邛縣後魏平蜀自唐
隆移臨邛縣治於漢臨邛縣西立臨邛郡隋罷郡移臨邛縣於今
所治有火井銅官山也　依政　秦蒲陽縣漢臨邛縣梁置邛州於
蒲州領後魏改爲蒲陽郡置依政縣隋改爲臨邛郡治依政梁魏
邛州在今縣西南二里後周移治於今所後移治於臨邛　安仁
秦臨邛縣地武德三年置安仁縣貞觀十七年廢咸亨初復置
大邑　咸亨二年分益州晉原縣置也　蒲江　漢臨邛縣地後魏置
廣定縣隋改爲蒲江南枕蒲水故也　臨溪　後魏分臨邛縣置也
火井　漢臨邛縣地周置火井鎮隋改鎮爲縣也
雅州下都督府　隋臨邛郡武德元年改爲雅州領嚴道名山盧山
○　十八　〔唐志二十一〕　十　黃季棠
山依政臨邛蒲江臨溪蒙陽漢源火井長松靈關楊啓嘉良大利
陽山十六縣其年割依政臨邛蒲江臨溪火井五縣置邛州漢源
陽山二縣置登州二年置榮經縣六年省嘉良楊啓大利靈關蒙
陽長松六縣九年廢登州還以陽山漢源來屬貞觀二年又以陽
山漢源屬巂州八年又置百丈縣永徽五年以巂州漢源來屬
儀鳳四年置飛越文堤二縣大足元年又割漢源飛越二縣置黎州
神龍三年廢黎州漢源飛越屬雅州開元三年又割二縣置黎州
又置都督府天寶元年改爲盧山郡乾元元年復爲雅州都督羈
縻十九州也　舊領縣五戶一萬三百六十二口四萬一千七百二十三
天寶戶一萬八百九十二口五萬四千四百一十九　至京師西南二千七百
二十三里至東都三千五百一里　嚴道　漢縣屬蜀郡晉末大亂夷
獠據之後魏開生獠於此置蒙山郡領始陽蒙山二縣隋改始陽
爲嚴道蒙山爲名山仁壽四年置雅州煬帝改爲嚴道　盧山
漢嚴道地隋置盧山鎮又改爲縣盧山在縣西北六十里章盧山下

有山硤口開三丈長二百步俗呼爲盧關關外即生獠也　名山
嚴道縣地魏置蒙山縣隋改爲名山也　百丈　漢嚴道縣地在
漢臨邛南百二十里有百丈山武德置百丈鎮貞觀八年改鎮爲
縣　榮經　漢嚴道縣地武德三年置榮經縣縣界有邛來山九
折故銅山也
雅州都督一十九州並生羌生獠羈縻州無州縣
壽梁州　東石孔州　西石孔州　林波州　涉邛州
汶東州　金林州　費林州　徐渠州　會野州
雅州　中川州　鉗矢州　強雞州　長臂州
揚常州　林燒州　當仁州　當馬州
皆天寶已前歲時貢奉屬雅州都督
黎州下　雅州之漢源縣大足元年割漢源飛越二縣及嶲州之
陽山置黎州天寶元年改爲洪源郡乾元元年復爲黎州領羈
縻五十五州也　領縣三戶一千七百三十一口七千六百七十八　至京師

二千九百五十里至東都三千七百里　漢源　越嶲郡之地隋漢源
縣長安四年巡察使奏置黎州後使宋乾徽奏廢入雅州大足元
年又置黎州神龍三年廢開元三年又置於黎州取蜀南沉黎地爲
名州所治　飛越　儀鳳四年分漢源於飛越水置縣屬雅州大足
元年屬黎州長安二年廢大渡縣併入神龍三年屬雅州開元三
年又屬黎州也　通望　舊陽山縣屬嶲州大足元年屬黎州神
龍二年又屬嶲州開元元年却屬黎州天寶元年改爲通望也
黎州統制五十五州皆徼外生獠無州羈縻而已
羅巖州　索古州　秦上州　輒榮州　劇川州
合欽州　蓬州　柘坡州　博盧州　明川州
胣腋州　蓬矢州　大渡州　米川州　木屬州
河東州　諸作州　甫嵐州　昌明州　歸化州
象川州　叢夏州　和良州　和都州　附樹州
東川州　上貴州　滑川州　比川州　吉川州

甫藁州　比地州　蒼榮州　野川州　邛陳州
貴林州　護川州　牒琮州　浪彌州　郎郭州
上欽州　時蓬州　儼馬州　櫛查州　邛川州
護邛州　腳川州　開望州　上蓬州　比蓬州
剝重州　久護州　瑤劍州　明昌州
瀘州下都督府　隋瀘川郡武德元年改爲瀘州領富井江安綿
水合江來鳳和義七縣武德三年置總管府一州九年省來鳳貞
觀元年置思隷思逢施陽三縣仍置涇南縣又省施陽縣十三
年省思隷思逢二縣十七年置溱珍二州儀鳳二年又置晏納奉
淅鞏薩六州載初二年置州天授元年置思吳州久視元年置清
州二年置能州並屬瀘州都督凡十州天寶元年改爲瀘川郡依舊
都督乾元元年復爲瀘州　舊領縣六戶一萬九千一百一十六口六萬
六千八百二十八　天寶戶一萬六千五百九十四口六萬五千七百一十一
至京師西南三千三百里至東都四千一百九十六里　瀘川　漢江陽

縣地屬犍爲郡梁置瀘川故以江陽爲瀘川縣州所治也　富義
隋富世縣貞觀二十三年改爲富義縣界有富世鹽井井深二百
五十尺以達鹽泉俗呼玉女泉以其井出鹽最多人獲厚利故云
富世　安江　漢陽縣地晉時生獠攻郡破之又置漢安縣隋改爲
江安也　合江　江符縣地屬犍爲郡晉置安樂縣後周改爲合江
也　綿水　漢江陽縣地晉置綿水縣當綿水入江之口也　涇南
貞觀八年分瀘川置在涇水之南
瀘州都督十州皆招撫夷獠置無戶口道里羈縻州
納州　儀鳳二年開山洞置天寶元年改爲都寧郡乾元元年復
爲納州　領縣八並與州同置　羅圍　播羅　施陽　都寧
羅當　羅藍都　胡茂
薛州　儀鳳二年招生獠置天寶元年改爲黃池郡乾元元年復
爲薛州也　領縣三　與州同置　枝江　黃池　播陵
晏州　儀鳳二年開山洞置天寶改爲羅陽郡乾元元年復爲晏

州也　領縣七與州同置　思戎　柯陰　新賓　扶來　思晏
多岡　羅陽
翬州　儀鳳二年開山洞置天寶改爲因忠郡乾元元年復爲翬
州也　領縣四與州同置　多樓　波負　比求　播郎
順州　載初二年置　領縣五與州同置　曲水　順山　靈巖
來猿　龍池
奉州　儀鳳二年置　領縣三與州同置　柯理　柯巴　羅蓬
思義州　天授三年置　領縣二與州同置　多溪　洛溪
能州　大足元年置　領縣四與州同置長寧　來銀　菊池　猿山
濆州　久視元年置　領縣四與州同置　新定　濆川　固城　居牢
漸州　儀鳳二年置　領縣四與州同置　漸源　越賓　洛川　鱗山
茂州都督府　隋汶山郡武德元年改爲會州領汶山北山汶川
左封通化翼斜交川翼水九縣其年割翼斜左封翼水三縣置翼
州以交川屬松州三年置揔管府管會翼二州四年改爲南會州

七年改爲都督府督南會翼向維州穹炎徹笮十州貞觀八年改
爲茂州以郡界茂濕山爲名仍置石泉縣天寶元年改爲通化郡
乾元元年復爲茂州也　舊領縣四戶三千三百八十六口五萬三千七
百六十一　天寶戶二千五百一十口一萬三千二百四十二　至京師西南二
千七百九十四里至東都三千一十四里　汶山　漢汶江縣屬蜀郡故城
在今縣北二里舊駹舟地晉汶山郡宋廣陽縣周爲汶州置汶山
縣隋初改爲蜀州又改爲會州貞觀八年改爲茂州　汶川　漢
綿虒縣地屬蜀郡晉置汶川縣後周移文川於廣陽縣齊州置
即今治也玉壘山在縣東北四里石紐山亦在縣界永徽二年廢
汶川縣併入石泉漢岷山縣地屬蜀郡貞觀八年置石泉之縣也
通化　漢廣柔縣地屬蜀郡後周置石門鎮隋改爲金山鎮壽改
爲通化也
茂州都督府羈縻州十雜翼兩州後進爲正州相次爲正者七今
附於都督之下

翼州下　隋汶山郡之翼斜縣武德元年分置翼州六年自左封移
州治於翼斜咸亨三年置都督府移就悉州城內上元二年罷都
督移還舊治天寶元年改爲臨翼郡乾元元年復爲翼州也
舊領縣三戶一千六百二口三千八百九十八　天寶領縣三戶七百一十
口三千六百一十八　至京師西南二千九百三十里至東都三千三百七
十八里　衛山　漢蠶陵縣屬蜀郡故城在縣西有蠶陵山隋改
爲翼斜縣治七頃城貞觀十七年移治七里溪天寶元年改爲衛山
縣　翼水　漢蠶陵縣隋置翼水縣也　雞川　昭德　二縣開生獠新置
維州下　武德元年白苟羌降附乃於姜維故城置維州領金川定
廉二縣貞觀元年羌叛州縣俱罷二年生羌首領董屈占者請吏復
立維州移治於姜維城東始屬茂州爲羈縻州麟德二年進爲正
州尋叛羌降爲羈縻州垂拱三年又爲正州天寶元年改爲維川
郡乾元元年復爲維州上元元年後河西隴右州縣皆陷吐蕃贊
普更欲圖蜀川累急攻維州不下乃以婦人嫁維州門者二十年

中生二子及蕃兵攻城二子內應城遂陷吐蕃得之號無憂城累入
兵寇擾西川韋皋在蜀二十年收復不遂至大中末杜悰鎮蜀維
州首領內附方復隸西川　舊領縣三戶二千一百四十二無口
天寶領縣二戶一千一百七十九口三千一百九十八　至京師二千八百三十里
至東都三千五百六十三里　薛城　漢巳前徼外羌冉駹之地蜀劉
禪時蜀將姜維馬忠等討汶山叛羌即此地也今州城即姜維故
壘也隋初蜀帥討叛羌於其地置薛城戍大業末又沒於羌武德
七年白苟羌酋鄧賢佐內附乃於姜維城置維州領金川定廉二
縣貞觀元年賢佐叛罷郡縣三年左上封生羌酋董屈占等舉族
內附復置維州及二縣薛城在州西南二百步也　小封　咸亨二年
刺史董弄招慰生羌置也
塗州下　武德元年臨塗羌歸附置塗州領端源婆覽二縣貞觀二
年州縣俱省二年又分茂州之端源戍置塗州也　領縣三戶二千
三百三十四口四千二百六十一　京師西南二千六百八十九里　端源

臨塗 悉憐 三縣與州同置
炎州下 貞觀五年六羌歸附置西封州八年改爲炎州 領縣三
與州同置 大封 慕仙 義川 領戶五千七百無口數 京師西南
三千三百七十六里
徹州下 貞觀五年西羌首領董凋貞歸化置 領縣三與州同置
文徹 俄耳 文進 領戶三千三百無口數 京師西南三千四百十八里
向州下 貞觀五年生羌歸化置也 領縣二與州同置 貝左 向貳
領戶一千六百二口三千八百九十八 京師西南二千八百六十九里
冉州下 本徼外斂才羌地貞觀五年置西冉州九年去西字 領縣
四與州同置 冉山 磨山 玉溪 金水 領戶一千三百七十口 京師
西南三千七百三十九里
穹州下 貞觀五年生羌歸附置西博州八年改爲穹州 領縣
五與州同置 領戶三千四百三十六口 京師西南三千二百六十七里
笮州下 貞觀七年白苟羌降附置西恭州八年改爲笮州也 領

縣三與州同置 遂都 亭勸 比思 無口戶京師西南二千九百四十五里
右九州皆屬茂州都督 永徽後又析爲三十一州今不錄其餘也
戎州中都督府 隋犍爲郡武德元年改爲戎州領僰道犍爲南
溪開邊都五縣貞觀四年以開邊屬南通州六州置都督府督戎
郎昆曲協紫盤曾鈞公分尹匡袁宋靡姚徽十七州八年置撫來縣
仍改南通州爲賢州以開邊來屬天寶元年改爲南溪郡依舊都
督羈縻三十六州一百三十七縣並荒梗無戶口乾元元年復爲戎州
舊領縣六戶三萬一千六百七十口六萬一千二十六 天寶領縣五戶四千
三百五十九口一萬六千三百七十五 京師西南三千一百四里至東都
四千四百八十里 棘道 漢僰道縣犍爲郡治所故僰侯國梁置戎州也
南溪 漢南廣縣屬犍爲郡後周於廢郡置南武戎隋改龍源戎
又置爲南溪縣也 義賓 本漢南安縣屬犍爲郡隋改爲郁鄢縣天
寶元年改爲義賓 開邊 漢僰道地隋置開邊縣也 歸順
聖曆二年分郁鄢縣置以處生獠也 戎州都督府羈縻州十六武

德貞觀後招慰羌戎開置也
協州下 隋犍爲郡之地古夜郎侯國武德元年開南中置也 領
縣三與州同置 東安 西安 湖津 領戶三百二十九 京師西南
四千里北接戎州也
曲州下 武德元年開南中置恭州八年改爲曲州 領縣二與州
同置 朱提 武德元年置安上縣七年改爲朱提 唐興 領戶一
千九十四 京師西南四千三百三十里北接協州
郎州下 武德元年開南中置南寧州乃立味同樂升麻同起新
豐隴隄泉麻梁水降九縣武德四年置總管府管南寧恭協昆尹
曾姚西濮西宋九州五年罷總管其年冬復置寄治益州七年
改爲都督督西寧豫西利南雲磨南籠七州并前九州合十六州
仍割南寧州之降縣屬西寧州八年自益州移都督於今治貞觀
六年罷都督置刺史八年改南寧爲郎州也 領縣七戶六千九百
四十二 京師西南五千六百七十里北接曲州也 味 隋廢同樂縣武

德元年復置改名 味音昧 同樂 升麻 同起 新豐 隴隄 泉麻
並與州同置
昆州下 漢益州郡地武德初招慰置 領縣四與州同置 益寧
晉寧 有滇池周三百里 安寧 秦臧 漢縣 領戶一千二百六十七
京師西南五千三百七十里北接嶲州
盤州下 武德七年開置西平州貞觀八年改爲盤州 領縣三與
州同置 附庸 平夷 盤水 即舊興古郡也 領戶一千九百六十
京師西南五千三十里北接郎州南接交州
黎州下 武德七年析南寧州置西寧州貞觀八年改爲黎州
領縣二 二縣本屬南寧 梁水 絳 領戶一千 至京師無里數也
接昆州
匡州下 武德七年開置南雲州貞觀三年改爲匡州也 領縣二
與州同置 勃弄 匡川 縣界有永昌故城也 領戶四千八十
京師西南五千一百六十五里

歸州下 武德四年置西濮州貞觀十一年改爲歸州也 領縣四
與州同置 濮水 青蛉 舊屬越巂郡 岐星 銅山 領戶千
三百九十 京師西南四千八百五十里南接姚州也
尹州下 武德四年置 領縣五與州同置 馬邑 天池 臨泉
甘泉 涌泉 領戶一千七百無里數接歸州
曾州下 武德四年置 領縣五與州同置 曾 三部 神泉 龍亭
長和 領戶千二百七 京師西南五千一百四十五里西接匡州
鈞州下 武德七年置南龍州貞觀十一年改爲鈞州也 領縣二
與州同置 望水 唐封 領戶一千 京師西南五千六百五十里東
北接昆州
靡州下 武德七年置西豫州貞觀三年改爲靡州 領縣二與
州同置 靡豫 七部 領戶一千二百 京師西南四千九百四十五里
南接姚州
裒州下 武德四年置 領縣二與州同置 楊波 強樂 領戶一千

四百七十 京師西南四千九百十十里南接姚州
宋州 武德四年置西宋州貞觀十一年去西字 領縣三與州同
置 宗居 石塔 河西 領戶一千九百三十 京師西南五千一十里北接姚州
微州下 武德四年置利州貞觀十一年改爲微州 領縣三與州同置
深利 十部 領戶一千一百五十 京師西南四千九百七十里東接靡州
姚州 武德四年置在姚府舊城北百餘步漢益州郡之雲南縣
古滇王國楚項襄王使大將莊蹻泝沅水出且蘭以伐夜郎屬秦
奪楚黔中地蹻無路能還遂自王之秦并蜀通五尺道置吏漢
武開西南夷置益州郡雲南即屬邑也後置永昌郡雲南哀牢博
南皆屬邑也蜀劉氏分永昌爲建寧郡又分永昌建寧置雲南郡
而治於弄棟晉改爲晉寧郡又置寧州武德四年安撫大使李英
以此州內人多姓姚故置姚州管州三十二麟德元年移姚州治於
弄棟川自是朝貢不絕天寶末楊國忠用事蜀帥撫慰不謹蠻王
閣羅鳳不恭國忠命鮮于仲通興師十萬渡瀘討之大爲羅鳳所

敗鎮蜀蠻帥異牟尋歸國遂以韋皐爲雲南安撫大使命使冊拜
謂之南詔大和中杜元頴鎮蜀蠻王嵯巔侵蜀自是或臣或否咸通
中結構南海蠻深寇蜀部西南夷之中南詔蠻最大也 領縣一戶
三千七百 至京師四千九百里 瀘南 縣在瀘水之南 長明
右上十六州舊屬戎州都督天寶已前朝貢不絕
巂州中都督府 隋越巂郡武德元年改爲巂州領越巂邛都可
蘇祁臺登六縣二年又置昆明縣三年置總管府管一州二年割雅
州陽山漢源二縣來屬八年又置和集縣天寶元年越巂郡依舊
都督府乾元元年復爲巂州也 舊領縣十戶二萬三千五十四口五
萬三千六百一十八 天寶領縣七戶四萬七百二十一口十七萬五千二百八十
京師西南三千六百五十四里 越巂 漢郡名武帝置今縣漢邛都
縣地屬越巂郡有越水巂水後周於越城置嚴州隋改爲西寧
州尋改巂州仍分邛都置越巂縣州所治也 邛都 後漢屬越巂
郡今漢蘭縣地屬蜀流黎郡後周置邛都縣也 臺登 漢縣屬越

巂郡 蘇祁 漢蘇夷縣屬越巂郡後周平南夷於故城復置也
西瀘 漢邛都縣地梁置可縣隋治姜磨戍武德七年移於今 天
寶末年改爲西瀘也 昆明 漢定莋縣屬越巂郡後周置定莋鎮
武德二年鎮爲昆明縣蓋南接昆池故也 會川 上元二年移邛都
縣於會川置因改爲會川也
松州下都督府 隋同昌郡之嘉誠縣武德元年置松州貞觀二
年置都督府督崌懿嵯閏麟雅叢可遠奉嚴諾峩彭軌蓋直肆
位玉璋祐序等二十五羈縻等州永徽之後生羌相繼忽叛屢有廢
置儀鳳二年復加整比督文扶當祐靜翼六州都督羈縻三十八州
研州劒州探那州杷州毗州河州幹州瓊州犀州拱州龕龍州陪州
如州麻州霸州彌州光州至涼州蠶州韡州梨州思帝州戌州統
州穀印州樂客州達違州卑州慈州據 天寶十二載節度松州都督
府一百四州其二十五州有額戶口多但羈縻逃散餘七十九州皆生
羌部落或臣或否無州縣戶口但羈縻統之天寶元年改松州爲

交州郡乾元元年復爲松州據貞觀初分十道松文扶當悉柘靜等屬隴右道永徽之後據梁州之境割屬劍南道也　舊領縣三戶六百一十二口六千三百五　天寶戶一千七十六口五千七百四十二　南至翼州一百八十里東至扶州三百三十八里東至茂州三百里西南至當州三百里西北至吐蕃界九十里至京師二千二百五十里至東都三千五十里　嘉誠　歷代生羌之地漢帝招慰之置護羌校尉別無州縣至後魏時白水羌象舒治自稱王之據此地其子舒彭遣使朝貢乃拜龍驤將軍甘松縣子始置甘松縣魏末大亂又絕後周復招慰之於此置龍涸防天和六年改置扶州領龍涸郡隋改甘松爲嘉誠縣屬同昌郡武德元年於縣置松州取州界甘松嶺爲名　交川　後周置龍涸郡隋廢爲交川縣也　平康　垂拱元年割交川及當州通軌翼州斜三縣置平康縣屬當州天寶元年改爲交川郡也

文州　隋武都郡之曲水縣義寧二年置陰平郡領曲水長松正西三縣武德改文州貞觀元年省正西入曲水天寶元年改爲陰平郡乾元元年復爲文州舊屬隴右道隸松州都督永徽中改屬劍南道也　舊領縣二戶一千九百八十口八千一百四十七　天寶戶一千六百八十六口九千二百五　京師西南一千四百九十里至東都二千二百九十里　曲水　漢陰平道屬廣漢晉亂楊茂搜據爲仇池互羌相傳歷代後魏平互羌始置文州隋爲曲水縣武德後置文州治於曲水也　長松　後魏置盧北郡郡置建昌縣後周移郡縣於此置隋廢郡改縣爲長松白馬水在縣北也

○十八〔唐志三十一〕　十九　黃庸

扶州　隋同昌郡武德元年改爲扶州天寶元年復爲同昌郡乾元元年復爲扶州舊屬隴右道隸松州都督永徽後改爲劍南道　舊領縣四戶一千九百二十八口八千五百五十六　天寶戶二千四百一十八口萬四千二百八十五　京師西南一千六百九十里至東都二千四百四十九里　同昌　歷代吐谷渾所據西魏逐吐谷渾於此置鄧州及鄧寧郡蓋以平定鄧至羌爲名隋初改置扶州及同昌縣煬帝又爲同昌郡派於此也　帖夷　後魏置帖夷郡隋罷爲縣萬歲通天二年改爲武進神龍依舊爲帖夷　萬全　後魏置武進郡又改爲上安郡隋廢郡爲尚安縣舊治刺利村長安二年移治黑水堡至德二年八月改爲萬全也　鉗川　後魏置鉗川郡隋罷郡復爲縣

龍州下　隋平武郡武德元年改爲龍門郡其年加西字貞觀元年改爲龍門州天寶元年改爲油江郡乾元元年復爲龍州舊屬隴右道永徽後割屬劍南也　舊領縣二戶一千一十七口六千一百四十九　天寶戶二千九百九十二口四千二百三十八　京師西南二千六百六十里至東都三千一十五里　油江　秦漢曹魏爲無人之境鄧艾伐蜀由陰平道景谷行無人之地七百里鑿山通道攀木緣崖魚貫而進以至江油即此城也晉始置陰平郡於此置平武縣至梁有楊李二姓大豪分據其地後魏平蜀置龍州隋初廢郡改平武爲油江縣界有石門山　清川　後魏馬盤縣天寶元年改爲清川也

當州下　本松州之通軌縣貞觀二十一年析置當州以土出當歸爲名州治利川領通軌左封二縣顯慶二年又析左封置悉州儀鳳二年移治逢臼橋天寶元年改爲油江郡乾元元年復爲當州本屬隴右道也　領縣三戶二千一百四十六口六千七百一十三　至京師三千一百里至東都三千九百里東北到松州九百里　通軌　本屬松州歷代生羌之地貞觀二十年松州首領董和那蓬固守松府特勅於通軌縣置當州以蓬爲刺史顯慶元年蓬嫡子屈寧襲繼爲刺史又置和利谷利平唐三縣也　和利　顯慶二年分通軌置谷利　文明元年開生羌置也

○十八〔唐志三十一〕　二十　黃庸

悉州　本翼州之左封縣顯慶元年置悉州領悉唐左封識臼三縣治唐城咸亨元年移治左封儀鳳二年羌叛又寄治當州城內尋歸舊治垂拱二年置歸誠縣載初元年移治匪平川天寶元年改爲歸誠郡割識臼屬臨翼郡乾元元年復爲悉州舊屬隴右道松州都督後屬劍南道　領縣一戶八百一十六口三千九百一十四　至京師二千七百五十里至東都三千八百里至西靜州六十里西北至當

州八十里也　左封　本屬翼州在當州東南四十里顯慶元年生羌首領董係比射內附乃於置悉州州在悉當川故也以董係比爲刺史領左封歸誠二縣載初元年又移州理東南五十里匪平川置也　歸誠　垂拱二年分左封置

靜州　本當州之悉唐縣顯慶元年於縣置悉州咸亨元年於悉州置翼州都督府移悉州理左封置儀鳳元年罷都督府翼州却還治於翼針縣於悉唐縣置南和州天授二年改爲靜州比屬隴右道隸松州都督後割屬劍南　領縣二戶一千五百七十七口六千六百六十九東北至當州六十里東至悉州八十里至京師與當州道里數同也　悉唐　縣置在悉唐川舊屬當州顯慶中來屬也　靜居　縣界有靜川也

恭州下　開元二十四年分靜州廣平縣置恭州仍置博恭烈山二縣天寶元年改爲恭化郡乾元元年復爲恭州本屬隴右道後割屬劍南　領縣三戶一千一百八十九口六千二百二十一　東至柘州一百里東

○北至靜州界至京師三千一百二十里　和集　舊廣平縣屬靜州開元二十四年於縣置恭州天寶元年改爲和集　博恭　開元二十四年分廣平置也　烈山　開元二十四年分廣平置也

柘州下　永徽後置天寶元年改爲蓬山郡乾元元年復爲柘州本屬隴右道松州都督後割屬劍南也

保州下　本維州之定廉縣開元二十八年置奉州以董晏立爲刺史領定廉一縣天寶元年改爲雲山郡八載移治所於天保軍乃改爲天保郡乾元元年二月西山子弟兵馬使嗣歸誠王董嘉俊以西山管內天保郡歸附乃爲保州以嘉俊爲刺史　領縣二戶一千二百四十五口四千五百三十六　至京師三千九百四十里至東都三千七百九十里東至維州風流鎮四十五里也　定廉　隋置定廉鎮隋末陷羌武德七年招白苟羌置維州及定廉縣以界水名永徽元年廢歸誠併入開元二十八年改屬奉州天寶八載改爲天保郡也　歸順　雲山　天寶八年分定廉置此二縣也

眞州下　天寶五載分臨翼郡之昭德雞川兩縣置昭德郡乾元元年改爲眞州取眞符縣爲名也　領縣三戶六百七十六口三千一百四十七　至京師三千里至東都三千八百五十里　眞符　天寶五載分雞川昭德二縣置州所治也　雞川　先天二年割翼州翼水縣置屬翼州天寶五載改爲眞州　昭德　舊識臼縣屬悉州天寶元年改屬翼州仍改名昭德縣五年改屬眞州也

霸州下　天寶元年因柘附生羌置靜戎郡乾元元年改爲霸州也　領縣一戶百七十一口千八百六十一　至京師二千六百三十二里至東都三千二百七十里　信安　與郡同置州所治也

已上十二州舊屬隴右道永徽已後割屬松州都督入劍南道

諸州隸松州都督相繼屬劍南也

松州都督府督羈縻二十五州　舊督一百州領州無縣戶口推二千五有名額皆招撫生羌置也

崌州下　貞觀元年招慰党項置州處也　領縣二與州同置

江源　洛稽　領戶一百五十五　京師西南二千二百四十六里

懿州下　貞觀五年置西吉州八年改爲懿州處党項也　領縣二與州同置　吉當　唐位　無戶口　至京師西南二千二百五十里也

闊州下　貞觀五年置處党項　領縣二與州同置　闊源　落吳　無戶口　至京師西南二千五百一十里

麟州下　貞觀五年置西麟州處生羌歸附八年去西字　領縣七與州同置　硤川　和善　斂具　硤源　三交　利恭　東陵　無戶口至京師四千五百里

雅州下　貞觀五年處生羌置西雅州八年去西字　領縣三與州同置　新城　三泉　石龍　無戶口　京師西南二千六百六十里

叢州　貞觀五年党項歸附置也　領縣五與州同置　都流　厥調　湊般　匐器　邇率鍾　並諸羌部落遥立無縣也　寧遠　臨泉　臨河　無戶口　京師西南一千八百里

可州　貞觀四年處党項西羌八年改爲可州也　領縣三與州同置

義誠 清化 靜方 無戶口 京師西南一千四十里
遠州 貞觀四年生羌歸附置也 領縣二與州同置 羅水 小部川
無戶口 京師西南二千三百六十里
奉州 貞觀三年處生羌置西仁州八年改爲奉州也 領縣三與州
同置 奉德 恩安 永慈 無戶口 京師西南二千一百六里
巖州 貞觀五年置西金州八年改爲巖州 領縣三與州同置
金池 甘松 丹巖 無戶口 京師西南二千一百里
諾州 貞觀五年處降羌置 領縣三與州同置 諾川 歸德
籬渭 無戶口 京師西南二千六百四十三里
蛾州 貞觀五年處降羌置 領縣二與州同置 常平 那川
無戶口 至京師二千七百里
彭州 貞觀三年處降党項置洪州七年改爲彭州 領縣四與
州同置 洪川 歸遠 臨津 歸正 無戶口 京師西南二千七百八十里
軌州都督府 貞觀二年處党項置 領縣四與州同置 通川

○王城 金原 俄徹 無戶口 京師西南一千三百九十里
盍州 貞觀四年置西唐州八年改爲盍州處降羌也 領縣四與
州同置 湘水 河唐 曲嶺 枯川 戶二百十無口 京師西南二千六
百三十里
直州 貞觀五年置西集州八年改爲直州處降羌 領縣二與
州同置 集川 新川 戶一百無口 至京師二千五百里
肆州 貞觀五年處降羌置 領縣四與州同置 歸唐 芳叢
鹽水 磨山 無戶口 至京師二千六百里
位州 貞觀四年降生羌置西鹽州八年改爲位州 領縣二與州同
置 位豐 西使 戶一百無口 至京師二千四百一十里
玉州 貞觀五年處降羌置 領縣二與州同置 玉山 帶河 戶二
百十五無口 至京師二千八百七十八里
嶂州 貞觀四年處降羌置 領縣四與州同置 洛平 顯川 桂川
顯平 戶二百無口 至京師二千九百里

祐州 貞觀四年處降羌置 領縣二與州同置 廓川 歸定
無戶口 至京師二千一百九十里
臺州 貞觀六年處党項置西滄州八年改爲臺州 無縣至
京師二千一百三十五里
橋州 貞觀六年處降羌置 無縣至 京師二千四百里
序州 貞觀十年處党項置 無縣至 京師二千四百里
右二十五州舊屬隴右道隸松州都督府貞觀中招慰党項羌
漸置永徽已後羌戎叛臣制置不今存招降之始以表太平之所至也

嶺南道

南海節度使領是十七州也

廣州中都督府 隋南海郡武德四年討平蕭銑置廣州總管府
管廣東衡洭南綏岡五州幷南康總管其廣州領南海增城淸遠
政賓寶安五縣六年又置高循二總管隸廣州七年改總管爲大都
督九年廢南康都督以端封宋洭瀧建齊威扶義勤十州隸廣府

○其年又省勤州貞觀改中都督府省威齊宋洭四州仍以廢洭州
之湞陽含匡二縣來屬改東衡爲韶州仍以南康州及崖州都督
並隸廣州二年省循州都督以循潮二州隸廣府八年改建州爲
樂州南波州爲湞州扶風州爲竇州十二年改南康州十三年省
湞州以四會化蒙懷集洊安四縣來屬省岡州以義寧新會二縣並
屬廣州其年又以義寧新會二縣立岡州今督廣韶端康封岡辯
藥瀧竇義雷循潮十四州永徽後以廣桂容邕安南府皆隸廣府
都督統攝謂之五府節度使名嶺南五管天寶元年改爲南海郡
乾元元年復爲廣州州內有經略軍管鎮兵五千四百人其衣糧
輕稅本道以自給廣州刺史充嶺南五府經略使 舊領縣十戶
一萬二千四百六十三口五萬九千一百十四 天寶領縣十三戶四萬二千
二百三十五 京師東南五千四百四十七里至東都四千九百里 南海
五嶺之南漲海之北三代已前是爲荒服秦滅六國始開越置三郡
曰南海桂林象郡以謫戍守之秦亡南海尉任囂病且死召南海

龍川令趙佗付以尉事佗乃聚兵守五嶺擊并桂林象郡自稱南越武王子孫相傳五代九十三年漢武帝命伏波將軍路博德樓船將軍楊僕兵踰嶺南滅之其地立九郡曰南海蒼梧鬱林合浦交阯九真日南儋耳珠崖後漢廢珠崖儋耳入合浦郡交州刺史領七郡而已今南海縣即漢番禺縣南海郡隋分番禺置南海縣番山在州東三百步禺山在北一里貪泉州西三十里越王井州北四里

番禺 漢縣名秦屬南海郡 漢置交州領郡七吳置廣州皆治番禺也 增城 後漢番禺縣地吳於縣置東官有增江 四會 漢縣屬南海武德五年於縣治北置南綏州領四會化蒙新招化穆化注五縣貞觀元年省新招化注二縣以廢威州之懷集廢宥州之濟安二縣來屬八年改為綏州十三年省州及化穆縣以四會化蒙懷集濟安四縣屬廣州也 化蒙 隋縣武德五年屬南綏州貞觀元年省化注入八年改綏州為綏州縣仍屬十三年改屬廣州 懷集 晉懷化縣隋為懷集武德五年於縣置威州領懷集霍清威成四縣貞觀元年州廢以懷集屬綏州省平寶霍清威成三縣八年改綏州為湞州縣仍屬十三年屬廣州 東官 隋寶安縣至德二年九月改為東莞郡於舊外其為名也 清遠 隋縣武德六年廢故寶縣併入所治也 浛水 漢封陽縣屬蒼梧郡南齊改為浛安武德四年於縣置齊州領浛安宋昌三縣貞觀元年省齊州及安樂宋昌二縣以浛安屬綏州八年改綏州為湞州縣乃屬十三年湞州廢屬廣州至德二年九月改為浛水也 湞陽 漢縣屬桂陽郡隋為直陽五年屬涯州貞觀初涯州廢改為湞陽屬廣州須山在縣北三十里

韶州 隋南海郡之曲江縣武德四年平蕭銑置番州領曲江始興樂昌臨瀧良化五縣貞觀元年改為韶州仍割湞州之翁源來屬八年廢臨瀧良化二縣天寶元年改為始興郡乾元元年復為韶州 舊領縣四戶六千九百六十口四萬四百一十六 天寶領縣六戶三萬一千口十六萬八千九百四十八南至廣州八百里西至郴州五百里東南至虔州七百里至京師四千九百三十二里至東都四千一百四十二里

曲江 漢縣屬桂陽郡在曲江川州所治也 始興 漢南野縣地屬豫章郡孫晧分南康郡之南野始興縣縣界東嶠一名大庾嶺南越之北塞漢討南越時有將軍姓庾城於此五嶺之最東故曰東嶠也 樂昌 隋置 翁源 翁水在縣界隋縣武德五年置湞州貞觀初廢以屬韶州 仁化 湞昌 已上二縣天寶後新置

循州 隋龍川郡武德五年改為循州總管府管循潮二州循州領歸善河源興寧博羅海豐羅陽省龍川歸善石城入河源齊昌入興寧三年廢總管府天寶元年改為海豐郡乾元元年復為循州 舊領縣五戶六千八百九十一口三萬六千四百三十六 天寶領縣六戶九千五百二十五無口數 南至廣州四百里東至潮州五百一十七里北至虔州隔山嶺一千六百五十里至東都四千八百里 歸善 秦漢龍川縣地屬南海郡宋置歸善縣界羅浮山湖中有白鹿貞觀元年省龍川縣併入 博羅 漢舊縣屬南海郡也 河源 隋縣循江一名河源水自虔州雩都縣流入龍川在河源縣云有龍穿地而出即水流漢因置龍川縣貞觀元年省西城併入 海豐 宋縣屬東官郡南海置縣南五十里即限海淡海鄉際武德五年分置陸安縣貞觀初併入也 興寧 漢龍川縣地貞觀元年省齊昌併入 雷鄉 新置

岡州 隋南海郡之新會縣武德四年平蕭銑置岡州領新會封平義寧三縣貞觀五年州廢以新會義寧屬廣州省封平封樂二縣其年又立南州割廣州之新會義寧來屬又立封樂縣天寶元年改為義寧郡乾元元年復為岡州也 舊領縣二戶二千三百五十八口八千六百六十二 天寶戶五千六百五十無口數 京師西南六千三百壹

新會 漢南海縣地晉置新會郡改置封州又改為宂州又改為岡州隋末廢併入廣州武德四年復為岡州舊治盆源城貞觀十三年廢岡州縣屬廣州其年復置州於今治也 義寧 漢番禺縣地宋置義寧縣屬新會郡

賀州 隋蒼梧郡之臨賀縣武德四年平蕭銑置賀州天寶元年

改爲臨賀郡乾元元年復爲賀州也　舊領縣五戶六千七百一十三
口一萬八千六百二十八　天寶領縣六戶四千五百無口數　京師東南四千
一百三十里至東都三千五百七十二里東南至廣州八百七十六里東至
連州二百六十里南至封州三百六十六里北至道州四百里北至富州
三百二十里西南至梧州四百二十二里也　臨賀　州所治漢縣屬蒼梧
郡臨賀水吳置臨賀郡宋改爲臨慶國齊復爲臨賀郡隋置賀州
隋末廢爲縣武德四年復置賀州　桂嶺　漢臨賀縣地隋舊也
馮乘　漢縣屬蒼梧郡有荔平關　封陽　漢縣屬蒼梧郡　富川
漢富川縣天寶改爲富水後復爲富川也　蕩山　新置
端州　隋信安郡武德元年置端州領高要樂城銅陵平興博林
五縣其年以樂城屬康州銅陵屬春州七年置清泰縣貞觀十三
年省博林清泰二縣天寶元年爲高要郡乾元元年復爲端州
舊領縣二戶四千四百九十一口二萬四千三百三　天寶戶九千五百口二萬
一千一百二十　東至廣州二百四十里南至新州一百四十里西至康州一百

六里至京師四千九百三十五里至東都四千七百里　高要　州所治
漢縣屬蒼梧郡宋齊屬南海郡陳置高要郡隋置端州縣北五
里有石室山縣西有鵠奔亭即漢交州刺史行部到鵠亭夜女子
鬼訴冤之亭　平興　漢高要縣地隋分置武德七年分置清泰縣
貞觀十三年省清泰併入
新州　隋信安郡之新興縣武德四年平蕭銑置新州天寶元年改
爲新昌郡乾元元年復爲新州　舊領縣四戶七千三百八十八口三
萬五千二十五　天寶領縣三戶九千五百　東至廣州義寧縣四十
一里北至端州一百四十里西北至康州二百七十里西南至勤州一百七十
里　至京師五千五十二里至東都五千里　新興　漢臨允縣屬合浦
郡晉置新寧郡梁置新州　索盧　武德四年析新興縣置　永順　新置
康州　隋信安郡之端溪縣武德四年置康州都督府督端康封新
宋瀧等州九年廢都督府及康州貞觀元年又置南康州十一年廢
十二年又置康州天寶元年改爲晉康郡乾元元年復爲康州

舊領縣四戶四千一百二十四口一萬三千五百四　天寶戶一萬五百一十
口一萬七千二百一十九　東北至廣州三百四十里西南至梧州二百八十
四里　東至端州一百六十里南至瀧州二百三十里西至封州一百二十
里南至新州二百七十里至京師五千七百五十里至東都五千一百五十里
端溪　漢縣屬蒼梧郡晉於縣分置晉康郡隋廢郡併入信安郡
武德復置康州縣界有端山山下有溪也　晉康　隋遂安縣至德
二年改爲晉康縣　悅城　隋樂城縣武德五年屬端州又割屬康
州改爲悅城　都城　漢端溪縣東百步有程溪亦名零溪溫媼養
龍之溪也
封州下　隋蒼梧郡之封川縣武德四年平蕭銑置封州天寶元
年改爲臨封郡乾元元年復爲封州　舊領縣四戶二千五百五十五
口一萬三千四百七十七　天寶領縣二戶三千九百口一千八百二十七　東北
至廣州九十五里西北至梧州五十五里東至康州一百三十里北至
賀州三百六十六里至京師水陸四千五百一十里也　封川　州所治

漢廣信縣地屬蒼梧郡在封水之陽梁置梁信郡隋平陳改爲成
州又改爲封州隋末州廢爲封川縣屬蒼梧郡武德初置封州
隋移州於封川口即今縣治也　開建　漢封陽縣地屬蒼梧郡
隋舊也
瀧州　隋永熙郡之瀧水縣武德四年平蕭銑置瀧州天寶元年
改爲開陽郡乾元元年復爲瀧州　舊領縣四戶三千六百二十七口九千
四百三十九　天寶領縣五　瀧水　州所治漢端溪縣地屬蒼梧郡晉分
端溪立龍鄉即今州治梁分廣熙郡置建州又分建州之雙頭洞立雙州
隋改龍鄉爲平原縣又改爲瀧水　開陽　隋廢縣武德四年分
瀧水置　永寧　武德四年於安遂縣置藥州領安遂永寧安南永
業四縣貞觀中廢藥州以永寧屬瀧水本隋永熙縣武德五年
改爲永寧　鎮南　隋安南縣至德二年九月改爲鎮南　建水　新置
恩州　隋高梁郡武德四年平蕭銑置高州都督府管高春羅
辯雷崖儋新八州七年割崖儋雷新屬廣州貞觀二十三年廢

高州都督府置恩州天寶元年改爲恩平郡乾元元年復爲恩州
內有清海軍管戍兵三千人也　領縣三戶九千無口數　京師東南
六千五百里西北六十里接廣州界　恩平　州所治漢合浦郡也隋
置海安縣武德五年改爲齊安至德二年九月改爲恩平也　杜陵
隋杜縣武德五年改爲杜陵也　陽江　隋舊置也
春州　隋高梁郡之陽春縣武德四年平蕭銑置春州天寶元年
改爲南陵郡乾元元年復爲春州　舊領縣二戶五千七百十四口一萬
一千六十一　天寶領縣二戶一萬一千二百一十八　京師東南六千四百四十
八里東至廣州六百四十二里南至州九十三里西至高州三百三十里
東北至新州二百六里西北至瀧州界也　陽春　州所治漢高縣
地屬合浦郡至隋不改也　羅水　天寶後置
高州　隋高凉郡舊治高凉縣後改爲西平縣貞觀二十三年分
西平杜陵置恩州高州移治良德縣天寶元年改爲高梁郡乾元
元年復爲高州　領縣三戶一萬二千四百　西北至竇州九十二里北至

瀧州界三百五十里西南至潘州九十里東至春州三百三十里至京
師六千二百六十二里至東都五千五百二十里　良德　漢合浦縣地屬
合浦郡吳置高梁郡宋齊不改　電白　梁置電白郡隋改爲縣也
保定　舊保安縣至德二年改爲保定
藤州下　隋永平郡武德四年置藤州領永平猛陵安基武林隋
建陽安昔寧戎城寧人潯人大賓賀川十二縣貞觀七年以武林屬
潯州安昔屬龔州普寧屬容州八年以猛陵屬梧州十二年以隋
建屬龔州天寶元年改爲感義郡乾元元年復爲藤州也
舊領縣六戶九千二百三十六口一萬三百七十二　天寶領縣三戶三千
九百八十　去京師五千五百九十六里去東都五千二百里南至義州
二百里西至龔州一百四十九里北至梧州九十七里　鐔津　漢猛陵
縣屬蒼梧郡晉置永平郡隋置藤州及鐔津感義義昌本安昌
縣至德二年九月改爲義昌
義州下　隋永熙郡之永業縣武德五年置南義州及四縣貞觀

元年州廢以所領縣入建州二年復置義州還以故縣來屬五年廢
義州縣屬南建州六年復置義州又改縣來屬天寶元年改爲連
城郡乾元元年復爲義州　舊領縣四戶三千二百二十五無口　天寶
領縣三戶一千一百一十口七千三百三　至京師五千七百五十里至東都四
千六百九十里東至梧州隔鄣嶺一百七十里北至藤州二百里西至容
州九十里東南至竇州一百七十二里東北至瀧州二百七里　岑溪
州所治漢猛城縣屬蒼梧郡武德四年置龍城縣置南義州貞
觀初廢二年復置義州領龍城安義連城義城四縣至德中改安城
爲永業龍城爲岑溪　永業　舊安義縣至德年改　連城　武德五
年分瀧州之正義縣置
竇州下　隋永熙郡懷德縣武德四年置南扶州及五縣以獠反
寄瀧州貞觀元年廢以所管縣並屬瀧州二年獠平復置南扶州
自瀧州還其故縣五年復廢縣隸龍州六年復置以故縣來屬其
年改南扶爲竇州天寶元年改爲懷德郡乾元元年復爲竇州

舊領縣五戶三千五百五十　天寶領縣四戶一千一十九　至京師水陸
六千一百二里至東都水陸五千四百里西至容州二百里東至瀧州
一百八十里南至潘州一百五十里東南至高州九十二里北至義州二
百三十里西南至禺州一百九十里　信義　漢端溪縣地屬蒼梧隋爲
懷德縣武德四年析懷德縣置信義縣仍置南扶州貞觀中改爲
竇州取州界有羅竇洞爲名也　懷德　本屬瀧州後來屬也
潭峩　武德四年分信義縣置也　特亮　武德四年分信義置
勤州　隋信安郡之高梁縣地武德四年置勤州隸南康州總管
九年改隸廣州其年廢縣屬春州後置勤州以銅陵來屬仍析
置富林縣　領縣三戶六百八十二口一千九百三十三　至京師五千三百九
十里至東都五千里東至新州一百七十里西至瀧州二百六十里南
至廣州六百三十五里西北至康州二百七十三里　富林　州所治析銅
陵置　銅陵　漢允吳縣地屬合浦郡宋立瀧潭縣隋改爲銅陵以
界內有銅山也

桂管十五州在廣州西
桂州下都督府 隋始安郡。武德四年平蕭銑置桂州揔管府管
桂象静融賀樂荔南昆龍九州并定州一揔管其桂州領始安福禄
純化興安臨源永福陽朔歸義宣風象十縣尋改定州為南尹州
其年又置欽州揔管隷桂府五年置南恭燕梧三州隷桂府九年
置晏州隷桂府貞觀元年以欽玉南亭三州隷桂府二年省玉州南
亭州五年置賓州隷桂府六年又以尹藤越白相繡鬱姜南宏南方
南簡南晉十二州隷桂府其年置龔州都督亦隷桂府其年廢龍
龔鬱三州八年改越州為廉州南簡為橫州南方為登州南宏為潘
州南晉為邕州尹州為貴州静州為富州樂州為昭州南昆為柳
州銅州為容州廢福禄歸義二縣十年廢姜州十二年廢晏州以
建陵縣來屬廢荔州以荔浦崇仁二縣來屬省宣風縣令督桂昭
賀富梧藤容潘白廉繡欽橫邕融柳貴十七州天寶元年改為始
安郡依舊都督府至德二年九月改為建陵郡乾元元年復為桂州

○剌史充經略軍使管戍兵千人衣糧稅本管自給也 舊領縣十
戶三萬二千七百八十一口五萬六千五百二十六 天寶領戶一萬七千五
百口七萬一千一十八 至京師水陸路四千七百六十里東都水陸路四
千四十里東至道州五百里西至容州四百九十三里南至昭州二百一
十里北至邵州六百八十五里東南至賀州五百三十里西南至柳州
八百里東北至永州五百五十里 臨桂 州所治漢始安縣地屬零陵
郡吳分置始安郡宋改為始建國南齊始安郡梁置桂州隋末復
為始安郡江源多桂不生新米故秦時立為桂林郡也 理定 漢始
安縣隋分置興安近改為理定 靈川 武德四年分始安置 陽朔
隋舊貞觀元年廢歸義縣併入 荔浦 漢縣屬蒼梧郡武德四年
置荔浦建陵隨化棠仁純義五年以隨化屬南恭州貞觀元年以
建陵屬晏州十二年廢荔州以荔浦崇仁屬桂州純義屬象州也
豊水 舊永豊縣元和初改為豊水縣 脩仁 隋置建陵縣貞觀
元年於縣置晏州領武龍建陵二縣十二年廢晏州及武龍縣以建

陵屬桂州長慶元年改為脩仁縣 恭化 武德四年分始安置純
化縣元和初改為恭化也 永福 武德四年分始安置 臨源 武德
四年分始安置 全義 新置
昭州 隋始安郡之平樂縣武德四年平蕭銑置樂州領平樂永
豊恭城沙亭四縣貞觀七年省沙亭縣八年改為昭州以昭岡潭
為名天寶元年改為樂平郡乾元元年復為昭州也 舊領縣三
戶四千九百一十八口一萬二千六百九十一 天寶戶三千五百 至京師四
千四百三十六里至東都四千二百一十九里西至桂州二百二十里東
北至道州四百里北永州六百三十九里南至富州一百六十六里也
平樂 州所治漢荔浦地屬蒼梧郡晉置平樂縣貞觀二年省
沙亭併入也 恭城 武德四年析平樂置 永平 隋縣舊屬藤州
富州下 隋始安郡之龍平縣武德四年平蕭銑置静州領龍平
博勞歸化安樂開江豪静蒼梧七縣尋又分蒼梧豪静開江三縣
置富州九年省安樂縣貞觀八年改為富州以富川水為名天寶

○元年改為開江郡乾元元年復為富州 舊領縣三戶三千三百四
十九口四千三百一十九 天寶戶一千二百九十 至京師五千一百三十
里至東都四千八百五十里西北至桂州界八十里東南至梧州界
九十里北至昭州一百六十六里也 龍平 漢臨賀縣地屬蒼梧郡
吳置臨賀郡梁分臨賀置南静郡又改為静州改南静郡為龍平
縣貞觀八年改為富州以富川水為名也 思勤 新置 馬江
隋開江縣長慶元年改為馬江皆漢臨賀縣地
梧州下 隋蒼梧郡武德四年平蕭銑置梧州領蒼梧豪静開
江三縣貞觀八年割藤州之孟陵賀州之綏越來屬十二年廢豪静
縣天寶元年改為蒼梧郡乾元元年復為梧州也 舊領縣四戶
三千八十四口五千四百二十三 天寶領縣三戶五千 至京師五千五百
里至東都五千一百里東至封州八十里東北至賀州四百一十里北
接富州界正西至藤州一百九十里 蒼梧 漢蒼梧郡治廣信縣
即今治隋立蒼梧縣於此置郡 戎城 隋縣舊屬藤州今來屬

孟陵　漢猛陵縣屬蒼梧郡

蒙州　隋始安郡之隨化縣武德四年置南蒙州割荔州之立山東區純義三縣分置嶺政縣貞觀八年改爲蒙州取州東蒙山爲名十二年省嶺政入立山天寶元年改爲蒙山郡乾元元年復爲蒙州　舊領縣三戶一千六十九　天寶戶一千五十九　至京師五千一百里至東都四千七百里南至桂州二百四十九里東至富州九十七里西南至象州一百七十六里　立山　州所治漢荔浦縣屬蒼梧郡隋分荔浦置隨化縣武德四年改爲立山於縣置荔州尋改爲恭州貞觀八年改爲蒙州州東蒙山山下有蒙水居人多姓蒙故也　東區　武德五年分立山置屬荔州貞觀六年屬鸞州十年改爲蒙州　正義　貞觀五年置純義縣屬荔州乾元初改爲正義也

龔州下　隋永平郡之武林縣貞觀三年置鸞州七年移鸞州於今州東仍於鸞州之舊所置龔州都督府督龔潯蒙賓澄鸞七州割藤州之武林鸞州之秦川來屬又立南平西平歸政大同四縣

○　十八　〔唐志二十〕　三十三　子晟

十二年廢潯州以桂平陵江大賓皇化四縣來屬其年省秦川入南平省陵江入桂平省歸政入西平又割藤州之隋建來屬天寶元年改爲臨江郡乾元元年復爲龔州　舊領縣八戶一萬三千八百二十一口一萬一千一百二十八　天寶領縣六戶九千口二萬一千　至京師五千七百二十里至東都五千三百六十一里東至藤州一百四十九里南至繡州九十五里西至潯州一百三十里北至蒙州二百四十里　南平　州所治漢猛陵縣地屬蒼梧郡晉分蒼梧置永平郡乃置武城縣貞觀七年分置南平縣後自武林移龔州治於此也　武林　猛陵縣地隋分置武林縣屬藤州貞觀七年屬龔州　隋建　猛陵縣地武德年屬藤州貞觀年屬龔州也　大同　貞觀元年分置　陽川　本陽建縣復改爲陽川也

潯州下　隋永平郡之桂平縣貞觀七年置潯州領桂平陵江大賓皇化四縣十二年廢潯州以四縣屬龔州後復置潯州以桂平大賓皇化來屬又省陵江入桂平天寶元年改爲潯江郡乾元元年復爲潯州也　舊領縣三戶二千五百口六千八百三十六　至京師五千九百六十里至東都五千七百里東至龔州一百三十里西至潘州二百五十里西南至貴州一百五十里西北至蒙州三百六十里西南接鬱林州界　桂平　漢布山縣鬱林郡所治也　隋爲桂平縣武德年屬貴州貞觀初屬鸞州七年屬潯州十二年州廢屬龔州復置潯州　宣化　漢河林縣屬鬱林郡隋置皇化縣後廢貞觀六年復置屬潯州州廢屬龔州又復屬潯州

鬱林州下　隋鬱林郡之石南縣貞觀中置鬱林州領石南興德天寶元年改爲鬱林郡乾元元年復爲鬱林州也　領縣五戶一千九百一十八口九千六百九十九　至京師五千五百七里至東都五千一百六十里東至平琴州九十里南至牢州一百一里西南至昭州一百一十里北至貴州一百五十里　石南　州所治漢鬱林郡之地梁置定州隋改尹州煬帝爲鬱林郡皆治於此陳時置石南郡隋改爲縣也　鬱林　隋縣屬貴州後來屬　興業　興德　武德四年分鬱林置　潭栗

○　十八　〔唐志二十〕　三十四　陳兵

平琴州下　漢鬱林郡地唐置平琴州無月年領縣四天寶元年改爲平琴郡乾元元年復爲州建中併入黨州今存　領縣四戶一千一百七十四　至京師六千四百八十里至東都五千八百三十里西至鬱林州九十里東南至牢州一百一十里北至貴州一百五十里北至繡州九十二里東至黨州二十二里　容山　州所治本名安仁至德年改也　懷義　福陽　古符　三縣與州同置

賓州下　隋鬱林郡之嶺方縣貞觀五年析南方之嶺方思干瑯瑯南尹州之安縣置賓州十二年省思干縣天寶元年改爲安城郡至德二年九月改爲嶺方郡乾元元年復爲賓州　舊領縣三戶七千四百八十五　天寶戶一千九百七十六口八千五百八十　至京師四千三百里至東都四千一百里南至潯州二百里東南至貴州一百七十里西至邕州二百五十七里東南至蒙州三百二十里西北至澄州一百二十里也　嶺方　漢縣屬鬱林郡武德四年屬南方州貞觀五年改

爲賓州　琅琊　武德四年析嶺方縣置　保城　梁置安城縣至德
二年改爲保城也
澄州下　隋鬱林郡之嶺方縣地武德四年平蕭銑置南方州領無
虞琅琊思干上林止戈賀水嶺方七縣貞觀五年以上林止戈琅琊
領方屬賓州八年改南方州爲澄州天寶元年改爲賀水郡乾元
元年復爲澄州　舊領縣四戶一萬八百六十八　天寶後戶一千三百
六十八口八千五百八十　至京師四千六百里至東都四千三百里南至
邕州三百里北至賓州四百三十里東南至賓州一百二十里西至古
州五百七十九里　上林　州所治漢嶺方縣地武德四年析置上林
縣也　無虞　武德四年析嶺方置　賀水　武德四年析柳州馬平縣置
繡州下　隋鬱林郡之阿林縣武德四年置林州領常林阿林皇
化歸誠羅繡盧越等縣六年改爲繡州貞觀六年省歸誠盧越七
年以皇化屬潯州天寶元年改爲常林郡乾元元年復爲繡州
領縣三戶九千七百七十三　至京師六千九十里至東都五千五百里南

至黨州五十里北至貴州一百里也　常林　漢阿林縣地屬鬱林
郡武德四年析貴州之鬱平縣置林州及常林縣貞觀六年省歸
誠縣入常林縣移治廢歸誠縣故城又改林州爲繡州　阿林　漢縣
屬鬱林郡　羅繡　武德四年析阿林置
象州下　隋始安郡之桂林縣武德四年平蕭銑置象州領陽壽西
寧桂林武仙武德五縣貞觀十二年省西寧縣割廢晏州武化長風
來屬天寶元年改爲象山郡乾元元年復爲象州　舊領縣六戶
一萬一千八百四十五口一萬二千五百二十一　天寶領縣三戶五千五百口一
萬八百九十　至京師四千九百八十九里北至桂州四百里東至象州
一百七十六里南至貴州三百里西北至柳州二百里東南至潯州三
百六十里西南至嚴州二百九十里也　武化　州所治漢潭中縣地
屬鬱林郡隋建陵縣屬桂州武德四年析建陵置武化縣屬晏
州貞觀十二年廢晏州來屬仍自武德縣移象州於縣置非秦之象
郡秦象郡今合浦縣　武德　漢中溜縣地屬鬱林郡吳於縣置鬱
林郡仍分中溜置桂林縣武德四年改爲武德於縣界置象州
陽壽　隋縣　武仙　武德四年析桂林置
柳州　隋始安郡之馬平縣武德四年平蕭銑置昆州領馬平新平
文安賀水歸德五縣其年改歸德爲脩德改文安爲樂沙仍加昆
州爲南昆州八年以賀水屬澄州貞觀七年省樂沙入新平縣以
廢龍州之龍城來屬八年改南昆爲柳州九年置崖山縣十二年省
新平入馬平天寶元年改爲龍城郡乾元元年復爲柳州以州界
柳嶺爲名　舊領縣四戶六千六百七十四口七千六百三十七　天寶
領縣五戶二千二百三十二口一萬一千五百五十　至京師水陸相乘五
千四百七十里至東都水陸相乘五千六百里東至桂州四百七里
至粤州二百九十里北至融州二十里東南至象州二百里北至柳州
三十里　馬平　州所治漢潭中縣地屬鬱林郡隋置馬平縣武德
四年於縣置昆州又改爲柳州也　龍城　隋縣武德四年置龍州
領龍城柳嶺二縣貞觀七年廢龍州省柳嶺縣　象　貞觀中置
洛曹　舊洛封縣元和十三年改　洛容　皆漢潭州地貞觀後析置

融州下　隋始安郡之義熙縣武德四年平蕭銑置融州復開皇舊
名領義熙臨牂黃水安脩四縣六年改義熙爲融水貞觀十三年
省安脩入臨牂天寶元年改爲融水郡乾元元年復爲融州
舊領縣三戶二千七百九十四口三千三百三十五　天寶戶一千二百三十二
至京師五千二百七十里至東都四千四百七十里東至桂州四百九十
一里南至柳州三十里至武零山二百里也　融水　漢潭中地與柳
州同隋置義熙縣武德四年改爲融水州所治也　武陽　舊黃水
臨牂二縣析融水置後併入改爲武陽

邕管　十州在桂府西南也

邕州下都督府　隋鬱林郡之宣化縣武德四年置南晉州領宣
化一縣貞觀六年改爲邕州都督府天寶元年改爲朗寧郡乾元元
年復爲邕州上元後置經略使領邕貴黨橫等州後又罷長慶二
年六月復置經略使以刺史領之刺史充經略使管戍兵一千七百

人衣糧税本管自給　舊領縣五戸八千二百二十五　天寶後戸
三千八百九十三口七千三百二　至京師五千六百里至東都五千三
百二十七里東南至欽州三百五十里東北至賓州二百五十里西南
至羈縻左州五百里　宣化　州所治漢嶺方縣地屬鬱林郡秦
爲桂林郡地驩水在縣北本牂牁河俗呼鬱狀江即駱越水也亦
名温水古駱越地也　武緣　隋廢縣武德五年復置也　晉興
晉於此置晉興郡隋廢爲縣　朗寧　武德五年分置　思龍
如和　封陵　三縣開溪洞漸置也
貴州下　隋鬱林郡武德四年平蕭銑置南尹州總管府管南尹
南晉南簡南方藤南容越繡九州南尹州領鬱林馬嶺安城鬱
平石南桂平嶺山興德潮水懷澤十一縣五年以桂平屬龔州嶺
山屬南横州貞觀五年以安城屬賓州七年罷都督九年改南
尹爲貴州天寶元年改爲懷澤郡乾元元年復爲貴州也　舊
領縣八戸二萬八千九百三十口三萬一千九百九十六　天寶後縣四戸

三千二十六口九千三百　至京師五千三百八十里至東都五千一百二十
里東至繡州一百里南至鬱林州一百五十里西至横州二百里北
至象州三百里西南至賓州九十四里東北至潯州一百五十里
鬱平　漢廣鬱縣地屬鬱林郡古西甌駱越所居後漢谷永爲
鬱林太守降烏滸人十萬開七縣即此也烏滸之俗男女同川而浴
生首子食之云宜弟娶妻美讓兄相習以鼻飲秦平天下始招慰
之置桂林郡漢改爲鬱林郡地在廣州西南安南府之地邕州所
管郡縣是也隋分鬱平縣鬱江在州東也　懷澤　宋廢縣武德四
年又置也　潮水　武德四年分鬱林置　義山　新置
黨州下　古西甌所居秦置桂林郡漢爲鬱林郡唐置黨州失
起置年月與平琴州同土俗西至平琴治所二十二里天寶元年以
黨州爲寧仁郡乾元元年復爲黨州建中二年二月廢平琴州
併入　領縣四戸一千三百口七千四百　京師地理與平琴州同南至
牢州一百里北至繡州五十里東南至容州一百五十里北接繡州界

百餘里也
横州下　隋鬱林郡之寧浦縣武德四年置簡州領寧浦樂山蒙
澤淳風嶺山五縣六年改爲南簡州貞觀八年改横州天寶元年
改爲寧浦郡乾元元年復爲横州也　舊領縣四戸一千一百二十八口
一萬七百三十四　天寶領縣三戸一千九百七十八口八千三百四十二　至京
師五千五百三十九里至東都四千七百五里南至欽州三百五十里西
至巒州一百五十里北至貴州二百六十里也　寧浦　州所治漢廣鬱
縣地屬鬱林郡吳分置寧浦郡晉宋齊不改梁分置簡陽郡隋
平陳陳郡並廢置簡州又改爲緣州煬帝廢州置寧浦縣鬱林
郡武德復置改爲横州　從化　漢高梁縣地屬合浦郡武德四年
分寧浦置淳風縣貞觀元年改爲從化也　樂山　漢高梁縣地
隋置樂山縣
田州　土地與邕州同失廢置年月疑是開元中置天寶元年改爲
横山郡乾元元年復爲田州　舊領縣五戸四千一百六十八舊圖無

四至州郡及兩京道里數　都救　惠佳　武籠　横山　如賴
並與州同置也
嚴州　秦桂林郡地後爲獠所據乾封元年招致生獠置嚴州及
三縣天寶元年改爲脩德郡乾元元年復爲嚴州　領縣三戸一千
八百五十九口七千五十一　至京師五千三百二十七里至東都四千八
百九十三里東北至柳州二百四十里東南接象州界西北接邕州
界也　來賓　州所治也　循德　歸化　與州同置
山州　失起置年月天寶元年改爲龍池郡乾元元年復爲山州
領縣二戸一千三百二十　無四至及京洛里數　龍池　州所治也　盆山
巒州　秦桂林郡唐置淳化失起置年月天寶元年改爲永定郡
乾元元年復爲淳州永貞元年改爲巒州也　領縣三戸七百七十
口三千八百三　至京師五千三百里至東都四千九百里南至横州一百
四十里西至邕州三百里北至賓州二百五十五里　永定　州所治也
武羅　靈竹　二縣與州同置

羅州 隋高凉郡之石龍縣地武德五年於縣置羅州領石龍吳川陵羅巢龍辯南河石城招義零緑慈廉羅肥十一縣六年移羅川於石城縣於舊所置南石州割石龍陵羅龍化羅辯慈廉羅肥屬南石州天寶元年改羅州為招義郡乾元元年復為羅州

舊領縣五戶五千四百六十口八千四十一 至京師六千五百二十二里至東都五千七百五里東至大海一百三十九里南至雷州二百五十里西至廉州二百五十里北至辯州一百五十里西南至零緑縣大海一百二十里西北至白州二百三十里東北至新州五十里 石城 州所治漢合浦郡地宋將檀道濟於陵羅江口築石城因置羅州屬高凉郡唐復置羅州於縣 吳川 隋縣 招義 武德五年析石龍縣置也 南河 武德五年析石龍縣置也

潘州下 隋合浦郡之定川縣武德四年置南宕州領南昌定川鄭川思城溫水宕川六縣治南昌縣貞觀六年移治定川八年改為潘州仍廢思城縣天寶元年改為南潘郡乾元元年復為潘州也

○ 十八 〔唐志二十一 三十九 王華

舊領縣五戶一萬七百四十八 天寶後領縣三戶四千三百口八千九百六十七至西京七千一百六十一里至東都六千三百八十九里至高州九十里南至大海五十六里辯州一百二十里北至竇州一百五十一里 茂名 州所治古西甌駱越地秦屬桂林郡漢為合浦郡之地隋治定川縣武德四年平蕭銑置南宕州改為潘州仍改縣為茂名也 南巴 隋廢縣武德五年置 潘川 以縣水為名武德五年分置也

容管 十州在桂管西南也

容州下都督府 隋合浦郡之北流縣武德四年平蕭銑置銅州領北流豪石宕昌渭龍南流陵城普寧新安八縣貞觀元年改為容州以容山為名十一年省新安縣開元中升為都督府天寶元年改為普寧郡乾元元年復為容州都督府仍舊置防禦經略招討等使以刺史領之刺史充經略軍使管鎮兵一千一百人衣糧稅本管自給 舊領縣七戶八千八百九十 天寶後領縣五戶四千九百七十口二萬七千八十七 至京師五千九百一十里至東都五千四百八十五里東至藤州二百五十九里南至竇州二百里西至禺州十五里北至龔州二百里西至隋建縣一百九十里西北至黨州一百五十里東北接義州界 北流 州所治漢合浦縣地隋置北流縣縣南三十里有兩石相對其間闊三十步俗號鬼門關漢伏波將軍馬援討林邑蠻路由於此立碑石龜尚在昔時趨交趾皆由此關其南尤多瘴癘去者罕得生還諺曰鬼門關十人九不還其土少鐵以蠻石燒為器以烹魚鮭北人名五侯燋石一經火久之不冷即今之滑石也亦名冷石也 普寧 隋置 陵城 武德四年析北流置 渭龍 武德四年析普寧置 欣道 新置

辯州下 隋高凉郡之石龍縣武德五年置羅州移治石城於舊所置南石州領石龍陵羅龍化羅辯慈廉羅肥六縣貞觀九年改南石州為辯州省慈廉羅肥二縣天寶元年改陵水郡乾元元年復為辯州也 舊領縣四戶一萬三百五十 天寶後領縣三戶四

○ 十八 〔唐志二十一 四十 王華

千八百五十八口一萬六千二百九 至京師五千七百一十八里至東都五千三百七十里東至廣州一千一百四十四里南至羅州吳川縣界五十里南至白州博白縣二百三十里北至禺州三百八十二里南至潘州四十里西南至羅州一百五十里西北至白州三百里 石龍 州所治漢高凉縣地屬合浦郡秦象郡地武德五年屬羅州六年改屬辯州 陵羅 武德五年置羅州六年改為南石州也 龍化 武德五年分置也

白州下 隋合浦郡之合浦縣地武德四年置南州領博白朗平周羅龍豪淳良建寧六縣六年改為白州貞觀十二年省朗平淳良二縣天寶元年改為南昌郡乾元元年復為白州 舊領縣四戶八千二百六 天寶領縣五戶二千五百七十四口九千四百九十八 至京師六千一百七十五里至東都五千九百一十九里東至辯州二百里南至羅州二百二十里西至州界朗平山八十里北至牢州一百里西南至廣州二百里東北至禺州二百里 博白 州所治漢合浦縣地屬合浦

郡武德五年析合浦置博白縣也　建寧　武德四年析合浦縣
置貞觀十二年省淳良併也　周羅　武德四年析合浦置
龍豪　武德四年析合浦置　南昌　隋縣舊屬潘州又來屬也
牢州下　本巴屬徼外蠻夷地漢牂牁郡地武德二年置義州五
年改為智州貞觀十二年改為牢州以牢石為名天寶元年改為
定川郡乾元元年復為牢州也　舊領縣三戶一千六百四十一口一
萬一千七百五十六去京師與容州道里同東至容州一百二十五
里南至白州一百里西至鬱林州一百一十里北至黨州一百里
南流　武德四年析容州北流縣置屬容州貞觀十一年改智州
為牢州以牢石為名牢石高四十丈周一千里在州界也　定川
宕川　貞觀十一年分南流置也
欽州下　隋寧越郡武德四年平蕭銑改為欽州總管府管一州
領欽江安京南賓遵化內亭五縣五年置如和縣其年置玉川南
亭州並隸欽府以內亭遵化二縣屬南亭州貞觀元年罷都督府二

年廢南亭州復以內亭遵化並來屬十年省海平縣天寶元年改為
寧越郡乾元元年復為欽州也　舊領縣七戶一萬四千七十二口一
萬八千一百二十七　天寶領縣五戶二千七百口一萬一百四十六　至京
師五千二百五十一里東至嚴州四百里南至大海二百五十里西
至諒州六百三十里至橫州三百五十里東南至廣州七百里西南
至陸州六百里西至容州三百五十里東北至貴州四百里　欽江
州所治漢合浦縣地宋分置宋壽郡及宋壽縣梁置安州隋改
為欽州仍改宋壽縣為欽江煬帝改為寧越郡皆治欽江也　保京
隋安京縣至德二年改為保京縣北十里安京山下有如和書似循
州羅浮山形勢　遵化　隋舊置也　內亭　隋縣武德五年於縣
置南亭州貞觀元年州廢復屬欽州也　靈山　已上縣並漢合浦縣地
禺州　隋合浦郡之定川縣武德四年置南宕州領南昌定川陸川
思城溫水宕川六縣治南昌縣貞觀六年移治定川八年改為潘
州仍廢思城總章元年改為東義州移治義石縣二年改為昌州

天寶元年改為溫水郡乾元元年復為禺州　舊領縣五戶一萬七
百四十八　天寶領縣四戶二千一百八十　至京師五千三百五里至東
郡五千里至義州一百九十里南至辯州三百里西至白州二百里北
至容州一百一十里　峩石　秦象郡地晉南昌郡之邊邑為禺
州所治也　溫水　武德四年析南昌置　陸川　隋廢縣武德四
年置　扶桑　武德四年置
湯州下　秦象郡地唐置湯州失起置年月天寶元年改為溫泉
郡乾元元年復為湯州　領縣三無戶口及無兩京道里四至州府
湯泉　州所治也　淥水　羅韶　與州同置
瀼州下　貞觀十二年清平公李弘節遣欽州首領寧師京尋劉
方故道行達交趾開拓夷獠置瀼州天寶元年改為臨潭郡乾元
元年復為瀼州音而章反水名　領縣四戶一千六百六十六無兩京
地里東至欽州六百三十里北至容州二百八十二里在安南府之東北
鬱林之西南　臨江　州所治也　波零　鵠山　弘遠　與州同置

巖州下　土地與合浦郡同唐置巖州失起置年月天寶元年改為
安樂郡至德二年改為常樂郡乾元元年復為巖州　領縣四戶
一千一百十無兩京道里四至州府也　常樂　本安樂縣至德二年
改州所治　思封　高城　石巖　與州同置
古州　土地與瀼州同年置天寶元年改為樂古郡乾元元年復
為古州
安南府　在邕管之西也
安南都督府　隋交趾郡武德五年改為交州總管府管交峯
愛仙鳶宋慈險道龍十州其交州領交趾懷德南定宋平四縣六
年改慈道宋並加南字七年又置玉州隸交府貞觀九年省南
宋州以宋平縣省隆州以陸平縣及朱鳶縣省龍州以龍編縣
並隸交府仍省懷德縣及南慈州二年廢玉州入欽州六年改
南道州為仙州十一年廢仙州以平道縣來屬今督交峯愛驩
四州調露元年八月改交州都督府為安南都護府大足元年

四月置武安州南登州並隸安南府至德二年九月改爲鎮南都
護府後爲安南府刺史充都護管兵四千二人　舊領縣八戶一萬七
千五百二十三口八萬八千七百八十八　天寶領縣七戶二萬四千二百三十口九
萬九千六百五十二　至京師七千二百五十三里至東都七千二百二十五里西
至愛州界小黃江口水路四百一十六里西南至長州界文陽縣靖江鎮
一百五十里西北至峯州嘉寧縣論江口水路一百五十里東至朱鳶縣
界小黃江口水路五百里北至朱鳶州阿勞江口水路五百四十九里北至
武平縣界武定江二百五十二里東北至交阯縣界小橋江三十里也　宋平
漢西捲縣地屬日南郡捲音拳　自漢至晉猶爲西捲縣宋置宋平
郡及宋平縣隋平陳置交州煬帝改爲交阯刺史治龍編交州都
護制諸蠻其海南諸國大抵在交州南及西南居大海中洲上相
去或三五百里三五千里遠者二三萬里乘舶舉帆道里不可詳知
自漢武已來朝貢必由交阯之道武德四年於宋平置宋州領
宋平弘教南定三縣五年又分宋平置交阯懷德二縣自貞觀元
年廢南宋州以弘教懷德交阯三縣省入宋平縣移交阯縣名於
漢故交阯城置以宋平南定二縣屬交州　交阯　漢交阯郡之羸
膢地羸膢二字上音蓮加反　隋爲交阯縣取漢郡名武德四年置
慈廉烏延武立三縣六年改爲南慈州貞觀初州廢并廢三縣併入
交阯　朱鳶　漢縣名交阯郡今縣吳軍平縣地舊置武平縣
龍編　漢交阯郡守治羸膢後漢周敞爲交阯太守乃移治龍編
言立城之始有蛟龍盤編津之間因爲城名武德四年於縣置
龍州領武寧平樂三縣貞觀初廢龍州以武寧平樂入龍編割屬仙
州十年廢仙州以龍編屬交州也　平道　漢封溪縣地南齊置昌
國縣南越志交阯之地最爲膏腴舊有君長曰雄王其佐曰雄侯
以其田雄田後蜀王之將兵三萬討雄王滅之蜀以其子爲安陽王
治交阯其國地在今平道縣東其城九重周九里士庶蕃阜尉佗
在番禺遣兵攻之王有神弩一發殺越軍萬人趙佗乃與之和仍以
子始爲質安陽王以媚珠妻之子始得弩毀之越兵至乃殺安陽

王築其地武德四年於縣置道州領平道昌國武平三縣六年改
爲南道州又改爲仙州貞觀十年廢仙州以昌國入平道屬交州
也　武平　吳置武平郡隋爲縣本漢封溪縣後漢初麊泠縣女子
徵側叛攻陷交阯馬援率師討三年方平光武方增置望海封溪
二縣即此也隋曰隆平武德四年改爲武平也　太平
武峩州下　土地與交州同唐置武峩州失起置年月天寶元年改爲
武峩郡乾元元年復爲武峩州　領縣五戶一千八百五十無口無兩
京道里及四至州府也　武峩　州所治也　武緣　武勞　梁山　皆
與州同置也
粵州下　土地與交州同唐置粵州失起置年月天寶元年改爲
龍水郡乾元元年復爲粵州　領縣四無戶口數亦無兩京道里及
四至州府也　龍水　州所治也　崖山　東璽　天河　皆與州同置也
芝州下　土地與交州同唐置芝州失起置年月天寶元年改爲忻
城郡乾元元年復爲芝州　領縣一　忻城　州所治無戶口及兩京
道里四至州府最遠惡處

愛州　隋九眞郡武德五年置愛州領九眞松源楊山安順四縣
又於州界分置積順永胥前眞山七州改永州爲都州九年改爲
積州爲南陵州貞觀初廢都州入前眞州其年廢前眞胥二州入南
陵州又廢安州以隆安縣廢山州以建初縣並屬愛州又廢楊山安
順二縣入九眞縣改南陵州復爲眞州八年廢建初入隆安九年廢
眞州以胥浦軍安日南移風四縣屬愛州天
寶元年改爲九眞郡乾元元年復爲愛州九眞與日南接界西
北與巴蜀東北接與鬱林州山險溪洞所居　舊領縣
七戶九千八十口三萬六千五百一十九　天寶領縣六戶一萬四千七百
至京師八千八百里東都八千一百里在交州西不詳道里遠近其
南即驩州界　九眞　漢武帝開置九眞郡治於胥浦縣領居風
都龐餘發咸歡無功無編等今七縣九眞縣即漢地吳改爲移風
隋改爲九眞州所治自漢至南齊爲九眞郡梁置愛州隋爲九眞

郡　安順　隋舊武德三年置順州又分置東河建昌邊河並屬
順州州廢及三縣皆併入安順屬愛州也　崇平　隋陸安縣武德
年於縣置安州及山州又分隆安立教山建道都握三縣並屬安州
領四縣又置岡州山眞潤古安西安建功五縣屬山州貞觀元年
廢安州及三縣又廢山州及五縣以隆安隸愛州先天元年改爲崇
安至德二年改爲崇平　軍寧　隋軍安縣武德五年於縣界置
永州七年改爲都州貞觀元年改爲前眞州十年改屬愛州至德
二年改爲軍寧　日南　漢屬風地縣界有屬風山上有風門常有
風其山出金牛往往夜見照耀十里時闕則海水沸溢有霹靂人
家牛皆怖號曰神牛隋爲日南縣無編漢舊縣屬九眞郡又有
漢西于縣故城在今縣東所置也

福祿州下　土俗同九眞郡之地後爲生獠所據龍朔三年智州刺
史謝法成招慰生獠昆明北樓及生獠等七千餘落總章二年置
福祿州以處之天寶元年改爲福祿郡至德二年改爲唐社郡乾

元元年復爲福祿州　領縣二無戶口及兩京道里四至州郡
柔遠　州所治與州同置本名安遠至德二年改爲柔遠也

長州　土俗與九眞同唐置長州失起置年月天寶元年改爲文
陽郡乾元元年復爲長州　領縣四戶六百四十八無口及兩京道里
四至州府也　文陽　銅蔡　長山　其常　皆與州同置也

驩州　隋日南郡武德五年置南德州總管府領德明智驩林源
景海八州南德州領六縣八年改爲德州貞觀初改爲驩州以舊驩
州爲演州二年置驩州都督府領驩演明智林源景海八州十二年廢
明源海三州天寶元年改爲日南郡乾元元年復爲驩州也
舊領縣六戶六千五百七十九口一萬六千六百八十九　天寶領縣四戶九
千六百一十九口五萬八百一十八　至京師陸路一萬二千四百五十二里
水路一萬七千里至東都一萬一千五百九十五里水路一萬六千二百
三十里東至大海一百五十里南至林州一百五十里西至環王國界
八百里北至愛州界六百三里南至盡當郡界四百里西北到靈
跋江四百七十里東北至辯州五百二里　九德　州所治古越常氏
國秦開百越此爲象郡漢武元鼎六年開交阯已南置日南郡治
於朱吾領比景盧容西捲象林五縣吳分日南置九德郡晉宋齊
因之隋改爲州廢九德郡爲縣今治也後漢遣馬援討林邑蠻援
自交阯尋海隅開側道以避海從蕩昌縣南至九眞郡自九眞
至其國開陸路至日南郡又行四百餘里至林邑國又南行二千
餘里有西屠夷國鑄二銅柱於象林南界與西屠夷分境以紀漢
德之盛其時以不能還者數十人留於其銅柱之下至隋乃有三
百餘家南蠻呼爲馬留人其水路自安南府南海行三千餘里至林
邑計交至銅柱五千里也　浦陽　晉置　懷驩　隋爲咸驩縣屬九
眞郡武德五年於縣置驩州領安人扶演相景西源四縣治安人
貞觀九年改爲演州十三年省相景縣入扶演二十六年廢演州其
所管四縣廢入咸驩後隋改爲懷驩　越裳　吳置武德五年於
縣置明州析置萬安弘明定二縣隸之又分日南郡文谷縣置智州

領文谷新鎮閒貞金四縣貞觀十三年廢明州越裳屬智州後
又廢智州以越裳屬驩州

林州　隋林邑郡貞觀九年綏懷林邑置林州寄治於驩州南界
今廢無名　領縣三無戶口去京師一萬二千里　林邑　州所治漢
武帝開百越於交阯郡南三千里置日南郡領縣四治於朱吾其
林邑即日南郡之象林縣縣在南故曰日南郡南界四百里後漢
時中原喪亂象林縣人區連殺縣令自稱林邑王後有范熊者
代區連相傳累世遂爲林邑國其地皆開北戶以向日晉武時范
氏入貢東晉末范攻陷日南郡告交州刺史告蕃求以日南郡北
界橫山爲界其後又陷九眞郡自是屢寇交阯南界至貞觀中其
主脩職貢乃於驩州南僑置林邑郡以羈縻之非正林邑國　金龍
隋文帝時遣大將劉方率兵萬人自交阯南伐林邑國敗之其王
梵志遁走方收其廟主十八人皆鑄金爲之方盡虜其人空其地
乃班師因方得其龍乃爲縣名　海界　三縣並貞觀九年置

景州　隋北景郡貞觀二年置南景州寄治驩州南界八年改爲
景州後亦廢無其名　領縣三無戶口　至京師一萬一千五百里
北景　漢縣名屬日南郡在安南府南三千里北景在南晉將灌
邃攻林邑王范佛破其國遂於其國五月五日立表北影在表南
九寸一分故自北景已南皆北戶以向日也北字或單爲匕　由文　貞
觀二年置也　朱吾　漢日南郡所治之縣也前志曰朱吾人不粒
食依魚資魚爲生託云朱吾在日南郡北僑立名也
峯州下　隋交阯郡之嘉寧縣武德四年置峯州領嘉寧新昌
安仁竹輅石堤封溪六縣貞觀元年廢石堤封溪入嘉寧竹輅入
新昌天寶元年改爲承化郡乾元元年復爲峯州也　舊領縣三
戶五千四百四十四口六千四百三十五　天寶領縣五戶一千九百二十州
在安南府西北至京師七千七百一十里　嘉寧　州所治漢麊泠縣
地屬交阯郡麊泠音糜令古文朗夷之地秦屬象郡吳分交阯置
新興郡晉改爲新昌宋齊因之改爲興州隋初改爲華州煬帝廢

幷入交阯武德復置峯州也　承化　新昌　嵩山　珠綠　嵩山
珠綠新置
陸州　隋寧越郡之玉山縣武德五年置玉山領安海海平二縣
貞觀二年廢玉州上元二年復置改爲陸州以州界山爲名天寶
元年改爲玉山郡乾元元年復爲陸州　領縣三戶四百九十四口
二千六百七十四　至京師七千二十六里至東都七千里東至廉州界
三百里南至大海北至思州七百六十二里東南際大海西南至當
州寧海二百四十里也　烏雷　州所治也　華淸　舊玉山縣天
寶年改　寧海　舊安海縣至德二年改爲寧海縣也
廉州下　隋合浦郡武德五年置越州領合浦其年安昌高城大
廉大都五縣貞觀六年置珠池其年改大都屬白州八年改越州
爲姜州十二年廢姜州入封山東羅萊龍三縣來屬十二年廢安昌
珠池二縣入合浦廢高城入蔡龍天寶元年改爲合浦郡乾元元年
復爲廉州　舊領縣五戶一千五百二十二　天寶戶三千三十二口一萬

三千二十九　至京師六千五百四十七里至東都五千八百三十六里東
至白州二百里南至羅州三百五十里西北至安南府一千里北至領
州七百里　合浦　漢縣屬合浦郡秦之象郡地吳改爲珠官宋
分置臨漳郡及越州領郡三治於此時西江都護陳伯紹爲刺史
始立州鎮鑿山爲城以威俚獠隋改爲祿州及爲合州又改爲合
浦唐置廉州大海在西南一百六十里有珠母海郡人採珠之所云
合浦也州界有瘴江名合浦江也　封山　隋縣武德五年置姜州
領封山東羅蔡龍三縣貞觀十年廢州以三縣入廉州　蔡龍　武
德五年分置也　大廉　武德五年置四縣皆合浦縣地
雷州下　隋合浦郡之海康縣武德五年平蕭銑置南合州領海
康隋康鐵杷椹川四縣貞觀元年改爲東合州二年改隋康爲徐
聞縣八年改東合州爲雷州天寶元年改爲海康郡乾元元年復
爲雷州也　舊領縣四戶二千四百五十八　天寶領縣三戶四千三百
二十口二萬五百七十二　至京師六千五百一十二里至東都五千九百

三十里東至大海二十里西至大海一百里東南至大海十五里西
南至大海一百里隔海至崖州四百三十里東北及西北與羅州接
界　海康　漢徐聞縣地屬合浦郡秦象郡地梁分置南合州隋
去南字煬帝廢合州置海康縣　遂溪　舊齊鐵杷椹川二縣後
廢改爲遂溪也　徐聞　漢縣名隋置貞觀二年改爲徐聞漢志曰
合浦郡徐聞南入海達珠崖郡即此縣
籠州　貞觀十二年淸平公李弘節遣龔州大縣人龔固興招慰
生蠻置籠州天寶元年改爲扶南郡乾元元年復爲扶州　領縣
七戶三千六百六十七無四至州縣兩京道里扶南國在日南郡之南海
西大島中去日南郡約七千里在林邑國西三千里其王貞觀中遣
使朝貢故籠州招置之遥取其名非正扶南國也　武勤　州所治
武禮　羅籠　扶南　龍賴　武觀　武江　皆與州同置
環州下　貞觀十二年淸平公李弘節開拓生蠻置環州以環國爲
名天寶元年改爲平郡乾元元年復爲環州　領縣八無戶口及

兩京道里并至州府　正平　州所治　福零　龍源　饒勉　思恩
武石　歌良　蒙都　與州同置
德化州　永泰二年四月於安南府西界牂牁南界置　領縣二與
州同置　德化　歸義
郎茫州　永泰二年四月於安南府西界置　領縣二與州同置
龍然　福守
崖州下　隋珠崖郡武德四年平蕭銑置崖州領舍城平昌澄邁
顏盧臨機五縣貞觀元年置都督府督儋振三州其年改顏
城平昌爲文昌三年割儋州屬廣府五年又置瓊州十三年廢瓊州
以臨機萬安三縣來屬天寶元年改爲珠崖郡乾元元年復爲崖
州在廣府東南　舊領縣七戶六千六百四十六　天寶戶十一鄉
至京師七千四百六十里至東都六千三百里廣府東南二千餘里雷
州徐聞縣南舟行渡大海四百三十里達崖州漢武帝元封元年遣
使自徐聞南入海得大洲東西南北方一千里略以爲珠崖儋耳二

郡民以布如單被穿中從頭穿之民種禾稻紵麻女子蠶織無馬
與虎有牛羊豕雞犬兵則矛盾木弓竹矢骨鏃郡縣吏卒多侵凌
之故率數歲一反昭帝省儋耳併珠崖元帝用賈捐之言乃弃之
大唐武德初復析珠崖郡置儋瓊振萬安五郡於崖州置都督
府領之後廢都督隸廣州經略使後又改隸安南都護府也
舍城　州所治隋舊縣其崖儋振瓊萬安五州都在海中洲之上
方千里四面抵海北渡海揚帆一日一夜至雷州也　澄邁　隋縣
文昌　武德五年置平昌縣貞觀元年改爲文昌
儋州下　隋儋耳郡武德五年置儋州領義倫昌化感恩富羅四
縣貞觀元年分昌化置晋安天寶元年改爲昌化郡乾元元年復
爲儋州也　舊領縣五戶三千九百五十六　天寶戶三千三百九
至京師七千四百四十二里與崖州同在海中洲上東至振州四百里
義倫　本漢儋耳郡城即此縣隋爲義倫縣州所治也　昌化　隋縣
感恩　洛場　新置　富羅　隋毗善縣武德五年改置

瓊州　本隋珠崖郡之瓊山縣貞觀五年置瓊州領瓊山萬安二
縣其年又割崖臨機來屬十三年廢瓊州以屬崖州尋復置瓊州
領曾口樂會顏羅五縣天寶元年改爲瓊山郡乾元元年復曰瓊
州貞觀五年十月嶺南節度使李復奏曰瓊州本隸廣府管內
乾封年山洞草賊反叛遂茲淪陷至今一百餘年臣令判官姜孟京
崖州刺史張少逸併力討除今以收復舊城且令降人權立城柵
竊以瓊州控壓賊洞請昇爲下都督府加瓊崖振儋萬等五州招
討遊弈使其崖州都督請停從之　領縣五戶六百四十九　兩京與
崖州道里相類西南至振州四百五十里與崖州同在大海中也
瓊山　州所治貞觀七年十一月省容瓊縣併入　臨高　本屬崖州
貞元七年割屬瓊州　曾口　樂會　顏羅　後漸析置
振州　隋臨振郡武德五年置振州天寶元年改爲臨振郡乾元
元年復爲振州也　領縣四戶八百一十九口二千八百二十一　至京師
八千六百六里至東都七千七百九十七里東至萬安州陵水縣一

百六十里南至大海西北至儋州四百二十里北至瓊州四百五十
里東南至大海二十七里西南至大海千里西北至延德縣九十里
與崖州同在大海洲中　寧遠　州所治隋舊　延德　隋縣
吉陽　貞觀二年分延德置　臨川　隋縣　落屯　新縣
萬安州　與崖儋同在大海洲中唐置萬安州失起置年月天寶
元年改爲萬安郡至德二年改爲萬全郡乾元元年復爲萬安州
領縣四無戶口西接振州界兩京道里與振州相類也　萬安
州所治至德二年改爲萬全後復置　陵水　富雲　博遼　與
州同置
赤土國　州南渡海便風十四日至雞籠島即至其國赤海中之
一洲中
丹丹國　振州東南海中之一洲舟行十日至

唐書志卷第二十一　左從政郎紹興府錄事參軍張嘉賓校勘

劉昫

職官一

高祖發迹太原，官名稱位皆依隋舊。及登極之初，未遑改作，隨時署置，務從省便。武德七年定令：以太尉、司徒、司空為三公；尚書、門下、中書、祕書、殿中、內侍為六省；次御史臺；次太常、光祿、衛尉、宗正、太僕、大理、鴻臚、司農、太府為九寺；次將作監；次國子學；次天策上將府；次左右衛、左右驍衛、左右武衛、左右屯衛、左右領軍、左右武候、左右監門、左右領為十四衛；東宮置三師、三少、詹事府、門下、典書兩坊；次內坊；次家令、率更、僕三寺；次左右衛率府、左右宗衛率府、左右虞候率府、左右監門率府、左右內率府為十率府；王、公已下置府佐、國官；公主置邑司，已下並為京職事官；州、縣、鎮、戍、兵、瀆、關、津為外職事官。又以開府儀同三司（從一品）、特進（正二品）、左光祿大夫（從一品）、右光祿大夫（正二品）、散騎常侍（從三品）、太中大夫（正四品）、通直散騎常侍（正四品）、中大夫（從四品上）、員外散騎常侍（從四品下）、中散大夫（正五品上）、散騎侍郎（正五品上）、通直散騎侍郎（從五品上）、員外散騎侍郎（從五品下）、朝議郎、承議郎（正六品）、通議郎、通直郎（從六品）、朝請郎、宣德郎（正七品）、朝散郎、宣義郎（從七品）、給事郎、徵事郎（正八品）、承奉郎、承務郎（從八品）、儒林郎、登仕郎（正九品）、文林郎、將仕郎（從九品）並為文散官；輔國（正二品）、鎮軍（從二品）二大將軍，冠軍（正三品）、雲麾（從三品）、忠武、壯武、宣威、明威、信遠、遊騎、游擊（自正四品上至從五品下）十將軍為散號將軍，以加武士之無職事者。改上開府儀同三司為上輕車都尉，開府儀同三司為輕車都尉，儀同三司為騎都尉，秦王、齊王下統軍為護軍，副統軍為副護軍，上大都督為驍騎尉，大都督為飛騎尉，帥都督為雲騎尉，都督為武騎尉，車騎將軍為游騎將軍，親衛驃騎將軍為親衛中郎將，其勳衛驃騎準此；親衛車騎將軍為親衛中郎將，其勳衛、翊衛車騎並準此；監門府郎將為監門中郎將，領左右郎將準此；諸軍驃騎將軍為統軍，其秦王、齊王下領三衛及庫真、驅咥真、車騎並準此；諸軍車騎將軍為別將，其散官文騎尉為承議郎，屯騎尉為通直郎，雲騎尉為登仕郎，羽騎尉為將仕郎。武德九年罷天策上將府。貞觀元年改國子學為國子監，分將作為少府監，通將作為三監。八年七月，始以雲麾將軍為從三品，階九月以統軍正四品下，別將正五品上。十一年改令，置太師、太傅、太保為三師，其三公已下六省、一臺、九寺、三監、十二衛、東宮諸司並從舊定。又改以光祿大夫為從二品，金紫光祿大夫為正三品，銀青光祿大夫為從三品，正議大夫為正四品上，通議大夫為正四品下，太中大夫為從四品上，中大夫為從四品下，中散大夫為正五品上，朝議大夫為正五品下，朝請大夫為從五品上，朝散大夫為從五品下。其六品下唯改通議郎為奉議郎，自餘依舊，更置驃騎大將軍為從一品，武散官輔國、鎮軍二大將軍為從二品，武散官冠軍將軍加大字，及雲麾已下游擊已上改為五品已上武散官。又置昭武、振威、致果、翊麾、宣節、禦武、仁勇、陪戎八校尉、副尉（自正六品至從九品，上階為校尉，下階為副尉），為六品已下武散官，凡九品已上職事皆帶散位，謂之本品。職事則隨才錄用，或從閑入劇，或去高就卑，遷徙出入，參差不定。散位則一切以門蔭結品，然後勞考進敘。武德令，職事解散官，欠一階不至為兼，職事卑者不解散官。貞觀令，以職事高者為守，職事卑者為行，仍各帶散位。其欠一階依舊為兼，與當階者皆解散官。永徽已來，欠一階者或為兼，或帶散官，或為守，參而用之。其兩職事者亦為兼，頗相錯亂。（其欠一階之兼，古念反；其兩職事之兼，古恬反，字同音異耳。）咸亨二年始一切為守。自高宗之後，官名品秩，屢有改易，今錄永泰二年官品。其改易品秩者，注於官品之下。若改官名及職員有加減者，則各附之於本職云。

唐初因隋號，武德三年三月改納言為侍中，內史令為中書令，給事郎為給事中，內書省為中書省。貞觀二十三年六月改民部尚書為戶部尚書，七月改治書侍御史為御史中丞，改諸州治中為司馬，別駕為長史，治禮郎為奉禮郎，顯慶元年改戶部尚書為度支尚書，侍郎為度支侍郎，又置驍騎大將軍，貞從一品。龍朔二年二月甲子改百司及官名，改尚書省為

中臺僕射為匡政左右丞為肅機左右司郎中為承務吏部為司
列主爵為司封考功為司績禮部為司禮祠部為司禋膳部為司
膳主客為司藩戶部為司元度支為司度倉部為司庾金部為司
珍兵部為司戎職方為司城駕部為司輿庫部為司庫刑部為司
刑都官為司僕比部為司計工部為司平屯田為司田虞部為司
虞水部為司川餘司依舊尚書為太常伯侍郎為少常伯郎中為
大夫中書門下為東西臺侍中為左相黃門侍郎為東臺侍郎給
事中為東臺舍人散騎常侍為左右侍極諫議大夫為正諫大夫
中書令為右相侍郎為西臺侍郎舍人為西臺舍人祕書省為蘭
臺監為太史少監為侍郎丞為大夫著作郎為司文郎太史令為
祕閣郎中御史臺為憲臺御史大夫為大司憲御史中丞為司憲
大夫殿中省為中御府丞為大夫尚食為奉膳尚藥為奉醫尚衣
為奉冕尚舍為奉扆尚乘為奉駕尚輦為奉御並為大夫內侍省
為內侍監太常為奉常光祿為司宰衛尉為司衛宗正為司宗太

僕為司馭大理為詳刑正為大夫鴻臚為司文司農為司稼太府
為外府卿並為正卿少府監為內府監將作監為繕工監大匠為
大監少匠為少監國子監為司成館國子祭酒為大司成司業為
少司成博士為宣業都水為司津監左右衛府左右驍衛府左右
武衛府並除府字左右屯衛為左右威衛左右領軍衛為左右
戎衛武候為金吾衛千牛為奉宸衛屯營為羽林軍詹事為端尹
府門下典書為左右春坊左右庶子為左右中護中允為左贊善
大夫洗馬為司經大夫中舍人為右贊善大夫家令寺為宮府寺
率更寺為司更寺僕寺為馭僕寺長官並為大夫左右衛率府為
典戎衛率府為司禦衛左右虞候率府為清道衛監門率府為
崇掖衛內率府為奉裕衛七月又制廢尚書令改起居郎為左史
起居舍人為右史著作佐郎為司文郎太史丞為祕閣郎左右千
牛為奉宸司議郎為左司議郎太子舍人為右司議郎典膳藥藏
內直監宮門大夫並改為郎太子千牛為奉裕總章二年置司列

戎少常伯各兩員咸亨元年十二月詔龍朔二年新改尚書省百
司及僕射已下官名並依舊其東宮十率府有異上臺諸衛各宜
依舊為率府其左司議郎除左字其左右金吾左右威衛依新改
永淳元年七月置州別駕光宅元年九月改尚書省為文昌臺左
右僕射為文昌左右相吏部為天官戶部為地官禮部為春官兵
部為夏官刑部為秋官工部為冬官門下省為鸞臺中書省為
鳳閣侍中為納言中書令為內史太常為司禮鴻臚為司賓宗正
為司屬光祿為司膳太府為司府太僕為司僕衛尉為司衛大理
為司刑司農依舊左右驍衛為左右威衛左右武衛為左右鷹揚
衛左右威衛為左右豹韜衛左右領軍衛為左右玉鈐衛左右金吾
衛依舊御史臺改為左肅政臺專知京百官及監諸軍旅并承詔
出使更置右肅政臺專知諸州案察垂拱元年二月改黃門侍郎
為鸞臺侍郎文昌都省為都臺主爵為司封祕書省為麟臺內侍
省為司宮臺少府監為尚方監其左右尚方兩署除方字將作監

為營繕監國子監為成均監都水監為水衡監其詹事府為宮尹
府詹事為大尹少詹事為少尹左右內率府為左右奉裕率府千
牛為左右奉裕左右監門率府為左右控鶴禁率府諸衛鎧曹改
為胄曹司膳寺餚藏署改為珍羞署十月增置天官侍郎二員又
置左右補闕拾遺各二員三年加秋官侍郎一員永昌元年置左
右司員外郎各一員天授二年增置左右補闕拾遺各三員通滿
五員長壽二年增夏官侍郎三員大足元年加營繕少匠一員左
右羽林衛各增置將軍一員洛雍并荊揚益六州置左右司馬各
一員長安三年增置司勳員外郎一員地官依舊置侍郎一員洛
并及三大都督府司馬宜依舊置一員神龍元年二月臺閣官名
並依永淳已前故事廢左右司員外郎左右千牛衛各置大將軍
一員東都置太廟官吏增置太常大理少卿各一員二年又置員
外郎凡一千餘人超授閣官七品已上員外者又千餘人十二月復
置左右司員外郎各一員景雲二年復置太子左右諭德太子左

右贊善大夫各兩員雍洛及大都督府長史加爲三品階別駕致
勑依前太極元年光祿大理鴻臚太府衛尉宗正各增置少卿一
員祕書少監國子司業少府少監將作少匠左右臺中丞各增置
一員雍洛二州及益幷荆揚四大都督府各增置司馬一員分爲
左右司馬開元元年十二月改尚書左右僕射爲左右丞相中書
省爲紫微省門下省爲黃門省侍中爲監雍州爲京兆府洛州爲
河南府長史爲尹司馬爲少尹錄事參軍爲司錄參軍餘司改司
爲曹五年九月紫微省依舊爲中書省黃門省爲門下省黃門監
爲侍中二十四年九月改主爵爲司封天寶元年二月侍中改爲左
相中書令改爲右相左右丞相依舊爲僕射黃門侍郎爲門下侍
郎改州爲郡刺史爲太守十一載正月改吏部爲文部兵部爲武部
刑部爲憲部其行內諸司有部者並改改駕部爲司駕庫部爲
司庫金部爲司金倉部爲司儲比部爲司計祠部爲司禋膳部爲
司膳虞部爲司虞水部爲司水將作大匠爲監少匠爲少監至德二

載十二月勑近日所改百司額及郡名幷官名一切依故事於是侍
中中書令兵吏部等並仍舊罷郡爲州復以太守爲刺史

正第一品

太師太傅太保太尉司徒司空 已上職事官 王 爵 武德令有天策上將九年省

從第一品

開府儀同三司 文散官 開府儀同三司及特進不帶職事官者朝參祿俸並同職事仍隸吏部也 太子太師太子
太傅太子太保 已上職事官 驃騎大將軍 武散官 嗣王郡王國公 爵

正第二品

特進 文散官 輔國大將軍 武散官 開國郡公 爵 武德令唯有公侯伯子男貞觀十一年加開國之稱也 上
柱國 勳官 武德令有尚書令龍朔二年省自是正第二品無職事官

從第二品

尚書左右僕射太子少師太子少傅太子少保京兆河南太原等
七府牧大都督 揚幽潞陝靈 大都護 單于安西已上職事官 光祿大夫 文散官 鎮軍大
將軍 武散官 開國縣公 爵 柱國 勳官

正第三品

侍中中書令吏部尚書 舊班在左右相上開元令移在下 左右衛左右驍衛左右武衛
左右威衛左右領軍衛左右金吾衛左右監門衛左右羽林軍左
右龍武左右英武六軍大將軍左右千牛衛大將軍 自左右衛已下並爲武職事官
戶部禮部兵部刑部工部尚書 武德令禮部次吏部兵部次之民部次之貞觀年改以民部次禮部兵部次之則天初又改以戶部次吏部禮部次之兵部次之
三品 太子賓客 舊無職無品開元前令定入官品也 太常卿宗正卿 天寶初昇入正三品 太子詹事左右散騎常侍 舊班從三品廣德年昇 內侍監 貞觀初舊制內侍省無三品官內侍四員秩四品天寶十三年十二月玄宗以中官高力士袁思藝承恩遇特置內侍監兩員秩三品以授之 中都督上都護 已上除八大將軍並爲文職事官 金紫光祿大夫 文散官 冠軍大將軍 武散官 懷化大將軍 顯慶三年置以授初附首領仍隸諸衛也 上護軍 勳官

從第三品

御史大夫 舊班在祕書監九卿下開元令移在上 祕書監光祿衛尉太僕大理鴻臚司
農太府卿國子祭酒殿中監少府監將作監諸衛羽林入正三品
千牛龍武將軍下都督上州刺史京兆河南太原等七尹 舊雍洛長史從四品

上景雲二年加秩爲從三品也 五大都督府長史 舊從四品上景雲二年加秩爲從三品 大都護府副都護
舊正四品上開元令加入從三品 親王傅 已上並職事官諸衛羽林千牛龍武將軍爲武餘並爲文 銀青光祿大夫 文散官
開國侯 爵 雲麾將軍 武散官 歸德將軍 顯慶三年置以授初附首領仍隸諸衛也 護軍 勳官 武德
令有天策上將府長史司馬九年省也

正第四品上階

黃門侍郎中書侍郎 舊正四品下階開元令加入上階也 尚書左丞 永昌元年進爲從三品如意元年復舊 吏
部侍郎 武德七年省諸司侍郎吏部郎中爲正四品上貞觀二年復置侍郎其吏部郎中復舊爲五品下 太常少卿太子左
庶子太子少詹事太子左右衛左右司禦率左右清道左右內率左
右監門率府率中州刺史軍器監 武德初爲正三品七年省八年復置九年又省十年復置北都軍器監 上都
護府副都護上府折衝都尉 武德令統軍正四品下年改爲折衝都尉爲擬府令始分爲上中下府改定官品自此已上職事官率及折衝爲武餘並爲文也 正議大夫 文散官也 開國伯 爵 中武將軍 武散官 上輕車都尉 勳官

正第四品下階

尚書右丞 永昌元年進爲從三品如意元年復舊 諸司侍郎太子右庶子左右諭德左右
千牛衛左右監門衛中郎將親勳翊衛羽林中郎將下州刺史 武德

令中下州刺史正四品下州刺史從四品上貞觀令一切爲下州加入正四品下自此已上職事官中郎將爲武餘並爲文也通議大夫文散官壯
武將軍武散官
從第四品上階
祕書少監八寺少卿殿中少監太子左右衞司禦清道內率監門
副率太子親勳翊衞中郎將太子家令太子率更令太子僕內侍
大都護親王府長史已上職事官府率中郎將爲武餘並爲文太中大夫文散官宣威將軍武散
官輕車都尉勳官
從第四品下階
國子司業少府少監將作少匠京兆河南太原府少尹大都督府
大都護府親王府司馬上州別駕已上職事文官武德令上州別駕正五品上二十三年爲長史前上元年復置別駕定
入四品也中府折衝都尉職官武官中大夫文散官明威將軍武散官武德令有天策上將府從事中郎九年省
正第五品上階
諫議大夫御史中丞武德令從五品上貞觀令加入正五品上五年又加入四品如意元年復舊也國子博士給事
中中書舍人太子中允太子左右贊善大夫都水使者萬年長安

河南洛陽太原晉陽奉先會昌縣令武德元年敕萬年長安令爲正五品上七年定令改爲從五品貞觀初復
舊也親勳翊衞羽林郎將中都督府上都護府長史親王府諮議參
軍事武德令正五品下也軍器少監太史少監親王府典軍已上職事官郎將典軍爲武餘並爲文永徽令
親王典軍從四品下垂拱令改入五品也中散大夫文散官開國子爵定遠將軍武散官上騎都尉勳官
正第五品下階
太子中舍人尚食尚藥奉御太子親勳翊衞郎將內常侍中都督上
都護府司馬中州別駕下府折衝都尉已上職事官郎將折衝爲武餘並爲文也朝議大
夫文散官寧遠將軍武散官武德令有天策上將軍諮祭酒九
從第五品上階
尚書左右諸司郎中武德令吏部郎中正四品上諸司郎中正五品上貞觀二年並改爲從五品上也祕書丞武德令正
五品上永徽令改也著作郎太子洗馬殿中丞尚衣尚舍尚乘尚輦御獻陵昭
陵恭陵橋陵八陵令武德諸陵令從七品下永徽二年加獻昭二陵令爲從五品已後叢陵並相承依獻昭二陵也親王府
副典軍下都督府長史下州別駕已上職事官典軍爲武餘並爲文也朝請大夫文散官
開國男爵游騎將軍武散官騎都尉勳官舊有太公廟令武德年七品下永徽二年加從五品上開元二十四年省也

從第五品下階
大理正太常丞太史令內給事太子典內舊正六品上開元令改下都督府上
州司馬武德令上州治中正五品下貞觀初改親王友武德令正五品下也宮苑總監上牧監上府果
毅都尉已上職事官果毅爲武散餘並爲文駙馬都尉奉車都尉並武散官駙馬自近代已來率尚公主者授之
奉車有唐已來無其人朝散大夫文散官游擊將軍武散官武德令有天策上將府主簿事參軍九年省神龍令有庫令斜谷監
正第六品上階
太學博士武德令從六品已上貞觀年改太子詹事府丞太子司議郎太子舍人中
郡長史武德令中州別駕從五品上貞觀年改也太子典膳藥藏郎京兆河南太原府諸
縣令武德元年敕京兆州諸縣令階從五品上七年定令改親王府掾屬武德令從五品下也武庫中尚署令
武德令依上署令從七品下太極年改武庫令階開元年改中尚令階諸衞左右司階中府果毅都尉鎮軍
兵滿二萬人已上司馬已上職事官司階果毅爲武餘並爲文也親勳翊衞校尉勳衞官朝議郎
文散官昭武校尉武散官驍騎尉勳官
正第六品下階
千牛備身左右衞官已上王公已下高品子孫起家爲之太子文學下州長史武德令中下州別駕正六品貞

觀二十三年改爲長史永徽元年諸州置別駕官天寶八載停中別駕下州置長史後上元二年諸州置別駕不廢下府長史也中州司馬武德令中
州治中從五品下貞觀令改內謁者監中牧監上牧副監已上文職事官上鎮將武職事官武德令從四品
下也承議郎文散官昭武副尉武散官武德令有天策上將府諸曹參軍事九年省也
從第六品上階
起居郎起居舍人尚書諸司員外郎武德令吏部員外郎正六品上諸司員外郎正六品下貞觀二年改八
寺丞大理司直國子助教武德令從七品上城門符寶郎通事舍人祕書郎
武德令正七品上著作佐郎武德令正七品上侍御醫武德諮封令正七品上神龍令從六品下開元改諸衞羽林
長史兩京市署令武德四年進爲從五品上七年定令復舊也下州司馬武德令中下州治中正六品下親王文
學主簿記室錄事參軍武德令親王府文學已下並正六品下也諸州上縣令已上文職事官諸率
府左右司階鎮軍兵不滿二萬人司馬文職事官左右監門校尉親
勳翊衞旅帥勳衞官奉議郎文散官振威校尉武散官飛騎尉勳官
從第六品下階
侍御史舊從七品上垂拱令改少府將作國子監丞太子內直典設宮門郎太
公廟令司農寺諸園苑監下牧監宮苑總監副互市監中牧副監

已上文職事官下府果毅都尉武職事官親王府校尉衛官通直郎文散官振威副尉武散官

正第七品上階

四門博士詹事司直左右千牛衛長史尚食尚藥直長太子左右衛司禦率清道率府長史軍器監丞諸州中縣令京兆河南太原府司錄參軍事大都督大都護府錄事參軍事親王府諸曹參軍已上文職事官武德令親王府功曹倉曹戶曹兵曹騎曹參軍事從五品下騎曹士曹參軍事等七品下也中鎮將武職事官武德令從五品下太子千牛親勳翊衛隊正副隊正已上衛官朝請郎文散官致果校尉武散官雲騎尉勳官

正第七品下階

尚衣尚舍尚乘尚輦直長太子通事舍人內寺伯京兆河南太原府大都督大都護府諸曹參軍中都督上都護府錄事參軍事諸倉諸冶司竹溫湯監諸衛左右中候上府別將武德令別將正五品上貞觀年改為果毅置垂拱三年復置別將上府長史武德令統軍長史正八品下也上鎮副武德令從五品下下鎮將武德令正六品下下牧副監已上職事官中候別將鎮副鎮將為武餘並為文也宣德郎文散官致果副尉武散官武德令又有天策上將府參軍事九年省又有留守監鹽井監諸王百司問事謁者

○ 十九 【唐志二十二】 九

從第七品上階

殿中侍御史武德至貞觀令並正八品上垂拱年改左右補闕太常博士太學助教武德令從八品下也門下錄事中書主書尚書都事九寺主簿太子詹事主簿太子左右內率監門率府長史太子侍醫太子三寺丞都水監丞諸州中下縣令親王府東西閤祭酒武德令正六品下京縣丞舊在長安河南洛陽奉先會昌太原晉陽下都府上州錄事參軍中都督上都護府諸曹參軍事中府別將長史中鎮副武德令正六品下已上職事官別將鎮副為武餘並為文左右監門直長勳衛太子親衛已上衛官朝散郎文散官翊麾校尉武散官武騎尉勳官

從第七品下階

太史丞監同御史臺少府將作國子監主簿御史臺國子主簿舊正八品垂拱令改掖庭令宮闈令上署令舊從太常太官太醫太卜太府左藏令乘黃典客上林太倉平準常平左尚右尚典牧武德令有太廟諸陵典膳及尚廐中尚都水常平其左尚典牧本中署右尚本下署開元初改之也諸州下縣令天寶五載一切為中下縣諸陵署丞永徽二年加秩舊有太廟署丞武德為九品永徽二年加秩從七品上開元年省也司農寺諸園苑副監神龍令有諸冶副監宮苑總監丞下都督府諸曹參軍太子內坊丞舊正八品上開元初改之親王國令舊親王國內正八品太極年改公主家令舊從七品上上州諸曹參軍事下府別將長史下鎮將武德令從六品下諸屯監武德令有芳林監神龍令有苑總監諸率府左右中候鎮軍滿二萬人以上諸曹判司已上職事官別將鎮副中候為武餘並為文也太子左右監門直長親王府旅帥諸折衝府校尉已上衛官武德令諸府校尉正六品下也宣義郎文散官翊麾副尉武散官

正第八品上階

監察御史舊從八品上垂拱令改協律郎諸衛羽林龍武軍錄事參軍事中署令鉤盾太官典廐諸冶掌冶武德令有衣冠署令中州錄事參軍事太醫博士太子典膳藥藏丞軍器監主簿武庫署丞舊從八品下開元初改兩京市署丞上牧監丞武德令從八品下神龍令有庫谷斜谷太陰伊陽監丞鎮軍不滿二萬人以上諸曹判司已上文職事官也翊衛太子勳衛親王府執仗執乘親事已上衛官給事郎文散官宣節校尉武散官武德令有天策上將府典籤九年省

正第八品下階

奚官內僕內府局令下署令太卜廩犧珍羞良醞掌醢中宮武器奉車司儀崇玄導官中校左校甄官河渠弩坊甲坊神農諸[illegible]令又有千牛[illegible]二署令也諸衛羽林龍武諸曹參軍事中州諸司參軍事親王府京兆河南太原府大都督大都護府參軍事武德令親王府參軍從七品下雍州行參軍正八品上也尚藥局司醫京兆河南太原府諸縣丞太子內直宮門丞太公廟丞諸宮農圃監互市監丞司竹副監司農寺諸園苑監丞靈臺郎已上文職事官諸衛左右司戈上戍主已上武職事官武德令有中鎮長史備身衛官徵事郎文散官宣節副尉武散官

○ 十九 【唐志二十二】 十

從第八品上階

左右拾遺太醫署針博士四門助教武德令從九品上左右千牛衛錄事參軍下州錄事參軍武德令有中下州諸司參軍事諸州上縣丞中牧監丞武德令正八品上京縣主簿太子左右衛司禦清道率府錄事參軍中都督府上都護府參軍事親王府行參軍武德令正八品上京兆河南太原大都督府博士武德令雍州博士從八品下諸倉諸冶司竹溫湯監丞武德令有嶓冢監丞鹽井監丞神龍令有大和監丞也保章正已上文職事官太子翊衛諸府旅帥已上衛官武德令諸府旅帥正七品下承奉郎文散官禦侮校尉武散官

從第八品下階

大理評事律學博士太醫署醫監太子左右春坊錄事左右千牛衛諸曹參軍內謁者太子左右衛司禦清道率府諸曹參軍事太子諸署令掖庭宮闈局丞太史都水監主簿（太史為局則省主簿）中書門下尚書都省兵吏部考功禮部主事（舊從九品上開元二十四年改入八品其省內諸司依舊）上署丞（武德令有芳林監丞）下都督府上州參軍事中都督府上州博士諸州中縣丞諸王府典籤（武德令正八品下）京縣尉親王國大司農（舊視流內正第七品開元初改）公主家丞（舊視流內正第九品開元初改）諸屯監丞上關令上府兵曹上鎮倉曹兵曹參軍事（武德令有下鎮長史）挈壺正（已上文職事官）中戍主上戍副率府左右司戈（已上武職事官）太子備身親王府隊正（已上衛官）承務郎（文散官）禦侮副尉（武散官）

正第九品上階

校書郎（永徽令加入從八品下垂拱令復舊）太祝太子左右內率監門府錄事參軍太子內方典直中署丞典客署掌客親勳翊衛府羽林兵曹參軍事兵濟令諸津令下牧監丞（武德令正八品下神龍令有諸國丞開元前令有沙苑丞）諸州中下縣丞中郡博士（武德令正九品下）京兆河南太原府諸縣主簿武庫署監事（已上並文職事官武德令有天策上將府錄事其武庫監事從九品下太極年改也）儒林郎（文散官）仁勇校尉（武散官）

正第九品下階

正字（永徽令改入上階垂拱令復舊）太子校書（永徽令改入上階垂拱令復舊）奚官內僕內府局丞下署丞尚食局尚醫局司醫尚藥局醫佐尚乘局奉乘司庫司廩太史局司辰典廄署主乘太子左右內率監門率府諸曹參軍事太子三寺主簿詹事府錄事（龍朔年置桂坊錄事咸亨年省）太子親勳翊府兵曹參軍事諸州下縣丞諸州上縣中縣主簿中州參軍事（武德令正九品上）下州博士（武德令中州博士從九品上下州博士從九品下）京兆河南太原府諸縣尉上牧主簿諸宮農圃監丞中關令中府兵曹親王國尉（舊視流內正八品開元初改武德令有親王府錄事及司閤）上關丞（武德令有上津尉）諸衛左右執戟中鎮兵曹參軍下戍主（已上職事官執戟戍主爲武餘並爲文）諸折衝府隊正（衛官）登仕郎（文散官）仁勇副尉（武散官）

從第九品上階

尚書諸司御史臺秘書省殿中省主事奉禮郎律學助教太子正字弘文館校書太史司曆太醫署醫助教京兆河南太原府九寺少府將作監錄事都督都護府上州錄事市令宮苑總監主簿中牧監主簿（永徽令有監漕）諸州中下縣主簿上縣中縣尉下府兵曹（已上並職事文官）文林郎（文散官）陪戎校尉（武散官）

從第九品下階

內侍省主事國子監親王府錄事太子左右春坊主事崇文館校書書學博士算學博士門下典儀太醫署按摩呪禁博士太卜署博士太醫署針助教太醫署醫正太卜署卜正太史局監候親王國丞（舊視流內正第九品開元初改從正流內）掖庭局宮教博士太子諸署丞太子典食署丞太子典廄牧署典乘諸監作諸監事計官太官署監膳太樂鼓吹署樂正大理寺獄丞下州參軍事（武德令中下州行參軍正九品下州參軍從九品上）中州下州醫博士諸州中縣下縣尉京縣錄事下牧監主簿下關令中關丞諸衛羽林長上公主邑司錄事諸津丞下鎮兵曹參軍（武德令有諸橋諸堰丞）諸率府左右執戟（已上職事官長上執戟爲武餘並爲文）親王府隊副諸折衝府隊副（已上衛官）將仕郎（文散官）陪戎副尉（武散官）流內九品三十階之內又有視流

內起居五品至從九品初以薩寶府親王國官及三師三公開府嗣郡王上柱國已下護軍已上勳官帶職事者府官等品開元初一切罷之今唯有薩寶祆正二官而已又有流外自勳品以至九品以爲諸司令史贊者典謁亭長掌固等品視流外亦自勳品至九品開元初唯留薩寶祆祝及府史餘亦罷之職事者諸統領曹事供命王命上下相攝以持庶績近代已來又分爲文武二職分曹置員各理所掌五品已上舊制吏部尚書進用自隋已後則中書門下知政事官訪擇聞奏然後下制授之三品已上德高委重者亦有臨軒冊授自神龍之後冊禮廢而不用朝庭命官制敕而已六品已上吏部選擬錄奏書旨授之有唐已來出身入仕者著令有秀才明經進士明法書算其次以流外入流若以門資入仕則先授親勳翊衛六番隨文武簡入選例又有齋郎品子勳官及五等封爵屯官之屬亦有番第許同揀選天寶三載又置崇玄學習道德等經同明經例自餘或臨時聽敕不可盡載其秀才有唐已來無

其職事官資則清濁區分以次補授又以三品已下官及門下中書侍郎尚書左右丞諸司侍郎太常少卿太子少詹事左右庶子秘書少監國子司業為清望官太子左右諭德左右衛左右千牛衛中郎將太子左右率府左右內率府及副太子左右衛率府中郎將已上四品諫議大夫御史中丞給事中中書舍人太子中允中舍人左右贊善大夫洗馬國子博士尚書諸司郎中秘書丞著作郎太常丞左右衛郎將左右衛率府郎將已上五品起居郎起居舍人太子司議郎尚書諸司員外郎太子舍人侍御史秘書郎著作佐郎太學博士詹事丞太子文學國子助教已上六品左右補闕殿中侍御史太常博士四門博士詹事司直太學助教已上七品左右拾遺監察御史四門助教已上八品為清官自外各以資次遷授開元中裴光庭為吏部尚書始用循資格以注擬六品已下選人其後每年雖小有移改然相承至今用之武散官舊謂之散位不理職務加官而已後魏及梁皆以散號將軍記其本階自隋改用開府儀同三

司已下貞觀年又分文武入仕者皆帶散位謂之本品以門資出身者諸嗣王郡王出身從四品下親王諸子封郡公者從五品上國公正六品上郡公正六品下縣公從六品上侯正七品上伯正七品下子從七品上男從七品下皇帝緦麻以上親皇太后周親出身六品上皇太后大功親皇后周親從六品上皇帝袒免親皇太后小功緦麻親皇后大功親正七品上皇后小功緦麻親皇太子妃周親從七品上其外戚各依服屬降宗親二階敘諸娶郡主者出身六品上娶縣主者正七品上郡主子出身從七品上縣主子從八品上一品子正七品上二品子正七品下三品子從七品上從三品子從七品下正四品子正八品上從四品子正八品下正五品子從八品上從五品及國公子從八品下三品以上蔭曾孫五品已上蔭孫孫降子一等曾孫降孫一等諸秀才出身上上第正八品上上中第正八品下上下第從九品上明經出身上上第從八品下上中第從九品上進士明法出身甲第從九品上乙第從九品下若

通二經已外每一經加一等勳官預文武選者上柱國正六品上敘以下遞降一階凡入仕之後遷代則以四考為限四考中中進年勞一階敘每一考中上進一階一考上下進二階五品已上非恩制所加更無進之令自武德至乾封未有從階之恩應入三品者皆以恩舊特拜入五品者多依選敘計階至朝散大夫已上奏取進止每年量多少進敘餘並依本品授官若滿三計至即一切聽入至乾封元年文武普加二階永淳元年二月敕文武官累積勞効計至五品一計至者多未敘疊弄計至者隨例必是實恩一貫自今已後一計至已上有在官清慎狀迹灼然材堪應務者所司具狀錄奏當與進階若公政無闕循繫自守及未經任州縣官者雖頻經計至不在加階之限即為恒例弘道元年又普加一階乃有九品職事及三衛階高者並入五品則天朝從階漸多始令仕經八考職事六品者許入萬歲通天元年敕自今已後文武官加階應入五品者並取出身已歷十二考已上進階之時見居六品官其應入三品人出身已二十五考以上進階見居三品官無幾入五品又加至十六考神功元年制勳官品子流外國官出身不得任清資要官應入三品不得進階開

元已來役術者經二十考三省都事及主事錄事十八考亦聽敘吏部檢勘歷任階考判成錄奏每制之日應入三品五品者皆令人參跡或是遠方牧宰諸司閑職齎持金帛贈遺主典知加階令史乃有受納萬數者臺省要職以加位為榮亦有遺主典錢帛者舊例開府及特進雖不職事皆給俸祿預朝會行立在於本品之次光祿大夫已下朝散大夫已上衣服依本品無祿俸不預朝會朝議郎已下黃衣執笏於吏部分番上下承使及親驅使甚為猥賤每當上之時至有為主事令史守局鑰執鞭帽者兩番已上則隨番許簡通時務者始令參選一登職事已後雖官有代滿即不復番上勳官者出於周齊交戰之際本以酬戰士其後漸及朝流階爵之外更為節級周置上開府儀同三司開府儀同三司上儀同三司儀同三司等十一號隋文帝因周之舊更增損之有上柱國柱國上大將軍大將軍上開府儀同三司開府儀同三司上儀同三司儀同三司大都督帥都督都督起正二品至七品總十一等用

賞勳勞煬帝又改爲左光祿大夫右光祿大夫金紫光祿大夫銀青光祿大夫正議大夫朝請大夫朝散大夫建節奮武尉宣惠尉十一等以代都督已上又增置綏德懷仁守義奉誠立信等五尉以至從九品武德初雜用隋制至七年頒令定用上柱國柱國上大將軍大將軍上輕車都尉輕車都尉上騎都尉騎都尉驍騎尉飛騎尉雲騎尉武騎尉凡十二等起正二品至從七品貞觀十一年改上大將軍爲上護軍大將軍爲護軍自外不改行之至今永徽已後以國初勳名與散官名同年月既久漸相錯亂咸亨五年三月更下詔申明各以類相比武德初光祿大夫比今日上柱國左光祿大夫比柱國右光祿大夫及上大將軍比上護軍金紫光祿大夫及將軍比護軍銀青光祿大夫及上開府比上輕車都尉正議大夫及開府比輕車都尉通議大夫及上儀同三司比上騎都尉朝請大夫及儀同比騎都尉上大都督比驍騎尉大都督比飛騎尉帥都督比雲騎尉都督比武騎尉自是已後戰士授勳者動盈萬計

○每年納課亦分番於兵部及本郡當上省司又分支諸曹身應役使有類僮僕據令乃與公卿齊班論實在於胥吏之下蓋以其猥多又出自兵卒所以然也武德初以諸道軍務事繁分置行臺尚書省其陝東道大行臺尚書省令一人（正第二品）掌管內軍人摠判省事僕射一人（從第二品在置）掌貳令事左丞一人（正第四品下）右丞一人（正第四品下）掌分司糾正省內都事一人（從第七品上）主事四人（從第九品上諸司主事並同）並掌同京省兵部尚書一人（正第四品諸尚書並同）兼掌吏部事司勳郎中一人（正第五品上諸郎中並同）主事一人考功郎中一人主事一人兵部郎中一人主事二人駕部郎中一人主事二人民部尚書一人兼掌禮部事禮部郎中一人主事一人膳部郎中一人主事一人度支郎中一人主事二人倉部郎中一人主事二人工部尚書一人兼掌刑部事刑部郎中一人主事一人都官郎中一人主事一人工部郎中一人主事一人屯田郎中一人主事一人每郎中兼京省二司（各有令史書令史及掌固並流外）食貨監一人（正第八品下諸監並同）掌膳羞財物賓客鋪設音樂醫藥等事丞二人（正第九品下諸監丞同）農圃監一人掌倉廩園圃柴炭芻藁運漕之事丞四人武器監一人掌兵仗廄牧之事丞二人百工監一人掌舟車及營造雜作之事丞四人（各有錄事及府史典事掌固等並流外）諸道行臺尚書省（益州道襄州道東南道河東道河北道）令一人（從第二品）掌同陝東道大行臺僕射一人（正第三品左右任置）丞一人（左右任置左丞從四品上右丞從四品下）都事二人（正第八品上）主事二人兵部尚書一人（從第三品諸尚書同）兼掌吏部禮部事考功郎中一人（從第五品上諸郎中並同）主事二人（從第九品下諸主事同）膳部郎中一人主事二人兵部郎中二人主事二人民部尚書一人兼掌刑部工部倉部郎中二人主事二人刑部郎中一人主事二人屯田郎中一人主事二人（每郎中兼掌京省三司各有令史書令史太史掌固並流外也）倉貨監一人（從八品上武器監同）兼掌農圃監事丞一人兼掌百工事丞二人（兩監各有錄事府史典事掌固等並流外）時秦王齊王府官之外又各置左右六護軍府及左右親掌帳內府其左一右一護軍府護軍各一人（正第四品下）掌率統軍已下侍衛陪從副護軍各二人（從四品下）長史各一人（從七品下）錄事參軍各一人（從八品有錄事及府史並流外）倉曹參軍事各一人兵曹參軍事各一人鎧曹參軍事各一人（並正九品下各有府

○史並流外）統軍各五人別將各一人分掌領親勳衛及外軍左三右三護軍府左三右三護軍府各減統軍三人別將六人餘職員同左一右一府其左右親軍府統軍各一人（正四品下）掌率左右別將侍衛陪從長史一人（正八品下）錄事參軍事各一人（正九品上有錄事及府史並流外）兵曹參軍事各一人鎧曹參軍事各一人（並正九品下各有府史並流外）左別將各一人右別將各一人（正五品下）掌率親事以上侍衛陪從其帳內府職員品秩與統軍府同又有庫直及驅咥直（庫直隸親事府驅咥直隸帳內府）各於左右內選才堪者量事置之武德四年太宗平洛陽之後又置天策上將府官員天策上將一人掌國之征討摠判府事長史司馬各一人從事中郎二人並掌通判府事軍諮祭酒二人謀軍事贊相禮儀宴接賓客典籤四人掌宣傳導引之事主簿二人掌省覆教命錄事二人記室參軍事二人掌書疏表啓宣行教命功曹參軍事二人掌官員假使儀式醫藥選舉考課祿恤鋪設等事倉曹參軍二人掌糧廩公廨田園廚膳過所等事兵曹參軍事二人掌兵士

衛帳差縣等事騎曹叅軍事二人掌馬驢雜畜簿帳及牧養支料草粟等事鎧曹叅軍事二人掌戎仗之事士曹叅軍事二人掌營造及罪罰之事（六曹並有令史書令史）叅軍事六人掌出使及雜檢校之事其陝東道大行臺尚書令及天策上將大宗在藩爲之及升儲並省之山東道行臺武德五年省餘道九年省

唐書志卷第二十二

左從政郎紹興府錄事叅軍張嘉賓校勘